GUIDELINES FOR THE APPLICATION OF CRIMINAL LAW

刑法办案法律规范适用指引

[上 册]

徐建伟◎编

中国法制出版社
CHINA LEGAL PUBLISHING HOUSE

图书在版编目（CIP）数据

刑法办案法律规范适用指引 / 徐建伟编 . —北京：
中国法制出版社，2019. 5
ISBN 978 - 7 - 5093 - 9699 - 5

Ⅰ. ①刑… Ⅱ. ①徐… Ⅲ. ①刑法—法律适用—中国
Ⅳ. ①D924. 05

中国版本图书馆 CIP 数据核字（2018）第 194823 号

策划编辑：戴　蕊　　责任编辑：戴　蕊　熊林林　　封面设计：杨鑫宇

刑法办案法律规范适用指引

XINGFA BAN'AN FALÜ GUIFAN SHIYONG ZHIYIN

编者/徐建伟
经销/新华书店
印刷/三河市国英印务有限公司
开本/710 毫米 ×1000 毫米 16 开　　印张/79. 25　字数/1217 千
版次/2019 年 5 月第 1 版　　2019 年 5 月第 1 次印刷

中国法制出版社出版
书号 ISBN 978 - 7 - 5093 - 9699 - 5　　定价：268. 00 元（上、下册）

北京西单横二条 2 号　　值班电话：010 - 66026508
邮政编码 100031　　传真：010 - 66031119
网址：http：//www. zgfzs. com　　**编辑部电话：010 - 66066620**
市场营销部电话：010 - 66033393　　**邮购部电话：010 - 66033288**

（如有印装质量问题，请与本社编务印务管理部联系调换。电话：010 - 66032926）

前　言

2012年，我供职的厦门市中级人民法院开展创造司法品牌活动，要求“一庭室一品牌”。为响应号召，我着手汇编《实用法律库》。当年11月，包括《刑法》在内的《实用法律库》就开始置于厦门法院的内网，供厦门二级法院的法官查阅。法律库秉承“不断择选（法律），实时更新（解释、案例）”的建库原则，力图做成法官们使用顺手的实用工具。《实用法律库》推出后，深受使用者的欢迎，已然成为同仁们顺手爱用的“葵花宝典”，并顺势成为厦门法院一大品牌。为了更方便同仁日常阅读和查找使用，在编辑部老师和同仁的支持、鼓励下，去年我动手将位居《实用法律库》查阅榜首的《中华人民共和国刑法》及配套司法解释、案例，汇编整理成《刑法办案法律规范适用指引》一书。本书以刑法法条为主干，按照“法律条文、司法解释、案例要旨”三位一体的原则，采用“条对条”方法汇编。编纂的基本体例为：主体条文——以刑法条文本身为序，条文前编者均增加了条文主旨，方便读者查阅。关联规定——将与主体条文相关的司法解释及司法文件的规定紧随其后收录，并归纳整理出规定的主旨，主题检索一步到位。案例要旨——均选自最高人民法院、最高人民检察院发布的指导性案例，供读者参照适用。

因为本书体例较为复杂，为方便读者阅读、准确区分各类文件，在排版上作了特殊安排：法律条文采小四号字体；司法解释、案例要旨采五号字体，解释、案例出处采小五号字体编排；

已被修改或已被删除的法律条文则以脚注形式标记；案例原文、表格和不宜拆分的政策性规定文件则以“附录”的形式置于全书末尾。

在本书编纂过程中，笔者也时刻关注最高人民法院、最高人民检察院、公安部等部门的动态，不断更新、充实相关司法解释、部门规章、指导案例，力求为读者提供一本最新、最全的刑法办案法律规范工具书。由于资料来源和汇编水平所限，编辑整理过程中难免存在疏漏之处，恳请同仁们批评指正。

徐建伟

2019 年 4 月

目　录

（上册）

（下册）

中华人民共和国刑法*

（1979 年 7 月 1 日第五届全国人民代表大会第二次会议通过
1997 年 3 月 14 日第八届全国人民代表大会第五次会议修订）

目　　录

---

* 根据 1999 年 12 月 25 日《中华人民共和国刑法修正案》、2001 年 8 月 31 日《中华人民共和国刑法修正案（二）》、2001 年 12 月 29 日《中华人民共和国刑法修正案（三）》、2002 年 12 月 28 日《中华人民共和国刑法修正案（四）》、2005 年 2 月 28 日《中华人民共和国刑法修正案（五）》、2006 年 6 月 29 日《中华人民共和国刑法修正案（六）》、2009 年 2 月 28 日《中华人民共和国刑法修正案（七）》、2011 年 2 月 25 日《中华人民共和国刑法修正案（八）》、2015 年 8 月 29 日《中华人民共和国刑法修正案（九）》、2017 年 11 月 4 日《中华人民共和国刑法修正案（十）》修正。

另，总则部分条文主旨为编者所加，分则条文主旨是根据司法解释确定罪名所加。

第一编　总　则

第一章　刑法的任务、基本原则和适用范围

第一条　【立法目的】为了惩罚犯罪，保护人民，根据宪法，结合我国同犯罪作斗争的具体经验及实际情况，制定本法。

第二条　【任务】中华人民共和国刑法的任务，是用刑罚同一切犯罪行为作斗争，以保卫国家安全，保卫人民民主专政的政权和社会主义制度，保护国有财产和劳动群众集体所有的财产，保护公民私人所有的财产，保护公民的人身权利、民主权利和其他权利，维护社会秩序、经济秩序，保障社会主义建设事业的顺利进行。

第三条　【罪刑法定】法律明文规定为犯罪行为的，依照法律定罪处刑；法律没有明文规定为犯罪行为的，不得定罪处刑。

第四条　【法律面前人人平等】对任何人犯罪，在适用法律上一律平等。不允许任何人有超越法律的特权。

第五条　【罪责刑相适应】刑罚的轻重，应当与犯罪分子所犯罪行和承担的刑事责任相适应。

第六条　【属地管辖权】凡在中华人民共和国领域内犯罪的，除法律有特别规定的以外，都适用本法。

凡在中华人民共和国船舶或者航空器内犯罪的，也适用本法。

犯罪的行为或者结果有一项发生在中华人民共和国领域内的，就认为是在中华人民共和国领域内犯罪。

[管辖海域实施犯罪的适用刑法] 中国公民或者外国人在我国管辖海域实施非法猎捕、杀害珍贵濒危野生动物或者非法捕捞水产品等犯罪的，依照我国刑法追究刑事责任。最高法《关于审理发生在我国管辖海域相关案件若干问题的规定（一）》法释〔2016〕16号 2016/08/02 第三条

[管辖海域] 本规定所称我国管辖海域，是指中华人民共和国内水、领海、毗连区、专属经济区、大陆架，以及中华人民共和国管辖的其他海域。最高法《关于审理发生在我国管辖海域相关案件若干问题的规定（一）》法释〔2016〕16号 2016/08/02 第一条

[外国人或者无国籍人拐卖外国妇女到我国境内被查获的] 外国人或者无国籍人拐卖外国妇女到我国境内被查获的，应当根据刑法第六条的规定，适用我国刑法定罪处罚。最高法《关于审理拐卖妇女案件适用法律有关问题的解释》法释〔2000〕1号 2000/1/25 第二条

第七条 【属人管辖权】中华人民共和国公民在中华人民共和国领域外犯本法规定之罪的，适用本法，但是按本法规定的最高刑为三年以下有期徒刑的，可以不予追究。

中华人民共和国国家工作人员和军人在中华人民共和国领域外犯本法规定之罪的，适用本法。

第八条 【保护管辖权】外国人在中华人民共和国领域外对中华人民共和国国家或者公民犯罪，而按本法规定的最低刑为三年以上有期徒刑的，可以适用本法，但是按照犯罪地的法律不受处罚的除外。

第九条 【普遍管辖权】对于中华人民共和国缔结或者参加的国际条约所规定的罪行，中华人民共和国在所承担条约义务的范围内行使刑事管辖权的，适用本法。

第十条 【对外国刑事判决的消极承认】凡在中华人民共和国领域外犯罪，依照本法应当负刑事责任的，虽然经过外国审

判，仍然可以依照本法追究，但是在外国已经受过刑罚处罚的，可以免除或者减轻处罚。

第十一条　【外交代表刑事管辖豁免】 享有外交特权和豁免权的外国人的刑事责任，通过外交途径解决。

第十二条　【溯及力】 中华人民共和国成立以后本法施行以前的行为，如果当时的法律不认为是犯罪的，适用当时的法律；如果当时的法律认为是犯罪的，依照本法总则第四章第八节的规定应当追诉的，按照当时的法律追究刑事责任，但是如果本法不认为是犯罪或者处刑较轻的，适用本法。

本法施行以前，依照当时的法律已经作出的生效判决，继续有效。

[要旨　抢劫罪类　不予核准追诉项　悔罪表现项　共同犯罪项]

1. 涉嫌犯罪已过二十年追诉期限，犯罪嫌疑人没有再犯罪危险性，并且通过赔礼道歉、赔偿损失等方式积极消除犯罪影响，被害方对犯罪嫌疑人表示谅解，犯罪破坏的社会秩序明显恢复，不追诉不会影响社会稳定或者产生其他严重后果的，对犯罪嫌疑人可以不再追诉。

2.1997 年 9 月 30 日以前实施的共同犯罪，已被司法机关采取强制措施的犯罪嫌疑人逃避侦查或者审判的，不受追诉期限限制。司法机关在追诉期限内未发现或者未采取强制措施的犯罪嫌疑人，应当受追诉期限限制；涉嫌犯罪应当适用的法定量刑幅度的最高刑为无期徒刑、死刑，犯罪行为发生二十年以后认为必须追诉的，须报请最高人民检察院核准。检例第 23 号：蔡金星、陈国辉等（抢劫）不核准追诉案

[要旨　故意杀人罪类　不予核准追诉项　家庭矛盾项　被害人谅解项]

1. 因婚姻家庭等民间矛盾激化引发的犯罪，经过二十年追诉期限，犯罪嫌疑人没有再犯罪危险性，被害人及其家属对犯罪嫌疑人表示谅解，不追诉有利于化解社会矛盾、恢复正常社会秩序，同时不会影响社会稳定或者产生其他严重后果的，对犯罪嫌疑人可以不再追诉。

2. 须报请最高人民检察院核准追诉的案件，侦查机关在核准之前可以依法对犯罪嫌疑人采取强制措施。侦查机关报请核准追诉并提请逮捕犯罪嫌疑人，人民检察院经审查认为必须追诉而且符合法定逮捕条件的，可以依法批准逮捕。检例第22号：杨菊云（故意杀人）不核准追诉案

［要旨 故意伤害罪类 核准追诉项 情节恶劣项 无悔罪表现项］涉嫌犯罪情节恶劣、后果严重，并且犯罪后积极逃避侦查，经过二十年追诉期限，犯罪嫌疑人没有明显悔罪表现，也未通过赔礼道歉、赔偿损失等获得被害方谅解，犯罪造成的社会影响没有消失，不追诉可能影响社会稳定或者产生其他严重后果的，对犯罪嫌疑人应当追诉。检例第21号：丁国山等（故意伤害）核准追诉案

［要旨 抢劫罪类 核准追诉项 后果严重项 影响恶劣项］故意杀人、抢劫、强奸、绑架、爆炸等严重危害社会治安的犯罪，经过二十年追诉期限，仍然严重影响人民群众安全感，被害方、案发地群众、基层组织等强烈要求追究犯罪嫌疑人刑事责任，不追诉可能影响社会稳定或者产生其他严重后果的，对犯罪嫌疑人应当追诉。检例第20号：马世龙（抢劫）核准追诉案

［处刑较轻 法定刑较轻］刑法第十二条规定的“处刑较轻”，是指刑法对某种犯罪规定的刑罚即法定刑比修订前刑法轻。法定刑较轻是指法定最高刑较轻；如果法定最高刑相同，则指法定最低刑较轻。最高法《关于适用刑法第十二条几个问题的解释》法释〔1997〕12号 1998/01/13 第一条

［法定最高刑或者最低刑］如果刑法规定的某一犯罪只有一个法定刑幅度，法定最高刑或者最低刑是指该法定刑幅度的最高刑或者最低刑；如果刑法规定的某一犯罪有两个以上的法定刑幅度，法定最高刑或者最低刑是指具体犯罪行为应当适用的法定刑幅度的最高刑或者最低刑。最高法《关于适用刑法第十二条几个问题的解释》法释〔1997〕12号 1998/01/13 第二条

［刑法的溯及力］一九九七年十月一日以后审理一九九七年九月三十日以前发生的刑事案件，如果刑法规定的定罪处刑标准、法定刑与修订前刑法相同的，应当适用修订前的刑法。最高法《关于适用刑法第十二条几个问题的解释》法释〔1997〕12号 1998/01/13 第三条

［比照适用］《全国人民代表大会常务委员会关于〈中华人民共和国刑

法〉第九十三条第二款的解释》是对刑法第九十三条第二款关于“其他依照法律从事公务的人员”规定的进一步明确，并不是对刑法的修改。因此，该《解释》的效力适用于修订刑法的施行日期，其溯及力适用修订刑法第12条的规定。最高检《关于〈全国人民代表大会常务委员会关于《中华人民共和国刑法》第九十三条第二款的解释〉的时间效力的批复》高检发研字〔2000〕15号

第二章 犯 罪

第一节 犯罪和刑事责任

第十三条 【犯罪概念】一切危害国家主权、领土完整和安全，分裂国家、颠覆人民民主专政的政权和推翻社会主义制度，破坏社会秩序和经济秩序，侵犯国有财产或者劳动群众集体所有的财产，侵犯公民私人所有的财产，侵犯公民的人身权利、民主权利和其他权利，以及其他危害社会的行为，依照法律应当受刑罚处罚的，都是犯罪，但是情节显著轻微危害不大的，不认为是犯罪。

[但书 情节显著轻微危害不大] 相对刑事责任年龄的人实施了刑法第二百六十九条规定的行为的，应当依照刑法第二百六十三条的规定，以抢劫罪追究刑事责任。但对情节显著轻微，危害不大的，可根据刑法第十三条的规定，不予追究刑事责任。最高检《关于相对刑事责任年龄的人承担刑事责任范围有关问题的答复》〔2003〕高检研发第13号 2003/04/18 第二条

第十四条 【故意犯罪】明知自己的行为会发生危害社会的结果，并且希望或者放任这种结果发生，因而构成犯罪的，是故意犯罪。

故意犯罪，应当负刑事责任。

第十五条 【过失犯罪】应当预见自己的行为可能发生危害社会的结果，因为疏忽大意而没有预见，或者已经预见而轻信能够避免，以致发生这种结果的，是过失犯罪。

过失犯罪，法律有规定的才负刑事责任。

第十六条 【不可抗力和意外事件】行为在客观上虽然造成了损害结果，但是不是出于故意或者过失，而是由于不能抗拒或者不能预见的原因所引起的，不是犯罪。

第十七条 【刑事责任年龄】已满十六周岁的人犯罪，应当负刑事责任。

已满十四周岁不满十六周岁的人，犯故意杀人、故意伤害致人重伤或者死亡、强奸、抢劫、贩卖毒品、放火、爆炸、投毒罪的，应当负刑事责任。

已满十四周岁不满十八周岁的人犯罪，应当从轻或者减轻处罚。

因不满十六周岁不予刑事处罚的，责令他的家长或者监护人加以管教；在必要的时候，也可以由政府收容教养。

第十七条之一 【刑事责任年龄】已满七十五周岁的人故意犯罪的，可以从轻或者减轻处罚；过失犯罪的，应当从轻或者减轻处罚。①

[**实施犯罪时年龄确系未满16周岁依法不负刑事责任后仍予以刑事拘留的**] 根据刑法、刑事诉讼法、未成年人保护法等有关法律规定，对于实施犯罪时未满16周岁的未成年人，且未犯刑法第十七条第二款规定之罪的，公安机关查明犯罪嫌疑人实施犯罪时年龄确系未满16周岁依法不负刑事责任后仍予以刑事拘留的，检察机关应当及时提出纠正意见。最高检《关于对涉嫌盗窃的不满16周岁未成年人采取刑事拘留强制措施是否违法问题的批复》高检发释字〔2011〕1号2011/01/25

---

① 根据2011年5月1日《刑法修正案（八）》增加。

［因不满16周岁不予刑事处罚的］《刑法》第十七条第四款关于“因不满十六周岁不予刑事处罚的……；在必要的时候，可以由政府收容教养”的规定，适用于因不满十四周岁不予刑事处罚的情形。**最高法《对甘肃省高级人民法院〔2003〕甘行终字第98号请示的答复》〔2004〕行他字第10号 2004/07/15**

［未成年人刑事案件］本解释所称未成年人刑事案件，是指被告人实施被指控的犯罪时已满十四周岁不满十八周岁的案件。**最高法《关于审理未成年人刑事案件具体应用法律若干问题的解释》法释〔2006〕1号 2006/01/23 第一条**

［周岁］刑法第十七条规定的“周岁”，按照公历的年、月、日计算，从周岁生日的第二天起算。**最高法《关于审理未成年人刑事案件具体应用法律若干问题的解释》法释〔2006〕1号 2006/01/23 第二条**

［应当查明犯罪时的年龄］审理未成年人刑事案件，应当查明被告人实施被指控的犯罪时的年龄。裁判文书中应当写明被告人出生的年、月、日。**最高法《关于审理未成年人刑事案件具体应用法律若干问题的解释》法释〔2006〕1号 2006/01/23 第三条**

［刑事责任年龄存疑推定为未达到］对于没有充分证据证明被告人实施被指控的犯罪时已经达到法定刑事责任年龄且确实无法查明的，应当推定其没有达到相应法定刑事责任年龄。**最高法《关于审理未成年人刑事案件具体应用法律若干问题的解释》法释〔2006〕1号 2006/01/23 第四条第一款**

［确证已达到刑事责任年龄但无法查证具体出生日期的认定为已达到］相关证据足以证明被告人实施被指控的犯罪时已经达到法定刑事责任年龄，但是无法准确查明被告人具体出生日期的，应当认定其达到相应法定刑事责任年龄。**最高法《关于审理未成年人刑事案件具体应用法律若干问题的解释》法释〔2006〕1号 2006/01/23 第四条第二款**

［实施两种行为　依第17条第2款定罪处罚］已满十四周岁不满十六周岁的人实施刑法第十七条第二款规定以外的行为，如果同时触犯了刑法第十七条第二款规定的，应当依照刑法第十七条第二款的规定确定罪名，定罪处罚。**最高法《关于审理未成年人刑事案件具体应用法律若干问题的解释》法释〔2006〕1号 2006/01/23 第五条**

［偶尔与幼女发生性行为］已满十四周岁不满十六周岁的人偶尔与幼女发生性行为，情节轻微、未造成严重后果的，不认为是犯罪。**最高法《关**

于审理未成年人刑事案件具体应用法律若干问题的解释》法释〔2006〕1号 2006/01/23 第六条

［“清钱清物”］已满十四周岁不满十六周岁的人使用轻微暴力或者威胁，强行索要其他未成年人随身携带的生活、学习用品或者钱财数量不大，且未造成被害人轻微伤以上或者不敢正常到校学习、生活等危害后果的，不认为是犯罪。

已满十六周岁不满十八周岁的人具有前款规定情形的，一般也不认为是犯罪。最高法《关于审理未成年人刑事案件具体应用法律若干问题的解释》法释〔2006〕1号 2006/01/23 第七条

［已满16周岁不满18周岁　盗窃行为　情节显著轻微危害不大］已满十六周岁不满十八周岁的人实施盗窃行为未超过三次，盗窃数额虽已达到“数额较大”标准，但案发后能如实供述全部盗窃事实并积极退赃，且具有下列情形之一的，可以认定为“情节显著轻微危害不大”，不认为是犯罪：

（一）系又聋又哑的人或者盲人；

（二）在共同盗窃中起次要或者辅助作用，或者被胁迫；

（三）具有其他轻微情节的。最高法《关于审理未成年人刑事案件具体应用法律若干问题的解释》法释〔2006〕1号 2006/01/23 第九条第一款

［已满16周岁不满18周岁盗窃未遂或者中止］已满十六周岁不满十八周岁的人盗窃未遂或者中止的，可不认为是犯罪。最高法《关于审理未成年人刑事案件具体应用法律若干问题的解释》法释〔2006〕1号 2006/01/23 第九条第二款

［已满16周岁不满18周岁盗窃自己家庭或者近亲属财物］已满十六周岁不满十八周岁的人盗窃自己家庭或者近亲属财物，或者盗窃其他亲属财物但其他亲属要求不予追究的，可不按犯罪处理。最高法《关于审理未成年人刑事案件具体应用法律若干问题的解释》法释〔2006〕1号 2006/01/23 第九条第三款

［已满16周岁不满18周岁　严重犯罪行为以故意伤害罪或故意杀人罪论处］已满十四周岁不满十六周岁的人盗窃、诈骗、抢夺他人财物，为窝藏赃物、抗拒抓捕或者毁灭罪证，当场使用暴力，故意伤害致人重伤或者死亡，或者故意杀人的，应当分别以故意伤害罪或者故意杀人罪定罪处罚。最高法《关于审理未成年人刑事案件具体应用法律若干问题的解释》法释〔2006〕

1号2006/01/23第十条第一款

[已满16周岁不满18周岁　严重犯罪行为以抢劫罪论处] 已满十六周岁不满十八周岁的人犯盗窃、诈骗、抢夺罪，为窝藏赃物、抗拒抓捕或者毁灭罪证而当场使用暴力或者以暴力相威胁的，应当依照刑法第二百六十九条的规定定罪处罚；情节轻微的，可不以抢劫罪定罪处罚。最高法《关于审理未成年人刑事案件具体应用法律若干问题的解释》法释〔2006〕1号2006/01/23第十条第二款

[绑架后杀害被绑架人的　绑架罪] 相对刑事责任年龄的人实施了刑法第十七条第二款规定的行为，应当追究刑事责任的，其罪名应当根据所触犯的刑法分则具体条文认定。对于绑架后杀害被绑架人的，其罪名应认定为绑架罪。最高检《关于相对刑事责任年龄的人承担刑事责任范围有关问题的答复》〔2003〕高检研发第13号2003/04/18第一条

第十八条　【特殊人员的刑事责任能力】精神病人在不能辨认或者不能控制自己行为的时候造成危害结果，经法定程序鉴定确认的，不负刑事责任，但是应当责令他的家属或者监护人严加看管和医疗；在必要的时候，由政府强制医疗。

间歇性的精神病人在精神正常的时候犯罪，应当负刑事责任。

尚未完全丧失辨认或者控制自己行为能力的精神病人犯罪的，应当负刑事责任，但是可以从轻或者减轻处罚。

醉酒的人犯罪，应当负刑事责任。

[裁判要旨　强制医疗项　有继续危害社会可能的判定项] 审理强制医疗案件，对被申请人或者被告人是否“有继续危害社会可能”，应当综合被申请人或者被告人所患精神病的种类、症状，案件审理时其病情是否已经好转，以及其家属或者监护人有无严加看管和自行送医治疗的意愿和能力等情况予以判定。必要时，可以委托相关机构或者专家进行评估。最高法指导案例63号：徐加富强制医疗案

第十九条　【又聋又哑的人或盲人犯罪的刑事责任】又聋又哑的人或者盲人犯罪，可以从轻、减轻或者免除处罚。

第二十条 【正当防卫】为了使国家、公共利益、本人或者他人的人身、财产和其他权利免受正在进行的不法侵害，而采取的制止不法侵害的行为，对不法侵害人造成损害的，属于正当防卫，不负刑事责任。

正当防卫明显超过必要限度造成重大损害的，应当负刑事责任，但是应当减轻或者免除处罚。

对正在进行行凶、杀人、抢劫、强奸、绑架以及其他严重危及人身安全的暴力犯罪，采取防卫行为，造成不法侵害人伤亡的，不属于防卫过当，不负刑事责任。

[裁判要旨 故意伤害罪 非法限制人身自由 正当防卫 防卫过当]

1. 对正在进行的非法限制他人人身自由的行为，应当认定为刑法第二十条第一款规定的“不法侵害”，可以进行正当防卫。

2. 对非法限制他人人身自由并伴有侮辱、轻微殴打的行为，不应当认定为刑法第二十条第三款规定的“严重危及人身安全的暴力犯罪”。

3. 判断防卫是否过当，应当综合考虑不法侵害的性质、手段、强度、危害程度，以及防卫行为的性质、时机、手段、强度、所处环境和损害后果等情节。对非法限制他人人身自由并伴有侮辱、轻微殴打，且并不十分紧迫的不法侵害，进行防卫致人死亡重伤的，应当认定为刑法第二十条第二款规定的“明显超过必要限度造成重大损害”。

4. 防卫过当案件，如系因被害人实施严重贬损他人人格尊严或者亵渎人伦的不法侵害引发的，量刑时对此应予充分考虑，以确保司法裁判既经得起法律检验，也符合社会公平正义观念。**最高法指导案例93号：于欢故意伤害案**

第二十一条 【紧急避险】为了使国家、公共利益、本人或者他人的人身、财产和其他权利免受正在发生的危险，不得已采取的紧急避险行为，造成损害的，不负刑事责任。

紧急避险超过必要限度造成不应有的损害的，应当负刑事责任，但是应当减轻或者免除处罚。

第一款中关于避免本人危险的规定，不适用于职务上、业务上负有特定责任的人。

第二节　犯罪的预备、未遂和中止

第二十二条　【犯罪预备】为了犯罪，准备工具、制造条件的，是犯罪预备。

对于预备犯，可以比照既遂犯从轻、减轻处罚或者免除处罚。

第二十三条　【犯罪未遂】已经着手实行犯罪，由于犯罪分子意志以外的原因而未得逞的，是犯罪未遂。

对于未遂犯，可以比照既遂犯从轻或者减轻处罚。

［裁判要旨　数额犯项　对既遂未遂的量刑项］在数额犯中，犯罪既遂部分与未遂部分分别对应不同法定刑幅度的，应当先决定对未遂部分是否减轻处罚，确定未遂部分对应的法定刑幅度，再与既遂部分对应的法定刑幅度进行比较，选择适用处罚较重的法定刑幅度，并酌情从重处罚；二者在同一量刑幅度的，以犯罪既遂酌情从重处罚。**最高法指导案例62号：王新明合同诈骗案**

第二十四条　【犯罪中止】在犯罪过程中，自动放弃犯罪或者自动有效地防止犯罪结果发生的，是犯罪中止。

对于中止犯，没有造成损害的，应当免除处罚；造成损害的，应当减轻处罚。

第三节　共同犯罪

第二十五条　【共同犯罪概念】共同犯罪是指二人以上共同

故意犯罪。

二人以上共同过失犯罪，不以共同犯罪论处；应当负刑事责任的，按照他们所犯的罪分别处罚。

[要旨 抢劫罪类 第二审程序刑事抗诉项 未成年人与成年人共同犯罪项 分案起诉项 累犯项（未成年人犯罪不构成累犯）]

1. 办理未成年人与成年人共同犯罪案件，一般应当将未成年人与成年人分案起诉，但对于未成年人系犯罪集团的组织者或者其他共同犯罪中的主犯，或者具有其他不宜分案起诉情形的，可以不分案起诉。

2. 办理未成年人与成年人共同犯罪案件，应当根据未成年人在共同犯罪中的地位、作用，综合考量未成年人实施犯罪行为的动机和目的、犯罪时的年龄、是否属于初犯、偶犯、犯罪后的悔罪表现、个人成长经历和一贯表现等因素，依法从轻或者减轻处罚。

3. 未成年人犯罪不构成累犯。检例第19号：张某、沈某某等七人抢劫案

[要旨 盗窃罪类 抢劫罪类 第二审程序刑事抗诉项 入户抢劫项 补充起诉项]

1. 对于入户盗窃，因被发现而当场使用暴力或者以暴力相威胁的行为，应当认定为“入户抢劫”。

2. 在人民法院宣告判决前，人民检察院发现被告人有遗漏的罪行可以一并起诉和审理的，可以补充起诉。

3. 人民检察院认为同级人民法院第一审判决重罪轻判，适用刑罚明显不当的，应当提出抗诉。检例第17号：陈邓昌抢劫、盗窃，付志强盗窃案

第二十六条 【主犯】组织、领导犯罪集团进行犯罪活动的或者在共同犯罪中起主要作用的，是主犯。

三人以上为共同实施犯罪而组成的较为固定的犯罪组织，是犯罪集团。

对组织、领导犯罪集团的首要分子，按照集团所犯的全部罪行处罚。

对于第三款规定以外的主犯，应当按照其所参与的或者组

织、指挥的全部犯罪处罚。

[要旨　抢劫罪类　第二审程序刑事抗诉项　未成年人与成年人共同犯罪项　分案起诉项　累犯项（未成年人犯罪不构成累犯）]

1. 办理未成年人与成年人共同犯罪案件，一般应当将未成年人与成年人分案起诉，但对于未成年人系犯罪集团的组织者或者其他共同犯罪中的主犯，或者具有其他不宜分案起诉情形的，可以不分案起诉。

2. 办理未成年人与成年人共同犯罪案件，应当根据未成年人在共同犯罪中的地位、作用，综合考量未成年人实施犯罪行为的动机和目的、犯罪时的年龄、是否属于初犯、偶犯、犯罪后的悔罪表现、个人成长经历和一贯表现等因素，依法从轻或者减轻处罚。

3. 未成年人犯罪不构成累犯。检例第19号：张某、沈某某等七人抢劫案

第二十七条　【从犯】在共同犯罪中起次要或者辅助作用的，是从犯。

对于从犯，应当从轻、减轻处罚或者免除处罚。

第二十八条　【胁从犯】对于被胁迫参加犯罪的，应当按照他的犯罪情节减轻处罚或者免除处罚。

第二十九条　【教唆犯】教唆他人犯罪的，应当按照他在共同犯罪中所起的作用处罚。教唆不满十八周岁的人犯罪的，应当从重处罚。

如果被教唆的人没有犯被教唆的罪，对于教唆犯，可以从轻或者减轻处罚。

第四节　单位犯罪

第三十条　【单位负刑事责任的范围】公司、企业、事业单位、机关、团体实施的危害社会的行为，法律规定为单位犯罪的，应当负刑事责任。

[法律未规定追究单位的刑事责任的，如何适用刑法有关规定] 公司、企业、事业单位、机关、团体等单位实施刑法规定的危害社会的行为，刑法分则和其他法律未规定追究单位的刑事责任的，对组织、策划、实施该危害社会行为的人依法追究刑事责任。全国人大常委会关于《中华人民共和国刑法》第三十条的解释 2014/04/24

[公司、企业、事业单位] 刑法第三十条规定的公司、企业、事业单位，既包括国有、集体所有的公司、企业、事业单位，也包括依法设立的合资经营、合作经营企业和具有法人资格的独资、私营等公司、企业、事业单位。最高法《关于审理单位犯罪案件具体应用法律有关问题的解释》法释〔1999〕14 号 1999/07/03 第一条

[不以单位犯罪论处的] 个人为进行违法犯罪活动而设立的公司、企业、事业单位实施犯罪的，或者公司、企业、事业单位设立后，以实施犯罪为主要活动的，不以单位犯罪论处。最高法《关于审理单位犯罪案件具体应用法律有关问题的解释》法释〔1999〕14 号 1999/07/03 第二条

[盗用单位名义实施犯罪　违法所得由实施犯罪的个人私分的] 盗用单位名义实施犯罪，违法所得由实施犯罪的个人私分的，依照刑法有关自然人犯罪的规定定罪处罚。最高法《关于审理单位犯罪案件具体应用法律有关问题的解释》法释〔1999〕14 号 1999/07/03 第三条

第三十一条　【单位犯罪的处罚原则】单位犯罪的，对单位判处罚金，并对其直接负责的主管人员和其他直接责任人员判处刑罚。本法分则和其他法律另有规定的，依照规定。

第三章　刑　罚

第一节　刑罚的种类

第三十二条　【主刑和附加刑】刑罚分为主刑和附加刑。

第三十三条　【主刑种类】主刑的种类如下：

（一）管制；

（二）拘役；

（三）有期徒刑；

（四）无期徒刑；

（五）死刑。

第三十四条　【附加刑种类】附加刑的种类如下：

（一）罚金；

（二）剥夺政治权利；

（三）没收财产。

附加刑也可以独立适用。

第三十五条　【驱逐出境】对于犯罪的外国人，可以独立适用或者附加适用驱逐出境。

第三十六条　【赔偿经济损失与民事优先原则】由于犯罪行为而使被害人遭受经济损失的，对犯罪分子除依法给予刑事处罚外，并应根据情况判处赔偿经济损失。

承担民事赔偿责任的犯罪分子，同时被判处罚金，其财产不足以全部支付的，或者被判处没收财产的，应当先承担对被害人的民事赔偿责任。

［刑事附带民事诉讼　未成年被告人］刑事附带民事案件的未成年被告人有个人财产的，应当由本人承担民事赔偿责任，不足部分由监护人予以赔偿，但单位担任监护人的除外。

被告人对被害人物质损失的赔偿情况，可以作为量刑情节予以考虑。最高法《关于审理未成年人刑事案件具体应用法律若干问题的解释》法释〔2006〕1号 2006/01/23 第十九条

第三十七条　【非刑罚性处置措施】对于犯罪情节轻微不需要判处刑罚的，可以免予刑事处罚，但是可以根据案件的不同情况，予以训诫或者责令具结悔过、赔礼道歉、赔偿损失，或者由

主管部门予以行政处罚或者行政处分。

第三十七条之一 【禁业规定】因利用职业便利实施犯罪，或者实施违背职业要求的特定义务的犯罪被判处刑罚的，人民法院可以根据犯罪情况和预防再犯罪的需要，禁止其自刑罚执行完毕之日或者假释之日起从事相关职业，期限为三年至五年。

被禁止从事相关职业的人违反人民法院依照前款规定作出的决定的，由公安机关依法给予处罚；情节严重的，依照本法第三百一十三条的规定定罪处罚。

其他法律、行政法规对其从事相关职业另有禁止或者限制性规定的，从其规定。[①]

[适用旧法] 对于2015年10月31日以前因利用职业便利实施犯罪，或者实施违背职业要求的特定义务的犯罪的，不适用修正后刑法第三十七条之一第一款的规定。其他法律、行政法规另有规定的，从其规定。**最高法《关于〈中华人民共和国刑法修正案（九）〉时间效力问题的解释》法释〔2015〕19号 2015/11/01 第一条**

[未成年罪犯免予刑事处罚] 未成年罪犯根据其所犯罪行，可能被判处拘役、三年以下有期徒刑，如果悔罪表现好，并具有下列情形之一的，应当依照刑法第三十七条的规定免予刑事处罚：

（一）系又聋又哑的人或者盲人；

（二）防卫过当或者避险过当；

（三）犯罪预备、中止或者未遂；

（四）共同犯罪中从犯、胁从犯；

（五）犯罪后自首或者有立功表现；

（六）其他犯罪情节轻微不需要判处刑罚的。**最高法《关于审理未成年人刑事案件具体应用法律若干问题的解释》法释〔2006〕1号 2006/01/23 第十七条**

[不起诉或者免予刑事处罚] 诈骗公私财物虽已达到本解释第一条规定的“数额较大”的标准，但具有下列情形之一，且行为人认罪、悔罪

---

① 根据2015年11月1日《刑法修正案（九）》增加。

的，可以根据刑法第三十七条、刑事诉讼法第一百四十二条的规定不起诉或者免予刑事处罚：

（一）具有法定从宽处罚情节的；

（二）一审宣判前全部退赃、退赔的；

（三）没有参与分赃或者获赃较少且不是主犯的；

（四）被害人谅解的；

（五）其他情节轻微、危害不大的。**两高《关于办理诈骗刑事案件具体应用法律若干问题的解释》法释〔2011〕7号 2011/03/01 第三条**

第二节　管　制

第三十八条　【管制的期限与执行机关】管制的期限，为三个月以上二年以下。

判处管制，可以根据犯罪情况，同时禁止犯罪分子在执行期间从事特定活动，进入特定区域、场所，接触特定的人。①

对判处管制的犯罪分子，依法实行社区矫正。②

违反第二款规定的禁止令的，由公安机关依照《中华人民共和国治安管理处罚法》的规定处罚。③

[刑法修正案八之适用] 对于2011年4月30日以前犯罪，依法应当判处管制或者宣告缓刑的，人民法院根据犯罪情况，认为确有必要同时禁止犯罪分子在管制期间或者缓刑考验期内从事特定活动，进入特定区域、场所，接触特定人的，适用修正后刑法第三十八条第二款或者第七十二条第二款的规定。

犯罪分子在管制期间或者缓刑考验期内，违反人民法院判决中的禁止

---

① 根据2011年5月1日《刑法修正案（八）》增加一款，作为第二款。

② 根据2011年5月1日《刑法修正案（八）》修改，原条文为："被判处管制的犯罪分子，由公安机关执行。"

③ 根据2011年5月1日《刑法修正案（八）》增加一款，作为第四款。

令的，适用修正后刑法第三十八条第四款或者第七十七条第二款的规定。最高法《关于〈中华人民共和国刑法修正案（八）〉时间效力问题的解释》法释〔2011〕9号 2011/05/01 第一条

［宣告禁止令］对判处管制、宣告缓刑的犯罪分子，人民法院根据犯罪情况，认为从促进犯罪分子教育矫正、有效维护社会秩序的需要出发，确有必要禁止其在管制执行期间、缓刑考验期限内从事特定活动，进入特定区域、场所，接触特定人的，可以根据刑法第三十八条第二款、第七十二条第二款的规定，同时宣告禁止令。两高、公安部、司法部《关于对判处管制、宣告缓刑的犯罪分子适用禁止令有关问题的规定（试行）》法发〔2011〕9号 2011/05/01 第一条

［禁止“从事特定活动，进入特定区域、场所，接触特定的人”的一项或者几项内容］人民法院宣告禁止令，应当根据犯罪分子的犯罪原因、犯罪性质、犯罪手段、犯罪后的悔罪表现、个人一贯表现等情况，充分考虑与犯罪分子所犯罪行的关联程度，有针对性地决定禁止其在管制执行期间、缓刑考验期限内“从事特定活动，进入特定区域、场所，接触特定的人”的一项或者几项内容。两高、公安部、司法部《关于对判处管制、宣告缓刑的犯罪分子适用禁止令有关问题的规定（试行）》法发〔2011〕9号 2011/05/01 第二条

［禁止从事一项或几项活动］人民法院可以根据犯罪情况，禁止判处管制、宣告缓刑的犯罪分子在管制执行期间、缓刑考验期限内从事以下一项或者几项活动：

（一）个人为进行违法犯罪活动而设立公司、企业、事业单位或者在设立公司、企业、事业单位后以实施犯罪为主要活动的，禁止设立公司、企业、事业单位；

（二）实施证券犯罪、贷款犯罪、票据犯罪、信用卡犯罪等金融犯罪的，禁止从事证券交易、申领贷款、使用票据或者申领、使用信用卡等金融活动；

（三）利用从事特定生产经营活动实施犯罪的，禁止从事相关生产经营活动；

（四）附带民事赔偿义务未履行完毕，违法所得未追缴、退赔到位，或者罚金尚未足额缴纳的，禁止从事高消费活动；

（五）其他确有必要禁止从事的活动。两高、公安部、司法部《关于对判处管制、宣告缓刑的犯罪分子适用禁止令有关问题的规定（试行）》法发〔2011〕9号 2011/05/01 第三条

[禁止进入一类或几类区域、场所] 人民法院可以根据犯罪情况，禁止判处管制、宣告缓刑的犯罪分子在管制执行期间、缓刑考验期限内进入以下一类或者几类区域、场所：

（一）禁止进入夜总会、酒吧、迪厅、网吧等娱乐场所；

（二）未经执行机关批准，禁止进入举办大型群众性活动的场所；

（三）禁止进入中小学校区、幼儿园园区及周边地区，确因本人就学、居住等原因，经执行机关批准的除外；

（四）其他确有必要禁止进入的区域、场所。两高、公安部、司法部《关于对判处管制、宣告缓刑的犯罪分子适用禁止令有关问题的规定（试行）》法发〔2011〕9号 2011/05/01 第四条

[禁止接触一类或几类人员] 人民法院可以根据犯罪情况，禁止判处管制、宣告缓刑的犯罪分子在管制执行期间、缓刑考验期限内接触以下一类或者几类人员：

（一）未经对方同意，禁止接触被害人及其法定代理人、近亲属；

（二）未经对方同意，禁止接触证人及其法定代理人、近亲属；

（三）未经对方同意，禁止接触控告人、批评人、举报人及其法定代理人、近亲属；

（四）禁止接触同案犯；

（五）禁止接触其他可能遭受其侵害、滋扰的人或者可能诱发其再次危害社会的人。两高、公安部、司法部《关于对判处管制、宣告缓刑的犯罪分子适用禁止令有关问题的规定（试行）》法发〔2011〕9号 2011/05/01 第五条

[禁止令的期限、计算] 禁止令的期限，既可以与管制执行、缓刑考验的期限相同，也可以短于管制执行、缓刑考验的期限，但判处管制的，禁止令的期限不得少于三个月，宣告缓刑的，禁止令的期限不得少于二个月。

判处管制的犯罪分子在判决执行以前先行羁押以致管制执行的期限少于三个月的，禁止令的期限不受前款规定的最短期限的限制。

禁止令的执行期限，从管制、缓刑执行之日起计算。**两高、公安部、司法部《关于对判处管制、宣告缓刑的犯罪分子适用禁止令有关问题的规定（试行）》法发〔2011〕9号 2011/05/01 第六条**

[提出禁止令建议、意见] 人民检察院在提起公诉时，对可能判处管制、宣告缓刑的被告人可以提出宣告禁止令的建议。当事人、辩护人、诉讼代理人可以就应否对被告人宣告禁止令提出意见，并说明理由。

公安机关在移送审查起诉时，可以根据犯罪嫌疑人涉嫌犯罪的情况，就应否宣告禁止令及宣告何种禁止令，向人民检察院提出意见。**两高、公安部、司法部《关于对判处管制、宣告缓刑的犯罪分子适用禁止令有关问题的规定（试行）》法发〔2011〕9号 2011/05/01 第七条**

[单独列项宣告] 人民法院对判处管制、宣告缓刑的被告人宣告禁止令的，应当在裁判文书主文部分单独作为一项予以宣告。**两高、公安部、司法部《关于对判处管制、宣告缓刑的犯罪分子适用禁止令有关问题的规定（试行）》法发〔2011〕9号 2011/05/01 第八条**

[禁止令的执行] 禁止令由司法行政机关指导管理的社区矫正机构负责执行。**两高、公安部、司法部《关于对判处管制、宣告缓刑的犯罪分子适用禁止令有关问题的规定（试行）》法发〔2011〕9号 2011/05/01 第九条**

[检察院监督执行禁止令的活动] 人民检察院对社区矫正机构执行禁止令的活动实行监督。发现有违反法律规定的情况，应当通知社区矫正机构纠正。**两高、公安部、司法部《关于对判处管制、宣告缓刑的犯罪分子适用禁止令有关问题的规定（试行）》法发〔2011〕9号 2011/05/01 第十条**

[违反禁止令的治安处罚] 判处管制的犯罪分子违反禁止令，或者被宣告缓刑的犯罪分子违反禁止令尚不属情节严重的，由负责执行禁止令的社区矫正机构所在地的公安机关依照《中华人民共和国治安管理处罚法》第六十条的规定处罚。**两高、公安部、司法部《关于对判处管制、宣告缓刑的犯罪分子适用禁止令有关问题的规定（试行）》法发〔2011〕9号 2011/05/01 第十一条**

[违反禁止令情节严重的] 被宣告缓刑的犯罪分子违反禁止令，情节严重的，应当撤销缓刑，执行原判刑罚。原作出缓刑裁判的人民法院应当自收到当地社区矫正机构提出的撤销缓刑建议书之日起一个月内依法作出裁定。人民法院撤销缓刑的裁定一经作出，立即生效。

违反禁止令，具有下列情形之一的，应当认定为“情节严重”：

（一）三次以上违反禁止令的；

（二）因违反禁止令被治安管理处罚后，再次违反禁止令的；

（三）违反禁止令，发生较为严重危害后果的；

（四）其他情节严重的情形。**两高、公安部、司法部《关于对判处管制、宣告缓刑的犯罪分子适用禁止令有关问题的规定（试行）》法发〔2011〕9号 2011/05/01 第十二条**

［禁止令期限的缩短］被宣告禁止令的犯罪分子被依法减刑时，禁止令的期限可以相应缩短，由人民法院在减刑裁定中确定新的禁止令期限。**两高、公安部、司法部《关于对判处管制、宣告缓刑的犯罪分子适用禁止令有关问题的规定（试行）》法发〔2011〕9号 2011/05/01 第十三条**

第三十九条　【被管制犯罪的义务与权利】被判处管制的犯罪分子，在执行期间，应当遵守下列规定：

（一）遵守法律、行政法规，服从监督；

（二）未经执行机关批准，不得行使言论、出版、集会、结社、游行、示威自由的权利；

（三）按照执行机关规定报告自己的活动情况；

（四）遵守执行机关关于会客的规定；

（五）离开所居住的市、县或者迁居，应当报经执行机关批准。

对于被判处管制的犯罪分子，在劳动中应当同工同酬。

第四十条　【管制期满解除】被判处管制的犯罪分子，管制期满，执行机关应即向本人和其所在单位或者居住地的群众宣布解除管制。

第四十一条　【管制刑期的计算和折抵】管制的刑期，从判决执行之日起计算；判决执行以前先行羁押的，羁押一日折抵刑期二日。

第三节 拘 役

第四十二条 【拘役的期限】拘役的期限，为一个月以上六个月以下。

第四十三条 【拘役的执行】被判处拘役的犯罪分子，由公安机关就近执行。

在执行期间，被判处拘役的犯罪分子每月可以回家一天至两天；参加劳动的，可以酌量发给报酬。

第四十四条 【拘役刑期的计算和折抵】拘役的刑期，从判决执行之日起计算；判决执行以前先行羁押的，羁押一日折抵刑期一日。

第四节 有期徒刑、无期徒刑

第四十五条 【有期徒刑的期限】有期徒刑的期限，除本法第五十条、第六十九条规定外，为六个月以上十五年以下。

第四十六条 【有期徒刑与无期徒刑的执行】被判处有期徒刑、无期徒刑的犯罪分子，在监狱或者其他执行场所执行；凡有劳动能力的，都应当参加劳动，接受教育和改造。

第四十七条 【有期徒刑刑期的计算与折抵】有期徒刑的刑期，从判决执行之日起计算；判决执行以前先行羁押的，羁押一日折抵刑期一日。

第五节 死 刑

第四十八条 【死刑、死缓的适用对象及核准程序】死刑只适用于罪行极其严重的犯罪分子。对于应当判处死刑的犯罪分子，如果不是必须立即执行的，可以判处死刑同时宣告缓期二年执行。

死刑除依法由最高人民法院判决的以外，都应当报请最高人民法院核准。死刑缓期执行的，可以由高级人民法院判决或者核准。

第四十九条　【死刑适用对象的限制】犯罪的时候不满十八周岁的人和审判的时候怀孕的妇女，不适用死刑。

审判的时候已满七十五周岁的人，不适用死刑，但以特别残忍手段致人死亡的除外。①

第五十条　【死缓变更】判处死刑缓期执行的，在死刑缓期执行期间，如果没有故意犯罪，二年期满以后，减为无期徒刑；如果确有重大立功表现，二年期满以后，减为二十五年有期徒刑；如果故意犯罪，情节恶劣的，报请最高人民法院核准后执行死刑；对于故意犯罪未执行死刑的，死刑缓期执行的期间重新计算，并报最高人民法院备案。②

对被判处死刑缓期执行的累犯以及因故意杀人、强奸、抢劫、绑架、放火、爆炸、投放危险物质或者有组织的暴力性犯罪被判处死刑缓期执行的犯罪分子，人民法院根据犯罪情节等情况可以同时决定对其限制减刑。③

---

① 根据2011年5月1日《刑法修正案（八）》增加一款，作为第二款。

② 根据2015年11月1日《刑法修正案（九）》修改，原条文为："判处死刑缓期执行的，在死刑缓期执行期间，如果没有故意犯罪，二年期满以后，减为无期徒刑；如果确有重大立功表现，二年期满以后，减为二十五年有期徒刑；如果故意犯罪，查证属实的，由最高人民法院核准，执行死刑。"

③ 根据2011年2月25日《刑法修正案（八）》修改，原条文为："判处死刑缓期执行的，在死刑缓期执行期间，如果没有故意犯罪，二年期满以后，减为无期徒刑；如果确有重大立功表现，二年期满以后，减为二十五年有期徒刑；如果故意犯罪，查证属实的，由最高人民法院核准，执行死刑。"

［裁判要旨 故意杀人罪类 婚恋纠纷引发项 坦白悔罪项 死刑缓期执行项 限制减刑项 未达成赔偿协议项 判处死缓并限制减刑的具体条件项］因恋爱、婚姻矛盾激化引发的故意杀人案件，被告人犯罪手段残忍，论罪应当判处死刑，但被告人具有坦白悔罪、积极赔偿等从轻处罚情节，同时被害人亲属要求严惩的，人民法院根据案件性质、犯罪情节、危害后果和被告人的主观恶性及人身危险性，可以依法判处被告人死刑，缓期二年执行，同时决定限制减刑，以有效化解社会矛盾，促进社会和谐。**最高法指导案例 4 号：王志才故意杀人案**

［裁判要旨 故意杀人罪类 民间矛盾引发项 亲属协助抓捕项 累犯项 死刑缓期执行项 限制减刑项］对于因民间矛盾引发的故意杀人案件，被告人犯罪手段残忍，且系累犯，论罪应当判处死刑，但被告人亲属主动协助公安机关将其抓捕归案，并积极赔偿的，人民法院根据案件具体情节，从尽量化解社会矛盾角度考虑，可以依法判处被告人死刑，缓期二年执行，同时决定限制减刑。**最高法指导案例 12 号：李飞故意杀人案**

［适用新法］对于被判处死刑缓期执行的犯罪分子，在死刑缓期执行期间，且在 2015 年 10 月 31 日以前故意犯罪的，适用修正后刑法第五十条第一款的规定。**最高法《关于〈中华人民共和国刑法修正案（九）〉时间效力问题的解释》法释〔2015〕19 号 2015/11/01 第二条**

［刑法修正案八之适用］2011 年 4 月 30 日以前犯罪，判处死刑缓期执行的，适用修正前刑法第五十条的规定。

被告人具有累犯情节，或者所犯之罪是故意杀人、强奸、抢劫、绑架、放火、爆炸、投放危险物质或者有组织的暴力性犯罪，罪行极其严重，根据修正前刑法判处死刑缓期执行不能体现罪刑相适应原则，而根据修正后刑法判处死刑缓期执行同时决定限制减刑可以罚当其罪的，适用修正后刑法第五十条第二款的规定。**最高法《关于〈中华人民共和国刑法修正案（八）〉时间效力问题的解释》法释〔2011〕9 号 2011/05/01 第二条**

第五十一条 【死缓期间及减为有期徒刑的刑期计算】死刑缓期执行的期间，从判决确定之日起计算。死刑缓期执行减为有期徒刑的刑期，从死刑缓期执行期满之日起计算。

第六节 罚 金

第五十二条 【罚金数额的裁量】判处罚金，应当根据犯罪情节决定罚金数额。

[并处 可以并处] 刑法规定“并处”没收财产或者罚金的犯罪，人民法院在对犯罪分子判处主刑的同时，必须依法判处相应的财产刑；刑法规定“可以并处”没收财产或者罚金的犯罪，人民法院应当根据案件具体情况及犯罪分子的财产状况，决定是否适用财产刑。最高法《关于适用财产刑若干问题的规定》法释〔2000〕45号 2000/12/19 第一条

[综合考虑 依法判处罚金 罚金最低数额标准] 人民法院应当根据犯罪情节，如违法所得数额、造成损失的大小等，并综合考虑犯罪分子缴纳罚金的能力，依法判处罚金。刑法没有明确规定罚金数额标准的，罚金的最低数额不能少于一千元。最高法《关于适用财产刑若干问题的规定》法释〔2000〕45号 2000/12/19 第二条第一款

[未成年人犯罪 罚金最低数额] 对未成年人犯罪应当从轻或者减轻判处罚金，但罚金的最低数额不能少于五百元。最高法《关于适用财产刑若干问题的规定》法释〔2000〕45号 2000/12/19 第二条第二款

[数罪罚金实行并罚] 依法对犯罪分子所犯数罪分别判处罚金的，应当实行并罚，将所判处的罚金数额相加，执行总和数额。最高法《关于适用财产刑若干问题的规定》法释〔2000〕45号 2000/12/19 第三条第一款

[并处罚金和没收财产的合并执行 没收全部财产的只执行没收财产]

一人犯数罪依法同时并处罚金和没收财产的，应当合并执行；但并处没收全部财产的，只执行没收财产刑。最高法《关于适用财产刑若干问题的规定》法释〔2000〕45号 2000/12/19 第三条第二款

[单处罚金] 犯罪情节较轻，适用单处罚金不致再危害社会并具有下列情形之一的，可以依法单处罚金：

（一）偶犯或者初犯；

（二）自首或者有立功表现的；

（三）犯罪时不满十八周岁的；

（四）犯罪预备、中止或者未遂的；

（五）被胁迫参加犯罪的；

（六）全部退赃并有悔罪表现的；

（七）其他可以依法单处罚金的情形。**最高法《关于适用财产刑若干问题的规定》法释〔2000〕45号 2000/12/19 第四条**

第五十三条 【罚金的缴纳】罚金在判决指定的期限内一次或者分期缴纳。期满不缴纳的，强制缴纳。对于不能全部缴纳罚金的，人民法院在任何时候发现被执行人有可以执行的财产，应当随时追缴。

由于遭遇不能抗拒的灾祸等原因缴纳确实有困难的，经人民法院裁定，可以延期缴纳、酌情减少或者免除。[①]

[刑事裁判涉财产部分的执行] 本规定所称刑事裁判涉财产部分的执行，是指发生法律效力的刑事裁判主文确定的下列事项的执行：

（一）罚金、没收财产；

（二）责令退赔；

（三）处置随案移送的赃款赃物；

（四）没收随案移送的供犯罪所用本人财物；

（五）其他应当由人民法院执行的相关事项。

刑事附带民事裁判的执行，适用民事执行的有关规定。**最高法《关于刑事裁判涉财产部分执行的若干规定》法释〔2014〕13号 2014/11/06 第一条**

[刑事裁判涉财产部分的执行法院] 刑事裁判涉财产部分，由第一审人民法院执行。第一审人民法院可以委托财产所在地的同级人民法院执行。**最高法《关于刑事裁判涉财产部分执行的若干规定》法释〔2014〕13号 2014/11/**

---

① 根据2015年11月1日《刑法修正案（九）》修改，原条文为："罚金在判决指定的期限内一次或者分期缴纳。期满不缴纳的，强制缴纳。对于不能全部缴纳罚金的，人民法院在任何时候发现被执行人有可以执行的财产，应当随时追缴。如果由于遭遇不能抗拒的灾祸缴纳确实有困难的，可以酌情减少或者免除。"

06 第二条

[执行期限] 人民法院办理刑事裁判涉财产部分执行案件的期限为六个月。有特殊情况需要延长的，经本院院长批准，可以延长。最高法《关于刑事裁判涉财产部分执行的若干规定》法释〔2014〕13号 2014/11/06 第三条

[执行措施] 人民法院刑事审判中可能判处被告人财产刑、责令退赔的，刑事审判部门应当依法对被告人的财产状况进行调查；发现可能隐匿、转移财产的，应当及时查封、扣押、冻结其相应财产。最高法《关于刑事裁判涉财产部分执行的若干规定》法释〔2014〕13号 2014/11/06 第四条

[续行查封、扣押、冻结] 刑事审判或者执行中，对于侦查机关已经采取的查封、扣押、冻结，人民法院应当在期限届满前及时续行查封、扣押、冻结。人民法院续行查封、扣押、冻结的顺位与侦查机关查封、扣押、冻结的顺位相同。

对侦查机关查封、扣押、冻结的财产，人民法院执行中可以直接裁定处置，无需侦查机关出具解除手续，但裁定中应当指明侦查机关查封、扣押、冻结的事实。最高法《关于刑事裁判涉财产部分执行的若干规定》法释〔2014〕13号 2014/11/06 第五条

[刑事裁判涉财产部分的裁判内容] 刑事裁判涉财产部分的裁判内容，应当明确、具体。涉案财物或者被害人人数较多，不宜在判决主文中详细列明的，可以概括叙明并另附清单。

判处没收部分财产的，应当明确没收的具体财物或者金额。

判处追缴或者责令退赔的，应当明确追缴或者退赔的金额或财物的名称、数量等相关情况。最高法《关于刑事裁判涉财产部分执行的若干规定》法释〔2014〕13号 2014/11/06 第六条

[负责执行刑事裁判涉财产部分的机构　移送立案] 由人民法院执行机构负责执行的刑事裁判涉财产部分，刑事审判部门应当及时移送立案部门审查立案。

移送立案应当提交生效裁判文书及其附件和其他相关材料，并填写《移送执行表》。《移送执行表》应当载明以下内容：

（一）被执行人、被害人的基本信息；

（二）已查明的财产状况或者财产线索；

（三）随案移送的财产和已经处置财产的情况；

（四）查封、扣押、冻结财产的情况；

（五）移送执行的时间；

（六）其他需要说明的情况。

人民法院立案部门经审查，认为属于移送范围且移送材料齐全的，应当在七日内立案，并移送执行机构。**最高法《关于刑事裁判涉财产部分执行的若干规定》法释〔2014〕13号 2014/11/06 第七条**

［法院调查财产状况　要求协查］人民法院可以向刑罚执行机关、社区矫正机构等有关单位调查被执行人的财产状况，并可以根据不同情形要求有关单位协助采取查封、扣押、冻结、划拨等执行措施。**最高法《关于刑事裁判涉财产部分执行的若干规定》法释〔2014〕13号 2014/11/06 第八条**

［执行没收财产或罚金刑　保留必需费用］判处没收财产的，应当执行刑事裁判生效时被执行人合法所有的财产。

执行没收财产或罚金刑，应当参照被扶养人住所地政府公布的上年度当地居民最低生活费标准，保留被执行人及其所扶养家属的生活必需费用。**最高法《关于刑事裁判涉财产部分执行的若干规定》法释〔2014〕13号 2014/11/06 第九条**

［一并追缴赃物及其收益］对赃款赃物及其收益，人民法院应当一并追缴。

被执行人将赃款赃物投资或者置业，对因此形成的财产及其收益，人民法院应予追缴。

被执行人将赃款赃物与其他合法财产共同投资或者置业，对因此形成的财产中与赃款赃物对应的份额及其收益，人民法院应予追缴。

对于被害人的损失，应当按照刑事裁判认定的实际损失予以发还或者赔偿。**最高法《关于刑事裁判涉财产部分执行的若干规定》法释〔2014〕13号 2014/11/06 第十条**

［赃款赃物的涉案财物用于清偿债务、转让或者设置其他权利负担的追缴］被执行人将刑事裁判认定为赃款赃物的涉案财物用于清偿债务、转让或者设置其他权利负担，具有下列情形之一的，人民法院应予追缴：

（一）第三人明知是涉案财物而接受的；

（二）第三人无偿或者以明显低于市场的价格取得涉案财物的；

（三）第三人通过非法债务清偿或者违法犯罪活动取得涉案财物的；

（四）第三人通过其他恶意方式取得涉案财物的。

第三人善意取得涉案财物的，执行程序中不予追缴。作为原所有人的被害人对该涉案财物主张权利的，人民法院应当告知其通过诉讼程序处理。**最高法《关于刑事裁判涉财产部分执行的若干规定》法释〔2014〕13号 2014/11/06 第十一条**

[被执行财产需要变价的] 被执行财产需要变价的，人民法院执行机构应当依法采取拍卖、变卖等变价措施。

涉案财物最后一次拍卖未能成交，需要上缴国库的，人民法院应当通知有关财政机关以该次拍卖保留价予以接收；有关财政机关要求继续变价的，可以进行无保留价拍卖。需要退赔被害人的，以该次拍卖保留价以物退赔；被害人不同意以物退赔的，可以进行无保留价拍卖。**最高法《关于刑事裁判涉财产部分执行的若干规定》法释〔2014〕13号 2014/11/06 第十二条**

[执行顺序] 被执行人在执行中同时承担刑事责任、民事责任，其财产不足以支付的，按照下列顺序执行：

（一）人身损害赔偿中的医疗费用；

（二）退赔被害人的损失；

（三）其他民事债务；

（四）罚金；

（五）没收财产。

债权人对执行标的依法享有优先受偿权，其主张优先受偿的，人民法院应当在前款第（一）项规定的医疗费用受偿后，予以支持。**最高法《关于刑事裁判涉财产部分执行的若干规定》法释〔2014〕13号 2014/11/06 第十三条**

[当事人、利害关系人的执行异议] 执行过程中，当事人、利害关系人认为执行行为违反法律规定，或者案外人对执行标的主张足以阻止执行的实体权利，向执行法院提出书面异议的，执行法院应当依照民事诉讼法第二百二十五条的规定处理。

人民法院审查案外人异议、复议，应当公开听证。**最高法《关于刑事裁判涉财产部分执行的若干规定》法释〔2014〕13号 2014/11/06 第十四条**

[案外人或被害人的执行异议] 执行过程中，案外人或被害人认为刑事裁判中对涉案财物是否属于赃款赃物认定错误或者应予认定而未认定，向执行法院提出书面异议，可以通过裁定补正的，执行机构应当将异议材料移送刑事审判部门处理；无法通过裁定补正的，应当告知异议人通过审判监督程序处理。**最高法《关于刑事裁判涉财产部分执行的若干规定》法释〔2014〕13号 2014/11/06 第十五条**

[参照适用民事执行规定] 人民法院办理刑事裁判涉财产部分执行案件，刑法、刑事诉讼法及有关司法解释没有相应规定的，参照适用民事执行的有关规定。**最高法《关于刑事裁判涉财产部分执行的若干规定》法释〔2014〕13号 2014/11/06 第十六条**

[本解释效力] 最高人民法院此前发布的司法解释与本规定不一致的，以本规定为准。**最高法《关于刑事裁判涉财产部分执行的若干规定》法释〔2014〕13号 2014/11/06 第十七条**

[判决指定的期限] 刑法第五十三条规定的“判决指定的期限”应当在判决书中予以确定；“判决指定的期限”应为从判决发生法律效力第二日起最长不超过三个月。**最高法《关于适用财产刑若干问题的规定》法释〔2000〕45号 2000/12/19 第五条**

[由于遭遇不能抗拒的灾祸缴纳确实有困难的] 刑法第五十三条规定的“由于遭遇不能抗拒的灾祸缴纳确实有困难的”，主要是指因遭受火灾、水灾、地震等灾祸而丧失财产；罪犯因重病、伤残等而丧失劳动能力，或者需要罪犯抚养的近亲属患有重病，需支付巨额医药费等，确实没有财产可供执行的情形。**最高法《关于适用财产刑若干问题的规定》法释〔2000〕45号 2000/12/19 第六条第一款**

[可以酌情减少或者免除的申请和裁定] 具有刑法第五十三条规定“可以酌情减少或者免除”事由的，由罪犯本人、亲属或者犯罪单位向负责执行的人民法院提出书面申请，并提供相应的证明材料。人民法院审查以后，根据实际情况，裁定减少或者免除应当缴纳的罚金数额。**最高法《关于适用财产刑若干问题的规定》法释〔2000〕45号 2000/12/19 第六条第二款**

[以人民币为计算单位] 罚金刑的数额应当以人民币为计算单位。**最高法《关于适用财产刑若干问题的规定》法释〔2000〕45号 2000/12/19 第八条**

[扣押或冻结被告人财产] 人民法院认为依法应当判处被告人财产刑的，可以在案件审理过程中，决定扣押或者冻结被告人的财产。最高法《关于适用财产刑若干问题的规定》法释〔2000〕45 号 2000/12/19 第九条

[财产刑的执行] 财产刑由第一审人民法院执行。

犯罪分子的财产在异地的，第一审人民法院可以委托财产所在地人民法院代为执行。最高法《关于适用财产刑若干问题的规定》法释〔2000〕45 号 2000/12/19 第十条

[强制缴纳] 自判决指定的期限届满第二日起，人民法院对于没有法定减免事由不缴纳罚金的，应当强制其缴纳。最高法《关于适用财产刑若干问题的规定》法释〔2000〕45 号 2000/12/19 第十一条第一款

[隐藏、转移、变卖、损毁已被扣押、冻结财产情节严重的] 对于隐藏、转移、变卖、损毁已被扣押、冻结财产情节严重的，依照刑法第三百一十四条的规定追究刑事责任。最高法《关于适用财产刑若干问题的规定》法释〔2000〕45 号 2000/12/19 第十一条第二款

第七节　剥夺政治权利

第五十四条　【剥夺政治权利的含义】剥夺政治权利是剥夺下列权利：

（一）选举权和被选举权；

（二）言论、出版、集会、结社、游行、示威自由的权利；

（三）担任国家机关职务的权利；

（四）担任国有公司、企业、事业单位和人民团体领导职务的权利。

第五十五条　【剥夺政治权利的期限】剥夺政治权利的期限，除本法第五十七条规定外，为一年以上五年以下。

判处管制附加剥夺政治权利的，剥夺政治权利的期限与管制的期限相等，同时执行。

[对未成年犯剥夺政治权利的原则] 除刑法规定“应当”附加剥夺政治权利外，对未成年罪犯一般不判处附加剥夺政治权利。

如果对未成年罪犯判处附加剥夺政治权利的，应当依法从轻判处。

对实施被指控犯罪时未成年、审判时已成年的罪犯判处附加剥夺政治权利，适用前款的规定。**最高法《关于审理未成年人刑事案件具体应用法律若干问题的解释》法释〔2006〕1号 2006/01/23 第十四条**

[剥夺政治权利的并罚] 对判处有期徒刑的罪犯，主刑已执行完毕，在执行附加刑剥夺政治权利期间又犯新罪，如果所犯新罪也剥夺政治权利的，依照刑法第五十五条、第五十七条、第七十一条的规定并罚。**最高法《关于在执行附加刑剥夺政治权利期间犯新罪应如何处理的批复》法释〔2009〕10号 2009/05/25 第三条**

第五十六条　【剥夺政治权利的附加、独立适用】对于危害国家安全的犯罪分子应当附加剥夺政治权利；对于故意杀人、强奸、放火、爆炸、投毒、抢劫等严重破坏社会秩序的犯罪分子，可以附加剥夺政治权利。

独立适用剥夺政治权利的，依照本法分则的规定。

第五十七条　【对死刑、无期徒刑罪犯剥夺政治权利的适用】对于被判处死刑、无期徒刑的犯罪分子，应当剥夺政治权利终身。

在死刑缓期执行减为有期徒刑或者无期徒刑减为有期徒刑的时候，应当把附加剥夺政治权利的期限改为三年以上十年以下。

[剥夺政治权利的并罚] 对判处有期徒刑的罪犯，主刑已执行完毕，在执行附加刑剥夺政治权利期间又犯新罪，如果所犯新罪也剥夺政治权利的，依照刑法第五十五条、第五十七条、第七十一条的规定并罚。**最高法《关于在执行附加刑剥夺政治权利期间犯新罪应如何处理的批复》法释〔2009〕10号 2009/05/25 第三条**

第五十八条　【剥夺政治权利的刑期计算、效力与执行】附加剥夺政治权利的刑期，从徒刑、拘役执行完毕之日或者从假释之日起计算；剥夺政治权利的效力当然施用于主刑执行期间。

被剥夺政治权利的犯罪分子，在执行期间，应当遵守法律、行政法规和国务院公安部门有关监督管理的规定，服从监督；不得行使本法第五十四条规定的各项权利。

[附加刑剥夺政治权利的刑期计算] 前罪尚未执行完毕的附加刑剥夺政治权利的刑期从新罪的主刑有期徒刑执行之日起停止计算，并依照刑法第五十八条规定从新罪的主刑有期徒刑执行完毕之日或者假释之日起继续计算；附加刑剥夺政治权利的效力施用于新罪的主刑执行期间。最高法《关于在执行附加刑剥夺政治权利期间犯新罪应如何处理的批复》法释〔2009〕10号 2009/05/25 第二条

第八节　没收财产

第五十九条　【没收财产的范围】没收财产是没收犯罪分子个人所有财产的一部或者全部。没收全部财产的，应当对犯罪分子个人及其扶养的家属保留必需的生活费用。

在判处没收财产的时候，不得没收属于犯罪分子家属所有或者应有的财产。

第六十条　【以没收的财产偿还债务】没收财产以前犯罪分子所负的正当债务，需要以没收的财产偿还的，经债权人请求，应当偿还。

[没收财产以前犯罪分子所负的正当债务] 刑法第六十条规定的“没收财产以前犯罪分子所负的正当债务”，是指犯罪分子在判决生效前所负他人的合法债务。最高法《关于适用财产刑若干问题的规定》法释〔2000〕45号 2000/12/19 第七条

第四章　刑罚的具体运用

第一节　量　刑

[量刑的指导原则]

1. 量刑应当以事实为根据，以法律为准绳，根据犯罪的事实、性质、情节和对于社会的危害程度，决定判处的刑罚。

2. 量刑既要考虑被告人所犯罪行的轻重，又要考虑被告人应负刑事责任的大小，做到罪责刑相适应，实现惩罚和预防犯罪的目的。

3. 量刑应当贯彻宽严相济的刑事政策，做到该宽则宽，当严则严，宽严相济，罚当其罪，确保裁判法律效果和社会效果的统一。

4. 量刑要客观、全面把握不同时期不同地区的经济社会发展和治安形势的变化，确保刑法任务的实现；对于同一地区同一时期、案情相似的案件，所判处的刑罚应当基本均衡。**最高法《关于常见犯罪的量刑指导意见》** 2017/04/01 一

[量刑的基本方法]

量刑时，应以定性分析为主，定量分析为辅，依次确定量刑起点、基准刑和宣告刑。

1. 量刑步骤

(1) 根据基本犯罪构成事实在相应的法定刑幅度内确定量刑起点。

(2) 根据其他影响犯罪构成的犯罪数额、犯罪次数、犯罪后果等犯罪事实，在量刑起点的基础上增加刑罚量确定基准刑。

(3) 根据量刑情节调节基准刑，并综合考虑全案情况，依法确定宣告刑。

2. 调节基准刑的方法

(1) 具有单个量刑情节的，根据量刑情节的调节比例直接调节基

准刑。

(2) 具有多个量刑情节的，一般根据各个量刑情节的调节比例，采用同向相加、逆向相减的方法调节基准刑；具有未成年人犯罪、老年人犯罪、限制行为能力的精神病人犯罪、又聋又哑的人或者盲人犯罪，防卫过当、避险过当、犯罪预备、犯罪未遂、犯罪中止，从犯、胁从犯和教唆犯等量刑情节的，先适用该量刑情节对基准刑进行调节，在此基础上，再适用其他量刑情节进行调节。

(3) 被告人犯数罪，同时具有适用于各个罪的立功、累犯等量刑情节的，先适用该量刑情节调节个罪的基准刑，确定个罪所应判处的刑罚，再依法实行数罪并罚，决定执行的刑罚。

3. 确定宣告刑的方法

(1) 量刑情节对基准刑的调节结果在法定刑幅度内，且罪责刑相适应的，可以直接确定为宣告刑；如果具有应当减轻处罚情节的，应依法在法定最低刑以下确定宣告刑。

(2) 量刑情节对基准刑的调节结果在法定最低刑以下，具有法定减轻处罚情节，且罪责刑相适应的，可以直接确定为宣告刑；只有从轻处罚情节的，可以依法确定法定最低刑为宣告刑；但是根据案件的特殊情况，经最高人民法院核准，也可以在法定刑以下判处刑罚。

(3) 量刑情节对基准刑的调节结果在法定最高刑以上的，可以依法确定法定最高刑为宣告刑。

(4) 综合考虑全案情况，独任审判员或合议庭可以在20%的幅度内对调节结果进行调整，确定宣告刑。当调节后的结果仍不符合罪责刑相适应原则的，应提交审判委员会讨论，依法确定宣告刑。

(5) 综合全案犯罪事实和量刑情节，依法应当判处无期徒刑以上刑罚、管制或者单处附加刑、缓刑、免刑的，应当依法适用。**最高法《关于常见犯罪的量刑指导意见》**2017/04/01 二

[常见量刑情节的适用]

量刑时要充分考虑各种法定和酌定量刑情节，根据案件的全部犯罪事实以及量刑情节的不同情形，依法确定量刑情节的适用及其调节比例。对

严重暴力犯罪、毒品犯罪等严重危害社会治安犯罪，在确定从宽的幅度时，应当从严掌握对犯罪情节较轻的犯罪，应当充分体现从宽。具体确定各个量刑情节的调节比例时，应当综合平衡调节幅度与实际增减刑罚量的关系，确保罪责刑相适应。

1. 对于未成年人犯罪，应当综合考虑未成年人对犯罪的认识能力、实施犯罪行为的动机和目的、犯罪时的年龄、是否初犯、偶犯、悔罪表现、个人成长经历和一贯表现等情况，予以从宽处罚。

（1）已满十四周岁不满十六周岁的未成年人犯罪，减少基准刑的30%～60%

（2）已满十六周岁不满十八周岁的未成年人犯罪，减少基准刑的10%～50%。

2. 对于未遂犯，综合考虑犯罪行为的实行程度、造成损害的大小、犯罪未得逞的原因等情况，可以比照既遂犯减少基准刑的50%以下。

3. 对于从犯，应当综合考虑其在共同犯罪中的地位、作用等情况，予以从宽处罚，减少基准刑的20%～50%犯罪较轻的，减少基准刑的50%以上或者依法免除处罚。

4. 对于自首情节，综合考虑自首的动机、时间、方式、罪行轻重、如实供述罪行的程度以及悔罪表现等情况，可以减少基准刑的40%以下；犯罪较轻的，可以减少基准刑的40%以上或者依法免除处罚。恶意利用自首规避法律制裁等不足以从宽处罚的除外。

5. 对于坦白情节，综合考虑如实供述罪行的阶段工程度、罪行轻重以及悔罪程度等情况，确定从宽的幅度。

（1）如实供述自己罪行的，可以减少基准刑的20%以下

（2）如实供述司法机关尚未掌握的同种较重罪行的，可以减少基准刑的10%～30%，（因如实供述自己罪行，避免特别严重后果发生的，可以减少基准刑的30%～50%）

6. 对于当庭自愿认罪的，根据犯罪的性质、罪行的轻重、认罪程度以及悔罪表现等情况，可以减少基准刑的10%以下。依法认定自首、坦白的除外。

7. 对于立功情节，综合考虑立功的大小、次数、内容、来源、效果以及罪行轻重等情况，确定从宽的幅度。

（1）一般立功的，可以减少基准刑的20%以下

（2）重大立功的，可以减少基准刑的20%～50%犯罪较轻的，减少基准刑的50%以上或者依法免除处罚。

8. 对于退赃、退赔的，综合考虑犯罪性质，退赃、退赔行为对损害结果所能弥补的程度，退赃、退赔的数额及主动程度等情况，可以减少基准刑的30%以下。其中抢劫等严重危害社会治安犯罪的应从严掌握。

9. 对于积极赔偿被害人经济损失并取得谅解的，综合考虑犯罪性质、赔偿数额、赔偿能力以及认罪、悔罪程度等情况，可以减少基准刑的40%以下；积极赔偿但没有取得谅解的，可以减少基准刑的30%以下；尽管没有赔偿，但取得谅解的，可以减少基准刑的20%以下。其中抢劫、强奸等严重危害社会治安犯罪的应从严掌握。

10. 对于当事人根据刑事诉讼法第二百七十七条达成刑事和解协议的，综合考虑犯罪性质、赔偿数额、赔礼道歉以及真诚悔罪等情况，可以减少基准刑的50%以下；犯罪较轻的，可以减少基准刑的50%以上或者依法免除处罚。

11. 对于累犯，应当综合考虑前后罪的性质、刑罚执行完毕或赦免以后至再犯罪时间的长短以及前后罪罪行轻重等情况，增加基准刑的10%～40%，一般不少于3个月。

12. 对于有前科的，综合考虑前科的性质、时间间隔长短、次数、处罚轻重等情况，可以增加基准刑的10%以下。前科犯罪为过失犯罪和未成年人犯罪的除外。

13. 对于犯罪对象为未成年人、老年人、残疾人、孕妇等弱势人员的，综合考虑犯罪的性质、犯罪的严重程度等情况，可以增加基准刑的20%以下。

14. 对于在重大自然灾害、预防、控制突发传染病疫情等灾害期间故意犯罪的，根据案件的具体情况，可以增加基准刑的20%以下。**最高法《关于常见犯罪的量刑指导意见》2017/04/01 第三条**

第六十一条 【量刑的事实根据与法律依据】对于犯罪分子决定刑罚的时候，应当根据犯罪的事实、犯罪的性质、情节和对于社会的危害程度，依照本法的有关规定判处。

［对未成年罪犯适用刑罚］对未成年罪犯适用刑罚，应当充分考虑是否有利于未成年罪犯的教育和矫正。

对未成年罪犯量刑应当依照刑法第六十一条的规定，并充分考虑未成年人实施犯罪行为的动机和目的、犯罪时的年龄、是否初次犯罪、犯罪后的悔罪表现、个人成长经历和一贯表现等因素。对符合管制、缓刑、单处罚金或者免予刑事处罚适用条件的未成年罪犯，应当依法适用管制、缓刑、单处罚金或者免予刑事处罚。**最高法《关于审理未成年人刑事案件具体应用法律若干问题的解释》法释〔2006〕1号 2006/01/23 第十一条**

［对未成年罪犯的量刑］行为人在达到法定刑事责任年龄前后均实施了危害社会的行为，只能依法追究其达到法定刑事责任年龄后实施的危害社会行为的刑事责任。

行为人在年满十八周岁前后实施了不同种犯罪行为，对其年满十八周岁以前实施的犯罪应当依法从轻或者减轻处罚。行为人在年满十八周岁前后实施了同种犯罪行为，在量刑时应当考虑对年满十八周岁以前实施的犯罪，适当给予从轻或者减轻处罚。**最高法《关于审理未成年人刑事案件具体应用法律若干问题的解释》法释〔2006〕1号 2006/01/23 第十二条**

［对未成年罪犯适用无期徒刑的从严原则］未成年人犯罪只有罪行极其严重的，才可以适用无期徒刑。对已满十四周岁不满十六周岁的人犯罪一般不判处无期徒刑。**最高法《关于审理未成年人刑事案件具体应用法律若干问题的解释》法释〔2006〕1号 2006/01/23 第十三条**

［对未成年罪犯适用罚金刑］对未成年罪犯实施刑法规定的“并处”没收财产或者罚金的犯罪，应当依法判处相应的财产刑；对未成年罪犯实施刑法规定的“可以并处”没收财产或者罚金的犯罪，一般不判处财产刑。

对未成年罪犯判处罚金刑时，应当依法从轻或者减轻判处，并根据犯罪情节，综合考虑其缴纳罚金的能力，确定罚金数额。但罚金的最低数额不得少于五百元人民币。

对被判处罚金刑的未成年罪犯，其监护人或者其他人自愿代为垫付罚金的，人民法院应当允许。最高法《关于审理未成年人刑事案件具体应用法律若干问题的解释》法释〔2006〕1号 2006/01/23 第十五条

[要旨　抢劫罪类　第二审程序刑事抗诉项　未成年人与成年人共同犯罪项　分案起诉项　累犯项（未成年人犯罪不构成累犯）]

1. 办理未成年人与成年人共同犯罪案件，一般应当将未成年人与成年人分案起诉，但对于未成年人系犯罪集团的组织者或者其他共同犯罪中的主犯，或者具有其他不宜分案起诉情形的，可以不分案起诉。

2. 办理未成年人与成年人共同犯罪案件，应当根据未成年人在共同犯罪中的地位、作用，综合考量未成年人实施犯罪行为的动机和目的、犯罪时的年龄、是否属于初犯、偶犯、犯罪后的悔罪表现、个人成长经历和一贯表现等因素，依法从轻或者减轻处罚。

3. 未成年人犯罪不构成累犯。检例第19号：张某、沈某某等七人抢劫案

第六十二条　【从重处罚与从轻处罚】犯罪分子具有本法规定的从重处罚、从轻处罚情节的，应当在法定刑的限度以内判处刑罚。

第六十三条　【减轻处罚】犯罪分子具有本法规定的减轻处罚情节的，应当在法定刑以下判处刑罚；本法规定有数个量刑幅度的，应当在法定量刑幅度的下一个量刑幅度内判处刑罚。①

犯罪分子虽然不具有本法规定的减轻处罚情节，但是根据案件的特殊情况，经最高人民法院核准，也可以在法定刑以下判处刑罚。

第六十四条　【犯罪物品的处理】犯罪分子违法所得的一切财物，应当予以追缴或者责令退赔；对被害人的合法财产，应当及时返还；违禁品和供犯罪所用的本人财物，应当予以没收。没

① 根据2011年5月1日《刑法修正案（八）》修改，原条文为："犯罪分子具有本法规定的减轻处罚情节的，应当在法定刑以下判处刑罚。"

收的财物和罚金，一律上缴国库，不得挪用和自行处理。

[追缴或者责令退赔 及时返还] 贪污贿赂犯罪分子违法所得的一切财物，应当依照刑法第六十四条的规定予以追缴或者责令退赔，对被害人的合法财产应当及时返还。对尚未追缴到案或者尚未足额退赔的违法所得，应当继续追缴或者责令退赔。**两高《关于办理贪污贿赂刑事案件适用法律若干问题的解释》法释〔2016〕9号 2016/04/18 第十八条**

[并处罚金 没收财产] 对贪污罪、受贿罪判处三年以下有期徒刑或者拘役的，应当并处十万元以上五十万元以下的罚金；判处三年以上十年以下有期徒刑的，应当并处二十万元以上犯罪数额二倍以下的罚金或者没收财产；判处十年以上有期徒刑或者无期徒刑的，应当并处五十万元以上犯罪数额二倍以下的罚金或者没收财产。

对刑法规定并处罚金的其他贪污贿赂犯罪，应当在十万元以上犯罪数额二倍以下判处罚金。**两高《关于办理贪污贿赂刑事案件适用法律若干问题的解释》法释〔2016〕9号 2016/04/18 第十九条**

第二节 累 犯

第六十五条 【一般累犯】被判处有期徒刑以上刑罚的犯罪分子，刑罚执行完毕或者赦免以后，在五年以内再犯应当判处有期徒刑以上刑罚之罪的，是累犯，应当从重处罚，但是过失犯罪和不满十八周岁的人犯罪的除外。①

前款规定的期限，对于被假释的犯罪分子，从假释期满之日起计算。

[刑法修正案八之适用] 被判处有期徒刑以上刑罚，刑罚执行完毕或者赦免以后，在2011年4月30日以前再犯应当判处有期徒刑以上刑罚之

① 根据2011年5月1日《刑法修正案（八）》修改，原条文为：“被判处有期徒刑以上刑罚的犯罪分子，刑罚执行完毕或者赦免以后，在五年以内再犯应当判处有期徒刑以上刑罚之罪的，是累犯，应当从重处罚，但是过失犯罪除外。”

罪的，是否构成累犯，适用修正前刑法第六十五条的规定；但是，前罪实施时不满十八周岁的，是否构成累犯，适用修正后刑法第六十五条的规定。最高法《关于〈中华人民共和国刑法修正案（八）〉时间效力问题的解释》法释〔2011〕9号第三条第一款

[刑法修正案八之适用] 曾被判处有期徒刑以上刑罚，或者曾犯危害国家安全犯罪、恐怖活动犯罪、黑社会性质的组织犯罪，在2011年5月1日以后再犯罪的，是否构成累犯，适用修正后刑法第六十五条、第六十六条的规定。最高法《关于〈中华人民共和国刑法修正案（八）〉时间效力问题的解释》法释〔2011〕9号第三条第三款

[要旨　抢劫罪类　第二审程序刑事抗诉项　未成年人与成年人共同犯罪项　分案起诉项　累犯项（未成年人犯罪不构成累犯）]

1. 办理未成年人与成年人共同犯罪案件，一般应当将未成年人与成年人分案起诉，但对于未成年人系犯罪集团的组织者或者其他共同犯罪中的主犯，或者具有其他不宜分案起诉情形的，可以不分案起诉。

2. 办理未成年人与成年人共同犯罪案件，应当根据未成年人在共同犯罪中的地位、作用，综合考量未成年人实施犯罪行为的动机和目的、犯罪时的年龄、是否属于初犯、偶犯、犯罪后的悔罪表现、个人成长经历和一贯表现等因素，依法从轻或者减轻处罚。

3. 未成年人犯罪不构成累犯。检例第19号：张某、沈某某等七人抢劫案

[刑罚执行完毕　五年以内] 刑法第六十五条第一款规定的“刑罚执行完毕”，是指刑罚执行到期应予释放之日。认定累犯，确定刑罚执行完毕以后“五年以内”的起始日期，应当从刑满释放之日起计算。最高法《关于认定累犯如何确定刑罚执行完毕以后“五年以内”起始日期的批复》2018/12/28

第一百一十五条后面补充：

[以以危险方法危害公共安全罪定罪处罚] 乘客在公共交通工具行驶过程中，抢夺方向盘、变速杆等操纵装置，殴打、拉拽驾驶人员，或者有其他妨害安全驾驶行为，危害公共安全，尚未造成严重后果的，依照刑法第一百一十四条的规定，以以危险方法危害公共安全罪定罪处罚；致人重伤、死亡或者使公私财产遭受重大损失的，依照刑法第一百一十五条第一款的规定，以以危险方法危害公共安全罪定罪处罚。

实施前款规定的行为，具有以下情形之一的，从重处罚：

1. 在夜间行驶或者恶劣天气条件下行驶的公共交通工具上实施的；

2. 在临水、临崖、急弯、陡坡、高速公路、高架道路、桥隧路段及其他易发生危险的路段实施的；

3. 在人员、车辆密集路段实施的；

4. 在实际载客10人以上或者时速60公里以上的公共交通工具上实施的；

5. 经他人劝告、阻拦后仍然继续实施的；

6. 持械袭击驾驶人员的；

7. 其他严重妨害安全驾驶的行为。

实施上述行为，即使尚未造成严重后果，一般也不得适用缓刑。**最高法、最高检、公安部《关于依法惩治妨害公共交通工具安全驾驶违法犯罪行为的指导意见》**2019/01/08 一、（一）

［乘客随意殴打其他乘客　追逐、辱骂他人　起哄闹事］乘客在公共交通工具行驶过程中，随意殴打其他乘客，追逐、辱骂他人，或者起哄闹事，妨害公共交通工具运营秩序，符合刑法第二百九十三条规定的，以寻衅滋事罪定罪处罚；妨害公共交通工具安全行驶，危害公共安全的，依照刑法第一百一十四条、第一百一十五条第一款的规定，以以危险方法危害公共安全罪定罪处罚。**最高法、最高检、公安部《关于依法惩治妨害公共交通工具安全驾驶违法犯罪行为的指导意见》**2019/01/08 一、（二）

［驾驶人员与乘客发生纷争后违规操作或者擅离职守，与乘客厮打、互殴］驾驶人员在公共交通工具行驶过程中，与乘客发生纷争后违规操作或者擅离职守，与乘客厮打、互殴，危害公共安全，尚未造成严重后果的，依照刑法第一百一十四条的规定，以以危险方法危害公共安全罪定罪处罚；致人重伤、死亡或者使公私财产遭受重大损失的，依照刑法第一百一十五条第一款的规定，以以危险方法危害公共安全罪定罪处罚。**最高法、最高检、公安部《关于依法惩治妨害公共交通工具安全驾驶违法犯罪行为的指导意见》**2019/01/08 一、（三）

［正当防卫］对正在进行的妨害安全驾驶的违法犯罪行为，乘客等人员有权采取措施予以制止。制止行为造成违法犯罪行为人损害，符合法定

条件的，应当认定为正当防卫。最高法、最高检、公安部《关于依法惩治妨害公共交通工具安全驾驶违法犯罪行为的指导意见》2019/01/08 一、（四）

［紧急避险］正在驾驶公共交通工具的驾驶人员遭到妨害安全驾驶行为侵害时，为避免公共交通工具倾覆或者人员伤亡等危害后果发生，采取紧急制动或者躲避措施，造成公共交通工具、交通设施损坏或者人身损害，符合法定条件的，应当认定为紧急避险。最高法、最高检、公安部《关于依法惩治妨害公共交通工具安全驾驶违法犯罪行为的指导意见》2019/01/08 一、（五）

［以妨害公务罪定罪处罚　从重处罚］以暴力、威胁方法阻碍国家机关工作人员依法处置妨害安全驾驶违法犯罪行为、维护公共交通秩序的，依照刑法第二百七十七条的规定，以妨害公务罪定罪处罚；暴力袭击正在依法执行职务的人民警察的，从重处罚。最高法、最高检、公安部《关于依法惩治妨害公共交通工具安全驾驶违法犯罪行为的指导意见》2019/01/08 一、（六）

［公共交通工具］本意见所称公共交通工具，是指公共汽车、公路客运车，大、中型出租车等车辆。最高法、最高检、公安部《关于依法惩治妨害公共交通工具安全驾驶违法犯罪行为的指导意见》2019/01/08 一、（七）

［加强协作配合，有效维护公共交通安全秩序］妨害公共交通工具安全驾驶行为具有高度危险性，极易诱发重大交通事故，造成重大人身伤亡、财产损失，严重威胁公共安全。各级人民法院、人民检察院和公安机关要高度重视妨害安全驾驶行为的现实危害，深刻认识维护公共交通秩序对于保障人民群众生命财产安全与社会和谐稳定的重大意义，准确认定行为性质，依法从严惩处，充分发挥刑罚的震慑、教育作用，预防、减少妨害安全驾驶不法行为发生。

公安机关接到妨害安全驾驶相关警情后要及时处警，采取果断措施予以处置；要妥善保护事发现场，全面收集、提取证据，特别是注意收集行车记录仪、道路监控等视听资料。人民检察院应当对公安机关的立案、侦查活动进行监督；对于公安机关提请批准逮捕、移送审查起诉的案件，符合逮捕、起诉条件的，应当依法予以批捕、起诉。人民法院应当及时公开、公正审判。对于妨害安全驾驶行为构成犯罪的，严格依法追究刑事责任；尚不构成犯罪但构成违反治安管理行为的，依法给予治安管理处罚。

在办理案件过程中，人民法院、人民检察院和公安机关要综合考虑公共交通工具行驶速度、通行路段情况、载客情况、妨害安全驾驶行为的严重程度及对公共交通安全的危害大小、行为人认罪悔罪表现等因素，全面准确评判，充分彰显强化保障公共交通安全的价值导向。最高法、最高检、公安部《关于依法惩治妨害公共交通工具安全驾驶违法犯罪行为的指导意见》2019/01/08 二

［强化宣传警示教育，提升公众交通安全意识］人民法院、人民检察院、公安机关要积极回应人民群众关切，对于社会影响大、舆论关注度高的重大案件，在依法办案的同时要视情向社会公众发布案件进展情况。要广泛拓展传播渠道，尤其是充分运用微信公众号、微博等网络新媒体，及时通报案件信息、澄清事实真相，借助焦点案事件向全社会传递公安和司法机关坚决惩治妨害安全驾驶违法犯罪的坚定决心，提升公众的安全意识、规则意识和法治意识。

办案单位要切实贯彻“谁执法、谁普法”的普法责任制，以各种有效形式开展以案释法，选择妨害安全驾驶犯罪的典型案例进行庭审直播，或者邀请专家学者、办案人员进行解读，阐明妨害安全驾驶行为的违法性、危害性。要坚持弘扬社会正气，选择及时制止妨害安全驾驶行为的见义勇为事例进行褒扬，向全社会广泛宣传制止妨害安全驾驶行为的正当性、必要性。最高法、最高检、公安部《关于依法惩治妨害公共交通工具安全驾驶违法犯罪行为的指导意见》2019/01/08 三

第六十六条　【特别累犯】危害国家安全犯罪、恐怖活动犯罪、黑社会性质的组织犯罪的犯罪分子，在刑罚执行完毕或者赦免以后，在任何时候再犯上述任一类罪的，都以累犯论处。[①]

［刑法修正案八之适用］曾犯危害国家安全犯罪，刑罚执行完毕或者赦免以后，在2011年4月30日以前再犯危害国家安全犯罪的，是否构成累犯，适用修正前刑法第六十六条的规定。最高法《关于〈中华人民共和国刑法修正案（八）〉时间效力问题的解释》法释〔2011〕9号第三条第二款

① 根据2011年5月1日《刑法修正案（八）》修改，原条文为：“危害国家安全的犯罪分子在刑罚执行完毕或者赦免以后，在任何时候再犯危害国家安全罪的，都以累犯论处。”

第三节 自首和立功

第六十七条 【自首】犯罪以后自动投案，如实供述自己的罪行的，是自首。对于自首的犯罪分子，可以从轻或者减轻处罚。其中，犯罪较轻的，可以免除处罚。

被采取强制措施的犯罪嫌疑人、被告人和正在服刑的罪犯，如实供述司法机关还未掌握的本人其他罪行的，以自首论。

犯罪嫌疑人虽不具有前两款规定的自首情节，但是如实供述自己罪行的，可以从轻处罚；因其如实供述自己罪行，避免特别严重后果发生的，可以减轻处罚。①

[要旨 抢劫罪类 核准追诉项 后果严重项 影响恶劣项] 故意杀人、抢劫、强奸、绑架、爆炸等严重危害社会治安的犯罪，经过二十年追诉期限，仍然严重影响人民群众安全感，被害方、案发地群众、基层组织等强烈要求追究犯罪嫌疑人刑事责任，不追诉可能影响社会稳定或者产生其他严重后果的，对犯罪嫌疑人应当追诉。**检例第20号：马世龙（抢劫）核准追诉案**

[刑法修正案八之适用] 2011年4月30日以前犯罪，虽不具有自首情节，但是如实供述自己罪行的，适用修正后刑法第六十七条第三款的规定。**最高法《关于〈中华人民共和国刑法修正案（八）〉时间效力问题的解释》法释〔2011〕9号 2011/05/01 第四条**

[自首的认定和处理]

根据刑法第六十七条第一款的规定，成立自首需同时具备自动投案和如实供述自己的罪行两个要件。犯罪事实或者犯罪分子未被办案机关掌握，或者虽被掌握，但犯罪分子尚未受到调查谈话、讯问，或者未被宣布采取调查措施或者强制措施时，向办案机关投案的，是自动投案。在此期

① 根据2011年5月1日《刑法修正案（八）》增加一款，作为第三款。

间如实交代自己的主要犯罪事实的，应当认定为自首。

犯罪分子向所在单位等办案机关以外的单位、组织或者有关负责人员投案的，应当视为自动投案。

没有自动投案，在办案机关调查谈话、讯问、采取调查措施或者强制措施期间，犯罪分子如实交代办案机关掌握的线索所针对的事实的，不能认定为自首。

没有自动投案，但具有以下情形之一的，以自首论：(1) 犯罪分子如实交代办案机关未掌握的罪行，与办案机关已掌握的罪行属不同种罪行的；(2) 办案机关所掌握线索针对的犯罪事实不成立，在此范围外犯罪分子交代同种罪行的。

单位犯罪案件中，单位集体决定或者单位负责人决定而自动投案，如实交代单位犯罪事实的，或者单位直接负责的主管人员自动投案，如实交代单位犯罪事实的，应当认定为单位自首。单位自首的，直接负责的主管人员和直接责任人员未自动投案，但如实交代自己知道的犯罪事实的，可以视为自首；拒不交代自己知道的犯罪事实或者逃避法律追究的，不应当认定为自首。单位没有自首，直接责任人员自动投案并如实交代自己知道的犯罪事实的，对该直接责任人员应当认定为自首。

对于具有自首情节的犯罪分子，办案机关移送案件时应当予以说明并移交相关证据材料。

对于具有自首情节的犯罪分子，应当根据犯罪的事实、性质、情节和对于社会的危害程度，结合自动投案的动机、阶段、客观环境，交代犯罪事实的完整性、稳定性以及悔罪表现等具体情节，依法决定是否从轻、减轻或者免除处罚以及从轻、减轻处罚的幅度。**两高《关于办理职务犯罪案件认定自首、立功等量刑情节若干问题的意见》法发〔2009〕13号 2009/03/12 第一条**

[立功的认定和处理]

立功必须是犯罪分子本人实施的行为。为使犯罪分子得到从轻处理，犯罪分子的亲友直接向有关机关揭发他人犯罪行为，提供侦破其他案件的重要线索，或者协助司法机关抓捕其他犯罪嫌疑人的，不应当认定为犯罪分子的立功表现。

据以立功的他人罪行材料应当指明具体犯罪事实；据以立功的线索或者协助行为对于侦破案件或者抓捕犯罪嫌疑人要有实际作用。犯罪分子揭发他人犯罪行为时没有指明具体犯罪事实的；揭发的犯罪事实与查实的犯罪事实不具有关联性的；提供的线索或者协助行为对于其他案件的侦破或者其他犯罪嫌疑人的抓捕不具有实际作用的，不能认定为立功表现。

犯罪分子揭发他人犯罪行为，提供侦破其他案件重要线索的，必须经查证属实，才能认定为立功。审查是否构成立功，不仅要审查办案机关的说明材料，还要审查有关事实和证据以及与案件定性处罚相关的法律文书，如立案决定书、逮捕决定书、侦查终结报告、起诉意见书、起诉书或者判决书等。

据以立功的线索、材料来源有下列情形之一的，不能认定为立功：(1) 本人通过非法手段或者非法途径获取的；(2) 本人因原担任的查禁犯罪等职务获取的；(3) 他人违反监管规定向犯罪分子提供的；(4) 负有查禁犯罪活动职责的国家机关工作人员或者其他国家工作人员利用职务便利提供的。

犯罪分子检举、揭发的他人犯罪，提供侦破其他案件的重要线索，阻止他人的犯罪活动，或者协助司法机关抓捕的其他犯罪嫌疑人，犯罪嫌疑人、被告人依法可能被判处无期徒刑以上刑罚的，应当认定为有重大立功表现。其中，可能被判处无期徒刑以上刑罚，是指根据犯罪行为的事实、情节可能判处无期徒刑以上刑罚。案件已经判决的，以实际判处的刑罚为准。但是，根据犯罪行为的事实、情节应当判处无期徒刑以上刑罚，因被判刑人有法定情节经依法从轻、减轻处罚后判处有期徒刑的，应当认定为重大立功。

对于具有立功情节的犯罪分子，应当根据犯罪的事实、性质、情节和对于社会的危害程度，结合立功表现所起作用的大小、所破获案件的罪行轻重、所抓获犯罪嫌疑人可能判处的法定刑以及立功的时机等具体情节，依法决定是否从轻、减轻或者免除处罚以及从轻、减轻处罚的幅度。**两高《关于办理职务犯罪案件认定自首、立功等量刑情节若干问题的意见》法发〔2009〕13号 2009/03/12 第二条**

[如实交代犯罪事实的认定和处理]

犯罪分子依法不成立自首，但如实交代犯罪事实，有下列情形之一的，可以酌情从轻处罚：(1) 办案机关掌握部分犯罪事实，犯罪分子交代了同种其他犯罪事实的；(2) 办案机关掌握的证据不充分，犯罪分子如实交代有助于收集定案证据的。

犯罪分子如实交代犯罪事实，有下列情形之一的，一般应当从轻处罚：(1) 办案机关仅掌握小部分犯罪事实，犯罪分子交代了大部分未被掌握的同种犯罪事实的；(2) 如实交代对于定案证据的收集有重要作用的。两高《关于办理职务犯罪案件认定自首、立功等量刑情节若干问题的意见》法发〔2009〕13号 2009/03/12 第三条

[赃款赃物追缴等情形的处理]

贪污案件中赃款赃物全部或者大部分追缴的，一般应当考虑从轻处罚。

受贿案件中赃款赃物全部或者大部分追缴的，视具体情况可以酌定从轻处罚。

犯罪分子及其亲友主动退赃或者在办案机关追缴赃款赃物过程中积极配合的，在量刑时应当与办案机关查办案件过程中依职权追缴赃款赃物的有所区别。

职务犯罪案件立案后，犯罪分子及其亲友自行挽回的经济损失，司法机关或者犯罪分子所在单位及其上级主管部门挽回的经济损失，或者因客观原因减少的经济损失，不予扣减，但可以作为酌情从轻处罚的情节。两高《关于办理职务犯罪案件认定自首、立功等量刑情节若干问题的意见》法发〔2009〕13号 2009/03/12 第四条

[对行为性质的辩解] 根据刑法第六十七条第一款和最高人民法院《关于处理自首和立功具体应用法律若干问题的解释》第一条的规定，犯罪以后自动投案，如实供述自己的罪行的，是自首。被告人对行为性质的辩解不影响自首的成立。最高法《关于被告人对行为性质的辩解是否影响自首成立问题的批复》法释〔2004〕2号 2004/04/01

[自动投案]

根据刑法第六十七条第一款的规定，犯罪以后自动投案，如实供述自己的罪行的，是自首。

（一）自动投案，是指犯罪事实或者犯罪嫌疑人未被司法机关发觉，或者虽被发觉，但犯罪嫌疑人尚未受到讯问、未被采取强制措施时，主动、直接向公安机关、人民检察院或者人民法院投案。

犯罪嫌疑人向其所在单位、城乡基层组织或者其他有关负责人员投案的；犯罪嫌疑人因病、伤或者为了减轻犯罪后果，委托他人先代为投案，或者先以信电投案的；罪行未被司法机关发觉，仅因形迹可疑被有关组织或者司法机关盘问、教育后，主动交代自己的罪行的；犯罪后逃跑，在被通缉、追捕过程中，主动投案的；经查实确已准备去投案，或者正在投案途中，被公安机关捕获的，应当视为自动投案。

并非出于犯罪嫌疑人主动，而是经亲友规劝、陪同投案的；公安机关通知犯罪嫌疑人的亲友，或者亲友主动报案后，将犯罪嫌疑人送去投案的，也应当视为自动投案。

犯罪嫌疑人自动投案后又逃跑的，不能认定为自首。**最高法《关于处理自首和立功具体应用法律若干问题的解释》法释〔1998〕8号 1998/05/09 第一条第（一）项**

[自首　部分自首　供述　翻供] 如实供述自己的罪行，是指犯罪嫌疑人自动投案后，如实交代自己的主要犯罪事实。

犯有数罪的犯罪嫌疑人仅如实供述所犯数罪中部分犯罪的，只对如实供述部分犯罪的行为，认定为自首。

共同犯罪案件中的犯罪嫌疑人，除如实供述自己的罪行，还应当供述所知的同案犯，主犯则应当供述所知其他同案的共同犯罪事实，才能认定为自首。

犯罪嫌疑人自动投案并如实供述自己的罪行后又翻供的，不能认定为自首，但在一审判决前又能如实供述的，应当认定为自首。**最高法《关于处理自首和立功具体应用法律若干问题的解释》法释〔1998〕8号 1998/05/09 第一条第（二）项**

[供述未掌握罪行　不同种罪行] 根据刑法第六十七条第二款的规定，被采取强制措施的犯罪嫌疑人、被告人和已宣判的罪犯，如实供述司法机关尚未掌握的罪行，与司法机关已掌握的或者判决确定的罪行属不同种罪行的，以自首论。**最高法《关于处理自首和立功具体应用法律若干问题的解释》法**

释〔1998〕8号 1998/05/09 第二条

[自首 处罚] 根据刑法第六十七条第一款的规定，对于自首的犯罪分子，可以从轻或者减轻处罚；对于犯罪较轻的，可以免除处罚。具体确定从轻、减轻还是免除处罚，应当根据犯罪轻重，并考虑自首的具体情节。最高法《关于处理自首和立功具体应用法律若干问题的解释》法释〔1998〕8号 1998/05/09 第三条

[供述已掌握或已确定的同种罪行 供述同种罪行较重的] 被采取强制措施的犯罪嫌疑人、被告人和已宣判的罪犯，如实供述司法机关尚未掌握的罪行，与司法机关已掌握的或者判决确定的罪行属同种罪行的，可以酌情从轻处罚；如实供述的同种罪行较重的，一般应当从轻处罚。最高法《关于处理自首和立功具体应用法律若干问题的解释》法释〔1998〕8号 1998/05/09 第四条

第六十八条 【立功】犯罪分子有揭发他人犯罪行为，查证属实的，或者提供重要线索，从而得以侦破其他案件等立功表现的，可以从轻或者减轻处罚；有重大立功表现的，可以减轻或者免除处罚。①

[适用修正前刑法第68条第2款] 2011年4月30日以前犯罪，犯罪后自首又有重大立功表现的，适用修正前刑法第六十八条第二款的规定。最高法《关于〈中华人民共和国刑法修正案（八）〉时间效力问题的解释》法释〔2011〕9号 2011/05/01 第五条

[立功] 根据刑法第六十八条第一款的规定，犯罪分子到案后有检举、揭发他人犯罪行为，包括共同犯罪案件中的犯罪分子揭发同案犯共同犯罪以外的其他犯罪，经查证属实；提供侦破其他案件的重要线索，经查证属实；阻止他人犯罪活动；协助司法机关抓捕其他犯罪嫌疑人（包括同案犯）；具有其他有利于国家和社会的突出表现的，应当认定为有立功表现。最高法《关于处理自首和立功具体应用法律若干问题的解释》法释〔1998〕8号 1998/05/09 第五条

---

① 根据2011年5月1日《刑法修正案（八）》修改，本条删去第二款。原条文为："犯罪后自首又有重大立功表现的，应当减轻或者免除处罚。"

[揭发同案犯共同犯罪事实] 共同犯罪案件的犯罪分子到案后，揭发同案犯共同犯罪事实的，可以酌情予以从轻处罚。**最高法《关于处理自首和立功具体应用法律若干问题的解释》法释〔1998〕8号 1998/05/09 第六条**

[重大立功] 根据刑法第六十八条第一款的规定，犯罪分子有检举、揭发他人重大犯罪行为，经查证属实；提供侦破其他重大案件的重要线索，经查证属实；阻止他人重大犯罪活动；协助司法机关抓捕其他重大犯罪嫌疑人（包括同案犯）；对国家和社会有其他重大贡献等表现的，应当认定为有重大立功表现。**最高法《关于处理自首和立功具体应用法律若干问题的解释》法释〔1998〕8号 1998/05/09 第七条第一款**

[重大犯罪、重大案件、重大犯罪嫌疑人] 前款所称“重大犯罪”、“重大案件”、“重大犯罪嫌疑人”的标准，一般是指犯罪嫌疑人、被告人可能被判处无期徒刑以上刑罚或者案件在本省、自治区、直辖市或者全国范围内有较大影响等情形。**最高法《关于处理自首和立功具体应用法律若干问题的解释》法释〔1998〕8号 1998/05/09 第七条第二款**

第四节　数罪并罚

第六十九条　【判决宣告前一人犯数罪的并罚】判决宣告以前一人犯数罪的，除判处死刑和无期徒刑的以外，应当在总和刑期以下、数刑中最高刑期以上，酌情决定执行的刑期，但是管制最高不能超过三年，拘役最高不能超过一年，有期徒刑总和刑期不满三十五年的，最高不能超过二十年，总和刑期在三十五年以上的，最高不能超过二十五年。

数罪中有判处有期徒刑和拘役的，执行有期徒刑。数罪中有判处有期徒刑和管制，或者拘役和管制的，有期徒刑、拘役执行完毕后，管制仍须执行。[①]

① 根据2015年11月1日《刑法修正案（九）》增加一款作为第二款，原第二款作为第三款。

数罪中有判处附加刑的，附加刑仍须执行，其中附加刑种类相同的，合并执行，种类不同的，分别执行。[①]

[要旨 盗窃罪类 抢劫罪类 第二审程序刑事抗诉项 入户抢劫项 补充起诉项]

1. 对于入户盗窃，因被发现而当场使用暴力或者以暴力相威胁的行为，应当认定为“入户抢劫”。

2. 在人民法院宣告判决前，人民检察院发现被告人有遗漏的罪行可以一并起诉和审理的，可以补充起诉。

3. 人民检察院认为同级人民法院第一审判决重罪轻判，适用刑罚明显不当的，应当提出抗诉。检例第 17 号：陈邓昌抢劫、盗窃，付志强盗窃案

[要旨 玩忽职守罪类 徇私枉法罪类 受贿罪类 因果关系项 数罪并罚项] 本案要旨有两点：一是渎职犯罪因果关系的认定。如果负有监管职责的国家机关工作人员没有认真履行其监管职责，从而未能有效防止危害结果发生，那么，这些对危害结果具有“原因力”的渎职行为，应认定与危害结果之间具有刑法意义上的因果关系。二是渎职犯罪同时受贿的处罚原则。对于国家机关工作人员实施渎职犯罪并收受贿赂，同时构成受贿罪的，除刑法第三百九十九条有特别规定的外，以渎职犯罪和受贿罪数罪并罚。检例第 8 号：杨某玩忽职守、徇私枉法、受贿案

[指导意义] 本案的指导意义在于，国家机关工作人员不认真履行监管职责，未能有效防止危害结果发生的，其行为与危害结果之间具有因果关系的，应当承担刑事责任；国家机关工作人员实施渎职犯罪并收受贿赂，同时构成受贿罪的，除刑法有特别规定的外，以渎职犯罪和受贿罪数罪并罚。检例第 8 号：杨某玩忽职守、徇私枉法、受贿案

[刑法修正案八之适用] 2011 年 4 月 30 日以前一人犯数罪，应当数罪并罚的，适用修正前刑法第六十九条的规定；2011 年 4 月 30 日前后一人

---

① 根据 2015 年 5 月 1 日《刑法修正案（八）》修改，原条文为：“判决宣告以前一人犯数罪的，除判处死刑和无期徒刑的以外，应当在总和刑期以下、数刑中最高刑期以上，酌情决定执行的刑期，但是管制最高不能超过三年，拘役最高不能超过一年，有期徒刑最高不能超过二十年。

“如果数罪中有判处附加刑的，附加刑仍须执行。”

犯数罪，其中一罪发生在 2011 年 5 月 1 日以后的，适用修正后刑法第六十九条的规定。最高法《关于〈中华人民共和国刑法修正案（八）〉时间效力问题的解释》法释〔2011〕9 号 2011/05/01 第六条

[适用新法] 对于 2015 年 10 月 31 日以前一人犯数罪，数罪中有判处有期徒刑和拘役，有期徒刑和管制，或者拘役和管制，予以数罪并罚的，适用修正后刑法第六十九条第二款的规定。最高法《关于〈中华人民共和国刑法修正案（九）〉时间效力问题的解释》法释〔2015〕19 号 2015/11/01 第三条

第七十条　【判决宣告后发现漏罪的并罚】判决宣告以后，刑罚执行完毕以前，发现被判刑的犯罪分子在判决宣告以前还有其他罪没有判决的，应当对新发现的罪作出判决，把前后两个判决所判处的刑罚，依照本法第六十九条的规定，决定执行的刑罚。已经执行的刑期，应当计算在新判决决定的刑期以内。

第七十一条　【判决宣告后又犯新罪的并罚】判决宣告以后，刑罚执行完毕以前，被判刑的犯罪分子又犯罪的，应当对新犯的罪作出判决，把前罪没有执行的刑罚和后罪所判处的刑罚，依照本法第六十九条的规定，决定执行的刑罚。

[数罪并罚] 对判处有期徒刑并处剥夺政治权利的罪犯，主刑已执行完毕，在执行附加刑剥夺政治权利期间又犯新罪，如果所犯新罪无须附加剥夺政治权利的，依照刑法第七十一条的规定数罪并罚。最高法《关于在执行附加刑剥夺政治权利期间犯新罪应如何处理的批复》法释〔2009〕10 号 2009/06/10 第一条

[刑罚执行完毕以前] 刑法第七十一条中的“刑罚执行完毕以前”应是指主刑执行完毕以前。如果被告人主刑已执行完毕，只是罚金尚未执行完毕的，根据刑法第五十三条的规定，人民法院在任何时候发现有可以执行的财产，应当随时追缴。因此，被告人前罪主刑已执行完毕，罚金尚未执行完毕的，应当由人民法院继续执行尚未执行完毕的罚金，不必与新罪判处的罚金数罪并罚。人大法委《关于对被告人在罚金刑执行完毕前又犯新罪的罚金应否与未执行完毕的罚金适用数罪并罚问题的答复意见》法工办复〔2017〕2 号 2017/11/26

第五节 缓 刑

第七十二条 【适用条件】对于被判处拘役、三年以下有期徒刑的犯罪分子，同时符合下列条件的，可以宣告缓刑，对其中不满十八周岁的人、怀孕的妇女和已满七十五周岁的人，应当宣告缓刑：

（一）犯罪情节较轻；

（二）有悔罪表现；

（三）没有再犯罪的危险；

（四）宣告缓刑对所居住社区没有重大不良影响。

宣告缓刑，可以根据犯罪情况，同时禁止犯罪分子在缓刑考验期限内从事特定活动，进入特定区域、场所，接触特定的人。

被宣告缓刑的犯罪分子，如果被判处附加刑，附加刑仍须执行。①

[裁判要旨 抢劫罪类 未成年人犯罪项 禁止项] 对判处管制或者宣告缓刑的未成年被告人，可以根据其犯罪的具体情况以及禁止事项与所犯罪行的关联程度，对其适用“禁止令”。对于未成年人因上网诱发犯罪的，可以禁止其在一定期限内进入网吧等特定场所。**最高法指导案例 14 号：董某某、宋某某抢劫案**

[对未成年罪犯适用缓刑] 对未成年罪犯符合刑法第七十二条第一款规定的，可以宣告缓刑。如果同时具有下列情形之一，对其适用缓刑确实不致再危害社会的，应当宣告缓刑：

---

① 根据 2011 年 5 月 1 日《刑法修正案（八）》修改，原条文为：“对于被判处拘役、三年以下有期徒刑的犯罪分子，根据犯罪分子的犯罪情节和悔罪表现，适用缓刑确实不致再危害社会的，可以宣告缓刑。

“被宣告缓刑的犯罪分子，如果被判处附加刑，附加刑仍须执行。”

（一）初次犯罪；

（二）积极退赃或赔偿被害人经济损失；

（三）具备监护、帮教条件。最高法《关于审理未成年人刑事案件具体应用法律若干问题的解释》法释〔2006〕1号 2006/01/23 第十六条

[宣告禁止令] 对判处管制、宣告缓刑的犯罪分子，人民法院根据犯罪情况，认为从促进犯罪分子教育矫正、有效维护社会秩序的需要出发，确有必要禁止其在管制执行期间、缓刑考验期限内从事特定活动，进入特定区域、场所，接触特定人的，可以根据刑法第三十八条第二款、第七十二条第二款的规定，同时宣告禁止令。两高、公安部、司法部《关于对判处管制、宣告缓刑的犯罪分子适用禁止令有关问题的规定（试行）》法发〔2011〕9号 2011/05/01 第一条

[禁止"从事特定活动，进入特定区域、场所，接触特定的人"的一项或者几项内容] 人民法院宣告禁止令，应当根据犯罪分子的犯罪原因、犯罪性质、犯罪手段、犯罪后的悔罪表现、个人一贯表现等情况，充分考虑与犯罪分子所犯罪行的关联程度，有针对性地决定禁止其在管制执行期间、缓刑考验期限内"从事特定活动，进入特定区域、场所，接触特定的人"的一项或者几项内容。两高、公安部、司法部《关于对判处管制、宣告缓刑的犯罪分子适用禁止令有关问题的规定（试行）》法发〔2011〕9号 2011/05/01 第二条

[禁止从事一项或几项活动] 人民法院可以根据犯罪情况，禁止判处管制、宣告缓刑的犯罪分子在管制执行期间、缓刑考验期限内从事以下一项或者几项活动：

（一）个人为进行违法犯罪活动而设立公司、企业、事业单位或者在设立公司、企业、事业单位后以实施犯罪为主要活动的，禁止设立公司、企业、事业单位；

（二）实施证券犯罪、贷款犯罪、票据犯罪、信用卡犯罪等金融犯罪的，禁止从事证券交易、申领贷款、使用票据或者申领、使用信用卡等金融活动；

（三）利用从事特定生产经营活动实施犯罪的，禁止从事相关生产经营活动；

（四）附带民事赔偿义务未履行完毕，违法所得未追缴、退赔到位，

或者罚金尚未足额缴纳的，禁止从事高消费活动；

（五）其他确有必要禁止从事的活动。**两高、公安部、司法部《关于对判处管制、宣告缓刑的犯罪分子适用禁止令有关问题的规定（试行）》法发〔2011〕9号 2011/05/01 第三条**

[禁止进入一类或几类区域、场所] 人民法院可以根据犯罪情况，禁止判处管制、宣告缓刑的犯罪分子在管制执行期间、缓刑考验期限内进入以下一类或者几类区域、场所：

（一）禁止进入夜总会、酒吧、迪厅、网吧等娱乐场所；

（二）未经执行机关批准，禁止进入举办大型群众性活动的场所；

（三）禁止进入中小学校区、幼儿园园区及周边地区，确因本人就学、居住等原因，经执行机关批准的除外；

（四）其他确有必要禁止进入的区域、场所。**两高、公安部、司法部《关于对判处管制、宣告缓刑的犯罪分子适用禁止令有关问题的规定（试行）》法发〔2011〕9号 2011/05/01 第四条**

[禁止接触一类或几类人员] 人民法院可以根据犯罪情况，禁止判处管制、宣告缓刑的犯罪分子在管制执行期间、缓刑考验期限内接触以下一类或者几类人员：

（一）未经对方同意，禁止接触被害人及其法定代理人、近亲属；

（二）未经对方同意，禁止接触证人及其法定代理人、近亲属；

（三）未经对方同意，禁止接触控告人、批评人、举报人及其法定代理人、近亲属；

（四）禁止接触同案犯；

（五）禁止接触其他可能遭受其侵害、滋扰的人或者可能诱发其再次危害社会的人。**两高、公安部、司法部《关于对判处管制、宣告缓刑的犯罪分子适用禁止令有关问题的规定（试行）》法发〔2011〕9号 2011/05/01 第五条**

[禁止令的期限、计算] 禁止令的期限，既可以与管制执行、缓刑考验的期限相同，也可以短于管制执行、缓刑考验的期限，但判处管制的，禁止令的期限不得少于三个月，宣告缓刑的，禁止令的期限不得少于二个月。

判处管制的犯罪分子在判决执行以前先行羁押以致管制执行的期限少

于三个月的，禁止令的期限不受前款规定的最短期限的限制。

禁止令的执行期限，从管制、缓刑执行之日起计算。**两高、公安部、司法部《关于对判处管制、宣告缓刑的犯罪分子适用禁止令有关问题的规定（试行）》法发〔2011〕9号 2011/05/01 第六条**

［提出禁止令建议、意见］ 人民检察院在提起公诉时，对可能判处管制、宣告缓刑的被告人可以提出宣告禁止令的建议。当事人、辩护人、诉讼代理人可以就应否对被告人宣告禁止令提出意见，并说明理由。

公安机关在移送审查起诉时，可以根据犯罪嫌疑人涉嫌犯罪的情况，就应否宣告禁止令及宣告何种禁止令，向人民检察院提出意见。**两高、公安部、司法部《关于对判处管制、宣告缓刑的犯罪分子适用禁止令有关问题的规定（试行）》法发〔2011〕9号 2011/05/01 第七条**

［单独列项宣告］ 人民法院对判处管制、宣告缓刑的被告人宣告禁止令的，应当在裁判文书主文部分单独作为一项予以宣告。**两高、公安部、司法部《关于对判处管制、宣告缓刑的犯罪分子适用禁止令有关问题的规定（试行）》法发〔2011〕9号 2011/05/01 第八条**

［禁止令的执行］ 禁止令由司法行政机关指导管理的社区矫正机构负责执行。**两高、公安部、司法部《关于对判处管制、宣告缓刑的犯罪分子适用禁止令有关问题的规定（试行）》法发〔2011〕9号 2011/05/01 第九条**

［检察院监督执行禁止令的活动］ 人民检察院对社区矫正机构执行禁止令的活动实行监督。发现有违反法律规定的情况，应当通知社区矫正机构纠正。**两高、公安部、司法部《关于对判处管制、宣告缓刑的犯罪分子适用禁止令有关问题的规定（试行）》法发〔2011〕9号 2011/05/01 第十条**

［违反禁止令的治安处罚］ 判处管制的犯罪分子违反禁止令，或者被宣告缓刑的犯罪分子违反禁止令尚不属情节严重的，由负责执行禁止令的社区矫正机构所在地的公安机关依照《中华人民共和国治安管理处罚法》第六十条的规定处罚。**两高、公安部、司法部《关于对判处管制、宣告缓刑的犯罪分子适用禁止令有关问题的规定（试行）》法发〔2011〕9号 2011/05/01 第十一条**

［违反禁止令情节严重的］ 被宣告缓刑的犯罪分子违反禁止令，情节严重的，应当撤销缓刑，执行原判刑罚。原作出缓刑裁判的人民法院应当自收到当地社区矫正机构提出的撤销缓刑建议书之日起一个月内依法作出

裁定。人民法院撤销缓刑的裁定一经作出，立即生效。

违反禁止令，具有下列情形之一的，应当认定为“情节严重”：

（一）三次以上违反禁止令的；

（二）因违反禁止令被治安管理处罚后，再次违反禁止令的；

（三）违反禁止令，发生较为严重危害后果的；

（四）其他情节严重的情形。**两高、公安部、司法部《关于对判处管制、宣告缓刑的犯罪分子适用禁止令有关问题的规定（试行）》法发〔2011〕9号 2011/05/01 第十二条**

［**禁止令期限的缩短**］被宣告禁止令的犯罪分子被依法减刑时，禁止令的期限可以相应缩短，由人民法院在减刑裁定中确定新的禁止令期限。**两高、公安部、司法部《关于对判处管制、宣告缓刑的犯罪分子适用禁止令有关问题的规定（试行）》法发〔2011〕9号 2011/05/01 第十三条**

［**数罪亦可缓刑**］根据刑法第七十二条的规定，可以适用缓刑的对象是被判处拘役、三年以下有期徒刑的犯罪分子；条件是根据犯罪分子的犯罪情节和悔罪表现，适用缓刑确实不致再危害社会。对于判决宣告以前犯数罪的犯罪分子，只要判决执行的刑罚为拘役、三年以下有期徒刑，且符合根据犯罪分子的犯罪情节和悔罪表现，适用缓刑确实不致再危害社会的案件，依法可以适用缓刑。**最高检《关于对数罪并罚决定执行刑期为三年以下有期徒刑的犯罪分子能否适用缓刑问题的复函》〔1998〕高检研发第16号 1998/09/17**

第七十三条　【考验期限】拘役的缓刑考验期限为原判刑期以上一年以下，但是不能少于二个月。

有期徒刑的缓刑考验期限为原判刑期以上五年以下，但是不能少于一年。

缓刑考验期限，从判决确定之日起计算。

第七十四条　【累犯不适用缓刑】对于累犯和犯罪集团的首要分子，不适用缓刑。[①]

第七十五条　【缓刑犯应遵守的规定】被宣告缓刑的犯罪分

---

① 根据2011年5月1日《刑法修正案（八）》修改，原条文为：“对于累犯，不适用缓刑。”

子，应当遵守下列规定：

（一）遵守法律、行政法规，服从监督；

（二）按照考察机关的规定报告自己的活动情况；

（三）遵守考察机关关于会客的规定；

（四）离开所居住的市、县或者迁居，应当报经考察机关批准。

第七十六条　【缓刑的考验及其积极后果】对宣告缓刑的犯罪分子，在缓刑考验期限内，依法实行社区矫正，如果没有本法第七十七条规定的情形，缓刑考验期满，原判的刑罚就不再执行，并公开予以宣告。①

第七十七条　【缓刑的撤销及其处理】被宣告缓刑的犯罪分子，在缓刑考验期限内犯新罪或者发现判决宣告以前还有其他罪没有判决的，应当撤销缓刑，对新犯的罪或者新发现的罪作出判决，把前罪和后罪所判处的刑罚，依照本法第六十九条的规定，决定执行的刑罚。

被宣告缓刑的犯罪分子，在缓刑考验期限内，违反法律、行政法规或者国务院有关部门关于缓刑的监督管理规定，或者违反人民法院判决中的禁止令，情节严重的，应当撤销缓刑，执行原判刑罚。②

［刑法修正案八之适用］对于2011年4月30日以前犯罪，依法应当判处管制或者宣告缓刑的，人民法院根据犯罪情况，认为确有必要同时禁止犯罪分子在管制期间或者缓刑考验期内从事特定活动，进入特定区域、场

---

① 根据2011年5月1日《刑法修正案（八）》修改，原条文为："被宣告缓刑的犯罪分子，在缓刑考验期限内，由公安机关考察，所在单位或者基层组织予以配合，如果没有本法第七十七条规定的情形，缓刑考验期满，原判的刑罚就不再执行，并公开予以宣告。"

② 根据2011年5月1日《刑法修正案（八）》修改，原条文为："被宣告缓刑的犯罪分子，在缓刑考验期限内，违反法律、行政法规或者国务院公安部门有关缓刑的监督管理规定，情节严重的，应当撤销缓刑，执行原判刑罚。"

所，接触特定人的，适用修正后刑法第三十八条第二款或者第七十二条第二款的规定。

犯罪分子在管制期间或者缓刑考验期内，违反人民法院判决中的禁止令的，适用修正后刑法第三十八条第四款或者第七十七条第二款的规定。最高法《关于〈中华人民共和国刑法修正案（八）〉时间效力问题的解释》法释〔2011〕9号 2011/05/01 第一条

[宣告缓刑前羁押的时间可抵刑期] 根据刑法第七十七条的规定，对被宣告缓刑的犯罪分子撤销缓刑执行原判刑罚的，对其在宣告缓刑前羁押的时间应当折抵刑期。最高法《关于撤销缓刑时罪犯在宣告缓刑前羁押的时间能否折抵刑期问题的批复》法释〔2002〕11号 2002/04/18

[要旨　抢劫罪类　第二审程序刑事抗诉项　未成年人与成年人共同犯罪项　分案起诉项　累犯项 (未成年人犯罪不构成累犯)]

1. 办理未成年人与成年人共同犯罪案件，一般应当将未成年人与成年人分案起诉，但对于未成年人系犯罪集团的组织者或者其他共同犯罪中的主犯，或者具有其他不宜分案起诉情形的，可以不分案起诉。

2. 办理未成年人与成年人共同犯罪案件，应当根据未成年人在共同犯罪中的地位、作用，综合考量未成年人实施犯罪行为的动机和目的、犯罪时的年龄、是否属于初犯、偶犯、犯罪后的悔罪表现、个人成长经历和一贯表现等因素，依法从轻或者减轻处罚。

3. 未成年人犯罪不构成累犯。检例第19号：张某、沈某某等七人抢劫案

第六节　减　刑

第七十八条　【适用条件与限度】 被判处管制、拘役、有期徒刑、无期徒刑的犯罪分子，在执行期间，如果认真遵守监规，接受教育改造，确有悔改表现的，或者有立功表现的，可以减刑；有下列重大立功表现之一的，应当减刑：

（一）阻止他人重大犯罪活动的；

（二）检举监狱内外重大犯罪活动，经查证属实的；

（三）有发明创造或者重大技术革新的；

（四）在日常生产、生活中舍己救人的；

（五）在抗御自然灾害或者排除重大事故中，有突出表现的；

（六）对国家和社会有其他重大贡献的。

减刑以后实际执行的刑期不能少于下列期限：

（一）判处管制、拘役、有期徒刑的，不能少于原判刑期的二分之一；

（二）判处无期徒刑的，不能少于十三年；

（三）人民法院依照本法第五十条第二款规定限制减刑的死刑缓期执行的犯罪分子，缓期执行期满后依法减为无期徒刑的，不能少于二十五年，缓期执行期满后依法减为二十五年有期徒刑的，不能少于二十年。①

［减刑、假释适用之目的］减刑、假释是激励罪犯改造的刑罚制度，减刑、假释的适用应当贯彻宽严相济刑事政策，最大限度地发挥刑罚的功能，实现刑罚的目的。最高法《关于办理减刑、假释案件具体应用法律的规定》法释〔2016〕23号 2017/01/01 第一条

［可以减刑条件之因素］对于罪犯符合刑法第七十八条第一款规定"可以减刑"条件的案件，在办理时应当综合考察罪犯犯罪的性质和具体情节、社会危害程度、原判刑罚及生效裁判中财产性判项的履行情况、交付执行后的一贯表现等因素。最高法《关于办理减刑、假释案件具体应用法律的规定》法释〔2016〕23号 2017/01/01 第二条

［确有悔改表现］"确有悔改表现"是指同时具备以下条件：

（一）认罪悔罪；

（二）遵守法律法规及监规，接受教育改造；

① 根据2011年5月1日《刑法修正案（八）》修改，原条文为："减刑以后实际执行的刑期，判处管制、拘役、有期徒刑的，不能少于原判刑期的二分之一；判处无期徒刑的，不能少于十年。"

（三）积极参加思想、文化、职业技术教育；

（四）积极参加劳动，努力完成劳动任务。

对职务犯罪、破坏金融管理秩序和金融诈骗犯罪、组织（领导、参加、包庇、纵容）黑社会性质组织犯罪等罪犯，不积极退赃、协助追缴赃款赃物、赔偿损失，或者服刑期间利用个人影响力和社会关系等不正当手段意图获得减刑、假释的，不认定其“确有悔改表现”。

罪犯在刑罚执行期间的申诉权利应当依法保护，对其正当申诉不能不加分析地认为是不认罪悔罪。**最高法《关于办理减刑、假释案件具体应用法律的规定》法释〔2016〕23号 2017/01/01 第三条**

［立功表现］具有下列情形之一的，可以认定为有“立功表现”：

（一）阻止他人实施犯罪活动的；

（二）检举、揭发监狱内外犯罪活动，或者提供重要的破案线索，经查证属实的；

（三）协助司法机关抓捕其他犯罪嫌疑人的；

（四）在生产、科研中进行技术革新，成绩突出的；

（五）在抗御自然灾害或者排除重大事故中，表现积极的；

（六）对国家和社会有其他较大贡献的。

第（四）项、第（六）项中的技术革新或者其他较大贡献应当由罪犯在刑罚执行期间独立或者为主完成，并经省级主管部门确认。**最高法《关于办理减刑、假释案件具体应用法律的规定》法释〔2016〕23号 2017/01/01 第四条**

［重大立功表现］具有下列情形之一的，应当认定为有“重大立功表现”：

（一）阻止他人实施重大犯罪活动的；

（二）检举监狱内外重大犯罪活动，经查证属实的；

（三）协助司法机关抓捕其他重大犯罪嫌疑人的；

（四）有发明创造或者重大技术革新的；

（五）在日常生产、生活中舍己救人的；

（六）在抗御自然灾害或者排除重大事故中，有突出表现的；

（七）对国家和社会有其他重大贡献的。

第（四）项中的发明创造或者重大技术革新应当是罪犯在刑罚执行期间独立或者为主完成并经国家主管部门确认的发明专利，且不包括实用新型专利和外观设计专利；第（七）项中的其他重大贡献应当由罪犯在刑罚执行期间独立或者为主完成，并经国家主管部门确认。**最高法《关于办理减刑、假释案件具体应用法律的规定》法释〔2016〕23号 2017/01/01 第五条**

[减刑起始时间] 被判处有期徒刑的罪犯减刑起始时间为：不满五年有期徒刑的，应当执行一年以上方可减刑；五年以上不满十年有期徒刑的，应当执行一年六个月以上方可减刑；十年以上有期徒刑的，应当执行二年以上方可减刑。有期徒刑减刑的起始时间自判决执行之日起计算。**最高法《关于办理减刑、假释案件具体应用法律的规定》法释〔2016〕23号 2017/01/01 第六条第一款**

[判决执行之日] 本规定所称"判决执行之日"，是指罪犯实际送交刑罚执行机关之日。**最高法《关于办理减刑、假释案件具体应用法律的规定》法释〔2016〕23号 2017/01/01 第四十条第一款**

[减刑起始时间和间隔时间限制] 确有悔改表现或者有立功表现的，一次减刑不超过九个月有期徒刑；确有悔改表现并有立功表现的，一次减刑不超过一年有期徒刑；有重大立功表现的，一次减刑不超过一年六个月有期徒刑；确有悔改表现并有重大立功表现的，一次减刑不超过二年有期徒刑。

被判处不满十年有期徒刑的罪犯，两次减刑间隔时间不得少于一年；被判处十年以上有期徒刑的罪犯，两次减刑间隔时间不得少于一年六个月。减刑间隔时间不得低于上次减刑减去的刑期。

罪犯有重大立功表现的，可以不受上述减刑起始时间和间隔时间的限制。**最高法《关于办理减刑、假释案件具体应用法律的规定》法释〔2016〕23号 2017/01/01 第六条第二款、第三款、第四款**

[减刑幅度从严掌握之情形] 对符合减刑条件的职务犯罪罪犯，破坏金融管理秩序和金融诈骗犯罪罪犯，组织、领导、参加、包庇、纵容黑社会性质组织犯罪罪犯，危害国家安全犯罪罪犯，恐怖活动犯罪罪犯，毒品犯罪集团的首要分子及毒品再犯，累犯，确有履行能力而不履行或者不全部履行生效裁判中财产性判项的罪犯，被判处十年以下有期徒刑的，执行

二年以上方可减刑，减刑幅度应当比照本规定第六条从严掌握，一次减刑不超过一年有期徒刑，两次减刑之间应当间隔一年以上。

对被判处十年以上有期徒刑的前款罪犯，以及因故意杀人、强奸、抢劫、绑架、放火、爆炸、投放危险物质或者有组织的暴力性犯罪被判处十年以上有期徒刑的罪犯，数罪并罚且其中两罪以上被判处十年以上有期徒刑的罪犯，执行二年以上方可减刑，减刑幅度应当比照本规定第六条从严掌握，一次减刑不超过一年有期徒刑，两次减刑之间应当间隔一年六个月以上。

罪犯有重大立功表现的，可以不受上述减刑起始时间和间隔时间的限制。**最高法《关于办理减刑、假释案件具体应用法律的规定》法释〔2016〕23号 2017/01/01 第七条**

［被判处无期徒刑的罪犯的减刑起始时间和间隔时间］被判处无期徒刑的罪犯在刑罚执行期间，符合减刑条件的，执行二年以上，可以减刑。减刑幅度为：确有悔改表现或者有立功表现的，可以减为二十二年有期徒刑；确有悔改表现并有立功表现的，可以减为二十一年以上二十二年以下有期徒刑；有重大立功表现的，可以减为二十年以上二十一年以下有期徒刑；确有悔改表现并有重大立功表现的，可以减为十九年以上二十年以下有期徒刑。无期徒刑罪犯减为有期徒刑后再减刑时，减刑幅度依照本规定第六条的规定执行。两次减刑间隔时间不得少于二年。

罪犯有重大立功表现的，可以不受上述减刑起始时间和间隔时间的限制。**最高法《关于办理减刑、假释案件具体应用法律的规定》法释〔2016〕23号 2017/01/01 第八条**

［被判处无期徒刑的职务犯罪罪犯的减刑起始时间和间隔时间］对被判处无期徒刑的职务犯罪罪犯，破坏金融管理秩序和金融诈骗犯罪罪犯，组织、领导、参加、包庇、纵容黑社会性质组织犯罪罪犯，危害国家安全犯罪罪犯，恐怖活动犯罪罪犯，毒品犯罪集团的首要分子及毒品再犯，累犯以及因故意杀人、强奸、抢劫、绑架、放火、爆炸、投放危险物质或者有组织的暴力性犯罪的罪犯，确有履行能力而不履行或者不全部履行生效裁判中财产性判项的罪犯，数罪并罚被判处无期徒刑的罪犯，符合减刑条

件的，执行三年以上方可减刑，减刑幅度应当比照本规定第八条从严掌握，减刑后的刑期最低不得少于二十年有期徒刑；减为有期徒刑后再减刑时，减刑幅度比照本规定第六条从严掌握，一次不超过一年有期徒刑，两次减刑之间应当间隔二年以上。

罪犯有重大立功表现的，可以不受上述减刑起始时间和间隔时间的限制。最高法《关于办理减刑、假释案件具体应用法律的规定》法释〔2016〕23号 2017/01/01 第九条

［被判处死刑缓期执行的罪犯减为无期徒刑后的减刑起始时间和间隔时间］被判处死刑缓期执行的罪犯减为无期徒刑后，符合减刑条件的，执行三年以上方可减刑。减刑幅度为：确有悔改表现或者有立功表现的，可以减为二十五年有期徒刑；确有悔改表现并有立功表现的，可以减为二十四年以上二十五年以下有期徒刑；有重大立功表现的，可以减为二十三年以上二十四年以下有期徒刑；确有悔改表现并有重大立功表现的，可以减为二十二年以上二十三年以下有期徒刑。

被判处死刑缓期执行的罪犯减为有期徒刑后再减刑时，比照本规定第八条的规定办理。最高法《关于办理减刑、假释案件具体应用法律的规定》法释〔2016〕23号 2017/01/01 第十条

［特别罪犯的减刑起始时间和间隔时间］对被判处死刑缓期执行的职务犯罪罪犯，破坏金融管理秩序和金融诈骗犯罪罪犯，组织、领导、参加、包庇、纵容黑社会性质组织犯罪罪犯，危害国家安全犯罪罪犯，恐怖活动犯罪罪犯，毒品犯罪集团的首要分子及毒品再犯，累犯以及因故意杀人、强奸、抢劫、绑架、放火、爆炸、投放危险物质或者有组织的暴力性犯罪的罪犯，确有履行能力而不履行或者不全部履行生效裁判中财产性判项的罪犯，数罪并罚被判处死刑缓期执行的罪犯，减为无期徒刑后，符合减刑条件的，执行三年以上方可减刑，一般减为二十五年有期徒刑，有立功表现或者重大立功表现的，可以比照本规定第十条减为二十三年以上二十五年以下有期徒刑；减为有期徒刑后再减刑时，减刑幅度比照本规定第六条从严掌握，一次不超过一年有期徒刑，两次减刑之间应当间隔二年以上。最高法《关于办理减刑、假释案件具体应用法律的规定》法释〔2016〕23号

2017/01/01 第十一条

[被判处死刑缓期执行的罪犯减刑后实际执行的刑期] 被判处死刑缓期执行的罪犯经过一次或者几次减刑后，其实际执行的刑期不得少于十五年，死刑缓期执行期间不包括在内。

死刑缓期执行罪犯在缓期执行期间不服从监管、抗拒改造，尚未构成犯罪的，在减为无期徒刑后再减刑时应当适当从严。最高法《关于办理减刑、假释案件具体应用法律的规定》法释〔2016〕23号 2017/01/01 第十二条

[被限制减刑的死刑缓期执行罪犯，减为无期徒刑后的减刑] 被限制减刑的死刑缓期执行罪犯，减为无期徒刑后，符合减刑条件的，执行五年以上方可减刑。减刑间隔时间和减刑幅度依照本规定第十一条的规定执行。最高法《关于办理减刑、假释案件具体应用法律的规定》法释〔2016〕23号 2017/01/01 第十三条

[被限制减刑的死刑缓期执行罪犯，减为有期徒刑后再减刑时的减刑时间和减刑间隔时间] 被限制减刑的死刑缓期执行罪犯，减为有期徒刑后再减刑时，一次减刑不超过六个月有期徒刑，两次减刑间隔时间不得少于二年。有重大立功表现的，间隔时间可以适当缩短，但一次减刑不超过一年有期徒刑。最高法《关于办理减刑、假释案件具体应用法律的规定》法释〔2016〕23号 2017/01/01 第十四条

[减刑间隔时间] 本规定所称“减刑间隔时间”，是指前一次减刑裁定送达之日起至本次减刑报请之日止的期间。最高法《关于办理减刑、假释案件具体应用法律的规定》法释〔2016〕23号 2017/01/01 第四十条第二款

[终身监禁] 对被判处终身监禁的罪犯，在死刑缓期执行期满依法减为无期徒刑的裁定中，应当明确终身监禁，不得再减刑或者假释。最高法《关于办理减刑、假释案件具体应用法律的规定》法释〔2016〕23号 2017/01/01 第十五条

[被判处管制、拘役的罪犯 判决生效后剩余刑期不满二年有期徒刑的罪犯 减刑起始时间 实际执行刑期] 被判处管制、拘役的罪犯，以及判决生效后剩余刑期不满二年有期徒刑的罪犯，符合减刑条件的，可以酌情减刑，减刑起始时间可以适当缩短，但实际执行的刑期不得少于原判刑期的二分之一。最高法《关于办理减刑、假释案件具体应用法律的规定》法释

〔2016〕23 号 2017/01/01 第十六条

[附加剥夺政治权利的期限的酌减] 被判处有期徒刑罪犯减刑时，对附加剥夺政治权利的期限可以酌减。酌减后剥夺政治权利的期限，不得少于一年。

被判处死刑缓期执行、无期徒刑的罪犯减为有期徒刑时，应当将附加剥夺政治权利的期限减为七年以上十年以下，经过一次或者几次减刑后，最终剥夺政治权利的期限不得少于三年。最高法《关于办理减刑、假释案件具体应用法律的规定》法释〔2016〕23 号 2017/01/01 第十七条

[被判处拘役　三年以下有期徒刑并宣告缓刑的罪犯　一般不适用减刑　重大立功除外] 被判处拘役或者三年以下有期徒刑，并宣告缓刑的罪犯，一般不适用减刑。

前款规定的罪犯在缓刑考验期内有重大立功表现的，可以参照刑法第七十八条的规定予以减刑，同时应当依法缩减其缓刑考验期。缩减后，拘役的缓刑考验期限不得少于二个月，有期徒刑的缓刑考验期限不得少于一年。最高法《关于办理减刑、假释案件具体应用法律的规定》法释〔2016〕23 号 2017/01/01 第十八条

[报请减刑前的服刑期间不满 18 周岁　且所犯罪行不属于刑法第 81 条第 2 款规定情形的罪犯　视为确有悔改表现] 对在报请减刑前的服刑期间不满十八周岁，且所犯罪行不属于刑法第八十一条第二款规定情形的罪犯，认罪悔罪，遵守法律法规及监规，积极参加学习、劳动，应当视为确有悔改表现。最高法《关于办理减刑、假释案件具体应用法律的规定》法释〔2016〕23 号 2017/01/01 第十九条第一款

[适当放宽　适当缩短] 对上述罪犯减刑时，减刑幅度可以适当放宽，或者减刑起始时间、间隔时间可以适当缩短，但放宽的幅度和缩短的时间不得超过本规定中相应幅度、时间的三分之一。最高法《关于办理减刑、假释案件具体应用法律的规定》法释〔2016〕23 号 2017/01/01 第十九条第二款

[老年罪犯、患严重疾病罪犯或者身体残疾罪犯的减刑] 老年罪犯、患严重疾病罪犯或者身体残疾罪犯减刑时，应当主要考察其认罪悔罪的实际表现。

对基本丧失劳动能力，生活难以自理的上述罪犯减刑时，减刑幅度可

以适当放宽，或者减刑起始时间、间隔时间可以适当缩短，但放宽的幅度和缩短的时间不得超过本规定中相应幅度、时间的三分之一。**最高法《关于办理减刑、假释案件具体应用法律的规定》法释〔2016〕23号 2017/01/01 第二十条**

[老年罪犯] 本规定所称“老年罪犯”，是指报请减刑、假释时年满六十五周岁的罪犯。**最高法《关于办理减刑、假释案件具体应用法律的规定》法释〔2016〕23号 2017/01/01 第三十九条第一款**

[患严重疾病罪犯] 本规定所称“患严重疾病罪犯”，是指因患有重病，久治不愈，而不能正常生活、学习、劳动的罪犯。**最高法《关于办理减刑、假释案件具体应用法律的规定》法释〔2016〕23号 2017/01/01 第三十九条第二款**

[身体残疾罪犯] 本规定所称“身体残疾罪犯”，是指因身体有肢体或者器官残缺、功能不全或者丧失功能，而基本丧失生活、学习、劳动能力的罪犯，但是罪犯犯罪后自伤致残的除外。**最高法《关于办理减刑、假释案件具体应用法律的规定》法释〔2016〕23号 2017/01/01 第三十九条第三款**

[患有严重疾病或者有身体残疾的证明文件的审查、重新诊断、鉴定] 对刑罚执行机关提供的证明罪犯患有严重疾病或者有身体残疾的证明文件，人民法院应当审查，必要时可以委托有关单位重新诊断、鉴定。**最高法《关于办理减刑、假释案件具体应用法律的规定》法释〔2016〕23号 2017/01/01 第三十九条第四款**

[年满80周岁、身患疾病或者生活难以自理、没有再犯罪危险的罪犯的减刑 假释] 年满八十周岁、身患疾病或者生活难以自理、没有再犯罪危险的罪犯，既符合减刑条件，又符合假释条件的，优先适用假释；不符合假释条件的，参照本规定第二十条有关的规定从宽处理。**最高法《关于办理减刑、假释案件具体应用法律的规定》法释〔2016〕23号 2017/01/01 第三十一条**

[一定刑罚执行期间内不予减刑] 被判处有期徒刑、无期徒刑的罪犯在刑罚执行期间又故意犯罪，新罪被判处有期徒刑的，自新罪判决确定之日起三年内不予减刑；新罪被判处无期徒刑的，自新罪判决确定之日起四年内不予减刑。

罪犯在死刑缓期执行期间又故意犯罪，未被执行死刑的，死刑缓期执行的期间重新计算，减为无期徒刑后，五年内不予减刑。

被判处死刑缓期执行罪犯减刑后，在刑罚执行期间又故意犯罪的，依照第一款规定处理。最高法《关于办理减刑、假释案件具体应用法律的规定》法释〔2016〕23号2017/01/01第二十一条

[核实罪犯履行财产性判项的情况] 人民法院办理减刑、假释案件时，可以向原一审人民法院核实罪犯履行财产性判项的情况。原一审人民法院应当出具相关证明。最高法《关于办理减刑、假释案件具体应用法律的规定》法释〔2016〕23号2017/01/01第三十八条第二款

[协助原一审人民法院执行生效裁判中的财产性判项] 刑罚执行期间，负责办理减刑、假释案件的人民法院可以协助原一审人民法院执行生效裁判中的财产性判项。最高法《关于办理减刑、假释案件具体应用法律的规定》法释〔2016〕23号2017/01/01第三十八条第三款

[罪犯因漏罪、新罪数罪并罚时原减刑裁定的处理] 罪犯被裁定减刑后，因被发现漏罪或者又犯新罪而依法进行数罪并罚时，经减刑裁定减去的刑期不计入已经执行的刑期。

在此后对因漏罪数罪并罚的罪犯依法减刑，决定减刑的频次、幅度时，应当对其原经减刑裁定减去的刑期酌予考虑。最高法《关于罪犯因漏罪、新罪数罪并罚时原减刑裁定应如何处理的意见》法〔2012〕44号2012/01/18

[刑法修正案八之适用] 2011年4月30日以前犯罪，被判处无期徒刑的罪犯，减刑以后或者假释前实际执行的刑期，适用修正前刑法第七十八条第二款、第八十一条第一款的规定。最高法《关于〈中华人民共和国刑法修正案（八）〉时间效力问题的解释》法释〔2011〕9号2011/05/01第七条

第七十九条　【程序】对于犯罪分子的减刑，由执行机关向中级以上人民法院提出减刑建议书。人民法院应当组成合议庭进行审理，对确有悔改或者立功事实的，裁定予以减刑。非经法定程序不得减刑。

第八十条　【无期徒刑减刑的刑期计算】无期徒刑减为有期徒刑的刑期，从裁定减刑之日起计算。

[被判处无期徒刑的罪犯的减刑起始时间和间隔时间] 被判处无期徒刑的罪犯在刑罚执行期间，符合减刑条件的，执行二年以上，可以减刑。减刑幅度为：确有悔改表现或者有立功表现的，可以减为二十二年有期徒

刑；确有悔改表现并有立功表现的，可以减为二十一年以上二十二年以下有期徒刑；有重大立功表现的，可以减为二十年以上二十一年以下有期徒刑；确有悔改表现并有重大立功表现的，可以减为十九年以上二十年以下有期徒刑。无期徒刑罪犯减为有期徒刑后再减刑时，减刑幅度依照本规定第六条的规定执行。两次减刑间隔时间不得少于二年。

罪犯有重大立功表现的，可以不受上述减刑起始时间和间隔时间的限制。**最高法《关于办理减刑、假释案件具体应用法律的规定》法释〔2016〕23 号 2017/01/01 第八条**

［被判处无期徒刑的职务犯罪罪犯的减刑起始时间和间隔时间］对被判处无期徒刑的职务犯罪罪犯，破坏金融管理秩序和金融诈骗犯罪罪犯，组织、领导、参加、包庇、纵容黑社会性质组织犯罪罪犯，危害国家安全犯罪罪犯，恐怖活动犯罪罪犯，毒品犯罪集团的首要分子及毒品再犯，累犯以及因故意杀人、强奸、抢劫、绑架、放火、爆炸、投放危险物质或者有组织的暴力性犯罪的罪犯，确有履行能力而不履行或者不全部履行生效裁判中财产性判项的罪犯，数罪并罚被判处无期徒刑的罪犯，符合减刑条件的，执行三年以上方可减刑，减刑幅度应当比照本规定第八条从严掌握，减刑后的刑期最低不得少于二十年有期徒刑；减为有期徒刑后再减刑时，减刑幅度比照本规定第六条从严掌握，一次不超过一年有期徒刑，两次减刑之间应当间隔二年以上。

罪犯有重大立功表现的，可以不受上述减刑起始时间和间隔时间的限制。**最高法《关于办理减刑、假释案件具体应用法律的规定》法释〔2016〕23 号 2017/01/01 第九条**

［被判处死刑缓期执行的罪犯　在死刑缓期执行期满后被发现漏罪的］被判处死刑缓期执行的罪犯，在死刑缓期执行期满后被发现漏罪，依据刑法第七十条规定数罪并罚，决定执行死刑缓期执行的，交付执行时对罪犯实际执行无期徒刑，死缓考验期不再执行，但漏罪被判处死刑缓期执行的除外。

在无期徒刑减为有期徒刑时，前罪死刑缓期执行减为无期徒刑之日起至新判决生效之日止已经实际执行的刑期，应当计算在减刑裁定决定执行的刑期以内。

原减刑裁定减去的刑期依照本规定第三十四条处理。**最高法《关于办理减刑、假释案件具体应用法律的规定》法释〔2016〕23号 2017/01/01 第三十六条**

[被判处无期徒刑的罪犯在减为有期徒刑后发现漏罪的] 被判处无期徒刑的罪犯在减为有期徒刑后因发现漏罪，依据刑法第七十条规定数罪并罚，决定执行无期徒刑的，前罪无期徒刑生效之日起至新判决生效之日止已经实际执行的刑期，应当在新判决的无期徒刑减为有期徒刑时，在减刑裁定决定执行的刑期内扣减。

无期徒刑罪犯减为有期徒刑后因发现漏罪判处三年有期徒刑以下刑罚，数罪并罚决定执行无期徒刑的，在新判决生效后执行一年以上，符合减刑条件的，可以减为有期徒刑，减刑幅度依照本规定第八条、第九条的规定执行。

原减刑裁定减去的刑期依照本规定第三十四条处理。**最高法《关于办理减刑、假释案件具体应用法律的规定》法释〔2016〕23号 2017/01/01 第三十七条**

[财产性判项] 本规定所称“财产性判项”是指判决罪犯承担的附带民事赔偿义务判项，以及追缴、责令退赔、罚金、没收财产等判项。**最高法《关于办理减刑、假释案件具体应用法律的规定》法释〔2016〕23号 2017/01/01 第四十一条**

[被判处死刑缓期执行的罪犯减为无期徒刑后的减刑起始时间和间隔时间] 被判处死刑缓期执行的罪犯减为无期徒刑后，符合减刑条件的，执行三年以上方可减刑。减刑幅度为：确有悔改表现或者有立功表现的，可以减为二十五年有期徒刑；确有悔改表现并有立功表现的，可以减为二十四年以上二十五年以下有期徒刑；有重大立功表现的，可以减为二十三年以上二十四年以下有期徒刑；确有悔改表现并有重大立功表现的，可以减为二十二年以上二十三年以下有期徒刑。

被判处死刑缓期执行的罪犯减为有期徒刑后再减刑时，比照本规定第八条的规定办理。**最高法《关于办理减刑、假释案件具体应用法律的规定》法释〔2016〕23号 2017/01/01 第十条**

第七节 假 释

第八十一条 【适用条件】被判处有期徒刑的犯罪分子，执行原判刑期二分之一以上，被判处无期徒刑的犯罪分子，实际执行十三年以上，如果认真遵守监规，接受教育改造，确有悔改表现，没有再犯罪的危险的，可以假释。如果有特殊情况，经最高人民法院核准，可以不受上述执行刑期的限制。

对累犯以及因故意杀人、强奸、抢劫、绑架、放火、爆炸、投放危险物质或者有组织的暴力性犯罪被判处十年以上有期徒刑、无期徒刑的犯罪分子，不得假释。

对犯罪分子决定假释时，应当考虑其假释后对所居住社区的影响。[①]

[**没有再犯罪的危险的认定**] 办理假释案件，认定“没有再犯罪的危险”，除符合刑法第八十一条规定的情形外，还应当根据犯罪的具体情节、原判刑罚情况，在刑罚执行中的一贯表现，罪犯的年龄、身体状况、性格特征，假释后生活来源以及监管条件等因素综合考虑。**最高法《关于办理减刑、假释案件具体应用法律的规定》法释〔2016〕23号 2017/01/01 第二十二条**

[**假释 执行原判刑期二分之一的时间的计算**] 被判处有期徒刑的罪犯假释时，执行原判刑期二分之一的时间，应当从判决执行之日起计算，判决执行以前先行羁押的，羁押一日折抵刑期一日。**最高法《关于办理减刑、假释案件具体应用法律的规定》法释〔2016〕23号 2017/01/01 第二十三条第一款**

---

① 根据2011年5月1日《刑法修正案（八）》修改，原条文为：“被判处有期徒刑的犯罪分子，执行原判刑期二分之一以上，被判处无期徒刑的犯罪分子，实际执行十年以上，如果认真遵守监规，接受教育改造，确有悔改表现，假释后不致再危害社会的，可以假释。如果有特殊情况，经最高人民法院核准，可以不受上述执行刑期的限制。

“对累犯以及因杀人、爆炸、抢劫、强奸、绑架等暴力性犯罪被判处十年以上有期徒刑、无期徒刑的犯罪分子，不得假释。”

[判决执行之日] 本规定所称“判决执行之日”，是指罪犯实际送交刑罚执行机关之日。**最高法《关于办理减刑、假释案件具体应用法律的规定》法释〔2016〕23号 2017/01/01 第四十条第一款**

[假释　实际执行刑期不得少于13年的时间的计算] 被判处无期徒刑的罪犯假释时，刑法中关于实际执行刑期不得少于十三年的时间，应当从判决生效之日起计算。判决生效以前先行羁押的时间不予折抵。**最高法《关于办理减刑、假释案件具体应用法律的规定》法释〔2016〕23号 2017/01/01 第二十三条第二款**

[假释　实际执行15年以上的计算] 被判处死刑缓期执行的罪犯减为无期徒刑或者有期徒刑后，实际执行十五年以上，方可假释，该实际执行时间应当从死刑缓期执行期满之日起计算。死刑缓期执行期间不包括在内，判决确定以前先行羁押的时间不予折抵。**最高法《关于办理减刑、假释案件具体应用法律的规定》法释〔2016〕23号 2017/01/01 第二十三条第三款**

[刑法第81条第1款的“特殊情况”] 刑法第八十一条第一款规定的“特殊情况”，是指有国家政治、国防、外交等方面特殊需要的情况。**最高法《关于办理减刑、假释案件具体应用法律的规定》法释〔2016〕23号 2017/01/01 第二十四条**

[不得假释的罪犯] 对累犯以及因故意杀人、强奸、抢劫、绑架、放火、爆炸、投放危险物质或者有组织的暴力性犯罪被判处十年以上有期徒刑、无期徒刑的罪犯，不得假释。

因前款情形和犯罪被判处死刑缓期执行的罪犯，被减为无期徒刑、有期徒刑后，也不得假释。**最高法《关于办理减刑、假释案件具体应用法律的规定》法释〔2016〕23号 2017/01/01 第二十五条**

[适用假释可依法从宽掌握之情形] 对下列罪犯适用假释时可以依法从宽掌握：

（一）过失犯罪的罪犯、中止犯罪的罪犯、被胁迫参加犯罪的罪犯；

（二）因防卫过当或者紧急避险过当而被判处有期徒刑以上刑罚的罪犯；

（三）犯罪时未满十八周岁的罪犯；

（四）基本丧失劳动能力、生活难以自理，假释后生活确有着落的老年罪犯、患严重疾病罪犯或者身体残疾罪犯；

（五）服刑期间改造表现特别突出的罪犯；

（六）具有其他可以从宽假释情形的罪犯。

罪犯既符合法定减刑条件，又符合法定假释条件的，可以优先适用假释。**最高法《关于办理减刑、假释案件具体应用法律的规定》法释〔2016〕23号 2017/01/01 第二十六条**

［不予假释的罪犯］对于生效裁判中有财产性判项，罪犯确有履行能力而不履行或者不全部履行的，不予假释。**最高法《关于办理减刑、假释案件具体应用法律的规定》法释〔2016〕23号 2017/01/01 第二十七条**

［财产性判项］本规定所称“财产性判项”是指判决罪犯承担的附带民事赔偿义务判项，以及追缴、责令退赔、罚金、没收财产等判项。**最高法《关于办理减刑、假释案件具体应用法律的规定》法释〔2016〕23号 2017/01/01 第四十一条**

［假释的间隔时间］罪犯减刑后又假释的，间隔时间不得少于一年；对一次减去一年以上有期徒刑后，决定假释的，间隔时间不得少于一年六个月。

罪犯减刑后余刑不足二年，决定假释的，可以适当缩短间隔时间。**最高法《关于办理减刑、假释案件具体应用法律的规定》法释〔2016〕23号 2017/01/01 第二十八条**

［对未成年罪犯的减刑、假释］对未成年罪犯的减刑、假释，在掌握标准上可以比照成年罪犯依法适度放宽。

未成年罪犯能认罪服法，遵守监规，积极参加学习、劳动的，即可视为“确有悔改表现”予以减刑，其减刑的幅度可以适当放宽，间隔的时间可以相应缩短。符合刑法第八十一条第一款规定的，可以假释。

未成年罪犯在服刑期间已经成年的，对其减刑、假释可以适用上述规定。**最高法《关于审理未成年人刑事案件具体应用法律若干问题的解释》法释〔2006〕1号 2006/01/23 第十八条**

［办理假释之综合考虑因素］办理假释案件，判断“没有再犯罪的危险”，除符合刑法第八十一条规定的情形外，还应根据犯罪的具体情节、原判刑罚情况，在刑罚执行中的一贯表现，罪犯的年龄、身体状况、性格

特征，假释后生活来源以及监管条件等因素综合考虑。最高法《关于办理减刑、假释案件具体应用法律若干问题的规定》法释〔2012〕2号 2012/07/01 第十五条

[有期徒刑罪犯假释　执行原判刑期二分之一以上的起始时间] 有期徒刑罪犯假释，执行原判刑期二分之一以上的起始时间，应当从判决执行之日起计算，判决执行以前先行羁押的，羁押一日折抵刑期一日。最高法《关于办理减刑、假释案件具体应用法律若干问题的规定》法释〔2012〕2号 2012/07/01 第十六条

[特殊情况] 刑法第八十一条第一款规定的“特殊情况”，是指与国家、社会利益有重要关系的情况。最高法《关于办理减刑、假释案件具体应用法律若干问题的规定》法释〔2012〕2号 2012/07/01 第十七条

[不得假释之罪犯] 对累犯以及因故意杀人、强奸、抢劫、绑架、放火、爆炸、投放危险物质或者有组织的暴力性犯罪被判处十年以上有期徒刑、无期徒刑的罪犯，不得假释。

因前款情形和犯罪被判处死刑缓期执行的罪犯，被减为无期徒刑、有期徒刑后，也不得假释。最高法《关于办理减刑、假释案件具体应用法律若干问题的规定》法释〔2012〕2号 2012/07/01 第十八条

[未成年罪犯的减刑、假释适当从宽原则] 未成年罪犯的减刑、假释，可以比照成年罪犯依法适当从宽。最高法《关于办理减刑、假释案件具体应用法律若干问题的规定》法释〔2012〕2号 2012/07/01 第十九条第一款

[未成年罪犯　视为确有悔改表现　减刑幅度适当放宽　间隔时间相应缩短] 未成年罪犯能认罪悔罪，遵守法律法规及监规，积极参加学习、劳动的，应视为确有悔改表现，减刑的幅度可以适当放宽，起始时间、间隔时间可以相应缩短。符合刑法第八十一条第一款规定的，可以假释。最高法《关于办理减刑、假释案件具体应用法律若干问题的规定》法释〔2012〕2号 2012/07/01 第十九条第二款

[未成年罪犯] 前两款所称未成年罪犯，是指减刑时不满十八周岁的罪犯。最高法《关于办理减刑、假释案件具体应用法律若干问题的规定》法释〔2012〕2号 2012/07/01 第十九条第三款

[老年、身体残疾（不含自伤致残）、患严重疾病罪犯的减刑、假释] 老年、身体残疾（不含自伤致残）、患严重疾病罪犯的减刑、假释，应当

主要注重悔罪的实际表现。

基本丧失劳动能力、生活难以自理的老年、身体残疾、患严重疾病的罪犯，能够认真遵守法律法规及监规，接受教育改造，应视为确有悔改表现，减刑的幅度可以适当放宽，起始时间、间隔时间可以相应缩短。假释后生活确有着落的，除法律和本解释规定不得假释的情形外，可以依法假释。

对身体残疾罪犯和患严重疾病罪犯进行减刑、假释，其残疾、疾病程度应由法定鉴定机构依法作出认定。**最高法《关于办理减刑、假释案件具体应用法律若干问题的规定》法释〔2012〕2号 2012/07/01 第二十条**

[死缓减刑可以假释] 对死刑缓期执行罪犯减为无期徒刑或者有期徒刑后，符合刑法第八十一条第一款和本规定第九条第二款、第十八条规定的，可以假释。**最高法《关于办理减刑、假释案件具体应用法律若干问题的规定》法释〔2012〕2号 2012/07/01 第二十一条**

[减刑又假释] 罪犯减刑后又假释的间隔时间，一般为一年；对一次减去二年有期徒刑后，决定假释的，间隔时间不能少于二年。

罪犯减刑后余刑不足二年，决定假释的，可以适当缩短间隔时间。**最高法《关于办理减刑、假释案件具体应用法律若干问题的规定》法释〔2012〕2号 2012/07/01 第二十二条**

[重审案件的减刑、假释] 人民法院按照审判监督程序重新审理的案件，维持原判决、裁定的，原减刑、假释裁定效力不变；改变原判决、裁定的，应由刑罚执行机关依照再审裁判情况和原减刑、假释情况，提请有管辖权的人民法院重新作出减刑、假释裁定。**最高法《关于办理减刑、假释案件具体应用法律若干问题的规定》法释〔2012〕2号 2012/07/01 第二十三条**

[减刑、假释审查执行机关移送的材料] 人民法院受理减刑、假释案件，应当审查执行机关是否移送下列材料：

（一）减刑或者假释建议书；

（二）终审法院的裁判文书、执行通知书、历次减刑裁定书的复制件；

（三）罪犯确有悔改或者立功、重大立功表现的具体事实的书面证明材料；

（四）罪犯评审鉴定表、奖惩审批表等；

（五）其他根据案件的审理需要移送的材料。**最高法《关于办理减刑、假**

释案件具体应用法律若干问题的规定》法释〔2012〕2号 2012/07/01 第二十四条第一款

[提请假释　附调查评估报告] 提请假释的，应当附有社区矫正机构关于罪犯假释后对所居住社区影响的调查评估报告。最高法《关于办理减刑、假释案件具体应用法律若干问题的规定》法释〔2012〕2号 2012/07/01 第二十四条第二款

[减刑、假释的检察意见一并移送] 人民检察院对提请减刑、假释案件提出的检察意见，应当一并移送受理减刑、假释案件的人民法院。最高法《关于办理减刑、假释案件具体应用法律若干问题的规定》法释〔2012〕2号 2012/07/01 第二十四条第三款

[补送材料] 经审查，如果前三款规定的材料齐备的，应当立案；材料不齐备的，应当通知提请减刑、假释的执行机关补送。最高法《关于办理减刑、假释案件具体应用法律若干问题的规定》法释〔2012〕2号 2012/07/01 第二十四条第四款

[公示原则及公示内容] 人民法院审理减刑、假释案件，应当一律予以公示。公示地点为罪犯服刑场所的公共区域。有条件的地方，应面向社会公示，接受社会监督。公示应当包括下列内容：

（一）罪犯的姓名；

（二）原判认定的罪名和刑期；

（三）罪犯历次减刑情况；

（四）执行机关的减刑、假释建议和依据；

（五）公示期限；

（六）意见反馈方式等。最高法《关于办理减刑、假释案件具体应用法律若干问题的规定》法释〔2012〕2号 2012/07/01 第二十五条

[应开庭审理之减刑、假释案件] 人民法院审理减刑、假释案件，可以采用书面审理的方式。但下列案件，应当开庭审理：

（一）因罪犯有重大立功表现提请减刑的；

（二）提请减刑的起始时间、间隔时间或者减刑幅度不符合一般规定的；

（三）在社会上有重大影响或社会关注度高的；

（四）公示期间收到投诉意见的；

（五）人民检察院有异议的；

（六）人民法院认为有开庭审理必要的。最高法《关于办理减刑、假释案件具体应用法律若干问题的规定》法释〔2012〕2号 2012/07/01 第二十六条

［提请撤回减刑、假释建议］在人民法院作出减刑、假释裁定前，执行机关书面提请撤回减刑、假释建议的，是否准许，由人民法院决定。最高法《关于办理减刑、假释案件具体应用法律若干问题的规定》法释〔2012〕2号 2012/07/01 第二十七条

［减刑、假释的裁定的送达］减刑、假释的裁定，应当在裁定作出之日起七日内送达有关执行机关、人民检察院以及罪犯本人。最高法《关于办理减刑、假释案件具体应用法律若干问题的规定》法释〔2012〕2号 2012/07/01 第二十八条

［减刑、假释裁定错误之重审］人民法院发现本院或者下级人民法院已经生效的减刑、假释裁定确有错误，应当依法重新组成合议庭进行审理并作出裁定。最高法《关于办理减刑、假释案件具体应用法律若干问题的规定》法释〔2012〕2号 2012/07/01 第二十九条

［刑法修正案八之适用］2011年4月30日以前犯罪，被判处无期徒刑的罪犯，减刑以后或者假释前实际执行的刑期，适用修正前刑法第七十八条第二款、第八十一条第一款的规定。最高法《关于〈中华人民共和国刑法修正案（八）〉时间效力问题的解释》法释〔2011〕9号 2011/05/01 第七条

［刑法修正案八之适用］2011年4月30日以前犯罪，因具有累犯情节或者系故意杀人、强奸、抢劫、绑架、放火、爆炸、投放危险物质或者有组织的暴力性犯罪并被判处十年以上有期徒刑、无期徒刑的犯罪分子，2011年5月1日以后仍在服刑的，能否假释，适用修正前刑法第八十一条第二款的规定；2011年4月30日以前犯罪，因其他暴力性犯罪被判处十年以上有期徒刑、无期徒刑的犯罪分子，2011年5月1日以后仍在服刑的，能否假释，适用修正后刑法第八十一条第二款、第三款的规定。最高法《关于〈中华人民共和国刑法修正案（八）〉时间效力问题的解释》法释〔2011〕9号 2011/05/01 第八条

第八十二条　【假释的程序】对于犯罪分子的假释，依照本法第七十九条规定的程序进行。非经法定程序不得假释。

[核实罪犯履行财产性判项的情况] 人民法院办理减刑、假释案件时，可以向原一审人民法院核实罪犯履行财产性判项的情况。原一审人民法院应当出具相关证明。最高法《关于办理减刑、假释案件具体应用法律的规定》法释〔2016〕23号 2017/01/01 第三十八条第二款

[财产性判项] 本规定所称“财产性判项”是指判决罪犯承担的附带民事赔偿义务判项，以及追缴、责令退赔、罚金、没收财产等判项。最高法《关于办理减刑、假释案件具体应用法律的规定》法释〔2016〕23号 2017/01/01 第四十一条

[协助原一审人民法院执行生效裁判中的财产性判项] 刑罚执行期间，负责办理减刑、假释案件的人民法院可以协助原一审人民法院执行生效裁判中的财产性判项。最高法《关于办理减刑、假释案件具体应用法律的规定》法释〔2016〕23号 2017/01/01 第三十八条第三款

第八十三条　【考验期限】有期徒刑的假释考验期限，为没有执行完毕的刑期；无期徒刑的假释考验期限为十年。

假释考验期限，从假释之日起计算。

第八十四条　【假释犯应遵守的规定】被宣告假释的犯罪分子，应当遵守下列规定：

（一）遵守法律、行政法规，服从监督；

（二）按照监督机关的规定报告自己的活动情况；

（三）遵守监督机关关于会客的规定；

（四）离开所居住的市、县或者迁居，应当报经监督机关批准。

第八十五条　【假释考验及其积极后果】对假释的犯罪分子，在假释考验期限内，依法实行社区矫正，如果没有本法第八十六条规定的情形，假释考验期满，就认为原判刑罚已经执行完毕，并公开予以宣告。[①]

---

① 根据2011年5月1日《刑法修正案（八）》修改，原条文为：“被假释的犯罪分子，在假释考验期限内，由公安机关予以监督，如果没有本法第八十六条规定的情形，假释考验期满，就认为原判刑罚已经执行完毕，并公开予以宣告。”

第八十六条 【假释的撤销及其处理】被假释的犯罪分子，在假释考验期限内犯新罪，应当撤销假释，依照本法第七十一条的规定实行数罪并罚。

在假释考验期限内，发现被假释的犯罪分子在判决宣告以前还有其他罪没有判决的，应当撤销假释，依照本法第七十条的规定实行数罪并罚。

被假释的犯罪分子，在假释考验期限内，有违反法律、行政法规或者国务院有关部门关于假释的监督管理规定的行为，尚未构成新的犯罪的，应当依照法定程序撤销假释，收监执行未执行完毕的刑罚。[①]

[**撤销假释裁定书**] 罪犯在假释考验期内违反法律、行政法规或者国务院有关部门关于假释的监督管理规定的，作出假释裁定的人民法院，应当在收到报请机关或者检察机关撤销假释建议书后及时审查，作出是否撤销假释的裁定，并送达报请机关，同时抄送人民检察院、公安机关和原刑罚执行机关。

罪犯在逃的，撤销假释裁定书可以作为对罪犯进行追捕的依据。**最高法《关于办理减刑、假释案件具体应用法律的规定》法释〔2016〕23号 2017/01/01 第二十九条**

[**被撤销假释的罪犯 一般不得再假释 但书**] 依照刑法第八十六条规定被撤销假释的罪犯，一般不得再假释。但依照该条第二款被撤销假释的罪犯，如果罪犯对漏罪曾作如实供述但原判未予认定，或者漏罪系其自首，符合假释条件的，可以再假释。**最高法《关于办理减刑、假释案件具体应用法律的规定》法释〔2016〕23号 2017/01/01 第三十条第一款**

[**被撤销假释的罪犯收监后的减刑**] 被撤销假释的罪犯，收监后符合减刑条件的，可以减刑，但减刑起始时间自收监之日起计算。**最高法《关于**

---

① 根据2011年5月1日《刑法修正案（八）》修改，原条文为："被假释的犯罪分子，在假释考验期限内，有违反法律、行政法规或者国务院公安部门有关假释的监督管理规定的行为，尚未构成新的犯罪的，应当依照法定程序撤销假释，收监执行未执行完毕的刑罚。"

办理减刑、假释案件具体应用法律的规定》法释〔2016〕23号 2017/01/01 第三十条第二款

[年满80周岁、身患疾病或者生活难以自理、没有再犯罪危险的罪犯的减刑 假释] 年满八十周岁、身患疾病或者生活难以自理、没有再犯罪危险的罪犯，既符合减刑条件，又符合假释条件的，优先适用假释；不符合假释条件的，参照本规定第二十条有关的规定从宽处理。最高法《关于办理减刑、假释案件具体应用法律的规定》法释〔2016〕23号 2017/01/01 第三十一条

[按照审判监督程序重新审理的案件原减刑、假释裁定的效力] 人民法院按照审判监督程序重新审理的案件，裁定维持原判决、裁定的，原减刑、假释裁定继续有效。

再审裁判改变原判决、裁定的，原减刑、假释裁定自动失效，执行机关应当及时报请有管辖权的人民法院重新作出是否减刑、假释的裁定。重新作出减刑裁定时，不受本规定有关减刑起始时间、间隔时间和减刑幅度的限制。重新裁定时应综合考虑各方面因素，减刑幅度不得超过原裁定减去的刑期总和。

再审改判为死刑缓期执行或者无期徒刑的，在新判决减为有期徒刑之时，原判决已经实际执行的刑期一并扣减。

再审裁判宣告无罪的，原减刑、假释裁定自动失效。最高法《关于办理减刑、假释案件具体应用法律的规定》法释〔2016〕23号 2017/01/01 第三十二条

[罪犯被裁定减刑后故意犯罪的] 罪犯被裁定减刑后，刑罚执行期间因故意犯罪而数罪并罚时，经减刑裁定减去的刑期不计入已经执行的刑期。原判死刑缓期执行减为无期徒刑、有期徒刑，或者无期徒刑减为有期徒刑的裁定继续有效。最高法《关于办理减刑、假释案件具体应用法律的规定》法释〔2016〕23号 2017/01/01 第三十三条

[罪犯被裁定减刑后发现漏罪的] 罪犯被裁定减刑后，刑罚执行期间因发现漏罪而数罪并罚的，原减刑裁定自动失效。如漏罪系罪犯主动交代的，对其原减去的刑期，由执行机关报请有管辖权的人民法院重新作出减刑裁定，予以确认；如漏罪系有关机关发现或者他人检举揭发的，由执行机关报请有管辖权的人民法院，在原减刑裁定减去的刑期总和之内，酌情重新裁定。最高法《关于办理减刑、假释案件具体应用法律的规定》法释〔2016〕23

号 2017/01/01 第三十四条

[被判处死刑缓期执行的罪犯 在死刑缓期执行期内被发现漏罪的] 被判处死刑缓期执行的罪犯，在死刑缓期执行期内被发现漏罪，依据刑法第七十条规定数罪并罚，决定执行死刑缓期执行的，死刑缓期执行期间自新判决确定之日起计算，已经执行的死刑缓期执行期间计入新判决的死刑缓期执行期间内，但漏罪被判处死刑缓期执行的除外。**最高法《关于办理减刑、假释案件具体应用法律的规定》法释〔2016〕23 号 2017/01/01 第三十五条**

第八节 时 效

第八十七条 【追诉时效期限】犯罪经过下列期限不再追诉：

（一）法定最高刑为不满五年有期徒刑的，经过五年；

（二）法定最高刑为五年以上不满十年有期徒刑的，经过十年；

（三）法定最高刑为十年以上有期徒刑的，经过十五年；

（四）法定最高刑为无期徒刑、死刑的，经过二十年。如果二十年以后认为必须追诉的，须报请最高人民检察院核准。

[玩忽职守罪的追诉时效] 玩忽职守行为造成的重大损失当时没有发生，而是玩忽职守行为之后一定时间发生的，应从危害结果发生之日起计算玩忽职守罪的追诉期限。**《全国法院审理经济犯罪案件工作座谈会纪要》法发〔2003〕167 号 2003/11/13 六、(二)**

[法定最高刑或者最低刑] 如果刑法规定的某一犯罪只有一个法定刑幅度，法定最高刑或者最低刑是指该法定刑幅度的最高刑或者最低刑；如果刑法规定的某一犯罪有两个以上的法定刑幅度，法定最高刑或者最低刑是指具体犯罪行为应当适用的法定刑幅度的最高刑或者最低刑。**最高法《关于适用刑法第十二条几个问题的解释》法释〔1997〕12 号 1998/01/13 第二条**

[追诉时效] 对于开始于 1997 年 9 月 30 日以前，继续到 1997 年 10 月

1日以后终了的继续犯罪，应当适用修订刑法一并进行追诉。

对于开始于1997年9月30日以前，连续到1997年10月1日以后的连续犯罪，或者在1997年10月1日前后分别实施同种类数罪，其中罪名、构成要件、情节以及法定刑均没有变化的，应当适用修订刑法，一并进行追诉；罪名、构成要件、情节以及法定刑已经变化的，也应当适用修订刑法，一并进行追诉，但是修订刑法比原刑法所规定的构成要件和情节较为严格，或者法定刑较重的，在提起公诉时应当提出酌情从轻处理意见。**最高检《关于对跨越修订刑法施行日期的继续犯罪、连续犯罪以及其他同种数罪应如何具体适用刑法问题的批复》**高检发释字〔1998〕6号 1998/12/02

[追诉时效] 追诉时效是依照法律规定对犯罪分子追究刑事责任的期限，在追诉时效期限内，司法机关应当依法追究犯罪分子刑事责任。对于法院正在审理的贪污贿赂案件，应当依据司法机关立案侦查时的法律规定认定追诉时效。依据立案侦查时的法律规定未过时效，且已经进入诉讼程序的案件，在新的法律规定生效后应当继续审理。**最高法《关于被告人林少钦受贿请示一案的答复》**〔2016〕最高法刑他5934号 2017/02/13

第八十八条　【追诉期限的延长】在人民检察院、公安机关、国家安全机关立案侦查或者在人民法院受理案件以后，逃避侦查或者审判的，不受追诉期限的限制。

被害人在追诉期限内提出控告，人民法院、人民检察院、公安机关应当立案而不予立案的，不受追诉期限的限制。

第八十九条　【追诉期限的计算与中断】追诉期限从犯罪之日起计算；犯罪行为有连续或者继续状态的，从犯罪行为终了之日起计算。

在追诉期限以内又犯罪的，前罪追诉的期限从犯后罪之日起计算。

[挪用公款犯罪追诉期限] 根据刑法第八十九条、第三百八十四条的规定，挪用公款归个人使用，进行非法活动的，或者挪用公款数额较大、进行营利活动的，犯罪的追诉期限从挪用行为实施完毕之日起计算；挪用公款数额较大、超过三个月未还的，犯罪的追诉期限从挪用公款罪成立之

日起计算。挪用公款行为有连续状态的，犯罪的追诉期限应当从最后一次挪用行为实施完毕之日或者犯罪成立之日起计算。**最高法《关于挪用公款犯罪如何计算追诉期限问题的批复》法释〔2003〕16号 2003/10/10**

第五章 其他规定

第九十条 【民族自治地方刑法适用的变通】民族自治地方不能全部适用本法规定的，可以由自治区或者省的人民代表大会根据当地民族的政治、经济、文化的特点和本法规定的基本原则，制定变通或者补充的规定，报请全国人民代表大会常务委员会批准施行。

第九十一条 【公共财产的范围】本法所称公共财产，是指下列财产：

（一）国有财产；

（二）劳动群众集体所有的财产；

（三）用于扶贫和其他公益事业的社会捐助或者专项基金的财产。

在国家机关、国有公司、企业、集体企业和人民团体管理、使用或者运输中的私人财产，以公共财产论。

第九十二条 【公民私人所有财产的范围】本法所称公民私人所有的财产，是指下列财产：

（一）公民的合法收入、储蓄、房屋和其他生活资料；

（二）依法归个人、家庭所有的生产资料；

（三）个体户和私营企业的合法财产；

（四）依法归个人所有的股份、股票、债券和其他财产。

第九十三条 【国家工作人员的范围】本法所称国家工作人

员，是指国家机关中从事公务的人员。

国有公司、企业、事业单位、人民团体中从事公务的人员和国家机关、国有公司、企业、事业单位委派到非国有公司、企业、事业单位、社会团体从事公务的人员，以及其他依照法律从事公务的人员，以国家工作人员论。

[国家机关工作人员] 国家机关工作人员的认定

刑法中所称的国家机关工作人员。是指在国家机关中从事公务的人员、包括在各级国家权力机关、行政机关、司法机关和军事机关中队事公务的人员。

根据有关立法解释的规定，在依照法律、法规规定行使国家行政管理职权的组织中从事公务的人员，或者在受国家机关委托代表国家行使职权的组织中从事公务的人员，或者虽未列入国家机关人员编制但在国家机关中从事公务的人员，视为国家机关工作人员。在乡（镇）以上中国共产党机关、人民政协机关中从事公务的人员，司法实践中也应当视为国家机关工作人员。《全国法院审理经济犯罪案件工作座谈会纪要》法发〔2003〕167号 2003/11/13 一、(一)

[委派　除外人员] 国家机关、国有公司、企业、事业单位委派到非国有公司、企业、事业单位、社会团体从事公务的人员的认定

所谓委派，即委任、派遣，其形式多种多样，如任命、指派、提名、批准等。不论被委派的人身份如何，只要是接受国家机关、国有公司、企业、事业单位委派，代表国家机关、国有公司、企业、事业单位在非国有公司、企业、事业单位、社会团体中从事组织、领导、监督、管理等工作，都可以认定为国家机关、国有公司、企业、事业单位委派到非国有公司、企业、事业单位、社会团体从事公务的人员。如国家机关、国有公司、企业、事业单位委派在国有控股或者参股的股份有限公司从事组织、领导、监督、管理等工作的人员，应当以国家工作人员论。国有公司、企业改制为股份有限公司后原国有公司、企业的工作人员和股份有限公司新任命的人员中，除代表国有投资主体行使监督、管理职权的人外不以国家工作人员论。《全国法院审理经济犯罪案件工作座谈会纪要》法发〔2003〕167号

2003/11/13 一、(二)

[其他依照法律从事公务的人员]“其他依照法律从事公务的人员”的认定

刑法第九十三条第二款规定的“其他依照法律从事公务的人员”应当具有两个特征：一是在特定条件下行使国家管理职能；二是依照法律规定从事公务。具体包括：(1) 依法履行职责的各级人民代表大会代表；(2) 依法履行审判职责的人民陪审员；(3) 协助乡镇人民政府、街道办事处从事行政管理工作的村民委员会、居民委员会等农村和城市基层组织人员；(4) 其他由法律授权从事公务的人员。**《全国法院审理经济犯罪案件工作座谈会纪要》法发〔2003〕167号 2003/11/13 一、(三)**

[从事公务] 关于“从事公务”的理解

从事公务，是指代表国家机关、国有公司、企业事业单位、人民团体等履行组织、领导、监督、管理等职责。公务主要表现为与职权相联系的公共事务以及监督、管理国有财产的职务活动。如国家机关工作人员依法履行职责，国有公司的董事、经理、监事、会计、出纳人员等管理、监督国有财产等活动，属于从事公务。那些不具备职权内容的劳务活动、技术服务工作，如售货员、售票员等所从事的工作，一般不认为是公务。**《全国法院审理经济犯罪案件工作座谈会纪要》法发〔2003〕167号 2003/11/13 一、(四)**

[其他依照法律从事公务的人员] 村民委员会等村基层组织人员协助人民政府从事下列行政管理工作时，属于刑法第九十三条第二款规定的“其他依照法律从事公务的人员”：

(一) 救灾、抢险、防汛、优抚、扶贫、移民、救济款物的管理；

(二) 社会捐助公益事业款物的管理；

(三) 国有土地的经营和管理；

(四) 土地征收、征用补偿费用的管理；

(五) 代征、代缴税款；

(六) 有关计划生育、户籍、征兵工作；

(七) 协助人民政府从事的其他行政管理工作。

村民委员会等村基层组织人员从事前款规定的公务，利用职务上的便利，非法占有公共财物、挪用公款、索取他人财物或者非法收受他人财物，构成犯罪的，适用刑法第三百八十二条和第三百八十三条贪污罪、第三百八十四条挪用公款罪、第三百八十五条和第三百八十六条受贿罪的规定。全国人大《关于〈中华人民共和国刑法〉第九十三条第二款的解释》2000/04/29

[本条时间效力]《全国人民代表大会常务委员会关于〈中华人民共和国刑法〉第九十三条第二款的解释》是对刑法第九十三条第二款关于"其他依照法律从事公务的人员"规定的进一步明确，并不是对刑法的修改。因此，该《解释》的效力适用于修订刑法的施行日期，其溯及力适用修订刑法第12条的规定。最高检《关于〈全国人民代表大会常务委员会关于《中华人民共和国刑法》第九十三条第二款的解释〉的时间效力的批复》高检发研字〔2000〕15号 2000/06/29

[行政管理工作中发生的　适用]根据《解释》，检察机关对村民委员会等村基层组织人员协助人民政府从事《解释》所规定的行政管理工作中发生的利用职务上的便利，非法占有公共财物、挪用公款、索取他人财物或者非法收受他人财物，构成犯罪的案件，应直接受理，分别适用刑法第三百八十二条、第三百八十三条、第三百八十四条和第三百八十五条、第三百八十六条的规定，以涉嫌贪污罪、挪用公款罪、受贿罪立案侦查。最高检《关于贯彻执行全国人民代表大会常务委员会关于〈中华人民共和国刑法〉第九十三条第二款的解释的通知》高检发研字〔2000〕12号 2000/06/05 第二条

[从事村民自治范围的经营、管理活动　不适用]各级检察机关在依法查处村民委员会等村基层组织人员贪污、受贿、挪用公款犯罪案件过程中，要根据《解释》和其他有关法律的规定，严格把握界限，准确认定村民委员会等村基层组织人员的职务活动是否属于协助人民政府从事《解释》所规定的行政管理工作，并正确把握刑法第三百八十二条、第三百八十三条贪污罪、第三百八十四条挪用公款罪和第三百八十五条、第三百八十六条受贿罪的构成要件。对村民委员会等村基层组织人员从事属于村民自治范围的经营、管理活动不能适用《解释》的规定。最高检《关于贯彻执行全国人民代表大会常务委员会关于〈中华人民共和国刑法〉第九十三条第二款的解释的通知》高检发研字〔2000〕12号 2000/06/05 第三条

[尚未依法获取单位职务　适用]对于国家机关、国有公司、企业委派到非国有公司、企业从事公务但尚未依照规定程序获取该单位职务的人

员，涉嫌职务犯罪的，可以依照刑法第九十三条第二款关于“国家机关、国有公司、企业委派到非国有公司、企业、事业单位、社会团体从事公务的人员”，“以国家工作人员论”的规定追究刑事责任。最高检法律政策研究室《关于国家机关、国有公司、企业委派到非国有公司、企业从事公务但尚未依照规定程序获取该单位职务的人员是否适用刑法第九十三条第二款问题的答复》〔2004〕高检研发第17号 2004/11/03

[工人编制的乡（镇）工商所所长犯罪之刑法适用] 根据刑法第93条第2款的规定，经人事部门任命，但为工人编制的乡（镇）工商所所长，依法履行工商行政管理职责时，属其他依照法律从事公务的人员，应以国家机关工作人员论。如果玩忽职守，致使公共财产、国家和人民利益遭受重大损失，可适用刑法第397条的规定，以玩忽职守罪追究刑事责任。最高检《关于属工人编制的乡（镇）工商所所长能否依照刑法第397条的规定追究刑事责任问题的批复》高检发研字〔2000〕23号 2000/10/31

[非受委托从事公务的佛教协会的工作人员] 佛教协会属于社会团体，其工作人员除符合刑法第九十三条第二款的规定属于受委托从事公务的人员外，既不属于国家工作人员，也不属于公司、企业人员。根据刑法的规定，对非受委托从事公务的佛教协会的工作人员利用职务之便收受他人财物，为他人谋取利益的行为，不能按受贿罪或者公司、企业人员受贿罪追究刑事责任。最高检《关于佛教协会工作人员能否构成受贿罪或者公司、企业人员受贿罪主体问题的答复》〔2003〕高检研发第2号 2003/01/13

[经任命的乡镇卫生院院长] 经过乡镇政府或者主管行政机关任命的乡镇卫生院院长，在依法从事本区域卫生工作的管理与业务技术指导，承担医疗预防保健服务工作等公务活动时，属于刑法第九十三条第二款规定的其他依照法律从事公务的人员。对其利用职务上的便利，索取他人财物的，或者非法收受他人财物，为他人谋取利益的，应当依照刑法第三百八十五条、第三百八十六条的规定，以受贿罪追究刑事责任。最高检《关于集体性质的乡镇卫生院院长利用职务之便收受他人财物的行为如何适用法律问题的答复》〔2003〕高检研发第9号 2003/04/02

[合同制民警 执行公务] 根据刑法第九十三条第二款的规定，合同制民警在依法执行公务期间，属其他依照法律从事公务的人员，应以国家

机关工作人员论。对合同制民警在依法执行公务活动中的玩忽职守行为，符合刑法第三百九十七条规定的玩忽职守罪构成条件的，依法以玩忽职守罪追究刑事责任。最高检《合同制民警能否成为玩忽职守罪主体问题的批复》高检发研字〔2000〕20号 2000/10/09

第九十四条　【司法工作人员的范围】本法所称司法工作人员，是指有侦查、检察、审判、监管职责的工作人员。

第九十五条　【重伤】本法所称重伤，是指有下列情形之一的伤害：

（一）使人肢体残废或者毁人容貌的；

（二）使人丧失听觉、视觉或者其他器官机能的；

（三）其他对于人身健康有重大伤害的。

第九十六条　【违反国家规定之含义】本法所称违反国家规定，是指违反全国人民代表大会及其常务委员会制定的法律和决定，国务院制定的行政法规、规定的行政措施、发布的决定和命令。

［国家规定］根据刑法第九十六的规定，刑法中的“国家规定”是指，全国人民代表大会及其常务委员会制定的法律和决定，国务院制定的行政法规、规定的行政措施、发布的决定和命令。其中，“国务院规定的行政措施”应当由国务院决定，通常以行政法规或者国务院制发文件的形式加以规定。以国务院办公厅名义制发的文件，符合以下条件的，亦应视为刑法中的“国家规定”：（1）有明确的法律依据或者同相关行政法规不相抵触；（2）经国务院常务会议讨论通过或者经国务院批准；（3）在国务院公报上公开发布。最高法《关于准确理解和适用刑法中“国家规定”的有关问题的通知》法发〔2011〕155号 2011/04/08 一

［违反国家规定的认定］各级人民法院在刑事审判工作中，对有关案件所涉及的“违反国家规定”的认定，要依照相关法律、行政法规及司法解释的规定准确把握。对于规定不明确的，要按照本通知的要求审慎认定。对于违反地方性法规、部门规章的行为，不得认定为“违反国家规

定”。对被告人的行为是否“违反国家规定”存在争议的，应当作为法律适用问题，逐级向最高人民法院请示。最高法《关于准确理解和适用刑法中“国家规定”的有关问题的通知》法发〔2011〕155号 2011/04/08 二

第九十七条 【首要分子的范围】本法所称首要分子，是指在犯罪集团或者聚众犯罪中起组织、策划、指挥作用的犯罪分子。

第九十八条 【告诉才处理的含义】本法所称告诉才处理，是指被害人告诉才处理。如果被害人因受强制、威吓无法告诉的，人民检察院和被害人的近亲属也可以告诉。

第九十九条 【以上、以下、以内之界定】本法所称以上、以下、以内，包括本数。

第一百条 【前科报告制度】依法受过刑事处罚的人，在入伍、就业的时候，应当如实向有关单位报告自己曾受过刑事处罚，不得隐瞒。

犯罪的时候不满十八周岁被判处五年有期徒刑以下刑罚的人，免除前款规定的报告义务。①

第一百零一条 【总则的效力】本法总则适用于其他有刑罚规定的法律，但是其他法律有特别规定的除外。

① 根据2011年5月1日《刑法修正案（八）》增加一款，作为第二款。

第二编 分 则

第一章 危害国家安全罪

第一百零二条 【背叛国家罪】勾结外国，危害中华人民共和国的主权、领土完整和安全的，处无期徒刑或者十年以上有期徒刑。

与境外机构、组织、个人相勾结，犯前款罪的，依照前款的规定处罚。

第一百零三条 【分裂国家罪；煽动分裂国家罪】组织、策划、实施分裂国家、破坏国家统一的，对首要分子或者罪行重大的，处无期徒刑或者十年以上有期徒刑；对积极参加的，处三年以上十年以下有期徒刑；对其他参加的，处三年以下有期徒刑、拘役、管制或者剥夺政治权利。

煽动分裂国家、破坏国家统一的，处五年以下有期徒刑、拘役、管制或者剥夺政治权利；首要分子或者罪行重大的，处五年以上有期徒刑。

[按照其行为所触犯的具体罪名定罪处罚] 虽不明知图书、文稿、图片、音像制品、移动存储介质、电子阅读器中载有利用宗教极端、暴力恐怖思想煽动分裂国家、破坏国家统一或者煽动民族仇恨、民族歧视的内容，但出于营利或其他目的，违反国家规定，予以出版、印刷、复制、发行、传播或者提供仓储、邮寄、投递、运输、传输等服务的，按照其行为

所触犯的具体罪名定罪处罚。**两高、公安部《关于办理暴力恐怖和宗教极端刑事案件适用法律若干问题的意见》公通字〔2014〕34号 2014/09/09 二、(六)**

[实施本意见规定行为但不构成犯罪的] 对实施本意见规定行为但不构成犯罪的，依照治安管理、宗教事务管理以及互联网、印刷、出版管理等法律、法规，予以行政处罚或者进行教育、训诫，责令停止活动。对其持有的涉案物品依法予以收缴。**两高、公安部《关于办理暴力恐怖和宗教极端刑事案件适用法律若干问题的意见》公通字〔2014〕34号 2014/09/09 二、(十)**

[涉案宣传品的内容的审查、鉴定] 对涉案宣传品的内容不作鉴定，由公安机关全面审查并逐一标注或者摘录，与扣押、移交物品清单及涉案宣传品原件一并移送人民检察院审查。因涉及宗教专门知识或者语言文字等原因无法自行审查的，可商请宗教、民族、新闻出版等部门提供审读意见，经审查后与涉案宣传品原件一并移送人民检察院审查。需要对涉案宣传品出版、印刷、制作、发行的合法性进行鉴定的，由公安机关委托新闻出版主管部门出具鉴定意见。人民检察院、人民法院应当全面审查作为证据使用的涉案宣传品的内容。**两高、公安部《关于办理暴力恐怖和宗教极端刑事案件适用法律若干问题的意见》公通字〔2014〕34号 2014/09/09 三、(一)**

[是否“明知”的认定] 对是否“明知”的认定，应当结合案件具体情况，坚持重证据，重调查研究，以行为人实施的客观行为为基础，结合其一贯表现，具体行为、程度、手段、事后态度，以及年龄、认知和受教育程度、所从事的职业等综合判断。曾因实施暴力恐怖、宗教极端违法犯罪行为受到行政、刑事处罚、免予刑事处罚，或者被责令改正后又实施的，应当认定为明知。其他共同犯罪嫌疑人、被告人或者其他知情人供认、指证，行为人不承认其主观上“明知”，但又不能作出合理解释的，依据其行为本身和认知程度，足以认定其确实“明知”或者应当“明知”的，应当认定为明知。**两高、公安部《关于办理暴力恐怖和宗教极端刑事案件适用法律若干问题的意见》公通字〔2014〕34号 2014/09/09 三、(二)**

[以煽动分裂国家罪定罪处罚] 实施下列行为之一，煽动分裂国家、破坏国家统一的，以煽动分裂国家罪定罪处罚：

1. 组织、纠集他人，宣扬、散布、传播宗教极端、暴力恐怖思想的；

2. 出版、印刷、复制、发行载有宣扬宗教极端、暴力恐怖思想内容的图书、期刊、音像制品、电子出版物或者制作、印刷、复制载有宣扬宗教极端、暴力恐怖思想内容的传单、图片、标语、报纸的；

3. 通过建立、开办、经营、管理网站、网页、论坛、电子邮件、博客、微博、即时通讯工具、群组、聊天室、网络硬盘、网络电话、手机应用软件及其他网络应用服务，或者利用手机、移动存储介质、电子阅读器等登载、张贴、复制、发送、播放、演示载有宗教极端、暴力恐怖思想内容的图书、文稿、图片、音频、视频、音像制品及相关网址，宣扬、散布、传播宗教极端、暴力恐怖思想的；

4. 制作、编译、编撰、编辑、汇编或者从境外组织、机构、个人、网站直接获取载有宣扬宗教极端、暴力恐怖思想内容的图书、文稿、图片、音像制品等，供他人阅读、观看、收听、出版、印刷、复制、发行、传播的；

5. 设计、制造、散发、邮寄、销售、展示含有宗教极端、暴力恐怖思想内容的标识、标志物、旗帜、徽章、服饰、器物、纪念品的；

6. 以其他方式宣扬宗教极端、暴力恐怖思想的。

实施上述行为，煽动民族仇恨、民族歧视，情节严重的，以煽动民族仇恨、民族歧视罪定罪处罚。同时构成煽动分裂国家罪的，依照处罚较重的规定定罪处罚。**两高、公安部《关于办理暴力恐怖和宗教极端刑事案件适用法律若干问题的意见》公通字〔2014〕34号 2014/09/09 二、(三)**

[以煽动分裂国家罪或者煽动民族仇恨、民族歧视罪的共同犯罪定罪处罚] 明知图书、文稿、图片、音像制品、移动存储介质、电子阅读器中载有利用宗教极端、暴力恐怖思想煽动分裂国家、破坏国家统一或者煽动民族仇恨、民族歧视的内容，而提供仓储、邮寄、投递、运输、传输及其他服务的，以煽动分裂国家罪或者煽动民族仇恨、民族歧视罪的共同犯罪定罪处罚。**两高、公安部《关于办理暴力恐怖和宗教极端刑事案件适用法律若干问题的意见》公通字〔2014〕34号 2014/09/09 二、(六)**

[利用疫情等灾害] 利用突发传染病疫情等灾害，制造、传播谣言，煽动分裂国家、破坏国家统一，或者煽动颠覆国家政权、推翻社会主义制度的，依照刑法第一百零三条第二款、第一百零五条第二款的规定，以煽

动分裂国家罪或者煽动颠覆国家政权罪定罪处罚。两高《关于办理妨害预防、控制突发传染病疫情等灾害的刑事案件具体应用法律若干问题的解释》法释〔2003〕8号 2003/05/15 第十条第二款

[突发传染病疫情等灾害] 本解释所称“突发传染病疫情等灾害”，是指突然发生，造成或者可能造成社会公众健康严重损害的重大传染病疫情、群体性不明原因疾病以及其他严重影响公众健康的灾害。两高《关于办理妨害预防、控制突发传染病疫情等灾害的刑事案件具体应用法律若干问题的解释》法释〔2003〕8号 2003/05/15 第十八条

[明知出版物中载有煽动分裂国家、破坏国家统一等而予以出版等] 明知出版物中载有煽动分裂国家、破坏国家统一或者煽动颠覆国家政权、推翻社会主义制度的内容，而予以出版、印刷、复制、发行、传播的，依照刑法第一百零三条第二款或者第一百零五条第二款的规定，以煽动分裂国家罪或者煽动颠覆国家政权罪定罪处罚。最高法《关于审理非法出版物刑事案件具体应用法律若干问题的解释》法释〔1998〕30号 1998/12/23 第一条

第一百零四条　【武装叛乱、暴乱罪】组织、策划、实施武装叛乱或者武装暴乱的，对首要分子或者罪行重大的，处无期徒刑或者十年以上有期徒刑；对积极参加的，处三年以上十年以下有期徒刑；对其他参加的，处三年以下有期徒刑、拘役、管制或者剥夺政治权利。

策动、胁迫、勾引、收买国家机关工作人员、武装部队人员、人民警察、民兵进行武装叛乱或者武装暴乱的，依照前款的规定从重处罚。

第一百零五条　【颠覆国家政权罪；煽动颠覆国家政权罪】组织、策划、实施颠覆国家政权、推翻社会主义制度的，对首要分子或者罪行重大的，处无期徒刑或者十年以上有期徒刑；对积极参加的，处三年以上十年以下有期徒刑；对其他参加的，处三年以下有期徒刑、拘役、管制或者剥夺政治权利。

以造谣、诽谤或者其他方式煽动颠覆国家政权、推翻社会主

义制度的，处五年以下有期徒刑、拘役、管制或者剥夺政治权利；首要分子或者罪行重大的，处五年以上有期徒刑。

[明知出版物中载有煽动分裂国家、破坏国家统一等而予以出版等] 明知出版物中载有煽动分裂国家、破坏国家统一或者煽动颠覆国家政权、推翻社会主义制度的内容，而予以出版、印刷、复制、发行、传播的，依照刑法第一百零三条第二款或者第一百零五条第二款的规定，以煽动分裂国家罪或者煽动颠覆国家政权罪定罪处罚。最高法《关于审理非法出版物刑事案件具体应用法律若干问题的解释》法释〔1998〕30号 1998/12/23 第一条

第一百零六条　【与境外勾结的处罚规定】与境外机构、组织、个人相勾结，实施本章第一百零三条、第一百零四条、第一百零五条规定之罪的，依照各该条的规定从重处罚。

第一百零七条　【资助危害国家安全犯罪活动罪】境内外机构、组织或者个人资助实施本章第一百零二条、第一百零三条、第一百零四条、第一百零五条规定之罪的，对直接责任人员，处五年以下有期徒刑、拘役、管制或者剥夺政治权利；情节严重的，处五年以上有期徒刑。①

第一百零八条　【投敌叛变罪】投敌叛变的，处三年以上十年以下有期徒刑；情节严重或者带领武装部队人员、人民警察、民兵投敌叛变的，处十年以上有期徒刑或者无期徒刑。

第一百零九条　【叛逃罪】国家机关工作人员在履行公务期间，擅离岗位，叛逃境外或者在境外叛逃的，处五年以下有期徒刑、拘役、管制或者剥夺政治权利；情节严重的，处五年以上十年以下有期徒刑。

掌握国家秘密的国家工作人员叛逃境外或者在境外叛逃的，

---

① 根据2011年5月1日《刑法修正案（八）》修改，原条文为：“境内外机构、组织或者个人资助境内组织或者个人实施本章第一百零二条、第一百零三条、第一百零四条、第一百零五条规定之罪的，对直接责任人员，处五年以下有期徒刑、拘役、管制或者剥夺政治权利；情节严重的，处五年以上有期徒刑。”

依照前款的规定从重处罚。[①]

第一百一十条 【间谍罪】 有下列间谍行为之一，危害国家安全的，处十年以上有期徒刑或者无期徒刑；情节较轻的，处三年以上十年以下有期徒刑：

（一）参加间谍组织或者接受间谍组织及其代理人的任务的；

（二）为敌人指示轰击目标的。

第一百一十一条 【为境外窃取、刺探、收买、非法提供国家秘密、情报罪】 为境外的机构、组织、人员窃取、刺探、收买、非法提供国家秘密或者情报的，处五年以上十年以下有期徒刑；情节特别严重的，处十年以上有期徒刑或者无期徒刑；情节较轻的，处五年以下有期徒刑、拘役、管制或者剥夺政治权利。

[国家秘密] 刑法第一百一十一条规定的“国家秘密”，是指《中华人民共和国保守国家秘密法》第二条、第八条以及《中华人民共和国保守国家秘密法实施办法》第四条确定的事项。**最高法《关于审理为境外窃取、刺探、收买、非法提供国家秘密、情报案件具体应用法律若干问题的解释》法释〔2001〕4号 2001/01/22 第一条第一款**

[情报] 刑法第一百一十一条规定的“情报”，是指关系国家安全和利益、尚未公开或者依照有关规定不应公开的事项。**最高法《关于审理为境外窃取、刺探、收买、非法提供国家秘密、情报案件具体应用法律若干问题的解释》法释〔2001〕4号 2001/01/22 第一条第二款**

[提供国家秘密之外的情报] 对为境外机构、组织、人员窃取、刺探、收买、非法提供国家秘密之外的情报的行为，以为境外窃取、刺探、收买、非法提供情报罪定罪处罚。**最高法《关于审理为境外窃取、刺探、收买、非法提供国家秘密、情报案件具体应用法律若干问题的解释》法释〔2001〕4号 2001/01/22 第一条第三款**

---

① 根据2011年5月1日《刑法修正案（八）》修改，原条文为：“国家机关工作人员在履行公务期间，擅离岗位，叛逃境外或者在境外叛逃，危害中华人民共和国国家安全的，处五年以下有期徒刑、拘役、管制或者剥夺政治权利；情节严重的，处五年以上十年以下有期徒刑。

“掌握国家秘密的国家工作人员犯前款罪的，依照前款的规定从重处罚。”

[情节特别严重] 为境外窃取、刺探、收买、非法提供国家秘密或者情报，具有下列情形之一的，属于“情节特别严重”，处十年以上有期徒刑、无期徒刑，可以并处没收财产：

（一）为境外窃取、刺探、收买、非法提供绝密级国家秘密的；

（二）为境外窃取、刺探、收买、非法提供三项以上机密级国家秘密的；

（三）为境外窃取、刺探、收买、非法提供国家秘密或者情报，对国家安全和利益造成其他特别严重损害的。

实施前款行为，对国家和人民危害特别严重、情节特别恶劣的，可以判处死刑，并处没收财产。**最高法《关于审理为境外窃取、刺探、收买、非法提供国家秘密、情报案件具体应用法律若干问题的解释》法释〔2001〕4号 2001/01/22 第二条**

[处五年以上十年以下的情形] 为境外窃取、刺探、收买、非法提供国家秘密或者情报，具有下列情形之一的，处五年以上十年以下有期徒刑，可以并处没收财产：

（一）为境外窃取、刺探、收买、非法提供机密级国家秘密的；

（二）为境外窃取、刺探、收买、非法提供三项以上秘密级国家秘密的；

（三）为境外窃取、刺探、收买、非法提供国家秘密或者情报，对国家安全和利益造成其他严重损害的。**最高法《关于审理为境外窃取、刺探、收买、非法提供国家秘密、情报案件具体应用法律若干问题的解释》法释〔2001〕4号 2001/01/22 第三条**

[处五年以下] 为境外窃取、刺探、收买、非法提供秘密级国家秘密或者情报，属于“情节较轻”，处五年以下有期徒刑、拘役、管制或者剥夺政治权利，可以并处没收财产。**最高法《关于审理为境外窃取、刺探、收买、非法提供国家秘密、情报案件具体应用法律若干问题的解释》法释〔2001〕4号 2001/01/22 第四条**

[提供关系国家安全和利益的没有标明密级的事项] 行为人知道或者应当知道没有标明密级的事项关系国家安全和利益，而为境外窃取、刺探、收买、非法提供的，依照刑法第一百一十一条的规定以为境外窃取、

刺探、收买、非法提供国家秘密罪定罪处罚。最高法《关于审理为境外窃取、刺探、收买、非法提供国家秘密、情报案件具体应用法律若干问题的解释》法释〔2001〕4号 2001/01/22 第五条

[通过互联网发送 发布情节严重] 通过互联网将国家秘密或者情报非法发送给境外的机构、组织、个人的，依照刑法第一百一十一条的规定定罪处罚；将国家秘密通过互联网予以发布，情节严重的，依照刑法第三百九十八条的规定定罪处罚。最高法《关于审理为境外窃取、刺探、收买、非法提供国家秘密、情报案件具体应用法律若干问题的解释》法释〔2001〕4号 2001/01/22 第六条

[秘密、密级鉴定] 审理为境外窃取、刺探、收买、非法提供国家秘密案件，需要对有关事项是否属于国家秘密以及属于何种密级进行鉴定的，由国家保密工作部门或者省、自治区、直辖市保密工作部门鉴定。最高法《关于审理为境外窃取、刺探、收买、非法提供国家秘密、情报案件具体应用法律若干问题的解释》法释〔2001〕4号 2001/01/22 第七条

第一百一十二条 【资敌罪】战时供给敌人武器装备、军用物资资敌的，处十年以上有期徒刑或者无期徒刑；情节较轻的，处三年以上十年以下有期徒刑。

第一百一十三条 【危害国家安全罪适用死刑、没收财产的规定】本章上述危害国家安全罪行中，除第一百零三条第二款、第一百零五条、第一百零七条、第一百零九条外，对国家和人民危害特别严重、情节特别恶劣的，可以判处死刑。

犯本章之罪的，可以并处没收财产。

第二章 危害公共安全罪

第一百一十四条 【放火罪、决水罪、爆炸罪、投放危险物质罪、以危险方法危害公共安全罪】放火、决水、爆炸以及投放

毒害性、放射性、传染病病原体等物质或者以其他危险方法危害公共安全，尚未造成严重后果的，处三年以上十年以下有期徒刑。①

[罪名] 投放危险物质罪（取消投毒罪罪名）两高《关于执行〈中华人民共和国刑法〉确定罪名的补充规定》法释〔2002〕7号

[裁定理由　大量排放含苯、酚类废水项　撤销缓刑项] 二审裁定认为：胡文标、丁月生明知其公司在生产过程中所产生的废水含有毒害性物质，仍然直接或间接地向其公司周边的河道大量排放，放任危害不特定多数人的生命、健康和公私财产安全结果的发生，使公私财产遭受重大损失，构成投放危险物质罪，且属共同犯罪。胡文标在共同犯罪中起主要作用，是主犯；丁月生在共同犯罪中起次要作用，是从犯。胡文标系在缓刑考验期限内犯新罪，依法应当撤销缓刑，予以数罪并罚。据此，撤销对被告人胡文标的缓刑宣告；被告人胡文标犯投放危险物质罪，判处有期徒刑十年，与其前罪所判处的刑罚并罚，决定执行有期徒刑十一年；被告人丁月生犯投放危险物质罪，判处有期徒刑六年。最高法公布四起环境污染犯罪典型案例之四：胡文标、丁月生投放危险物质案

[故意传播突发传染病病原体] 故意传播突发传染病病原体，危害公共安全的，依照刑法第一百一十四条、第一百一十五条第一款的规定，按照以危险方法危害公共安全罪定罪处罚。两高《关于办理预防、控制突发传染病疫情等灾害的刑事案件具体应用法律若干问题的解释》法释〔2003〕8号 2003/05/15 第一条第一款

[拒绝接受检疫、强制隔离或者治疗] 患有突发传染病或者疑似突发传染病而拒绝接受检疫、强制隔离或者治疗，过失造成传染病传播，情节严重，危害公共安全的，依照刑法第一百一十五条第二款的规定，按照过失以危险方法危害公共安全罪定罪处罚。两高《关于办理预防、控制突发传染

① 根据2001年12月29日《刑法修正案（三）》修改，原条文为："放火、决水、爆炸、投毒或者以其他危险方法破坏工厂、矿场、油田、港口、河流、水源、仓库、住宅、森林、农场、谷场、牧场、重要管道、公共建筑物或者其他公私财产，危害公共安全，尚未造成严重后果的，处三年以上十年以下有期徒刑。"

病疫情等灾害的刑事案件具体应用法律若干问题的解释》法释〔2003〕8号 2003/05/15 第一条第二款

[危险方法破坏野生动物资源 依较重处罚] 使用爆炸、投毒、设置电网等危险方法破坏野生动物资源，构成非法猎捕、杀害珍贵、濒危野生动物罪或者非法狩猎罪，同时构成刑法第一百一十四条或者第一百一十五条规定之罪的，依照处罚较重的规定定罪处罚。最高法《关于审理破坏野生动物资源刑事案件具体应用法律若干问题的解释》法释〔2000〕37号 2000/12/11 第七条

[醉酒驾车造成重大伤亡的 以以危险方法危害公共安全罪定罪] 刑法规定，醉酒的人犯罪，应当负刑事责任。行为人明知酒后驾车违法、醉酒驾车会危害公共安全，却无视法律醉酒驾车，特别是在肇事后继续驾车冲撞，造成重大伤亡，说明行为人主观上对持续发生的危害结果持放任态度，具有危害公共安全的故意。对此类醉酒驾车造成重大伤亡的，应依法以以危险方法危害公共安全罪定罪。最高法《关于印发醉酒驾车犯罪法律适用问题指导意见及相关典型案例的通知》法发〔2009〕47号 2009/09/11 一

[宽严相济 适当裁量] 根据刑法第一百一十五条第一款的规定，醉酒驾车，放任危害结果发生，造成重大伤亡事故，构成以危险方法危害公共安全罪的，应处以十年以上有期徒刑、无期徒刑或者死刑。具体决定对被告人的刑罚时，要综合考虑此类犯罪的性质、被告人的犯罪情节、危害后果及其主观恶性、人身危险性。一般情况下，醉酒驾车构成本罪的，行为人在主观上并不希望、也不追求危害结果的发生，属于间接故意犯罪，行为的主观恶性与以制造事端为目的而恶意驾车撞人并造成重大伤亡后果的直接故意犯罪有所不同，因此，在决定刑罚时，也应当有所区别。此外，醉酒状态下驾车，行为人的辨认和控制能力实际有所减弱，量刑时也应酌情考虑。最高法《关于印发醉酒驾车犯罪法律适用问题指导意见及相关典型案例的通知》法发〔2009〕47号 2009/09/11 二

[统一法律适用] 为依法严肃处理醉酒驾车犯罪案件，遏制酒后和醉酒驾车对公共安全造成的严重危害，警示、教育潜在违规驾驶人员，今后，对醉酒驾车，放任危害结果的发生，造成重大伤亡的，一律按照本意见规定，并参照附发的典型案例，依法以以危险方法危害公共安全罪定罪量刑。

为维护生效裁判的既判力，稳定社会关系，对于此前已经处理过的将特定情形的醉酒驾车认定为交通肇事罪的案件，应维持终审裁判，不再变动。**最高法《关于印发醉酒驾车犯罪法律适用问题指导意见及相关典型案例的通知》法发〔2009〕47号 2009/09/11 三**

第一百一十五条　【放火罪、决水罪、爆炸罪、投放危险物质罪、以危险方法危害公共安全罪；失火罪、过失决水罪、过失爆炸罪、过失投放危险物质罪、过失以危险方法危害公共安全罪】放火、决水、爆炸以及投放毒害性、放射性、传染病病原体等物质或者以其他危险方法致人重伤、死亡或者使公私财产遭受重大损失的，处十年以上有期徒刑、无期徒刑或者死刑。[①]

过失犯前款罪的，处三年以上七年以下有期徒刑；情节较轻的，处三年以下有期徒刑或者拘役。

［罪名］投放危险物质罪（取消投毒罪罪名）**两高《关于执行〈中华人民共和国刑法〉确定罪名的补充规定》法释〔2002〕7号**

［故意传播突发传染病病原体］故意传播突发传染病病原体，危害公共安全的，依照刑法第一百一十四条、第一百一十五条第一款的规定，按照以危险方法危害公共安全罪定罪处罚。**两高《关于办理妨害预防、控制突发传染病疫情等灾害的刑事案件具体应用法律若干问题的解释》法释〔2003〕8号 2003/05/15 第一条第一款**

［罪名］过失投放危险物质罪（取消过失投毒罪罪名）**两高《关于执行〈中华人民共和国〉确定罪名的补充规定》法释〔2002〕7号**

［过失造成传染病传播，情节严重］患有突发传染病或者疑似突发传染病而拒绝接受检疫、强制隔离或者治疗，过失造成传染病传播，情节严重，危害公共安全的，依照刑法第一百一十五条第二款的规定，按照过失以危险方法危害公共安全罪定罪处罚。**两高《关于办理妨害预防、控制突发传染病疫情等灾害的刑事案件具体应用法律若干问题的解释》法释〔2003〕8号 2003/05/**

---

① 根据2001年12月29日《刑法修正案（三）》修改，原条文为："放火、决水、爆炸、投毒或者以其他危险方法致人重伤、死亡或者使公私财产遭受重大损失的，处十年以上有期徒刑、无期徒刑或者死刑。

15 第一条第二款

［危险方法破坏野生动物资源 依较重处罚］使用爆炸、投毒、设置电网等危险方法破坏野生动物资源，构成非法猎捕、杀害珍贵、濒危野生动物罪或者非法狩猎罪，同时构成刑法第一百一十四条或者第一百一十五条规定之罪的，依照处罚较重的规定定罪处罚。最高法《关于审理破坏野生动物资源刑事案件具体应用法律若干问题的解释》法释〔2000〕37号 2000/12/11 第七条

［失火案立案追诉标准］［失火案（刑法第一百一十五条第二款）］过失引起火灾，涉嫌下列情形之一的，应予立案追诉：

（一）造成死亡一人以上，或者重伤三人以上的；

（二）造成公共财产或者他人财产直接经济损失五十万元以上的；

（三）造成十户以上家庭的房屋以及其他基本生活资料烧毁的；

（四）造成森林火灾，过火有林地面积二公顷以上，或者过火疏林地、灌木林地、未成林地、苗圃地面积四公顷以上的；

（五）其他造成严重后果的情形。最高检、公安部《关于公安机关管辖的刑事案件立案追诉标准的规定（一）》公通字〔2008〕36号 2008/06/25 第一条第一款

［有林地 疏林地 灌木林地 未成林地 苗圃地］本条和本规定第十五条规定的“有林地”、“疏林地”、“灌木林地”、“未成林地”、“苗圃地”，按照国家林业主管部门的有关规定确定。最高检、公安部《关于公安机关管辖的刑事案件立案追诉标准的规定（一）》公通字〔2008〕36号 2008/06/25 第一条第二款

第一百一十六条 【破坏交通工具罪】破坏火车、汽车、电车、船只、航空器，足以使火车、汽车、电车、船只、航空器发生倾覆、毁坏危险，尚未造成严重后果的，处三年以上十年以下有期徒刑。

第一百一十七条 【破坏交通设施罪】破坏轨道、桥梁、隧道、公路、机场、航道、灯塔、标志或者进行其他破坏活动，足以使火车、汽车、电车、船只、航空器发生倾覆、毁坏危险，尚未造成严重后果的，处三年以上十年以下有期徒刑。

第一百一十八条 【破坏电力设备罪、破坏易燃易爆设备

罪】 破坏电力、燃气或者其他易燃易爆设备，危害公共安全，尚未造成严重后果的，处三年以上十年以下有期徒刑。

[**破坏燃气或者其他易燃易爆设备**] 在实施盗窃油气等行为过程中，采用切割、打孔、撬砸、拆卸、开关等手段破坏正在使用的油气设备的，属于刑法第一百一十八条规定的“破坏燃气或者其他易燃易爆设备”的行为；危害公共安全，尚未造成严重后果的，依照刑法第一百一十八条的规定定罪处罚。两高《关于办理盗窃油气、破坏油气设备等刑事案件具体应用法律若干问题的解释》法释〔2007〕3号 2007/01/19 第一条

第一百一十九条 【破坏交通工具罪、破坏交通设施罪、破坏电力设备罪、破坏易燃易爆设备罪；过失损坏交通工具罪、过失损坏交通设施罪、过失损坏电力设备罪、过失损坏易燃易爆设备罪】 破坏交通工具、交通设施、电力设备、燃气设备、易燃易爆设备，造成严重后果的，处十年以上有期徒刑、无期徒刑或者死刑。

过失犯前款罪的，处三年以上七年以下有期徒刑；情节较轻的，处三年以下有期徒刑或者拘役。

破坏电力设备

[**破坏电力设备　造成严重后果之情形**] 破坏电力设备，具有下列情形之一的，属于刑法第一百一十九条第一款规定的“造成严重后果”，以破坏电力设备罪判处十年以上有期徒刑、无期徒刑或者死刑：

（一）造成一人以上死亡、三人以上重伤或者十人以上轻伤的；

（二）造成一万以上用户电力供应中断六小时以上，致使生产、生活受到严重影响的；

（三）造成直接经济损失一百万元以上的；

（四）造成其他危害公共安全严重后果的。最高法《关于审理破坏电力设备刑事案件具体应用法律若干问题的解释》法释〔2007〕15号 2007/08/21 第一条

[**过失破坏电力设备　造成严重后果**] 过失损坏电力设备，造成本解释第一条规定的严重后果的，依照刑法第一百一十九条第二款的规定，以过失损坏电力设备罪判处三年以上七年以下有期徒刑；情节较轻的，处三

年以下有期徒刑或者拘役。最高法《关于审理破坏电力设备刑事案件具体应用法律若干问题的解释》法释〔2007〕15号 2007/08/21 第二条

[触犯不同罪名 择重罪处罚] 盗窃电力设备，危害公共安全，但不构成盗窃罪的，以破坏电力设备罪定罪处罚；同时构成盗窃罪和破坏电力设备罪的，依照刑法处罚较重的规定定罪处罚。最高法《关于审理破坏电力设备刑事案件具体应用法律若干问题的解释》法释〔2007〕15号 2007/08/21 第三条第一款

[没有危及公共安全 按盗窃罪等处理] 盗窃电力设备，没有危及公共安全，但应当追究刑事责任的，可以根据案件的不同情况，按照盗窃罪等犯罪处理。最高法《关于审理破坏电力设备刑事案件具体应用法律若干问题的解释》法释〔2007〕15号 2007/08/21 第三条第二款

[电力设备] 本解释所称电力设备，是指处于运行、应急等使用中的电力设备；已经通电使用，只是由于枯水季节或电力不足等原因暂停使用的电力设备；已经交付使用但尚未通电的电力设备。不包括尚未安装完毕，或者已经安装完毕但尚未交付使用的电力设备。最高法《关于审理破坏电力设备刑事案件具体应用法律若干问题的解释》法释〔2007〕15号 2007/08/21 第四条第一款

[直接经济损失的计算范围] 本解释中直接经济损失的计算范围，包括电量损失金额，被毁损设备材料的购置、更换、修复费用，以及因停电给用户造成的直接经济损失等。最高法《关于审理破坏电力设备刑事案件具体应用法律若干问题的解释》法释〔2007〕15号 2007/08/21 第四条第二款

盗窃油气、破坏油气设备

[盗窃油气、破坏油气设备 造成严重后果之情形] 实施本解释第一条规定的行为，具有下列情形之一的，属于刑法第一百一十九条第一款规定的“造成严重后果”，依照刑法第一百一十九条第一款的规定定罪处罚：

（一）造成一人以上死亡、三人以上重伤或者十人以上轻伤的；

（二）造成井喷或者重大环境污染事故的；

（三）造成直接经济损失数额在五十万元以上的；

（四）造成其他严重后果的。两高《关于办理盗窃油气、破坏油气设备等刑事案件具体应用法律若干问题的解释》法释〔2007〕3号 2007/01/19 第二条

第一百二十条 【组织、领导、参加恐怖组织罪】组织、领导恐怖活动组织的，处十年以上有期徒刑或者无期徒刑，并处没收财产；积极参加的，处三年以上十年以下有期徒刑，并处罚金；其他参加的，处三年以下有期徒刑、拘役、管制或者剥夺政治权利，可以并处罚金。[①]

犯前款罪并实施杀人、爆炸、绑架等犯罪的，依照数罪并罚的规定处罚。

[刑法第120条之组织、领导恐怖活动组织] 具有下列情形之一的，应当认定为刑法第一百二十条规定的“组织、领导恐怖活动组织”，以组织、领导恐怖组织罪定罪处罚：

1. 发起、建立恐怖活动组织的；

2. 恐怖活动组织成立后，对组织及其日常运行负责决策、指挥、管理的；

3. 恐怖活动组织成立后，组织、策划、指挥该组织成员进行恐怖活动的；

4. 其他组织、领导恐怖活动组织的情形。两高、公安部、司法部《关于办理恐怖活动和极端主义犯罪案件适用法律若干问题的意见》2018/05/08 一、(一) 第一款

[刑法第120条之积极参加] 具有下列情形之一的，应当认定为刑法第一百二十条规定的“积极参加”，以参加恐怖组织罪定罪处罚：

1. 纠集他人共同参加恐怖活动组织的；

2. 多次参加恐怖活动组织的；

3. 曾因参加恐怖活动组织、实施恐怖活动被追究刑事责任或者二年内受过行政处罚，又参加恐怖活动组织的；

---

① 根据2001年12月29日《刑法修正案（三）》第一次修改，原第一款条文为：“组织、领导和积极参加恐怖活动组织的，处三年以上十年以下有期徒刑；其他参加的，处三年以下有期徒刑、拘役或者管制。”

根据2015年11月1日《刑法修正案（九）》第二次修改，原第一款条文为：“组织、领导恐怖活动组织的，处十年以上有期徒刑或者无期徒刑；积极参加的，处三年以上十年以下有期徒刑；其他参加的，处三年以下有期徒刑、拘役、管制或者剥夺政治权利。”

4. 在恐怖活动组织中实施恐怖活动且作用突出的；

5. 在恐怖活动组织中积极协助组织、领导者实施组织、领导行为的；

6. 其他积极参加恐怖活动组织的情形。两高、公安部、司法部《关于办理恐怖活动和极端主义犯罪案件适用法律若干问题的意见》2018/05/08 一、(一) 第二款

[刑法第 120 条之其他参加] 参加恐怖活动组织，但不具有前两款规定情形的，应当认定为刑法第一百二十条规定的“其他参加”，以参加恐怖组织罪定罪处罚。两高、公安部、司法部《关于办理恐怖活动和极端主义犯罪案件适用法律若干问题的意见》2018/05/08 一、(一) 第三款

[数罪并罚] 犯刑法第一百二十条规定的犯罪，又实施杀人、放火、爆炸、绑架、抢劫等犯罪的，依照数罪并罚的规定定罪处罚。两高、公安部、司法部《关于办理恐怖活动和极端主义犯罪案件适用法律若干问题的意见》2018/06/152018/05/08 一、(一) 第四款

[犯刑法第 120 条同时构成第 120 条之一至六规定犯罪的　择处罚较重的规定定罪处罚] 犯刑法第一百二十条规定的犯罪，同时构成刑法第一百二十条之一至之六规定的犯罪的，依照处罚较重的规定定罪处罚。两高、公安部、司法部《关于办理恐怖活动和极端主义犯罪案件适用法律若干问题的意见》2018/05/08 一、(八) 第一款

[恐怖主义、极端主义，恐怖活动，恐怖活动组织之认定] 恐怖主义、极端主义，恐怖活动，恐怖活动组织，根据《中华人民共和国反恐怖主义法》等法律法规认定。两高、公安部、司法部《关于办理恐怖活动和极端主义犯罪案件适用法律若干问题的意见》2018/05/08 一、(九)

[案件管辖] 组织、领导、参加恐怖组织罪，帮助恐怖活动罪，准备实施恐怖活动罪，宣扬恐怖主义、煽动实施恐怖活动罪，强制穿戴宣扬恐怖主义服饰、标志罪，非法持有宣扬恐怖主义物品罪的第一审刑事案件由中级人民法院管辖；宣扬极端主义罪，利用极端主义破坏法律实施罪，强制穿戴宣扬极端主义服饰、标志罪，非法持有宣扬极端主义物品罪的第一审刑事案件由基层人民法院管辖。高级人民法院可以根据级别管辖的规定，结合本地区社会治安状况、案件数量等情况，决定实行相对集中管辖，指定辖区内特定的中级人民法院集中审理恐怖活动和极端主义犯罪第一审刑事案件，或者指定辖区内特定的基层人民法院集中审理极端主义犯

罪第一审刑事案件，并将指定法院名单报最高人民法院备案。两高、公安部、司法部《关于办理恐怖活动和极端主义犯罪案件适用法律若干问题的意见》2018/05/08 二、（一）

［恐怖活动组织和恐怖活动人员之认定］国家反恐怖主义工作领导机构对恐怖活动组织和恐怖活动人员作出认定并予以公告的，人民法院可以在办案中根据公告直接认定。国家反恐怖主义工作领导机构没有公告的，人民法院应当严格依照《中华人民共和国反恐怖主义法》有关恐怖活动组织和恐怖活动人员的定义认定，必要时，可以商地市级以上公安机关出具意见作为参考。两高、公安部、司法部《关于办理恐怖活动和极端主义犯罪案件适用法律若干问题的意见》2018/05/08 二、（二）

［宣扬恐怖主义、极端主义的图书、音频视频资料，服饰、标志或者其他物品的认定］宣扬恐怖主义、极端主义的图书、音频视频资料，服饰、标志或者其他物品的认定，应当根据《中华人民共和国反恐怖主义法》有关恐怖主义、极端主义的规定，从其记载的内容、外观特征等分析判断。公安机关应当对涉案物品全面审查并逐一标注或者摘录，提出审读意见，与扣押、移交物品清单及涉案物品原件一并移送人民检察院审查。人民检察院、人民法院可以结合在案证据、案件情况、办案经验等综合审查判断。两高、公安部、司法部《关于办理恐怖活动和极端主义犯罪案件适用法律若干问题的意见》2018/05/08 二、（三）

［恐怖活动和极端主义犯罪案件电子数据的提取认定］恐怖活动和极端主义犯罪案件初查过程中收集提取的电子数据，以及通过网络在线提取的电子数据，可以作为证据使用。对于原始存储介质位于境外或者远程计算机信息系统上的恐怖活动和极端主义犯罪电子数据，可以通过网络在线提取。必要时，可以对远程计算机信息系统进行网络远程勘验。立案后，经设区的市一级以上公安机关负责人批准，可以采取技术侦查措施。对于恐怖活动和极端主义犯罪电子数据量大或者提取时间长等需要冻结的，经县级以上公安机关负责人或者检察长批准，可以进行冻结。对于电子数据涉及的专门性问题难以确定的，由具备资格的司法鉴定机构出具鉴定意见，或者由公安部指定的机构出具报告。两高、公安部、司法部《关于办理恐怖活动和极端主义犯罪案件适用法律若干问题的意见》2018/05/08 二、（四）

[完善工作机制]

（一）人民法院、人民检察院和公安机关办理恐怖活动和极端主义犯罪案件，应当互相配合，互相制约，确保法律有效执行。对于主要犯罪事实、关键证据和法律适用等可能产生分歧或者重大、疑难、复杂的恐怖活动和极端主义犯罪案件，公安机关商请听取有管辖权的人民检察院意见和建议的，人民检察院可以提出意见和建议。

（二）恐怖活动和极端主义犯罪案件一般由犯罪地公安机关管辖，犯罪嫌疑人居住地公安机关管辖更为适宜的，也可以由犯罪嫌疑人居住地公安机关管辖。移送案件应当一案一卷，将案件卷宗、提取物证和扣押物品等全部随案移交。移送案件的公安机关应当指派专人配合接收案件的公安机关开展后续案件办理工作。

（三）人民法院、人民检察院和公安机关办理恐怖活动和极端主义犯罪案件，应当坚持对涉案人员区别对待，实行教育转化。对被教唆、胁迫、引诱参与恐怖活动、极端主义活动，或者参与恐怖活动、极端主义活动情节轻微，尚不构成犯罪的人员，公安机关应当组织有关部门、村民委员会、居民委员会、所在单位、就读学校、家庭和监护人对其进行帮教。对被判处有期徒刑以上刑罚的恐怖活动罪犯和极端主义罪犯，服刑地的中级人民法院应当根据其社会危险性评估结果和安置教育建议，在其刑满释放前作出是否安置教育的决定。人民检察院依法对安置教育进行监督，对于实施安置教育过程中存在违法行为的，应当及时提出纠正意见或者检察建议。**两高、公安部、司法部《关于办理恐怖活动和极端主义犯罪案件适用法律若干问题的意见》**2018/05/08 三

第一百二十条之一　【帮助恐怖活动罪】资助恐怖活动组织、实施恐怖活动的个人的，或者资助恐怖活动培训的，处五年以下有期徒刑、拘役、管制或者剥夺政治权利，并处罚金；情节严重的，处五年以上有期徒刑，并处罚金或者没收财产。

为恐怖活动组织、实施恐怖活动或者恐怖活动培训招募、运送人员的，依照前款的规定处罚。

单位犯前两款罪的，对单位判处罚金，并对其直接负责的主

管人员和其他直接责任人员，依照第一款的规定处罚。①

［以帮助恐怖活动罪定罪处罚］具有下列情形之一的，依照刑法第一百二十条之一的规定，以帮助恐怖活动罪定罪处罚：

1. 以募捐、变卖房产、转移资金等方式为恐怖活动组织、实施恐怖活动的个人、恐怖活动培训筹集、提供经费，或者提供器材、设备、交通工具、武器装备等物资，或者提供其他物质便利的；

2. 以宣传、招收、介绍、输送等方式为恐怖活动组织、实施恐怖活动、恐怖活动培训招募人员的；

3. 以帮助非法出入境，或者为非法出入境提供中介服务、中转运送、停留住宿、伪造身份证明材料等便利，或者充当向导、帮助探查偷越国（边）境路线等方式，为恐怖活动组织、实施恐怖活动、恐怖活动培训运送人员的；

4. 其他资助恐怖活动组织、实施恐怖活动的个人、恐怖活动培训，或者为恐怖活动组织、实施恐怖活动、恐怖活动培训招募、运送人员的情形。两高、公安部、司法部《关于办理恐怖活动和极端主义犯罪案件适用法律若干问题的意见》2018/05/08 一、（二）第一款

［实施恐怖活动的个人］实施恐怖活动的个人，包括已经实施恐怖活动的个人，也包括准备实施、正在实施恐怖活动的个人。包括在我国领域内实施恐怖活动的个人，也包括在我国领域外实施恐怖活动的个人。包括我国公民，也包括外国公民和无国籍人。两高、公安部、司法部《关于办理恐怖活动和极端主义犯罪案件适用法律若干问题的意见》2018/05/08 一、（二）第二款

［帮助恐怖活动罪的主观故意］帮助恐怖活动罪的主观故意，应当根据案件具体情况，结合行为人的具体行为、认知能力、一贯表现和职业等综合认定。两高、公安部、司法部《关于办理恐怖活动和极端主义犯罪案件适用法律

① 根据2001年12月29日《刑法修正案（三）》增加。

根据2015年11月1日《刑法修正案（九）》修改，原条文为："资助恐怖活动组织或者实施恐怖活动的个人的，处五年以下有期徒刑、拘役、管制或者剥夺政治权利，并处罚金；情节严重的，处五年以上有期徒刑，并处罚金或者没收财产。

"单位犯前款罪的，对单位判处罚金，并对其直接负责的主管人员和其他直接责任人员，依照前款的规定处罚。"

若干问题的意见》2018/05/08 一、（二）第三款

[通过转账或者其他结算方式协助资金转移，协助将资金汇往境外的] 明知是恐怖活动犯罪所得及其产生的收益，为掩饰、隐瞒其来源和性质，而提供资金账户，协助将财产转换为现金、金融票据、有价证证券，通过转账或者其他结算方式协助资金转移，协助将资金汇往境外的，以洗钱罪定罪处罚。事先通谋的，以相关恐怖活动犯罪的共同犯罪论处。两高、公安部、司法部《关于办理恐怖活动和极端主义犯罪案件适用法律若干问题的意见》2018/05/08 一、（二）第四款

[资助恐怖活动案立案追诉标准] [资助恐怖活动案（刑法第一百二十条之一）] 资助恐怖活动组织或者实施恐怖活动的个人的，应予立案追诉。最高检、公安部《关于公安机关管辖的刑事案件立案追诉标准的规定（二）》公通字〔2010〕23号 2010/05/07 第一条第一款

[资助] 本条规定的“资助”，是指为恐怖活动组织或者实施恐怖活动的个人筹集、提供经费、物资或者提供场所以及其他物质便利的行为。“实施恐怖活动的个人”，包括预谋实施、准备实施和实际实施恐怖活动的个人。最高检、公安部《关于公安机关管辖的刑事案件立案追诉标准的规定（二）》公通字〔2010〕23号 2010/05/07 第一条第二款

第一百二十条之二　【准备实施恐怖活动罪】 有下列情形之一的，处五年以下有期徒刑、拘役、管制或者剥夺政治权利，并处罚金；情节严重的，处五年以上有期徒刑，并处罚金或者没收财产：

（一）为实施恐怖活动准备凶器、危险物品或者其他工具的；

（二）组织恐怖活动培训或者积极参加恐怖活动培训的；

（三）为实施恐怖活动与境外恐怖活动组织或者人员联络的；

（四）为实施恐怖活动进行策划或者其他准备的。

有前款行为，同时构成其他犯罪的，依照处罚较重的规定定罪处罚。[①]

---

① 根据2015年11月1日《刑法修正案（九）》增加。

[以准备实施恐怖活动罪定罪处罚之情形] 具有下列情形之一的，依照刑法第一百二十条之二的规定，以准备实施恐怖活动罪定罪处罚：

1. 为实施恐怖活动制造、购买、储存、运输凶器，易燃易爆、易制爆品，腐蚀性、放射性、传染性、毒害性物品等危险物品，或者其他工具的；

2. 以当面传授、开办培训班、组建训练营、开办论坛、组织收听收看音频视频资料等方式，或者利用网站、网页、论坛、博客、微博客、网盘、即时通信、通讯群组、聊天室等网络平台、网络应用服务组织恐怖活动培训的，或者积极参加恐怖活动心理体能培训，传授、学习犯罪技能方法或者进行恐怖活动训练的；

3. 为实施恐怖活动，通过拨打电话、发送短信、电子邮件等方式，或者利用网站、网页、论坛、博客、微博客、网盘、即时通信、通讯群组、聊天室等网络平台、网络应用服务与境外恐怖活动组织、人员联络的；

4. 为实施恐怖活动出入境或者组织、策划、煽动、拉拢他人出入境的；

5. 为实施恐怖活动进行策划或者其他准备的情形。两高、公安部、司法部《关于办理恐怖活动和极端主义犯罪案件适用法律若干问题的意见》2018/05/08 一、(三)

第一百二十条之三　【宣扬恐怖主义、极端主义、煽动实施恐怖活动罪】以制作、散发宣扬恐怖主义、极端主义的图书、音频视频资料或者其他物品，或者通过讲授、发布信息等方式宣扬恐怖主义、极端主义的，或者煽动实施恐怖活动的，处五年以下有期徒刑、拘役、管制或者剥夺政治权利，并处罚金；情节严重的，处五年以上有期徒刑，并处罚金或者没收财产。①

[以宣扬恐怖主义、极端主义、煽动实施恐怖活动罪定罪处罚之情形] 实施下列行为之一，宣扬恐怖主义、极端主义或者煽动实施恐怖活动的，依照刑法第一百二十条之三的规定，以宣扬恐怖主义、极端主义、煽动实

① 根据 2015 年 11 月 1 日《刑法修正案（九）》增加。

施恐怖活动罪定罪处罚：

1. 编写、出版、印刷、复制、发行、散发、播放载有宣扬恐怖主义、极端主义内容的图书、报刊、文稿、图片或者音频视频资料的；

2. 设计、生产、制作、销售、租赁、运输、托运、寄递、散发、展示带有宣扬恐怖主义、极端主义内容的标识、标志、服饰、旗帜、徽章、器物、纪念品等物品的；

3. 利用网站、网页、论坛、博客、微博客、网盘、即时通信、通讯群组、聊天室等网络平台、网络应用服务等登载、张贴、复制、发送、播放、演示载有恐怖主义、极端主义内容的图书、报刊、文稿、图片或者音频视频资料的；

4. 网站、网页、论坛、博客、微博客、网盘、即时通信、通讯群组、聊天室等网络平台，网络应用服务的建立、开办、经营、管理者，明知他人利用网络平台、网络应用服务散布、宣扬恐怖主义、极端主义内容，经相关行政主管部门处罚后仍允许或者放任他人发布的；

5. 利用教经、讲经、解经、学经、婚礼、葬礼、纪念、聚会和文体活动等宣扬恐怖主义、极端主义、煽动实施恐怖活动的；

6. 其他宣扬恐怖主义、极端主义、煽动实施恐怖活动的行为。**两高、公安部、司法部《关于办理恐怖活动和极端主义犯罪案件适用法律若干问题的意见》** 2018/05/08 一、(四)

第一百二十条之四　【利用极端主义破坏法律实施罪】利用极端主义煽动、胁迫群众破坏国家法律确立的婚姻、司法、教育、社会管理等制度实施的，处三年以下有期徒刑、拘役或者管制，并处罚金；情节严重的，处三年以上七年以下有期徒刑，并处罚金；情节特别严重的，处七年以上有期徒刑，并处罚金或者没收财产。①

[以利用极端主义破坏法律实施罪定罪处罚之情形] 利用极端主义，实施下列行为之一的，依照刑法第一百二十条之四的规定，以利用极端主

---

① 根据2015年11月1日《刑法修正案（九）》增加。

义破坏法律实施罪定罪处罚：

1. 煽动、胁迫群众以宗教仪式取代结婚、离婚登记，或者干涉婚姻自由的；

2. 煽动、胁迫群众破坏国家法律确立的司法制度实施的；

3. 煽动、胁迫群众干涉未成年人接受义务教育，或者破坏学校教育制度、国家教育考试制度等国家法律规定的教育制度的；

4. 煽动、胁迫群众抵制人民政府依法管理，或者阻碍国家机关工作人员依法执行职务的；

5. 煽动、胁迫群众损毁居民身份证、居民户口簿等国家法定证件以及人民币的；

6. 煽动、胁迫群众驱赶其他民族、有其他信仰的人员离开居住地，或者干涉他人生活和生产经营的；

7. 其他煽动、胁迫群众破坏国家法律制度实施的行为。两高、公安部、司法部《关于办理恐怖活动和极端主义犯罪案件 适用法律若干问题的意见》2018/05/08 一、（五）

第一百二十条之五　【强制穿戴宣扬恐怖主义、极端主义服饰、标志罪】以暴力、胁迫等方式强制他人在公共场所穿着、佩戴宣扬恐怖主义、极端主义服饰、标志的，处三年以下有期徒刑、拘役或者管制，并处罚金。①

[以强制穿戴宣扬恐怖主义、极端主义服饰、标志罪定罪处罚之情形] 具有下列情形之一的，依照刑法第一百二十条之五的规定，以强制穿戴宣扬恐怖主义、极端主义服饰、标志罪定罪处罚：

1. 以暴力、胁迫等方式强制他人在公共场所穿着、佩戴宣扬恐怖主义、极端主义服饰的；

2. 以暴力、胁迫等方式强制他人在公共场所穿着、佩戴含有恐怖主义、极端主义的文字、符号、图形、口号、徽章的服饰、标志的；

3. 其他强制他人穿戴宣扬恐怖主义、极端主义服饰、标志的情形。两

---

① 根据 2015 年 11 月 1 日《刑法修正案（九）》增加。

高、公安部、司法部《关于办理恐怖活动和极端主义犯罪案件 适用法律若干问题的意见》2018/05/08 一、（六）

第一百二十条之六　【非法持有宣扬恐怖主义、极端主义物品罪】明知是宣扬恐怖主义、极端主义的图书、音频视频资料或者其他物品而非法持有，情节严重的，处三年以下有期徒刑、拘役或者管制，并处或者单处罚金。[①]

［以非法持有宣扬恐怖主义、极端主义物品罪定罪处罚之情形］明知是载有宣扬恐怖主义、极端主义内容的图书、报刊、文稿、图片、音频视频资料、服饰、标志或者其他物品而非法持有，达到下列数量标准之一的，依照刑法第一百二十条之六的规定，以非法持有宣扬恐怖主义、极端主义物品罪定罪处罚：

1. 图书、刊物二十册以上，或者电子图书、刊物五册以上的；

2. 报纸一百份（张）以上，或者电子报纸二十份（张）以上的；

3. 文稿、图片一百篇（张）以上，或者电子文稿、图片二十篇（张）以上，或者电子文档五十万字符以上的；

4. 录音带、录像带等音像制品二十个以上，或者电子音频视频资料五个以上，或者电子音频视频资料二十分钟以上的；

5. 服饰、标志二十件以上的。两高、公安部、司法部《关于办理恐怖活动和极端主义犯罪案件 适用法律若干问题的意见》2018/05/08 一、（七）第一款

［虽未达到前款规定的数量标准 但书］非法持有宣扬恐怖主义、极端主义的物品，虽未达到前款规定的数量标准，但具有多次持有，持有多类物品，造成严重后果或者恶劣社会影响，曾因实施恐怖活动、极端主义违法犯罪被追究刑事责任或者二年内受过行政处罚等情形之一的，也可以定罪处罚。两高、公安部、司法部《关于办理恐怖活动和极端主义犯罪案件 适用法律若干问题的意见》2018/05/08 一、（七）第二款

［累计计算 折算后累计计算］多次非法持有宣扬恐怖主义、极端主义的物品，未经处理的，数量应当累计计算。非法持有宣扬恐怖主义、极端

---

① 根据2015年11月1日《刑法修正案（九）》增加。

主义的物品，涉及不同种类或者形式的，可以根据本条规定的不同数量标准的相应比例折算后累计计算。两高、公安部、司法部《关于办理恐怖活动和极端主义犯罪案件 适用法律若干问题的意见》2018/05/08 一、(七) 第三款

[明知之判断] 非法持有宣扬恐怖主义、极端主义物品罪主观故意中的“明知”，应当根据案件具体情况，以行为人实施的客观行为为基础，结合其一贯表现，具体行为、程度、手段、事后态度以及年龄、认知和受教育程度、所从事的职业等综合审查判断。两高、公安部、司法部《关于办理恐怖活动和极端主义犯罪案件 适用法律若干问题的意见》2018/05/08 一、(七) 第四款

[可以认定明知之情形 但书] 具有下列情形之一，行为人不能做出合理解释的，可以认定其“明知”，但有证据证明确属被蒙骗的除外：

1. 曾因实施恐怖活动、极端主义违法犯罪被追究刑事责任，或者二年内受过行政处罚，或者被责令改正后又实施的；

2. 在执法人员检查时，有逃跑、丢弃携带物或者逃避、抗拒检查等行为，在其携带、藏匿或者丢弃的物品中查获宣扬恐怖主义、极端主义的物品的；

3. 采用伪装、隐匿、暗语、手势、代号等隐蔽方式制作、散发、持有宣扬恐怖主义、极端主义的物品的；

4. 以虚假身份、地址或者其他虚假方式办理托运，寄递手续，在托运、寄递的物品中查获宣扬恐怖主义、极端主义的物品的；

5. 有其他证据足以证明行为人应当知道的情形。两高、公安部、司法部《关于办理恐怖活动和极端主义犯罪案件 适用法律若干问题的意见》2018/05/08 一、(七) 第五款

[按照其行为所触犯的具体罪名定罪处罚] 虽不明知图书、文稿、图片、音像制品、移动存储介质、电子阅读器中载有利用宗教极端、暴力恐怖思想煽动分裂国家、破坏国家统一或者煽动民族仇恨、民族歧视的内容，但出于营利或其他目的，违反国家规定，予以出版、印刷、复制、发行、传播或者提供仓储、邮寄、投递、运输、传输等服务的，按照其行为所触犯的具体罪名定罪处罚。两高、公安部《关于办理暴力恐怖和宗教极端刑事案件适用法律若干问题的意见》公通字〔2014〕34 号 2014/09/09 二、(六)

[实施本意见规定行为但不构成犯罪的] 对实施本意见规定行为但不构成犯罪的，依照治安管理、宗教事务管理以及互联网、印刷、出版管理等法律、法规，予以行政处罚或者进行教育、训诫，责令停止活动。对其持有的涉案物品依法予以收缴。两高、公安部《关于办理暴力恐怖和宗教极端刑事案件适用法律若干问题的意见》公通字〔2014〕34 号 2014/09/09 二、(十)

[涉案宣传品的内容的审查、鉴定] 对涉案宣传品的内容不作鉴定，由公安机关全面审查并逐一标注或者摘录，与扣押、移交物品清单及涉案宣传品原件一并移送人民检察院审查。因涉及宗教专门知识或者语言文字等原因无法自行审查的，可商请宗教、民族、新闻出版等部门提供审读意见，经审查后与涉案宣传品原件一并移送人民检察院审查。需要对涉案宣传品出版、印刷、制作、发行的合法性进行鉴定的，由公安机关委托新闻出版主管部门出具鉴定意见。人民检察院、人民法院应当全面审查作为证据使用的涉案宣传品的内容。两高、公安部《关于办理暴力恐怖和宗教极端刑事案件适用法律若干问题的意见》公通字〔2014〕34 号 2014/09/09 三、(一)

[是否“明知”的认定] 对是否“明知”的认定，应当结合案件具体情况，坚持重证据，重调查研究，以行为人实施的客观行为为基础，结合其一贯表现，具体行为、程度、手段、事后态度，以及年龄、认知和受教育程度、所从事的职业等综合判断。曾因实施暴力恐怖、宗教极端违法犯罪行为受到行政、刑事处罚、免予刑事处罚，或者被责令改正后又实施的，应当认定为明知。其他共同犯罪嫌疑人、被告人或者其他知情人供认、指证，行为人不承认其主观上“明知”，但又不能作出合理解释的，依据其行为本身和认知程度，足以认定其确实“明知”或者应当“明知”的，应当认定为明知。两高、公安部《关于办理暴力恐怖和宗教极端刑事案件适用法律若干问题的意见》公通字〔2014〕34 号 2014/09/09 三、(二)

[以组织、领导、参加恐怖组织罪定罪处罚] 为制造社会恐慌、危害公共安全或者胁迫国家机关、国际组织，组织、纠集他人，策划、实施下列行为之一，造成或者意图造成人员伤亡、重大财产损失、公共设施损坏、社会秩序混乱的，以组织、领导、参加恐怖组织罪定罪处罚：

1. 发起、建立恐怖活动组织或者以从事恐怖活动为目的的训练营地，进行恐怖活动体能、技能训练的；

2. 为组建恐怖活动组织、发展组织成员或者组织、策划、实施恐怖活动，宣扬、散布、传播宗教极端、暴力恐怖思想的；

3. 在恐怖活动组织成立以后，利用宗教极端、暴力恐怖思想控制组织成员，指挥组织成员进行恐怖活动的；

4. 对特定或者不特定的目标进行爆炸、放火、杀人、伤害、绑架、劫持、恐吓、投放危险物质及其他暴力活动的；

5. 制造、买卖、运输、储存枪支、弹药、爆炸物的；

6. 设计、制造、散发、邮寄、销售、展示含有暴力恐怖思想内容的标识、标志物、旗帜、徽章、服饰、器物、纪念品的；

7. 参与制定行动计划、准备作案工具等活动的。

组织、领导、参加恐怖活动组织，同时实施杀人、放火、爆炸、非法制造爆炸物、绑架、抢劫等犯罪的，以组织、领导、参加恐怖组织罪和故意杀人罪、放火罪、爆炸罪、非法制造爆炸物罪、绑架罪、抢劫罪等数罪并罚。**两高、公安部《关于办理暴力恐怖和宗教极端刑事案件适用法律若干问题的意见》公通字〔2014〕34号 2014/09/09 二、(一)**

[以参加恐怖组织罪定罪处罚] 参加或者纠集他人参加恐怖活动组织的，或者为参加恐怖活动组织、接受其训练，出境或者组织、策划、煽动、拉拢他人出境，或者在境内跨区域活动，进行犯罪准备行为的，以参加恐怖组织罪定罪处罚。**两高、公安部《关于办理暴力恐怖和宗教极端刑事案件适用法律若干问题的意见》公通字〔2014〕34号 2014/09/09 二、(二)**

[以资助恐怖活动罪定罪处罚] 明知是恐怖活动组织或者实施恐怖活动人员而为其提供经费，或者提供器材、设备、交通工具、武器装备等物质条件，或者提供场所以及其他物质便利的，以资助恐怖活动罪定罪处罚。

通过收取宗教课税募捐，为暴力恐怖、宗教极端犯罪活动筹集经费的，以相应犯罪的共同犯罪定罪处罚；构成资助恐怖活动罪的，以资助恐怖活动罪定罪处罚。**两高、公安部《关于办理暴力恐怖和宗教极端刑事案件适用法律若干问题的意见》公通字〔2014〕34号 2014/09/09 二、(四)**

[资助] 刑法第一百二十条之一规定的“资助”，是指为恐怖活动组织或者实施恐怖活动的个人筹集、提供经费、物资或者提供场所以及其他物

质便利的行为。最高法《关于审理洗钱等刑事案件具体应用法律若干问题的解释》法释〔2009〕15号 2009/11/11 第五条第一款

[实施恐怖活动的个人] 刑法第一百二十条之一规定的“实施恐怖活动的个人”，包括预谋实施、准备实施和实际实施恐怖活动的个人。最高法《关于审理洗钱等刑事案件具体应用法律若干问题的解释》法释〔2009〕15号 2009/11/11 第五条第二款

第一百二十一条　【劫持航空器罪】以暴力、胁迫或者其他方法劫持航空器的，处十年以上有期徒刑或者无期徒刑；致人重伤、死亡或者使航空器遭受严重破坏的，处死刑。

第一百二十二条　【劫持船只、汽车罪】以暴力、胁迫或者其他方法劫持船只、汽车的，处五年以上十年以下有期徒刑；造成严重后果的，处十年以上有期徒刑或者无期徒刑。

第一百二十三条　【暴力危及飞行安全罪】对飞行中的航空器上的人员使用暴力，危及飞行安全，尚未造成严重后果的，处五年以下有期徒刑或者拘役；造成严重后果的，处五年以上有期徒刑。

第一百二十四条　【破坏广播电视设施、公用电信设施罪；过失损坏广播电视设备、公用电信设施罪】破坏广播电视设施、公用电信设施，危害公共安全的，处三年以上七年以下有期徒刑；造成严重后果的，处七年以上有期徒刑。

过失犯前款罪的，处三年以上七年以下有期徒刑；情节较轻的，处三年以下有期徒刑或者拘役。

[非法使用“伪基站”设备干扰公用电信网络信号　构成一罪或数罪的　利用“伪基站”设备实施诈骗等其他犯罪行为] 非法使用“伪基站”设备干扰公用电信网络信号，危害公共安全的，依照《刑法》第一百二十四条第一款的规定，以破坏公用电信设施罪追究刑事责任；同时构成虚假广告罪、非法获取公民个人信息罪、破坏计算机信息系统罪、扰乱无线电通讯管理秩序罪的，依照处罚较重的规定追究刑事责任。

除法律、司法解释另有规定外，利用“伪基站”设备实施诈骗等其他犯罪行为，同时构成破坏公用电信设施罪的，依照处罚较重的规定追究刑事责任。两高、国家安全部、公安部《关于依法办理非法生产销售使用“伪基站”设备案件的意见》公通字〔2014〕13号 2014/03/14 一、(二)

[明知而为其提供资金、场所、技术、设备等帮助的　以共同犯罪论处] 明知他人实施非法生产、销售“伪基站”设备，或者非法使用“伪基站”设备干扰公用电信网络信号等犯罪，为其提供资金、场所、技术、设备等帮助的，以共同犯罪论处。两高、国家安全部、公安部《关于依法办理非法生产销售使用“伪基站”设备案件的意见》公通字〔2014〕13号 2014/03/14 一、(三)

[非法使用“伪基站”设备扰乱公共秩序　尚不构成犯罪的] 对于非法使用“伪基站”设备扰乱公共秩序，侵犯他人人身权利、财产权利，情节较轻，尚不构成犯罪，但构成违反治安管理行为的，依法予以治安管理处罚。两高、国家安全部、公安部《关于依法办理非法生产销售使用“伪基站”设备案件的意见》公通字〔2014〕13号 2014/03/14 一、(四)

[依法办理非法生产销售使用“伪基站”设备案件　严格贯彻宽严相济刑事政策] 对犯罪嫌疑人、被告人的处理，应当结合其主观恶性大小、行为危害程度以及在案件中所起的作用等因素，切实做到区别对待。对组织指挥、实施非法生产、销售、使用“伪基站”设备的首要分子、积极参加的犯罪分子，以及曾因非法生产、销售、使用“伪基站”设备受到行政处罚或者刑事处罚，又实施非法生产、销售、使用“伪基站”设备的犯罪分子，应当作为打击重点依法予以严惩；对具有自首、立功、从犯等法定情节的犯罪分子，可以依法从宽处理。对情节显著轻微、危害不大的，依法不作为犯罪处理。两高、国家安全部、公安部《关于依法办理非法生产销售使用“伪基站”设备案件的意见》公通字〔2014〕13号 2014/03/14 二

[比照第1款量刑] 采取拆卸、毁坏设备，剪割缆线，删除、修改、增加广播电视设备系统中存储、处理、传输的数据和应用程序，非法占用频率等手段，破坏正在使用的广播电视设施，具有下列情形之一的，依照刑法第一百二十四条第一款的规定，以破坏广播电视设施罪处三年以上七年以下有期徒刑：

（一）造成救灾、抢险、防汛和灾害预警等重大公共信息无法发布的；

（二）造成县级、地市（设区的市）级广播电视台中直接关系节目播出的设施无法使用，信号无法播出的；

（三）造成省级以上广播电视传输网内的设施无法使用，地市（设区的市）级广播电视传输网内的设施无法使用三小时以上，县级广播电视传输网内的设施无法使用十二小时以上，信号无法传输的；

（四）其他危害公共安全的情形。**最高法《关于审理破坏广播电视设施等刑事案件具体应用法律若干问题的解释》法释〔2011〕13号 2011/06/13 第一条**

[造成严重后果] 实施本解释第一条规定的行为，具有下列情形之一的，应当认定为刑法第一百二十四条第一款规定的“造成严重后果”，以破坏广播电视设施罪处七年以上有期徒刑：

（一）造成救灾、抢险、防汛和灾害预警等重大公共信息无法发布，因此贻误排除险情或者疏导群众，致使一人以上死亡、三人以上重伤或者财产损失五十万元以上，或者引起严重社会恐慌、社会秩序混乱的；

（二）造成省级以上广播电视台中直接关系节目播出的设施无法使用，信号无法播出的；

（三）造成省级以上广播电视传输网内的设施无法使用三小时以上，地市（设区的市）级广播电视传输网内的设施无法使用十二小时以上，县级广播电视传输网内的设施无法使用四十八小时以上，信号无法传输的；

（四）造成其他严重后果的。**最高法《关于审理破坏广播电视设施等刑事案件具体应用法律若干问题的解释》法释〔2011〕13号 2011/06/13 第二条**

[比照刑法第124条第2款量刑] 过失损坏正在使用的广播电视设施，造成本解释第二条规定的严重后果的，依照刑法第一百二十四条第二款的规定，以过失损坏广播电视设施罪处三年以上七年以下有期徒刑；情节较轻的，处三年以下有期徒刑或者拘役。**最高法《关于审理破坏广播电视设施等刑事案件具体应用法律若干问题的解释》法释〔2011〕13号 2011/06/13 第三条第一款**

[可以酌情从宽处罚] 过失损坏广播电视设施构成犯罪，但能主动向有关部门报告，积极赔偿损失或者修复被损坏设施的，可以酌情从宽处罚。**最高法《关于审理破坏广播电视设施等刑事案件具体应用法律若干问题的解释法释》〔2011〕13号 2011/06/13 第三条第二款**

[建设施工管理人员、施工人员犯本罪之定罪量刑] 建设、施工单位

的管理人员、施工人员，在建设、施工过程中，违反广播电视设施保护规定，故意或者过失损毁正在使用的广播电视设施，构成犯罪的，以破坏广播电视设施罪或者过失损坏广播电视设施罪定罪处罚。其定罪量刑标准适用本解释第一至三条的规定。**最高法《关于审理破坏广播电视设施等刑事案件具体应用法律若干问题的解释》法释〔2011〕13号 2011/06/13 第四条**

[盗窃正在使用的广播电视设施之量刑] 盗窃正在使用的广播电视设施，尚未构成盗窃罪，但具有本解释第一条、第二条规定情形的，以破坏广播电视设施罪定罪处罚；同时构成盗窃罪和破坏广播电视设施罪的，依照处罚较重的规定定罪处罚。**最高法《关于审理破坏广播电视设施等刑事案件具体应用法律若干问题的解释》法释〔2011〕13号 2011/06/13 第五条**

[破坏正在使用的广播电视设和故意毁坏尚未投入使用的广播电视设施之量刑] 破坏正在使用的广播电视设施未危及公共安全，或者故意毁坏尚未投入使用的广播电视设施，造成财物损失数额较大或者有其他严重情节的，以故意毁坏财物罪定罪处罚。**最高法《关于审理破坏广播电视设施等刑事案件具体应用法律若干问题的解释》法释〔2011〕13号 2011/06/13 第六条**

[破坏广播电视设施犯罪并实施煽动分裂国家等行为之量刑] 实施破坏广播电视设施犯罪，并利用广播电视设施实施煽动分裂国家、煽动颠覆国家政权、煽动民族仇恨、民族歧视或者宣扬邪教等行为，同时构成其他犯罪的，依照处罚较重的规定定罪处罚。**最高法《关于审理破坏广播电视设施等刑事案件具体应用法律若干问题的解释》法释〔2011〕13号 2011/06/13 第七条**

[播出的设施、广播电视传输网内的设施　参照有关规定确定] 本解释所称广播电视台中直接关系节目播出的设施、广播电视传输网内的设施，参照国家广播电视行政主管部门和其他相关部门的有关规定确定。**最高法《关于审理破坏广播电视设施等刑事案件具体应用法律若干问题的解释》法释〔2011〕13号 2011/06/13 第八条**

[择重罪定罪处罚] 破坏、过失损坏军事通信，并造成公用电信设施损毁，危害公共安全，同时构成刑法第一百二十四条和第三百六十九条规定的犯罪的，依照处罚较重的规定定罪处罚。**最高法《关于审理危害军事通信刑事案件具体应用法律若干问题的解释》法释〔2007〕13号 2007/06/29 第六条第一款**

[择重罪定罪处罚] 盗窃军事通信线路、设备，不构成盗窃罪，但破

坏军事通信的，依照刑法第三百六十九条第一款的规定定罪处罚；同时构成刑法第一百二十四条、第二百六十四条和第三百六十九条第一款规定的犯罪的，依照处罚较重的规定定罪处罚。**最高法《关于审理危害军事通信刑事案件具体应用法律若干问题的解释》法释〔2007〕13号 2007/06/29 第六条第二款**

[故意破坏公用电信设施 危害公共安全] 采用截断通信线路、损毁通信设备或者删除、修改、增加电信网计算机信息系统中存储、处理或者传输的数据和应用程序等手段，故意破坏正在使用的公用电信设施，具有下列情形之一的，属于刑法第一百二十四条规定的“危害公共安全”，依照刑法第一百二十四条第一款规定，以破坏公用电信设施罪处三年以上七年以下有期徒刑：

（一）造成火警、匪警、医疗急救、交通事故报警、救灾、抢险、防汛等通信中断或者严重障碍，并因此贻误救助、救治、救灾、抢险等，致使人员死亡一人、重伤三人以上或者造成财产损失三十万元以上的；

（二）造成二千以上不满一万用户通信中断一小时以上，或者一万以上用户通信中断不满一小时的；

（三）在一个本地网范围内，网间通信全阻、关口局至某一局向全部中断或网间某一业务全部中断不满二小时或者直接影响范围不满五万（用户×小时）的；

（四）造成网间通信严重障碍，一日内累计二小时以上不满十二小时的；

（五）其他危害公共安全的情形。**最高法《关于审理破坏公用电信设施刑事案件具体应用法律若干问题的解释》法释〔2004〕21号 2005/01/11 第一条**

[严重后果] 实施本解释第一条规定的行为，具有下列情形之一的，属于刑法第一百二十四条第一款规定的“严重后果”，以破坏公用电信设施罪处七年以上有期徒刑：

（一）造成火警、匪警、医疗急救、交通事故报警、救灾、抢险、防汛等通信中断或者严重障碍，并因此贻误救助、救治、救灾、抢险等，致使人员死亡二人以上、重伤六人以上或者造成财产损失六十万元以上的；

（二）造成一万以上用户通信中断一小时以上的；

（三）在一个本地网范围内，网间通信全阻、关口局至某一局向全部中断或网间某一业务全部中断二小时以上或者直接影响范围五万（用户×小时）以上的；

（四）造成网间通信严重障碍，一日内累计十二小时以上的；

（五）造成其他严重后果的。最高法《关于审理破坏公用电信设施刑事案件具体应用法律若干问题的解释》法释〔2004〕21号 2005/01/11 第二条

[犯本罪或择重罪定罪处罚] 盗窃公用电信设施价值数额不大，但是构成危害公共安全犯罪的，依照刑法第一百二十四条的规定定罪处罚；盗窃公用电信设施同时构成盗窃罪和破坏公用电信设施罪的，依照处罚较重的规定定罪处罚。最高法《关于审理破坏公用电信设施刑事案件具体应用法律若干问题的解释》法释〔2004〕21号 2005/01/11 第三条第二款

[共犯] 指使、组织、教唆他人实施本解释规定的故意犯罪行为的，按照共犯定罪处罚。最高法《关于审理破坏公用电信设施刑事案件具体应用法律若干问题的解释》法释〔2004〕21号 2005/01/11 第四条

[公用电信设施的范围等依国家电信行业主管部门规定确定] 本解释中规定的公用电信设施的范围、用户数、通信中断和严重障碍的标准和时间长度，依据国家电信行业主管部门的有关规定确定。最高法《关于审理破坏公用电信设施刑事案件具体应用法律若干问题的解释》法释〔2004〕21号 2005/01/11 第五条

第一百二十五条　【非法制造、买卖、运输、邮寄、储存枪支、弹药、爆炸物罪；非法制造、买卖、运输、储存危险物质罪】 非法制造、买卖、运输、邮寄、储存枪支、弹药、爆炸物的，处三年以上十年以下有期徒刑；情节严重的，处十年以上有期徒刑、无期徒刑或者死刑。

非法制造、买卖、运输、储存毒害性、放射性、传染病病原体等物质，危害公共安全的，依照前款的规定处罚。[①]

---

① 根据2011年12月29日《刑法修正案（三）》修改，原第二款条文为："非法买卖、运输核材料的，依照前款的规定处罚。"

单位犯前两款罪的，对单位判处罚金，并对其直接负责的主管人员和其他直接责任人员，依照第一款的规定处罚。

[罪名] 非法制造、买卖、运输、储存危险物质罪（取消非法买卖、运输核材料罪罪名）**两高《关于执行〈中华人民共和国刑法〉确定罪名的补充规定》法释〔2002〕7号**

[裁判要旨 非法买卖、储存危险物质 毒害性物质] 1. 国家严格监督管理的氰化钠等剧毒化学品，易致人中毒或者死亡，对人体、环境具有极大的毒害性和危险性，属于刑法第一百二十五条第二款规定的“毒害性”物质。

2. “非法买卖”毒害性物质，是指违反法律和国家主管部门规定，未经有关主管部门批准许可，擅自购买或者出售毒害性物质的行为，并不需要兼有买进和卖出的行为。**最高法指导案例13号：王召成等非法买卖、储存危险物质案**

[判决理由 河北蔚县李家洼煤矿“7.14”特别重大事故] 河北省张家口市中级人民法院一审判决、河北省高级人民法院复核裁定认为，被告人李发奎、李成奎、苏正喜等非法买卖、储存炸药、雷管，造成严重后果，情节严重，构成非法买卖、储存爆炸物罪；被告人李发奎、李成奎、李向奎、苏正喜、苏强全、邓开兴违反矿产资源法规，未取得采矿许可证擅自采矿，被责令停止开采而拒不执行，造成矿产资源严重破坏，构成非法采矿罪；被告人李发奎、李成奎、李向奎明知矿井安全生产设施和安全生产条件不符合国家规定，仍然组织矿工进行井下生产作业，造成重大伤亡事故，情节特别恶劣，构成重大劳动安全事故罪；被告人李发奎、李成奎、李向奎、苏正喜、苏强全在安全事故发生后，分工负责，相互配合，隐瞒事故真相，贻误事故抢救，情节特别严重，构成不报安全事故罪；被告人李发奎、李成奎、李向奎为谋取不正当利益，共同或单独多次给予国家工作人员钱物，构成行贿罪；被告人李发奎在非法买卖、储存爆炸物、非法采矿、重大劳动安全事故、不报安全事故、行贿犯罪中起主要作用，应承担主要责任。被告人李成奎在非法买卖、储存爆炸物罪具体实施中作用次于李发奎，可依法从轻处罚；在其他犯罪中应承担主要责任。被告人

李向奎、苏正喜、苏强全、邓开兴在犯罪中地位、作用次于李发奎、李成奎。被告人苏强全有自首情节，依法从轻处罚。**最高法发布危害生产安全犯罪典型案例之一：李发奎、李成奎、李向奎、苏正喜、苏强全、邓开兴非法买卖、储存爆炸物，非法采矿，重大劳动安全事故，不报安全事故，行贿案**

[涉气枪案件定罪量刑考量因素]

一、对于非法制造、买卖、运输、邮寄、储存、持有、私藏、走私以压缩气体为动力且枪口比动能较低的枪支的行为，在决定是否追究刑事责任以及如何裁量刑罚时，不仅应当考虑涉案枪支的数量，而且应当充分考虑涉案枪支的外观、材质、发射物、购买场所和渠道、价格、用途、致伤力大小、是否易于通过改制提升致伤力，以及行为人的主观认知、动机目的、一贯表现、违法所得、是否规避调查等情节，综合评估社会危害性，坚持主客观相统一，确保罪责刑相适应。

二、对于非法制造、买卖、运输、邮寄、储存、持有、私藏、走私气枪铅弹的行为，在决定是否追究刑事责任以及如何裁量刑罚时，应当综合考虑气枪铅弹的数量、用途以及行为人的动机目的、一贯表现、违法所得、是否规避调查等情节，综合评估社会危害性，确保罪责刑相适应。**两高《关于涉以压缩气体为动力的枪支、气枪铅弹刑事案件定罪量刑问题的批复》法释〔2018〕8号 2018/03/30**

[以火药为动力发射弹药的大口径武器] 对于非法制造、买卖、运输、储存以火药为动力发射弹药的大口径武器的行为，应当依照刑法第一百二十五条第一款的规定，以非法制造、买卖、运输、储存枪支罪追究刑事责任。**最高检《关于非法制造、买卖、运输、储存以火药为动力发射弹药的大口径武器的行为如何适用法律问题的答复》〔2004〕高检研发第18号 2004/11/03**

[非法制造、买卖、运输、邮寄、储存枪支、弹药、爆炸物罪最低数量标准] 个人或者单位非法制造、买卖、运输、邮寄、储存枪支、弹药、爆炸物，具有下列情形之一的，依照刑法第一百二十五条第一款的规定，以非法制造、买卖、运输、邮寄、储存枪支、弹药、爆炸物罪定罪处罚：

（一）非法制造、买卖、运输、邮寄、储存军用枪支一支以上的；

（二）非法制造、买卖、运输、邮寄、储存以火药为动力发射枪弹的非军用枪支一支以上或者以压缩气体等为动力的其他非军用枪支二支以上的；

（三）非法制造、买卖、运输、邮寄、储存军用子弹十发以上、气枪铅弹五百发以上或者其他非军用子弹一百发以上的；

（四）非法制造、买卖、运输、邮寄、储存手榴弹一枚以上的；

（五）非法制造、买卖、运输、邮寄、储存爆炸装置的；

（六）非法制造、买卖、运输、邮寄、储存炸药、发射药、黑火药一千克以上或者烟火药三千克以上、雷管三十枚以上或者导火索、导爆索三十米以上的；

（七）具有生产爆炸物品资格的单位不按照规定的品种制造，或者具有销售、使用爆炸物品资格的单位超过限额买卖炸药、发射药、黑火药十千克以上或者烟火药三十千克以上、雷管三百枚以上或者导火索、导爆索三百米以上的；

（八）多次非法制造、买卖、运输、邮寄、储存弹药、爆炸物的；

（九）虽未达到上述最低数量标准，但具有造成严重后果等其他恶劣情节的。

介绍买卖枪支、弹药、爆炸物的，以买卖枪支、弹药、爆炸物罪的共犯论处。**最高法《关于审理非法制造、买卖、运输枪支、弹药、爆炸物等刑事案件具体应用法律若干问题的解释》〔2009〕18号 2010/01/01 第一条**

[情节严重] 非法制造、买卖、运输、邮寄、储存枪支、弹药、爆炸物，具有下列情形之一的，属于刑法第一百二十五条第一款规定的"情节严重"：

（一）非法制造、买卖、运输、邮寄、储存枪支、弹药、爆炸物的数量达到本解释第一条第（一）、（二）、（三）、（六）、（七）项规定的最低数量标准五倍以上的；

（二）非法制造、买卖、运输、邮寄、储存手榴弹三枚以上的；

（三）非法制造、买卖、运输、邮寄、储存爆炸装置，危害严重的；

（四）达到本解释第一条规定的最低数量标准，并具有造成严重后果等其他恶劣情节的。**最高法《关于审理非法制造、买卖、运输枪支、弹药、爆炸物等刑事案件具体应用法律若干问题的解释》〔2009〕18号 2010/01/01 第二条**

[成套枪支散件以相应数量的枪支计算] 非法制造、买卖、运输、邮寄、储存、盗窃、抢夺、持有、私藏、携带成套枪支散件的，以相应数量的枪支计；非成套枪支散件以每三十件为一成套枪支散件计。最高法《关于审理非法制造、买卖、运输枪支、弹药、爆炸物等刑事案件具体应用法律若干问题的解释》〔2009〕18 号 2010/01/01 第七条

[非法储存] 刑法第一百二十五条第一款规定的"非法储存"，是指明知是他人非法制造、买卖、运输、邮寄的枪支、弹药而为其存放的行为，或者非法存放爆炸物的行为。最高法《关于审理非法制造、买卖、运输枪支、弹药、爆炸物等刑事案件具体应用法律若干问题的解释》〔2009〕18 号 2010/01/01 第八条第一款

[可从轻处罚、可免除处罚之情形] 因筑路、建房、打井、整修宅基地和土地等正常生产、生活需要，以及因从事合法的生产经营活动而非法制造、买卖、运输、邮寄、储存爆炸物，数量达到本解释第一条规定标准，没有造成严重社会危害，并确有悔改表现的，可依法从轻处罚；情节轻微的，可以免除处罚。最高法《关于审理非法制造、买卖、运输枪支、弹药、爆炸物等刑事案件具体应用法律若干问题的解释》〔2009〕18 号 2010/01/01 第九条第一款

[不认定为情节严重] 具有前款情形，数量虽达到本解释第二条规定标准的，也可以不认定为刑法第一百二十五条第一款规定的"情节严重"。最高法《关于审理非法制造、买卖、运输枪支、弹药、爆炸物等刑事案件具体应用法律若干问题的解释》〔2009〕18 号 2010/01/01 第九条第二款

[不适用前两款规定之情形] 在公共场所、居民区等人员集中区域非法制造、买卖、运输、邮寄、储存爆炸物，或者因非法制造、买卖、运输、邮寄、储存爆炸物三年内受到两次以上行政处罚又实施上述行为，数量达到本解释规定标准的，不适用前两款量刑的规定。最高法《关于审理非法制造、买卖、运输枪支、弹药、爆炸物等刑事案件具体应用法律若干问题的解释》〔2009〕18 号 2010/01/01 第九条第三款

[参照本解释有关规定] 实施非法制造、买卖、运输、邮寄、储存、盗窃、抢夺、持有、私藏其他弹药、爆炸物品等行为，参照本解释有关条文规定的定罪量刑标准处罚。最高法《关于审理非法制造、买卖、运输枪支、弹

药、爆炸物等刑事案件具体应用法律若干问题的解释》〔2009〕18号 2010/01/01 第十条

[非法制造、买卖、运输、储存毒鼠强等禁用剧毒化学品] 非法制造、买卖、运输、储存毒鼠强等禁用剧毒化学品，危害公共安全，具有下列情形之一的，依照刑法第一百二十五条的规定，以非法制造、买卖、运输、储存危险物质罪，处三年以上十年以下有期徒刑：

（一）非法制造、买卖、运输、储存原粉、原液、原药制剂50克以上，或者饵料2千克以上的；

（二）在非法制造、买卖、运输、储存过程中致人重伤、死亡或者造成公私财产损失10万元以上的。两高《关于办理非法制造、买卖、运输、储存毒鼠强等禁用剧毒化学品刑事案件具体应用法律若干问题的解释》法释〔2003〕14号 2003/10/01 第一条

[情节严重] 非法制造、买卖、运输、储存毒鼠强等禁用剧毒化学品，具有下列情形之一的，属于刑法第一百二十五条规定的"情节严重"，处十年以上有期徒刑、无期徒刑或者死刑：

（一）非法制造、买卖、运输、储存原粉、原液、制剂500克以上，或者饵料20千克以上的；

（二）在非法制造、买卖、运输、储存过程中致3人以上重伤、死亡，或者造成公私财产损失20万元以上的；

（三）非法制造、买卖、运输、储存原粉、原药、制剂50克以上不满500克，或者饵料2千克以上不满20千克，并具有其他严重情节的。两高《关于办理非法制造、买卖、运输、储存毒鼠强等禁用剧毒化学品刑事案件具体应用法律若干问题的解释》法释〔2003〕14号 2003/10/01 第二条

[单位犯本罪] 单位非法制造、买卖、运输、储存毒鼠强等禁用剧毒化学品的，依照本解释第一条、第二条规定的定罪量刑标准执行。两高《关于办理非法制造、买卖、运输、储存毒鼠强等禁用剧毒化学品刑事案件具体应用法律若干问题的解释》法释〔2003〕14号 2003/10/01 第三条

[施行前自用的　不作为犯罪处理] 本解释施行以前，确因生产、生活需要而非法制造、买卖、运输、储存毒鼠强等禁用剧毒化学品饵料自用，没有造成严重社会危害的，可以依照刑法第十三条的规定，不作为犯

罪处理。两高《关于办理非法制造、买卖、运输、储存毒鼠强等禁用剧毒化学品刑事案件具体应用法律若干问题的解释》法释〔2003〕14号 2003/10/01 第五条第一款

[施行后自用的] 本解释施行以后，确因生产、生活需要而非法制造、买卖、运输、储存毒鼠强等禁用剧毒化学品饵料自用，构成犯罪，但没有造成严重社会危害，经教育确有悔改表现的，可以依法从轻、减轻或者免除处罚。两高《关于办理非法制造、买卖、运输、储存毒鼠强等禁用剧毒化学品刑事案件具体应用法律若干问题的解释》法释〔2003〕14号 2003/10/01 第五条第二款

[非法制造、买卖、运输、储存危险物质案立案追诉标准] [非法制造、买卖、运输、储存危险物质案（刑法第一百二十五条第二款）] 非法制造、买卖、运输、储存毒害性、放射性、传染病病原体等物质，危害公共安全，涉嫌下列情形之一的，应予立案追诉：

（一）造成人员重伤或者死亡的；

（二）造成直接经济损失十万元以上的；

（三）非法制造、买卖、运输、储存毒鼠强、氟乙酰胺、氟乙酰钠、毒鼠硅、甘氟原粉、原液、制剂五十克以上，或者饵料二千克以上的；

（四）造成急性中毒、放射性疾病或者造成传染病流行、暴发的；

（五）造成严重环境污染的；

（六）造成毒害性、放射性、传染病病原体等危险物质丢失、被盗、被抢或者被他人利用进行违法犯罪活动的；

（七）其他危害公共安全的情形。最高检、公安部《关于公安机关管辖的刑事案件立案追诉标准的规定（一）》公通字〔2008〕36号 2008/06/25 第二条

第一百二十六条　【违规制造、销售枪支罪】依法被指定、确定的枪支制造企业、销售企业，违反枪支管理规定，有下列行为之一的，对单位判处罚金，并对其直接负责的主管人员和其他直接责任人员，处五年以下有期徒刑；情节严重的，处五年以上十年以下有期徒刑；情节特别严重的，处十年以上有期徒刑或者无期徒刑：

（一）以非法销售为目的，超过限额或者不按照规定的品种制造、配售枪支的；

（二）以非法销售为目的，制造无号、重号、假号的枪支的；

（三）非法销售枪支或者在境内销售为出口制造的枪支的。

［违规制造、销售枪支罪最低数量标准］依法被指定或者确定的枪支制造、销售企业，实施刑法第一百二十六条规定的行为，具有下列情形之一的，以违规制造、销售枪支罪定罪处罚：

（一）违规制造枪支五支以上的；

（二）违规销售枪支二支以上的；

（三）虽未达到上述最低数量标准，但具有造成严重后果等其他恶劣情节的。最高法《关于审理非法制造、买卖、运输枪支、弹药、爆炸物等刑事案件具体应用法律若干问题的解释》〔2009〕18号 2010/01/01 第三条第一款

［情节严重］具有下列情形之一的，属于刑法第一百二十六条规定的"情节严重"：

（一）违规制造枪支二十支以上的；

（二）违规销售枪支十支以上的；

（三）达到本条第一款规定的最低数量标准，并具有造成严重后果等其他恶劣情节的。最高法《关于审理非法制造、买卖、运输枪支、弹药、爆炸物等刑事案件具体应用法律若干问题的解释》〔2009〕18号 2010/01/01 第三条第二款

［情节特别严重］具有下列情形之一的，属于刑法第一百二十六条规定的"情节特别严重"：

（一）违规制造枪支五十支以上的

（二）违规销售枪支三十支以上的；

（三）达到本条第二款规定的最低数量标准，并具有造成严重后果等其他恶劣情节的。最高法《关于审理非法制造、买卖、运输枪支、弹药、爆炸物等刑事案件具体应用法律若干问题的解释》〔2009〕18号 2010/01/01 第三条第三款

［认定为枪支的仿真枪　违法责任］利用气瓶、弹簧、电机等形成压缩气体为动力、发射金属弹丸或者其他物质并具有杀伤力的"仿真枪"，具备制式气枪的本质特征，应认定为枪支，并按气枪进行管制处理。对非法制造、买卖、运输、储存、邮寄、持有、携带和走私此类枪支的，应当依照《中华人民共和国枪支管理法》、《中华人民共和国刑法》、《中华人民

共和国治安管理处罚法》的有关规定。追究当事人的法律责任。公安部《关于对以气体等为动力发射金属弹丸或者其他物质的仿真枪认定问题的批复》公复字〔2006〕5号 2006/10/11

[弩的法律适用及性能鉴定]

一、弩是一种具有一定杀伤能力的运动器材，但其结构和性能不符合《中华人民共和国枪支管理法》对枪支的定义，不属于枪支范畴。因此，不能按照《最高人民法院关于审理非法制造、买卖、运输枪支、弹药、爆炸物等刑事案件具体应用法律若干问题的解释》（法释〔2001〕15号）追究刑事责任，仍应按照《公安部、国家工商行政管理局关于加强弩管理的通知》（公治〔1999〕1646号）的规定，对非法制造、销售、运输、持有弩的登记收缴，消除社会治安隐患。

二、对弩的鉴定工作，不能参照公安部《公安机关涉案枪支弹药性能鉴定工作规定》（公通字〔2001〕68号）进行。鉴于目前社会上非法制造、销售、运输、持有的弩均为制式产品，不存在非制式弩的情况，因此不需要进行技术鉴定。公安部《关于涉弩违法犯罪行为的处理及性能鉴定问题的批复》公复字〔2006〕2号 2006/05/25

[违规制造、销售枪支案立案追诉标准][违规制造、销售枪支案（刑法第一百二十六条）]依法被指定、确定的枪支制造企业、销售企业，违反枪支管理规定，以非法销售为目的，超过限额或者不按照规定的品种制造、配售枪支，或者以非法销售为目的，制造无号、重号、假号的枪支，或者非法销售枪支或者在境内销售为出口制造的枪支，涉嫌下列情形之一的，应予立案追诉：

（一）违规制造枪支五支以上的；

（二）违规销售枪支二支以上的；

（三）虽未达到上述数量标准，但具有造成严重后果等其他恶劣情节的。最高检、公安部《关于公安机关管辖的刑事案件立案追诉标准的规定（一）》公通字〔2008〕36号 2008/06/25 第三条第一款

[枪支]本条和本规定第四条、第七条规定的“枪支”，包括枪支散件。成套枪支散件，以相应数量的枪支计；非成套枪支散件，以每三十件为一成套枪支散件计。最高检、公安部《关于公安机关管辖的刑事案件立案追诉标

准的规定（一）》公通字〔2008〕36号 2008/06/25 第三条第二款

第一百二十七条 【盗窃、抢夺、抢劫枪支、弹药、爆炸物罪】盗窃、抢夺枪支、弹药、爆炸物的，或者盗窃、抢夺毒害性、放射性、传染病病原体等物质，危害公共安全的，处三年以上十年以下有期徒刑；情节严重的，处十年以上有期徒刑、无期徒刑或者死刑。

抢劫枪支、弹药、爆炸物的，或者抢劫毒害性、放射性、传染病病原体等物质，危害公共安全的，或者盗窃、抢夺国家机关、军警人员、民兵的枪支、弹药、爆炸物的，处十年以上有期徒刑、无期徒刑或者死刑。①

[盗窃、抢夺枪支、弹药、爆炸物罪最低数量标准] 盗窃、抢夺枪支、弹药、爆炸物，具有下列情形之一的，依照刑法第一百二十七条第一款的规定，以盗窃、抢夺枪支、弹药、爆炸物罪定罪处罚：

（一）盗窃、抢夺以火药为动力的发射枪弹非军用枪支一支以上或者以压缩气体等为动力的其他非军用枪支二支以上的；

（二）盗窃、抢夺军用子弹十发以上、气枪铅弹五百发以上或者其他非军用子弹一百发以上的；

（三）盗窃、抢夺爆炸装置的；

（四）盗窃、抢夺炸药、发射药、黑火药一千克以上或者烟火药三千克以上、雷管三十枚以上或者导火索、导爆索三十米以上的；

（五）虽未达到上述最低数量标准，但具有造成严重后果等其他恶劣情节的。最高法《关于审理非法制造、买卖、运输枪支、弹药、爆炸物等刑事案件具体应用法律若干问题的解释》〔2009〕18号 2010/01/01 第四条第一款

[情节严重] 具有下列情形之一的，属于刑法第一百二十七条第一款

---

① 根据2001年12月29日《刑法修正案（三）》修改，原条文为：“盗窃、抢夺枪支、弹药、爆炸物的，处三年以上十年以下有期徒刑；情节严重的，处十年以上有期徒刑、无期徒刑或者死刑。

“抢劫枪支、弹药、爆炸物或者盗窃、抢夺国家机关、军警人员、民兵的枪支、弹药、爆炸物的，处十年以上有期徒刑、无期徒刑或者死刑。”

规定的“情节严重”：

（一）盗窃、抢夺枪支、弹药、爆炸物的数量达到本条第一款规定的最低数量标准五倍以上的；

（二）盗窃、抢夺军用枪支的；

（三）盗窃、抢夺手榴弹的；

（四）盗窃、抢夺爆炸装置，危害严重的；

（五）达到本条第一款规定的最低数量标准，并具有造成严重后果等其他恶劣情节的。**最高法《关于审理非法制造、买卖、运输枪支、弹药、爆炸物等刑事案件具体应用法律若干问题的解释》〔2009〕18号 2010/01/01 第四条第二款**

第一百二十八条　【非法持有、私藏枪支、弹药罪；非法出租、出借枪支罪】违反枪支管理规定，非法持有、私藏枪支、弹药的，处三年以下有期徒刑、拘役或者管制；情节严重的，处三年以上七年以下有期徒刑。

依法配备公务用枪的人员，非法出租、出借枪支的，依照前款的规定处罚。

依法配置枪支的人员，非法出租、出借枪支，造成严重后果的，依照第一款的规定处罚。

单位犯第二款、第三款罪的，对单位判处罚金，并对其直接负责的主管人员和其他直接责任人员，依照第一款的规定处罚。

［非法持有、私藏枪支、弹药罪最低数量标准］具有下列情形之一的，依照刑法第一百二十八条第一款的规定，以非法持有、私藏枪支、弹药罪定罪处罚：

（一）非法持有、私藏军用枪支一支的；

（二）非法持有、私藏以火药为动力发射枪弹的非军用枪支一支或者以压缩气体等为动力的其他非军用枪支二支以上的；

（三）非法持有、私藏军用子弹二十发以上，气枪铅弹一千发以上或者其他非军用子弹二百发以上的；

（四）非法持有、私藏手榴弹一枚以上的；

（五）非法持有、私藏的弹药造成人员伤亡、财产损失的。**最高法《关于审理非法制造、买卖、运输枪支、弹药、爆炸物等刑事案件具体应用法律若干问题的解释》〔2009〕18号 2010/01/01 第五条第一款**

［情节严重］具有下列情形之一的，属于刑法第一百二十八条第一款规定的“情节严重”：

（一）非法持有、私藏军用枪支二支以上的；

（二）非法持有、私藏以火药为动力发射枪弹的非军用枪支二支以上或者以压缩气体等为动力的其他非军用枪支五支以上的；

（三）非法持有、私藏军用子弹一百发以上，气枪铅弹五千发以上或者其他非军用子弹一千发以上的；

（四）非法持有、私藏手榴弹三枚以上的；

（五）达到本条第一款规定的最低数量标准，并具有造成严重后果等其他恶劣情节的。**最高法《关于审理非法制造、买卖、运输枪支、弹药、爆炸物等刑事案件具体应用法律若干问题的解释》〔2009〕18号 2010/01/01 第五条第二款**

［非法持有］刑法第一百二十八条第一款规定的“非法持有”，是指不符合配备、配置枪支、弹药条件的人员，违反枪支管理法律、法规的规定，擅自持有枪支、弹药的行为。**最高法《关于审理非法制造、买卖、运输枪支、弹药、爆炸物等刑事案件具体应用法律若干问题的解释》〔2009〕18号 2010/01/01 第八条第二款**

［私藏］刑法第一百二十八条第一款规定的“私藏”，是指依法配备、配置枪支、弹药的人员，在配备、配置枪支、弹药的条件消除后，违反枪支管理法律、法规的规定，私自藏匿所配备、配置的枪支、弹药且拒不交出的行为。**最高法《关于审理非法制造、买卖、运输枪支、弹药、爆炸物等刑事案件具体应用法律若干问题的解释》〔2009〕18号 2010/01/01 第八条第三款**

［公务用枪用作借债质押物］依法配备公务用枪的人员，违反法律规定，将公务用枪用作借债质押物，使枪支处于非依法持枪人的控制、使用之下，严重危害公共安全，是刑法第一百二十八条第二款所规定的非法出借枪支行为的一种形式，应以非法出借枪支罪追究刑事责任；对接受枪支质押的人员，构成犯罪的，根据刑法第一百二十八条第一款的规定，应以非法持有枪支罪追究其刑事责任。**最高检《关于将公务用枪用作借债质押的行为**

如何适用法律问题的批复》高检发释字〔1998〕4号 1998/11/03

[非法持有、私藏枪支、弹药案立案追诉标准] **[非法持有、私藏枪支、弹药案（刑法第一百二十八条第一款）]** 违反枪支管理规定，非法持有、私藏枪支、弹药，涉嫌下列情形之一的，应予立案追诉：

（一）非法持有、私藏军用枪支一支以上的；

（二）非法持有、私藏以火药为动力发射枪弹的非军用枪支一支以上，或者以压缩气体等为动力的其他非军用枪支二支以上的；

（三）非法持有、私藏军用子弹二十发以上、气枪铅弹一千发以上或者其他非军用子弹二百发以上的；

（四）非法持有、私藏手榴弹、炸弹、地雷、手雷等具有杀伤性弹药一枚以上的；

（五）非法持有、私藏的弹药造成人员伤亡、财产损失的。最高检、公安部《关于公安机关管辖的刑事案件立案追诉标准的规定（一）》公通字〔2008〕36号 2008/06/25 第四条第一款

[非法持有　私藏] 本条规定的“非法持有”，是指不符合配备、配置枪支、弹药条件的人员，擅自持有枪支、弹药的行为；“私藏”，是指依法配备、配置枪支、弹药的人员，在配备、配置枪支、弹药的条件消除后，私自藏匿所配备、配置的枪支、弹药且拒不交出的行为。最高检、公安部《关于公安机关管辖的刑事案件立案追诉标准的规定（一）》公通字〔2008〕36号 2008/06/25 第四条第二款

[非法出租、出借枪支案立案追诉标准] **[非法出租、出借枪支案（刑法第一百二十八条第二、三、四款）]** 依法配备公务用枪的人员或单位，非法将枪支出租、出借给未取得公务用枪配备资格的人员或单位，或者将公务用枪用作借债质押物的，应予立案追诉。

依法配备公务用枪的人员或单位，非法将枪支出租、出借给具有公务用枪配备资格的人员或单位，以及依法配置民用枪支的人员或单位，非法出租、出借民用枪支，涉嫌下列情形之一的，应予立案追诉：

（一）造成人员轻伤以上伤亡事故的；

（二）造成枪支丢失、被盗、被抢的；

（三）枪支被他人利用进行违法犯罪活动的；

（四）其他造成严重后果的情形。最高检、公安部《关于公安机关管辖的刑事案件立案追诉标准的规定（一）》公通字〔2008〕36号 2008/06/25 第五条

第一百二十九条 【丢失枪支不报罪】依法配备公务用枪的人员，丢失枪支不及时报告，造成严重后果的，处三年以下有期徒刑或者拘役。

[丢失枪支不报案立案追诉标准][丢失枪支不报案（刑法第一百二十九条）]依法配备公务用枪的人员，丢失枪支不及时报告，涉嫌下列情形之一的，应予立案追诉：

（一）丢失的枪支被他人使用造成人员轻伤以上伤亡事故的；

（二）丢失的枪支被他人利用进行违法犯罪活动的；

（三）其他造成严重后果的情形。最高检、公安部《关于公安机关管辖的刑事案件立案追诉标准的规定（一）》公通字〔2008〕36号 2008/06/25 第六条

第一百三十条 【非法携带枪支、弹药、管制刀具、危险物品危及公共安全罪】非法携带枪支、弹药、管制刀具或者爆炸性、易燃性、放射性、毒害性、腐蚀性物品，进入公共场所或者公共交通工具，危及公共安全，情节严重的，处三年以下有期徒刑、拘役或者管制。

[情节严重]非法携带枪支、弹药、爆炸物进入公共场所或者公共交通工具，危及公共安全，具有下列情形之一的，属于刑法第一百三十条规定的“情节严重”：

（一）携带枪支或者手榴弹的；

（二）携带爆炸装置的；

（三）携带炸药、发射药、黑火药五百克以上或者烟火药一千克以上、雷管二十枚以上或者导火索、导爆索二十米以上的；

（四）携带的弹药、爆炸物在公共场所或者公共交通工具上发生爆炸或者燃烧，尚未造成严重后果的；

（五）具有其他严重情节的。最高法《关于审理非法制造、买卖、运输枪支、弹药、爆炸物等刑事案件具体应用法律若干问题的解释》〔2009〕18号 2010/01/01 第六条第一款

[携带爆炸物未达到数量标准或达最低数量标准] 行为人非法携带本条第一款第（三）项规定的爆炸物进入公共场所或者公共交通工具，虽未达到上述数量标准，但拒不交出的，依照刑法第一百三十条的规定定罪处罚；携带的数量达到最低数量标准，能够主动、全部交出的，可不以犯罪论处。最高法《关于审理非法制造、买卖、运输枪支、弹药、爆炸物等刑事案件具体应用法律若干问题的解释》〔2009〕18号 2010/01/01 第六条第二款

[陶瓷类刀具] 陶瓷类刀具具有超高硬度、超高耐磨、刃口锋利等特点，其技术特性已达到或超过了部分金属刀具的性能，对符合《管制刀具认定标准》（公通字〔2007〕2号）规定的刀具类型、刀刃长度和刀尖角度等条件的陶瓷类刀具，应当作为管制刀具管理。公安部《关于将陶瓷类刀具纳入管制刀具管理问题的批复》公复字〔2010〕1号 2010/04/07

[非法携带枪支、弹药、管制刀具、危险物品危及公共安全案立案追诉标准] **[非法携带枪支、弹药、管制刀具、危险物品危及公共安全案(刑法第一百三十条)]** 非法携带枪支、弹药、管制刀具或者爆炸性、易燃性、放射性、毒害性、腐蚀性物品，进入公共场所或者公共交通工具，危及公共安全，涉嫌下列情形之一的，应予立案追诉：

（一）携带枪支一支以上或者手榴弹、炸弹、地雷、手雷等具有杀伤性弹药一枚以上的；

（二）携带爆炸装置一套以上的；

（三）携带炸药、发射药、黑火药五百克以上或者烟火药一千克以上、雷管二十枚以上或者导火索、导爆索二十米以上，或者虽未达到上述数量标准，但拒不交出的；

（四）携带的弹药、爆炸物在公共场所或者公共交通工具上发生爆炸或者燃烧，尚未造成严重后果的；

（五）携带管制刀具二十把以上，或者虽未达到上述数量标准，但拒不交出，或者用来进行违法活动尚未构成其他犯罪的；

（六）携带的爆炸性、易燃性、放射性、毒害性、腐蚀性物品在公共场所或者公共交通工具上发生泄漏、遗洒，尚未造成严重后果的；

（七）其他情节严重的情形。最高检、公安部《关于公安机关管辖的刑事案

件立案追诉标准的规定（一）》公通字〔2008〕36 号 2008/06/25 第七条

第一百三十一条 【重大飞行事故罪】航空人员违反规章制度，致使发生重大飞行事故，造成严重后果的，处三年以下有期徒刑或者拘役；造成飞机坠毁或者人员死亡的，处三年以上七年以下有期徒刑。

第一百三十二条 【铁路运营安全事故罪】铁路职工违反规章制度，致使发生铁路运营安全事故，造成严重后果的，处三年以下有期徒刑或者拘役；造成特别严重后果的，处三年以上七年以下有期徒刑。

［处三年以上七年以下有期徒刑之情形］实施刑法第一百三十二条、第一百三十四条第一款、第一百三十五条、第一百三十五条之一、第一百三十六条、第一百三十九条规定的行为，因而发生安全事故，具有下列情形之一的，对相关责任人员，处三年以上七年以下有期徒刑：

（一）造成死亡三人以上或者重伤十人以上，负事故主要责任的；

（二）造成直接经济损失五百万元以上，负事故主要责任的；

（三）其他造成特别严重后果、情节特别恶劣或者后果特别严重的情形。两高《关于办理危害生产安全刑事案件适用法律若干问题的解释》法释〔2015〕22 号 2015/12/16 第七条第一款

［从重处罚之情形］实施刑法第一百三十二条、第一百三十四条至第一百三十九条之一规定的犯罪行为，具有下列情形之一的，从重处罚：

（一）未依法取得安全许可证件或者安全许可证件过期、被暂扣、吊销、注销后从事生产经营活动的；

（二）关闭、破坏必要的安全监控和报警设备的；

（三）已经发现事故隐患，经有关部门或者个人提出后，仍不采取措施的；

（四）一年内曾因危害生产安全违法犯罪活动受过行政处罚或者刑事处罚的；

（五）采取弄虚作假、行贿等手段，故意逃避、阻挠负有安全监督管理职责的部门实施监督检查的；

（六）安全事故发生后转移财产意图逃避承担责任的；

（七）其他从重处罚的情形。两高《关于办理危害生产安全刑事案件适用法律若干问题的解释》法释〔2015〕22号 2015/12/16 第十二条第一款

［依照数罪并罚的规定处罚］实施前款第五项规定的行为，同时构成刑法第三百八十九条规定的犯罪的，依照数罪并罚的规定处罚。两高《关于办理危害生产安全刑事案件适用法律若干问题的解释》法释〔2015〕22号 2015/12/16 第十二条第二款

［可以酌情从轻处罚］实施刑法第一百三十二条、第一百三十四条至第一百三十九条之一规定的犯罪行为，在安全事故发生后积极组织、参与事故抢救，或者积极配合调查、主动赔偿损失的，可以酌情从轻处罚。两高《关于办理危害生产安全刑事案件适用法律若干问题的解释》法释〔2015〕22号 2015/12/16 第十三条

［从重处罚　数罪并罚］国家工作人员违反规定投资入股生产经营，构成本解释规定的有关犯罪的，或者国家工作人员的贪污、受贿犯罪行为与安全事故发生存在关联性的，从重处罚；同时构成贪污、受贿犯罪和危害生产安全犯罪的，依照数罪并罚的规定处罚。两高《关于办理危害生产安全刑事案件适用法律若干问题的解释》法释〔2015〕22号 2015/12/16 第十四条

［以滥用职权罪、玩忽职守罪或者徇私舞弊不移交刑事案件罪定罪处罚］国家机关工作人员在履行安全监督管理职责时滥用职权、玩忽职守，致使公共财产、国家和人民利益遭受重大损失的，或者徇私舞弊，对发现的刑事案件依法应当移交司法机关追究刑事责任而不移交，情节严重的，分别依照刑法第三百九十七条、第四百零二条的规定，以滥用职权罪、玩忽职守罪或者徇私舞弊不移交刑事案件罪定罪处罚。两高《关于办理危害生产安全刑事案件适用法律若干问题的解释》法释〔2015〕22号 2015/12/16 第十五条第一款

［适用渎职罪的规定追究刑事责任］公司、企业、事业单位的工作人员在依法或者受委托行使安全监督管理职责时滥用职权或者玩忽职守，构成犯罪的，应当依照《全国人民代表大会常务委员会关于〈中华人民共和国刑法〉第九章渎职罪主体适用问题的解释》的规定，适用渎职罪的规定追究刑事责任。两高《关于办理危害生产安全刑事案件适用法律若干问题的解释》

法释〔2015〕22 号 2015/12/16 第十五条第二款

［禁止活动 禁止从事与安全生产相关的职业］对于实施危害生产安全犯罪适用缓刑的犯罪分子，可以根据犯罪情况，禁止其在缓刑考验期限内从事与安全生产相关联的特定活动；对于被判处刑罚的犯罪分子，可以根据犯罪情况和预防再犯罪的需要，禁止其自刑罚执行完毕之日或者假释之日起三年至五年内从事与安全生产相关的职业。两高《关于办理危害生产安全刑事案件适用法律若干问题的解释》法释〔2015〕22 号 2015/12/16 第十六条

第一百三十三条 【交通肇事罪】违反交通运输管理法规，因而发生重大事故，致人重伤、死亡或者使公私财产遭受重大损失的，处三年以下有期徒刑或者拘役；交通运输肇事后逃逸或者有其他特别恶劣情节的，处三年以上七年以下有期徒刑；因逃逸致人死亡的，处七年以上有期徒刑。

第一百三十三条之一 【危险驾驶罪】在道路上驾驶机动车，有下列情形之一的，处拘役，并处罚金：

（一）追逐竞驶，情节恶劣的；

（二）醉酒驾驶机动车的；

（三）从事校车业务或者旅客运输，严重超过额定乘员载客，或者严重超过规定时速行驶的；

（四）违反危险化学品安全管理规定运输危险化学品，危及公共安全的。

机动车所有人、管理人对前款第三项、第四项行为负有直接责任的，依照前款的规定处罚。

有前两款行为，同时构成其他犯罪的，依照处罚较重的规定定罪处罚。[①]

① 根据 2011 年 5 月 1 日《刑法修正案（八）》增加。

根据 2015 年 11 月 1 日《刑法修正案（九）》修改，原条文为：“在道路上驾驶机动车追逐竞驶，情节恶劣的，或者在道路上醉酒驾驶机动车的，处拘役，并处罚金。

“有前款行为，同时构成其他犯罪的，依照处罚较重的规定定罪处罚。”

[裁判要旨　危险驾驶罪类　追逐竞驶项　情节恶劣项]

1. 机动车驾驶人员出于竞技、追求刺激、斗气或者其他动机，在道路上曲折穿行、快速追赶行驶的，属于《中华人民共和国刑法》第一百三十三条之一规定的“追逐竞驶”。

2. 追逐竞驶虽未造成人员伤亡或财产损失，但综合考虑超过限速、闯红灯、强行超车、抗拒交通执法等严重违反道路交通安全法的行为，足以威胁他人生命、财产安全的，属于危险驾驶罪中“情节恶劣”的情形。**最高法指导案例32号：张某某、金某危险驾驶案**

[危险驾驶罪的量刑]

1. 构成危险驾驶罪的，可以在一个月至二个月拘役幅度内确定量刑起点。

2. 在量刑起点的基础上，可以根据危险驾驶行为等其他影响犯罪构成的犯罪事实增加刑罚量，确定基准刑。

3. 对于醉酒驾驶机动车的被告人，应当综合考虑被告人的醉酒程度、机动车类型、车辆行驶道路、行车速度、是否造成实际损害以及认罪悔罪等情况，准确定罪量刑。对于情节显著轻微危害不大的，不予定罪处罚；犯罪情节轻微不需要判处刑罚的，可以免予刑事处罚。**最高法《关于常见犯罪的量刑指导意见（二）（试行）》2017/05/01 一、（一）**

[交通肇事罪的量刑]

1. 构成交通肇事罪的，可以根据下列不同情形在相应的幅度内确定量刑起点：

（1）致人重伤、死亡或者使公私财产遭受重大损失的，可以在二年以下有期徒刑、拘役幅度内确定量刑起点。

（2）交通运输肇事后逃逸或者有其他特别恶劣情节的，可以在三年至五年有期徒刑幅度内确定量刑起点。

（3）因逃逸致一人死亡的，可以在七年至十年有期徒刑幅度内确定量刑起点。

2. 在量刑起点的基础上，可以根据事故责任、致人重伤、死亡的人数或者财产损失的数额以及逃逸等其他影响犯罪构成的犯罪事实增加刑罚

量，确定基准刑。最高法《关于常见犯罪的量刑指导意见》2017/04/01 四、(一)

[醉酒驾驶机动车　标准　道路　机动车] 在道路上驾驶机动车，血液酒精含量达到 80 毫克/100 毫升以上的，属于醉酒驾驶机动车，依照刑法第一百三十三条之一第一款的规定，以危险驾驶罪定罪处罚。

前款规定的“道路”“机动车”，适用道路交通安全法的有关规定。两高、公安部《关于办理醉酒驾驶机动车刑事案件适用法律若干问题的意见》法发〔2013〕15 号 2013/12/18 第一条

[从重处罚情形] 醉酒驾驶机动车，具有下列情形之一的，依照刑法第一百三十三条之一第一款的规定，从重处罚：

(一) 造成交通事故且负事故全部或者主要责任，或者造成交通事故后逃逸，尚未构成其他犯罪的；

(二) 血液酒精含量达到 200 毫克/100 毫升以上的；

(三) 在高速公路、城市快速路上驾驶的；

(四) 驾驶载有乘客的营运机动车的；

(五) 有严重超员、超载或者超速驾驶，无驾驶资格驾驶机动车，使用伪造或者变造的机动车牌证等严重违反道路交通安全法的行为的；

(六) 逃避公安机关依法检查，或者拒绝、阻碍公安机关依法检查尚未构成其他犯罪的；

(七) 曾因酒后驾驶机动车受过行政处罚或者刑事追究的；

(八) 其他可以从重处罚的情形。两高、公安部《关于办理醉酒驾驶机动车刑事案件适用法律若干问题的意见》法发〔2013〕15 号 2013/12/18 第二条

[数罪并罚] 醉酒驾驶机动车，以暴力、威胁方法阻碍公安机关依法检查，又构成妨害公务罪等其他犯罪的，依照数罪并罚的规定处罚。两高、公安部《关于办理醉酒驾驶机动车刑事案件适用法律若干问题的意见》法发〔2013〕15 号 2013/12/18 第三条

[罚金数额] 对醉酒驾驶机动车的被告人判处罚金，应当根据被告人的醉酒程度、是否造成实际损害、认罪悔罪态度等情况，确定与主刑相适应的罚金数额。两高、公安部《关于办理醉酒驾驶机动车刑事案件适用法律若干问题的意见》法发〔2013〕15 号 2013/12/18 第四条

[证据要求] 公安机关在查处醉酒驾驶机动车的犯罪嫌疑人时，对查

获经过、呼气酒精含量检验和抽取血样过程应当制作记录；有条件的，应当拍照、录音或者录像；有证人的，应当收集证人证言。两高、公安部《关于办理醉酒驾驶机动车刑事案件适用法律若干问题的意见》法发〔2013〕15号 2013/12/18 第五条

[血液酒精含量检验鉴定意见] 血液酒精含量检验鉴定意见是认定犯罪嫌疑人是否醉酒的依据。犯罪嫌疑人经呼气酒精含量检验达到本意见第一条规定的醉酒标准，在抽取血样之前脱逃的，可以以呼气酒精含量检验结果作为认定其醉酒的依据。两高、公安部《关于办理醉酒驾驶机动车刑事案件适用法律若干问题的意见》法发〔2013〕15号 2013/12/18 第六条第一款

[呼气检验或取样前又饮酒] 犯罪嫌疑人在公安机关依法检查时，为逃避法律追究，在呼气酒精含量检验或者抽取血样前又饮酒，经检验其血液酒精含量达到本意见第一条规定的醉酒标准的，应当认定为醉酒。两高、公安部《关于办理醉酒驾驶机动车刑事案件适用法律若干问题的意见》法发〔2013〕15号 2013/12/18 第六条第二款

[依法办理] 办理醉酒驾驶机动车刑事案件，应当严格执行刑事诉讼法的有关规定，切实保障犯罪嫌疑人、被告人的诉讼权利，在法定诉讼期限内及时侦查、起诉、审判。

对醉酒驾驶机动车的犯罪嫌疑人、被告人，根据案件情况，可以拘留或者取保候审。对符合取保候审条件，但犯罪嫌疑人、被告人不能提出保证人，也不交纳保证金的，可以监视居住。对违反取保候审、监视居住规定的犯罪嫌疑人、被告人，情节严重的，可以予以逮捕。两高、公安部《关于办理醉酒驾驶机动车刑事案件适用法律若干问题的意见》法发〔2013〕15号 2013/12/18 第七条

[处三年以下有期徒刑或者拘役之情形] 交通肇事具有下列情形之一的，处三年以下有期徒刑或者拘役：

（一）死亡一人或者重伤三人以上，负事故全部或者主要责任的；

（二）死亡三人以上，负事故同等责任的；

（三）造成公共财产或者他人财产直接损失，负事故全部或者主要责任，无能力赔偿数额在三十万元以上的。最高法《关于审理交通肇事刑事案件具体应用法律若干问题的解释》法释〔2000〕33号 2000/11/21 第二条第一款

[一人以上重伤，负全部或主要责任并有下列情形，以交通肇事罪定罪处罚] 交通肇事致一人以上重伤，负事故全部或者主要责任，并具有下列情形之一的，以交通肇事罪定罪处罚：

（一）酒后、吸食毒品后驾驶机动车辆的；

（二）无驾驶资格驾驶机动车辆的；

（三）明知是安全装置不全或者安全机件失灵的机动车辆而驾驶的；

（四）明知是无牌证或者已报废的机动车辆而驾驶的；

（五）严重超载驾驶的；

（六）为逃避法律追究逃离事故现场的。**最高法《关于审理交通肇事刑事案件具体应用法律若干问题的解释》法释〔2000〕33号 2000/11/21 第二条第二款**

[单位主管人员等指使、强令违章驾驶造成重大事故] 单位主管人员、机动车辆所有人或者机动车辆承包人指使、强令他人违章驾驶造成重大交通事故，具有本解释第二条规定情形之一的，以交通肇事罪定罪处罚。**最高法《关于审理交通肇事刑事案件具体应用法律若干问题的解释》法释〔2000〕33号 2000/11/21 第七条**

[交通运输肇事后逃逸] “交通运输肇事后逃逸”，是指行为人具有本解释第二条第一款规定和第二款第（一）至（五）项规定的情形之一，在发生交通事故后，为逃避法律追究而逃跑的行为。**最高法《关于审理交通肇事刑事案件具体应用法律若干问题的解释》法释〔2000〕33号 2000/11/21 第三条**

[其他特别恶劣情节] 交通肇事具有下列情形之一的，属于“有其他特别恶劣情节”，处三年以上七年以下有期徒刑：

（一）死亡二人以上或者重伤五人以上，负事故全部或者主要责任的；

（二）死亡六人以上，负事故同等责任的；

（三）造成公共财产或者他人财产直接损失，负事故全部或者主要责任，无能力赔偿数额在六十万元以上的。**最高法《关于审理交通肇事刑事案件具体应用法律若干问题的解释》法释〔2000〕33号 2000/11/21 第四条**

[因逃逸致人死亡] “因逃逸致人死亡”，是指行为人在交通肇事后为逃避法律追究而逃跑，致使被害人因得不到救助而死亡的情形。**最高法《关于审理交通肇事刑事案件具体应用法律若干问题的解释》法释〔2000〕33号 2000/11/21 第五条第一款**

［交通肇事罪的共犯］交通肇事后，单位主管人员、机动车辆所有人、承包人或者乘车人指使肇事人逃逸，致使被害人因得不到救助而死亡的，以交通肇事罪的共犯论处。**最高法《关于审理交通肇事刑事案件具体应用法律若干问题的解释》法释〔2000〕33号 2000/11/21 第五条第二款**

［交通管理范围内的事故］在实行公共交通管理的范围内发生重大交通事故的，依照刑法第一百三十三条和本解释的有关规定办理。**最高法《关于审理交通肇事刑事案件具体应用法律若干问题的解释》法释〔2000〕33号 2000/11/21 第八条第一款**

［交通管理范围外的事故］在公共交通管理的范围外，驾驶机动车辆或者使用其他交通工具致人伤亡或者致使公共财产或者他人财产遭受重大损失，构成犯罪的，分别依照刑法第一百三十四条、第一百三十五条、第二百三十三条等规定定罪处罚。**最高法《关于审理交通肇事刑事案件具体应用法律若干问题的解释》法释〔2000〕33号 2000/11/21 第八条第二款**

［各地制定起点数额内标准］各省、自治区、直辖市高级人民法院可以根据本地实际情况，在三十万元至六十万元、六十万元至一百万元的幅度内，确定本地区执行本解释第二条第一款第（三）项、第四条第（三）项的起点数额标准，并报最高人民法院备案。**最高法《关于审理交通肇事刑事案件具体应用法律若干问题的解释》法释〔2000〕33号 2000/11/21 第九条**

第一百三十四条　【重大责任事故罪；强令违章冒险作业罪】在生产、作业中违反有关安全管理的规定，因而发生重大伤亡事故或者造成其他严重后果的，处三年以下有期徒刑或者拘役；情节特别恶劣的，处三年以上七年以下有期徒刑。

强令他人违章冒险作业，因而发生重大伤亡事故或者造成其他严重后果的，处五年以下有期徒刑或者拘役；情节特别恶劣的，处五年以上有期徒刑。[①]

---

① 根据2006年6月29日《刑法修正案（六）》修改，原条文为："工厂、矿山、林场、建筑企业或者其他企业、事业单位的职工，由于不服管理、违反规章制度，或者强令工人违章冒险作业，因而发生重大伤亡事故或者造成其他严重后果的，处三年以下有期徒刑或者拘役；情节特别恶劣的，处三年以上七年以下有期徒刑。"

[判决理由　黑龙江龙煤矿业集团新兴煤矿“11.21”特别重大事故不执行停产整改指令项　组织违法生产项　对违章作业监管不力项] 被告人岳超胜、谢荣仁在生产中违反安全管理规定，发生重大伤亡事故，均已构成重大责任事故罪。被告人岳超胜作为矿长，多次拒不执行煤矿监察部门停产整改指令，组织违法生产，对违章作业监管不力，在发生煤与瓦斯突出事故后，现场指挥中未下令切断瓦斯突出波及的二水平区域电源，造成特别重大事故，后果特别严重，应依法从重处罚。被告人谢荣仁作为主管“一通三防”副矿长，拒不执行煤矿监察部门停产整改指令而违法生产，在违法生产中，多次不履行打超前钻探、排除安全隐患职责，发生煤与瓦斯突出事故后，现场指挥中未下令切断瓦斯突出波及的二水平区域电源，造成特别重大事故，后果特别严重，应从重处罚。**最高法发布危害生产安全犯罪典型案例之二：岳超胜、谢荣仁重大责任事故案**

[判决理由　重大伤亡事故项　情节特别恶劣项] 被告人梁宗刚、邵迎、杨军在施工和监理过程中，违反有关安全管理规定，发生重大伤亡事故，情节特别恶劣，其行为均已构成重大责任事故罪。考虑到三被告人事发后第一时间赶到现场，开展施救工作，积极配合调查；有自首情节，认罪、悔罪；事故系多因一果造成，各被告人责任较分散；案发后能积极赔偿被害人亲属的损失和做好安抚工作，部分被害人亲属出具了谅解书。**最高法发布危害生产安全犯罪典型案例之三：梁宗刚、邵迎、杨军重大责任事故案**

[刑法第134条第1款犯罪主体] 刑法第一百三十四条第一款规定的犯罪主体，包括对生产、作业负有组织、指挥或者管理职责的负责人、管理人员、实际控制人、投资人等人员，以及直接从事生产、作业的人员。**两高《关于办理危害生产安全刑事案件适用法律若干问题的解释》法释〔2015〕22号 2015/12/16 第一条**

[刑法第134条第2款犯罪主体] 刑法第一百三十四条第二款规定的犯罪主体，包括对生产、作业负有组织、指挥或者管理职责的负责人、管理人员、实际控制人、投资人等人员。**两高《关于办理危害生产安全刑事案件适用法律若干问题的解释》法释〔2015〕22号 2015/12/16 第二条**

[强令他人违章冒险作业] 明知存在事故隐患、继续作业存在危险，仍然违反有关安全管理的规定，实施下列行为之一的，应当认定为刑法第

一百三十四条第二款规定的“强令他人违章冒险作业”：

（一）利用组织、指挥、管理职权，强制他人违章作业的；

（二）采取威逼、胁迫、恐吓等手段，强制他人违章作业的；

（三）故意掩盖事故隐患，组织他人违章作业的；

（四）其他强令他人违章作业的行为。**两高《关于办理危害生产安全刑事案件适用法律若干问题的解释》法释〔2015〕22号 2015/12/16 第五条**

[造成严重后果　发生重大伤亡事故或者造成其他严重后果] 实施刑法第一百三十二条、第一百三十四条第一款、第一百三十五条、第一百三十五条之一、第一百三十六条、第一百三十九条规定的行为，因而发生安全事故，具有下列情形之一的，应当认定为“造成严重后果”或者“发生重大伤亡事故或者造成其他严重后果”，对相关责任人员，处三年以下有期徒刑或者拘役：

（一）造成死亡一人以上，或者重伤三人以上的；

（二）造成直接经济损失一百万元以上的；

（三）其他造成严重后果或者重大安全事故的情形。**两高《关于办理危害生产安全刑事案件适用法律若干问题的解释》法释〔2015〕22号 2015/12/16 第六条第一款**

[发生重大伤亡事故或者造成其他严重后果] 实施刑法第一百三十四条第二款规定的行为，因而发生安全事故，具有本条第一款规定情形的，应当认定为“发生重大伤亡事故或者造成其他严重后果”，对相关责任人员，处五年以下有期徒刑或者拘役。**两高《关于办理危害生产安全刑事案件适用法律若干问题的解释》法释〔2015〕22号 2015/12/16 第六条第二款**

[处三年以上七年以下有期徒刑之情形] 实施刑法第一百三十二条、第一百三十四条第一款、第一百三十五条、第一百三十五条之一、第一百三十六条、第一百三十九条规定的行为，因而发生安全事故，具有下列情形之一的，对相关责任人员，处三年以上七年以下有期徒刑：

（一）造成死亡三人以上或者重伤十人以上，负事故主要责任的；

（二）造成直接经济损失五百万元以上，负事故主要责任的；

（三）其他造成特别严重后果、情节特别恶劣或者后果特别严重的情形。**两高《关于办理危害生产安全刑事案件适用法律若干问题的解释》法释〔2015〕**

22号 2015/12/16 第七条第一款

[处五年以上有期徒刑之情形] 实施刑法第一百三十四条第二款规定的行为，因而发生安全事故，具有本条第一款规定情形的，对相关责任人员，处五年以上有期徒刑。两高《关于办理危害生产安全刑事案件适用法律若干问题的解释》法释〔2015〕22号 2015/12/16 第七条第二款

[从重处罚之情形] 实施刑法第一百三十二条、第一百三十四条至第一百三十九条之一规定的犯罪行为，具有下列情形之一的，从重处罚：

（一）未依法取得安全许可证件或者安全许可证件过期、被暂扣、吊销、注销后从事生产经营活动的；

（二）关闭、破坏必要的安全监控和报警设备的；

（三）已经发现事故隐患，经有关部门或者个人提出后，仍不采取措施的；

（四）一年内曾因危害生产安全违法犯罪活动受过行政处罚或者刑事处罚的；

（五）采取弄虚作假、行贿等手段，故意逃避、阻挠负有安全监督管理职责的部门实施监督检查的；

（六）安全事故发生后转移财产意图逃避承担责任的；

（七）其他从重处罚的情形。两高《关于办理危害生产安全刑事案件适用法律若干问题的解释》法释〔2015〕22号 2015/12/16 第十二条第一款

[依照数罪并罚的规定处罚] 实施前款第五项规定的行为，同时构成刑法第三百八十九条规定的犯罪的，依照数罪并罚的规定处罚。两高《关于办理危害生产安全刑事案件适用法律若干问题的解释》法释〔2015〕22号 2015/12/16 第十二条第二款

[可以酌情从轻处罚] 实施刑法第一百三十二条、第一百三十四条至第一百三十九条之一规定的犯罪行为，在安全事故发生后积极组织、参与事故抢救，或者积极配合调查、主动赔偿损失的，可以酌情从轻处罚。两高《关于办理危害生产安全刑事案件适用法律若干问题的解释》法释〔2015〕22号 2015/12/16 第十三条

[从重处罚 数罪并罚] 国家工作人员违反规定投资入股生产经营，构成本解释规定的有关犯罪的，或者国家工作人员的贪污、受贿犯罪行为

与安全事故发生存在关联性的，从重处罚；同时构成贪污、受贿犯罪和危害生产安全犯罪的，依照数罪并罚的规定处罚。**两高《关于办理危害生产安全刑事案件适用法律若干问题的解释》法释〔2015〕22号 2015/12/16 第十四条**

[以滥用职权罪、玩忽职守罪或者徇私舞弊不移交刑事案件罪定罪处罚] 国家机关工作人员在履行安全监督管理职责时滥用职权、玩忽职守，致使公共财产、国家和人民利益遭受重大损失的，或者徇私舞弊，对发现的刑事案件依法应当移交司法机关追究刑事责任而不移交，情节严重的，分别依照刑法第三百九十七条、第四百零二条的规定，以滥用职权罪、玩忽职守罪或者徇私舞弊不移交刑事案件罪定罪处罚。**两高《关于办理危害生产安全刑事案件适用法律若干问题的解释》法释〔2015〕22号 2015/12/16 第十五条第一款**

[适用渎职罪的规定追究刑事责任] 公司、企业、事业单位的工作人员在依法或者受委托行使安全监督管理职责时滥用职权或者玩忽职守，构成犯罪的，应当依照《全国人民代表大会常务委员会关于〈中华人民共和国刑法〉第九章渎职罪主体适用问题的解释》的规定，适用渎职罪的规定追究刑事责任。**两高《关于办理危害生产安全刑事案件适用法律若干问题的解释》法释〔2015〕22号 2015/12/16 第十五条第二款**

[禁止活动　禁止从事与安全生产相关的职业] 对于实施危害生产安全犯罪适用缓刑的犯罪分子，可以根据犯罪情况，禁止其在缓刑考验期限内从事与安全生产相关联的特定活动；对于被判处刑罚的犯罪分子，可以根据犯罪情况和预防再犯罪的需要，禁止其自刑罚执行完毕之日或者假释之日起三年至五年内从事与安全生产相关的职业。**两高《关于办理危害生产安全刑事案件适用法律若干问题的解释》法释〔2015〕22号 2015/12/16 第十六条**

[重大责任事故案立案追诉标准] [重大责任事故案（刑法第一百三十四条第一款）] 在生产、作业中违反有关安全管理的规定，涉嫌下列情形之一的，应予立案追诉：

（一）造成死亡一人以上，或者重伤三人以上；

（二）造成直接经济损失五十万元以上的；

（三）发生矿山生产安全事故，造成直接经济损失一百万元以上的；

（四）其他造成严重后果的情形。**最高检、公安部《关于公安机关管辖的刑**

事案件立案追诉标准的规定（一）》公通字〔2008〕36号 2008/06/25 第八条

［强令违章冒险作业案立案追诉标准］［强令违章冒险作业案（刑法第一百三十四条第二款）］强令他人违章冒险作业，涉嫌下列情形之一的，应予立案追诉：

（一）造成死亡一人以上，或者重伤三人以上；

（二）造成直接经济损失五十万元以上的；

（三）发生矿山生产安全事故，造成直接经济损失一百万元以上的；

（四）其他造成严重后果的情形。最高检、公安部《关于公安机关管辖的刑事案件立案追诉标准的规定（一）》公通字〔2008〕36号 2008/06/25 第九条

第一百三十五条　【重大劳动安全事故罪】安全生产设施或者安全生产条件不符合国家规定，因而发生重大伤亡事故或者造成其他严重后果的，对直接负责的主管人员和其他直接责任人员，处三年以下有期徒刑或者拘役；情节特别恶劣的，处三年以上七年以下有期徒刑。[①]

第一百三十五条之一　【大型群众性活动重大安全事故罪】举办大型群众性活动违反安全管理规定，因而发生重大伤亡事故或者造成其他严重后果的，对直接负责的主管人员和其他直接责任人员，处三年以下有期徒刑或者拘役；情节特别恶劣的，处三年以上七年以下有期徒刑。[②]

［直接负责的主管人员和其他直接责任人员］刑法第一百三十五条规定的“直接负责的主管人员和其他直接责任人员”，是指对安全生产设施或者安全生产条件不符合国家规定负有直接责任的生产经营单位负责人、管理人员、实际控制人、投资人，以及其他对安全生产设施或者安全生产条件负有管理、维护职责的人员。两高《关于办理危害生产安全刑事案件适用法

① 根据2006年6月29日《刑法修正案（六）》修改，原条文为：“工厂、矿山、林场、建筑企业或者其他企业、事业单位的劳动安全设施不符合国家规定，经有关部门或者单位职工提出后，对事故隐患仍不采取措施，因而发生重大伤亡事故或者造成其他严重后果的，对直接责任人员，处三年以下有期徒刑或者拘役；情节特别恶劣的，处三年以上七年以下有期徒刑。”

② 根据2006年6月29日《刑法修正案（六）》增加。

律若干问题的解释》法释〔2015〕22号 2015/12/16 第三条

[造成严重后果　发生重大伤亡事故或者造成其他严重后果] 实施刑法第一百三十二条、第一百三十四条第一款、第一百三十五条、第一百三十五条之一、第一百三十六条、第一百三十九条规定的行为，因而发生安全事故，具有下列情形之一的，应当认定为“造成严重后果”或者“发生重大伤亡事故或者造成其他严重后果”，对相关责任人员，处三年以下有期徒刑或者拘役：

（一）造成死亡一人以上，或者重伤三人以上的；

（二）造成直接经济损失一百万元以上的；

（三）其他造成严重后果或者重大安全事故的情形。两高《关于办理危害生产安全刑事案件适用法律若干问题的解释》法释〔2015〕22号 2015/12/16 第六条第一款

[处三年以上七年以下有期徒刑之情形] 实施刑法第一百三十二条、第一百三十四条第一款、第一百三十五条、第一百三十五条之一、第一百三十六条、第一百三十九条规定的行为，因而发生安全事故，具有下列情形之一的，对相关责任人员，处三年以上七年以下有期徒刑：

（一）造成死亡三人以上或者重伤十人以上，负事故主要责任的；

（二）造成直接经济损失五百万元以上，负事故主要责任的；

（三）其他造成特别严重后果、情节特别恶劣或者后果特别严重的情形。两高《关于办理危害生产安全刑事案件适用法律若干问题的解释》法释〔2015〕22号 2015/12/16 第七条第一款

[从重处罚之情形] 实施刑法第一百三十二条、第一百三十四条至第一百三十九条之一规定的犯罪行为，具有下列情形之一的，从重处罚：

（一）未依法取得安全许可证件或者安全许可证件过期、被暂扣、吊销、注销后从事生产经营活动的；

（二）关闭、破坏必要的安全监控和报警设备的；

（三）已经发现事故隐患，经有关部门或者个人提出后，仍不采取措施的；

（四）一年内曾因危害生产安全违法犯罪活动受过行政处罚或者刑事处罚的；

（五）采取弄虚作假、行贿等手段，故意逃避、阻挠负有安全监督管理职责的部门实施监督检查的；

（六）安全事故发生后转移财产意图逃避承担责任的；

（七）其他从重处罚的情形。**两高《关于办理危害生产安全刑事案件适用法律若干问题的解释》法释〔2015〕22号 2015/12/16 第十二条第一款**

［依照数罪并罚的规定处罚］实施前款第五项规定的行为，同时构成刑法第三百八十九条规定的犯罪的，依照数罪并罚的规定处罚。**两高《关于办理危害生产安全刑事案件适用法律若干问题的解释》法释〔2015〕22号 2015/12/16 第十二条第二款**

［可以酌情从轻处罚］实施刑法第一百三十二条、第一百三十四条至第一百三十九条之一规定的犯罪行为，在安全事故发生后积极组织、参与事故抢救，或者积极配合调查、主动赔偿损失的，可以酌情从轻处罚。**两高《关于办理危害生产安全刑事案件适用法律若干问题的解释》法释〔2015〕22号 2015/12/16 第十三条**

［从重处罚　数罪并罚］国家工作人员违反规定投资入股生产经营，构成本解释规定的有关犯罪的，或者国家工作人员的贪污、受贿犯罪行为与安全事故发生存在关联性的，从重处罚；同时构成贪污、受贿犯罪和危害生产安全犯罪的，依照数罪并罚的规定处罚。**两高《关于办理危害生产安全刑事案件适用法律若干问题的解释》法释〔2015〕22号 2015/12/16 第十四条**

［以滥用职权罪、玩忽职守罪或者徇私舞弊不移交刑事案件罪定罪处罚］国家机关工作人员在履行安全监督管理职责时滥用职权、玩忽职守，致使公共财产、国家和人民利益遭受重大损失的，或者徇私舞弊，对发现的刑事案件依法应当移交司法机关追究刑事责任而不移交，情节严重的，分别依照刑法第三百九十七条、第四百零二条的规定，以滥用职权罪、玩忽职守罪或者徇私舞弊不移交刑事案件罪定罪处罚。**两高《关于办理危害生产安全刑事案件适用法律若干问题的解释》法释〔2015〕22号 2015/12/16 第十五条第一款**

［适用渎职罪的规定追究刑事责任］公司、企业、事业单位的工作人员在依法或者受委托行使安全监督管理职责时滥用职权或者玩忽职守，构成犯罪的，应当依照《全国人民代表大会常务委员会关于〈中华人民共和

国刑法〉第九章渎职罪主体适用问题的解释》的规定，适用渎职罪的规定追究刑事责任。两高《关于办理危害生产安全刑事案件适用法律若干问题的解释》法释〔2015〕22号 2015/12/16 第十五条第二款

[禁止活动　禁止从事与安全生产相关的职业] 对于实施危害生产安全犯罪适用缓刑的犯罪分子，可以根据犯罪情况，禁止其在缓刑考验期限内从事与安全生产相关联的特定活动；对于被判处刑罚的犯罪分子，可以根据犯罪情况和预防再犯罪的需要，禁止其自刑罚执行完毕之日或者假释之日起三年至五年内从事与安全生产相关的职业。两高《关于办理危害生产安全刑事案件适用法律若干问题的解释》法释〔2015〕22号 2015/12/16 第十六条

[交通管理范围内的事故] 在实行公共交通管理的范围内发生重大交通事故的，依照刑法第一百三十三条和本解释的有关规定办理。最高法《关于审理交通肇事刑事案件具体应用法律若干问题的解释》法释〔2000〕33号 2000/11/21 第八条第一款

[交通管理范围外的事故] 在公共交通管理的范围外，驾驶机动车辆或者使用其他交通工具致人伤亡或者致使公共财产或者他人财产遭受重大损失，构成犯罪的，分别依照刑法第一百三十四条、第一百三十五条、第二百三十三条等规定定罪处罚。最高法《关于审理交通肇事刑事案件具体应用法律若干问题的解释》法释〔2000〕33号 2000/11/21 第八条

[各地制定起点数额内标准] 各省、自治区、直辖市高级人民法院可以根据本地实际情况，在三十万元至六十万元、六十万元至一百万元的幅度内，确定本地区执行本解释第二条第一款第（三）项、第四条第（三）项的起点数额标准，并报最高人民法院备案。最高法《关于审理交通肇事刑事案件具体应用法律若干问题的解释》法释〔2000〕33号 2000/11/21 第九条

[重大劳动安全事故案立案追诉标准] [重大劳动安全事故案（刑法第一百三十五条）] 安全生产设施或者安全生产条件不符合国家规定，涉嫌下列情形之一的，应予立案追诉：

（一）造成死亡一人以上，或者重伤三人以上；

（二）造成直接经济损失五十万元以上的；

（三）发生矿山生产安全事故，造成直接经济损失一百万元以上的；

（四）其他造成严重后果的情形。最高检、公安部《关于公安机关管辖的刑

事案件立案追诉标准的规定（一）》公通字〔2008〕36号 2008/06/25 第十条

[大型群众性活动重大安全事故案立案追诉标准] [大型群众性活动重大安全事故案（刑法第一百三十五条之一）] 举办大型群众性活动违反安全管理规定，涉嫌下列情形之一的，应予立案追诉：

（一）造成死亡一人以上，或者重伤三人以上；

（二）造成直接经济损失五十万元以上的；

（三）其他造成严重后果的情形。最高检、公安部《关于公安机关管辖的刑事案件立案追诉标准的规定（一）》公通字〔2008〕36号 2008/06/25 第十一条

第一百三十六条 【危险物品肇事罪】违反爆炸性、易燃性、放射性、毒害性、腐蚀性物品的管理规定，在生产、储存、运输、使用中发生重大事故，造成严重后果的，处三年以下有期徒刑或者拘役；后果特别严重的，处三年以上七年以下有期徒刑。

[造成严重后果 发生重大伤亡事故或者造成其他严重后果] 实施刑法第一百三十二条、第一百三十四条第一款、第一百三十五条、第一百三十五条之一、第一百三十六条、第一百三十九条规定的行为，因而发生安全事故，具有下列情形之一的，应当认定为“造成严重后果”或者“发生重大伤亡事故或者造成其他严重后果”，对相关责任人员，处三年以下有期徒刑或者拘役：

（一）造成死亡一人以上，或者重伤三人以上的；

（二）造成直接经济损失一百万元以上的；

（三）其他造成严重后果或者重大安全事故的情形。两高《关于办理危害生产安全刑事案件适用法律若干问题的解释》法释〔2015〕22号 2015/12/16 第六条第一款

[造成重大安全事故] 实施刑法第一百三十七条规定的行为，因而发生安全事故，具有本条第一款规定情形的，应当认定为“造成重大安全事故”，对直接责任人员，处五年以下有期徒刑或者拘役，并处罚金。两高《关于办理危害生产安全刑事案件适用法律若干问题的解释》法释〔2015〕22号 2015/12/16 第六条第三款

[处三年以上七年以下有期徒刑之情形] 实施刑法第一百三十二条、第一百三十四条第一款、第一百三十五条、第一百三十五条之一、第一百三十六条、第一百三十九条规定的行为，因而发生安全事故，具有下列情形之一的，对相关责任人员，处三年以上七年以下有期徒刑：

（一）造成死亡三人以上或者重伤十人以上，负事故主要责任的；

（二）造成直接经济损失五百万元以上，负事故主要责任的；

（三）其他造成特别严重后果、情节特别恶劣或者后果特别严重的情形。**两高《关于办理危害生产安全刑事案件适用法律若干问题的解释》法释〔2015〕22号 2015/12/16 第七条第一款**

[从重处罚之情形] 实施刑法第一百三十二条、第一百三十四条至第一百三十九条之一规定的犯罪行为，具有下列情形之一的，从重处罚：

（一）未依法取得安全许可证件或者安全许可证件过期、被暂扣、吊销、注销后从事生产经营活动的；

（二）关闭、破坏必要的安全监控和报警设备的；

（三）已经发现事故隐患，经有关部门或者个人提出后，仍不采取措施的；

（四）一年内曾因危害生产安全违法犯罪活动受过行政处罚或者刑事处罚的；

（五）采取弄虚作假、行贿等手段，故意逃避、阻挠负有安全监督管理职责的部门实施监督检查的；

（六）安全事故发生后转移财产意图逃避承担责任的；

（七）其他从重处罚的情形。**两高《关于办理危害生产安全刑事案件适用法律若干问题的解释》法释〔2015〕22号 2015/12/16 第十二条第一款**

[依照数罪并罚的规定处罚] 实施前款第五项规定的行为，同时构成刑法第三百八十九条规定的犯罪的，依照数罪并罚的规定处罚。**两高《关于办理危害生产安全刑事案件适用法律若干问题的解释》法释〔2015〕22号 2015/12/16 第十二条第二款**

[可以酌情从轻处罚] 实施刑法第一百三十二条、第一百三十四条至第一百三十九条之一规定的犯罪行为，在安全事故发生后积极组织、参与事故抢救，或者积极配合调查、主动赔偿损失的，可以酌情从轻处罚。**两**

高《关于办理危害生产安全刑事案件适用法律若干问题的解释》法释〔2015〕22号 2015/12/16 第十三条

[从重处罚　数罪并罚] 国家工作人员违反规定投资入股生产经营，构成本解释规定的有关犯罪的，或者国家工作人员的贪污、受贿犯罪行为与安全事故发生存在关联性的，从重处罚；同时构成贪污、受贿犯罪和危害生产安全犯罪的，依照数罪并罚的规定处罚。两高《关于办理危害生产安全刑事案件适用法律若干问题的解释》法释〔2015〕22号 2015/12/16 第十四条

[以滥用职权罪、玩忽职守罪或者徇私舞弊不移交刑事案件罪定罪处罚] 国家机关工作人员在履行安全监督管理职责时滥用职权、玩忽职守，致使公共财产、国家和人民利益遭受重大损失的，或者徇私舞弊，对发现的刑事案件依法应当移交司法机关追究刑事责任而不移交，情节严重的，分别依照刑法第三百九十七条、第四百零二条的规定，以滥用职权罪、玩忽职守罪或者徇私舞弊不移交刑事案件罪定罪处罚。两高《关于办理危害生产安全刑事案件适用法律若干问题的解释》法释〔2015〕22号 2015/12/16 第十五条第一款

[适用渎职罪的规定追究刑事责任] 公司、企业、事业单位的工作人员在依法或者受委托行使安全监督管理职责时滥用职权或者玩忽职守，构成犯罪的，应当依照《全国人民代表大会常务委员会关于〈中华人民共和国刑法〉第九章渎职罪主体适用问题的解释》的规定，适用渎职罪的规定追究刑事责任。两高《关于办理危害生产安全刑事案件适用法律若干问题的解释》法释〔2015〕22号 2015/12/16 第十五条第二款

[禁止活动　禁止从事与安全生产相关的职业] 对于实施危害生产安全犯罪适用缓刑的犯罪分子，可以根据犯罪情况，禁止其在缓刑考验期限内从事与安全生产相关联的特定活动；对于被判处刑罚的犯罪分子，可以根据犯罪情况和预防再犯罪的需要，禁止其自刑罚执行完毕之日或者假释之日起三年至五年内从事与安全生产相关的职业。两高《关于办理危害生产安全刑事案件适用法律若干问题的解释》法释〔2015〕22号 2015/12/16 第十六条

[危险物品肇事案立案追诉标准] [危险物品肇事案（刑法第一百三十六条）] 违反爆炸性、易燃性、放射性、毒害性、腐蚀性物品的管理规定，在生产、储存、运输、使用中发生重大事故，涉嫌下列情形之一的，应予

立案追诉：

（一）造成死亡一人以上，或者重伤三人以上；

（二）造成直接经济损失五十万元以上的；

（三）其他造成严重后果的情形。最高检、公安部《关于公安机关管辖的刑事案件立案追诉标准的规定（一）》公通字〔2008〕36号 2008/06/25 第十二条

第一百三十七条　【工程重大安全事故罪】建设单位、设计单位、施工单位、工程监理单位违反国家规定，降低工程质量标准，造成重大安全事故的，对直接责任人员，处五年以下有期徒刑或者拘役，并处罚金；后果特别严重的，处五年以上十年以下有期徒刑，并处罚金。

［处五年以上十年以下有期徒刑并处罚金之情形］实施刑法第一百三十七条规定的行为，因而发生安全事故，具有本条第一款规定情形的，对直接责任人员，处五年以上十年以下有期徒刑，并处罚金。两高《关于办理危害生产安全刑事案件适用法律若干问题的解释》法释〔2015〕22号 2015/12/16 第七条第三款

［从重处罚之情形］实施刑法第一百三十二条、第一百三十四条至第一百三十九条之一规定的犯罪行为，具有下列情形之一的，从重处罚：

（一）未依法取得安全许可证件或者安全许可证件过期、被暂扣、吊销、注销后从事生产经营活动的；

（二）关闭、破坏必要的安全监控和报警设备的；

（三）已经发现事故隐患，经有关部门或者个人提出后，仍不采取措施的；

（四）一年内曾因危害生产安全违法犯罪活动受过行政处罚或者刑事处罚的；

（五）采取弄虚作假、行贿等手段，故意逃避、阻挠负有安全监督管理职责的部门实施监督检查的；

（六）安全事故发生后转移财产意图逃避承担责任的；

（七）其他从重处罚的情形。两高《关于办理危害生产安全刑事案件适用法律若干问题的解释》法释〔2015〕22号 2015/12/16 第十二条第一款

[依照数罪并罚的规定处罚] 实施前款第五项规定的行为，同时构成刑法第三百八十九条规定的犯罪的，依照数罪并罚的规定处罚。**两高《关于办理危害生产安全刑事案件适用法律若干问题的解释》法释〔2015〕22 号 2015/12/16 第十二条第二款**

[可以酌情从轻处罚] 实施刑法第一百三十二条、第一百三十四条至第一百三十九条之一规定的犯罪行为，在安全事故发生后积极组织、参与事故抢救，或者积极配合调查、主动赔偿损失的，可以酌情从轻处罚。**两高《关于办理危害生产安全刑事案件适用法律若干问题的解释》法释〔2015〕22 号 2015/12/16 第十三条**

[从重处罚　数罪并罚] 国家工作人员违反规定投资入股生产经营，构成本解释规定的有关犯罪的，或者国家工作人员的贪污、受贿犯罪行为与安全事故发生存在关联性的，从重处罚；同时构成贪污、受贿犯罪和危害生产安全犯罪的，依照数罪并罚的规定处罚。**两高《关于办理危害生产安全刑事案件适用法律若干问题的解释》法释〔2015〕22 号 2015/12/16 第十四条**

[以滥用职权罪、玩忽职守罪或者徇私舞弊不移交刑事案件罪定罪处罚] 国家机关工作人员在履行安全监督管理职责时滥用职权、玩忽职守，致使公共财产、国家和人民利益遭受重大损失的，或者徇私舞弊，对发现的刑事案件依法应当移交司法机关追究刑事责任而不移交，情节严重的，分别依照刑法第三百九十七条、第四百零二条的规定，以滥用职权罪、玩忽职守罪或者徇私舞弊不移交刑事案件罪定罪处罚。**两高《关于办理危害生产安全刑事案件适用法律若干问题的解释》法释〔2015〕22 号 2015/12/16 第十五条第一款**

[适用渎职罪的规定追究刑事责任] 公司、企业、事业单位的工作人员在依法或者受委托行使安全监督管理职责时滥用职权或者玩忽职守，构成犯罪的，应当依照《全国人民代表大会常务委员会关于〈中华人民共和国刑法〉第九章渎职罪主体适用问题的解释》的规定，适用渎职罪的规定追究刑事责任。**两高《关于办理危害生产安全刑事案件适用法律若干问题的解释》法释〔2015〕22 号 2015/12/16 第十五条第二款**

[禁止活动　禁止从事与安全生产相关的职业] 对于实施危害生产安全犯罪适用缓刑的犯罪分子，可以根据犯罪情况，禁止其在缓刑考验期限

内从事与安全生产相关联的特定活动；对于被判处刑罚的犯罪分子，可以根据犯罪情况和预防再犯罪的需要，禁止其自刑罚执行完毕之日或者假释之日起三年至五年内从事与安全生产相关的职业。**两高《关于办理危害生产安全刑事案件适用法律若干问题的解释》法释〔2015〕22号2015/12/16第十六条**

[工程重大安全事故案立案追诉标准] [工程重大安全事故案（刑法第一百三十七条)] 建设单位、设计单位、施工单位、工程监理单位违反国家规定，降低工程质量标准，涉嫌下列情形之一的，应予立案追诉：

（一）造成死亡一人以上，或者重伤三人以上；

（二）造成直接经济损失五十万元以上的；

（三）其他造成严重后果的情形。**最高检、公安部《关于公安机关管辖的刑事案件立案追诉标准的规定（一)》公通字〔2008〕36号2008/06/25第十三条**

第一百三十八条　【教育设施重大安全事故罪】明知校舍或者教育教学设施有危险，而不采取措施或者不及时报告，致使发生重大伤亡事故的，对直接责任人员，处三年以下有期徒刑或者拘役；后果特别严重的，处三年以上七年以下有期徒刑。

[发生重大伤亡事故] 实施刑法第一百三十八条规定的行为，因而发生安全事故，具有本条第一款第一项规定情形的，应当认定为“发生重大伤亡事故”，对直接责任人员，处三年以下有期徒刑或者拘役。**两高《关于办理危害生产安全刑事案件适用法律若干问题的解释》法释〔2015〕22号2015/12/16第六条第四款**

[处三年以上七年以下有期徒刑之情形] 实施刑法第一百三十八条规定的行为，因而发生安全事故，具有下列情形之一的，对直接责任人员，处三年以上七年以下有期徒刑：

（一）造成死亡三人以上或者重伤十人以上，负事故主要责任的；

（二）具有本解释第六条第一款第一项规定情形，同时造成直接经济损失五百万元以上并负事故主要责任的，或者同时造成恶劣社会影响的。**两高《关于办理危害生产安全刑事案件适用法律若干问题的解释》法释〔2015〕22号2015/12/16第七条第四款**

[从重处罚之情形] 实施刑法第一百三十二条、第一百三十四条至第

一百三十九条之一规定的犯罪行为，具有下列情形之一的，从重处罚：

（一）未依法取得安全许可证件或者安全许可证件过期、被暂扣、吊销、注销后从事生产经营活动的；

（二）关闭、破坏必要的安全监控和报警设备的；

（三）已经发现事故隐患，经有关部门或者个人提出后，仍不采取措施的；

（四）一年内曾因危害生产安全违法犯罪活动受过行政处罚或者刑事处罚的；

（五）采取弄虚作假、行贿等手段，故意逃避、阻挠负有安全监督管理职责的部门实施监督检查的；

（六）安全事故发生后转移财产意图逃避承担责任的；

（七）其他从重处罚的情形。**两高《关于办理危害生产安全刑事案件适用法律若干问题的解释》法释〔2015〕22号 2015/12/16 第十二条第一款**

［依照数罪并罚的规定处罚］实施前款第五项规定的行为，同时构成刑法第三百八十九条规定的犯罪的，依照数罪并罚的规定处罚。**两高《关于办理危害生产安全刑事案件适用法律若干问题的解释》法释〔2015〕22号 2015/12/16 第十二条第二款**

［可以酌情从轻处罚］实施刑法第一百三十二条、第一百三十四条至第一百三十九条之一规定的犯罪行为，在安全事故发生后积极组织、参与事故抢救，或者积极配合调查、主动赔偿损失的，可以酌情从轻处罚。**两高《关于办理危害生产安全刑事案件适用法律若干问题的解释》法释〔2015〕22号 2015/12/16 第十三条**

［从重处罚　数罪并罚］国家工作人员违反规定投资入股生产经营，构成本解释规定的有关犯罪的，或者国家工作人员的贪污、受贿犯罪行为与安全事故发生存在关联性的，从重处罚；同时构成贪污、受贿犯罪和危害生产安全犯罪的，依照数罪并罚的规定处罚。**两高《关于办理危害生产安全刑事案件适用法律若干问题的解释》法释〔2015〕22号 2015/12/16 第十四条**

［以滥用职权罪、玩忽职守罪或者徇私舞弊不移交刑事案件罪定罪处罚］国家机关工作人员在履行安全监督管理职责时滥用职权、玩忽职守，致使公共财产、国家和人民利益遭受重大损失的，或者徇私舞弊，对发现

的刑事案件依法应当移交司法机关追究刑事责任而不移交，情节严重的，分别依照刑法第三百九十七条、第四百零二条的规定，以滥用职权罪、玩忽职守罪或者徇私舞弊不移交刑事案件罪定罪处罚。两高《关于办理危害生产安全刑事案件适用法律若干问题的解释》法释〔2015〕22 号 2015/12/16 第十五条第一款

[适用渎职罪的规定追究刑事责任] 公司、企业、事业单位的工作人员在依法或者受委托行使安全监督管理职责时滥用职权或者玩忽职守，构成犯罪的，应当依照《全国人民代表大会常务委员会关于〈中华人民共和国刑法〉第九章渎职罪主体适用问题的解释》的规定，适用渎职罪的规定追究刑事责任。两高《关于办理危害生产安全刑事案件适用法律若干问题的解释》法释〔2015〕22 号 2015/12/16 第十五条第二款

[禁止活动　禁止从事与安全生产相关的职业] 对于实施危害生产安全犯罪适用缓刑的犯罪分子，可以根据犯罪情况，禁止其在缓刑考验期限内从事与安全生产相关联的特定活动；对于被判处刑罚的犯罪分子，可以根据犯罪情况和预防再犯罪的需要，禁止其自刑罚执行完毕之日或者假释之日起三年至五年内从事与安全生产相关的职业。两高《关于办理危害生产安全刑事案件适用法律若干问题的解释》法释〔2015〕22 号 2015/12/16 第十六条

[教育设施重大安全事故案立案追诉标准] [教育设施重大安全事故案(刑法第一百三十八条)] 明知校舍或者教育教学设施有危险，而不采取措施或者不及时报告，涉嫌下列情形之一的，应予立案追诉：

(一) 造成死亡一人以上、重伤三人以上或者轻伤十人以上的；

(二) 其他致使发生重大伤亡事故的情形。最高检、公安部《关于公安机关管辖的刑事案件立案追诉标准的规定（一）》公通字〔2008〕36 号 2008/06/25 第十四条

第一百三十九条　【消防责任事故罪】违反消防管理法规，经消防监督机构通知采取改正措施而拒绝执行，造成严重后果的，对直接责任人员，处三年以下有期徒刑或者拘役；后果特别严重的，处三年以上七年以下有期徒刑。

第一百三十九条之一　【不报、谎报安全事故罪】在安全事

故发生后，负有报告职责的人员不报或者谎报事故情况，贻误事故抢救，情节严重的，处三年以下有期徒刑或者拘役；情节特别严重的，处三年以上七年以下有期徒刑。①

［造成严重后果 发生重大伤亡事故或者造成其他严重后果］实施刑法第一百三十二条、第一百三十四条第一款、第一百三十五条、第一百三十五条之一、第一百三十六条、第一百三十九条规定的行为，因而发生安全事故，具有下列情形之一的，应当认定为“造成严重后果”或者“发生重大伤亡事故或者造成其他严重后果”，对相关责任人员，处三年以下有期徒刑或者拘役：

（一）造成死亡一人以上，或者重伤三人以上的；

（二）造成直接经济损失一百万元以上的；

（三）其他造成严重后果或者重大安全事故的情形。**两高《关于办理危害生产安全刑事案件适用法律若干问题的解释》法释〔2015〕22号 2015/12/16 第六条第一款**

［处三年以上七年以下有期徒刑之情形］实施刑法第一百三十二条、第一百三十四条第一款、第一百三十五条、第一百三十五条之一、第一百三十六条、第一百三十九条规定的行为，因而发生安全事故，具有下列情形之一的，对相关责任人员，处三年以上七年以下有期徒刑：

（一）造成死亡三人以上或者重伤十人以上，负事故主要责任的；

（二）造成直接经济损失五百万元以上，负事故主要责任的；

（三）其他造成特别严重后果、情节特别恶劣或者后果特别严重的情形。**两高《关于办理危害生产安全刑事案件适用法律若干问题的解释》法释〔2015〕22号 2015/12/16 第七条第一款**

［情节严重］在安全事故发生后，负有报告职责的人员不报或者谎报事故情况，贻误事故抢救，具有下列情形之一的，应当认定为刑法第一百三十九条之一规定的“情节严重”：

（一）导致事故后果扩大，增加死亡一人以上，或者增加重伤三人以

---

① 根据2006年6月29日《刑法修正案（六）》增加。

上，或者增加直接经济损失一百万元以上的；

（二）实施下列行为之一，致使不能及时有效开展事故抢救的：

1. 决定不报、迟报、谎报事故情况或者指使、串通有关人员不报、迟报、谎报事故情况的；

2. 在事故抢救期间擅离职守或者逃匿的；

3. 伪造、破坏事故现场，或者转移、藏匿、毁灭遇难人员尸体，或者转移、藏匿受伤人员的；

4. 毁灭、伪造、隐匿与事故有关的图纸、记录、计算机数据等资料以及其他证据的；

（三）其他情节严重的情形。**两高《关于办理危害生产安全刑事案件适用法律若干问题的解释》法释〔2015〕22号 2015/12/16 第八条第一款**

[情节特别严重] 具有下列情形之一的，应当认定为刑法第一百三十九条之一规定的“情节特别严重”：

（一）导致事故后果扩大，增加死亡三人以上，或者增加重伤十人以上，或者增加直接经济损失五百万元以上的；

（二）采用暴力、胁迫、命令等方式阻止他人报告事故情况，导致事故后果扩大的；

（三）其他情节特别严重的情形。**两高《关于办理危害生产安全刑事案件适用法律若干问题的解释》法释〔2015〕22号 2015/12/16 第八条第二款**

[以共犯论处] 在安全事故发生后，与负有报告职责的人员串通，不报或者谎报事故情况，贻误事故抢救，情节严重的，依照刑法第一百三十九条之一的规定，以共犯论处。**两高《关于办理危害生产安全刑事案件适用法律若干问题的解释》法释〔2015〕22号 2015/12/16 第九条**

[从重处罚之情形] 实施刑法第一百三十二条、第一百三十四条至第一百三十九条之一规定的犯罪行为，具有下列情形之一的，从重处罚：

（一）未依法取得安全许可证件或者安全许可证件过期、被暂扣、吊销、注销后从事生产经营活动的；

（二）关闭、破坏必要的安全监控和报警设备的；

（三）已经发现事故隐患，经有关部门或者个人提出后，仍不采取措施的；

（四）一年内曾因危害生产安全违法犯罪活动受过行政处罚或者刑事处罚的；

（五）采取弄虚作假、行贿等手段，故意逃避、阻挠负有安全监督管理职责的部门实施监督检查的；

（六）安全事故发生后转移财产意图逃避承担责任的；

（七）其他从重处罚的情形。**两高《关于办理危害生产安全刑事案件适用法律若干问题的解释》法释〔2015〕22号 2015/12/16 第十二条第一款**

［依照数罪并罚的规定处罚］实施前款第五项规定的行为，同时构成刑法第三百八十九条规定的犯罪的，依照数罪并罚的规定处罚。**两高《关于办理危害生产安全刑事案件适用法律若干问题的解释》法释〔2015〕22号 2015/12/16 第十二条第二款**

［可以酌情从轻处罚］实施刑法第一百三十二条、第一百三十四条至第一百三十九条之一规定的犯罪行为，在安全事故发生后积极组织、参与事故抢救，或者积极配合调查、主动赔偿损失的，可以酌情从轻处罚。**两高《关于办理危害生产安全刑事案件适用法律若干问题的解释》法释〔2015〕22号 2015/12/16 第十三条**

［从重处罚 数罪并罚］国家工作人员违反规定投资入股生产经营，构成本解释规定的有关犯罪的，或者国家工作人员的贪污、受贿犯罪行为与安全事故发生存在关联性的，从重处罚；同时构成贪污、受贿犯罪和危害生产安全犯罪的，依照数罪并罚的规定处罚。**两高《关于办理危害生产安全刑事案件适用法律若干问题的解释》法释〔2015〕22号 2015/12/16 第十四条**

［以滥用职权罪、玩忽职守罪或者徇私舞弊不移交刑事案件罪定罪处罚］国家机关工作人员在履行安全监督管理职责时滥用职权、玩忽职守，致使公共财产、国家和人民利益遭受重大损失的，或者徇私舞弊，对发现的刑事案件依法应当移交司法机关追究刑事责任而不移交，情节严重的，分别依照刑法第三百九十七条、第四百零二条的规定，以滥用职权罪、玩忽职守罪或者徇私舞弊不移交刑事案件罪定罪处罚。**两高《关于办理危害生产安全刑事案件适用法律若干问题的解释》法释〔2015〕22号 2015/12/16 第十五条第一款**

［适用渎职罪的规定追究刑事责任］公司、企业、事业单位的工作人

员在依法或者受委托行使安全监督管理职责时滥用职权或者玩忽职守，构成犯罪的，应当依照《全国人民代表大会常务委员会关于〈中华人民共和国刑法〉第九章渎职罪主体适用问题的解释》的规定，适用渎职罪的规定追究刑事责任。**两高《关于办理危害生产安全刑事案件适用法律若干问题的解释》法释〔2015〕22号 2015/12/16 第十五条第二款**

［禁止活动　禁止从事与安全生产相关的职业］对于实施危害生产安全犯罪适用缓刑的犯罪分子，可以根据犯罪情况，禁止其在缓刑考验期限内从事与安全生产相关联的特定活动；对于被判处刑罚的犯罪分子，可以根据犯罪情况和预防再犯罪的需要，禁止其自刑罚执行完毕之日或者假释之日起三年至五年内从事与安全生产相关的职业。**两高《关于办理危害生产安全刑事案件适用法律若干问题的解释》法释〔2015〕22号 2015/12/16 第十六条**

［消防责任事故案立案追诉标准］［消防责任事故案（刑法第一百三十九条）］违反消防管理法规，经消防监督机构通知采取改正措施而拒绝执行，涉嫌下列情形之一的，应予立案追诉：

（一）造成死亡一人以上，或者重伤三人以上；

（二）造成直接经济损失五十万元以上的；

（三）造成森林火灾，过火有林地面积二公顷以上，或者过火疏林地、灌木林地、未成林地、苗圃地面积四公顷以上的；

（四）其他造成严重后果的情形。**最高检、公安部《关于公安机关管辖的刑事案件立案追诉标准的规定（一）》公通字〔2008〕36号 2008/06/25 第十五条**

［不报、谎报安全事故案立案追诉标准］在《最高人民检察院公安部关于公安机关管辖的刑事案件立案追诉标准的规定（一）》（以下简称《立案追诉标准（一）》）第十五条后增加一条，作为第十五条之一：［不报、谎报安全事故案（刑法第一百三十九条之一）］在安全事故发生后，负有报告职责的人员不报或者谎报事故情况，贻误事故抢救，涉嫌下列情形之一的，应予立案追诉：

（一）导致事故后果扩大，增加死亡一人以上，或者增加重伤三人以上，或者增加直接经济损失一百万元以上的；

（二）实施下列行为之一，致使不能及时有效开展事故抢救的：

1. 决定不报、迟报、谎报事故情况或者指使、串通有关人员不报、迟报、谎报事故情况的；

2. 在事故抢救期间擅离职守或者逃匿的；

3. 伪造、破坏事故现场，或者转移、藏匿、毁灭遇难人员尸体，或者转移、藏匿受伤人员的；

4. 毁灭、伪造、隐匿与事故有关的图纸、记录、计算机数据等资料以及其他证据的；

（三）其他不报、谎报安全事故情节严重的情形。

本条规定的“负有报告职责的人员”，是指负有组织、指挥或者管理职责的负责人、管理人员、实际控制人、投资人，以及其他负有报告职责的人员。最高检、公安部《关于公安机关管辖的刑事案件立案追诉标准的规定（一）的补充规定》公通字〔2017〕12号）2017/04/27 第一条

［负有报告职责的人员］刑法第一百三十九条之一规定的“负有报告职责的人员”，是指负有组织、指挥或者管理职责的负责人、管理人员、实际控制人、投资人，以及其他负有报告职责的人员。两高《关于办理危害生产安全刑事案件适用法律若干问题的解释》法释〔2015〕22号 2015/12/16 第四条

第三章　破坏社会主义市场经济秩序罪

第一节　生产、销售伪劣商品罪

第一百四十条　【生产、销售伪劣产品罪】生产者、销售者在产品中掺杂、掺假，以假充真，以次充好或者以不合格产品冒充合格产品，销售金额五万元以上不满二十万元的，处二年以下有期徒刑或者拘役，并处或者单处销售金额百分之五十以上二倍以下罚金；销售金额二十万元以上不满五十万元的，处二年以上七年以下有期徒刑，并处销售金额百分之五十以上二倍以下罚

金；销售金额五十万元以上不满二百万元的，处七年以上有期徒刑，并处销售金额百分之五十以上二倍以下罚金；销售金额二百万元以上的，处十五年有期徒刑或者无期徒刑，并处销售金额百分之五十以上二倍以下罚金或者没收财产。

[要旨　生产、销售有毒、有害食品罪　生产、销售伪劣产品罪　地沟油] 明知对方是食用油经销者，仍将用餐厨废弃油（俗称“地沟油”）加工而成的劣质油脂销售给对方，导致劣质油脂流入食用油市场供人食用的，构成生产、销售有毒、有害食品罪；明知油脂经销者向饲料生产企业和药品生产企业等单位销售豆油等食用油，仍将用餐厨废弃油加工而成的劣质油脂销售给对方，导致劣质油脂流向饲料生产企业和药品生产企业等单位的，构成生产、销售伪劣产品罪。检例第 12 号：柳立国等人生产、销售有毒、有害食品，生产、销售伪劣产品案

[要旨　病、死猪加亚硝酸钠、工业用盐等，生产腊肠、腊肉　为逃避监管行贿　通风报信　数罪并罚] 实施生产、销售有毒、有害食品犯罪，为逃避查处向负有食品安全监管职责的国家工作人员行贿的，应当以生产、销售有毒、有害食品罪和行贿罪实行数罪并罚。

负有食品安全监督管理职责的国家机关工作人员，滥用职权，向生产、销售有毒、有害食品的犯罪分子通风报信，帮助逃避处罚的，应当认定为食品监管渎职罪；在渎职过程中受贿的，应当以食品监管渎职罪和受贿罪实行数罪并罚。检例第 15 号：胡林贵等人生产、销售有毒、有害食品，行贿；骆梅等人销售伪劣产品；朱伟全等人生产、销售伪劣产品；黎达文等人受贿，食品监管渎职案

[判决理由　制售假冒进口抗肿瘤药按重罪被判刑] 被告人王辉、徐红德、于洪权、张晓峰为谋取非法利益，违反国家药品质量管理制度，置患者生命、健康于不顾，生产、销售假冒的进口抗肿瘤药品，其中，被告人王辉销售假药，金额达 238.8 万元，被告人张晓峰帮助王辉销售假药，其行为均已构成销售假药罪；被告人徐红德、于洪权实施生产、销售假药行为，其中徐红德销售假药金额达 190.76 万元，于洪权销售假药金额达 48 万余元，其行为均已构成生产、销售假药罪。各被告人所售药品均为抗

肿瘤药品，主要以癌症患者为使用对象，大多数药品为注射剂药品、处方药，足以严重危害人体健康，犯罪情节恶劣。被告人王辉、张新峰的行为同时又构成销售伪劣产品罪；被告人徐红德、于洪权的行为同时又构成生产、销售伪劣产品罪，依法应以处罚较重的罪名定罪处罚。张晓峰系从犯，依法对其减轻处罚。**最高法发布危害食品、药品安全犯罪典型案例之八：被告人王辉、徐红德、于洪权等生产、销售伪劣产品案**

［判决理由　非法经营“病死猪”肉项］被告人陈金顺低价收购病死猪肉并转售；被告人陈开梅、林彬霞向他人收购病死猪屠宰后销售；被告人李游、陈志辉、张可明知陈金顺、陈开梅生产、销售的是国家禁止经营的病死猪肉，仍为其提供运输等帮助，各被告人的行为均已构成生产、销售伪劣产品罪，生产、销售不符合安全标准的食品罪，非法经营罪，应择一重罪处断；被告人周建成、孙沼然等明知是病死猪肉仍购买，加工后销售或直接销售，构成生产、销售不符合安全标准的食品罪。陈金顺、陈开梅、林彬霞系主犯；李游、陈志辉、张可系从犯，应从轻减轻处罚；陈金顺系累犯，应从重处罚。**最高法发布危害食品安全犯罪典型案例之二：陈金顺等生产、销售伪劣产品，非法经营，生产、销售不符合安全标准的食品案**

［判决理由　生产、销售伪劣食品添加剂项］被告单位蒙凯公司在经营过程中，以不合格产品冒充合格的食品添加剂碳酸氢钠进行生产、销售，销售金额合计人民币 44.73 万元，其行为已构成生产、销售伪劣产品罪。被告人李瑞霞系被告单位直接负责的主管人员，被告人马文革、马民学系被告单位的直接责任人员，其行为均已构成生产、销售伪劣产品罪。被告人马文革、马民学犯罪后自动投案，如实供述自己的罪行，构成自首，依法可以从轻处罚。被告人李瑞霞到案后能够如实供述自己的罪行，依法可以从轻处罚。**最高法发布危害食品安全犯罪典型案例之四：李瑞霞生产、销售伪劣产品案**

［生产、销售伪劣烟草专卖品数额起点］生产、销售伪劣卷烟、雪茄烟等烟草专卖品，销售金额在五万元以上的，依照刑法第一百四十条的规定，以生产、销售伪劣产品罪定罪处罚。**两高《关于办理非法生产、销售烟草专卖品等刑事案件具体应用法律若干问题的解释》法释〔2010〕7 号 2010/03/26 第一条第一款**

[尚未销售货值金额] 伪劣卷烟、雪茄烟等烟草专卖品尚未销售，货值金额达到刑法第一百四十条规定的销售金额定罪起点数额标准的三倍以上的，或者销售金额未达到五万元，但与未销售货值金额合计达到十五万元以上的，以生产、销售伪劣产品罪（未遂）定罪处罚。两高《关于办理非法生产、销售烟草专卖品等刑事案件具体应用法律若干问题的解释》法释〔2010〕7号 2010/03/26 第二条第一款

[较重幅度　酌情从重] 销售金额和未销售货值金额分别达到不同的法定刑幅度或者均达到同一法定刑幅度的，在处罚较重的法定刑幅度内酌情从重处罚。两高《关于办理非法生产、销售烟草专卖品等刑事案件具体应用法律若干问题的解释》法释〔2010〕7号 2010/03/26 第二条第二款

[查获的未销售的价格计算] 查获的未销售的伪劣卷烟、雪茄烟，能够查清销售价格的，按照实际销售价格计算。无法查清实际销售价格，有品牌的，按照该品牌卷烟、雪茄烟的查获地省级烟草专卖行政主管部门出具的零售价格计算；无品牌的，按照查获地省级烟草专卖行政主管部门出具的上年度卷烟平均零售价格计算。两高《关于办理非法生产、销售烟草专卖品等刑事案件具体应用法律若干问题的解释》法释〔2010〕7号 2010/03/26 第二条第三款

[择重罪处罚] 行为人实施非法生产、销售烟草专卖品犯罪，同时构成生产、销售伪劣产品罪、侵犯知识产权犯罪、非法经营罪的，依照处罚较重的规定定罪处罚。两高《关于办理非法生产、销售烟草专卖品等刑事案件具体应用法律若干问题的解释》法释〔2010〕7号 2010/03/26 第五条

[为本罪提供便利条件　共犯] 明知他人实施本解释第一条所列犯罪，而为其提供贷款、资金、账号、发票、证明、许可证件，或者提供生产、经营场所、设备、运输、仓储、保管、邮寄、代理进出口等便利条件，或者提供生产技术、卷烟配方的，应当按照共犯追究刑事责任。两高《关于办理非法生产、销售烟草专卖品等刑事案件具体应用法律若干问题的解释》法释〔2010〕7号 2010/03/26 第六条

[烟草专卖品鉴定机构] 办理非法生产、销售烟草专卖品等刑事案件，需要对伪劣烟草专卖品鉴定的，应当委托国务院产品质量监督管理部门和省、自治区、直辖市人民政府产品质量监督管理部门指定的烟草质量检测

机构进行。两高《关于办理非法生产、销售烟草专卖品等刑事案件具体应用法律若干问题的解释》法释〔2010〕7号 2010/03/26 第七条

[以暴力、威胁方法阻碍烟草专卖执法人员依法执行职务] 以暴力、威胁方法阻碍烟草专卖执法人员依法执行职务，构成犯罪的，以妨害公务罪追究刑事责任。两高《关于办理非法生产、销售烟草专卖品等刑事案件具体应用法律若干问题的解释》法释〔2010〕7号 2010/03/26 第八条第一款

[煽动群众暴力抗拒烟草专卖法律实施的] 煽动群众暴力抗拒烟草专卖法律实施，构成犯罪的，以煽动暴力抗拒法律实施罪追究刑事责任。两高《关于办理非法生产、销售烟草专卖品等刑事案件具体应用法律若干问题的解释》法释〔2010〕7号 2010/03/26 第八条第二款

[烟草专卖品] 本解释所称"烟草专卖品"，是指卷烟、雪茄烟、烟丝、复烤烟叶、烟叶、卷烟纸、滤嘴棒、烟用丝束、烟草专用机械。两高《关于办理非法生产、销售烟草专卖品等刑事案件具体应用法律若干问题的解释》法释〔2010〕7号 2010/03/26 第九条第一款

[卷烟辅料] 本解释所称"卷烟辅料"，是指卷烟纸、滤嘴棒、烟用丝束。两高《关于办理非法生产、销售烟草专卖品等刑事案件具体应用法律若干问题的解释》法释〔2010〕7号 2010/03/26 第九条第二款

[烟草专用机械] 本解释所称"烟草专用机械"，是指由国务院烟草专卖行政主管部门烟草专用机械名录所公布的，在卷烟、雪茄烟、烟丝、复烤烟叶、烟叶、卷烟纸、滤嘴棒、烟用丝束的生产加工过程中，能够完成一项或者多项特定加工工序，可以独立操作的机械设备。两高《关于办理非法生产、销售烟草专卖品等刑事案件具体应用法律若干问题的解释》法释〔2010〕7号 2010/03/26 第九条第三款

[同类烟草专用机械] 本解释所称"同类烟草专用机械"，是指在卷烟、雪茄烟、烟丝、复烤烟叶、烟叶、卷烟纸、滤嘴棒、烟用丝束的生产加工过程中，能够完成相同加工工序的机械设备。两高《关于办理非法生产、销售烟草专卖品等刑事案件具体应用法律若干问题的解释》法释〔2010〕7号 2010/03/26 第九条第四款

[优于旧解释] 以前发布的有关规定与本解释不一致的，以本解释为准。两高《关于办理非法生产、销售烟草专卖品等刑事案件具体应用法律若干问题的

解释》法释〔2010〕7号 2010/03/26 第十条

[销售金额、货值金额] 根据《最高人民法院、最高人民检察院关于办理生产、销售伪劣商品刑事案件具体应用法律若干问题的解释》的有关规定，销售金额是指生产者、销售者出售伪劣烟草制品后所得和应得的全部违法收入。伪劣烟草制品尚未销售，货值金额达到刑法第一百四十条规定的销售金额三倍（十五万元）以上的，以生产、销售伪劣产品罪（未遂）定罪处罚。货值金额以违法生产、销售的伪劣产品的标价计算；没有标价的，按照同类合格产品的市场中间价格计算。货值金额难以确定的，按照国家计划委员会、最高人民法院、最高人民检察院、公安部 1997 年 4 月 22 日联合发布的《扣押、追缴、没收物品估价管理办法》的规定，委托指定的估价机构确定。两高、公安部、烟草专卖局《关于办理假冒伪劣烟草制品等刑事案件适用法律问题座谈会纪要》商检会〔2003〕4号 2003/12/23 一、(一)

[伪劣烟草制品尚未销售分档量刑] 伪劣烟草制品尚未销售，货值金额分别达到十五万元以上不满二十万元、二十万元以上不满五十万元、五十万元以上不满二百万元、二百万元以上的，分别依照刑法第一百四十条规定的各量刑档次定罪处罚。两高、公安部、烟草专卖局《关于办理假冒伪劣烟草制品等刑事案件适用法律问题座谈会纪要》商检会〔2003〕4号 2003/12/23 一、(一)

[以未遂定罪处罚] 伪劣烟草制品的销售金额不满五万元，但与尚未销售的伪劣烟草制品的货值金额合计达到十五万元以上的，以生产、销售伪劣产品罪（未遂）定罪处罚。两高、公安部、烟草专卖局《关于办理假冒伪劣烟草制品等刑事案件适用法律问题座谈会纪要》商检会〔2003〕4号 2003/12/23 一、(一)

[无法计算货值金额　以未遂定罪处罚之情形] 生产伪劣烟草制品尚未销售，无法计算货值金额，有下列情形之一的，以生产、销售伪劣产品罪（未遂）定罪处罚：

1. 生产伪劣烟用烟丝数量在 1000 公斤以上的；

2. 生产伪劣烟用烟叶数量在 1500 公斤以上的。两高、公安部、烟草专卖局《关于办理假冒伪劣烟草制品等刑事案件适用法律问题座谈会纪要》商检会〔2003〕4号 2003/12/23 一、(一)

［非法生产、拼装、销售烟草专用机械行为定罪处罚］非法生产、拼装、销售烟草专用机械行为，依照刑法第一百四十条的规定，以生产、销售伪劣产品罪追究刑事责任。两高、公安部、烟草专卖局《关于办理假冒伪劣烟草制品等刑事案件适用法律问题座谈会纪要》商检会〔2003〕4号 2003/12/23 一、(二)

［销售明知是假冒烟用注册商标的烟草制品行为中的“明知”］

根据刑法第二百一十四条的规定，销售明知是假冒烟用注册商标的烟草制品，销售金额较大的，构成销售假冒注册商标的商品罪。

“明知”，是指知道或应当知道。有下列情形之一的，可以认定为“明知”：

1. 以明显低于市场价格进货的；

2. 以明显低于市场价格销售的；

3. 销售假冒烟用注册商标的烟草制品被发现后转移、销毁物证或者提供虚假证明、虚假情况的；

4. 其他可以认定为明知的情形。两高、公安部、烟草专卖局《关于办理假冒伪劣烟草制品等刑事案件适用法律问题座谈会纪要》商检会〔2003〕4号 2003/12/23 二

［非法经营烟草制品行为］未经烟草专卖行政主管部门许可，无生产许可证、批发许可证、零售许可证，而生产、批发、零售烟草制品，具有下列情形之一的，依照刑法第二百二十五条的规定定罪处罚：

1. 个人非法经营数额在五万元以上的，或者违法所得数额在一万元以上的；

2. 单位非法经营数额在五十万元以上的，或者违法所得数额在十万元以上的；

3. 曾因非法经营烟草制品行为受过二次以上行政处罚又非法经营的，非法经营数额在二万元以上的。两高、公安部、烟草专卖局《关于办理假冒伪劣烟草制品等刑事案件适用法律问题座谈会纪要》商检会〔2003〕4号 2003/12/23 三

［共犯］知道或者应当知道他人实施本《纪要》第一条至第三条规定的犯罪行为，仍实施下列行为之一的，应认定为共犯，依法追究刑事责任：

1. 直接参与生产、销售假冒伪劣烟草制品或者销售假冒烟用注册商标的烟草制品或者直接参与非法经营烟草制品并在其中起主要作用的；

2. 提供房屋、场地、设备、车辆、贷款、资金、账号、发票、证明、技术等设施和条件，用于帮助生产、销售、储存、运输假冒伪劣烟草制品、非法经营烟草制品的；

3. 运输假冒伪劣烟草制品的。

上述人员中有检举他人犯罪经查证属实，或者提供重要线索，有立功表现的，可以从轻或减轻处罚；有重大立功表现的，可以减轻或者免除处罚。**两高、公安部、烟草专卖局《关于办理假冒伪劣烟草制品等刑事案件适用法律问题座谈会纪要》商检会〔2003〕4号 2003/12/23 四**

［国家机关工作人员参与的］根据《最高人民法院、最高人民检察院关于办理生产、销售伪劣商品刑事案件具体应用法律若干问题的解释》的规定，国家机关工作人员参与实施本《纪要》第一条至第三条规定的犯罪行为的，从重处罚。**两高、公安部、烟草专卖局《关于办理假冒伪劣烟草制品等刑事案件适用法律问题座谈会纪要》商检会〔2003〕4号 2003/12/23 五**

［一罪与数罪］行为人的犯罪行为同时构成生产、销售伪劣产品罪、销售假冒注册商标的商品罪、非法经营罪等罪的，依照处罚较重的规定定罪处罚。**两高、公安部、烟草专卖局《关于办理假冒伪劣烟草制品等刑事案件适用法律问题座谈会纪要》商检会〔2003〕4号 2003/12/23 六**

［窝藏、转移非法制售的烟草制品行为的］明知是非法制售的烟草制品而予以窝藏、转移的，依照刑法第三百一十二条的规定，以窝藏、转移赃物罪定罪处罚。**两高、公安部、烟草专卖局《关于办理假冒伪劣烟草制品等刑事案件适用法律问题座谈会纪要》商检会〔2003〕4号 2003/12/23 七**

［以暴力、威胁方法阻碍烟草专卖执法人员依法执行职务行为的］以暴力、威胁方法阻碍烟草专卖执法人员依法执行职务的，依照刑法第二百七十七条的规定，以妨害公务罪定罪处罚。**两高、公安部、烟草专卖局《关于办理假冒伪劣烟草制品等刑事案件适用法律问题座谈会纪要》商检会〔2003〕4号 2003/12/23 八**

［煽动群众暴力抗拒烟草专卖法律实施的］煽动群众暴力抗拒烟草专卖法律实施的，依照刑法第二百七十八条的规定，以煽动暴力抗拒法律实

施罪定罪处罚。两高、公安部、烟草专卖局《关于办理假冒伪劣烟草制品等刑事案件适用法律问题座谈会纪要》商检会〔2003〕4号 2003/12/23 九

[鉴定] 假冒伪劣烟草制品的鉴定工作，由国家烟草专卖行政主管部门授权的省级以上烟草产品质量监督检验机构，按照国家烟草专卖局制定的假冒伪劣卷烟鉴别检验管理办法和假冒伪劣卷烟鉴别检验规程等有关规定进行。

假冒伪劣烟草专用机械的鉴定由国家质量监督部门，或其委托的国家烟草质量监督检验中心，根据烟草行业的有关技术标准进行。两高、公安部、烟草专卖局《关于办理假冒伪劣烟草制品等刑事案件适用法律问题座谈会纪要》商检会〔2003〕4号 2003/12/23 十

[烟草制品、卷烟的范围] 本纪要所称烟草制品指卷烟、雪茄烟、烟丝、复烤烟叶、烟叶、卷烟纸、滤嘴棒、烟用丝束。

本纪要所称卷烟包括散支烟和成品烟。两高、公安部、烟草专卖局《关于办理假冒伪劣烟草制品等刑事案件适用法律问题座谈会纪要》商检会〔2003〕4号 2003/12/23 十一

[预防、控制突发传染病疫情等灾害期间犯本罪] 在预防、控制突发传染病疫情等灾害期间，生产、销售伪劣的防治、防护产品、物资，或者生产、销售用于防治传染病的假药、劣药，构成犯罪的，分别依照刑法第一百四十条、第一百四十一条、第一百四十二条的规定，以生产、销售伪劣产品罪，生产、销售假药罪或者生产、销售劣药罪定罪，依法从重处罚。两高《关于办理妨害预防、控制突发传染病疫情等灾害的刑事案件具体应用法律若干问题的解释》法释〔2003〕8号 2003/05/15 第二条

[突发传染病疫情等灾害] 本解释所称"突发传染病疫情等灾害"，是指突然发生，造成或者可能造成社会公众健康严重损害的重大传染病疫情、群体性不明原因疾病以及其他严重影响公众健康的灾害。两高《关于办理妨害预防、控制突发传染病疫情等灾害的刑事案件具体应用法律若干问题的解释》法释〔2003〕8号 2003/05/15 第十八条

[在产品中掺杂、掺假] 刑法第一百四十条规定的"在产品中掺杂、掺假"，是指在产品中掺入杂质或者异物，致使产品质量不符合国家法律、法规或者产品明示质量标准规定的质量要求，降低、失去应有使用性能的

行为。两高《关于办理生产、销售伪劣商品刑事案件具体应用法律若干问题的解释》〔2001〕10号 2001/04/10 第一条第一款

[以假充真] 刑法第一百四十条规定的"以假充真"，是指以不具有某种使用性能的产品冒充具有该种使用性能的产品的行为。两高《关于办理生产、销售伪劣商品刑事案件具体应用法律若干问题的解释》〔2001〕10号 2001/04/10 第一条第二款

[以次充好] 刑法第一百四十条规定的"以次充好"，是指以低等级、低档次产品冒充高等级、高档次产品，或者以残次、废旧零配件组合、拼装后冒充正品或者新产品的行为。两高《关于办理生产、销售伪劣商品刑事案件具体应用法律若干问题的解释》〔2001〕10号 2001/04/10 第一条第三款

[不合格产品] 刑法第一百四十条规定的"不合格产品"，是指不符合《中华人民共和国产品质量法》第二十六条第二款规定的质量要求的产品。两高《关于办理生产、销售伪劣商品刑事案件具体应用法律若干问题的解释》〔2001〕10号 2001/04/10 第一条第四款

[委托鉴定] 对本条规定的上述行为难以确定的，应当委托法律、行政法规规定的产品质量检验机构进行鉴定。两高《关于办理生产、销售伪劣商品刑事案件具体应用法律若干问题的解释》〔2001〕10号 2001/04/10 第一条第五款

[销售金额] 刑法第一百四十条、第一百四十九条规定的"销售金额"，是指生产者、销售者出售伪劣产品后所得和应得的全部违法收入。两高《关于办理生产、销售伪劣商品刑事案件具体应用法律若干问题的解释》〔2001〕10号 2001/04/10 第二条第一款

[未达销售金额三倍以上 未遂] 伪劣产品尚未销售，货值金额达到刑法第一百四十条规定的销售金额三倍以上的，以生产、销售伪劣产品罪（未遂）定罪处罚。两高《关于办理生产、销售伪劣商品刑事案件具体应用法律若干问题的解释》〔2001〕10号 2001/04/10 第二条第二款

[货值金额的计算] 货值金额以违法生产、销售的伪劣产品的标价计算；没有标价的，按照同类合格产品的市场中间价格计算。货值金额难以确定的，按照国家计划委员会、最高人民法院、最高人民检察院、公安部1997年4月22日联合发布的《扣押、追缴、没收物品估价管理办法》的规定，委托指定的估价机构确定。两高《关于办理生产、销售伪劣商品刑事案件

具体应用法律若干问题的解释》〔2001〕10号 2001/04/10 第二条第三款

[多次行为未经处理 累计计算] 多次实施生产、销售伪劣产品行为，未经处理的，伪劣产品的销售金额或者货值金额累计计算。两高《关于办理生产、销售伪劣商品刑事案件具体应用法律若干问题的解释》〔2001〕10号 2001/04/10 第二条第四款

[共犯] 知道或者应当知道他人实施生产、销售伪劣商品犯罪，而为其提供贷款、资金、账号、发票、证明、许可证件，或者提供生产、经营场所或者运输、仓储、保管、邮寄等便利条件，或者提供制假生产技术的，以生产、销售伪劣商品犯罪的共犯论处。两高《关于办理生产、销售伪劣商品刑事案件具体应用法律若干问题的解释》〔2001〕10号 2001/04/10 第九条

[择重罪处罚] 实施生产、销售伪劣商品犯罪，同时构成侵犯知识产权、非法经营等其他犯罪的，依照处罚较重的规定定罪处罚。两高《关于办理生产、销售伪劣商品刑事案件具体应用法律若干问题的解释》〔2001〕10号 2001/04/10 第十条

[数罪并罚] 实施刑法第一百四十条至第一百四十八条规定的犯罪，又以暴力、威胁方法抗拒查处，构成其他犯罪的，依照数罪并罚的规定处罚。两高《关于办理生产、销售伪劣商品刑事案件具体应用法律若干问题的解释》〔2001〕10号 2001/04/10 第十一条

[国家机关工作人员犯本罪 从重处罚] 国家机关工作人员参与生产、销售伪劣商品犯罪的，从重处罚。两高《关于办理生产、销售伪劣商品刑事案件具体应用法律若干问题的解释》〔2001〕10号 2001/04/10 第十二条

[生产、销售伪劣产品案立案追诉标准] [生产、销售伪劣产品案（刑法第一百四十条）] 生产者、销售者在产品中掺杂、掺假，以假充真，以次充好或者以不合格产品冒充合格产品，涉嫌下列情形之一的，应予立案追诉：

（一）伪劣产品销售金额五万元以上的；

（二）伪劣产品尚未销售，货值金额十五万元以上的；

（三）伪劣产品销售金额不满五万元，但将已销售金额乘以三倍后，与尚未销售的伪劣产品货值金额合计十五万元以上的。最高检、公安部《关于公安机关管辖的刑事案件立案追诉标准的规定（一）》公通字〔2008〕36号 2008/

06/25 第十六条第一款

［掺杂、掺假　以假充真　以次充好　不合格产品］本条规定的“掺杂、掺假”，是指在产品中掺入杂质或者异物，致使产品质量不符合国家法律、法规或者产品明示质量标准规定的质量要求，降低、失去应有使用性能的行为；“以假充真”，是指以不具有某种使用性能的产品冒充具有该种使用性能的产品的行为；“以次充好”，是指以低等级、低档次产品冒充高等级、高档次产品，或者以残次、废旧零配件组合、拼装后冒充正品或者新产品的行为；“不合格产品”，是指不符合《中华人民共和国产品质量法》规定的质量要求的产品。**最高检、公安部《关于公安机关管辖的刑事案件立案追诉标准的规定（一）》公通字〔2008〕36号 2008/06/25 第十六条第二款**

［销售金额　货值金额］对本条规定的上述行为难以确定的，应当委托法律、行政法规规定的产品质量检验机构进行鉴定。本条规定的“销售金额”，是指生产者、销售者出售伪劣产品后所得和应得的全部违法收入；“货值金额”，以违法生产、销售的伪劣产品的标价计算；没有标价的，按照同类合格产品的市场中间价格计算。货值金额难以确定的，按照《扣押、追缴、没收物品估价管理办法》的规定，委托估价机构进行确定。**最高检、公安部《关于公安机关管辖的刑事案件立案追诉标准的规定（一）》公通字〔2008〕36号 2008/06/25 第十六条第三款**

第一百四十一条　【生产、销售假药罪】生产、销售假药的，处三年以下有期徒刑或者拘役，并处罚金；对人体健康造成严重危害或者有其他严重情节的，处三年以上十年以下有期徒刑，并处罚金；致人死亡或者有其他特别严重情节的，处十年以上有期徒刑、无期徒刑或者死刑，并处罚金或者没收财产。[①]

本条所称假药，是指依照《中华人民共和国药品管理法》的

---

① 根据2011年5月1日《刑法修正案（八）》修改，原条文为：“生产、销售假药，足以严重危害人体健康的，处三年以下有期徒刑或者拘役，并处或者单处销售金额百分之五十以上二倍以下罚金；对人体健康造成严重危害的，处三年以上十年以下有期徒刑，并处销售金额百分之五十以上二倍以下罚金；致人死亡或者对人体健康造成特别严重危害的，处十年以上有期徒刑、无期徒刑或者死刑，并处销售金额百分之五十以上二倍以下罚金或者没收财产。”

规定属于假药和按假药处理的药品、非药品。

[诉讼情况] 本案由福建省泉州市公安局泉港分局侦查终结后，移送泉港区人民检察院审查起诉。2014年2月7日，泉港区人民检察院以被告人王美烽犯销售假药罪向泉港区人民法院提起公诉。2014年2月27日，泉港区人民法院一审认为，被告人王美烽违反药品管理法规，明知是假药仍予以销售，销售金额达人民币5220元，其行为已构成销售假药罪，判决被告人王美烽犯销售假药罪，判处有期徒刑七个月，并处罚金人民币1.5万元；追缴违法所得人民币1950元。

一审宣判后，王美烽未提出上诉，检察机关也未提出抗诉，判决已生效。**最高法、最高检发布的王美烽销售假药案**

[诉讼情况] 本案由河南省渑池县公安局侦查终结后，移送渑池县人民检察院审查起诉。2013年5月21日，渑池县人民检察院以被告人杨占强、杨智勇、杨喜平、马耐烦涉嫌犯生产、销售假药罪向渑池县人民法院提起公诉。

2013年9月9日，渑池县人民法院一审认为，被告人杨占强、杨智勇、杨喜平、马耐烦违反国家药品管理法规，生产、销售假药，且销售范围广，销售金额达人民币183万余元，属具有其他严重情节，其中被告人杨占强生产、销售假药，其行为构成生产、销售假药罪，被告人杨喜平生产假药，构成生产假药罪，被告人杨智勇、马耐烦销售假药，构成销售假药罪。依照刑法相关条款规定，判决被告人杨占强犯生产、销售假药罪，判处有期徒刑八年，并处罚金人民币10万元；杨智勇犯销售假药罪，判处有期徒刑三年零六个月，并处罚金人民币5万元；杨喜平犯生产假药罪，判处有期徒刑二年零六个月，并处罚金人民币2万元；马耐烦犯销售假药罪，判处有期徒刑二年零六个月，并处罚金人民币2万元。追缴以上各被告人违法所得人民币11万余元。

一审宣判后，杨占强、杨智勇、马耐烦提出上诉，河南省三门峡市中级人民法院二审裁定驳回上诉，维持原判。**最高法、最高检发布的杨占强等人生产、销售假药案**

[诉讼情况] 本案由上海市公安局浦东新区分局侦查终结后，移送上

海市浦东新区人民检察院审查起诉。2012年2月2日，浦东新区人民检察院以被告人张士华犯非法经营罪、销售假药罪向浦东新区人民法院提起公诉。

2012年2月23日，浦东新区人民法院一审认为，张士华违反国家药品管理法律法规的规定，未经有关国家药品监督管理部门许可，无证经营药品，扰乱市场秩序，情节特别严重，其行为已构成非法经营罪；张士华销售假药的行为又构成销售假药罪。判决张士华犯非法经营罪，判处有期徒刑五年，并处罚金人民币15万元；犯销售假药罪，判处有期徒刑一年零三个月，并处罚金人民币1万元；决定执行有期徒刑五年零十个月，并处罚金人民币16万元。查获的药品均予以没收。

一审宣判后，张士华未提出上诉，检察机关也未提出抗诉，判决已生效。**最高法、最高检发布的张士华非法经营、销售假药案**

[诉讼情况] 本案由江苏省丰县公安局侦查终结后，移送丰县人民检察院审查起诉。2013年1月21日，丰县人民检察院以蒋春明等人涉嫌犯生产、销售假药罪向丰县人民法院提起公诉。2013年3月28日，丰县人民法院一审判决蒋春明犯生产、销售假药罪，判处有期徒刑五年，并处罚金人民币6万元；李文犯生产、销售假药罪，判处有期徒刑二年零六个月，并处罚金人民币4万元；黄玉芬犯生产假药罪，判处有期徒刑二年，并处罚金人民币3万元；李云荣犯生产假药罪，判处有期徒刑一年零六个月，并处罚金人民币2万元；郝敬刚犯生产假药罪，判处有期徒刑一年零四个月，并处罚金人民币2万元；康兆电、李海超犯销售假药罪，均判处有期徒刑一年零二个月，并处罚金人民币1万元。**最高法、最高检发布的蒋春明等人生产、销售假药案**

[基本案情] 2008年6月，被告人杨占强在河南省渑池县城关镇一里河村注册成立渑池县立康生物技术有限公司。2010年至2012年，杨占强作为该公司的法定代表人，伙同被告人杨智勇、杨喜平、马耐烦等人，在公司生产、经营期间，为谋取非法利益，未经有关部门批准，采用私自在其生产的中药中添加治疗糖尿病的格列苯脲、苯乙双瓜等西药的方法，大量生产胰复康、消糖康、百草清糖等黄精苦瓜胶囊系列产品，并利用网络

虚假宣传药品疗效，在全国范围内招聘代理商，将生产的假药通过物流快递方式销往全国20多个省、市、自治区代理商及糖尿病患者，以银行转账、汇款等结算货款，销售金额达人民币183万余元。经检验，涉案黄精苦瓜胶囊产品中含有格列本脲、苯乙双瓜等化学成分，上述产品所标示的批准文号为虚假文号，应按假药查处。**最高检发布的4起危害药品安全犯罪典型案例1：杨占强等人生产、销售假药案**

[基本案情] 2011年7月至2013年3月间，被告人王美烽在明知其向江西省新余市辉宇生物科技有限公司购进的“999皮炎平”“狼毒软膏”“维达宁喷剂”“丁桂儿脐贴”“妇科金鸡凝胶”“妇科千金凝胶”等药品系假药的情况下，仍将上述假药销售给福建省泉州市泉港区界山镇河阳村第一卫生所、泉港区狮东村第三卫生所、泉港区界山镇玉湖村第二卫生所、郭厝村卫生所、惠安县祝安堂药店、彭氏骨伤外科等卫生所和药店，销售金额为人民币5220元，从中非法获利人民币1950元。后被告人王美烽主动回收部分假药并销毁。经药监部门认定，上述药品应按假药论处。**最高检发布的4起危害药品安全犯罪典型案例2：王美烽销售假药案**

[基本案情] 2010年起，被告人张士华在未取得《药品经营许可证》的情况下，从安徽华源医药股份有限公司、安徽省六安市华裕医药有限公司、六安七星医药有限公司、六安市恒丰药业有限公司等购进药品后，在上海市浦东新区川沙新镇虹桥村7队吴家宅5号从事药品批发活动。2011年8月9日，公安机关在上述地址抓获被告人张士华，当场查获500余种待销售药品。经鉴定，现场查获的药品价值人民币78万余元。

2011年5月至7月间，张士华从他人处购得“人血白蛋白”及“人免疫球蛋白”后，销售“人血白蛋白”2瓶，销售“人免疫球蛋白”5瓶。2011年8月9日，公安机关从张士华处查获尚未销售的“人血白蛋白”6瓶、“人免疫球蛋白”35瓶。经鉴定，上述“人血白蛋白”“人免疫球蛋白”均系假药。**最高检发布的4起危害药品安全犯罪典型案例3：张士华非法经营、销售假药案**

[基本案情] 2010年11月至12月间，被告人蒋春明从张莉（另案处理）处，购买假人用狂犬病疫苗1000盒，并将其中的200盒销售给被告人李文。被告人康兆电明知是假药的情况下，仍然从李文处购买该200盒假

人用狂犬病疫苗，后通过滕养银（另案处理）将该200盒假人用狂犬病疫苗销售给被告人李海超，李海超在明知系假药的情况下仍购买，并将该200盒假人用狂犬病疫苗中的10余盒给他人注射，110余盒销售给他人，其余的70余盒在案发后被李海超销毁。

2011年9月，蒋春明通过李文从安徽太和县被告人李云荣处购买生产假人用狂犬病疫苗所需要的纸质包装盒及配套的说明书和标签等物品，在安徽省蚌埠市二岗附近租赁房屋内伙同被告人郝敬刚等人，生产长春长生生物科技股份有限公司生产的“万信”牌假人用狂犬病疫苗6000余盒。

2012年3月，蒋春明又通过李文从浙江省苍南县龙港镇的鲍克端（另案处理）处，购买生产假人用狂犬病疫苗所用的纸质包装盒及配套的塑料托壳、说明书、不干胶标签等物品，在其位于安徽省凤阳县凤凰城小区住处内，伙同被告人黄玉芬等人，生产长春长生生物科技股份有限公司生产的“万信”牌假人用狂犬病疫苗6000余盒。**最高检发布的4起危害药品安全犯罪典型案例4：蒋春明等人生产、销售假药案**

[生产] 以生产、销售假药、劣药为目的，实施下列行为之一的，应当认定为刑法第一百四十一条、第一百四十二条规定的“生产”：

（一）合成、精制、提取、储存、加工炮制药品原料的行为；

（二）将药品原料、辅料、包装材料制成成品过程中，进行配料、混合、制剂、储存、包装的行为；

（三）印制包装材料、标签、说明书的行为。

[销售] 医疗机构、医疗机构工作人员明知是假药、劣药而有偿提供给他人使用，或者为出售而购买、储存的行为，应当认定为刑法第一百四十一条、第一百四十二条规定的“销售”。**两高《关于办理危害药品安全刑事案件适用法律若干问题的解释》法释〔2014〕14号 2014/12/01 第六条**

[对人体健康造成严重危害] 生产、销售假药，具有下列情形之一的，应当认定为刑法第一百四十一条规定的“对人体健康造成严重危害”：

（一）造成轻伤或者重伤的；

（二）造成轻度残疾或者中度残疾的；

（三）造成器官组织损伤导致一般功能障碍或者严重功能障碍的；

（四）其他对人体健康造成严重危害的情形。两高《关于办理危害药品安全刑事案件适用法律若干问题的解释》法释〔2014〕14号 2014/12/01 第二条

[其他严重情节] 生产、销售假药，具有下列情形之一的，应当认定为刑法第一百四十一条规定的“其他严重情节”：

（一）造成较大突发公共卫生事件的；

（二）生产、销售金额二十万元以上不满五十万元的；

（三）生产、销售金额十万元以上不满二十万元，并具有本解释第一条规定情形之一的；

（四）根据生产、销售的时间、数量、假药种类等，应当认定为情节严重的。两高《关于办理危害药品安全刑事案件适用法律若干问题的解释》法释〔2014〕14号 2014/12/01 第三条

[其他特别严重情节] 生产、销售假药，具有下列情形之一的，应当认定为刑法第一百四十一条规定的“其他特别严重情节”：

（一）致人重度残疾的；

（二）造成三人以上重伤、中度残疾或者器官组织损伤导致严重功能障碍的；

（三）造成五人以上轻度残疾或者器官组织损伤导致一般功能障碍的；

（四）造成十人以上轻伤的；

（五）造成重大、特别重大突发公共卫生事件的；

（六）生产、销售金额五十万元以上的；

（七）生产、销售金额二十万元以上不满五十万元，并具有本解释第一条规定情形之一的；

（八）根据生产、销售的时间、数量、假药种类等，应当认定为情节特别严重的。两高《关于办理危害药品安全刑事案件适用法律若干问题的解释》法释〔2014〕14号 2014/12/01 第四条

[以共同犯罪论处] 明知他人生产、销售假药、劣药，而有下列情形之一的，以共同犯罪论处：

（一）提供资金、贷款、账号、发票、证明、许可证件的；

（二）提供生产、经营场所、设备或者运输、储存、保管、邮寄、网络销售渠道等便利条件的；

（三）提供生产技术或者原料、辅料、包装材料、标签、说明书的；

（四）提供广告宣传等帮助行为的。两高《关于办理危害药品安全刑事案件适用法律若干问题的解释》法释〔2014〕14 号 2014/12/01 第八条

[应当酌情从重处罚之情形] 生产、销售假药，具有下列情形之一的，应当酌情从重处罚：

（一）生产、销售的假药以孕产妇、婴幼儿、儿童或者危重病人为主要使用对象的；

（二）生产、销售的假药属于麻醉药品、精神药品、医疗用毒性药品、放射性药品、避孕药品、血液制品、疫苗的；

（三）生产、销售的假药属于注射剂药品、急救药品的；

（四）医疗机构、医疗机构工作人员生产、销售假药的；

（五）在自然灾害、事故灾难、公共卫生事件、社会安全事件等突发事件期间，生产、销售用于应对突发事件的假药的；

（六）两年内曾因危害药品安全违法犯罪活动受过行政处罚或者刑事处罚的；

（七）其他应当酌情从重处罚的情形。两高《关于办理危害药品安全刑事案件适用法律若干问题的解释》法释〔2014〕14 号 2014/12/01 第一条

[择重罪处罚] 实施生产、销售假药、劣药犯罪，同时构成生产、销售伪劣产品、侵犯知识产权、非法经营、非法行医、非法采供血等犯罪的，依照处罚较重的规定定罪处罚。两高《关于办理危害药品安全刑事案件适用法律若干问题的解释》法释〔2014〕14 号 2014/12/01 第十条

[严格缓刑、免予刑事处罚之适用] 对实施本解释规定之犯罪的犯罪分子，应当依照刑法规定的条件，严格缓刑、免予刑事处罚的适用。对于适用缓刑的，应当同时宣告禁止令，禁止犯罪分子在缓刑考验期内从事药品生产、销售及相关活动。两高《关于办理危害药品安全刑事案件适用法律若干问题的解释》法释〔2014〕14 号 2014/12/01 第十一条第一款

[不认为是犯罪] 销售少量根据民间传统配方私自加工的药品，或者销售少量未经批准进口的国外、境外药品，没有造成他人伤害后果或者延误诊治，情节显著轻微危害不大的，不认为是犯罪。两高《关于办理危害药品安全刑事案件适用法律若干问题的解释》法释〔2014〕14 号 2014/12/01 第十一条第

二款

[罚金] 犯生产、销售假药罪的，一般应当依法判处生产、销售金额二倍以上的罚金。共同犯罪的，对各共同犯罪人合计判处的罚金应当在生产、销售金额的二倍以上。两高《关于办理危害药品安全刑事案件适用法律若干问题的解释》法释〔2014〕14号 2014/12/01 第十二条

[单位犯本罪的] 单位犯本解释规定之罪的，对单位判处罚金，并对直接负责的主管人员和其他直接责任人员，依照本解释规定的自然人犯罪的定罪量刑标准处罚。两高《关于办理危害药品安全刑事案件适用法律若干问题的解释》法释〔2014〕14号 2014/12/01 第十三条

[假药劣药之认定] 是否属于刑法第一百四十一条、第一百四十二条规定的"假药""劣药"难以确定的，司法机关可以根据地市级以上药品监督管理部门出具的认定意见等相关材料进行认定。必要时，可以委托省级以上药品监督管理部门设置或者确定的药品检验机构进行检验。两高《关于办理危害药品安全刑事案件适用法律若干问题的解释》法释〔2014〕14号 2014/12/01 第十四条

[生产、销售金额] 本解释所称"生产、销售金额"，是指生产、销售假药、劣药所得和可得的全部违法收入。两高《关于办理危害药品安全刑事案件适用法律若干问题的解释》法释〔2014〕14号 2014/12/01 第十五条

[轻伤重伤之鉴定] 本解释规定的"轻伤""重伤"按照《人体损伤程度鉴定标准》进行鉴定。两高《关于办理危害药品安全刑事案件适用法律若干问题的解释》法释〔2014〕14号 2014/12/01 第十六条第一款

[轻度残疾　中度残疾　重度残疾之评定] 本解释规定的"轻度残疾""中度残疾""重度残疾"按照相关伤残等级评定标准进行评定。两高《关于办理危害药品安全刑事案件适用法律若干问题的解释》法释〔2014〕14号 2014/12/01 第十六条第二款

[本解释之效力] 本解释发布施行后，《最高人民法院、最高人民检察院关于办理生产、销售假药、劣药刑事案件具体应用法律若干问题的解释》（法释〔2009〕9号）同时废止；之前发布的司法解释和规范性文件与本解释不一致的，以本解释为准。两高《关于办理危害药品安全刑事案件适用法律若干问题的解释》法释〔2014〕14号 2014/12/01 第十七条

[预防、控制突发传染病疫情等灾害期间犯本罪] 在预防、控制突发传染病疫情等灾害期间，生产、销售伪劣的防治、防护产品、物资，或者生产、销售用于防治传染病的假药、劣药，构成犯罪的，分别依照刑法第一百四十条、第一百四十一条、第一百四十二条的规定，以生产、销售伪劣产品罪，生产、销售假药罪或者生产、销售劣药罪定罪，依法从重处罚。两高《关于办理妨害预防、控制突发传染病疫情等灾害的刑事案件具体应用法律若干问题的解释》法释〔2003〕8号 2003/05/15 第二条

[突发传染病疫情等灾害] 本解释所称"突发传染病疫情等灾害"，是指突然发生，造成或者可能造成社会公众健康严重损害的重大传染病疫情、群体性不明原因疾病以及其他严重影响公众健康的灾害。两高《关于办理妨害预防、控制突发传染病疫情等灾害的刑事案件具体应用法律若干问题的解释》法释〔2003〕8号 2003/05/15 第十八条

[足以严重危害人体健康] 经省级以上药品监督管理部门设置或者确定的药品检验机构鉴定，生产、销售的假药具有下列情形之一的，应认定为刑法第一百四十一条规定的"足以严重危害人体健康"：

（一）含有超标准的有毒有害物质的；

（二）不含所标明的有效成份，可能贻误诊治的；

（三）所标明的适应症或者功能主治超出规定范围，可能造成贻误诊治的；

（四）缺乏所标明的急救必需的有效成份的。两高《关于办理生产、销售伪劣商品刑事案件具体应用法律若干问题的解释》〔2001〕10号 2001/04/10 第三条第一款

[对人体健康造成严重危害] 生产、销售的假药被使用后，造成轻伤、重伤或者其他严重后果的，应认定为"对人体健康造成严重危害"。两高《关于办理生产、销售伪劣商品刑事案件具体应用法律若干问题的解释》〔2001〕10号 2001/04/10 第三条第二款

[对人体健康造成特别严重危害] 生产、销售的假药被使用后，致人严重残疾，三人以上重伤、十人以上轻伤或者造成其他特别严重后果的，应认定为"对人体健康造成特别严重危害"。两高《关于办理生产、销售伪劣商品刑事案件具体应用法律若干问题的解释》〔2001〕10号 2001/04/10 第三条第三款

[生产、销售假药案立案追诉标准] 将《立案追诉标准（一）》第十七条修改为：[生产、销售假药案（刑法第一百四十一条）] 生产、销售假药的，应予立案追诉。但销售少量根据民间传统配方私自加工的药品，或者销售少量未经批准进口的国外、境外药品，没有造成他人伤害后果或者延误诊治，情节显著轻微危害不大的除外。

以生产、销售假药为目的，具有下列情形之一的，属于本条规定的“生产”：

（一）合成、精制、提取、储存、加工炮制药品原料的；

（二）将药品原料、辅料、包装材料制成成品过程中，进行配料、混合、制剂、储存、包装的；

（三）印制包装材料、标签、说明书的。

医疗机构、医疗机构工作人员明知是假药而有偿提供给他人使用，或者为出售而购买、储存的，属于本条规定的“销售”。

本条规定的“假药”，是指依照《中华人民共和国药品管理法》的规定属于假药和按假药处理的药品、非药品。是否属于假药难以确定的，可以根据地市级以上药品监督管理部门出具的认定意见等相关材料进行认定。必要时，可以委托省级以上药品监督管理部门设置或者确定的药品检验机构进行检验。最高检、公安部《关于公安机关管辖的刑事案件立案追诉标准的规定（一）的补充规定》公通字〔2017〕12号 2017/04/27 第二条

第一百四十二条 【生产、销售劣药罪】生产、销售劣药，对人体健康造成严重危害的，处三年以上十年以下有期徒刑，并处销售金额百分之五十以上二倍以下罚金；后果特别严重的，处十年以上有期徒刑或者无期徒刑，并处销售金额百分之五十以上二倍以下罚金或者没收财产。

本条所称劣药，是指依照《中华人民共和国药品管理法》的规定属于劣药的药品。

[对人体健康造成严重危害] 生产、销售劣药，具有本解释第二条规定情形之一的，应当认定为刑法第一百四十二条规定的“对人体健康造成严重危害”。两高《关于办理危害药品安全刑事案件适用法律若干问题的解释》法释

〔2014〕14 号 2014/12/01 第五条第一款

[后果特别严重] 生产、销售劣药，致人死亡，或者具有本解释第四条第一项至第五项规定情形之一的，应当认定为刑法第一百四十二条规定的“后果特别严重”。

生产、销售劣药，具有本解释第一条规定情形之一的，应当酌情从重处罚。两高《关于办理危害药品安全刑事案件适用法律若干问题的解释》法释〔2014〕14 号 2014/12/01 第五条第二款、第三款

[生产] 以生产、销售假药、劣药为目的，实施下列行为之一的，应当认定为刑法第一百四十一条、第一百四十二条规定的“生产”：

（一）合成、精制、提取、储存、加工炮制药品原料的行为；

（二）将药品原料、辅料、包装材料制成成品过程中，进行配料、混合、制剂、储存、包装的行为；

（三）印制包装材料、标签、说明书的行为。两高《关于办理危害药品安全刑事案件适用法律若干问题的解释》法释〔2014〕14 号 2014/12/01 第六条第一款

[销售] 医疗机构、医疗机构工作人员明知是假药、劣药而有偿提供给他人使用，或者为出售而购买、储存的行为，应当认定为刑法第一百四十一条、第一百四十二条规定的“销售”。两高《关于办理危害药品安全刑事案件适用法律若干问题的解释》法释〔2014〕14 号 2014/12/01 第六条第二款

[以共同犯罪论处] 明知他人生产、销售假药、劣药，而有下列情形之一的，以共同犯罪论处：

（一）提供资金、贷款、账号、发票、证明、许可证件的；

（二）提供生产、经营场所、设备或者运输、储存、保管、邮寄、网络销售渠道等便利条件的；

（三）提供生产技术或者原料、辅料、包装材料、标签、说明书的；

（四）提供广告宣传等帮助行为的。两高《关于办理危害药品安全刑事案件适用法律若干问题的解释》法释〔2014〕14 号 2014/12/01 第八条

[择重罪处罚] 实施生产、销售假药、劣药犯罪，同时构成生产、销售伪劣产品、侵犯知识产权、非法经营、非法行医、非法采供血等犯罪的，依照处罚较重的规定定罪处罚。两高《关于办理危害药品安全刑事案件适用法律若干问题的解释》法释〔2014〕14 号 2014/12/01 第十条

[严格缓刑、免予刑事处罚之适用] 对实施本解释规定之犯罪的犯罪分子，应当依照刑法规定的条件，严格缓刑、免予刑事处罚的适用。对于适用缓刑的，应当同时宣告禁止令，禁止犯罪分子在缓刑考验期内从事药品生产、销售及相关活动。两高《关于办理危害药品安全刑事案件适用法律若干问题的解释》法释〔2014〕14号 2014/12/01 第十一条第一款

[不认为是犯罪] 销售少量根据民间传统配方私自加工的药品，或者销售少量未经批准进口的国外、境外药品，没有造成他人伤害后果或者延误诊治，情节显著轻微危害不大的，不认为是犯罪。两高《关于办理危害药品安全刑事案件适用法律若干问题的解释》法释〔2014〕14号 2014/12/01 第十一条第二款

[单位犯本罪的] 单位犯本解释规定之罪的，对单位判处罚金，并对直接负责的主管人员和其他直接责任人员，依照本解释规定的自然人犯罪的定罪量刑标准处罚。两高《关于办理危害药品安全刑事案件适用法律若干问题的解释》法释〔2014〕14号 2014/12/01 第十三条

[假药劣药之认定] 是否属于刑法第一百四十一条、第一百四十二条规定的"假药""劣药"难以确定的，司法机关可以根据地市级以上药品监督管理部门出具的认定意见等相关材料进行认定。必要时，可以委托省级以上药品监督管理部门设置或者确定的药品检验机构进行检验。两高《关于办理危害药品安全刑事案件适用法律若干问题的解释》法释〔2014〕14号 2014/12/01 第十四条

[生产、销售金额] 本解释所称"生产、销售金额"，是指生产、销售假药、劣药所得和可得的全部违法收入。两高《关于办理危害药品安全刑事案件适用法律若干问题的解释》法释〔2014〕14号 2014/12/01 第十五条

[轻伤重伤之鉴定] 本解释规定的"轻伤""重伤"按照《人体损伤程度鉴定标准》进行鉴定。两高《关于办理危害药品安全刑事案件适用法律若干问题的解释》法释〔2014〕14号 2014/12/01 第十六条第一款

[轻度残疾 中度残疾 重度残疾之评定] 本解释规定的"轻度残疾""中度残疾""重度残疾"按照相关伤残等级评定标准进行评定。两高《关于办理危害药品安全刑事案件适用法律若干问题的解释》法释〔2014〕14号 2014/12/01 第十六条第二款

[本解释之效力] 本解释发布施行后，《最高人民法院、最高人民检察院关于办理生产、销售假药、劣药刑事案件具体应用法律若干问题的解释》（法释〔2009〕9号）同时废止；之前发布的司法解释和规范性文件与本解释不一致的，以本解释为准。两高《关于办理危害药品安全刑事案件适用法律若干问题的解释》法释〔2014〕14号 2014/12/01 第十七条

[预防、控制突发传染病疫情等灾害期间犯本罪] 在预防、控制突发传染病疫情等灾害期间，生产、销售伪劣的防治、防护产品、物资，或者生产、销售用于防治传染病的假药、劣药，构成犯罪的，分别依照刑法第一百四十条、第一百四十一条、第一百四十二条的规定，以生产、销售伪劣产品罪，生产、销售假药罪或者生产、销售劣药罪定罪，依法从重处罚。两高《关于办理妨害预防、控制突发传染病疫情等灾害的刑事案件具体应用法律若干问题的解释》法释〔2003〕8号 2003/05/15 第二条

[突发传染病疫情等灾害] 本解释所称"突发传染病疫情等灾害"，是指突然发生，造成或者可能造成社会公众健康严重损害的重大传染病疫情、群体性不明原因疾病以及其他严重影响公众健康的灾害。两高《关于办理妨害预防、控制突发传染病疫情等灾害的刑事案件具体应用法律若干问题的解释》法释〔2003〕8号 2003/05/15 第十八条

[生产、销售劣药案立案追诉标准] [生产、销售劣药案（刑法第一百四十二条）] 生产（包括配制）、销售劣药，涉嫌下列情形之一的，应予立案追诉：

（一）造成人员轻伤、重伤或者死亡的；

（二）其他对人体健康造成严重危害的情形。最高检、公安部《关于公安机关管辖的刑事案件立案追诉标准的规定（一）》公通字〔2008〕36号 2008/06/25 第十八条第一款

[劣药] 本条规定的"劣药"，是指依照《中华人民共和国药品管理法》的规定，药品成份的含量不符合国家药品标准的药品和按劣药论处的药品。最高检、公安部《关于公安机关管辖的刑事案件立案追诉标准的规定（一）》公通字〔2008〕36号 2008/06/25 第十八条第二款

第一百四十三条　【生产、销售不符合安全标准的食品罪】 生产、销售不符合食品安全标准的食品，足以造成严重食物中毒

事故或者其他严重食源性疾病的，处三年以下有期徒刑或者拘役，并处罚金；对人体健康造成严重危害或者有其他严重情节的，处三年以上七年以下有期徒刑，并处罚金；后果特别严重的，处七年以上有期徒刑或者无期徒刑，并处罚金或者没收财产。①

［足以造成严重食物中毒事故或者其他严重食源性疾病］生产、销售不符合食品安全标准的食品，具有下列情形之一的，应当认定为刑法第一百四十三条规定的“足以造成严重食物中毒事故或者其他严重食源性疾病”：

（一）含有严重超出标准限量的致病性微生物、农药残留、兽药残留、重金属、污染物质以及其他危害人体健康的物质的；

（二）属于病死、死因不明或者检验检疫不合格的畜、禽、兽、水产动物及其肉类、肉类制品的；

（三）属于国家为防控疾病等特殊需要明令禁止生产、销售的；

（四）婴幼儿食品中生长发育所需营养成分严重不符合食品安全标准的；

（五）其他足以造成严重食物中毒事故或者严重食源性疾病的情形。**两高《关于办理危害食品安全刑事案件适用法律若干问题的解释》法释〔2013〕12号 2013/05/04 第一条**

［对人体健康造成严重危害］生产、销售不符合食品安全标准的食品，具有下列情形之一的，应当认定为刑法第一百四十三条规定的“对人体健康造成严重危害”：

（一）造成轻伤以上伤害的；

（二）造成轻度残疾或者中度残疾的；

---

① 根据2015年11月1日《刑法修正案（八）》修改，原条文为：“生产、销售不符合卫生标准的食品，足以造成严重食物中毒事故或者其他严重食源性疾患的，处三年以下有期徒刑或者拘役，并处或者单处销售金额百分之五十以上二倍以下罚金；对人体健康造成严重危害的，处三年以上七年以下有期徒刑，并处销售金额百分之五十以上二倍以下罚金；后果特别严重的，处七年以上有期徒刑或者无期徒刑，并处销售金额百分之五十以上二倍以下罚金或者没收财产。”

（三）造成器官组织损伤导致一般功能障碍或者严重功能障碍的；

（四）造成十人以上严重食物中毒或者其他严重食源性疾病的；

（五）其他对人体健康造成严重危害的情形。两高《关于办理危害食品安全刑事案件适用法律若干问题的解释》法释〔2013〕12号 2013/05/04 第二条

［其他严重情节］生产、销售不符合食品安全标准的食品，具有下列情形之一的，应当认定为刑法第一百四十三条规定的“其他严重情节”：

（一）生产、销售金额二十万元以上的；

（二）生产、销售金额十万元以上不满二十万元，不符合食品安全标准的食品数量较大或者生产、销售持续时间较长的；

（三）生产、销售金额十万元以上不满二十万元，属于婴幼儿食品的；

（四）生产、销售金额十万元以上不满二十万元，一年内曾因危害食品安全违法犯罪活动受过行政处罚或者刑事处罚的；

（五）其他情节严重的情形。两高《关于办理危害食品安全刑事案件适用法律若干问题的解释》法释〔2013〕12号 2013/05/04 第三条

［后果特别严重］生产、销售不符合食品安全标准的食品，具有下列情形之一的，应当认定为刑法第一百四十三条规定的“后果特别严重”：

（一）致人死亡或者重度残疾的；

（二）造成三人以上重伤、中度残疾或者器官组织损伤导致严重功能障碍的；

（三）造成十人以上轻伤、五人以上轻度残疾或者器官组织损伤导致一般功能障碍的；

（四）造成三十人以上严重食物中毒或者其他严重食源性疾病的；

（五）其他特别严重的后果。两高《关于办理危害食品安全刑事案件适用法律若干问题的解释》法释〔2013〕12号 2013/05/04 第四条

［超限量或者超范围滥用食品添加剂，足以造成严重食物中毒事故或者其他严重食源性疾病的］在食品加工、销售、运输、贮存等过程中，违反食品安全标准，超限量或者超范围滥用食品添加剂，足以造成严重食物中毒事故或者其他严重食源性疾病的，依照刑法第一百四十三条的规定以生产、销售不符合安全标准的食品罪定罪处罚。

在食用农产品种植、养殖、销售、运输、贮存等过程中，违反食品安

全标准，超限量或者超范围滥用添加剂、农药、兽药等，足以造成严重食物中毒事故或者其他严重食源性疾病的，适用前款的规定定罪处罚。两高《关于办理危害食品安全刑事案件适用法律若干问题的解释》法释〔2013〕12号 2013/05/04 第八条

[以生产、销售不符合安全标准的食品罪或者生产、销售有毒、有害食品罪定罪处罚　同时构成其他犯罪的] 生产、销售不符合食品安全标准的食品，有毒、有害食品，符合刑法第一百四十三条、第一百四十四条规定的，以生产、销售不符合安全标准的食品罪或者生产、销售有毒、有害食品罪定罪处罚。同时构成其他犯罪的，依照处罚较重的规定定罪处罚。两高《关于办理危害食品安全刑事案件适用法律若干问题的解释》法释〔2013〕12号 2013/05/04 第十三条第一款

[生产、销售不符合食品安全标准的食品，不构成生产、销售不符合安全标准的食品罪，但是构成生产、销售伪劣产品罪等其他犯罪的] 生产、销售不符合食品安全标准的食品，无证据证明足以造成严重食物中毒事故或者其他严重食源性疾病，不构成生产、销售不符合安全标准的食品罪，但是构成生产、销售伪劣产品罪等其他犯罪的，依照该其他犯罪定罪处罚。两高《关于办理危害食品安全刑事案件适用法律若干问题的解释》法释〔2013〕12号 2013/05/04 第十三条第二款

[以生产、销售不符合安全标准的食品罪或者生产、销售有毒、有害食品罪的共犯论处的情形] 明知他人生产、销售不符合食品安全标准的食品，有毒、有害食品，具有下列情形之一的，以生产、销售不符合安全标准的食品罪或者生产、销售有毒、有害食品罪的共犯论处：

（一）提供资金、贷款、账号、发票、证明、许可证件的；

（二）提供生产、经营场所或者运输、贮存、保管、邮寄、网络销售渠道等便利条件的；

（三）提供生产技术或者食品原料、食品添加剂、食品相关产品的；

（四）提供广告等宣传的。两高《关于办理危害食品安全刑事案件适用法律若干问题的解释》法释〔2013〕12号 2013/05/04 第十四条

[判处生产、销售金额二倍以上的罚金] 犯生产、销售不符合安全标准的食品罪，生产、销售有毒、有害食品罪，一般应当依法判处生产、销

售金额二倍以上的罚金。两高《关于办理危害食品安全刑事案件适用法律若干问题的解释》法释〔2013〕12号 2013/05/04 第十七条

[严格适用缓刑、免予刑事处罚] 对实施本解释规定之犯罪的犯罪分子，应当依照刑法规定的条件严格适用缓刑、免予刑事处罚。根据犯罪事实、情节和悔罪表现，对于符合刑法规定的缓刑适用条件的犯罪分子，可以适用缓刑，但是应当同时宣告禁止令，禁止其在缓刑考验期限内从事食品生产、销售及相关活动。两高《关于办理危害食品安全刑事案件适用法律若干问题的解释》法释〔2013〕12号 2013/05/04 第十八条

[单位实施本解释规定的犯罪的] 单位实施本解释规定的犯罪的，依照本解释规定的定罪量刑标准处罚。两高《关于办理危害食品安全刑事案件适用法律若干问题的解释》法释〔2013〕12号 2013/05/04 第十九条

[有毒、有害的非食品原料] 下列物质应当认定为“有毒、有害的非食品原料”：

（一）法律、法规禁止在食品生产经营活动中添加、使用的物质；

（二）国务院有关部门公布的《食品中可能违法添加的非食用物质名单》《保健食品中可能非法添加的物质名单》上的物质；

（三）国务院有关部门公告禁止使用的农药、兽药以及其他有毒、有害物质；

（四）其他危害人体健康的物质。两高《关于办理危害食品安全刑事案件适用法律若干问题的解释》法释〔2013〕12号 2013/05/04 第二十条

[“足以造成严重食物中毒事故或者其他严重食源性疾病”“有毒、有害非食品原料”的认定] “足以造成严重食物中毒事故或者其他严重食源性疾病”“有毒、有害非食品原料”难以确定的，司法机关可以根据检验报告并结合专家意见等相关材料进行认定。必要时，人民法院可以依法通知有关专家出庭作出说明。两高《关于办理危害食品安全刑事案件适用法律若干问题的解释》法释〔2013〕12号 2013/05/04 第二十一条

[本解释的效力] 最高人民法院、最高人民检察院此前发布的司法解释与本解释不一致的，以本解释为准。两高《关于办理危害食品安全刑事案件适用法律若干问题的解释》法释〔2013〕12号 2013/05/04 第二十二条

[足以造成严重食物中毒事故或者其他严重食源性疾患] 经省级以上

卫生行政部门确定的机构鉴定，食品中含有可能导致严重食物中毒事故或者其他严重食源性疾患的超标准的有害细菌或者其他污染物的，应认定为刑法第一百四十三条规定的“足以造成严重食物中毒事故或者其他严重食源性疾患”。两高《关于办理生产、销售伪劣商品刑事案件具体应用法律若干问题的解释》法释〔2001〕10号 2001/04/10 第四条第一款

［对人体健康造成严重危害］生产、销售不符合卫生标准的食品被食用后，造成轻伤、重伤或者其他严重后果的，应认定为“对人体健康造成严重危害”。两高《关于办理生产、销售伪劣商品刑事案件具体应用法律若干问题的解释》法释〔2001〕10号 2001/04/10 第四条第二款

［后果特别严重］生产、销售不符合卫生标准的食品被食用后，致人死亡、严重残疾、三人以上重伤，十人以上轻伤或者造成其他特别严重后果的。应认定为“后果特别严重”。两高《关于办理生产、销售伪劣商品刑事案件具体应用法律若干问题的解释》法释〔2001〕10号 2001/04/10 第四条第三款

［生产、销售不符合安全标准的食品案立案追诉标准］将《立案追诉标准（一）》第十九条修改为：［生产、销售不符合安全标准的食品案（刑法第一百四十三条）］生产、销售不符合食品安全标准的食品，涉嫌下列情形之一的，应予立案追诉：

（一）食品含有严重超出标准限量的致病性微生物、农药残留、兽药残留、重金属、污染物质以及其他危害人体健康的物质的；

（二）属于病死、死因不明或者检验检疫不合格的畜、禽、兽、水产动物及其肉类、肉类制品的；

（三）属于国家为防控疾病等特殊需要明令禁止生产、销售的食品的；

（四）婴幼儿食品中生长发育所需营养成分严重不符合食品安全标准的；

（五）其他足以造成严重食物中毒事故或者严重食源性疾病的情形。

在食品加工、销售、运输、贮存等过程中，违反食品安全标准，超限量或者超范围滥用食品添加剂，足以造成严重食物中毒事故或者其他严重食源性疾病的，应予立案追诉。

在食用农产品种植、养殖、销售、运输、贮存等过程中，违反食品安全标准，超限量或者超范围滥用添加剂、农药、兽药等，足以造成严重食

物中毒事故或者其他严重食源性疾病的，应予立案追诉。最高检、公安部《关于公安机关管辖的刑事案件立案追诉标准的规定（一）的补充规定》公通字〔2017〕12号 2017/04/27 第三条

第一百四十四条　【生产、销售有毒、有害食品罪】在生产、销售的食品中掺入有毒、有害的非食品原料的，或者销售明知掺有有毒、有害的非食品原料的食品的，处五年以下有期徒刑，并处罚金；对人体健康造成严重危害或者有其他严重情节的，处五年以上十年以下有期徒刑，并处罚金；致人死亡或者有其他特别严重情节的，依照本法第一百四十一条的规定处罚。①

［裁判要旨　有毒有害的非食品原料项　盐酸丁二胍项］行为人在食品生产经营中添加的虽然不是国务院有关部门公布的《食品中可能违法添加的非食用物质名单》和《保健食品中可能非法添加的物质名单》中的物质，但如果该物质与上述名单中所列物质具有同等属性，并且根据检验报告和专家意见等相关材料能够确定该物质对人体具有同等危害的，应当认定为《中华人民共和国刑法》第一百四十四条规定的“有毒、有害的非食品原料”。最高法指导案例70号：北京阳光一佰生物技术开发有限公司、习文有等生产、销售有毒、有害食品案

［要旨　生产、销售有毒、有害食品罪　生产、销售伪劣产品罪　地沟油］明知对方是食用油经销者，仍将用餐厨废弃油（俗称“地沟油”）加工而成的劣质油脂销售给对方，导致劣质油脂流入食用油市场供人食用的，构成生产、销售有毒、有害食品罪；明知油脂经销者向饲料生产企业和药品生产企业等单位销售豆油等食用油，仍将用餐厨废弃油加工而成的劣质油脂销售给对方，导致劣质油脂流向饲料生产企业和药品生产企业等单位的，构成生产、销售伪劣产品罪。检例第12号：柳立国等人生产、销售有

① 根据2011年5月1日《刑法修正案（八）》修改，原条文为：“在生产、销售的食品中掺入有毒、有害的非食品原料的，或者销售明知掺有有毒、有害的非食品原料的食品的，处五年以下有期徒刑或者拘役，并处或者单处销售金额百分之五十以上二倍以下罚金；造成严重食物中毒事故或者其他严重食源性疾患，对人体健康造成严重危害的，处五年以上十年以下有期徒刑，并处销售金额百分之五十以上二倍以下罚金；致人死亡或者对人体健康造成特别严重危害的，依照本法第一百四十一条的规定处罚。”

毒、有害食品，生产、销售伪劣产品案

［要旨　生产、销售有害食品罪　松香加热猪头脱毛］在食品加工过程中，使用有毒、有害的非食品原料加工食品并出售的，应当认定为生产、销售有毒、有害食品罪；明知是他人使用有毒、有害的非食品原料加工出的食品仍然购买并出售的，应当认定为销售有毒、有害食品罪。检例第13号：徐孝伦等人生产、销售有害食品案

［要旨　生产、销售有毒、有害食品罪　共犯　瘦肉精］明知盐酸克伦特罗（俗称“瘦肉精”）是国家禁止在饲料和动物饮用水中使用的药品，而用以养殖供人食用的动物并出售的，应当认定为生产、销售有毒、有害食品罪。明知盐酸克伦特罗是国家禁止在饲料和动物饮用水中使用的药品，而买卖和代买盐酸克伦特罗片，供他人用以养殖供人食用的动物的，应当认定为生产、销售有毒、有害食品罪的共犯。检例第14号：孙建亮等人生产、销售有毒、有害食品案

［要旨　病、死猪加亚硝酸钠、工业用盐等，生产腊肠、腊肉　为逃避监管行贿　通风报信　数罪并罚］实施生产、销售有毒、有害食品犯罪，为逃避查处向负有食品安全监管职责的国家工作人员行贿的，应当以生产、销售有毒、有害食品罪和行贿罪实行数罪并罚。

负有食品安全监督管理职责的国家机关工作人员，滥用职权，向生产、销售有毒、有害食品的犯罪分子通风报信，帮助逃避处罚的，应当认定为食品监管渎职罪；在渎职过程中受贿的，应当以食品监管渎职罪和受贿罪实行数罪并罚。检例第15号：胡林贵等人生产、销售有毒、有害食品，行贿；骆梅等人销售伪劣产品；朱伟全等人生产、销售伪劣产品；黎达文等人受贿，食品监管渎职案

［判决理由　生产、销售“假白酒”项］王长兵同时经营工业酒精燃料生意和勾兑白酒生意，对工业酒精和食用酒精的市场价格非常清楚。当其明知雇员以食用酒精一半的价格购回的酒精不可能为食用酒精的情况下，既未仔细询问雇员，也未向销售方核实，继续用购回的工业酒精勾兑生产“白酒”出售，导致了多人伤亡的严重危害结果的发生，其行为已构成生产、销售有毒食品罪。王长兵、覃长芬、唐倩使用自来水、食用酒精与少量自酿苞谷酒勾兑“白酒”冒充苞谷酒销售，其行为已构成生产、销

售伪劣产品罪。在生产、销售伪劣产品的共同犯罪中，王长兵系主犯；覃长芬、唐倩均系从犯，可依法减轻处罚；唐倩实施部分犯罪行为时未满十八周岁，可酌情从轻处罚。王长兵主观上系间接故意，归案后能如实供述犯罪事实，并积极赔偿被害方经济损失，可作为酌定量刑情节予以考虑。**最高法发布危害食品安全犯罪典型案例之一：王长兵等生产、销售有毒食品，生产、销售伪劣产品案**

[判决理由　非法经营“病死猪”肉项] 被告人陈金顺低价收购病死猪肉并转售；被告人陈开梅、林彬霞向他人收购病死猪屠宰后销售；被告人李游、陈志辉、张可明知陈金顺、陈开梅生产、销售的是国家禁止经营的病死猪肉，仍为其提供运输等帮助，各被告人的行为均已构成生产、销售伪劣产品罪，生产、销售不符合安全标准的食品罪，非法经营罪，应择一重罪处断；被告人周建成、孙滔然等明知是病死猪肉仍购买，加工后销售或直接销售，构成生产、销售不符合安全标准的食品罪。陈金顺、陈开梅、林彬霞系主犯；李游、陈志辉、张可系从犯，应从轻减轻处罚；陈金顺系累犯，应从重处罚。**最高法发布危害食品安全犯罪典型案例之二：陈金顺等生产、销售伪劣产品，非法经营，生产、销售不符合安全标准的食品案**

[判决理由　销售“地沟油”项] 被告人程江萍明知是用餐厨废弃油加工而成的油脂，仍向被告人袁一推销，并居间介绍从中牟利；袁一明知程江萍推销的是用餐厨废弃油加工而成的油脂，仍大量购入，冒充食用油销售给餐饮经营者、食用油经营企业等，两被告人的销售金额达295万余元，其行为均已构成销售有毒、有害食品罪。两被告人还以假充真、以次充好，将伪劣成品油销售给化工企业，销售金额达5万元，其行为又均已构成销售伪劣产品罪。两被告人犯数罪，依法应并罚。在共同犯罪中，袁一系主犯；程江萍系从犯，依法应减轻处罚。袁一、程江萍有认罪表现，可以从轻处罚。**最高法发布危害食品安全犯罪典型案例之五：袁一、程江萍销售有毒、有害食品，销售伪劣产品案**

[严惩原则] 一、依法严惩“地沟油”犯罪，切实维护人民群众食品安全

“地沟油”犯罪，是指用餐厨垃圾、废弃油脂、各类肉及肉制品加工废弃物等非食品原料，生产、加工“食用油”，以及明知是利用“地沟油”生产、加工的油脂而作为食用油销售的行为。“地沟油”犯罪严重危害人

民群众身体健康和生命安全，严重影响国家形象，损害党和政府的公信力。各级公安机关、检察机关、人民法院要认真贯彻《刑法修正案（八）》对危害食品安全犯罪从严打击的精神，依法严惩“地沟油”犯罪，坚决打击“地沟油”进入食用领域的各种犯罪行为，坚决保护人民群众切身利益。对于涉及多地区的“地沟油”犯罪案件，各地公安机关、检察机关、人民法院要在案件管辖、调查取证等方面通力合作，形成打击合力，切实维护人民群众食品安全。**两高、公安部《关于依法严惩“地沟油”犯罪活动的通知》公通字〔2012〕1号 2012/01/09 一**

[利用“地沟油”生产“食用油”] 对于利用“地沟油”生产“食用油”的，依照刑法第144条生产有毒、有害食品罪的规定追究刑事责任。**两高、公安部《关于依法严惩“地沟油”犯罪活动的通知》公通字〔2012〕1号 2012/01/09 二、(一)**

[明知是利用“地沟油”生产的“食用油”而予以销售的　明知的认定] 明知是利用“地沟油”生产的“食用油”而予以销售的，依照刑法第144条销售有毒、有害食品罪的规定追究刑事责任。认定是否“明知”，应当结合犯罪嫌疑人、被告人的认知能力，犯罪嫌疑人、被告人及其同案人的供述和辩解，证人证言，产品质量，进货渠道及进货价格、销售渠道及销售价格等主、客观因素予以综合判断。**两高、公安部《关于依法严惩“地沟油”犯罪活动的通知》公通字〔2012〕1号 2012/01/09 二、(二)**

[已经销售无实物但有上线提供的证据证明] 对于利用“地沟油”生产的“食用油”，已经销售出去没有实物，但是有证据证明系已被查实生产、销售有毒、有害食品犯罪事实的上线提供的，依照刑法第144条销售有毒、有害食品罪的规定追究刑事责任。**两高、公安部《关于依法严惩“地沟油”犯罪活动的通知》公通字〔2012〕1号 2012/01/09 二、(三)**

[明知该“食用油”来源可疑而予以销售的] 虽无法查明“食用油”是否系利用“地沟油”生产、加工，但犯罪嫌疑人、被告人明知该“食用油”来源可疑而予以销售的，应分别情形处理：经鉴定，检出有毒、有害成分的，依照刑法第144条销售有毒、有害食品罪的规定追究刑事责任；属于不符合安全标准的食品的，依照刑法第143条销售不符合安全标准的食品罪追究刑事责任；属于以假充真、以次充好、以不合格产品冒充合格

产品或者假冒注册商标，构成犯罪的，依照刑法第140条销售伪劣产品罪或者第213条假冒注册商标罪、第214条销售假冒注册商标的商品罪追究刑事责任。两高、公安部《关于依法严惩“地沟油”犯罪活动的通知》公通字〔2012〕1号 2012/01/09 二、(四)

[提供犯罪便利条件的　以共犯论处] 知道或应当知道他人实施以上第（一）、（二）、（三）款犯罪行为，而为其掏捞、加工、贩运“地沟油”，或者提供贷款、资金、账号、发票、证明、许可证件，或者提供技术、生产、经营场所、运输、仓储、保管等便利条件的，依照本条第（一）、（二）、（三）款犯罪的共犯论处。两高、公安部《关于依法严惩“地沟油”犯罪活动的通知》公通字〔2012〕1号 2012/01/09 二、(五)

[违规掏捞、加工、贩运地沟油无证据证明用于生产食用油的　行政部门处理] 对违反有关规定，掏捞、加工、贩运“地沟油”，没有证据证明用于生产“食用油”的，交由行政部门处理。两高、公安部《关于依法严惩“地沟油”犯罪活动的通知》公通字〔2012〕1号 2012/01/09 二、(六)

[国家工作人员犯罪依照有关规定追究刑事责任] 对于国家工作人员在食用油安全监管和查处“地沟油”违法犯罪活动中滥用职权、玩忽职守、徇私枉法，构成犯罪的，依照刑法有关规定追究刑事责任。两高、公安部《关于依法严惩“地沟油”犯罪活动的通知》公通字〔2012〕1号 2012/01/09 二、(七)

[宽严相济之刑事政策] 在对“地沟油”犯罪定罪量刑时，要充分考虑犯罪数额、犯罪分子主观恶性及其犯罪手段、犯罪行为对人民群众生命安全和身体健康的危害、对市场经济秩序的破坏程度、恶劣影响等。对于具有累犯、前科、共同犯罪的主犯、集团犯罪的首要分子等情节，以及犯罪数额巨大、情节恶劣、危害严重，群众反映强烈，给国家和人民利益造成重大损失的犯罪分子，依法严惩，罪当判处死刑的，要坚决依法判处死刑。对在同一条生产销售链上的犯罪分子，要在法定刑幅度内体现严惩源头犯罪的精神，确保生产环节与销售环节量刑的整体平衡。对于明知是“地沟油”而非法销售的公司、企业，要依法从严追究有关单位和直接责任人员的责任。对于具有自首、立功、从犯等法定情节的犯罪分子，可以依法从宽处理。要严格把握适用缓刑、免予刑事处罚的条件。对依法必须

适用缓刑的，一般同时宣告禁止令，禁止其在缓刑考验期内从事与食品生产、销售等有关的活动。两高、公安部《关于依法严惩“地沟油”犯罪活动的通知》公通字〔2012〕1号 2012/01/09 三

［使用瘦肉精养殖供人食用的动物］使用盐酸克仑特罗等禁止在饲料和动物饮用水中使用的药品或者含有该类药品的饲料养殖供人食用的动物，或者销售明知是使用该类药品或者含有该类药品的饲料养殖的供人食用的动物的，依照刑法第一百四十四条的规定，以生产、销售有毒、有害食品罪追究刑事责任。两高《关于办理非法生产、销售、使用禁止在饲料和动物饮用水中使用的药品等刑事案件具体应用法律若干问题的解释》法释〔2002〕26号 2002/08/23 第三条

［明知是使用瘦肉精的动物而提供加工服务的］明知是使用盐酸克仑特罗等禁止在饲料和动物饮用水中使用的药品或者含有该类药品的饲料养殖的供人食用的动物，而提供屠宰等加工服务，或者销售其制品的，依照刑法第一百四十四条的规定，以生产、销售有毒、有害食品罪追究刑事责任。两高《关于办理非法生产、销售、使用禁止在饲料和动物饮用水中使用的药品等刑事案件具体应用法律若干问题的解释》法释〔2002〕26号 2002/08/23 第四条

［对人体健康造成严重危害］生产、销售的有毒、有害食品被食用后，造成轻伤、重伤或者其他严重后果的，应认定为刑法第一百四十四条规定的“对人体健康造成严重危害”。两高《关于办理生产、销售伪劣商品刑事案件具体应用法律若干问题的解释》〔2001〕10号 2001/04/10 第五条第一款

［对人体健康造成特别严重危害］生产、销售的有毒、有害食品被食用后，致人严重残疾、三人以上重伤、十人以上轻伤或者造成其他特别严重后果的，应认定为“对人体健康造成特别严重危害”。两高《关于办理生产、销售伪劣商品刑事案件具体应用法律若干问题的解释》〔2001〕10号 2001/04/10 第五条第二款

［生产、销售有毒、有害食品案立案追诉标准］将《立案追诉标准（一）》第二十条修改为：［生产、销售有毒、有害食品案（刑法第一百四十四条）］在生产、销售的食品中掺入有毒、有害的非食品原料的，或者销售明知掺有有毒、有害的非食品原料的食品的，应予立案追诉。

在食品加工、销售、运输、贮存等过程中，掺入有毒、有害的非食品

原料，或者使用有毒、有害的非食品原料加工食品的，应予立案追诉。

在食用农产品种植、养殖、销售、运输、贮存等过程中，使用禁用农药、兽药等禁用物质或者其他有毒、有害物质的，应予立案追诉。

在保健食品或者其他食品中非法添加国家禁用药物等有毒、有害物质的，应予立案追诉。

下列物质应当认定为本条规定的"有毒、有害的非食品原料"：

（一）法律、法规禁止在食品生产经营活动中添加、使用的物质；

（二）国务院有关部门公布的《食品中可能违法添加的非食用物质名单》《保健食品中可能非法添加的物质名单》中所列物质；

（三）国务院有关部门公告禁止使用的农药、兽药以及其他有毒、有害物质；

（四）其他危害人体健康的物质。**最高检、公安部《关于公安机关管辖的刑事案件立案追诉标准的规定（一）的补充规定》公通字〔2017〕12号 2017/04/27 第四条**

第一百四十五条　【生产、销售不符合标准的医用器材罪】 生产不符合保障人体健康的国家标准、行业标准的医疗器械、医用卫生材料，或者销售明知是不符合保障人体健康的国家标准、行业标准的医疗器械、医用卫生材料，足以严重危害人体健康的，处三年以下有期徒刑或者拘役，并处销售金额百分之五十以上二倍以下罚金；对人体健康造成严重危害的，处三年以上十年以下有期徒刑，并处销售金额百分之五十以上二倍以下罚金；后果特别严重的，处十年以上有期徒刑或者无期徒刑，并处销售金额百分之五十以上二倍以下罚金或者没收财产。[①]

① 根据2002年12月28日《刑法修正案（四）》修改，原条文为："生产不符合保障人体健康的国家标准、行业标准的医疗器械、医用卫生材料，或者销售明知是不符合保障人体健康的国家标准、行业标准的医疗器械、医用卫生材料，对人体健康造成严重危害的，处五年以下有期徒刑，并处销售金额百分之五十以上二倍以下罚金；后果特别严重的，处五年以上十年以下有期徒刑，并处销售金额百分之五十以上二倍以下罚金，其中情节特别恶劣的，处十年以上有期徒刑或者无期徒刑，并处销售金额百分之五十以上二倍以下罚金或者没收财产。"

[在预防、控制突发传染病疫情等灾害期间 生产或销售不符合标准的医疗器械等] 在预防、控制突发传染病疫情等灾害期间，生产用于防治传染病的不符合保障人体健康的国家标准、行业标准的医疗器械、医用卫生材料，或者销售明知是用于防治传染病的不符合保障人体健康的国家标准、行业标准的医疗器械、医用卫生材料，不具有防护、救治功能，足以严重危害人体健康的，依照刑法第一百四十五条的规定，以生产、销售不符合标准的医用器材罪定罪，依法从重处罚。两高《关于办理妨害预防、控制突发传染病疫情等灾害的刑事案件具体应用法律若干问题的解释》法释〔2003〕8号 2003/05/15 第三条第一款

[突发传染病疫情等灾害] 本解释所称“突发传染病疫情等灾害”，是指突然发生，造成或者可能造成社会公众健康严重损害的重大传染病疫情、群体性不明原因疾病以及其他严重影响公众健康的灾害。两高《关于办理妨害预防、控制突发传染病疫情等灾害的刑事案件具体应用法律若干问题的解释》法释〔2003〕8号 2003/05/15 第十八条

[在预防、控制突发传染病疫情等灾害期间 购买不符合标准的医疗器械等] 医疗机构或者个人，知道或者应当知道系前款规定的不符合保障人体健康的国家标准、行业标准的医疗器械、医用卫生材料而购买并有偿使用的，以销售不符合标准的医用器材罪定罪，依法从重处罚。两高《关于办理妨害预防、控制突发传染病疫情等灾害的刑事案件具体应用法律若干问题的解释》法释〔2003〕8号 2003/05/15 第三条第二款

[对人体健康造成严重危害] 生产、销售不符合标准的医疗器械、医用卫生材料，致人轻伤或者其他严重后果的，应认定为刑法第一百四十五条规定的“对人体健康造成严重危害”。两高《关于办理生产、销售伪劣商品刑事案件具体应用法律若干问题的解释》法释〔2001〕10号 2001/04/10 第六条第一款

[后果特别严重] 生产、销售不符合标准的医疗器械、医用卫生材料，造成感染病毒性肝炎等难以治愈的疾病、一人以上重伤、三人以上轻伤或者其他严重后果的，应认定为“后果特别严重”。两高《关于办理生产、销售伪劣商品刑事案件具体应用法律若干问题的解释》法释〔2001〕10号 2001/04/10 第六条第二款

[情节特别恶劣] 生产、销售不符合标准的医疗器械、医用卫生材料，

致人死亡、严重残疾、感染艾滋病、三人以上重伤、十人以上轻伤或者造成其他特别严重后果的，应认定为“情节特别恶劣”。两高《关于办理生产、销售伪劣商品刑事案件具体应用法律若干问题的解释》法释〔2001〕10号 2001/04/10 第六条第三款

[以销售不符合标准的医用器材罪定罪] 医疗机构或者个人，知道或者应当知道是不符合保障人体健康的国家标准、行业标准的医疗器械、医用卫生材料而购买、使用，对人体健康造成严重危害的，以销售不符合标准的医用器材罪定罪处罚。两高《关于办理生产、销售伪劣商品刑事案件具体应用法律若干问题的解释》法释〔2001〕10号 2001/04/10 第六条第四款

[视为“保障人体健康的行业标准] 没有国家标准、行业标准的医疗器械，注册产品标准可视为“保障人体健康的行业标准”。两高《关于办理生产、销售伪劣商品刑事案件具体应用法律若干问题的解释》法释〔2001〕10号 2001/04/10 第六条第五款

[生产、销售不符合标准的医用器材案立案追诉标准] [生产、销售不符合标准的医用器材案（刑法第一百四十五条）] 生产不符合保障人体健康的国家标准、行业标准的医疗器械、医用卫生材料，或者销售明知是不符合保障人体健康的国家标准、行业标准的医疗器械、医用卫生材料，涉嫌下列情形之一的，应予立案追诉：

（一）进入人体的医疗器械的材料中含有超过标准的有毒有害物质的；

（二）进入人体的医疗器械的有效性指标不符合标准要求，导致治疗、替代、调节、补偿功能部分或者全部丧失，可能造成贻误诊治或者人体严重损伤的；

（三）用于诊断、监护、治疗的有源医疗器械的安全指标不合符强制性标准要求，可能对人体构成伤害或者潜在危害的；

（四）用于诊断、监护、治疗的有源医疗器械的主要性能指标不合格，可能造成贻误诊治或者人体严重损伤的；

（五）未经批准，擅自增加功能或者适用范围，可能造成贻误诊治或者人体严重损伤的；

（六）其他足以严重危害人体健康或者对人体健康造成严重危害的情形。最高检、公安部《关于公安机关管辖的刑事案件立案追诉标准的规定（一）》公通

字〔2008〕36号 2008/06/25 第二十一条第一款

[视为销售] 医疗机构或者个人知道或者应当知道是不符合保障人体健康的国家标准、行业标准的医疗器械、医用卫生材料而购买并有偿使用的，视为本条规定的“销售”。最高检、公安部《关于公安机关管辖的刑事案件立案追诉标准的规定（一）》公通字〔2008〕36号 2008/06/25 第二十一条第二款

第一百四十六条 【生产、销售不符合安全标准的产品罪】 生产不符合保障人身、财产安全的国家标准、行业标准的电器、压力容器、易燃易爆产品或者其他不符合保障人身、财产安全的国家标准、行业标准的产品，或者销售明知是以上不符合保障人身、财产安全的国家标准、行业标准的产品，造成严重后果的，处五年以下有期徒刑，并处销售金额百分之五十以上二倍以下罚金；后果特别严重的，处五年以上有期徒刑，并处销售金额百分之五十以上二倍以下罚金。

[以生产、销售不符合安全标准的产品罪定罪处罚] 生产不符合保障人身、财产安全的国家标准、行业标准的安全设备，或者明知安全设备不符合保障人身、财产安全的国家标准、行业标准而进行销售，致使发生安全事故，造成严重后果的，依照刑法第一百四十六条的规定，以生产、销售不符合安全标准的产品罪定罪处罚。两高《关于办理危害生产安全刑事案件适用法律若干问题的解释》法释〔2015〕22号 2015/12/16 第十一条

[生产、销售不符合安全标准的产品案立案追诉标准] [生产、销售不符合安全标准的产品案（刑法第一百四十六条）] 生产不符合保障人身、财产安全的国家标准、行业标准的电器、压力容器、易燃易爆或者其他不符合保障人身、财产安全的国家标准、行业标准的产品，或者销售明知是以上不符合保障人身、财产安全的国家标准、行业标准的产品，涉嫌下列情形之一的，应予立案追诉：

（一）造成人员重伤或者死亡的；

（二）造成直接经济损失十万元以上的；

（三）其他造成严重后果的情形。最高检、公安部《关于公安机关管辖的刑事案件立案追诉标准的规定（一）》公通字〔2008〕36号 2008/06/25 第二十二条

第一百四十七条　【生产、销售伪劣农药、兽药、化肥、种子罪】生产假农药、假兽药、假化肥，销售明知是假的或者失去使用效能的农药、兽药、化肥、种子，或者生产者、销售者以不合格的农药、兽药、化肥、种子冒充合格的农药、兽药、化肥、种子，使生产遭受较大损失的，处三年以下有期徒刑或者拘役，并处或者单处销售金额百分之五十以上二倍以下罚金；使生产遭受重大损失的，处三年以上七年以下有期徒刑，并处销售金额百分之五十以上二倍以下罚金；使生产遭受特别重大损失的，处七年以上有期徒刑或者无期徒刑，并处销售金额百分之五十以上二倍以下罚金或者没收财产。

[判决　水稻等七类种子项　葡萄苗项　棉花项] 以非法经营罪判处被告人王明成有期徒刑四年，并处罚金人民币 300 万元，以销售伪劣种子罪，判处王明成有期徒刑十年，并处罚金人民币 5 万元，决定执行有期徒刑十三年，并处罚金人民币 305 万元；以销售伪劣种子罪，判处被告人石峰有期徒刑八年，并处罚金人民币 5 万元。**最高法发布四起农资打假典型案例之一：被告人王明成、石峰销售伪劣种子、非法经营案**

[法院认定的事实　伪劣中华牌氯化钾项] 2006 年 2 月至 2007 年 5 月间，孔棪坤在明知其销售的“中化牌”氯化钾肥系伪劣化肥的情况下，仍以每吨人民币 2000 元至 2200 元不等的价格，将 91 吨伪劣“中化牌”氯化钾肥出售给佛山市三水区的香蕉种植户梁伟江。梁伟江将所购买的上述伪劣化肥用于其所承包的 867 亩香蕉地上，造成其所种植的香蕉出现蕉叶枯黄、蕉蕾断蕾、蕉苗坏死的现象，减产幅度约 30%，经济损失人民币 209 万余元。**最高法发布四起农资打假典型案例之二：被告人孔棪坤销售伪劣化肥案**

[法院认定的事实] 被告人于长久在明知自己销售的掖单 19 玉米种系伪劣种子的情况下，仍于 2008 年二三月间在德惠市销售该种子 24374 斤，致该市 600 余户农民因种植该玉米种而减产约 117 万余公斤，经济损失约人民币 175 万余元。**最高法发布发布四起农资打假典型案例之三：被告人于长久销售伪劣种子案**

[法院认定的事实　葡萄园专用除草剂项] 2008 年 3 月，被告人王彰

九盗用西安近代农药科技股份有限公司生产的“森草净”除草剂的农药登记号、生产批准证书号和产品执行标准，擅自组织生产名称为“园丁一号”的葡萄园专用除草剂，并伪造了检测报告。2008 年 3 月 25 日，王彰九以 12 万元的价格向新疆丰达凯莱生物科技有限公司出售了 80 箱共 1000 公斤“园丁一号”葡萄园专用除草剂，丰达凯莱公司将其中的60 箱出售给新疆维吾尔自治区石河子市、吐鲁番地区的部分葡萄种植户。种植户经使用后，出现了葡萄树叶片发黄、皱缩、果粒小、根系大量坏死等药害症状，导致葡萄严重减产甚至绝收，造成直接经济损失人民币 126 万余元。最高法发布四起农资打假典型案例之四：被告人王彰九生产、销售伪劣农药案

[使生产遭受较大损失　重大损失　特别重大损失] 刑法第一百四十七条规定的生产、销售伪劣农药、兽药、化肥、种子罪中“使生产遭受较大损失”，一般以二万元为起点；“重大损失”，一般以十万元为起点；“特别重大损失”，一般以五十万元为起点。两高《关于办理生产、销售伪劣商品刑事案件具体应用法律若干问题的解释》法释〔2001〕10 号 2001/04/10 第七条

[生产、销售伪劣农药、兽药、化肥、种子案立案追诉标准] [生产、销售伪劣农药、兽药、化肥、种子案（刑法第一百四十七条）] 生产假农药、假兽药、假化肥，销售明知是假的或者失去使用效能的农药、兽药、化肥、种子，或者生产者、销售者以不合格的农药、兽药、化肥、种子冒充合格的农药、兽药、化肥、种子，涉嫌下列情形之一的，应予立案追诉：

（一）使生产遭受损失二万元以上的；

（二）其他使生产遭受较大损失的情形。最高检、公安部《关于公安机关管辖的刑事案件立案追诉标准的规定（一）》公通字〔2008〕36 号 2008/06/25 第二十三条

第一百四十八条　【生产、销售不符合卫生标准的化妆品罪】生产不符合卫生标准的化妆品，或者销售明知是不符合卫生标准的化妆品，造成严重后果的，处三年以下有期徒刑或者拘役，并处或者单处销售金额百分之五十以上二倍以下罚金。

[生产、销售不符合卫生标准的化妆品案立案追诉标准] [生产、销售

不符合卫生标准的化妆品案（刑法第一百四十八条）］生产不符合卫生标准的化妆品，或者销售明知是不符合卫生标准的化妆品，涉嫌下列情形之一的，应予立案追诉：

（一）造成他人容貌毁损或者皮肤严重损伤的；

（二）造成他人器官组织损伤导致严重功能障碍的；

（三）致使他人精神失常或者自杀、自残造成重伤、死亡的；

（四）其他造成严重后果的情形。最高检、公安部《关于公安机关管辖的刑事案件立案追诉标准的规定（一）》公通字〔2008〕36号 2008/06/25 第二十四条

第一百四十九条　【对生产、销售伪劣商品行为的法条适用原则】生产、销售本节第一百四十一条至第一百四十八条所列产品，不构成各该条规定的犯罪，但是销售金额在五万元以上的，依照本节第一百四十条的规定定罪处罚。

生产、销售本节第一百四十一条至第一百四十八条所列产品，构成各该条规定的犯罪，同时又构成本节第一百四十条规定之罪的，依照处罚较重的规定定罪处罚。

［“以假充真”“以次充好”“以不合格产品冒充合格产品”　委托法定产品质量检验机构鉴定］对于提起公诉的生产、销售伪劣产品、假冒商标、非法经营等严重破坏社会主义市场经济秩序的犯罪案件，所涉生产、销售的产品是否属于“以假充真”、“以次充好”、“以不合格产品冒充合格产品”难以确定的，应当根据《解释》第一条第五款的规定，由公诉机关委托法律、行政法规规定的产品质量检验机构进行鉴定。最高法《关于审理生产、销售伪劣商品刑事案件有关鉴定问题的通知》法〔2001〕70号 2001/05/21 第一条

［均需省级以上机构的鉴定结论］根据《解释》第三条和第四条的规定，人民法院受理的生产、销售假药犯罪案件和生产、销售不符合卫生标准的食品犯罪案件，均需有“省级以上药品监督管理部门设置或者确定的药品检验机构”和“省级以上卫生行政部门确定的机构”出具的鉴定结论。最高法《关于审理生产、销售伪劣商品刑事案件有关鉴定问题的通知》法〔2001〕70号 2001/05/21 第二条

[择重罪处罚] 经鉴定确系伪劣商品，被告人的行为既构成生产、销售伪劣产品罪，又构成生产、销售假药罪或者生产、销售不符合卫生标准的食品罪，或者同时构成侵犯知识产权、非法经营等其他犯罪的，根据刑法第一百四十九条第二款和《解释》第十条的规定，应当依照处罚较重的规定定罪处罚。最高法《关于审理生产、销售伪劣商品刑事案件有关鉴定问题的通知》法〔2001〕70 号 2001/05/21 第三条

[销售金额] 刑法第一百四十条、第一百四十九条规定的“销售金额”，是指生产者、销售者出售伪劣产品后所得和应得的全部违法收入。两高《关于办理生产、销售伪劣商品刑事案件具体应用法律若干问题的解释》法释〔2001〕10 号 2001/04/10 第二条第一款

[未达销售金额三倍以上 未遂] 伪劣产品尚未销售，货值金额达到刑法第一百四十条规定的销售金额三倍以上的，以生产、销售伪劣产品罪（未遂）定罪处罚。两高《关于办理生产、销售伪劣商品刑事案件具体应用法律若干问题的解释》法释〔2001〕10 号 2001/04/10 第二条第二款

[货值金额的计算] 货值金额以违法生产、销售的伪劣产品的标价计算；没有标价的，按照同类合格产品的市场中间价格计算。货值金额难以确定的，按照国家计划委员会、最高人民法院、最高人民检察院、公安部 1997 年 4 月 22 日联合发布的《扣押、追缴、没收物品估价管理办法》的规定，委托指定的估价机构确定。两高《关于办理生产、销售伪劣商品刑事案件具体应用法律若干问题的解释》法释〔2001〕10 号 2001/04/10 第二条第三款

[多次行为未经处理 累计计算] 多次实施生产、销售伪劣产品行为，未经处理的，伪劣产品的销售金额或者货值金额累计计算。两高《关于办理生产、销售伪劣商品刑事案件具体应用法律若干问题的解释》法释〔2001〕10 号 2001/04/10 第二条第四款

第一百五十条 【单位犯本节规定之罪的处罚规定】单位犯本节第一百四十条至第一百四十八条规定之罪的，对单位判处罚金，并对其直接负责的主管人员和其他直接责任人员，依照各该条的规定处罚。

第二节　走私罪

［走私的主观故意］行为人明知自己的行为违反国家法律法规，逃避海关监管，偷逃进出境货物、物品的应缴税额，或者逃避国家有关进出境的禁止性管理，并且希望或者放任危害结果发生的，应认定为具有走私的主观故意。两高、海关总署《关于办理走私刑事案件适用法律若干问题的意见》法〔2002〕139号 2002/07/08 第五条第一款

［走私主观故意中的“明知］走私主观故意中的“明知”是指行为人知道或者应当知道所从事的行为是走私行为。具有下列情形之一的，可以认定为“明知”，但有证据证明确属被蒙骗的除外：

（一）逃避海关监管，运输、携带、邮寄国家禁止进出境的货物、物品的；

（二）用特制的设备或者运输工具走私货物、物品的；

（三）未经海关同意，在非设关的码头、海（河）岸、陆路边境等地点，运输（驳载）、收购或者贩卖非法进出境货物、物品的；

（四）提供虚假的合同、发票、证明等商业单证委托他人办理通关手续的；

（五）以明显低于货物正常进（出）口的应缴税额委托他人代理进（出）口业务的；

（六）曾因同一种走私行为受过刑事处罚或者行政处罚的；

（七）其他有证据证明的情形。两高、海关总署《关于办理走私刑事案件适用法律若干问题的意见》法〔2002〕139号 2002/07/08 第五条第二款

［行为人对其走私的具体对象不明确的案件的处理］走私犯罪嫌疑人主观上具有走私犯罪故意，但对其走私的具体对象不明确的，不影响走私犯罪构成，应当根据实际的走私对象定罪处罚。但是，确有证据证明行为人因受蒙骗而对走私对象发生认识错误的，可以从轻处罚。两高、海关总署《关于办理走私刑事案件适用法律若干问题的意见》法〔2002〕139号 2002/07/08 第六条

[走私珍贵动物制品行为的处罚] 走私珍贵动物制品的，应当根据刑法第一百五十一条第二、四、五款和《最高人民法院关于审理走私刑事案件具体应用法律若干问题的解释》（以下简称《解释》）第四条的有关规定予以处罚，但同时具有下列情形，情节较轻的，一般不以犯罪论处：

（一）珍贵动物制品购买地允许交易；

（二）入境人员为留作纪念或者作为礼品而携带珍贵动物制品进境，不具有牟利目的的。

同时具有上述两种情形，达到《解释》第四条第三款规定的量刑标准的，一般处五年以下有期徒刑，并处罚金；达到《解释》第四条第四款规定的量刑标准的，一般处五年以上有期徒刑，并处罚金。**两高、海关总署《关于办理走私刑事案件适用法律若干问题的意见》法〔2002〕139号 2002/07/08 第七条**

[走私旧汽车、切割车等货物、物品的行为的定罪] 走私刑法第一百五十一条、第一百五十二条、第三百四十七条、第三百五十条规定的货物、物品以外的，已被国家明令禁止进出口的货物、物品，例如旧汽车、切割车、侵犯知识产权的货物、来自疫区的动植物及其产品等，应当依照刑法第一百五十三条的规定，以走私普通货物、物品罪追究刑事责任。**两高、海关总署《关于办理走私刑事案件适用法律若干问题的意见》法〔2002〕139号 2002/07/08 第八条**

[利用购买的加工贸易登记手册、特定减免税批文等涉税单证进口货物行为的定性处理] 加工贸易登记手册、特定减免税批文等涉税单证是海关根据国家法律法规以及有关政策性规定，给予特定企业用于保税货物经营管理和减免税优惠待遇的凭证。利用购买的加工贸易登记手册、特定减免税批文等涉税单证进口货物，实质是将一般贸易货物伪报为加工贸易保税货物或者特定减免税货物进口，以达到偷逃应缴税款的目的，应当适用刑法第一百五十三条以走私普通货物、物品罪定罪处罚。如果行为人与走私分子通谋出售上述涉税单证，或者在出卖批文后又以提供印章、向海关伪报保税货物、特定减免税货物等方式帮助买方办理进口通关手续的，对卖方依照刑法第一百五十六条以走私罪共犯定罪处罚。买卖上述涉税单证情节严重尚未进口货物的，依照刑法第二百八十条的规定定罪处罚。**两高、**

海关总署《关于办理走私刑事案件适用法律若干问题的意见》法〔2002〕139 号 2002/07/08 第九条

[在加工贸易活动中骗取海关核销行为的认定] 在加工贸易经营活动中，以假出口、假结转或者利用虚假单证等方式骗取海关核销，致使保税货物、物品脱离海关监管，造成国家税款流失，情节严重的，依照刑法第一百五十三条的规定，以走私普通货物、物品罪追究刑事责任。但有证据证明因不可抗力原因导致保税货物脱离海关监管，经营人无法办理正常手续而骗取海关核销的，不认定为走私犯罪。两高、海关总署《关于办理走私刑事案件适用法律若干问题的意见》法〔2002〕139 号 2002/07/08 第十条

[伪报价格走私犯罪案件中实际成交价格的认定] 走私犯罪案件中的伪报价格行为，是指犯罪嫌疑人、被告人在进出口货物、物品时，向海关申报进口或者出口的货物、物品的价格低于或者高于进出口货物的实际成交价格。

对实际成交价格的认定，在无法提取真、伪两套合同、发票等单证的情况下，可以根据犯罪嫌疑人、被告人的付汇渠道、资金流向、会计账册、境内外收发货人的真实交易方式，以及其他能够证明进出口货物实际成交价格的证据材料综合认定。两高、海关总署《关于办理走私刑事案件适用法律若干问题的意见》法〔2002〕139 号 2002/07/08 第十一条

[出售走私货物已缴纳的增值税应否从走私偷逃应缴税额中扣除] 走私犯罪嫌疑人为出售走私货物而开具增值税专用发票并缴纳增值税，是其走私行为既遂后在流通领域获违法所得的一种手段，属于非法开具增值税专用发票。对走私犯罪嫌疑人因出售走私货物而实际缴纳走私货物增值税的，在核定走私货物偷逃应缴税额时，不应当将其已缴纳的增值税额从其走私偷逃应缴税额中扣除。两高、海关总署《关于办理走私刑事案件适用法律若干问题的意见》法〔2002〕139 号 2002/07/08 第十二条

[单位走私犯罪案件诉讼代表人的确定及其相关问题] 单位走私犯罪案件的诉讼代表人，应当是单位的法定代表人或者主要负责人。单位的法定代表人或者主要负责人被依法追究刑事责任或者因其他原因无法参与刑事诉讼的，人民检察院应当另行确定被告单位的其他负责人作为诉讼代表人参加诉讼。

接到出庭通知的被告单位的诉讼代表人应当出庭应诉。拒不出庭的，人民法院在必要的时候，可以拘传到庭。

对直接负责的主管人员和其他直接责任人员均无法归案的单位走私犯罪案件，只要单位走私犯罪的事实清楚、证据确实充分，且能够确定诉讼代表人代表单位参与刑事诉讼活动的，可以先行追究该单位的刑事责任。

被告单位没有合适人选作为诉讼代表人出庭的，因不具备追究该单位刑事责任的诉讼条件，可按照单位犯罪的条款先行追究单位犯罪中直接负责的主管人员或者其他直接责任人员的刑事责任。人民法院在对单位犯罪中直接负责的主管人员或者直接责任人员进行判决时，对于扣押、冻结的走私货物、物品、违法所得以及属于犯罪单位所有的走私犯罪工具，应当一并判决予以追缴、没收。**两高、海关总署《关于办理走私刑事案件适用法律若干问题的意见》法〔2002〕139号 2002/07/08 第十七条**

[关于单位走私犯罪及其直接负责的主管人员和直接责任人员的认定问题] 具备下列特征的，可以认定为单位走私犯罪：(1) 以单位的名义实施走私犯罪，即由单位集体研究决定，或者由单位的负责人或者被授权的其他人员决定、同意；(2) 为单位谋取不正当利益或者违法所得大部分归单位所有。

依照《最高人民法院关于审理单位犯罪案件具体应用法律有关问题的解释》第二条的规定，个人为进行违法犯罪活动而设立的公司、企业、事业单位实施犯罪的，或者个人设立公司、企业、事业单位后，以实施犯罪为主要活动的，不以单位犯罪论处。单位是否以实施犯罪为主要活动，应根据单位实施走私行为的次数、频度、持续时间、单位进行合法经营的状况等因素综合考虑认定。

根据单位人员在单位走私犯罪活动中所发挥的不同作用，对其直接负责的主管人员和其他直接责任人员，可以确定为一人或者数人。对于受单位领导指派而积极参与实施走私犯罪行为的人员，如果其行为在走私犯罪的主要环节起重要作用的，可以认定为单位犯罪的直接责任人员。**两高、海关总署《关于办理走私刑事案件适用法律若干问题的意见》法〔2002〕139号 2002/07/08 第十八条**

[单位走私犯罪后发生分立、合并或者其他资产重组情形以及单位被

依法注销、宣告破产等情况下如何追究刑事责任] 单位走私犯罪后，单位发生分立、合并或者其他资产重组等情况的，只要承受该单位权利义务的单位存在，应当追究单位走私犯罪的刑事责任。走私单位发生分立、合并或者其他资产重组后，原单位名称发生更改的，仍以原单位（名称）作为被告单位。承受原单位权利义务的单位法定代表人或者负责人为诉讼代表人。

单位走私犯罪后，发生分立、合并或者其他资产重组情形，以及被依法注销、宣告破产等情况的，无论承受该单位权利义务的单位是否存在，均应追究原单位直接负责的主管人员和其他直接责任人员的刑事责任。

人民法院对原走私单位判处罚金的，应当将承受原单位权利义务的单位作为被执行人。罚金超出新单位所承受的财产的，可在执行中予以减除。**两高、海关总署《关于办理走私刑事案件适用法律若干问题的意见》法〔2002〕139号 2002/07/08 第十九条**

[单位与个人共同走私普通货物、物品案件的处理] 单位和个人（不包括单位直接负责的主管人员和其他直接责任人员）共同走私的，单位和个人均应对共同走私所偷逃应缴税额负责。

对单位和个人共同走私偷逃应缴税额为5万元以上不满25万元的，应当根据其在案件中所起的作用，区分不同情况做出处理。单位起主要作用的，对单位和个人均不追究刑事责任，由海关予以行政处理；个人起主要作用的，对个人依照刑法有关规定追究刑事责任，对单位由海关予以行政处理。无法认定单位或个人起主要作用的，对个人和单位分别按个人犯罪和单位犯罪的标准处理。

单位和个人共同走私偷逃应缴税额超过25万元且能区分主、从犯的，应当按照刑法关于主、从犯的有关规定，对从犯从轻、减轻处罚或者免除处罚。**两高、海关总署《关于办理走私刑事案件适用法律若干问题的意见》法〔2002〕139号 2002/07/08 第二十条**

[单位走私犯罪案件自首的认定] 在办理单位走私犯罪案件中，对单位集体决定自首的，或者单位直接负责的主管人员自首的，应当认定单位自首。认定单位自首后，如实交代主要犯罪事实的单位负责的其他主管人

员和其他直接责任人员，可视为自首，但对拒不交代主要犯罪事实或逃避法律追究的人员，不以自首论。两高、海关总署《关于办理走私刑事案件适用法律若干问题的意见》法〔2002〕139号 2002/07/08 第二十一条

[共同走私犯罪案件如何判处罚金刑问题] 审理共同走私犯罪案件时，对各共同犯罪人判处罚金的总额应掌握在共同走私行为偷逃应缴税额的一倍以上五倍以下。两高、海关总署《关于办理走私刑事案件适用法律若干问题的意见》法〔2002〕139号 2002/07/08 第二十二条

[走私货物、物品、走私违法所得以及走私犯罪工具的处理] 在办理走私犯罪案件过程中，对发现的走私货物、物品、走私违法所得以及属于走私犯罪分子所有的犯罪工具，走私犯罪侦查机关应当及时追缴，依法予以查扣、冻结。在移送审查起诉时应当将扣押物品文件清单、冻结存款证明文件等材料随案移送，对于扣押的危险品或者鲜活、易腐、易失效、易贬值等不宜长期保存的货物、物品，已经依法先行变卖、拍卖的，应当随案移送变卖、拍卖物品清单以及原物的照片或者录像资料；人民检察院在提起公诉时应当将上述扣押物品文件清单、冻结存款证明和变卖、拍卖物品清单一并移送；人民法院在判决走私罪案件时，应当对随案清单、证明文件中载明的款、物审查确认并依法判决予以追缴、没收；海关根据人民法院的判决和海关法的有关规定予以处理，上缴中央国库。两高、海关总署《关于办理走私刑事案件适用法律若干问题的意见》法〔2002〕139号 2002/07/08 第二十三条

[走私货物、物品无法扣押或者不便扣押情况下走私违法所得的追缴问题] 在办理走私普通货物、物品犯罪案件中，对于走私货物、物品因流入国内市场或者投入使用，致使走私货物、物品无法扣押或者不便扣押的，应当按照走私货物、物品的进出口完税价格认定违法所得予以追缴；走私货物、物品实际销售价格高于进出口完税价格的，应当按照实际销售价格认定违法所得予以追缴。两高、海关总署《关于办理走私刑事案件适用法律若干问题的意见》法〔2002〕139号 2002/07/08 第二十四条

第一百五十一条　【走私武器、弹药罪，走私核材料罪、走私假币罪；走私文物罪，走私贵重金属罪，走私珍贵动物、珍贵

动物制品罪；走私国家禁止进出口的货物、物品罪】走私武器、弹药、核材料或者伪造的货币的，处七年以上有期徒刑，并处罚金或者没收财产；情节特别严重的，处无期徒刑，并处没收财产；情节较轻的，处三年以上七年以下有期徒刑，并处罚金。

走私国家禁止出口的文物、黄金、白银和其他贵重金属或者国家禁止进出口的珍贵动物及其制品的，处五年以上十年以下有期徒刑，并处罚金；情节特别严重的，处十年以上有期徒刑或者无期徒刑，并处没收财产；情节较轻的，处五年以下有期徒刑，并处罚金。

走私珍稀植物及其制品等国家禁止进出口的其他货物、物品的，处五年以下有期徒刑或者拘役，并处或者单处罚金；情节严重的，处五年以上有期徒刑，并处罚金。

单位犯本条规定之罪的，对单位判处罚金，并对其直接负责的主管人员和其他直接责任人员，依照本条各款的规定处罚。①

[国家禁止出口的文物的认定] 刑法第一百五十一条规定的“国家禁止出口的文物”，依照《中华人民共和国文物保护法》规定的“国家禁止

---

① 根据2009年2月28日《刑法修正案（七）》第一次修改，原第三款条文为：“走私国家禁止进出口的珍稀植物及其制品的，处五年以下有期徒刑，并处或者单处罚金；情节严重的，处五年以上有期徒刑，并处罚金。”

根据2011年5月1日《刑法修正案（八）》第二次修改，原条文为：“走私武器、弹药、核材料或者伪造的货币的，处七年以上有期徒刑，并处罚金或者没收财产；情节特别严重的，处无期徒刑或者死刑，并处没收财产；情节较轻的，处三年以上七年以下有期徒刑，并处罚金。

“走私国家禁止出口的文物、黄金、白银和其他贵重金属或者国家禁止进出口的珍贵动物及其制品的，处五年以上有期徒刑，并处罚金；情节较轻的，处五年以下有期徒刑，并处罚金。

“走私珍稀植物及其制品等国家禁止进出口的其他货物、物品的，处五年以下有期徒刑或者拘役，并处或者单处罚金；情节严重的，处五年以上有期徒刑，并处罚金。

“犯第一款、第二款罪，情节特别严重的，处无期徒刑或者死刑，并处没收财产。

“单位犯本条规定之罪的，对单位判处罚金，并对其直接负责的主管人员和其他直接责任人员，依照本条各款的规定处罚。”

根据2015年11月1日《刑法修正案（九）》第三次修改，原第一款条文为：“走私武器、弹药、核材料或者伪造的货币的，处七年以上有期徒刑，并处罚金或者没收财产；情节特别严重的，处无期徒刑或者死刑，并处没收财产；情节较轻的，处三年以上七年以下有期徒刑，并处罚金。”

出境的文物”的范围认定。两高《关于办理妨害文物管理等刑事案件适用法律若干问题的解释》法释〔2015〕23号 2016/01/01 第一条第一款

[走私国家禁止出口的二级、一级、三级文物的] 走私国家禁止出口的二级文物的，应当依照刑法第一百五十一条第二款的规定，以走私文物罪处五年以上十年以下有期徒刑，并处罚金；走私国家禁止出口的一级文物的，应当认定为刑法第一百五十一条第二款规定的“情节特别严重”；走私国家禁止出口的三级文物的，应当认定为刑法第一百五十一条第二款规定的“情节较轻”。两高《关于办理妨害文物管理等刑事案件适用法律若干问题的解释》法释〔2015〕23号 2016/01/01 第一条第二款

[走私国家禁止出口的文物，无法确定文物等级，或者按照文物等级定罪量刑明显过轻或者过重的] 走私国家禁止出口的文物，无法确定文物等级，或者按照文物等级定罪量刑明显过轻或者过重的，可以按照走私的文物价值定罪量刑。走私的文物价值在二十万元以上不满一百万元的，应当依照刑法第一百五十一条第二款的规定，以走私文物罪处五年以上十年以下有期徒刑，并处罚金；文物价值在一百万元以上的，应当认定为刑法第一百五十一条第二款规定的“情节特别严重”；文物价值在五万元以上不满二十万元的，应当认定为刑法第一百五十一条第二款规定的“情节较轻”。两高《关于办理妨害文物管理等刑事案件适用法律若干问题的解释》法释〔2015〕23号 2016/01/01 第一条第三款

[针对不可移动文物整体实施走私、盗窃、倒卖等行为的] 针对不可移动文物整体实施走私、盗窃、倒卖等行为的，根据所属不可移动文物的等级，依照本解释第一条、第二条、第六条的规定定罪量刑：

（一）尚未被确定为文物保护单位的不可移动文物，适用一般文物的定罪量刑标准；

（二）市、县级文物保护单位，适用三级文物的定罪量刑标准；

（三）全国重点文物保护单位、省级文物保护单位，适用二级以上文物的定罪量刑标准。两高《关于办理妨害文物管理等刑事案件适用法律若干问题的解释》法释〔2015〕23号 2016/01/01 第十二条第一款

[针对不可移动文物中的建筑构件、壁画、雕塑、石刻等实施走私、盗窃、倒卖等行为的] 针对不可移动文物中的建筑构件、壁画、雕塑、石

刻等实施走私、盗窃、倒卖等行为的，根据建筑构件、壁画、雕塑、石刻等文物本身的等级或者价值，依照本解释第一条、第二条、第六条的规定定罪量刑。建筑构件、壁画、雕塑、石刻等所属不可移动文物的等级，应当作为量刑情节予以考虑。**两高《关于办理妨害文物管理等刑事案件适用法律若干问题的解释》法释〔2015〕23号 2016/01/01 第十二条第二款**

[依照文物价值定罪量刑的] 依照文物价值定罪量刑的，根据涉案文物的有效价格证明认定文物价值；无有效价格证明，或者根据价格证明认定明显不合理的，根据销赃数额认定，或者结合本解释第十五条规定的鉴定意见、报告认定。**两高《关于办理妨害文物管理等刑事案件适用法律若干问题的解释》法释〔2015〕23号 2016/01/01 第十四条**

[在行为人实施有关行为前，文物行政部门已对涉案文物及其等级作出认定的] 在行为人实施有关行为前，文物行政部门已对涉案文物及其等级作出认定的，可以直接对有关案件事实作出认定。**两高《关于办理妨害文物管理等刑事案件适用法律若干问题的解释》法释〔2015〕23号 2016/01/01 第十五条第一款**

[对案件涉及的有关文物鉴定、价值认定等专门性问题难以确定的] 对案件涉及的有关文物鉴定、价值认定等专门性问题难以确定的，由司法鉴定机构出具鉴定意见，或者由国务院文物行政部门指定的机构出具报告。其中，对于文物价值，也可以由有关价格认证机构作出价格认证并出具报告。**两高《关于办理妨害文物管理等刑事案件适用法律若干问题的解释》法释〔2015〕23号 2016/01/01 第十五条第二款**

[可以认定为犯罪情节轻微，不起诉或者免予刑事处罚] 实施本解释第一条、第二条、第六条至第九条规定的行为，虽已达到应当追究刑事责任的标准，但行为人系初犯，积极退回或者协助追回文物，未造成文物损毁，并确有悔罪表现的，可以认定为犯罪情节轻微，不起诉或者免予刑事处罚。

实施本解释第三条至第五条规定的行为，虽已达到应当追究刑事责任的标准，但行为人系初犯，积极赔偿损失，并确有悔罪表现的，可以认定为犯罪情节轻微，不起诉或者免予刑事处罚。**两高《关于办理妨害文物管理等刑事案件适用法律若干问题的解释》法释〔2015〕23号 2016/01/01 第十六条**

［走私、盗窃、损毁、倒卖、盗掘或者非法转让具有科学价值的古脊椎动物化石、古人类化石的］走私、盗窃、损毁、倒卖、盗掘或者非法转让具有科学价值的古脊椎动物化石、古人类化石的，依照刑法和本解释的有关规定定罪量刑。两高《关于办理妨害文物管理等刑事案件适用法律若干问题的解释》法释〔2015〕23号 2016/01/01 第十七条

［单位实施走私文物、倒卖文物等行为，构成犯罪的］单位实施走私文物、倒卖文物等行为，构成犯罪的，依照本解释规定的相应自然人犯罪的定罪量刑标准，对直接负责的主管人员和其他直接责任人员定罪处罚，并对单位判处罚金。两高《关于办理妨害文物管理等刑事案件适用法律若干问题的解释》法释〔2015〕23号 2016/01/01 第十一条第一款

［情节较轻］走私武器、弹药，具有下列情形之一的，可以认定为刑法第一百五十一条第一款规定的“情节较轻”：

（一）走私以压缩气体等非火药为动力发射枪弹的枪支二支以上不满五支的；

（二）走私气枪铅弹五百发以上不满二千五百发，或者其他子弹十发以上不满五十发的；

（三）未达到上述数量标准，但属于犯罪集团的首要分子，使用特种车辆从事走私活动，或者走私的武器、弹药被用于实施犯罪等情形的；

（四）走私各种口径在六十毫米以下常规炮弹、手榴弹或者枪榴弹等分别或者合计不满五枚的。两高《关于办理走私刑事案件适用法律若干问题的解释》法释〔2014〕10号 2014/09/10 第一条第一款

［处七年以上有期徒刑，并处罚金或者没收财产］具有下列情形之一的，依照刑法第一百五十一条第一款的规定处七年以上有期徒刑，并处罚金或者没收财产：

（一）走私以火药为动力发射枪弹的枪支一支，或者以压缩气体等非火药为动力发射枪弹的枪支五支以上不满十支的；

（二）走私第一款第二项规定的弹药，数量在该项规定的最高数量以上不满最高数量五倍的；

（三）走私各种口径在六十毫米以下常规炮弹、手榴弹或者枪榴弹等分别或者合计达到五枚以上不满十枚，或者各种口径超过六十毫米以上常

规炮弹合计不满五枚的；

（四）达到第一款第一、二、四项规定的数量标准，且属于犯罪集团的首要分子，使用特种车辆从事走私活动，或者走私的武器、弹药被用于实施犯罪等情形的。**两高《关于办理走私刑事案件适用法律若干问题的解释》法释〔2014〕10号 2014/09/10 第一条第二款**

[情节特别严重] 具有下列情形之一的，应当认定为刑法第一百五十一条第一款规定的“情节特别严重”：

（一）走私第二款第一项规定的枪支，数量超过该项规定的数量标准的；

（二）走私第一款第二项规定的弹药，数量在该项规定的最高数量标准五倍以上的；

（三）走私第二款第三项规定的弹药，数量超过该项规定的数量标准，或者走私具有巨大杀伤力的非常规炮弹一枚以上的；

（四）达到第二款第一项至第三项规定的数量标准，且属于犯罪集团的首要分子，使用特种车辆从事走私活动，或者走私的武器、弹药被用于实施犯罪等情形的。**两高《关于办理走私刑事案件适用法律若干问题的解释》法释〔2014〕10号 2014/09/10 第一条第三款**

[参照处罚] 走私其他武器、弹药，构成犯罪的，参照本条各款规定的标准处罚。**两高《关于办理走私刑事案件适用法律若干问题的解释》法释〔2014〕10号 2014/09/10 第一条第四款**

[武器、弹药] 刑法第一百五十一条第一款规定的“武器、弹药”的种类，参照《中华人民共和国进口税则》及《中华人民共和国禁止进出境物品表》的有关规定确定。**两高《关于办理走私刑事案件适用法律若干问题的解释》法释〔2014〕10号 2014/09/10 第二条**

[走私枪支散件的] 走私枪支散件，构成犯罪的，依照刑法第一百五十一条第一款的规定，以走私武器罪定罪处罚。成套枪支散件以相应数量的枪支计，非成套枪支散件以每三十件为一套枪支散件计。**两高《关于办理走私刑事案件适用法律若干问题的解释》法释〔2014〕10号 2014/09/10 第三条**

[走私各种弹药的弹头、弹壳的] 走私各种弹药的弹头、弹壳，构成犯罪的，依照刑法第一百五十一条第一款的规定，以走私弹药罪定罪处

罚。具体的定罪量刑标准，按照本解释第一条规定的数量标准的五倍执行。**两高《关于办理走私刑事案件适用法律若干问题的解释》法释〔2014〕10号 2014/09/10 第四条第一款**

［走私国家禁止或者限制进出口的仿真枪、管制刀具的］走私国家禁止或者限制进出口的仿真枪、管制刀具，构成犯罪的，依照刑法第一百五十一条第三款的规定，以走私国家禁止进出口的货物、物品罪定罪处罚。具体的定罪量刑标准，适用本解释第十一条第一款第六、七项和第二款的规定。

走私的仿真枪经鉴定为枪支，构成犯罪的，依照刑法第一百五十一条第一款的规定，以走私武器罪定罪处罚。不以牟利或者从事违法犯罪活动为目的，且无其他严重情节的，可以依法从轻处罚；情节轻微不需要判处刑罚的，可以免予刑事处罚。**两高《关于办理走私刑事案件适用法律若干问题的解释》法释〔2014〕10号 2014/09/10 第五条**

［走私伪造的货币　情节较轻］走私伪造的货币，数额在二千元以上不满二万元，或者数量在二百张（枚）以上不满二千张（枚）的，可以认定为刑法第一百五十一条第一款规定的"情节较轻"。

具有下列情形之一的，依照刑法第一百五十一条第一款的规定处七年以上有期徒刑，并处罚金或者没收财产：

（一）走私数额在二万元以上不满二十万元，或者数量在二千张（枚）以上不满二万张（枚）的；

（二）走私数额或者数量达到第一款规定的标准，且具有走私的伪造货币流入市场等情节的。**两高《关于办理走私刑事案件适用法律若干问题的解释》法释〔2014〕10号 2014/09/10 第六条第一款、第二款**

［走私伪造的货币　情节特别严重］具有下列情形之一的，应当认定为刑法第一百五十一条第一款规定的"情节特别严重"：

（一）走私数额在二十万元以上，或者数量在二万张（枚）以上的；

（二）走私数额或者数量达到第二款第一项规定的标准，且属于犯罪集团的首要分子，使用特种车辆从事走私活动，或者走私的伪造货币流入市场等情形的。**两高《关于办理走私刑事案件适用法律若干问题的解释》法释〔2014〕10号 2014/09/10 第六条第三款**

[货币] 刑法第一百五十一条第一款规定的“货币”，包括正在流通的人民币和境外货币。伪造的境外货币数额，折合成人民币计算。两高《关于办理走私刑事案件适用法律若干问题的解释》法释〔2014〕10号 2014/09/10 第七条

[走私国家禁止出口的三级文物二件以下的　情节较轻] 走私国家禁止出口的三级文物二件以下的，可以认定为刑法第一百五十一条第二款规定的“情节较轻”。

具有下列情形之一的，依照刑法第一百五十一条第二款的规定处五年以上十年以下有期徒刑，并处罚金：

(一) 走私国家禁止出口的二级文物不满三件，或者三级文物三件以上不满九件的；

(二) 走私国家禁止出口的三级文物不满三件，且具有造成文物严重毁损或者无法追回等情节的。两高《关于办理走私刑事案件适用法律若干问题的解释》法释〔2014〕10号 2014/09/10 第八条第一款、第二款

[走私国家禁止出口的文物　情节特别严重] 具有下列情形之一的，应当认定为刑法第一百五十一条第二款规定的“情节特别严重”：

(一) 走私国家禁止出口的一级文物一件以上，或者二级文物三件以上，或者三级文物九件以上的；

(二) 走私国家禁止出口的文物达到第二款第一项规定的数量标准，且属于犯罪集团的首要分子，使用特种车辆从事走私活动，或者造成文物严重毁损、无法追回等情形的。两高《关于办理走私刑事案件适用法律若干问题的解释》法释〔2014〕10号 2014/09/10 第八条第三款

[走私国家一、二级保护动物或者走私珍贵动物制品　情节较轻] 走私国家一、二级保护动物未达到本解释附表中（一）规定的数量标准，或者走私珍贵动物制品数额不满二十万元的，可以认定为刑法第一百五十一条第二款规定的“情节较轻”。

具有下列情形之一的，依照刑法第一百五十一条第二款的规定处五年以上十年以下有期徒刑，并处罚金：

(一) 走私国家一、二级保护动物达到本解释附表中（一）规定的数量标准的；

(二) 走私珍贵动物制品数额在二十万元以上不满一百万元的；

（三）走私国家一、二级保护动物未达到本解释附表中（一）规定的数量标准，但具有造成该珍贵动物死亡或者无法追回等情节的。**两高《关于办理走私刑事案件适用法律若干问题的解释》法释〔2014〕10号 2014/09/10 第九条第一款、第二款**

［走私国家一、二级保护动物或者走私珍贵动物制品　情节特别严重］具有下列情形之一的，应当认定为刑法第一百五十一条第二款规定的“情节特别严重”：

（一）走私国家一、二级保护动物达到本解释附表中（二）规定的数量标准的；

（二）走私珍贵动物制品数额在一百万元以上的；

（三）走私国家一、二级保护动物达到本解释附表中（一）规定的数量标准，且属于犯罪集团的首要分子，使用特种车辆从事走私活动，或者造成该珍贵动物死亡、无法追回等情形的。

不以牟利为目的，为留作纪念而走私珍贵动物制品进境，数额不满十万元的，可以免予刑事处罚；情节显著轻微的，不作为犯罪处理。**两高《关于办理走私刑事案件适用法律若干问题的解释》法释〔2014〕10号 2014/09/10 第九条第三款、第四款**

［珍贵动物］刑法第一百五十一条第二款规定的“珍贵动物”，包括列入《国家重点保护野生动物名录》中的国家一、二级保护野生动物，《濒危野生动植物种国际贸易公约》附录Ⅰ、附录Ⅱ中的野生动物，以及驯养繁殖的上述动物。

走私本解释附表中未规定的珍贵动物的，参照附表中规定的同属或者同科动物的数量标准执行。**两高《关于办理走私刑事案件适用法律若干问题的解释》法释〔2014〕10号 2014/09/10 第十条第一款、第二款**

［珍贵动物制品］走私本解释附表中未规定珍贵动物的制品的，按照《最高人民法院、最高人民检察院、国家林业局、公安部、海关总署关于破坏野生动物资源刑事案件中涉及的CITES附录Ⅰ和附录Ⅱ所列陆生野生动物制品价值核定问题的通知》（林濒发〔2012〕239号）的有关规定核定价值。**两高《关于办理走私刑事案件适用法律若干问题的解释》法释〔2014〕10号 2014/09/10 第十条第三款**

[走私国家禁止进出口的货物、物品] 走私国家禁止进出口的货物、物品，具有下列情形之一的，依照刑法第一百五十一条第三款的规定处五年以下有期徒刑或者拘役，并处或者单处罚金：

(一) 走私国家一级保护野生植物五株以上不满二十五株，国家二级保护野生植物十株以上不满五十株，或者珍稀植物、珍稀植物制品数额在二十万元以上不满一百万元的；

(二) 走私重点保护古生物化石或者未命名的古生物化石不满十件，或者一般保护古生物化石十件以上不满五十件的；

(三) 走私禁止进出口的有毒物质一吨以上不满五吨，或者数额在二万元以上不满十万元的；

(四) 走私来自境外疫区的动植物及其产品五吨以上不满二十五吨，或者数额在五万元以上不满二十五万元的；

(五) 走私木炭、硅砂等妨害环境、资源保护的货物、物品十吨以上不满五十吨，或者数额在十万元以上不满五十万元的；

(六) 走私旧机动车、切割车、旧机电产品或者其他禁止进出口的货物、物品二十吨以上不满一百吨，或者数额在二十万元以上不满一百万元的；

(七) 数量或者数额未达到本款第一项至第六项规定的标准，但属于犯罪集团的首要分子，使用特种车辆从事走私活动，造成环境严重污染，或者引起甲类传染病传播、重大动植物疫情等情形的。**两高《关于办理走私刑事案件适用法律若干问题的解释》法释〔2014〕10号 2014/09/10 第十一条第一款**

[走私国家禁止进出口的货物、物品　情节严重] 具有下列情形之一的，应当认定为刑法第一百五十一条第三款规定的“情节严重”：

(一) 走私数量或者数额超过前款第一项至第六项规定的标准的；

(二) 达到前款第一项至第六项规定的标准，且属于犯罪集团的首要分子，使用特种车辆从事走私活动，造成环境严重污染，或者引起甲类传染病传播、重大动植物疫情等情形的。**两高《关于办理走私刑事案件适用法律若干问题的解释》法释〔2014〕10号 2014/09/10 第十一条第二款**

[珍稀植物] 刑法第一百五十一条第三款规定的“珍稀植物”，包括列

入《国家重点保护野生植物名录》《国家重点保护野生药材物种名录》《国家珍贵树种名录》中的国家一、二级保护野生植物、国家重点保护的野生药材、珍贵树木，《濒危野生动植物种国际贸易公约》附录Ⅰ、附录Ⅱ中的野生植物，以及人工培育的上述植物。**两高《关于办理走私刑事案件适用法律若干问题的解释》法释〔2014〕10号 2014/09/10 第十二条第一款**

[古生物化石] 本解释规定的“古生物化石”，按照《古生物化石保护条例》的规定予以认定。走私具有科学价值的古脊椎动物化石、古人类化石，构成犯罪的，依照刑法第一百五十一条第二款的规定，以走私文物罪定罪处罚。**两高《关于办理走私刑事案件适用法律若干问题的解释》法释〔2014〕10号 2014/09/10 第十二条第二款**

[直接向走私人非法收购走私进口的货物、物品的] 直接向走私人非法收购走私进口的货物、物品，在内海、领海、界河、界湖运输、收购、贩卖国家禁止进出口的物品，或者没有合法证明，在内海、领海、界河、界湖运输、收购、贩卖国家限制进出口的货物、物品，构成犯罪的，应当按照走私货物、物品的种类，分别依照刑法第一百五十一条、第一百五十二条、第一百五十三条、第三百四十七条、第三百五十条的规定定罪处罚。**两高《关于办理走私刑事案件适用法律若干问题的解释》法释〔2014〕10号 2014/09/10 第二十条第一款**

[未经许可进出口国家限制进出口的货物、物品的] 未经许可进出口国家限制进出口的货物、物品，构成犯罪的，应当依照刑法第一百五十一条、第一百五十二条的规定，以走私国家禁止进出口的货物、物品罪等罪名定罪处罚；偷逃应缴税额，同时又构成走私普通货物、物品罪的，依照处罚较重的规定定罪处罚。

取得许可，但超过许可数量进出口国家限制进出口的货物、物品，构成犯罪的，依照刑法第一百五十三条的规定，以走私普通货物、物品罪定罪处罚。**两高《关于办理走私刑事案件适用法律若干问题的解释》法释〔2014〕10号 2014/09/10 第二十一条第一款、第二款**

[租用、借用或者使用购买的他人许可证，进出口国家限制进出口的货物、物品的] 租用、借用或者使用购买的他人许可证，进出口国家限制进出口的货物、物品的，适用本条第一款的规定定罪处罚。**两高《关于办理**

走私刑事案件适用法律若干问题的解释》法释〔2014〕10号 2014/09/10 第二十一条第三款

[在走私的货物、物品中藏匿货物、物品的] 在走私的货物、物品中藏匿货物、物品，构成犯罪的，以实际走私的货物、物品定罪处罚；构成数罪的，实行数罪并罚。两高《关于办理走私刑事案件适用法律若干问题的解释》法释〔2014〕10号 2014/09/10 第二十二条

[走私犯罪犯罪既遂] 实施走私犯罪，具有下列情形之一的，应当认定为犯罪既遂：

（一）在海关监管现场被查获的；

（二）以虚假申报方式走私，申报行为实施完毕的；

（三）以保税货物或者特定减税、免税进口的货物、物品为对象走私，在境内销售的，或者申请核销行为实施完毕的。两高《关于办理走私刑事案件适用法律若干问题的解释》法释〔2014〕10号 2014/09/10 第二十三条

[单位犯走私罪的定罪处罚　情节严重　情节特别严重] 单位犯刑法第一百五十一条、第一百五十二条规定之罪，依照本解释规定的标准定罪处罚。

单位犯走私普通货物、物品罪，偷逃应缴税额在二十万元以上不满一百万元的，应当依照刑法第一百五十三条第二款的规定，对单位判处罚金，并对其直接负责的主管人员和其他直接责任人员，处三年以下有期徒刑或者拘役；偷逃应缴税额在一百万元以上不满五百万元的，应当认定为"情节严重"；偷逃应缴税额在五百万元以上的，应当认定为"情节特别严重"。两高《关于办理走私刑事案件适用法律若干问题的解释》法释〔2014〕10号 2014/09/10 第二十四条

[本解释的效力] 本解释发布实施后，《最高人民法院关于审理走私刑事案件具体应用法律若干问题的解释》（法释〔2000〕30号）、《最高人民法院关于审理走私刑事案件具体应用法律若干问题的解释（二）》（法释〔2006〕9号）同时废止。之前发布的司法解释与本解释不一致的，以本解释为准。两高《关于办理走私刑事案件适用法律若干问题的解释》法释〔2014〕10号 2014/09/10 第二十五条

[文物] 刑法有关文物的规定，适用于具有科学价值的古脊椎动物化

石、古人类化石。全国人大常委会《关于〈中华人民共和国刑法〉有关文物的规定适用于具有科学价值的古脊椎动物化石、古人类化石的解释》2005/12/29

[走私假币案立案追诉标准][走私假币案（刑法第一百五十一条第一款）] 走私伪造的货币，总面额在二千元以上或者币量在二百张（枚）以上的，应予立案追诉。最高检、公安部《关于公安机关管辖的刑事案件立案追诉标准的规定（二）》公通字〔2010〕23 号 2010/05/07 第二条

第一百五十二条 【走私淫秽物品罪；走私废物罪】 以牟利或者传播为目的，走私淫秽的影片、录像带、录音带、图片、书刊或者其他淫秽物品的，处三年以上十年以下有期徒刑，并处罚金；情节严重的，处十年以上有期徒刑或者无期徒刑，并处罚金或者没收财产；情节较轻的，处三年以下有期徒刑、拘役或者管制，并处罚金。

逃避海关监管将境外固体废物、液态废物和气态废物运输进境，情节严重的，处五年以下有期徒刑，并处或者单处罚金；情节特别严重的，处五年以上有期徒刑，并处罚金。①

单位犯前款罪的，对单位判处罚金，并对其直接负责的主管人员和其他直接责任人员，依照前款的规定处罚。②

[走私报废或者无法组装并使用的各种弹药的弹头、弹壳的] 走私报废或者无法组装并使用的各种弹药的弹头、弹壳，构成犯罪的，依照刑法第一百五十三条的规定，以走私普通货物、物品罪定罪处罚；属于废物的，依照刑法第一百五十二条第二款的规定，以走私废物罪定罪处罚。

弹头、弹壳是否属于前款规定的“报废或者无法组装并使用”或者“废物”，由国家有关技术部门进行鉴定。两高《关于办理走私刑事案件适用法律若干问题的解释》法释〔2014〕10 号 2014/09/10 第四条第二款、第三款

[走私淫秽物品 情节较轻] 以牟利或者传播为目的，走私淫秽物品，

---

① 根据 2002 年 12 月 28 日《刑法修正案（四）》增加作为第二款，原第二款改为第三款。

② 根据 2002 年 12 月 28 日《刑法修正案（四）》修改，本款原条文为：“单位犯前款罪的，对单位判处罚金，并对其直接负责的主管人员和其他直接责任人员，依照前款的规定处罚。”

达到下列数量之一的，可以认定为刑法第一百五十二条第一款规定的“情节较轻”：

（一）走私淫秽录像带、影碟五十盘（张）以上不满一百盘（张）的；

（二）走私淫秽录音带、音碟一百盘（张）以上不满二百盘（张）的；

（三）走私淫秽扑克、书刊、画册一百副（册）以上不满二百副（册）的；

（四）走私淫秽照片、画片五百张以上不满一千张的；

（五）走私其他淫秽物品相当于上述数量的。

走私淫秽物品在前款规定的最高数量以上不满最高数量五倍的，依照刑法第一百五十二条第一款的规定处三年以上十年以下有期徒刑，并处罚金。**两高《关于办理走私刑事案件适用法律若干问题的解释》法释〔2014〕10号 2014/09/10 第十三条第一款、第二款**

[走私淫秽物品　情节严重] 走私淫秽物品在第一款规定的最高数量五倍以上，或者在第一款规定的最高数量以上不满五倍，但属于犯罪集团的首要分子，使用特种车辆从事走私活动等情形的，应当认定为刑法第一百五十二条第一款规定的“情节严重”。**两高《关于办理走私刑事案件适用法律若干问题的解释》法释〔2014〕10号 2014/09/10 第十三条第三款**

[走私国家禁止进口的废物或者国家限制进口的可用作原料的废物　情节严重] 走私国家禁止进口的废物或者国家限制进口的可用作原料的废物，具有下列情形之一的，应当认定为刑法第一百五十二条第二款规定的“情节严重”：

（一）走私国家禁止进口的危险性固体废物、液态废物分别或者合计达到一吨以上不满五吨的；

（二）走私国家禁止进口的非危险性固体废物、液态废物分别或者合计达到五吨以上不满二十五吨的；

（三）走私国家限制进口的可用作原料的固体废物、液态废物分别或者合计达到二十吨以上不满一百吨的；

（四）未达到上述数量标准，但属于犯罪集团的首要分子，使用特种车辆从事走私活动，或者造成环境严重污染等情形的。**两高《关于办理走私**

刑事案件适用法律若干问题的解释》法释〔2014〕10号 2014/09/10 第十四条第一款

[走私国家禁止进口的废物或者国家限制进口的可用作原料的废物情节特别严重] 具有下列情形之一的，应当认定为刑法第一百五十二条第二款规定的“情节特别严重”：

（一）走私数量超过前款规定的标准的；

（二）达到前款规定的标准，且属于犯罪集团的首要分子，使用特种车辆从事走私活动，或者造成环境严重污染等情形的；

（三）未达到前款规定的标准，但造成环境严重污染且后果特别严重的。

两高《关于办理走私刑事案件适用法律若干问题的解释》法释〔2014〕10号 2014/09/10 第十四条第二款

[国家限制进口的可用作原料的废物的具体种类的确定] 国家限制进口的可用作原料的废物的具体种类，参照国家有关部门的规定确定。两高《关于办理走私刑事案件适用法律若干问题的解释》法释〔2014〕10号 2014/09/10 第十五条

[直接向走私人非法收购走私进口的货物、物品的] 直接向走私人非法收购走私进口的货物、物品，在内海、领海、界河、界湖运输、收购、贩卖国家禁止进出口的物品，或者没有合法证明，在内海、领海、界河、界湖运输、收购、贩卖国家限制进出口的货物、物品，构成犯罪的，应当按照走私货物、物品的种类，分别依照刑法第一百五十一条、第一百五十二条、第一百五十三条、第三百四十七条、第三百五十条的规定定罪处罚。两高《关于办理走私刑事案件适用法律若干问题的解释》法释〔2014〕10号 2014/09/10 第二十条第一款

[未经许可进出口国家限制进出口的货物、物品的] 未经许可进出口国家限制进出口的货物、物品，构成犯罪的，应当依照刑法第一百五十一条、第一百五十二条的规定，以走私国家禁止进出口的货物、物品罪等罪名定罪处罚；偷逃应缴税额，同时又构成走私普通货物、物品罪的，依照处罚较重的规定定罪处罚。

取得许可，但超过许可数量进出口国家限制进出口的货物、物品，构成犯罪的，依照刑法第一百五十三条的规定，以走私普通货物、物品罪定

罪处罚。两高《关于办理走私刑事案件适用法律若干问题的解释》法释〔2014〕10号 2014/09/10 第二十一条第一款、第二款

[租用、借用或者使用购买的他人许可证，进出口国家限制进出口的货物、物品的] 租用、借用或者使用购买的他人许可证，进出口国家限制进出口的货物、物品的，适用本条第一款的规定定罪处罚。两高《关于办理走私刑事案件适用法律若干问题的解释》法释〔2014〕10号 2014/09/10 第二十一条第三款

[在走私的货物、物品中藏匿货物、物品的] 在走私的货物、物品中藏匿刑法第一百五十一条、第一百五十二条、第三百四十七条、第三百五十条规定的货物、物品，构成犯罪的，以实际走私的货物、物品定罪处罚；构成数罪的，实行数罪并罚。两高《关于办理走私刑事案件适用法律若干问题的解释》法释〔2014〕10号 2014/09/10 第二十二条

[走私犯罪犯罪既遂] 实施走私犯罪，具有下列情形之一的，应当认定为犯罪既遂：

（一）在海关监管现场被查获的；

（二）以虚假申报方式走私，申报行为实施完毕的；

（三）以保税货物或者特定减税、免税进口的货物、物品为对象走私，在境内销售的，或者申请核销行为实施完毕的。两高《关于办理走私刑事案件适用法律若干问题的解释》法释〔2014〕10号 2014/09/10 第二十三条

[单位犯走私罪的定罪处罚　情节严重　情节特别严重] 单位犯刑法第一百五十一条、第一百五十二条规定之罪，依照本解释规定的标准定罪处罚。

单位犯走私普通货物、物品罪，偷逃应缴税额在二十万元以上不满一百万元的，应当依照刑法第一百五十三条第二款的规定，对单位判处罚金，并对其直接负责的主管人员和其他直接责任人员，处三年以下有期徒刑或者拘役；偷逃应缴税额在一百万元以上不满五百万元的，应当认定为"情节严重"；偷逃应缴税额在五百万元以上的，应当认定为"情节特别严重"。两高《关于办理走私刑事案件适用法律若干问题的解释》法释〔2014〕10号 2014/09/10 第二十四条

[本解释的效力] 本解释发布实施后，《最高人民法院关于审理走私刑

事案件具体应用法律若干问题的解释》（法释〔2000〕30号）、《最高人民法院关于审理走私刑事案件具体应用法律若干问题的解释（二）》（法释〔2006〕9号）同时废止。之前发布的司法解释与本解释不一致的，以本解释为准。**两高《关于办理走私刑事案件适用法律若干问题的解释》法释〔2014〕10号 2014/09/10 第二十五条**

［走私淫秽物品案立案追诉标准］［走私淫秽物品案（刑法第一百五十二条第一款）］以牟利或者传播为目的，走私淫秽的影片、录像带、录音带、图片、书刊或者其他通过文字、声音、形象等形式表现淫秽内容的影碟、音碟、电子出版物等物品，涉嫌下列情形之一的，应予立案追诉：

（一）走私淫秽录像带、影碟五十盘（张）以上的；

（二）走私淫秽录音带、音碟一百盘（张）以上的；

（三）走私淫秽扑克、书刊、画册一百副（册）以上的；

（四）走私淫秽照片、画片五百张以上的；

（五）走私其他淫秽物品相当于上述数量的；

（六）走私淫秽物品数量虽未达到本条第（一）项至第（四）项规定标准，但分别达到其中两项以上标准的百分之五十以上的。**最高检、公安部《关于公安机关管辖的刑事案件立案追诉标准的规定（一）》公通字〔2008〕36号 2008/06/25 第二十五条**

第一百五十三条　【走私普通货物、物品罪】走私本法第一百五十一条、第一百五十二条、第三百四十七条规定以外的货物、物品的，根据情节轻重，分别依照下列规定处罚：

（一）走私货物、物品偷逃应缴税额较大或者一年内曾因走私被给予二次行政处罚后又走私的，处三年以下有期徒刑或者拘役，并处偷逃应缴税额一倍以上五倍以下罚金。

（二）走私货物、物品偷逃应缴税额巨大或者有其他严重情节的，处三年以上十年以下有期徒刑，并处偷逃应缴税额一倍以上五倍以下罚金。

（三）走私货物、物品偷逃应缴税额特别巨大或者有其他特别严重情节的，处十年以上有期徒刑或者无期徒刑，并处偷逃应缴税额一倍以上五倍以下罚金或者没收财产。[①]

单位犯前款罪的，对单位判处罚金，并对其直接负责的主管人员和其他直接责任人员，处三年以下有期徒刑或者拘役；情节严重的，处三年以上十年以下有期徒刑；情节特别严重的，处十年以上有期徒刑。

对多次走私未经处理的，按照累计走私货物、物品的偷逃应缴税额处罚。

[走私报废或者无法组装并使用的各种弹药的弹头、弹壳的] 走私报废或者无法组装并使用的各种弹药的弹头、弹壳，构成犯罪的，依照刑法第一百五十三条的规定，以走私普通货物、物品罪定罪处罚；属于废物的，依照刑法第一百五十二条第二款的规定，以走私废物罪定罪处罚。

弹头、弹壳是否属于前款规定的“报废或者无法组装并使用”或者“废物”，由国家有关技术部门进行鉴定。两高《关于办理走私刑事案件适用法律若干问题的解释》法释〔2014〕10号 2014/09/10 第四条第二款、第三款

[偷逃应缴税额较大　偷逃应缴税额巨大　偷逃应缴税额特别巨大] 走私普通货物、物品，偷逃应缴税额在十万元以上不满五十万元的，应当认定为刑法第一百五十三条第一款规定的“偷逃应缴税额较大”；偷逃应缴税额在五十万元以上不满二百五十万元的，应当认定为“偷逃应缴税额巨大”；偷逃应缴税额在二百五十万元以上的，应当认定为“偷逃应缴税额特别巨大”。两高《关于办理走私刑事案件适用法律若干问题的解释》法释

---

① 根据2011年2月25日《刑法修正案（八）》修改，原条文为：“走私本法第一百五十一条、第一百五十二条、第三百四十七条规定以外的货物、物品的，根据情节轻重，分别依照下列规定处罚：

“（一）走私货物、物品偷逃应缴税额在五十万元以上的，处十年以上有期徒刑或者无期徒刑，并处偷逃应缴税额一倍以上五倍以下罚金或者没收财产；情节特别严重的，依照本法第一百五十一条第四款的规定处罚。

“（二）走私货物、物品偷逃应缴税额在十五万元以上不满五十万元的，处三年以上十年以下有期徒刑，并处偷逃应缴税额一倍以上五倍以下罚金；情节特别严重的，处十年以上有期徒刑或者无期徒刑，并处偷逃应缴税额一倍以上五倍以下罚金或者没收财产。

“（三）走私货物、物品偷逃应缴税额在五万元以上不满十五万元的，处三年以下有期徒刑或者拘役，并处偷逃应缴税额一倍以上五倍以下罚金。”

〔2014〕10号 2014/09/10 第十六条第一款

[其他严重情节 其他特别严重情节] 走私普通货物、物品，具有下列情形之一，偷逃应缴税额在三十万元以上不满五十万元的，应当认定为刑法第一百五十三条第一款规定的“其他严重情节”；偷逃应缴税额在一百五十万元以上不满二百五十万元的，应当认定为“其他特别严重情节”：

（一）犯罪集团的首要分子；

（二）使用特种车辆从事走私活动的；

（三）为实施走私犯罪，向国家机关工作人员行贿的；

（四）教唆、利用未成年人、孕妇等特殊人群走私的；

（五）聚众阻挠缉私的。两高《关于办理走私刑事案件适用法律若干问题的解释》法释〔2014〕10号 2014/09/10 第十六条第二款

[一年内 被给予二次行政处罚 又走私] 刑法第一百五十三条第一款规定的“一年内曾因走私被给予二次行政处罚后又走私”中的“一年内”，以因走私第一次受到行政处罚的生效之日与“又走私”行为实施之日的时间间隔计算确定；“被给予二次行政处罚”的走私行为，包括走私普通货物、物品以及其他货物、物品；“又走私”行为仅指走私普通货物、物品。两高《关于办理走私刑事案件适用法律若干问题的解释》法释〔2014〕10号 2014/09/10 第十七条

[应缴税额] 刑法第一百五十三条规定的“应缴税额”，包括进出口货物、物品应当缴纳的进出口关税和进口环节海关代征税的税额。应缴税额以走私行为实施时的税则、税率、汇率和完税价格计算；多次走私的，以每次走私行为实施时的税则、税率、汇率和完税价格逐票计算；走私行为实施时间不能确定的，以案发时的税则、税率、汇率和完税价格计算。两高《关于办理走私刑事案件适用法律若干问题的解释》法释〔2014〕10号 2014/09/10 第十八条第二款

[多次走私未经处理] 刑法第一百五十三条第三款规定的“多次走私未经处理”，包括未经行政处理和刑事处理。两高《关于办理走私刑事案件适用法律若干问题的解释》法释〔2014〕10号 2014/09/10 第十八条第二款

[直接向走私人非法收购走私进口的货物、物品的] 直接向走私人非法收购走私进口的货物、物品，在内海、领海、界河、界湖运输、收购、

贩卖国家禁止进出口的物品，或者没有合法证明，在内海、领海、界河、界湖运输、收购、贩卖国家限制进出口的货物、物品，构成犯罪的，应当按照走私货物、物品的种类，分别依照刑法第一百五十一条、第一百五十二条、第一百五十三条、第三百四十七条、第三百五十条的规定定罪处罚。**两高《关于办理走私刑事案件适用法律若干问题的解释》法释〔2014〕10号 2014/09/10 第二十条第一款**

[**未经许可进出口国家限制进出口的货物、物品的**] 未经许可进出口国家限制进出口的货物、物品，构成犯罪的，应当依照刑法第一百五十一条、第一百五十二条的规定，以走私国家禁止进出口的货物、物品罪等罪名定罪处罚；偷逃应缴税额，同时又构成走私普通货物、物品罪的，依照处罚较重的规定定罪处罚。

取得许可，但超过许可数量进出口国家限制进出口的货物、物品，构成犯罪的，依照刑法第一百五十三条的规定，以走私普通货物、物品罪定罪处罚。**两高《关于办理走私刑事案件适用法律若干问题的解释》法释〔2014〕10号 2014/09/10 第二十一条第一款、第二款**

[**租用、借用或者使用购买的他人许可证，进出口国家限制进出口的货物、物品的**] 租用、借用或者使用购买的他人许可证，进出口国家限制进出口的货物、物品的，适用本条第一款的规定定罪处罚。**两高《关于办理走私刑事案件适用法律若干问题的解释》法释〔2014〕10号 2014/09/10 第二十一条第三款**

[**走私犯罪犯罪既遂**] 实施走私犯罪，具有下列情形之一的，应当认定为犯罪既遂：

（一）在海关监管现场被查获的；

（二）以虚假申报方式走私，申报行为实施完毕的；

（三）以保税货物或者特定减税、免税进口的货物、物品为对象走私，在境内销售的，或者申请核销行为实施完毕的。**两高《关于办理走私刑事案件适用法律若干问题的解释》法释〔2014〕10号 2014/09/10 第二十三条**

[**单位犯走私罪的定罪处罚　情节严重　情节特别严重**] 单位犯刑法第一百五十一条、第一百五十二条规定之罪，依照本解释规定的标准定罪处罚。

单位犯走私普通货物、物品罪，偷逃应缴税额在二十万元以上不满一百万元的，应当依照刑法第一百五十三条第二款的规定，对单位判处罚金，并对其直接负责的主管人员和其他直接责任人员，处三年以下有期徒刑或者拘役；偷逃应缴税额在一百万元以上不满五百万元的，应当认定为“情节严重”；偷逃应缴税额在五百万元以上的，应当认定为“情节特别严重”。两高《关于办理走私刑事案件适用法律若干问题的解释》法释〔2014〕10号 2014/09/10 第二十四条

[本解释的效力] 本解释发布实施后，《最高人民法院关于审理走私刑事案件具体应用法律若干问题的解释》（法释〔2000〕30号）、《最高人民法院关于审理走私刑事案件具体应用法律若干问题的解释（二）》（法释〔2006〕9号）同时废止。之前发布的司法解释与本解释不一致的，以本解释为准。两高《关于办理走私刑事案件适用法律若干问题的解释》法释〔2014〕10号 2014/09/10 第二十五条

第一百五十四条　【特殊形式的走私普通货物、物品罪】下列走私行为，根据本节规定构成犯罪的，依照本法第一百五十三条的规定定罪处罚：

（一）未经海关许可并且未补缴应缴税额，擅自将批准进口的来料加工、来件装配、补偿贸易的原材料、零件、制成品、设备等保税货物，在境内销售牟利的；

（二）未经海关许可并且未补缴应缴税额，擅自将特定减税、免税进口的货物、物品，在境内销售牟利的。

[保税货物] 刑法第一百五十四条规定的“保税货物”，是指经海关批准，未办理纳税手续进境，在境内储存、加工、装配后应予复运出境的货物，包括通过加工贸易、补偿贸易等方式进口的货物，以及在保税仓库、保税工厂、保税区或者免税商店内等储存、加工、寄售的货物。两高《关于办理走私刑事案件适用法律若干问题的解释》法释〔2014〕10号 2014/09/10 第十九条

[销售牟利] 刑法第一百五十四条第（一）、（二）项规定的“销售牟利”，是指行为人主观上为了牟取非法利益而擅自销售海关监管的保税货物、特定减免税货物。该种行为是否构成犯罪，应当根据偷逃的应缴税额

是否达到刑法第一百五十三条及相关司法解释规定的数额标准予以认定。实际获利与否或者获利多少并不影响其定罪。两高、海关总署《办理走私刑事案件适用法律若干问题的意见》法〔2002〕139号 2002/07/08 第十三条

第一百五十五条　【间接走私行为以相应走私犯罪论处】下列行为，以走私罪论处，依照本节的有关规定处罚：

（一）直接向走私人非法收购国家禁止进口物品的，或者直接向走私人非法收购走私进口的其他货物、物品，数额较大的；

（二）在内海、领海、界河、界湖运输、收购、贩卖国家禁止进出口物品的，或者运输、收购、贩卖国家限制进出口货物、物品，数额较大，没有合法证明的。①

［内海］刑法第一百五十五条第二项规定的"内海"，包括内河的入海口水域。两高《关于办理走私刑事案件适用法律若干问题的解释》法释〔2014〕10号 2014/09/10 第二十条第二款

［海上走私犯罪案件如何追究运输人的刑事责任］对刑法第一百五十五条第（二）项规定的实施海上走私犯罪行为的运输人、收购人或者贩卖人应当追究刑事责任。对运输人，一般追究运输工具的负责人或者主要责任人的刑事责任，但对于事先通谋的、集资走私的，或者使用特殊的走私运输工具从事走私犯罪活动的，可以追究其他参与人员的刑事责任。两高、海关总署《办理走私刑事案件适用法律若干问题的意见》法〔2002〕139号 2002/07/08 第十四条

第一百五十六条　【走私共犯】与走私罪犯通谋，为其提供贷款、资金、账号、发票、证明，或者为其提供运输、保管、邮寄或者其他方便的，以走私罪的共犯论处。

---

① 根据2002年12月28日《刑法修正案（四）》修改，原条文为："下列行为，以走私罪论处，依照本节的有关规定处罚：

"（一）直接向走私人非法收购国家禁止进口物品的，或者直接向走私人非法收购走私进口的其他货物、物品，数额较大的；

"（二）在内海、领海运输、收购、贩卖国家禁止进出口物品的，或者运输、收购、贩卖国家限制进出口货物、物品，数额较大，没有合法证明的；

"（三）逃避海关监管将境外固体废物运输进境的。"

[与走私罪犯通谋] 通谋是指犯罪行为人之间事先或者事中形成的共同的走私故意。下列情形可以认定为通谋：

（一）对明知他人从事走私活动而同意为其提供贷款、资金、账号、发票、证明、海关单证，提供运输、保管、邮寄或者其他方便的；

（二）多次为同一走私犯罪分子的走私行为提供前项帮助的。两高、海关总署《办理走私刑事案件适用法律若干问题的意见》的通知　法〔2002〕139 号 2002/07/08 第十五条

第一百五十七条　【武装掩护走私、抗拒缉私的处罚规定】 武装掩护走私的，依照本法第一百五十一条第一款的规定从重处罚。①

以暴力、威胁方法抗拒缉私的，以走私罪和本法第二百七十七条规定的阻碍国家机关工作人员依法执行职务罪，依照数罪并罚的规定处罚。

第三节　妨害对公司、企业的管理秩序罪

第一百五十八条　【虚报注册资本罪】 申请公司登记使用虚假证明文件或者采取其他欺诈手段虚报注册资本，欺骗公司登记主管部门，取得公司登记，虚报注册资本数额巨大、后果严重或者有其他严重情节的，处三年以下有期徒刑或者拘役，并处或者单处虚报注册资本金额百分之一以上百分之五以下罚金。

单位犯前款罪的，对单位判处罚金，并对其直接负责的主管人员和其他直接责任人员，处三年以下有期徒刑或者拘役。

[严格把握罪与非罪的界限] 严格把握罪与非罪的界限。根据新修改的公司法和全国人大常委会立法解释，自 2014 年 3 月 1 日起，除依法实行

---

① 根据 2011 年 5 月 1 日《刑法修正案（八）》修改，原条文为："武装掩护走私的，依照本法第一百五十一条第一款、第四款的规定从重处罚。"

注册资本实缴登记制的公司（参见《国务院关于印发注册资本登记制度改革方案的通知》（国发〔2014〕7号））以外，对申请公司登记的单位和个人不得以虚报注册资本罪追究刑事责任；对公司股东、发起人不得以虚假出资、抽逃出资罪追究刑事责任。对依法实行注册资本实缴登记制的公司涉嫌虚报注册资本和虚假出资、抽逃出资犯罪的，各级公安机关、检察机关依照刑法和《立案追诉标准（二）》的相关规定追究刑事责任时，应当认真研究行为性质和危害后果，确保执法办案的法律效果和社会效果。**最高检、公安部《关于严格依法办理虚报注册资本和虚假出资抽逃出资刑事案件的通知》公经〔2014〕247号 2014/05/20 第二条**

[依法妥善处理跨时限案件] 依法妥善处理跨时限案件。各级公安机关、检察机关对发生在2014年3月1日以前尚未处理或者正在处理的虚报注册资本和虚假出资、抽逃出资刑事案件，应当按照刑法第十二条规定的精神处理：除依法实行注册资本实缴登记制的公司以外，依照新修改的公司法不再符合犯罪构成要件的案件，公安机关已经立案侦查的，应当撤销案件；检察机关已经批准逮捕的，应当撤销批准逮捕决定，并监督公安机关撤销案件；检察机关审查起诉的，应当作出不起诉决定；检察机关已经起诉的，应当撤回起诉并作出不起诉决定；检察机关已经抗诉的，应当撤回抗诉。**最高检、公安部《关于严格依法办理虚报注册资本和虚假出资抽逃出资刑事案件的通知》公经〔2014〕247号 2014/05/20 第三条**

[进一步加强工作联系和沟通] 进一步加强工作联系和沟通。各级公安机关、检察机关应当加强工作联系，对重大、疑难、复杂案件，主动征求意见，共同研究案件定性和法律适用等问题；应当加强与人民法院、工商行政管理等部门的工作联系，建立健全案件移送制度和有关工作协作制度，全面掌握公司注册资本制度改革后面临的经济犯罪态势；上级公安机关、检察机关应当加强对下级公安机关、检察机关的指导，确保虚报注册资本和虚假出资、抽逃出资案件得到依法妥善处理。**最高检、公安部《关于严格依法办理虚报注册资本和虚假出资抽逃出资刑事案件的通知》公经〔2014〕247号 2014/05/20 第四条**

[对实行注册资本实缴登记制、认缴登记制的公司的适用范围] 刑法第一百五十八条、第一百五十九条的规定，只适用于依法实行注册资本实

缴登记制的公司。全国人大常委会《关于〈中华人民共和国刑法〉第一百五十八条、第一百五十九条的解释》2014/04/24

[传销或者变相传销活动中虚报注册资本] 行为人在传销或者变相传销活动中实施销售假冒伪劣产品、诈骗、非法集资、虚报注册资本、偷税等行为，构成犯罪的，应当依照刑法的相关规定追究刑事责任。最高检研究室《关于1998年4月18日以前的传销或者变相传销行为如何处理的答复》2003/03/21

[虚报注册资本案立案追诉标准] [虚报注册资本案（刑法第一百五十八条）] 申请公司登记使用虚假证明文件或者采取其他欺诈手段虚报注册资本，欺骗公司登记主管部门，取得公司登记，涉嫌下列情形之一的，应予立案追诉：

（一）超过法定出资期限，实缴注册资本不足法定注册资本最低限额，有限责任公司虚报数额在三十万元以上并占其应缴出资数额百分之六十以上的，股份有限公司虚报数额在三百万元以上并占其应缴出资数额百分之三十以上的；

（二）超过法定出资期限，实缴注册资本达到法定注册资本最低限额，但仍虚报注册资本，有限责任公司虚报数额在一百万元以上并占其应缴出资数额百分之六十以上的，股份有限公司虚报数额在一千万元以上并占其应缴出资数额百分之三十以上的；

（三）造成投资者或者其他债权人直接经济损失累计数额在十万元以上的；

（四）虽未达到上述数额标准，但具有下列情形之一的：

1. 两年内因虚报注册资本受过行政处罚二次以上，又虚报注册资本的；

2. 向公司登记主管人员行贿的；

3. 为进行违法活动而注册的。

（五）其他后果严重或者有其他严重情节的情形。最高检、公安部《关于公安机关管辖的刑事案件立案追诉标准的规定（二）》公通字〔2010〕23号 2010/05/07 第三条

第一百五十九条　【虚假出资、抽逃出资罪】公司发起人、

股东违反公司法的规定未交付货币、实物或者未转移财产权，虚假出资，或者在公司成立后又抽逃其出资，数额巨大、后果严重或者有其他严重情节的，处五年以下有期徒刑或者拘役，并处或者单处虚假出资金额或者抽逃出资金额百分之二以上百分之十以下罚金。

单位犯前款罪的，对单位判处罚金，并对其直接负责的主管人员和其他直接责任人员，处五年以下有期徒刑或者拘役。

[对实行注册资本实缴登记制、认缴登记制的公司的适用范围] 刑法第一百五十八条、第一百五十九条的规定，只适用于依法实行注册资本实缴登记制的公司。**全国人大常委会《关于〈中华人民共和国刑法〉第一百五十八条、第一百五十九条的解释》**2014/04/24

[严格把握罪与非罪的界限] 严格把握罪与非罪的界限。根据新修改的公司法和全国人大常委会立法解释，自2014年3月1日起，除依法实行注册资本实缴登记制的公司（参见《国务院关于印发注册资本登记制度改革方案的通知》（国发〔2014〕7号））以外，对申请公司登记的单位和个人不得以虚报注册资本罪追究刑事责任；对公司股东、发起人不得以虚假出资、抽逃出资罪追究刑事责任。对依法实行注册资本实缴登记制的公司涉嫌虚报注册资本和虚假出资、抽逃出资犯罪的，各级公安机关、检察机关依照刑法和《立案追诉标准（二）》的相关规定追究刑事责任时，应当认真研究行为性质和危害后果，确保执法办案的法律效果和社会效果。**最高检、公安部《关于严格依法办理虚报注册资本和虚假出资抽逃出资刑事案件的通知》公经**〔2014〕247**号**2014/05/20**第二条**

[依法妥善处理跨时限案件] 依法妥善处理跨时限案件。各级公安机关、检察机关对发生在2014年3月1日以前尚未处理或者正在处理的虚报注册资本和虚假出资、抽逃出资刑事案件，应当按照刑法第十二条规定的精神处理：除依法实行注册资本实缴登记制的公司以外，依照新修改的公司法不再符合犯罪构成要件的案件，公安机关已经立案侦查的，应当撤销案件；检察机关已经批准逮捕的，应当撤销批准逮捕决定，并监督公安机关撤销案件；检察机关审查起诉的，应当作出不起诉决定；检察机关已经

起诉的，应当撤回起诉并作出不起诉决定；检察机关已经抗诉的，应当撤回抗诉。**最高检、公安部《关于严格依法办理虚报注册资本和虚假出资抽逃出资刑事案件的通知》公经〔2014〕247号 2014/05/20 第三条**

[进一步加强工作联系和沟通] 进一步加强工作联系和沟通。各级公安机关、检察机关应当加强工作联系，对重大、疑难、复杂案件，主动征求意见，共同研究案件定性和法律适用等问题；应当加强与人民法院、工商行政管理等部门的工作联系，建立健全案件移送制度和有关工作协作制度，全面掌握公司注册资本制度改革后面临的经济犯罪态势；上级公安机关、检察机关应当加强对下级公安机关、检察机关的指导，确保虚报注册资本和虚假出资、抽逃出资案件得到依法妥善处理。**最高检、公安部《关于严格依法办理虚报注册资本和虚假出资抽逃出资刑事案件的通知》公经〔2014〕247号 2014/05/20 第四条**

[虚假出资、抽逃出资案立案追诉标准]［虚假出资、抽逃出资案（刑法第一百五十九条）］ 公司发起人、股东违反公司法的规定未交付货币、实物或者未转移财产权，虚假出资，或者在公司成立后又抽逃其出资，涉嫌下列情形之一的，应予立案追诉：

（一）超过法定出资期限，有限责任公司股东虚假出资数额在三十万元以上并占其应缴出资数额百分之六十以上的，股份有限公司发起人、股东虚假出资数额在三百万元以上并占其应缴出资数额百分之三十以上的；

（二）有限责任公司股东抽逃出资数额在三十万元以上并占其实缴出资数额百分之六十以上的，股份有限公司发起人、股东抽逃出资数额在三百万元以上并占其实缴出资数额百分之三十以上的；

（三）造成公司、股东、债权人的直接经济损失累计数额在十万元以上的；

（四）虽未达到上述数额标准，但具有下列情形之一的：

1. 致使公司资不抵债或者无法正常经营的；

2. 公司发起人、股东合谋虚假出资、抽逃出资的；

3. 两年内因虚假出资、抽逃出资受过行政处罚二次以上，又虚假出资、抽逃出资的；

4. 利用虚假出资、抽逃出资所得资金进行违法活动的。

（五）其他后果严重或者有其他严重情节的情形。**最高检、公安部《关于公安机关管辖的刑事案件立案追诉标准的规定（二）》公通字〔2010〕23号 2010/05/07 第四条**

第一百六十条　【欺诈发行股票、债券罪】在招股说明书、认股书、公司、企业债券募集办法中隐瞒重要事实或者编造重大虚假内容，发行股票或者公司、企业债券，数额巨大、后果严重或者有其他严重情节的，处五年以下有期徒刑或者拘役，并处或者单处非法募集资金金额百分之一以上百分之五以下罚金。

单位犯前款罪的，对单位判处罚金，并对其直接负责的主管人员和其他直接责任人员，处五年以下有期徒刑或者拘役。

[证券期货犯罪]《意见》第十条中的“证券期货犯罪”，是指刑法第一百六十条、第一百六十一条、第一百六十九条之一、第一百七十八条第二款、第一百七十九条、第一百八十条、第一百八十一条、第一百八十二条、第一百八十五条之一第一款规定的犯罪。**两高《关于贯彻执行〈关于办理证券期货违法犯罪案件工作若干问题的意见〉有关问题的通知》法发〔2012〕8号 2012/03/14 第一条**

[证券监管机构移送涉嫌犯罪]证券监管机构依据行政机关移送涉嫌犯罪案件的有关规定，在办理可能移送公安机关查处的证券期货违法案件过程中，经履行批准程序，可商请公安机关协助查询、复制被调查对象的户籍、出入境信息等资料，对有关涉案人员按照相关规定采取边控、报备措施。证券监管机构向公安机关提出请求时，应当明确协助办理的具体事项，提供案件情况及相关材料。**两高、公安部、证监会《关于办理证券期货违法犯罪案件工作若干问题的意见》证监发〔2011〕30号 2011/04/27 第一条**

[证券监管机构商请公安机关　通知公安机关]证券监管机构办理证券期货违法案件，案情重大、复杂、疑难的，可商请公安机关就案件性质、证据等问题提出参考意见；对有证据表明可能涉嫌犯罪的行为人可能逃匿或者销毁证据的，证券监管机构应当及时通知公安机关；涉嫌犯罪的，公安机关应当及时立案侦查。**两高、公安部、证监会《关于办理证券期货违法犯罪案件工作若干问题的意见》证监发〔2011〕30号 2011/04/27 第二条**

[证券监管机构与公安机关建立和完善协调会商机制] 证券监管机构与公安机关建立和完善协调会商机制。证券监管机构依据行政机关移送涉嫌犯罪案件的有关规定，在向公安机关移送重大、复杂、疑难的涉嫌证券期货犯罪案件前，应当启动协调会商机制，就行为性质认定、案件罪名适用、案件管辖等问题进行会商。**两高、公安部、证监会《关于办理证券期货违法犯罪案件工作若干问题的意见》证监发〔2011〕30号 2011/04/27 第三条**

[公、检、法商请证券监管机构派员协助] 公安机关、人民检察院和人民法院在办理涉嫌证券期货犯罪案件过程中，可商请证券监管机构指派专业人员配合开展工作，协助查阅、复制有关专业资料。证券监管机构可以根据司法机关办案需要，依法就案件涉及的证券期货专业问题向司法机关出具认定意见。**两高、公安部、证监会《关于办理证券期货违法犯罪案件工作若干问题的意见》证监发〔2011〕30号 2011/04/27 第四条**

[审查证券监管机构移送的证据材料] 司法机关对证券监管机构随案移送的物证、书证、鉴定结论、视听资料、现场笔录等证据要及时审查，作出是否立案的决定；随案移送的证据，经法定程序查证属实的，可作为定案的根据。**两高、公安部、证监会《关于办理证券期货违法犯罪案件工作若干问题的意见》证监发〔2011〕30号 2011/04/27 第五条**

[证据移交清单] 证券监管机构依据行政机关移送涉嫌犯罪案件的有关规定向公安机关移交证据，应当制作证据移交清单，双方经办人员应当签字确认，加盖公章，相关证据随证据移交清单一并移交。**两高、公安部、证监会《关于办理证券期货违法犯罪案件工作若干问题的意见》证监发〔2011〕30号 2011/04/27 第六条**

[按一定比例收集和调取书证、被害人陈述、证人证言等相关证据] 对涉众型证券期货犯罪案件，在已收集的证据能够充分证明基本犯罪事实的前提下，公安机关可在被调查对象范围内按一定比例收集和调取书证、被害人陈述、证人证言等相关证据。**两高、公安部、证监会《关于办理证券期货违法犯罪案件工作若干问题的意见》证监发〔2011〕30号 2011/04/27 第七条**

[电子证据的要求] 以证券交易所、期货交易所、证券登记结算机构、期货保证金监控机构以及证券公司、期货公司留存的证券期货委托记录和交易记录、登记存管结算资料等电子数据作为证据的，数据提供单位应以

电子光盘或者其他载体记录相关原始数据，并说明制作方法、制作时间及制作人等信息，并由复制件制作人和原始电子数据持有人签名或盖章。两高、公安部、证监会《关于办理证券期货违法犯罪案件工作若干问题的意见》证监发〔2011〕30号2011/04/27第八条

[信息披露的打印件或电子光盘可作刑事证据] 发行人、上市公司或者其他信息披露义务人在证券监管机构指定的信息披露媒体、信息披露义务人或证券交易所网站发布的信息披露公告，其打印件或据此制作的电子光盘，经核对无误后，说明其来源、制作人、制作时间、制作地点等的，可作为刑事证据使用，但有其他证据证明打印件或光盘内容与公告信息不一致的除外。两高、公安部、证监会《关于办理证券期货违法犯罪案件工作若干问题的意见》证监发〔2011〕30号2011/04/27第九条

[管辖] 涉嫌证券期货犯罪的第一审案件，由中级人民法院管辖，同级人民检察院负责提起公诉，地（市）级以上公安机关负责立案侦查。两高、公安部、证监会《关于办理证券期货违法犯罪案件工作若干问题的意见》证监发〔2011〕30号2011/04/27第十条

[欺诈发行股票、债券案立案追诉标准] [欺诈发行股票、债券案（刑法第一百六十条）] 在招股说明书、认股书、公司、企业债券募集办法中隐瞒重要事实或者编造重大虚假内容，发行股票或者公司、企业债券，涉嫌下列情形之一的，应予立案追诉：

（一）发行数额在五百万元以上的；

（二）伪造、变造国家机关公文、有效证明文件或者相关凭证、单据的；

（三）利用募集的资金进行违法活动的；

（四）转移或者隐瞒所募集资金的；

（五）其他后果严重或者有其他严重情节的情形。最高检、公安部《关于公安机关管辖的刑事案件立案追诉标准的规定（二）》公通字〔2010〕23号2010/05/07第五条

第一百六十一条　【违规披露、不披露重要信息罪】依法负有信息披露义务的公司、企业向股东和社会公众提供虚假的或者隐瞒重要事实的财务会计报告，或者对依法应当披露的其他重要

信息不按照规定披露，严重损害股东或者其他人利益，或者有其他严重情节的，对其直接负责的主管人员和其他直接责任人员，处三年以下有期徒刑或者拘役，并处或者单处二万元以上二十万元以下罚金。①

［证券期货犯罪］《意见》第十条中的“证券期货犯罪”，是指刑法第一百六十条、第一百六十一条、第一百六十九条之一、第一百七十八条第二款、第一百七十九条、第一百八十条、第一百八十一条、第一百八十二条、第一百八十五条之一第一款规定的犯罪。两高《关于贯彻执行〈关于办理证券期货违法犯罪案件工作若干问题的意见〉有关问题的通知》法发〔2012〕8号 2012/03/14 第一条

［违规披露、不披露重要信息案立案追诉标准］［违规披露、不披露重要信息案（刑法第一百六十一条）］依法负有信息披露义务的公司、企业向股东和社会公众提供虚假的或者隐瞒重要事实的财务会计报告，或者对依法应当披露的其他重要信息不按照规定披露，涉嫌下列情形之一的，应予立案追诉：

（一）造成股东、债权人或者其他人直接经济损失数额累计在五十万元以上的；

（二）虚增或者虚减资产达到当期披露的资产总额百分之三十以上的；

（三）虚增或者虚减利润达到当期披露的利润总额百分之三十以上的；

（四）未按照规定披露的重大诉讼、仲裁、担保、关联交易或者其他重大事项所涉及的数额或者连续十二个月的累计数额占净资产百分之五十以上的；

（五）致使公司发行的股票、公司债券或者国务院依法认定的其他证券被终止上市交易或者多次被暂停上市交易的；

（六）致使不符合发行条件的公司、企业骗取发行核准并且上市交

① 根据2006年6月29日《刑法修正案（六）》修改，原条文为：“公司向股东和社会公众提供虚假的或者隐瞒重要事实的财务会计报告，严重损害股东或者其他人利益的，对其直接负责的主管人员和其他直接责任人员，处三年以下有期徒刑或者拘役，并处或者单处二万元以上二十万元以下罚金。”

易的；

（七）在公司财务会计报告中将亏损披露为盈利，或者将盈利披露为亏损的；

（八）多次提供虚假的或者隐瞒重要事实的财务会计报告，或者多次对依法应当披露的其他重要信息不按照规定披露的；

（九）其他严重损害股东、债权人或者其他人利益，或者有其他严重情节的情形。最高检、公安部《关于公安机关管辖的刑事案件立案追诉标准的规定（二）》公通字〔2010〕23号 2010/05/07 第六条

第一百六十二条　【妨害清算罪】公司、企业进行清算时，隐匿财产，对资产负债表或者财产清单作虚伪记载或者在未清偿债务前分配公司、企业财产，严重损害债权人或者其他人利益的，对其直接负责的主管人员和其他直接责任人员，处五年以下有期徒刑或者拘役，并处或者单处二万元以上二十万元以下罚金。

第一百六十二条之一　【隐匿、故意销毁会计凭证、会计账簿、财务会计报告罪】隐匿或者故意销毁依法应当保存的会计凭证、会计账簿、财务会计报告，情节严重的，处五年以下有期徒刑或者拘役，并处或者单处二万元以上二十万元以下罚金。

单位犯前款罪的，对单位判处罚金，并对其直接负责的主管人员和其他直接责任人员，依照前款的规定处罚。①

第一百六十二条之二　【虚假破产罪】公司、企业通过隐匿财产、承担虚构的债务或者以其他方法转移、处分财产，实施虚假破产，严重损害债权人或者其他人利益的，对其直接负责的主管人员和其他直接责任人员，处五年以下有期徒刑或者拘役，并处或者单处二万元以上二十万元以下罚金。②

---

① 根据1999年12月25日《刑法修正案》增加。

② 根据2006年6月29日《刑法修正案（六）》增加。

[妨害清算案立案追诉标准] [妨害清算案（刑法第一百六十二条）] 公司、企业进行清算时，隐匿财产，对资产负债表或者财产清单作虚伪记载或者在未清偿债务前分配公司、企业财产，涉嫌下列情形之一的，应予立案追诉：

（一）隐匿财产价值在五十万元以上的；

（二）对资产负债表或者财产清单作虚伪记载涉及金额在五十万元以上的；

（三）在未清偿债务前分配公司、企业财产价值在五十万元以上的；

（四）造成债权人或者其他人直接经济损失数额累计在十万元以上的；

（五）虽未达到上述数额标准，但应清偿的职工的工资、社会保险费用和法定补偿金得不到及时清偿，造成恶劣社会影响的；

（六）其他严重损害债权人或者其他人利益的情形。**最高检、公安部《关于公安机关管辖的刑事案件立案追诉标准的规定（二）》公通字〔2010〕23号 2010/05/07 第七条**

[隐匿、故意销毁会计凭证、会计账簿、财务会计报告案立案追诉标准] [隐匿、故意销毁会计凭证、会计账簿、财务会计报告案（刑法第一百六十二条之一）] 隐匿或者故意销毁依法应当保存的会计凭证、会计账簿、财务会计报告，涉嫌下列情形之一的，应予立案追诉：

（一）隐匿、故意销毁的会计凭证、会计账簿、财务会计报告涉及金额在五十万元以上的；

（二）依法应当向司法机关、行政机关、有关主管部门等提供而隐匿、故意销毁或者拒不交出会计凭证、会计账簿、财务会计报告的；

（三）其他情节严重的情形。**最高检、公安部《关于公安机关管辖的刑事案件立案追诉标准的规定（二）》公通字〔2010〕23号 2010/05/07 第八条**

[虚假破产案立案追诉标准] [虚假破产案（刑法第一百六十二条之二）] 公司、企业通过隐匿财产、承担虚构的债务或者以其他方法转移、处分财产，实施虚假破产，涉嫌下列情形之一的，应予立案追诉：

（一）隐匿财产价值在五十万元以上的；

（二）承担虚构的债务涉及金额在五十万元以上的；

（三）以其他方法转移、处分财产价值在五十万元以上的；

（四）造成债权人或者其他人直接经济损失数额累计在十万元以上的；

（五）虽未达到上述数额标准，但应清偿的职工的工资、社会保险费用和法定补偿金得不到及时清偿，造成恶劣社会影响的；

（六）其他严重损害债权人或者其他人利益的情形。最高检、公安部《关于公安机关管辖的刑事案件立案追诉标准的规定（二）》公通字〔2010〕23号 2010/05/07 第九条

第一百六十三条　【非国家工作人员受贿罪】公司、企业或者其他单位的工作人员利用职务上的便利，索取他人财物或者非法收受他人财物，为他人谋取利益，数额较大的，处五年以下有期徒刑或者拘役；数额巨大的，处五年以上有期徒刑，可以并处没收财产。

公司、企业或者其他单位的工作人员在经济往来中，利用职务上的便利，违反国家规定，收受各种名义的回扣、手续费，归个人所有的，依照前款的规定处罚。

国有公司、企业或者其他国有单位中从事公务的人员和国有公司、企业或者其他国有单位委派到非国有公司、企业以及其他单位从事公务的人员有前两款行为的，依照本法第三百八十五条、第三百八十六条的规定定罪处罚。①

［数额较大、数额巨大的数额起点］刑法第一百六十三条规定的非国家工作人员受贿罪、第二百七十一条规定的职务侵占罪中的“数额较大”“数额巨大”的数额起点，按照本解释关于受贿罪、贪污罪相对应的数额标准规定的二倍、五倍执行。两高《关于办理贪污贿赂刑事案件适用法律若干问题的解释》法释〔2016〕9号 2016/04/18 第十一条第一款

---

① 根据2006年6月29日《刑法修正案（六）》修改，原条文为：“公司、企业的工作人员利用职务上的便利，索取他人财物或者非法收受他人财物，为他人谋取利益，数额较大的，处五年以下有期徒刑或者拘役；数额巨大的，处五年以上有期徒刑，可以并处没收财产。

“公司、企业的工作人员在经济往来中，违反国家规定，收受各种名义的回扣、手续费，归个人所有的，依照前款的规定处罚。

“国有公司、企业中从事公务的人员和国有公司、企业委派到非国有公司、企业从事公务的人员有前两款行为的，依照本法第三百八十五条、第三百八十六条的规定定罪处罚。”

[商业贿赂犯罪] 商业贿赂犯罪涉及刑法规定的以下八种罪名：(1)非国家工作人员受贿罪（刑法第一百六十三条）；(2)对非国家工作人员行贿罪（刑法第一百六十四条）；(3)受贿罪（刑法第三百八十五条）；(4)单位受贿罪（刑法第三百八十七条）；(5)行贿罪（刑法第三百八十九条）；(6)对单位行贿罪（刑法第三百九十一条）；(7)介绍贿赂罪（刑法第三百九十二条）；(8)单位行贿罪（刑法第三百九十三条）。**两高《关于办理商业贿赂刑事案件适用法律若干问题的意见》法发〔2008〕33号 2008/11/20 第一条**

[其他单位] 刑法第一百六十三条、第一百六十四条规定的“其他单位”，既包括事业单位、社会团体、村民委员会、居民委员会、村民小组等常设性的组织，也包括为组织体育赛事、文艺演出或者其他正当活动而成立的组委会、筹委会、工程承包队等非常设性的组织。**两高《关于办理商业贿赂刑事案件适用法律若干问题的意见》法发〔2008〕33号 2008/11/20 第二条**

[公司、企业或者其他单位的工作人员] 刑法第一百六十三条、第一百六十四条规定的“公司、企业或者其他单位的工作人员”，包括国有公司、企业以及其他国有单位中的非国家工作人员。**两高《关于办理商业贿赂刑事案件适用法律若干问题的意见》法发〔2008〕33号 2008/11 /20第三条**

[医疗机构中的国家工作人员索取财物或收受财物的] 医疗机构中的国家工作人员，在药品、医疗器械、医用卫生材料等医药产品采购活动中，利用职务上的便利，索取销售方财物，或者非法收受销售方财物，为销售方谋取利益，构成犯罪的，依照刑法第三百八十五条的规定，以受贿罪定罪处罚。**两高《关于办理商业贿赂刑事案件适用法律若干问题的意见》法发〔2008〕33号 2008/11/20 第四条第一款**

[医疗机构中的非国家工作人员，有前款行为的] 医疗机构中的非国家工作人员，有前款行为，数额较大的，依照刑法第一百六十三条的规定，以非国家工作人员受贿罪定罪处罚。**两高《关于办理商业贿赂刑事案件适用法律若干问题的意见》法发〔2008〕33号 2008/11/20 第四条第二款**

[医务人员非法收受财物] 医疗机构中的医务人员，利用开处方的职务便利，以各种名义非法收受药品、医疗器械、医用卫生材料等医药产品销售方财物，为医药产品销售方谋取利益，数额较大的，依照刑法第一百

六十三条的规定，以非国家工作人员受贿罪定罪处罚。两高《关于办理商业贿赂刑事案件适用法律若干问题的意见》法发〔2008〕33号 2008/11/20 第四条第三款

［学校及其他教育机构中的国家工作人员索取财物或收受财物］学校及其他教育机构中的国家工作人员，在教材、教具、校服或者其他物品的采购等活动中，利用职务上的便利，索取销售方财物，或者非法收受销售方财物，为销售方谋取利益，构成犯罪的，依照刑法第三百八十五条的规定，以受贿罪定罪处罚。两高《关于办理商业贿赂刑事案件适用法律若干问题的意见》法发〔2008〕33号 2008/11/20 第五条第一款

［学校及其他教育机构中的非国家工作人员索取财物或收受财物］学校及其他教育机构中的非国家工作人员，有前款行为，数额较大的，依照刑法第一百六十三条的规定，以非国家工作人员受贿罪定罪处罚。两高《关于办理商业贿赂刑事案件适用法律若干问题的意见》法发〔2008〕33号 2008/11/20 第五条第二款

［学校及其他教育机构中的教师收受财物］学校及其他教育机构中的教师，利用教学活动的职务便利，以各种名义非法收受教材、教具、校服或者其他物品销售方财物，为教材、教具、校服或者其他物品销售方谋取利益，数额较大的，依照刑法第一百六十三条的规定，以非国家工作人员受贿罪定罪处罚。两高《关于办理商业贿赂刑事案件适用法律若干问题的意见》法发〔2008〕33号 2008/11/20 第五条第三款

［评标委员会、谈判小组、询价小组组成人员索取财物或收受财物］依法组建的评标委员会、竞争性谈判采购中谈判小组、询价采购中询价小组的组成人员，在招标、政府采购等事项的评标或者采购活动中，索取他人财物或者非法收受他人财物，为他人谋取利益，数额较大的，依照刑法第一百六十三条的规定，以非国家工作人员受贿罪定罪处罚。两高《关于办理商业贿赂刑事案件适用法律若干问题的意见》法发〔2008〕33号 2008/11/20 第六条第一款

［评标委员会、谈判小组、询价小组的国家工作人员或者国有单位代表索取财物或收受财物］依法组建的评标委员会、竞争性谈判采购中谈判小组、询价采购中询价小组中国家机关或者其他国有单位的代表有前款行为的，依照刑法第三百八十五条的规定，以受贿罪定罪处罚。两高《关于办

理商业贿赂刑事案件适用法律若干问题的意见》法发〔2008〕33号 2008/11/20 第六条第二款

［商业贿赂中的财物］商业贿赂中的财物，既包括金钱和实物，也包括可以用金钱计算数额的财产性利益，如提供房屋装修、含有金额的会员卡、代币卡（券）、旅游费用等。具体数额以实际支付的资费为准。两高《关于办理商业贿赂刑事案件适用法律若干问题的意见》法发〔2008〕33号 2008/11/20 第七条

［银行卡］收受银行卡的，不论受贿人是否实际取出或者消费，卡内的存款数额一般应全额认定为受贿数额。使用银行卡透支的，如果由给予银行卡的一方承担还款责任，透支数额也应当认定为受贿数额。两高《关于办理商业贿赂刑事案件适用法律若干问题的意见》法发〔2008〕33号 2008/11/20 第八条

［谋取不正当利益］在行贿犯罪中，"谋取不正当利益"，是指行贿人谋取违反法律、法规、规章或者政策规定的利益，或者要求对方违反法律、法规、规章、政策、行业规范的规定提供帮助或者方便条件。

在招标投标、政府采购等商业活动中，违背公平原则，给予相关人员财物以谋取竞争优势的，属于"谋取不正当利益"。两高《关于办理商业贿赂刑事案件适用法律若干问题的意见》法发〔2008〕33号 2008/11/20 第九条

［非国家工作人员受贿案立案追诉标准］［非国家工作人员受贿案（刑法第一百六十三条）］公司、企业或者其他单位的工作人员利用职务上的便利，索取他人财物或者非法收受他人财物，为他人谋取利益，或者在经济往来中，利用职务上的便利，违反国家规定，收受各种名义的回扣、手续费，归个人所有，数额在五千元以上的，应予立案追诉。最高检、公安部《关于公安机关管辖的刑事案件立案追诉标准的规定（二）》公通字〔2010〕23号 2010/05/07 第十条

第一百六十四条　【对非国家工作人员行贿罪；对外国公职人员、国际公共组织官员行贿罪】为谋取不正当利益，给予公司、企业或者其他单位的工作人员以财物，数额较大的，处三年以下有期徒刑或者拘役，并处罚金；数额巨大的，处三年以上十年以下有期徒刑，并处罚金。

为谋取不正当商业利益，给予外国公职人员或者国际公共组织官员以财物的，依照前款的规定处罚。

单位犯前两款罪的，对单位判处罚金，并对其直接负责的主管人员和其他直接责任人员，依照第一款的规定处罚。

行贿人在被追诉前主动交待行贿行为的，可以减轻处罚或者免除处罚。①

［**数额较大、数额巨大的数额起点**］刑法第一百六十四条第一款规定的对非国家工作人员行贿罪中的“数额较大”“数额巨大”的数额起点，按照本解释第七条、第八条第一款关于行贿罪的数额标准规定的二倍执行。**两高《关于办理贪污贿赂刑事案件适用法律若干问题的解释》法释〔2016〕9号 2016/04/18 第十一条第三款**

［**其他单位**］刑法第一百六十三条、第一百六十四条规定的“其他单位”，既包括事业单位、社会团体、村民委员会、居民委员会、村民小组等常设性的组织，也包括为组织体育赛事、文艺演出或者其他正当活动而成立的组委会、筹委会、工程承包队等非常设性的组织。**两高《关于办理商业贿赂刑事案件适用法律若干问题的意见》法发〔2008〕33号 2008/11/20 第二条**

［**公司、企业或者其他单位的工作人员**］刑法第一百六十三条、第一百六十四条规定的“公司、企业或者其他单位的工作人员”，包括国有公司、企业以及其他国有单位中的非国家工作人员。**两高《关于办理商业贿赂刑事案件适用法律若干问题的意见》法发〔2008〕33号 2008/11/20 第三条**

---

① 根据2006年6月29日《刑法修正案（六）》第一次修改，原第一款条文为：“为谋取不正当利益，给予公司、企业的工作人员以财物，数额较大的，处三年以下有期徒刑或者拘役；数额巨大的，处三年以上十年以下有期徒刑，并处罚金。”

根据2011年5月1日《刑法修正案（八）》第二次修改，原条文为：“为谋取不正当利益，给予公司、企业或者其他单位的工作人员以财物，数额较大的，处三年以下有期徒刑或者拘役；数额巨大的，处三年以上十年以下有期徒刑，并处罚金。

“单位犯前款罪的，对单位判处罚金，并对其直接负责的主管人员和其他直接责任人员，依照前款的规定处罚。

“行贿人在被追诉前主动交待行贿行为的，可以减轻处罚或者免除处罚。”

根据2015年11月1日《刑法修正案（九）》第三次修改，原第一款条文为：“为谋取不正当利益，给予公司、企业或者其他单位的工作人员以财物，数额较大的，处三年以下有期徒刑或者拘役；数额巨大的，处三年以上十年以下有期徒刑，并处罚金。”

[对非国家工作人员行贿案立案追诉标准] [对非国家工作人员行贿案(刑法第一百六十四条)] 为谋取不正当利益，给予公司、企业或者其他单位的工作人员以财物，个人行贿数额在一万元以上的，单位行贿数额在二十万元以上的，应予立案追诉。最高检、公安部《关于公安机关管辖的刑事案件立案追诉标准的规定（二）》公通字〔2010〕23号 2010/05/07 第十一条

[对外国公职人员、国际公共组织官员行贿案立案追诉标准] 在《最高人民检察院、公安部关于公安机关管辖的刑事案件立案追诉标准的规定（二）》（以下简称《立案追诉标准（二）》）中增加第十一条之一：[对外国公职人员、国际公共组织官员行贿案（刑法第一百六十四条第二款）]

为谋取不正当商业利益，给予外国公职人员或者国际公共组织官员以财物，个人行贿数额在一万元以上的，单位行贿数额在二十万元以上的，应予立案追诉。最高检、公安部《关于公安机关管辖的刑事案件立案追诉标准的规定（二）的补充规定》公通字〔2011〕47号 2011/11/14 第一条

第一百六十五条　【非法经营同类营业罪】国有公司、企业的董事、经理利用职务便利，自己经营或者为他人经营与其所任职公司、企业同类的营业，获取非法利益，数额巨大的，处三年以下有期徒刑或者拘役，并处或者单处罚金；数额特别巨大的，处三年以上七年以下有期徒刑，并处罚金。

[非法经营同类营业案立案追诉标准] [非法经营同类营业案（刑法第一百六十五条）] 国有公司、企业的董事、经理利用职务便利，自己经营或者为他人经营与其所任职公司、企业同类的营业，获取非法利益，数额在十万元以上的，应予立案追诉。最高检、公安部《关于公安机关管辖的刑事案件立案追诉标准的规定（二）》公通字〔2010〕23号 2010/05/07 第十二条

第一百六十六条　【为亲友非法牟利罪】国有公司、企业、事业单位的工作人员，利用职务便利，有下列情形之一，使国家利益遭受重大损失的，处三年以下有期徒刑或者拘役，并处或者单处罚金；致使国家利益遭受特别重大损失的，处三年以上七年以下有期徒刑，并处罚金：

（一）将本单位的盈利业务交由自己的亲友进行经营的；

（二）以明显高于市场的价格向自己的亲友经营管理的单位采购商品或者以明显低于市场的价格向自己的亲友经营管理的单位销售商品的；

（三）向自己的亲友经营管理的单位采购不合格商品的。

[为亲友非法牟利案立案追诉标准] [为亲友非法牟利案（刑法第一百六十六条）] 国有公司、企业、事业单位的工作人员，利用职务便利，为亲友非法牟利，涉嫌下列情形之一的，应予立案追诉：

（一）造成国家直接经济损失数额在十万元以上的；

（二）使其亲友非法获利数额在二十万元以上的；

（三）造成有关单位破产，停业、停产六个月以上，或者被吊销许可证和营业执照、责令关闭、撤销、解散的；

（四）其他致使国家利益遭受重大损失的情形。最高检、公安部《关于公安机关管辖的刑事案件立案追诉标准的规定（二）》公通字〔2010〕23号 2010/05/07 第十三条

第一百六十七条　【签订、履行合同失职被骗罪】国有公司、企业、事业单位直接负责的主管人员，在签订、履行合同过程中，因严重不负责任被诈骗，致使国家利益遭受重大损失的，处三年以下有期徒刑或者拘役；致使国家利益遭受特别重大损失的，处三年以上七年以下有期徒刑。

[金融机构、外贸公司等严重不负责任造成大量外汇被骗或逃汇] 金融机构、从事对外贸易经营活动的公司、企业的工作人员严重不负责任，造成大量外汇被骗购或者逃汇，致使国家利益遭受重大损失的，依照刑法第一百六十七条的规定定罪处罚。全国人大常委会《关于惩治骗购外汇、逃汇和非法买卖外汇犯罪的决定》1998/12/29 第七条

[签订、履行合同失职被骗案立案追诉标准] [签订、履行合同失职被骗案（刑法第一百六十七条）] 国有公司、企业、事业单位直接负责的主管人员，在签订、履行合同过程中，因严重不负责任被诈骗，涉嫌下列情形之一的，应予立案追诉：

（一）造成国家直接经济损失数额在五十万元以上的；

（二）造成有关单位破产，停业、停产六个月以上，或者被吊销许可证和营业执照、责令关闭、撤销、解散的；

（三）其他致使国家利益遭受重大损失的情形。

金融机构、从事对外贸易经营活动的公司、企业的工作人员严重不负责任，造成一百万美元以上外汇被骗购或者逃汇一千万美元以上的，应予立案追诉。**最高检、公安部《关于公安机关管辖的刑事案件立案追诉标准的规定（二）》公通字〔2010〕23号 2010/05/07 第十四条第一款、第二款**

［诈骗］本条规定的“诈骗”，是指对方当事人的行为已经涉嫌诈骗犯罪，不以对方当事人已经被人民法院判决构成诈骗犯罪作为立案追诉的前提。**最高检、公安部《关于公安机关管辖的刑事案件立案追诉标准的规定（二）》公通字〔2010〕23号 2010/05/07 第十四条第三款**

第一百六十八条　【国有公司、企业、事业单位人员失职罪，国有公司、企业、事业单位人员滥用职权罪】国有公司、企业的工作人员，由于严重不负责任或者滥用职权，造成国有公司、企业破产或者严重损失，致使国家利益遭受重大损失的，处三年以下有期徒刑或者拘役；致使国家利益遭受特别重大损失的，处三年以上七年以下有期徒刑。

国有事业单位的工作人员有前款行为，致使国家利益遭受重大损失的，依照前款的规定处罚。

国有公司、企业、事业单位的工作人员，徇私舞弊，犯前两款罪的，依照第一款的规定从重处罚。①

［未采取低估资产等故意隐匿公司、企业财产的　造成国有资金重大损失的］在企业改制过程中未采取低估资产、隐瞒债权、虚设债务、虚构产权交易等方式故意隐匿公司、企业财产的，一般不应当认定为贪污；造成国有资产重大损失，依法构成刑法第一百六十八条或者第一百六十九条

① 根据1999年12月25日《刑法修正案》修改，原条文为：“国有公司、企业直接负责的主管人员，徇私舞弊，造成国有公司、企业破产或者严重亏损，致使国家利益遭受重大损失的，处三年以下有期徒刑或者拘役。”

规定的犯罪的，依照该规定定罪处罚。两高《关于办理国家出资企业中职务犯罪案件具体应用法律若干问题的意见》法发〔2010〕49号 2010/11/26 第一条第四款

[国家工作人员在企业改制过程中的渎职行为的处理] 国家出资企业中的国家工作人员在公司、企业改制或者国有资产处置过程中严重不负责任或者滥用职权，致使国家利益遭受重大损失的，依照刑法第一百六十八条的规定，以国有公司、企业人员失职罪或者国有公司、企业人员滥用职权罪定罪处罚。

国家出资企业中的国家工作人员因实施第一款、第二款行为收受贿赂，同时又构成刑法第三百八十五条规定之罪的，依照处罚较重的规定定罪处罚。两高《关于办理国家出资企业中职务犯罪案件具体应用法律若干问题的意见》法发〔2010〕49号 2010/11/26 第四条第一款、第四款

[在预防、控制突发传染病疫情等灾害中，国有公司、企业、事业单位人员犯本罪] 国有公司、企业、事业单位的工作人员，在预防、控制突发传染病疫情等灾害的工作中，由于严重不负责任或者滥用职权，造成国有公司、企业破产或者严重损失，致使国家利益遭受重大损失的，依照刑法第一百六十八条的规定，以国有公司、企业、事业单位人员失职罪或者国有公司、企业、事业单位人员滥用职权罪定罪处罚。两高《关于办理妨害预防、控制突发传染病疫情等灾害的刑事案件具体应用法律若干问题的解释》法释〔2003〕8号 2003/05/15 第四条

[突发传染病疫情等灾害] 本解释所称"突发传染病疫情等灾害"，是指突然发生，造成或者可能造成社会公众健康严重损害的重大传染病疫情、群体性不明原因疾病以及其他严重影响公众健康的灾害。两高《关于办理妨害预防、控制突发传染病疫情等灾害的刑事案件具体应用法律若干问题的解释》法释〔2003〕8号 2003/05/15 第十八条

[银行及其分支机构工作人员严重不负责任或滥用职权] 中国农业发展银行及其分支机构的工作人员严重不负责任或者滥用职权，构成犯罪的，应当依照刑法第一百六十八条的规定追究刑事责任。最高检研究室《关于中国农业发展银行及其分支机构的工作人员法律适用问题的答复》〔2002〕高检研发第16号 2002/09/23

[国有电信企业工作人员造成企业破产或严重损失] 国有电信企业的

工作人员，由于严重不负责任或者滥用职权，造成国有电信企业破产或者严重损失，致使国家利益遭受重大损失的，依照刑法第一百六十八条的规定定罪处罚。最高法《关于审理扰乱电信市场管理秩序案件具体应用法律若干问题的解释》法释〔2000〕12号 2000/05/24 第六条

[国有公司、企业、事业单位人员失职案立案追诉标准] [国有公司、企业、事业单位人员失职案（刑法第一百六十八条）] 国有公司、企业、事业单位的工作人员，严重不负责任，涉嫌下列情形之一的，应予立案追诉：

（一）造成国家直接经济损失数额在五十万元以上的；

（二）造成有关单位破产，停业、停产一年以上，或者被吊销许可证和营业执照、责令关闭、撤销、解散的；

（三）其他致使国家利益遭受重大损失的情形。最高检、公安部《关于公安机关管辖的刑事案件立案追诉标准的规定（二）》公通字〔2010〕23号 2010/05/07 第十五条

[国有公司、企业、事业单位人员滥用职权案立案追诉标准] [国有公司、企业、事业单位人员滥用职权案（刑法第一百六十八条）] 国有公司、企业、事业单位的工作人员，滥用职权，涉嫌下列情形之一的，应予立案追诉：

（一）造成国家直接经济损失数额在三十万元以上的；

（二）造成有关单位破产，停业、停产六个月以上，或者被吊销许可证和营业执照、责令关闭、撤销、解散的；

（三）其他致使国家利益遭受重大损失的情形。最高检、公安部《关于公安机关管辖的刑事案件立案追诉标准的规定（二）》公通字〔2010〕23号 2010/05/07 第十六条

第一百六十九条 【徇私舞弊低价折股、出售国有资产罪】 国有公司、企业或者其上级主管部门直接负责的主管人员，徇私舞弊，将国有资产低价折股或者低价出售，致使国家利益遭受重大损失的，处三年以下有期徒刑或者拘役；致使国家利益遭受特别重大损失的，处三年以上七年以下有期徒刑。

第一百六十九条之一　【背信损害上市公司利益罪】上市公司的董事、监事、高级管理人员违背对公司的忠实义务，利用职务便利，操纵上市公司从事下列行为之一，致使上市公司利益遭受重大损失的，处三年以下有期徒刑或者拘役，并处或者单处罚金；致使上市公司利益遭受特别重大损失的，处三年以上七年以下有期徒刑，并处罚金：

（一）无偿向其他单位或者个人提供资金、商品、服务或者其他资产的；

（二）以明显不公平的条件，提供或者接受资金、商品、服务或者其他资产的；

（三）向明显不具有清偿能力的单位或者个人提供资金、商品、服务或者其他资产的；

（四）为明显不具有清偿能力的单位或者个人提供担保，或者无正当理由为其他单位或者个人提供担保的；

（五）无正当理由放弃债权、承担债务的；

（六）采用其他方式损害上市公司利益的。

上市公司的控股股东或者实际控制人，指使上市公司董事、监事、高级管理人员实施前款行为的，依照前款的规定处罚。

犯前款罪的上市公司的控股股东或者实际控制人是单位的，对单位判处罚金，并对其直接负责的主管人员和其他直接责任人员，依照第一款的规定处罚。[①]

[证券期货犯罪]《意见》第十条中的“证券期货犯罪”，是指刑法第一百六十条、第一百六十一条、第一百六十九条之一、第一百七十八条第二款、第一百七十九条、第一百八十条、第一百八十一条、第一百八十二条、第一百八十五条之一第一款规定的犯罪。**两高《关于贯彻执行〈关于办理证券期货违法犯罪案件工作若干问题的意见〉有关问题的通知》法发〔2012〕8号**

---

① 根据2006年6月29日《刑法修正案（六）》增加。

2012/03/14 第一条

[证券监管机构移送涉嫌犯罪] 证券监管机构依据行政机关移送涉嫌犯罪案件的有关规定，在办理可能移送公安机关查处的证券期货违法案件过程中，经履行批准程序，可商请公安机关协助查询、复制被调查对象的户籍、出入境信息等资料，对有关涉案人员按照相关规定采取边控、报备措施。证券监管机构向公安机关提出请求时，应当明确协助办理的具体事项，提供案件情况及相关材料。**两高、公安部、证监会《关于办理证券期货违法犯罪案件工作若干问题的意见》证监发〔2011〕30号 2011/04/27 第一条**

[证券监管机构商请公安机关　通知公安机关] 证券监管机构办理证券期货违法案件，案情重大、复杂、疑难的，可商请公安机关就案件性质、证据等问题提出参考意见；对有证据表明可能涉嫌犯罪的行为人可能逃匿或者销毁证据的，证券监管机构应当及时通知公安机关；涉嫌犯罪的，公安机关应当及时立案侦查。**两高、公安部、证监会《关于办理证券期货违法犯罪案件工作若干问题的意见》证监发〔2011〕30号 2011/04/27 第二条**

[证券监管机构与公安机关建立和完善协调会商机制] 证券监管机构与公安机关建立和完善协调会商机制。证券监管机构依据行政机关移送涉嫌犯罪案件的有关规定，在向公安机关移送重大、复杂、疑难的涉嫌证券期货犯罪案件前，应当启动协调会商机制，就行为性质认定、案件罪名适用、案件管辖等问题进行会商。**两高、公安部、证监会《关于办理证券期货违法犯罪案件工作若干问题的意见》证监发〔2011〕30号 2011/04/27 第三条**

[公、检、法商请证券监管机构派员协助] 公安机关、人民检察院和人民法院在办理涉嫌证券期货犯罪案件过程中，可商请证券监管机构指派专业人员配合开展工作，协助查阅、复制有关专业资料。证券监管机构可以根据司法机关办案需要，依法就案件涉及的证券期货专业问题向司法机关出具认定意见。**两高、公安部、证监会《关于办理证券期货违法犯罪案件工作若干问题的意见》证监发〔2011〕30号 2011/04/27 第四条**

[审查证券监管机构移送的证据材料] 司法机关对证券监管机构随案移送的物证、书证、鉴定结论、视听资料、现场笔录等证据要及时审查，作出是否立案的决定；随案移送的证据，经法定程序查证属实的，可作为定案的根据。**两高、公安部、证监会《关于办理证券期货违法犯罪案件工作若干问**

题的意见》证监发〔2011〕30号2011/04/27第五条

[证据移交清单] 证券监管机构依据行政机关移送涉嫌犯罪案件的有关规定向公安机关移交证据，应当制作证据移交清单，双方经办人员应当签字确认，加盖公章，相关证据随证据移交清单一并移交。两高、公安部、证监会《关于办理证券期货违法犯罪案件工作若干问题的意见》证监发〔2011〕30号2011/04/27第六条

[按一定比例收集和调取书证、被害人陈述、证人证言等相关证据] 对涉众型证券期货犯罪案件，在已收集的证据能够充分证明基本犯罪事实的前提下，公安机关可在被调查对象范围内按一定比例收集和调取书证、被害人陈述、证人证言等相关证据。两高、公安部、证监会《关于办理证券期货违法犯罪案件工作若干问题的意见》证监发〔2011〕30号2011/04/27第七条

[电子证据的要求] 以证券交易所、期货交易所、证券登记结算机构、期货保证金监控机构以及证券公司、期货公司留存的证券期货委托记录和交易记录、登记存管结算资料等电子数据作为证据的，数据提供单位应以电子光盘或者其他载体记录相关原始数据，并说明制作方法、制作时间及制作人等信息，并由复制件制作人和原始电子数据持有人签名或盖章。两高、公安部、证监会《关于办理证券期货违法犯罪案件工作若干问题的意见》证监发〔2011〕30号2011/04/27第八条

[信息披露的打印件或电子光盘可作刑事证据] 发行人、上市公司或者其他信息披露义务人在证券监管机构指定的信息披露媒体、信息披露义务人或证券交易所网站发布的信息披露公告，其打印件或据此制作的电子光盘，经核对无误后，说明其来源、制作人、制作时间、制作地点等的，可作为刑事证据使用，但有其他证据证明打印件或光盘内容与公告信息不一致的除外。两高、公安部、证监会《关于办理证券期货违法犯罪案件工作若干问题的意见》证监发〔2011〕30号2011/04/27第九条

[徇私舞弊低价折股、出售国有资产案立案追诉标准] [徇私舞弊低价折股、出售国有资产案（刑法第一百六十九条）] 国有公司、企业或者其上级主管部门直接负责的主管人员，徇私舞弊，将国有资产低价折股或者低价出售，涉嫌下列情形之一的，应予立案追诉：

（一）造成国家直接经济损失数额在三十万元以上的；

（二）造成有关单位破产，停业、停产六个月以上，或者被吊销许可证和营业执照、责令关闭、撤销、解散的；

（三）其他致使国家利益遭受重大损失的情形。**最高检、公安部《关于公安机关管辖的刑事案件立案追诉标准的规定（二）》公通字〔2010〕23号 2010/05/07 第十七条**

［背信损害上市公司利益案立案追诉标准］［背信损害上市公司利益案（刑法第一百第一百六十九条之一）］ 上市公司的董事、监事、高级管理人员违背对公司的忠实义务，利用职务便利，操纵上市公司从事损害上市公司利益的行为，以及上市公司的控股股东或者实际控制人，指使上市公司董事、监事、高级管理人员实施损害上市公司利益的行为，涉嫌下列情形之一的，应予立案追诉：

（一）无偿向其他单位或者个人提供资金、商品、服务或者其他资产，致使上市公司直接经济损失数额在一百五十万元以上的；

（二）以明显不公平的条件，提供或者接受资金、商品、服务或者其他资产，致使上市公司直接经济损失数额在一百五十万元以上的；

（三）向明显不具有清偿能力的单位或者个人提供资金、商品、服务或者其他资产，致使上市公司直接经济损失数额在一百五十万元以上的；

（四）为明显不具有清偿能力的单位或者个人提供担保，或者无正当理由为其他单位或者个人提供担保，致使上市公司直接经济损失数额在一百五十万元以上的；

（五）无正当理由放弃债权、承担债务，致使上市公司直接经济损失数额在一百五十万元以上的；

（六）致使公司发行的股票、公司债券或者国务院依法认定的其他证券被终止上市交易或者多次被暂停上市交易的；

（七）其他致使上市公司利益遭受重大损失的情形。**最高检、公安部《关于公安机关管辖的刑事案件立案追诉标准的规定（二）》公通字〔2010〕23号 2010/05/07 第十八条**

第四节　破坏金融管理秩序罪

第一百七十条　【伪造货币罪】伪造货币的，处三年以上十年以下有期徒刑，并处罚金；有下列情形之一的，处十年以上有期徒刑或者无期徒刑，并处罚金或者没收财产：

（一）伪造货币集团的首要分子；

（二）伪造货币数额特别巨大的；

（三）有其他特别严重情节的。[①]

[仿照真货币的图案、形状、色彩等特征非法制造假币　冒充真币　伪造货币] 仿照真货币的图案、形状、色彩等特征非法制造假币，冒充真币的行为，应当认定为刑法第一百七十条规定的“伪造货币”。最高法《关于审理伪造货币等案件具体应用法律若干问题的解释（二）》法释〔2010〕14号 2010/11/03 第一条第一款

[采用伪造和变造手段制造真伪拼凑货币] 同时采用伪造和变造手段，制造真伪拼凑货币的行为，依照刑法第一百七十条的规定，以伪造货币罪定罪处罚。最高法《关于审理伪造货币等案件具体应用法律若干问题的解释（二）》法释〔2010〕14号 2010/11/03 第二条

[以正在流通的境外货币为对象的假币犯罪] 以正在流通的境外货币为对象的假币犯罪，依照刑法第一百七十条至第一百七十三条的规定定罪处罚。最高法《关于审理伪造货币等案件具体应用法律若干问题的解释（二）》法释〔2010〕14号 2010/11/03 第三条第一款

[假境外货币犯罪的数额] 假境外货币犯罪的数额，按照案发当日中

① 根据2015年11月1日《刑法修正案（九）》修改，原条文为：“伪造货币的，处三年以上十年以下有期徒刑，并处五万元以上五十万元以下罚金；有下列情形之一的，处十年以上有期徒刑、无期徒刑或者死刑，并处五万元以上五十万元以下罚金或者没收财产：

“（一）伪造货币集团的首要分子；

“（二）伪造货币数额特别巨大的；

“（三）有其他特别严重情节的。”

国外汇交易中心或者中国人民银行授权机构公布的人民币对该货币的中间价折合成人民币计算。中国外汇交易中心或者中国人民银行授权机构未公布汇率中间价的境外货币，按照案发当日境内银行人民币对该货币的中间价折算成人民币，或者该货币在境内银行、国际外汇市场对美元汇率，与人民币对美元汇率中间价进行套算。最高法《关于审理伪造货币等案件具体应用法律若干问题的解释（二）》法释〔2010〕14号 2010/11/03 第三条第二款

[以普通纪念币和贵金属纪念币为对象的假币犯罪] 以中国人民银行发行的普通纪念币和贵金属纪念币为对象的假币犯罪，依照刑法第一百七十条至第一百七十三条的规定定罪处罚。最高法《关于审理伪造货币等案件具体应用法律若干问题的解释（二）》法释〔2010〕14号 2010/11/03 第四条第一款

[假普通纪念币犯罪的数额　假贵金属纪念币犯罪的数额] 假普通纪念币犯罪的数额，以面额计算；假贵金属纪念币犯罪的数额，以贵金属纪念币的初始发售价格计算。最高法《关于审理伪造货币等案件具体应用法律若干问题的解释（二）》法释〔2010〕14号 2010/11/03 第四条第二款

[本解释的效力] 此前发布的司法解释与本解释不一致的，以本解释为准。最高法《关于审理伪造货币等案件具体应用法律若干问题的解释（二）》法释〔2010〕14号 2010/11/03 第六条

[伪造货币数额] 伪造货币的总面额在二千元以上不满三万元或者币量在二百张（枚）以上不足三千张（枚）的，依照刑法第一百七十条的规定，处三年以上十年以下有期徒刑，并处五万元以上五十万元以下罚金。最高法《关于审理伪造货币等案件具体应用法律若干问题的解释》法释〔2000〕26号 2000/09/14 第一条第一款

[伪造货币数额特别巨大] 伪造货币的总面额在三万元以上的，属于“伪造货币数额特别巨大”。最高法《关于审理伪造货币等案件具体应用法律若干问题的解释》法释〔2000〕26号 2000/09/14 第一条第二款

[事前通谋　提供版样] 行为人制造货币版样或者与他人事前通谋，为他人伪造货币提供版样的，依照刑法第一百七十条的规定定罪处罚。最高法《关于审理伪造货币等案件具体应用法律若干问题的解释》法释〔2000〕26号 2000/09/14 第一条第三款

[货币　货币面额] 本解释所称“货币”是指可在国内市场流通或者

兑换的人民币和境外货币。

货币面额应当以人民币计算，其他币种以案发时国家外汇管理机关公布的外汇牌价折算成人民币。**最高法《关于审理伪造货币等案件具体应用法律若干问题的解释》法释〔2000〕26号 2000/09/14 第七条**

[伪造货币案立案追诉标准] [伪造货币案（刑法第一百七十条）] 伪造货币，涉嫌下列情形之一的，应予立案追诉：

（一）伪造货币，总面额在二千元以上或者币量在二百张（枚）以上的；

（二）制造货币版样或者为他人伪造货币提供版样的；

（三）其他伪造货币应予追究刑事责任的情形。**最高检、公安部《关于公安机关管辖的刑事案件立案追诉标准的规定（二）》公通字〔2010〕23号 2010/05/07 第十九条第一款**

[货币] 本规定中的“货币”是指流通的以下货币：

（一）人民币（含普通纪念币、贵金属纪念币）、港元、澳门元、新台币；

（二）其他国家及地区的法定货币。

贵金属纪念币的面额以中国人民银行授权中国金币总公司的初始发售价格为准。**最高检、公安部《关于公安机关管辖的刑事案件立案追诉标准的规定（二）》公通字〔2010〕23号 2010/05/07 第十九条第二款、第三款**

第一百七十一条　【出售、购买、运输假币罪；金融工作人员购买假币、以假币换取货币罪；伪造货币罪】出售、购买伪造的货币或者明知是伪造的货币而运输，数额较大的，处三年以下有期徒刑或者拘役，并处二万元以上二十万元以下罚金；数额巨大的，处三年以上十年以下有期徒刑，并处五万元以上五十万元以下罚金；数额特别巨大的，处十年以上有期徒刑或者无期徒刑，并处五万元以上五十万元以下罚金或者没收财产。

银行或者其他金融机构的工作人员购买伪造的货币或者利用职务上的便利，以伪造的货币换取货币的，处三年以上十年以下有期徒刑，并处二万元以上二十万元以下罚金；数额巨大或者有其他严重情节的，处十年以上有期徒刑或者无期徒刑，并处二万元以上二十万元以下罚金或者没收财产；情节较轻的，处三年以下有期徒刑或者拘役，并处或者单处一万元以上十万元以下罚金。

伪造货币并出售或者运输伪造的货币的，依照本法第一百七十条的规定定罪从重处罚。

[购买假币后使用] 行为人购买假币后使用，构成犯罪的，依照刑法第一百七十一条的规定，以购买假币罪定罪，从重处罚。最高法《关于审理伪造货币等案件具体应用法律若干问题的解释》法释〔2000〕26 号 2000/09/14 第二条第一款

[出售、运输假币 同时使用假币 数罪并罚] 行为人出售、运输假币构成犯罪，同时有使用假币行为的，依照刑法第一百七十一条、第一百七十二条的规定，实行数罪并罚。最高法《关于审理伪造货币等案件具体应用法律若干问题的解释》法释〔2000〕26 号 2000/09/14 第二条第二款

[出售、购买假币或运输假币 数额较大 数额巨大 数额特别巨大] 出售、购买假币或者明知是假币而运输，总面额在四千元以上不满五万元的，属于“数额较大”；总面额在五万元以上不满二十万元的，属于“数额巨大”；总面额在二十万元以上的，属于“数额特别巨大”，依照刑法第一百七十一条第一款的规定定罪处罚。最高法《关于审理伪造货币等案件具体应用法律若干问题的解释》法释〔2000〕26 号 2000/09/14 第三条

[银行或者其他金融机构的工作人员购买假币或以假币换货币] 银行或者其他金融机构的工作人员购买假币或者利用职务上的便利，以假币换取货币，总面额在四千元以上不满五万元或者币量在四百张（枚）以上不足五千张（枚）的，处三年以上十年以下有期徒刑，并处二万元以上二十万元以下罚金；总面额在五万元以上或者币量在五千张（枚）以上或者有其他严重情节的，处十年以上有期徒刑或者无期徒刑，并处二万元以上二十万元以下罚金或者没收财产；总面额不满人民币四千元或者币量不足四百张（枚）或者具有其他情节较轻情形的，处三年以下有期徒刑或者拘役，并处或者单处一万元以上十万元以下罚金。最高法《关于审理伪造货币等

案件具体应用法律若干问题的解释》法释〔2000〕26号 2000/09/14 第四条

[货币　货币面额] 本解释所称“货币”是指可在国内市场流通或者兑换的人民币和境外货币。

货币面额应当以人民币计算，其他币种以案发时国家外汇管理机关公布的外汇牌价折算成人民币。最高法《关于审理伪造货币等案件具体应用法律若干问题的解释》法释〔2000〕26号 2000/09/14 第七条

[出售、购买、运输假币案立案追诉标准][出售、购买、运输假币案(刑法第一百七十一条第一款)] 出售、购买伪造的货币或者明知是伪造的货币而运输，总面额在四千元以上或者币量在四百张（枚）以上的，应予立案追诉。

在出售假币时被抓获的，除现场查获的假币应认定为出售假币的数额外，现场之外在行为人住所或者其他藏匿地查获的假币，也应认定为出售假币的数额。最高检、公安部《关于公安机关管辖的刑事案件立案追诉标准的规定(二)》公通字〔2010〕23号 2010/05/07 第二十条

[金融工作人员购买假币、以假币换取货币案立案追诉标准] [金融工作人员购买假币、以假币换取货币案（刑法第一百七十一条第二款)] 银行或者其他金融机构的工作人员购买伪造的货币或者利用职务上的便利，以伪造的货币换取货币，总面额在二千元以上或者币量在二百张（枚）以上的，应予立案追诉。最高检、公安部《关于公安机关管辖的刑事案件立案追诉标准的规定（二)》公通字〔2010〕23号 2010/05/07 第二十一条

第一百七十二条　【持有、使用假币罪】明知是伪造的货币而持有、使用，数额较大的，处三年以下有期徒刑或者拘役，并处或者单处一万元以上十万元以下罚金；数额巨大的，处三年以上十年以下有期徒刑，并处二万元以上二十万元以下罚金；数额特别巨大的，处十年以上有期徒刑，并处五万元以上五十万元以下罚金或者没收财产。

[明知是假币而持有、使用　数额巨大　数额特别巨大] 明知是假币而持有、使用，总面额在四千元以上不满五万元的，属于“数额较大”；总面额在五万元以上不满二十万元的，属于“数额巨大”；总面额在二十

万元以上的，属于“数额特别巨大”，依照刑法第一百七十二条的规定定罪处罚。最高法《关于审理伪造货币等案件具体应用法律若干问题的解释》法释〔2000〕26号 2000/09/14 第五条

[货币　货币面额] 本解释所称“货币”是指可在国内市场流通或者兑换的人民币和境外货币。

货币面额应当以人民币计算，其他币种以案发时国家外汇管理机关公布的外汇牌价折算成人民币。最高法《关于审理伪造货币等案件具体应用法律若干问题的解释》法释〔2000〕26号 2000/09/14 第七条

[持有、使用假币案立案追诉标准] [持有、使用假币案（刑法第一百七十二条）] 明知是伪造的货币而持有、使用，总面额在四千元以上或者币量在四百张（枚）以上的，应予立案追诉。最高检、公安部《关于公安机关管辖的刑事案件立案追诉标准的规定（二）》公通字〔2010〕23号 2010/05/07 第二十二条

第一百七十三条　【变造货币罪】 变造货币，数额较大的，处三年以下有期徒刑或者拘役，并处或者单处一万元以上十万元以下罚金；数额巨大的，处三年以上十年以下有期徒刑，并处二万元以上二十万元以下罚金。

[对真货币采用剪贴、挖补、揭层、涂改、移位、重印等方法加工处理　变造货币] 对真货币采用剪贴、挖补、揭层、涂改、移位、重印等方法加工处理，改变真币形态、价值的行为，应当认定为刑法第一百七十三条规定的“变造货币”。最高法《关于审理伪造货币等案件具体应用法律若干问题的解释（二）》法释〔2010〕14号 2010/11/03 第一条第二款

[数额较大　数额巨大] 变造货币的总面额在二千元以上不满三万元的，属于“数额较大”；总面额在三万元以上的，属于“数额巨大”，依照刑法第一百七十三条的规定定罪处罚。最高法《关于审理伪造货币等案件具体应用法律若干问题的解释》法释〔2000〕26号 2000/09/14 第六条

[货币　货币面额] 本解释所称“货币”是指可在国内市场流通或者兑换的人民币和境外货币。

货币面额应当以人民币计算，其他币种以案发时国家外汇管理机关公

布的外汇牌价折算成人民币。最高法《关于审理伪造货币等案件具体应用法律若干问题的解释》法释〔2000〕26号 2000/09/14 第七条

[变造货币案立案追诉标准] [变造货币案（刑法第一百七十三条）] 变造货币，总面额在二千元以上或者币量在二百张（枚）以上的，应予立案追诉。最高检、公安部《关于公安机关管辖的刑事案件立案追诉标准的规定（二）》公通字〔2010〕23号 2010/05/07 第二十三条

第一百七十四条　【擅自设立金融机构罪；伪造、变造、转让金融机构经营许可证、批准文件罪】未经国家有关主管部门批准，擅自设立商业银行、证券交易所、期货交易所、证券公司、期货经纪公司、保险公司或者其他金融机构的，处三年以下有期徒刑或者拘役，并处或者单处二万元以上二十万元以下罚金；情节严重的，处三年以上十年以下有期徒刑，并处五万元以上五十万元以下罚金。

伪造、变造、转让商业银行、证券交易所、期货交易所、证券公司、期货经纪公司、保险公司或者其他金融机构的经营许可证或者批准文件的，依照前款的规定处罚。

单位犯前两款罪的，对单位判处罚金，并对其直接负责的主管人员和其他直接责任人员，依照第一款的规定处罚。[①]

[擅自设立金融机构案立案追诉标准] [擅自设立金融机构案（刑法第一百七十四条第一款）] 未经国家有关主管部门批准，擅自设立金融机构，涉嫌下列情形之一的，应予立案追诉：

（一）擅自设立商业银行、证券交易所、期货交易所、证券公司、期

---

① 根据1999年12月25日《刑法修正案》修改，原条文为："未经中国人民银行批准，擅自设立商业银行或者其他金融机构的，处三年以下有期徒刑或者拘役，并处或者单处二万元以上二十万元以下罚金；情节严重的，处三年以上十年以下有期徒刑，并处五万元以上五十万元以下罚金。

"伪造、变造、转让商业银行或者其他金融机构经营许可证的，依照前款的规定处罚。

"单位犯前两款罪的，对单位判处罚金，并对其直接负责的主管人员和其他直接责任人员，依照第一款的规定处罚。"

货公司、保险公司或者其他金融机构的；

（二）擅自设立商业银行、证券交易所、期货交易所、证券公司、期货公司、保险公司或者其他金融机构筹备组织的。最高检、公安部《关于公安机关管辖的刑事案件立案追诉标准的规定（二）》公通字〔2010〕23号 2010/05/07 第二十四条

[伪造、变造、转让金融机构经营许可证、批准文件案立案追诉标准][伪造、变造、转让金融机构经营许可证、批准文件案（刑法第一百七十四条第二款）] 伪造、变造、转让商业银行、证券交易所、期货交易所、证券公司、期货公司、保险公司或者其他金融机构的经营许可证或者批准文件的，应予立案追诉。最高检、公安部《关于公安机关管辖的刑事案件立案追诉标准的规定（二）》公通字〔2010〕23号 2010/05/07 第二十五条

第一百七十五条　【高利转贷罪】以转贷牟利为目的，套取金融机构信贷资金高利转贷他人，违法所得数额较大的，处三年以下有期徒刑或者拘役，并处违法所得一倍以上五倍以下罚金；数额巨大的，处三年以上七年以下有期徒刑，并处违法所得一倍以上五倍以下罚金。

单位犯前款罪的，对单位判处罚金，并对其直接负责的主管人员和其他直接责任人员，处三年以下有期徒刑或者拘役。

第一百七十五条之一　【骗取贷款、票据承兑、金融票证罪】以欺骗手段取得银行或者其他金融机构贷款、票据承兑、信用证、保函等，给银行或者其他金融机构造成重大损失或者有其他严重情节的，处三年以下有期徒刑或者拘役，并处或者单处罚金；给银行或者其他金融机构造成特别重大损失或者有其他特别严重情节的，处三年以上七年以下有期徒刑，并处罚金。

单位犯前款罪的，对单位判处罚金，并对其直接负责的主管人员和其他直接责任人员，依照前款的规定处罚。[①]

---

① 根据2006年6月29日《刑法修正案（六）》增加。

[典型意义] 本案系银行金融创新过程中发生的刑事案件。一方面，由于金融行业的竞争日趋激烈，促使各金融机构不断推出金融创新产品；另一方面，我国资本市场尚不发达，企业融资途径有限，小微企业融资尤其困难。在此背景下，作为传统的金融机构，银行推出了名称各异的各种新型信用卡业务，但金融创新在为小微企业提供融资便利的同时，也易诱发金融风险和金融犯罪，从风险防控和法律规制角度看，金融机构在推出新型金融产品时，应注重风险防控机制的建立与健全，司法机关要加强对新型金融产品和业务的法律性质研判。最高检发布6起依法查处金融犯罪典型案例4：某酒业有限公司、彭某骗取贷款案

[高利转贷案立案追诉标准] [高利转贷案（刑法第一百七十五条）] 以转贷牟利为目的，套取金融机构信贷资金高利转贷他人，涉嫌下列情形之一的，应予立案追诉：

（一）高利转贷，违法所得数额在十万元以上的；

（二）虽未达到上述数额标准，但两年内因高利转贷受过行政处罚二次以上，又高利转贷的。最高检、公安部《关于公安机关管辖的刑事案件立案追诉标准的规定（二）》公通字〔2010〕23号 2010/05/07 第二十六条

[骗取贷款、票据承兑、金融票证案立案追诉标准] [骗取贷款、票据承兑、金融票证案（刑法第一百七十五条之一）] 以欺骗手段取得银行或者其他金融机构贷款、票据承兑、信用证、保函等，涉嫌下列情形之一的，应予立案追诉：

（一）以欺骗手段取得贷款、票据承兑、信用证、保函等，数额在一百万元以上的；

（二）以欺骗手段取得贷款、票据承兑、信用证、保函等，给银行或者其他金融机构造成直接经济损失数额在二十万元以上的；

（三）虽未达到上述数额标准，但多次以欺骗手段取得贷款、票据承兑、信用证、保函等的；

（四）其他给银行或者其他金融机构造成重大损失或者有其他严重情节的情形。最高检、公安部《关于公安机关管辖的刑事案件立案追诉标准的规定（二）》公通字〔2010〕23号 2010/05/07 第二十七条

第一百七十六条　【非法吸收公众存款罪】非法吸收公众存款或者变相吸收公众存款，扰乱金融秩序的，处三年以下有期徒刑或者拘役，并处或者单处二万元以上二十万元以下罚金；数额巨大或者有其他严重情节的，处三年以上十年以下有期徒刑，并处五万元以上五十万元以下罚金。

单位犯前款罪的，对单位判处罚金，并对其直接负责的主管人员和其他直接责任人员，依照前款的规定处罚。

[非法吸收公众存款罪的量刑]

1. 构成非法吸收公众存款罪的，可以根据下列不同情形在相应的幅度内确定量刑起点：

(1) 犯罪情节一般的，可以在一年以下有期徒刑、拘役幅度内确定量刑起点。

(2) 达到数额巨大起点或者有其他严重情节的，可以在三年至四年有期徒刑幅度内确定量刑起点。

2. 在量刑起点的基础上，可以根据非法吸收存款数额等其他影响犯罪构成的犯罪事实增加刑罚量，确定基准刑。**最高法《关于常见犯罪的量刑指导意见（二）（试行）》2017/05/01 一、(二)**

[向社会公开宣传]《最高人民法院关于审理非法集资刑事案件具体应用法律若干问题的解释》第一条第一款第二项中的“向社会公开宣传”，包括以各种途径向社会公众传播吸收资金的信息，以及明知吸收资金的信息向社会公众扩散而予以放任等情形。**两高、公安部《关于办理非法集资刑事案件适用法律若干问题的意见》公通字〔2014〕16号 2014/03/25 第二条**

[社会公众] 下列情形不属于《最高人民法院关于审理非法集资刑事案件具体应用法律若干问题的解释》第一条第二款规定的“针对特定对象吸收资金”的行为，应当认定为向社会公众吸收资金：

（一）在向亲友或者单位内部人员吸收资金的过程中，明知亲友或者单位内部人员向不特定对象吸收资金而予以放任的；

（二）以吸收资金为目的，将社会人员吸收为单位内部人员，并向其吸收资金的。**两高、公安部《关于办理非法集资刑事案件适用法律若干问题的意见》**

公通字〔2014〕16号 2014/03/25 第三条

[共同犯罪的处理问题] 为他人向社会公众非法吸收资金提供帮助，从中收取代理费、好处费、返点费、佣金、提成等费用，构成非法集资共同犯罪的，应当依法追究刑事责任。能够及时退缴上述费用的，可依法从轻处罚；其中情节轻微的，可以免除处罚；情节显著轻微、危害不大的，不作为犯罪处理。两高、公安部《关于办理非法集资刑事案件适用法律若干问题的意见》公通字〔2014〕16号 2014/03/25 第四条

[涉案财物的追缴和处置问题] 向社会公众非法吸收的资金属于违法所得。以吸收的资金向集资参与人支付的利息、分红等回报，以及向帮助吸收资金人员支付的代理费、好处费、返点费、佣金、提成等费用，应当依法追缴。集资参与人本金尚未归还的，所支付的回报可予折抵本金。

将非法吸收的资金及其转换财物用于清偿债务或者转让给他人，有下列情形之一的，应当依法追缴：

（一）他人明知是上述资金及财物而收取的；

（二）他人无偿取得上述资金及财物的；

（三）他人以明显低于市场的价格取得上述资金及财物的；

（四）他人取得上述资金及财物系源于非法债务或者违法犯罪活动的；

（五）其他依法应当追缴的情形。

查封、扣押、冻结的易贬值及保管、养护成本较高的涉案财物，可以在诉讼终结前依照有关规定变卖、拍卖。所得价款由查封、扣押、冻结机关予以保管，待诉讼终结后一并处置。

查封、扣押、冻结的涉案财物，一般应在诉讼终结后，返还集资参与人。涉案财物不足全部返还的，按照集资参与人的集资额比例返还。两高、公安部《关于办理非法集资刑事案件适用法律若干问题的意见》公通字〔2014〕16号 2014/03/25 第五条

[证据的收集问题] 办理非法集资刑事案件中，确因客观条件的限制无法逐一收集集资参与人的言词证据的，可结合已收集的集资参与人的言词证据和依法收集并查证属实的书面合同、银行账户交易记录、会计凭证及会计账簿、资金收付凭证、审计报告、互联网电子数据等证据，综合认定非法集资对象人数和吸收资金数额等犯罪事实。两高、公安部《关于办理非

法集资刑事案件适用法律若干问题的意见》公通字〔2014〕16号 2014/03/25 第六条

[涉及民事案件的处理问题] 对于公安机关、人民检察院、人民法院正在侦查、起诉、审理的非法集资刑事案件，有关单位或者个人就同一事实向人民法院提起民事诉讼或者申请执行涉案财物的，人民法院应当不予受理，并将有关材料移送公安机关或者检察机关。

人民法院在审理民事案件或者执行过程中，发现有非法集资犯罪嫌疑的，应当裁定驳回起诉或者中止执行，并及时将有关材料移送公安机关或者检察机关。

公安机关、人民检察院、人民法院在侦查、起诉、审理非法集资刑事案件中，发现与人民法院正在审理的民事案件属同一事实，或者被申请执行的财物属于涉案财物的，应当及时通报相关人民法院。人民法院经审查认为确属涉嫌犯罪的，依照前款规定处理。两高、公安部《关于办理非法集资刑事案件适用法律若干问题的意见》公通字〔2014〕16号 2014/03/25 第七条

[跨区域案件的处理问题] 跨区域非法集资刑事案件，在查清犯罪事实的基础上，可以由不同地区的公安机关、人民检察院、人民法院分别处理。

对于分别处理的跨区域非法集资刑事案件，应当按照统一制定的方案处置涉案财物。

国家机关工作人员违反规定处置涉案财物，构成渎职等犯罪的，应当依法追究刑事责任。两高、公安部《关于办理非法集资刑事案件适用法律若干问题的意见》公通字〔2014〕16号 2014/03/25 第八条

[非法集资性质认定]

一、行政部门对于非法集资的性质认定，不是非法集资案件进入刑事程序的必经程序。行政部门未对非法集资作出性质认定的，不影响非法集资刑事案件的审判。

二、人民法院应当依照刑法和最高人民法院《关于审理非法集资刑事案件具体应用法律若干问题的解释》等有关规定认定案件事实的性质，并认定相关行为是否构成犯罪。

三、对于案情复杂、性质认定疑难的案件，人民法院可以在有关部门关于是否符合行业技术标准的行政认定意见的基础上，根据案件事实和法

律规定作出性质认定。

四、非法集资刑事案件的审判工作涉及领域广、专业性强，人民法院在审理此类案件当中要注意加强与有关行政主（监）管部门以及公安机关、人民检察院的配合。审判工作中遇到重大问题难以解决的，请及时报告最高人民法院。**最高法《关于非法集资刑事案件性质认定》法〔2011〕262号 2011/08/18**

[向社会公众吸收资金加四个条件] 违反国家金融管理法律规定，向社会公众（包括单位和个人）吸收资金的行为，同时具备下列四个条件的，除刑法另有规定的以外，应当认定为刑法第一百七十六条规定的“非法吸收公众存款或者变相吸收公众存款”：

（一）未经有关部门依法批准或者借用合法经营的形式吸收资金；

（二）通过媒体、推介会、传单、手机短信等途径向社会公开宣传；

（三）承诺在一定期限内以货币、实物、股权等方式还本付息或者给付回报；

（四）向社会公众即社会不特定对象吸收资金。**最高法《关于审理非法集资刑事案件具体应用法律若干问题的解释》法释〔2010〕18号 2011/01/04 第一条第一款**

[非罪] 未向社会公开宣传，在亲友或者单位内部针对特定对象吸收资金的，不属于非法吸收或者变相吸收公众存款。**最高法《关于审理非法集资刑事案件具体应用法律若干问题的解释》法释〔2010〕18号 2011/01/04 第一条第二款**

[其他情形] 实施下列行为之一，符合本解释第一条第一款规定的条件的，应当依照刑法第一百七十六条的规定，以非法吸收公众存款罪定罪处罚：

（一）不具有房产销售的真实内容或者不以房产销售为主要目的，以返本销售、售后包租、约定回购、销售房产份额等方式非法吸收资金的；

（二）以转让林权并代为管护等方式非法吸收资金的；

（三）以代种植（养殖）、租种植（养殖）、联合种植（养殖）等方式非法吸收资金的；

（四）不具有销售商品、提供服务的真实内容或者不以销售商品、提供服务为主要目的，以商品回购、寄存代售等方式非法吸收资金的；

（五）不具有发行股票、债券的真实内容，以虚假转让股权、发售虚构债券等方式非法吸收资金的；

（六）不具有募集基金的真实内容，以假借境外基金、发售虚构基金等方式非法吸收资金的；

（七）不具有销售保险的真实内容，以假冒保险公司、伪造保险单据等方式非法吸收资金的；

（八）以投资入股的方式非法吸收资金的；

（九）以委托理财的方式非法吸收资金的；

（十）利用民间“会”、“社”等组织非法吸收资金的；

（十一）其他非法吸收资金的行为。**最高法《关于审理非法集资刑事案件具体应用法律若干问题的解释》法释〔2010〕18号 2011/01/04 第二条**

［应当追究刑事责任之情形］非法吸收或者变相吸收公众存款，具有下列情形之一的，应当依法追究刑事责任：

（一）个人非法吸收或者变相吸收公众存款，数额在20万元以上的，单位非法吸收或者变相吸收公众存款，数额在100万元以上的；

（二）个人非法吸收或者变相吸收公众存款对象30人以上的，单位非法吸收或者变相吸收公众存款对象150人以上的；

（三）个人非法吸收或者变相吸收公众存款，给存款人造成直接经济损失数额在10万元以上的，单位非法吸收或者变相吸收公众存款，给存款人造成直接经济损失数额在50万元以上的；

（四）造成恶劣社会影响或者其他严重后果的。**最高法《关于审理非法集资刑事案件具体应用法律若干问题的解释》法释〔2010〕18号 2011/01/04 第三条第一款**

［数额巨大或者有其他严重情节］具有下列情形之一的，属于刑法第一百七十六条规定的“数额巨大或者有其他严重情节”：

（一）个人非法吸收或者变相吸收公众存款，数额在100万元以上的，单位非法吸收或者变相吸收公众存款，数额在500万元以上的；

（二）个人非法吸收或者变相吸收公众存款对象100人以上的，单位非法吸收或者变相吸收公众存款对象500人以上的；

（三）个人非法吸收或者变相吸收公众存款，给存款人造成直接经济损失数额在50万元以上的，单位非法吸收或者变相吸收公众存款，给存款人造成直接经济损失数额在250万元以上的；

（四）造成特别恶劣社会影响或者其他特别严重后果的。最高法《关于审理非法集资刑事案件具体应用法律若干问题的解释》法释〔2010〕18号 2011/01/04 第三条第二款

[数额计算] 非法吸收或者变相吸收公众存款的数额，以行为人所吸收的资金全额计算。案发前后已归还的数额，可以作为量刑情节酌情考虑。最高法《关于审理非法集资刑事案件具体应用法律若干问题的解释》法释〔2010〕18号 2011/01/04 第三条第三款

[免予刑事处罚及不作为犯罪处理] 非法吸收或者变相吸收公众存款，主要用于正常的生产经营活动，能够及时清退所吸收资金，可以免予刑事处罚；情节显著轻微的，不作为犯罪处理。最高法《关于审理非法集资刑事案件具体应用法律若干问题的解释》法释〔2010〕18号 2011/01/04 第三条第四款

[非法吸收公众存款案立案追诉标准] [非法吸收公众存款案（刑法第一百七十六条）] 非法吸收公众存款或者变相吸收公众存款，扰乱金融秩序，涉嫌下列情形之一的，应予立案追诉：

（一）个人非法吸收或者变相吸收公众存款数额在二十万元以上的，单位非法吸收或者变相吸收公众存款数额在一百万元以上的；

（二）个人非法吸收或者变相吸收公众存款三十户以上的，单位非法吸收或者变相吸收公众存款一百五十户以上的；

（三）个人非法吸收或者变相吸收公众存款给存款人造成直接经济损失数额在十万元以上的，单位非法吸收或者变相吸收公众存款给存款人造成直接经济损失数额在五十万元以上的；

（四）造成恶劣社会影响的；

（五）其他扰乱金融秩序情节严重的情形。最高检、公安部《关于公安机关管辖的刑事案件立案追诉标准的规定（二）》公通字〔2010〕23号 2010/05/07 第二十八条

[关于单位犯罪的认定问题] 单位实施非法集资犯罪活动，全部或者大部分违法所得归单位所有的，应当认定为单位犯罪。

个人为进行非法集资犯罪活动而设立的单位实施犯罪的，或者单位设

立后，以实施非法集资犯罪活动为主要活动的，不以单位犯罪论处，对单位中组织、策划、实施非法集资犯罪活动的人员应当以自然人犯罪依法追究刑事责任。

判断单位是否以实施非法集资犯罪活动为主要活动，应当根据单位实施非法集资的次数、频度、持续时间、资金规模、资金流向、投入人力物力情况、单位进行正当经营的状况以及犯罪活动的影响、后果等因素综合考虑认定。**两高、公安部《关于办理非法集资刑事案件若干问题的意见》高检会〔2019〕2号 2019/01/30 二**

［关于涉案下属单位的处理问题］办理非法集资刑事案件中，人民法院、人民检察院、公安机关应当全面查清涉案单位，包括上级单位（总公司、母公司）和下属单位（分公司、子公司）的主体资格、层级、关系、地位、作用、资金流向等，区分情况依法作出处理。

上级单位已被认定为单位犯罪，下属单位实施非法集资犯罪活动，且全部或者大部分违法所得归下属单位所有的，对该下属单位也应当认定为单位犯罪。上级单位和下属单位构成共同犯罪的，应当根据犯罪单位的地位、作用，确定犯罪单位的刑事责任。

上级单位已被认定为单位犯罪，下属单位实施非法集资犯罪活动，但全部或者大部分违法所得归上级单位所有的，对下属单位不单独认定为单位犯罪。下属单位中涉嫌犯罪的人员，可以作为上级单位的其他直接责任人员依法追究刑事责任。

上级单位未被认定为单位犯罪，下属单位被认定为单位犯罪的，对上级单位中组织、策划、实施非法集资犯罪的人员，一般可以与下属单位按照自然人与单位共同犯罪处理。

上级单位与下属单位均未被认定为单位犯罪的，一般以上级单位与下属单位中承担组织、领导、管理、协调职责的主管人员和发挥主要作用的人员作为主犯，以其他积极参加非法集资犯罪的人员作为从犯，按照自然人共同犯罪处理。**两高、公安部《关于办理非法集资刑事案件若干问题的意见》高检会〔2019〕2号 2019/01/30 三**

［关于主观故意的认定问题］认定犯罪嫌疑人、被告人是否具有非法

吸收公众存款的犯罪故意，应当依据犯罪嫌疑人、被告人的任职情况、职业经历、专业背景、培训经历、本人因同类行为受到行政处罚或者刑事追究情况以及吸收资金方式、宣传推广、合同资料、业务流程等证据，结合其供述，进行综合分析判断。

犯罪嫌疑人、被告人使用诈骗方法非法集资，符合《最高人民法院关于审理非法集资刑事案件具体应用法律若干问题的解释》第四条规定的，可以认定为集资诈骗罪中“以非法占有为目的”。

办案机关在办理非法集资刑事案件中，应当根据案件具体情况注意收集运用涉及犯罪嫌疑人、被告人的以下证据：是否使用虚假身份信息对外开展业务；是否虚假订立合同、协议；是否虚假宣传，明显超出经营范围或者夸大经营、投资、服务项目及盈利能力；是否吸收资金后隐匿、销毁合同、协议、账目；是否传授或者接受规避法律、逃避监管的方法，等等。两高、公安部《关于办理非法集资刑事案件若干问题的意见》高检会〔2019〕2号 2019/01/30 四

[关于犯罪数额的认定问题] 非法吸收或者变相吸收公众存款构成犯罪，具有下列情形之一的，向亲友或者单位内部人员吸收的资金应当与向不特定对象吸收的资金一并计入犯罪数额：

（一）在向亲友或者单位内部人员吸收资金的过程中，明知亲友或者单位内部人员向不特定对象吸收资金而予以放任的；

（二）以吸收资金为目的，将社会人员吸收为单位内部人员，并向其吸收资金的；

（三）向社会公开宣传，同时向不特定对象、亲友或者单位内部人员吸收资金的。

非法吸收或者变相吸收公众存款的数额，以行为人所吸收的资金全额计算。集资参与人收回本金或者获得回报后又重复投资的数额不予扣除，但可以作为量刑情节酌情考虑。两高、公安部《关于办理非法集资刑事案件若干问题的意见》高检会〔2019〕2号 2019/01/30 五

[关于宽严相济刑事政策把握问题] 办理非法集资刑事案件，应当贯彻宽严相济刑事政策，依法合理把握追究刑事责任的范围，综合运用刑事

手段和行政手段处置和化解风险，做到惩处少数、教育挽救大多数。要根据行为人的客观行为、主观恶性、犯罪情节及其地位、作用、层级、职务等情况，综合判断行为人的责任轻重和刑事追究的必要性，按照区别对待原则分类处理涉案人员，做到罚当其罪、罪责刑相适应。

重点惩处非法集资犯罪活动的组织者、领导者和管理人员，包括单位犯罪中的上级单位（总公司、母公司）的核心层、管理层和骨干人员，下属单位（分公司、子公司）的管理层和骨干人员，以及其他发挥主要作用的人员。

对于涉案人员积极配合调查、主动退赃退赔、真诚认罪悔罪的，可以依法从轻处罚；其中情节轻微的，可以免除处罚；情节显著轻微、危害不大的，不作为犯罪处理。**两高、公安部《关于办理非法集资刑事案件若干问题的意见》高检会〔2019〕2号 2019/01/30 六**

[关于管辖问题] 跨区域非法集资刑事案件按照《国务院关于进一步做好防范和处置非法集资工作的意见》（国发〔2015〕59号）确定的工作原则办理。如果合并侦查、诉讼更为适宜的，可以合并办理。

办理跨区域非法集资刑事案件，如果多个公安机关都有权立案侦查的，一般由主要犯罪地公安机关作为案件主办地，对主要犯罪嫌疑人立案侦查和移送审查起诉；由其他犯罪地公安机关作为案件分办地根据案件具体情况，对本地区犯罪嫌疑人立案侦查和移送审查起诉。

管辖不明或者有争议的，按照有利于查清犯罪事实、有利于诉讼的原则，由其共同的上级公安机关协调确定或者指定有关公安机关作为案件主办地立案侦查。需要提请批准逮捕、移送审查起诉、提起公诉的，由分别立案侦查的公安机关所在地的人民检察院、人民法院受理。

对于重大、疑难、复杂的跨区域非法集资刑事案件，公安机关应当在协调确定或者指定案件主办地立案侦查的同时，通报同级人民检察院、人民法院。人民检察院、人民法院参照前款规定，确定主要犯罪地作为案件主办地，其他犯罪地作为案件分办地，由所在地的人民检察院、人民法院负责起诉、审判。

本条规定的"主要犯罪地"，包括非法集资活动的主要组织、策划、实施地，集资行为人的注册地、主要营业地、主要办事机构所在地，集资参与人的主要所在地等。**两高、公安部《关于办理非法集资刑事案件若干问题的意见》高检会〔2019〕2号 2019/01/30 七**

[关于办案工作机制问题] 案件主办地和其他涉案地办案机关应当密切沟通协调，协同推进侦查、起诉、审判、资产处置工作，配合有关部门最大限度追赃挽损。

案件主办地办案机关应当统一负责主要犯罪嫌疑人、被告人涉嫌非法集资全部犯罪事实的立案侦查、起诉、审判，防止遗漏犯罪事实；并应就全案处理政策、追诉主要犯罪嫌疑人、被告人的证据要求及诉讼时限、追赃挽损、资产处置等工作要求，向其他涉案地办案机关进行通报。其他涉案地办案机关应当对本地区犯罪嫌疑人、被告人涉嫌非法集资的犯罪事实及时立案侦查、起诉、审判，积极协助主办地处置涉案资产。

案件主办地和其他涉案地办案机关应当建立和完善证据交换共享机制。对涉及主要犯罪嫌疑人、被告人的证据，一般由案件主办地办案机关负责收集，其他涉案地提供协助。案件主办地办案机关应当及时通报接收涉及主要犯罪嫌疑人、被告人的证据材料的程序及要求。其他涉案地办案机关需要案件主办地提供证据材料的，应当向案件主办地办案机关提出证据需求，由案件主办地收集并依法移送。无法移送证据原件的，应当在移送复制件的同时，按照相关规定作出说明。**两高、公安部《关于办理非法集资刑事案件若干问题的意见》高检会〔2019〕2号 2019/01/30 八**

[关于涉案财物追缴处置问题] 办理跨区域非法集资刑事案件，案件主办地办案机关应当及时归集涉案财物，为统一资产处置做好基础性工作。其他涉案地办案机关应当及时查明涉案财物，明确其来源、去向、用途、流转情况，依法办理查封、扣押、冻结手续，并制作详细清单，对扣押款项应当设立明细账，在扣押后立即存入办案机关唯一合规账户，并将有关情况提供案件主办地办案机关。

人民法院、人民检察院、公安机关应当严格依照刑事诉讼法和相关司法解释的规定，依法移送、审查、处理查封、扣押、冻结的涉案财物。对审判时尚未追缴到案或者尚未足额退赔的违法所得，人民法院应当判决继续追缴或者责令退赔，并由人民法院负责执行，处置非法集资职能部门、人民检察院、公安机关等应当予以配合。

人民法院对涉案财物依法作出判决后，有关地方和部门应当在处置非法集资职能部门统筹协调下，切实履行协作义务，综合运用多种手段，做好涉案财物清运、财产变现、资金归集、资金清退等工作，确保最大限度减少实际损失。

根据有关规定，查封、扣押、冻结的涉案财物，一般应在诉讼终结后返还集资参与人。涉案财物不足全部返还的，按照集资参与人的集资额比例返还。退赔集资参与人的损失一般优先于其他民事债务以及罚金、没收财产的执行。**两高、公安部《关于办理非法集资刑事案件若干问题的意见》高检会〔2019〕2号 2019/01/30 九**

[关于集资参与人权利保障问题] 集资参与人，是指向非法集资活动投入资金的单位和个人，为非法集资活动提供帮助并获取经济利益的单位和个人除外。

人民法院、人民检察院、公安机关应当通过及时公布案件进展、涉案资产处置情况等方式，依法保障集资参与人的合法权利。集资参与人可以推选代表人向人民法院提出相关意见和建议；推选不出代表人的，人民法院可以指定代表人。人民法院可以视案件情况决定集资参与人代表人参加或者旁听庭审，对集资参与人提起附带民事诉讼等请求不予受理。**两高、公安部《关于办理非法集资刑事案件若干问题的意见》高检会〔2019〕2号 2019/01/30 十**

[关于行政执法与刑事司法衔接问题] 处置非法集资职能部门或者有关行政主管部门，在调查非法集资行为或者行政执法过程中，认为案情重大、疑难、复杂的，可以商请公安机关就追诉标准、证据固定等问题提出咨询或者参考意见；发现非法集资行为涉嫌犯罪的，应当按照《行政执法机关移送涉嫌犯罪案件的规定》等规定，履行相关手续，在规定的期限内将案件移送公安机关。

人民法院、人民检察院、公安机关在办理非法集资刑事案件过程中，可商请处置非法集资职能部门或者有关行政主管部门指派专业人员配合开展工作，协助查阅、复制有关专业资料，就案件涉及的专业问题出具认定意见。涉及需要行政处理的事项，应当及时移交处置非法集资职能部门或者有关行政主管部门依法处理。两高、公安部《关于办理非法集资刑事案件若干问题的意见》高检会〔2019〕2号 2019/01/30 十一

[关于国家工作人员相关法律责任问题] 国家工作人员具有下列行为之一，构成犯罪的，应当依法追究刑事责任：

（一）明知单位和个人所申请机构或者业务涉嫌非法集资，仍为其办理行政许可或者注册手续的；

（二）明知所主管、监管的单位有涉嫌非法集资行为，未依法及时处理或者移送处置非法集资职能部门的；

（三）查处非法集资过程中滥用职权、玩忽职守、徇私舞弊的；

（四）徇私舞弊不向司法机关移交非法集资刑事案件的；

（五）其他通过职务行为或者利用职务影响，支持、帮助、纵容非法集资的。两高、公安部《关于办理非法集资刑事案件若干问题的意见》高检会〔2019〕2号 2019/01/30 十二

第一百七十七条　【伪造、变造金融票证罪】有下列情形之一，伪造、变造金融票证的，处五年以下有期徒刑或者拘役，并处或者单处二万元以上二十万元以下罚金；情节严重的，处五年以上十年以下有期徒刑，并处五万元以上五十万元以下罚金；情节特别严重的，处十年以上有期徒刑或者无期徒刑，并处五万元以上五十万元以下罚金或者没收财产：

（一）伪造、变造汇票、本票、支票的；

（二）伪造、变造委托收款凭证、汇款凭证、银行存单等其他银行结算凭证的；

（三）伪造、变造信用证或者附随的单据、文件的；

（四）伪造信用卡的。

单位犯前款罪的，对单位判处罚金，并对其直接负责的主管人员和其他直接责任人员，依照前款的规定处罚。

[复制他人信用卡] 复制他人信用卡、将他人信用卡信息资料写入磁

条介质、芯片或者以其他方法伪造信用卡 1 张以上的，应当认定为刑法第一百七十七条第一款第（四）项规定的“伪造信用卡”，以伪造金融票证罪定罪处罚。两高《关于办理妨害信用卡管理刑事案件具体应用法律若干问题的解释》法释〔2009〕19 号 2009/12/16 第一条第一款

[伪造空白信用卡] 伪造空白信用卡 10 张以上的，应当认定为刑法第一百七十七条第一款第（四）项规定的“伪造信用卡”，以伪造金融票证罪定罪处罚。两高《关于办理妨害信用卡管理刑事案件具体应用法律若干问题的解释》法释〔2009〕19 号 2009/12/16 第一条第二款

[情节严重之情形] 伪造信用卡，有下列情形之一的，应当认定为刑法第一百七十七条规定的“情节严重”：

（一）伪造信用卡 5 张以上不满 25 张的；

（二）伪造的信用卡内存款余额、透支额度单独或者合计数额在 20 万元以上不满 100 万元的；

（三）伪造空白信用卡 50 张以上不满 250 张的；

（四）其他情节严重的情形。两高《关于办理妨害信用卡管理刑事案件具体应用法律若干问题的解释》法释〔2009〕19 号 2009/12/16 第一条第三款

[情节特别严重之情形] 伪造信用卡，有下列情形之一的，应当认定为刑法第一百七十七条规定的“情节特别严重”：

（一）伪造信用卡 25 张以上的；

（二）伪造的信用卡内存款余额、透支额度单独或者合计数额在 100 万元以上的；

（三）伪造空白信用卡 250 张以上的；

（四）其他情节特别严重的情形。两高《关于办理妨害信用卡管理刑事案件具体应用法律若干问题的解释》法释〔2009〕19 号 2009/12/16 第一条第四款

[信用卡内存款余额、透支额度] 本条所称“信用卡内存款余额、透支额度”，以信用卡被伪造后发卡行记录的最高存款余额、可透支额度计算。两高《关于办理妨害信用卡管理刑事案件具体应用法律若干问题的解释》法释〔2009〕19 号 2009/12/16 第一条第五款

[数量较大] 明知是伪造的空白信用卡而持有、运输 10 张以上不满 100 张的，应当认定为刑法第一百七十七条之一第一款第（一）项规定的

“数量较大”；非法持有他人信用卡5张以上不满50张的，应当认定为刑法第一百七十七条之一第一款第（二）项规定的“数量较大”。两高《关于办理妨害信用卡管理刑事案件具体应用法律若干问题的解释》法释〔2009〕19号 2009/12/16 第二条第一款

[持有、运输伪造信用卡　数量巨大] 有下列情形之一的，应当认定为刑法第一百七十七条之一第一款规定的“数量巨大”：

（一）明知是伪造的信用卡而持有、运输10张以上的；

（二）明知是伪造的空白信用卡而持有、运输100张以上的；

（三）非法持有他人信用卡50张以上的；

（四）使用虚假的身份证明骗领信用卡10张以上的；

（五）出售、购买、为他人提供伪造的信用卡或者以虚假的身份证明骗领的信用卡10张以上的。两高《关于办理妨害信用卡管理刑事案件具体应用法律若干问题的解释》法释〔2009〕19号 2009/12/16 第二条第二款

[使用虚假的身份证明骗领信用卡] 违背他人意愿，使用其居民身份证、军官证、士兵证、港澳居民往来内地通行证、台湾居民来往大陆通行证、护照等身份证明申领信用卡的，或者使用伪造、变造的身份证明申领信用卡的，应当认定为刑法第一百七十七条之一第一款第（三）项规定的“使用虚假的身份证明骗领信用卡”。两高《关于办理妨害信用卡管理刑事案件具体应用法律若干问题的解释》法释〔2009〕19号 2009/12/16 第二条第三款

[窃取、收买、非法提供他人信用卡信息资料　数量巨大] 窃取、收买、非法提供他人信用卡信息资料，足以伪造可进行交易的信用卡，或者足以使他人以信用卡持卡人名义进行交易，涉及信用卡1张以上不满5张的，依照刑法第一百七十七条之一第二款的规定，以窃取、收买、非法提供信用卡信息罪定罪处罚；涉及信用卡5张以上的，应当认定为刑法第一百七十七条之一第一款规定的“数量巨大”。两高《关于办理妨害信用卡管理刑事案件具体应用法律若干问题的解释》法释〔2009〕19号 2009/12/16 第三条

第一百七十七条之一　【妨害信用卡管理罪；窃取、收买、非法提供信用卡信息罪】 有下列情形之一，妨害信用卡管理的，处三年以下有期徒刑或者拘役，并处或者单处一万元以上十万元

以下罚金；数量巨大或者有其他严重情节的，处三年以上十年以下有期徒刑，并处二万元以上二十万元以下罚金：

（一）明知是伪造的信用卡而持有、运输的，或者明知是伪造的空白信用卡而持有、运输，数量较大的；

（二）非法持有他人信用卡，数量较大的；

（三）使用虚假的身份证明骗领信用卡的；

（四）出售、购买、为他人提供伪造的信用卡或者以虚假的身份证明骗领的信用卡的。

窃取、收买或者非法提供他人信用卡信息资料的，依照前款规定处罚。

银行或者其他金融机构的工作人员利用职务上的便利，犯第二款罪的，从重处罚。①

[信用卡] 刑法规定的“信用卡”，是指由商业银行或者其他金融机构发行的具有消费支付、信用贷款、转账结算、存取现金等全部功能或者部分功能的电子支付卡。全国人大常委会《关于〈中华人民共和国刑法〉有关信用卡规定的解释》2004/12/29

[伪造、变造金融票证案立案追诉标准] [伪造、变造金融票证案（刑法第一百七十七条）] 伪造、变造金融票证，涉嫌下列情形之一的，应予立案追诉：

（一）伪造、变造汇票、本票、支票，或者伪造、变造委托收款凭证、汇款凭证、银行存单等其他银行结算凭证，或者伪造、变造信用证或者附随的单据、文件，总面额在一万元以上或者数量在十张以上的；

（二）伪造信用卡一张以上，或者伪造空白信用卡十张以上的。最高检、公安部《关于公安机关管辖的刑事案件立案追诉标准的规定（二）》公通字〔2010〕23号 2010/05/07 第二十九条

[妨害信用卡管理案立案追诉标准] [妨害信用卡管理案（刑法第一百七十七条之一第一款）] 妨害信用卡管理，涉嫌下列情形之一的，应予立案追诉：

① 根据2005年2月28日《刑法修正案（五）》增加。

（一）明知是伪造的信用卡而持有、运输的；

（二）明知是伪造的空白信用卡而持有、运输，数量累计在十张以上的；

（三）非法持有他人信用卡，数量累计在五张以上的；

（四）使用虚假的身份证明骗领信用卡的；

（五）出售、购买、为他人提供伪造的信用卡或者以虚假的身份证明骗领的信用卡的。最高检、公安部《关于公安机关管辖的刑事案件立案追诉标准的规定（二）》公通字〔2010〕23号 2010/05/07 第三十条第一款

［使用虚假的身份证明骗领信用卡］违背他人意愿，使用其居民身份证、军官证、士兵证、港澳居民往来内地通行证、台湾居民来往大陆通行证、护照等身份证明申领信用卡的，或者使用伪造、变造的身份证明申领信用卡的，应当认定为“使用虚假的身份证明骗领信用卡”。最高检、公安部《关于公安机关管辖的刑事案件立案追诉标准的规定（二）》公通字〔2010〕23号 2010/05/07 第三十条第二款

［窃取、收买、非法提供信用卡信息案立案追诉标准］［窃取、收买、非法提供信用卡信息案（刑法第一百七十七条之一第二款）］窃取、收买或者非法提供他人信用卡信息资料，足以伪造可进行交易的信用卡，或者足以使他人以信用卡持卡人名义进行交易，涉及信用卡一张以上的，应予立案追诉。最高检、公安部《关于公安机关管辖的刑事案件立案追诉标准的规定（二）》公通字〔2010〕23号 2010/05/07 第三十一条

第一百七十八条　【伪造、变造国家有价证券罪；伪造、变造股票、公司、企业债券罪】伪造、变造国库券或者国家发行的其他有价证券，数额较大的，处三年以下有期徒刑或者拘役，并处或者单处二万元以上二十万元以下罚金；数额巨大的，处三年以上十年以下有期徒刑，并处五万元以上五十万元以下罚金；数额特别巨大的，处十年以上有期徒刑或者无期徒刑，并处五万元以上五十万元以下罚金或者没收财产。

伪造、变造股票或者公司、企业债券，数额较大的，处三年以下有期徒刑或者拘役，并处或者单处一万元以上十万元以下罚金；数额巨大的，处三年以上十年以下有期徒刑，并处二万元以

上二十万元以下罚金。

单位犯前两款罪的，对单位判处罚金，并对其直接负责的主管人员和其他直接责任人员，依照前两款的规定处罚。

[证券期货犯罪]《意见》第十条中的“证券期货犯罪”，是指刑法第一百六十条、第一百六十一条、第一百六十九条之一、第一百七十八条第二款、第一百七十九条、第一百八十条、第一百八十一条、第一百八十二条、第一百八十五条之一第一款规定的犯罪。两高《关于贯彻执行〈关于办理证券期货违法犯罪案件工作若干问题的意见〉有关问题的通知》法发〔2012〕8号 2012/03/14 第一条

[证券监管机构移送涉嫌犯罪]证券监管机构依据行政机关移送涉嫌犯罪案件的有关规定，在办理可能移送公安机关查处的证券期货违法案件过程中，经履行批准程序，可商请公安机关协助查询、复制被调查对象的户籍、出入境信息等资料，对有关涉案人员按照相关规定采取边控、报备措施。证券监管机构向公安机关提出请求时，应当明确协助办理的具体事项，提供案件情况及相关材料。两高、公安部、证监会《关于办理证券期货违法犯罪案件工作若干问题的意见》证监发〔2011〕30号 2011/04/27 第一条

[证券监管机构商请公安机关　通知公安机关]证券监管机构办理证券期货违法案件，案情重大、复杂、疑难的，可商请公安机关就案件性质、证据等问题提出参考意见；对有证据表明可能涉嫌犯罪的行为人可能逃匿或者销毁证据的，证券监管机构应当及时通知公安机关；涉嫌犯罪的，公安机关应当及时立案侦查。两高、公安部、证监会《关于办理证券期货违法犯罪案件工作若干问题的意见》证监发〔2011〕30号 2011/04/27 第二条

[证券监管机构与公安机关建立和完善协调会商机制]证券监管机构与公安机关建立和完善协调会商机制。证券监管机构依据行政机关移送涉嫌犯罪案件的有关规定，在向公安机关移送重大、复杂、疑难的涉嫌证券期货犯罪案件前，应当启动协调会商机制，就行为性质认定、案件罪名适用、案件管辖等问题进行会商。两高、公安部、证监会《关于办理证券期货违法犯罪案件工作若干问题的意见》证监发〔2011〕30号 2011/04/27 第三条

[公、检、法商请证券监管机构派员协助]公安机关、人民检察院和

人民法院在办理涉嫌证券期货犯罪案件过程中，可商请证券监管机构指派专业人员配合开展工作，协助查阅、复制有关专业资料。证券监管机构可以根据司法机关办案需要，依法就案件涉及的证券期货专业问题向司法机关出具认定意见。**两高、公安部、证监会《关于办理证券期货违法犯罪案件工作若干问题的意见》证监发〔2011〕30号 2011/04/27 第四条**

[审查证券监管机构移送的证据材料] 司法机关对证券监管机构随案移送的物证、书证、鉴定结论、视听资料、现场笔录等证据要及时审查，作出是否立案的决定；随案移送的证据，经法定程序查证属实的，可作为定案的根据。**两高、公安部、证监会《关于办理证券期货违法犯罪案件工作若干问题的意见》证监发〔2011〕30号 2011/04/27 第五条**

[证据移交清单] 证券监管机构依据行政机关移送涉嫌犯罪案件的有关规定向公安机关移交证据，应当制作证据移交清单，双方经办人员应当签字确认，加盖公章，相关证据随证据移交清单一并移交。**两高、公安部、证监会《关于办理证券期货违法犯罪案件工作若干问题的意见》证监发〔2011〕30号 2011/04/27 第六条**

[按一定比例收集和调取书证、被害人陈述、证人证言等相关证据] 对涉众型证券期货犯罪案件，在已收集的证据能够充分证明基本犯罪事实的前提下，公安机关可在被调查对象范围内按一定比例收集和调取书证、被害人陈述、证人证言等相关证据。**两高、公安部、证监会《关于办理证券期货违法犯罪案件工作若干问题的意见》证监发〔2011〕30号 2011/04/27 第七条**

[电子证据的要求] 以证券交易所、期货交易所、证券登记结算机构、期货保证金监控机构以及证券公司、期货公司留存的证券期货委托记录和交易记录、登记存管结算资料等电子数据作为证据的，数据提供单位应以电子光盘或者其他载体记录相关原始数据，并说明制作方法、制作时间及制作人等信息，并由复制件制作人和原始电子数据持有人签名或盖章。**两高、公安部、证监会《关于办理证券期货违法犯罪案件工作若干问题的意见》证监发〔2011〕30号 2011/04/27 第八条**

[信息披露的打印件或电子光盘可作刑事证据] 发行人、上市公司或者其他信息披露义务人在证券监管机构指定的信息披露媒体、信息披露义务人或证券交易所网站发布的信息披露公告，其打印件或据此制作的电子

光盘，经核对无误后，说明其来源、制作人、制作时间、制作地点等的，可作为刑事证据使用，但有其他证据证明打印件或光盘内容与公告信息不一致的除外。两高、公安部、证监会《关于办理证券期货违法犯罪案件工作若干问题的意见》证监发〔2011〕30号 2011/04/27 第九条

[伪造、变造国家有价证券案立案追诉标准] [伪造、变造国家有价证券案（刑法第一百七十八条第一款）] 伪造、变造国库券或者国家发行的其他有价证券，总面额在二千元以上的，应予立案追诉。最高检、公安部《关于公安机关管辖的刑事案件立案追诉标准的规定（二）》公通字〔2010〕23号 2010/05/07 第三十二条

[伪造、变造股票、公司、企业债券案立案追诉标准] [伪造、变造股票、公司、企业债券案（刑法第一百七十八条第二款）] 伪造、变造股票或者公司、企业债券，总面额在五千元以上的，应予立案追诉。最高检、公安部《关于公安机关管辖的刑事案件立案追诉标准的规定（二）》公通字〔2010〕23号 2010/05/07 第三十三条

第一百七十九条　【擅自发行股票、公司、企业债券罪】未经国家有关主管部门批准，擅自发行股票或者公司、企业债券，数额巨大、后果严重或者有其他严重情节的，处五年以下有期徒刑或者拘役，并处或者单处非法募集资金金额百分之一以上百分之五以下罚金。

单位犯前款罪的，对单位判处罚金，并对其直接负责的主管人员和其他直接责任人员，处五年以下有期徒刑或者拘役。

[证券期货犯罪] 《意见》第十条中的"证券期货犯罪"，是指刑法第一百六十条、第一百六十一条、第一百六十九条之一、第一百七十八条第二款、第一百七十九条、第一百八十条、第一百八十一条、第一百八十二条、第一百八十五条之一第一款规定的犯罪。两高《关于贯彻执行〈关于办理证券期货违法犯罪案件工作若干问题的意见〉有关问题的通知》法发〔2012〕8号 2012/03/14 第一条

[擅自发行股票、公司、企业债券] 未经国家有关主管部门批准，向社会不特定对象发行、以转让股权等方式变相发行股票或者公司、企业债

券，或者向特定对象发行、变相发行股票或者公司、企业债券累计超过200人的，应当认定为刑法第一百七十九条规定的“擅自发行股票、公司、企业债券”。构成犯罪的，以擅自发行股票、公司、企业债券罪定罪处罚。最高法《关于审理非法集资刑事案件具体应用法律若干问题的解释》法释〔2010〕18号 2011/01/04 第六条

[擅自发行股票、公司、企业债券案立案追诉标准] [擅自发行股票、公司、企业债券案（刑法第一百七十九条）] 未经国家有关主管部门批准，擅自发行股票或者公司、企业债券，涉嫌下列情形之一的，应予立案追诉：

（一）发行数额在五十万元以上的；

（二）虽未达到上述数额标准，但擅自发行致使三十人以上的投资者购买了股票或者公司、企业债券的；

（三）不能及时清偿或者清退的；

（四）其他后果严重或者有其他严重情节的情形。最高检、公安部《关于公安机关管辖的刑事案件立案追诉标准的规定（二）》公通字〔2010〕23号 2010/05/07 第三十四条

第一百八十条　【内幕交易、泄露内幕信息罪；利用未公开信息交易罪】证券、期货交易内幕信息的知情人员或者非法获取证券、期货交易内幕信息的人员，在涉及证券的发行，证券、期货交易或者其他对证券、期货交易价格有重大影响的信息尚未公开前，买入或者卖出该证券，或者从事与该内幕信息有关的期货交易，或者泄露该信息，或者明示、暗示他人从事上述交易活动，情节严重的，处五年以下有期徒刑或者拘役，并处或者单处违法所得一倍以上五倍以下罚金；情节特别严重的，处五年以上十年以下有期徒刑，并处违法所得一倍以上五倍以下罚金。[①]

① 根据1999年12月25日《刑法修正案》第一次修改，根据2009年2月28日《刑法修正案（七）》第二次修改，原第一款条文为：“证券交易内幕信息的知情人员或者非法获取证券交易内幕信息的人员，在涉及证券的发行、交易或者其他对证券的价格有重大影响的信息尚未公开前，买入或者卖出该证券，或者泄露该信息，情节严重的，处五年以下有期徒刑或者拘役，并处或者单处违法所得一倍以上五倍以下罚金；情节特别严重的，处五年以上十年以下有期徒刑，并处违法所得一倍以上五倍以下罚金。”

单位犯前款罪的，对单位判处罚金，并对其直接负责的主管人员和其他直接责任人员，处五年以下有期徒刑或者拘役。

内幕信息、知情人员的范围，依照法律、行政法规的规定确定。

证券交易所、期货交易所、证券公司、期货经纪公司、基金管理公司、商业银行、保险公司等金融机构的从业人员以及有关监管部门或者行业协会的工作人员，利用因职务便利获取的内幕信息以外的其他未公开的信息，违反规定，从事与该信息相关的证券、期货交易活动，或者明示、暗示他人从事相关交易活动，情节严重的，依照第一款的规定处罚。①

[裁判要点　援引法定刑　情节特别严重　刑法第一百八十条第四款援引第一款量刑情节] 刑法第一百八十条第四款规定的利用未公开信息交易罪援引法定刑的情形，应当是对第一款内幕交易、泄露内幕信息罪全部法定刑的引用，即利用未公开信息交易罪应有“情节严重”“情节特别严重”两种情形和两个量刑档次。**最高法指导案例61号：马乐利用未公开信息交易案**

[指导意义　适用法律错误　刑事抗诉　援引法定刑　情节特别严重] 本案所涉法律问题的正确理解和适用，对司法实践和维护我国金融市场的健康发展具有重要意义。自刑法修正案（七）增设利用未公开信息交易罪以来，司法机关对该罪是否存在“情节特别严重”、是否有两个量刑档次长期存在分歧，亟需统一认识。正确理解和适用本案所涉法律问题，对明确同类案件的处理、同类从业人员犯罪的处罚具有重要指导作用，对于加大打击“老鼠仓”等严重破坏金融管理秩序的行为，维护社会主义市场经济秩序，保障资本市场健康发展具有重要意义。**检例第24号：马乐利用未公开信息交易案**

[裁判理由　对证券交易价格具有重大影响项　拟收购某公司全部股权进行重组项] 法院认为，被告人黄光裕、许钟民、杜鹃作为证券交易内

---

① 根据2009年2月28日《刑法修正案（七）》增加。

幕信息的知情人员，在涉及对证券交易价格有重大影响的信息尚未公开前，买入该证券，且内幕交易成交额及其所控制的股票账户在内幕信息公告日的账面收益额均特别巨大，情节特别严重；被告人许钟民还向他人泄露该信息，情节严重，被告人黄光裕、杜鹃的行为已构成内幕交易罪，被告人许钟民的行为已构成内幕交易、泄露内幕信息罪，三被告人系内幕交易犯罪的共犯，其中黄光裕系主犯。鉴于被告人杜鹃系内幕交易共同犯罪的从犯，且认罪悔罪，依法予以减轻处罚。鉴于被告人许钟民被采取强制措施后，如实供述了司法机关不掌握的泄露内幕信息及部分单位行贿的犯罪事实，具有自首情节，且系内幕交易共同犯罪的从犯，依法对许钟民所犯内幕交易、泄露内幕信息罪减轻处罚，对许钟民所犯单位行贿罪予以从轻处罚。**最高法发布内幕交易、泄露内幕信息犯罪典型案例之一、2010 十大典型刑事案例之五：黄光裕等非法经营、内幕交易、泄露内幕信息、单位行贿案**

[典型意义] 刑法第一百八十条第四款中的“情节严重”是入罪标准，在处罚上应当依照本条第一款的全部罚则处罚，即区分情形依照第一款规定的“情节严重”和“情节特别严重”两个量刑档次处罚。本案终审裁定以刑法第一百八十条第四款并未对利用未公开信息交易罪有“情节特别严重”规定为由，对此情形不作认定，降格评价被告人的犯罪行为，属于适用法律确有错误，导致量刑不当。本案所涉法律问题的正确理解和适用，对明确同类案件的处理、同类从业人员犯罪的处罚具有重要指导作用，对于加大打击“老鼠仓”等严重破坏金融管理秩序的行为，维护社会主义市场经济秩序，保障资本市场健康发展具有重要意义。**最高检发布 6 起依法查处金融犯罪典型案例 1：马乐利用未公开信息交易案**

[典型意义] 本案系一起证券从业人员利用其职务便利获取未公开信息后进行非法交易的典型案例。该案犯罪时间长达 4 年，交易金额和获利数额巨大。苏某长期从事证券行业，知晓并应遵守相关法律法规、执业操守要求，但在非法证券交易高利润的诱惑之下，心存侥幸，自认为犯罪行为与其正常执业行为混淆在一起，难以被监管部门和公司察觉，一次次越过“高压线”肆意攫取暴利。此类案件已多有发生，监管部门和金融机构应当加强对重点人员的行业准入和执业监督，并加强法治教育。**最高检发布**

6起依法查处金融犯罪典型案例2：苏某利用未公开信息交易案

[典型意义] 内幕交易犯罪案件作案手法隐蔽、难以发案。检察机关在办案过程中应注重总结此类犯罪的新特点、新趋势，主动积累经验，并继续与有关部门通力合作，在办理证券犯罪案件的证据标准和法律适用问题上达成共识。同时，还应当充分发挥法律监督职能，通过检察建议等手段督促上市公司加强内部管理，以有效防范此类案件的发生。最高检发布6起依法查处金融犯罪典型案例6：李某等三人内幕交易案

[证券、期货交易内幕信息的知情人员] 下列人员应当认定为刑法第一百八十条第一款规定的“证券、期货交易内幕信息的知情人员”：

（一）证券法第七十四条规定的人员；

（二）期货交易管理条例第八十五条第十二项规定的人员。两高《关于办理内幕交易、泄露内幕信息刑事案件具体应用法律若干问题的解释》法释〔2012〕6号 2012/06/01 第一条

[非法获取证券、期货交易内幕信息的人员] 具有下列行为的人员应当认定为刑法第一百八十条第一款规定的“非法获取证券、期货交易内幕信息的人员”：

（一）利用窃取、骗取、套取、窃听、利诱、刺探或者私下交易等手段获取内幕信息的；

（二）内幕信息知情人员的近亲属或者其他与内幕信息知情人员关系密切的人员，在内幕信息敏感期内，从事或者明示、暗示他人从事，或者泄露内幕信息导致他人从事与该内幕信息有关的证券、期货交易，相关交易行为明显异常，且无正当理由或者正当信息来源的；

（三）在内幕信息敏感期内，与内幕信息知情人员联络、接触，从事或者明示、暗示他人从事，或者泄露内幕信息导致他人从事与该内幕信息有关的证券、期货交易，相关交易行为明显异常，且无正当理由或者正当信息来源的。两高《关于办理内幕交易、泄露内幕信息刑事案件具体应用法律若干问题的解释》法释〔2012〕6号 2012/06/01 第二条

[相关交易行为明显异常] 本解释第二条第二项、第三项规定的“相关交易行为明显异常”，要综合以下情形，从时间吻合程度、交易背离程度和利益关联程度等方面予以认定：

（一）开户、销户、激活资金账户或者指定交易（托管）、撤销指定交易（转托管）的时间与该内幕信息形成、变化、公开时间基本一致的；

（二）资金变化与该内幕信息形成、变化、公开时间基本一致的；

（三）买入或者卖出与内幕信息有关的证券、期货合约时间与内幕信息的形成、变化和公开时间基本一致的；

（四）买入或者卖出与内幕信息有关的证券、期货合约时间与获悉内幕信息的时间基本一致的；

（五）买入或者卖出证券、期货合约行为明显与平时交易习惯不同的；

（六）买入或者卖出证券、期货合约行为，或者集中持有证券、期货合约行为与该证券、期货公开信息反映的基本面明显背离的；

（七）账户交易资金进出与该内幕信息知情人员或者非法获取人员有关联或者利害关系的；

（八）其他交易行为明显异常情形。**两高《关于办理内幕交易、泄露内幕信息刑事案件具体应用法律若干问题的解释》法释〔2012〕6号 2012/06/01 第三条**

[非从事与内幕信息有关的证券、期货交易] 具有下列情形之一的，不属于刑法第一百八十条第一款规定的从事与内幕信息有关的证券、期货交易：

（一）持有或者通过协议、其他安排与他人共同持有上市公司百分之五以上股份的自然人、法人或者其他组织收购该上市公司股份的；

（二）按照事先订立的书面合同、指令、计划从事相关证券、期货交易的；

（三）依据已被他人披露的信息而交易的；

（四）交易具有其他正当理由或者正当信息来源的。**两高《关于办理内幕交易、泄露内幕信息刑事案件具体应用法律若干问题的解释》法释〔2012〕6号 2012/06/01 第四条**

[内幕信息敏感期] 本解释所称“内幕信息敏感期”是指内幕信息自形成至公开的期间。

证券法第六十七条第二款所列“重大事件”的发生时间，第七十五条规定的“计划”、“方案”以及期货交易管理条例第八十五条第十一项规定的“政策”、“决定”等的形成时间，应当认定为内幕信息的形成之时。

影响内幕信息形成的动议、筹划、决策或者执行人员，其动议、筹划、决策或者执行初始时间，应当认定为内幕信息的形成之时。

内幕信息的公开，是指内幕信息在国务院证券、期货监督管理机构指定的报刊、网站等媒体披露。**两高《关于办理内幕交易、泄露内幕信息刑事案件具体应用法律若干问题的解释》法释〔2012〕6号 2012/06/01 第五条**

［情节严重］在内幕信息敏感期内从事或者明示、暗示他人从事或者泄露内幕信息导致他人从事与该内幕信息有关的证券、期货交易，具有下列情形之一的，应当认定为刑法第一百八十条第一款规定的“情节严重”：

（一）证券交易成交额在五十万元以上的；

（二）期货交易占用保证金数额在三十万元以上的；

（三）获利或者避免损失数额在十五万元以上的；

（四）三次以上的；

（五）具有其他严重情节的。**两高《关于办理内幕交易、泄露内幕信息刑事案件具体应用法律若干问题的解释》法释〔2012〕6号 2012/06/01 第六条**

［情节特别严重］在内幕信息敏感期内从事或者明示、暗示他人从事或者泄露内幕信息导致他人从事与该内幕信息有关的证券、期货交易，具有下列情形之一的，应当认定为刑法第一百八十条第一款规定的“情节特别严重”：

（一）证券交易成交额在二百五十万元以上的；

（二）期货交易占用保证金数额在一百五十万元以上的；

（三）获利或者避免损失数额在七十五万元以上的；

（四）具有其他特别严重情节的。**两高《关于办理内幕交易、泄露内幕信息刑事案件具体应用法律若干问题的解释》法释〔2012〕6号 2012/06/01 第七条**

［相关交易数额依法累计计算］二次以上实施内幕交易或者泄露内幕信息行为，未经行政处理或者刑事处理的，应当对相关交易数额依法累计计算。**两高《关于办理内幕交易、泄露内幕信息刑事案件具体应用法律若干问题的解释》法释〔2012〕6号 2012/06/01 第八条**

［按较重情节处罚］同一案件中，成交额、占用保证金额、获利或者避免损失额分别构成情节严重、情节特别严重的，按照处罚较重的数额定罪处罚。**两高《关于办理内幕交易、泄露内幕信息刑事案件具体应用法律若干问题的**

解释》法释〔2012〕6号 2012/06/01 第九条第一款

[共同犯罪] 构成共同犯罪的，按照共同犯罪行为人的成交总额、占用保证金总额、获利或者避免损失总额定罪处罚，但判处各被告人罚金的总额应掌握在获利或者避免损失总额的一倍以上五倍以下。两高《关于办理内幕交易、泄露内幕信息刑事案件具体应用法律若干问题的解释》法释〔2012〕6号 2012/06/01 第九条第二款

[违法所得] 刑法第一百八十条第一款规定的"违法所得"，是指通过内幕交易行为所获利益或者避免的损失。

内幕信息的泄露人员或者内幕交易的明示、暗示人员未实际从事内幕交易的，其罚金数额按照因泄露而获悉内幕信息人员或者被明示、暗示人员从事内幕交易的违法所得计算。两高《关于办理内幕交易、泄露内幕信息刑事案件具体应用法律若干问题的解释》法释〔2012〕6号 2012/06/01 第十条

[单位犯本罪] 单位实施刑法第一百八十条第一款规定的行为，具有本解释第六条规定情形之一的，按照刑法第一百八十条第二款的规定定罪处罚。两高《关于办理内幕交易、泄露内幕信息刑事案件具体应用法律若干问题的解释》法释〔2012〕6号 2012/06/01 第十一条

[证券期货犯罪]《意见》第十条中的"证券期货犯罪"，是指刑法第一百六十条、第一百六十一条、第一百六十九条之一、第一百七十八条第二款、第一百七十九条、第一百八十条、第一百八十一条、第一百八十二条、第一百八十五条之一第一款规定的犯罪。两高《关于贯彻执行〈关于办理证券期货违法犯罪案件工作若干问题的意见〉有关问题的通知》法发〔2012〕8号 2012/03/14 第一条

[证券监管机构移送涉嫌犯罪] 证券监管机构依据行政机关移送涉嫌犯罪案件的有关规定，在办理可能移送公安机关查处的证券期货违法案件过程中，经履行批准程序，可商请公安机关协助查询、复制被调查对象的户籍、出入境信息等资料，对有关涉案人员按照相关规定采取边控、报备措施。证券监管机构向公安机关提出请求时，应当明确协助办理的具体事项，提供案件情况及相关材料。两高、公安部、证监会《关于办理证券期货违法犯罪案件工作若干问题的意见》证监发〔2011〕30号 2011/04/27 第一条

[证券监管机构商请公安机关　通知公安机关] 证券监管机构办理证

券期货违法案件，案情重大、复杂、疑难的，可商请公安机关就案件性质、证据等问题提出参考意见；对有证据表明可能涉嫌犯罪的行为人可能逃匿或者销毁证据的，证券监管机构应当及时通知公安机关；涉嫌犯罪的，公安机关应当及时立案侦查。**两高、公安部、证监会《关于办理证券期货违法犯罪案件工作若干问题的意见》证监发〔2011〕30号 2011/04/27 第二条**

［**证券监管机构与公安机关建立和完善协调会商机制**］证券监管机构与公安机关建立和完善协调会商机制。证券监管机构依据行政机关移送涉嫌犯罪案件的有关规定，在向公安机关移送重大、复杂、疑难的涉嫌证券期货犯罪案件前，应当启动协调会商机制，就行为性质认定、案件罪名适用、案件管辖等问题进行会商。**两高、公安部、证监会《关于办理证券期货违法犯罪案件工作若干问题的意见》证监发〔2011〕30号 2011/04/27 第三条**

［**公、检、法商请证券监管机构派员协助**］公安机关、人民检察院和人民法院在办理涉嫌证券期货犯罪案件过程中，可商请证券监管机构指派专业人员配合开展工作，协助查阅、复制有关专业资料。证券监管机构可以根据司法机关办案需要，依法就案件涉及的证券期货专业问题向司法机关出具认定意见。**两高、公安部、证监会《关于办理证券期货违法犯罪案件工作若干问题的意见》证监发〔2011〕30号 2011/04/27 第四条**

［**审查证券监管机构移送的证据材料**］司法机关对证券监管机构随案移送的物证、书证、鉴定结论、视听资料、现场笔录等证据要及时审查，作出是否立案的决定；随案移送的证据，经法定程序查证属实的，可作为定案的根据。**两高、公安部、证监会《关于办理证券期货违法犯罪案件工作若干问题的意见》证监发〔2011〕30号 2011/04/27 第五条**

［**证据移交清单**］证券监管机构依据行政机关移送涉嫌犯罪案件的有关规定向公安机关移交证据，应当制作证据移交清单，双方经办人员应当签字确认，加盖公章，相关证据随证据移交清单一并移交。**两高、公安部、证监会《关于办理证券期货违法犯罪案件工作若干问题的意见》证监发〔2011〕30号 2011/04/27 第六条**

［**按一定比例收集和调取书证、被害人陈述、证人证言等相关证据**］对涉众型证券期货犯罪案件，在已收集的证据能够充分证明基本犯罪事实的前提下，公安机关可在被调查对象范围内按一定比例收集和调取书证、

被害人陈述、证人证言等相关证据。两高、公安部、证监会《关于办理证券期货违法犯罪案件工作若干问题的意见》证监发〔2011〕30号 2011/04/27 第七条

[电子证据的要求] 以证券交易所、期货交易所、证券登记结算机构、期货保证金监控机构以及证券公司、期货公司留存的证券期货委托记录和交易记录、登记存管结算资料等电子数据作为证据的，数据提供单位应以电子光盘或者其他载体记录相关原始数据，并说明制作方法、制作时间及制作人等信息，并由复制件制作人和原始电子数据持有人签名或盖章。两高、公安部、证监会《关于办理证券期货违法犯罪案件工作若干问题的意见》证监发〔2011〕30号 2011/04/27 第八条

[信息披露的打印件或电子光盘可作刑事证据] 发行人、上市公司或者其他信息披露义务人在证券监管机构指定的信息披露媒体、信息披露义务人或证券交易所网站发布的信息披露公告，其打印件或据此制作的电子光盘，经核对无误后，说明其来源、制作人、制作时间、制作地点等的，可作为刑事证据使用，但有其他证据证明打印件或光盘内容与公告信息不一致的除外。两高、公安部、证监会《关于办理证券期货违法犯罪案件工作若干问题的意见》证监发〔2011〕30号 2011/04/27 第九条

[内幕交易、泄露内幕信息案立案追诉标准] [内幕交易、泄露内幕信息案（刑法第一百八十条第一款）] 证券、期货交易内幕信息的知情人员、单位或者非法获取证券、期货交易内幕信息的人员、单位，在涉及证券的发行，证券、期货交易或者其他对证券、期货交易价格有重大影响的信息尚未公开前，买入或者卖出该证券，或者从事与该内幕信息有关的期货交易，或者泄露该信息，或者明示、暗示他人从事上述交易活动，涉嫌下列情形之一的，应予立案追诉：

（一）证券交易成交额累计在五十万元以上的；

（二）期货交易占用保证金数额累计在三十万元以上的；

（三）获利或者避免损失数额累计在十五万元以上的；

（四）多次进行内幕交易、泄露内幕信息的；

（五）其他情节严重的情形。最高检、公安部《关于公安机关管辖的刑事案件立案追诉标准的规定（二）》公通字〔2010〕23号 2010/05/07 第三十五条

[利用未公开信息交易案立案追诉标准] [利用未公开信息交易案（刑

法第一百八十条第四款)] 证券交易所、期货交易所、证券公司、期货公司、基金管理公司、商业银行、保险公司等金融机构的从业人员以及有关监管部门或者行业协会的工作人员，利用因职务便利获取的内幕信息以外的其他未公开的信息，违反规定，从事与该信息相关的证券、期货交易活动，或者明示、暗示他人从事相关交易活动，涉嫌下列情形之一的，应予立案追诉：

（一）证券交易成交额累计在五十万元以上的；

（二）期货交易占用保证金数额累计在三十万元以上的；

（三）获利或者避免损失数额累计在十五万元以上的；

（四）多次利用内幕信息以外的其他未公开信息进行交易活动的；

（五）其他情节严重的情形。最高检、公安部《关于公安机关管辖的刑事案件立案追诉标准的规定（二）》公通字〔2010〕23号 2010/05/07 第三十六条

第一百八十一条　【编造并传播证券、期货交易虚假信息罪；诱骗投资者买卖证券、期货合约罪】编造并且传播影响证券、期货交易的虚假信息，扰乱证券、期货交易市场，造成严重后果的，处五年以下有期徒刑或者拘役，并处或者单处一万元以上十万元以下罚金。

证券交易所、期货交易所、证券公司、期货经纪公司的从业人员，证券业协会、期货业协会或者证券期货监督管理部门的工作人员，故意提供虚假信息或者伪造、变造、销毁交易记录，诱骗投资者买卖证券、期货合约，造成严重后果的，处五年以下有期徒刑或者拘役，并处或者单处一万元以上十万元以下罚金；情节特别恶劣的，处五年以上十年以下有期徒刑，并处二万元以上二十万元以下罚金。

单位犯前两款罪的，对单位判处罚金，并对其直接负责的主管人员和其他直接责任人员，处五年以下有期徒刑或者拘役。①

[证券期货犯罪]《意见》第十条中的"证券期货犯罪"，是指刑法第一百六十条、第一百六十一条、第一百六十九条之一、第一百七十八条第二款、第一百七十九条、第一百八十条、第一百八十一条、第一百八十二条、第一百八十五条之一第一款规定的犯罪。两高《关于贯彻执行〈关于办理证券期货违法犯罪案件工作若干问题的意见〉有关问题的通知》法发〔2012〕8号 2012/03/14 第一条

[证券监管机构移送涉嫌犯罪]证券监管机构依据行政机关移送涉嫌犯罪案件的有关规定，在办理可能移送公安机关查处的证券期货违法案件过程中，经履行批准程序，可商请公安机关协助查询、复制被调查对象的户籍、出入境信息等资料，对有关涉案人员按照相关规定采取边控、报备措施。证券监管机构向公安机关提出请求时，应当明确协助办理的具体事项，提供案件情况及相关材料。两高、公安部、证监会《关于办理证券期货违法犯罪案件工作若干问题的意见》证监发〔2011〕30号 2011/04/27 第一条

[证券监管机构商请公安机关　通知公安机关]证券监管机构办理证券期货违法案件，案情重大、复杂、疑难的，可商请公安机关就案件性质、证据等问题提出参考意见；对有证据表明可能涉嫌犯罪的行为人可能逃匿或者销毁证据的，证券监管机构应当及时通知公安机关；涉嫌犯罪的，公安机关应当及时立案侦查。两高、公安部、证监会《关于办理证券期货违法犯罪案件工作若干问题的意见》证监发〔2011〕30号 2011/04/27 第二条

[证券监管机构与公安机关建立和完善协调会商机制]证券监管机构

---

① 根据1999年12月25日《刑法修正案》修改，原条文为："编造并且传播影响证券交易的虚假信息，扰乱证券交易市场，造成严重后果的，处五年以下有期徒刑或者拘役，并处或者单处一万元以上十万元以下罚金。

"证券交易所、证券公司的从业人员，证券业协会或者证券管理部门的工作人员，故意提供虚假信息或者伪造、变造、销毁交易记录，诱骗投资者买卖证券，造成严重后果的，处五年以下有期徒刑或者拘役，并处或者单处一万元以上十万元以下罚金；情节特别恶劣的，处五年以上十年以下有期徒刑，并处二万元以上二十万元以下罚金。

"单位犯前两款罪的，对单位判处罚金，并对其直接负责的主管人员和其他直接责任人员，处五年以下有期徒刑或者拘役。"

与公安机关建立和完善协调会商机制。证券监管机构依据行政机关移送涉嫌犯罪案件的有关规定，在向公安机关移送重大、复杂、疑难的涉嫌证券期货犯罪案件前，应当启动协调会商机制，就行为性质认定、案件罪名适用、案件管辖等问题进行会商。**两高、公安部、证监会《关于办理证券期货违法犯罪案件工作若干问题的意见》证监发〔2011〕30号 2011/04/27 第三条**

[公、检、法商请证券监管机构派员协助] 公安机关、人民检察院和人民法院在办理涉嫌证券期货犯罪案件过程中，可商请证券监管机构指派专业人员配合开展工作，协助查阅、复制有关专业资料。证券监管机构可以根据司法机关办案需要，依法就案件涉及的证券期货专业问题向司法机关出具认定意见。**两高、公安部、证监会《关于办理证券期货违法犯罪案件工作若干问题的意见》证监发〔2011〕30号 2011/04/27 第四条**

[审查证券监管机构移送的证据材料] 司法机关对证券监管机构随案移送的物证、书证、鉴定结论、视听资料、现场笔录等证据要及时审查，作出是否立案的决定；随案移送的证据，经法定程序查证属实的，可作为定案的根据。**两高、公安部、证监会《关于办理证券期货违法犯罪案件工作若干问题的意见》证监发〔2011〕30号 2011/04/27 第五条**

[证据移交清单] 证券监管机构依据行政机关移送涉嫌犯罪案件的有关规定向公安机关移交证据，应当制作证据移交清单，双方经办人员应当签字确认，加盖公章，相关证据随证据移交清单一并移交。**两高、公安部、证监会《关于办理证券期货违法犯罪案件工作若干问题的意见》证监发〔2011〕30号 2011/04/27 第六条**

[按一定比例收集和调取书证、被害人陈述、证人证言等相关证据] 对涉众型证券期货犯罪案件，在已收集的证据能够充分证明基本犯罪事实的前提下，公安机关可在被调查对象范围内按一定比例收集和调取书证、被害人陈述、证人证言等相关证据。**两高、公安部、证监会《关于办理证券期货违法犯罪案件工作若干问题的意见》证监发〔2011〕30号 2011/04/27 第七条**

[电子证据的要求] 以证券交易所、期货交易所、证券登记结算机构、期货保证金监控机构以及证券公司、期货公司留存的证券期货委托记录和交易记录、登记存管结算资料等电子数据作为证据的，数据提供单位应以电子光盘或者其他载体记录相关原始数据，并说明制作方法、制作时间及

制作人等信息，并由复制件制作人和原始电子数据持有人签名或盖章。两高、公安部、证监会《关于办理证券期货违法犯罪案件工作若干问题的意见》证监发〔2011〕30号 2011/04/27 第八条

[信息披露的打印件或电子光盘可作刑事证据] 发行人、上市公司或者其他信息披露义务人在证券监管机构指定的信息披露媒体、信息披露义务人或证券交易所网站发布的信息披露公告，其打印件或据此制作的电子光盘，经核对无误后，说明其来源、制作人、制作时间、制作地点等的，可作为刑事证据使用，但有其他证据证明打印件或光盘内容与公告信息不一致的除外。两高、公安部、证监会《关于办理证券期货违法犯罪案件工作若干问题的意见》证监发〔2011〕30号 2011/04/27 第九条

[编造并传播证券、期货交易虚假信息案立案追诉标准] [编造并传播证券、期货交易虚假信息案（刑法第一百八十一条第一款）] 编造并且传播影响证券、期货交易的虚假信息，扰乱证券、期货交易市场，涉嫌下列情形之一的，应予立案追诉：

（一）获利或者避免损失数额累计在五万元以上的；

（二）造成投资者直接经济损失数额在五万元以上的；

（三）致使交易价格和交易量异常波动的；

（四）虽未达到上述数额标准，但多次编造并且传播影响证券、期货交易的虚假信息的；

（五）其他造成严重后果的情形。最高检、公安部《关于公安机关管辖的刑事案件立案追诉标准的规定（二）》公通字〔2010〕23号 2010/05/07 第三十七条

[诱骗投资者买卖证券、期货合约案立案追诉标准] [诱骗投资者买卖证券、期货合约案（刑法第一百八十一条第二款）] 证券交易所、期货交易所、证券公司、期货公司的从业人员，证券业协会、期货业协会或者证券期货监督管理部门的工作人员，故意提供虚假信息或者伪造、变造、销毁交易记录，诱骗投资者买卖证券、期货合约，涉嫌下列情形之一的，应予立案追诉：

（一）获利或者避免损失数额累计在五万元以上的；

（二）造成投资者直接经济损失数额在五万元以上的；

（三）致使交易价格和交易量异常波动的；

（四）其他造成严重后果的情形。最高检、公安部《关于公安机关管辖的刑事案件立案追诉标准的规定（二）》公通字〔2010〕23号 2010/05/07 第三十八条

第一百八十二条　【操纵证券、期货市场罪】有下列情形之一，操纵证券、期货市场，情节严重的，处五年以下有期徒刑或者拘役，并处或者单处罚金；情节特别严重的，处五年以上十年以下有期徒刑，并处罚金：

（一）单独或者合谋，集中资金优势、持股或者持仓优势或者利用信息优势联合或者连续买卖，操纵证券、期货交易价格或者证券、期货交易量的；

（二）与他人串通，以事先约定的时间、价格和方式相互进行证券、期货交易，影响证券、期货交易价格或者证券、期货交易量的；

（三）在自己实际控制的账户之间进行证券交易，或者以自己为交易对象，自买自卖期货合约，影响证券、期货交易价格或者证券、期货交易量的；

（四）以其他方法操纵证券、期货市场的。

单位犯前款罪的，对单位判处罚金，并对其直接负责的主管人员和其他直接责任人员，依照前款的规定处罚。[①]

---

① 根据1999年12月25日《刑法修正案》第一次修改，根据2006年6月29日《刑法修正案（六）》第二次修改，原条文为："有下列情形之一，操纵证券交易价格，获取不正当利益或者转嫁风险，情节严重的，处五年以下有期徒刑或者拘役，并处或者单处违法所得一倍以上五倍以下罚金：

"（一）单独或者合谋，集中资金优势、持股优势或者利用信息优势联合或者连续买卖，操纵证券交易价格的；

"（二）与他人串通，以事先约定的时间、价格和方式相互进行证券交易或者相互买卖并不持有的证券，影响证券交易价格或者证券交易量的；

"（三）以自己为交易对象，进行不转移证券所有权的自买自卖，影响证券交易价格或者证券交易量的；

"（四）以其他方法操纵证券交易价格的。

单位犯前款罪的，对单位判处罚金，并对其直接负责的主管人员和其他直接责任人员，处五年以下有期徒刑或者拘役。"

[证券期货犯罪]《意见》第十条中的“证券期货犯罪”，是指刑法第一百六十条、第一百六十一条、第一百六十九条之一、第一百七十八条第二款、第一百七十九条、第一百八十条、第一百八十一条、第一百八十二条、第一百八十五条之一第一款规定的犯罪。**两高《关于贯彻执行〈关于办理证券期货违法犯罪案件工作若干问题的意见〉有关问题的通知》法发〔2012〕8号 2012/03/14 第一条**

[证券监管机构移送涉嫌犯罪]证券监管机构依据行政机关移送涉嫌犯罪案件的有关规定，在办理可能移送公安机关查处的证券期货违法案件过程中，经履行批准程序，可商请公安机关协助查询、复制被调查对象的户籍、出入境信息等资料，对有关涉案人员按照相关规定采取边控、报备措施。证券监管机构向公安机关提出请求时，应当明确协助办理的具体事项，提供案件情况及相关材料。**两高、公安部、证监会《关于办理证券期货违法犯罪案件工作若干问题的意见》证监发〔2011〕30号 2011/04/27 第一条**

[证券监管机构商请公安机关　通知公安机关]证券监管机构办理证券期货违法案件，案情重大、复杂、疑难的，可商请公安机关就案件性质、证据等问题提出参考意见；对有证据表明可能涉嫌犯罪的行为人可能逃匿或者销毁证据的，证券监管机构应当及时通知公安机关；涉嫌犯罪的，公安机关应当及时立案侦查。**两高、公安部、证监会《关于办理证券期货违法犯罪案件工作若干问题的意见》证监发〔2011〕30号 2011/04/27 第二条**

[证券监管机构与公安机关建立和完善协调会商机制]证券监管机构与公安机关建立和完善协调会商机制。证券监管机构依据行政机关移送涉嫌犯罪案件的有关规定，在向公安机关移送重大、复杂、疑难的涉嫌证券期货犯罪案件前，应当启动协调会商机制，就行为性质认定、案件罪名适用、案件管辖等问题进行会商。**两高、公安部、证监会《关于办理证券期货违法犯罪案件工作若干问题的意见》证监发〔2011〕30号 2011/04/27 第三条**

[公、检、法商请证券监管机构派员协助]公安机关、人民检察院和人民法院在办理涉嫌证券期货犯罪案件过程中，可商请证券监管机构指派专业人员配合开展工作，协助查阅、复制有关专业资料。证券监管机构可以根据司法机关办案需要，依法就案件涉及的证券期货专业问题向司法机关出具认定意见。**两高、公安部、证监会《关于办理证券期货违法犯罪案件工作若**

干问题的意见》证监发〔2011〕30号 2011/04/27 第四条

[审查证券监管机构移送的证据材料] 司法机关对证券监管机构随案移送的物证、书证、鉴定结论、视听资料、现场笔录等证据要及时审查，作出是否立案的决定；随案移送的证据，经法定程序查证属实的，可作为定案的根据。两高、公安部、证监会《关于办理证券期货违法犯罪案件工作若干问题的意见》证监发〔2011〕30号 2011/04/27 第五条

[证据移交清单] 证券监管机构依据行政机关移送涉嫌犯罪案件的有关规定向公安机关移交证据，应当制作证据移交清单，双方经办人员应当签字确认，加盖公章，相关证据随证据移交清单一并移交。两高、公安部、证监会《关于办理证券期货违法犯罪案件工作若干问题的意见》证监发〔2011〕30号 2011/04/27 第六条

[按一定比例收集和调取书证、被害人陈述、证人证言等相关证据] 对涉众型证券期货犯罪案件，在已收集的证据能够充分证明基本犯罪事实的前提下，公安机关可在被调查对象范围内按一定比例收集和调取书证、被害人陈述、证人证言等相关证据。两高、公安部、证监会《关于办理证券期货违法犯罪案件工作若干问题的意见》证监发〔2011〕30号 2011/04/27 第七条

[电子证据的要求] 以证券交易所、期货交易所、证券登记结算机构、期货保证金监控机构以及证券公司、期货公司留存的证券期货委托记录和交易记录、登记存管结算资料等电子数据作为证据的，数据提供单位应以电子光盘或者其他载体记录相关原始数据，并说明制作方法、制作时间及制作人等信息，并由复制件制作人和原始电子数据持有人签名或盖章。两高、公安部、证监会《关于办理证券期货违法犯罪案件工作若干问题的意见》证监发〔2011〕30号 2011/04/27 第八条

[信息披露的打印件或电子光盘可作刑事证据] 发行人、上市公司或者其他信息披露义务人在证券监管机构指定的信息披露媒体、信息披露义务人或证券交易所网站发布的信息披露公告，其打印件或据此制作的电子光盘，经核对无误后，说明其来源、制作人、制作时间、制作地点等的，可作为刑事证据使用，但有其他证据证明打印件或光盘内容与公告信息不一致的除外。两高、公安部、证监会《关于办理证券期货违法犯罪案件工作若干问题的意见》证监发〔2011〕30号 2011/04/27 第九条

[操纵证券、期货市场案立案追诉标准][操纵证券、期货市场案（刑法第一百八十二条）] 操纵证券、期货市场，涉嫌下列情形之一的，应予立案追诉：

（一）单独或者合谋，持有或者实际控制证券的流通股份数达到该证券的实际流通股份总量百分之三十以上，且在该证券连续二十个交易日内联合或者连续买卖股份数累计达到该证券同期总成交量百分之三十以上的；

（二）单独或者合谋，持有或者实际控制期货合约的数量超过期货交易所业务规则限定的持仓量百分之五十以上，且在该期货合约连续二十个交易日内联合或者连续买卖期货合约数累计达到该期货合约同期总成交量百分之三十以上的；

（三）与他人串通，以事先约定的时间、价格和方式相互进行证券或者期货合约交易，且在该证券或者期货合约连续二十个交易日内成交量累计达到该证券或者期货合约同期总成交量百分之二十以上的；

（四）在自己实际控制的账户之间进行证券交易，或者以自己为交易对象，自买自卖期货合约，且在该证券或者期货合约连续二十个交易日内成交量累计达到该证券或者期货合约同期总成交量百分之二十以上的；

（五）单独或者合谋，当日连续申报买入或者卖出同一证券、期货合约并在成交前撤回申报，撤回申报量占当日该种证券总申报量或者该种期货合约总申报量百分之五十以上的；

（六）上市公司及其董事、监事、高级管理人员、实际控制人、控股股东或者其他关联人单独或者合谋，利用信息优势，操纵该公司证券交易价格或者证券交易量的；

（七）证券公司、证券投资咨询机构、专业中介机构或者从业人员，违背有关从业禁止的规定，买卖或者持有相关证券，通过对证券或者其发行人、上市公司公开作出评价、预测或者投资建议，在该证券的交易中谋取利益，情节严重的；

（八）其他情节严重的情形。**最高检、公安部《关于公安机关管辖的刑事案件立案追诉标准的规定（二）》公通字〔2010〕23号 2010/05/07 第三十九条**

第一百八十三条　【职务侵占罪；贪污罪】保险公司的工作

人员利用职务上的便利，故意编造未曾发生的保险事故进行虚假理赔，骗取保险金归自己所有的，依照本法第二百七十一条的规定定罪处罚。

国有保险公司工作人员和国有保险公司委派到非国有保险公司从事公务的人员有前款行为的，依照本法第三百八十二条、第三百八十三条的规定定罪处罚。

第一百八十四条　【非国家工作人员受贿罪；受贿罪】银行或者其他金融机构的工作人员在金融业务活动中索取他人财物或者非法收受他人财物，为他人谋取利益的，或者违反国家规定，收受各种名义的回扣、手续费，归个人所有的，依照本法第一百六十三条的规定定罪处罚。

国有金融机构工作人员和国有金融机构委派到非国有金融机构从事公务的人员有前款行为的，依照本法第三百八十五条、第三百八十六条的规定定罪处罚。

第一百八十五条　【挪用资金罪；挪用公款罪】商业银行、证券交易所、期货交易所、证券公司、期货经纪公司、保险公司或者其他金融机构的工作人员利用职务上的便利，挪用本单位或者客户资金的，依照本法第二百七十二条的规定定罪处罚。

国有商业银行、证券交易所、期货交易所、证券公司、期货经纪公司、保险公司或者其他国有金融机构的工作人员和国有商业银行、证券交易所、期货交易所、证券公司、期货经纪公司、保险公司或者其他国有金融机构委派到前款规定中的非国有机构从事公务的人员有前款行为的，依照本法第三百八十四条的规定定罪处罚。[①]

---

① 根据2006年6月29日《刑法修正案（六）》修改，原条文为：“银行或者其他金融机构的工作人员利用职务上的便利，挪用本单位或者客户资金的，依照本法第二百七十二条的规定定罪处罚。

“国有金融机构工作人员和国有金融机构委派到非国有金融机构从事公务的人员有前款行为的，依照本法第三百八十四条的规定定罪处罚。”

第一百八十五条之一　【背信运用受托财产罪；违法运用资金罪】商业银行、证券交易所、期货交易所、证券公司、期货经纪公司、保险公司或者其他金融机构，违背受托义务，擅自运用客户资金或者其他委托、信托的财产，情节严重的，对单位判处罚金，并对其直接负责的主管人员和其他直接责任人员，处三年以下有期徒刑或者拘役，并处三万元以上三十万元以下罚金；情节特别严重的，处三年以上十年以下有期徒刑，并处五万元以上五十万元以下罚金。

社会保障基金管理机构、住房公积金管理机构等公众资金管理机构，以及保险公司、保险资产管理公司、证券投资基金管理公司，违反国家规定运用资金的，对其直接负责的主管人员和其他直接责任人员，依照前款的规定处罚。①

[证券期货犯罪]《意见》第十条中的“证券期货犯罪”，是指刑法第一百六十条、第一百六十一条、第一百六十九条之一、第一百七十八条第二款、第一百七十九条、第一百八十条、第一百八十一条、第一百八十二条、第一百八十五条之一第一款规定的犯罪。**两高《关于贯彻执行〈关于办理证券期货违法犯罪案件工作若干问题的意见〉有关问题的通知》法发〔2012〕8号 2012/03/14 第一条**

[证券监管机构移送涉嫌犯罪]证券监管机构依据行政机关移送涉嫌犯罪案件的有关规定，在办理可能移送公安机关查处的证券期货违法案件过程中，经履行批准程序，可商请公安机关协助查询、复制被调查对象的户籍、出入境信息等资料，对有关涉案人员按照相关规定采取边控、报备措施。证券监管机构向公安机关提出请求时，应当明确协助办理的具体事项，提供案件情况及相关材料。**两高、公安部、证监会《关于办理证券期货违法犯罪案件工作若干问题的意见》证监发〔2011〕30号 2011/04/27 第一条**

[证券监管机构商请公安机关　通知公安机关]证券监管机构办理证券期货违法案件，案情重大、复杂、疑难的，可商请公安机关就案件性

① 根据2006年6月29日《刑法修正案（六）》增加。

质、证据等问题提出参考意见；对有证据表明可能涉嫌犯罪的行为人可能逃匿或者销毁证据的，证券监管机构应当及时通知公安机关；涉嫌犯罪的，公安机关应当及时立案侦查。两高、公安部、证监会《关于办理证券期货违法犯罪案件工作若干问题的意见》证监发〔2011〕30号 2011/04/27 第二条

［证券监管机构与公安机关建立和完善协调会商机制］证券监管机构与公安机关建立和完善协调会商机制。证券监管机构依据行政机关移送涉嫌犯罪案件的有关规定，在向公安机关移送重大、复杂、疑难的涉嫌证券期货犯罪案件前，应当启动协调会商机制，就行为性质认定、案件罪名适用、案件管辖等问题进行会商。两高、公安部、证监会《关于办理证券期货违法犯罪案件工作若干问题的意见》证监发〔2011〕30号 2011/04/27 第三条

［公、检、法商请证券监管机构派员协助］公安机关、人民检察院和人民法院在办理涉嫌证券期货犯罪案件过程中，可商请证券监管机构指派专业人员配合开展工作，协助查阅、复制有关专业资料。证券监管机构可以根据司法机关办案需要，依法就案件涉及的证券期货专业问题向司法机关出具认定意见。两高、公安部、证监会《关于办理证券期货违法犯罪案件工作若干问题的意见》证监发〔2011〕30号 2011/04/27 第四条

［审查证券监管机构移送的证据材料］司法机关对证券监管机构随案移送的物证、书证、鉴定结论、视听资料、现场笔录等证据要及时审查，作出是否立案的决定；随案移送的证据，经法定程序查证属实的，可作为定案的根据。两高、公安部、证监会《关于办理证券期货违法犯罪案件工作若干问题的意见》证监发〔2011〕30号 2011/04/27 第五条

［证据移交清单］证券监管机构依据行政机关移送涉嫌犯罪案件的有关规定向公安机关移交证据，应当制作证据移交清单，双方经办人员应当签字确认，加盖公章，相关证据随证据移交清单一并移交。两高、公安部、证监会《关于办理证券期货违法犯罪案件工作若干问题的意见》证监发〔2011〕30号 2011/04/27 第六条

［按一定比例收集和调取书证、被害人陈述、证人证言等相关证据］对涉众型证券期货犯罪案件，在已收集的证据能够充分证明基本犯罪事实的前提下，公安机关可在被调查对象范围内按一定比例收集和调取书证、被害人陈述、证人证言等相关证据。两高、公安部、证监会《关于办理证券期货

违法犯罪案件工作若干问题的意见》证监发〔2011〕30号 2011/04/27 第七条

[电子证据的要求] 以证券交易所、期货交易所、证券登记结算机构、期货保证金监控机构以及证券公司、期货公司留存的证券期货委托记录和交易记录、登记存管结算资料等电子数据作为证据的，数据提供单位应以电子光盘或者其他载体记录相关原始数据，并说明制作方法、制作时间及制作人等信息，并由复制件制作人和原始电子数据持有人签名或盖章。两高、公安部、证监会《关于办理证券期货违法犯罪案件工作若干问题的意见》证监发〔2011〕30号 2011/04/27 第八条

[信息披露的打印件或电子光盘可作刑事证据] 发行人、上市公司或者其他信息披露义务人在证券监管机构指定的信息披露媒体、信息披露义务人或证券交易所网站发布的信息披露公告，其打印件或据此制作的电子光盘，经核对无误后，说明其来源、制作人、制作时间、制作地点等的，可作为刑事证据使用，但有其他证据证明打印件或光盘内容与公告信息不一致的除外。两高、公安部、证监会《关于办理证券期货违法犯罪案件工作若干问题的意见》证监发〔2011〕30号 2011/04/27 第九条

[背信运用受托财产案立案追诉标准] [背信运用受托财产案（刑法第一百八十五条之一第一款）] 商业银行、证券交易所、期货交易所、证券公司、期货公司、保险公司或者其他金融机构，违背受托义务，擅自运用客户资金或者其他委托、信托的财产，涉嫌下列情形之一的，应予立案追诉：

（一）擅自运用客户资金或者其他委托、信托的财产数额在三十万元以上的；

（二）虽未达到上述数额标准，但多次擅自运用客户资金或者其他委托、信托的财产，或者擅自运用多个客户资金或者其他委托、信托的财产的；

（三）其他情节严重的情形。最高检、公安部《关于公安机关管辖的刑事案件立案追诉标准的规定（二）》公通字〔2010〕23号 2010/05/07 第四十条

[违法运用资金案立案追诉标准] [违法运用资金案（刑法第一百八十五条之一第二款）] 社会保障基金管理机构、住房公积金管理机构等公众资金管理机构，以及保险公司、保险资产管理公司、证券投资基金管理公

司，违反国家规定运用资金，涉嫌下列情形之一的，应予立案追诉：

（一）违反国家规定运用资金数额在三十万元以上的；

（二）虽未达到上述数额标准，但多次违反国家规定运用资金的；

（三）其他情节严重的情形。最高检、公安部《关于公安机关管辖的刑事案件立案追诉标准的规定（二）》公通字〔2010〕23号 2010/05/07 第四十一条

第一百八十六条 【违法发放贷款罪】银行或者其他金融机构的工作人员违反国家规定发放贷款，数额巨大或者造成重大损失的，处五年以下有期徒刑或者拘役，并处一万元以上十万元以下罚金；数额特别巨大或者造成特别重大损失的，处五年以上有期徒刑，并处二万元以上二十万元以下罚金。

银行或者其他金融机构的工作人员违反国家规定，向关系人发放贷款的，依照前款的规定从重处罚。①

单位犯前两款罪的，对单位判处罚金，并对其直接负责的主管人员和其他直接责任人员，依照前两款的规定处罚。

关系人的范围，依照《中华人民共和国商业银行法》和有关金融法规确定。

［违法发放贷款案立案追诉标准］［违法发放贷款案（刑法第一百八十六条）］银行或者其他金融机构及其工作人员违反国家规定发放贷款，涉嫌下列情形之一的，应予立案追诉：

（一）违法发放贷款，数额在一百万元以上的；

（二）违法发放贷款，造成直接经济损失数额在二十万元以上的。最高检、公安部《关于公安机关管辖的刑事案件立案追诉标准的规定（二）》公通字

① 根据2006年6月29日《刑法修正案（六）》修改，原第一款、第二款条文为：“银行或者其他金融机构的工作人员违反法律、行政法规规定，向关系人发放信用贷款或者发放担保贷款的条件优于其他借款人同类贷款的条件，造成较大损失的，处五年以下有期徒刑或者拘役，并处一万元以上十万元以下罚金；造成重大损失的，处五年以上有期徒刑，并处二万元以上二十万元以下罚金。

“银行或者其他金融机构的工作人员违反法律、行政法规规定，向关系人以外的其他人发放贷款，造成重大损失的，处五年以下有期徒刑或者拘役，并处一万元以上十万元以下罚金；造成特别重大损失的，处五年以上有期徒刑，并处二万元以上二十万元以下罚金。”

〔2010〕23号 2010/05/07 第四十二条

第一百八十七条　【吸收客户资金不入账罪】银行或者其他金融机构的工作人员吸收客户资金不入账，数额巨大或者造成重大损失的，处五年以下有期徒刑或者拘役，并处二万元以上二十万元以下罚金；数额特别巨大或者造成特别重大损失的，处五年以上有期徒刑，并处五万元以上五十万元以下罚金。①

单位犯前款罪的，对单位判处罚金，并对其直接负责的主管人员和其他直接责任人员，依照前款的规定处罚。

[吸收客户资金不入账案立案追诉标准][吸收客户资金不入账案（刑法第一百八十七条）]银行或者其他金融机构及其工作人员吸收客户资金不入账，涉嫌下列情形之一的，应予立案追诉：

（一）吸收客户资金不入账，数额在一百万元以上的；

（二）吸收客户资金不入账，造成直接经济损失数额在二十万元以上的。最高检、公安部《关于公安机关管辖的刑事案件立案追诉标准的规定（二）》公通字〔2010〕23号 2010/05/07 第四十三条

第一百八十八条　【违规出具金融票证罪】银行或者其他金融机构的工作人员违反规定，为他人出具信用证或者其他保函、票据、存单、资信证明，情节严重的，处五年以下有期徒刑或者拘役；情节特别严重的，处五年以上有期徒刑。②

单位犯前款罪的，对单位判处罚金，并对其直接负责的主管人员和其他直接责任人员，依照前款的规定处罚。

[违规出具金融票证案立案追诉标准][违规出具金融票证案（刑法第

---

① 根据2006年6月29日《刑法修正案（六）》修改，原第一款条文为："银行或者其他金融机构的工作人员以牟利为目的，采取吸收客户资金不入账的方式，将资金用于非法拆借、发放贷款，造成重大损失的，处五年以下有期徒刑或者拘役，并处二万元以上二十万元以下罚金；造成特别重大损失的，处五年以上有期徒刑，并处五万元以上五十万元以下罚金。"

② 根据2006年6月29日《刑法修正案（六）》修改，原第一款条文为："银行或者其他金融机构的工作人员违反规定，为他人出具信用证或者其他保函、票据、存单、资信证明，造成较大损失的，处五年以下有期徒刑或者拘役；造成重大损失的，处五年以上有期徒刑。"

一百八十八条)〕银行或者其他金融机构及其工作人员违反规定，为他人出具信用证或者其他保函、票据、存单、资信证明，涉嫌下列情形之一的，应予立案追诉：

（一）违反规定为他人出具信用证或者其他保函、票据、存单、资信证明，数额在一百万元以上的；

（二）违反规定为他人出具信用证或者其他保函、票据、存单、资信证明，造成直接经济损失数额在二十万元以上的；

（三）多次违规出具信用证或者其他保函、票据、存单、资信证明的；

（四）接受贿赂违规出具信用证或者其他保函、票据、存单、资信证明的；

（五）其他情节严重的情形。最高检、公安部《关于公安机关管辖的刑事案件立案追诉标准的规定（二）》公通字〔2010〕23号 2010/05/07 第四十四条

第一百八十九条　【对违法票据承兑、付款、保证罪】银行或者其他金融机构的工作人员在票据业务中，对违反票据法规定的票据予以承兑、付款或者保证，造成重大损失的，处五年以下有期徒刑或者拘役；造成特别重大损失的，处五年以上有期徒刑。

单位犯前款罪的，对单位判处罚金，并对其直接负责的主管人员和其他直接责任人员，依照前款的规定处罚。

〔对违法票据承兑、付款、保证案立案追诉标准〕〔对违法票据承兑、付款、保证案（刑法第一百八十九条）〕银行或者其他金融机构及其工作人员在票据业务中，对违反票据法规定的票据予以承兑、付款或者保证，造成直接经济损失数额在二十万元以上的，应予立案追诉。最高检、公安部《关于公安机关管辖的刑事案件立案追诉标准的规定（二）》公通字〔2010〕23号 2010/05/07 第四十五条

第一百九十条　【逃汇罪】公司、企业或者其他单位，违反国家规定，擅自将外汇存放境外，或者将境内的外汇非法转移到境外，数额较大的，对单位判处逃汇数额百分之五以上百分之三十以下罚金，并对其直接负责的主管人员和其他直接责任人员，

处五年以下有期徒刑或者拘役；数额较大或者有其他严重情节的，对单位判处逃汇数额百分之五以上百分之三十以下罚金，并对其直接负责的主管人员和其他直接责任人员处五年以上有期徒刑。

[典型意义] 此案是首例涉自贸试验区逃汇案件，系采用虚构贸易背景的方式实施犯罪。自贸区的金融改革使得跨境贸易更为便利，需高度关注和重点打击部分犯罪分子便利用境内外经贸管理制度的差异，借助离岸公司、离岸账户虚构贸易背景实施逃汇、信用证诈骗、骗取出口退税等犯罪。最高检发布6起依法查处金融犯罪典型案例3：某实业有限公司、某动力机械有限公司、王某逃汇案

[骗购外汇的] 以进行走私、逃汇、洗钱、骗税等犯罪活动为目的，使用虚假、无效的凭证、商业单据或者采取其他手段向外汇指定银行骗购外汇的，应当分别按照刑法分则第三章第二节、第一百九十条、第一百九十一条和第二百零四条等规定定罪处罚。最高法《关于审理骗购外汇、非法买卖外汇刑事案件具体应用法律若干问题的解释》法释〔1998〕20号 1998/09/01 第一条第一款

[共犯] 非国有公司、企业或者其他单位，与国有公司、企业或者其他国有单位勾结逃汇的，以逃汇罪的共犯处罚。最高法《关于审理骗购外汇、非法买卖外汇刑事案件具体应用法律若干问题的解释》法释〔1998〕20号 1998/09/01 第一条第二款

[海关、银行、外汇管理机关工作人员] 海关、银行、外汇管理机关工作人员与骗购外汇的行为人通谋，为其提供购买外汇的有关凭证，或者明知是伪造、变造的凭证和商业单据而出售外汇，构成犯罪的，按照刑法的有关规定从重处罚。最高法《关于审理骗购外汇、非法买卖外汇刑事案件具体应用法律若干问题的解释》法释〔1998〕20号 1998/09/01 第五条

[择一重罪从重处罚] 实施本解释规定的行为，同时触犯二个以上罪名的，择一重罪从重处罚。最高法《关于审理骗购外汇、非法买卖外汇刑事案件具体应用法律若干问题的解释》法释〔1998〕20号 1998/09/01 第六条

[追缴所得没收资金] 根据刑法第六十四条规定，骗购外汇、非法买

卖外汇的，其违法所得予以追缴，用于骗购外汇、非法买卖外汇的资金予以没收，上缴国库。最高法《关于审理骗购外汇、非法买卖外汇刑事案件具体应用法律若干问题的解释》法释〔1998〕20号 1998/09/01 第七条

［不同币种按统一折算率折算］骗购、非法买卖不同币种的外汇的，以案发时国家外汇管理机关制定的统一折算率折合后依照本解释处罚。最高法《关于审理骗购外汇、非法买卖外汇刑事案件具体应用法律若干问题的解释》法释〔1998〕20号 1998/09/01 第八条

［逃汇案立案追诉标准］［逃汇案（刑法第一百九十条）］公司、企业或者其他单位，违反国家规定，擅自将外汇存放境外，或者将境内的外汇非法转移到境外，单笔在二百万美元以上或者累计数额在五百万美元以上的，应予立案追诉。最高检、公安部《关于公安机关管辖的刑事案件立案追诉标准的规定（二）》公通字〔2010〕23号 2010/05/07 第四十六条

［骗购外汇案立案追诉标准］［骗购外汇案（全国人民代表大会常务委员会《关于惩治骗购外汇、逃汇和非法买卖外汇犯罪的决定》第一条）］骗购外汇，数额在五十万美元以上的，应予立案追诉。最高检、公安部《关于公安机关管辖的刑事案件立案追诉标准的规定（二）》公通字〔2010〕23号 2010/05/07 第四十七条

第一百九十一条　【洗钱罪】明知是毒品犯罪、黑社会性质的组织犯罪、恐怖活动犯罪、走私犯罪、贪污贿赂犯罪、破坏金融管理秩序犯罪、金融诈骗犯罪的所得及其产生的收益，为掩饰、隐瞒其来源和性质，有下列行为之一的，没收实施以上犯罪的所得及其产生的收益，处五年以下有期徒刑或者拘役，并处或者单处洗钱数额百分之五以上百分之二十以下罚金；情节严重的，处五年以上十年以下有期徒刑，并处洗钱数额百分之五以上百分之二十以下罚金：

（一）提供资金账户的；

（二）协助将财产转换为现金、金融票据、有价证券的；

（三）通过转账或者其他结算方式协助资金转移的；

（四）协助将资金汇往境外的；

（五）以其他方法掩饰、隐瞒犯罪所得及其收益的来源和性质的。①

单位犯前款罪的，对单位判处罚金，并对其直接负责的主管人员和其他直接责任人员，处五年以下有期徒刑或者拘役；情节严重的，处五年以上十年以下有期徒刑。

[刑法第191条之明知] 刑法第一百九十一条、第三百一十二条规定的“明知”，应当结合被告人的认知能力，接触他人犯罪所得及其收益的情况，犯罪所得及其收益的种类、数额，犯罪所得及其收益的转换、转移方式以及被告人的供述等主、客观因素进行认定。最高法《关于审理洗钱等刑事案件具体应用法律若干问题的解释》法释〔2009〕15号 2009/11/04 第一条第一款

[明知之情形及但确实不知道的除外] 具有下列情形之一的，可以认定被告人明知系犯罪所得及其收益，但有证据证明确实不知道的除外：

（一）知道他人从事犯罪活动，协助转换或者转移财物的；

（二）没有正当理由，通过非法途径协助转换或者转移财物的；

（三）没有正当理由，以明显低于市场的价格收购财物的；

（四）没有正当理由，协助转换或者转移财物，收取明显高于市场的“手续费”的；

（五）没有正当理由，协助他人将巨额现金散存于多个银行账户或者在不同银行账户之间频繁划转的；

（六）协助近亲属或者其他关系密切的人转换或者转移与其职业或者

---

① 根据2001年12月29日《刑法修正案（三）》第一次修改，根据2006年6月29日《刑法修正案（六）》第二次修改，原第一款条文为：“明知是毒品犯罪、黑社会性质的组织犯罪、走私犯罪的违法所得及其产生的收益，为掩饰、隐瞒其来源和性质，有下列行为之一的，没收实施以上犯罪的违法所得及其产生的收益，处五年以下有期徒刑或者拘役，并处或者单处洗钱数额百分之五以上百分之二十以下罚金；情节严重的，处五年以上十年以下有期徒刑，并处洗钱数额百分之五以上百分之二十以下罚金：

“（一）提供资金账户的；

“（二）协助将财产转换为现金或者金融票据的；

“（三）通过转账或者其他结算方式协助资金转移的；

“（四）协助将资金汇往境外的；

“（五）以其他方法掩饰、隐瞒犯罪的违法所得及其收益的性质和来源的。”

财产状况明显不符的财物的；

（七）其他可以认定行为人明知的情形。**最高法《关于审理洗钱等刑事案件具体应用法律若干问题的解释》法释〔2009〕15号 2009/11/04 第一条第二款第（一）至（七）项**

[误认不影响“明知”认定] 被告人将刑法第一百九十一条规定的某一上游犯罪的犯罪所得及其收益误认为刑法第一百九十一条规定的上游犯罪范围内的其他犯罪所得及其收益的，不影响刑法第一百九十一条规定的“明知”的认定。**最高法《关于审理洗钱等刑事案件具体应用法律若干问题的解释》法释〔2009〕15号 2009/11/04 第一条第三款**

[以其他方法掩饰、隐瞒犯罪所得及其收益的来源和性质之情形] 具有下列情形之一的，可以认定为刑法第一百九十一条第一款第（五）项规定的“以其他方法掩饰、隐瞒犯罪所得及其收益的来源和性质”：

（一）通过典当、租赁、买卖、投资等方式，协助转移、转换犯罪所得及其收益的；

（二）通过与商场、饭店、娱乐场所等现金密集型场所的经营收入相混合的方式，协助转移、转换犯罪所得及其收益的；

（三）通过虚构交易、虚设债权债务、虚假担保、虚报收入等方式，协助将犯罪所得及其收益转换为“合法”财物的；

（四）通过买卖彩票、奖券等方式，协助转换犯罪所得及其收益的；

（五）通过赌博方式，协助将犯罪所得及其收益转换为赌博收益的；

（六）协助将犯罪所得及其收益携带、运输或者邮寄出入境的；

（七）通过前述规定以外的方式协助转移、转换犯罪所得及其收益的。**最高法《关于审理洗钱等刑事案件具体应用法律若干问题的解释》法释〔2009〕15号 2009/11/04 第二条**

[择重罪处罚] 明知是犯罪所得及其产生的收益而予以掩饰、隐瞒，构成刑法第三百一十二条规定的犯罪，同时又构成刑法第一百九十一条或者第三百四十九条规定的犯罪的，依照处罚较重的规定定罪处罚。**最高法《关于审理洗钱等刑事案件具体应用法律若干问题的解释》法释〔2009〕15号 2009/11/04 第三条**

[与上游犯罪的关系] 刑法第一百九十一条、第三百一十二条、第三

百四十九条规定的犯罪，应当以上游犯罪事实成立为认定前提。上游犯罪尚未依法裁判，但查证属实的，不影响刑法第一百九十一条、第三百一十二条、第三百四十九条规定的犯罪的审判。

上游犯罪事实可以确认，因行为人死亡等原因依法不予追究刑事责任的，不影响刑法第一百九十一条、第三百一十二条、第三百四十九条规定的犯罪的认定。

上游犯罪事实可以确认，依法以其他罪名定罪处罚的，不影响刑法第一百九十一条、第三百一十二条、第三百四十九条规定的犯罪的认定。**最高法《关于审理洗钱等刑事案件具体应用法律若干问题的解释》法释〔2009〕15号 2009/11/04 第四条第一款至第三款**

[上游犯罪] 本条所称“上游犯罪”，是指产生刑法第一百九十一条、第三百一十二条、第三百四十九条规定的犯罪所得及其收益的各种犯罪行为。**最高法《关于审理洗钱等刑事案件具体应用法律若干问题的解释》法释〔2009〕15号 2009/11/04 第四条第四款**

[骗购外汇的] 以进行走私、逃汇、洗钱、骗税等犯罪活动为目的，使用虚假、无效的凭证、商业单据或者采取其他手段向外汇指定银行骗购外汇的，应当分别按照刑法分则第三章第二节、第一百九十条、第一百九十一条和第二百零四条等规定定罪处罚。**最高法《关于审理骗购外汇、非法买卖外汇刑事案件具体应用法律若干问题的解释》法释〔1998〕20号 1998/08/28 第一条第一款**

[共犯] 非国有公司、企业或者其他单位，与国有公司、企业或者其他国有单位勾结逃汇的，以逃汇罪的共犯处罚。**最高法《关于审理骗购外汇、非法买卖外汇刑事案件具体应用法律若干问题的解释》法释〔1998〕20号 1998/08/28 第一条第二款**

[洗钱案立案追诉标准] [洗钱案（刑法第一百九十一条）] 明知是毒品犯罪、黑社会性质的组织犯罪、恐怖活动犯罪、走私犯罪、贪污贿赂犯罪、破坏金融管理秩序犯罪、金融诈骗犯罪的所得及其产生的收益，为掩饰、隐瞒其来源和性质，涉嫌下列情形之一的，应予立案追诉：

（一）提供资金账户的；

（二）协助将财产转换为现金、金融票据、有价证券的；

（三）通过转账或者其他结算方式协助资金转移的；

（四）协助将资金汇往境外的；

（五）以其他方法掩饰、隐瞒犯罪所得及其收益的来源和性质的。最高检、公安部《关于公安机关管辖的刑事案件立案追诉标准的规定（二）》公通字〔2010〕23号 2010/05/07 第四十八条

第五节 金融诈骗罪

第一百九十二条 【集资诈骗罪】以非法占有为目的，使用诈骗方法非法集资，数额较大的，处五年以下有期徒刑或者拘役，并处二万元以上二十万元以下罚金；数额巨大或者有其他严重情节的，处五年以上十年以下有期徒刑，并处五万元以上五十万元以下罚金；数额特别巨大或者有其他特别严重情节的，处十年以上有期徒刑或者无期徒刑，并处五万元以上五十万元以下罚金或者没收财产。

［要旨 集资诈骗 非法占有目的 网络借贷信息中介机构］网络借贷信息中介机构或其控制人，利用网络借贷平台发布虚假信息，非法建立资金池募集资金，所得资金大部分未用于生产经营活动，主要用于借新还旧和个人挥霍，无法归还所募资金数额巨大，应认定为具有非法占有目的，以集资诈骗罪追究刑事责任。检例第40号：周辉集资诈骗案

［指导意义］是否具有非法占有目的，是正确区分非法吸收公众存款罪和集资诈骗罪的关键。对非法占有目的的认定，应当围绕融资项目真实性、资金去向、归还能力等事实、证据进行综合判断。行为人将所吸收资金大部分未用于生产经营活动，或名义上投入生产经营，但又通过各种方式抽逃转移资金，或供其个人肆意挥霍，归还本息主要通过借新还旧来实现，造成数额巨大的募集资金无法归还的，可以认定具有非法占有的目的。

集资诈骗罪是近年来检察机关重点打击的金融犯罪之一。对该类犯

罪，检察机关应着重从以下几个方面开展工作：一是强化证据审查。非法集资类案件由于参与人数多、涉及面广，受主客观因素影响，取证工作易出现瑕疵和问题。检察机关对重大复杂案件要及时介入侦查、引导取证。在审查案件中要强化对证据的审查，需要退回补充侦查或者自行补充侦查的，要及时退查或补查，建立起完整、牢固的证据锁链，夯实认定案件事实的证据基础。二是在法庭审理中要突出指控和证明犯罪的重点。要紧紧围绕集资诈骗罪构成要件，特别是行为人主观上具有非法占有目的、客观上以欺骗手段非法集资的事实梳理组合证据，运用完整的证据体系对认定犯罪的关键事实予以清晰证明。三是要将办理案件与追赃挽损相结合。检察机关办理相关案件，要积极配合公安机关、人民法院依法开展追赃挽损、资产处置等工作，最大限度减少人民群众的实际损失。四是要结合办案开展以案释法，增强社会公众的法治观念和风险防范意识，有效预防相关犯罪的发生。**检例第40号：周辉集资诈骗案**

［法院认定事实］被告人唐亚南原系安徽省万物春科技开发有限公司董事长、法定代表人，曾因犯诈骗罪、脱逃罪于1989年被判处有期徒刑十六年，1999年被假释。2004年6月至2007年3月，唐亚南伙同他人以高额回报为诱饵，夸大、虚假宣传万物春公司养殖梅花鹿的经营状况，在安徽、河南、河北、山东、江西、江苏、北京等7省市116县区，以万物春公司的名义先后与49786人（次）签订《联合种植养殖合同书》，非法集资人民币9.73亿余元，所得款项绝大部分被唐亚南等人用于个人购车、购置房产、挥霍、转移隐匿以及支付先前集资的本息、发放高额集资业务奖励及业务提成等。至案发时止，尚有集资款人民币3.33亿余元无法归还，并导致一名被害人自杀。**最高法发布四起集资诈骗犯罪典型案例之一：被告人唐亚南集资诈骗案**

［法院认定事实］2006年12月至2007年11月间，被告人孙小明以支付高额利息为诱饵，以杭州之江度假区发明售寄行、杭州长荣投资管理有限公司转塘分公司等需要资金为由，并虚构投资拍电视剧需要资金等事实，在杭州市先后骗取刘大龙等28名被害人集资款共计人民币1466万元，所得款项除少部分用于支付集资款利息外，大部分被孙小明用于赌博、还

债、高利放贷及挥霍等。至案发时止，尚有集资款人民币1299万余元无法归还。**最高法发布四起集资诈骗犯罪典型案例之二：被告人孙小明集资诈骗案**

［法院认定事实］2004年8月至2008年3月，被告人吕伟强以支付高额利息为诱饵，虚构工程招投标、与他人合伙做外贸生意、投资基金等资金用途，采取出具借据、签订借款协议等方式，在浙江省丽水市莲都区、缙云县、青田县等地非法集资人民币2.6亿余元，所得款项除用于偿还前期集资款、支付高额利息外，其余部分被吕伟强用于在澳门赌博、购买房产、汽车等个人挥霍。至案发时，尚有集资款人民币4038万余元无法归还。2008年4月24日，被告人吕伟强向公安机关投案自首。**最高法发布四起集资诈骗犯罪典型案例之三：被告人吕伟强集资诈骗案**

［法院认定事实］1997年7月至2007年7月间，被告人张元蕾利用中国人寿保险股份有限公司广州市分公司保险代理人的身份，以到期返回本金及每月高额回报为诱饵，虚构险种，并私刻公司印章制作假保险单证，欺骗被害人胡卫东等多人投保，收取上述人员"保险费"共计人民币2125万余元，骗取款项除用于支付被害人到期的高额利息外，其余部分被用于个人挥霍。至案发时止，尚有集资款人民币488万余元无法归还。**最高法发布四起集资诈骗犯罪典型案例之四：被告人张元蕾集资诈骗案**

［典型意义］目前，P2P、众筹等互联网金融形态发展迅猛，但其健康发展离不开完善的诚信机制与监管规则。在这二者均尚未完备的背景下，一些犯罪分子借用互联网金融的概念，以高额利息为诱饵诱骗投资者。以P2P网贷平台为例，各地屡屡出现兑付危机、倒闭、卷款跑路等乱象。本案被告人就是利用网贷平台信息不对称的特点，发布虚假信息，骗取投资者资金。本案提示了P2P网络借贷平台的业务经营红线，提示投资者要有风险意识，做好合理的资产配置规划，不要把P2P当成唯一的理财手段，更不要轻信平台许诺的高收益，以免误入歧途，造成损失。**最高检发布6起依法查处金融犯罪典型案例5：蔡某集资诈骗案**

［集资诈骗罪的量刑］

1. 构成集资诈骗罪的，可以根据下列不同情形在相应的幅度内确定量刑起点：

（1）达到数额较大起点的，可以在二年以下有期徒刑、拘役幅度内确定量刑起点。

(2) 达到数额巨大起点或者有其他严重情节的，可以在五年至六年有期徒刑幅度内确定量刑起点。

(3) 达到数额特别巨大起点或者有其他特别严重情节的，可以在十年至十二年有期徒刑幅度内确定量刑起点。依法应当判处无期徒刑的除外。

2. 在量刑起点的基础上，根据集资诈骗数额等其他影响犯罪构成的犯罪事实增加刑罚量，确定基准刑。**最高法《关于常见犯罪的量刑指导意见（二）（试行）》2017/05/01（三）**

[以集资诈骗罪定罪处罚] 以非法占有为目的，使用诈骗方法实施本解释第二条规定所列行为的，应当依照刑法第一百九十二条的规定，以集资诈骗罪定罪处罚。**最高法《关于审理非法集资刑事案件具体应用法律若干问题的解释》法释〔2010〕18号 2011/01/04 第四条第一款**

[以非法占有为目的] 使用诈骗方法非法集资，具有下列情形之一的，可以认定为“以非法占有为目的”：

（一）集资后不用于生产经营活动或者用于生产经营活动与筹集资金规模明显不成比例，致使集资款不能返还的；

（二）肆意挥霍集资款，致使集资款不能返还的；

（三）携带集资款逃匿的；

（四）将集资款用于违法犯罪活动的；

（五）抽逃、转移资金、隐匿财产，逃避返还资金的；

（六）隐匿、销毁账目，或者搞假破产、假倒闭，逃避返还资金的；

（七）拒不交代资金去向，逃避返还资金的；

（八）其他可以认定非法占有目的的情形。**最高法《关于审理非法集资刑事案件具体应用法律若干问题的解释》法释〔2010〕18号 2011/01/04 第四条第二款**

[非法占有目的之具体认定] 集资诈骗罪中的非法占有目的，应当区分情形进行具体认定。行为人部分非法集资行为具有非法占有目的的，对该部分非法集资行为所涉集资款以集资诈骗罪定罪处罚；非法集资共同犯罪中部分行为人具有非法占有目的，其他行为人没有非法占有集资款的共同故意和行为的，对具有非法占有目的的行为人以集资诈骗罪定罪处罚。**最高法《关于审理非法集资刑事案件具体应用法律若干问题的解释》法释〔2010〕18**

号 2011/01/04 第四条第三款

[个人 数额较大 数额巨大 数额特别巨大] 个人进行集资诈骗，数额在 10 万元以上的，应当认定为“数额较大”；数额在 30 万元以上的，应当认定为“数额巨大”；数额在 100 万元以上的，应当认定为“数额特别巨大”。最高法《关于审理非法集资刑事案件具体应用法律若干问题的解释》法释〔2010〕18 号 2011/01/04 第五条第一款

[单位 数额较大 数额巨大 数额特别巨大] 单位进行集资诈骗，数额在 50 万元以上的，应当认定为“数额较大”；数额在 150 万元以上的，应当认定为“数额巨大”；数额在 500 万元以上的，应当认定为“数额特别巨大”。最高法《关于审理非法集资刑事案件具体应用法律若干问题的解释》法释〔2010〕18 号 2011/01/04 第五条第二款

[集资诈骗的数额的计算] 集资诈骗的数额以行为人实际骗取的数额计算，案发前已归还的数额应予扣除。行为人为实施集资诈骗活动而支付的广告费、中介费、手续费、回扣，或者用于行贿、赠与等费用，不予扣除。行为人为实施集资诈骗活动而支付的利息，除本金未归还可予折抵本金以外，应当计入诈骗数额。最高法《关于审理非法集资刑事案件具体应用法律若干问题的解释》法释〔2010〕18 号 2011/01/04 第五条第三款

[集资诈骗案立案追诉标准] [集资诈骗案（刑法第一百九十二条）] 以非法占有为目的，使用诈骗方法非法集资，涉嫌下列情形之一的，应予立案追诉：

（一）个人集资诈骗，数额在十万元以上的；

（二）单位集资诈骗，数额在五十万元以上的。最高检、公安部《关于公安机关管辖的刑事案件立案追诉标准的规定（二）》公通字〔2010〕23 号 2010/05/07 第四十九条

第一百九十三条 【贷款诈骗罪】有下列情形之一，以非法占有为目的，诈骗银行或者其他金融机构的贷款，数额较大的，处五年以下有期徒刑或者拘役，并处二万元以上二十万元以下罚金；数额巨大或者有其他严重情节的，处五年以上十年以下有期徒刑，并处五万元以上五十万元以下罚金；数额特别巨大或者有

其他特别严重情节的，处十年以上有期徒刑或者无期徒刑，并处五万元以上五十万元以下罚金或者没收财产：

（一）编造引进资金、项目等虚假理由的；

（二）使用虚假的经济合同的；

（三）使用虚假的证明文件的；

（四）使用虚假的产权证明作担保或者超出抵押物价值重复担保的；

（五）以其他方法诈骗贷款的。

[贷款诈骗案立案追诉标准] [贷款诈骗案（刑法第一百九十三条）] 以非法占有为目的，诈骗银行或者其他金融机构的贷款，数额在二万元以上的，应予立案追诉。最高检、公安部《关于公安机关管辖的刑事案件立案追诉标准的规定（二）》公通字〔2010〕23号 2010/05/07 第五十条

第一百九十四条　【票据诈骗罪；金融凭证诈骗罪】有下列情形之一，进行金融票据诈骗活动，数额较大的，处五年以下有期徒刑或者拘役，并处二万元以上二十万元以下罚金；数额巨大或者有其他严重情节的，处五年以上十年以下有期徒刑，并处五万元以上五十万元以下罚金；数额特别巨大或者有其他特别严重情节的，处十年以上有期徒刑或者无期徒刑，并处五万元以上五十万元以下罚金或者没收财产：

（一）明知是伪造、变造的汇票、本票、支票而使用的；

（二）明知是作废的汇票、本票、支票而使用的；

（三）冒用他人的汇票、本票、支票的；

（四）签发空头支票或者与其预留印鉴不符的支票，骗取财物的；

（五）汇票、本票的出票人签发无资金保证的汇票、本票或者在出票时作虚假记载，骗取财物的。

使用伪造、变造的委托收款凭证、汇款凭证、银行存单等其

他银行结算凭证的，依照前款的规定处罚。

[票据诈骗案立案追诉标准] [票据诈骗案（刑法第一百九十四条第一款）] 进行金融票据诈骗活动，涉嫌下列情形之一的，应予立案追诉：

（一）个人进行金融票据诈骗，数额在一万元以上的；

（二）单位进行金融票据诈骗，数额在十万元以上的。最高检、公安部《关于公安机关管辖的刑事案件立案追诉标准的规定（二）》公通字〔2010〕23号 2010/05/07 第五十一条

[金融凭证诈骗案立案追诉标准] [金融凭证诈骗案（刑法第一百九十四条第二款）] 使用伪造、变造的委托收款凭证、汇款凭证、银行存单等其他银行结算凭证进行诈骗活动，涉嫌下列情形之一的，应予立案追诉：

（一）个人进行金融凭证诈骗，数额在一万元以上的；

（二）单位进行金融凭证诈骗，数额在十万元以上的。最高检、公安部《关于公安机关管辖的刑事案件立案追诉标准的规定（二）》公通字〔2010〕23号 2010/05/07 第五十二条

第一百九十五条　【信用证诈骗罪】 有下列情形之一，进行信用证诈骗活动的，处五年以下有期徒刑或者拘役，并处二万元以上二十万元以下罚金；数额巨大或者有其他严重情节的，处五年以上十年以下有期徒刑，并处五万元以上五十万元以下罚金；数额特别巨大或者有其他特别严重情节的，处十年以上有期徒刑或者无期徒刑，并处五万元以上五十万元以下罚金或者没收财产：

（一）使用伪造、变造的信用证或者附随的单据、文件的；

（二）使用作废的信用证的；

（三）骗取信用证的；

（四）以其他方法进行信用证诈骗活动的。

[信用证诈骗案立案追诉标准] [信用证诈骗案（刑法第一百九十五条）] 进行信用证诈骗活动，涉嫌下列情形之一的，应予立案追诉：

（一）使用伪造、变造的信用证或者附随的单据、文件的；

（二）使用作废的信用证的；

（三）骗取信用证的；

（四）以其他方法进行信用证诈骗活动的。最高检、公安部《关于公安机关管辖的刑事案件立案追诉标准的规定（二）》公通字〔2010〕23号 2010/05/07 第五十三条

第一百九十六条　【信用卡诈骗罪、盗窃罪】 有下列情形之一，进行信用卡诈骗活动，数额较大的，处五年以下有期徒刑或者拘役，并处二万元以上二十万元以下罚金；数额巨大或者有其他严重情节的，处五年以上十年以下有期徒刑，并处五万元以上五十万元以下罚金；数额特别巨大或者有其他特别严重情节的，处十年以上有期徒刑或者无期徒刑，并处五万元以上五十万元以下罚金或者没收财产：

（一）使用伪造的信用卡，或者使用以虚假的身份证明骗领的信用卡的；

（二）使用作废的信用卡的；

（三）冒用他人信用卡的；

（四）恶意透支的。

前款所称恶意透支，是指持卡人以非法占有为目的，超过规定限额或者规定期限透支，并且经发卡银行催收后仍不归还的行为。

盗窃信用卡并使用的，依照本法第二百六十四条的规定定罪处罚。[①]

---

① 根据2005年2月28日《刑法修正案（五）》修改，原条文为："有下列情形之一，进行信用卡诈骗活动，数额较大的，处五年以下有期徒刑或者拘役，并处二万元以上二十万元以下罚金；数额巨大或者有其他严重情节的，处五年以上十年以下有期徒刑，并处五万元以上五十万元以下罚金；数额特别巨大或者有其他特别严重情节的，处十年以上有期徒刑或者无期徒刑，并处五万元以上五十万元以下罚金或者没收财产：

"（一）使用伪造的信用卡的；

"（二）使用作废的信用卡的；

"（三）冒用他人信用卡的；

"（四）恶意透支的。

"前款所称恶意透支，是指持卡人以非法占有为目的，超过规定限额或者规定期限透支，并且经发卡银行催收后仍不归还的行为。

"盗窃信用卡并使用的，依照本法第二百六十四条的规定定罪处罚。"

[信用卡诈骗罪的量刑]

1. 构成信用卡诈骗罪的，可以根据下列不同情形在相应的幅度内确定量刑起点：

(1) 达到数额较大起点的，可以在二年以下有期徒刑、拘役幅度内确定量刑起点。

(2) 达到数额巨大起点或者有其他严重情节的，可以在五年至六年有期徒刑幅度内确定量刑起点。

(3) 达到数额特别巨大起点或者有其他特别严重情节的，可以在十年至十二年有期徒刑幅度内确定量刑起点。依法应当判处无期徒刑的除外。

2. 在量刑起点的基础上，可以根据信用卡诈骗数额等其他影响犯罪构成的犯罪事实增加刑罚量，确定基准刑。**最高法《关于常见犯罪的量刑指导意见（二）（试行）》2017/05/01 一、（四）**

[数额较大 数额巨大 数额特别巨大] 使用伪造的信用卡、以虚假的身份证明骗领的信用卡、作废的信用卡或者冒用他人信用卡，进行信用卡诈骗活动，数额在5000元以上不满5万元的，应当认定为刑法第一百九十六条规定的“数额较大”；数额在5万元以上不满50万元的，应当认定为刑法第一百九十六条规定的“数额巨大”；数额在50万元以上的，应当认定为刑法第一百九十六条规定的“数额特别巨大”。**两高《关于办理妨害信用卡管理刑事案件具体应用法律若干问题的解释》法释〔2009〕19号 2009/12/16 第五条第一款**

[冒用他人信用卡之情形] 刑法第一百九十六条第一款第（三）项所称“冒用他人信用卡”，包括以下情形：

（一）拾得他人信用卡并使用的；

（二）骗取他人信用卡并使用的；

（三）窃取、收买、骗取或者以其他非法方式获取他人信用卡信息资料，并通过互联网、通讯终端等使用的；

（四）其他冒用他人信用卡的情形。**两高《关于办理妨害信用卡管理刑事案件具体应用法律若干问题的解释》法释〔2009〕19号 2009/12/16 第五条第二款**

[恶意透支] 持卡人以非法占有为目的，超过规定限额或者规定期限透支，并且经发卡银行两次催收后超过3个月仍不归还的，应当认定为刑

法第一百九十六条规定的“恶意透支”。**两高《关于办理妨害信用卡管理刑事案件具体应用法律若干问题的解释》法释〔2009〕19号 2009/12/16 第六条第一款**

[以非法占有为目的] 有以下情形之一的，应当认定为刑法第一百九十六条第二款规定的“以非法占有为目的”：

（一）明知没有还款能力而大量透支，无法归还的；

（二）肆意挥霍透支的资金，无法归还的；

（三）透支后逃匿、改变联系方式，逃避银行催收的；

（四）抽逃、转移资金，隐匿财产，逃避还款的；

（五）使用透支的资金进行违法犯罪活动的；

（六）其他非法占有资金，拒不归还的行为。**两高《关于办理妨害信用卡管理刑事案件具体应用法律若干问题的解释》法释〔2009〕19号 2009/12/16 第六条第二款**

[恶意透支数额 较大、巨大、特别巨大] 恶意透支，数额在1万元以上不满10万元的，应当认定为刑法第一百九十六条规定的“数额较大”；数额在10万元以上不满100万元的，应当认定为刑法第一百九十六条规定的“数额巨大”；数额在100万元以上的，应当认定为刑法第一百九十六条规定的“数额特别巨大”。**两高《关于办理妨害信用卡管理刑事案件具体应用法律若干问题的解释》法释〔2009〕19号 2009/12/16 第六条第三款**

[恶意透支数额] 恶意透支的数额，是指在第一款规定的条件下持卡人拒不归还的数额或者尚未归还的数额。不包括复利、滞纳金、手续费等发卡银行收取的费用。**两高《关于办理妨害信用卡管理刑事案件具体应用法律若干问题的解释》法释〔2009〕19号 2009/12/16 第六条第四款**

[恶意透支的处罚] 恶意透支应当追究刑事责任，但在公安机关立案后人民法院判决宣告前已偿还全部透支款息的，可以从轻处罚，情节轻微的，可以免除处罚。恶意透支数额较大，在公安机关立案前已偿还全部透支款息，情节显著轻微的，可以依法不追究刑事责任。**两高《关于办理妨害信用卡管理刑事案件具体应用法律若干问题的解释》法释〔2009〕19号 2009/12/16 第六条第五款**

[采用上述方式恶意透支] 持卡人以非法占有为目的，采用上述方式恶意透支，应当追究刑事责任的，依照刑法第一百九十六条的规定，以信

用卡诈骗罪定罪处罚。两高《关于办理妨害信用卡管理刑事案件具体应用法律若干问题的解释》法释〔2009〕19号 2009/12/16 第七条第三款

[单位犯本罪之定罪处罚] 单位犯本解释第一条、第七条规定的犯罪的，定罪量刑标准依照各该条的规定执行。两高《关于办理妨害信用卡管理刑事案件具体应用法律若干问题的解释》法释〔2009〕19号 2009/12/16 第八条

[拾得他人信用卡并在自动柜员机（ATM机）上使用的行为　冒用他人信用卡] 拾得他人信用卡并在自动柜员机（ATM机）上使用的行为，属于刑法第一百九十六条第一款第（三）项规定的“冒用他人信用卡”的情形，构成犯罪的，以信用卡诈骗罪追究刑事责任。最高检《关于拾得他人信用卡并在自动柜员机（ATM机）上使用的行为如何定性问题的批复》高检发释字〔2008〕1号 2008/04/18

[信用卡] 刑法规定的“信用卡”，是指由商业银行或者其他金融机构发行的具有消费支付、信用贷款、转账结算、存取现金等全部功能或者部分功能的电子支付卡。全国人大常委会《关于〈中华人民共和国刑法〉有关信用卡规定的解释》2004/12/29

[盗窃信用卡使用] 根据刑法第一百九十六条第三款的规定，盗窃信用卡使用的，以盗窃罪定罪处罚。其盗窃数额应当根据行为人盗窃信用卡使用的数额认定。最高法《关于审理盗窃案件具体应用法律若干问题的解释》法释〔1998〕4号 1998/03/17 第十条

[信用卡诈骗案立案追诉标准] [信用卡诈骗案（刑法第一百九十六条）] 进行信用卡诈骗活动，涉嫌下列情形之一的，应予立案追诉：

（一）使用伪造的信用卡，或者使用以虚假的身份证明骗领的信用卡，或者使用作废的信用卡，或者冒用他人信用卡，进行诈骗活动，数额在五千元以上的；

（二）恶意透支，数额在一万元以上的。最高检、公安部《关于公安机关管辖的刑事案件立案追诉标准的规定（二）》公通字〔2010〕23号 2010/05/07 第五十四条第一款

[恶意透支] 本条规定的“恶意透支”，是指持卡人以非法占有为目的，超过规定限额或者规定期限透支，并且经发卡银行两次催收后超过三个月仍不归还的。

恶意透支，数额在一万元以上不满十万元的，在公安机关立案前已偿还全部透支款息，情节显著轻微的，可以依法不追究刑事责任。最高检、公安部《关于公安机关管辖的刑事案件立案追诉标准的规定（二）》公通字〔2010〕23号 2010/05/07 第五十四条第二款、第三款

第一百九十七条　【有价证券诈骗罪】使用伪造、变造的国库券或者国家发行的其他有价证券，进行诈骗活动，数额较大的，处五年以下有期徒刑或者拘役，并处二万元以上二十万元以下罚金；数额巨大或者有其他严重情节的，处五年以上十年以下有期徒刑，并处五万元以上五十万元以下罚金；数额特别巨大或者有其他特别严重情节的，处十年以上有期徒刑或者无期徒刑，并处五万元以上五十万元以下罚金或者没收财产。

[有价证券诈骗案立案追诉标准] [有价证券诈骗案（刑法第一百九十七条）] 使用伪造、变造的国库券或者国家发行的其他有价证券进行诈骗活动，数额在一万元以上的，应予立案追诉。最高检、公安部《关于公安机关管辖的刑事案件立案追诉标准的规定（二）》公通字〔2010〕23号 2010/05/07 第五十五条

第一百九十八条　【保险诈骗罪】有下列情形之一，进行保险诈骗活动，数额较大的，处五年以下有期徒刑或者拘役，并处一万元以上十万元以下罚金；数额巨大或者有其他严重情节的，处五年以上十年以下有期徒刑，并处二万元以上二十万元以下罚金；数额特别巨大或者有其他特别严重情节的，处十年以上有期徒刑，并处二万元以上二十万元以下罚金或者没收财产：

（一）投保人故意虚构保险标的，骗取保险金的；

（二）投保人、被保险人或者受益人对发生的保险事故编造虚假的原因或者夸大损失的程度，骗取保险金的；

（三）投保人、被保险人或者受益人编造未曾发生的保险事故，骗取保险金的；

（四）投保人、被保险人故意造成财产损失的保险事故，骗

取保险金的；

（五）投保人、受益人故意造成被保险人死亡、伤残或者疾病，骗取保险金的。

有前款第四项、第五项所列行为，同时构成其他犯罪的，依照数罪并罚的规定处罚。

单位犯第一款罪的，对单位判处罚金，并对其直接负责的主管人员和其他直接责任人员，处五年以下有期徒刑或者拘役；数额巨大或者有其他严重情节的，处五年以上十年以下有期徒刑；数额特别巨大或者有其他特别严重情节的，处十年以上有期徒刑。

保险事故的鉴定人、证明人、财产评估人故意提供虚假的证明文件，为他人诈骗提供条件的，以保险诈骗的共犯论处。

［保险诈骗案立案追诉标准］［保险诈骗案（刑法第一百九十八条）］进行保险诈骗活动，涉嫌下列情形之一的，应予立案追诉：

（一）个人进行保险诈骗，数额在一万元以上的；

（二）单位进行保险诈骗，数额在五万元以上的。最高检、公安部《关于公安机关管辖的刑事案件立案追诉标准的规定（二）》公通字〔2010〕23号 2010/05/07 第五十六条

第一百九十九条 删去刑法第一百九十九条。①

第二百条 【单位犯金融诈骗罪的处罚规定】单位犯本节第一百九十二条、第一百九十四条、第一百九十五条规定之罪的，对单位判处罚金，并对其直接负责的主管人员和其他直接责任人员，处五年以下有期徒刑或者拘役，可以并处罚金；数额巨大或

① 根据2011年5月1日《刑法修正案（八）》修改，原条文为："犯本节第一百九十二条、第一百九十四条、第一百九十五条规定之罪，数额特别巨大并且给国家和人民利益造成特别重大损失的，处无期徒刑或者死刑，并处没收财产。"

根据2015年8月29日《刑法修正案（九）》删除，原条文为："犯本节第一百九十二条规定之罪，数额特别巨大并且给国家和人民利益造成特别重大损失的，处无期徒刑或者死刑，并处没收财产。"

者有其他严重情节的，处五年以上十年以下有期徒刑，并处罚金；数额特别巨大或者有其他特别严重情节的，处十年以上有期徒刑或者无期徒刑，并处罚金。[①]

第六节　危害税收征管罪

第二百零一条　【逃税罪】纳税人采取欺骗、隐瞒手段进行虚假纳税申报或者不申报，逃避缴纳税款数额较大并且占应纳税额百分之十以上的，处三年以下有期徒刑或者拘役，并处罚金；数额巨大并且占应纳税额百分之三十以上的，处三年以上七年以下有期徒刑，并处罚金。

扣缴义务人采取前款所列手段，不缴或者少缴已扣、已收税款，数额较大的，依照前款的规定处罚。

对多次实施前两款行为，未经处理的，按照累计数额计算。

有第一款行为，经税务机关依法下达追缴通知后，补缴应纳税款，缴纳滞纳金，已受行政处罚的，不予追究刑事责任；但是，五年内因逃避缴纳税款受过刑事处罚或者被税务机关给予二

① 根据2011年5月1日《刑法修正案（八）》修改，原条文为："单位犯本节第一百九十二条、第一百九十四条、第一百九十五条规定之罪的，对单位判处罚金，并对其直接负责的主管人员和其他直接责任人员，处五年以下有期徒刑或者拘役；数额巨大或者有其他严重情节的，处五年以上十年以下有期徒刑；数额特别巨大或者有其他特别严重情节的，处十年以上有期徒刑或者无期徒刑。"

次以上行政处罚的除外。[1]《刑法修正案（七）》2009/02/28

[纳税人逃税罪行为] 纳税人实施下列行为之一，不缴或者少缴应纳税款，偷税数额占应纳税额的百分之十以上且偷税数额在一万元以上的，依照刑法第二百零一条第一款的规定定罪处罚：

（一）伪造、变造、隐匿、擅自销毁账簿、记账凭证；

（二）在账簿上多列支出或者不列、少列收入；

（三）经税务机关通知申报而拒不申报纳税；

（四）进行虚假纳税申报；

（五）缴纳税款后，以假报出口或者其他欺骗手段，骗取所缴纳的税款。**最高法《关于审理偷税抗税刑事案件具体应用法律若干问题的解释》法释〔2002〕33号2002/11/07第一条第一款**

[扣缴义务人逃税罪行为　扣缴义务人已扣、已收税款] 扣缴义务人实施前款行为之一，不缴或者少缴已扣、已收税款，数额在一万元以上且占应缴税额百分之十以上的，依照刑法第二百零一条第一款的规定定罪处罚。扣缴义务人书面承诺代纳税人支付税款的，应当认定扣缴义务人“已扣、已收税款”。**最高法《关于审理偷税抗税刑事案件具体应用法律若干问题的解释》法释〔2002〕33号2002/11/07第一条第二款**

[五万元以下立案前已足额补缴的可免予刑事处罚] 实施本条第一款、第二款规定的行为，偷税数额在五万元以下，纳税人或者扣缴义务人在公安机关立案侦查以前已经足额补缴应纳税款和滞纳金，犯罪情节轻微，不需要判处刑罚的，可以免予刑事处罚。**最高法《关于审理偷税抗税刑事案件具体**

---

① 根据2009年2月28日《刑法修正案（七）》修改，原条文为：“纳税人采取伪造、变造、隐匿、擅自销毁账簿、记账凭证，在账簿上多列支出或者不列、少列收入，经税务机关通知申报而拒不申报或者进行虚假的纳税申报的手段，不缴或者少缴应纳税款，偷税数额占应纳税额的百分之十以上不满百分之三十并且偷税数额在一万元以上不满十万元的，或者因偷税被税务机关给予二次行政处罚又偷税的，处三年以下有期徒刑或者拘役，并处偷税数额一倍以上五倍以下罚金；偷税数额占应纳税额的百分之三十以上并且偷税数额在十万元以上的，处三年以上七年以下有期徒刑，并处偷税数额一倍以上五倍以下罚金。

“扣缴义务人采取前款所列手段，不缴或者少缴已扣、已收税款，数额占应缴税额的百分之十以上并且数额在一万元以上的，依照前款的规定处罚。

“对多次犯有前两款行为，未经处理的，按照累计数额计算。”

应用法律若干问题的解释》法释〔2002〕33号 2002/11/07 第一条第三款

［伪造、变造、隐匿、擅自销毁记账凭证的行为］纳税人伪造、变造、隐匿、擅自销毁用于记账的发票等原始凭证的行为，应当认定为刑法第二百零一条第一款规定的伪造、变造、隐匿、擅自销毁记账凭证的行为。最高法《关于审理偷税抗税刑事案件具体应用法律若干问题的解释》法释〔2002〕33号 2002/11/07 第二条第一款

［经税务机关通知申报］具有下列情形之一的，应当认定为刑法第二百零一条第一款规定的“经税务机关通知申报”：

（一）纳税人、扣缴义务人已经依法办理税务登记或者扣缴税款登记的；

（二）依法不需要办理税务登记的纳税人，经税务机关依法书面通知其申报的；

（三）尚未依法办理税务登记、扣缴税款登记的纳税人、扣缴义务人，经税务机关依法书面通知其申报的。最高法《关于审理偷税抗税刑事案件具体应用法律若干问题的解释》法释〔2002〕33号 2002/11/07 第二条第二款

［虚假的纳税申报］刑法第二百零一条第一款规定的“虚假的纳税申报”，是指纳税人或者扣缴义务人向税务机关报送虚假的纳税申报表、财务报表、代扣代缴、代收代缴税款报告表或者其他纳税申报资料，如提供虚假申请，编造减税、免税、抵税、先征收后退还税款等虚假资料等。最高法《关于审理偷税抗税刑事案件具体应用法律若干问题的解释》法释〔2002〕33号 2002/11/07 第二条第三款

［未经处理］刑法第二百零一条第三款规定的“未经处理”，是指纳税人或者扣缴义务人在五年内多次实施偷税行为，但每次偷税数额均未达到刑法第二百零一条规定的构成犯罪的数额标准，且未受行政处罚的情形。最高法《关于审理偷税抗税刑事案件具体应用法律若干问题的解释》法释〔2002〕33号 2002/11/07 第二条第四款

［行政处罚与刑事处理并存　行政罚款折抵罚金］纳税人、扣缴义务人因同一偷税犯罪行为受到行政处罚，又被移送起诉的，人民法院应当依法受理。依法定罪并判处罚金的，行政罚款折抵罚金。最高法《关于审理偷税抗税刑事案件具体应用法律若干问题的解释》法释〔2002〕33号 2002/11/07 第二条

第五款

[偷税数额] 偷税数额，是指在确定的纳税期间，不缴或者少缴各税种税款的总额。最高法《关于审理偷税抗税刑事案件具体应用法律若干问题的解释》法释〔2002〕33号 2002/11/07 第三条第一款

[偷税数额占应纳税额的百分比] 偷税数额占应纳税额的百分比，是指一个纳税年度中的各税种偷税总额与该纳税年度应纳税总额的比例。不按纳税年度确定纳税期的其他纳税人，偷税数额占应纳税额的百分比，按照行为人最后一次偷税行为发生之日前一年中各税种偷税总额与该年纳税总额的比例确定。纳税义务存续期间不足一个纳税年度的，偷税数额占应纳税额的百分比，按照各税种偷税总额与实际发生纳税义务期间应当缴纳税款总额的比例确定。最高法《关于审理偷税抗税刑事案件具体应用法律若干问题的解释》法释〔2002〕33号 2002/11/07 第三条第二款

[偷税行为跨越若干个纳税年度] 偷税行为跨越若干个纳税年度，只要其中一个纳税年度的偷税数额及百分比达到刑法第二百零一条第一款规定的标准，即构成偷税罪。各纳税年度的偷税数额应当累计计算，偷税百分比应当按照最高的百分比确定。最高法《关于审理偷税抗税刑事案件具体应用法律若干问题的解释》法释〔2002〕33号 2002/11/07 第三条第三款

[两年内偷税二次并受行政处罚且数额在一万元以上] 两年内因偷税受过二次行政处罚，又偷税且数额在一万元以上的，应当以偷税罪定罪处罚。最高法《关于审理偷税抗税刑事案件具体应用法律若干问题的解释》法释〔2002〕33号 2002/11/07 第四条

[应纳税额]《刑法》第二百零一条规定的“应纳税额”是指某一法定纳税期限或者税务机关依法核定的纳税期间内应纳税额的总和。偷税行为涉及两个以上税种的，只要其中一个税种的偷税数额、比例达到法定标准的，即构成偷税罪，其他税种的偷税数额累计计算。公安部《关于如何理解〈刑法〉第二百零一条规定的“应纳税额”问题的批复》公复字〔1999〕4号 1999/11/23

[逃税案立案追诉标准] [逃税案（刑法第二百零一条）] 逃避缴纳税款，涉嫌下列情形之一的，应予立案追诉：

（一）纳税人采取欺骗、隐瞒手段进行虚假纳税申报或者不申报，逃

避缴纳税款，数额在五万元以上并且占各税种应纳税总额百分之十以上，经税务机关依法下达追缴通知后，不补缴应纳税款、不缴纳滞纳金或者不接受行政处罚的；

（二）纳税人五年内因逃避缴纳税款受过刑事处罚或者被税务机关给予二次以上行政处罚，又逃避缴纳税款，数额在五万元以上并且占各税种应纳税总额百分之十以上的；

（三）扣缴义务人采取欺骗、隐瞒手段，不缴或者少缴已扣、已收税款，数额在五万元以上的。

纳税人在公安机关立案后再补缴应纳税款、缴纳滞纳金或者接受行政处罚的，不影响刑事责任的追究。**最高检、公安部《关于公安机关管辖的刑事案件立案追诉标准的规定（二）》公通字〔2010〕23号 2010/05/07 第五十七条**

第二百零二条　【抗税罪】以暴力、威胁方法拒不缴纳税款的，处三年以下有期徒刑或者拘役，并处拒缴税款一倍以上五倍以下罚金；情节严重的，处三年以上七年以下有期徒刑，并处拒缴税款一倍以上五倍以下罚金。

［情节严重］实施抗税行为具有下列情形之一的，属于刑法第二百零二条规定的“情节严重”：

（一）聚众抗税的首要分子；

（二）抗税数额在十万元以上的；

（三）多次抗税的；

（四）故意伤害致人轻伤的；

（五）具有其他严重情节。**最高法《关于审理偷税抗税刑事案件具体应用法律若干问题的解释》法释〔2002〕33号 2002/11/07 第五条**

［抗税致人重伤、死亡的］实施抗税行为致人重伤、死亡，构成故意伤害罪、故意杀人罪的，分别依照刑法第二百三十四条第二款、第二百三十二条的规定定罪处罚。**最高法《关于审理偷税抗税刑事案件具体应用法律若干问题的解释》法释〔2002〕33号 2002/11/07 第六条第一款**

［共同犯罪］与纳税人或者扣缴义务人共同实施抗税行为的，以抗税罪的共犯依法处罚。**最高法《关于审理偷税抗税刑事案件具体应用法律若干问题的**

解释》法释〔2002〕33号 2002/11/07 第六条第二款

[抗税案立案追诉标准] [抗税案（刑法第二百零二条）] 以暴力、威胁方法拒不缴纳税款，涉嫌下列情形之一的，应予立案追诉：

（一）造成税务工作人员轻微伤以上的；

（二）以给税务工作人员及其亲友的生命、健康、财产等造成损害为威胁，抗拒缴纳税款的；

（三）聚众抗拒缴纳税款的；

（四）以其他暴力、威胁方法拒不缴纳税款的。最高检、公安部《关于公安机关管辖的刑事案件立案追诉标准的规定（二）》公通字〔2010〕23号 2010/05/07 第五十八条

第二百零三条 【逃避追缴欠税罪】 纳税人欠缴应纳税款，采取转移或者隐匿财产的手段，致使税务机关无法追缴欠缴的税款，数额在一万元以上不满十万元的，处三年以下有期徒刑或者拘役，并处或者单处欠缴税款一倍以上五倍以下罚金；数额在十万元以上的，处三年以上七年以下有期徒刑，并处欠缴税款一倍以上五倍以下罚金。

[逃避追缴欠税案立案追诉标准] [逃避追缴欠税案（刑法第二百零三条）] 纳税人欠缴应纳税款，采取转移或者隐匿财产的手段，致使税务机关无法追缴欠缴的税款，数额在一万元以上的，应予立案追诉。最高检、公安部《关于公安机关管辖的刑事案件立案追诉标准的规定（二）》公通字〔2010〕23号 2010/05/07 第五十九条

第二百零四条 【骗取出口退税罪、逃税罪】 以假报出口或者其他欺骗手段，骗取国家出口退税款，数额较大的，处五年以下有期徒刑或者拘役，并处骗取税款一倍以上五倍以下罚金；数额巨大或者有其他严重情节的，处五年以上十年以下有期徒刑，并处骗取税款一倍以上五倍以下罚金；数额特别巨大或者有其他特别严重情节的，处十年以上有期徒刑或者无期徒刑，并处骗取税款一倍以上五倍以下罚金或者没收财产。

纳税人缴纳税款后，采取前款规定的欺骗方法，骗取所缴纳

的税款的，依照本法第二百零一条的规定定罪处罚；骗取税款超过所缴纳的税款部分，依照前款的规定处罚。

[假报出口] 刑法第二百零四条规定的“假报出口”，是指以虚构已税货物出口事实为目的，具有下列情形之一的行为：

（一）伪造或者签订虚假的买卖合同；

（二）以伪造、变造或者其他非法手段取得出口货物报关单、出口收汇核销单、出口货物专用缴款书等有关出口退税单据、凭证；

（三）虚开、伪造、非法购买增值税专用发票或者其他可以用于出口退税的发票；

（四）其他虚构已税货物出口事实的行为。最高法《关于审理骗取出口退税刑事案件具体应用法律若干问题的解释》法释〔2002〕30号 2002/09/17 第一条

[其他欺骗手段] 具有下列情形之一的，应当认定为刑法第二百零四条规定的“其他欺骗手段”：

（一）骗取出口货物退税资格的；

（二）将未纳税或者免税货物作为已税货物出口的；

（三）虽有货物出口，但虚构该出口货物的品名、数量、单价等要素，骗取未实际纳税部分出口退税款的；

（四）以其他手段骗取出口退税款的。最高法《关于审理骗取出口退税刑事案件具体应用法律若干问题的解释》法释〔2002〕30号 2002/09/17 第二条

[数额较大、数额巨大、数额特别巨大] 骗取国家出口退税款5万元以上的，为刑法第二百零四条规定的“数额较大”；骗取国家出口退税款50万元以上的，为刑法第二百零四条规定的“数额巨大”；骗取国家出口退税款250万元以上的，为刑法第二百零四条规定的“数额特别巨大”。最高法《关于审理骗取出口退税刑事案件具体应用法律若干问题的解释》法释〔2002〕30号 2002/09/17 第三条

[其他严重情节] 具有下列情形之一的，属于刑法第二百零四条规定的“其他严重情节”：

（一）造成国家税款损失30万元以上并且在第一审判决宣告前无法追回的；

（二）因骗取国家出口退税行为受过行政处罚，两年内又骗取国家出口退税款数额在 30 万元以上的；

（三）情节严重的其他情形。**最高法《关于审理骗取出口退税刑事案件具体应用法律若干问题的解释》法释〔2002〕30 号 2002/09/17 第四条**

[其他特别严重情节] 具有下列情形之一的，属于刑法第二百零四条规定的“其他特别严重情节”：

（一）造成国家税款损失 150 万元以上并且在第一审判决宣告前无法追回的；

（二）因骗取国家出口退税行为受过行政处罚，两年内又骗取国家出口退税款数额在 150 万元以上的；

（三）情节特别严重的其他情形。**最高法《关于审理骗取出口退税刑事案件具体应用法律若干问题的解释》法释〔2002〕30 号 2002/09/17 第五条**

[公司、企业明知他人欲骗取出口退税款仍允许他人“四自”骗取出口退税的] 有进出口经营权的公司、企业，明知他人意欲骗取国家出口退税款，仍违反国家有关进出口经营的规定，允许他人自带客户、自带货源、自带汇票并自行报关，骗取国家出口退税款的，依照刑法第二百零四条第一款、第二百一十一条的规定定罪处罚。**最高法《关于审理骗取出口退税刑事案件具体应用法律若干问题的解释》法释〔2002〕30 号 2002/09/17 第六条**

[没有实际取得出口退税款的] 实施骗取国家出口退税行为，没有实际取得出口退税款的，可以比照既遂犯从轻或者减轻处罚。**最高法《关于审理骗取出口退税刑事案件具体应用法律若干问题的解释》法释〔2002〕30 号 2002/09/17 第七条**

[国家工作人员参与的从重处罚] 国家工作人员参与实施骗取出口退税犯罪活动的，依照刑法第二百零四条第一款的规定从重处罚。**最高法《关于审理骗取出口退税刑事案件具体应用法律若干问题的解释》法释〔2002〕30 号 2002/09/17 第八条**

[择重罪处罚] 实施骗取出口退税犯罪，同时构成虚开增值税专用发票罪等其他犯罪的，依照刑法处罚较重的规定定罪处罚。**最高法《关于审理骗取出口退税刑事案件具体应用法律若干问题的解释》法释〔2002〕30 号 2002/09/17 第九条**

[骗购外汇的] 以进行走私、逃汇、洗钱、骗税等犯罪活动为目的，使用虚假、无效的凭证、商业单据或者采取其他手段向外汇指定银行骗购外汇的，应当分别按照刑法分则第三章第二节、第一百九十条、第一百九十一条和第二百零四条等规定定罪处罚。最高法《关于审理骗购外汇、非法买卖外汇刑事案件具体应用法律若干问题的解释》法释〔1998〕20号 1998/08/28 第一条第一款

[共犯] 非国有公司、企业或者其他单位，与国有公司、企业或者其他国有单位勾结逃汇的，以逃汇罪的共犯处罚。最高法《关于审理骗购外汇、非法买卖外汇刑事案件具体应用法律若干问题的解释》法释〔1998〕20号 1998/08/28 第一条第二款

[骗取出口退税案立案追诉标准] [骗取出口退税案（刑法第二百零四条第一款)] 以假报出口或者其他欺骗手段，骗取国家出口退税款，数额在五万元以上的，应予立案追诉。最高检、公安部《关于公安机关管辖的刑事案件立案追诉标准的规定（二)》公通字〔2010〕23号 2010/05/07 第六十条

第二百零五条　【虚开增值税专用发票、用于骗取出口退税、抵扣税款发票罪】虚开增值税专用发票或者虚开用于骗取出口退税、抵扣税款的其他发票的，处三年以下有期徒刑或者拘役，并处二万元以上二十万元以下罚金；虚开的税款数额较大或者有其他严重情节的，处三年以上十年以下有期徒刑，并处五万元以上五十万元以下罚金；虚开的税款数额巨大或者有其他特别严重情节的，处十年以上有期徒刑或者无期徒刑，并处五万元以上五十万元以下罚金或者没收财产。

单位犯本条规定之罪的，对单位判处罚金，并对其直接负责的主管人员和其他直接责任人员，处三年以下有期徒刑或者拘役；虚开的税款数额较大或者有其他严重情节的，处三年以上十年以下有期徒刑；虚开的税款数额巨大或者有其他特别严重情节的，处十年以上有期徒刑或者无期徒刑。

虚开增值税专用发票或者虚开用于骗取出口退税、抵扣税款

的其他发票，是指有为他人虚开、为自己虚开、让他人为自己虚开、介绍他人虚开行为之一的。①

[出口退税、抵扣税款的其他发票] “出口退税、抵扣税款的其他发票”，是指除增值税专用发票以外的，具有出口退税、抵扣税款功能的收付款凭证或者完税凭证。全国人大常委会《关于〈中华人民共和国刑法〉有关出口退税、抵扣税款的其他发票规定的解释》2005/12/29

[虚开增值税专用发票、用于骗取出口退税、抵扣税款发票案立案追诉标准] [虚开增值税专用发票、用于骗取出口退税、抵扣税款发票案(刑法第二百零五条)] 虚开增值税专用发票或者虚开用于骗取出口退税、抵扣税款的其他发票，虚开的税款数额在一万元以上或者致使国家税款被骗数额在五千元以上的，应予立案追诉。最高检、公安部《关于公安机关管辖的刑事案件立案追诉标准的规定（二）》公通字〔2010〕23号 2010/05/07 第六十一条

第二百零五条之一 **【虚开发票罪】**虚开本法第二百零五条规定以外的其他发票，情节严重的，处二年以下有期徒刑、拘役或者管制，并处罚金；情节特别严重的，处二年以上七年以下有期徒刑，并处罚金。

单位犯前款罪的，对单位判处罚金，并对其直接负责的主管人员和其他直接责任人员，依照前款的规定处罚。②

[高开低征] 税务机关及其工作人员将不具备条件的小规模纳税人虚报为一般纳税人，并让其采用“高开低征”的方法为他人代开增值税专用发票的行为，属于虚开增值税专用发票。对于造成国家税款损失，构成犯罪的，应当依照刑法第二百零五条的规定追究刑事责任。最高检法律政策研究室《关于税务机关工作人员通过企业以“高开低征”的方法代开增值税专用发票的行为如何适用法律问题的答复》2004/03/17

[税务机关高开低征或开大征小] 地方税务机关实施“高开低征”或

① 根据2011年5月1日《刑法修正案（八）》删去第二款，原条文为：“有前款行为骗取国家税款，数额特别巨大，情节特别严重，给国家利益造成特别重大损失的，处无期徒刑或者死刑，并处没收财产。”

② 根据2011年5月1日《刑法修正案（八）》增加。

者“开大征小”等违规开具增值税专用发票的行为，不属于刑法第二百零五条规定的虚开增值税专用发票的犯罪行为，造成国家税款重大损失的，对有关主管部门的国家机关工作人员，应当根据刑法有关渎职罪的规定追究刑事责任。最高法《关于对〈审计署关于咨询虚开增值税专用发票罪问题的函〉的复函》法函〔2001〕66号 2001/10/17

［**虚开发票案立案追诉标准**］在《立案追诉标准（二）》中增加第六十一条之一：［虚开发票案（刑法第二百零五条之一）］虚开刑法第二百零五条规定以外的其他发票，涉嫌下列情形之一的，应予立案追诉：

（一）虚开发票一百份以上或者虚开金额累计在四十万元以上的；

（二）虽未达到上述数额标准，但五年内因虚开发票行为受过行政处罚二次以上，又虚开发票的；

（三）其他情节严重的情形。最高检、公安部《关于公安机关管辖的刑事案件立案追诉标准的规定（二）的补充规定》公通字〔2011〕47号 2011/11/14 二

第二百零六条　【伪造、出售伪造的增值税专用发票罪】伪造或者出售伪造的增值税专用发票的，处三年以下有期徒刑、拘役或秋者管制，并处二万元以上二十万元以下罚金；数量较大或者有其他严重情节的，处三年以上十年以下有期徒刑，并处五万元以上五十万元以下罚金；数量巨大或者有其他特别严重情节的，处十年以上有期徒刑或者无期徒刑，并处五万元以上五十万元以下罚金或者没收财产。

单位犯本条规定之罪的，对单位判处罚金，并对其直接负责的主管人员和其他直接责任人员，处三年以下有期徒刑、拘役或者管制；数量较大或者有其他严重情节的，处三年以上十年以下有期徒刑；数量巨大或者有其他特别严重情节的，处十年以上有期徒刑或者无期徒刑。[①]

---

① 根据2011年5月1日《刑法修正案（八）》删去第二款，原条文为：“伪造并出售伪造的增值税专用发票，数量特别巨大，情节特别严重，严重破坏经济秩序的，处无期徒刑或者死刑，并处没收财产。”

［伪造、出售伪造的增值税专用发票案立案追诉标准］［伪造、出售伪造的增值税专用发票案（刑法第二百零六条）］伪造或者出售伪造的增值税专用发票二十五份以上或者票面额累计在十万元以上的，应予立案追诉。最高检、公安部《关于公安机关管辖的刑事案件立案追诉标准的规定（二）》公通字〔2010〕23号 2010/05/07 第六十二条

第二百零七条　【非法出售增值税专用发票罪】非法出售增值税专用发票的，处三年以下有期徒刑、拘役或者管制，并处二万元以上二十万元以下罚金；数量较大的，处三年以上十年以下有期徒刑，并处五万元以上五十万元以下罚金；数量巨大的，处十年以上有期徒刑或者无期徒刑，并处五万元以上五十万元以下罚金或者没收财产。

［非法出售增值税专用发票案立案追诉标准］［非法出售增值税专用发票案（刑法第二百零七条）］非法出售增值税专用发票二十五份以上或者票面额累计在十万元以上的，应予立案追诉。最高检、公安部《关于公安机关管辖的刑事案件立案追诉标准的规定（二）》公通字〔2010〕23号 2010/05/07 第六十三条

第二百零八条　【非法购买增值税专用发票、购买伪造的增值税专用发票罪；虚开增值税专用发票罪、出售伪造的增值税专用发票罪、非法出售增值税专用发票罪】非法购买增值税专用发票或者购买伪造的增值税专用发票的，处五年以下有期徒刑或者拘役，并处或者单处二万元以上二十万元以下罚金。

非法购买增值税专用发票或者购买伪造的增值税专用发票又虚开或者出售的，分别依照本法第二百零五条、第二百零六条、第二百零七条的规定定罪处罚。

［非法购买增值税专用发票、购买伪造的增值税专用发票案立案追诉标准］［非法购买增值税专用发票、购买伪造的增值税专用发票案（刑法第二百零八条第一款）］非法购买增值税专用发票或者购买伪造的增值税专用发票二十五份以上或者票面额累计在十万元以上的，应予立案追诉。

最高检、公安部《关于公安机关管辖的刑事案件立案追诉标准的规定（二）》公通字〔2010〕23号 2010/05/07 第六十四条

第二百零九条　【非法制造、出售非法制造的用于骗取出口退税、抵扣税款发票罪；非法制造、出售非法制造的发票罪；非法出售用于骗取出口退税、抵扣税款发票罪；非法出售发票罪】伪造、擅自制造或者出售伪造、擅自制造的可以用于骗取出口退税、抵扣税款的其他发票的，处三年以下有期徒刑、拘役或者管制，并处二万元以上二十万元以下罚金；数量巨大的，处三年以上七年以下有期徒刑，并处五万元以上五十万元以下罚金；数量特别巨大的，处七年以上有期徒刑，并处五万元以上五十万元以下罚金或者没收财产。

伪造、擅自制造或者出售伪造、擅自制造的前款规定以外的其他发票的，处二年以下有期徒刑、拘役或者管制，并处或者单处一万元以上五万元以下罚金；情节严重的，处二年以上七年以下有期徒刑，并处五万元以上五十万元以下罚金。

非法出售可以用于骗取出口退税、抵扣税款的其他发票的，依照第一款的规定处罚。

非法出售第三款规定以外的其他发票的，依照第二款的规定处罚。

[判决] 海淀区人民法院以出售非法制造的发票罪，判处被告人刘正燕有期徒刑五年，并处罚金人民币十万元；判处被告人李杰桦有期徒刑二年零六个月，并处罚金人民币五万元；判处被告人南玉虎有期徒刑二年，并处罚金人民币五万元。最高法发布三起发票犯罪典型案例之一：被告人刘正燕等三人出售非法制造发票案

[判决] 公安人员现场查获成品假发票13500份、半成品假发票137254份及印刷假发票的设备一批。

界首市人民法院以非法制造发票罪，判处被告人张丽有期徒刑五年，并处罚金人民币十万元；判处被告人李树坤有期徒刑二年零六个月，并处

罚金人民币六万元；判处被告人代灵有期徒刑一年，缓刑二年，并处罚金人民币五万元；判处被告人刘爱丽有期徒刑六个月，缓刑一年，并处罚金人民币五万元。最高法发布三起发票犯罪典型案例之二：被告人张丽等四人非法制造发票案

[判决　伪造工商限额统一发票项　船家旅客运输发票项] 南汇区人民法院以非法制造、出售非法制造的发票罪，分别判处被告人曹家庆、董月华、曹灿付、曹田田等人六年九个月至二年八个月不等的有期徒刑，分别并处人民币二十七万元至十万元不等的罚金；以出售非法制造的发票罪，分别判处被告人白小红、石兰花、叶福英、石建平、李锡华、董柳寿、董生勇等人四年九个月至二年一个月不等的有期徒刑，分别并处人民币二十五万元至五万元不等的罚金。最高法发布三起发票犯罪典型案例之三：曹家庆等十一人非法制造发票、出售非法制造的发票案

[非法制造、出售非法制造的用于骗取出口退税、抵扣税款发票案立案追诉标准] [非法制造、出售非法制造的用于骗取出口退税、抵扣税款发票案（刑法第二百零九条第一款）] 伪造、擅自制造或者出售伪造、擅自制造的可以用于骗取出口退税、抵扣税款的非增值税专用发票五十份以上或者票面额累计在二十万元以上的，应予立案追诉。最高检、公安部《关于公安机关管辖的刑事案件立案追诉标准的规定（二）》公通字〔2010〕23号 2010/05/07 第六十五条

[非法制造、出售非法制造的发票案立案追诉标准] [非法制造、出售非法制造的发票案（刑法第二百零九条第二款）] 伪造、擅自制造或者出售伪造、擅自制造的不具有骗取出口退税、抵扣税款功能的普通发票一百份以上或者票面额累计在四十万元以上的，应予立案追诉。最高检、公安部《关于公安机关管辖的刑事案件立案追诉标准的规定（二）》公通字〔2010〕23号 2010/05/07 第六十六条

[非法出售用于骗取出口退税、抵扣税款发票案立案追诉标准] [非法出售用于骗取出口退税、抵扣税款发票案（刑法第二百零九条第三款）] 非法出售可以用于骗取出口退税、抵扣税款的非增值税专用发票五十份以上或者票面额累计在二十万元以上的，应予立案追诉。最高检、公安部《关于公安机关管辖的刑事案件立案追诉标准的规定（二）》公通字〔2010〕23号 2010/

05/07 第六十七条

[非法出售发票案立案追诉标准] [非法出售发票案（刑法第二百零九条第四款）] 非法出售普通发票一百份以上或者票面额累计在四十万元以上的，应予立案追诉。最高检、公安部《关于公安机关管辖的刑事案件立案追诉标准的规定（二）》公通字〔2010〕23号 2010/05/07 第六十八条

第二百一十条　【盗窃罪；诈骗罪】盗窃增值税专用发票或者可以用于骗取出口退税、抵扣税款的其他发票的，依照本法第二百六十四条的规定定罪处罚。

使用欺骗手段骗取增值税专用发票或者可以用于骗取出口退税、抵扣税款的其他发票的，依照本法第二百六十六条的规定定罪处罚。

第二百一十条之一　【持有伪造的发票罪】明知是伪造的发票而持有，数量较大的，处二年以下有期徒刑、拘役或者管制，并处罚金；数量巨大的，处二年以上七年以下有期徒刑，并处罚金。

单位犯前款罪的，对单位判处罚金，并对其直接负责的主管人员和其他直接责任人员，依照前款的规定处罚。①

[出口退税、抵扣税款的其他发票] "出口退税、抵扣税款的其他发票"，是指除增值税专用发票以外的，具有出口退税、抵扣税款功能的收付款凭证或者完税凭证。全国人大常委会《关于〈中华人民共和国刑法〉有关出口退税、抵扣税款的其他发票规定的解释》2005/12/29

[持有伪造的发票案立案追诉标准] 在《立案追诉标准（二）》中增加第六十八条之一：[持有伪造的发票案（刑法第二百一十条之一）] 明知是伪造的发票而持有，具有下列情形之一的，应予立案追诉：

（一）持有伪造的增值税专用发票五十份以上或者票面额累计在二十万元以上的，应予立案追诉；

（二）持有伪造的可以用于骗取出口退税、抵扣税款的其他发票一百

---

① 根据2011年5月1日《刑法修正案（八）》增加。

份以上或者票面额累计在四十万元以上的，应予立案追诉；

（三）持有伪造的第（一）项、第（二）项规定以外的其他发票二百份以上或者票面额累计在八十万元以上的，应予立案追诉。最高检、公安部《关于公安机关管辖的刑事案件立案追诉标准的规定（二）的补充规定》公通字〔2011〕47号2011/11/14第三条

第二百一十一条 【单位犯危害税收征管罪的处罚规定】单位犯本节第二百零一条、第二百零三条、第二百零四条、第二百零七条、第二百零八条、第二百零九条规定之罪的，对单位判处罚金，并对其直接负责的主管人员和其他直接责任人员，依照各该条的规定处罚。

［公司、企业明知他人欲骗取出口退税款仍允许他人“四自”骗取出口退税的］有进出口经营权的公司、企业，明知他人意欲骗取国家出口退税款，仍违反国家有关进出口经营的规定，允许他人自带客户、自带货源、自带汇票并自行报关，骗取国家出口退税款的，依照刑法第二百零四条第一款、第二百一十一条的规定定罪处罚。最高法《关于审理骗取出口退税刑事案件具体应用法律若干问题的解释》法释〔2002〕30号2002/09/17第六条

第二百一十二条 【税务机关征缴优先原则】犯本节第二百零一条至第二百零五条规定之罪，被判处罚金、没收财产的，在执行前，应当先由税务机关追缴税款和所骗取的出口退税款。

第七节 侵犯知识产权罪

第二百一十三条 【假冒注册商标罪】未经注册商标所有人许可，在同一种商品上使用与其注册商标相同的商标，情节严重的，处三年以下有期徒刑或者拘役，并处或者单处罚金；情节特别严重的，处三年以上七年以下有期徒刑，并处罚金。

［裁判要点 假冒注册商标罪类非法经营数额项 网络销售项 刷信

誉项］假冒注册商标犯罪的非法经营数额、违法所得数额，应当综合被告人供述、证人证言、被害人陈述、网络销售电子数据、被告人银行账户往来记录、送货单、快递公司电脑系统记录、被告人等所作记账等证据认定。被告人辩解称网络销售记录存在刷信誉的不真实交易，但无证据证实的，对其辩解不予采纳。**最高法指导案例87号：郭明升、郭明锋、孙淑标假冒注册商标案**

［典型意义］该案是一起利用刑事手段打击侵犯知识产权犯罪、维护市场秩序和保护食品安全的典型案例。该案是河南法院系统实行知识产权审判“三合一”审理知识产权刑事案件的典型判例，体现了人民法院加大知识产权刑事司法保护力度、严厉打击侵犯知识产权犯罪的精神。审理法院综合运用各种刑罚方法，不仅对犯罪分子定罪判刑，而且特别重视运用财产刑加大对侵犯知识产权犯罪的惩处力度，注意从经济上剥夺犯罪分子再犯罪的能力和条件。本案28名被告人全部依法被追究刑事责任，在判处被告人有期徒刑同时判处罚金刑，罚金总额高达2704万元，有力地震慑了侵犯知识产权犯罪行为，净化了市场环境，维护了市场经济秩序。**宗连贵等28人假冒注册商标罪案**

［评析意见］本案的成功监督，严厉打击了侵犯知识产权犯罪，促进了行政执法机关严格规范执法，增强了行政执法与司法保护协调配合，营造了良好的法治化、市场化营商环境。汉川市检察院的做法值得借鉴：

一是发挥平台功能，挖掘监督线索。汉川市检察院充分利用行政执法与刑事司法衔接信息共享平台，通过线上发现与线下调查相结合，成功发现并监督本案，有效防止了行政机关对该案以罚代刑和“降格处理”。

二是依法开展监督，督促规范执法。针对公安机关应当立案而不立案的情况，汉川市检察院在监督过程中多次与公安机关协商无果，遂依法向公安机关发出通知立案书，有力地促进了公安机关的规范执法。

三是强化跟踪监督，注重监督实效。本案中，检察机关既对行政执法机关及时移送案件和公安机关受理案件进行同步有效监督，又适时介入侦查并始终跟踪监督，没有因公安机关作出立案决定而终结监督程序。检察机关就如何取证指控犯罪，如何防止“人头搞错”，多次与侦查人员交换意见，列出详细的取证清单和补充侦查提纲，引导公安机关全面收集、固定证据，确保案件准确批捕、顺利起诉和依法判决，取得了良好效果。**最高检发布 2016 年度检察机关保护知识产权十大典型案例之一：湖北张伟假冒注册商标案**

[评析意见] 福建南平南孚电池有限公司系国内知名企业，其所拥有的“聚能环”注册商标为公众广泛知晓。本案被告人生产、销售假冒南孚“聚能环”电池及标纸，涉及多个省份，涉案人员多，数额巨大，情节特别严重，并已形成跨省生产、销售、购买的“一条龙”犯罪链条。南平市延平区检察院在办理该案中，全面审查案件证据，准确适用法律，积极引导取证，强化检察监督，发挥了重要作用。在审查逮捕阶段，在依法从快从严批捕的同时，针对尚未查清的裴振新等涉嫌销售假冒注册商标的商品罪的事实，发出详细的继续侦查取证意见书，引导公安机关全面收集固定证据，并对侦查机关将陈飞虎、李永寿共同实施犯罪却分别立案侦查的做法予以口头纠正。在审查起诉阶段，全面厘清了被告人在案件中的地位、作用和涉案金额，特别是细致审查全案犯罪行为后，认为陈飞虎还涉嫌非法制造注册商标标识罪、销售假冒注册商标的商品罪，应依法予以追加起诉，不遗漏一起犯罪事实，确保准确适用法律。检察机关在此案中的充分履职，确保了准确及时全面追诉犯罪行为，对侵犯知识产权违法犯罪行为形成了有效震慑，取得了良好的法律效果和社会效果。**最高检发布 2016 年度检察机关保护知识产权十大典型案例之二：福建陈飞虎等人假冒注册商标、非法制造注册商标标识、销售假冒注册商标的商品案**

[评析意见] 上海正在全力建设有全球影响力的科技创新中心和亚太知识产权中心，上海市检察机关作为法律监督机关，通过履行批捕、起诉等检察职责承担了重要的知识产权保护任务。虽然本案被告人均为福建人，但涉案公司开设境外网站所租用的服务器在上海，销售对象全部是境外人士，被侵权的品牌也均为国际知名品牌，对上海的经济秩序、知识产权法治环境带来了极大的损害。因此，该案的成功办理维护了上海注重知识产权司法保护的良好形象。

该案作案手法新颖，涉案人数多，涉案金额大，社会关注度高，社会影响广泛，是近年来上海地区一起较为典型的借助互联网实施的侵犯知识产权犯罪案件。本案犯罪分子反侦查能力极强，导致案件办理难度大、取证困难，具体表现在：一是作案区域广。犯罪分子是通过开设网站向境外销售假冒注册商标的商品，涉案公司为了躲避侦查，将公司各部门分开，间隔一段时间就会关停一个网站，开设新网站，防止被一网打尽，租用的服务器遍及全国各地。二是查获涉案物品难。涉案商品全部销往境外，致使难以获取犯罪原始物品。狂人公司有订单才进行订货，且负责进货、发货的渠道部设在狂人公司主要经营场所以外，藏匿在租借的民房中，当狂人公司主要经营场所被公安机关查处后，渠道部立即从租借处退出，销毁具体货物证据。三是犯罪金额难以确定。狂人公司通过国际支付结算平台进入公司实际掌控的多个个人银行账户进行货款结算，避开了公司账户，导致确定最终犯罪金额十分困难。

办案过程中，上海市虹口区检察院第一时间介入案件，与上海水上公安局研判案件，确定打击范围，明确取证方向、固证要点及后期的移送程序，为案件的顺利办理打下坚实基础。同时，为了准确认定本案犯罪金额，上海市检察机关整合技术部门、鉴定部门和审计部门的力量，通过对资金的走向，账户资金的使用情况综合分析明确个人账户与售假资金的关系，进而确定整个案件实际售假的犯罪金额。此外，本案开庭审理期间邀请了多名全国、上海市人大代表对案件庭审过程进行观摩评议，彰显了上海市检察机关打击侵犯知识产权犯罪的决心。**最高检发布2016年度检察机关保护知识产权十大典型案例之三：上海沈澄、黄如伟等人销售假冒注册商标的商品案**

［同一种商品］关于刑法第二百一十三条规定的“同一种商品”的认定问题

名称相同的商品以及名称不同但指同一事物的商品，可以认定为“同一种商品”。“名称”是指国家工商行政管理总局商标局在商标注册工作中对商品使用的名称，通常即《商标注册用商品和服务国际分类》中规定的商品名称。“名称不同但指同一事物的商品”是指在功能、用途、主要原料、消费对象、销售渠道等方面相同或者基本相同，相关公众一般认为是同一种事物的商品。

认定“同一种商品”，应当在权利人注册商标核定使用的商品和行为人实际生产销售的商品之间进行比较。**两高、公安部《关于办理侵犯知识产权刑事案件适用法律若干问题的意见》法发〔2011〕3号2011/01/10第五条**

［与其注册商标相同的商标］关于刑法第二百一十三条规定的“与其注册商标相同的商标”的认定问题

具有下列情形之一，可以认定为“与其注册商标相同的商标”：

（一）改变注册商标的字体、字母大小写或者文字横竖排列，与注册商标之间仅有细微差别的；

（二）改变注册商标的文字、字母、数字等之间的间距，不影响体现注册商标显著特征的；

（三）改变注册商标颜色的；

（四）其他与注册商标在视觉上基本无差别、足以对公众产生误导的商标。**两高、公安部《关于办理侵犯知识产权刑事案件适用法律若干问题的意见》法发〔2011〕3号2011/01/10第六条**

［情节严重］未经注册商标所有人许可，在同一种商品上使用与其注册商标相同的商标，具有下列情形之一的，属于刑法第二百一十三条规定的“情节严重”，应当以假冒注册商标罪判处三年以下有期徒刑或者拘役，并处或者单处罚金：

（一）非法经营数额在五万元以上或者违法所得数额在三万元以上的；

（二）假冒两种以上注册商标，非法经营数额在三万元以上或者违法所得数额在二万元以上的；

（三）其他情节严重的情形。**两高《关于办理侵犯知识产权刑事案件具体应用法律若干问题的解释》法释〔2004〕19号2004/12/08第一条第一款**

［情节特别严重］具有下列情形之一的，属于刑法第二百一十三条规定的“情节特别严重”，应当以假冒注册商标罪判处三年以上七年以下有期徒刑，并处罚金：

（一）非法经营数额在二十五万元以上或者违法所得数额在十五万元以上的；

（二）假冒两种以上注册商标，非法经营数额在十五万元以上或者违法所得数额在十万元以上的；

（三）其他情节特别严重的情形。**两高《关于办理侵犯知识产权刑事案件具**

体应用法律若干问题的解释》法释〔2004〕19号 2004/12/08 第一条第二款

[相同的商标] 刑法第二百一十三条规定的“相同的商标”，是指与被假冒的注册商标完全相同，或者与被假冒的注册商标在视觉上基本无差别、足以对公众产生误导的商标。两高《关于办理侵犯知识产权刑事案件具体应用法律若干问题的解释》法释〔2004〕19号 2004/12/08 第八条第一款

[使用] 刑法第二百一十三条规定的“使用”，是指将注册商标或者假冒的注册商标用于商品、商品包装或者容器以及产品说明书、商品交易文书，或者将注册商标或者假冒的注册商标用于广告宣传、展览以及其他商业活动等行为。两高《关于办理侵犯知识产权刑事案件具体应用法律若干问题的解释》法释〔2004〕19号 2004/12/08 第八条第二款

[非法经营数额] 本解释所称“非法经营数额”，是指行为人在实施侵犯知识产权行为过程中，制造、储存、运输、销售侵权产品的价值。已销售的侵权产品的价值，按照实际销售的价格计算。制造、储存、运输和未销售的侵权产品的价值，按照标价或者已经查清的侵权产品的实际销售平均价格计算。侵权产品没有标价或者无法查清其实际销售价格的，按照被侵权产品的市场中间价格计算。两高《关于办理侵犯知识产权刑事案件具体应用法律若干问题的解释》法释〔2004〕19号 2004/12/08 第十二条第一款

[未经处理　累计计算] 多次实施侵犯知识产权行为，未经行政处理或者刑事处罚的，非法经营数额、违法所得数额或者销售金额累计计算。两高《关于办理侵犯知识产权刑事案件具体应用法律若干问题的解释》法释〔2004〕19号 2004/12/08 第十二条第二款

[假冒又销售该假冒注册商标的商品　依刑法213条定罪处罚] 实施刑法第二百一十三条规定的假冒注册商标犯罪，又销售该假冒注册商标的商品，构成犯罪的，应当依照刑法第二百一十三条的规定，以假冒注册商标罪定罪处罚。两高《关于办理侵犯知识产权刑事案件具体应用法律若干问题的解释》法释〔2004〕19号 2004/12/08 第十三条第一款

[假冒又销售明知是他人的假冒注册商标的商品　数罪并罚] 实施刑法第二百一十三条规定的假冒注册商标犯罪，又销售明知是他人的假冒注册商标的商品，构成犯罪的，应当实行数罪并罚。两高《关于办理侵犯知识产权刑事案件具体应用法律若干问题的解释》法释〔2004〕19号 2004/12/08 第十三条第

二款

[单位实施刑法第213至219条规定的行为的 参照相应个人犯罪的定罪量刑标准的三倍定罪量刑] 单位实施刑法第二百一十三条至第二百一十九条规定的行为，按照本解释规定的相应个人犯罪的定罪量刑标准的三倍定罪量刑。两高《关于办理侵犯知识产权刑事案件具体应用法律若干问题的解释》法释〔2004〕19号 2004/12/08 第十五条

[共犯] 明知他人实施侵犯知识产权犯罪，而为其提供贷款、资金、账号、发票、证明、许可证件，或者提供生产、经营场所或者运输、储存、代理进出口等便利条件、帮助的，以侵犯知识产权犯罪的共犯论处。两高《关于办理侵犯知识产权刑事案件具体应用法律若干问题的解释》法释〔2004〕19号 2004/12/08 第十六条

[本解释效力] 以前发布的有关侵犯知识产权犯罪的司法解释，与本解释相抵触的，自本解释施行后不再适用。两高《关于办理侵犯知识产权刑事案件具体应用法律若干问题的解释》法释〔2004〕19号 2004/12/08 第十七条

[非法经营数额] 关于尚未附着或者尚未全部附着假冒注册商标标识的侵权产品价值是否计入非法经营数额的问题

在计算制造、储存、运输和未销售的假冒注册商标侵权产品价值时，对于已经制作完成但尚未附着（含加贴）或者尚未全部附着（含加贴）假冒注册商标标识的产品，如果有确实、充分证据证明该产品将假冒他人注册商标，其价值计入非法经营数额。两高、公安部《关于办理侵犯知识产权刑事案件适用法律若干问题的意见》法发〔2011〕3号 2011/01/10 第七条

[在烟草专卖品上擅自使用他人注册商标] 未经卷烟、雪茄烟等烟草专卖品注册商标所有人许可，在卷烟、雪茄烟等烟草专卖品上使用与其注册商标相同的商标，情节严重的，依照刑法第二百一十三条的规定，以假冒注册商标罪定罪处罚。两高《关于办理非法生产、销售烟草专卖品等刑事案件具体应用法律若干问题的解释》法释〔2010〕7号 2010/03/26 第一条第二款

[烟草专卖品] 本解释所称“烟草专卖品”，是指卷烟、雪茄烟、烟丝、复烤烟叶、烟叶、卷烟纸、滤嘴棒、烟用丝束、烟草专用机械。两高《关于办理非法生产、销售烟草专卖品等刑事案件具体应用法律若干问题的解释》法释〔2010〕7号 2010/03/26 第九条第一款

[烟草专用机械] 本解释所称“烟草专用机械”，是指由国务院烟草专卖行政主管部门烟草专用机械名录所公布的，在卷烟、雪茄烟、烟丝、复烤烟叶、烟叶、卷烟纸、滤嘴棒、烟用丝束的生产加工过程中，能够完成一项或者多项特定加工工序，可以独立操作的机械设备。两高《关于办理非法生产、销售烟草专卖品等刑事案件具体应用法律若干问题的解释》法释〔2010〕7号 2010/03/26 第九条第三款

[假冒注册商标案立案追诉标准] [假冒注册商标案（刑法第二百一十三条）] 未经注册商标所有人许可，在同一种商品上使用与其注册商标相同的商标，涉嫌下列情形之一的，应予立案追诉：

（一）非法经营数额在五万元以上或者违法所得数额在三万元以上的；

（二）假冒两种以上注册商标，非法经营数额在三万元以上或者违法所得数额在二万元以上的；

（三）其他情节严重的情形。最高检、公安部《关于公安机关管辖的刑事案件立案追诉标准的规定（二）》公通字〔2010〕23号 2010/05/07 第六十九条

第二百一十四条 【销售假冒注册商标的商品罪】销售明知是假冒注册商标的商品，销售金额数额较大的，处三年以下有期徒刑或者拘役，并处或者单处罚金；销售金额数额巨大的，处三年以上七年以下有期徒刑，并处罚金。

[评析意见] 当前，以“互联网＋”为主要内容的电子商务发展迅猛，这一新兴商务模式在为人们的生活带来便捷的同时，也因侵权假冒行为大量发生而备受社会诟病，加大打击网络售假力度势在必行。刘飞等人销售假冒注册商标的商品系列案件，给“金号”“洁丽雅”等知名毛巾生产企业造成恶劣社会影响，品牌价值损失严重。茌平县检察院在介入侦查时提出“上线下线同步查”的办案思路，引导公安机关侦查取证，一举端掉5个相关生产作坊，有力地打击了制假售假犯罪活动，净化了网络市场，取得了较好的法律效果和社会效果。

一是引导侦查取证，明确侦查方向。涉案犯罪团伙体系严密，上下游分工明确，假冒毛巾生产者、销售者、包装生产者均有涉及，制假、售假形成完整的产业链条。茌平县检察院适时介入，立足“上线下线同步查”

的办案思路，针对网络售假犯罪手段隐蔽、查处取证难度大的问题，建议公安机关对生产假冒毛巾作坊及时勘查、拍照，并调取相关证据，巩固了犯罪嫌疑人制假、售假的证据链条；针对网店经营中“刷单”（用虚假的销售记录表示该商品的畅销）现象比较普遍、销售金额难以认定的问题，建议公安机关调取发货单、网络交易记录等相关书证多方印证。该案最终成功侦办、顺利诉讼。

二是注重证据审查，严把案件质量。案件提请批捕后，多名犯罪嫌疑人辩解不知道其所销售的毛巾为假冒毛巾，茌平县检察院对该辩解充分重视，通过细致审查相关犯罪嫌疑人的进货渠道、进货价格、销售价格、供货商证言等证据，层层分析，环环相扣，综合认定犯罪嫌疑人的主观故意。在难以回避的一系列客观事实面前，犯罪嫌疑人对销售假冒毛巾的事实供认不讳。

三是提出检察建议，服务企业发展。茌平县检察院办案中发现，相关生产者之所以大肆制假，除了利益驱动外，也存在“毛巾真假难辨、不易被发觉”等侥幸心理。针对此情况，茌平县检察院向有关企业提出升级防伪标识、畅通正品验证通道、建立网络销售授权制度等检察建议，被相关企业采纳，有效防范了制假售假的发生，促进了企业的健康发展。**最高检发布2016年度检察机关保护知识产权十大典型案例之四：山东刘飞等人销售假冒注册商标的商品案**

[尚未销售或者部分销售假冒注册商标商品情形的定罪量刑] 关于销售假冒注册商标的商品犯罪案件中尚未销售或者部分销售情形的定罪量刑问题

销售明知是假冒注册商标的商品，具有下列情形之一的，依照刑法第二百一十四条的规定，以销售假冒注册商标的商品罪（未遂）定罪处罚：

（一）假冒注册商标的商品尚未销售，货值金额在十五万元以上的；

（二）假冒注册商标的商品部分销售，已销售金额不满五万元，但与尚未销售的假冒注册商标的商品的货值金额合计在十五万元以上的。

假冒注册商标的商品尚未销售，货值金额分别达到十五万元以上不满二十五万元、二十五万元以上的，分别依照刑法第二百一十四条规定的各法定刑幅度定罪处罚。

销售金额和未销售货值金额分别达到不同的法定刑幅度或者均达到同一法定刑幅度的，在处罚较重的法定刑或者同一法定刑幅度内酌情从重处罚。两高、公安部《关于办理侵犯知识产权刑事案件适用法律若干问题的意见》法发〔2011〕3号 2011/01/10 第八条

[数额较大] 销售明知是假冒注册商标的商品，销售金额在五万元以上的，属于刑法第二百一十四条规定的“数额较大”，应当以销售假冒注册商标的商品罪判处三年以下有期徒刑或者拘役，并处或者单处罚金。两高《关于办理侵犯知识产权刑事案件具体应用法律若干问题的解释》法释〔2004〕19号 2004/12/08 第二条第一款

[数额巨大] 销售金额在二十五万元以上的，属于刑法第二百一十四条规定的“数额巨大”，应当以销售假冒注册商标的商品罪判处三年以上七年以下有期徒刑，并处罚金。两高《关于办理侵犯知识产权刑事案件具体应用法律若干问题的解释》法释〔2004〕19号 2004/12/08 第二条第二款

[销售金额] 刑法第二百一十四条规定的“销售金额”，是指销售假冒注册商标的商品后所得和应得的全部违法收入。两高《关于办理侵犯知识产权刑事案件具体应用法律若干问题的解释》法释〔2004〕19号 2004/12/08 第九条第一款

[明知] 具有下列情形之一的，应当认定为属于刑法第二百一十四条规定的“明知”：

（一）知道自己销售的商品上的注册商标被涂改、调换或者覆盖的；

（二）因销售假冒注册商标的商品受到过行政处罚或者承担过民事责任、又销售同一种假冒注册商标的商品的；

（三）伪造、涂改商标注册人授权文件或者知道该文件被伪造、涂改的；

（四）其他知道或者应当知道是假冒注册商标的商品的情形。两高《关于办理侵犯知识产权刑事案件具体应用法律若干问题的解释》法释〔2004〕19号 2004/12/08 第九条第二款

[销售明知是假冒他人注册商标的烟草专卖品] 销售明知是假冒他人注册商标的卷烟、雪茄烟等烟草专卖品，销售金额较大的，依照刑法第二百一十四条的规定，以销售假冒注册商标的商品罪定罪处罚。两高《关于办

理非法生产、销售烟草专卖品等刑事案件具体应用法律若干问题的解释》法释〔2010〕7号 2010/03/26 第一条第三款

[烟草专卖品] 本解释所称“烟草专卖品”，是指卷烟、雪茄烟、烟丝、复烤烟叶、烟叶、卷烟纸、滤嘴棒、烟用丝束、烟草专用机械。两高《关于办理非法生产、销售烟草专卖品等刑事案件具体应用法律若干问题的解释》法释〔2010〕7号 2010/03/26 第九条第一款

[销售假冒注册商标的商品案立案追诉标准] [销售假冒注册商标的商品案（刑法第二百一十四条）] 销售明知是假冒注册商标的商品，涉嫌下列情形之一的，应予立案追诉：

（一）销售金额在五万元以上的；

（二）尚未销售，货值金额在十五万元以上的；

（三）销售金额不满五万元，但已销售金额与尚未销售的货值金额合计在十五万元以上的。最高检、公安部《关于公安机关管辖的刑事案件立案追诉标准的规定（二）》公通字〔2010〕23号 2010/05/07 第七十条

第二百一十五条 【非法制造、销售非法制造的注册商标标识罪】伪造、擅自制造他人注册商标标识或者销售伪造、擅自制造的注册商标标识，情节严重的，处三年以下有期徒刑、拘役或者管制，并处或者单处罚金；情节特别严重的，处三年以上七年以下有期徒刑，并处罚金。

[典型意义] 该案是一起利用刑事手段打击侵犯知识产权犯罪、维护市场秩序和保护食品安全的典型案例。该案是河南法院系统实行知识产权审判“三合一”审理知识产权刑事案件的典型判例，体现了人民法院加大知识产权刑事司法保护力度、严厉打击侵犯知识产权犯罪的精神。审理法院综合运用各种刑罚方法，不仅对犯罪分子定罪判刑，而且特别重视运用财产刑加大对侵犯知识产权犯罪的惩处力度，注意从经济上剥夺犯罪分子再犯罪的能力和条件。本案28名被告人全部依法被追究刑事责任，在判处被告人有期徒刑同时判处罚金刑，罚金总额高达2704万元，有力地震慑了侵犯知识产权犯罪行为，净化了市场环境，维护了市场经济秩序。宗连贵等28人假冒注册商标罪案

[尚未销售或者部分销售非法制造的注册商标标识的定罪量刑] 关于销售他人非法制造的注册商标标识犯罪案件中尚未销售或者部分销售情形的定罪问题

销售他人伪造、擅自制造的注册商标标识，具有下列情形之一的，依照刑法第二百一十五条的规定，以销售非法制造的注册商标标识罪（未遂）定罪处罚：

（一）尚未销售他人伪造、擅自制造的注册商标标识数量在六万件以上的；

（二）尚未销售他人伪造、擅自制造的两种以上注册商标标识数量在三万件以上的；

（三）部分销售他人伪造、擅自制造的注册商标标识，已销售标识数量不满二万件，但与尚未销售标识数量合计在六万件以上的；

（四）部分销售他人伪造、擅自制造的两种以上注册商标标识，已销售标识数量不满一万件，但与尚未销售标识数量合计在三万件以上的。**两高、公安部《关于办理侵犯知识产权刑事案件适用法律若干问题的意见》法发〔2011〕3号 2011/01/10 第九条**

[伪造、擅自制造他人卷烟注册商标标识或者伪造、擅自制造的注册商标标识] 伪造、擅自制造他人卷烟、雪茄烟注册商标标识或者销售伪造、擅自制造的卷烟、雪茄烟注册商标标识，情节严重的，依照刑法第二百一十五条的规定，以非法制造、销售非法制造的注册商标标识罪定罪处罚。**两高《关于办理非法生产、销售烟草专卖品等刑事案件具体应用法律若干问题的解释》法释〔2010〕7号 2010/03/26 第一条第四款**

[情节严重] 伪造、擅自制造他人注册商标标识或者销售伪造、擅自制造的注册商标标识，具有下列情形之一的，属于刑法第二百一十五条规定的“情节严重”，应当以非法制造、销售非法制造的注册商标标识罪判处三年以下有期徒刑、拘役或者管制，并处或者单处罚金：

（一）伪造、擅自制造或者销售伪造、擅自制造的注册商标标识数量在二万件以上，或者非法经营数额在五万元以上，或者违法所得数额在三万元以上的；

（二）伪造、擅自制造或者销售伪造、擅自制造两种以上注册商标标识数量在一万件以上，或者非法经营数额在三万元以上，或者违法所得数额在二万元以上的；

（三）其他情节严重的情形。两高《关于办理侵犯知识产权刑事案件具体应用法律若干问题的解释》法释〔2004〕19号2004/12/08第三条第一款

［情节特别严重］具有下列情形之一的，属于刑法第二百一十五条规定的“情节特别严重”，应当以非法制造、销售非法制造的注册商标标识罪判处三年以上七年以下有期徒刑，并处罚金：

（一）伪造、擅自制造或者销售伪造、擅自制造的注册商标标识数量在十万件以上，或者非法经营数额在二十五万元以上，或者违法所得数额在十五万元以上的；

（二）伪造、擅自制造或者销售伪造、擅自制造两种以上注册商标标识数量在五万件以上，或者非法经营数额在十五万元以上，或者违法所得数额在十万元以上的；

（三）其他情节特别严重的情形。两高《关于办理侵犯知识产权刑事案件具体应用法律若干问题的解释》法释〔2004〕19号2004/12/08第三条第二款

［非法制造、销售非法制造的注册商标标识案立案追诉标准］［非法制造、销售非法制造的注册商标标识案（刑法第二百一十五条）］伪造、擅自制造他人注册商标标识或者销售伪造、擅自制造的注册商标标识，涉嫌下列情形之一的，应予立案追诉：

（一）伪造、擅自制造或者销售伪造、擅自制造的注册商标标识数量在二万件以上，或者非法经营数额在五万元以上，或者违法所得数额在三万元以上的；

（二）伪造、擅自制造或者销售伪造、擅自制造两种以上注册商标标识数量在一万件以上，或者非法经营数额在三万元以上，或者违法所得数额在二万元以上的；

（三）其他情节严重的情形。最高检、公安部《关于公安机关管辖的刑事案件立案追诉标准的规定（二）》公通字〔2010〕23号2010/05/07第七十一条

第二百一十六条　【假冒专利罪】假冒他人专利，情节严重的，处三年以下有期徒刑或者拘役，并处或者单处罚金。

[情节严重] 假冒他人专利，具有下列情形之一的，属于刑法第二百一十六条规定的“情节严重”，应当以假冒专利罪判处三年以下有期徒刑或者拘役，并处或者单处罚金：

（一）非法经营数额在二十万元以上或者违法所得数额在十万元以上的；

（二）给专利权人造成直接经济损失五十万元以上的；

（三）假冒两项以上他人专利，非法经营数额在十万元以上或者违法所得数额在五万元以上的；

（四）其他情节严重的情形。**两高《关于办理侵犯知识产权刑事案件具体应用法律若干问题的解释》法释〔2004〕19号 2004/12/08 第四条**

[假冒他人专利] 实施下列行为之一的，属于刑法第二百一十六条规定的“假冒他人专利”的行为：

（一）未经许可，在其制造或者销售的产品、产品的包装上标注他人专利号的；

（二）未经许可，在广告或者其他宣传材料中使用他人的专利号，使人将所涉及的技术误认为是他人专利技术的；

（三）未经许可，在合同中使用他人的专利号，使人将合同涉及的技术误认为是他人专利技术的；

（四）伪造或者变造他人的专利证书、专利文件或者专利申请文件的。**两高《关于办理侵犯知识产权刑事案件具体应用法律若干问题的解释》法释〔2004〕19号 2004/12/08 第十条**

[假冒专利案立案追诉标准] [假冒专利案（刑法第二百一十六条）] 假冒他人专利，涉嫌下列情形之一的，应予立案追诉：

（一）非法经营数额在二十万元以上或者违法所得数额在十万元以上的；

（二）给专利权人造成直接经济损失在五十万元以上的；

（三）假冒两项以上他人专利，非法经营数额在十万元以上或者违法所得数额在五万元以上的；

（四）其他情节严重的情形。**最高检、公安部《关于公安机关管辖的刑事案件立案追诉标准的规定（二）》公通字〔2010〕23号 2010/05/07 第七十二条**

第二百一十七条 【侵犯著作权罪】以营利为目的，有下列侵犯著作权情形之一，违法所得数额较大或者有其他严重情节的，处三年以下有期徒刑或者拘役，并处或者单处罚金；违法所得数额巨大或者有其他特别严重情节的，处三年以上七年以下有期徒刑，并处罚金：

（一）未经著作权人许可，复制发行其文字作品、音乐、电影、电视、录像作品、计算机软件及其他作品的；

（二）出版他人享有专有出版权的图书的；

（三）未经录音录像制作者许可，复制发行其制作的录音录像的；

（四）制作、出售假冒他人署名的美术作品的。

[典型意义 互联网环境下著作权犯罪项 盗版电影和电视剧资源可供付费下载项] 思路网号称“中国最大的数字高清门户网站”、国内最“顶尖”的蓝光高清网站。思路网管理层汇聚了多名IT精英，在案被告人均为大学文化程度。该网站刊载高清资讯和高清电影，表面上看是一个介绍蓝光技术的普通网站，但其链接到的“HDstar论坛”却存有大量蓝光高清格式的盗版电影和电视剧资源可供付费下载，网络上的很多盗版高清影片片源均来自思路网。通过这种方式，思路网积累了大量的注册用户，成为国内最“著名”的盗版高清电影网站。该案判决对于打击互联网环境下著作权犯罪、保护知识产权具有重要作用。被告人周志全等7人侵犯著作权罪案

[创新意义 侵犯著作权罪新类型项 网络服务提供行为项 通过信息网络向公众传播项 未经著作权人许可的审查标准项 间接侵权行为入罪项] 本案中的被告人所实施的并非作品提供行为，而是网络服务提供行为。目前的刑事司法实践中，对于此类帮助型间接侵权行为能否或有必要上升为刑事犯罪行为，即司法解释中“通过信息网络向公众传播”的行为是否包括提供网络服务的行为；如入罪，网络服务提供者应认定为正犯还是帮助犯；如系正犯，如何掌握“未经著作权人许可”等犯罪构成要件的

审查标准，如何处理民刑衔接的证据认定和证明标准等问题在司法实践中都尚存争议。本案围绕网络服务提供行为这种新的犯罪类型，从入罪路径、犯罪构成要件审查、证据审查标准等角度进行了较为深入的研究和探索，具有一定的创新意义。张俊雄侵犯著作权罪案

[判决理由　印制购进大量盗版教辅材料项] 法院认为，被告人王庆刚以营利为目的，未经著作权人许可，复制发行其文字作品，情节特别严重，侵犯了国家的著作权管理制度，其行为已构成侵犯著作权罪。王庆刚作为侵权产品的持有人，侵权产品尚未销售即将查获，系犯罪未遂，可以比照既遂犯减轻处罚；王庆刚如实供述自己的罪行，可以从轻判处。据此，依法判决如下：被告人王庆刚犯侵犯著作权罪，判处有期徒刑二年，并处罚金人民币二十五万元。最高法公布三起涉黄涉非犯罪典型案例之二：王庆刚侵犯著作权案

[评析意见] 该案犯罪行为是侵犯计算机软件著作权的一种新型手段，被侵犯对象是在集成电路芯片只读存贮介质 ROM 中固化的软件著作权，权利人将其享有著作权的软件程序复制在 ROM 上，从而实现芯片对外部数据的处理功能，与集成电路布图设计一起构成此种芯片的核心技术。犯罪嫌疑人无法直接通过对侵权对象程序进行复制获取程序代码达到复制目的，只能使用反向工程技术对正品芯片逐层拍照，提取、分析其中的数据信息，最终获取芯片的整个集成电路布图构造（包含已经固化其中的软件著作权）。

立案之初，深圳市南山区检察院侦查监督部门介入侦查，并就案件的定性、侦查方向提出合理化建议。该案中，权利人拥有集成电路布图设计登记证书、芯片 ROM 固体软件程序著作权以及使用该芯片制成的网卡的驱动程序著作权三种权利。犯罪嫌疑人通过仿制芯片侵犯了正版芯片上承载的软件著作权，检察机关根据侵权链条中不同环节犯罪嫌疑人的行为和主观认识特点，建议公安机关以涉嫌侵犯著作权罪追究刑事责任，该定性在审判阶段得到了法院的支持。侦查期间，检警紧密互动，在犯罪嫌疑人罗开玉到案后，检察机关建议公安机关从友芯公司下游晶圆、封装生产商处提取到侵权芯片的原始生产数据；对罗开玉批准逮捕后，又针对证据中

存在的问题出具了较为详细的《逮捕案件继续侦查取证意见书》，有效引导侦查取证，确保了案件后续顺利起诉、审判。案件的成功办理，体现了检察机关高度重视对科技创新和知识产权的保护，为保障单位和个人的研发热情营造了良好的法治环境。**最高检发布2016年度机关保护知识产权十大典型案例之五：广东省罗开玉等人侵犯著作权案**

[以营利为目的] 关于侵犯著作权犯罪案件“以营利为目的”的认定问题

除销售外，具有下列情形之一的，可以认定为“以营利为目的”：

（一）以在他人作品中刊登收费广告、捆绑第三方作品等方式直接或者间接收取费用的；

（二）通过信息网络传播他人作品，或者利用他人上传的侵权作品，在网站或者网页上提供刊登收费广告服务，直接或者间接收取费用的；

（三）以会员制方式通过信息网络传播他人作品，收取会员注册费或者其他费用的；

（四）其他利用他人作品牟利的情形。**两高、公安部《关于办理侵犯知识产权刑事案件适用法律若干问题的意见》法发〔2011〕3号 2011/01/10 第十条**

[未经著作权人许可] 关于侵犯著作权犯罪案件“未经著作权人许可”的认定问题

“未经著作权人许可”一般应当依据著作权人或者其授权的代理人、著作权集体管理组织、国家著作权行政管理部门指定的著作权认证机构出具的涉案作品版权认证文书，或者证明出版者、复制发行者伪造、涂改授权许可文件或者超出授权许可范围的证据，结合其他证据综合予以认定。

在涉案作品种类众多且权利人分散的案件中，上述证据确实难以一一取得，但有证据证明涉案复制品系非法出版、复制发行的，且出版者、复制发行者不能提供获得著作权人许可的相关证明材料的，可以认定为“未经著作权人许可”。但是，有证据证明权利人放弃权利、涉案作品的著作权不受我国著作权法保护，或者著作权保护期限已经届满的除外。**两高、公安部《关于办理侵犯知识产权刑事案件适用法律若干问题的意见》法发〔2011〕3号 2011/01/10 第十一条**

[发行] 关于刑法第二百七十一条规定的“发行”的认定及相关问题

"发行"，包括总发行、批发、零售、通过信息网络传播以及出租、展销等活动。

非法出版、复制、发行他人作品，侵犯著作权构成犯罪的，按照侵犯著作权罪定罪处罚，不认定为非法经营罪等其他犯罪。**两高、公安部《关于办理侵犯知识产权刑事案件适用法律若干问题的意见》法发〔2011〕3号 2011/01/10 第十二条**

[其他严重情节] 以营利为目的，未经著作权人许可，通过信息网络向公众传播他人文字作品、音乐、电影、电视、美术、摄影、录像作品、录音录像制品、计算机软件及其他作品，具有下列情形之一的，属于刑法第二百一十七条规定的"其他严重情节"：

（一）非法经营数额在五万元以上的；

（二）传播他人作品的数量合计在五百件（部）以上的；

（三）传播他人作品的实际被点击数达到五万次以上的；

（四）以会员制方式传播他人作品，注册会员达到一千人以上的；

（五）数额或者数量虽未达到第（一）项至第（四）项规定标准，但分别达到其中两项以上标准一半以上的；

（六）其他严重情节的情形。**两高、公安部《关于办理侵犯知识产权刑事案件适用法律若干问题的意见》法发〔2011〕3号 2011/01/10 第十三条第一款**

[其他特别严重情节] 实施前款规定的行为，数额或者数量达到前款第（一）项至第（五）项规定标准五倍以上的，属于刑法第二百一十七条规定的"其他特别严重情节"。**两高、公安部《关于办理侵犯知识产权刑事案件适用法律若干问题的意见》法发〔2011〕3号 2011/01/10 第十三条第二款**

[其他严重情节　其他特别严重情节] 以营利为目的，未经著作权人许可，复制发行其文字作品、音乐、电影、电视、录像作品、计算机软件及其他作品，复制品数量合计在五百张（份）以上的，属于刑法第二百一十七条规定的"有其他严重情节"；复制品数量在二千五百张（份）以上的，属于刑法第二百一十七条规定的"有其他特别严重情节"。**两高《关于办理侵犯知识产权刑事案件具体应用法律若干问题的解释（二）》法释〔2007〕6号 2007/04/05 第一条**

[复制发行] 刑法第二百一十七条侵犯著作权罪中的"复制发行"，包

括复制、发行或者既复制又发行的行为。两高《关于办理侵犯知识产权刑事案件具体应用法律若干问题的解释（二）》法释〔2007〕6号 2007/04/05 第二条第一款

[发行] 侵权产品的持有人通过广告、征订等方式推销侵权产品的，属于刑法第二百一十七条规定的“发行”。两高《关于办理侵犯知识产权刑事案件具体应用法律若干问题的解释（二）》法释〔2007〕6号 2007/04/05 第二条第二款

[非法出版、复制、发行他人作品] 非法出版、复制、发行他人作品，侵犯著作权构成犯罪的，按照侵犯著作权罪定罪处罚。两高《关于办理侵犯知识产权刑事案件具体应用法律若干问题的解释（二）》法释〔2007〕6号 2007/04/05 第二条第三款

[不适用缓刑之情形] 侵犯知识产权犯罪，符合刑法规定的缓刑条件的，依法适用缓刑。有下列情形之一的，一般不适用缓刑：

（一）因侵犯知识产权被刑事处罚或者行政处罚后，再次侵犯知识产权构成犯罪的；

（二）不具有悔罪表现的；

（三）拒不交出违法所得的；

（四）其他不宜适用缓刑的情形。两高《关于办理侵犯知识产权刑事案件具体应用法律若干问题的解释（二）》法释〔2007〕6号 2007/04/05 第三条

[罚金] 对于侵犯知识产权犯罪的，人民法院应当综合考虑犯罪的违法所得、非法经营数额、给权利人造成的损失、社会危害性等情节，依法判处罚金。罚金数额一般在违法所得的一倍以上五倍以下，或者按照非法经营数额的50%以上一倍以下确定。两高《关于办理侵犯知识产权刑事案件具体应用法律若干问题的解释（二）》法释〔2007〕6号 2007/04/05 第四条

[单位实施刑法第213条至第219条规定的行为 参照本解释和相应个人犯罪的定罪量刑标准定罪处罚] 单位实施刑法第二百一十三条至第二百一十九条规定的行为，按照《最高人民法院、最高人民检察院关于办理侵犯知识产权刑事案件具体应用法律若干问题的解释》和本解释规定的相应个人犯罪的定罪量刑标准定罪处罚。两高《关于办理侵犯知识产权刑事案件具体应用法律若干问题的解释（二）》法释〔2007〕6号 2007/04/05 第六条

[本解释之效力] 以前发布的司法解释与本解释不一致的，以本解释为准。两高《关于办理侵犯知识产权刑事案件具体应用法律若干问题的解释（二）》

法释〔2007〕6号 2007/04/05 第七条

[复制品的数量标准] 以营利为目的，未经录音录像制作者许可，复制发行其制作的录音录像制品的行为，复制品的数量标准分别适用《最高人民法院、最高人民检察院关于办理侵犯知识产权刑事案件具体应用法律若干问题的解释》第五条第一款第（二）项、第二款第（二）项的规定。两高《关于办理侵犯著作权刑事案件中涉及录音录像制品有关问题的批复》法释〔2005〕12号 2005/10/13

[复制发行] 未经录音录像制作者许可，通过信息网络传播其制作的录音录像制品的行为，应当视为刑法第二百一十七条第（三）项规定的“复制发行”。两高《关于办理侵犯著作权刑事案件中涉及录音录像制品有关问题的批复》法释〔2005〕12号 2005/10/13

[其他严重情节] 以营利为目的，实施刑法第二百一十七条所列侵犯著作权行为之一，违法所得数额在三万元以上的，属于“违法所得数额较大”；具有下列情形之一的，属于“有其他严重情节”，应当以侵犯著作权罪判处三年以下有期徒刑或者拘役，并处或者单处罚金：

（一）非法经营数额在五万元以上的；

（二）未经著作权人许可，复制发行其文字作品、音乐、电影、电视、录像作品、计算机软件及其他作品，复制品数量合计在一千张（份）以上的；

（三）其他严重情节的情形。两高《关于办理侵犯知识产权刑事案件具体应用法律若干问题的解释》法释〔2004〕19号 2004/12/08 第五条第一款

[其他特别严重情节] 以营利为目的，实施刑法第二百一十七条所列侵犯著作权行为之一，违法所得数额在十五万元以上的，属于“违法所得数额巨大”；具有下列情形之一的，属于“有其他特别严重情节”，应当以侵犯著作权罪判处三年以上七年以下有期徒刑，并处罚金：

（一）非法经营数额在二十五万元以上的；

（二）未经著作权人许可，复制发行其文字作品、音乐、电影、电视、录像作品、计算机软件及其他作品，复制品数量合计在五千张（份）以上的；

（三）其他特别严重情节的情形。两高《关于办理侵犯知识产权刑事案件具

体应用法律若干问题的解释》法释〔2004〕19号 2004/12/08 第五条第二款

[以营利为目的] 以刊登收费广告等方式直接或者间接收取费用的情形，属于刑法第二百一十七条规定的"以营利为目的"。两高《关于办理侵犯知识产权刑事案件具体应用法律若干问题的解释》法释〔2004〕19号 2004/12/08 第十一条第一款

[未经著作权人许可] 刑法第二百一十七条规定的"未经著作权人许可"，是指没有得到著作权人授权或者伪造、涂改著作权人授权许可文件或者超出授权许可范围的情形。两高《关于办理侵犯知识产权刑事案件具体应用法律若干问题的解释》法释〔2004〕19号 2004/12/08 第十一条第二款

[复制发行] 通过信息网络向公众传播他人文字作品、音乐、电影、电视、录像作品、计算机软件及其他作品的行为，应当视为刑法第二百一十七条规定的"复制发行"。两高《关于办理侵犯知识产权刑事案件具体应用法律若干问题的解释》法释〔2004〕19号 2004/12/08 第十一条第三款

[实施侵犯著作权犯罪又销售该侵权复制品　依刑法第217条定罪处罚] 实施刑法第二百一十七条规定的侵犯著作权犯罪，又销售该侵权复制品，构成犯罪的，应当依照刑法第二百一十七条的规定，以侵犯著作权罪定罪处罚。两高《关于办理侵犯知识产权刑事案件具体应用法律若干问题的解释》法释〔2004〕19号 2004/12/08 第十四条第一款

[实施侵犯著作权犯罪又销售明知是他人的侵权复制品　数罪并罚] 实施刑法第二百一十七条规定的侵犯著作权犯罪，又销售明知是他人的侵权复制品，构成犯罪的，应当实行数罪并罚。两高《关于办理侵犯知识产权刑事案件具体应用法律若干问题的解释》法释〔2004〕19号 2004/12/08 第十四条第二款

[违法所得数额较大、有其他严重情节] 以营利为目的，实施刑法第二百一十七条所列侵犯著作权行为之一，个人违法所得数额在五万元以上，单位违法所得数额在二十万元以上的，属于"违法所得数额较大"；具有下列情形之一的，属于"有其他严重情节"：

（一）因侵犯著作权曾经两次以上被追究行政责任或者民事责任，两年内又实施刑法第二百一十七条所列侵犯著作权行为之一的；

（二）个人非法经营数额在二十万元以上，单位非法经营数额在一百万元以上的；

（三）造成其他严重后果的。最高法《关于审理非法出版物刑事案件具体应用法律若干问题的解释》法释〔1998〕30号 1998/12/23 第二条第一款

［违法所得数额巨大、有其他特别严重情节］以营利为目的，实施刑法第二百一十七条所列侵犯著作权行为之一，个人违法所得数额在二十万元以上，单位违法所得数额在一百万元以上的，属于“违法所得数额巨大”；具有下列情形之一的，属于“有其他特别严重情节”：

（一）个人非法经营数额在一百万元以上，单位非法经营数额在五百万元以上的；

（二）造成其他特别严重后果的。最高法《关于审理非法出版物刑事案件具体应用法律若干问题的解释》法释〔1998〕30号 1998/12/23 第二条第二款

［复制发行］刑法第二百一十七条第（一）项中规定的“复制发行”，是指行为人以营利为目的，未经著作权人许可而实施的复制、发行或者既复制又发行其文字作品、音乐、电影、电视、录像作品、计算机软件及其他作品的行为。最高法《关于审理非法出版物刑事案件具体应用法律若干问题的解释》法释〔1998〕30号 1998/12/23 第三条

［只定一罪］实施刑法第二百一十七条规定的侵犯著作权行为，又销售该侵权复制品，违法所得数额巨大的，只定侵犯著作权罪，不实行数罪并罚。最高法《关于审理非法出版物刑事案件具体应用法律若干问题的解释》法释〔1998〕30号 1998/12/23 第五条第一款

［数罪并罚］实施刑法第二百一十七条规定的侵犯著作权的犯罪行为，又明知是他人的侵权复制品而予以销售，构成犯罪的，应当实行数罪并罚。最高法《关于审理非法出版物刑事案件具体应用法律若干问题的解释》法释〔1998〕30号 1998/12/23 第五条第二款

［侵犯著作权案立案追诉标准］［侵犯著作权案（刑法第二百一十七条）］以营利为目的，未经著作权人许可，复制发行其文字作品、音乐、电影、电视、录像作品、计算机软件及其他作品，或者出版他人享有专有出版权的图书，或者未经录音录像制作者许可，复制发行其制作的录音录像，或者制作、出售假冒他人署名的美术作品，涉嫌下列情形之一的，应予立案追诉：

（一）违法所得数额三万元以上的；

（二）非法经营数额五万元以上的；

（三）未经著作权人许可，复制发行其文字作品、音乐、电影、电视、录像作品、计算机软件及其他作品，复制品数量合计五百张（份）以上的；

（四）未经录音录像制作者许可，复制发行其制作的录音录像制品，复制品数量合计五百张（份）以上的；

（五）其他情节严重的情形。最高检、公安部《关于公安机关管辖的刑事案件立案追诉标准的规定（一）》公通字〔2008〕36号 2008/06/25 第二十六条第一款

［以营利为目的］以刊登收费广告等方式直接或者间接收取费用的情形，属于本条规定的“以营利为目的”。最高检、公安部《关于公安机关管辖的刑事案件立案追诉标准的规定（一）》公通字〔2008〕36号 2008/06/25 第二十六条第二款

［未经著作权人许可］本条规定的“未经著作权人许可”，是指没有得到著作权人授权或者伪造、涂改著作权人授权许可文件或者超出授权许可范围的情形。最高检、公安部《关于公安机关管辖的刑事案件立案追诉标准的规定（一）》公通字〔2008〕36号 2008/06/25 第二十六条第三款

［复制发行］本条规定的“复制发行”，包括复制、发行或者既复制又发行的行为。

通过信息网络向公众传播他人文字作品、音乐、电影、电视、录像作品、计算机软件及其他作品，或者通过信息网络传播他人制作的录音录像制品的行为，应当视为本条规定的“复制发行”。最高检、公安部《关于公安机关管辖的刑事案件立案追诉标准的规定（一）》公通字〔2008〕36号 2008/06/25 第二十六条第四款、第五款

［发行］侵权产品的持有人通过广告、征订等方式推销侵权产品的，属于本条规定的“发行”。最高检、公安部《关于公安机关管辖的刑事案件立案追诉标准的规定（一）》公通字〔2008〕36号 2008/06/25 第二十六条第六款

［非法经营数额］本条规定的“非法经营数额”，是指行为人在实施侵犯知识产权行为过程中，制造、储存、运输、销售侵权产品的价值。已销售的侵权产品的价值，按照实际销售的价格计算。制造、储存、运输和未销售的侵权产品的价值，按照标价或者已经查清的侵权产品的实际销售平

均价格计算。侵权产品没有标价或者无法查清其实际销售价格的，按照被侵权产品的市场中间价格计算。**最高检、公安部《关于公安机关管辖的刑事案件立案追诉标准的规定（一）》公通字〔2008〕36号 2008/06/25 第二十六条第七款**

第二百一十八条　【销售侵权复制品罪】以营利为目的，销售明知是本法第二百一十七条规定的侵权复制品，违法所得数额巨大的，处三年以下有期徒刑或者拘役，并处或者单处罚金。

[评析意见] 本案是销售侵权复制品的典型案件，涉案盗版图书数量和金额特别巨大。在案件办理过程中，检察机关充分履行侦查监督职能，发挥行政执法与刑事司法衔接信息共享平台作用，强化行政执法机关与司法机关的工作衔接和协调配合，体现了检察机关打击侵权盗版犯罪的坚定决心，震慑了侵权盗版违法犯罪分子，为共同保护知识产权和营造规范有序的文化环境提供了强有力的法治保障，为全社会诚信守法、崇尚创新营造了良好的社会氛围。

2016年6月获悉该案线索后，保定市检察院根据《重大疑难案件侦查机关听取检察机关意见和建议工作办法》提前介入本案，指派侦查监督部门检察官主动与行政执法机关多次召开案件讨论会，指导保定市文化广电新闻出版局对查获过程和调查笔录予以录音录像、对查获的非法出版物进行鉴定等方式固定证据，同时也建议公安机关提前介入、配合行动，并与公安机关就受理行政执法机关移送涉嫌犯罪案件的审查标准、涉案金额的确定、法律的适用、案件的管辖等问题进行讨论，达成一致意见，为该案的成功侦破奠定了扎实基础。后在保定市检察院建议下，保定市文化广电新闻出版局将该案移送保定市公安局立案侦查。侦查期间，保定市检察院又多次跟踪案件进展，引导侦查取证，指明侦查方向，最终法院对本案依法作出有罪判决，取得了良好效果。**最高检发布2016年度检察机关保护知识产权十大典型案例之六：河北省霍国章销售侵权复制品案**

[违法所得数额巨大] 以营利为目的，实施刑法第二百一十八条规定的行为，违法所得数额在十万元以上的，属于"违法所得数额巨大"，应当以销售侵权复制品罪判处三年以下有期徒刑或者拘役，并处或者单处罚金。**两高《关于办理侵犯知识产权刑事案件具体应用法律若干问题的解释》法释**

〔2004〕19号2004/12/08第六条

[数额] 以营利为目的，实施刑法第二百一十八条规定的行为，个人违法所得数额在十万元以上，单位违法所得数额在五十万元以上的，依照刑法第二百一十八条的规定，以销售侵权复制品罪定罪处罚。最高法《关于审理非法出版物刑事案件具体应用法律若干问题的解释》法释〔1998〕30号1998/12/23第四条

[销售侵权复制品案立案追诉标准] [销售侵权复制品案（刑法第二百一十八条）] 以营利为目的，销售明知是刑法第二百一十七条规定的侵权复制品，涉嫌下列情形之一的，应予立案追诉：

（一）违法所得数额十万元以上的；

（二）违法所得数额虽未达到上述数额标准，但尚未销售的侵权复制品货值金额达到三十万元以上的。最高检、公安部《关于公安机关管辖的刑事案件立案追诉标准的规定（一）》公通字〔2008〕36号2008/06/25第二十七条

第二百一十九条　【侵犯商业秘密罪】 有下列侵犯商业秘密行为之一，给商业秘密的权利人造成重大损失的，处三年以下有期徒刑或者拘役，并处或者单处罚金；造成特别严重后果的，处三年以上七年以下有期徒刑，并处罚金：

（一）以盗窃、利诱、胁迫或者其他不正当手段获取权利人的商业秘密的；

（二）披露、使用或者允许他人使用以前项手段获取的权利人的商业秘密的；

（三）违反约定或者违反权利人有关保守商业秘密的要求，披露、使用或者允许他人使用其所掌握的商业秘密的。

明知或者应知前款所列行为，获取、使用或者披露他人的商业秘密的，以侵犯商业秘密论。

本条所称商业秘密，是指不为公众所知悉，能为权利人带来经济利益，具有实用性并经权利人采取保密措施的技术信息和经营信息。

本条所称权利人，是指商业秘密的所有人和经商业秘密所有人许可的商业秘密使用人。

[评析意见] 本案系北京市首例涉及企业数据库的侵犯商业秘密案件，案件专业性强，被告人均具有专业背景和较高学历，反侦查能力强，被抓获后拒不认罪，取证难度大。为及时锁定案件关键证据，检察机关在侦查阶段提出的引导侦查意见被公安机关采纳，对大成公司的销售客户突袭调取证据，确保了案件质量。对于发现的原有非公知性鉴定意见部分涉及公知内容这一瑕疵证据，检察官通过多次走访鉴定机构、咨询专家、讯问犯罪嫌疑人、询问证人后，主动申请其他机构重新鉴定，排除了有瑕疵的原鉴定意见，为准确认定犯罪发挥重要作用。同时，检察机关在审查公安机关首先移送的何晨亮、刘春刚案件中，发现臧廷杰虽未直接参与产品研发，但其作为大成公司的负责人在犯罪中起着主要作用，及时固定了其参与共同犯罪的客观证据，依法对其追加起诉，确保案件公正审理。**最高检发布2016年度检察机关保护知识产权十大典型案例之七：北京市何晨亮等人侵犯商业秘密案**

[给商业秘密的权利人造成重大损失] 实施刑法第二百一十九条规定的行为之一，给商业秘密的权利人造成损失数额在五十万元以上的，属于“给商业秘密的权利人造成重大损失”，应当以侵犯商业秘密罪判处三年以下有期徒刑或者拘役，并处或者单处罚金。**两高《关于办理侵犯知识产权刑事案件具体应用法律若干问题的解释》法释〔2004〕19号 2004/12/08 第七条第一款**

[造成特别严重后果] 给商业秘密的权利人造成损失数额在二百五十万元以上的，属于刑法第二百一十九条规定的“造成特别严重后果”，应当以侵犯商业秘密罪判处三年以上七年以下有期徒刑，并处罚金。**两高《关于办理侵犯知识产权刑事案件具体应用法律若干问题的解释》法释〔2004〕19号 2004/12/08 第七条第二款**

[侵犯商业秘密案立案追诉标准] [侵犯商业秘密案（刑法第二百一十九条）] 侵犯商业秘密，涉嫌下列情形之一的，应予立案追诉：

（一）给商业秘密权利人造成损失数额在五十万元以上的；

（二）因侵犯商业秘密违法所得数额在五十万元以上的；

（三）致使商业秘密权利人破产的；

（四）其他给商业秘密权利人造成重大损失的情形。最高检、公安部《关于公安机关管辖的刑事案件立案追诉标准的规定（二）》公通字〔2010〕23号2010/05/07第七十三条

第二百二十条 【单位犯侵犯知识产权罪的处罚规定】单位犯本节第二百一十三条至第二百一十九条规定之罪的，对单位判处罚金，并对其直接负责的主管人员和其他直接责任人员，依照本节各该条的规定处罚。

[未经行政处理或者刑事处罚的累计计算数额] 依照《最高人民法院、最高人民检察院关于办理侵犯知识产权刑事案件具体应用法律若干问题的解释》第十二条第二款的规定，多次实施侵犯知识产权行为，未经行政处理或者刑事处罚的，非法经营数额、违法所得数额或者销售金额累计计算。两高、公安部《关于办理侵犯知识产权刑事案件适用法律若干问题的意见》法发〔2011〕3号2011/01/10第十四条第一款

[未经行政处理 累计数额] 二年内多次实施侵犯知识产权违法行为，未经行政处理，累计数额构成犯罪的，应当依法定罪处罚。实施侵犯知识产权犯罪行为的追诉期限，适用刑法的有关规定，不受前述二年的限制。两高、公安部《关于办理侵犯知识产权刑事案件适用法律若干问题的意见》法发〔2011〕3号2011/01/10第十四条第二款

[提供帮助或服务 共犯论处] 明知他人实施侵犯知识产权犯罪，而为其提供生产、制造侵权产品的主要原材料、辅助材料、半成品、包装材料、机械设备、标签标识、生产技术、配方等帮助，或者提供互联网接入、服务器托管、网络存储空间、通讯传输通道、代收费、费用结算等服务的，以侵犯知识产权犯罪的共犯论处。两高、公安部《关于办理侵犯知识产权刑事案件适用法律若干问题的意见》法发〔2011〕3号2011/01/10第十五条

[犯罪竞合] 行为人实施侵犯知识产权犯罪，同时构成生产、销售伪劣商品犯罪的，依照侵犯知识产权犯罪与生产、销售伪劣商品犯罪中处罚较重的规定定罪处罚。两高、公安部《关于办理侵犯知识产权刑事案件适用法律若干问题的意见》法发〔2011〕3号2011/01/10第十六条

第八节　扰乱市场秩序罪

第二百二十一条　【损害商业信誉、商品声誉罪】 捏造并散布虚伪事实，损害他人的商业信誉、商品声誉，给他人造成重大损失或者有其他严重情节的，处二年以下有期徒刑或者拘役，并处或者单处罚金。

[依照处罚较重的规定定罪处罚] 利用信息网络实施诽谤、寻衅滋事、敲诈勒索、非法经营犯罪，同时又构成刑法第二百二十一条规定的损害商业信誉、商品声誉罪，第二百七十八条规定的煽动暴力抗拒法律实施罪，第二百九十一条之一规定的编造、故意传播虚假恐怖信息罪等犯罪的，依照处罚较重的规定定罪处罚。两高《关于办理利用信息网络实施诽谤等刑事案件适用法律若干问题的解释》法释〔2013〕21号 2013/09/10 第九条

[损害商业信誉、商品声誉案立案追诉标准] [损害商业信誉、商品声誉案（刑法第二百二十一条）] 捏造并散布虚伪事实，损害他人的商业信誉、商品声誉，涉嫌下列情形之一的，应予立案追诉：

（一）给他人造成直接经济损失数额在五十万元以上的；

（二）虽未达到上述数额标准，但具有下列情形之一的：

1. 利用互联网或者其他媒体公开损害他人商业信誉、商品声誉的；

2. 造成公司、企业等单位停业、停产六个月以上，或者破产的。

（三）其他给他人造成重大损失或者有其他严重情节的情形。最高检、公安部《关于公安机关管辖的刑事案件立案追诉标准的规定（二）》公通字〔2010〕23号 2010/05/07 第七十四条

第二百二十二条　【虚假广告罪】 广告主、广告经营者、广告发布者违反国家规定，利用广告对商品或者服务作虚假宣传，情节严重的，处二年以下有期徒刑或者拘役，并处或者单处罚金。

[利用广告对药品作虚假宣传，情节严重的] 广告主、广告经营者、

广告发布者违反国家规定，利用广告对药品作虚假宣传，情节严重的，依照刑法第二百二十二条的规定以虚假广告罪定罪处罚。**两高《关于办理危害药品安全刑事案件适用法律若干问题的解释》法释〔2014〕14号 2014/12/01 第九条**

[利用广告对保健食品或者其他食品作虚假宣传，情节严重的] 广告主、广告经营者、广告发布者违反国家规定，利用广告对保健食品或者其他食品作虚假宣传，情节严重的，依照刑法第二百二十二条的规定以虚假广告罪定罪处罚。**两高《关于办理危害食品安全刑事案件适用法律若干问题的解释》法释〔2013〕12号 2013/05/04 第十五条**

[假借预防、控制突发传染病疫情等灾害的名义犯本罪] 广告主、广告经营者、广告发布者违反国家规定，假借预防、控制突发传染病疫情等灾害的名义，利用广告对所推销的商品或者服务作虚假宣传，致使多人上当受骗，违法所得数额较大或者有其他严重情节的，依照刑法第二百二十二条的规定，以虚假广告罪定罪处罚。**两高《关于办理妨害预防、控制突发传染病疫情等灾害的刑事案件具体应用法律若干问题的解释》法释〔2003〕8号 2003/05/15 第五条**

[突发传染病疫情等灾害] 本解释所称"突发传染病疫情等灾害"，是指突然发生，造成或者可能造成社会公众健康严重损害的重大传染病疫情、群体性不明原因疾病以及其他严重影响公众健康的灾害。**两高《关于办理妨害预防、控制突发传染病疫情等灾害的刑事案件具体应用法律若干问题的解释》法释〔2003〕8号 2003/05/15 第十八条**

[利用广告为非法集资活动相关的商品或者服务作虚假宣传] 广告经营者、广告发布者违反国家规定，利用广告为非法集资活动相关的商品或者服务作虚假宣传，具有下列情形之一的，依照刑法第二百二十二条的规定，以虚假广告罪定罪处罚：

（一）违法所得数额在10万元以上的；

（二）造成严重危害后果或者恶劣社会影响的；

（三）二年内利用广告作虚假宣传，受过行政处罚二次以上的；

（四）其他情节严重的情形。**最高法《关于审理非法集资刑事案件具体应用法律若干问题的解释》法释〔2010〕18号 2011/01/04 第八条第一款**

[提供广告等宣传的　共犯] 明知他人从事欺诈发行股票、债券，非

法吸收公众存款，擅自发行股票、债券，集资诈骗或者组织、领导传销活动等集资犯罪活动，为其提供广告等宣传的，以相关犯罪的共犯论处。最高法《关于审理非法集资刑事案件具体应用法律若干问题的解释》法释〔2010〕18号 2011/01/04 第八条第二款

[虚假广告案立案追诉标准] [虚假广告案（刑法第二百二十二条）]广告主、广告经营者、广告发布者违反国家规定，利用广告对商品或者服务作虚假宣传，涉嫌下列情形之一的，应予立案追诉：

（一）违法所得数额在十万元以上的；

（二）给单个消费者造成直接经济损失数额在五万元以上的，或者给多个消费者造成直接经济损失数额累计在二十万元以上的；

（三）假借预防、控制突发事件的名义，利用广告作虚假宣传，致使多人上当受骗，违法所得数额在三万元以上的；

（四）虽未达到上述数额标准，但两年内因利用广告作虚假宣传，受过行政处罚二次以上，又利用广告作虚假宣传的；

（五）造成人身伤残的；

（六）其他情节严重的情形。最高检、公安部《关于公安机关管辖的刑事案件立案追诉标准的规定（二）》公通字〔2010〕23号 2010/05/07 第七十五条

第二百二十三条　【串通投标罪】投标人相互串通投标报价，损害招标人或者其他投标人利益，情节严重的，处三年以下有期徒刑或者拘役，并处或者单处罚金。

投标人与招标人串通投标，损害国家、集体、公民的合法利益的，依照前款的规定处罚。

[串通投标案立案追诉标准] [串通投标案（刑法第二百二十三条）]投标人相互串通投标报价，或者投标人与招标人串通投标，涉嫌下列情形之一的，应予立案追诉：

（一）损害招标人、投标人或者国家、集体、公民的合法利益，造成直接经济损失数额在五十万元以上的；

（二）违法所得数额在十万元以上的；

（三）中标项目金额在二百万元以上的；

（四）采取威胁、欺骗或者贿赂等非法手段的；

（五）虽未达到上述数额标准，但两年内因串通投标，受过行政处罚二次以上，又串通投标的；

（六）其他情节严重的情形。最高检、公安部《关于公安机关管辖的刑事案件立案追诉标准的规定（二）》公通字〔2010〕23号 2010/05/07 第七十六条

第二百二十四条　【合同诈骗罪】有下列情形之一，以非法占有为目的，在签订、履行合同过程中，骗取对方当事人财物，数额较大的，处三年以下有期徒刑或者拘役，并处或者单处罚金；数额巨大或者有其他严重情节的，处三年以上十年以下有期徒刑，并处罚金；数额特别巨大或者有其他特别严重情节的，处十年以上有期徒刑或者无期徒刑，并处罚金或者没收财产：

（一）以虚构的单位或者冒用他人名义签订合同的；

（二）以伪造、变造、作废的票据或者其他虚假的产权证明作担保的；

（三）没有实际履行能力，以先履行小额合同或者部分履行合同的方法，诱骗对方当事人继续签订和履行合同的；

（四）收受对方当事人给付的货物、货款、预付款或者担保财产后逃匿的；

（五）以其他方法骗取对方当事人财物的。

［要旨　操纵证券市场“抢帽子”交易　公开荐股］证券公司、证券咨询机构、专业中介机构及其工作人员违背从业禁止规定，买卖或者持有证券，并在对相关证券作出公开评价、预测或者投资建议后，通过预期的市场波动反向操作，谋取利益，情节严重的，以操纵证券市场罪追究其刑事责任。检例第39号：朱炜明操纵证券市场案

［指导意义］证券公司、证券咨询机构、专业中介机构及其工作人员，违反规定买卖或者持有相关证券后，对该证券或者其发行人、上市公司作出公开评价、预测或者提出投资建议，通过期待的市场波动谋取利益的，构成“抢帽子”交易操纵行为。发布投资咨询意见的机构或者证券从业人

员往往具有一定的社会知名度，他们借助影响力较大的传播平台发布诱导性信息，容易对普通投资者交易决策产生影响。其在发布信息后，又利用证券价格波动实施与投资者反向交易的行为获利，破坏了证券市场管理秩序，违反了证券市场公开、公平、公正原则，具有较大的社会危害性，情节严重的，构成操纵证券市场罪。

证券犯罪具有专业性、隐蔽性、间接性等特征，检察机关办理该类案件时，应当根据证券犯罪案件特点，引导公安机关从证券交易记录、资金流向等问题切入，全面收集涉及犯罪的书证、电子数据、证人证言等证据，并结合案件特点开展证据审查。对书证，要重点审查涉及证券交易记录的凭据，有关交易数量、交易额、成交价格、资金走向等证据。对电子数据，要重点审查收集程序是否合法，是否采取必要的保全措施，是否经过篡改，是否感染病毒等。对证人证言，要重点审查证人与犯罪嫌疑人的关系，证言能否与客观证据相印证等。

办案中，犯罪嫌疑人或被告人及其辩护人经常会提出涉案账户实际控制人及操作人非其本人的辩解。对此，检察机关可以通过行为人资金往来记录，MAC 地址（硬件设备地址）、IP 地址与互联网访问轨迹的重合度与连贯性，身份关系和资金关系的紧密度，涉案股票买卖与公开荐股在时间及资金比例上的高度关联性，相关证人证言在细节上是否吻合等入手，构建严密证据体系，确定被告人与涉案账户的实际控制关系。非法证券活动涉嫌犯罪的案件，来源往往是证券监管部门向公安机关移送。审查案件过程中，人民检察院可以与证券监管部门加强联系和沟通。证券监管部门在行政执法和查办案件中收集的物证、书证、视听资料、电子数据等证据材料，在刑事诉讼中可以作为证据使用。检察机关通过办理证券犯罪案件，可以建议证券监管部门针对案件反映出的问题，加强资本市场监管和相关制度建设。**检例第 39 号：朱炜明操纵证券市场案**

第二百二十四条之一　【组织、领导传销活动罪】组织、领导以推销商品、提供服务等经营活动为名，要求参加者以缴纳费用或者购买商品、服务等方式获得加入资格，并按照一定顺序组成层级，直接或者间接以发展人员的数量作为计酬或者返利依据，引诱、胁迫参加者继续发展他人参加，骗取财物，扰乱经济社会秩序的传销活动的，处五年以下有期徒刑或者拘役，并处罚金；情节严重的，处五年以上有期徒刑，并处罚金。[①]

[要旨 组织、领导传销活动 网络传销 骗取财物] 组织者或者经营者利用网络发展会员，要求被发展人员以缴纳或者变相缴纳“入门费”为条件，获得提成和发展下线的资格。通过发展人员组成层级关系，并以直接或者间接发展的人员数量作为计酬或者返利的依据，引诱被发展人员继续发展他人参加，骗取财物，扰乱经济社会秩序的，以组织、领导传销活动罪追究刑事责任。**检例第41号：叶经生等组织、领导传销活动案**

[指导意义] 随着互联网技术的广泛应用，微信、语音视频聊天室等社交平台作为新的营销方式被广泛运用。传销组织在手段上借助互联网不断翻新，打着“金融创新”的旗号，以“资本运作”“消费投资”“网络理财”“众筹”“慈善互助”等为名从事传销活动。常见的表现形式有：组织者、经营者注册成立电子商务企业，以此名义建立电子商务网站。以网络营销、网络直销等名义，变相收取入门费，设置各种返利机制，激励会员发展下线，上线从直接或者间接发展的下线的销售业绩中计酬，或以直接或者间接发展的人员数量为依据计酬或者返利。这类行为，不管其手段如何翻新，只要符合传销组织骗取财物、扰乱市场经济秩序本质特征的，应以组织、领导传销活动罪论处。

检察机关办理组织、领导传销活动犯罪案件，要紧扣传销活动骗取财物的本质特征和构成要件，收集、审查、运用证据。特别要注意针对传销网站的经营特征与其他合法经营网站的区别，重点收集涉及入门费、设层级、拉人头等传销基本特征的证据及企业资金投入、人员组成、资金来源去向、网站功能等方面的证据，揭示传销犯罪没有创造价值，经营模式难以持续，用后加入者的财物支付给先加入者，通过发展下线牟利骗取财物的本质特征。**检例第41号：叶经生等组织、领导传销活动案**

[合同诈骗罪的量刑]

---

① 根据2009年2月28日《刑法修正案（七）》增加。

1. 构成合同诈骗罪的，可以根据下列不同情形在相应的幅度内确定量刑起点：

(1) 达到数额较大起点的，可以在一年以下有期徒刑、拘役幅度内确定量刑起点。

(2) 达到数额巨大起点或者有其他严重情节的，可以在三年至四年有期徒刑幅度内确定量刑起点。

(3) 达到数额特别巨大起点或者有其他特别严重情节的，可以在十年至十二年有期徒刑幅度内确定量刑起点。依法应当判处无期徒刑的除外。

2. 在量刑起点的基础上，可以根据合同诈骗数额等其他影响犯罪构成的犯罪事实增加刑罚量，确定基准刑。**最高法《关于常见犯罪的量刑指导意见(二)(试行)》2017/05/01 一、(五)**

[传销组织层级及人数的认定] 以推销商品、提供服务等经营活动为名，要求参加者以缴纳费用或者购买商品、服务等方式获得加入资格，并按照一定顺序组成层级，直接或者间接以发展人员的数量作为计酬或者返利依据，引诱、胁迫参加者继续发展他人参加，骗取财物，扰乱经济社会秩序的传销组织，其组织内部参与传销活动人员在三十人以上且层级在三级以上的，应当对组织者、领导者追究刑事责任。

组织、领导多个传销组织，单个或者多个组织中的层级已达三级以上的，可将在各个组织中发展的人数合并计算。

组织者、领导者形式上脱离原传销组织后，继续从原传销组织获取报酬或者返利的，原传销组织在其脱离后发展人员的层级数和人数，应当计算为其发展的层级数和人数。

办理组织、领导传销活动刑事案件中，确因客观条件的限制无法逐一收集参与传销活动人员的言词证据的，可以结合依法收集并查证属实的缴纳、支付费用及计酬、返利记录，视听资料，传销人员关系图，银行账户交易记录，互联网电子数据，鉴定意见等证据，综合认定参与传销的人数、层级数等犯罪事实。**两高、公安部《关于办理组织领导传销活动刑事案件适用法律若干问题的意见》公通字〔2013〕37号 2013/11/14 第一条**

[传销活动有关人员的认定和处理] 下列人员可以认定为传销活动的

组织者、领导者：

（一）在传销活动中起发起、策划、操纵作用的人员；

（二）在传销活动中承担管理、协调等职责的人员；

（三）在传销活动中承担宣传、培训等职责的人员；

（四）曾因组织、领导传销活动受过刑事处罚，或者一年以内因组织、领导传销活动受过行政处罚，又直接或者间接发展参与传销活动人员在十五人以上且层级在三级以上的人员；

（五）其他对传销活动的实施、传销组织的建立、扩大等起关键作用的人员。

以单位名义实施组织、领导传销活动犯罪的，对于受单位指派，仅从事劳务性工作的人员，一般不予追究刑事责任。**两高、公安部《关于办理组织领导传销活动刑事案件适用法律若干问题的意见》公通字〔2013〕37号 2013/11/14 第二条**

［骗取财物］传销活动的组织者、领导者采取编造、歪曲国家政策，虚构、夸大经营、投资、服务项目及盈利前景，掩饰计酬、返利真实来源或者其他欺诈手段，实施刑法第二百二十四条之一规定的行为，从参与传销活动人员缴纳的费用或者购买商品、服务的费用中非法获利的，应当认定为骗取财物。参与传销活动人员是否认为被骗，不影响骗取财物的认定。**两高、公安部《关于办理组织领导传销活动刑事案件适用法律若干问题的意见》公通字〔2013〕37号 2013/11/14 第三条**

［情节严重］对符合本意见第一条第一款规定的传销组织的组织者、领导者，具有下列情形之一的，应当认定为刑法第二百二十四条之一规定的“情节严重”：

（一）组织、领导的参与传销活动人员累计达一百二十人以上的；

（二）直接或者间接收取参与传销活动人员缴纳的传销资金数额累计达二百五十万元以上的；

（三）曾因组织、领导传销活动受过刑事处罚，或者一年以内因组织、领导传销活动受过行政处罚，又直接或者间接发展参与传销活动人员累计达六十人以上的；

（四）造成参与传销活动人员精神失常、自杀等严重后果的；

（五）造成其他严重后果或者恶劣社会影响的。两高、公安部《关于办理组织领导传销活动刑事案件适用法律若干问题的意见》公通字〔2013〕37号2013/11/14第四条

[团队计酬] 传销活动的组织者或者领导者通过发展人员，要求传销活动的被发展人员发展其他人员加入，形成上下线关系，并以下线的销售业绩为依据计算和给付上线报酬，牟取非法利益的，是“团队计酬”式传销活动。

以销售商品为目的、以销售业绩为计酬依据的单纯的“团队计酬”式传销活动，不作为犯罪处理。形式上采取“团队计酬”方式，但实质上属于“以发展人员的数量作为计酬或者返利依据”的传销活动，应当依照刑法第二百二十四条之一的规定，以组织、领导传销活动罪定罪处罚。两高、公安部《关于办理组织领导传销活动刑事案件适用法律若干问题的意见》公通字〔2013〕37号2013/11/14第五条

[择重罪处罚或数罪并罚] 以非法占有为目的，组织、领导传销活动，同时构成组织、领导传销活动罪和集资诈骗罪的，依照处罚较重的规定定罪处罚。

犯组织、领导传销活动罪，并实施故意伤害、非法拘禁、敲诈勒索、妨害公务、聚众扰乱社会秩序、聚众冲击国家机关、聚众扰乱公共场所秩序、交通秩序等行为，构成犯罪的，依照数罪并罚的规定处罚。两高、公安部《关于办理组织领导传销活动刑事案件适用法律若干问题的意见》公通字〔2013〕37号2013/11/14第六条

[以上、以内、层级、级] 本意见所称“以上”、“以内”，包括本数。

本意见所称“层级”和“级”，系指组织者、领导者与参与传销活动人员之间的上下线关系层次，而非组织者、领导者在传销组织中的身份等级。

对传销组织内部人数和层级数的计算，以及对组织者、领导者直接或者间接发展参与传销活动人员人数和层级数的计算，包括组织者、领导者本人及其本层级在内。两高、公安部《关于办理组织领导传销活动刑事案件适用法律若干问题的意见》公通字〔2013〕37号2013/11/14第七条

[合同诈骗案立案追诉标准] [合同诈骗案（刑法第二百二十四条）] 以非法占有为目的，在签订、履行合同过程中，骗取对方当事人财物，数额在二万元以上的，应予立案追诉。最高检、公安部《关于公安机关管辖的刑事案件立案追诉标准的规定（二）》公通字〔2010〕23号2010/05/07第七十七条

[组织、领导传销活动案立案追诉标准] [组织、领导传销活动案（刑法第二百二十四条之一）] 组织、领导以推销商品、提供服务等经营活动为名，要求参加者以缴纳费用或者购买商品、服务等方式获得加入资格，并按照一定顺序组成层级，直接或者间接以发展人员的数量作为计酬或者返利依据，引诱、胁迫参加者继续发展他人参加，骗取财物，扰乱经济社会秩序的传销活动，涉嫌组织、领导的传销活动人员在三十人以上且层级在三级以上的，对组织者、领导者，应予立案追诉。最高检、公安部《关于公安机关管辖的刑事案件立案追诉标准的规定（二）》公通字〔2010〕23号 2010/05/07 第七十八条第一款

[传销活动的组织者、领导者] 本条所指的传销活动的组织者、领导者，是指在传销活动中起组织、领导作用的发起人、决策人、操纵人，以及在传销活动中担负策划、指挥、布置、协调等重要职责，或者在传销活动实施中起到关键作用的人员。最高检、公安部《关于公安机关管辖的刑事案件立案追诉标准的规定（二）》公通字〔2010〕23号 2010/05/07 第七十八条第二款

第二百二十五条　【非法经营罪】违反国家规定，有下列非法经营行为之一，扰乱市场秩序，情节严重的，处五年以下有期徒刑或者拘役，并处或者单处违法所得一倍以上五倍以下罚金；情节特别严重的，处五年以上有期徒刑，并处违法所得一倍以上五倍以下罚金或者没收财产：

（一）未经许可经营法律、行政法规规定的专营、专卖物品或者其他限制买卖的物品的；

（二）买卖进出口许可证、进出口原产地证明以及其他法律、行政法规规定的经营许可证或者批准文件的；

（三）未经国家有关主管部门批准非法经营证券、期货、保险业务的，或者非法从事资金支付结算业务的；[①]

---

① 根据1999年12月25日《刑法修正案》增加一项作为第三项，原第三项改为第四项。根据2009年2月28日《刑法修正案（七）》修改。1999年12月25日增加的第三项原条文为："未经国家有关主管部门批准，非法经营证券、期货或者保险业务的。"

（四）其他严重扰乱市场秩序的非法经营行为。

［判决 水稻等七类种子项 葡萄苗项 棉花项］以非法经营罪判处被告人王明成有期徒刑四年，并处罚金人民币300万元，以销售伪劣种子罪，判处王明成有期徒刑十年，并处罚金人民币5万元，决定执行有期徒刑十三年，并处罚金人民币305万元；以销售伪劣种子罪，判处被告人石峰有期徒刑八年，并处罚金人民币5万元。**最高法发布四起农资打假典型案例之一：被告人王明成、石峰销售伪劣种子、非法经营案**

［判决理由 非法经营"病死猪"肉项］被告人陈金顺低价收购病死猪肉并转售；被告人陈开梅、林彬霞向他人收购病死猪屠宰后销售；被告人李游、陈志辉、张可明知陈金顺、陈开梅生产、销售的是国家禁止经营的病死猪肉，仍为其提供运输等帮助，各被告人的行为均已构成生产、销售伪劣产品罪，生产、销售不符合安全标准的食品罪，非法经营罪，应择一重罪处断；被告人周建成、孙滔然等明知是病死猪肉仍购买，加工后销售或直接销售，构成生产、销售不符合安全标准的食品罪。陈金顺、陈开梅、林彬霞系主犯；李游、陈志辉、张可系从犯，应从轻减轻处罚；陈金顺系累犯，应从重处罚。**最高法发布危害食品安全犯罪典型案例之二：陈金顺等生产、销售伪劣产品，非法经营，生产、销售不符合安全标准的食品案**

［判决理由 非法销售"瘦肉精"项］被告人范光明知盐酸克仑特罗是国家禁止在饲料中使用的药品，为牟取暴利，用盐酸克仑特罗配制成饲料添加剂出售给养殖户，其行为构成非法经营罪，且情节特别严重，依法应予严惩。考虑到其归案后能如实供述自己的犯罪事实，可对其从轻处罚。**最高法发布危害食品安全犯罪典型案例之三：范光非法经营案**

［判决理由 批发零售六合彩码书资料项］法院认为，被告人张文坤、徐艳良、黎白娥擅自销售非法出版物，情节严重，其行为侵犯了市场管理秩序，已构成非法经营罪。鉴于被告人徐艳良、黎白娥有悔罪表现，且主动缴纳了部分罚金，可酌情予以从轻处罚。据此，依法判决如下：被告人张文坤犯非法经营罪，判处有期徒刑二年，并处罚金人民币四万元；被告人徐艳良犯非法经营罪，判处有期徒刑二年，并处罚金人民币六万元；被告人黎白娥犯非法经营罪，判处有期徒刑十个月，并处罚金人民币二万

元。最高法公布三起涉黄涉非犯罪典型案例之三：张文坤等非法经营案

[诉讼情况] 本案由上海市公安局浦东新区分局侦查终结后，移送上海市浦东新区人民检察院审查起诉。2012年2月2日，浦东新区人民检察院以被告人张士华犯非法经营罪、销售假药罪向浦东新区人民法院提起公诉。

2012年2月23日，浦东新区人民法院一审认为，张士华违反国家药品管理法律法规的规定，未经有关国家药品监督管理部门许可，无证经营药品，扰乱市场秩序，情节特别严重，其行为已构成非法经营罪；张士华销售假药的行为又构成销售假药罪。判决张士华犯非法经营罪，判处有期徒刑五年，并处罚金人民币15万元；犯销售假药罪，判处有期徒刑一年零三个月，并处罚金人民币1万元；决定执行有期徒刑五年零十个月，并处罚金人民币16万元。查获的药品均予以没收。

一审宣判后，张士华未提出上诉，检察机关也未提出抗诉，判决已生效。最高法、高检发布的张士华非法经营、销售假药案

[刑法第225条之情节严重] 非法生产、销售"黑广播""伪基站"、无线电干扰器等无线电设备，具有下列情形之一的，应当认定为刑法第二百二十五条规定的"情节严重"：

（一）非法生产、销售无线电设备三套以上的；

（二）非法经营数额五万元以上的；

（三）其他情节严重的情形。两高《关于办理扰乱无线电通讯管理秩序等刑事案件适用法律若干问题的解释》法释〔2017〕11号 2017/07/01 第四条第一款

[刑法第225条之情节特别严重] 实施前款规定的行为，数量或者数额达到前款第一项、第二项规定标准五倍以上，或者具有其他情节特别严重的情形的，应当认定为刑法第二百二十五条规定的"情节特别严重"。两高《关于办理扰乱无线电通讯管理秩序等刑事案件适用法律若干问题的解释》法释〔2017〕11号 2017/07/01 第四条第二款

[在非法生产、销售无线电设备窝点查扣的零件的认定] 在非法生产、销售无线电设备窝点查扣的零件，以组装完成的套数以及能够组装的套数认定；无法组装为成套设备的，每三套广播信号调制器（激励器）认定为一套"黑广播"设备，每三块主板认定为一套"伪基站"设备。两高《关于

办理扰乱无线电通讯管理秩序等刑事案件适用法律若干问题的解释》法释〔2017〕11号 2017/07/01 第四条第三款

[单位犯本解释规定之罪的定罪量刑　并处罚金] 单位犯本解释规定之罪的，对单位判处罚金，并对直接负责的主管人员和其他直接责任人员，依照本解释规定的自然人犯罪的定罪量刑标准定罪处罚。两高《关于办理扰乱无线电通讯管理秩序等刑事案件适用法律若干问题的解释》法释〔2017〕11号 2017/07/01 第五条

[以非法经营罪定罪处罚] 违反国家药品管理法律法规，未取得或者使用伪造、变造的药品经营许可证，非法经营药品，情节严重的，依照刑法第二百二十五条的规定以非法经营罪定罪处罚。

以提供给他人生产、销售药品为目的，违反国家规定，生产、销售不符合药用要求的非药品原料、辅料，情节严重的，依照刑法第二百二十五条的规定以非法经营罪定罪处罚。两高《关于办理危害药品安全刑事案件适用法律若干问题的解释》法释〔2014〕14号 2014/12/01 第七条第一款、第二款

[情节严重　情节特别严重] 实施前两款行为，非法经营数额在十万元以上，或者违法所得数额在五万元以上的，应当认定为刑法第二百二十五条规定的"情节严重"；非法经营数额在五十万元以上，或者违法所得数额在二十五万元以上的，应当认定为刑法第二百二十五条规定的"情节特别严重"。两高《关于办理危害药品安全刑事案件适用法律若干问题的解释》法释〔2014〕14号 2014/12/01 第七条第三款

[择重罪处罚] 实施本条第二款行为，同时又构成生产、销售伪劣产品罪、以危险方法危害公共安全罪等犯罪的，依照处罚较重的规定定罪处罚。两高《关于办理危害药品安全刑事案件适用法律若干问题的解释》法释〔2014〕14号 2014/12/01 第七条第四款

[以共同犯罪论处] 明知他人生产、销售假药、劣药，而有下列情形之一的，以共同犯罪论处：

（一）提供资金、贷款、账号、发票、证明、许可证件的；

（二）提供生产、经营场所、设备或者运输、储存、保管、邮寄、网络销售渠道等便利条件的；

（三）提供生产技术或者原料、辅料、包装材料、标签、说明书的；

（四）提供广告宣传等帮助行为的。两高《关于办理危害药品安全刑事案件适用法律若干问题的解释》法释〔2014〕14号 2014/12/01 第八条

[非法生产、销售“伪基站”设备　以非法经营罪追究刑事责任的三种情形]（一）非法生产、销售“伪基站”设备，具有以下情形之一的，依照《刑法》第二百二十五条的规定，以非法经营罪追究刑事责任：

1. 个人非法生产、销售“伪基站”设备三套以上，或者非法经营数额五万元以上，或者违法所得数额二万元以上的；

2. 单位非法生产、销售“伪基站”设备十套以上，或者非法经营数额十五万元以上，或者违法所得数额五万元以上的；

3. 虽未达到上述数额标准，但两年内曾因非法生产、销售“伪基站”设备受过两次以上行政处罚，又非法生产、销售“伪基站”设备的。两高、安全部、公安部《关于依法办理非法生产销售使用“伪基站”设备案件的意见》公通字〔2014〕13号 2014/03/14

[情节特别严重] 实施前款规定的行为，数量、数额达到前款规定的数量、数额五倍以上的，应当认定为《刑法》第二百二十五条规定的“情节特别严重”。两高、安全部、公安部《关于依法办理非法生产销售使用“伪基站”设备案件的意见》公通字〔2014〕13号 2014/03/14

[明知而为其提供资金、场所、技术、设备等帮助的　以共同犯罪论处] 明知他人实施非法生产、销售“伪基站”设备，或者非法使用“伪基站”设备干扰公用电信网络信号等犯罪，为其提供资金、场所、技术、设备等帮助的，以共同犯罪论处。两高、安全部、公安部《关于依法办理非法生产销售使用“伪基站”设备案件的意见》公通字〔2014〕13号 2014/03/14

[依法办理非法生产销售使用“伪基站”设备案件　严格贯彻宽严相济刑事政策] 对犯罪嫌疑人、被告人的处理，应当结合其主观恶性大小、行为危害程度以及在案件中所起的作用等因素，切实做到区别对待。对组织指挥、实施非法生产、销售、使用“伪基站”设备的首要分子、积极参加的犯罪分子，以及曾因非法生产、销售、使用“伪基站”设备受到行政处罚或者刑事处罚，又实施非法生产、销售、使用“伪基站”设备的犯罪分子，应当作为打击重点依法予以严惩；对具有自首、立功、从犯等法定情节的犯罪分子，可以依法从宽处理。对情节显著轻微、危害不大的，依

法不作为犯罪处理。两高、安全部、公安部《关于依法办理非法生产销售使用“伪基站”设备案件的意见》公通字〔2014〕13号 2014/03/14

[生产、销售赌博机的定罪量刑] 以提供给他人开设赌场为目的，违反国家规定，非法生产、销售具有退币、退分、退钢珠等赌博功能的电子游戏设施设备或者其专用软件，情节严重的，依照刑法第二百二十五条的规定，以非法经营罪定罪处罚。两高、公安部《关于办理利用赌博机开设赌场案件适用法律若干问题的意见》公通字〔2014〕17号 2014/03/26 第四条第一款

[生产、销售赌博机　属于非法经营行为“情节严重”的情形] 实施前款规定的行为，具有下列情形之一的，属于非法经营行为“情节严重”：

（一）个人非法经营数额在五万元以上，或者违法所得数额在一万元以上的；

（二）单位非法经营数额在五十万元以上，或者违法所得数额在十万元以上的；

（三）虽未达到上述数额标准，但两年内因非法生产、销售赌博机行为受过二次以上行政处罚，又进行同种非法经营行为的；

（四）其他情节严重的情形。两高、公安部《关于办理利用赌博机开设赌场案件适用法律若干问题的意见》公通字〔2014〕17号 2014/03/26 第四条第二款

[赌博机] 对于涉案的赌博机，公安机关应当采取拍照、摄像等方式及时固定证据，并予以认定。对于是否属于赌博机难以确定的，司法机关可以委托地市级以上公安机关出具检验报告。司法机关根据检验报告，并结合案件具体情况作出认定。必要时，人民法院可以依法通知检验人员出庭作出说明。两高、公安部《关于办理利用赌博机开设赌场案件适用法律若干问题的意见》公通字〔2014〕17号 2014/03/26 第六条

[宽严相济刑事政策的把握] 办理利用赌博机开设赌场的案件，应当贯彻宽严相济刑事政策，重点打击赌场的出资者、经营者。对受雇佣为赌场从事接送参赌人员、望风看场、发牌坐庄、兑换筹码等活动的人员，除参与赌场利润分成或者领取高额固定工资的以外，一般不追究刑事责任，可由公安机关依法给予治安管理处罚。对设置游戏机，单次换取少量奖品的娱乐活动，不以违法犯罪论处。两高、公安部《关于办理利用赌博机开设赌场案件适用法律若干问题的意见》公通字〔2014〕17号 2014/03/26 第七条

[国家机关工作人员渎职犯罪的处理] 负有查禁赌博活动职责的国家机关工作人员，徇私枉法，包庇、放纵开设赌场违法犯罪活动，或者为违法犯罪分子通风报信、提供便利、帮助犯罪分子逃避处罚，构成犯罪的，依法追究刑事责任。

国家机关工作人员参与利用赌博机开设赌场犯罪的，从重处罚。**两高、公安部《关于办理利用赌博机开设赌场案件适用法律若干问题的意见》公通字〔2014〕17号 2014/03/26 第八条**

[属于非法经营行为“情节特别严重”的情形] 具有下列情形之一的，属于非法经营行为“情节特别严重”：

（一）个人非法经营数额在二十五万元以上，或者违法所得数额在五万元以上的；

（二）单位非法经营数额在二百五十万元以上，或者违法所得数额在五十万元以上的。**两高、公安部《关于办理利用赌博机开设赌场案件适用法律若干问题的意见》公通字〔2014〕17号 2014/03/26 第四条第三款**

[非法经营行为情节严重　情节特别严重] 违反国家规定，以营利为目的，通过信息网络有偿提供删除信息服务，或者明知是虚假信息，通过信息网络有偿提供发布信息等服务，扰乱市场秩序，具有下列情形之一的，属于非法经营行为“情节严重”，依照刑法第二百二十五条第（四）项的规定，以非法经营罪定罪处罚：

（一）个人非法经营数额在五万元以上，或者违法所得数额在二万元以上的；

（二）单位非法经营数额在十五万元以上，或者违法所得数额在五万元以上的。

实施前款规定的行为，数额达到前款规定的数额五倍以上的，应当认定为刑法第二百二十五条规定的“情节特别严重”。**两高《关于办理利用信息网络实施诽谤等刑事案件适用法律若干问题的解释》法释〔2013〕21号 2013/09/06 第七条**

[以共同犯罪论处] 明知他人利用信息网络实施诽谤、寻衅滋事、敲诈勒索、非法经营等犯罪，为其提供资金、场所、技术支持等帮助的，以共同犯罪论处。**两高《关于办理利用信息网络实施诽谤等刑事案件适用法律若干问**

题的解释》法释〔2013〕21号 2013/09/06 第八条

[依照处罚较重的规定定罪处罚] 利用信息网络实施诽谤、寻衅滋事、敲诈勒索、非法经营犯罪，同时又构成刑法第二百二十一条规定的损害商业信誉、商品声誉罪，第二百七十八条规定的煽动暴力抗拒法律实施罪，第二百九十一条之一规定的编造、故意传播虚假恐怖信息罪等犯罪的，依照处罚较重的规定定罪处罚。两高《关于办理利用信息网络实施诽谤等刑事案件适用法律若干问题的解释》法释〔2013〕21号 2013/09/06 第九条

[信息网络] 本解释所称信息网络，包括以计算机、电视机、固定电话机、移动电话机等电子设备为终端的计算机互联网、广播电视网、固定通信网、移动通信网等信息网络，以及向公众开放的局域网络。两高《关于办理利用信息网络实施诽谤等刑事案件适用法律若干问题的解释》法释〔2013〕21号 2013/09/06 第十条

烟 草

[无许可证非法经营烟草专卖品] 违反国家烟草专卖管理法律法规，未经烟草专卖行政主管部门许可，无烟草专卖生产企业许可证、烟草专卖批发企业许可证、特种烟草专卖经营企业许可证、烟草专卖零售许可证等许可证明，非法经营烟草专卖品，情节严重的，依照刑法第二百二十五条的规定，以非法经营罪定罪处罚。两高《关于办理非法生产、销售烟草专卖品等刑事案件具体应用法律若干问题的解释》法释〔2010〕7号 2010/03/26 第一条第五款

[烟草专卖品] 本解释所称“烟草专卖品”，是指卷烟、雪茄烟、烟丝、复烤烟叶、烟叶、卷烟纸、滤嘴棒、烟用丝束、烟草专用机械。两高《关于办理非法生产、销售烟草专卖品等刑事案件具体应用法律若干问题的解释》法释〔2010〕7号 2010/03/26 第九条第一款

[情节严重] 非法经营烟草专卖品，具有下列情形之一的，应当认定为刑法第二百二十五条规定的“情节严重”：

（一）非法经营数额在五万元以上的，或者违法所得数额在二万元以上的；

（二）非法经营卷烟二十万支以上的；

（三）曾因非法经营烟草专卖品三年内受过二次以上行政处罚，又非法经营烟草专卖品且数额在三万元以上的。两高《关于办理非法生产、销售烟

草专卖品等刑事案件具体应用法律若干问题的解释》法释〔2010〕7号 2010/03/26 第三条第一款

［情节特别严重］具有下列情形之一的，应当认定为刑法第二百二十五条规定的“情节特别严重”：

（一）非法经营数额在二十五万元以上，或者违法所得数额在十万元以上的；

（二）非法经营卷烟一百万支以上的。两高《关于办理非法生产、销售烟草专卖品等刑事案件具体应用法律若干问题的解释》法释〔2010〕7号 2010/03/26 第三条第二款

［非法经营数额　烟草］非法经营烟草专卖品，能够查清销售或者购买价格的，按照其销售或者购买的价格计算非法经营数额。无法查清销售或者购买价格的，按照下列方法计算非法经营数额：

（一）查获的卷烟、雪茄烟的价格，有品牌的，按照该品牌卷烟、雪茄烟的查获地省级烟草专卖行政主管部门出具的零售价格计算；无品牌的，按照查获地省级烟草专卖行政主管部门出具的上年度卷烟平均零售价格计算；

（二）查获的复烤烟叶、烟叶的价格按照查获地省级烟草专卖行政主管部门出具的上年度烤烟调拨平均基准价格计算；

（三）烟丝的价格按照第（二）项规定价格计算标准的一点五倍计算；

（四）卷烟辅料的价格，有品牌的，按照该品牌辅料的查获地省级烟草专卖行政主管部门出具的价格计算；无品牌的，按照查获地省级烟草专卖行政主管部门出具的上年度烟草行业生产卷烟所需该类卷烟辅料的平均价格计算；

（五）非法生产、销售、购买烟草专用机械的价格按照国务院烟草专卖行政主管部门下发的全国烟草专用机械产品指导价格目录进行计算；目录中没有该烟草专用机械的，按照省级以上烟草专卖行政主管部门出具的目录中同类烟草专用机械的平均价格计算。两高《关于办理非法生产、销售烟草专卖品等刑事案件具体应用法律若干问题的解释》法释〔2010〕7号 2010/03/26 第四条第一款

［卷烟辅料］本解释所称“卷烟辅料”，是指卷烟纸、滤嘴棒、烟用丝

束。两高《关于办理非法生产、销售烟草专卖品等刑事案件具体应用法律若干问题的解释》法释〔2010〕7号 2010/03/26 第九条第二款

[非法经营烟草制品行为] 未经烟草专卖行政主管部门许可，无生产许可证、批发许可证、零售许可证，而生产、批发、零售烟草制品，具有下列情形之一的，依照刑法第二百二十五条的规定定罪处罚：

1. 个人非法经营数额在五万元以上的，或者违法所得数额在一万元以上的；

2. 单位非法经营数额在五十万元以上的，或者违法所得数额在十万元以上的；

3. 曾因非法经营烟草制品行为受过二次以上行政处罚又非法经营的，非法经营数额在二万元以上的。两高、公安部烟草专卖局《关于办理假冒伪劣烟草制品等刑事案件适用法律问题座谈会纪要》商检会〔2003〕4号 2003/12/23 第三条

违规向信用卡持卡人直接支付现金

[违规向信用卡持卡人直接支付现金，情节严重的] 违反国家规定，使用销售点终端机具（POS机）等方法，以虚构交易、虚开价格、现金退货等方式向信用卡持卡人直接支付现金，情节严重的，应当依据刑法第二百二十五条的规定，以非法经营罪定罪处罚。两高《关于办理妨害信用卡管理刑事案件具体应用法律若干问题的解释》法释〔2009〕19号 2009/12/16 第七条第一款

[情节严重、情节特别严重] 实施前款行为，数额在100万元以上的，或者造成金融机构资金20万元以上逾期未还的，或者造成金融机构经济损失10万元以上的，应当认定为刑法第二百二十五条规定的“情节严重”；数额在500万元以上的，或者造成金融机构资金100万元以上逾期未还的，或者造成金融机构经济损失50万元以上的，应当认定为刑法第二百二十五条规定的“情节特别严重”。两高《关于办理妨害信用卡管理刑事案件具体应用法律若干问题的解释》法释〔2009〕19号 2009/12/16 第七条第二款

擅自发行、销售彩票

[擅自发行、销售彩票] 未经国家批准擅自发行、销售彩票，构成犯罪的，依照刑法第二百二十五条第（四）项的规定，以非法经营罪定罪处罚。两高《关于办理赌博刑事案件具体应用法律若干问题的解释》法释〔2005〕3号 2005/05/13 第六条

非法经营食盐

[非法经营食盐] 违反国家有关盐业管理规定，非法生产、储运、销售食盐，扰乱市场秩序，情节严重的，应当依照刑法第二百二十五条的规定，以非法经营罪追究刑事责任。最高检《关于办理非法经营食盐刑事案件具体应用法律若干问题的解释》高检发释字〔2002〕6号 2002/09/13 第一条

[犯本罪情形] 非法经营食盐，具有下列情形之一的，应当依法追究刑事责任：

（一）非法经营食盐数量在二十吨以上的；

（二）曾因非法经营食盐行为受过二次以上行政处罚又非法经营食盐，数量在十吨以上的。最高检《关于办理非法经营食盐刑事案件具体应用法律若干问题的解释》高检发释字〔2002〕6号 2002/09/13 第二条

[非法经营食盐行为未经处理的] 非法经营食盐行为未经处理的，其非法经营的数量累计计算；行为人非法经营行为是否盈利，不影响犯罪的构成。最高检《关于办理非法经营食盐刑事案件具体应用法律若干问题的解释》高检发释字〔2002〕6号 2002/09/13 第三条

[非碘盐、非食盐　择重罪处罚] 以非碘盐充当碘盐或者以工业用盐等非食盐充当食盐进行非法经营，同时构成非法经营罪和生产、销售伪劣产品罪、生产、销售不符合卫生标准的食品罪、生产、销售有毒、有害食品罪等其他犯罪的，依照处罚较重的规定追究刑事责任。最高检《关于办理非法经营食盐刑事案件具体应用法律若干问题的解释》高检发释字〔2002〕6号 2002/09/13 第四条

[以暴力、威胁方法阻碍执法　数罪并罚] 以暴力、威胁方法阻碍行政执法人员依法行使盐业管理职务的，依照刑法第二百七十七条的规定，以妨害公务罪追究刑事责任；其非法经营行为已构成犯罪的，依照数罪并罚的规定追究刑事责任。最高检《关于办理非法经营食盐刑事案件具体应用法律若干问题的解释》高检发释字〔2002〕6号 2002/09/13 第五条

非法生产、销售瘦肉精

[生产、销售瘦肉精] 未取得药品生产、经营许可证件和批准文号，非法生产、销售盐酸克仑特罗等禁止在饲料和动物饮用水中使用的药品，扰乱药品市场秩序，情节严重的，依照刑法第二百二十五条第（一）项的

规定，以非法经营罪追究刑事责任。两高《关于办理非法生产、销售、使用禁止在饲料和动物饮用水中使用的药品等刑事案件具体应用法律若干问题的解释》法释〔2002〕26号 2002/08/16 第一条

[添加、使用瘦肉精] 在生产、销售的饲料中添加盐酸克仑特罗等禁止在饲料和动物饮用水中使用的药品，或者销售明知是添加有该类药品的饲料，情节严重的，依照刑法第二百二十五条第（四）项的规定，以非法经营罪追究刑事责任。两高《关于办理非法生产、销售、使用禁止在饲料和动物饮用水中使用的药品等刑事案件具体应用法律若干问题的解释》法释〔2002〕26号 2002/08/16 第二条

[择重罪处罚] 实施本解释规定的行为，同时触犯刑法规定的两种以上犯罪的，依照处罚较重的规定追究刑事责任。两高《关于办理非法生产、销售、使用禁止在饲料和动物饮用水中使用的药品等刑事案件具体应用法律若干问题的解释》法释〔2002〕26号 2002/08/16 第五条

[禁用药物品种目录] 禁止在饲料和动物饮用水中使用的药品，依照国家有关部门公告的禁止在饲料和动物饮用水中使用的药物品种目录确定。两高《关于办理非法生产、销售、使用禁止在饲料和动物饮用水中使用的药品等刑事案件具体应用法律若干问题的解释》法释〔2002〕26号 2002/08/16 第六条 附件一

擅自经营国际港澳台电信业务

[非法经营国际或港澳台地区电信业务行为] 违反《中华人民共和国电信条例》规定，采取租用电信国际专线、私设转接设备或者其他方法，擅自经营国际或者香港特别行政区、澳门特别行政区和台湾地区电信业务进行营利活动，扰乱电信市场管理秩序，情节严重的，应当依照《刑法》第二百二十五条第（四）项的规定，以非法经营罪追究刑事责任。最高检《关于非法经营国际或港澳台地区电信业务行为法律适用问题的批复》高检发释字〔2002〕1号 2002/02/11

[擅自经营国际或港澳台电信业务] 违反国家规定，采取租用国际专线、私设转接设备或者其他方法，擅自经营国际电信业务或者涉港澳台电信业务进行营利活动，扰乱电信市场管理秩序，情节严重的，依照刑法第二百二十五条第（四）项的规定，以非法经营罪定罪处罚。最高法《关于审

理扰乱电信市场管理秩序案件具体应用法律若干问题的解释》法释〔2000〕12号 2000/05/24 第一条

[情节严重] 实施本解释第一条规定的行为，具有下列情形之一的，属于非法经营行为“情节严重”：

（一）经营去话业务数额在一百万元以上的；

（二）经营来话业务造成电信资费损失数额在一百万元以上的。最高法《关于审理扰乱电信市场管理秩序案件具体应用法律若干问题的解释》法释〔2000〕12号 2000/05/24 第二条第一款

[情节特别严重] 具有下列情形之一的，属于非法经营行为“情节特别严重”：

（一）经营去话业务数额在五百万元以上的；

（二）经营来话业务造成电信资费损失数额在五百万元以上的。最高法《关于审理扰乱电信市场管理秩序案件具体应用法律若干问题的解释》法释〔2000〕12号 2000/05/24 第二条第二款

[接近情节严重、情节特别严重但可认定为情节严重、情节特别严重] 实施本解释第一条规定的行为，经营数额或者造成电信资费损失数额接近非法经营行为“情节严重”、“情节特别严重”的数额起点标准，并具有下列情形之一的，可以分别认定为非法经营行为“情节严重”、“情节特别严重”：

（一）两年内因非法经营国际电信业务或者涉港澳台电信业务行为受过行政处罚两次以上的；

（二）因非法经营国际电信业务或者涉港澳台电信业务行为造成其他严重后果的。最高法《关于审理扰乱电信市场管理秩序案件具体应用法律若干问题的解释》法释〔2000〕12号 2000/05/24 第三条

[单位犯本罪] 单位实施本解释第一条规定的行为构成犯罪的，对单位判处罚金，并对其直接负责的主管人员和其他直接责任人员，依照本解释第二条、第三条的规定处罚。最高法《关于审理扰乱电信市场管理秩序案件具体应用法律若干问题的解释》法释〔2000〕12号 2000/05/24 第四条

[依处罚较重的定罪处罚] 违反国家规定，擅自设置、使用无线电台（站），或者擅自占用频率，非法经营国际电信业务或者涉港澳台电信业务

进行营利活动，同时构成非法经营罪和刑法第二百八十八条规定的扰乱无线电通讯管理秩序罪的，依照处罚较重的规定定罪处罚。**最高法《关于审理扰乱电信市场管理秩序案件具体应用法律若干问题的解释》法释〔2000〕12号 2000/05/24 第五条**

[经营去话业务数额] 本解释所称“经营去话业务数额”，是指以行为人非法经营国际电信业务或者涉港澳台电信业务的总时长（分钟数）乘以行为人每分钟收取的用户使用费所得的数额。**最高法《关于审理扰乱电信市场管理秩序案件具体应用法律若干问题的解释》法释〔2000〕12号 2000/05/24 第十条第一款**

[电信资费损失数额] 本解释所称“电信资费损失数额”，是指以行为人非法经营国际电信业务或者涉港澳台电信业务的总时长（分钟数）乘以在合法电信业务中我国应当得到的每分钟国际结算价格所得的数额。**最高法《关于审理扰乱电信市场管理秩序案件具体应用法律若干问题的解释》法释〔2000〕12号 2000/05/24 第十条第二款**

非法出版物

[出版、印刷、复制、发行本解释第一条至第十条规定以外的其他非法出版物，情节严重] 违反国家规定，出版、印刷、复制、发行本解释第一条至第十条规定以外的其他严重危害社会秩序和扰乱市场秩序的非法出版物，情节严重的，依照刑法第二百二十五条第（三）项的规定，以非法经营罪定罪处罚。**最高法《关于审理非法出版物刑事案件具体应用法律若干问题的解释》法释〔1998〕30号 1998/12/23 第十一条**

[个人实施本解释第十一条的　情节严重] 个人实施本解释第十一条规定的行为，具有下列情形之一的，属于非法经营行为“情节严重”：

（一）经营数额在五万元至十万元以上的；

（二）违法所得数额在二万元至三万元以上的；

（三）经营报纸五千份或者期刊五千本或者图书二千册或者音像制品、电子出版物五百张（盒）以上的。**最高法《关于审理非法出版物刑事案件具体应用法律若干问题的解释》法释〔1998〕30号 1998/12/23 第十二条第一款**

[个人实施本解释第十一条的　情节特别严重] 具有下列情形之一的，属于非法经营行为“情节特别严重”：

（一）经营数额在十五万元至三十万元以上的；

（二）违法所得数额在五万元至十万元以上的；

（三）经营报纸一万五千份或者期刊一万五千本或者图书五千册或者音像制品、电子出版物一千五百张（盒）以上的。**最高法《关于审理非法出版物刑事案件具体应用法律若干问题的解释》法释〔1998〕30号 1998/12/23 第十二条第二款**

[单位实施本解释第十一条的 情节严重] 单位实施本解释第十一条规定的行为，具有下列情形之一的，属于非法经营行为“情节严重”：

（一）经营数额在十五万元至三十万元以上的；

（二）违法所得数额在五万元至十万元以上的；

（三）经营报纸一万五千份或者期刊一万五千本或者图书五千册或者音像制品、电子出版物一千五百张（盒）以上的。**最高法《关于审理非法出版物刑事案件具体应用法律若干问题的解释》法释〔1998〕30号 1998/12/23 第十三条第一款**

[单位实施本解释第十一条的 情节特别严重] 具有下列情形之一的，属于非法经营行为“情节特别严重”：

（一）经营数额在五十万元至一百万元以上的；

（二）违法所得数额在十五万元至三十万元以上的；

（三）经营报纸五万份或者期刊五万本或者图书一万五千册或者音像制品、电子出版物五千张（盒）以上的。**最高法《关于审理非法出版物刑事案件具体应用法律若干问题的解释》法释〔1998〕30号 1998/12/23 第十三条第二款**

[接近起点标准但可定为情节严重、情节特别严重的情形] 实施本解释第十一条规定的行为，经营数额、违法所得数额或者经营数量接近非法经营行为“情节严重”、“情节特别严重”的数额、数量起点标准，并具有下列情形之一的，可以认定为非法经营行为“情节严重”、“情节特别严重”：

（一）两年内因出版、印刷、复制、发行非法出版物受过行政处罚两次以上的；

（二）因出版、印刷、复制、发行非法出版物造成恶劣社会影响或者其他严重后果的。**最高法《关于审理非法出版物刑事案件具体应用法律若干问题的**

解释》法释〔1998〕30号 1998/12/23 第十四条

[非法从事出版物的出版等业务　严重扰乱市场秩序、情节特别严重] 非法从事出版物的出版、印刷、复制、发行业务，严重扰乱市场秩序，情节特别严重，构成犯罪的，可以依照刑法第二百二十五条第（三）项的规定，以非法经营罪定罪处罚。最高法《关于审理非法出版物刑事案件具体应用法律若干问题的解释》法释〔1998〕30号 1998/12/23 第十五条

[出版单位以共犯论处] 出版单位与他人事前通谋，向其出售、出租或者以其他形式转让该出版单位的名称、书号、刊号、版号，他人实施本解释第二条、第四条、第八条、第九条、第十条、第十一条规定的行为，构成犯罪的，对该出版单位应当以共犯论处。最高法《关于审理非法出版物刑事案件具体应用法律若干问题的解释》法释〔1998〕30号 1998/12/23 第十六条

[经营数额　违法所得数额　没有定价的按实际出售价格认定] 本解释所称“经营数额”，是指以非法出版物的定价数额乘以行为人经营的非法出版物数量所得的数额。

本解释所称“违法所得数额”，是指获利数额。

非法出版物没有定价或者以境外货币定价的，其单价数额应当按照行为人实际出售的价格认定。最高法《关于审理非法出版物刑事案件具体应用法律若干问题的解释》法释〔1998〕30号 1998/12/23 第十七条

[各地具体标准] 各省、自治区、直辖市高级人民法院可以根据本地的情况和社会治安状况，在本解释第八条、第十条、第十二条、第十三条规定的有关数额、数量标准的幅度内，确定本地执行的具体标准，并报最高人民法院备案。最高法《关于审理非法出版物刑事案件具体应用法律若干问题的解释》法释〔1998〕30号 1998/12/23 第十八条

[是否具有音像制品合法经营资格并不影响非法经营行为的认定] 只要行为人明知是违法音像制品而进行经营即属于非法经营行为，其是否具有音像制品合法经营资格并不影响非法经营行为的认定；非法经营行为包括一系列环节，经营者购进违法音像制品并存放于仓库等场所的行为属于经营行为的中间环节，对此也可以认定为是非法经营行为。最高检法律政策研究室《关于非法经营行为界定有关问题的复函》〔2002〕高检研发第24号 2002/10/25

[其他严重扰乱市场秩序的非法经营行为] 各级人民法院审理非法经营犯罪案件，要依法严格把握刑法第二百二十五条第（四）的适用范围。对被告人的行为是否属于刑法第二百二十五条第（四）规定的“其它严重扰乱市场秩序的非法经营行为”，有关司法解释未作明确规定的，应当作为法律适用问题，逐级向最高人民法院请示。最高法《关于准确理解和适用刑法中“国家规定”的有关问题的通知》法发〔2011〕155号 2011/04/08 第三条

灾害期间

[预防、控制灾害期间犯本罪] 违反国家在预防、控制突发传染病疫情等灾害期间有关市场经营、价格管理等规定，哄抬物价、牟取暴利，严重扰乱市场秩序，违法所得数额较大或者有其他严重情节的，依照刑法第二百二十五条第（四）项的规定，以非法经营罪定罪，依法从重处罚。两高《关于办理妨害预防、控制突发传染病疫情等灾害的刑事案件具体应用法律若干问题的解释》法释〔2003〕8号 2003/05/15 第六条

[突发传染病疫情等灾害] 本解释所称“突发传染病疫情等灾害”，是指突然发生，造成或者可能造成社会公众健康严重损害的重大传染病疫情、群体性不明原因疾病以及其他严重影响公众健康的灾害。两高《关于办理妨害预防、控制突发传染病疫情等灾害的刑事案件具体应用法律若干问题的解释》法释〔2003〕8号 2003/05/15 第十八条

擅自发行基金份额募集基金

[擅自发行基金份额募集基金] 违反国家规定，未经依法核准擅自发行基金份额募集基金，情节严重的，依照刑法第二百二十五条的规定，以非法经营罪定罪处罚。最高法《关于审理非法集资刑事案件具体应用法律若干问题的解释》法释〔2010〕18号 2011/01/04 第七条

非法买卖外汇

[非法买卖外汇] 在外汇指定银行和中国外汇交易中心及其分中心以外买卖外汇，扰乱金融市场秩序，具有下列情形之一的，按照刑法第二百二十五条第（三）项的规定定罪处罚：

（一）非法买卖外汇二十万美元以上的；

（二）违法所得五万元人民币以上的。最高法《关于审理骗购外汇、非法买

卖外汇刑事案件具体应用法律若干问题的解释》法释〔1998〕20号 1998/08/28 第三条

[单位为他人骗购外汇] 公司、企业或者其他单位，违反有关外贸代理业务的规定，采用非法手段，或者明知是伪造、变造的凭证、商业单据，为他人向外汇指定银行骗购外汇，数额在五百万美元以上或者违法所得五十万元人民币以上的，按照刑法第二百二十五条第（三）项的规定定罪处罚。最高法《关于审理骗购外汇、非法买卖外汇刑事案件具体应用法律若干问题的解释》法释〔1998〕20号 1998/08/28 第四条第一款

[居间介绍骗购外汇] 居间介绍骗购外汇一百万美元以上或者违法所得十万元人民币以上的，按照刑法第二百二十五条第（三）项的规定定罪处罚。最高法《关于审理骗购外汇、非法买卖外汇刑事案件具体应用法律若干问题的解释》法释〔1998〕20号 1998/08/28 第四条第二款

林　木

[买卖经营许可证明　依重罪处罚] 对于买卖允许进出口证明书等经营许可证明，同时触犯刑法第二百二十五条、第二百八十条规定之罪的，依照处罚较重的规定定罪处罚。最高法《关于审理破坏森林资源刑事案件具体应用法律若干问题的解释》法释〔2000〕36号 2000/12/11 第十三条第二款

野生动物

[伪造、变造、买卖国家机关公文、证件] 伪造、变造、买卖国家机关颁发的野生动物允许进出口证明书、特许猎捕证、狩猎证、驯养繁殖许可证等公文、证件构成犯罪的，依照刑法第二百八十条第一款的规定以伪造、变造、买卖国家机关公文、证件罪定罪处罚。最高法《关于审理破坏野生动物资源刑事案件具体应用法律若干问题的解释》法释〔2000〕37号 2000/12/11 第九条第一款

[依处罚较重的定罪处罚] 实施上述行为构成犯罪，同时构成刑法第二百二十五条第二项规定的非法经营罪的，依照处罚较重的规定定罪处罚。最高法《关于审理破坏野生动物资源刑事案件具体应用法律若干问题的解释》法释〔2000〕37号 2000/12/11 第九条第二款

[非法经营案立案追诉标准] [非法经营案（刑法第二百二十五条）] 违反国家规定，进行非法经营活动，扰乱市场秩序，涉嫌下列情形之一的，应予立案追诉：

（一）违反国家有关盐业管理规定，非法生产、储运、销售食盐，扰乱市场秩序，具有下列情形之一的：

1. 非法经营食盐数量在二十吨以上的；

2. 曾因非法经营食盐行为受过二次以上行政处罚又非法经营食盐，数量在十吨以上的。

（二）违反国家烟草专卖管理法律法规，未经烟草专卖行政主管部门许可，无烟草专卖生产企业许可证、烟草专卖批发企业许可证、特种烟草专卖经营企业许可证、烟草专卖零售许可证等许可证明，非法经营烟草专卖品，具有下列情形之一的：

1. 非法经营数额在五万元以上，或者违法所得数额在二万元以上的；

2. 非法经营卷烟二十万支以上的；

3. 曾因非法经营烟草专卖品三年内受过二次以上行政处罚，又非法经营烟草专卖品且数额在三万元以上的。

（三）未经国家有关主管部门批准，非法经营证券、期货、保险业务，或者非法从事资金支付结算业务，具有下列情形之一的：

1. 非法经营证券、期货、保险业务，数额在三十万元以上的；

2. 非法从事资金支付结算业务，数额在二百万元以上的；

3. 违反国家规定，使用销售点终端机具（POS机）等方法，以虚构交易、虚开价格、现金退货等方式向信用卡持卡人直接支付现金，数额在一百万元以上的，或者造成金融机构资金二十万元以上逾期未还的，或者造成金融机构经济损失十万元以上的；

4. 违法所得数额在五万元以上的。

（四）非法经营外汇，具有下列情形之一的：

1. 在外汇指定银行和中国外汇交易中心及其分中心以外买卖外汇，数额在二十万美元以上的，或者违法所得数额在五万元以上的；

2. 公司、企业或者其他单位违反有关外贸代理业务的规定，采用非法手段，或者明知是伪造、变造的凭证、商业单据，为他人向外汇指定银行骗购外汇，数额在五百万美元以上或者违法所得数额在五十万元以上的；

3. 居间介绍骗购外汇，数额在一百万美元以上或者违法所得数额在十万元以上的。

（五）出版、印刷、复制、发行严重危害社会秩序和扰乱市场秩序的非法出版物，具有下列情形之一的：

1. 个人非法经营数额在五万元以上的，单位非法经营数额在十五万元以上的；

2. 个人违法所得数额在二万元以上的，单位违法所得数额在五万元以上的；

3. 个人非法经营报纸五千份或者期刊五千本或者图书二千册或者音像制品、电子出版物五百张（盒）以上的，单位非法经营报纸一万五千份或者期刊一万五千本或者图书五千册或者音像制品、电子出版物一千五百张（盒）以上的；

4. 虽未达到上述数额标准，但具有下列情形之一的：

（1）两年内因出版、印刷、复制、发行非法出版物受过行政处罚二次以上的，又出版、印刷、复制、发行非法出版物的；

（2）因出版、印刷、复制、发行非法出版物造成恶劣社会影响或者其他严重后果的。

（六）非法从事出版物的出版、印刷、复制、发行业务，严重扰乱市场秩序，具有下列情形之一的：

1. 个人非法经营数额在十五万元以上的，单位非法经营数额在五十万元以上的；

2. 个人违法所得数额在五万元以上的，单位违法所得数额在十五万元以上的；

3. 个人非法经营报纸一万五千份或者期刊一万五千本或者图书五千册或者音像制品、电子出版物一千五百张（盒）以上的，单位非法经营报纸五万份或者期刊五万本或者图书一万五千册或者音像制品、电子出版物五千张（盒）以上的；

4. 虽未达到上述数额标准，两年内因非法从事出版物的出版、印刷、复制、发行业务受过行政处罚二次以上的，又非法从事出版物的出版、印刷、复制、发行业务的。

（七）采取租用国际专线、私设转接设备或者其他方法，擅自经营国际电信业务或者涉港澳台电信业务进行营利活动，扰乱电信市场管理秩序，具有下列情形之一的：

1. 经营去话业务数额在一百万元以上的；

2. 经营来话业务造成电信资费损失数额在一百万元以上的；

3. 虽未达到上述数额标准，但具有下列情形之一的：

（1）两年内因非法经营国际电信业务或者涉港澳台电信业务行为受过行政处罚二次以上，又非法经营国际电信业务或者涉港澳台电信业务的；

（2）因非法经营国际电信业务或者涉港澳台电信业务行为造成其他严重后果的。

（八）从事其他非法经营活动，具有下列情形之一的：

1. 个人非法经营数额在五万元以上，或者违法所得数额在一万元以上的；

2. 单位非法经营数额在五十万元以上，或者违法所得数额在十万元以上的；

3. 虽未达到上述数额标准，但两年内因同种非法经营行为受过二次以上行政处罚，又进行同种非法经营行为的；

4. 其他情节严重的情形。**最高检、公安部《关于公安机关管辖的刑事案件立案追诉标准的规定（二）》公通字〔2010〕23号 2010/05/07 第七十九条**

[非法从事资金支付结算业务] 违反国家规定，具有下列情形之一的，属于刑法第二百二十五条第三项规定的“非法从事资金支付结算业务”：

（一）使用受理终端或者网络支付接口等方法，以虚构交易、虚开价格、交易退款等非法方式向指定付款方支付货币资金的；

（二）非法为他人提供单位银行结算账户套现或者单位银行结算账户转个人账户服务的；

（三）非法为他人提供支票套现服务的；

（四）其他非法从事资金支付结算业务的情形。**两高《关于办理非法从事资金支付结算业务、非法买卖外汇刑事案件适用法律若干问题的解释》法释〔2019〕1号 2019/01/31 第一条**

[倒卖外汇或者变相买卖外汇] 违反国家规定，实施倒买倒卖外汇或

者变相买卖外汇等非法买卖外汇行为，扰乱金融市场秩序，情节严重的，依照刑法第二百二十五条第四项的规定，以非法经营罪定罪处罚。两高《关于办理非法从事资金支付结算业务、非法买卖外汇刑事案件适用法律若干问题的解释》法释〔2019〕1号 2019/01/31 第二条

[情节严重的认定] 非法从事资金支付结算业务或者非法买卖外汇，具有下列情形之一的，应当认定为非法经营行为“情节严重”：

（一）非法经营数额在五百万元以上的；

（二）违法所得数额在十万元以上的。

非法经营数额在二百五十万元以上，或者违法所得数额在五万元以上，且具有下列情形之一的，可以认定为非法经营行为“情节严重”：

（一）曾因非法从事资金支付结算业务或者非法买卖外汇犯罪行为受过刑事追究的；

（二）二年内因非法从事资金支付结算业务或者非法买卖外汇违法行为受过行政处罚的；

（三）拒不交代涉案资金去向或者拒不配合追缴工作，致使赃款无法追缴的；

（四）造成其他严重后果的。两高《关于办理非法从事资金支付结算业务、非法买卖外汇刑事案件适用法律若干问题的解释》法释〔2019〕1号 2019/01/31 第三条

[情节特别严重的认定] 非法从事资金支付结算业务或者非法买卖外汇，具有下列情形之一的，应当认定为非法经营行为“情节特别严重”：

（一）非法经营数额在二千五百万元以上的；

（二）违法所得数额在五十万元以上的。

非法经营数额在一千二百五十万元以上，或者违法所得数额在二十五万元以上，且具有本解释第三条第二款规定的四种情形之一的，可以认定为非法经营行为“情节特别严重”。两高《关于办理非法从事资金支付结算业务、非法买卖外汇刑事案件适用法律若干问题的解释》法释〔2019〕1号 2019/01/31 第二条

[一行为触犯数罪时的处罚] 非法从事资金支付结算业务或者非法买卖外汇，构成非法经营罪，同时又构成刑法第一百二十条之一规定的帮助

恐怖活动罪或者第一百九十一条规定的洗钱罪的，依照处罚较重的规定定罪处罚。**两高《关于办理非法从事资金支付结算业务、非法买卖外汇刑事案件适用法律若干问题的解释》法释〔2019〕1号 2019/01/31 第五条**

[违法所得累计计算] 二次以上非法从事资金支付结算业务或者非法买卖外汇，依法应予行政处理或者刑事处理而未经处理的，非法经营数额或者违法所得数额累计计算。

同一案件中，非法经营数额、违法所得数额分别构成情节严重、情节特别严重的，按照处罚较重的数额定罪处罚。**两高《关于办理非法从事资金支付结算业务、非法买卖外汇刑事案件适用法律若干问题的解释》法释〔2019〕1号 2019/01/31 第六条**

[难以确定违法所得时的处理方法] 非法从事资金支付结算业务或者非法买卖外汇违法所得数额难以确定的，按非法经营数额的千分之一认定违法所得数额，依法并处或者单处违法所得一倍以上五倍以下罚金。**两高《关于办理非法从事资金支付结算业务、非法买卖外汇刑事案件适用法律若干问题的解释》法释〔2019〕1号 2019/01/31 第七条**

[从轻处罚、不起诉、免予刑事处罚] 符合本解释第三条规定的标准，行为人如实供述犯罪事实，认罪悔罪，并积极配合调查，退缴违法所得的，可以从轻处罚；其中犯罪情节轻微的，可以依法不起诉或者免予刑事处罚。

符合刑事诉讼法规定的认罪认罚从宽适用范围和条件的，依照刑事诉讼法的规定处理。**两高《关于办理非法从事资金支付结算业务、非法买卖外汇刑事案件适用法律若干问题的解释》法释〔2019〕1号 2019/01/31 第八条**

[单位犯本罪的处理] 单位实施本解释第一条、第二条规定的非法从事资金支付结算业务、非法买卖外汇行为，依照本解释规定的定罪量刑标准，对单位判处罚金，并对其直接负责的主管人员和其他直接责任人员定罪处罚。**两高《关于办理非法从事资金支付结算业务、非法买卖外汇刑事案件适用法律若干问题的解释》法释〔2019〕1号 2019/01/31 第九条**

[犯罪地的认定] 非法从事资金支付结算业务、非法买卖外汇刑事案件中的犯罪地，包括犯罪嫌疑人、被告人用于犯罪活动的账户开立地、资金接收地、资金过渡账户开立地、资金账户操作地，以及资金交易对手资

金交付和汇出地等。两高《关于办理非法从事资金支付结算业务、非法买卖外汇刑事案件适用法律若干问题的解释》法释〔2019〕1号 2019/01/31 第十条

[犯罪数额的计算] 涉及外汇的犯罪数额，按照案发当日中国外汇交易中心或者中国人民银行授权机构公布的人民币对该货币的中间价折合成人民币计算。中国外汇交易中心或者中国人民银行授权机构未公布汇率中间价的境外货币，按照案发当日境内银行人民币对该货币的中间价折算成人民币，或者该货币在境内银行、国际外汇市场对美元汇率，与人民币对美元汇率中间价进行套算。两高《关于办理非法从事资金支付结算业务、非法买卖外汇刑事案件适用法律若干问题的解释》法释〔2019〕1号 2019/01/31 第十一条

第二百二十六条　【强迫交易罪】以暴力、威胁手段，实施下列行为之一，情节严重的，处三年以下有期徒刑或者拘役，并处或者单处罚金；情节特别严重的，处三年以上七年以下有期徒刑，并处罚金：

（一）强买强卖商品的；

（二）强迫他人提供或者接受服务的；

（三）强迫他人参与或者退出投标、拍卖的；

（四）强迫他人转让或者收购公司、企业的股份、债券或者其他资产的；

（五）强迫他人参与或者退出特定的经营活动的。[①]

[强迫借贷行为] 以暴力、胁迫手段强迫他人借贷，属于刑法第二百二十六条第二项规定的“强迫他人提供或者接受服务”，情节严重的，以强迫交易罪追究刑事责任；同时构成故意伤害罪等其他犯罪的，依照处罚较重的规定定罪处罚。以非法占有为目的，以借贷为名采用暴力、胁迫手段获取他人财物，符合刑法第二百六十三条或者第二百七十四条规定的，以抢劫罪或者敲诈勒索罪追究刑事责任。最高检《关于强迫借贷行为适用法律

① 根据2011年5月1日《刑法修正案（八）》修改，原条文为：“以暴力、威胁手段强买强卖商品、强迫他人提供服务或者强迫他人接受服务，情节严重的，处三年以下有期徒刑或者拘役，并处或者单处罚金。”

问题的批复》高检发释字〔2014〕1号 2014/04/17

[以暴力、胁迫手段迫使他人交出与合理价钱、费用相差不大钱物] 从事正常商品买卖、交易或者劳动服务的人，以暴力、胁迫手段迫使他人交出与合理价钱、费用相差不大钱物，情节严重的，以强迫交易罪定罪处罚。最高法《关于审理抢劫、抢夺刑事案件适用法律若干问题的意见》法发〔2005〕8号 2005/06/08

[强迫交易案立案追诉标准] 将《立案追诉标准（一）》第二十八条修改为：[强迫交易案（刑法第二百二十六条）] 以暴力、威胁手段强买强卖商品，强迫他人提供服务或者接受服务，涉嫌下列情形之一的，应予立案追诉：

（一）造成被害人轻微伤的；

（二）造成直接经济损失二千元以上的；

（三）强迫交易三次以上或者强迫三人以上交易的；

（四）强迫交易数额一万元以上，或者违法所得数额二千元以上的；

（五）强迫他人购买伪劣商品数额五千元以上，或者违法所得数额一千元以上的；

（六）其他情节严重的情形。

以暴力、威胁手段强迫他人参与或者退出投标、拍卖，强迫他人转让或者收购公司、企业的股份、债券或者其他资产，强迫他人参与或者退出特定的经营活动，具有多次实施、手段恶劣、造成严重后果或者恶劣社会影响等情形之一的，应予立案追诉。最高检、公安部《关于公安机关管辖的刑事案件立案追诉标准的规定（一）的补充规定》公通字〔2017〕12号 2017/04/27 第五条

第二百二十七条　【伪造、倒卖伪造的有价票证罪；倒卖车票、船票罪】伪造或者倒卖伪造的车票、船票、邮票或者其他有价票证，数额较大的，处二年以下有期徒刑、拘役或者管制，并处或者单处票证价额一倍以上五倍以下罚金；数额巨大的，处二年以上七年以下有期徒刑，并处票证价额一倍以上五倍以下罚金。

倒卖车票、船票，情节严重的，处三年以下有期徒刑、拘役

或者管制，并处或者单处票证价额一倍以上五倍以下罚金。

[对变造或者倒卖变造的邮票数额较大的] 对变造或者倒卖变造的邮票数额较大的，应当依照刑法第二百二十七条第一款的规定定罪处罚。最高法《关于对变造、倒卖变造邮票行为如何适用法律问题的解释》法释〔2000〕41号 2000/12/09

[倒卖车票情节严重] 高价、变价、变相加价倒卖车票或者倒卖坐席、卧铺签字号及订购车票凭证，票面数额在五千元以上，或者非法获利数额在二千元以上的，构成刑法第二百二十七条第二款规定的“倒卖车票情节严重”。最高法《关于审理倒卖车票刑事案件有关问题的解释》法释〔1999〕17号 1999/09/14 第一条

[铁路职工倒卖车票] 对于铁路职工倒卖车票或者与其他人员勾结倒卖车票；组织倒卖车票的首要分子；曾因倒卖车票受过治安处罚两次以上或者被劳动教养一次以上，两年内又倒卖车票，构成倒卖车票罪的，依法从重处罚。最高法《关于审理倒卖车票刑事案件有关问题的解释》法释〔1999〕17号 1999/09/14 第二条

[非法制作或者出售非法制作的IC电话卡，数额较大的　明知是非法制作的IC电话卡而使用或者购买并使用且数额较大的] 非法制作或者出售非法制作的IC电话卡，数额较大的，应当依照刑法第二百二十七条第一款的规定，以伪造、倒卖伪造的有价票证罪追究刑事责任，犯罪数额可以根据销售数额认定；明知是非法制作的IC电话卡而使用或者购买并使用，造成电信资费损失数额较大的，应当依照刑法第二百六十四条的规定，以盗窃罪追究刑事责任。最高检《关于非法制作、出售、使用IC电话卡行为如何适用法律问题的答复》〔2003〕高检研发第10号 2003/04/02

[伪造、倒卖伪造的有价票证案立案追诉标准] [伪造、倒卖伪造的有价票证案（刑法第二百二十七条第一款）] 伪造或者倒卖伪造的车票、船票、邮票或者其他有价票证，涉嫌下列情形之一的，应予立案追诉：

（一）车票、船票票面数额累计二千元以上，或者数量累计五十张以上的；

（二）邮票票面数额累计五千元以上，或者数量累计一千枚以上的；

（三）其他有价票证价额累计五千元以上，或者数量累计一百张以

上的；

（四）非法获利累计一千元以上的；

（五）其他数额较大的情形。最高检、公安部《关于公安机关管辖的刑事案件立案追诉标准的规定（一）》公通字〔2008〕36号 2008/06/25 第二十九条

[倒卖车票、船票案立案追诉标准] [倒卖车票、船票案（刑法第二百二十七条第二款）] 倒卖车票、船票或者倒卖车票坐席、卧铺签字号以及订购车票、船票凭证，涉嫌下列情形之一的，应予立案追诉：

（一）票面数额累计五千元以上的；

（二）非法获利累计二千元以上的；

（三）其他情节严重的情形。最高检、公安部《关于公安机关管辖的刑事案件立案追诉标准的规定（一）》公通字〔2008〕36号 2008/06/25 第三十条

第二百二十八条　【非法转让、倒卖土地使用权罪】以牟利为目的，违反土地管理法规，非法转让、倒卖土地使用权，情节严重的，处三年以下有期徒刑或者拘役，并处或者单处非法转让、倒卖土地使用权价额百分之五以上百分之二十以下罚金；情节特别严重的，处三年以上七年以下有期徒刑，并处非法转让、倒卖土地使用权价额百分之五以上百分之二十以下罚金。

[违反土地管理法规] 刑法第二百二十八条、第三百四十二条、第四百一十条规定的“违反土地管理法规”，是指违反土地管理法、森林法、草原法等法律以及有关行政法规中关于土地管理的规定。全国人大常委会《关于〈中华人民共和国刑法〉第二百二十八条、第三百四十二条、第四百一十条的解释》2009/08/27

[情节严重] 以牟利为目的，违反土地管理法规，非法转让、倒卖土地使用权，具有下列情形之一的，属于非法转让、倒卖土地使用权“情节严重”，依照刑法第二百二十八条的规定，以非法转让、倒卖土地使用权罪定罪处罚：

（一）非法转让、倒卖基本农田五亩以上的；

（二）非法转让、倒卖基本农田以外的耕地十亩以上的；

（三）非法转让、倒卖其他土地二十亩以上的；

（四）非法获利五十万元以上的；

（五）非法转让、倒卖土地接近上述数量标准并具有其他恶劣情节的，如曾因非法转让、倒卖土地使用权受过行政处罚或者造成严重后果等。**最高法《关于审理破坏土地资源刑事案件具体应用法律若干问题的解释》法释〔2000〕14号 2000/06/22 第一条**

[情节特别严重] 实施第一条规定的行为，具有下列情形之一的，属于非法转让、倒卖土地使用权“情节特别严重”：

（一）非法转让、倒卖基本农田十亩以上的；

（二）非法转让、倒卖基本农田以外的耕地二十亩以上的；

（三）非法转让、倒卖其他土地四十亩以上的；

（四）非法获利一百万元以上的；

（五）非法转让、倒卖土地接近上述数量标准并具有其他恶劣情节，如造成严重后果等。**最高法《关于审理破坏土地资源刑事案件具体应用法律若干问题的解释》法释〔2000〕14号 2000/06/22 第二条**

[单位犯本罪] 单位犯非法转让、倒卖土地使用权罪、非法占有耕地罪的定罪量刑标准，依照本解释第一条、第二条、第三条的规定执行。**最高法《关于审理破坏土地资源刑事案件具体应用法律若干问题的解释》法释〔2000〕14号 2000/06/22 第八条**

[多次行为　按累计的数量、数额计算] 多次实施本解释规定的行为依法应当追诉的，或者一年内多次实施本解释规定的行为未经处理的，按照累计的数量、数额处罚。**最高法《关于审理破坏土地资源刑事案件具体应用法律若干问题的解释》法释〔2000〕14号 2000/06/22 第九条**

[非法转让、倒卖土地使用权案立案追诉标准] [非法转让、倒卖土地使用权案（刑法第二百二十八条）] 以牟利为目的，违反土地管理法规，非法转让、倒卖土地使用权，涉嫌下列情形之一的，应予立案追诉：

（一）非法转让、倒卖基本农田五亩以上的；

（二）非法转让、倒卖基本农田以外的耕地十亩以上的；

（三）非法转让、倒卖其他土地二十亩以上的；

（四）违法所得数额在五十万元以上的；

（五）虽未达到上述数额标准，但因非法转让、倒卖土地使用权受过行政处罚，又非法转让、倒卖土地的；

（六）其他情节严重的情形。最高检、公安部《关于公安机关管辖的刑事案件立案追诉标准的规定（二）》公通字〔2010〕23号 2010/05/07 第八十条

第二百二十九条 【提供虚假证明文件罪；出具证明文件重大失实罪】承担资产评估、验资、验证、会计、审计、法律服务等职责的中介组织的人员故意提供虚假证明文件，情节严重的，处五年以下有期徒刑或者拘役，并处罚金。

前款规定的人员，索取他人财物或者非法收受他人财物，犯前款罪的，处五年以上十年以下有期徒刑，并处罚金。

第一款规定的人员，严重不负责任，出具的证明文件有重大失实，造成严重后果的，处三年以下有期徒刑或者拘役，并处或者单处罚金。

［故意提供虚假证明文件］药物非临床研究机构、药物临床试验机构、合同研究组织的工作人员，故意提供虚假的药物非临床研究报告、药物临床试验报告及相关材料的，应当认定为刑法第二百二十九条规定的“故意提供虚假证明文件”。两高《关于办理药品、医疗器械注册申请材料造假刑事案件适用法律若干问题的解释》法释〔2017〕15号 2017/09/01 第一条第一款

［刑法第229条之“情节严重”］实施前款规定的行为，具有下列情形之一的，应当认定为刑法第二百二十九条规定的“情节严重”，以提供虚假证明文件罪处五年以下有期徒刑或者拘役，并处罚金：

（一）在药物非临床研究或者药物临床试验过程中故意使用虚假试验用药品的；

（二）瞒报与药物临床试验用药品相关的严重不良事件的；

（三）故意损毁原始药物非临床研究数据或者药物临床试验数据的；

（四）编造受试动物信息、受试者信息、主要试验过程记录、研究数据、检测数据等药物非临床研究数据或者药物临床试验数据，影响药品安全性、有效性评价结果的；

（五）曾因在申请药品、医疗器械注册过程中提供虚假证明材料受过刑事处罚或者二年内受过行政处罚，又提供虚假证明材料的；

（六）其他情节严重的情形。两高《关于办理药品、医疗器械注册申请材料造假刑事案件适用法律若干问题的解释》法释〔2017〕15号 2017/09/01 第一条第二款

［故意提供虚假证明文件且索取或者非法收受他人财物的］实施本解释第一条规定的行为，索取或者非法收受他人财物的，应当依照刑法第二百二十九条第二款规定，以提供虚假证明文件罪处五年以上十年以下有期徒刑，并处罚金；同时构成提供虚假证明文件罪和受贿罪、非国家工作人员受贿罪的，依照处罚较重的规定定罪处罚。两高《关于办理药品、医疗器械注册申请材料造假刑事案件适用法律若干问题的解释》法释〔2017〕15号 2017/09/01 第二条

［骗取药品批准证明文件生产、销售药品的　以生产、销售假药罪定罪处罚］药品注册申请单位的工作人员，故意使用符合本解释第一条第二款规定的虚假药物非临床研究报告、药物临床试验报告及相关材料，骗取药品批准证明文件生产、销售药品的，应当依照刑法第一百四十一条规定，以生产、销售假药罪定罪处罚。两高《关于办理药品、医疗器械注册申请材料造假刑事案件适用法律若干问题的解释》法释〔2017〕15号 2017/09/01 第三条

［提供虚假药物非临床研究报告、药物临床试验报告及相关材料的以提供虚假证明文件罪的共同犯罪论处］药品注册申请单位的工作人员指使药物非临床研究机构、药物临床试验机构、合同研究组织的工作人员提供本解释第一条第二款规定的虚假药物非临床研究报告、药物临床试验报告及相关材料的，以提供虚假证明文件罪的共同犯罪论处。两高《关于办理药品、医疗器械注册申请材料造假刑事案件适用法律若干问题的解释》法释〔2017〕15号 2017/09/01 第四条第一款

［指使　但书］具有下列情形之一的，可以认定为前款规定的“指使”，但有相反证据的除外：

（一）明知有关机构、组织不具备相应条件或者能力，仍委托其进行药物非临床研究、药物临床试验的；

（二）支付的价款明显异于正常费用的。两高《关于办理药品、医疗器械注册申请材料造假刑事案件适用法律若干问题的解释》法释〔2017〕15号 2017/09/01 第四条第二款

［骗取药品批准证明文件生产、销售药品，同时构成提供虚假证明文

件罪和生产、销售假药罪的 依照处罚较重的规定定罪处罚］药品注册申请单位的工作人员和药物非临床研究机构、药物临床试验机构、合同研究组织的工作人员共同实施第一款规定的行为，骗取药品批准证明文件生产、销售药品，同时构成提供虚假证明文件罪和生产、销售假药罪的，依照处罚较重的规定定罪处罚。**两高《关于办理药品、医疗器械注册申请材料造假刑事案件适用法律若干问题的解释》法释〔2017〕15号 2017/09/01 第四条第三款**

［故意提供、使用虚假的医疗器械临床试验报告及相关材料的］在医疗器械注册申请中，故意提供、使用虚假的医疗器械临床试验报告及相关材料的，参照适用本解释第一条至第四条规定。**两高《关于办理药品、医疗器械注册申请材料造假刑事案件适用法律若干问题的解释》法释〔2017〕15号 2017/09/01 第五条**

［单位犯本罪的］单位犯本解释第一条至第五条规定之罪的，对单位判处罚金，并依照本解释规定的相应自然人犯罪的定罪量刑标准对直接负责的主管人员和其他直接责任人员定罪处罚。**两高《关于办理药品、医疗器械注册申请材料造假刑事案件适用法律若干问题的解释》法释〔2017〕15号 2017/09/01 第六条**

［以滥用职权罪或者玩忽职守罪追究刑事责任］对药品、医疗器械注册申请负有核查职责的国家机关工作人员，滥用职权或者玩忽职守，导致使用虚假证明材料的药品、医疗器械获得注册，致使公共财产、国家和人民利益遭受重大损失的，应当依照刑法第三百九十七条规定，以滥用职权罪或者玩忽职守罪追究刑事责任。**两高《关于办理药品、医疗器械注册申请材料造假刑事案件适用法律若干问题的解释》法释〔2017〕15号 2017/09/01 第七条**

［专门性问题难以确定的］对是否属于虚假的药物非临床研究报告、药物或者医疗器械临床试验报告及相关材料，是否影响药品或者医疗器械安全性、有效性评价结果，以及是否属于严重不良事件等专门性问题难以确定的，可以根据国家药品监督管理部门设置或者指定的药品、医疗器械审评等机构出具的意见，结合其他证据作出认定。**两高《关于办理药品、医疗器械注册申请材料造假刑事案件适用法律若干问题的解释》法释〔2017〕15号 2017/09/01 第八条**

［合同研究组织］本解释所称“合同研究组织”，是指受药品或者医疗

器械注册申请单位、药物非临床研究机构、药物或者医疗器械临床试验机构的委托，从事试验方案设计、数据统计、分析测试、监查稽查等与非临床研究或者临床试验相关活动的单位。两高《关于办理药品、医疗器械注册申请材料造假刑事案件适用法律若干问题的解释》法释〔2017〕15号 2017/09/01 第九条

[中介组织或其他人员提供虚假资信证明材料] 承担资产评估、验资、验证、会计、审计、法律服务等职责的中介组织或其人员，为信用卡申请人提供虚假的财产状况、收入、职务等资信证明材料，应当追究刑事责任的，依照刑法第二百二十九条的规定，分别以提供虚假证明文件罪和出具证明文件重大失实罪定罪处罚。两高《关于办理妨害信用卡管理刑事案件具体应用法律若干问题的解释》法释〔2009〕19号 2009/12/16 第四条第二款

[公证员出具的公证书重大失实造成严重后果]《中华人民共和国公证法》施行以后，公证员在履行公证职责过程中，严重不负责任，出具的公证书有重大失实，造成严重后果的，依照刑法第二百二十九条第三款的规定，以出具证明文件重大失实罪追究刑事责任。最高检《关于公证员出具公证书有重大失实行为如何适用法律问题的批复》高检发释字〔2009〕1号 2009/01/07

[提供虚假证明文件案立案追诉标准] [提供虚假证明文件案（刑法第二百二十九条第一款、第二款）] 承担资产评估、验资、验证、会计、审计、法律服务等职责的中介组织的人员故意提供虚假证明文件，涉嫌下列情形之一的，应予立案追诉：

（一）给国家、公众或者其他投资者造成直接经济损失数额在五十万元以上的；

（二）违法所得数额在十万元以上的；

（三）虚假证明文件虚构数额在一百万元且占实际数额百分之三十以上的；

（四）虽未达到上述数额标准，但具有下列情形之一的：

1. 在提供虚假证明文件过程中索取或者非法接受他人财物的；

2. 两年内因提供虚假证明文件，受过行政处罚二次以上，又提供虚假证明文件的。

（五）其他情节严重的情形。最高检、公安部《关于公安机关管辖的刑事案件立案追诉标准的规定（二）》公通字〔2010〕23号 2010/05/07 第八十一条

［出具证明文件重大失实案立案追诉标准］［出具证明文件重大失实案（刑法第二百二十九条第三款）］承担资产评估、验资、验证、会计、审计、法律服务等职责的中介组织的人员严重不负责任，出具的证明文件有重大失实，涉嫌下列情形之一的，应予立案追诉：

（一）给国家、公众或者其他投资者造成直接经济损失数额在一百万元以上的；

（二）其他造成严重后果的情形。最高检、公安部《关于公安机关管辖的刑事案件立案追诉标准的规定（二）》公通字〔2010〕23号 2010/05/07 第八十二条

［以提供虚假证明文件罪或者出具证明文件重大失实罪定罪处罚］环境影响评价机构或其人员，故意提供虚假环境影响评价文件，情节严重的，或者严重不负责任，出具的环境影响评价文件存在重大失实，造成严重后果的，应当依照刑法第二百二十九条、第二百三十一条的规定，以提供虚假证明文件罪或者出具证明文件重大失实罪定罪处罚。两高《关于办理环境污染刑事案件适用法律若干问题的解释》法释〔2016〕29号 2017/01/01 第九条

第二百三十条　【逃避商检罪】违反进出口商品检验法的规定，逃避商品检验，将必须经商检机构检验的进口商品未报经检验而擅自销售、使用，或者将必须经商检机构检验的出口商品未报经检验合格而擅自出口，情节严重的，处三年以下有期徒刑或者拘役，并处或者单处罚金。

［逃避商检案立案追诉标准］［逃避商检案（刑法第二百三十条）］违反进出口商品检验法的规定，逃避商品检验，将必须经商检机构检验的进口商品未报经检验而擅自销售、使用，或者将必须经商检机构检验的出口商品未报经检验合格而擅自出口，涉嫌下列情形之一的，应予立案追诉：

（一）给国家、单位或者个人造成直接经济损失数额在五十万元以上的；

（二）逃避商检的进出口货物货值金额在三百万元以上的；

（三）导致病疫流行、灾害事故的；

（四）多次逃避商检的；

（五）引起国际经济贸易纠纷，严重影响国家对外贸易关系，或者严

重损害国家声誉的；

（六）其他情节严重的情形。最高检、公安部《关于公安机关管辖的刑事案件立案追诉标准的规定（二）》公通字〔2010〕23号 2010/05/07 第八十三条

第二百三十一条 【单位犯扰乱市场秩序罪的处罚规定】单位犯本节第二百二十一条至第二百三十条规定之罪的，对单位判处罚金，并对其直接负责的主管人员和其他直接责任人员，依照本节各该条的规定处罚。

第四章 侵犯公民人身权利、民主权利罪

第二百三十二条 【故意杀人罪】故意杀人的，处死刑、无期徒刑或者十年以上有期徒刑；情节较轻的，处三年以上十年以下有期徒刑。

[建议再审理由 故意杀人罪类 刑事申诉项 再审检察建议项 改判无罪项]

最高人民检察院审查认为，原审判决、裁定认定于英生故意杀人的事实不清，证据不足，案件存在的矛盾和疑点无法得到合理排除，案件事实结论不具有唯一性。检例第25号：于英生申诉案

[要旨 参加黑社会性质组织罪类 故意杀人罪类 故意伤害罪类 第二审程序刑事抗诉项 故意杀人 罪行极其严重项 死刑立即执行项] 死刑依法只适用于罪行极其严重的犯罪分子。对故意杀人、故意伤害、绑架、爆炸等涉黑、涉恐、涉暴刑事案件中罪行极其严重，严重危害国家安全和公共安全、严重危害公民生命权，或者严重危害社会秩序的被告人，依法应当判处死刑，人民法院未判处死刑的，人民检察院应当依法提出抗诉。检例第18号：郭某某参加黑社会性质组织、故意杀人、故意伤害案

[裁判要旨 婚恋纠纷引发项 坦白悔罪项 死刑缓期执行项 限制减刑项 未达成赔偿协议项 判处死缓并限制减刑的具体条件项] 因恋

爱、婚姻矛盾激化引发的故意杀人案件，被告人犯罪手段残忍，论罪应当判处死刑，但被告人具有坦白悔罪、积极赔偿等从轻处罚情节，同时被害人亲属要求严惩的，人民法院根据案件性质、犯罪情节、危害后果和被告人的主观恶性及人身危险性，可以依法判处被告人死刑，缓期二年执行，同时决定限制减刑，以有效化解社会矛盾，促进社会和谐。**最高法指导案例4号：王志才故意杀人案**

[裁判要旨　民间矛盾引发项　亲属协助抓捕项　累犯项　死刑缓期执行项　限制减刑项] 对于因民间矛盾引发的故意杀人案件，被告人犯罪手段残忍，且系累犯，论罪应当判处死刑，但被告人亲属主动协助公安机关将其抓捕归案，并积极赔偿的，人民法院根据案件具体情节，从尽量化解社会矛盾角度考虑，可以依法判处被告人死刑，缓期二年执行，同时决定限制减刑。**最高法指导案例12号：李飞故意杀人案**

[典型意义　变性手术项　虚拟性介入到个人隐私生活风险项　性虐待中杀人项] 被害人张某某本系男性，去泰国做了变性手术后，以盈利为目的，在网络上开设性虐待游戏培训班及招募性虐游戏伙伴。被告人冯文东通过网络知道张某某招募性虐游戏伙伴后，即与张某某联系并自愿付款1500元，让张某某对其实施性虐待。游戏过程中，冯文东因害怕自己被捆绑后，张某某会将其杀害，二人因此发生争执，遂持刀捅死张某某及与张某某共同租房的被害人李仲鹏。该案的审判，清晰地向社会传达了网络的虚拟性介入到个人隐私生活的风险，希望广大网民对此要提高警惕，并培养健康、向上的兴趣爱好，避免惹火烧身。**最高法公布通过网络实施犯罪中的刑事典型案例之一：被告人冯文东故意杀人、盗窃案**

[典型意义　网聊成情人项　交往一年不知面目项] 迅速发展和广泛应用的互联网技术在现代生活中起着至关重要的作用。但是，网络也存在虚拟性等弊端。据悉，国内某些流行网络社交软件的注册用户已达数亿人，在线用户也以千万计。现实生活中，不少人沉迷于网络交友，甚至将感情完全寄托在网络上结交的“情人”身上，被网络情人在网络上展示的“魅力”所迷惑，过于轻信他人。但是，当虚拟的网络与现实发生碰撞后，情人的真实面目最终暴露，很多人如梦初醒，悔不当初。本案被害人刘某

系有夫之妇，通过网络聊天结识了被告人王道红，并与之发展为情人关系。至案发前，刘某与被告人已交往一年有余，但刘某仍未能真正了解、认清被告人的真实性情和人品，最终导致悲剧发生。希望此案能引起公众的警觉，不要被网络恋情所迷惑，网络交友要谨慎。**最高法公布通过网络实施犯罪中的刑事典型案例之三：被告人王道红故意杀人案**

[**典型意义　沉溺于毒品项　疏于照料女儿项　饿死女儿项**] 本案即2013年媒体广为报道的“南京饿死两名女童案”。本案中，被告人乐燕提出自幼未受到父母的关爱，未接受良好的教育，归案后认罪态度较好，请求法庭对其从轻处罚。本案的审理向社会昭示：抚育未成年子女不但是人类社会得以繁衍发展所必须遵循的最基本的人伦准则，更是每一位父母应尽的法定义务与责任，个人的文化、受教育程度、经济条件乃至境遇的不同，均不能成为逃避义务的理由。乐燕的成长经历固然值得同情，但不能成为其不履行法定义务、漠视生命的借口，而本案的审理也反映出我们的社会应当进一步加强对儿童、老人等弱势群体的保护与救助。**最高法发布依法惩治侵犯儿童权益犯罪典型案例之二：乐燕故意杀人案**

[**典型意义　家庭暴力施于未成年子女项**] 本案是一起离异夫妻之间因为经济纠纷产生矛盾，而对未成年子女实施伤害的案件，属于典型的涉及家庭暴力刑事案件。根据当前的刑事政策，对于因恋爱、婚姻、家庭纠纷等民间矛盾激化引发的犯罪，一般酌情从宽处罚。在涉及家庭暴力的刑事案件中，虽然有的也属于“因恋爱、婚姻、家庭纠纷”引发的犯罪，但在量刑时并非一概从宽，必须区分不同情形进行不同处理。比起成年的家庭成员，未成年人因为缺乏自我保护能力，遭受家庭暴力的伤害后果更加严重。司法对于未成年被害人，应当采取特别、优先的保护原则，对于针对未成年家庭成员实施暴力的被告人，根据案件具体情况，可以依法从严惩处。本案被告人陈孔佺因与前妻存在经济纠纷未能解决，采取倒拎住女儿陈某某的手脚，使其头部撞击路面的手段，致使陈某某重伤。法院认定陈孔佺的行为构成故意杀人罪，定罪准确。其法定刑本为死刑、无期徒刑或者十年以上有期徒刑，但因陈孔佺具有犯罪中止情节，依法应当减轻处罚，同时又有自首情节，依法可以从轻处罚，故在三年以上十年以下有期

徒刑的法定刑幅度内，判处被告人陈孔佺有期徒刑八年，量刑适当。最高法发布依法惩治侵犯儿童权益犯罪典型案例之一：陈孔佺故意杀人案

[典型意义 少女未婚先孕产子后遗弃新生婴儿项] 本案是一起少女未婚先孕产子后遗弃新生婴儿触犯故意杀人罪的典型案例。被告人廖某某怀孕后只身一人到外地打工，在工厂宿舍自然分娩婴儿后将其遗弃，致新生婴儿因未得到及时照料而死亡。廖某某的经历固然有值得同情的一面，但婴儿是无辜的，生命权利神圣不可侵犯。作为一名成年人，不论因何种原因生育子女，对新生婴儿均负有妥善照料的法定义务。否则，因漠视生命，应当作为而不作为，必将受到法律应有的制裁。最高法发布依法惩治侵犯儿童权益犯罪典型案例之三：廖某某故意杀人案

[判决理由 吸食毒品后持刀杀人项 罪行极其严重项] 法院认为，被告人李亚琼故意非法剥夺他人生命，其行为已构成故意杀人罪。李亚琼吸食毒品后误认为被害人勾引其朋友，持菜刀砍击被害人100余刀，致其当场死亡，犯罪情节恶劣，手段极其残忍，罪行极其严重，应依法惩处。据此，依法对被告人李亚琼判处并核准死刑。最高法公布毒品犯罪及吸毒诱发的严重犯罪典型案例之三：李亚琼故意杀人案

[判决理由 因民间矛盾引发且有自首情节项 但后果和罪行特别严重项 依法从严惩处项] 法院认为，被告人杨俊祥不能正确处理邻里矛盾，持械故意非法剥夺他人生命，其行为已构成故意杀人罪。本案虽系民间矛盾引发，且杨俊祥具有自首情节，但杨俊祥持械连续击打被害人并致四人死亡，情节特别恶劣，后果和罪行特别严重，依法应予严惩。据此，对被告人杨俊祥判处并核准死刑。最高法公布贯彻宽严相济刑事政策典型案例之二：被告人杨俊祥故意杀人案

[判决理由 怀疑治疗不当项 持斧闯入杀死医生项 罪行极其严重项] 被告人王英生故意非法剥夺他人生命，其行为已构成故意杀人罪。王英生无端怀疑其病症未缓解系医生治疗不当所致，蓄意行凶报复，持斧闯入医院杀死诊治医生，犯罪手段残忍，情节恶劣，罪行极其严重，应依法惩处。最高法公布涉医犯罪典型案例之一：王英生故意杀人案

[判决理由 不满治疗效果项 持刀捅刺杀死主治医生项 罪行极其严重项] 法院经审理认为，被告人王运生故意非法剥夺他人生命，其行为

已构成故意杀人罪。王运生因对住院期间的治疗效果不满，蓄意报复，持刀捅刺主治医生20余刀致人死亡，犯罪手段残忍，情节恶劣，罪行极其严重，应依法惩处。据此，依法对被告人王运生判处并核准死刑。**最高法公布涉医犯罪典型案例之二：王运生故意杀人案**

[判决理由　经常遭受家暴致死丈夫获刑] 法院经审理认为，被告人汤翠连故意非法剥夺他人生命的行为已构成故意杀人罪。被害人杨玉合因琐事与邻居发生争执和拉扯，因汤翠连上前劝阻，杨玉合即持木棍追打汤翠连。汤翠连持柴块将杨玉合打倒在地后，不顾邻居劝阻，继续击打杨玉合头部致其死亡，后果严重，应依法惩处。鉴于杨玉合经常酒后实施家庭暴力，无故殴打汤翠连，具有重大过错；汤翠连在案发后能如实供述犯罪事实，认罪态度好；当地群众请求对汤翠连从轻处罚。综上，对汤翠连可酌情从轻处罚。**最高法公布十起涉家庭暴力典型案例之八：汤翠连故意杀人案**

[判决理由　长期实施家暴并杀人获死刑] 法院经审理认为，被告人肖正喜故意非法剥夺他人生命的行为已构成故意杀人罪，故意伤害他人身体的行为又构成故意伤害罪，应依法数罪并罚。肖正喜不能正确处理夫妻矛盾，因肖海霞提出离婚，即将肖海霞打伤，后又携带凶器至肖海霞家中将肖海霞杀死，将岳父、岳母刺伤，情节极其恶劣，后果极其严重，应依法惩处。**最高法公布十起涉家庭暴力典型案例之九：肖正喜故意杀人、故意伤害案**

[判决理由　养女被养父长期性侵杀死养父获刑项] 法院经审理认为，被告人薛某凤故意非法剥夺他人生命的行为已构成故意杀人罪。薛某凤持械击打被害人薛某太头部致其死亡，后果严重，应依法惩处。鉴于薛某太利用其养父身份，在薛某凤还系幼女时即长期奸淫并导致薛某凤怀孕引产，对薛某凤的身心健康造成巨大伤害。在薛某凤与他人结婚后，薛某太仍持刀欲强行奸淫薛某凤，具有重大过错；河北省临漳县人民检察院认为，因薛某凤自幼被薛某太长期奸淫，薛某凤为反抗而杀死薛某太，故意杀人情节较轻，建议对薛某凤适用缓刑；当地村委会及数百名群众以薛某凤实施杀人行为实属忍无可忍，其家中又有两个年幼子女和一个呆傻养母需要照顾为由，联名请求对薛某凤从轻处罚；临漳县妇女联合会建议，为挽救薛某凤的家庭，减少社会不和谐因素，尽量从轻处罚；案发后薛某凤

认罪态度较好，有悔罪表现。综上，对被告人薛某凤可从轻处罚。据此，临漳县人民法院依法以故意杀人罪判处被告人薛某凤有期徒刑三年，缓刑五年。**最高法公布十起涉家庭暴力典型案例之十：薛某凤故意杀人案**

［**判决理由　吸食毒品后持刀行凶项**］法院认为，被告人石超故意非法剥夺他人生命的行为已构成故意杀人罪。石超饮酒、吸食毒品后，因琐事持刀行凶，致二人死亡、一人轻伤，犯罪情节特别恶劣，手段特别残忍，后果和罪行极其严重，应依法惩处。据此，依法对被告人石超判处并核准死刑。**最高法公布五起毒品犯罪及吸毒诱发的严重犯罪典型之四：石超故意杀人案**

［**已满14周岁不满16周岁　严重犯罪行为以故意伤害罪或故意杀人罪论处**］已满十四周岁不满十六周岁的人盗窃、诈骗、抢夺他人财物，为窝藏赃物、抗拒抓捕或者毁灭罪证，当场使用暴力，故意伤害致人重伤或者死亡，或者故意杀人的，应当分别以故意伤害罪或者故意杀人罪定罪处罚。**最高法《关于审理未成年人刑事案件具体应用法律若干问题的解释》法释〔2006〕1号2006/01/23第十条第一款**

［**适用刑法第248条　适用刑法第234条、第232条**］对于强制隔离戒毒所监管人员殴打或者体罚虐待戒毒人员，或者指使戒毒人员殴打、体罚虐待其他戒毒人员，情节严重的，应当适用刑法第二百四十八条的规定，以虐待被监管人罪追究刑事责任；造成戒毒人员伤残、死亡后果的，应当依照刑法第二百三十四条、第二百三十二条的规定，以故意伤害罪、故意杀人罪从重处罚。**最高检《关于强制隔离戒毒所工作人员能否成为虐待被监管人罪主体问题的批复》高检发释字〔2015〕2号2015/02/15**

［**从重处罚**］在预防、控制突发传染病疫情等灾害期间，聚众“打砸抢”，致人伤残、死亡的，依照刑法第二百八十九条、第二百三十四条、第二百三十二条的规定，以故意伤害罪或者故意杀人罪定罪，依法从重处罚。对毁坏或者抢走公私财物的首要分子，依照刑法第二百八十九条、第二百六十三条的规定，以抢劫罪定罪，依法从重处罚。**两高《关于办理妨害预防、控制突发传染病疫情等灾害的刑事案件具体应用法律若干问题的解释》法释〔2003〕8号2003/05/15第九条**

［**突发传染病疫情等灾害**］本解释所称“突发传染病疫情等灾害”，是

指突然发生，造成或者可能造成社会公众健康严重损害的重大传染病疫情、群体性不明原因疾病以及其他严重影响公众健康的灾害。两高《关于办理妨害预防、控制突发传染病疫情等灾害的刑事案件具体应用法律若干问题的解释》法释〔2003〕8号 2003/05/15 第十八条

[以故意杀人罪或者故意伤害罪定罪处罚] 在安全事故发生后，直接负责的主管人员和其他直接责任人员故意阻挠开展抢救，导致人员死亡或者重伤，或者为了逃避法律追究，对被害人进行隐藏、遗弃，致使被害人因无法得到救助而死亡或者重度残疾的，分别依照刑法第二百三十二条、第二百三十四条的规定，以故意杀人罪或者故意伤害罪定罪处罚。两高《关于办理危害生产安全刑事案件适用法律若干问题的解释》法释〔2015〕22号 2015/12/16 第十条

[抗税致人重伤死亡的] 实施抗税行为致人重伤、死亡，构成故意伤害罪、故意杀人罪的，分别依照刑法第二百三十四条第二款、第二百三十二条的规定定罪处罚。最高法《关于审理偷税抗税刑事案件具体应用法律若干问题的解释》法释〔2002〕33号 2002/11/07 第六条第一款

[组织、策划、煽动、教唆、帮助邪教组织人员自杀、自残] 组织、策划、煽动、教唆、帮助邪教组织人员自杀、自残的，依照刑法第二百三十二条、第二百三十四条的规定，以故意杀人罪、故意伤害罪定罪处罚。两高《关于办理组织和利用邪教组织犯罪案件具体应用法律若干问题的解释（二）》法释〔2001〕19号 2001/06/11 第九条

[将被害人带离事故现场后隐藏或者遗弃] 行为人在交通肇事后为逃避法律追究，将被害人带离事故现场后隐藏或者遗弃，致使被害人无法得到救助而死亡或者严重残疾的，应当分别依照刑法第二百三十二条、第二百三十四条第二款的规定，以故意杀人罪或者故意伤害罪定罪处罚。最高法《关于审理交通肇事刑事案件具体应用法律若干问题的解释》法释〔2000〕33号 2000/11/30 第六条

第二百三十三条　【过失致人死亡罪】过失致人死亡的，处三年以上七年以下有期徒刑；情节较轻的，处三年以下有期徒刑。本法另有规定的，依照规定。

第二百三十四条　【故意伤害罪】故意伤害他人身体的，处

三年以下有期徒刑、拘役或者管制。

犯前款罪，致人重伤的，处三年以上十年以下有期徒刑；致人死亡或者以特别残忍手段致人重伤造成严重残疾的，处十年以上有期徒刑、无期徒刑或者死刑。本法另有规定的，依照规定。

第二百三十四条之一　【组织出卖人体器官罪；故意伤害罪、故意杀人罪；盗窃、侮辱、故意毁坏尸体、尸骨、骨灰罪】 组织他人出卖人体器官的，处五年以下有期徒刑，并处罚金；情节严重的，处五年以上有期徒刑，并处罚金或者没收财产。

未经本人同意摘取其器官，或者摘取不满十八周岁的人的器官，或者强迫、欺骗他人捐献器官的，依照本法第二百三十四条、第二百三十二条的规定定罪处罚。

违背本人生前意愿摘取其尸体器官，或者本人生前未表示同意，违反国家规定，违背其近亲属意愿摘取其尸体器官的，依照本法第三百零二条的规定定罪处罚。[①]

[裁判理由　继母借“教育”之名打骂虐待继女] 法院认为，被告人李某故意伤害被害人申某身体，致其死亡，其行为已构成故意伤害罪。李某借“教育”之名，在与申某共同生活期间经常对申某进行打骂虐待，并最终将申某殴打致死，情节极其恶劣，罪行极其严重，社会危害性极大，应依法惩处。鉴于李某有抢救被害人的行为，且归案后能够如实供述主要犯罪事实，认罪态度较好，对其判处死刑，可不立即执行。据此，依法认定被告人李某犯故意伤害罪，判处死刑，缓期二年执行，剥夺政治权利终身。最高法发布侵犯未成年人权益犯罪典型案例之二：李某故意伤害案

[典型意义　开水烫女儿] 未成年人不具备自我保护能力，父母本应当是他们最值得信赖的安全保障。父母一旦失职，甚至成为伤害未成年子女的凶手，不仅对未成年子女的身体造成伤害，对未成年子女的精神也将造成难以愈合的创伤。对于父母伤害未成年子女的行为，必须依法予以惩

① 根据2011年5月1日《刑法修正案（八）》增加。

处。本案被告人林水全因认为女儿林某某不听话，怀疑林某某不是自己的亲生女儿，竟将林某某脱了衣服用开水烫，造成林某某重伤、四级伤残的后果，犯罪手段极其残忍，后果严重。鉴于林水全归案后能如实供述，有坦白情节，云浮市中级人民法院最终决定对被告人林水全判处有期徒刑十五年，量刑适当。**最高法发布依法惩治侵犯儿童权益犯罪典型案例之五：林水全故意伤害案**

[典型意义　对未成年子女实施家庭暴力　公诉、自诉合并审理] 本案是一起典型的继母对未成年子女实施家庭暴力构成犯罪的案件，其中反映出两点尤其具有参考意义：一是施暴人实施家庭暴力，往往是一个长期、反复的过程。在这一过程中，大部分家庭暴力行为，依照刑法的规定构成虐待罪，但其中又有一次或几次家庭暴力行为，已经符合了刑法规定的故意伤害罪的构成要件，依法构成故意伤害罪。依照刑事诉讼法的规定，故意伤害罪属于公诉案件，虐待罪没有致被害人重伤、死亡的属于自诉案件。人民检察院只能对被告人犯故意伤害罪提起公诉，自诉人可以对被告人犯虐待罪另行提起告诉（即自诉）。人民法院可以将相关公诉案件和自诉案件合并审理。这样处理，既便于在事实、证据的认定方面保持一致，也有利于全面反映被告人实施家庭暴力犯罪的多种情节，综合衡量应当判处的刑罚，还有利于节省司法资源。本案的审判程序即反映出涉及家庭暴力犯罪案件“公诉、自诉合并审理”的特点。二是未成年子女的亲生父母离婚后，对该子女的监护权都是法定的，没有权利放弃、转让，不论是否和该子女共同居住，仍然属于该子女的法定代理人。在未成年子女遭受侵害的时候，未与该子女共同生活的一方，仍然可以以法定代理人的身份，代为提起告诉。本案被害人张某的生母张美丽，在与张某的生父张建志离婚后，虽然没有与张某共同生活，但其作为张某的法定代理人，代张某向人民法院提起虐待罪告诉，是合乎法律规定的。**最高法发布依法惩治侵犯儿童权益犯罪典型案例之四：王玉贵故意伤害、虐待案**

[判决理由　不满医生转院建议项　殴打医生致轻伤项自愿认罪项] 法院经审理认为，被告人刘晓东故意伤害他人身体致轻伤，其行为已构成故意伤害罪。刘晓东就诊时因对医生提出的转院治疗建议不满，将医生打

致轻伤，应依法惩处。鉴于刘晓东当庭自愿认罪，可酌情从轻处罚。据此，依法对被告人刘晓东判处有期徒刑一年四个月。**最高法公布涉医犯罪典型案例之三：刘晓东故意伤害案**

［判决理由 长期对养女实施家暴获刑项］法院经审理认为，被告人邓荣萍故意伤害他人身体的行为已构成故意伤害罪。邓荣萍为人之母，长期对养女范某某进行虐待，又因琐事持木棒将范某某直接打致轻伤，手段残忍，情节恶劣，后果严重，应依法惩处。鉴于邓荣萍自动投案后，如实供述自己的罪行，具有自首情节，依法可对其从轻处罚。**最高法公布十起涉家庭暴力典型案例之七：邓荣萍故意伤害案**

［以故意杀人罪或者故意伤害罪定罪处罚］在安全事故发生后，直接负责的主管人员和其他直接责任人员故意阻挠开展抢救，导致人员死亡或者重伤，或者为了逃避法律追究，对被害人进行隐藏、遗弃，致使被害人因无法得到救助而死亡或者重度残疾的，分别依照刑法第二百三十二条、第二百三十四条的规定，以故意杀人罪或者故意伤害罪定罪处罚。**两高《关于办理危害生产安全刑事案件适用法律若干问题的解释》法释〔2015〕22号 2015/12/16 第十条**

［故意伤害罪的量刑］

1. 构成故意伤害罪的，可以根据下列不同情形在相应的幅度内确定量刑起点：

（1）故意伤害致一人轻伤的，可以在二年以下有期徒刑、拘役幅度内确定量刑起点。

（2）故意伤害致一人重伤的，可以在三年至五年有期徒刑幅度内确定量刑起点。

（3）以特别残忍手段故意伤害致一人重伤，造成六级严重残疾的，可以在十年至十三年有期徒刑幅度内确定量刑起点。依法应当判处无期徒刑以上刑罚的除外。

2. 在量刑起点的基础上，可以根据伤害后果、伤残等级、手段残忍程度等其他影响犯罪构成的犯罪事实增加刑罚量，确定基准刑。

故意伤害致人轻伤的，伤残程度可在确定量刑起点时考虑，或者作为调节基准刑的量刑情节。**最高法《关于常见犯罪的量刑指导意见》法发〔2017〕7**

号 2017/04/01 四、(二)

[要旨　参加黑社会性质组织罪类　故意杀人罪类　故意伤害罪类　第二审程序刑事抗诉项　故意杀人　罪行极其严重项　死刑立即执行项] 死刑依法只适用于罪行极其严重的犯罪分子。对故意杀人、故意伤害、绑架、爆炸等涉黑、涉恐、涉暴刑事案件中罪行极其严重，严重危害国家安全和公共安全、严重危害公民生命权，或者严重危害社会秩序的被告人，依法应当判处死刑，人民法院未判处死刑的，人民检察院应当依法提出抗诉。检例第 18 号：郭某某参加黑社会性质组织、故意杀人、故意伤害案

[已满 14 周岁不满 16 周岁　严重犯罪行为以故意伤害罪或故意杀人罪论处] 已满十四周岁不满十六周岁的人盗窃、诈骗、抢夺他人财物，为窝藏赃物、抗拒抓捕或者毁灭罪证，当场使用暴力，故意伤害致人重伤或者死亡，或者故意杀人的，应当分别以故意伤害罪或者故意杀人罪定罪处罚。最高法《关于审理未成年人刑事案件具体应用法律若干问题的解释》法释〔2006〕1 号 2006/01/23 第十条第一款

[从重处罚] 在预防、控制突发传染病疫情等灾害期间，聚众“打砸抢”，致人伤残、死亡的，依照刑法第二百八十九条、第二百三十四条、第二百三十二条的规定，以故意伤害罪或者故意杀人罪定罪，依法从重处罚。对毁坏或者抢走公私财物的首要分子，依照刑法第二百八十九条、第二百六十三条的规定，以抢劫罪定罪，依法从重处罚。两高《关于办理妨害预防、控制突发传染病疫情等灾害的刑事案件具体应用法律若干问题的解释》法释〔2003〕8 号 2003/05/15 第九条

[突发传染病疫情等灾害] 本解释所称“突发传染病疫情等灾害”，是指突然发生，造成或者可能造成社会公众健康严重损害的重大传染病疫情、群体性不明原因疾病以及其他严重影响公众健康的灾害。两高《关于办理妨害预防、控制突发传染病疫情等灾害的刑事案件具体应用法律若干问题的解释》法释〔2003〕8 号 2003/05/15 第十八条

[适用刑法第 248 条　适用刑法第 234 条、第 232 条] 对于强制隔离戒毒所监管人员殴打或者体罚虐待戒毒人员，或者指使戒毒人员殴打、体罚虐待其他戒毒人员，情节严重的，应当适用刑法第二百四十八条的规定，以虐待被监管人罪追究刑事责任；造成戒毒人员伤残、死亡后果的，应当

依照刑法第二百三十四条、第二百三十二条的规定，以故意伤害罪、故意杀人罪从重处罚。最高检《关于强制隔离戒毒所工作人员能否成为虐待被监管人罪主体问题的批复》高检发释字〔2015〕2号 2015/02/15

[抗税致人重伤死亡的] 实施抗税行为致人重伤、死亡，构成故意伤害罪、故意杀人罪的，分别依照刑法第二百三十四条第二款、第二百三十二条的规定定罪处罚。最高法《关于审理偷税抗税刑事案件具体应用法律若干问题的解释》法释〔2002〕33号 2002/11/07 第六条第一款

[组织、策划、煽动、教唆、帮助邪教组织人员自杀、自残] 组织、策划、煽动、教唆、帮助邪教组织人员自杀、自残的，依照刑法第二百三十二条、第二百三十四条的规定，以故意杀人罪、故意伤害罪定罪处罚。两高《关于办理组织和利用邪教组织犯罪案件具体应用法律若干问题的解释（二）》法释〔2001〕19号 2001/06/11 第九条

第二百三十五条　【过失致人重伤罪】过失伤害他人致人重伤的，处三年以下有期徒刑或者拘役。本法另有规定的，依照规定。

第二百三十六条　【强奸罪】以暴力、胁迫或者其他手段强奸妇女的，处三年以上十年以下有期徒刑。

奸淫不满十四周岁的幼女的，以强奸论，从重处罚。

强奸妇女、奸淫幼女，有下列情形之一的，处十年以上有期徒刑、无期徒刑或者死刑：

（一）强奸妇女、奸淫幼女情节恶劣的；

（二）强奸妇女、奸淫幼女多人的；

（三）在公共场所当众强奸妇女的；

（四）二人以上轮奸的；

（五）致使被害人重伤、死亡或者造成其他严重后果的。

[罪名] 强奸罪（取消奸淫幼女罪罪名）两高《关于执行〈中华人民共和国刑法〉确定罪名的补充规定》法释〔2002〕7号

[典型意义　QQ聊天交友手段项　不可孤身见网友项] 当今QQ聊天已成为大部分年轻人生活的一部分，它拉近了人与人之间的时空距离，丰

富了人们的业余文化生活。但是，在给人们生产生活带来便利的同时，也给不法之徒实施犯罪带来了可乘之机。一些人专门在网上利用QQ寻找侵害对象实施不法行为，其中，既有利用网络进行诈骗犯罪的，也有利用网络进行暴力犯罪的。涉世未深的年轻人，尤其容易被犯罪分子通过QQ这种虚拟的通讯方式编造的谎言所欺骗、蒙蔽。净化网络空间，保护公民，尤其是未成年人的合法权益，必须严厉打击通过网络实施的犯罪的行为。本案被告人张盛贵通过QQ结识刚刚高中毕业的范某，取得范某轻信后，即与范某相约见面，最后以洗澡为名骗得范某一同开房，趁机在房间内将范某强奸。该案的发生提醒公众，不能轻信通过网络结识的人员，不能在网络上透漏个人信息，更不能孤身和网友见面，以免造成危险。**最高法公布通过网络实施犯罪中的刑事典型案例之六：被告人张盛贵强奸案**

[裁判理由　利用教师身份侵害学生身心健康项] 法院认为，被告人鲍某奸淫不满14周岁幼女，其行为已构成强奸罪；猥亵不满14周岁幼女，其行为又构成猥亵儿童罪，应依法予以并罚。鲍某利用教师身份，在两年多时间里猥亵幼女7人，多达数十次，并将其中6人奸淫，又达数十次，还拍摄该6名幼女的裸照及被强奸的照片、视频，严重破坏学校的教学秩序，极大地伤害学生的身体和精神健康，情节极其恶劣，罪行极其严重，影响极其深远，社会危害极大，均应依法惩处。鲍某投案后供述了猥亵幼女的主要罪行，其所犯猥亵儿童罪构成自首，可以从轻处罚，但其所犯强奸罪不构成自首，依法不能从轻处罚。据此，依法认定被告人鲍某犯强奸罪，判处死刑，剥夺政治权利终身；犯猥亵儿童罪，判处有期徒刑五年；决定执行死刑，剥夺政治权利终身。经最高人民法院复核核准，罪犯鲍某已于近日被依法执行死刑。**最高法发布侵犯未成年人权益犯罪典型案例之一：鲍某强奸、猥亵儿童案**

[强奸罪的量刑]

1. 构成强奸罪的，可以根据下列不同情形在相应的幅度内确定量刑起点：

(1) 强奸妇女一人的，可以在三年至六年有期徒刑幅度内确定量刑起点。奸淫幼女一人的，可以在四年至七年有期徒刑幅度内确定量刑起点。

（2）有下列情形之一的，可以在十年至十三年有期徒刑幅度内确定量刑起点：强奸妇女、奸淫幼女情节恶劣的；强奸妇女、奸淫幼女三人的；在公共场所当众强奸妇女的；二人以上轮奸妇女的；强奸致被害人重伤或者造成其他严重后果的。依法应当判处无期徒刑以上刑罚的除外。

2. 在量刑起点的基础上，可以根据强奸妇女、奸淫幼女情节恶劣程度、强奸人数、致人伤害后果等其他影响犯罪构成的犯罪事实增加刑罚量，确定基准刑。

强奸多人多次的，以强奸人数作为增加刑罚量的事实，强奸次数作为调节基准刑的量刑情节。**最高法《关于常见犯罪的量刑指导意见》2017/04/01 四、（三）**

第二百三十七条　【强制猥亵、侮辱罪；猥亵儿童罪】以暴力、胁迫或者其他方法强制猥亵他人或者侮辱妇女的，处五年以下有期徒刑或者拘役。

聚众或者在公共场所当众犯前款罪的，或者有其他恶劣情节的，处五年以上有期徒刑。①

猥亵儿童的，依照前两款的规定从重处罚。

［判决理由　猥亵多名儿童项　当庭认罪从轻处罚项］法院认为，被告人关某为寻求性刺激，对一名女童和两名男童实施猥亵，其行为已构成猥亵儿童罪。关某猥亵多名儿童，情节恶劣，应依法惩处。关某当庭表示认罪，依法可对其酌定从轻处罚。据此，依法认定被告人关某犯猥亵儿童罪，判处有期徒刑三年六个月。**最高法公布三起性侵害未成年人犯罪典型案例之三：关某猥亵儿童案**

［裁判理由　利用教师身份侵害学生身心健康项］法院认为，被告人鲍某奸淫不满 14 周岁幼女，其行为已构成强奸罪；猥亵不满 14 周岁幼女，其行为又构成猥亵儿童罪，应依法予以并罚。鲍某利用教师身份，在两年多时间里猥亵幼女 7 人，多达数十次，并将其中 6 人奸淫，又达数十次，

---

① 根据 2015 年 11 月 1 日《刑法修正案（九）》修改，原第一款、第二款条文为："以暴力、胁迫或者其他方法强制猥亵妇女或者侮辱妇女的，处五年以下有期徒刑或者拘役。

"聚众或者在公共场所当众犯前款罪的，处五年以上有期徒刑。"

还拍摄该6名幼女的裸照及被强奸的照片、视频，严重破坏学校的教学秩序，极大地伤害学生的身体和精神健康，情节极其恶劣，罪行极其严重，影响极其深远，社会危害极大，均应依法惩处。鲍某投案后供述了猥亵幼女的主要罪行，其所犯猥亵儿童罪构成自首，可以从轻处罚，但其所犯强奸罪不构成自首，依法不能从轻处罚。据此，依法认定被告人鲍某犯强奸罪，判处死刑，剥夺政治权利终身；犯猥亵儿童罪，判处有期徒刑五年；决定执行死刑，剥夺政治权利终身。经最高人民法院复核核准，罪犯鲍某已于近日被依法执行死刑。最高法发布侵犯未成年人权益犯罪典型案例之一：鲍某强奸、猥亵儿童案

[性侵害未成年人犯罪] 本意见所称性侵害未成年人犯罪，包括刑法第二百三十六条、第二百三十七条、第三百五十八条、第三百五十九条、第三百六十条第二款规定的针对未成年人实施的强奸罪，强制猥亵、侮辱妇女罪，猥亵儿童罪，组织卖淫罪，强迫卖淫罪，引诱、容留、介绍卖淫罪，引诱幼女卖淫罪，嫖宿幼女罪等。两高、公安部、司法部《关于依法惩治性侵害未成年人犯罪的意见》法发〔2013〕12号 2013/10/23 第一条

第二百三十八条　【非法拘禁罪】非法拘禁他人或者以其他方法非法剥夺他人人身自由的，处三年以下有期徒刑、拘役、管制或者剥夺政治权利。具有殴打、侮辱情节的，从重处罚。

犯前款罪，致人重伤的，处三年以上十年以下有期徒刑；致人死亡的，处十年以上有期徒刑。使用暴力致人伤残、死亡的，依照本法第二百三十四条、第二百三十二条的规定定罪处罚。

为索取债务非法扣押、拘禁他人的，依照前两款的规定处罚。

国家机关工作人员利用职权犯前三款罪的，依照前三款的规定从重处罚。

[典型意义　利用QQ聊天骗至传销处项　翻窗逃离坠楼身亡项] 本案是一起采取非法拘禁手段强制女青年参加传销活动致人死亡的案件。随着网络技术的迅速发展，利用网络建立传销组织实施犯罪的案件日益增多。本案被害人江某某即利用网络找工作，不幸被传销分子盯上，被非法

拘禁，终致逃生时不幸身亡，令人扼腕叹息。**最高法公布通过网络实施犯罪中的刑事典型案例之七：被告人赵小明等非法拘禁案**

［非法拘禁罪的量刑］

1. 构成非法拘禁罪的，可以根据下列不同情形在相应的幅度内确定量刑起点：

（1）犯罪情节一般的，可以在一年以下有期徒刑、拘役幅度内确定量刑起点。

（2）致一人重伤的，可以在三年至五年有期徒刑幅度内确定量刑起点。

（3）致一人死亡的，可以在十年至十三年有期徒刑幅度内确定量刑起点。

2. 在量刑起点的基础上，可以根据非法拘禁人数、拘禁时间、致人伤亡后果等其他影响犯罪构成的犯罪事实增加刑罚量，确定基准刑。

非法拘禁多人多次的，以非法拘禁人数作为增加刑罚量的事实，非法拘禁次数作为调节基准刑的量刑情节。

3. 有下列情节之一的，可以增加基准刑的10%—20%

（1）具有殴打、侮辱情节的；

（2）国家机关工作人员利用职权非法扣押、拘禁他人的。**最高法《关于常见犯罪的量刑指导意见》2017/04/01 四、（四）**

［为索取高利贷、赌债非法扣押、拘禁他人的］行为人为索取高利贷、赌债等法律不予保护的债务，非法扣押、拘禁他人的，依照刑法第二百三十八条的规定定罪处罚。**最高法《关于对为索取法律不予保护的债务非法拘禁他人行为如何定罪问题的解释》法释〔2000〕19号 2000/07/13**

第二百三十九条　【绑架罪】以勒索财物为目的绑架他人的，或者绑架他人作为人质的，处十年以上有期徒刑或者无期徒刑，并处罚金或者没收财产；情节较轻的，处五年以上十年以下有期徒刑，并处罚金。

犯前款罪，杀害被绑架人的，或者故意伤害被绑架人，致人重伤、死亡的，处无期徒刑或者死刑，并处没收财产。

以勒索财物为目的偷盗婴幼儿的，依照前两款的规定处罚。[①]

[要旨] 对于死刑案件的抗诉，要正确把握适用死刑的条件，严格证明标准，依法履行刑事审判法律监督职责。**检例第2号：忻元龙绑架案**

[典型意义　摇一摇交友项　被网友绑架强奸项] 本案是一起利用网络交友实施绑架、强奸犯罪的案件。随着网络应用的发展和日渐普及，网络社交平台，特别是网络聊天工具，为人际交往带来了极大便利。与此同时，因其公共性、匿名性、便捷性等特点，网络交友也成为不法分子实施犯罪的新平台，由此引发的刑事案件呈上升趋势。一些年轻女性和青少年缺乏防范意识和能力，往往容易成为不法侵害的对象。本案中，被告人肖克臣伙同他人预谋绑架，事先租赁作案场所，通过微信搜索功能，选定尚未成年的女网友作为作案对象，借外出游玩之名骗出后绑架、强奸，犯罪性质恶劣，情节后果严重，社会危害性大，又系累犯，人民法院依法对其所犯之罪从重处罚，一方面显示了人民法院严厉打击利用网络实施犯罪的坚定立场，另一方面通过真实案例警示公众，网络交友要保持警惕，不要轻信陌生人，特别是广大青少年和年轻女性，要不断提高防范意识和能力，保护自己及家人的人身和财产不受侵犯。**最高法公布通过网络实施犯罪中的刑事典型案例之四：被告人肖克臣绑架、强奸案**

[典型意义　QQ聊天交友手段项] 随着智能手机的发展和各种社交软件的广泛应用，网络社交无处不在。社交软件本身只是一个工具，不存在对错好坏，关键是如何使用。如果被不法分子利用，就会成为其犯罪的工具。网络无法验证用户的基本身份信息，更不可能校验用户的品行。犯罪分子正是利用此点，隐瞒真实身份，将自己扮演成各种角色，在网络上物色、“钓取”可能会成为其犯罪对象的人，当取得对方信任后，就邀约见面，进一步实现其犯罪目的。从近些年因网络发生的案件中可见，诈骗、

① 根据2009年2月28日《刑法修正案（七）》第一次修改，原条文为：“以勒索财物为目的绑架他人的，或者绑架他人作为人质的，处十年以上有期徒刑或者无期徒刑，并处罚金或者没收财产；致使被绑架人死亡或者杀害被绑架人的，处死刑，并处没收财产。

“以勒索财物为目的偷盗婴幼儿的，依照前款的规定处罚。”

根据2015年11月1日《刑法修正案（九）》第二次修改，原第二款条文为：“犯前款罪，致使被绑架人死亡或者杀害被绑架人的，处死刑，并处没收财产。”

抢劫、盗窃、敲诈勒索、强迫卖淫甚至强奸、杀人等恶性刑事犯罪时有发生，亟需引起广大网民的注意和警觉。本案中，被告人叶振强以绑架为目的通过网络寻找犯罪对象，骗取被害人赵某的信任后，将赵某骗至租住处，对赵某实施绑架，最终将赵某残忍杀害。希望本案能唤醒广大热衷网络交友的网友们的警觉，要慎重网络交友，不给犯罪分子可乘之机。**最高法公布通过网络实施犯罪中的刑事典型案例之五：被告人叶振强绑架案**

第二百四十条　【拐卖妇女、儿童罪】拐卖妇女、儿童的，处五年以上十年以下有期徒刑，并处罚金；有下列情形之一的，处十年以上有期徒刑或者无期徒刑，并处罚金或者没收财产；情节特别严重的，处死刑，并处没收财产：

（一）拐卖妇女、儿童集团的首要分子；

（二）拐卖妇女、儿童三人以上的；

（三）奸淫被拐卖的妇女的；

（四）诱骗、强迫被拐卖的妇女卖淫或者将被拐卖的妇女卖给他人迫使其卖淫的；

（五）以出卖为目的，使用暴力、胁迫或者麻醉方法绑架妇女、儿童的；

（六）以出卖为目的，偷盗婴幼儿的；

（七）造成被拐卖的妇女、儿童或者其亲属重伤、死亡或者其他严重后果的；

（八）将妇女、儿童卖往境外的。

拐卖妇女、儿童是指以出卖为目的，有拐骗、绑架、收买、贩卖、接送、中转妇女、儿童的行为之一的。

[判决理由　拐卖次数、人数项（37起、38人；9起、9人；6起、6人）] 法院认为，被告人李凤英、许元理、万玉莲、潘存芝、高怀玲等人以出卖为目的，贩卖儿童，其行为均构成拐卖儿童罪。李凤英、许元理、万玉莲贩卖儿童人数众多，情节特别严重，应依法严惩。潘存芝、高怀玲认罪态度较好，可酌情从轻处罚。据此，依法以拐卖儿童罪分别判处被告

人李凤英、许元理、万玉莲死刑，缓期二年执行，剥夺政治权利终身，并处没收个人全部财产；以拐卖儿童罪分别判处潘存芝、高怀玲有期徒刑十五年、十三年，并处罚金。**最高法发布关于拐卖儿童犯罪案件的三起典型案例之一：李凤英等拐卖儿童案**

[判决理由　卖自己的孩子项] 法院认为，被告人武亚军、关倩倩将出生仅4个月的男婴，以26000元的价格出卖给他人，其行为均构成拐卖儿童罪。关于被告人武亚军、关倩倩辩解无罪的意见，经查，武亚军、关倩倩在不了解对方基本条件的情况下，不考虑对方是否具有抚养目的以及有无抚养能力等事实，为收取明显不属于营养费的巨额钱财，将孩子送给他人，属于出卖亲生儿子的行为，应当以拐卖儿童罪论处，且依法应当处五年以上十年以下有期徒刑。鉴于武亚军、关倩倩由于家庭生活困难，将孩子出卖给他人，后孩子被公安机关成功解救，没有造成严重的社会危害后果，且具有认罪、悔罪情节，对二人可在法定刑以下判处刑罚。根据刑法第二百四十条、第七十二条、第六十三条第二款之规定，临汾市尧都区人民法院以被告人武亚军、关倩倩犯拐卖儿童罪，各判处有期徒刑三年，缓刑五年，并处罚金三万元。**最高法公布关于拐卖儿童犯罪案件的三起典型案例之二：武亚军、关倩倩拐卖儿童案**

[判决理由　拐卖儿童十余名项　主犯项　死刑项　特别恶劣项] 法院认为，被告人何聪伙同他人偷盗、拐骗儿童并予以贩卖，其行为已构成拐卖儿童罪。何聪与他人共谋拐卖儿童，直接偷盗、拐骗儿童2名，指使他人拐骗儿童10名并带至异地贩卖牟利，在共同犯罪中起主要作用，系主犯，应按照其所参与的全部犯罪处罚。何聪在一年零四个月的时间内，拐卖儿童12名，其中幼儿7名，犯罪情节特别恶劣，社会危害性大，罪行极其严重。据此，依法以拐卖儿童罪判处并核准被告人何聪死刑。罪犯何聪已于日前被依法执行死刑。**最高法发布关于拐卖妇女儿童犯罪案件的三起典型案例之二：何聪拐卖儿童案**

[判决理由　主犯项　从犯项　立功表现项] 法院认为，被告人肖远德、肖远富、周志文、谢耀君、严茂生以出卖为目的，共同偷盗幼儿进行贩卖，其行为均已构成拐卖儿童罪。其中，被告人肖远德、肖远富参与拐卖儿童3人；周志文、谢耀君参与拐卖儿童2人；严茂生参与拐卖儿童1

人。在共同犯罪中，肖远德组织、策划，并联系买主和主持分赃，起主要作用，系主犯，应按其所参与的全部犯罪处罚；肖远富、周志文、谢耀君、严茂生起次要作用，均系从犯。周志文归案后揭发他人犯罪，带领公安机关抓获同案人，有立功表现。肖远德、肖远富、周志文、谢耀君在第三起犯罪活动中慑于司法威严与社会压力，主动将儿童送回，有悔罪表现。据此依法以拐卖儿童罪判处被告人肖远德无期徒刑，剥夺政治权利终身，并处没收个人全部财产。对被告人肖远富、周志文、谢耀君、严茂生依法从轻或减轻处罚，分别判处十三年至六年有期徒刑，并处罚金。**最高法发布关于拐卖妇女儿童犯罪案件的三起典型案例之二：肖远德、肖远富等拐卖儿童案**

[判决理由　以出卖为目的项　绑架儿童项　持刀捅人项] 法院认为，被告人吕锦城与黄高生以出卖为目的，绑架儿童，其行为均构成拐卖儿童罪；吕锦城在实施绑架行为时，持刀捅刺，致两名被害人死亡，其行为构成故意杀人罪，且罪行极其严重，应数罪并罚。黄高生所犯拐卖儿童罪造成两人死亡，罪行极其严重，但没有与吕锦城共谋杀人，亦未具体实施杀人的行为。据此，依法以拐卖儿童罪判处黄高生死刑，缓期二年执行；以故意杀人罪判处被告人吕锦城死刑，以拐卖儿童罪判处其无期徒刑。经最高人民法院复核核准，罪犯吕锦城已于日前被依法执行死刑。**最高法发布关于拐卖妇女儿童犯罪案件的三起典型案例之一：吕锦城等故意杀人、拐卖儿童、黄高生拐卖儿童案**

[判决理由　抢劫项　强奸项　拐卖妇女多人项] 法院认为，被告人邵长胜伙同他人以出卖为目的拐骗妇女，其行为已构成拐卖妇女罪；邵长胜还以非法占有为目的，采用暴力手段劫取被拐卖妇女的财物，其行为又构成抢劫罪，依法应数罪并罚。在共同犯罪中，邵长胜参与拐卖妇女8人，对被害人均积极实施了殴打、威胁、轮奸等行为，并负责联系买家、商谈交易价格，还对其中6名妇女实施了抢劫，是共同犯罪中地位和作用最突出、罪责最为严重的主犯，且拐卖妇女多人，奸淫被拐卖妇女，还将被拐卖妇女卖给他人迫使其卖淫，犯罪情节特别严重，社会危害性极大，所犯罪行极其严重，应当依法惩处。据此，依法认定被告人邵长胜犯拐卖妇女罪，判处死刑，剥夺政治权利终身，并处没收个人全部财产；犯抢劫罪，

判处有期徒刑十二年，剥夺政治权利三年，并处罚金人民币五千元，决定执行死刑，剥夺政治权利终身，并处没收个人全部财产。经最高人民法院复核核准，罪犯邵长胜已于今年2月23日被依法执行死刑。最高法发布关于拐卖妇女儿童犯罪案件的三起典型案例之一：邵长胜拐卖妇女案

［偷盗婴幼儿］对婴幼儿采取欺骗、利诱等手段使其脱离监护人或者看护人的，视为刑法第二百四十条第一款第（六）项规定的“偷盗婴幼儿”。最高法《关于审理拐卖妇女儿童犯罪案件具体应用法律若干问题的解释》法释〔2016〕28号 2017/01/01 第一条

［以拐卖儿童罪论处］医疗机构、社会福利机构等单位的工作人员以非法获利为目的，将所诊疗、护理、抚养的儿童出卖给他人的，以拐卖儿童罪论处。最高法《关于审理拐卖妇女儿童犯罪案件具体应用法律若干问题的解释》法释〔2016〕28号 2017/01/01 第二条

［以拐卖妇女罪追究刑事责任］以介绍婚姻为名，采取非法扣押身份证件、限制人身自由等方式，或者利用妇女人地生疏、语言不通、孤立无援等境况，违背妇女意志，将其出卖给他人的，应当以拐卖妇女罪追究刑事责任。最高法《关于审理拐卖妇女儿童犯罪案件具体应用法律若干问题的解释》法释〔2016〕28号 2017/01/01 第三条第一款

［刑法第240条、第241条的儿童］刑法第二百四十条、第二百四十一条规定的儿童，是指不满十四周岁的人。其中，不满一周岁的为婴儿，一周岁以上不满六周岁的为幼儿。最高法《关于审理拐卖妇女儿童犯罪案件具体应用法律若干问题的解释》法释〔2016〕28号 2017/01/01 第九条

［部分环节犯罪事实的认定］犯罪嫌疑人、被告人参与拐卖妇女、儿童犯罪活动的多个环节，只有部分环节的犯罪事实查证清楚、证据确实、充分的，可以对该环节的犯罪事实依法予以认定。两高、公安部、司法部《关于依法惩治拐卖妇女儿童犯罪的意见》法发〔2010〕7号 2010/03/15 第十四条

［以出卖为目的强抢儿童，或者捡拾儿童后予以出卖］以出卖为目的强抢儿童，或者捡拾儿童后予以出卖，符合刑法第二百四十条第二款规定的，应当以拐卖儿童罪论处。两高、公安部、司法部《关于依法惩治拐卖妇女儿童犯罪的意见》法发〔2010〕7号 2010/03/15 第十五条第一款

［以抚养为目的偷盗婴幼儿或者拐骗儿童，之后予以出卖的］以抚养

为目的偷盗婴幼儿或者拐骗儿童，之后予以出卖的，以拐卖儿童罪论处。**两高、公安部、司法部《关于依法惩治拐卖妇女儿童犯罪的意见》法发〔2010〕7号 2010/03/15 第十五条第二款**

[以非法获利为目的，出卖亲生子女的] 以非法获利为目的，出卖亲生子女的，应当以拐卖妇女、儿童罪论处。**两高、公安部、司法部《关于依法惩治拐卖妇女儿童犯罪的意见》法发〔2010〕7号 2010/03/15 第十六条**

[区分借送养之名出卖亲生子女与民间送养行为的界限] 要严格区分借送养之名出卖亲生子女与民间送养行为的界限。区分的关键在于行为人是否具有非法获利的目的。应当通过审查将子女“送”人的背景和原因、有无收取钱财及收取钱财的多少、对方是否具有抚养目的及有无抚养能力等事实，综合判断行为人是否具有非法获利的目的。**两高、公安部、司法部《关于依法惩治拐卖妇女儿童犯罪的意见》法发〔2010〕7号 2010/03/15 第十七条第一款**

[出卖亲生子女] 具有下列情形之一的，可以认定属于出卖亲生子女，应当以拐卖妇女、儿童罪论处：

(1) 将生育作为非法获利手段，生育后即出卖子女的；

(2) 明知对方不具有抚养目的，或者根本不考虑对方是否具有抚养目的，为收取钱财将子女“送”给他人的；

(3) 为收取明显不属于“营养费”、“感谢费”的巨额钱财将子女“送”给他人的；

(4) 其他足以反映行为人具有非法获利目的的“送养”行为的。**两高、公安部、司法部《关于依法惩治拐卖妇女儿童犯罪的意见》法发〔2010〕7号 2010/03/15 第十七条第二款**

[没有非法获利目的 私自将没有独立生活能力的子女送给他人抚养] 不是出于非法获利目的，而是迫于生活困难，或者受重男轻女思想影响，私自将没有独立生活能力的子女送给他人抚养，包括收取少量“营养费”、“感谢费”的，属于民间送养行为，不能以拐卖妇女、儿童罪论处。对私自送养导致子女身心健康受到严重损害，或者具有其他恶劣情节，符合遗弃罪特征的，可以遗弃罪论处；情节显著轻微危害不大的，可由公安机关依法予以行政处罚。**两高、公安部、司法部《关于依法惩治拐卖妇女儿童犯罪的意**

见》法发〔2010〕7号 2010/03/15 第十七条第三款

［将妇女拐卖给有关场所，致使被拐卖的妇女被迫卖淫或者从事其他色情服务的］将妇女拐卖给有关场所，致使被拐卖的妇女被迫卖淫或者从事其他色情服务的，以拐卖妇女罪论处。两高、公安部、司法部《关于依法惩治拐卖妇女儿童犯罪的意见》法发〔2010〕7号 2010/03/15 第十八条第一款

［有关场所的经营管理人员事前与拐卖妇女的犯罪人通谋的　共犯择重罪论处］有关场所的经营管理人员事前与拐卖妇女的犯罪人通谋的，对该经营管理人员以拐卖妇女罪的共犯论处；同时构成拐卖妇女罪和组织卖淫罪的，择一重罪论处。两高、公安部、司法部《关于依法惩治拐卖妇女儿童犯罪的意见》法发〔2010〕7号 2010/03/15 第十八条第二款

［医疗机构、社会福利机构等单位的工作人员犯本罪］医疗机构、社会福利机构等单位的工作人员以非法获利为目的，将所诊疗、护理、抚养的儿童贩卖给他人的，以拐卖儿童罪论处。两高、公安部、司法部《关于依法惩治拐卖妇女儿童犯罪的意见》法发〔2010〕7号 2010/03/15 第十九条

［明知而收买］明知是被拐卖的妇女、儿童而收买，具有下列情形之一的，以收买被拐卖的妇女、儿童罪论处；同时构成其他犯罪的，依照数罪并罚的规定处罚：

（1）收买被拐卖的妇女后，违背被收买妇女的意愿，阻碍其返回原居住地的；

（2）阻碍对被收买妇女、儿童进行解救的；

（3）非法剥夺、限制被收买妇女、儿童的人身自由，情节严重，或者对被收买妇女、儿童有强奸、伤害、侮辱、虐待等行为的；

（4）所收买的妇女、儿童被解救后又再次收买，或者收买多名被拐卖的妇女、儿童的；

（5）组织、诱骗、强迫被收买的妇女、儿童从事乞讨、苦役，或者盗窃、传销、卖淫等违法犯罪活动的；

（6）造成被收买妇女、儿童或者其亲属重伤、死亡以及其他严重后果的；

（7）具有其他严重情节的。两高、公安部、司法部《关于依法惩治拐卖妇女儿童犯罪的意见》法发〔2010〕7号 2010/03/15 第二十条第一款

[送回 交给公安等 无其他严重情节的] 被追诉前主动向公安机关报案或者向有关单位反映，愿意让被收买妇女返回原居住地，或者将被收买儿童送回其家庭，或者将被收买妇女、儿童交给公安、民政、妇联等机关、组织，没有其他严重情节的，可以不追究刑事责任。**两高、公安部、司法部《关于依法惩治拐卖妇女儿童犯罪的意见》法发〔2010〕7号 2010/03/15 第二十条第二款**

[提供被拐卖妇女、儿童的健康证明、出生证明或者其他帮助的] 明知他人拐卖妇女、儿童，仍然向其提供被拐卖妇女、儿童的健康证明、出生证明或者其他帮助的，以拐卖妇女、儿童罪的共犯论处。**两高、公安部、司法部《关于依法惩治拐卖妇女儿童犯罪的意见》法发〔2010〕7号 2010/03/15 第二十一条第一款**

[收买人未被追究刑事责任的除外] 明知他人收买被拐卖的妇女、儿童，仍然向其提供被收买妇女、儿童的户籍证明、出生证明或者其他帮助的，以收买被拐卖的妇女、儿童罪的共犯论处，但是，收买人未被追究刑事责任的除外。**两高、公安部、司法部《关于依法惩治拐卖妇女儿童犯罪的意见》法发〔2010〕7号 2010/03/15 第二十一条第二款**

[明知之认定] 认定是否"明知"，应当根据证人证言、犯罪嫌疑人、被告人及其同案人供述和辩解，结合提供帮助的人次，以及是否明显违反相关规章制度、工作流程等，予以综合判断。**两高、公安部、司法部《关于依法惩治拐卖妇女儿童犯罪的意见》法发〔2010〕7号 2010/03/15 第二十一条第三款**

[居间介绍 以共犯论处] 明知他人系拐卖儿童的"人贩子"，仍然利用从事诊疗、福利救助等工作的便利或者了解被拐卖方情况的条件，居间介绍的，以拐卖儿童罪的共犯论处。**两高、公安部、司法部《关于依法惩治拐卖妇女儿童犯罪的意见》法发〔2010〕7号 2010/03/15 第二十二条**

[区分主从犯] 对于拐卖妇女、儿童犯罪的共犯，应当根据各被告人在共同犯罪中的分工、地位、作用，参与拐卖的人数、次数，以及分赃数额等，准确区分主从犯。**两高、公安部、司法部《关于依法惩治拐卖妇女儿童犯罪的意见》法发〔2010〕7号 2010/03/15 23 第二十三条第一款**

[主犯] 对于组织、领导、指挥拐卖妇女、儿童的某一个或者某几个犯罪环节，或者积极参与实施拐骗、绑架、收买、贩卖、接送、中转妇

女、儿童等犯罪行为，起主要作用的，应当认定为主犯。两高、公安部、司法部《关于依法惩治拐卖妇女儿童犯罪的意见》法发〔2010〕7号 2010/03/15 第二十三条第二款

[从犯] 对于仅提供被拐卖妇女、儿童信息或者相关证明文件，或者进行居间介绍，起辅助或者次要作用，没有获利或者获利较少的，一般可认定为从犯。两高、公安部、司法部《关于依法惩治拐卖妇女儿童犯罪的意见》法发〔2010〕7号 2010/03/15 第二十三条第三款

[区别不明显的] 对于各被告人在共同犯罪中的地位、作用区别不明显的，可以不区分主从犯。两高、公安部、司法部《关于依法惩治拐卖妇女儿童犯罪的意见》法发〔2010〕7号 2010/03/15 第二十三条第四款

[拐卖又奸淫的或者强迫卖淫的] 拐卖妇女、儿童，又奸淫被拐卖的妇女、儿童，或者诱骗、强迫被拐卖的妇女、儿童卖淫的，以拐卖妇女、儿童罪处罚。两高、公安部、司法部《关于依法惩治拐卖妇女儿童犯罪的意见》法发〔2010〕7号 2010/03/15 第二十四条

[拐卖又故意杀害、伤害、猥亵、侮辱　数罪并罚款] 拐卖妇女、儿童，又对被拐卖的妇女、儿童实施故意杀害、伤害、猥亵、侮辱等行为，构成其他犯罪的，依照数罪并罚的规定处罚。两高、公安部、司法部《关于依法惩治拐卖妇女儿童犯罪的意见》法发〔2010〕7号 2010/03/15 第二十五条

[拐卖或收买，又组织、教唆被拐卖妇女、儿童犯罪的　数罪并罚] 拐卖妇女、儿童或者收买被拐卖的妇女、儿童，又组织、教唆被拐卖、收买的妇女、儿童进行犯罪的，以拐卖妇女、儿童罪或者收买被拐卖的妇女、儿童罪与其所组织、教唆的罪数罪并罚。两高、公安部、司法部《关于依法惩治拐卖妇女儿童犯罪的意见》法发〔2010〕7号 2010/03/15 第二十六条

[拐卖或收买，又组织、教唆被拐卖妇女、儿童犯罪的　数罪并罚] 拐卖妇女、儿童或者收买被拐卖的妇女、儿童，又组织、教唆被拐卖、收买的未成年妇女、儿童进行盗窃、诈骗、抢夺、敲诈勒索等违反治安管理活动的，以拐卖妇女、儿童罪或者收买被拐卖的妇女、儿童罪与组织未成年人进行违反治安管理活动罪数罪并罚。两高、公安部、司法部《关于依法惩治拐卖妇女儿童犯罪的意见》法发〔2010〕7号 2010/03/15 第二十七条

[妇女] 刑法第二百四十条规定的拐卖妇女罪中的“妇女”，既包括具

有中国国籍的妇女，也包括具有外国国籍和无国籍的妇女。被拐卖的外国妇女没有身份证明的，不影响对犯罪分子的定罪处罚。**最高法《关于审理拐卖妇女案件适用法律有关问题的解释》法释〔2000〕1号 2000/01/25 第一条**

［以出卖为目的的倒卖外国妇女的行为］刑法第二百四十条明确规定："拐卖妇女、儿童是以出卖为目的，有拐骗、绑架、收买、贩卖、接送、中转妇女、儿童的行为之一的。"其中作为"收买"对象的妇女、儿童并不要求必须是"被拐骗、绑架的妇女、儿童"。因此，以出卖为目的，收买、贩卖外国妇女，从中牟取非法利益的，应以拐卖妇女罪追究刑事责任。但确属为他人介绍婚姻收取介绍费，而非以出卖为目的的，不能追究刑事责任。**最高检法律政策研究室《关于以出卖为目的的倒卖外国妇女的行为是否构成拐卖妇女罪的答复》〔1998〕高检研发第21号 1998/12/24**

第二百四十一条　【收买被拐卖的妇女、儿童罪；强奸罪；非法拘禁罪；故意伤害罪；侮辱罪；拐卖妇女、儿童罪】收买被拐卖的妇女、儿童的，处三年以下有期徒刑、拘役或者管制。

收买被拐卖的妇女，强行与其发生性关系的，依照本法第二百三十六条的规定定罪处罚。

收买被拐卖的妇女、儿童，非法剥夺、限制其人身自由或者有伤害、侮辱等犯罪行为的，依照本法的有关规定定罪处罚。

收买被拐卖的妇女、儿童，并有第二款、第三款规定的犯罪行为的，依照数罪并罚的规定处罚。

收买被拐卖的妇女、儿童又出卖的，依照本法第二百四十条的规定定罪处罚。

收买被拐卖的妇女、儿童，对被买儿童没有虐待行为，不阻碍对其进行解救的，可以从轻处罚；按照被买妇女的意愿，不阻碍其返回原居住地的，可以从轻或者减轻处罚。[①]

---

① 根据2015年11月1日《刑法修正案（九）》修改，原第六款条文为："收买被拐卖的妇女、儿童，按照被买妇女的意愿，不阻碍其返回原居住地的，对被买儿童没有虐待行为，不阻碍对其进行解救的，可以不追究刑事责任。"

[判决理由　44000元买男婴一人项] 法院认为，被告人彭成坤、孟凡俊收买被拐卖的儿童，其行为均已构成收买被拐卖的儿童罪。鉴于二被告人对所收买的儿童没有摧残、虐待，公安机关解救时亦未进行阻碍，故酌情从轻处罚，依法分别判处二人有期徒刑一年，缓刑二年。最高法发布关于拐卖儿童犯罪案件的三起典型案例之三：彭成坤、孟凡俊收买被拐卖的儿童案

[判决理由　从轻项] 法院认为，被告人蔡顺光明知被害人王某某是被拐卖的妇女而予以收买，并用转移被害人的方法阻碍解救，其行为已构成收买被拐卖的妇女罪，依法应当追究刑事责任。蔡顺光收买王某某后，没有实施摧残、虐待行为并欲与王某某形成稳定的婚姻家庭关系，可以从轻处罚。综上，根据蔡顺光的犯罪事实、性质、情节及对社会的危害程度，依法以收买被拐卖的妇女罪判处被告人蔡顺光有期徒刑八个月。最高法发布关于拐卖妇女儿童犯罪案件的三起典型案例之三：蔡顺光收买被拐卖的妇女案

[判决理由　私自收养项　缓刑项] 法院认为，被告人李中梅明知是被拐卖的儿童仍予以收买，并帮助他人收买被拐卖的儿童，其行为已构成收买被拐卖的儿童罪。鉴于李中梅收买儿童系为了私自收养，且归案后认罪态度好，依法对其判处有期徒刑二年，缓刑三年。最高法发布关于拐卖妇女儿童犯罪案件的三起典型案例之三：李中梅收买被拐卖的儿童案

[阻碍对其进行解救] 在国家机关工作人员排查来历不明儿童或者进行解救时，将所收买的儿童藏匿、转移或者实施其他妨碍解救行为，经说服教育仍不配合的，属于刑法第二百四十一条第六款规定的“阻碍对其进行解救”。最高法《关于审理拐卖妇女儿童犯罪案件具体应用法律若干问题的解释》法释〔2016〕28号 2017/01/01 第四条

[按照被买妇女的意愿，不阻碍其返回原居住地] 收买被拐卖的妇女，业已形成稳定的婚姻家庭关系，解救时被买妇女自愿继续留在当地共同生活的，可以视为“按照被买妇女的意愿，不阻碍其返回原居住地”。最高法《关于审理拐卖妇女儿童犯罪案件具体应用法律若干问题的解释》法释〔2016〕28号 2017/01/01 第五条

[构成其他犯罪的　依照数罪并罚的规定处罚] 收买被拐卖的妇女、儿童后又组织、强迫卖淫或者组织乞讨、进行违反治安管理活动等构成其他犯罪的，依照数罪并罚的规定处罚。最高法《关于审理拐卖妇女儿童犯罪案件

具体应用法律若干问题的解释》法释〔2016〕28号 2017/01/01 第六条

[出于结婚目的收买被拐卖的妇女 出于抚养目的收买被拐卖的儿童] 出于结婚目的收买被拐卖的妇女，或者出于抚养目的收买被拐卖的儿童，涉及多名家庭成员、亲友参与的，对其中起主要作用的人员应当依法追究刑事责任。最高法《关于审理拐卖妇女儿童犯罪案件具体应用法律若干问题的解释》法释〔2016〕28号 2017/01/01 第八条

[刑法第240条、第241条规定的儿童] 刑法第二百四十条、第二百四十一条规定的儿童，是指不满十四周岁的人。其中，不满一周岁的为婴儿，一周岁以上不满六周岁的为幼儿。最高法《关于审理拐卖妇女儿童犯罪案件具体应用法律若干问题的解释》法释〔2016〕28号 2017/01/01 第九条

第二百四十二条 【妨害公务罪；聚众阻碍解救被收买的妇女、儿童罪】以暴力、威胁方法阻碍国家机关工作人员解救被收买的妇女、儿童的，依照本法第二百七十七条的规定定罪处罚。

聚众阻碍国家机关工作人员解救被收买的妇女、儿童的首要分子，处五年以下有期徒刑或者拘役；其他参与者使用暴力、威胁方法的，依照前款的规定处罚。

[构成妨害公务罪、聚众阻碍解救被收买的妇女、儿童罪的 依照数罪并罚的规定处罚] 收买被拐卖的妇女、儿童，又以暴力、威胁方法阻碍国家机关工作人员解救被收买的妇女、儿童，或者聚众阻碍国家机关工作人员解救被收买的妇女、儿童，构成妨害公务罪、聚众阻碍解救被收买的妇女、儿童罪的，依照数罪并罚的规定处罚。最高法《关于审理拐卖妇女儿童犯罪案件具体应用法律若干问题的解释》法释〔2016〕28号 2017/01/01 第七条

[刑法第240条、第241条的儿童] 刑法第二百四十条、第二百四十一条规定的儿童，是指不满十四周岁的人。其中，不满一周岁的为婴儿，一周岁以上不满六周岁的为幼儿。最高法《关于审理拐卖妇女儿童犯罪案件具体应用法律若干问题的解释》法释〔2016〕28号 2017/01/01 第九条

第二百四十三条 【诬告陷害罪】捏造事实诬告陷害他人，意图使他人受刑事追究，情节严重的，处三年以下有期徒刑、拘役或者管制；造成严重后果的，处三年以上十年以下有期徒刑。

国家机关工作人员犯前款罪的，从重处罚。

不是有意诬陷，而是错告，或者检举失实的，不适用前两款的规定。

第二百四十四条　【强迫劳动罪】以暴力、威胁或者限制人身自由的方法强迫他人劳动的，处三年以下有期徒刑或者拘役，并处罚金；情节严重的，处三年以上十年以下有期徒刑，并处罚金。

明知他人实施前款行为，为其招募、运送人员或者有其他协助强迫他人劳动行为的，依照前款的规定处罚。

单位犯前两款罪的，对单位判处罚金，并对其直接负责的主管人员和其他直接责任人员，依照第一款的规定处罚。[①]

第二百四十四条之一　【雇用童工从事危重劳动罪】违反劳动管理法规，雇用未满十六周岁的未成年人从事超强度体力劳动的，或者从事高空、井下作业的，或者在爆炸性、易燃性、放射性、毒害性等危险环境下从事劳动，情节严重的，对直接责任人员，处三年以下有期徒刑或者拘役，并处罚金；情节特别严重的，处三年以上七年以下有期徒刑，并处罚金。

有前款行为，造成事故，又构成其他犯罪的，依照数罪并罚的规定处罚。[②]

[强迫劳动案立案追诉标准] 将《立案追诉标准（一）》第三十一条修改为：[强迫劳动案（刑法第二百四十四条）] 以暴力、威胁或者限制人身自由的方法强迫他人劳动的，应予立案追诉。

明知他人以暴力、威胁或者限制人身自由的方法强迫他人劳动，为其招募、运送人员或者有其他协助强迫他人劳动行为的，应予立案追诉。最

---

① 根据2011年5月1日《刑法修正案（八）》修改，原条文为："用人单位违反劳动管理法规，以限制人身自由方法强迫职工劳动，情节严重的，对直接责任人员，处三年以下有期徒刑或者拘役，并处或者单处罚金。"

② 根据2002年12月28日《刑法修正案（四）》增加。

高检、公安部《关于公安机关管辖的刑事案件立案追诉标准的规定（一）的补充规定》公通字〔2017〕12号 2017/04/27 第六条

[雇用童工从事危重劳动案立案追诉标准] [雇用童工从事危重劳动案(刑法第二百四十四条之一)] 违反劳动管理法规，雇用未满十六周岁的未成年人从事国家规定的第四级体力劳动强度的劳动，或者从事高空、井下劳动，或者在爆炸性、易燃性、放射性、毒害性等危险环境下从事劳动，涉嫌下列情形之一的，应予立案追诉：

（一）造成未满十六周岁的未成年人伤亡或者对其身体健康造成严重危害的；

（二）雇用未满十六周岁的未成年人三人以上的；

（三）以强迫、欺骗等手段雇用未满十六周岁的未成年人从事危重劳动的；

（四）其他情节严重的情形。最高检、公安部《关于公安机关管辖的刑事案件立案追诉标准的规定（一）》公通字〔2008〕36号 2008/06/25 第三十二条

第二百四十五条 【非法搜查罪、非法侵入住宅罪】非法搜查他人身体、住宅，或者非法侵入他人住宅的，处三年以下有期徒刑或者拘役。

司法工作人员滥用职权，犯前款罪的，从重处罚。

第二百四十六条 【侮辱罪、诽谤罪】以暴力或者其他方法公然侮辱他人或者捏造事实诽谤他人，情节严重的，处三年以下有期徒刑、拘役、管制或者剥夺政治权利。

前款罪，告诉的才处理，但是严重危害社会秩序和国家利益的除外。

通过信息网络实施第一款规定的行为，被害人向人民法院告诉，但提供证据确有困难的，人民法院可以要求公安机关提供协助。[①]

[行为发生在前 提供证据确有困难的 适用新法] 对于2015年10月

---

① 根据2015年11月1日《刑法修正案（九）》增加一款，作为第三款。

31日以前通过信息网络实施的刑法第二百四十六条第一款规定的侮辱、诽谤行为，被害人向人民法院告诉，但提供证据确有困难的，适用修正后刑法第二百四十六条第三款的规定。最高法《关于〈中华人民共和国刑法修正案(九)〉时间效力问题的解释》法释〔2015〕19号 2015/11/01 第四条

[捏造事实诽谤他人] 具有下列情形之一的，应当认定为刑法第二百四十六条第一款规定的"捏造事实诽谤他人"：

(一) 捏造损害他人名誉的事实，在信息网络上散布，或者组织、指使人员在信息网络上散布的；

(二) 将信息网络上涉及他人的原始信息内容篡改为损害他人名誉的事实，在信息网络上散布，或者组织、指使人员在信息网络上散布的；

明知是捏造的损害他人名誉的事实，在信息网络上散布，情节恶劣的，以"捏造事实诽谤他人"论。两高《关于办理利用信息网络实施诽谤等刑事案件适用法律若干问题的解释》法释〔2013〕21号 2013/09/10 第一条

[刑法第246条第1款规定的"情节严重"] 利用信息网络诽谤他人，具有下列情形之一的，应当认定为刑法第二百四十六条第一款规定的"情节严重"：

(一) 同一诽谤信息实际被点击、浏览次数达到五千次以上，或者被转发次数达到五百次以上的；

(二) 造成被害人或者其近亲属精神失常、自残、自杀等严重后果的；

(三) 二年内曾因诽谤受过行政处罚，又诽谤他人的；

(四) 其他情节严重的情形。两高《关于办理利用信息网络实施诽谤等刑事案件适用法律若干问题的解释》法释〔2013〕21号 2013/09/10 第二条

[严重危害社会秩序和国家利益] 利用信息网络诽谤他人，具有下列情形之一的，应当认定为刑法第二百四十六条第二款规定的"严重危害社会秩序和国家利益"：

(一) 引发群体性事件的；

(二) 引发公共秩序混乱的；

(三) 引发民族、宗教冲突的；

(四) 诽谤多人，造成恶劣社会影响的；

(五) 损害国家形象，严重危害国家利益的；

（六）造成恶劣国际影响的；

（七）其他严重危害社会秩序和国家利益的情形。两高《关于办理利用信息网络实施诽谤等刑事案件适用法律若干问题的解释》法释〔2013〕21号 2013/09/10 第三条

［以共同犯罪论处］明知他人利用信息网络实施诽谤、寻衅滋事、敲诈勒索、非法经营等犯罪，为其提供资金、场所、技术支持等帮助的，以共同犯罪论处。两高《关于办理利用信息网络实施诽谤等刑事案件适用法律若干问题的解释》法释〔2013〕21号 2013/09/10 第八条

［依照处罚较重的规定定罪处罚］利用信息网络实施诽谤、寻衅滋事、敲诈勒索、非法经营犯罪，同时又构成刑法第二百二十一条规定的损害商业信誉、商品声誉罪，第二百七十八条规定的煽动暴力抗拒法律实施罪，第二百九十一条之一规定的编造、故意传播虚假恐怖信息罪等犯罪的，依照处罚较重的规定定罪处罚。两高《关于办理利用信息网络实施诽谤等刑事案件适用法律若干问题的解释》法释〔2013〕21号 2013/09/10 第九条

［本解释所称信息网络］本解释所称信息网络，包括以计算机、电视机、固定电话机、移动电话机等电子设备为终端的计算机互联网、广播电视网、固定通信网、移动通信网等信息网络，以及向公众开放的局域网络。两高《关于办理利用信息网络实施诽谤等刑事案件适用法律若干问题的解释》法释〔2013〕21号 2013/09/10 第十条

［在出版物中公然侮辱他人，情节严重］在出版物中公然侮辱他人或者捏造事实诽谤他人，情节严重的，依照刑法第二百四十六条的规定，分别以侮辱罪或者诽谤罪定罪处罚。最高法《关于审理非法出版物刑事案件具体应用法律若干问题的解释》法释〔1998〕30号 1998/12/23 第六条

第二百四十七条　【刑讯逼供罪、暴力取证罪】司法工作人员对犯罪嫌疑人、被告人实行刑讯逼供或者使用暴力逼取证人证言的，处三年以下有期徒刑或者拘役。致人伤残、死亡的，依照本法第二百三十四条、第二百三十二条的规定定罪从重处罚。

第二百四十八条　【虐待被监管人罪】监狱、拘留所、看守所等监管机构的监管人员对被监管人进行殴打或者体罚虐待，情

节严重的，处三年以下有期徒刑或者拘役；情节特别严重的，处三年以上十年以下有期徒刑。致人伤残、死亡的，依照本法第二百三十四条、第二百三十二条的规定定罪从重处罚。

监管人员指使被监管人殴打或者体罚虐待其他被监管人的，依照前款的规定处罚。

[监管人员] 根据有关法律规定，强制隔离戒毒所是对符合特定条件的吸毒成瘾人员限制人身自由，进行强制隔离戒毒的监管机构，其履行监管职责的工作人员属于刑法第二百四十八条规定的监管人员。最高检《关于强制隔离戒毒所工作人员能否成为虐待被监管人罪主体问题的批复》2015/02/15

[适用刑法第 248 条　适用刑法第 234 条、第 232 条] 对于强制隔离戒毒所监管人员殴打或者体罚虐待戒毒人员，或者指使戒毒人员殴打、体罚虐待其他戒毒人员，情节严重的，应当适用刑法第二百四十八条的规定，以虐待被监管人罪追究刑事责任；造成戒毒人员伤残、死亡后果的，应当依照刑法第二百三十四条、第二百三十二条的规定，以故意伤害罪、故意杀人罪从重处罚。最高检《关于强制隔离戒毒所工作人员能否成为虐待被监管人罪主体问题的批复》2015/02/15

第二百四十九条　【煽动民族仇恨、民族歧视罪】煽动民族仇恨、民族歧视，情节严重的，处三年以下有期徒刑、拘役、管制或者剥夺政治权利；情节特别严重的，处三年以上十年以下有期徒刑。

[明知而提供的　以煽动分裂国家罪或者煽动民族仇恨、民族歧视罪的共同犯罪定罪处罚] 明知图书、文稿、图片、音像制品、移动存储介质、电子阅读器中载有利用宗教极端、暴力恐怖思想煽动分裂国家、破坏国家统一或者煽动民族仇恨、民族歧视的内容，而提供仓储、邮寄、投递、运输、传输及其他服务的，以煽动分裂国家罪或者煽动民族仇恨、民族歧视罪的共同犯罪定罪处罚。两高、公安部《关于办理暴力恐怖和宗教极端刑事案件适用法律若干问题的意见》公通字〔2014〕34 号 2014/09/09 二、(六)

[按照其行为所触犯的具体罪名定罪处罚] 虽不明知图书、文稿、图片、音像制品、移动存储介质、电子阅读器中载有利用宗教极端、暴力恐

怖思想煽动分裂国家、破坏国家统一或者煽动民族仇恨、民族歧视的内容，但出于营利或其他目的，违反国家规定，予以出版、印刷、复制、发行、传播或者提供仓储、邮寄、投递、运输、传输等服务的，按照其行为所触犯的具体罪名定罪处罚。**两高、公安部《关于办理暴力恐怖和宗教极端刑事案件适用法律若干问题的意见》公通字〔2014〕34 号 2014/09/09 二、（六）**

[**允许或者放任他人 以煽动分裂国家罪或者煽动民族仇恨、民族歧视罪的共同犯罪定罪处罚**] 网站、网页、论坛、电子邮件、博客、微博、即时通讯工具、群组、聊天室、网络硬盘、网络电话、手机应用软件及其他网络应用服务的建立、开办、经营、管理者，明知他人散布、宣扬利用宗教极端、暴力恐怖思想煽动分裂国家、破坏国家统一或者煽动民族仇恨、民族歧视的内容，允许或者放任他人在其网站、网页、论坛、电子邮件、博客、微博、即时通讯工具、群组、聊天室、网络硬盘、网络电话、手机应用软件及其他网络应用服务上发布的，以煽动分裂国家罪或者煽动民族仇恨、民族歧视罪的共同犯罪定罪处罚。**两高、公安部《关于办理暴力恐怖和宗教极端刑事案件适用法律若干问题的意见》公通字〔2014〕34 号 2014/09/09 二、（七）**

[**实施本意见规定行为但不构成犯罪的**] 对实施本意见规定行为但不构成犯罪的，依照治安管理、宗教事务管理以及互联网、印刷、出版管理等法律、法规，予以行政处罚或者进行教育、训诫，责令停止活动。对其持有的涉案物品依法予以收缴。**两高、公安部《关于办理暴力恐怖和宗教极端刑事案件适用法律若干问题的意见》公通字〔2014〕34 号 2014/09/09 二、（十）**

[**涉案宣传品的内容的审查、鉴定**] 对涉案宣传品的内容不作鉴定，由公安机关全面审查并逐一标注或者摘录，与扣押、移交物品清单及涉案宣传品原件一并移送人民检察院审查。因涉及宗教专门知识或者语言文字等原因无法自行审查的，可商请宗教、民族、新闻出版等部门提供审读意见，经审查后与涉案宣传品原件一并移送人民检察院审查。需要对涉案宣传品出版、印刷、制作、发行的合法性进行鉴定的，由公安机关委托新闻出版主管部门出具鉴定意见。人民检察院、人民法院应当全面审查作为证据使用的涉案宣传品的内容。**两高、公安部《关于办理暴力恐怖和宗教极端刑事案件适用法律若干问题的意见》公通字〔2014〕34 号 2014/09/09 三、（一）**

[是否“明知”的认定] 对是否“明知”的认定，应当结合案件具体情况，坚持重证据，重调查研究，以行为人实施的客观行为为基础，结合其一贯表现，具体行为、程度、手段、事后态度，以及年龄、认知和受教育程度、所从事的职业等综合判断。曾因实施暴力恐怖、宗教极端违法犯罪行为受到行政、刑事处罚、免予刑事处罚，或者被责令改正后又实施的，应当认定为明知。其他共同犯罪嫌疑人、被告人或者其他知情人供认、指证，行为人不承认其主观上“明知”，但又不能作出合理解释的，依据其行为本身和认知程度，足以认定其确实“明知”或者应当“明知”的，应当认定为明知。两高、公安部《关于办理暴力恐怖和宗教极端刑事案件适用法律若干问题的意见》公通字〔2014〕34号 2014/09/09 三、(二)

第二百五十条　【出版歧视、侮辱少数民族作品罪】在出版物中刊载歧视、侮辱少数民族的内容，情节恶劣，造成严重后果的，对直接责任人员，处三年以下有期徒刑、拘役或者管制。

[出版刊载歧视、侮辱少数民族内容的作品的] 出版刊载歧视、侮辱少数民族内容的作品，情节恶劣，造成严重后果的，依照刑法第二百五十条的规定，以出版歧视、侮辱少数民族作品罪定罪处罚。最高法《关于审理非法出版物刑事案件具体应用法律若干问题的解释》法释〔1998〕30号 1998/12/23 第七条

第二百五十一条　【非法剥夺公民宗教信仰自由罪、侵犯少数民族风俗习惯罪】国家机关工作人员非法剥夺公民的宗教信仰自由和侵犯少数民族风俗习惯，情节严重的，处二年以下有期徒刑或者拘役。

第二百五十二条　【侵犯通信自由罪】隐匿、毁弃或者非法开拆他人信件，侵犯公民通信自由权利，情节严重的，处一年以下有期徒刑或者拘役。

第二百五十三条　【私自开拆、隐匿、毁弃邮件、电报罪；盗窃罪】邮政工作人员私自开拆或者隐匿、毁弃邮件、电报的，处二年以下有期徒刑或者拘役。

犯前款罪而窃取财物的，依照本法第二百六十四条的规定定罪从重处罚。

第二百五十三条之一 【侵犯公民个人信息罪】违反国家有关规定，向他人出售或者提供公民个人信息，情节严重的，处三年以下有期徒刑或者拘役，并处或者单处罚金；情节特别严重的，处三年以上七年以下有期徒刑，并处罚金。

违反国家有关规定，将在履行职责或者提供服务过程中获得的公民个人信息，出售或者提供给他人的，依照前款的规定从重处罚。

窃取或者以其他方法非法获取公民个人信息的，依照第一款的规定处罚。

单位犯前三款罪的，对单位判处罚金，并对其直接负责的主管人员和其他直接责任人员，依照各该款的规定处罚。①

[典型意义] 当前，除行政管理机关和金融、电信、交通等单位接触大量的公民个人信息外，宾馆、快递等服务行业在提供服务的过程中，也会获取大量的公民个人信息。单位、公司的个别员工为了获取非法利益，违反职业道德和保密义务，将在工作中获得的公民个人信息资料出售或提供给他人，对公民的人身、财产安全及正常工作生活造成了严重威胁，应依法严惩。本案被告人郭某某原在某信息技术服务有限公司工作，该公司的业务主要是推广400电话服务。郭某某在工作中接触和获取大量包含公民姓名、所在公司、联系电话等信息，辞职后将工作中获取的公民个人信息上传至个人网络储存空间，利用QQ等社交软件与他人交换这些公民个

① 根据2009年2月28日《刑法修正案（七）》增加。根据2015年11月1日《刑法修正案（九）》修改，原条文为："国家机关或者金融、电信、交通、教育、医疗等单位的工作人员，违反国家规定，将本单位在履行职责或者提供服务过程中获得的公民个人信息，出售或者非法提供给他人，情节严重的，处三年以下有期徒刑或者拘役，并处或者单处罚金。"

"窃取或者以其他方法非法获取上述信息，情节严重的，依照前款的规定处罚。

"单位犯前两款罪的，对单位判处罚金，并对直接负责的主管人员和其他直接责任人员，依照各该款的规定处罚。"

人信息，并出售牟利。被告人郭某某出售、提供履职、服务过程中获得的公民个人信息，具有更大的社会危害性，应当从严惩处。本案的处理有力地打击了将在履行职责、提供服务过程中获得的公民个人信息出售、提供给他人的犯罪行为。**最高检发布的侵犯公民个人信息犯罪的典型案例4：郭某某侵犯公民个人信息案**

［典型意义］随着现代通讯技术和互联网技术的快速发展，公民个人信息极易泄露。公民个人信息通过信息网络传播、交易，往往被不法分子大量窃取、利用，催生电信网络诈骗等关联犯罪，严重威胁公民人身安全、财产安全和社会管理秩序。打击利用互联网出售、提供、非法获取公民个人信息等侵犯公民个人信息犯罪，切断其与电信网络诈骗等犯罪的犯罪链条，从源头上预防和减少犯罪发生，具有重要意义。本案中章某某等人通过百度及QQ向他人购买学生个人信息，拨打学生家长电话，先后冒充学校及教育局工作人员，以领取学生助学补助金为幌子，骗取钱财，不仅侵犯了学生及学生家长的个人信息和财产安全，还破坏了学校的正常教学秩序和教育系统声誉，社会危害极大。本案的查处震慑了利用互联网侵犯公民个人信息犯罪，也有力地打击了电信网络诈骗犯罪，取得了良好的法律效果和社会效果。**最高检发布的侵犯公民个人信息犯罪典型案例3：章某某等诈骗、侵犯公民个人信息案**

［典型意义］检察机关注重发挥法律监督职能，加强刑事立案监督，确保案件监督效果。一是提前介入，适时引导侦查。鉴于本案案情复杂，检察机关提前介入，对已经形成的犯罪嫌疑人供述和证人证言进行审阅，同时查看了侦查机关扣押的犯罪嫌疑人电脑中所存储的公民个人信息，就取证方向和证据的收集、固定向侦查机关提出了固定公民个人信息数据、资金往来账单、“快递提取”软件，制作电子物证检查笔录等建议，提高了案件的办案质量和诉讼效率。二是有效沟通，统一司法认识。针对公民个人信息和定罪量刑标准的把握，检察机关与公安、法院及时沟通，统一了执法思想和执法尺度。三是深挖线索，加强立案监督。检察机关审查案件后发现新泰市××快递公司负责人将K8软件和工号出卖给鲁某，用于查看和复制××快递公司的订单信息。王乙向鲁某购买公民个人信息约8

万余条，交易金额达6万余元，王乙将购买的公民个人信息用于电话促销保健品。××快递公司和王乙均涉嫌侵犯公民个人信息罪。检察机关启动了立案监督程序，新泰市公安局对××快递公司和王乙以涉嫌侵犯公民个人信息罪立案侦查。**最高检发布的侵犯公民个人信息犯罪典型案例5：鲁某等侵犯公民个人信息案**

[典型意义] 检察机关认为被告人籍某某利用公安民警的特殊身份，在掌握的全国人口信息的平台上任意查询，并非法出售3670余条公民个人信息，比一般人员非法收集信息具有更大的社会危害性，应当认定其属于刑法第253条之一第一款规定的情节严重的情形，依法予以惩处。本案的处理有力地打击了将在履行职责过程中获得的公民个人信息出售、提供给他人的犯罪行为。

随着信息网络技术与应用的快速发展，信息网络已成为社会生活的一个重要组成部分。但是，伴随信息网络技术发展，侵犯公民个人信息犯罪也日益严重，并处于高发态势，不仅严重危害公民个人信息安全，而且与电信网络诈骗等犯罪存在密切关联，甚至与绑架、敲诈勒索等犯罪活动相结合，社会危害越来越大。公民个人信息安全已成为一个全社会高度关注的热点问题。为加大对公民个人信息的刑法保护，2009年2月，《刑法修正案（七）》增设刑法第253条之一，规定了出售、非法提供公民个人信息罪和非法获取公民个人信息罪。2015年8月，《刑法修正案（九）》对该条规定作了进一步完善，罪名修改为侵犯公民个人信息罪。**最高检发布的侵犯公民个人信息犯罪典型案例6：籍某某、李某某侵犯公民个人信息案**

[典型意义] 随着信息化社会的到来，个人信息的重要性日益凸显，侵犯公民个人信息获取经济利益的现象逐渐增多，相关灰色产业链已初现雏形，其中国家工作人员利用职务便利非法获取公民个人信息社会影响尤其恶劣。本案涉及国家工作人员与销售商勾结，买卖婴儿信息数量达几十万条，给家庭生活造成困扰，案件引发社会关注。

检察机关认真办理该案，取得了较好的法律效果和社会效果。一是有力监督，有效追诉。浦东新区检察院在办理案件过程中，派员提前介入，会同公安机关从获取公民个人信息的数量、方式、来源、动机及后果等方面进行全面考量。在审查逮捕过程中，发现孙某某、夏某某等人的行为已涉嫌侵犯公民个人信息罪，遂向公安机关发出直接移送审查起诉建议书。二是制发检察建议，延伸办案效果。针对国家工作人员利用职务便利窃取公民个人信息的情况，浦东新区检察院向上海市疾病预防控制中心发出检察建议，要求其从系统账号密码专人专用、使用留痕，签订岗位保密协议，建立事后备查制度等方面进行整改完善，上海市疾病预防控制中心收函后立即采取相应措施进行整改，并将相关整改落实情况由专人至区检察院进行通报，以防止类似事件再次发生。**最高检发布六起侵犯公民个人信息犯罪典型案例1：韩某等侵犯公民个人信息案**

［典型意义］本案通过网络实施侵犯公民个人信息犯罪，在远程、非接触的状态下跨省区、多地域完成，作案手段技术含量高，涉案人员关系松散，特别是犯罪活动涉及的电子证据源中电脑、QQ、移动存储介质、手机、银行卡等证据的数据提取、固定、转化和验证等给案件取证工作带来一定困难，增加了检察机关在案件审查逮捕中的工作难度。

检察机关从多个方面加强案件指导和审查，确保案件质量和监督效果。一是注重引导案件侦查，确保取证工作扎实到位。鉴于案件系当地首例以黑客手段窃取公民个人信息的案件，公安机关立案后即商请检察机关提前介入，检察机关高度重视，会同公安机关刑侦、网安等部门商讨案情、引导侦查。检察机关就捕前侦查取证方向、证据标准规定、所涉罪名法律适用等问题与公安机关进行详细分析沟通，有效提升案件侦办的效率和质量。如针对犯罪嫌疑人主要犯罪手法系利用恶意程序批量扒取网站用户信息的手段，检察机关对所涉现场勘验检查、远程勘验记录、电子证据检查、作案工具扣押等环节的取证要点与规范要求予以明确，确保证据收集工作的合法性和有效性。二是严格案件证据审查，确保核心证据固定。本案证据体系中，认定犯罪事实的核心证据之一系犯罪嫌疑人非法获取公民身份信息的电子数据。如果该核心证据缺失，即使犯罪嫌疑人作有罪供述亦难以定罪处罚。犯罪嫌疑人姚某某移送审查逮捕过程中，检察机关对电子数据仔细比对后发现，有关姚某某非法获取公民数据信息情况的鉴定意见存在重大瑕疵，难以作为定案依据，需重新鉴定，故综合案件证据情况，对姚某某作存疑不捕决定，同时向公安机关说明不捕理由并提出五条补侦建议。公安机关根据上述要求逐一进行补侦，待证据达到要求后移送起诉，后法院对姚某某作出有罪判决。三是重视后续跟踪指导，确保案件质量过硬。加强不捕案件补侦工作的指导监督。姚某某案中鉴定意见存在重大瑕疵，检察机关在该案补充侦查过程中多次与鉴定人员联系沟通，重新梳理证据情况，明确相关鉴定要求，及时修正证据瑕疵问题。加强捕诉联动交流。检察机关侦查监督部门与公诉部门围绕案件定性、证据认定、涉案情节等疑难问题进行充分沟通，形成统一意见。庭审中，公诉人运用充分证据指控犯罪，张某某、姚某某均供认指控事实，庭审效果良好。**最高检发布侵犯公民个人信息犯罪典型案例 2：张某某、姚某某侵犯公民个人信息案**

[刑法第 253 条之一“公民个人信息”] 刑法第二百五十三条之一规定的“公民个人信息”，是指以电子或者其他方式记录的能够单独或者与其他信息结合识别特定自然人身份或者反映特定自然人活动情况的各种信息，包括姓名、身份证件号码、通信通讯联系方式、住址、账号密码、财产状况、行踪轨迹等。**两高《关于办理侵犯公民个人信息刑事案件适用法律若干问题的解释》法释〔2017〕10 号 2017/06/01 第一条**

[刑法第 253 条之一“违反国家有关规定”] 违反法律、行政法规、部门规章有关公民个人信息保护的规定的，应当认定为刑法第二百五十三条之一规定的“违反国家有关规定”。**两高《关于办理侵犯公民个人信息刑事案件适用法律若干问题的解释》法释〔2017〕10 号 2017/06/01 第二条**

[刑法第 253 条之一“提供公民个人信息”] 向特定人提供公民个人信息，以及通过信息网络或者其他途径发布公民个人信息的，应当认定为刑法第二百五十三条之一规定的“提供公民个人信息”。**两高《关于办理侵犯公民个人信息刑事案件适用法律若干问题的解释》法释〔2017〕10 号 2017/06/01 第三条第一款**

[未经被收集者同意，将合法收集的公民个人信息向他人提供的] 未经被收集者同意，将合法收集的公民个人信息向他人提供的，属于刑法第二百五十三条之一规定的“提供公民个人信息”，但是经过处理无法识别特定个人且不能复原的除外。**两高《关于办理侵犯公民个人信息刑事案件适用法律若干问题的解释》法释〔2017〕10 号 2017/06/01 第三条第二款**

[刑法第253条之一“以其他方法非法获取公民个人信息”] 违反国家有关规定，通过购买、收受、交换等方式获取公民个人信息，或者在履行职责、提供服务过程中收集公民个人信息的，属于刑法第二百五十三条之一第三款规定的“以其他方法非法获取公民个人信息”。**两高《关于办理侵犯公民个人信息刑事案件适用法律若干问题的解释》法释〔2017〕10号 2017/06/01 第四条**

[刑法第253条之一“情节严重”之情形] 非法获取、出售或者提供公民个人信息，具有下列情形之一的，应当认定为刑法第二百五十三条之一规定的“情节严重”：

（一）出售或者提供行踪轨迹信息，被他人用于犯罪的；

（二）知道或者应当知道他人利用公民个人信息实施犯罪，向其出售或者提供的；

（三）非法获取、出售或者提供行踪轨迹信息、通信内容、征信信息、财产信息五十条以上的；

（四）非法获取、出售或者提供住宿信息、通信记录、健康生理信息、交易信息等其他可能影响人身、财产安全的公民个人信息五百条以上的；

（五）非法获取、出售或者提供第三项、第四项规定以外的公民个人信息五千条以上的；

（六）数量未达到第三项至第五项规定标准，但是按相应比例合计达到有关数量标准的；

（七）违法所得五千元以上的；

（八）将在履行职责或者提供服务过程中获得的公民个人信息出售或者提供给他人，数量或者数额达到第三项至第七项规定标准一半以上的；

（九）曾因侵犯公民个人信息受过刑事处罚或者二年内受过行政处罚，又非法获取、出售或者提供公民个人信息的；

（十）其他情节严重的情形。**两高《关于办理侵犯公民个人信息刑事案件适用法律若干问题的解释》法释〔2017〕10号 2017/06/01 第五条第一款**

[刑法第253条之一“情节特别严重”之情形] 实施前款规定的行为，具有下列情形之一的，应当认定为刑法第二百五十三条之一第一款规定的“情节特别严重”：

（一）造成被害人死亡、重伤、精神失常或者被绑架等严重后果的；

（二）造成重大经济损失或者恶劣社会影响的；

（三）数量或者数额达到前款第三项至第八项规定标准十倍以上的；

（四）其他情节特别严重的情形。**两高《关于办理侵犯公民个人信息刑事案件适用法律若干问题的解释》法释〔2017〕10号 2017/06/01 第五条第二款**

［**刑法第253条之一"情节严重"之情形**］为合法经营活动而非法购买、收受本解释第五条第一款第三项、第四项规定以外的公民个人信息，具有下列情形之一的，应当认定为刑法第二百五十三条之一规定的"情节严重"：

（一）利用非法购买、收受的公民个人信息获利五万元以上的；

（二）曾因侵犯公民个人信息受过刑事处罚或者二年内受过行政处罚，又非法购买、收受公民个人信息的；

（三）其他情节严重的情形。

实施前款规定的行为，将购买、收受的公民个人信息非法出售或者提供的，定罪量刑标准适用本解释第五条的规定。**两高《关于办理侵犯公民个人信息刑事案件适用法律若干问题的解释》法释〔2017〕10号 2017/06/01 第六条**

［**单位犯本罪的**］单位犯刑法第二百五十三条之一规定之罪的，依照本解释规定的相应自然人犯罪的定罪量刑标准，对直接负责的主管人员和其他直接责任人员定罪处罚，并对单位判处罚金。**两高《关于办理侵犯公民个人信息刑事案件适用法律若干问题的解释》法释〔2017〕10号 2017/06/01 第七条**

［**设立用于实施非法获取、出售或者提供公民个人信息违法犯罪活动的网站、通讯群组，情节严重的**］设立用于实施非法获取、出售或者提供公民个人信息违法犯罪活动的网站、通讯群组，情节严重的，应当依照刑法第二百八十七条之一的规定，以非法利用信息网络罪定罪处罚；同时构成侵犯公民个人信息罪的，依照侵犯公民个人信息罪定罪处罚。**两高《关于办理侵犯公民个人信息刑事案件适用法律若干问题的解释》法释〔2017〕10号 2017/06/01 第八条**

［**网络服务提供者拒不履行信息网络安全管理义务致使用户的公民个人信息泄露，造成严重后果的**］网络服务提供者拒不履行法律、行政法规规定的信息网络安全管理义务，经监管部门责令采取改正措施而拒不改

正，致使用户的公民个人信息泄露，造成严重后果的，应当依照刑法第二百八十六条之一的规定，以拒不履行信息网络安全管理义务罪定罪处罚。两高《关于办理侵犯公民个人信息刑事案件适用法律若干问题的解释》法释〔2017〕10号 2017/06/01 第九条

[犯本罪不属于“情节特别严重”，行为人系初犯，全部退赃，并确有悔罪表现的] 实施侵犯公民个人信息犯罪，不属于“情节特别严重”，行为人系初犯，全部退赃，并确有悔罪表现的，可以认定为情节轻微，不起诉或者免予刑事处罚；确有必要判处刑罚的，应当从宽处罚。两高《关于办理侵犯公民个人信息刑事案件适用法律若干问题的解释》法释〔2017〕10号 2017/06/01 第十条

[非法获取公民个人信息后又出售或者提供的　不重复计算] 非法获取公民个人信息后又出售或者提供的，公民个人信息的条数不重复计算。两高《关于办理侵犯公民个人信息刑事案件适用法律若干问题的解释》法释〔2017〕10号 2017/06/01 第十一条第一款

[向不同单位或者个人分别出售、提供同一公民个人信息的　累计计算] 向不同单位或者个人分别出售、提供同一公民个人信息的，公民个人信息的条数累计计算。两高《关于办理侵犯公民个人信息刑事案件适用法律若干问题的解释》法释〔2017〕10号 2017/06/01 第十一条第二款

[批量公民个人信息的条数，根据查获的数量直接认定　但书] 对批量公民个人信息的条数，根据查获的数量直接认定，但是有证据证明信息不真实或者重复的除外。两高《关于办理侵犯公民个人信息刑事案件适用法律若干问题的解释》法释〔2017〕10号 2017/06/01 第十一条第三款

[综合考虑判处罚金数额] 对于侵犯公民个人信息犯罪，应当综合考虑犯罪的危害程度、犯罪的违法所得数额以及被告人的前科情况、认罪悔罪态度等，依法判处罚金。罚金数额一般在违法所得的一倍以上五倍以下。两高《关于办理侵犯公民个人信息刑事案件适用法律若干问题的解释》法释〔2017〕10号 2017/06/01 第十二条

第二百五十四条　【报复陷害罪】国家机关工作人员滥用职权、假公济私，对控告人、申诉人、批评人、举报人实行报复陷害的，处二年以下有期徒刑或者拘役；情节严重的，处二年以上

七年以下有期徒刑。

第二百五十五条 【打击报复会计、统计人员罪】公司、企业、事业单位、机关、团体的领导人，对依法履行职责、抵制违反会计法、统计法行为的会计、统计人员实行打击报复，情节恶劣的，处三年以下有期徒刑或者拘役。

第二百五十六条 【破坏选举罪】在选举各级人民代表大会代表和国家机关领导人员时，以暴力、威胁、欺骗、贿赂、伪造选举文件、虚报选举票数等手段破坏选举或者妨害选民和代表自由行使选举权和被选举权，情节严重的，处三年以下有期徒刑、拘役或者剥夺政治权利。

第二百五十七条 【暴力干涉婚姻自由罪】以暴力干涉他人婚姻自由的，处二年以下有期徒刑或者拘役。

犯前款罪，致使被害人死亡的，处二年以上七年以下有期徒刑。

第一款罪，告诉的才处理。

第二百五十八条 【重婚罪】有配偶而重婚的，或者明知他人有配偶而与之结婚的，处二年以下有期徒刑或者拘役。

第二百五十九条 【破坏军婚罪；强奸罪】明知是现役军人的配偶而与之同居或者结婚的，处三年以下有期徒刑或者拘役。

利用职权、从属关系，以胁迫手段奸淫现役军人的妻子的，依照本法第二百三十六条的规定定罪处罚。

第二百六十条 【虐待罪】虐待家庭成员，情节恶劣的，处二年以下有期徒刑、拘役或者管制。

犯前款罪，致使被害人重伤、死亡的，处二年以上七年以下有期徒刑。

第一款罪，告诉的才处理，但被害人没有能力告诉，或者因受到强制、威吓无法告诉的除外。[①]

第二百六十条之一　【虐待被监护、看护人罪】对未成年人、老年人、患病的人、残疾人等负有监护、看护职责的人虐待被监护、看护的人，情节恶劣的，处三年以下有期徒刑或者拘役。

单位犯前款罪的，对单位判处罚金，并对其直接负责的主管人员和其他直接责任人员，依照前款的规定处罚。

有第一款行为，同时构成其他犯罪的，依照处罚较重的规定定罪处罚。[②]

［适用新法］对于 2015 年 10 月 31 日以前实施的刑法第二百六十条第一款规定的虐待行为，被害人没有能力告诉，或者因受到强制、威吓无法告诉的，适用修正后刑法第二百六十条第三款的规定。**最高法《关于〈中华人民共和国刑法修正案（九）〉时间效力问题的解释》法释〔2015〕19 号 2015/11/01 第五条**

［典型意义　对未成年子女实施家庭暴力　公诉、自诉合并审理］本案是一起典型的继母对未成年子女实施家庭暴力构成犯罪的案件，其中反映出两点尤其具有参考意义：一是施暴人实施家庭暴力，往往是一个长期、反复的过程。在这一过程中，大部分家庭暴力行为，依照刑法的规定构成虐待罪，但其中又有一次或几次家庭暴力行为，已经符合了刑法规定的故意伤害罪的构成要件，依法构成故意伤害罪。依照刑事诉讼法的规定，故意伤害罪属于公诉案件，虐待罪没有致被害人重伤、死亡的属于自诉案件。人民检察院只能对被告人犯故意伤害罪提起公诉，自诉人可以对被告人犯虐待罪另行提起告诉（即自诉）。人民法院可以将相关公诉案件和自诉案件合并审理。这样处理，既便于在事实、证据的认定方面保持一致，也有利于全面反映被告人实施家庭暴力犯罪的多种情节，综合衡量应

① 根据 2015 年 11 月 1 日《刑法修正案（九）》修改，原条文为："第一款罪，告诉的才处理。"

② 根据 2015 年 11 月 1 日《刑法修正案（九）》增加。

当判处的刑罚，还有利于节省司法资源。本案的审判程序即反映出涉及家庭暴力犯罪案件“公诉、自诉合并审理”的特点。二是未成年子女的亲生父母离婚后，对该子女的监护权都是法定的，没有权利放弃、转让，不论是否和该子女共同居住，仍然属于该子女的法定代理人。在未成年子女遭受侵害的时候，未与该子女共同生活的一方，仍然可以以法定代理人的身份，代为提起告诉。本案被害人张某的生母张美丽，在与张某的生父张建志离婚后，虽然没有与张某共同生活，但其作为张某的法定代理人，代张某向人民法院提起虐待罪告诉，是合乎法律规定的。**最高法发布依法惩治侵犯儿童权益犯罪典型案例之四：王玉贵故意伤害、虐待案**

第二百六十一条　【遗弃罪】对于年老、年幼、患病或者其他没有独立生活能力的人，负有扶养义务而拒绝扶养，情节恶劣的，处五年以下有期徒刑、拘役或者管制。

第二百六十二条　【拐骗儿童罪】拐骗不满十四周岁的未成年人，脱离家庭或者监护人的，处五年以下有期徒刑或者拘役。

第二百六十二条之一　【组织残疾人、儿童乞讨罪】以暴力、胁迫手段组织残疾人或者不满十四周岁的未成年人乞讨的，处三年以下有期徒刑或者拘役，并处罚金；情节严重的，处三年以上七年以下有期徒刑，并处罚金。[①]

第二百六十二条之二　【组织未成年人进行违反治安管理活动罪】组织未成年人进行盗窃、诈骗、抢夺、敲诈勒索等违反治安管理活动的，处三年以下有期徒刑或者拘役，并处罚金；情节严重的，处三年以上七年以下有期徒刑，并处罚金。[②]

［**裁判理由　组织指使未成年人入户盗窃**］法院认为，被告人邓家文组织未成年人进行盗窃，其行为已构成组织未成年人进行违反治安管理活动罪；以非法占有为目的，伙同他人采取威胁的方法强行索取他人财物，其行为又构成敲诈勒索罪，应依法予以并罚。邓家文多次组织多名未成年

---

① 根据2006年6月29日《刑法修正案（六）》增加。

② 根据2009年2月28日《刑法修正案（七）》增加。

人进行入户盗窃，情节严重，所犯敲诈勒索罪，数额巨大，均应依法惩处。邓家文在组织杨某某等人在黄某某家盗窃财物时未满18周岁，依法可以对其此次犯罪从轻处罚。据此，依法认定被告人邓家文犯组织未成年人进行违反治安管理活动罪，判处有期徒刑四年，并处罚金人民币2000元；犯敲诈勒索罪，判处有期徒刑三年零九个月，并处罚金人民币2000元，决定执行有期徒刑七年零六个月，并处罚金人民币4000元。**最高法发布侵犯未成年人权益犯罪典型案例之三：邓家文组织未成年人进行违反治安管理活动案**

第五章　侵犯财产罪

第二百六十三条　【抢劫罪】以暴力、胁迫或者其他方法抢劫公私财物的，处三年以上十年以下有期徒刑，并处罚金；有下列情形之一的，处十年以上有期徒刑、无期徒刑或者死刑，并处罚金或者没收财产：

（一）入户抢劫的；

（二）在公共交通工具上抢劫的；

（三）抢劫银行或者其他金融机构的；

（四）多次抢劫或者抢劫数额巨大的；

（五）抢劫致人重伤、死亡的；

（六）冒充军警人员抢劫的；

（七）持枪抢劫的；

（八）抢劫军用物资或者抢险、救灾、救济物资的。

[抢劫罪的量刑]

1. 构成抢劫罪的，可以根据下列不同情形在相应的幅度内确定量刑起点：

(1) 抢劫一次的，可以在三年至六年有期徒刑幅度内确定量刑起点。

(2) 有下列情形之一的，可以在十年至十三年有期徒刑幅度内确定量刑起点：入户抢劫的；在公共交通工具上抢劫的；抢劫银行或者其他金融机构的；抢劫三次或者抢劫数额达到数额巨大起点的；抢劫致一人重伤的冒充军警人员抢劫的；持枪抢劫的；抢劫军用物资或者抢险、救灾、救济物资的。依法应当判处无期徒刑以上刑罚的除外。

2. 在量刑起点的基础上，可以根据抢劫情节严重程度、抢劫次数、数额、致人伤害后果等其他影响犯罪构成的犯罪事实增加刑罚量，确定基准刑。最高法《关于常见犯罪的量刑指导意见》2017/04/01 四、(五)

[要旨 抢劫罪类 第二审程序刑事抗诉项 未成年人与成年人共同犯罪项 分案起诉项 累犯项 (未成年人犯罪不构成累犯)]

1. 办理未成年人与成年人共同犯罪案件，一般应当将未成年人与成年人分案起诉，但对于未成年人系犯罪集团的组织者或者其他共同犯罪中的主犯，或者具有其他不宜分案起诉情形的，可以不分案起诉。

2. 办理未成年人与成年人共同犯罪案件，应当根据未成年人在共同犯罪中的地位、作用，综合考量未成年人实施犯罪行为的动机和目的、犯罪时的年龄、是否属于初犯、偶犯、犯罪后的悔罪表现、个人成长经历和一贯表现等因素，依法从轻或者减轻处罚。

3. 未成年人犯罪不构成累犯。检例第 19 号：张某、沈某某等七人抢劫案

[要旨 盗窃罪类 抢劫罪类 第二审程序刑事抗诉项 入户抢劫项 补充起诉项]

1. 对于入户盗窃，因被发现而当场使用暴力或者以暴力相威胁的行为，应当认定为“入户抢劫”。

2. 在人民法院宣告判决前，人民检察院发现被告人有遗漏的罪行可以一并起诉和审理的，可以补充起诉。

3. 人民检察院认为同级人民法院第一审判决重罪轻判，适用刑罚明显不当的，应当提出抗诉。检例第 17 号：陈邓昌抢劫、盗窃，付志强盗窃案

[审理抢劫刑事案件的基本要求] 坚持贯彻宽严相济刑事政策。对于多次结伙抢劫，针对农村留守妇女、儿童及老人等弱势群体实施抢劫，在抢劫中实施强奸等暴力犯罪的，要在法律规定的量刑幅度内从重判处。

对于罪行严重或者具有累犯情节的抢劫犯罪分子，减刑、假释时应当从严掌握，严格控制减刑的幅度和频度。对因家庭成员就医等特定原因初次实施抢劫，主观恶性和犯罪情节相对较轻的，要与多次抢劫以及为了挥霍、赌博、吸毒等实施抢劫的案件在量刑上有所区分。对于犯罪情节较轻，或者具有法定、酌定从轻、减轻处罚情节的，坚持依法从宽处理。

确保案件审判质量。审理抢劫刑事案件，要严格遵守证据裁判原则，确保事实清楚，证据确实、充分。特别是对因抢劫可能判处死刑的案件，更要切实贯彻执行刑事诉讼法及相关司法解释、司法文件，严格依法审查判断和运用证据，坚决防止冤错案件的发生。

对抢劫刑事案件适用死刑，应当坚持“保留死刑，严格控制和慎重适用死刑”的刑事政策，以最严格的标准和最审慎的态度，确保死刑只适用于极少数罪行极其严重的犯罪分子。对被判处死刑缓期二年执行的抢劫犯罪分子，根据犯罪情节等情况，可以同时决定对其限制减刑。**最高法《关于审理抢劫刑事案件适用法律若干问题的指导意见》法发〔2016〕2号 2016/01/06 一**

[入户抢劫　在户内抢劫] 认定“入户抢劫”，要注重审查行为人“入户”的目的，将“入户抢劫”与“在户内抢劫”区别开来。以侵害户内人员的人身、财产为目的，入户后实施抢劫，包括入户实施盗窃、诈骗等犯罪而转化为抢劫的，应当认定为“入户抢劫”。因访友办事等原因经户内人员允许入户后，临时起意实施抢劫，或者临时起意实施盗窃、诈骗等犯罪而转化为抢劫的，不应认定为“入户抢劫”。

对于部分时间从事经营、部分时间用于生活起居的场所，行为人在非营业时间强行入内抢劫或者以购物等为名骗开房门入内抢劫的，应认定为“入户抢劫”。对于部分用于经营、部分用于生活且之间有明确隔离的场所，行为人进入生活场所实施抢劫的，应认定为“入户抢劫”；如场所之间没有明确隔离，行为人在营业时间入内实施抢劫的，不认定为“入户抢劫”，但在非营业时间入内实施抢劫的，应认定为“入户抢劫”。**最高法《关于审理抢劫刑事案件适用法律若干问题的指导意见》法发〔2016〕2号 2016/01/06 二、1**

[公共交通工具　在公共交通工具上抢劫] “公共交通工具”，包括从事旅客运输的各种公共汽车，大、中型出租车，火车，地铁，轻轨，轮

船，飞机等，不含小型出租车。对于虽不具有商业营运执照，但实际从事旅客运输的大、中型交通工具，可认定为“公共交通工具”。接送职工的单位班车、接送师生的校车等大、中型交通工具，视为“公共交通工具”。

“在公共交通工具上抢劫”，既包括在处于运营状态的公共交通工具上对旅客及司售、乘务人员实施抢劫，也包括拦截运营途中的公共交通工具对旅客及司售、乘务人员实施抢劫，但不包括在未运营的公共交通工具上针对司售、乘务人员实施抢劫。以暴力、胁迫或者麻醉等手段对公共交通工具上的特定人员实施抢劫的，一般应认定为“在公共交通工具上抢劫”。**最高法《关于审理抢劫刑事案件适用法律若干问题的指导意见》法发〔2016〕2号** 2016/01/06 二、2

[抢劫数额巨大] 认定“抢劫数额巨大”，参照各地认定盗窃罪数额巨大的标准执行。抢劫数额以实际抢劫到的财物数额为依据。对以数额巨大的财物为明确目标，由于意志以外的原因，未能抢到财物或实际抢得的财物数额不大的，应同时认定“抢劫数额巨大”和犯罪未遂的情节，根据刑法有关规定，结合未遂犯的处理原则量刑。

根据《两抢意见》第六条第一款规定，抢劫信用卡后使用、消费的，以行为人实际使用、消费的数额为抢劫数额。由于行为人意志以外的原因无法实际使用、消费的部分，虽不计入抢劫数额，但应作为量刑情节考虑。通过银行转账或者电子支付、手机银行等支付平台获取抢劫财物的，以行为人实际获取的财物为抢劫数额。**最高法《关于审理抢劫刑事案件适用法律若干问题的指导意见》法发〔2016〕2号** 2016/01/06 二、3

[冒充军警人员抢劫] 认定“冒充军警人员抢劫”，要注重对行为人是否穿着军警制服、携带枪支、是否出示军警证件等情节进行综合审查，判断是否足以使他人误以为是军警人员。对于行为人仅穿着类似军警的服装或仅以言语宣称系军警人员但未携带枪支、也未出示军警证件而实施抢劫的，要结合抢劫地点、时间、暴力或威胁的具体情形，依照常人判断标准，确定是否认定为“冒充军警人员抢劫”。

军警人员利用自身的真实身份实施抢劫的，不认定为“冒充军警人员抢劫”，应依法从重处罚。**最高法《关于审理抢劫刑事案件适用法律若干问题的指导意见》法发〔2016〕2号** 2016/01/06 二、4

[法定八种加重处罚情节的刑罚适用]

1. 根据刑法第二百六十三条的规定，具有“抢劫致人重伤、死亡”等八种法定加重处罚情节的，处十年以上有期徒刑、无期徒刑或者死刑，并处罚金或者没收财产。应当根据抢劫的次数及数额、抢劫对人身的损害、对社会治安的危害等情况，结合被告人的主观恶性及人身危险程度，并根据量刑规范化的有关规定，确定具体的刑罚。判处无期徒刑以上刑罚的，一般应并处没收财产。

2. 具有下列情形之一的，可以判处无期徒刑以上刑罚：

(1) 抢劫致三人以上重伤，或者致人重伤造成严重残疾的；

(2) 在抢劫过程中故意杀害他人，或者故意伤害他人，致人死亡的；

(3) 具有除“抢劫致人重伤、死亡”外的两种以上加重处罚情节，或者抢劫次数特别多、抢劫数额特别巨大的。

3. 为劫取财物而预谋故意杀人，或者在劫取财物过程中为制服被害人反抗、抗拒抓捕而杀害被害人，且被告人无法定从宽处罚情节的，可依法判处死刑立即执行。对具有自首、立功等法定从轻处罚情节的，判处死刑立即执行应当慎重。对于采取故意杀人以外的其他手段实施抢劫并致人死亡的案件，要从犯罪的动机、预谋、实行行为等方面分析被告人主观恶性的大小，并从有无前科及平时表现、认罪悔罪情况等方面判断被告人的人身危险程度，不能不加区别，仅以出现被害人死亡的后果，一律判处死刑立即执行。

4. 抢劫致人重伤案件适用死刑，应当更加慎重、更加严格，除非具有采取极其残忍的手段造成被害人严重残疾等特别恶劣的情节或者造成特别严重后果的，一般不判处死刑立即执行。

5. 具有刑法第二百六十三条规定的“抢劫致人重伤、死亡”以外其他七种加重处罚情节，且犯罪情节特别恶劣、危害后果特别严重的，可依法判处死刑立即执行。认定“情节特别恶劣、危害后果特别严重”，应当从严掌握，适用死刑必须非常慎重、非常严格。**最高法《关于审理抢劫刑事案件适用法律若干问题的指导意见》法发〔2016〕2号 2016/01/06 四**

[抢劫共同犯罪的刑罚适用]

1. 审理抢劫共同犯罪案件，应当充分考虑共同犯罪的情节及后果、共同犯罪人在抢劫中的作用以及被告人的主观恶性、人身危险性等情节，做到准确认定主从犯，分清罪责，以责定刑，罚当其罪。一案中有两名以上主犯的，要从犯罪提意、预谋、准备、行为实施、赃物处理等方面区分出罪责最大者和较大者；有两名以上从犯的，要在从犯中区分出罪责相对更轻者和较轻者。对从犯的处罚，要根据案件的具体事实、从犯的罪责，确定从轻还是减轻处罚。对具有自首、立功或者未成年人且初次抢劫等情节的从犯，可以依法免除处罚。

2. 对于共同抢劫致一人死亡的案件，依法应当判处死刑的，除犯罪手段特别残忍、情节及后果特别严重、社会影响特别恶劣、严重危害社会治安的外，一般只对共同抢劫犯罪中作用最突出、罪行最严重的那名主犯判处死刑立即执行。罪行最严重的主犯如因系未成年人而不适用死刑，或者因具有自首、立功等法定从宽处罚情节而不判处死刑立即执行的，不能不加区别地对其他主犯判处死刑立即执行。

3. 在抢劫共同犯罪案件中，有同案犯在逃的，应当根据现有证据尽量分清在押犯与在逃犯的罪责，对在押犯应按其罪责处刑。罪责确实难以分清，或者不排除在押犯的罪责可能轻于在逃犯的，对在押犯适用刑罚应当留有余地，判处死刑立即执行要格外慎重。**最高法《关于审理抢劫刑事案件适用法律若干问题的指导意见》法发〔2016〕2号 2016/01/06 五**

[累犯等情节的适用] 根据刑法第六十五条第一款的规定，对累犯应当从重处罚。抢劫犯罪被告人具有累犯情节的，适用刑罚时要综合考虑犯罪的情节和后果，所犯前后罪的性质、间隔时间及判刑轻重等情况，决定从重处罚的力度。对于前罪系抢劫等严重暴力犯罪的累犯，应当依法加大从重处罚的力度。对于虽不构成累犯，但具有抢劫犯罪前科的，一般不适用减轻处罚和缓刑。对于可能判处死刑的罪犯具有累犯情节的也应慎重，不能只要是累犯就一律判处死刑立即执行；被告人同时具有累犯和法定从宽处罚情节的，判处死刑立即执行应当综合考虑，从严掌握。**最高法《关于审理抢劫刑事案件适用法律若干问题的指导意见》法发〔2016〕2号 2016/01/06 六**

[抢劫案件附带民事赔偿的处理原则] 要妥善处理抢劫案件附带民事

赔偿工作。审理抢劫刑事案件，一般情况下人民法院不主动开展附带民事调解工作。但是，对于犯罪情节不是特别恶劣或者被害方生活、医疗陷入困境，被告人与被害方自行达成民事赔偿和解协议的，民事赔偿情况可作为评价被告人悔罪态度的依据之一，在量刑上酌情予以考虑。**最高法《关于审理抢劫刑事案件适用法律若干问题的指导意见》法发**〔2016〕2 **号** 2016/01/06 **七**

[入户抢劫] 根据《抢劫解释》第一条规定，认定“入户抢劫”时，应当注意以下三个问题：一是“户”的范围。“户”在这里是指住所，其特征表现为供他人家庭生活和与外界相对隔离两个方面，前者为功能特征，后者为场所特征。一般情况下，集体宿舍、旅店宾馆、临时搭建工棚等不应认定为“户”，但在特定情况下，如果确实具有上述两个特征的，也可以认定为“户”。二是“入户”目的的非法性。进入他人住所须以实施抢劫等犯罪为目的。抢劫行为虽然发生在户内，但行为人不以实施抢劫等犯罪为目的进入他人住所，而是在户内临时起意实施抢劫的，不属于“入户抢劫”。三是暴力或者暴力胁迫行为必须发生在户内。入户实施盗窃被发现，行为人为窝藏赃物、抗拒抓捕或者毁灭罪证而当场使用暴力或者以暴力相威胁的，如果暴力或者暴力胁迫行为发生在户内，可以认定为“入户抢劫”；如果发生在户外，不能认定为“入户抢劫”。**最高法《关于审理抢劫、抢夺刑事案件适用法律若干问题的意见》法发**〔2005〕8 **号** 2005/06/08 **第一条**

[在公共交通工具上抢劫] 公共交通工具承载的旅客具有不特定多数人的特点。根据《抢劫解释》第二条规定，“在公共交通工具上抢劫”主要是指在从事旅客运输的各种公共汽车、大、中型出租车、火车、船只、飞机等正在运营中的机动公共交通工具上对旅客、司售、乘务人员实施的抢劫。在未运营中的大、中型公共交通工具上针对司售、乘务人员抢劫的，或者在小型出租车上抢劫的，不属于“在公共交通工具上抢劫”。**最高法《关于审理抢劫、抢夺刑事案件适用法律若干问题的意见》法发**〔2005〕8 **号** 2005/06/08 **第二条**

[多次抢劫] 刑法第二百六十三条第（四）项中的“多次抢劫”是指抢劫三次以上。

对于“多次”的认定，应以行为人实施的每一次抢劫行为均已构成犯罪为前提，综合考虑犯罪故意的产生、犯罪行为实施的时间、地点等因素，客观分析、认定。对于行为人基于一个犯意实施犯罪的，如在同一地点同时对在场的多人实施抢劫的；或基于同一犯意在同一地点实施连续抢劫犯罪的，如在同一地点连续地对途经此地的多人进行抢劫的；或在一次犯罪中对一栋居民楼房中的几户居民连续实施入户抢劫的，一般应认定为一次犯罪。**最高法《关于审理抢劫、抢夺刑事案件适用法律若干问题的意见》法发〔2005〕8号 2005/06/08 第三条**

[携带凶器抢夺]《抢劫解释》第六条规定，“携带凶器抢夺”，是指行为人随身携带枪支、爆炸物、管制刀具等国家禁止个人携带的器械进行抢夺或者为了实施犯罪而携带其他器械进行抢夺的行为。行为人随身携带国家禁止个人携带的器械以外的其他器械抢夺，但有证据证明该器械确实不是为了实施犯罪准备的，不以抢劫罪定罪；行为人将随身携带凶器有意加以显示、能为被害人察觉到的，直接适用刑法第二百六十三条的规定定罪处罚；行为人携带凶器抢夺后，在逃跑过程中为窝藏赃物、抗拒抓捕或者毁灭罪证而当场使用暴力或者以暴力相威胁的，适用刑法第二百六十七条第二款的规定定罪处罚。**最高法《关于审理抢劫、抢夺刑事案件适用法律若干问题的意见》法发〔2005〕8号 2005/06/08 第四条**

[抢劫犯罪数额的计算] 抢劫信用卡后使用、消费的，其实际使用、消费的数额为抢劫数额；抢劫信用卡后未实际使用、消费的，不计数额，根据情节轻重量刑。所抢信用卡数额巨大，但未实际使用、消费或者实际使用、消费的数额未达到巨大标准的，不适用“抢劫数额巨大”的法定刑。**最高法《关于审理抢劫、抢夺刑事案件适用法律若干问题的意见》法发〔2005〕8号 2005/06/08 第六条第一款**

[劫取机动车辆的两种不同情况] 为抢劫其他财物，劫取机动车辆当作犯罪工具或者逃跑工具使用的，被劫取机动车辆的价值计入抢劫数额；为实施抢劫以外的其他犯罪劫取机动车辆的，以抢劫罪和实施的其他犯罪实行数罪并罚。**最高法《关于审理抢劫、抢夺刑事案件适用法律若干问题的意见》法发〔2005〕8号 2005/06/08 第六条第二款**

[抢劫存折、机动车辆的数额计算] 抢劫存折、机动车辆的数额计算，参照执行《关于审理盗窃案件具体应用法律若干问题的解释》的相关规定。**最高法《关于审理抢劫、抢夺刑事案件适用法律若干问题的意见》法发〔2005〕8**

号 2005/06/08 第六条第三款

[抢劫特定财物行为的定性] 以毒品、假币、淫秽物品等违禁品为对象，实施抢劫的，以抢劫罪定罪；抢劫的违禁品数量作为量刑情节予以考虑。抢劫违禁品后又以违禁品实施其他犯罪的，应以抢劫罪与具体实施的其他犯罪实行数罪并罚。最高法《关于审理抢劫、抢夺刑事案件适用法律若干问题的意见》法发〔2005〕8 号 2005/06/08 第七条第一款

[抢劫赌资、犯罪所得的赃款赃物的] 抢劫赌资、犯罪所得的赃款赃物的，以抢劫罪定罪，但行为人仅以其所输赌资或所赢赌债为抢劫对象，一般不以抢劫罪定罪处罚。构成其他犯罪的，依照刑法的相关规定处罚。最高法《关于审理抢劫、抢夺刑事案件适用法律若干问题的意见》法发〔2005〕8 号 2005/06/08 第七条第二款

[以暴力、胁迫等手段取得家庭成员或近亲属财产的　教唆或者伙同他人实施行为的] 为个人使用，以暴力、胁迫等手段取得家庭成员或近亲属财产的，一般不以抢劫罪定罪处罚，构成其他犯罪的，依照刑法的相关规定处理；教唆或者伙同他人采取暴力、胁迫等手段劫取家庭成员或近亲属财产的，可以抢劫罪定罪处罚。最高法《关于审理抢劫、抢夺刑事案件适用法律若干问题的意见》法发〔2005〕8 号 2005/06/08 第七条第三款

[抢劫罪数的认定] 行为人实施伤害、强奸等犯罪行为，在被害人未失去知觉，利用被害人不能反抗、不敢反抗的处境，临时起意劫取他人财物的，应以此前所实施的具体犯罪与抢劫罪实行数罪并罚；在被害人失去知觉或者没有发觉的情形下，以及实施故意杀人犯罪行为之后，临时起意拿走他人财物的，应以此前所实施的具体犯罪与盗窃罪实行数罪并罚。最高法《关于审理抢劫、抢夺刑事案件适用法律若干问题的意见》法发〔2005〕8 号 2005/06/08 第八条

[冒充正在执行公务的人民警察、联防人员，以抓卖淫嫖娼、赌博等违法行为为名非法占有财物的行为定性] 行为人冒充正在执行公务的人民警察“抓赌”、“抓嫖”，没收赌资或者罚款的行为，构成犯罪的，以招摇撞骗罪从重处罚；在实施上述行为中使用暴力或者暴力威胁的，以抢劫罪定罪处罚。行为人冒充治安联防队员“抓赌”、“抓嫖”、没收赌资或者罚款的行为，构成犯罪的，以敲诈勒索罪定罪处罚；在实施上述行为中使用

暴力或者暴力威胁的，以抢劫罪定罪处罚。**最高法《关于审理抢劫、抢夺刑事案件适用法律若干问题的意见》法发〔2005〕8号 2005/06/08 第九条第一款**

[以暴力、胁迫手段索取超出正常交易价钱、费用的钱财的行为定性] 从事正常商品买卖、交易或者劳动服务的人，以暴力、胁迫手段迫使他人交出与合理价钱、费用相差不大钱物，情节严重的，以强迫交易罪定罪处罚；以非法占有为目的，以买卖、交易、服务为幌子采用暴力、胁迫手段迫使他人交出与合理价钱、费用相差悬殊的钱物的，以抢劫罪定罪处刑。在具体认定时，既要考虑超出合理价钱、费用的绝对数额，还要考虑超出合理价钱、费用的比例，加以综合判断。**最高法《关于审理抢劫、抢夺刑事案件适用法律若干问题的意见》法发〔2005〕8号 2005/06/08 第九条第二款**

[抢劫罪与绑架罪的界限] 绑架罪是侵害他人人身自由权利的犯罪，其与抢劫罪的区别在于：第一，主观方面不尽相同。抢劫罪中，行为人一般出于非法占有他人财物的故意实施抢劫行为，绑架罪中，行为人既可能为勒索他人财物而实施绑架行为，也可能出于其它非经济目的实施绑架行为；第二，行为手段不尽相同。抢劫罪表现为行为人劫取财物一般应在同一时间、同一地点，具有“当场性”；绑架罪表现为行为人以杀害、伤害等方式向被绑架人的亲属或其他人或单位发出威胁，索取赎金或提出其他非法要求，劫取财物一般不具有“当场性”。**最高法《关于审理抢劫、抢夺刑事案件适用法律若干问题的意见》法发〔2005〕8号 2005/06/08 第九条第三款第（一）项**

[择重罪定罪处罚] 绑架过程中又当场劫取被害人随身携带财物的，同时触犯绑架罪和抢劫罪两罪名，应择一重罪定罪处罚。**最高法《关于审理抢劫、抢夺刑事案件适用法律若干问题的意见》法发〔2005〕8号 2005/06/08 第九条第三款第（二）项**

[抢劫罪与寻衅滋事罪的界限] 寻衅滋事罪是严重扰乱社会秩序的犯罪，行为人实施寻衅滋事的行为时，客观上也可能表现为强拿硬要公私财物的特征。这种强拿硬要的行为与抢劫罪的区别在于：前者行为人主观上还具有逞强好胜和通过强拿硬要来填补其精神空虚等目的，后者行为人一般只具有非法占有他人财物的目的；前者行为人客观上一般不以严重侵犯他人人身权利的方法强拿硬要财物，而后者行为人则以暴力、胁迫等方式

作为劫取他人财物的手段。司法实践中，对于未成年人使用或威胁使用轻微暴力强抢少量财物的行为，一般不宜以抢劫罪定罪处罚。其行为符合寻衅滋事罪特征的，可以寻衅滋事罪定罪处罚。**最高法《关于审理抢劫、抢夺刑事案件适用法律若干问题的意见》法发〔2005〕8号 2005/06/08 第九条第四款**

[抢劫罪与故意伤害罪的界限] 行为人为索取债务，使用暴力、暴力威胁等手段的，一般不以抢劫罪定罪处罚。构成故意伤害等其他犯罪的，依照刑法第二百三十四条等规定处罚。**最高法《关于审理抢劫、抢夺刑事案件适用法律若干问题的意见》法发〔2005〕8号 2005/06/08 第九条第五款**

[抢劫罪的既遂、未遂的认定] 抢劫罪侵犯的是复杂客体，既侵犯财产权利又侵犯人身权利，具备劫取财物或者造成他人轻伤以上后果两者之一的，均属抢劫既遂；既未劫取财物，又未造成他人人身伤害后果的，属抢劫未遂。据此，刑法第二百六十三条规定的八种处罚情节中除"抢劫致人重伤、死亡的"这一结果加重情节之外，其余七种处罚情节同样存在既遂、未遂问题，其中属抢劫未遂的，应当根据刑法关于加重情节的法定刑规定，结合未遂犯的处理原则量刑。**最高法《关于审理抢劫、抢夺刑事案件适用法律若干问题的意见》法发〔2005〕8号 2005/06/08 第十条**

[驾驶机动车、非机动车夺取他人财物行为的定性] 对于驾驶机动车、非机动车（以下简称"驾驶车辆"）夺取他人财物的，一般以抢夺罪从重处罚。但具有下列情形之一，应当以抢劫罪定罪处罚：

（1）驾驶车辆，逼挤、撞击或强行逼倒他人以排除他人反抗，乘机夺取财物的；

（2）驾驶车辆强抢财物时，因被害人不放手而采取强拉硬拽方法劫取财物的；

（3）行为人明知其驾驶车辆强行夺取他人财物的手段会造成他人伤亡的后果，仍然强行夺取并放任造成财物持有人轻伤以上后果的。**最高法《关于审理抢劫、抢夺刑事案件适用法律若干问题的意见》法发〔2005〕8号 2005/06/08 第十一条**

[入户抢劫] 刑法第二百六十三条第（一）项规定的"入户抢劫"，是指为实施抢劫行为而进入他人生活的与外界相对隔离的住所，包括封闭的院落、牧民的帐篷、渔民作为家庭生活场所的渔船、为生活租用的房屋等

进行抢劫的行为。

对于入户盗窃，因被发现而当场使用暴力或者以暴力相威胁的行为，应当认定为入户抢劫。**最高法《关于审理抢劫案件具体应用法律若干问题的解释》法释〔2000〕35 号 2000/11/22 第一条**

[在公共交通工具上抢劫] 刑法第二百六十三条第（二）项规定的"在公共交通工具上抢劫"，既包括在从事旅客运输的各种公共汽车，大、中型出租车，火车，船只，飞机等正在运营中的机动公共交通工具上对旅客、司售、乘务人员实施的抢劫，也包括对运行途中的机动公共交通工具加以拦截后，对公共交通工具上的人员实施的抢劫。**最高法《关于审理抢劫案件具体应用法律若干问题的解释》法释〔2000〕35 号 2000/11/22 第二条**

[抢劫银行或者其他金融机构] 刑法第二百六十三条第（三）项规定的"抢劫银行或者其他金融机构"，是指抢劫银行或者其他金融机构的经营资金、有价证券和客户的资金等。

抢劫正在使用中的银行或者其他金融机构的运钞车的，视为"抢劫银行或者其他金融机构"。**最高法《关于审理抢劫案件具体应用法律若干问题的解释》法释〔2000〕35 号 2000/11/22 第三条**

[抢劫数额巨大] 刑法第二百六十三条第（四）项规定的"抢劫数额巨大"的认定标准，参照各地确定的盗窃罪数额巨大的认定标准执行。**最高法《关于审理抢劫案件具体应用法律若干问题的解释》法释〔2000〕35 号 2000/11/22 第四条**

[持枪抢劫　枪支] 刑法第二百六十三条第（七）项规定的"持枪抢劫"，是指行为人使用枪支或者向被害人显示持有、佩带的枪支进行抢劫的行为。"枪支"的概念和范围，适用《中华人民共和国枪支管理法》的规定。**最高法《关于审理抢劫案件具体应用法律若干问题的解释》法释〔2000〕35 号 2000/11/22 第五条**

[从重处罚] 在预防、控制突发传染病疫情等灾害期间，聚众"打砸抢"，致人伤残、死亡的，依照刑法第二百八十九条、第二百三十四条、第二百三十二条的规定，以故意伤害罪或者故意杀人罪定罪，依法从重处罚。对毁坏或者抢走公私财物的首要分子，依照刑法第二百八十九条、第二百六十三条的规定，以抢劫罪定罪，依法从重处罚。**两高《关于办理妨害**

预防、控制突发传染病疫情等灾害的刑事案件具体应用法律若干问题的解释》法释〔2003〕8号 2003/05/15 第九条

[突发传染病疫情等灾害] 本解释所称“突发传染病疫情等灾害”，是指突然发生，造成或者可能造成社会公众健康严重损害的重大传染病疫情、群体性不明原因疾病以及其他严重影响公众健康的灾害。两高《关于办理妨害预防、控制突发传染病疫情等灾害的刑事案件具体应用法律若干问题的解释》法释〔2003〕8号 2003/05/15 第十八条

[相对刑事责任年龄的人实施了刑法第269条的行为 依照第263条定罪追究刑事责任] 相对刑事责任年龄的人实施了刑法第二百六十九条规定的行为的，应当依照刑法第二百六十三条的规定，以抢劫罪追究刑事责任。但对情节显著轻微，危害不大的，可根据刑法第十三条的规定，不予追究刑事责任。最高检《关于相对刑事责任年龄的人承担刑事责任范围有关问题的答复》〔2003〕高检研发第13号 2003/04/18 第二条

第二百六十四条 【盗窃罪】 盗窃公私财物，数额较大的，或者多次盗窃、入户盗窃、携带凶器盗窃、扒窃的，处三年以下有期徒刑、拘役或者管制，并处或者单处罚金；数额巨大或者有其他严重情节的，处三年以上十年以下有期徒刑，并处罚金；数额特别巨大或者有其他特别严重情节的，处十年以上有期徒刑或者无期徒刑，并处罚金或者没收财产。①

[要旨 盗窃行为项 盗窃网络域名项 财产属性项 域名价值项] 网络域名具备法律意义上的财产属性，盗窃网络域名可以认定为盗窃行为。检例第37号：张四毛盗窃案

[指导意义] 网络域名是网络用户进入门户网站的一种便捷途径，是

① 根据2011年5月1日《刑法修正案（八）》修改，原条文为：“盗窃公私财物，数额较大或者多次盗窃的，处三年以下有期徒刑、拘役或者管制，并处或者单处罚金；数额巨大或者有其他严重情节的，处三年以上十年以下有期徒刑，并处罚金；数额特别巨大或者有其他特别严重情节的，处十年以上有期徒刑或者无期徒刑，并处罚金或者没收财产；有下列情形之一的，处无期徒刑或者死刑，并处没收财产：

“（一）盗窃金融机构，数额特别巨大的；

“（二）盗窃珍贵文物，情节严重的。”

吸引网络用户进入其网站的窗口。网络域名注册人注册了某域名后，该域名将不能再被其他人申请注册并使用，因此网络域名具有专属性和唯一性。网络域名属稀缺资源，其所有人可以对域名行使出售、变更、注销、抛弃等处分权利。网络域名具有市场交换价值，所有人可以以货币形式进行交易。通过合法途径获得的网络域名，其注册人利益受法律承认和保护。本案中，行为人利用技术手段，通过变更网络域名绑定邮箱及注册ID，实现了对域名的非法占有，并使原所有人丧失了对网络域名的合法占有和控制，其目的是为了非法获取网络域名的财产价值，其行为给网络域名的所有人带来直接的经济损失。该行为符合以非法占有为目的窃取他人财产利益的盗窃罪本质属性，应以盗窃罪论处。对于网络域名的价值，当前可综合考虑网络域名的购入价、销赃价、域名升值潜力、市场热度等综合认定。检例第37号：张四毛盗窃案

[要旨　盗窃罪类　抢劫罪类　第二审程序刑事抗诉项　入户抢劫项　补充起诉项]

1. 对于入户盗窃，因被发现而当场使用暴力或者以暴力相威胁的行为，应当认定为“入户抢劫”。

2. 在人民法院宣告判决前，人民检察院发现被告人有遗漏的罪行可以一并起诉和审理的，可以补充起诉。

3. 人民检察院认为同级人民法院第一审判决重罪轻判，适用刑罚明显不当的，应当提出抗诉。检例第17号：陈邓昌抢劫、盗窃，付志强盗窃案

[裁判要旨　利用网络信息窃取财物项　利用网络信息骗取财物项]行为人利用信息网络，诱骗他人点击虚假链接而实际通过预先植入的计算机程序窃取财物构成犯罪的，以盗窃罪定罪处罚；虚构可供交易的商品或者服务，欺骗他人点击付款链接而骗取财物构成犯罪的，以诈骗罪定罪处罚。最高法指导案例27号：臧进泉等盗窃、诈骗案

[判决理由　盗窃亲属财产项　全部退赔项　从宽处理项]法院认为，被告人钟韩越以非法占有为目的，秘密窃取他人信用卡并使用，数额特别巨大，其行为已构成盗窃罪。鉴于被告人钟韩越自愿认罪，并在家属帮助下积极退赔了全部赃款，得到被害人的充分谅解，同时综合考虑被害人与

被告人具有亲属关系以及被告人的悔罪表现等情况，可对被告人在法定刑以下判处刑罚并适用缓刑。据此，对被告人钟韩越判处并核准有期徒刑三年，缓刑三年。最高法公布贯彻宽严相济刑事政策典型案例之三：被告人钟韩越盗窃案

[盗窃罪的量刑]

1. 构成盗窃罪的，可以根据下列不同情形在相应的幅度内确定量刑起点：

(1) 达到数额较大起点的，两年内三次盗窃的，入户盗窃的，携带凶器盗窃的，或者扒窃的，可以在一年以下有期徒刑、拘役幅度内确定量刑起点。

(2) 达到数额巨大起点或者有其他严重情节的，可以在三年至四年有期徒刑幅度内确定量刑起点。

(3) 达到数额特别巨大起点或者有其他特别严重情节的，可以在十年至十二年有期徒刑幅度内确定量刑起点。依法应当判处无期徒刑的除外。

2. 在量刑起点的基础上，可以根据盗窃数额、次数、手段等其他影响犯罪构成的犯罪事实增加刑罚量，确定基准刑。多次盗窃，数额达到较大以上的，以盗窃数额确定量刑起点，盗窃次数可作为调节基准刑的量刑情节；数额未达到较大的，以盗窃次数确定量刑起点，超过三次的次数作为增加刑罚量的事实。最高法《关于常见犯罪的量刑指导意见》2017/04/01 四、(六)

[数额较大　数额巨大　数额特别巨大] 盗窃公私财物价值一千元至三千元以上、三万元至十万元以上、三十万元至五十万元以上的，应当分别认定为刑法第二百六十四条规定的“数额较大”、“数额巨大”、“数额特别巨大”。两高《关于办理盗窃刑事案件适用法律若干问题的解释》法释〔2013〕8号 2013/04/04 第一条第一款

[省级人民法院确定本地区具体数额标准] 各省、自治区、直辖市高级人民法院、人民检察院可以根据本地区经济发展状况，并考虑社会治安状况，在前款规定的数额幅度内，确定本地区执行的具体数额标准，报最高人民法院、最高人民检察院批准。两高《关于办理盗窃刑事案件适用法律若干问题的解释》法释〔2013〕8号 2013/04/04 第一条第二款

[在跨地区运行的公共交通工具上盗窃，盗窃地点无法查证的] 在跨

地区运行的公共交通工具上盗窃，盗窃地点无法查证的，盗窃数额是否达到“数额较大”、“数额巨大”、“数额特别巨大”，应当根据受理案件所在地省、自治区、直辖市高级人民法院、人民检察院确定的有关数额标准认定。**两高《关于办理盗窃刑事案件适用法律若干问题的解释》法释〔2013〕8号 2013/04/04 第一条第三款**

[盗窃毒品等违禁品的] 盗窃毒品等违禁品，应当按照盗窃罪处理的，根据情节轻重量刑。**两高《关于办理盗窃刑事案件适用法律若干问题的解释》法释〔2013〕8号 2013/04/04 第一条第四款**

[“数额较大”的标准可以按照前条规定标准的百分之五十确定的情形] 盗窃公私财物，具有下列情形之一的，“数额较大”的标准可以按照前条规定标准的百分之五十确定：

（一）曾因盗窃受过刑事处罚的；

（二）一年内曾因盗窃受过行政处罚的；

（三）组织、控制未成年人盗窃的；

（四）自然灾害、事故灾害、社会安全事件等突发事件期间，在事件发生地盗窃的；

（五）盗窃残疾人、孤寡老人、丧失劳动能力人的财物的；

（六）在医院盗窃病人或者其亲友财物的；

（七）盗窃救灾、抢险、防汛、优抚、扶贫、移民、救济款物的；

（八）因盗窃造成严重后果的。**两高《关于办理盗窃刑事案件适用法律若干问题的解释》法释〔2013〕8号 2013/04/04 第二条**

[多次盗窃] 二年内盗窃三次以上的，应当认定为“多次盗窃”。**两高《关于办理盗窃刑事案件适用法律若干问题的解释》法释〔2013〕8号 2013/04/04 第三条第一款**

[入户盗窃] 非法进入供他人家庭生活，与外界相对隔离的住所盗窃的，应当认定为“入户盗窃”。**两高《关于办理盗窃刑事案件适用法律若干问题的解释》法释〔2013〕8号 2013/04/04 第三条第二款**

[携带凶器盗窃] 携带枪支、爆炸物、管制刀具等国家禁止个人携带的器械盗窃，或者为了实施违法犯罪携带其他足以危害他人人身安全的器械盗窃的，应当认定为“携带凶器盗窃”。**两高《关于办理盗窃刑事案件适用法**

律若干问题的解释》法释〔2013〕8号 2013/04/04 第三条第三款

[扒窃] 在公共场所或者公共交通工具上盗窃他人随身携带的财物的，应当认定为“扒窃”。两高《关于办理盗窃刑事案件适用法律若干问题的解释》法释〔2013〕8号 2013/04/04 第三条第四款

[盗窃数额的认定方法] 盗窃的数额，按照下列方法认定：

（一）被盗财物有有效价格证明的，根据有效价格证明认定；无有效价格证明，或者根据价格证明认定盗窃数额明显不合理的，应当按照有关规定委托估价机构估价；

（二）盗窃外币的，按照盗窃时中国外汇交易中心或者中国人民银行授权机构公布的人民币对该货币的中间价折合成人民币计算；中国外汇交易中心或者中国人民银行授权机构未公布汇率中间价的外币，按照盗窃时境内银行人民币对该货币的中间价折算成人民币，或者该货币在境内银行、国际外汇市场对美元汇率，与人民币对美元汇率中间价进行套算；

（三）盗窃电力、燃气、自来水等财物，盗窃数量能够查实的，按照查实的数量计算盗窃数额；盗窃数量无法查实的，以盗窃前六个月月均正常用量减去盗窃后计量仪表显示的月均用量推算盗窃数额；盗窃前正常使用不足六个月的，按照正常使用期间的月均用量减去盗窃后计量仪表显示的月均用量推算盗窃数额；

（四）明知是盗接他人通信线路、复制他人电信码号的电信设备、设施而使用的，按照合法用户为其支付的费用认定盗窃数额；无法直接确认的，以合法用户的电信设备、设施被盗接、复制后的月缴费额减去被盗接、复制前六个月的月均电话费推算盗窃数额；合法用户使用电信设备、设施不足六个月的，按照实际使用的月均电话费推算盗窃数额；

（五）盗接他人通信线路、复制他人电信码号出售的，按照销赃数额认定盗窃数额。

盗窃行为给失主造成的损失大于盗窃数额的，损失数额可以作为量刑情节考虑。两高《关于办理盗窃刑事案件适用法律若干问题的解释》法释〔2013〕8号 2013/04/04 第四条

[盗窃有价支付凭证、有价证券、有价票证的 盗窃数额的认定方法] 盗窃有价支付凭证、有价证券、有价票证的，按照下列方法认定盗窃

数额：

（一）盗窃不记名、不挂失的有价支付凭证、有价证券、有价票证的，应当按票面数额和盗窃时应得的孳息、奖金或者奖品等可得收益一并计算盗窃数额；

（二）盗窃记名的有价支付凭证、有价证券、有价票证，已经兑现的，按照兑现部分的财物价值计算盗窃数额；没有兑现，但失主无法通过挂失、补领、补办手续等方式避免损失的，按照给失主造成的实际损失计算盗窃数额。两高《关于办理盗窃刑事案件适用法律若干问题的解释》法释〔2013〕8号 2013/04/04 第五条

[其他严重情节　其他特别严重情节] 盗窃公私财物，具有本解释第二条第三项至第八项规定情形之一，或者入户盗窃、携带凶器盗窃，数额达到本解释第一条规定的“数额巨大”、“数额特别巨大”百分之五十的，可以分别认定为刑法第二百六十四条规定的“其他严重情节”或者“其他特别严重情节”。两高《关于办理盗窃刑事案件适用法律若干问题的解释》法释〔2013〕8号 2013/04/04 第六条

[可以不起诉或者免予刑事处罚的　必要时予以行政处罚] 盗窃公私财物数额较大，行为人认罪、悔罪，退赃、退赔，且具有下列情形之一，情节轻微的，可以不起诉或者免予刑事处罚；必要时，由有关部门予以行政处罚：

（一）具有法定从宽处罚情节的；

（二）没有参与分赃或者获赃较少且不是主犯的；

（三）被害人谅解的；

（四）其他情节轻微、危害不大的。两高《关于办理盗窃刑事案件适用法律若干问题的解释》法释〔2013〕8号 2013/04/04 第七条

[偷拿家庭成员或者近亲属的财物，获得谅解的] 偷拿家庭成员或者近亲属的财物，获得谅解的，一般可不认为是犯罪；追究刑事责任的，应当酌情从宽。两高《关于办理盗窃刑事案件适用法律若干问题的解释》法释〔2013〕8号 2013/04/04 第八条

[盗窃一般文物、三级文物、二级以上文物的] 盗窃一般文物、三级文物、二级以上文物的，应当分别认定为刑法第二百六十四条规定的“数

额较大”“数额巨大”“数额特别巨大”。两高《关于办理妨害文物管理等刑事案件适用法律若干问题的解释》法释〔2015〕23号 2016/01/01 第二条第一款

[按照盗窃的文物价值定罪量刑] 盗窃文物，无法确定文物等级，或者按照文物等级定罪量刑明显过轻或者过重的，按照盗窃的文物价值定罪量刑。两高《关于办理妨害文物管理等刑事案件适用法律若干问题的解释》法释〔2015〕23号 2016/01/01 第二条第二款

[针对不可移动文物整体实施走私、盗窃、倒卖等行为的] 针对不可移动文物整体实施走私、盗窃、倒卖等行为的，根据所属不可移动文物的等级，依照本解释第一条、第二条、第六条的规定定罪量刑：

（一）尚未被确定为文物保护单位的不可移动文物，适用一般文物的定罪量刑标准；

（二）市、县级文物保护单位，适用三级文物的定罪量刑标准；

（三）全国重点文物保护单位、省级文物保护单位，适用二级以上文物的定罪量刑标准。两高《关于办理妨害文物管理等刑事案件适用法律若干问题的解释》法释〔2015〕23号 2016/01/01 第十二条第一款

[针对不可移动文物中的建筑构件、壁画、雕塑、石刻等实施走私、盗窃、倒卖等行为的] 针对不可移动文物中的建筑构件、壁画、雕塑、石刻等实施走私、盗窃、倒卖等行为的，根据建筑构件、壁画、雕塑、石刻等文物本身的等级或者价值，依照本解释第一条、第二条、第六条的规定定罪量刑。建筑构件、壁画、雕塑、石刻等所属不可移动文物的等级，应当作为量刑情节予以考虑。两高《关于办理妨害文物管理等刑事案件适用法律若干问题的解释》法释〔2015〕23号 2016/01/01 第十二条第二款

[依照文物价值定罪量刑的] 依照文物价值定罪量刑的，根据涉案文物的有效价格证明认定文物价值；无有效价格证明，或者根据价格证明认定明显不合理的，根据销赃数额认定，或者结合本解释第十五条规定的鉴定意见、报告认定。两高《关于办理妨害文物管理等刑事案件适用法律若干问题的解释》法释〔2015〕23号 2016/01/01 第十四条

[在行为人实施有关行为前，文物行政部门已对涉案文物及其等级作出认定的] 在行为人实施有关行为前，文物行政部门已对涉案文物及其等级作出认定的，可以直接对有关案件事实作出认定。两高《关于办理妨害文物

管理等刑事案件适用法律若干问题的解释》法释〔2015〕23号 2016/01/01 第十五条第一款

[对案件涉及的有关文物鉴定、价值认定等专门性问题难以确定的] 对案件涉及的有关文物鉴定、价值认定等专门性问题难以确定的，由司法鉴定机构出具鉴定意见，或者由国务院文物行政部门指定的机构出具报告。其中，对于文物价值，也可以由有关价格认证机构作出价格认证并出具报告。两高《关于办理妨害文物管理等刑事案件适用法律若干问题的解释》法释〔2015〕23号 2016/01/01 第十五条第二款

[可以认定为犯罪情节轻微，不起诉或者免予刑事处罚] 实施本解释第一条、第二条、第六条至第九条规定的行为，虽已达到应当追究刑事责任的标准，但行为人系初犯，积极退回或者协助追回文物，未造成文物损毁，并确有悔罪表现的，可以认定为犯罪情节轻微，不起诉或者免予刑事处罚。

实施本解释第三条至第五条规定的行为，虽已达到应当追究刑事责任的标准，但行为人系初犯，积极赔偿损失，并确有悔罪表现的，可以认定为犯罪情节轻微，不起诉或者免予刑事处罚。两高《关于办理妨害文物管理等刑事案件适用法律若干问题的解释》法释〔2015〕23号 2016/01/01 第十六条

[走私、盗窃、损毁、倒卖、盗掘或者非法转让具有科学价值的古脊椎动物化石、古人类化石的] 走私、盗窃、损毁、倒卖、盗掘或者非法转让具有科学价值的古脊椎动物化石、古人类化石的，依照刑法和本解释的有关规定定罪量刑。两高《关于办理妨害文物管理等刑事案件适用法律若干问题的解释》法释〔2015〕23号 2016/01/01 第十七条

[公司、企业、事业单位、机关、团体等单位实施盗窃文物，故意损毁文物、名胜古迹，过失损毁文物，盗掘古文化遗址、古墓葬等行为的] 公司、企业、事业单位、机关、团体等单位实施盗窃文物，故意损毁文物、名胜古迹，过失损毁文物，盗掘古文化遗址、古墓葬等行为的，依照本解释规定的相应定罪量刑标准，追究组织者、策划者、实施者的刑事责任。两高《关于办理妨害文物管理等刑事案件适用法律若干问题的解释》法释〔2015〕23号 2016/01/01 第十一条第二款

[盗窃国有馆藏一般文物、三级文物、二级以上文物的] 盗窃国有馆

藏一般文物、三级文物、二级以上文物的，应当分别认定为刑法第二百六十四条规定的“数额较大”、“数额巨大”、“数额特别巨大”。两高《关于办理盗窃刑事案件适用法律若干问题的解释》法释〔2013〕8号 2013/04/04 第九条第一款

[盗窃多件不同等级国有馆藏文物的] 盗窃多件不同等级国有馆藏文物的，三件同级文物可以视为一件高一级文物。两高《关于办理盗窃刑事案件适用法律若干问题的解释》法释〔2013〕8号 2013/04/04 第九条第二款

[盗窃民间收藏的文物的] 盗窃民间收藏的文物的，根据本解释第四条第一款第一项的规定认定盗窃数额。两高《关于办理盗窃刑事案件适用法律若干问题的解释》法释〔2013〕8号 2013/04/04 第九条第三款

[文物] 刑法有关文物的规定，适用于具有科学价值的古脊椎动物化石、古人类化石。全国人大常委会《关于〈中华人民共和国刑法〉有关文物的规定适用于具有科学价值的古脊椎动物化石、古人类化石的解释》2005/12/29

[偷开他人机动车的] 偷开他人机动车的，按照下列规定处理：

（一）偷开机动车，导致车辆丢失的，以盗窃罪定罪处罚；

（二）为盗窃其他财物，偷开机动车作为犯罪工具使用后非法占有车辆，或者将车辆遗弃导致丢失的，被盗车辆的价值计入盗窃数额；

（三）为实施其他犯罪，偷开机动车作为犯罪工具使用后非法占有车辆，或者将车辆遗弃导致丢失的，以盗窃罪和其他犯罪数罪并罚；将车辆送回未造成丢失的，按照其所实施的其他犯罪从重处罚。两高《关于办理盗窃刑事案件适用法律若干问题的解释》法释〔2013〕8号 2013/04/04 第十条

[盗窃公私财物并造成财物损毁的] 盗窃公私财物并造成财物损毁的，按照下列规定处理：

（一）采用破坏性手段盗窃公私财物，造成其他财物损毁的，以盗窃罪从重处罚；同时构成盗窃罪和其他犯罪的，择一重罪从重处罚；

（二）实施盗窃犯罪后，为掩盖罪行或者报复等，故意毁坏其他财物构成犯罪的，以盗窃罪和构成的其他犯罪数罪并罚；

（三）盗窃行为未构成犯罪，但损毁财物构成其他犯罪的，以其他犯罪定罪处罚。两高《关于办理盗窃刑事案件适用法律若干问题的解释》法释〔2013〕8号 2013/04/04 第十一条

[盗窃未遂　应当追究刑事责任的情形] 盗窃未遂，具有下列情形之

一的，应当依法追究刑事责任：

（一）以数额巨大的财物为盗窃目标的；

（二）以珍贵文物为盗窃目标的；

（三）其他情节严重的情形。

盗窃既有既遂，又有未遂，分别达到不同量刑幅度的，依照处罚较重的规定处罚；达到同一量刑幅度的，以盗窃罪既遂处罚。**两高《关于办理盗窃刑事案件适用法律若干问题的解释》法释〔2013〕8号 2013/04/04 第十二条**

[单位组织、指使盗窃的] 单位组织、指使盗窃，符合刑法第二百六十四条及本解释有关规定的，以盗窃罪追究组织者、指使者、直接实施者的刑事责任。**两高《关于办理盗窃刑事案件适用法律若干问题的解释》法释〔2013〕8号 2013/04/04 第十三条**

[罚金] 因犯盗窃罪，依法判处罚金刑的，应当在一千元以上盗窃数额的二倍以下判处罚金；没有盗窃数额或者盗窃数额无法计算的，应当在一千元以上十万元以下判处罚金。**两高《关于办理盗窃刑事案件适用法律若干问题的解释》法释〔2013〕8号 2013/04/04 第十四条**

[本解释的效力] 本解释发布实施后，《最高人民法院关于审理盗窃案件具体应用法律若干问题的解释》（法释〔1998〕4号）同时废止；之前发布的司法解释和规范性文件与本解释不一致的，以本解释为准。**两高《关于办理盗窃刑事案件适用法律若干问题的解释》法释〔2013〕8号 2013/04/04 第十五条**

[择重罪定罪处罚] 盗窃军事通信线路、设备，不构成盗窃罪，但破坏军事通信的，依照刑法第三百六十九条第一款的规定定罪处罚；同时构成刑法第一百二十四条、第二百六十四条和第三百六十九条第一款规定的犯罪的，依照处罚较重的规定定罪处罚。**最高法《关于审理危害军事通信刑事案件具体应用法律若干问题的解释》法释〔2007〕13号 2007/06/29 第六条第二款**

[盗窃油气或者正在使用的油气设备　未危害公共安全的] 盗窃油气或者正在使用的油气设备，构成犯罪，但未危害公共安全的，依照刑法第二百六十四条的规定，以盗窃罪定罪处罚。

盗窃油气，数额巨大但尚未运离现场的，以盗窃未遂定罪处罚。

为他人盗窃油气而偷开油气井、油气管道等油气设备阀门排放油气或者提供其他帮助的，以盗窃罪的共犯定罪处罚。**两高《关于办理盗窃油气、破**

坏油气设备等刑事案件具体应用法律若干问题的解释》法释〔2007〕3号 2007/01/19 第三条

[择重罪处罚] 盗窃油气同时构成盗窃罪和破坏易燃易爆设备罪的，依照刑法处罚较重的规定定罪处罚。两高《关于办理盗窃油气、破坏油气设备等刑事案件具体应用法律若干问题的解释》法释〔2007〕3号 2007/01/19 第四条

[明知而实施] 明知是盗窃犯罪所得的油气或者油气设备，而予以窝藏、转移、收购、加工、代为销售或者以其他方法掩饰、隐瞒的，依照刑法第三百一十二条的规定定罪处罚。两高《关于办理盗窃油气、破坏油气设备等刑事案件具体应用法律若干问题的解释》法释〔2007〕3号 2007/01/19 第五条第一款

[事前通谋的] 实施前款规定的犯罪行为，事前通谋的，以盗窃犯罪的共犯定罪处罚。两高《关于办理盗窃油气、破坏油气设备等刑事案件具体应用法律若干问题的解释》法释〔2007〕3号 2007/01/19 第五条第二款

[油气　油气设备] 本解释所称的“油气”，是指石油、天然气。其中，石油包括原油、成品油；天然气包括煤层气。

本解释所称“油气设备”，是指用于石油、天然气生产、储存、运输等易燃易爆设备。两高《关于办理盗窃油气、破坏油气设备等刑事案件具体应用法律若干问题的解释》法释〔2007〕3号 2007/01/19 第八条

[已满16周岁不满18周岁　盗窃行为　情节显著轻微危害不大] 已满十六周岁不满十八周岁的人实施盗窃行为未超过三次，盗窃数额虽已达到“数额较大”标准，但案发后能如实供述全部盗窃事实并积极退赃，且具有下列情形之一的，可以认定为“情节显著轻微危害不大”，不认为是犯罪：

（一）系又聋又哑的人或者盲人；

（二）在共同盗窃中起次要或者辅助作用，或者被胁迫；

（三）具有其他轻微情节的。最高法《关于审理未成年人刑事案件具体应用法律若干问题的解释》法释〔2006〕1号 2006/01/23 第九条第一款

[已满16周岁不满18周岁　盗窃未遂或者中止] 已满十六周岁不满十八周岁的人盗窃未遂或者中止的，可不认为是犯罪。最高法《关于审理未成年人刑事案件具体应用法律若干问题的解释》法释〔2006〕1号 2006/01/23 第九条第二款

[已满16周岁不满18周岁 盗窃自己家庭或者近亲属财物等] 已满十六周岁不满十八周岁的人盗窃自己家庭或者近亲属财物，或者盗窃其他亲属财物但其他亲属要求不予追究的，可不按犯罪处理。最高法《关于审理未成年人刑事案件具体应用法律若干问题的解释》法释〔2006〕1号 2006/01/23 第九条第三款

[非法制作或者出售非法制作的IC电话卡，数额较大的 明知是非法制作的IC电话卡而使用或者购买并使用且造成电信资费损失数额较大的] 非法制作或者出售非法制作的IC电话卡，数额较大的，应当依照刑法第二百二十七条第一款的规定，以伪造、倒卖伪造的有价票证罪追究刑事责任，犯罪数额可以根据销售数额认定；明知是非法制作的IC电话卡而使用或者购买并使用，造成电信资费损失数额较大的，应当依照刑法第二百六十四条的规定，以盗窃罪追究刑事责任。最高检《关于非法制作、出售、使用IC电话卡行为如何适用法律问题的答复》〔2003〕高检研发第10号 2003/04/02

[单位有关人员组织实施盗窃行为] 单位有关人员为谋取单位利益组织实施盗窃行为，情节严重的，应当依照刑法第二百六十四条的规定以盗窃罪追究直接责任人员的刑事责任。最高检《关于单位有关人员组织实施盗窃行为如何适用法律问题的批复》高检发释字〔2002〕5号 2002/08/09

[电信卡非法充值使用] 将电信卡非法充值后使用，造成电信资费损失数额较大的，依照刑法第二百六十四条的规定，以盗窃罪定罪处罚。最高法《关于审理扰乱电信市场管理秩序案件具体应用法律若干问题的解释》法释〔2000〕12号 2000/05/24 第七条

[盗用他人上网账号、密码上网] 盗用他人公共信息网络上网账号、密码上网，造成他人电信资费损失数额较大的，依照刑法第二百六十四条的规定，以盗窃罪定罪处罚。最高法《关于审理扰乱电信市场管理秩序案件具体应用法律若干问题的解释》法释〔2000〕12号 2000/05/24 第八条

[铁路运输过程中盗窃罪数额认定标准]

一、一个人盗窃公私财物“数额较大”，以一千元为起点。

二、个人盗窃公私财物“数额巨大”，以一万元为起点；

三、个人盗窃公私财物“数额特别巨大”，以六万元为起点。两高、公安部《关于铁路运输过程中盗窃罪数额认定标准问题的规定》公发〔1999〕4号 1999/

02/04

[盗窃林木] 将国家、集体、他人所有并已经伐倒的树木窃为己有，以及偷砍他人房前屋后、自留地种植的零星树木，数额较大的，依照刑法第二百六十四条的规定，以盗窃罪定罪处罚。**最高法《关于审理破坏森林资源刑事案件具体应用法律若干问题的解释》法释〔2000〕36号 2000/12/11 第九条**

[非法实施采种、采脂、挖笋、掘根、剥树皮] 非法实施采种、采脂、挖笋、掘根、剥树皮等行为，牟取经济利益数额较大的，依照刑法第二百六十四条的规定，以盗窃罪定罪处罚。同时构成其他犯罪的，依照处罚较重的规定定罪处罚。**最高法《关于审理破坏森林资源刑事案件具体应用法律若干问题的解释》法释〔2000〕36号 2000/12/11 第十五条**

第二百六十五条　【盗窃罪】以牟利为目的，盗接他人通信线路、复制他人电信码号或者明知是盗接、复制的电信设备、设施而使用的，依照本法第二百六十四条的规定定罪处罚。

第二百六十六条　【诈骗罪】诈骗公私财物，数额较大的，处三年以下有期徒刑、拘役或者管制，并处或者单处罚金；数额巨大或者有其他严重情节的，处三年以上十年以下有期徒刑，并处罚金；数额特别巨大或者有其他特别严重情节的，处十年以上有期徒刑或者无期徒刑，并处罚金或者没收财产。本法另有规定的，依照规定。

[要旨　诈骗项　自我交易项　打车软件项　骗取补贴项] 以非法占有为目的，采用自我交易方式，虚构提供服务事实，骗取互联网公司垫付费用及订单补贴，数额较大的行为，应认定为诈骗罪。**检例第38号：董亮等四人诈骗案**

[指导意义] 当前，网络约车、网络订餐等互联网经济新形态发展迅速。一些互联网公司为抢占市场，以提供订单补贴的形式吸引客户参与。某些不法分子采取违法手段，骗取互联网公司给予的补贴，数额较大的，可以构成诈骗罪。

在网络约车中，行为人以非法占有为目的，通过网约车平台与网约车公司进行交流，发出虚构的用车需求，使网约车公司误认为是符合公司补贴规则的订单，基于错误认识，给予行为人垫付车费及订单补贴的行为，符合诈骗罪的本质特征，是一种新型诈骗罪的表现形式。**检例第38号：董亮等四人诈骗案**

[**裁判要旨　利用网络信息窃取财物的项　利用网络信息骗取财物的项**] 行为人利用信息网络，诱骗他人点击虚假链接而实际通过预先植入的计算机程序窃取财物构成犯罪的，以盗窃罪定罪处罚；虚构可供交易的商品或者服务，欺骗他人点击付款链接而骗取财物构成犯罪的，以诈骗罪定罪处罚。**最高法：指导案例27号：臧进泉等盗窃、诈骗案**

[**典型意义　利用婚恋网站交友诈骗项**] 本案是一起利用婚恋网站交友实施诈骗犯罪的案件。随着都市工作、生活节奏的加快，专业婚恋网站成为适婚男女，特别是都市白领结识异性的新平台。但由于注册门槛低、信息审核难等原因，部分婚恋网站信息虚假，容易被不法分子用于实施违法犯罪行为。一些不法分子在婚恋网站注册账号，利用虚假身份进行交友，骗取对方信任后，借机实施盗窃、诈骗、敲诈勒索甚至强奸、绑架等暴力犯罪。本案被告人在婚恋网站注册账号，以虚假身份“美籍华人”作为幌子和诱饵，博取对方好感和信任后，以投资理财为名，诈骗巨额钱财。本案被告人虽然最终受到法律严厉制裁，部分赃款亦已追回，但被害人遭受的情感创伤以及巨额财产损失很难弥补挽回。此案警示公众，尽量选择正规婚恋交友网站，审慎核实对方身份及其他信息，在未确定对方信息前不轻易付出钱财和投入感情。**最高法公布通过网络实施犯罪中的刑事典型案例之二：被告人黄苏安诈骗案**

[**诈骗罪的量刑**]

1. 构成诈骗罪的，可以根据下列不同情形在相应的幅度内确定量刑起点：

(1) 达到数额较大起点的，可以在一年以下有期徒刑、拘役幅度内确定量刑起点。

(2) 达到数额巨大起点或者有其他严重情节的，可以在三年至四年有期徒刑幅度内确定量刑起点。

(3) 达到数额特别巨大起点或者有其他特别严重情节的，可以在十年至十二年有期徒刑幅度内确定量刑起点。依法应当判处无期徒刑的除外。

2. 在量刑起点的基础上，可以根据诈骗数额等其他影响犯罪构成的犯罪事实增加刑罚量，确定基准刑。最高法《关于常见犯罪的量刑指导意见》2017/04/01 四、（七）

[以诈骗罪追究刑事责任] 以介绍婚姻为名，与被介绍妇女串通骗取他人钱财，数额较大的，应当以诈骗罪追究刑事责任。最高法《关于审理拐卖妇女儿童犯罪案件具体应用法律若干问题的解释》法释〔2016〕28 号 2017/01/01 第三条第二款

[骗取养老、医疗、工伤、失业、生育等社会保险金或者其他社会保障待遇的行为　诈骗公私财物的行为] 以欺诈、伪造证明材料或者其他手段骗取养老、医疗、工伤、失业、生育等社会保险金或者其他社会保障待遇的，属于刑法第二百六十六条规定的诈骗公私财物的行为。全国人大常委会《关于〈中华人民共和国刑法〉二百六十六条的解释》2014/04/24

[伪造或者使用停止流通的货币] 以使用为目的，伪造停止流通的货币，或者使用伪造的停止流通的货币的，依照刑法第二百六十六条的规定，以诈骗罪定罪处罚。最高法《关于审理伪造货币等案件具体应用法律若干问题的解释（二）》法释〔2010〕14 号 2010/10/20 第五条

[预防、控制灾害期间犯本罪] 在预防、控制突发传染病疫情等灾害期间，假借研制、生产或者销售用于预防、控制突发传染病疫情等灾害用品的名义，诈骗公私财物数额较大的，依照刑法有关诈骗罪的规定定罪，依法从重处罚。两高《关于办理妨害预防、控制突发传染病疫情等灾害的刑事案件具体应用法律若干问题的解释》法释〔2003〕8 号 2003/05/15 第七条

[突发传染病疫情等灾害] 本解释所称“突发传染病疫情等灾害”，是指突然发生，造成或者可能造成社会公众健康严重损害的重大传染病疫情、群体性不明原因疾病以及其他严重影响公众健康的灾害。两高《关于办理妨害预防、控制突发传染病疫情等灾害的刑事案件具体应用法律若干问题的解释》法释〔2003〕8 号 2003/05/15 第十八条

[以虚假、冒用的身份证件办理入网手续并使用移动电话] 以虚假、冒用的身份证件办理入网手续并使用移动电话，造成电信资费损失数额较大的，依照刑法第二百六十六条的规定，以诈骗罪定罪处罚。最高法《关于

审理扰乱电信市场管理秩序案件具体应用法律若干问题的解释》法释〔2000〕12 号 2000/05/24 第九条

[数额较大 数额巨大 数额特别巨大] 诈骗公私财物价值三千元至一万元以上、三万元至十万元以上、五十万元以上的，应当分别认定为刑法第二百六十六条规定的“数额较大”、“数额巨大”、“数额特别巨大”。

各省、自治区、直辖市高级人民法院、人民检察院可以结合本地区经济社会发展状况，在前款规定的数额幅度内，共同研究确定本地区执行的具体数额标准，报最高人民法院、最高人民检察院备案。两高《关于办理诈骗刑事案件具体应用法律若干问题的解释》法释〔2011〕7 号 2011/03/01 第一条

[酌情从严惩处之情形] 诈骗公私财物达到本解释第一条规定的数额标准，具有下列情形之一的，可以依照刑法第二百六十六条的规定酌情从严惩处：

（一）通过发送短信、拨打电话或者利用互联网、广播电视、报刊杂志等发布虚假信息，对不特定多数人实施诈骗的；

（二）诈骗救灾、抢险、防汛、优抚、扶贫、移民、救济、医疗款物的；

（三）以赈灾募捐名义实施诈骗的；

（四）诈骗残疾人、老年人或者丧失劳动能力人的财物的；

（五）造成被害人自杀、精神失常或者其他严重后果的。两高《关于办理诈骗刑事案件具体应用法律若干问题的解释》法释〔2011〕7 号 2011/03/01 第二条第一款

[其他严重情节 其他特别严重情节] 诈骗数额接近本解释第一条规定的“数额巨大”、“数额特别巨大”的标准，并具有前款规定的情形之一或者属于诈骗集团首要分子的，应当分别认定为刑法第二百六十六条规定的“其他严重情节”、“其他特别严重情节”。两高《关于办理诈骗刑事案件具体应用法律若干问题的解释》法释〔2011〕7 号 2011/03/01 第二条第二款

[不起诉或者免予刑事处罚] 诈骗公私财物虽已达到本解释第一条规定的“数额较大”的标准，但具有下列情形之一，且行为人认罪、悔罪的，可以根据刑法第三十七条、刑事诉讼法第一百四十二条的规定不起诉或者免予刑事处罚：

（一）具有法定从宽处罚情节的；

（二）一审宣判前全部退赃、退赔的；

（三）没有参与分赃或者获赃较少且不是主犯的；

（四）被害人谅解的；

（五）其他情节轻微、危害不大的。两高《关于办理诈骗刑事案件具体应用法律若干问题的解释》法释〔2011〕7号 2011/03/01 第三条

[诈骗近亲属的财物] 诈骗近亲属的财物，近亲属谅解的，一般可不按犯罪处理。

诈骗近亲属的财物，确有追究刑事责任必要的，具体处理也应酌情从宽。两高《关于办理诈骗刑事案件具体应用法律若干问题的解释》法释〔2011〕7号 2011/03/01 第四条

[诈骗未遂但应定罪处罚] 诈骗未遂，以数额巨大的财物为诈骗目标的，或者具有其他严重情节的，应当定罪处罚。两高《关于办理诈骗刑事案件具体应用法律若干问题的解释》法释〔2011〕7号 2011/03/01 第五条第一款

[利用发送短信等手段对不特定多数人实施诈骗　数额难以查证　其他严重情节] 利用发送短信、拨打电话、互联网等电信技术手段对不特定多数人实施诈骗，诈骗数额难以查证，但具有下列情形之一的，应当认定为刑法第二百六十六条规定的“其他严重情节”，以诈骗罪（未遂）定罪处罚：

（一）发送诈骗信息五千条以上的；

（二）拨打诈骗电话五百人次以上的；

（三）诈骗手段恶劣、危害严重的。两高《关于办理诈骗刑事案件具体应用法律若干问题的解释》法释〔2011〕7号 2011/03/01 第五条第二款

[其他特别严重情节] 实施前款规定行为，数量达到前款第（一）、（二）项规定标准十倍以上的，或者诈骗手段特别恶劣、危害特别严重的，应当认定为刑法第二百六十六条规定的“其他特别严重情节”，以诈骗罪（未遂）定罪处罚。两高《关于办理诈骗刑事案件具体应用法律若干问题的解释》法释〔2011〕7号 2011/03/01 第五条第三款

[既遂与未遂并存　依照处罚较重的规定处罚] 诈骗既有既遂，又有未遂，分别达到不同量刑幅度的，依照处罚较重的规定处罚；达到同一量

刑幅度的，以诈骗罪既遂处罚。两高《关于办理诈骗刑事案件具体应用法律若干问题的解释》法释〔2011〕7号 2011/03/01 第六条

[提供信用卡等 共同犯罪] 明知他人实施诈骗犯罪，为其提供信用卡、手机卡、通讯工具、通讯传输通道、网络技术支持、费用结算等帮助的，以共同犯罪论处。两高《关于办理诈骗刑事案件具体应用法律若干问题的解释》法释〔2011〕7号 2011/03/01 第七条

[择重罪定罪处罚] 冒充国家机关工作人员进行诈骗，同时构成诈骗罪和招摇撞骗罪的，依照处罚较重的规定定罪处罚。两高《关于办理诈骗刑事案件具体应用法律若干问题的解释》法释〔2011〕7号 2011/03/01 第八条

[权属明确的发还被害人 权属不明确的按比例发还被害人] 案发后查封、扣押、冻结在案的诈骗财物及其孳息，权属明确的，应当发还被害人；权属不明确的，可按被骗款物占查封、扣押、冻结在案的财物及其孳息总额的比例发还被害人，但已获退赔的应予扣除。两高《关于办理诈骗刑事案件具体应用法律若干问题的解释》法释〔2011〕7号 2011/03/01 第九条

[应当依法追缴之情形] 行为人已将诈骗财物用于清偿债务或者转让给他人，具有下列情形之一的，应当依法追缴：

（一）对方明知是诈骗财物而收取的；

（二）对方无偿取得诈骗财物的；

（三）对方以明显低于市场的价格取得诈骗财物的；

（四）对方取得诈骗财物系源于非法债务或者违法犯罪活动的。

他人善意取得诈骗财物的，不予追缴。两高《关于办理诈骗刑事案件具体应用法律若干问题的解释》法释〔2011〕7号 2011/03/01 第十条

[本解释效力] 以前发布的司法解释与本解释不一致的，以本解释为准。两高《关于办理诈骗刑事案件具体应用法律若干问题的解释》法释〔2011〕7号 2011/03/01 第十一条

第二百六十七条　【抢夺罪；抢劫罪】抢夺公私财物，数额较大的，或者多次抢夺的，处三年以下有期徒刑、拘役或者管制，并处或者单处罚金；数额巨大或者有其他严重情节的，处三年以上十年以下有期徒刑，并处罚金；数额特别巨大或者有其他

特别严重情节的，处十年以上有期徒刑或者无期徒刑，并处罚金或者没收财产。[①]

携带凶器抢夺的，依照本法第二百六十三条的规定定罪处罚。

［判决理由　后果和罪行极其严重项　勒死又投井项　从严惩处］法院认为，被告人赵全喜、苗坤山以非法占有为目的，采取杀死被害人的暴力手段劫取财物，其行为均已构成抢劫罪。赵全喜、苗坤山积极预谋抢劫，准备作案工具，选择抢劫对象，在抢劫中均使用尼龙绳猛勒二名被害人颈部，共同将二名被害人勒死，并共同劫取财物，抛尸灭迹，在共同犯罪中均起主要作用，均系主犯，均应按照其所参与的全部犯罪处罚。赵全喜曾因犯抢劫罪被判刑，在刑满释放后不思悔改，又犯抢劫罪，主观恶性深，人身危险性大。赵全喜、苗坤山实施抢劫犯罪二起，抢劫数额巨大，在抢劫中致二人死亡，犯罪性质恶劣，手段残忍，社会危害大，后果和罪行极其严重，均应依法惩处。据此，对被告人赵全喜、苗坤山判处并核准死刑。**最高法公布贯彻宽严相济刑事政策典型案例之一：被告人赵全喜等抢劫案**

［判决理由　毒瘾发作结伙抢劫项］法院认为，被告人宁钢以非法占有为目的，采用暴力手段劫取财物的行为已构成抢劫罪。宁钢因毒瘾发作无钱购毒，伙同他人闯入商铺抢劫并致人死亡，犯罪情节恶劣，手段残忍，社会危害大，罪行极其严重，应依法惩处。宁钢参与预谋，准备刀具，积极实施抢劫、杀人行为，在共同犯罪中起主要作用，系主犯，应当按照其所参与的全部犯罪处罚。据此，依法对被告人宁钢判处并核准死刑。**最高法公布五起毒品犯罪及吸毒诱发的严重犯罪典型之五：宁钢抢劫案**

［抢夺罪的量刑］

1. 构成抢夺罪的，可以根据下列不同情形在相应的幅度内确定量刑起点：

---

① 根据2015年11月1日《刑法修正案（九）》修改，原第一款条文为：“抢夺公私财物，数额较大的，处三年以下有期徒刑、拘役或者管制，并处或者单处罚金；数额巨大或者有其他严重情节的，处三年以上十年以下有期徒刑，并处罚金；数额特别巨大或者有其他特别严重情节的，处十年以上有期徒刑或者无期徒刑，并处罚金或者没收财产。”

(1) 达到数额较大起点或者两年内三次抢夺的，可以在一年以下有期徒刑、拘役幅度内确定量刑起点。

(2) 达到数额巨大起点或者有其他严重情节的，可以在三年至五年有期徒刑幅度内确定量刑起点。

(3) 达到数额特别巨大起点或者有其他特别严重情节的，可以在十年至十二年有期徒刑幅度内确定量刑起点。依法应当判处无期徒刑的除外。

2. 在量刑起点的基础上，可以根据抢夺数额、次数等其他影响犯罪构成的犯罪事实增加刑罚量，确定基准刑。多次抢夺，数额达到较大以上的，以抢夺数额确定量刑起点，抢夺次数可作为调节基准刑的量刑情节；数额未达到较大的，以抢夺次数确定量刑起点，超过三次的次数作为增加刑罚量的事实。**最高法《关于常见犯罪的量刑指导意见》2017/04/01 四、(八)**

[抢夺公私财物“数额较大”“数额巨大”“数额特别巨大”标准] 抢夺公私财物价值一千元至三千元以上、三万元至八万元以上、二十万元至四十万元以上的，应当分别认定为刑法第二百六十七条规定的“数额较大”“数额巨大”“数额特别巨大”。

各省、自治区、直辖市高级人民法院、人民检察院可以根据本地区经济发展状况，并考虑社会治安状况，在前款规定的数额幅度内，确定本地区执行的具体数额标准，报最高人民法院、最高人民检察院批准。**两高《关于办理抢夺刑事案件适用法律若干问题的解释》法释〔2013〕25号 2013/11/18 第一条**

[数额较大的标准按照前条规定标准的百分之五十确定的情形] 抢夺公私财物，具有下列情形之一的，“数额较大”的标准按照前条规定标准的百分之五十确定：

(一) 曾因抢劫、抢夺或者聚众哄抢受过刑事处罚的；

(二) 一年内曾因抢夺或者哄抢受过行政处罚的；

(三) 一年内抢夺三次以上的；

(四) 驾驶机动车、非机动车抢夺的；

(五) 组织、控制未成年人抢夺的；

(六) 抢夺老年人、未成年人、孕妇、携带婴幼儿的人、残疾人、丧失劳动能力人的财物的；

（七）在医院抢夺病人或者其亲友财物的；

（八）抢夺救灾、抢险、防汛、优抚、扶贫、移民、救济款物的；

（九）自然灾害、事故灾害、社会安全事件等突发事件期间，在事件发生地抢夺的；

（十）导致他人轻伤或者精神失常等严重后果的。**两高《关于办理抢夺刑事案件适用法律若干问题的解释》法释〔2013〕25号 2013/11/18 第二条**

[其他严重情节] 抢夺公私财物，具有下列情形之一的，应当认定为刑法第二百六十七条规定的"其他严重情节"：

（一）导致他人重伤的；

（二）导致他人自杀的；

（三）具有本解释第二条第三项至第十项规定的情形之一，数额达到本解释第一条规定的"数额巨大"百分之五十的。**两高《关于办理抢夺刑事案件适用法律若干问题的解释》法释〔2013〕25号 2013/11/18 第三条**

[其他特别严重情节] 抢夺公私财物，具有下列情形之一的，应当认定为刑法第二百六十七条规定的"其他特别严重情节"：

（一）导致他人死亡的；

（二）具有本解释第二条第三项至第十项规定的情形之一，数额达到本解释第一条规定的"数额特别巨大"百分之五十的。**两高《关于办理抢夺刑事案件适用法律若干问题的解释》法释〔2013〕25号 2013/11/18 第四条**

[犯罪情节轻微，可不起诉或者免予刑事处罚　必要时予以行政处罚] 抢夺公私财物数额较大，但未造成他人轻伤以上伤害，行为人系初犯，认罪、悔罪，退赃、退赔，且具有下列情形之一的，可以认定为犯罪情节轻微，不起诉或者免予刑事处罚；必要时，由有关部门依法予以行政处罚：

（一）具有法定从宽处罚情节的；

（二）没有参与分赃或者获赃较少，且不是主犯的；

（三）被害人谅解的；

（四）其他情节轻微、危害不大的。**两高《关于办理抢夺刑事案件适用法律若干问题的解释》法释〔2013〕25号 2013/11/18 第五条**

[以抢劫罪定罪处罚] 驾驶机动车、非机动车夺取他人财物，具有下列情形之一的，应当以抢劫罪定罪处罚：

（一）夺取他人财物时因被害人不放手而强行夺取的；

（二）驾驶车辆逼挤、撞击或者强行逼倒他人夺取财物的；

（三）明知会致人伤亡仍然强行夺取并放任造成财物持有人轻伤以上后果的。两高《关于办理抢夺刑事案件适用法律若干问题的解释》法释〔2013〕25号 2013/11/18 第六条

[本解释效力] 本解释公布施行后，《最高人民法院关于审理抢夺刑事案件具体应用法律若干问题的解释》（法释〔2002〕18号）同时废止；之前发布的司法解释和规范性文件与本解释不一致的，以本解释为准。两高《关于办理抢夺刑事案件适用法律若干问题的解释》法释〔2013〕25号 2013/11/18 第七条

第二百六十八条　【聚众哄抢罪】聚众哄抢公私财物，数额较大或者有其他严重情节的，对首要分子和积极参加的，处三年以下有期徒刑、拘役或者管制，并处罚金；数额巨大或者有其他特别严重情节的，处三年以上十年以下有期徒刑，并处罚金。

[聚众哄抢林木数额较大、数额巨大] 聚众哄抢林木五立方米以上的，属于聚众哄抢“数额较大”；聚众哄抢林木二十立方米以上的，属于聚众哄抢“数额巨大”，对首要分子和积极参加的，依照刑法第二百六十八条的规定，以聚众哄抢罪定罪处罚。最高法《关于审理破坏森林资源刑事案件具体应用法律若干问题的解释》法释〔2000〕36号 2000/12/11 第十四条

第二百六十九条　【抢劫罪】犯盗窃、诈骗、抢夺罪，为窝藏赃物、抗拒抓捕或者毁灭罪证而当场使用暴力或者以暴力相威胁的，依照本法第二百六十三条的规定定罪处罚。

[要旨　盗窃罪类　抢劫罪类　第二审程序刑事抗诉项　入户抢劫项　补充起诉项]

1. 对于入户盗窃，因被发现而当场使用暴力或者以暴力相威胁的行为，应当认定为“入户抢劫”。

2. 在人民法院宣告判决前，人民检察院发现被告人有遗漏的罪行可以一并起诉和审理的，可以补充起诉。

3. 人民检察院认为同级人民法院第一审判决重罪轻判，适用刑罚明显

不当的，应当提出抗诉。**检例第17号：陈邓昌抢劫、盗窃，付志强盗窃案**

[转化型抢劫犯罪的认定] 根据刑法第二百六十九条的规定，“犯盗窃、诈骗、抢夺罪，为窝藏赃物、抗拒抓捕或者毁灭罪证而当场使用暴力或者以暴力相威胁的”，依照抢劫罪定罪处罚。“犯盗窃、诈骗、抢夺罪”，主要是指行为人已经着手实施盗窃、诈骗、抢夺行为，一般不考察盗窃、诈骗、抢夺行为是否既遂。但是所涉财物数额明显低于“数额较大”的标准，又不具有《两抢意见》第五条所列五种情节之一的，不构成抢劫罪。“当场”是指在盗窃、诈骗、抢夺的现场以及行为人刚离开现场即被他人发现并抓捕的情形。

对于以摆脱的方式逃脱抓捕，暴力强度较小，未造成轻伤以上后果的，可不认定为“使用暴力”，不以抢劫罪论处。

入户或者在公共交通工具上盗窃、诈骗、抢夺后，为了窝藏赃物、抗拒抓捕或者毁灭罪证，在户内或者公共交通工具上当场使用暴力或者以暴力相威胁的，构成“入户抢劫”或者“在公共交通工具上抢劫”。

两人以上共同实施盗窃、诈骗、抢夺犯罪，其中部分行为人为窝藏赃物、抗拒抓捕或者毁灭罪证而当场使用暴力或者以暴力相威胁的，对于其余行为人是否以抢劫罪共犯论处，主要看其对实施暴力或者以暴力相威胁的行为人是否形成共同犯意、提供帮助。基于一定意思联络，对实施暴力或者以暴力相威胁的行为人提供帮助或实际成为帮凶的，可以抢劫共犯论处。**最高法《关于审理抢劫刑事案件适用法律若干问题的指导意见》法发〔2016〕2号 2016/01/06 三**

[已满16周岁不满18周岁 严重犯罪行为以抢劫罪论处] 已满十六周岁不满十八周岁的人犯盗窃、诈骗、抢夺罪，为窝藏赃物、抗拒抓捕或者毁灭罪证而当场使用暴力或者以暴力相威胁的，应当依照刑法第二百六十九条的规定定罪处罚；情节轻微的，可不以抢劫罪定罪处罚。**最高法《关于审理未成年人刑事案件具体应用法律若干问题的解释》法释〔2006〕1号 2006/01/23 第十条第二款**

[转化抢劫] 行为人实施盗窃、诈骗、抢夺行为，未达到“数额较大”，为窝藏赃物、抗拒抓捕或者毁灭罪证当场使用暴力或者以暴力相威胁，情节较轻、危害不大的，一般不以犯罪论处；但具有下列情节之一

的，可依照刑法第二百六十九条的规定，以抢劫罪定罪处罚；

（1）盗窃、诈骗、抢夺接近“数额较大”标准的；

（2）入户或在公共交通工具上盗窃、诈骗、抢夺后在户外或交通工具外实施上述行为的；

（3）使用暴力致人轻微伤以上后果的；

（4）使用凶器或以凶器相威胁的；

（5）具有其他严重情节的。最高法《关于审理抢劫、抢夺刑事案件适用法律若干问题的意见》法发〔2005〕8号 2005/06/08 第五条

［相对刑事责任年龄的人实施了刑法第269条的行为　依照第263条定罪追究刑事责任］相对刑事责任年龄的人实施了刑法第二百六十九条规定的行为的，应当依照刑法第二百六十三条的规定，以抢劫罪追究刑事责任。但对情节显著轻微，危害不大的，可根据刑法第十三条的规定，不予追究刑事责任。最高检《关于相对刑事责任年龄的人承担刑事责任范围有关问题的答复》〔2003〕高检研发第13号 2003/04/18 第二条

第二百七十条　【侵占罪】将代为保管的他人财物非法占为己有，数额较大，拒不退还的，处二年以下有期徒刑、拘役或者罚金；数额巨大或者有其他严重情节的，处二年以上五年以下有期徒刑，并处罚金。

将他人的遗忘物或者埋藏物非法占为己有，数额较大，拒不交出的，依照前款的规定处罚。

本条罪，告诉的才处理。

第二百七十一条　【职务侵占罪；贪污罪】公司、企业或者其他单位的人员，利用职务上的便利，将本单位财物非法占为己有，数额较大的，处五年以下有期徒刑或者拘役；数额巨大的，处五年以上有期徒刑，可以并处没收财产。

国有公司、企业或者其他国有单位中从事公务的人员和国有公司、企业或者其他国有单位委派到非国有公司、企业以及其他单位从事公务的人员有前款行为的，依照本法第三百八十二条、

第三百八十三条的规定定罪处罚。

[职务侵占罪的量刑]

1. 构成职务侵占罪的，可以根据下列不同情形在相应的幅度内确定量刑起点：

(1) 达到数额较大起点的，可以在二年以下有期徒刑、拘役幅度内确定量刑起点。

(2) 达到数额巨大起点的，可以在五年至六年有期徒刑幅度内确定量刑起点。

2. 在量刑起点的基础上，可以根据职务侵占数额等其他影响犯罪构成的犯罪事实增加刑罚量，确定基准刑。**最高法《关于常见犯罪的量刑指导意见》2017/04/01 四、(九)**

[数额较大、数额巨大的数额起点] 刑法第一百六十三条规定的非国家工作人员受贿罪、第二百七十一条规定的职务侵占罪中的“数额较大”“数额巨大”的数额起点，按照本解释关于受贿罪、贪污罪相对应的数额标准规定的二倍、五倍执行。**两高《关于办理贪污贿赂刑事案件适用法律若干问题的解释》〔2016〕9号 2016/04/18 第十一条第一款**

[从重处罚] 贪污、侵占用于预防、控制突发传染病疫情等灾害的款物或者挪用归个人使用，构成犯罪的，分别依照刑法第三百八十二条、第三百八十三条、第二百七十一条、第三百八十四条、第二百七十二条的规定，以贪污罪、侵占罪、挪用公款罪、挪用资金罪定罪，依法从重处罚。**两高《关于办理妨害预防、控制突发传染病疫情等灾害的刑事案件具体应用法律若干问题的解释》法释〔2003〕8号 2003/05/15 第十四条第一款**

[突发传染病疫情等灾害] 本解释所称“突发传染病疫情等灾害”，是指突然发生，造成或者可能造成社会公众健康严重损害的重大传染病疫情、群体性不明原因疾病以及其他严重影响公众健康的灾害。**两高《关于办理妨害预防、控制突发传染病疫情等灾害的刑事案件具体应用法律若干问题的解释》法释〔2003〕8号 2003/05/15 第十八条**

[国有公司除受委派从事公务的以外　侵占本公司财物] 在国有资本控股、参股的股份有限公司中从事管理工作的人员，除受国家机关、国有公司、企业、事业单位委派从事公务的以外，不属于国家工作人员。对其

利用职务上的便利，将本单位财物非法占为已有，数额较大的，应当依照刑法第二百七十一条第一款的规定，以职务侵占罪定罪处罚。最高法《关于在国有股份有限公司中从事管理工作的人员非法行为如何定罪问题的批复》法释〔2001〕17号 2001/05/29

[村民小组组长利用职务便利非法占有集体财产] 对村民小组组长利用职务上的便利，将村民小组集体财产非法占为已有，数额较大的行为，应当依照刑法第二百七十一条第一款的规定，以职务侵占罪定罪处罚。最高法《关于村民小组组长利用职务便利非法占有公共财物行为如何定性问题的批复》法释〔1999〕12号 1999/06/25

[职务侵占案立案追诉标准] [职务侵占案（刑法第二百七十一条第一款）] 公司、企业或者其他单位的人员，利用职务上的便利，将本单位财物非法占为已有，数额在五千元至一万元以上的，应予立案追诉。最高检、公安部《关于公安机关管辖的刑事案件立案追诉标准的规定（二）》公通字〔2010〕23号 2010/05/07 第八十四条

第二百七十二条 【挪用资金罪；挪用公款罪】公司、企业或者其他单位的工作人员，利用职务上的便利，挪用本单位资金归个人使用或者借贷给他人，数额较大、超过三个月未还的，或者虽未超过三个月，但数额较大、进行营利活动的，或者进行非法活动的，处三年以下有期徒刑或者拘役；挪用本单位资金数额巨大的，或者数额较大不退还的，处三年以上十年以下有期徒刑。

国有公司、企业或者其他国有单位中从事公务的人员和国有公司、企业或者其他国有单位委派到非国有公司、企业以及其他单位从事公务的人员有前款行为的，依照本法第三百八十四条的规定定罪处罚。

[数额较大、数额巨大、进行非法活动情形的数额起点] 刑法第二百七十二条规定的挪用资金罪中的“数额较大”“数额巨大”以及“进行非法活动”情形的数额起点，按照本解释关于挪用公款罪“数额较大”“情节严重”以及“进行非法活动”的数额标准规定的二倍执行。两高《关于办

理贪污贿赂刑事案件适用法律若干问题的解释》〔2016〕9号 2016/04/18 第十一条第二款

[国家出资企业工作人员使用改制公司、企业的资金担保个人贷款，用于购买改制公司、企业股份的行为的处理]

国家出资企业的工作人员在公司、企业改制过程中为购买公司、企业股份，利用职务上的便利，将公司、企业的资金或者金融凭证、有价证券等用于个人贷款担保的，依照刑法第二百七十二条或者第三百八十四条的规定．以挪用资金罪或者挪用公款罪定罪处罚。

行为人在改制前的国家出资企业持有股份的，不影响挪用数额的认定，但量刑时应当酌情考虑。

经有关主管部门批准或者按照有关政策规定，国家出资企业的工作人员为购买改制公司、企业股份实施前款行为的，可以视具体情况不作为犯罪处理。两高《关于办理国家出资企业中职务犯罪案件具体应用法律若干问题的意见》法发〔2010〕49号 2010/11/26 第三条

[从重处罚] 贪污、侵占用于预防、控制突发传染病疫情等灾害的款物或者挪用归个人使用，构成犯罪的，分别依照刑法第三百八十二条、第三百八十三条、第二百七十一条、第三百八十四条、第二百七十二条的规定，以贪污罪、侵占罪、挪用公款罪、挪用资金罪定罪，依法从重处罚。两高《关于办理妨害预防、控制突发传染病疫情等灾害的刑事案件具体应用法律若干问题的解释》法释〔2003〕8号 2003/05/15 第十四条第一款

[突发传染病疫情等灾害] 本解释所称“突发传染病疫情等灾害”，是指突然发生，造成或者可能造成社会公众健康严重损害的重大传染病疫情、群体性不明原因疾病以及其他严重影响公众健康的灾害。两高《关于办理妨害预防、控制突发传染病疫情等灾害的刑事案件具体应用法律若干问题的解释》法释〔2003〕8号 2003/05/15 第十八条

[挪用尚未注册成立公司资金的行为] 筹建公司的工作人员在公司登记注册前，利用职务上的便利，挪用准备设立的公司在银行开设的临时账户上的资金，归个人使用或者借贷给他人，数额较大、超过三个月未还的，或者虽未超过三个月，但数额较大、进行营利活动的，或者进行非法活动的，应当根据刑法第二百七十二条的规定，追究刑事责任。最高检《关

于挪用尚未注册成立公司资金的行为适用法律问题的批复》高检发研字〔2000〕19号 2000/10/09

[挪用本单位资金归个人使用或者借贷给他人] 公司、企业或者其他单位的非国家工作人员，利用职务上的便利，挪用本单位资金归本人或者其他自然人使用，或者挪用人以个人名义将所挪用的资金借给其他自然人和单位，构成犯罪的，应当依照刑法第二百七十二条第一款的规定定罪处罚。最高法《关于如何理解刑法第二百七十二条规定的"挪用本单位资金归个人使用或者借贷给他人"问题的批复》法释〔2000〕22号 2000/07/20

[受委托管理、经营国有财产人员挪用国有资金行为] 对于受国家机关、国有公司、企业、事业单位、人民团体委托，管理、经营国有财产的非国家工作人员，利用职务上的便利，挪用国有资金归个人使用构成犯罪的，应当依照刑法第二百七十二条第一款的规定定罪处罚。最高法《关于对受委托管理、经营国有财产人员挪用国有资金行为如何定罪问题的批复》法释〔2000〕5号 2000/02/16

[挪用国库券] 国家工作人员利用职务上的便利，挪用公有或本单位的国库券的行为以挪用公款论；符合刑法第384条、第272条第2款规定的情形构成犯罪的，按挪用公款罪追究刑事责任。最高检《关于挪用国库券如何定性问题的批复》高检发释字〔1997〕5号 1997/10/13

[挪用资金案立案追诉标准][挪用资金案（刑法第二百七十二条第一款）] 公司、企业或者其他单位的工作人员，利用职务上的便利，挪用本单位资金归个人使用或者借贷给他人，涉嫌下列情形之一的，应予立案追诉：

（一）挪用本单位资金数额在一万元至三万元以上，超过三个月未还的；

（二）挪用本单位资金数额在一万元至三万元以上，进行营利活动的；

（三）挪用本单位资金数额在五千元至二万元以上，进行非法活动的。最高检、公安部《关于公安机关管辖的刑事案件立案追诉标准的规定（二）》公通字〔2010〕23号 2010/05/07 第八十五条第一款

[归个人使用] 具有下列情形之一的，属于本条规定的"归个人使用"：

（一）将本单位资金供本人、亲友或者其他自然人使用的；

（二）以个人名义将本单位资金供其他单位使用的；

（三）个人决定以单位名义将本单位资金供其他单位使用，谋取个人利益的。最高检、公安部《关于公安机关管辖的刑事案件立案追诉标准的规定（二）》公通字〔2010〕23号 2010/05/07 第八十五条第二款

第二百七十三条　【挪用特定款物罪】挪用用于救灾、抢险、防汛、优抚、扶贫、移民、救济款物，情节严重，致使国家和人民群众利益遭受重大损害的，对直接责任人员，处三年以下有期徒刑或者拘役；情节特别严重的，处三年以上七年以下有期徒刑。

[挪用用于预防、控制突发传染病疫情等灾害的救灾、优抚、救济等款物] 挪用用于预防、控制突发传染病疫情等灾害的救灾、优抚、救济等款物，构成犯罪的，对直接责任人员，依照刑法第二百七十三条的规定，以挪用特定款物罪定罪处罚。两高《关于办理妨害预防、控制突发传染病疫情等灾害的刑事案件具体应用法律若干问题的解释》法释〔2003〕8号 2003/05/15 第十四条第二款

[突发传染病疫情等灾害] 本解释所称"突发传染病疫情等灾害"，是指突然发生，造成或者可能造成社会公众健康严重损害的重大传染病疫情、群体性不明原因疾病以及其他严重影响公众健康的灾害。两高《关于办理妨害预防、控制突发传染病疫情等灾害的刑事案件具体应用法律若干问题的解释》法释〔2003〕8号 2003/05/15 第十八条

[挪用失业保险基金和下岗职工基本生活保障资金] 挪用失业保险基金和下岗职工基本生活保障资金属于挪用救济款物。挪用失业保险基金和下岗职工基本生活保障资金，情节严重，致使国家和人民群众利益遭受重大损害的，对直接责任人员，应当依照刑法第二百七十三条的规定，以挪用特定款物罪追究刑事责任；国家工作人员利用职务上的便利，挪用失业保险基金和下岗职工基本生活保障资金归个人使用，构成犯罪的，应当依照刑法第三百八十四条的规定，以挪用公款罪追究刑事责任。最高检《关于挪用失业保险基金和下岗职工基本生活保障资金的行为适用法律问题的批复》高检发

释字〔2003〕1号2003/01/28

[挪用特定款物案立案追诉标准] [挪用特定款物案（刑法第二百七十三条）] 挪用用于救灾、抢险、防汛、优抚、扶贫、移民、救济款物，涉嫌下列情形之一的，应予立案追诉：

（一）挪用特定款物数额在五千元以上的；

（二）造成国家和人民群众直接经济损失数额在五万元以上的；

（三）虽未达到上述数额标准，但多次挪用特定款物的，或者造成人民群众的生产、生活严重困难的；

（四）严重损害国家声誉，或者造成恶劣社会影响的；

（五）其他致使国家和人民群众利益遭受重大损害的情形。最高检、公安部《关于公安机关管辖的刑事案件立案追诉标准的规定（二）》公通字〔2010〕23号2010/05/07第八十六条

第二百七十四条 【敲诈勒索罪】敲诈勒索公私财物，数额较大或者多次敲诈勒索的，处三年以下有期徒刑、拘役或者管制，并处或者单处罚金；数额巨大或者有其他严重情节的，处三年以上十年以下有期徒刑，并处罚金；数额特别巨大或者有其他特别严重情节的，处十年以上有期徒刑，并处罚金。①

[要旨 破坏计算机信息系统项 智能手机终端项 远程锁定智能手机项 牵连犯项 第286条后果严重项] 智能手机终端，应当认定为刑法保护的计算机信息系统。锁定智能手机导致不能使用的行为，可认定为破坏计算机信息系统。检例第35号：曾兴亮、王玉生破坏计算机信息系统案

[指导意义] 计算机信息系统包括计算机、网络设备、通信设备、自动化控制设备等。智能手机和计算机一样，使用独立的操作系统、独立的运行空间，可以由用户自行安装软件等程序，并可以通过移动通讯网络实现无线网络接入，应当认定为刑法上的“计算机信息系统”。

行为人通过修改被害人手机的登录密码，远程锁定被害人的智能手机

① 根据2011年2月25日《刑法修正案（八）》修改，原条文为：“敲诈勒索公私财物，数额较大的，处三年以下有期徒刑、拘役或者管制；数额巨大或者有其他严重情节的，处三年以上十年以下有期徒刑。”

设备，使之成为无法开机的“僵尸机”，属于对计算机信息系统功能进行修改、干扰的行为。造成10台以上智能手机系统不能正常运行，符合刑法第二百八十六条破坏计算机信息系统罪构成要件中“对计算机信息系统功能进行修改、干扰”“后果严重”的情形，构成破坏计算机信息系统罪。检例第35号：曾兴亮、王玉生破坏计算机信息系统案

[要旨] 检察机关办理群体性事件引发的犯罪案件，要从促进社会矛盾化解的角度，深入了解案件背后的各种复杂因素，依法慎重处理，积极参与调处矛盾纠纷，以促进社会和谐，实现法律效果与社会效果的有机统一。检例第1号：施某某等17人聚众斗殴案

[强迫他人提供或者接受服务] 以暴力、胁迫手段强迫他人借贷，属于刑法第二百二十六条第二项规定的“强迫他人提供或者接受服务”，情节严重的，以强迫交易罪追究刑事责任；同时构成故意伤害罪等其他犯罪的，依照处罚较重的规定定罪处罚。以非法占有为目的，以借贷为名采用暴力、胁迫手段获取他人财物，符合刑法第二百六十三条或者第二百七十四条规定的，以抢劫罪或者敲诈勒索罪追究刑事责任。最高检《关于强迫借贷行为适用法律问题的批复》2014/04/17

[敲诈勒索罪的量刑]

1. 构成敲诈勒索罪的，可以根据下列不同情形在相应的幅度内确定量刑起点：

(1) 达到数额较大起点的，或者两年内三次敲诈勒索的，可以在一年以下有期徒刑、拘役幅度内确定量刑起点。

(2) 达到数额巨大起点或者有其他严重情节的，可以在三年至五年有期徒刑幅度内确定量刑起点。

(3) 达到数额特别巨大起点或者有其他特别严重情节的，可以在十年至十二年有期徒刑幅度内确定量刑起点。

2. 在量刑起点的基础上，可以根据敲诈勒索数额、次数、犯罪情节严重程度等其他影响犯罪构成的犯罪事实增加刑罚量，确定基准刑。多次敲诈勒索，数额达到较大以上的，以敲诈勒索数额确定量刑起点，敲诈勒索次数可作为调节基准刑的量刑情节数额未达到较大的，以敲诈勒索次数确

定量刑起点，超过三次的次数作为增加刑罚量的事实。最高法《关于常见犯罪的量刑指导意见》2017/04/01 四、(十)

[以在信息网络上发布、删除等方式处理网络信息为由，威胁、要挟他人，索取公私财物，数额较大，或者多次实施上述行为的] 以在信息网络上发布、删除等方式处理网络信息为由，威胁、要挟他人，索取公私财物，数额较大，或者多次实施上述行为的，依照刑法第二百七十四条的规定，以敲诈勒索罪定罪处罚。两高《关于办理利用信息网络实施诽谤等刑事案件适用法律若干问题的解释》法释〔2013〕21 号 2013/09/06 第六条

[以共同犯罪论处] 明知他人利用信息网络实施诽谤、寻衅滋事、敲诈勒索、非法经营等犯罪，为其提供资金、场所、技术支持等帮助的，以共同犯罪论处。两高《关于办理利用信息网络实施诽谤等刑事案件适用法律若干问题的解释》法释〔2013〕21 号 2013/09/06 第八条

[依照处罚较重的规定定罪处罚] 利用信息网络实施诽谤、寻衅滋事、敲诈勒索、非法经营犯罪，同时又构成刑法第二百二十一条规定的损害商业信誉、商品声誉罪，第二百七十八条规定的煽动暴力抗拒法律实施罪，第二百九十一条之一规定的编造、故意传播虚假恐怖信息罪等犯罪的，依照处罚较重的规定定罪处罚。两高《关于办理利用信息网络实施诽谤等刑事案件适用法律若干问题的解释》法释〔2013〕21 号 2013/09/06 第九条

[本解释所称信息网络] 本解释所称信息网络，包括以计算机、电视机、固定电话机、移动电话机等电子设备为终端的计算机互联网、广播电视网、固定通信网、移动通信网等信息网络，以及向公众开放的局域网络。两高《关于办理利用信息网络实施诽谤等刑事案件适用法律若干问题的解释》法释〔2013〕21 号 2013/09/06 第十条

[数额较大、数额巨大、数额特别巨大] 敲诈勒索公私财物价值二千元至五千元以上、三万元至十万元以上、三十万元至五十万元以上的，应当分别认定为刑法第二百七十四条规定的“数额较大”、“数额巨大”、“数额特别巨大”。两高《关于办理敲诈勒索刑事案件适用法律若干问题的解释》法释〔2013〕10 号 2013/04/27 第一条第一款

[确定本地区执行的具体数额标准] 各省、自治区、直辖市高级人民法院、人民检察院可以根据本地区经济发展状况和社会治安状况，在前款

规定的数额幅度内，共同研究确定本地区执行的具体数额标准，报最高人民法院、最高人民检察院批准。两高《关于办理敲诈勒索刑事案件适用法律若干问题的解释》法释〔2013〕10号 2013/04/27 第一条第二款

[“数额较大”的标准可以按照本解释第1条规定标准的百分之五十确定的若干情形] 敲诈勒索公私财物，具有下列情形之一的，“数额较大”的标准可以按照本解释第一条规定标准的百分之五十确定：

（一）曾因敲诈勒索受过刑事处罚的；

（二）一年内曾因敲诈勒索受过行政处罚的；

（三）对未成年人、残疾人、老年人或者丧失劳动能力人敲诈勒索的；

（四）以将要实施放火、爆炸等危害公共安全犯罪或者故意杀人、绑架等严重侵犯公民人身权利犯罪相威胁敲诈勒索的；

（五）以黑恶势力名义敲诈勒索的；

（六）利用或者冒充国家机关工作人员、军人、新闻工作者等特殊身份敲诈勒索的；

（七）造成其他严重后果的。两高《关于办理敲诈勒索刑事案件适用法律若干问题的解释》法释〔2013〕10号 2013/04/27 第二条

[多次敲诈勒索] 二年内敲诈勒索三次以上的，应当认定为刑法第二百七十四条规定的“多次敲诈勒索”。两高《关于办理敲诈勒索刑事案件适用法律若干问题的解释》法释〔2013〕10号 2013/04/27 第三条

[其他严重情节、其他特别严重情节] 敲诈勒索公私财物，具有本解释第二条第三项至第七项规定的情形之一，数额达到本解释第一条规定的“数额巨大”、“数额特别巨大”百分之八十的，可以分别认定为刑法第二百七十四条规定的“其他严重情节”、“其他特别严重情节”。两高《关于办理敲诈勒索刑事案件适用法律若干问题的解释》法释〔2013〕10号 2013/04/27 第四条

[不起诉或者免予刑事处罚的情形] 敲诈勒索数额较大，行为人认罪、悔罪，退赃、退赔，并具有下列情形之一的，可以认定为犯罪情节轻微，不起诉或者免予刑事处罚，由有关部门依法予以行政处罚：

（一）具有法定从宽处罚情节的；

（二）没有参与分赃或者获赃较少且不是主犯的；

（三）被害人谅解的；

（四）其他情节轻微、危害不大的。两高《关于办理敲诈勒索刑事案件适用法律若干问题的解释》法释〔2013〕10号 2013/04/27 第五条

[敲诈勒索近亲属的财物，获得谅解的] 敲诈勒索近亲属的财物，获得谅解的，一般不认为是犯罪；认定为犯罪的，应当酌情从宽处理。两高《关于办理敲诈勒索刑事案件适用法律若干问题的解释》法释〔2013〕10号 2013/04/27 第六条第一款

[被害人对敲诈勒索的发生存在过错的] 被害人对敲诈勒索的发生存在过错的，根据被害人过错程度和案件其他情况，可以对行为人酌情从宽处理；情节显著轻微危害不大的，不认为是犯罪。两高《关于办理敲诈勒索刑事案件适用法律若干问题的解释》法释〔2013〕10号 2013/04/27 第六条第二款

[以共同犯罪论处] 明知他人实施敲诈勒索犯罪，为其提供信用卡、手机卡、通讯工具、通讯传输通道、网络技术支持等帮助的，以共同犯罪论处。两高《关于办理敲诈勒索刑事案件适用法律若干问题的解释》法释〔2013〕10号 2013/04/27 第七条

[罚金] 对犯敲诈勒索罪的被告人，应当在二千元以上、敲诈勒索数额的二倍以下判处罚金；被告人没有获得财物的，应当在二千元以上十万元以下判处罚金。两高《关于办理敲诈勒索刑事案件适用法律若干问题的解释》法释〔2013〕10号 2013/04/27 第八条

[本解释的效力] 本解释公布施行后，《最高人民法院关于敲诈勒索罪数额认定标准问题的规定》（法释〔2000〕11号）同时废止；此前发布的司法解释与本解释不一致的，以本解释为准。两高《关于办理敲诈勒索刑事案件适用法律若干问题的解释》法释〔2013〕10号 2013/04/27 第九条

第二百七十五条　【故意毁坏财物罪】故意毁坏公私财物，数额较大或者有其他严重情节的，处三年以下有期徒刑、拘役或者罚金；数额巨大或者有其他特别严重情节的，处三年以上七年以下有期徒刑。

[故意破坏公用电信设施尚未危害公共安全　毁坏尚未投入使用的公用电信设施] 故意破坏正在使用的公用电信设施尚未危害公共安全，或者故意毁坏尚未投入使用的公用电信设施，造成财物损失，构成犯罪的，依

照刑法第二百七十五条规定，以故意毁坏财物罪定罪处罚。最高法《关于审理破坏公用电信设施刑事案件具体应用法律若干问题的解释》法释〔2004〕21号 2005/01/11 第三条第一款

[故意毁坏财物案立案追诉标准] [故意毁坏财物案（刑法第二百七十五条）] 故意毁坏公私财物，涉嫌下列情形之一的，应予立案追诉：

（一）造成公私财物损失五千元以上的；

（二）毁坏公私财物三次以上的；

（三）纠集三人以上公然毁坏公私财物的；

（四）其他情节严重的情形。最高检、公安部《关于公安机关管辖的刑事案件立案追诉标准的规定（一）》公通字〔2008〕36号 2008/06/25 第三十三条

第二百七十六条　【破坏生产经营罪】由于泄愤报复或者其他个人目的，毁坏机器设备、残害耕畜或者以其他方法破坏生产经营的，处三年以下有期徒刑、拘役或者管制；情节严重的，处三年以上七年以下有期徒刑。

第二百七十六条之一　【拒不支付劳动报酬罪】以转移财产、逃匿等方法逃避支付劳动者的劳动报酬或者有能力支付而不支付劳动者的劳动报酬，数额较大，经政府有关部门责令支付仍不支付的，处三年以下有期徒刑或者拘役，并处或者单处罚金；造成严重后果的，处三年以上七年以下有期徒刑，并处罚金。

单位犯前款罪的，对单位判处罚金，并对其直接负责的主管人员和其他直接责任人员，依照前款的规定处罚。

有前两款行为，尚未造成严重后果，在提起公诉前支付劳动者的劳动报酬，并依法承担相应赔偿责任的，可以减轻或者免除处罚。[①]

[裁判要旨　拒不支付项　数额较大项　责令后仍不支付的项]

1. 不具备用工主体资格的单位或者个人（包工头），违法用工且拒不

① 根据2011年5月1日《刑法修正案（八）》增加。

支付劳动者报酬，数额较大，经政府有关部门责令支付仍不支付的，应当以拒不支付劳动报酬罪追究刑事责任。

2. 不具备用工主体资格的单位或者个人（包工头）拒不支付劳动报酬，即使其他单位或者个人在刑事立案前为其垫付了劳动报酬的，也不影响追究该用工单位或者个人（包工头）拒不支付劳动报酬罪的刑事责任。**最高法指导案例28号：胡克金拒不支付劳动报酬案**

［**劳动者的劳动报酬**］劳动者依照《中华人民共和国劳动法》和《中华人民共和国劳动合同法》等法律的规定应得的劳动报酬，包括工资、奖金、津贴、补贴、延长工作时间的工资报酬及特殊情况下支付的工资等，应当认定为刑法第二百七十六条之一第一款规定的"劳动者的劳动报酬"。**最高法《关于审理拒不支付劳动报酬刑事案件适用法律若干问题的解释》法释〔2013〕3号 2013/01/23 第一条**

［**以转移财产、逃匿等方法逃避支付劳动者的劳动报酬**］以逃避支付劳动者的劳动报酬为目的，具有下列情形之一的，应当认定为刑法第二百七十六条之一第一款规定的"以转移财产、逃匿等方法逃避支付劳动者的劳动报酬"：

（一）隐匿财产、恶意清偿、虚构债务、虚假破产、虚假倒闭或者以其他方法转移、处分财产的；

（二）逃跑、藏匿的；

（三）隐匿、销毁或者篡改账目、职工名册、工资支付记录、考勤记录等与劳动报酬相关的材料的；

（四）以其他方法逃避支付劳动报酬的。**最高法《关于审理拒不支付劳动报酬刑事案件适用法律若干问题的解释》法释〔2013〕3号 2013/01/23 第二条**

［**数额较大**］具有下列情形之一的，应当认定为刑法第二百七十六条之一第一款规定的"数额较大"：

（一）拒不支付一名劳动者三个月以上的劳动报酬且数额在五千元至二万元以上的；

（二）拒不支付十名以上劳动者的劳动报酬且数额累计在三万元至十万元以上的。

各省、自治区、直辖市高级人民法院可以根据本地区经济社会发展状况，在前款规定的数额幅度内，研究确定本地区执行的具体数额标准，报最高人民法院备案。**最高法《关于审理拒不支付劳动报酬刑事案件适用法律若干问题的解释》法释〔2013〕3号 2013/01/23 第三条**

[经政府有关部门责令支付仍不支付] 经人力资源社会保障部门或者政府其他有关部门依法以限期整改指令书、行政处理决定书等文书责令支付劳动者的劳动报酬后，在指定的期限内仍不支付的，应当认定为刑法第二百七十六条之一第一款规定的“经政府有关部门责令支付仍不支付”，但有证据证明行为人有正当理由未知悉责令支付或者未及时支付劳动报酬的除外。**最高法《关于审理拒不支付劳动报酬刑事案件适用法律若干问题的解释》法释〔2013〕3号 2013/01/23 第四条第一款**

[视为经政府有关部门责令支付] 行为人逃匿，无法将责令支付文书送交其本人、同住成年家属或者所在单位负责收件的人的，如果有关部门已通过在行为人的住所地、生产经营场所等地张贴责令支付文书等方式责令支付，并采用拍照、录像等方式记录的，应当视为“经政府有关部门责令支付”。**最高法《关于审理拒不支付劳动报酬刑事案件适用法律若干问题的解释》法释〔2013〕3号 2013/01/23 第四条第二款**

[造成严重后果] 拒不支付劳动者的劳动报酬，符合本解释第三条的规定，并具有下列情形之一的，应当认定为刑法第二百七十六条之一第一款规定的“造成严重后果”：

（一）造成劳动者或者其被赡养人、被扶养人、被抚养人的基本生活受到严重影响、重大疾病无法及时医治或者失学的；

（二）对要求支付劳动报酬的劳动者使用暴力或者进行暴力威胁的；

（三）造成其他严重后果的。**最高法《关于审理拒不支付劳动报酬刑事案件适用法律若干问题的解释》法释〔2013〕3号 2013/01/23 第五条**

[不认为是犯罪的　可以减轻或者免除刑事处罚的　可以从轻处罚的] 拒不支付劳动者的劳动报酬，尚未造成严重后果，在刑事立案前支付劳动者的劳动报酬，并依法承担相应赔偿责任的，可以认定为情节显著轻微危害不大，不认为是犯罪；在提起公诉前支付劳动者的劳动报酬，并依法承担相应赔偿责任的，可以减轻或者免除刑事处罚；在一审宣判前支付劳动者的劳动报酬，并依法承担相应赔偿责任的，可以从轻处罚。**最高法《关于**

审理拒不支付劳动报酬刑事案件适用法律若干问题的解释》法释〔2013〕3号 2013/01/23 第六条第一款

[免除刑事处罚的] 对于免除刑事处罚的，可以根据案件的不同情况，予以训诫、责令具结悔过或者赔礼道歉。最高法《关于审理拒不支付劳动报酬刑事案件适用法律若干问题的解释》法释〔2013〕3号 2013/01/23 第六条第二款

[可以酌情从宽处罚的] 拒不支付劳动者的劳动报酬，造成严重后果，但在宣判前支付劳动者的劳动报酬，并依法承担相应赔偿责任的，可以酌情从宽处罚。最高法《关于审理拒不支付劳动报酬刑事案件适用法律若干问题的解释》法释〔2013〕3号 2013/01/23 第六条第三款

[不具备用工主体资格的单位或者个人　以拒不支付劳动报酬罪追究刑事责任] 不具备用工主体资格的单位或者个人，违法用工且拒不支付劳动者的劳动报酬，数额较大，经政府有关部门责令支付仍不支付的，应当依照刑法第二百七十六条之一的规定，以拒不支付劳动报酬罪追究刑事责任。最高法《关于审理拒不支付劳动报酬刑事案件适用法律若干问题的解释》法释〔2013〕3号 2013/01/23 第七条

[用人单位的实际控制人构成本罪的] 用人单位的实际控制人实施拒不支付劳动报酬行为，构成犯罪的，应当依照刑法第二百七十六条之一的规定追究刑事责任。最高法《关于审理拒不支付劳动报酬刑事案件适用法律若干问题的解释》法释〔2013〕3号 2013/01/23 第八条

[单位拒不支付劳动报酬，构成本罪的] 单位拒不支付劳动报酬，构成犯罪的，依照本解释规定的相应个人犯罪的定罪量刑标准，对直接负责的主管人员和其他直接责任人员定罪处罚，并对单位判处罚金。最高法《关于审理拒不支付劳动报酬刑事案件适用法律若干问题的解释》法释〔2013〕3号 2013/01/23 第九条

[破坏生产经营案立案追诉标准] [破坏生产经营案（刑法第二百七十六条）] 由于泄愤报复或者其他个人目的，毁坏机器设备、残害耕畜或者以其他方法破坏生产经营，涉嫌下列情形之一的，应予立案追诉：

（一）造成公私财物损失五千元以上的；

（二）破坏生产经营三次以上的；

（三）纠集三人以上公然破坏生产经营的；

（四）其他破坏生产经营应予追究刑事责任的情形。最高检、公安部《关于公安机关管辖的刑事案件立案追诉标准的规定（一）》公通字〔2008〕36号 2008/06/25 第三十四条

[拒不支付劳动报酬案立案追诉标准] 在《立案追诉标准（一）》第三十四条后增加一条，作为第三十四条之一：[拒不支付劳动报酬案（刑法第二百七十六条之一）] 以转移财产、逃匿等方法逃避支付劳动者的劳动报酬或者有能力支付而不支付劳动者的劳动报酬，经政府有关部门责令支付仍不支付，涉嫌下列情形之一的，应予立案追诉：

（一）拒不支付一名劳动者三个月以上的劳动报酬且数额在五千元至二万元以上的；

（二）拒不支付十名以上劳动者的劳动报酬且数额累计在三万元至十万元以上的。

不支付劳动者的劳动报酬，尚未造成严重后果，在刑事立案前支付劳动者的劳动报酬，并依法承担相应赔偿责任的，可以不予立案追诉。最高检、公安部《关于公安机关管辖的刑事案件立案追诉标准的规定（一）的补充规定》公通字〔2017〕12号 2017/04/27 第七条

第六章 妨害社会管理秩序罪

第一节 扰乱公共秩序罪

第二百七十七条 【妨害公务罪】以暴力、威胁方法阻碍国家机关工作人员依法执行职务的，处三年以下有期徒刑、拘役、管制或者罚金。

以暴力、威胁方法阻碍全国人民代表大会和地方各级人民代表大会代表依法执行代表职务的，依照前款的规定处罚。

在自然灾害和突发事件中，以暴力、威胁方法阻碍红十字会工作人员依法履行职责的，依照第一款的规定处罚。

故意阻碍国家安全机关、公安机关依法执行国家安全工作任务，未使用暴力、威胁方法，造成严重后果的，依照第一款的规定处罚。

暴力袭击正在依法执行职务的人民警察的，依照第一款的规定从重处罚。①

[妨害公务罪的量刑]

1. 构成妨害公务罪的，可以在二年以下有期徒刑、拘役幅度内确定量刑起点。

2. 在量刑起点的基础上，可以根据妨害公务造成的后果、犯罪情节严重程度等其他影响犯罪构成的犯罪事实增加刑罚量，确定基准刑。

3. 暴力袭击正在依法执行职务的人民警察的，可以增加基准刑的10%—30%。**最高法《关于常见犯罪的量刑指导意见》2017/04/01 四、(十一)**

[以暴力、威胁方法阻碍草原监督检查人员依法执行职务构成犯罪的] 以暴力、威胁方法阻碍草原监督检查人员依法执行职务，构成犯罪的，依照刑法第二百七十七条的规定，以妨害公务罪追究刑事责任。**最高法《关于审理破坏草原资源刑事案件应用法律若干问题的解释》法释〔2012〕15号 2012/11/22 第四条第一款**

[暴力抗拒执行] 对下列暴力抗拒执行的行为，依照刑法第二百七十七条的规定，以妨害公务罪论处。

（一）聚众哄闹、冲击执行现场，围困、扣押、殴打执行人员，致使执行工作无法进行的；

（二）毁损、抢夺执行案件材料、执行公务车辆和其他执行器械、执行人员服装以及执行公务证件，造成严重后果的；

（三）其他以暴力、威胁方法妨害或者抗拒执行，致使执行工作无法进行的。**两高、公安部《关于依法严肃查处拒不执行判决裁定和暴力抗拒法院执行犯**

---

① 根据2015年11月1日《刑法修正案（九）》增加一款，作为第五款。

罪行为有关问题的通知》法发〔2007〕29号 2007/08/30 第二条

[单位直接负责的主管人员和其他直接责任人员　实施第一条、第二条所列行为] 负有执行人民法院判决、裁定义务的单位直接负责的主管人员和其他直接责任人员，为了本单位的利益实施本《通知》第一条、第二条所列行为之一的，对该主管人员和其他直接责任人员，依照刑法第三百一十三条和第二百七十七条的规定，分别以拒不执行判决、裁定罪和妨害公务罪论处。两高、公安部《关于依法严肃查处拒不执行判决裁定和暴力抗拒法院执行犯罪行为有关问题的通知》法发〔2007〕29号 2007/08/30 第三条

[以暴力、威胁方法阻碍执法　数罪并罚] 以暴力、威胁方法阻碍行政执法人员依法行使盐业管理职务的，依照刑法第二百七十七条的规定，以妨害公务罪追究刑事责任；其非法经营行为已构成犯罪的，依照数罪并罚的规定追究刑事责任。最高检《关于办理非法经营食盐刑事案件具体应用法律若干问题的解释》高检发释字〔2002〕6号 2002/09/13 第五条

[以暴力、威胁方法阻碍烟草专卖执法人员依法执行职务行为的] 以暴力、威胁方法阻碍烟草专卖执法人员依法执行职务的，依照刑法第二百七十七条的规定，以妨害公务罪定罪处罚。两高、公安部、国家烟草专卖局《关于办理假冒伪劣烟草制品等刑事案件适用法律问题座谈会纪要》商检会〔2003〕4号 2003/12/23 第八条

[以暴力、威胁方法阻碍国家机关工作人员、红十字会工作人员] 以暴力、威胁方法阻碍国家机关工作人员、红十字会工作人员依法履行为防治突发传染病疫情等灾害而采取的防疫、检疫、强制隔离、隔离治疗等预防、控制措施的，依照刑法第二百七十七条第一款、第三款的规定，以妨害公务罪定罪处罚。两高《关于办理妨害预防、控制突发传染病疫情等灾害的刑事案件具体应用法律若干问题的解释》法释〔2003〕8号 2003/05/15 第八条

[突发传染病疫情等灾害] 本解释所称"突发传染病疫情等灾害"，是指突然发生，造成或者可能造成社会公众健康严重损害的重大传染病疫情、群体性不明原因疾病以及其他严重影响公众健康的灾害。两高《关于办理妨害预防、控制突发传染病疫情等灾害的刑事案件具体应用法律若干问题的解释》法释〔2003〕8号 2003/05/15 第十八条

第二百七十八条　【煽动暴力抗拒法律实施罪】煽动群众暴

力抗拒国家法律、行政法规实施的，处三年以下有期徒刑、拘役、管制或者剥夺政治权利；造成严重后果的，处三年以上七年以下有期徒刑。

[煽动群众暴力抗拒草原法律、行政法规实施构成犯罪的] 煽动群众暴力抗拒草原法律、行政法规实施，构成犯罪的，依照刑法第二百七十八条的规定，以煽动暴力抗拒法律实施罪追究刑事责任。最高法《关于审理破坏草原资源刑事案件应用法律若干问题的解释》法释〔2012〕15号 2012/11/22 第四条第二款

[煽动群众暴力抗拒烟草专卖法律实施的] 煽动群众暴力抗拒烟草专卖法律实施，构成犯罪的，以煽动暴力抗拒法律实施罪追究刑事责任。两高《关于办理非法生产、销售烟草专卖品等刑事案件具体应用法律若干问题的解释》法释〔2010〕7号 2010/03/26 第八条第二款

[煽动群众暴力抗拒烟草专卖法律实施的] 煽动群众暴力抗拒烟草专卖法律实施的，依照刑法第二百七十八条的规定，以煽动暴力抗拒法律实施罪定罪处罚。两高、公安部、国家烟草专卖局《关于办理假冒伪劣烟草制品等刑事案件适用法律问题座谈会纪要》商检会〔2003〕4号 2003/12/23 第九条

第二百七十九条　【招摇撞骗罪】冒充国家机关工作人员招摇撞骗的，处三年以下有期徒刑、拘役、管制或者剥夺政治权利；情节严重的，处三年以上十年以下有期徒刑。

冒充人民警察招摇撞骗的，依照前款的规定从重处罚。

第二百八十条　【伪造、变造、买卖国家机关公文、证件、印章罪，盗窃、抢夺、毁灭国家机关公文、证件、印章罪；伪造公司、企业、事业单位、人民团体印章罪；伪造、变造、买卖身份证件罪】伪造、变造、买卖或者盗窃、抢夺、毁灭国家机关的公文、证件、印章的，处三年以下有期徒刑、拘役、管制或者剥夺政治权利，并处罚金；情节严重的，处三年以上十年以下有期徒刑，并处罚金。

伪造公司、企业、事业单位、人民团体的印章的，处三年以

下有期徒刑、拘役、管制或者剥夺政治权利，并处罚金。

伪造、变造、买卖居民身份证、护照、社会保障卡、驾驶证等依法可以用于证明身份的证件的，处三年以下有期徒刑、拘役、管制或者剥夺政治权利，并处罚金；情节严重的，处三年以上七年以下有期徒刑，并处罚金。①

第二百八十条之一　【使用虚假身份证件、盗用身份证件罪】在依照国家规定应当提供身份证明的活动中，使用伪造、变造的或者盗用他人的居民身份证、护照、社会保障卡、驾驶证等依法可以用于证明身份的证件，情节严重的，处拘役或者管制，并处或者单处罚金。

有前款行为，同时构成其他犯罪的，依照处罚较重的规定定罪处罚。②

[信用卡犯罪中涉及其他罪] 为信用卡申请人制作、提供虚假的财产状况、收入、职务等资信证明材料，涉及伪造、变造、买卖国家机关公文、证件、印章，或者涉及伪造公司、企业、事业单位、人民团体印章，应当追究刑事责任的，依照刑法第二百八十条的规定，分别以伪造、变造、买卖国家机关公文、证件、印章罪和伪造公司、企业、事业单位、人民团体印章罪定罪处罚。**两高《关于办理妨害信用卡管理刑事案件具体应用法律若干问题的解释》法释〔2009〕19号 2009/12/16 第四条第一款**

[机动车号牌非国家机关证件] 同意你院审委会讨论中的多数人意见，伪造、变造、买卖民用机动车号牌行为不能以伪造、变造、买卖国家机关证件罪定罪处罚。你院所请示问题的关键在于能否将机动车号牌认定为国

---

① 根据2015年11月1日《刑法修正案（九）》修改，原条文为：“伪造、变造、买卖或者盗窃、抢夺、毁灭国家机关的公文、证件、印章的，处三年以下有期徒刑、拘役、管制或者剥夺政治权利；情节严重的，处三年以上十年以下有期徒刑。

“伪造公司、企业、事业单位、人民团体的印章的，处三年以下有期徒刑、拘役、管制或者剥夺政治权利。

“伪造、变造居民身份证的，处三年以下有期徒刑、拘役、管制或者剥夺政治权利；情节严重的，处三年以上七年以下有期徒刑。”

② 根据2015年11月1日《刑法修正案（九）》增加。

家机关证件，从当前我国刑法的规定看，不能将机动车号牌认定为国家机关证件。理由在于：

一、刑法第 280 条第 1 款规定了伪造、变造、买卖国家机关公文、证件、印章罪，第 281 条规定了非法生产、买卖警用装备罪，将警用车辆号牌归属于警察专用标志，属于警用装备的范围。从这一点分析，证件与车辆号牌不具有同一性。如果具有同一性，刑法第 280 条中的证件就包括了警用车辆号牌，也就没有必要在第 281 条中单独明确列举警用车辆号牌了。同样的道理适用于刑法第 375 条的规定（刑法第 375 条第 1 款规定了伪造、变造、买卖武装部队公文、证件、印章罪、盗窃、抢夺武装部队公文、证件、印章罪，第 2 款规定了非法生产、买卖军用标志罪，而军用标志包括武装部队车辆号牌）。刑法规定非法生产、买卖警用装备罪和非法生产、买卖军用标志罪，明确对警用车辆号牌和军用车辆号牌进行保护，目的在于维护警用、军用标志性物品的专用权，而不是将警用和军用车辆号牌作为国家机关证件来保护。如果将机动车号牌认定为证件，那么非法买卖警用机动车号牌的行为，是认定为非法买卖国家机关证件罪还是非法买卖警用装备罪？这会导致刑法适用的混乱。

二、从刑罚处罚上看，如果将机动车号牌认定为国家机关证件，那么非法买卖的机动车号牌如果分别属于人民警察车辆号牌、武装部队车辆号牌、普通机动车号牌，同样一个行为就会得到不同的处理结果：对于前两者，根据刑法第 281 条、第 375 条第 2 款的规定，情节严重的，分别构成非法买卖警用装备罪、非法买卖军用标志罪，法定刑为三年以下有期徒刑、拘役或者管制，并处或者单处罚金。对于非法买卖民用机动车号牌，根据刑法第 280 条第 1 款的规定，不论情节是否严重，均构成买卖国家机关证件罪，情节一般的，处三年以下有期徒刑、拘役、管制或者剥夺政治权利；情节严重的，处三年以上十年以下有期徒刑。可见，将机动车号牌认定为证件，将使对非法买卖普通机动车号牌的刑罚处罚重于对非法买卖人民警察、武装部队车辆号牌的刑罚处罚，这显失公平，也有悖立法本意。**最高法《关于伪造、变造、买卖民用机动车号牌行为能否以伪造、变造、买卖国家机关证件罪定罪处罚问题的请示》法研〔2009〕68 号**

[伪造、变造、买卖机动车行驶证、登记证书 情节严重] 伪造、变造、买卖机动车行驶证、登记证书，累计三本以上的，依照刑法第二百八十条第一款的规定，以伪造、变造、买卖国家机关证件罪定罪，处三年以下有期徒刑、拘役、管制或者剥夺政治权利。

伪造、变造、买卖机动车行驶证、登记证书，累计达到第一款规定数量标准五倍以上的，属于刑法第二百八十条第一款规定中的"情节严重"，处三年以上十年以下有期徒刑。两高《关于办理与盗窃、抢劫、诈骗、抢夺机动车相关刑事案件具体应用法律若干问题的解释》法释〔2007〕11号 2007/05/11 第二条

[事前通谋的 以共犯论处] 实施本解释第一条、第二条、第三条第一款或者第三款规定的行为，事前与盗窃、抢劫、诈骗、抢夺机动车的犯罪分子通谋的，以盗窃罪、抢劫罪、诈骗罪、抢夺罪的共犯论处。两高《关于办理与盗窃、抢劫、诈骗、抢夺机动车相关刑事案件具体应用法律若干问题的解释》法释〔2007〕11号 2007/05/11 第四条

[伪造高等院校印章制作学历、学位证明] 对于伪造高等院校印章制作学历、学位证明的行为，应当依照刑法第二百八十条第二款的规定，以伪造事业单位印章罪定罪处罚。两高《关于办理伪造、贩卖伪造的高等院校学历、学位证明刑事案件如何适用法律问题的解释》法释〔2001〕22号 01/07/03

[贩卖伪造高等院校印章制作的学历、学位证明] 明知是伪造高等院校印章制作的学历、学位证明而贩卖的，以伪造事业单位印章罪的共犯论处。两高《关于办理伪造、贩卖伪造的高等院校学历、学位证明刑事案件如何适用法律问题的解释》法释〔2001〕22号 01/07/03

[伪造、变造、买卖政府设立的临时性机构的公文、证件、印章] 伪造、变造、买卖各级人民政府设立的行使行政管理权的临时性机构的公文、证件、印章行为，构成犯罪的，应当依照刑法第二百八十条第一款的规定，以伪造、变造、买卖国家机关公文、证件、印章罪追究刑事责任。最高检法律政策研究室《关于伪造、变造、买卖政府设立的临时性机构的公文、证件、印章行为如何适用法律问题的答复》2003/06/03

[伪造证据骗取法院民事裁判占有他人财物的行为] 以非法占有为目的，通过伪造证据骗取法院民事裁判占有他人财物的行为所侵害的主要是人民法院正常的审判活动可以由人民法院依照民事诉讼法的有关规定作出

处理，不宜以诈骗罪追究行为人的刑事责任。如果行为人伪造证据时，实施了伪造公司、企业、事业单位、人民团体印章的行为，构成犯罪的，应当依照刑法第二百八十条第二款的规定，以伪造公司、企业、事业单位、人民团体印章罪追究刑事责任；如果行为人有指使他人作伪证行为，构成犯罪的应当依照刑法第三百零七条第一款的规定，以妨害作证罪追究刑事责任。**最高检法律政策研究室《关于通过伪造证据骗取法院民事裁判占有他人财物的行为如何适用法律问题的答复》2002/10/24**

[伪造、变造、买卖林木采伐许可证等] 对于伪造、变造、买卖林木采伐许可证、木材运输证件，森林、林木、林地权属证书，占用或者征用林地审核同意书、育林基金等缴费收据以及其他国家机关批准的林业证件构成犯罪的，依照刑法第二百八十条第一款的规定，以伪造、变造、买卖国家机关公文、证件罪定罪处罚。**最高法《关于审理破坏森林资源刑事案件具体应用法律若干问题的解释》法释〔2000〕36号 2000/12/11 第十三条第一款**

[买卖经营许可证明　依重罪处罚] 对于买卖允许进出口证明书等经营许可证明，同时触犯刑法第二百二十五条、第二百八十条规定之罪的，依照处罚较重的规定定罪处罚。**最高法《关于审理破坏森林资源刑事案件具体应用法律若干问题的解释》法释〔2000〕36号 2000/12/11 第十三条第二款**

[以本罪处罚] 伪造、变造、买卖国家机关颁发的野生动物允许进出口证明书、特许猎捕证、狩猎证、驯养繁殖许可证等公文、证件构成犯罪的，依照刑法第二百八十条第一款的规定以伪造、变造、买卖国家机关公文、证件罪定罪处罚。**最高法《关于审理破坏野生动物资源刑事案件具体应用法律若干问题的解释》法释〔2000〕37号 2000/12/11 第九条第一款**

[伪造、变造、买卖海关签发的报关单、进口证明、外汇管理机关的核准件等凭证或者购买伪造、变造的上述凭证] 伪造、变造、买卖海关签发的报关单、进口证明、外汇管理机关的核准件等凭证或者购买伪造、变造的上述凭证的，按照刑法第二百八十条第一款的规定定罪处罚。**最高法《关于审理骗购外汇、非法买卖外汇刑事案件具体应用法律若干问题的解释》法释〔1998〕20号 1998/08/28 第二条**

[买卖伪造的国家机关证件] 对于买卖伪造的国家机关证件的行为，依法应当追究刑事责任的，可适用刑法第二百八十条第一款的规定以买卖

国家机关证件罪追究刑事责任。最高检法律政策研究室《关于买卖伪造的国家机关证件行为是否构成犯罪问题的答复》〔1999〕高检研发第5号 1999/06/21

第二百八十一条　【非法生产、买卖警用装备罪】非法生产、买卖人民警察制式服装、车辆号牌等专用标志、警械，情节严重的，处三年以下有期徒刑、拘役或者管制，并处或者单处罚金。

单位犯前款罪的，对单位判处罚金，并对其直接负责的主管人员和其他直接责任人员，依照前款的规定处罚。

[非法生产、买卖警用装备案立案追诉标准] [非法生产、买卖警用装备案（刑法第二百八十一条）] 非法生产、买卖人民警察制式服装、车辆号牌等专用标志、警械，涉嫌下列情形之一的，应予立案追诉：

（一）成套制式服装三十套以上，或者非成套制式服装一百件以上的；

（二）手铐、脚镣、警用抓捕网、警用催泪喷射器、警灯、警报器单种或者合计十件以上的；

（三）警棍五十根以上的；

（四）警衔、警号、胸章、臂章、帽徽等警用标志单种或者合计一百件以上的；

（五）警用号牌、省级以上公安机关专段民用车辆号牌一副以上，或者其他公安机关专段民用车辆号牌三副以上的；

（六）非法经营数额五千元以上，或者非法获利一千元以上的；

（七）被他人利用进行违法犯罪活动的；

（八）其他情节严重的情形。最高检、公安部《关于公安机关管辖的刑事案件立案追诉标准的规定（一）》公通字〔2008〕36号 2008/06/25 第三十五条

第二百八十二条　【非法获取国家秘密罪；非法持有国家绝密、机密文件、资料、物品罪】以窃取、刺探、收买方法，非法获取国家秘密的，处三年以下有期徒刑、拘役、管制或者剥夺政治权利；情节严重的，处三年以上七年以下有期徒刑。

非法持有属于国家绝密、机密的文件、资料或者其他物品，

拒不说明来源与用途的，处三年以下有期徒刑、拘役或者管制。

第二百八十三条 【非法生产、销售专用间谍器材、窃听、窃照专用器材罪】非法生产、销售专用间谍器材或者窃听、窃照专用器材的，处三年以下有期徒刑、拘役或者管制，并处或者单处罚金；情节严重的，处三年以上七年以下有期徒刑，并处罚金。

单位犯前款罪的，对单位判处罚金，并对其直接负责的主管人员和其他直接责任人员，依照前款的规定处罚。[①]

[非法生产、销售“伪基站”设备又构成其他罪的] 非法生产、销售“伪基站”设备，经鉴定为专用间谍器材的，依照《刑法》第二百八十三条的规定，以非法生产、销售间谍专用器材罪追究刑事责任；同时构成非法经营罪的，以非法经营罪追究刑事责任。**两高、安全部、公安部《关于依法办理非法生产销售使用“伪基站”设备案件的意见》公通字〔2014〕13号 2014/03/14**

[明知而为他人提供资金、场所、技术、设备等帮助的 以共同犯罪论处] 明知他人实施非法生产、销售“伪基站”设备，或者非法使用“伪基站”设备干扰公用电信网络信号等犯罪，为其提供资金、场所、技术、设备等帮助的，以共同犯罪论处。**两高、安全部、公安部《关于依法办理非法生产销售使用“伪基站”设备案件的意见》公通字〔2014〕13号 2014/03/14**

[依法办理非法生产销售使用“伪基站”设备案件 严格贯彻宽严相济刑事政策] 对犯罪嫌疑人、被告人的处理，应当结合其主观恶性大小、行为危害程度以及在案件中所起的作用等因素，切实做到区别对待。对组织指挥、实施非法生产、销售、使用“伪基站”设备的首要分子、积极参加的犯罪分子，以及曾因非法生产、销售、使用“伪基站”设备受到行政处罚或者刑事处罚，又实施非法生产、销售、使用“伪基站”设备的犯罪分子，应当作为打击重点依法予以严惩；对具有自首、立功、从犯等法定情节的犯罪分子，可以依法从宽处理。对情节显著轻微、危害不大的，依

① 根据2015年11月1日《刑法修正案（九）》修改，原条文为：“非法生产、销售窃听、窃照等专用间谍器材的，处三年以下有期徒刑、拘役或者管制。”

法不作为犯罪处理。两高、安全部、公安部《关于依法办理非法生产销售使用"伪基站"设备案件的意见》公通字〔2014〕13号 2014/03/14

第二百八十四条　【非法使用窃听、窃照专用器材罪】非法使用窃听、窃照专用器材，造成严重后果的，处二年以下有期徒刑、拘役或者管制。

第二百八十四条之一　【组织考试作弊罪；非法出售、提供答案、试题罪；代替考试罪】在法律规定的国家考试中，组织作弊的，处三年以下有期徒刑或者拘役，并处或者单处罚金；情节严重的，处三年以上七年以下有期徒刑，并处罚金。

为他人实施前款犯罪提供作弊器材或者其他帮助的，依照前款的规定处罚。

为实施考试作弊行为，向他人非法出售或者提供第一款规定的考试的试题、答案的，依照第一款的规定处罚。

代替他人或者让他人代替自己参加第一款规定的考试的，处拘役或者管制，并处或者单处罚金。[①]

[适用旧法　但书] 对于2015年10月31日以前组织考试作弊，为他人组织考试作弊提供作弊器材或者其他帮助，以及非法向他人出售或者提供考试试题、答案，根据修正前刑法应当以非法获取国家秘密罪、非法生产、销售间谍专用器材罪或者故意泄露国家秘密罪等追究刑事责任的，适用修正前刑法的有关规定。但是，根据修正后刑法第二百八十四条之一的规定处刑较轻的，适用修正后刑法的有关规定。最高法《关于〈中华人民共和国刑法修正案（九）〉时间效力问题的解释》法释〔2015〕19号 2015/11/01 第六条

第二百八十五条　【非法侵入计算机信息系统罪　非法获取计算机信息系统数据、非法控制计算机信息系统罪　提供侵入、非法控制计算机信息系统程序、工具罪】违反国家规定，侵入国家事务、国防建设、尖端科学技术领域的计算机信息系统的，处

① 根据2015年11月1日《刑法修正案（九）》增加。

三年以下有期徒刑或者拘役。

违反国家规定，侵入前款规定以外的计算机信息系统或者采用其他技术手段，获取该计算机信息系统中存储、处理或者传输的数据，或者对该计算机信息系统实施非法控制，情节严重的，处三年以下有期徒刑或者拘役，并处或者单处罚金；情节特别严重的，处三年以上七年以下有期徒刑，并处罚金。

提供专门用于侵入、非法控制计算机信息系统的程序、工具，或者明知他人实施侵入、非法控制计算机信息系统的违法犯罪行为而为其提供程序、工具，情节严重的，依照前款的规定处罚。[①]

单位犯前三款罪的，对单位判处罚金，并对其直接负责的主管人员和其他直接责任人员，依照各该款的规定处罚。[②]

［要旨　非法获取计算机信息系统数据项　超出授权范围登录项　侵入计算机信息系统项　第285条情节特别严重项］超出授权范围使用账号、密码登录计算机信息系统，属于侵入计算机信息系统的行为；侵入计算机信息系统后下载其储存的数据，可以认定为非法获取计算机信息系统数据。检例第36号：卫梦龙、龚旭、薛东东非法获取计算机信息系统数据案

［指导意义］非法获取计算机信息系统数据罪中的“侵入”，是指违背被害人意愿、非法进入计算机信息系统的行为。其表现形式既包括采用技术手段破坏系统防护进入计算机信息系统，也包括未取得被害人授权擅自进入计算机信息系统，还包括超出被害人授权范围进入计算机信息系统。

本案中，被告人龚旭将自己因工作需要掌握的本公司账号、密码、Token令牌等交由卫梦龙登录该公司管理开发系统获取数据，虽不属于通过技术手段侵入计算机信息系统，但内外勾结擅自登录公司内部管理开发系统下载数据，明显超出正常授权范围。超出授权范围使用账号、密码、Token令牌登录系统，也属于侵入计算机信息系统的行为。行为人违反

① 根据2009年2月28日《刑法修正案（七）》增加两款作为第二款、第三款。

② 根据2015年11月1日《刑法修正案（九）》增加一款作为第四款。

《计算机信息系统安全保护条例》第七条、《计算机信息网络国际联网安全保护管理办法》第六条第一项等国家规定，实施了非法侵入并下载获取计算机信息系统中存储的数据的行为，构成非法获取计算机信息系统数据罪。按照2011年《最高人民法院、最高人民检察院关于办理危害计算机信息系统安全刑事案件应用法律若干问题的解释》规定，构成犯罪，违法所得二万五千元以上，应当认定为“情节特别严重”，处三年以上七年以下有期徒刑，并处罚金。检例第36号：卫梦龙、龚旭、薛东东非法获取计算机信息系统数据案

[指导意义　适用法律错误项　刑事抗诉项　援引法定刑项　情节特别严重项] 本案所涉法律问题的正确理解和适用，对司法实践和维护我国金融市场的健康发展具有重要意义。自刑法修正案（七）增设利用未公开信息交易罪以来，司法机关对该罪是否存在“情节特别严重”、是否有两个量刑档次长期存在分歧，亟需统一认识。正确理解和适用本案所涉法律问题，对明确同类案件的处理、同类从业人员犯罪的处罚具有重要指导作用，对于加大打击“老鼠仓”等严重破坏金融管理秩序的行为，维护社会主义市场经济秩序，保障资本市场健康发展具有重要意义。检例第24号：马乐利用未公开信息交易案

[情节严重] 非法获取计算机信息系统数据或者非法控制计算机信息系统，具有下列情形之一的，应当认定为刑法第二百八十五条第二款规定的“情节严重”：

（一）获取支付结算、证券交易、期货交易等网络金融服务的身份认证信息十组以上的；

（二）获取第（一）项以外的身份认证信息五百组以上的；

（三）非法控制计算机信息系统二十台以上的；

（四）违法所得五千元以上或者造成经济损失一万元以上的；

（五）其他情节严重的情形。两高《关于办理危害计算机信息系统安全刑事案件应用法律若干问题的解释》法释〔2011〕19号 2011/09/01 第一条第一款

[情节特别严重] 实施前款规定行为，具有下列情形之一的，应当认定为刑法第二百八十五条第二款规定的“情节特别严重”：

（一）数量或者数额达到前款第（一）项至第（四）项规定标准五倍

以上的；

（二）其他情节特别严重的情形。**两高《关于办理危害计算机信息系统安全刑事案件应用法律若干问题的解释》法释〔2011〕19号 2011/09/01 第一条第二款**

[明知而加以利用的] 明知是他人非法控制的计算机信息系统，而对该计算机信息系统的控制权加以利用的，依照前两款的规定定罪处罚。**两高《关于办理危害计算机信息系统安全刑事案件应用法律若干问题的解释》法释〔2011〕19号 2011/09/01 第一条第三款**

[专门用于侵入、非法控制计算机信息系统的程序、工具] 具有下列情形之一的程序、工具，应当认定为刑法第二百八十五条第三款规定的“专门用于侵入、非法控制计算机信息系统的程序、工具：

（一）具有避开或者突破计算机信息系统安全保护措施，未经授权或者超越授权获取计算机信息系统数据的功能的；

（二）具有避开或者突破计算机信息系统安全保护措施，未经授权或者超越授权对计算机信息系统实施控制的功能的；

（三）其他专门设计用于侵入、非法控制计算机信息系统、非法获取计算机信息系统数据的程序、工具。**两高《关于办理危害计算机信息系统安全刑事案件应用法律若干问题的解释》法释〔2011〕19号 2011/09/01 第二条**

[情节严重] 提供侵入、非法控制计算机信息系统的程序、工具，具有下列情形之一的，应当认定为刑法第二百八十五条第三款规定的“情节严重”：

（一）提供能够用于非法获取支付结算、证券交易、期货交易等网络金融服务身份认证信息的专门性程序、工具五人次以上的；

（二）提供第（一）项以外的专门用于侵入、非法控制计算机信息系统的程序、工具二十人次以上的；

（三）明知他人实施非法获取支付结算、证券交易、期货交易等网络金融服务身份认证信息的违法犯罪行为而为其提供程序、工具五人次以上的；

（四）明知他人实施第（三）项以外的侵入、非法控制计算机信息系统的违法犯罪行为而为其提供程序、工具二十人次以上的；

（五）违法所得五千元以上或者造成经济损失一万元以上的；

（六）其他情节严重的情形。两高《关于办理危害计算机信息系统安全刑事案件应用法律若干问题的解释》法释〔2011〕19号 2011/09/01 第三条第一款

[情节特别严重] 实施前款规定行为，具有下列情形之一的，应当认定为提供侵入、非法控制计算机信息系统的程序、工具“情节特别严重”：

（一）数量或者数额达到前款第（一）项至第（五）项规定标准五倍以上的；

（二）其他情节特别严重的情形。两高《关于办理危害计算机信息系统安全刑事案件应用法律若干问题的解释》法释〔2011〕19号 2011/09/01 第三条第二款

[直接负责的主管人员和其他直接责任人员的刑事责任] 以单位名义或者单位形式实施危害计算机信息系统安全犯罪，达到本解释规定的定罪量刑标准的，应当依照刑法第二百八十五条、第二百八十六条的规定追究直接负责的主管人员和其他直接责任人员的刑事责任。两高《关于办理危害计算机信息系统安全刑事案件应用法律若干问题的解释》法释〔2011〕19号 2011/09/01 第八条

[共同犯罪] 明知他人实施刑法第二百八十五条、第二百八十六条规定的行为，具有下列情形之一的，应当认定为共同犯罪，依照刑法第二百八十五条、第二百八十六条的规定处罚：

（一）为其提供用于破坏计算机信息系统功能、数据或者应用程序的程序、工具，违法所得五千元以上或者提供十人次以上的；

（二）为其提供互联网接入、服务器托管、网络存储空间、通讯传输通道、费用结算、交易服务、广告服务、技术培训、技术支持等帮助，违法所得五千元以上的；

（三）通过委托推广软件、投放广告等方式向其提供资金五千元以上的。两高《关于办理危害计算机信息系统安全刑事案件应用法律若干问题的解释》法释〔2011〕19号 2011/09/01 第九条第一款

[情节特别严重、后果特别严重] 实施前款规定行为，数量或者数额达到前款规定标准五倍以上的，应当认定为刑法第二百八十五条、第二百八十六条规定的“情节特别严重”或者“后果特别严重”。两高《关于办理危害计算机信息系统安全刑事案件应用法律若干问题的解释》法释〔2011〕19号 2011/09/01 第九条第二款

[专门机关检验] 对于是否属于刑法第二百八十五条、第二百八十六条规定的“国家事务、国防建设、尖端科学技术领域的计算机信息系统”、“专门用于侵入、非法控制计算机信息系统的程序、工具”、“计算机病毒等破坏性程序”难以确定的，应当委托省级以上负责计算机信息系统安全保护管理工作的部门检验。司法机关根据检验结论，并结合案件具体情况认定。两高《关于办理危害计算机信息系统安全刑事案件应用法律若干问题的解释》法释〔2011〕19号 2011/09/01 第十条

[计算机信息系统、计算机系统] 本解释所称“计算机信息系统”和“计算机系统”，是指具备自动处理数据功能的系统，包括计算机、网络设备、通信设备、自动化控制设备等。两高《关于办理危害计算机信息系统安全刑事案件应用法律若干问题的解释》法释〔2011〕19号 2011/09/01 第十一条第一款

[身份认证信息] 本解释所称“身份认证信息”，是指用于确认用户在计算机信息系统上操作权限的数据，包括账号、口令、密码、数字证书等。两高《关于办理危害计算机信息系统安全刑事案件应用法律若干问题的解释》法释〔2011〕19号 2011/09/01 第十一条第二款

[经济损失] 本解释所称“经济损失”，包括危害计算机信息系统犯罪行为给用户直接造成的经济损失，以及用户为恢复数据、功能而支出的必要费用。两高《关于办理危害计算机信息系统安全刑事案件应用法律若干问题的解释》法释〔2011〕19号 2011/09/01 第十一条第三款

[依本罪定罪或择重罪定罪处罚] 违反国家规定，侵入国防建设、尖端科学技术领域的军事通信计算机信息系统，尚未对军事通信造成破坏的，依照刑法第二百八十五条的规定定罪处罚；对军事通信造成破坏，同时构成刑法第二百八十五条、第二百八十六条、第三百六十九条第一款规定的犯罪的，依照处罚较重的规定定罪处罚。最高法《关于审理危害军事通信刑事案件具体应用法律若干问题的解释》法释〔2007〕13号 2007/06/29 第六条第三款

第二百八十六条 【破坏计算机信息系统罪】违反国家规定，对计算机信息系统功能进行删除、修改、增加、干扰，造成计算机信息系统不能正常运行，后果严重的，处五年以下有期徒刑或者拘役；后果特别严重的，处五年以上有期徒刑。

违反国家规定，对计算机信息系统中存储、处理或者传输的数据和应用程序进行删除、修改、增加的操作，后果严重的，依照前款的规定处罚。

故意制作、传播计算机病毒等破坏性程序，影响计算机系统正常运行，后果严重的，依照第一款的规定处罚。

单位犯前三款罪的，对单位判处罚金，并对其直接负责的主管人员和其他直接责任人员，依照第一款的规定处罚。[①]

第二百八十六条之一　【拒不履行信息网络安全管理义务罪】网络服务提供者不履行法律、行政法规规定的信息网络安全管理义务，经监管部门责令采取改正措施而拒不改正，有下列情形之一的，处三年以下有期徒刑、拘役或者管制，并处或者单处罚金：

（一）致使违法信息大量传播的；

（二）致使用户信息泄露，造成严重后果的；

（三）致使刑事案件证据灭失，情节严重的；

（四）有其他严重情节的。

单位犯前款罪的，对单位判处罚金，并对其直接负责的主管人员和其他直接责任人员，依照前款的规定处罚。

有前两款行为，同时构成其他犯罪的，依照处罚较重的规定定罪处罚。[②]

[要旨　破坏计算机信息系统　劫持域名项　后果严重项　后果特别严重项] 以修改域名解析服务器指向的方式劫持域名，造成计算机信息系统不能正常运行，是破坏计算机信息系统的行为。检例第33号：李丙龙破坏计算机信息系统案

[指导意义] 修改域名解析服务器指向，强制用户偏离目标网站或网

---

① 根据2015年11月1日《刑法修正案（九）》增加一款作为第四款。

② 根据2015年11月1日《刑法修正案（九）》增加。

页进入指定网站或网页，是典型的域名劫持行为。行为人使用恶意代码修改目标网站域名解析服务器，目标网站域名被恶意解析到其他IP地址，无法正常发挥网站服务功能，这种行为实质是对计算机信息系统功能的修改、干扰，符合刑法第二百八十六条第一款“对计算机信息系统功能进行删除、修改、增加、干扰”的规定。根据《最高人民法院、最高人民检察院关于办理危害计算机信息系统安全刑事案件应用法律若干问题的解释》第四条的规定，造成为一万以上用户提供服务的计算机信息系统不能正常运行累计一小时以上的，属于“后果严重”，应以破坏计算机信息系统罪论处；造成为五万以上用户提供服务的计算机信息系统不能正常运行累计一小时以上的，属于“后果特别严重”。

认定遭受破坏的计算机信息系统服务用户数，可以根据计算机信息系统的功能和使用特点，结合网站注册用户、浏览用户等具体情况，作出客观判断。检例第33号：李丙龙破坏计算机信息系统案

[要旨　破坏计算机信息系统项　删改购物评价项　购物网站评价系统项　后果特别严重项] 冒用购物网站买家身份进入网站内部评价系统删改购物评价，属于对计算机信息系统内存储数据进行修改操作，应当认定为破坏计算机信息系统的行为。检例第34号：李骏杰等破坏计算机信息系统案

[指导意义] 购物网站评价系统是对店铺销量、买家评价等多方面因素进行综合计算分值的系统，其内部储存的数据直接影响到搜索流量分配、推荐排名、营销活动报名资格、同类商品在消费者购买比较时的公平性等。买家在购买商品后，根据用户体验对所购商品分别给出好评、中评、差评三种不同评价。所有的评价都是以数据形式存储于买家评价系统之中，成为整个购物网站计算机信息系统整体数据的重要组成部分。

侵入评价系统删改购物评价，其实质是对计算机信息系统内存储的数据进行删除、修改操作的行为。这种行为危害到计算机信息系统数据采集和流量分配体系运行，使网站注册商户及其商品、服务的搜索受到影响，导致网站商品、服务评价功能无法正常运作，侵害了购物网站所属公司的信息系统安全和消费者的知情权。行为人因删除、修改某购物网站中差评数据违法所得25000元以上，构成破坏计算机信息系统罪，属于“后果特

别严重”的情形，应当依法判处五年以上有期徒刑。检例第34号：李骏杰等破坏计算机信息系统案

［要旨　破坏计算机信息系统项　智能手机终端项　远程锁定智能手机项牵连犯项　第286条后果严重项］智能手机终端，应当认定为刑法保护的计算机信息系统。锁定智能手机导致不能使用的行为，可认定为破坏计算机信息系统。检例第35号：曾兴亮、王玉生破坏计算机信息系统案

［指导意义］计算机信息系统包括计算机、网络设备、通信设备、自动化控制设备等。智能手机和计算机一样，使用独立的操作系统、独立的运行空间，可以由用户自行安装软件等程序，并可以通过移动通讯网络实现无线网络接入，应当认定为刑法上的“计算机信息系统”。

行为人通过修改被害人手机的登录密码，远程锁定被害人的智能手机设备，使之成为无法开机的“僵尸机”，属于对计算机信息系统功能进行修改、干扰的行为。造成10台以上智能手机系统不能正常运行，符合刑法第二百八十六条破坏计算机信息系统罪构成要件中“对计算机信息系统功能进行修改、干扰”“后果严重”的情形，构成破坏计算机信息系统罪。检例第35号：曾兴亮、王玉生破坏计算机信息系统案

［后果严重］破坏计算机信息系统功能、数据或者应用程序，具有下列情形之一的，应当认定为刑法第二百八十六条第一款和第二款规定的“后果严重”：

（一）造成十台以上计算机信息系统的主要软件或者硬件不能正常运行的；

（二）对二十台以上计算机信息系统中存储、处理或者传输的数据进行删除、修改、增加操作的；

（三）违法所得五千元以上或者造成经济损失一万元以上的；

（四）造成为一百台以上计算机信息系统提供域名解析、身份认证、计费等基础服务或者为一万以上用户提供服务的计算机信息系统不能正常运行累计一小时以上的；

（五）造成其他严重后果的。两高《关于办理危害计算机信息系统安全刑事案件应用法律若干问题的解释》法释〔2011〕19号 2011/09/01 第四条第一款

［后果特别严重］实施前款规定行为，具有下列情形之一的，应当认

定为破坏计算机信息系统“后果特别严重”：

（一）数量或者数额达到前款第（一）项至第（三）项规定标准五倍以上的；

（二）造成为五百台以上计算机信息系统提供域名解析、身份认证、计费等基础服务或者为五万以上用户提供服务的计算机信息系统不能正常运行累计一小时以上的；

（三）破坏国家机关或者金融、电信、交通、教育、医疗、能源等领域提供公共服务的计算机信息系统的功能、数据或者应用程序，致使生产、生活受到严重影响或者造成恶劣社会影响的；

（四）造成其他特别严重后果的。**两高《关于办理危害计算机信息系统安全刑事案件应用法律若干问题的解释》法释〔2011〕19号 2011/09/01 第四条第二款**

[计算机病毒等破坏性程序] 具有下列情形之一的程序，应当认定为刑法第二百八十六条第三款规定的“计算机病毒等破坏性程序”：

（一）能够通过网络、存储介质、文件等媒介，将自身的部分、全部或者变种进行复制、传播，并破坏计算机系统功能、数据或者应用程序的；

（二）能够在预先设定条件下自动触发，并破坏计算机系统功能、数据或者应用程序的；

（三）其他专门设计用于破坏计算机系统功能、数据或者应用程序的程序。**两高《关于办理危害计算机信息系统安全刑事案件应用法律若干问题的解释》法释〔2011〕19号 2011/09/01 第五条第一款**

[后果严重] 故意制作、传播计算机病毒等破坏性程序，影响计算机系统正常运行，具有下列情形之一的，应当认定为刑法第二百八十六条第三款规定的“后果严重”：

（一）制作、提供、传输第五条第（一）项规定的程序，导致该程序通过网络、存储介质、文件等媒介传播的；

（二）造成二十台以上计算机系统被植入第五条第（二）、（三）项规定的程序的；

（三）提供计算机病毒等破坏性程序十人次以上的；

（四）违法所得五千元以上或者造成经济损失一万元以上的；

（五）造成其他严重后果的。两高《关于办理危害计算机信息系统安全刑事案件应用法律若干问题的解释》法释〔2011〕19号 2011/09/01 第六条第一款

［后果特别严重］实施前款规定行为，具有下列情形之一的，应当认定为破坏计算机信息系统“后果特别严重”：

（一）制作、提供、传输第五条第（一）项规定的程序，导致该程序通过网络、存储介质、文件等媒介传播，致使生产、生活受到严重影响或者造成恶劣社会影响的；

（二）数量或者数额达到前款第（二）项至第（四）项规定标准五倍以上的；

（三）造成其他特别严重后果的。两高《关于办理危害计算机信息系统安全刑事案件应用法律若干问题的解释》法释〔2011〕19号 2011/09/01 第六条第二款

［直接负责的主管人员和其他直接责任人员的刑事责任］以单位名义或者单位形式实施危害计算机信息系统安全犯罪，达到本解释规定的定罪量刑标准的，应当依照刑法第二百八十五条、第二百八十六条的规定追究直接负责的主管人员和其他直接责任人员的刑事责任。两高《关于办理危害计算机信息系统安全刑事案件应用法律若干问题的解释》法释〔2011〕19号 2011/09/01 第八条

［共同犯罪］明知他人实施刑法第二百八十五条、第二百八十六条规定的行为，具有下列情形之一的，应当认定为共同犯罪，依照刑法第二百八十五条、第二百八十六条的规定处罚：

（一）为其提供用于破坏计算机信息系统功能、数据或者应用程序的程序、工具，违法所得五千元以上或者提供十人次以上的；

（二）为其提供互联网接入、服务器托管、网络存储空间、通讯传输通道、费用结算、交易服务、广告服务、技术培训、技术支持等帮助，违法所得五千元以上的；

（三）通过委托推广软件、投放广告等方式向其提供资金五千元以上的。两高《关于办理危害计算机信息系统安全刑事案件应用法律若干问题的解释》法释〔2011〕19号 2011/09/01 第九条第一款

［情节特别严重、后果特别严重］实施前款规定行为，数量或者数额

达到前款规定标准五倍以上的，应当认定为刑法第二百八十五条、第二百八十六条规定的“情节特别严重”或者“后果特别严重”。两高《关于办理危害计算机信息系统安全刑事案件应用法律若干问题的解释》法释〔2011〕19号 2011/09/01 第九条第二款

［专门机关检验］对于是否属于刑法第二百八十五条、第二百八十六条规定的“国家事务、国防建设、尖端科学技术领域的计算机信息系统”、“专门用于侵入、非法控制计算机信息系统的程序、工具”、“计算机病毒等破坏性程序”难以确定的，应当委托省级以上负责计算机信息系统安全保护管理工作的部门检验。司法机关根据检验结论，并结合案件具体情况认定。两高《关于办理危害计算机信息系统安全刑事案件应用法律若干问题的解释》法释〔2011〕19号 2011/09/01 第十条

［计算机信息系、计算机系统］本解释所称“计算机信息系统”和“计算机系统”，是指具备自动处理数据功能的系统，包括计算机、网络设备、通信设备、自动化控制设备等。两高《关于办理危害计算机信息系统安全刑事案件应用法律若干问题的解释》法释〔2011〕19号 2011/09/01 第十一条第一款

［身份认证信息］本解释所称“身份认证信息”，是指用于确认用户在计算机信息系统上操作权限的数据，包括账号、口令、密码、数字证书等。两高《关于办理危害计算机信息系统安全刑事案件应用法律若干问题的解释》法释〔2011〕19号 2011/09/01 第十一条第二款

［经济损失］本解释所称“经济损失”，包括危害计算机信息系统犯罪行为给用户直接造成的经济损失，以及用户为恢复数据、功能而支出的必要费用。两高《关于办理危害计算机信息系统安全刑事案件应用法律若干问题的解释》法释〔2011〕19号 2011/09/01 第十一条第三款

［择重罪定罪处罚］违反国家规定，侵入国防建设、尖端科学技术领域的军事通信计算机信息系统，尚未对军事通信造成破坏的，依照刑法第二百八十五条的规定定罪处罚；对军事通信造成破坏，同时构成刑法第二百八十五条、第二百八十六条、第三百六十九条第一款规定的犯罪的，依照处罚较重的规定定罪处罚。最高法《关于审理危害军事通信刑事案件具体应用法律若干问题的解释》法释〔2007〕13号 2007/06/29 第六条第三款

［以破坏计算机信息系统罪论处］违反国家规定，针对环境质量监测

系统实施下列行为，或者强令、指使、授意他人实施下列行为的，应当依照刑法第二百八十六条的规定，以破坏计算机信息系统罪论处：

（一）修改参数或者监测数据的；

（二）干扰采样，致使监测数据严重失真的；

（三）其他破坏环境质量监测系统的行为。两高《关于办理环境污染刑事案件适用法律若干问题的解释》法释〔2016〕29号 2017/01/01 第十条第一款

第二百八十七条　【利用计算机实施犯罪的提示性规定】利用计算机实施金融诈骗、盗窃、贪污、挪用公款、窃取国家秘密或者其他犯罪的，依照本法有关规定定罪处罚。

第二百八十七条之一　【非法利用信息网络罪】利用信息网络实施下列行为之一，情节严重的，处三年以下有期徒刑或者拘役，并处或者单处罚金：

（一）设立用于实施诈骗、传授犯罪方法、制作或者销售违禁物品、管制物品等违法犯罪活动的网站、通讯群组的；

（二）发布有关制作或者销售毒品、枪支、淫秽物品等违禁物品、管制物品或者其他违法犯罪信息的；

（三）为实施诈骗等违法犯罪活动发布信息的。

单位犯前款罪的，对单位判处罚金，并对其直接负责的主管人员和其他直接责任人员，依照第一款的规定处罚。

有前两款行为，同时构成其他犯罪的，依照处罚较重的规定定罪处罚。①

第二百八十七条之二　【帮助信息网络犯罪活动罪】明知他人利用信息网络实施犯罪，为其犯罪提供互联网接入、服务器托管、网络存储、通讯传输等技术支持，或者提供广告推广、支付结算等帮助，情节严重的，处三年以下有期徒刑或者拘役，并处或者单处罚金。

---

① 根据2015年11月1日《刑法修正案（九）》增加。

单位犯前款罪的，对单位判处罚金，并对其直接负责的主管人员和其他直接责任人员，依照第一款的规定处罚。

有前两款行为，同时构成其他犯罪的，依照处罚较重的规定定罪处罚。①

［依照第 287 条之一以非法利用信息网络罪定罪处罚］利用信息网络，设立用于实施传授制造毒品、非法生产制毒物品的方法，贩卖毒品，非法买卖制毒物品或者组织他人吸食、注射毒品等违法犯罪活动的网站、通讯群组，或者发布实施前述违法犯罪活动的信息，情节严重的，应当依照刑法第二百八十七条之一的规定，以非法利用信息网络罪定罪处罚。**最高法《关于审理毒品犯罪案件适用法律若干问题的解释》法释〔2016〕8 号 2016/04/11 第十四条第一款**

［依照处罚较重的规定定罪处罚］实施刑法第二百八十七条之一、第二百八十七条之二规定的行为，同时构成贩卖毒品罪、非法买卖制毒物品罪、传授犯罪方法罪等犯罪的，依照处罚较重的规定定罪处罚。**最高法《关于审理毒品犯罪案件适用法律若干问题的解释》法释〔2016〕8 号 2016/04/11 第十四条第二款**

第二百八十八条　【扰乱无线电通讯管理秩序罪】违反国家规定，擅自设置、使用无线电台（站），或者擅自使用无线电频率，干扰无线电通讯秩序，情节严重的，处三年以下有期徒刑、拘役或者管制，并处或者单处罚金；情节特别严重的，处三年以上七年以下有期徒刑，并处罚金。②

单位犯前款罪的，对单位判处罚金，并对其直接负责的主管人员和其他直接责任人员，依照前款的规定处罚。

［擅自设置、使用无线电台（站），或者擅自使用无线电频率，干扰无线电通讯秩序的行为］具有下列情形之一的，应当认定为刑法第二百八十

---

① 根据 2015 年 11 月 1 日《刑法修正案（九）》增加。

② 根据 2015 年 11 月 1 日《刑法修正案（九）》修改，原第一款条文为："违反国家规定，擅自设置、使用无线电台（站），或者擅自占用频率，经责令停止使用后拒不停止使用，干扰无线电通讯正常进行，造成严重后果的，处三年以下有期徒刑、拘役或者管制，并处或者单处罚金。"

八条第一款规定的“擅自设置、使用无线电台（站），或者擅自使用无线电频率，干扰无线电通讯秩序”：

（一）未经批准设置无线电广播电台（以下简称“黑广播”），非法使用广播电视专用频段的频率的；

（二）未经批准设置通信基站（以下简称“伪基站”），强行向不特定用户发送信息，非法使用公众移动通信频率的；

（三）未经批准使用卫星无线电频率的；

（四）非法设置、使用无线电干扰器的；

（五）其他擅自设置、使用无线电台（站），或者擅自使用无线电频率，干扰无线电通讯秩序的情形。两高《关于办理扰乱无线电通讯管理秩序等刑事案件适用法律若干问题的解释》2017/07/01 第一条

[刑法第 288 条第 1 款之情节严重] 违反国家规定，擅自设置、使用无线电台（站），或者擅自使用无线电频率，干扰无线电通讯秩序，具有下列情形之一的，应当认定为刑法第二百八十八条第一款规定的“情节严重”：

（一）影响航天器、航空器、铁路机车、船舶专用无线电导航、遇险救助和安全通信等涉及公共安全的无线电频率正常使用的；

（二）自然灾害、事故灾难、公共卫生事件、社会安全事件等突发事件期间，在事件发生地使用“黑广播”“伪基站”的；

（三）举办国家或者省级重大活动期间，在活动场所及周边使用“黑广播”“伪基站”的；

（四）同时使用三个以上“黑广播”“伪基站”的；

（五）“黑广播”的实测发射功率五百瓦以上，或者覆盖范围十公里以上的；

（六）使用“伪基站”发送诈骗、赌博、招嫖、木马病毒、钓鱼网站链接等违法犯罪信息，数量在五千条以上，或者销毁发送数量等记录的；

（七）雇佣、指使未成年人、残疾人等特定人员使用“伪基站”的；

（八）违法所得三万元以上的；

（九）曾因扰乱无线电通讯管理秩序受过刑事处罚，或者二年内曾因

扰乱无线电通讯管理秩序受过行政处罚，又实施刑法第二百八十八条规定的行为的；

（十）其他情节严重的情形。**两高《关于办理扰乱无线电通讯管理秩序等刑事案件适用法律若干问题的解释》2017/07/01 第二条**

[刑法第 288 条第 1 款之情节特别严重] 违反国家规定，擅自设置、使用无线电台（站），或者擅自使用无线电频率，干扰无线电通讯秩序，具有下列情形之一的，应当认定为刑法第二百八十八条第一款规定的“情节特别严重”：

（一）影响航天器、航空器、铁路机车、船舶专用无线电导航、遇险救助和安全通信等涉及公共安全的无线电频率正常使用，危及公共安全的；

（二）造成公共秩序混乱等严重后果的；

（三）自然灾害、事故灾难、公共卫生事件和社会安全事件等突发事件期间，在事件发生地使用“黑广播”“伪基站”，造成严重影响的；

（四）对国家或者省级重大活动造成严重影响的；

（五）同时使用十个以上“黑广播”“伪基站”的；

（六）“黑广播”的实测发射功率三千瓦以上，或者覆盖范围二十公里以上的；

（七）违法所得十五万元以上的；

（八）其他情节特别严重的情形。**两高《关于办理扰乱无线电通讯管理秩序等刑事案件适用法律若干问题的解释》2017/07/01 第三条**

[单位犯本解释规定之罪的定罪量刑　并处罚金] 单位犯本解释规定之罪的，对单位判处罚金，并对直接负责的主管人员和其他直接责任人员，依照本解释规定的自然人犯罪的定罪量刑标准定罪处罚。**两高《关于办理扰乱无线电通讯管理秩序等刑事案件适用法律若干问题的解释》2017/07/01 第五条**

[择处罚较重的定罪量刑] 擅自设置、使用无线电台（站），或者擅自使用无线电频率，同时构成其他犯罪的，按照处罚较重的规定定罪处罚。

明知他人实施诈骗等犯罪，使用“黑广播”“伪基站”等无线电设备为其发送信息或者提供其他帮助，同时构成其他犯罪的，按照处罚较重的规定定罪处罚。**两高《关于办理扰乱无线电通讯管理秩序等刑事案件适用法律若干**

问题的解释》2017/07/01 第六条

[以滥用职权罪或者玩忽职守罪追究刑事责任] 负有无线电监督管理职责的国家机关工作人员滥用职权或者玩忽职守，致使公共财产、国家和人民利益遭受重大损失的，应当依照刑法第三百九十七条的规定，以滥用职权罪或者玩忽职守罪追究刑事责任。两高《关于办理扰乱无线电通讯管理秩序等刑事案件适用法律若干问题的解释》2017/07/01 第七条第一款

[国家机关工作人员向犯罪分子通风报信、提供便利，帮助犯罪分子逃避处罚的] 有查禁扰乱无线电管理秩序犯罪活动职责的国家机关工作人员，向犯罪分子通风报信、提供便利，帮助犯罪分子逃避处罚的，应当依照刑法第四百一十七条的规定，以帮助犯罪分子逃避处罚罪追究刑事责任；事先通谋的，以共同犯罪论处。两高《关于办理扰乱无线电通讯管理秩序等刑事案件适用法律若干问题的解释》2017/07/01 第七条第二款

[为合法经营活动，使用“黑广播”“伪基站”或者实施其他扰乱无线电通讯管理秩序的行为] 为合法经营活动，使用“黑广播”“伪基站”或者实施其他扰乱无线电通讯管理秩序的行为，构成扰乱无线电通讯管理秩序罪，但不属于“情节特别严重”，行为人系初犯，并确有悔罪表现的，可以认定为情节轻微，不起诉或者免予刑事处罚；确有必要判处刑罚的，应当从宽处罚。两高《关于办理扰乱无线电通讯管理秩序等刑事案件适用法律若干问题的解释》2017/07/01 第八条

[伪基站，黑广播，黑广播功率、覆盖范围，干扰导航、通信等专门性问题的认定] 对案件所涉的有关专门性问题难以确定的，依据司法鉴定机构出具的鉴定意见，或者下列机构出具的报告，结合其他证据作出认定：

（一）省级以上无线电管理机构、省级无线电管理机构依法设立的派出机构、地市级以上广播电视主管部门就是否系“伪基站”“黑广播”出具的报告；

（二）省级以上广播电视主管部门及其指定的检测机构就“黑广播”功率、覆盖范围出具的报告；

（三）省级以上航空、铁路、船舶等主管部门就是否干扰导航、通信等出具的报告。

对移动终端用户受影响的情况，可以依据相关通信运营商出具的证明，结合被告人供述、终端用户证言等证据作出认定。两高《关于办理扰乱无线电通讯管理秩序等刑事案件适用法律若干问题的解释》2017/07/01 第九条

［依本罪定罪或择重罪定罪处罚］违反国家规定，擅自设置、使用无线电台、站，或者擅自占用频率，经责令停止使用后拒不停止使用，干扰无线电通讯正常进行，构成犯罪的，依照刑法第二百八十八条的规定定罪处罚；造成军事通信中断或者严重障碍，同时构成刑法第二百八十八条、第三百六十九条第一款规定的犯罪的，依照处罚较重的规定定罪处罚。最高法《关于审理危害军事通信刑事案件具体应用法律若干问题的解释》法释〔2007〕13 号 2007/06/29 第六条第四款

第二百八十九条　【对聚众“打砸抢”行为的处理规定】聚众“打砸抢”，致人伤残、死亡的，依照本法第二百三十四条、第二百三十二条的规定定罪处罚。毁坏或者抢走公私财物的，除判令退赔外，对首要分子，依照本法第二百六十三条的规定定罪处罚。

［从重处罚］在预防、控制突发传染病疫情等灾害期间，聚众“打砸抢”，致人伤残、死亡的，依照刑法第二百八十九条、第二百三十四条、第二百三十二条的规定，以故意伤害罪或者故意杀人罪定罪，依法从重处罚。对毁坏或者抢走公私财物的首要分子，依照刑法第二百八十九条、第二百六十三条的规定，以抢劫罪定罪，依法从重处罚。两高《关于办理妨害预防、控制突发传染病疫情等灾害的刑事案件具体应用法律若干问题的解释》法释〔2003〕8 号 2003/05/15 第九条

［突发传染病疫情等灾害］本解释所称“突发传染病疫情等灾害”，是指突然发生，造成或者可能造成社会公众健康严重损害的重大传染病疫情、群体性不明原因疾病以及其他严重影响公众健康的灾害。两高《关于办理妨害预防、控制突发传染病疫情等灾害的刑事案件具体应用法律若干问题的解释》法释〔2003〕8 号 2003/05/15 第十八条

第二百九十条　【聚众扰乱社会秩序罪；聚众冲击国家机关罪】聚众冲击国家机关，致使国家机关工作无法进行，造成严重

损失的，对首要分子，处五年以上十年以下有期徒刑；对其他积极参加的，处五年以下有期徒刑、拘役、管制或者剥夺政治权利。

多次扰乱国家机关工作秩序，经行政处罚后仍不改正，造成严重后果的，处三年以下有期徒刑、拘役或者管制。

多次组织、资助他人非法聚集，扰乱社会秩序，情节严重的，依照前款的规定处罚。①

第二百九十一条　【聚众扰乱公共场所秩序、交通秩序罪】聚众扰乱车站、码头、民用航空站、商场、公园、影剧院、展览会、运动场或者其他公共场所秩序，聚众堵塞交通或者破坏交通秩序，抗拒、阻碍国家治安管理工作人员依法执行职务，情节严重的，对首要分子，处五年以下有期徒刑、拘役或者管制。

第二百九十一条之一　【投放虚假危险物质罪；编造、故意传播虚假恐怖信息罪】投放虚假的爆炸性、毒害性、放射性、传染病病原体等物质，或者编造爆炸威胁、生化威胁、放射威胁等恐怖信息，或者明知是编造的恐怖信息而故意传播，严重扰乱社会秩序的，处五年以下有期徒刑、拘役或者管制；造成严重后果的，处五年以上有期徒刑。

编造虚假的险情、疫情、灾情、警情，在信息网络或者其他媒体上传播，或者明知是上述虚假信息，故意在信息网络或者其他媒体上传播，严重扰乱社会秩序的，处三年以下有期徒刑、拘役或者管制；造成严重后果的，处三年以上七年以下有期徒刑。②

---

① 根据2015年11月1日《刑法修正案（九）》修改。原第一款条文为："聚众扰乱社会秩序，情节严重，致使工作、生产、营业和教学、科研无法进行，造成严重损失的，对首要分子，处三年以上七年以下有期徒刑；对其他积极参加的，处三年以下有期徒刑、拘役、管制或者剥夺政治权利。"增加两款作为第三款、第四款。

② 根据2011年12月29日《刑法修正案（三）》增加。根据2015年11月1日《刑法修正案（九）》增加一款作为第二款。

[裁定理由 编造安装炸弹爆炸威胁项] 裁定认为：被告人潘君编造爆炸威胁的虚假恐怖信息，严重扰乱社会秩序，其行为已构成编造虚假恐怖信息罪，判处被告人潘君有期徒刑一年三个月。**最高法公布三起编造虚假恐怖信息犯罪典型案例：潘君编造虚假恐怖信息案**

[判决理由 航班有爆炸物项] 被告人熊毅故意编造虚假恐怖信息，严重扰乱了社会秩序，其行为已构成编造虚假恐怖信息罪，判处被告人熊毅有期徒刑四年。判决宣告后，被告人熊毅未上诉，判决已发生法律效力。**最高法公布三起编造虚假恐怖信息犯罪典型案例：熊毅编造虚假恐怖信息案**

[以编造、故意传播虚假恐怖信息罪定罪处罚] 编造以发生爆炸威胁、生化威胁、放射威胁、劫持航空器威胁、重大灾情、重大疫情等严重威胁公共安全的事件为内容的虚假恐怖信息，或者明知是虚假恐怖信息而故意传播、散布，严重扰乱社会秩序的，以编造、故意传播虚假恐怖信息罪定罪处罚。

编造虚假信息，或者明知是编造的虚假信息，在信息网络上散布，或者组织、指使他人在信息网络上散布，造成公共秩序严重混乱，同时构成寻衅滋事罪和编造、故意传播虚假恐怖信息罪的，依照处罚较重的规定定罪处罚。**两高、公安部《关于办理暴力恐怖和宗教极端刑事案件适用法律若干问题的意见》公通字〔2014〕34号 2014/09/09 二、(五)**

[编造虚假恐怖信息罪] 编造恐怖信息，传播或者放任传播，严重扰乱社会秩序的，依照刑法第二百九十一条之一的规定，应认定为编造虚假恐怖信息罪。**最高法《关于审理编造、故意传播虚假恐怖信息刑事案件适用法律若干问题的解释》法释〔2013〕24号 2013/09/30 第一条第一款**

[故意传播虚假恐怖信息罪] 明知是他人编造的恐怖信息而故意传播，严重扰乱社会秩序的，依照刑法第二百九十一条之一的规定，应认定为故意传播虚假恐怖信息罪。**最高法《关于审理编造、故意传播虚假恐怖信息刑事案件适用法律若干问题的解释》法释〔2013〕24号 2013/09/30 第一条第二款**

[严重扰乱社会秩序] 编造、故意传播虚假恐怖信息，具有下列情形之一的，应当认定为刑法第二百九十一条之一的"严重扰乱社会秩序"：

(一) 致使机场、车站、码头、商场、影剧院、运动场馆等人员密集场所秩序混乱，或者采取紧急疏散措施的；

（二）影响航空器、列车、船舶等大型客运交通工具正常运行的；

（三）致使国家机关、学校、医院、厂矿企业等单位的工作、生产、经营、教学、科研等活动中断的；

（四）造成行政村或者社区居民生活秩序严重混乱的；

（五）致使公安、武警、消防、卫生检疫等职能部门采取紧急应对措施的；

（六）其他严重扰乱社会秩序的。最高法《关于审理编造、故意传播虚假恐怖信息刑事案件适用法律若干问题的解释》法释〔2013〕24号 2013/09/30 第二条

［在五年以下有期徒刑范围内酌情从重处罚的情形］编造、故意传播虚假恐怖信息，严重扰乱社会秩序，具有下列情形之一的，应当依照刑法第二百九十一条之一的规定，在五年以下有期徒刑范围内酌情从重处罚：

（一）致使航班备降或返航；或者致使列车、船舶等大型客运交通工具中断运行的；

（二）多次编造、故意传播虚假恐怖信息的；

（三）造成直接经济损失二十万元以上的；

（四）造成乡镇、街道区域范围居民生活秩序严重混乱的；

（五）具有其他酌情从重处罚情节的。最高法《关于审理编造、故意传播虚假恐怖信息刑事案件适用法律若干问题的解释》法释〔2013〕24号 2013/09/30 第三条

［造成严重后果处五年以上有期徒刑的情形］编造、故意传播虚假恐怖信息，严重扰乱社会秩序，具有下列情形之一的，应当认定为刑法第二百九十一条之一的"造成严重后果"，处五年以上有期徒刑：

（一）造成三人以上轻伤或者一人以上重伤的；

（二）造成直接经济损失五十万元以上的；

（三）造成县级以上区域范围居民生活秩序严重混乱的；

（四）妨碍国家重大活动进行的；

（五）造成其他严重后果的。最高法《关于审理编造、故意传播虚假恐怖信息刑事案件适用法律若干问题的解释》法释〔2013〕24号 2013/09/30 第四条

［择一重罪处罚］编造、故意传播虚假恐怖信息，严重扰乱社会秩序，同时又构成其他犯罪的，择一重罪处罚。最高法《关于审理编造、故意传播虚假恐怖信息刑事案件适用法律若干问题的解释》法释〔2013〕24号 2013/09/30 第五条

[虚假恐怖信息] 本解释所称的“虚假恐怖信息”，是指以发生爆炸威胁、生化威胁、放射威胁、劫持航空器威胁、重大灾情、重大疫情等严重威胁公共安全的事件为内容，可能引起社会恐慌或者公共安全危机的不真实信息。最高法《关于审理编造、故意传播虚假恐怖信息刑事案件适用法律若干问题的解释》法释〔2013〕24 号 2013/09/30 第六条

[编造与疫情等灾害有关的恐怖信息] 编造与突发传染病疫情等灾害有关的恐怖信息，或者明知是编造的此类恐怖信息而故意传播，严重扰乱社会秩序的，依照刑法第二百九十一条之一的规定，以编造、故意传播虚假恐怖信息罪定罪处罚。两高《关于办理妨害预防、控制突发传染病疫情等灾害的刑事案件具体应用法律若干问题的解释》法释〔2003〕8 号 2003/05/15 第十条第一款

[突发传染病疫情等灾害] 本解释所称“突发传染病疫情等灾害”，是指突然发生，造成或者可能造成社会公众健康严重损害的重大传染病疫情、群体性不明原因疾病以及其他严重影响公众健康的灾害。两高《关于办理妨害预防、控制突发传染病疫情等灾害的刑事案件具体应用法律若干问题的解释》法释〔2003〕8 号 2003/05/15 第十八条

[要旨　编造、故意传播虚假恐怖信息罪类　编造行为项　故意传播行为项] 编造、故意传播虚假恐怖信息罪是选择性罪名。编造恐怖信息以后向特定对象散布，严重扰乱社会秩序的，构成编造虚假恐怖信息罪。编造恐怖信息以后向不特定对象散布，严重扰乱社会秩序的，构成编造、故意传播虚假恐怖信息罪。

对于实施数个编造、故意传播虚假恐怖信息行为的，不实行数罪并罚，但应当将其作为量刑情节予以考虑。最高检指导性案例 9 号：李泽强编造、故意传播虚假恐怖信息案

[要旨　编造虚假恐怖信息罪类　严重扰乱社会秩序项] 关于编造虚假恐怖信息造成“严重扰乱社会秩序”的认定，应当结合行为对正常的工作、生产、生活、经营、教学、科研等秩序的影响程度、对公众造成的恐慌程度以及处置情况等因素进行综合分析判断。对于编造、故意传播虚假恐怖信息威胁民航安全，引起公众恐慌，或者致使航班无法正常起降的，应当认定为“严重扰乱社会秩序”。最高检指导性案例 10 号：卫学臣编造虚假恐怖信息案

［要旨　编造虚假恐怖信息罪类　造成严重后果项　择一重罪项］对于编造虚假恐怖信息造成有关部门实施人员疏散，引起公众极度恐慌的，或者致使相关单位无法正常营业，造成重大经济损失的，应当认定为“造成严重后果”。

以编造虚假恐怖信息的方式，实施敲诈勒索等其他犯罪的，应当根据案件事实和证据情况，择一重罪处断。最高检指导性案例11号：袁才彦编造虚假恐怖信息案

第二百九十二条　【聚众斗殴罪；故意伤害罪、故意杀人罪】聚众斗殴的，对首要分子和其他积极参加的，处三年以下有期徒刑、拘役或者管制；有下列情形之一的，对首要分子和其他积极参加的，处三年以上十年以下有期徒刑：

（一）多次聚众斗殴的；

（二）聚众斗殴人数多，规模大，社会影响恶劣的；

（三）在公共场所或者交通要道聚众斗殴，造成社会秩序严重混乱的；

（四）持械聚众斗殴的。

聚众斗殴，致人重伤、死亡的，依照本法第二百三十四条、第二百三十二条的规定定罪处罚。

［聚众斗殴罪的量刑］

1. 构成聚众斗殴罪的，可以根据下列不同情形在相应的幅度内确定量刑起点：

(1) 犯罪情节一般的，可以在二年以下有期徒刑、拘役幅度内确定量刑起点。

(2) 有下列情形之一的，可以在三年至五年有期徒刑幅度内确定量刑起点：聚众斗殴三次的；聚众斗殴人数多，规模大，社会影响恶劣的；在公共场所或者交通要道聚众斗殴，造成社会秩序严重混乱的；持械聚众斗殴的。

2. 在量刑起点的基础上，可以根据聚众斗殴人数、次数、手段严重程度等其他影响犯罪构成的犯罪事实增加刑罚量，确定基准刑。最高法《关于

常见犯罪的量刑指导意见〉的通知》2017/04/01 四、(十二)

[参加聚众斗殴受重伤或者死亡的人及其家属提出的民事赔偿请求] 根据《刑法》第二百九十二条第一款的规定，聚众斗殴的参加者，无论是否首要分子，均明知自己的行为有可能产生伤害他人以及自己被他人的行为伤害的后果，其仍然参加聚众斗殴的，应当自行承担相应的刑事和民事责任。根据《刑法》第二百九十二条第二款的规定，对于参加聚众斗殴，造成他人重伤或者死亡的，行为性质发生变化，应认定为故意伤害罪或者故意杀人罪。聚众斗殴中受重伤或者死亡的人，既是故意伤害罪或者故意杀人罪的受害人，又是聚众斗殴犯罪的行为人。对于参加聚众斗殴受重伤或者死亡的人或其家属提出的民事赔偿请求，依法应予支持，并适用混合过错责任原则。最高法《关于对参加聚众斗殴受重伤或者死亡的人及其家属提出的民事赔偿请求能否予以支持问题的答复》法研〔2004〕179号 2004/11/11

[聚众斗殴案立案追诉标准] [聚众斗殴案 (刑法第二百九十二条第一款)] 组织、策划、指挥或者积极参加聚众斗殴的，应予立案追诉。最高检、公安部《关于公安机关管辖的刑事案件立案追诉标准的规定（一）》公通字〔2008〕36号 2008/06/25 第三十六条

第二百九十三条　【寻衅滋事罪】有下列寻衅滋事行为之一，破坏社会秩序的，处五年以下有期徒刑、拘役或者管制：

（一）随意殴打他人，情节恶劣的；

（二）追逐、拦截、辱骂、恐吓他人，情节恶劣的；

（三）强拿硬要或者任意损毁、占用公私财物，情节严重的；

（四）在公共场所起哄闹事，造成公共场所秩序严重混乱的。

纠集他人多次实施前款行为，严重破坏社会秩序的，处五年以上十年以下有期徒刑，可以并处罚金。[①]

① 根据2011年5月1日《刑法修正案（八）》修改，原条文为：“有下列寻衅滋事行为之一，破坏社会秩序的，处五年以下有期徒刑、拘役或者管制：

“（一）随意殴打他人，情节恶劣的；

“（二）追逐、拦截、辱骂他人，情节恶劣的；

“（三）强拿硬要或者任意损毁、占用公私财物，情节严重的；

“（四）在公共场所起哄闹事，造成公共场所秩序严重混乱的。”

[判决理由　谩骂踹门殴打医生项　任意毁损财物项　情节恶劣项　自愿认罪项　积极赔偿项] 法院经审理认为，被告人卞井奎、卞龙、刘浩、王阜南、宋孝猛、姜玉酒后在医院谩骂、随意殴打值班医生，致2人轻微伤，情节恶劣；任意毁损公私财物造成损失4167元，情节严重，其行为均已构成寻衅滋事罪，应依法惩处。卞井奎、卞龙、刘浩、宋孝猛、姜玉归案后如实供述犯罪事实，自愿认罪，应依法从轻处罚；上述5人积极赔偿被害人、被害单位经济损失，可酌情从轻处罚。据此，依法对被告人卞井奎、王阜南判处有期徒刑十一个月，对被告人宋孝猛、姜玉判处有期徒刑十个月，对被告人卞龙、刘浩判处有期徒刑九个月。最高法公布涉医犯罪典型案例之四：卞井奎等寻衅滋事案

[寻衅滋事罪的量刑]

1. 构成寻衅滋事罪的，可以根据下列不同情形在相应的幅度内确定量刑起点：

(1) 寻衅滋事一次的，可以在三年以下有期徒刑、拘役幅度内确定量刑起点。

(2) 纠集他人三次寻衅滋事（每次都构成犯罪），严重破坏社会秩序的，可以在五年至七年有期徒刑幅度内确定量刑起点。

2. 在量刑起点的基础上，可以根据寻衅滋事次数、伤害后果、强拿硬要他人财物或任意损毁、占用公私财物数额等其他影响犯罪构成的犯罪事实增加刑罚量，确定基准刑。最高法《关于常见犯罪的量刑指导意见》2017/04/01 四、(十三)

[以寻衅滋事罪定罪处罚] 以“异教徒”、“宗教叛徒”等为由，随意殴打、追逐、拦截、辱骂他人，扰乱社会秩序，情节恶劣的，以寻衅滋事罪定罪处罚。

实施前款行为，同时又构成故意伤害罪、妨害公务罪等其他犯罪的，依照处罚较重的规定定罪处罚。两高、公安部《关于办理暴力恐怖和宗教极端刑事案件适用法律若干问题的意见》公通字〔2014〕34号 2014/09/09 二、(八)

[一年内多次实施利用信息网络诽谤他人行为未经处理的] 一年内多次实施利用信息网络诽谤他人行为未经处理，诽谤信息实际被点击、浏览、转发次数累计计算构成犯罪的，应当依法定罪处罚。两高《关于办理利

用信息网络实施诽谤等刑事案件适用法律若干问题的解释》法释〔2013〕21号 2013/09/06 第四条

［利用信息网络辱骂、恐吓他人，情节恶劣，破坏社会秩序的］利用信息网络辱骂、恐吓他人，情节恶劣，破坏社会秩序的，依照刑法第二百九十三条第一款第（二）项的规定，以寻衅滋事罪定罪处罚。两高《关于办理利用信息网络实施诽谤等刑事案件适用法律若干问题的解释》法释〔2013〕21号 2013/09/06 第五条第一款

［编造虚假信息，或者明知是编造的虚假信息，在信息网络上散布，或者组织、指使人员在信息网络上散布，起哄闹事，造成公共秩序严重混乱的］编造虚假信息，或者明知是编造的虚假信息，在信息网络上散布，或者组织、指使人员在信息网络上散布，起哄闹事，造成公共秩序严重混乱的，依照刑法第二百九十三条第一款第（四）项的规定，以寻衅滋事罪定罪处罚。两高《关于办理利用信息网络实施诽谤等刑事案件适用法律若干问题的解释》法释〔2013〕21号 2013/09/06 第五条第二款

［以共同犯罪论处］明知他人利用信息网络实施诽谤、寻衅滋事、敲诈勒索、非法经营等犯罪，为其提供资金、场所、技术支持等帮助的，以共同犯罪论处。两高《关于办理利用信息网络实施诽谤等刑事案件适用法律若干问题的解释》法释〔2013〕21号 2013/09/06 第八条

［依照处罚较重的规定定罪处罚］利用信息网络实施诽谤、寻衅滋事、敲诈勒索、非法经营犯罪，同时又构成刑法第二百二十一条规定的损害商业信誉、商品声誉罪，第二百七十八条规定的煽动暴力抗拒法律实施罪，第二百九十一条之一规定的编造、故意传播虚假恐怖信息罪等犯罪的，依照处罚较重的规定定罪处罚。两高《关于办理利用信息网络实施诽谤等刑事案件适用法律若干问题的解释》法释〔2013〕21号 2013/09/06 第九条

［信息网络］本解释所称信息网络，包括以计算机、电视机、固定电话机、移动电话机等电子设备为终端的计算机互联网、广播电视网、固定通信网、移动通信网等信息网络，以及向公众开放的局域网络。两高《关于办理利用信息网络实施诽谤等刑事案件适用法律若干问题的解释》法释〔2013〕21号 2013/09/06 第十条

［寻衅滋事］行为人为寻求刺激、发泄情绪、逞强耍横等，无事生非，

实施刑法第二百九十三条规定的行为的，应当认定为“寻衅滋事”。两高《关于办理寻衅滋事刑事案件适用法律若干问题的解释》法释〔2013〕18号 2013/07/22 第一条第一款

[寻衅滋事之但书] 行为人因日常生活中的偶发矛盾纠纷，借故生非，实施刑法第二百九十三条规定的行为的，应当认定为“寻衅滋事”，但矛盾系由被害人故意引发或者被害人对矛盾激化负有主要责任的除外。两高《关于办理寻衅滋事刑事案件适用法律若干问题的解释》法释〔2013〕18号 2013/07/22 第一条第二款

[不认定为寻衅滋事] 行为人因婚恋、家庭、邻里、债务等纠纷，实施殴打、辱骂、恐吓他人或者损毁、占用他人财物等行为的，一般不认定为“寻衅滋事”，但经有关部门批评制止或者处理处罚后，继续实施前列行为，破坏社会秩序的除外。两高《关于办理寻衅滋事刑事案件适用法律若干问题的解释》法释〔2013〕18号 2013/07/22 第一条第三款

[刑法第293条第1款第1项之情节恶劣] 随意殴打他人，破坏社会秩序，具有下列情形之一的，应当认定为刑法第二百九十三条第一款第一项规定的“情节恶劣”：

（一）致一人以上轻伤或者二人以上轻微伤的；

（二）引起他人精神失常、自杀等严重后果的；

（三）多次随意殴打他人的；

（四）持凶器随意殴打他人的；

（五）随意殴打精神病人、残疾人、流浪乞讨人员、老年人、孕妇、未成年人，造成恶劣社会影响的；

（六）在公共场所随意殴打他人，造成公共场所秩序严重混乱的；

（七）其他情节恶劣的情形。两高《关于办理寻衅滋事刑事案件适用法律若干问题的解释》法释〔2013〕18号 2013/07/22 第二条

[刑法第293条第1款第2项之情节恶劣] 追逐、拦截、辱骂、恐吓他人，破坏社会秩序，具有下列情形之一的，应当认定为刑法第二百九十三条第一款第二项规定的“情节恶劣”：

（一）多次追逐、拦截、辱骂、恐吓他人，造成恶劣社会影响的；

（二）持凶器追逐、拦截、辱骂、恐吓他人的；

（三）追逐、拦截、辱骂、恐吓精神病人、残疾人、流浪乞讨人员、老年人、孕妇、未成年人，造成恶劣社会影响的；

（四）引起他人精神失常、自杀等严重后果的；

（五）严重影响他人的工作、生活、生产、经营的；

（六）其他情节恶劣的情形。两高《关于办理寻衅滋事刑事案件适用法律若干问题的解释》法释〔2013〕18号 2013/07/22 第三条

[情节严重] 强拿硬要或者任意损毁、占用公私财物，破坏社会秩序，具有下列情形之一的，应当认定为刑法第二百九十三条第一款第三项规定的“情节严重”：

（一）强拿硬要公私财物价值一千元以上，或者任意损毁、占用公私财物价值二千元以上的；

（二）多次强拿硬要或者任意损毁、占用公私财物，造成恶劣社会影响的；

（三）强拿硬要或者任意损毁、占用精神病人、残疾人、流浪乞讨人员、老年人、孕妇、未成年人的财物，造成恶劣社会影响的；

（四）引起他人精神失常、自杀等严重后果的；

（五）严重影响他人的工作、生活、生产、经营的；

（六）其他情节严重的情形。两高《关于办理寻衅滋事刑事案件适用法律若干问题的解释》法释〔2013〕18号 2013/07/22 第四条

[造成公共场所秩序严重混乱] 在车站、码头、机场、医院、商场、公园、影剧院、展览会、运动场或者其他公共场所起哄闹事，应当根据公共场所的性质、公共活动的重要程度、公共场所的人数、起哄闹事的时间、公共场所受影响的范围与程度等因素，综合判断是否“造成公共场所秩序严重混乱”。两高《关于办理寻衅滋事刑事案件适用法律若干问题的解释》法释〔2013〕18号 2013/07/22 第五条

[比照刑法第293条第2款的规定处罚] 纠集他人三次以上实施寻衅滋事犯罪，未经处理的，应当依照刑法第二百九十三条第二款的规定处罚。两高《关于办理寻衅滋事刑事案件适用法律若干问题的解释》法释〔2013〕18号 2013/07/22 第六条

[择重罪处罚] 实施寻衅滋事行为，同时符合寻衅滋事罪和故意杀人罪、故意伤害罪、故意毁坏财物罪、敲诈勒索罪、抢夺罪、抢劫罪等罪的

构成要件的，依照处罚较重的犯罪定罪处罚。两高《关于办理寻衅滋事刑事案件适用法律若干问题的解释》法释〔2013〕18号 2013/07/22 第七条

[从轻处罚　不起诉或者免予刑事处罚] 行为人认罪、悔罪，积极赔偿被害人损失或者取得被害人谅解的，可以从轻处罚；犯罪情节轻微的，可以不起诉或者免予刑事处罚。两高《关于办理寻衅滋事刑事案件适用法律若干问题的解释》法释〔2013〕18号 2013/07/22 第八条

[已满16周岁不满18周岁的人犯本罪] 已满十六周岁不满十八周岁的人出于以大欺小、以强凌弱或者寻求精神刺激，随意殴打其他未成年人、多次对其他未成年人强拿硬要或者任意损毁公私财物，扰乱学校及其他公共场所秩序，情节严重的，以寻衅滋事罪定罪处罚。最高法《关于审理未成年人刑事案件具体应用法律若干问题的解释》法释〔2006〕1号 2006/01/23 第八条

[在灾害期间犯本罪] 在预防、控制突发传染病疫情等灾害期间，强拿硬要或者任意损毁、占用公私财物情节严重，或者在公共场所起哄闹事，造成公共场所秩序严重混乱的，依照刑法第二百九十三条的规定，以寻衅滋事罪定罪，依法从重处罚。两高《关于办理妨害预防、控制突发传染病疫情等灾害的刑事案件具体应用法律若干问题的解释》法释〔2003〕8号 2003/05/15 第十一条

[突发传染病疫情等灾害] 本解释所称“突发传染病疫情等灾害”，是指突然发生，造成或者可能造成社会公众健康严重损害的重大传染病疫情、群体性不明原因疾病以及其他严重影响公众健康的灾害。两高《关于办理妨害预防、控制突发传染病疫情等灾害的刑事案件具体应用法律若干问题的解释》法释〔2003〕8号 2003/05/15 第十八条

[寻衅滋事案立案追诉标准] 将《立案追诉标准（一）》第三十七条修改为：[寻衅滋事案（刑法第二百九十三条）] 随意殴打他人，破坏社会秩序，涉嫌下列情形之一的，应予立案追诉：

（一）致一人以上轻伤或者二人以上轻微伤的；

（二）引起他人精神失常、自杀等严重后果的；

（三）多次随意殴打他人的；

（四）持凶器随意殴打他人的；

（五）随意殴打精神病人、残疾人、流浪乞讨人员、老年人、孕妇、

未成年人，造成恶劣社会影响的；

（六）在公共场所随意殴打他人，造成公共场所秩序严重混乱的；

（七）其他情节恶劣的情形。

追逐、拦截、辱骂、恐吓他人，破坏社会秩序，涉嫌下列情形之一的，应予立案追诉：

（一）多次追逐、拦截、辱骂、恐吓他人，造成恶劣社会影响的；

（二）持凶器追逐、拦截、辱骂、恐吓他人的；

（三）追逐、拦截、辱骂、恐吓精神病人、残疾人、流浪乞讨人员、老年人、孕妇、未成年人，造成恶劣社会影响的；

（四）引起他人精神失常、自杀等严重后果的；

（五）严重影响他人的工作、生活、生产、经营的；

（六）其他情节恶劣的情形。

强拿硬要或者任意损毁、占用公私财物，破坏社会秩序，涉嫌下列情形之一的，应予立案追诉：

（一）强拿硬要公私财物价值一千元以上，或者任意损毁、占用公私财物价值二千元以上的；

（二）多次强拿硬要或者任意损毁、占用公私财物，造成恶劣社会影响的；

（三）强拿硬要或者任意损毁、占用精神病人、残疾人、流浪乞讨人员、老年人、孕妇、未成年人的财物，造成恶劣社会影响的；

（四）引起他人精神失常、自杀等严重后果的；

（五）严重影响他人的工作、生活、生产、经营的；

（六）其他情节严重的情形。

在车站、码头、机场、医院、商场、公园、影剧院、展览会、运动场或者其他公共场所起哄闹事，应当根据公共场所的性质、公共活动的重要程度、公共场所的人数、起哄闹事的时间、公共场所受影响的范围与程度等因素，综合判断是否造成公共场所秩序严重混乱。**最高检、公安部《关于公安机关管辖的刑事案件立案追诉标准的规定（一）的补充规定》公通字〔2017〕12号** 2017/04/27 八

第二百九十四条　【组织、领导、参加黑社会性质组织罪；

入境发展黑社会组织罪；包庇、纵容黑社会性质组织罪】组织、领导黑社会性质的组织的，处七年以上有期徒刑，并处没收财产；积极参加的，处三年以上七年以下有期徒刑，可以并处罚金或者没收财产；其他参加的，处三年以下有期徒刑、拘役、管制或者剥夺政治权利，可以并处罚金。

境外的黑社会组织的人员到中华人民共和国境内发展组织成员的，处三年以上十年以下有期徒刑。

国家机关工作人员包庇黑社会性质的组织，或者纵容黑社会性质的组织进行违法犯罪活动的，处五年以下有期徒刑；情节严重的，处五年以上有期徒刑。

犯前三款罪又有其他犯罪行为的，依照数罪并罚的规定处罚。

黑社会性质的组织应当同时具备以下特征：

（一）形成较稳定的犯罪组织，人数较多，有明确的组织者、领导者，骨干成员基本固定；

（二）有组织地通过违法犯罪活动或者其他手段获取经济利益，具有一定的经济实力，以支持该组织的活动；

（三）以暴力、威胁或者其他手段，有组织地多次进行违法犯罪活动，为非作恶，欺压、残害群众；

（四）通过实施违法犯罪活动，或者利用国家工作人员的包庇或者纵容，称霸一方，在一定区域或者行业内，形成非法控制或者重大影响，严重破坏经济、社会生活秩序。[①]

---

① 根据2011年5月1日《刑法修正案（八）》修改，原条文为："组织、领导和积极参加以暴力、威胁或者其他手段，有组织地进行违法犯罪活动，称霸一方，为非作恶，欺压、残害群众，严重破坏经济、社会生活秩序的黑社会性质的组织的，处三年以上十年以下有期徒刑；其他参加的，处三年以下有期徒刑、拘役、管制或者剥夺政治权利。

"境外的黑社会组织的人员到中华人民共和国境内发展组织成员的，处三年以上十年以下有期徒刑。

"犯前两款罪又有其他犯罪行为的，依照数罪并罚的规定处罚。

"国家机关工作人员包庇黑社会性质的组织，或者纵容黑社会性质的组织进行违法犯罪活动的，处三年以下有期徒刑、拘役或者剥夺政治权利；情节严重的，处三年以上十年以下有期徒刑。"

[要旨 参加黑社会性质组织罪类 故意杀人罪类 故意伤害罪类 第二审程序刑事抗诉项 故意杀人 罪行极其严重项 死刑立即执行项] 死刑依法只适用于罪行极其严重的犯罪分子。对故意杀人、故意伤害、绑架、爆炸等涉黑、涉恐、涉暴刑事案件中罪行极其严重，严重危害国家安全和公共安全、严重危害公民生命权，或者严重危害社会秩序的被告人，依法应当判处死刑，人民法院未判处死刑的，人民检察院应当依法提出抗诉。检例第18号：郭某某参加黑社会性质组织、故意杀人、故意伤害案

[黑社会性质的组织] 刑法第二百九十四条规定的“黑社会性质的组织”，一般应具备以下特征：

（一）组织结构比较紧密，人数较多，有比较明确的组织者、领导者，骨干成员基本固定，有较为严格的组织纪律；

（二）通过违法犯罪活动或者其他手段获取经济利益，具有一定的经济实力；

（三）通过贿赂、威胁等手段，引诱、逼迫国家工作人员参加黑社会性质组织活动，或者为其提供非法保护；

（四）在一定区域或者行业范围内，以暴力、威胁、滋扰等手段，大肆进行敲诈勒索、欺行霸市、聚众斗殴、寻衅滋事、故意伤害等违法犯罪活动，严重破坏经济、社会生活秩序。最高法《关于审理黑社会性质组织犯罪的案件具体应用法律若干问题的解释》法释〔2000〕42号 2000/12/10 第一条

[发展组织成员] 刑法第二百九十四条第二款规定的“发展组织成员”，是指将境内、外人员吸收为该黑社会组织成员的行为。对黑社会组织成员进行内部调整等行为，可视为“发展组织成员”。

港、澳、台黑社会组织到内地发展组织成员的，适用刑法第二百九十四条第二款的规定定罪处罚。最高法《关于审理黑社会性质组织犯罪的案件具体应用法律若干问题的解释》法释〔2000〕42号 2000/12/10 第二条

[数罪并罚] 组织、领导、参加黑社会性质的组织又有其他犯罪行为的，根据刑法第二百九十四条第三款的规定，依照数罪并罚的规定处罚；对于黑社会性质组织的组织者、领导者，应当按照其所组织、领导的黑社会性质组织所犯的全部罪行处罚；对于黑社会性质组织的参加者，应当按

照其所参与的犯罪处罚。最高法《关于审理黑社会性质组织犯罪的案件具体应用法律若干问题的解释》法释〔2000〕42号 2000/12/10 第三条第一款

[虽参加但未实施违法犯罪活动或者受蒙蔽、胁迫参加情节轻微的] 对于参加黑社会性质的组织，没有实施其他违法犯罪活动的，或者受蒙蔽、胁迫参加黑社会性质的组织，情节轻微的，可以不作为犯罪处理。最高法《关于审理黑社会性质组织犯罪的案件具体应用法律若干问题的解释》法释〔2000〕42号 2000/12/10 第三条第二款

[国家工作机关人员　从重处罚] 国家机关工作人员组织、领导、参加黑社会性质组织的，从重处罚。最高法《关于审理黑社会性质组织犯罪的案件具体应用法律若干问题的解释》法释〔2000〕42号 2000/12/10 第四条

[包庇] 刑法第二百九十四条第四款规定的“包庇”，是指国家机关工作人员为使黑社会性质组织及其成员逃避查禁，而通风报信，隐匿、毁灭、伪造证据，阻止他人作证、检举揭发，指使他人作伪证，帮助逃匿，或者阻挠其他国家机关工作人员依法查禁等行为。最高法《关于审理黑社会性质组织犯罪的案件具体应用法律若干问题的解释》法释〔2000〕42号 2000/12/10 第五条第一款

[纵容] 刑法第二百九十四条第四款规定的“纵容”，是指国家机关工作人员不依法履行职责，放纵黑社会性质组织进行违法犯罪活动的行为。最高法《关于审理黑社会性质组织犯罪的案件具体应用法律若干问题的解释》法释〔2000〕42号 2000/12/10 第五条第二款

[情节严重] 国家机关工作人员包庇、纵容黑社会性质的组织，有下列情形之一的，属于刑法第二百九十四条第四款规定的“情节严重”：

（一）包庇、纵容黑社会性质组织跨境实施违法犯罪活动的；

（二）包庇、纵容境外黑社会组织在境内实施违法犯罪活动的；

（三）多次实施包庇、纵容行为的；

（四）致使某一区域或者行业的经济、社会生活秩序遭受黑社会性质组织特别严重破坏的；

（五）致使黑社会性质组织的组织者、领导者逃匿，或者致使对黑社会性质组织的查禁工作严重受阻的；

（六）具有其他严重情节的。最高法《关于审理黑社会性质组织犯罪的案件

具体应用法律若干问题的解释》法释〔2000〕42号 2000/12/10 第六条

［没收聚敛财物及其收益工具］对黑社会性质组织和组织、领导、参加黑社会性质组织的犯罪分子聚敛的财物及其收益，以及用于犯罪的工具等，应当依法追缴、没收。最高法《关于审理黑社会性质组织犯罪的案件具体应用法律若干问题的解释》法释〔2000〕42号 2000/12/10 第七条

第二百九十五条 【传授犯罪方法罪】传授犯罪方法的，处五年以下有期徒刑、拘役或者管制；情节严重的，处五年以上十年以下有期徒刑；情节特别严重的，处十年以上有期徒刑或者无期徒刑。①

［判决理由 主犯项 累犯项 立功项 减轻项 利用互联网发布出售制造毒品技术的信息项 氯胺酮项 主犯有自首情节和协助抓捕他人立功项 减轻项（处死缓）］法院认为，被告人刘巍与被告人迂飞违反毒品管制规定，结伙制造海洛因勾兑液后进行贩卖，刘巍还伙同他人制造氯胺酮，其行为均已构成贩卖、制造毒品罪。被告人侯瑛、张朝刚、高宝璠伙同他人非法制造毒品，其行为均已构成制造毒品罪。被告人刘志顺、聂兵、关德鑫非法贩卖毒品，其行为均已构成贩卖毒品罪。被告人张金龙向他人传授制造毒品的犯罪方法，其行为已构成传授犯罪方法罪。刘巍伙同他人贩卖、制造毒品数量大，在共同犯罪中系主犯，且曾因犯罪被判刑，主观恶性深，人身危险性大，罪行极其严重，应依法惩处。迂飞伙同他人贩卖、制造毒品数量大，在共同犯罪中系主犯，且系累犯和毒品再犯，应依法从重处罚。鉴于其在共同犯罪中的作用相对小于刘巍，对其判处死刑，可不立即执行。侯瑛、张朝刚、高宝璠伙同他人制造毒品数量大，在共同犯罪中系主犯，均应按照所参与的全部犯罪处罚。聂兵贩卖毒品数量大，且在共同犯罪中系主犯，鉴于其有自首情节和协助抓捕同案犯关德鑫的立功表现，依法可减轻处罚。关德鑫贩卖毒品数量大，且系累犯和毒品再犯，应依法从重处罚。刘志顺贩卖毒品数量大，应依法惩处。张金龙为

---

① 根据2011年5月1日《刑法修正案（八）》修改，原条文为："传授犯罪方法的，处五年以下有期徒刑、拘役或者管制；情节严重的，处五年以上有期徒刑；情节特别严重的，处无期徒刑或者死刑。"

牟利，利用互联网发布出售制造毒品技术的信息，并向高宝璠传授制造氯胺酮的具体方法，高据此制造氯胺酮 1540 克，犯罪情节严重，应依法惩处。据此，依法对被告人刘巍判处并核准死刑，对被告人迂飞判处死刑，缓期二年执行，对被告人侯瑛、张朝刚、高宝璠分别判处无期徒刑、有期徒刑十五年和十五年，对被告人刘志顺、聂兵、关德鑫分别判处有期徒刑十五年、十四年和十年，对被告人张金龙判处有期徒刑五年。**最高法关于毒品犯罪案件的四起典型案例之三：刘巍等贩卖、制造毒品案**

[以传授犯罪方法罪定罪处罚] 传授暴力恐怖或者其他犯罪技能、经验，依法不能认定为组织、领导、参加恐怖组织罪的，以传授犯罪方法罪定罪处罚。

为实现所教唆的犯罪，教唆者又传授犯罪方法的，择一重罪定罪处罚。**两高、公安部《关于办理暴力恐怖和宗教极端刑事案件适用法律若干问题的意见》公通字〔2014〕34 号 2014/09/09 二、(九)**

第二百九十六条　【非法集会、游行、示威罪】举行集会、游行、示威，未依照法律规定申请或者申请未获许可，或者未按照主管机关许可的起止时间、地点、路线进行，又拒不服从解散命令，严重破坏社会秩序的，对集会、游行、示威的负责人和直接责任人员，处五年以下有期徒刑、拘役、管制或者剥夺政治权利。

[非法集会、游行、示威案立案追诉标准] [非法集会、游行、示威案(刑法第二百九十六条)] 举行集会、游行、示威，未依照法律规定申请或者申请未获许可，或者未按照主管机关许可的起止时间、地点、路线进行，又拒不服从解散命令，严重破坏社会秩序的，应予立案追诉。**最高检、公安部《关于公安机关管辖的刑事案件立案追诉标准的规定（一）》公通字〔2008〕36 号 2008/06/25 第三十八条**

第二百九十七条　【非法携带武器、管制刀具、爆炸物参加集会、游行、示威罪】违反法律规定，携带武器、管制刀具或者爆炸物参加集会、游行、示威的，处三年以下有期徒刑、拘役、管制或者剥夺政治权利。

［非法携带武器、管制刀具、爆炸物参加集会、游行、示威案立案追诉标准］［非法携带武器、管制刀具、爆炸物参加集会、游行、示威案（刑法第二百九十七条）］违反法律规定，携带武器、管制刀具或者爆炸物参加集会、游行、示威的，应予立案追诉。最高检、公安部《关于公安机关管辖的刑事案件立案追诉标准的规定（一）》公通字〔2008〕36号 2008/06/25 第三十九条

第二百九十八条　【破坏集会、游行、示威罪】 扰乱、冲击或者以其他方法破坏依法举行的集会、游行、示威，造成公共秩序混乱的，处五年以下有期徒刑、拘役、管制或者剥夺政治权利。

［破坏集会、游行、示威案立案追诉标准］［破坏集会、游行、示威案（刑法第二百九十八条）］扰乱、冲击或者以其他方法破坏依法举行的集会、游行、示威，造成公共秩序严重混乱的，应予立案追诉。最高检、公安部《关于公安机关管辖的刑事案件立案追诉标准的规定（一）》公通字〔2008〕36号 2008/06/25 第四十条

第二百九十九条　【侮辱国旗、国徽罪】 在公共场合，故意以焚烧、毁损、涂划、玷污、践踏等方式侮辱中华人民共和国国旗、国徽的，处三年以下有期徒刑、拘役、管制或者剥夺政治权利。

在公共场合，故意篡改中华人民共和国国歌歌词、曲谱，以歪曲、贬损方式奏唱国歌，或者以其他方式侮辱国歌，情节严重的，依照前款的规定处罚。①

第三百条　【组织、利用会道门、邪教组织、利用迷信破坏法律实施罪；组织、利用会道门、邪教组织、利用迷信致人重伤、死亡罪　强奸罪；诈骗罪】 组织、利用会道门、邪教组织或者利用迷信破坏国家法律、行政法规实施的，处三年以上七年以

---

① 根据2017年11月4日《中华人民共和国刑法修正案（十）》增加一款，作为第二款。

下有期徒刑，并处罚金；情节特别严重的，处七年以上有期徒刑或者无期徒刑，并处罚金或者没收财产；情节较轻的，处三年以下有期徒刑、拘役、管制或者剥夺政治权利，并处或者单处罚金。

组织、利用会道门、邪教组织或者利用迷信蒙骗他人，致人重伤、死亡的，依照前款的规定处罚。

犯第一款罪又有奸淫妇女、诈骗财物等犯罪行为的，依照数罪并罚的规定处罚。①

第三百零一条　【聚众淫乱罪；引诱未成年人聚众淫乱罪】聚众进行淫乱活动的，对首要分子或者多次参加的，处五年以下有期徒刑、拘役或者管制。

引诱未成年人参加聚众淫乱活动的，依照前款的规定从重处罚。

[聚众淫乱案立案追诉标准]［聚众淫乱案（刑法第三百零一条第一款)］组织、策划、指挥三人以上进行淫乱活动或者参加聚众淫乱活动三次以上的，应予立案追诉。最高检、公安部《关于公安机关管辖的刑事案件立案追诉标准的规定（一)》公通字〔2008〕36号 2008/06/25 第四十一条

[引诱未成年人聚众淫乱案立案追诉标准]［引诱未成年人聚众淫乱案(刑法第三百零一条第二款)］引诱未成年人参加聚众淫乱活动的，应予立案追诉。最高检、公安部《关于公安机关管辖的刑事案件立案追诉标准的规定（一)》公通字〔2008〕36号 2008/06/25 第四十二条

第三百零二条　【盗窃、侮辱、故意毁坏尸体、尸骨、骨灰罪】盗窃、侮辱、故意毁坏尸体、尸骨、骨灰的，处三年以下有

---

① 根据2015年11月1日《刑法修正案（九)》修改，原条文为："组织和利用会道门、邪教组织或者利用迷信破坏国家法律、行政法规实施的，处三年以上七年以下有期徒刑；情节特别严重的，处七年以上有期徒刑。

"组织和利用会道门、邪教组织或者利用迷信蒙骗他人，致人死亡的，依照前款的规定处罚。

"组织和利用会道门、邪教组织或者利用迷信奸淫妇女、诈骗财物的，分别依照本法第二百三十六条、第二百六十六条的规定定罪处罚。"

期徒刑、拘役或者管制。[①]

第三百零三条　【赌博罪；开设赌场罪】以营利为目的，聚众赌博或者以赌博为业的，处三年以下有期徒刑、拘役或者管制，并处罚金。

开设赌场的，处三年以下有期徒刑、拘役或者管制，并处罚金；情节严重的，处三年以上十年以下有期徒刑，并处罚金。[②]

［利用赌博机组织赌博的性质认定］设置具有退币、退分、退钢珠等赌博功能的电子游戏设施设备，并以现金、有价证券等贵重款物作为奖品，或者以回购奖品方式给予他人现金、有价证券等贵重款物（以下简称设置赌博机）组织赌博活动的，应当认定为刑法第三百零三条第二款规定的“开设赌场”行为。**两高、公安部《关于办理利用赌博机开设赌场案件适用法律若干问题的意见》公通字〔2014〕17号 2014/03/26 第一条**

［以开设赌场罪定罪处罚］设置赌博机组织赌博活动，具有下列情形之一的，应当按照刑法第三百零三条第二款规定的开设赌场罪定罪处罚：

（一）设置赌博机10台以上的；

（二）设置赌博机2台以上，容留未成年人赌博的；

（三）在中小学校附近设置赌博机2台以上的；

（四）违法所得累计达到5000元以上的；

（五）赌资数额累计达到5万元以上的；

（六）参赌人数累计达到20人以上的；

（七）因设置赌博机被行政处罚后，两年内再设置赌博机5台以上的；

（八）因赌博、开设赌场犯罪被刑事处罚后，五年内再设置赌博机5台以上的；

（九）其他应当追究刑事责任的情形。**两高、公安部《关于办理利用赌博机开设赌场案件适用法律若干问题的意见》公通字〔2014〕17号 2014/03/26 第二条第**

---

① 根据2015年11月1日《刑法修正案（九）》修改，原条文为：“盗窃、侮辱尸体的，处三年以下有期徒刑、拘役或者管制。”

② 根据2006年6月29日《刑法修正案（六）》修改，原条文为：“以营利为目的，聚众赌博、开设赌场或者以赌博为业的，处三年以下有期徒刑、拘役或者管制，并处罚金。”

一款

[情节严重] 设置赌博机组织赌博活动，具有下列情形之一的，应当认定为刑法第三百零三条第二款规定的“情节严重”：

（一）数量或者数额达到第二条第一款第一项至第六项规定标准六倍以上的；

（二）因设置赌博机被行政处罚后，两年内再设置赌博机30台以上的；

（三）因赌博、开设赌场犯罪被刑事处罚后，五年内再设置赌博机30台以上的；

（四）其他情节严重的情形。

可同时供多人使用的赌博机，台数按照能够独立供一人进行赌博活动的操作基本单元的数量认定。

在两个以上地点设置赌博机，赌博机的数量、违法所得、赌资数额、参赌人数等均合并计算。两高、公安部《关于办理利用赌博机开设赌场案件适用法律若干问题的意见》公通字〔2014〕17号 2014/03/26 第二条第二款

[以开设赌场罪的共犯论处的情形] 明知他人利用赌博机开设赌场，具有下列情形之一的，以开设赌场罪的共犯论处：

（一）提供赌博机、资金、场地、技术支持、资金结算服务的；

（二）受雇参与赌场经营管理并分成的；

（三）为开设赌场者组织客源，收取回扣、手续费的；

（四）参与赌场管理并领取高额固定工资的；

（五）提供其他直接帮助的。两高、公安部《关于办理利用赌博机开设赌场案件适用法律若干问题的意见》公通字〔2014〕17号 2014/03/26 第三条

[赌资] 本意见所称赌资包括：

（一）当场查获的用于赌博的款物；

（二）代币、有价证券、赌博积分等实际代表的金额；

（三）在赌博机上投注或赢取的点数实际代表的金额。两高、公安部《关于办理利用赌博机开设赌场案件适用法律若干问题的意见》公通字〔2014〕17号 2014/03/26 第五条

[赌博机] 对于涉案的赌博机，公安机关应当采取拍照、摄像等方式及时固定证据，并予以认定。对于是否属于赌博机难以确定的，司法机关

可以委托地市级以上公安机关出具检验报告。司法机关根据检验报告，并结合案件具体情况作出认定。必要时，人民法院可以依法通知检验人员出庭作出说明。**两高、公安部《关于办理利用赌博机开设赌场案件适用法律若干问题的意见》公通字〔2014〕17号2014/03/26第六条**

[宽严相济刑事政策的把握] 办理利用赌博机开设赌场的案件，应当贯彻宽严相济刑事政策，重点打击赌场的出资者、经营者。对受雇佣为赌场从事接送参赌人员、望风看场、发牌坐庄、兑换筹码等活动的人员，除参与赌场利润分成或者领取高额固定工资的以外，一般不追究刑事责任，可由公安机关依法给予治安管理处罚。对设置游戏机，单次换取少量奖品的娱乐活动，不以违法犯罪论处。**两高、公安部《关于办理利用赌博机开设赌场案件适用法律若干问题的意见》公通字〔2014〕17号第七条**

[国家机关工作人员渎职犯罪的处理] 负有查禁赌博活动职责的国家机关工作人员，徇私枉法，包庇、放纵开设赌场违法犯罪活动，或者为违法犯罪分子通风报信、提供便利、帮助犯罪分子逃避处罚，构成犯罪的，依法追究刑事责任。

国家机关工作人员参与利用赌博机开设赌场犯罪的，从重处罚。**两高、公安部《关于办理利用赌博机开设赌场案件适用法律若干问题的意见》公通字〔2014〕17号2014/03/26第八条**

[开设赌场] 利用互联网、移动通讯终端等传输赌博视频、数据，组织赌博活动，具有下列情形之一的，属于刑法第三百零三条第二款规定的“开设赌场”行为：

（一）建立赌博网站并接受投注的；

（二）建立赌博网站并提供给他人组织赌博的；

（三）为赌博网站担任代理并接受投注的；

（四）参与赌博网站利润分成的。**两高、公安部《关于办理网络赌博犯罪案件适用法律若干问题的意见》公通字〔2010〕40号2010/08/31第一条第一款**

[情节严重] 实施前款规定的行为，具有下列情形之一的，应当认定为刑法第三百零三条第二款规定的“情节严重”：

（一）抽头渔利数额累计达到3万元以上的；

（二）赌资数额累计达到30万元以上的；

（三）参赌人数累计达到 120 人以上的；

（四）建立赌博网站后通过提供给他人组织赌博，违法所得数额在 3 万元以上的；

（五）参与赌博网站利润分成，违法所得数额在 3 万元以上的；

（六）为赌博网站招募下级代理，由下级代理接受投注的；

（七）招揽未成年人参与网络赌博的；

（八）其他情节严重的情形。**两高、公安部《关于办理网络赌博犯罪案件适用法律若干问题的意见》公通字〔2010〕40 号 2010/08/31 第一条第二款**

［共同犯罪　适用第 2 款］明知是赌博网站，而为其提供下列服务或者帮助的，属于开设赌场罪的共同犯罪，依照刑法第三百零三条第二款的规定处罚：

（一）为赌博网站提供互联网接入、服务器托管、网络存储空间、通讯传输通道、投放广告、发展会员、软件开发、技术支持等服务，收取服务费数额在 2 万元以上的；

（二）为赌博网站提供资金支付结算服务，收取服务费数额在 1 万元以上或者帮助收取赌资 20 万元以上的；

（三）为 10 个以上赌博网站投放与网址、赔率等信息有关的广告或者为赌博网站投放广告累计 100 条以上的。**两高、公安部《关于办理网络赌博犯罪案件适用法律若干问题的意见》公通字〔2010〕40 号 2010/08/31 第二条第一款**

［情节严重　适用第 2 款］实施前款规定的行为，数量或者数额达到前款规定标准 5 倍以上的，应当认定为刑法第三百零三条第二款规定的“情节严重”。**两高、公安部《关于办理网络赌博犯罪案件适用法律若干问题的意见》公通字〔2010〕40 号 2010/08/31 第二条第二款**

［明知及除外］实施本条第一款规定的行为，具有下列情形之一的，应当认定行为人“明知”，但是有证据证明确实不知道的除外：

（一）收到行政主管机关书面等方式的告知后，仍然实施上述行为的；

（二）为赌博网站提供互联网接入、服务器托管、网络存储空间、通讯传输通道、投放广告、软件开发、技术支持、资金支付结算等服务，收取服务费明显异常的；

（三）在执法人员调查时，通过销毁、修改数据、账本等方式故意规避调查或者向犯罪嫌疑人通风报信的；

（四）其他有证据证明行为人明知的。

如果有开设赌场的犯罪嫌疑人尚未到案，但是不影响对已到案共同犯罪嫌疑人、被告人的犯罪事实认定的，可以依法对已到案者定罪处罚。**两高、公安部《关于办理网络赌博犯罪案件适用法律若干问题的意见》公通字〔2010〕40号 2010/08/31 第二条第三款、第四款**

［参赌人数］赌博网站的会员账号数可以认定为参赌人数，如果查实一个账号多人使用或者多个账号一人使用的，应当按照实际使用的人数计算参赌人数。**两高、公安部《关于办理网络赌博犯罪案件适用法律若干问题的意见》公通字〔2010〕40号 2010/08/31 第三条第一款**

［赌资数额］赌资数额可以按照在网络上投注或者赢取的点数乘以每一点实际代表的金额认定。

对于将资金直接或间接兑换为虚拟货币、游戏道具等虚拟物品，并用其作为筹码投注的，赌资数额按照购买该虚拟物品所需资金数额或者实际支付资金数额认定。**两高、公安部《关于办理网络赌博犯罪案件适用法律若干问题的意见》公通字〔2010〕40号 2010/08/31 第三条第二款、第三款**

［赌资、参赌人数之认定］对于开设赌场犯罪中用于接收、流转赌资的银行账户内的资金，犯罪嫌疑人、被告人不能说明合法来源的，可以认定为赌资。向该银行账户转入、转出资金的银行账户数量可以认定为参赌人数。如果查实一个账户多人使用或多个账户一人使用的，应当按照实际使用的人数计算参赌人数。**两高、公安部《关于办理网络赌博犯罪案件适用法律若干问题的意见》公通字〔2010〕40号 2010/08/31 第三条第四款**

［赌博网站的代理］有证据证明犯罪嫌疑人在赌博网站上的账号设置有下级账号的，应当认定其为赌博网站的代理。**两高、公安部《关于办理网络赌博犯罪案件适用法律若干问题的意见》公通字〔2010〕40号 2010/08/31 第三条第五款**

［聚众赌博］以营利为目的，有下列情形之一的，属于刑法第三百零三条规定的“聚众赌博”：

（一）组织3人以上赌博，抽头渔利数额累计达到5000元以上的；

（二）组织3人以上赌博，赌资数额累计达到5万元以上的；

（三）组织3人以上赌博，参赌人数累计达到20人以上的；

（四）组织中华人民共和国公民10人以上赴境外赌博，从中收取回扣、介绍费的。两高《关于办理赌博刑事案件具体应用法律若干问题的解释》法释〔2005〕3号 2005/05/13 第一条

［开设赌场］以营利为目的，在计算机网络上建立赌博网站，或者为赌博网站担任代理，接受投注的，属于刑法第三百零三条规定的“开设赌场”。两高《关于办理赌博刑事案件具体应用法律若干问题的解释》法释〔2005〕3号 2005/05/13 第二条

［领域外周边地区聚众赌博、开设赌场］中华人民共和国公民在我国领域外周边地区聚众赌博、开设赌场，以吸引中华人民共和国公民为主要客源，构成赌博罪的，可以依照刑法规定追究刑事责任。两高《关于办理赌博刑事案件具体应用法律若干问题的解释》法释〔2005〕3号 2005/05/13 第三条

［共犯］明知他人实施赌博犯罪活动，而为其提供资金、计算机网络、通讯、费用结算等直接帮助的，以赌博罪的共犯论处。两高《关于办理赌博刑事案件具体应用法律若干问题的解释》法释〔2005〕3号 2005/05/13 第四条

［从重处罚情形］实施赌博犯罪，有下列情形之一的，依照刑法第三百零三条的规定从重处罚：

（一）具有国家工作人员身份的；

（二）组织国家工作人员赴境外赌博的；

（三）组织未成年人参与赌博，或者开设赌场吸引未成年人参与赌博的。两高《关于办理赌博刑事案件具体应用法律若干问题的解释》法释〔2005〕3号 2005/05/13 第五条

［赌资　赌资数额］赌博犯罪中用作赌注的款物、换取筹码的款物和通过赌博赢取的款物属于赌资。通过计算机网络实施赌博犯罪的，赌资数额可以按照在计算机网络上投注或者赢取的点数乘以每一点实际代表的金额认定。两高《关于办理赌博刑事案件具体应用法律若干问题的解释》法释〔2005〕3号 2005/05/13 第八条第一款

［追缴赌资　没收赌博用具、资金等］赌资应当依法予以追缴；赌博用具、赌博违法所得以及赌博犯罪分子所有的专门用于赌博的资金、交通工具、通讯工具等，应当依法予以没收。两高《关于办理赌博刑事案件具体应用

用法律若干问题的解释》法释〔2005〕3号 2005/05/13 第八条第二款

［不以赌博论处］不以营利为目的，进行带有少量财物输赢的娱乐活动，以及提供棋牌室等娱乐场所只收取正常的场所和服务费用的经营行为等，不以赌博论处。两高《关于办理赌博刑事案件具体应用法律若干问题的解释》法释〔2005〕3号 2005/05/13 第九条

［赌博案立案追诉标准］［赌博案（刑法第三百零三条第一款）］以营利为目的，聚众赌博，涉嫌下列情形之一的，应予立案追诉：

（一）组织三人以上赌博，抽头渔利数额累计五千元以上的；

（二）组织三人以上赌博，赌资数额累计五万元以上；

（三）组织三人以上赌博，参赌人数累计二十人以上的；

（四）组织中华人民共和国公民十人以上赴境外赌博，从中收取回扣、介绍费的；

（五）其他聚众赌博应予追究刑事责任的情形。

以营利为目的，以赌博为业的，应予立案追诉。最高检、公安部《关于公安机关管辖的刑事案件立案追诉标准的规定（一）》公通字〔2008〕36号 2008/06/25 第四十三条第一款、第二款

［赌资］赌博犯罪中用作赌注的款物、换取筹码的款物和通过赌博赢取的款物属于赌资。通过计算机网络实施赌博犯罪的，赌资数额可以按照在计算机网络上投注或者赢取的点数乘以每一点实际代表的金额认定。最高检、公安部《关于公安机关管辖的刑事案件立案追诉标准的规定（一）》公通字〔2008〕36号 2008/06/25 第四十三条第三款

［开设赌场案立案追诉标准］［开设赌场案（刑法第三百零三条第二款）］开设赌场的，应予立案追诉。最高检、公安部《关于公安机关管辖的刑事案件立案追诉标准的规定（一）》公通字〔2008〕36号 2008/06/25 第四十四条第一款

［开设赌场］在计算机网络上建立赌博网站，或者为赌博网站担任代理，接受投注的，属于本条规定的“开设赌场”。最高检、公安部《关于公安机关管辖的刑事案件立案追诉标准的规定（一）》公通字〔2008〕36号 2008/06/25 第四十四条第二款

第三百零四条　【故意延误投递邮件罪】邮政工作人员严重不负责任，故意延误投递邮件，致使公共财产、国家和人民利益

遭受重大损失的，处二年以下有期徒刑或者拘役。

[故意延误投递邮件案立案追诉标准] [故意延误投递邮件案（刑法第三百零四条）] 邮政工作人员严重不负责任，故意延误投递邮件，涉嫌下列情形之一的，应予立案追诉：

（一）造成直接经济损失二万元以上的；

（二）延误高校录取通知书或者其他重要邮件投递，致使他人失去高校录取资格或者造成其他无法挽回的重大损失的；

（三）严重损害国家声誉或者造成其他恶劣社会影响的；

（四）其他致使公共财产、国家和人民利益遭受重大损失的情形。最高检、公安部《关于公安机关管辖的刑事案件立案追诉标准的规定（一）》公通字〔2008〕36号 2008/06/25 第四十五条

第二节　妨害司法罪

第三百零五条　【伪证罪】在刑事诉讼中，证人、鉴定人、记录人、翻译人对与案件有重要关系的情节，故意作虚假证明、鉴定、记录、翻译，意图陷害他人或者隐匿罪证的，处三年以下有期徒刑或者拘役；情节严重的，处三年以上七年以下有期徒刑。

第三百零六条　【辩护人、诉讼代理人毁灭证据、伪造证据、妨害作证罪】在刑事诉讼中，辩护人、诉讼代理人毁灭、伪造证据，帮助当事人毁灭、伪造证据，威胁、引诱证人违背事实改变证言或者作伪证的，处三年以下有期徒刑或者拘役；情节严重的，处三年以上七年以下有期徒刑。

辩护人、诉讼代理人提供、出示、引用的证人证言或者其他证据失实，不是有意伪造的，不属于伪造证据。

第三百零七条　【妨害作证罪；帮助毁灭、伪造证据罪】以

暴力、威胁、贿买等方法阻止证人作证或者指使他人作伪证的，处三年以下有期徒刑或者拘役；情节严重的，处三年以上七年以下有期徒刑。

帮助当事人毁灭、伪造证据，情节严重的，处三年以下有期徒刑或者拘役。

司法工作人员犯前两款罪的，从重处罚。

第三百零七条之一　【虚假诉讼罪】以捏造的事实提起民事诉讼，妨害司法秩序或者严重侵害他人合法权益的，处三年以下有期徒刑、拘役或者管制，并处或者单处罚金；情节严重的，处三年以上七年以下有期徒刑，并处罚金。

单位犯前款罪的，对单位判处罚金，并对其直接负责的主管人员和其他直接责任人员，依照前款的规定处罚。

有第一款行为，非法占有他人财产或者逃避合法债务，又构成其他犯罪的，依照处罚较重的规定定罪从重处罚。

司法工作人员利用职权，与他人共同实施前三款行为的，从重处罚；同时构成其他犯罪的，依照处罚较重的规定定罪从重处罚。①

［适用旧法　但书］对于2015年10月31日以前以捏造的事实提起民事诉讼，妨害司法秩序或者严重侵害他人合法权益，根据修正前刑法应当以伪造公司、企业、事业单位、人民团体印章罪或者妨害作证罪等追究刑事责任的，适用修正前刑法的有关规定。但是，根据修正后刑法第三百零七条之一的规定处刑较轻的，适用修正后刑法的有关规定。

实施第一款行为，非法占有他人财产或者逃避合法债务，根据修正前刑法应当以诈骗罪、职务侵占罪或者贪污罪等追究刑事责任的，适用修正前刑法的有关规定。**最高法《关于〈中华人民共和国刑法修正案（九）〉时间效力问题的解释》法释〔2015〕19号 2015/11/01 第七条**

① 根据2015年11月1日《刑法修正案（九）》增加。

[伪造证据骗取法院民事裁判占有他人财物的行为] 以非法占有为目的，通过伪造证据骗取法院民事裁判占有他人财物的行为所侵害的主要是人民法院正常的审判活动可以由人民法院依照民事诉讼法的有关规定作出处理，不宜以诈骗罪追究行为人的刑事责任。如果行为人伪造证据时，实施了伪造公司、企业、事业单位、人民团体印章的行为，构成犯罪的，应当依照刑法第二百八十条第二款的规定，以伪造公司、企业、事业单位、人民团体印章罪追究刑事责任；如果行为人有指使他人作伪证行为，构成犯罪的应当依照刑法第三百零七条第一款的规定，以妨害作证罪追究刑事责任。最高检法律政策研究室《关于通过伪造证据骗取法院民事裁判占有他人财物的行为如何适用法律问题的答复》〔2002〕高检研发第 18 号 2002/10/24

第三百零八条　【打击报复证人罪】对证人进行打击报复的，处三年以下有期徒刑或者拘役；情节严重的，处三年以上七年以下有期徒刑。

第三百零八条之一　【泄露不应公开的案件信息罪；故意泄露国家秘密罪；披露、报道不应公开的案件信息罪】司法工作人员、辩护人、诉讼代理人或者其他诉讼参与人，泄露依法不公开审理的案件中不应当公开的信息，造成信息公开传播或者其他严重后果的，处三年以下有期徒刑、拘役或者管制，并处或者单处罚金。

有前款行为，泄露国家秘密的，依照本法第三百九十八条的规定定罪处罚。

公开披露、报道第一款规定的案件信息，情节严重的，依照第一款的规定处罚。

单位犯前款罪的，对单位判处罚金，并对其直接负责的主管人员和其他直接责任人员，依照第一款的规定处罚。①

第三百零九条　【扰乱法庭秩序罪】有下列扰乱法庭秩序情

① 根据 2015 年 11 月 1 日《刑法修正案（九）》增加。

形之一的，处三年以下有期徒刑、拘役、管制或者罚金：

（一）聚众哄闹、冲击法庭的；

（二）殴打司法工作人员或者诉讼参与人的；

（三）侮辱、诽谤、威胁司法工作人员或者诉讼参与人，不听法庭制止，严重扰乱法庭秩序的；

（四）有毁坏法庭设施，抢夺、损毁诉讼文书、证据等扰乱法庭秩序行为，情节严重的。①

第三百一十条 【窝藏、包庇罪】明知是犯罪的人而为其提供隐藏处所、财物，帮助其逃匿或者作假证明包庇的，处三年以下有期徒刑、拘役或者管制；情节严重的，处三年以上十年以下有期徒刑。

犯前款罪，事前通谋的，以共同犯罪论处。

第三百一十一条 【拒绝提供间谍犯罪、恐怖主义犯罪、极端主义犯罪、证据罪】明知他人有间谍犯罪或者恐怖主义、极端主义犯罪行为，在司法机关向其调查有关情况、收集有关证据时，拒绝提供，情节严重的，处三年以下有期徒刑、拘役或者管制。②

第三百一十二条 【掩饰、隐瞒犯罪所得、犯罪所得收益罪】明知是犯罪所得及其产生的收益而予以窝藏、转移、收购、代为销售或者以其他方法掩饰、隐瞒的，处三年以下有期徒刑、拘役或者管制，并处或者单处罚金；情节严重的，处三年以上七

---

① 根据2015年11月1日《刑法修正案（九）》修改，原条文为："聚众哄闹、冲击法庭，或者殴打司法工作人员，严重扰乱法庭秩序的，处三年以下有期徒刑、拘役、管制或者罚金。"

② 根据2015年11月1日《刑法修正案（九）》修改，原条文为："明知他人有间谍犯罪行为，在国家安全机关向其调查有关情况、收集有关证据时，拒绝提供，情节严重的，处三年以下有期徒刑、拘役或者管制。"

年以下有期徒刑，并处罚金。[①]

单位犯前款罪的，对单位判处罚金，并对其直接负责的主管人员和其他直接责任人员，依照前款的规定处罚。[②]

[以掩饰、隐瞒犯罪所得罪追究刑事责任] 明知是盗窃文物、盗掘古文化遗址、古墓葬等犯罪所获取的三级以上文物，而予以窝藏、转移、收购、加工、代为销售或者以其他方法掩饰、隐瞒的，依照刑法第三百一十二条的规定，以掩饰、隐瞒犯罪所得罪追究刑事责任。

实施前款规定的行为，事先通谋的，以共同犯罪论处。两高《关于办理妨害文物管理等刑事案件适用法律若干问题的解释》法释〔2015〕23号 2016/01/01 第九条

[可以认定为犯罪情节轻微，不起诉或者免予刑事处罚] 实施本解释第一条、第二条、第六条至第九条规定的行为，虽已达到应当追究刑事责任的标准，但行为人系初犯，积极退回或者协助追回文物，未造成文物损毁，并确有悔罪表现的，可以认定为犯罪情节轻微，不起诉或者免予刑事处罚。两高《关于办理妨害文物管理等刑事案件适用法律若干问题的解释》法释〔2015〕23号 2016/01/01 第十六条第一款

[走私、盗窃、损毁、倒卖、盗掘或者非法转让具有科学价值的古脊椎动物化石、古人类化石的] 走私、盗窃、损毁、倒卖、盗掘或者非法转让具有科学价值的古脊椎动物化石、古人类化石的，依照刑法和本解释的有关规定定罪量刑。两高《关于办理妨害文物管理等刑事案件适用法律若干问题的解释》法释〔2015〕23号 2016/01/01 第十七条

[刑法第312条第1款各种犯罪情形] 明知是犯罪所得及其产生的收益而予以窝藏、转移、收购、代为销售或者以其他方法掩饰、隐瞒，具有下列情形之一的，应当依照刑法第三百一十二条第一款的规定，以掩饰、隐瞒犯罪所得、犯罪所得收益罪定罪处罚：

---

① 根据2006年6月29日《刑法修正案（六）》修改，原条文为："明知是犯罪所得的赃物而予以窝藏、转移、收购或者代为销售的，处三年以下有期徒刑、拘役或者管制，并处或者单处罚金。"

② 根据2009年2月28日《刑法修正案（七）》增加。

（一）掩饰、隐瞒犯罪所得及其产生的收益价值三千元至一万元以上的；

（二）一年内曾因掩饰、隐瞒犯罪所得及其产生的收益行为受过行政处罚，又实施掩饰、隐瞒犯罪所得及其产生的收益行为的；

（三）掩饰、隐瞒的犯罪所得系电力设备、交通设施、广播电视设施、公用电信设施、军事设施或者救灾、抢险、防汛、优抚、扶贫、移民、救济款物的；

（四）掩饰、隐瞒行为致使上游犯罪无法及时查处，并造成公私财物损失无法挽回的；

（五）实施其他掩饰、隐瞒犯罪所得及其产生的收益行为，妨害司法机关对上游犯罪进行追究的。**最高法《关于审理掩饰、隐瞒犯罪所得、犯罪所得收益刑事案件适用法律若干问题的解释》法释〔2015〕11号 2015/06/01 第一条第一款**

[高级人民法院可确定本地区的具体数额标准] 各省、自治区、直辖市高级人民法院可以根据本地区经济社会发展状况，并考虑社会治安状况，在本条第一款第（一）项规定的数额幅度内，确定本地执行的具体数额标准，报最高人民法院备案。**最高法《关于审理掩饰、隐瞒犯罪所得、犯罪所得收益刑事案件适用法律若干问题的解释》法释〔2015〕11号 2015/06/01 第一条第二款**

[掩饰、隐瞒涉及计算机信息系统数据、计算机信息系统控制权的] 司法解释对掩饰、隐瞒涉及计算机信息系统数据、计算机信息系统控制权的犯罪所得及其产生的收益行为构成犯罪已有规定的，审理此类案件依照该规定。**最高法《关于审理掩饰、隐瞒犯罪所得、犯罪所得收益刑事案件适用法律若干问题的解释》法释〔2015〕11号 2015/06/01 第一条第三款**

[明知是非法狩猎的野生动物而收购，数量达到五十只以上的] 依照全国人民代表大会常务委员会《关于〈中华人民共和国刑法〉第三百四十一条、第三百一十二条的解释》，明知是非法狩猎的野生动物而收购，数量达到五十只以上的，以掩饰、隐瞒犯罪所得罪定罪处罚。**最高法《关于审理掩饰、隐瞒犯罪所得、犯罪所得收益刑事案件适用法律若干问题的解释》法释〔2015〕11号 2015/06/01 第一条第四款**

[犯罪情节轻微可免予刑事处罚的] 掩饰、隐瞒犯罪所得及其产生的

收益行为符合本解释第一条的规定，认罪、悔罪并退赃、退赔，且具有下列情形之一的，可以认定为犯罪情节轻微，免予刑事处罚：

（一）具有法定从宽处罚情节的；

（二）为近亲属掩饰、隐瞒犯罪所得及其产生的收益，且系初犯、偶犯的；

（三）有其他情节轻微情形的。**最高法《关于审理掩饰、隐瞒犯罪所得、犯罪所得收益刑事案件适用法律若干问题的解释》法释〔2015〕11号 2015/06/01 第二条第一款**

[可不认为是犯罪的　依法追究刑事责任的] 行为人为自用而掩饰、隐瞒犯罪所得，财物价值刚达到本解释第一条第一款第（一）项规定的标准，认罪、悔罪并退赃、退赔的，一般可不认为是犯罪；依法追究刑事责任的，应当酌情从宽。**最高法《关于审理掩饰、隐瞒犯罪所得、犯罪所得收益刑事案件适用法律若干问题的解释》法释〔2015〕11号 2015/06/01 第二条第二款**

[情节严重] 掩饰、隐瞒犯罪所得及其产生的收益，具有下列情形之一的，应当认定为刑法第三百一十二条第一款规定的“情节严重”：

（一）掩饰、隐瞒犯罪所得及其产生的收益价值总额达到十万元以上的；

（二）掩饰、隐瞒犯罪所得及其产生的收益十次以上，或者三次以上且价值总额达到五万元以上的；

（三）掩饰、隐瞒的犯罪所得系电力设备、交通设施、广播电视设施、公用电信设施、军事设施或者救灾、抢险、防汛、优抚、扶贫、移民、救济款物，价值总额达到五万元以上的；

（四）掩饰、隐瞒行为致使上游犯罪无法及时查处，并造成公私财物重大损失无法挽回或其他严重后果的；

（五）实施其他掩饰、隐瞒犯罪所得及其产生的收益行为，严重妨害司法机关对上游犯罪予以追究的。

司法解释对掩饰、隐瞒涉及机动车、计算机信息系统数据、计算机信息系统控制权的犯罪所得及其产生的收益行为认定“情节严重”已有规定的，审理此类案件依照该规定。**最高法《关于审理掩饰、隐瞒犯罪所得、犯罪所得收益刑事案件适用法律若干问题的解释》法释〔2015〕11号 2015/06/01 第三条**

[数额的确定] 掩饰、隐瞒犯罪所得及其产生的收益的数额，应当以实施掩饰、隐瞒行为时为准。收购或者代为销售财物的价格高于其实际价值的，以收购或者代为销售的价格计算。

多次实施掩饰、隐瞒犯罪所得及其产生的收益行为，未经行政处罚，依法应当追诉的，犯罪所得、犯罪所得收益的数额应当累计计算。最高法《关于审理掩饰、隐瞒犯罪所得、犯罪所得收益刑事案件适用法律若干问题的解释》法释〔2015〕11号 2015/06/01 第四条

[以盗窃、抢劫、诈骗、抢夺等犯罪的共犯论处] 事前与盗窃、抢劫、诈骗、抢夺等犯罪分子通谋，掩饰、隐瞒犯罪所得及其产生的收益的，以盗窃、抢劫、诈骗、抢夺等犯罪的共犯论处。最高法《关于审理掩饰、隐瞒犯罪所得、犯罪所得收益刑事案件适用法律若干问题的解释》法释〔2015〕11号 2015/06/01 第五条

[分别以盗窃罪、抢劫罪、诈骗罪、抢夺罪等定罪处罚] 对犯罪所得及其产生的收益实施盗窃、抢劫、诈骗、抢夺等行为，构成犯罪的，分别以盗窃罪、抢劫罪、诈骗罪、抢夺罪等定罪处罚。最高法《关于审理掩饰、隐瞒犯罪所得、犯罪所得收益刑事案件适用法律若干问题的解释》法释〔2015〕11号 2015/06/01 第六条

[择重罪处罚] 明知是犯罪所得及其产生的收益而予以掩饰、隐瞒，构成刑法第三百一十二条规定的犯罪，同时构成其他犯罪的，依照处罚较重的规定定罪处罚。最高法《关于审理掩饰、隐瞒犯罪所得、犯罪所得收益刑事案件适用法律若干问题的解释》法释〔2015〕11号 2015/06/01 第七条

[掩饰、隐瞒犯罪所得、犯罪所得收益罪的认定] 认定掩饰、隐瞒犯罪所得、犯罪所得收益罪，以上游犯罪事实成立为前提。上游犯罪尚未依法裁判，但查证属实的，不影响掩饰、隐瞒犯罪所得、犯罪所得收益罪的认定。

上游犯罪事实经查证属实，但因行为人未达到刑事责任年龄等原因依法不予追究刑事责任的，不影响掩饰、隐瞒犯罪所得、犯罪所得收益罪的认定。最高法《关于审理掩饰、隐瞒犯罪所得、犯罪所得收益刑事案件适用法律若干问题的解释》法释〔2015〕11号 2015/06/01 第八条

[盗用单位名义实施 违法所得由行为人私分的] 盗用单位名义实施

掩饰、隐瞒犯罪所得及其产生的收益行为，违法所得由行为人私分的，依照刑法和司法解释有关自然人犯罪的规定定罪处罚。最高法《关于审理掩饰、隐瞒犯罪所得、犯罪所得收益刑事案件适用法律若干问题的解释》法释〔2015〕11号 2015/06/01 第九条

[犯罪所得　犯罪所得产生的收益　其他方法] 通过犯罪直接得到的赃款、赃物，应当认定为刑法第三百一十二条规定的“犯罪所得”。上游犯罪的行为人对犯罪所得进行处理后得到的孳息、租金等，应当认定为刑法第三百一十二条规定的“犯罪所得产生的收益”。

明知是犯罪所得及其产生的收益而采取窝藏、转移、收购、代为销售以外的方法，如居间介绍买卖，收受，持有，使用，加工，提供资金账户，协助将财物转换为现金、金融票据、有价证券，协助将资金转移、汇往境外等，应当认定为刑法第三百一十二条规定的“其他方法”。最高法《关于审理掩饰、隐瞒犯罪所得、犯罪所得收益刑事案件适用法律若干问题的解释》法释〔2015〕11号 2015/06/01 第十条

[选择性罪名　罪名的确定] 掩饰、隐瞒犯罪所得、犯罪所得收益罪是选择性罪名，审理此类案件，应当根据具体犯罪行为及其指向的对象，确定适用的罪名。最高法《关于审理掩饰、隐瞒犯罪所得、犯罪所得收益刑事案件适用法律若干问题的解释》法释〔2015〕11号 2015/06/01 第十一条

[掩饰、隐瞒犯罪所得、犯罪所得收益罪的量刑]

1. 构成掩饰、隐瞒犯罪所得、犯罪所得收益罪的，可以根据下列不同情形在相应的幅度内确定量刑起点：

（1）犯罪情节一般的，可以在一年以下有期徒刑、拘役幅度内确定量刑起点。

（2）情节严重的，可以在三年至四年有期徒刑幅度内确定量刑起点。

2. 在量刑起点的基础上，可以根据犯罪数额等其他影响犯罪构成的犯罪事实增加刑罚量，确定基准刑。最高法《关于常见犯罪的量刑指导意见》2017/04/01 四、（十四）

[非法收购国家重点保护的珍贵、濒危野生动物及其制品的行为　收购非法狩猎的野生动物] 知道或者应当知道是国家重点保护的珍贵、濒危野生动物及其制品，为食用或者其他目的而非法购买的，属于刑法第三百

四十一条第一款规定的非法收购国家重点保护的珍贵、濒危野生动物及其制品的行为。全国人大常委会《关于〈中华人民共和国刑法〉第三百四十一条、第三百一十二条的解释》2014/04/24

[明知是犯罪所得而收购的行为] 知道或者应当知道是刑法第三百四十一条第二款规定的非法狩猎的野生动物而购买的，属于刑法第三百一十二条第一款规定的明知是犯罪所得而收购的行为。全国人大常委会《关于〈中华人民共和国刑法〉第三百四十一条、第三百一十二条的解释》2014/04/24

[明知] 刑法第一百九十一条、第三百一十二条规定的“明知”，应当结合被告人的认知能力，接触他人犯罪所得及其收益的情况，犯罪所得及其收益的种类、数额，犯罪所得及其收益的转换、转移方式以及被告人的供述等主、客观因素进行认定。最高法《关于审理洗钱等刑事案件具体应用法律若干问题的解释》法释〔2009〕15号 2009/11/11 第一条第一款

[明知之情形　但确实不知道的除外] 具有下列情形之一的，可以认定被告人明知系犯罪所得及其收益，但有证据证明确实不知道的除外：

（一）知道他人从事犯罪活动，协助转换或者转移财物的；

（二）没有正当理由，通过非法途径协助转换或者转移财物的；

（三）没有正当理由，以明显低于市场的价格收购财物的；

（四）没有正当理由，协助转换或者转移财物，收取明显高于市场的“手续费”的；

（五）没有正当理由，协助他人将巨额现金散存于多个银行账户或者在不同银行账户之间频繁划转的；

（六）协助近亲属或者其他关系密切的人转换或者转移与其职业或者财产状况明显不符的财物的；

（七）其他可以认定行为人明知的情形。最高法《关于审理洗钱等刑事案件具体应用法律若干问题的解释》法释〔2009〕15号 2009/11/11 第一条第二款

[择重罪处罚] 明知是犯罪所得及其产生的收益而予以掩饰、隐瞒，构成刑法第三百一十二条规定的犯罪，同时又构成刑法第一百九十一条或者第三百四十九条规定的犯罪的，依照处罚较重的规定定罪处罚。最高法《关于审理洗钱等刑事案件具体应用法律若干问题的解释》法释〔2009〕15号 2009/11/11 第三条

[明知而实施（盗窃、抢劫、诈骗、抢夺的机动车）] 明知是盗窃、抢劫、诈骗、抢夺的机动车，实施下列行为之一的，依照刑法第三百一十二条的规定，以掩饰、隐瞒犯罪所得、犯罪所得收益罪定罪，处三年以下有期徒刑、拘役或者管制，并处或者单处罚金：

（一）买卖、介绍买卖、典当、拍卖、抵押或者用其抵债的；

（二）拆解、拼装或者组装的；

（三）修改发动机号、车辆识别代号的；

（四）更改车身颜色或者车辆外形的；

（五）提供或者出售机动车来历凭证、整车合格证、号牌以及有关机动车的其他证明和凭证的；

（六）提供或者出售伪造、变造的机动车来历凭证、整车合格证、号牌以及有关机动车的其他证明和凭证的。

实施第一款规定的行为涉及盗窃、抢劫、诈骗、抢夺的机动车五辆以上或者价值总额达到五十万元以上的，属于刑法第三百一十二条规定的“情节严重”，处三年以上七年以下有期徒刑，并处罚金。两高《关于办理与盗窃、抢劫、诈骗、抢夺机动车相关刑事案件具体应用法律若干问题的解释》法释〔2007〕11号 2007/05/11 第一条

[事前通谋的　以共犯论处] 实施本解释第一条、第二条、第三条第一款或者第三款规定的行为，事前与盗窃、抢劫、诈骗、抢夺机动车的犯罪分子通谋的，以盗窃罪、抢劫罪、诈骗罪、抢夺罪的共犯论处。两高《关于办理与盗窃、抢劫、诈骗、抢夺机动车相关刑事案件具体应用法律若干问题的解释》法释〔2007〕11号 2007/05/11 第四条

[明知] 行为人实施本解释第一条、第三条第三款规定的行为，涉及的机动车有下列情形之一的，应当认定行为人主观上属于上述条款所称“明知”：

（一）没有合法有效的来历凭证；

（二）发动机号、车辆识别代号有明显更改痕迹，没有合法证明的。两高《关于办理与盗窃、抢劫、诈骗、抢夺机动车相关刑事案件具体应用法律若干问题的解释》法释〔2007〕11号 2007/05/11 第六条

[与上游犯罪的关系] 刑法第一百九十一条、第三百一十二条、第三

百四十九条规定的犯罪，应当以上游犯罪事实成立为认定前提。上游犯罪尚未依法裁判，但查证属实的，不影响刑法第一百九十一条、第三百一十二条、第三百四十九条规定的犯罪的审判。

上游犯罪事实可以确认，因行为人死亡等原因依法不予追究刑事责任的，不影响刑法第一百九十一条、第三百一十二条、第三百四十九条规定的犯罪的认定。

上游犯罪事实可以确认，依法以其他罪名定罪处罚的，不影响刑法第一百九十一条、第三百一十二条、第三百四十九条规定的犯罪的认定。**最高法《关于审理洗钱等刑事案件具体应用法律若干问题的解释》法释〔2009〕15号 2009/11/11 第四条第一款、第二款、第三款**

[上游犯罪] 本条所称“上游犯罪”，是指产生刑法第一百九十一条、第三百一十二条、第三百四十九条规定的犯罪所得及其收益的各种犯罪行为。**最高法《关于审理洗钱等刑事案件具体应用法律若干问题的解释》法释〔2009〕15号 2009/11/11 第四条第四款**

[明知而实施（盗窃犯罪所得的油气或者油气设备）] 明知是盗窃犯罪所得的油气或者油气设备，而予以窝藏、转移、收购、加工、代为销售或者以其他方法掩饰、隐瞒的，依照刑法第三百一十二条的规定定罪处罚。**两高《关于办理盗窃油气、破坏油气设备等刑事案件具体应用法律若干问题的解释》法释〔2007〕3号 2007/01/19 第五条第一款**

[明知是非法获取的数据或计算机系统控制权而予以以转移、收购、代为销售或者以其他方法掩饰、隐瞒] 明知是非法获取计算机信息系统数据犯罪所获取的数据、非法控制计算机信息系统犯罪所获取的计算机信息系统控制权，而予以转移、收购、代为销售或者以其他方法掩饰、隐瞒，违法所得五千元以上的，应当依照刑法第三百一十二条第一款的规定，以掩饰、隐瞒犯罪所得罪定罪处罚。**两高《关于办理危害计算机信息系统安全刑事案件应用法律若干问题的解释》法释〔2011〕19号 2011/09/01 第七条第一款**

[情节严重] 实施前款规定行为，违法所得五万元以上的，应当认定为刑法第三百一十二条第一款规定的“情节严重”。**两高《关于办理危害计算机信息系统安全刑事案件应用法律若干问题的解释》法释〔2011〕19号 2011/09/01 第七条第二款**

[单位犯罪] 单位实施第一款规定行为的，定罪量刑标准依照第一款、第二款的规定执行。两高《关于办理危害计算机信息系统安全刑事案件应用法律若干问题的解释》法释〔2011〕19号 2011/09/01 第七条第三款

[窝藏、转移非法制售的烟草制品的] 明知是非法制售的烟草制品而予以窝藏、转移的，依照刑法第三百一十二条的规定，以窝藏、转移赃物罪定罪处罚。两高、公安部、国家烟草专卖局《关于办理假冒伪劣烟草制品等刑事案件适用法律问题座谈会纪要》商检会〔2003〕4号 2003/12/23 第七条

第三百一十三条　【拒不执行判决、裁定罪】对人民法院的判决、裁定有能力执行而拒不执行，情节严重的，处三年以下有期徒刑、拘役或者罚金；情节特别严重的，处三年以上七年以下有期徒刑，并处罚金。

单位犯前款罪的，对单位判处罚金，并对其直接负责的主管人员和其他直接责任人员，依照前款的规定处罚。①

[裁判要旨　有能力执行而拒不执行的起算时间项　转卖名下客车项] 有能力执行而拒不执行判决、裁定的时间从判决、裁定发生法律效力时起算。具有执行内容的判决、裁定发生法律效力后，负有执行义务的人有隐藏、转移、故意毁损财产等拒不执行行为，致使判决、裁定无法执行，情节严重的，应当以拒不执行判决、裁定罪定罪处罚。最高法指导案例71号：毛建文拒不执行判决、裁定案

[以拒不执行判决、裁定罪处罚] 被执行人、协助执行义务人、担保人等负有执行义务的人对人民法院的判决、裁定有能力执行而拒不执行，情节严重的，应当依照刑法第三百一十三条的规定，以拒不执行判决、裁定罪处罚。最高法《关于审理拒不执行判决、裁定刑事案件适用法律若干问题的解释》法释〔2015〕16号 2015/07/22 第一条

[其他有能力执行而拒不执行，情节严重的情形] 负有执行义务的人有能力执行而实施下列行为之一的，应当认定为全国人民代表大会常务委

① 根据2015年11月1日《刑法修正案（九）》修改，原条文为："对人民法院的判决、裁定有能力执行而拒不执行，情节严重的，处三年以下有期徒刑、拘役或者罚金。"

员会关于刑法第三百一十三条的解释中规定的“其他有能力执行而拒不执行，情节严重的情形”：

（一）具有拒绝报告或者虚假报告财产情况、违反人民法院限制高消费及有关消费令等拒不执行行为，经采取罚款或者拘留等强制措施后仍拒不执行的；

（二）伪造、毁灭有关被执行人履行能力的重要证据，以暴力、威胁、贿买方法阻止他人作证或者指使、贿买、胁迫他人作伪证，妨碍人民法院查明被执行人财产情况，致使判决、裁定无法执行的；

（三）拒不交付法律文书指定交付的财物、票证或者拒不迁出房屋、退出土地，致使判决、裁定无法执行的；

（四）与他人串通，通过虚假诉讼、虚假仲裁、虚假和解等方式妨害执行，致使判决、裁定无法执行的；

（五）以暴力、威胁方法阻碍执行人员进入执行现场或者聚众哄闹、冲击执行现场，致使执行工作无法进行的；

（六）对执行人员进行侮辱、围攻、扣押、殴打，致使执行工作无法进行的；

（七）毁损、抢夺执行案件材料、执行公务车辆和其他执行器械、执行人员服装以及执行公务证件，致使执行工作无法进行的；

（八）拒不执行法院判决、裁定，致使债权人遭受重大损失的。**最高法《关于审理拒不执行判决、裁定刑事案件适用法律若干问题的解释》法释〔2015〕16号 2015/07/22 第二条**

[酌情从宽处罚] 拒不执行判决、裁定的被告人在一审宣告判决前，履行全部或部分执行义务的，可以酌情从宽处罚。**最高法《关于审理拒不执行判决、裁定刑事案件适用法律若干问题的解释》法释〔2015〕16号 2015/07/22 第六条**

[酌情从重处罚] 拒不执行支付赡养费、扶养费、抚育费、抚恤金、医疗费用、劳动报酬等判决、裁定的，可以酌情从重处罚。**最高法《关于审理拒不执行判决、裁定刑事案件适用法律若干问题的解释》法释〔2015〕16号 2015/07/22 第七条**

[本解释效力] 本解释自发布之日起施行。此前发布的司法解释和规范性文件与本解释不一致的，以本解释为准。**最高法《关于审理拒不执行判决、**

裁定刑事案件适用法律若干问题的解释》法释〔2015〕16号 2015/07/22 第八条

[人民法院的判决、裁定] 刑法第三百一十三条规定的“人民法院的判决、裁定”，是指人民法院依法作出的具有执行内容并已发生法律效力的判决、裁定。人民法院为依法执行支付令、生效的调解书、仲裁裁决、公证债权文书等所作的裁定属于该条规定的裁定。全国人大常委会《关于〈中华人民共和国刑法〉第三百一十三条的解释》2002/08/29

[有能力执行而拒不执行，情节严重] 下列情形属于刑法第三百一十三条规定的“有能力执行而拒不执行，情节严重”的情形：

（一）被执行人隐藏、转移、故意毁损财产或者无偿转让财产、以明显不合理的低价转让财产，致使判决、裁定无法执行的；

（二）担保人或者被执行人隐藏、转移、故意毁损或者转让已向人民法院提供担保的财产，致使判决、裁定无法执行的；

（三）协助执行义务人接到人民法院协助执行通知书后，拒不协助执行，致使判决、裁定无法执行的；

（四）被执行人、担保人、协助执行义务人与国家机关工作人员通谋，利用国家机关工作人员的职权妨害执行，致使判决、裁定无法执行的；

（五）其他有能力执行而拒不执行，情节严重的情形。全国人大常委会《关于〈中华人民共和国刑法〉第三百一十三条的解释》2002/08/29

[国家机关工作人员　共犯] 国家机关工作人员有上述第四项行为的，以拒不执行判决、裁定罪的共犯追究刑事责任。国家机关工作人员收受贿赂或者滥用职权，有上述第四项行为的，同时又构成刑法第三百八十五条、第三百九十七条规定之罪的，依照处罚较重的规定定罪处罚。全国人大常委会《关于〈中华人民共和国刑法〉第三百一十三条的解释》2002/08/29

[拒不执行判决、裁定的行为] 对下列拒不执行判决、裁定的行为，依照刑法第三百一十三条的规定，以拒不执行判决、裁定罪论处。

（一）被执行人隐藏、转移、故意毁损财产或者无偿转让财产、以明显不合理的低价转让财产，致使判决、裁定无法执行的；

（二）担保人或者被执行人隐藏、转移、故意毁损或者转让已向人民法院提供担保的财产，致使判决、裁定无法执行的；

（三）协助执行义务人接到人民法院协助执行通知书后，拒不协助执行，致使判决、裁定无法执行的；

（四）被执行人、担保人、协助执行义务人与国家机关工作人员通谋，利用国家机关工作人员的职权妨害执行，致使判决、裁定无法执行的；

（五）其他有能力执行而拒不执行，情节严重的情形。两高、公安部《关于依法严肃查处拒不执行判决裁定和暴力抗拒法院执行犯罪行为有关问题的通知》法发〔2007〕29号 2007/08/30 第一条

［单位直接负责的主管人员和其他直接责任人员 实施第一条、第二条所列行为］负有执行人民法院判决、裁定义务的单位直接负责的主管人员和其他直接责任人员，为了本单位的利益实施本《通知》第一条、第二条所列行为之一的，对该主管人员和其他直接责任人员，依照刑法第三百一十三条和第二百七十七条的规定，分别以拒不执行判决、裁定罪和妨害公务罪论处。两高、公安部《关于依法严肃查处拒不执行判决裁定和暴力抗拒法院执行犯罪行为有关问题的通知》法发〔2007〕29号 2007/08/30 第三条

［国家机关工作人员 共犯］国家机关工作人员有本《通知》第一条第四项行为的，以拒不执行判决、裁定罪的共犯追究刑事责任。两高、公安部《关于依法严肃查处拒不执行判决裁定和暴力抗拒法院执行犯罪行为有关问题的通知》法发〔2007〕29号 2007/08/30 第四条第一款

［择重罪处罚］国家机关工作人员收受贿赂或者滥用职权，有本《通知》第一条第四项行为的，同时又构成刑法第三百八十五条、第三百九十七条规定罪的，依照处罚较重的规定定罪处罚。两高、公安部《关于依法严肃查处拒不执行判决裁定和暴力抗拒法院执行犯罪行为有关问题的通知》法发〔2007〕29号 2007/08/30 第四条第二款

［判决、裁定不包括调解书］刑法第三百一十三条规定的“判决、裁定”，不包括人民法院的调解书。对于行为人拒不执行人民法院调解书的行为，不能依照刑法第三百一十三条的规定定罪处罚。最高法研究室《关于拒不执行人民法院调解书的行为是否构成拒不执行判决、裁定罪的答复》法研〔2000〕117号 2000/12/14

第三百一十四条 【非法处置查封、扣押、冻结的财产罪】隐藏、转移、变卖、故意毁损已被司法机关查封、扣押、冻结的财产，情节严重的，处三年以下有期徒刑、拘役或者罚金。

第三百一十五条　【破坏监管秩序罪】依法被关押的罪犯，有下列破坏监管秩序行为之一，情节严重的，处三年以下有期徒刑：

（一）殴打监管人员的；

（二）组织其他被监管人破坏监管秩序的；

（三）聚众闹事，扰乱正常监管秩序的；

（四）殴打、体罚或者指使他人殴打、体罚其他被监管人的。

第三百一十六条　【脱逃罪；劫夺被押解人员罪】依法被关押的罪犯、被告人、犯罪嫌疑人脱逃的，处五年以下有期徒刑或者拘役。

劫夺押解途中的罪犯、被告人、犯罪嫌疑人的，处三年以上七年以下有期徒刑；情节严重的，处七年以上有期徒刑。

第三百一十七条　【组织越狱罪；暴动越狱罪；聚众持械劫狱罪】组织越狱的首要分子和积极参加的，处五年以上有期徒刑；其他参加的，处五年以下有期徒刑或者拘役。

暴动越狱或者聚众持械劫狱的首要分子和积极参加的，处十年以上有期徒刑或者无期徒刑；情节特别严重的，处死刑；其他参加的，处三年以上十年以下有期徒刑。

第三节　妨害国（边）境管理罪

［**“偷越国（边）境”行为**］具有下列情形之一的，应当认定为刑法第六章第三节规定的“偷越国（边）境”行为：

（一）没有出入境证件出入国（边）境或者逃避接受边防检查的；

（二）使用伪造、变造、无效的出入境证件出入国（边）境的；

（三）使用他人出入境证件出入国（边）境的；

（四）使用以虚假的出入境事由、隐瞒真实身份、冒用他人身份证件等方式骗取的出入境证件出入国（边）境的；

（五）采用其他方式非法出入国（边）境的。两高《关于办理妨害国（边）境管理刑事案件应用法律若干问题的解释》法释〔2012〕17号 2012/12/20 第六条

[本解释效力] 本解释发布实施后，《最高人民法院关于审理组织、运送他人偷越国（边）境等刑事案件适用法律若干问题的解释》（法释〔2002〕3号）不再适用。两高《关于办理妨害国（边）境管理刑事案件应用法律若干问题的解释》法释〔2012〕17号 2012/12/20 第十条

第三百一十八条　【组织他人偷越国（边）境罪】组织他人偷越国（边）境的，处二年以上七年以下有期徒刑，并处罚金；有下列情形之一的，处七年以上有期徒刑或者无期徒刑，并处罚金或者没收财产：

（一）组织他人偷越国（边）境集团的首要分子；

（二）多次组织他人偷越国（边）境或者组织他人偷越国（边）境人数众多的；

（三）造成被组织人重伤、死亡的；

（四）剥夺或者限制被组织人人身自由的；

（五）以暴力、威胁方法抗拒检查的；

（六）违法所得数额巨大的；

（七）有其他特别严重情节的。

犯前款罪，对被组织人有杀害、伤害、强奸、拐卖等犯罪行为，或者对检查人员有杀害、伤害等犯罪行为的，依照数罪并罚的规定处罚。

[组织他人偷越国（边）境] 领导、策划、指挥他人偷越国（边）境或者在首要分子指挥下，实施拉拢、引诱、介绍他人偷越国（边）境等行为的，应当认定为刑法第三百一十八条规定的“组织他人偷越国（边）境”。两高《关于办理妨害国（边）境管理刑事案件应用法律若干问题的解释》法释〔2012〕17号 2012/12/20 第一条第一款

[人数众多　违法所得数额巨大] 组织他人偷越国（边）境人数在十

人以上的，应当认定为刑法第三百一十八条第一款第（二）项规定的“人数众多”；违法所得数额在二十万元以上的，应当认定为刑法第三百一十八条第一款第（六）项规定的“违法所得数额巨大”。两高《关于办理妨害国（边）境管理刑事案件应用法律若干问题的解释》法释〔2012〕17号 2012/12/20 第一条第二款

［以组织他人偷越国（边）境罪（未遂）论处的行为　结合未遂犯处罚原则量刑］以组织他人偷越国（边）境为目的，招募、拉拢、引诱、介绍、培训偷越国（边）境人员，策划、安排偷越国（边）境行为，在他人偷越国（边）境之前或者偷越国（边）境过程中被查获的，应当以组织他人偷越国（边）境罪（未遂）论处；具有刑法第三百一十八条第一款规定的情形之一的，应当在相应的法定刑幅度基础上，结合未遂犯的处罚原则量刑。两高《关于办理妨害国（边）境管理刑事案件应用法律若干问题的解释》法释〔2012〕17号 2012/12/20 第一条第三款

［以单位名义］以单位名义或者单位形式组织他人偷越国（边）境、为他人提供伪造、变造的出入境证件或者运送他人偷越国（边）境的，应当依照刑法第三百一十八条、第三百二十条、第三百二十一条的规定追究直接负责的主管人员和其他直接责任人员的刑事责任。两高《关于办理妨害国（边）境管理刑事案件应用法律若干问题的解释》法释〔2012〕17号 2012/12/20 第七条

［择重罪处罚］实施组织他人偷越国（边）境犯罪，同时构成骗取出境证件罪、提供伪造、变造的出入境证件罪、出售出入境证件罪、运送他人偷越国（边）境罪的，依照处罚较重的规定定罪处罚。两高《关于办理妨害国（边）境管理刑事案件应用法律若干问题的解释》法释〔2012〕17号 2012/12/20 第八条

第三百一十九条　【骗取出境证件罪】以劳务输出、经贸往来或者其他名义，弄虚作假，骗取护照、签证等出境证件，为组织他人偷越国（边）境使用的，处三年以下有期徒刑，并处罚金；情节严重的，处三年以上十年以下有期徒刑，并处罚金。

单位犯前款罪的，对单位判处罚金，并对其直接负责的主管

人员和其他直接责任人员，依照前款的规定处罚。

[弄虚作假] 为组织他人偷越国（边）境，编造出境事由、身份信息或者相关的境外关系证明的，应当认定为刑法第三百一十九条第一款规定的“弄虚作假”。两高《关于办理妨害国（边）境管理刑事案件应用法律若干问题的解释》法释〔2012〕17号 2012/12/20 第二条第一款

[出境证件] 刑法第三百一十九条第一款规定的“出境证件”，包括护照或者代替护照使用的国际旅行证件，中华人民共和国海员证，中华人民共和国出入境通行证，中华人民共和国旅行证，中国公民往来香港、澳门、台湾地区证件，边境地区出入境通行证，签证、签注，出国（境）证明、名单，以及其他出境时需要查验的资料。两高《关于办理妨害国（边）境管理刑事案件应用法律若干问题的解释》法释〔2012〕17号 2012/12/20 第二条第二款

[情节严重] 具有下列情形之一的，应当认定为刑法第三百一十九条第一款规定的“情节严重”：

（一）骗取出境证件五份以上的；

（二）非法收取费用三十万元以上的；

（三）明知是国家规定的不准出境的人员而为其骗取出境证件的；

（四）其他情节严重的情形。两高《关于办理妨害国（边）境管理刑事案件应用法律若干问题的解释》法释〔2012〕17号 2012/12/20 第二条第三款

第三百二十条 【提供伪造、变造的出入境证件罪；出售出入境证件罪】为他人提供伪造、变造的护照、签证等出入境证件，或者出售护照、签证等出入境证件的，处五年以下有期徒刑，并处罚金；情节严重的，处五年以上有期徒刑，并处罚金。

[出入境证件] 刑法第三百二十条规定的“出入境证件”，包括本解释第二条第二款所列的证件以及其他入境时需要查验的资料。两高《关于办理妨害国（边）境管理刑事案件应用法律若干问题的解释》法释〔2012〕17号 2012/12/20 第三条第一款

[情节严重] 具有下列情形之一的，应当认定为刑法第三百二十条规定的“情节严重”：

（一）为他人提供伪造、变造的出入境证件或者出售出入境证件五份

以上的；

（二）非法收取费用三十万元以上的；

（三）明知是国家规定的不准出入境的人员而为其提供伪造、变造的出入境证件或者向其出售出入境证件的；

（四）其他情节严重的情形。两高《关于办理妨害国（边）境管理刑事案件应用法律若干问题的解释》法释〔2012〕17号 2012/12/20 第三条第二款

[以单位名义] 以单位名义或者单位形式组织他人偷越国（边）境、为他人提供伪造、变造的出入境证件或者运送他人偷越国（边）境的，应当依照刑法第三百一十八条、第三百二十条、第三百二十一条的规定追究直接负责的主管人员和其他直接责任人员的刑事责任。两高《关于办理妨害国（边）境管理刑事案件应用法律若干问题的解释》法释〔2012〕17号 2012/12/20 第七条

第三百二十一条　【运送他人偷越国（边）境罪】运送他人偷越国（边）境的，处五年以下有期徒刑、拘役或者管制，并处罚金；有下列情形之一的，处五年以上十年以下有期徒刑，并处罚金：

（一）多次实施运送行为或者运送人数众多的；

（二）所使用的船只、车辆等交通工具不具备必要的安全条件，足以造成严重后果的；

（三）违法所得数额巨大的；

（四）有其他特别严重情节的。

在运送他人偷越国（边）境中造成被运送人重伤、死亡，或者以暴力、威胁方法抗拒检查的，处七年以上有期徒刑，并处罚金。

犯前两款罪，对被运送人有杀害、伤害、强奸、拐卖等犯罪行为，或者对检查人员有杀害、伤害等犯罪行为的，依照数罪并罚的规定处罚。

[人数众多　违法所得数额巨大] 运送他人偷越国（边）境人数在十

人以上的，应当认定为刑法第三百二十一条第一款第（一）项规定的“人数众多”；违法所得数额在二十万元以上的，应当认定为刑法第三百二十一条第一款第（三）项规定的“违法所得数额巨大”。两高《关于办理妨害国（边）境管理刑事案件应用法律若干问题的解释》法释〔2012〕17号 2012/12/20 第四条

［以单位名义］以单位名义或者单位形式组织他人偷越国（边）境、为他人提供伪造、变造的出入境证件或者运送他人偷越国（边）境的，应当依照刑法第三百一十八条、第三百二十条、第三百二十一条的规定追究直接负责的主管人员和其他直接责任人员的刑事责任。两高《关于办理妨害国（边）境管理刑事案件应用法律若干问题的解释》法释〔2012〕17号 2012/12/20 第七条

第三百二十二条　【偷越国（边）境罪】违反国（边）境管理法规，偷越国（边）境，情节严重的，处一年以下有期徒刑、拘役或者管制，并处罚金；为参加恐怖活动组织、接受恐怖活动培训或者实施恐怖活动，偷越国（边）境的，处一年以上三年以下有期徒刑，并处罚金。①

［刑法第322条之情节严重］违反我国国（边）境管理法规，非法进入我国领海，具有下列情形之一的，应当认定为刑法第三百二十二条规定的“情节严重”：

（一）经驱赶拒不离开的；

（二）被驱离后又非法进入我国领海的；

（三）因非法进入我国领海被行政处罚或者被刑事处罚后，一年内又非法进入我国领海的；

（四）非法进入我国领海从事捕捞水产品等活动，尚不构成非法捕捞水产品等犯罪的；

（五）其他情节严重的情形。最高法《关于审理发生在我国管辖海域相关案件若干问题的规定（二）》法释〔2016〕17号 2016/08/02 第三条

---

① 根据2015年11月1日《刑法修正案（九）》修改，原条文为：“违反国（边）境管理法规，偷越国（边）境，情节严重的，处一年以下有期徒刑、拘役或者管制，并处罚金。

[刑法第322条之情节严重] 偷越国（边）境，具有下列情形之一的，应当认定为刑法第三百二十二条规定的“情节严重”：

（一）在境外实施损害国家利益行为的；

（二）偷越国（边）境三次以上或者三人以上结伙偷越国（边）境的；

（三）拉拢、引诱他人一起偷越国（边）境的；

（四）勾结境外组织、人员偷越国（边）境的；

（五）因偷越国（边）境被行政处罚后一年内又偷越国（边）境的；

（六）其他情节严重的情形。两高《关于办理妨害国（边）境管理刑事案件应用法律若干问题的解释》法释〔2012〕17号 2012/12/20 第五条

第三百二十三条　【破坏界碑、界桩罪；破坏永久性测量标志罪】故意破坏国家边境的界碑、界桩或者永久性测量标志的，处三年以下有期徒刑或者拘役。

第四节　妨害文物管理罪

第三百二十四条　【故意损毁文物罪；故意损毁名胜古迹罪；过失损毁文物罪】故意损毁国家保护的珍贵文物或者被确定为全国重点文物保护单位、省级文物保护单位的文物的，处三年以下有期徒刑或者拘役，并处或者单处罚金；情节严重的，处三年以上十年以下有期徒刑，并处罚金。

故意损毁国家保护的名胜古迹，情节严重的，处五年以下有期徒刑或者拘役，并处或者单处罚金。

过失损毁国家保护的珍贵文物或者被确定为全国重点文物保护单位、省级文物保护单位的文物，造成严重后果的，处三年以下有期徒刑或者拘役。

[全国重点文物保护单位、省级文物保护单位的本体] 全国重点文物保护单位、省级文物保护单位的本体，应当认定为刑法第三百二十四条第

一款规定的“被确定为全国重点文物保护单位、省级文物保护单位的文物”。两高《关于办理妨害文物管理等刑事案件适用法律若干问题的解释》法释〔2015〕23号 2016/01/01 第三条第一款

[刑法第324条第1款规定的“情节严重”] 故意损毁国家保护的珍贵文物或者被确定为全国重点文物保护单位、省级文物保护单位的文物，具有下列情形之一的，应当认定为刑法第三百二十四条第一款规定的“情节严重”：

（一）造成五件以上三级文物损毁的；

（二）造成二级以上文物损毁的；

（三）致使全国重点文物保护单位、省级文物保护单位的本体严重损毁或者灭失的；

（四）多次损毁或者损毁多处全国重点文物保护单位、省级文物保护单位的本体的；

（五）其他情节严重的情形。两高《关于办理妨害文物管理等刑事案件适用法律若干问题的解释》法释〔2015〕23号 2016/01/01 第三条第二款

[酌情从重处罚] 实施前款规定的行为，拒不执行国家行政主管部门作出的停止侵害文物的行政决定或者命令的，酌情从重处罚。两高《关于办理妨害文物管理等刑事案件适用法律若干问题的解释》法释〔2015〕23号 2016/01/01 第三条第三款

[国家保护的名胜古迹] 风景名胜区的核心景区以及未被确定为全国重点文物保护单位、省级文物保护单位的古文化遗址、古墓葬、古建筑、石窟寺、石刻、壁画、近代现代重要史迹和代表性建筑等不可移动文物的本体，应当认定为刑法第三百二十四条第二款规定的“国家保护的名胜古迹”。两高《关于办理妨害文物管理等刑事案件适用法律若干问题的解释》法释〔2015〕23号 2016/01/01 第四条第一款

[刑法第324条第2款规定的“情节严重”] 故意损毁国家保护的名胜古迹，具有下列情形之一的，应当认定为刑法第三百二十四条第二款规定的“情节严重”：

（一）致使名胜古迹严重损毁或者灭失的；

（二）多次损毁或者损毁多处名胜古迹的；

（三）其他情节严重的情形。两高《关于办理妨害文物管理等刑事案件适用法律若干问题的解释》法释〔2015〕23号 2016/01/01 第四条第二款

[酌情从重处罚] 实施前款规定的行为，拒不执行国家行政主管部门作出的停止侵害文物的行政决定或者命令的，酌情从重处罚。两高《关于办理妨害文物管理等刑事案件适用法律若干问题的解释》法释〔2015〕23号 2016/01/01 第四条第三款

[故意损毁风景名胜区内被确定为全国重点文物保护单位、省级文物保护单位的文物的] 故意损毁风景名胜区内被确定为全国重点文物保护单位、省级文物保护单位的文物的，依照刑法第三百二十四条第一款和本解释第三条的规定定罪量刑。两高《关于办理妨害文物管理等刑事案件适用法律若干问题的解释》法释〔2015〕23号 2016/01/01 第四条第四款

[刑法第324条第3款规定的“造成严重后果”] 过失损毁国家保护的珍贵文物或者被确定为全国重点文物保护单位、省级文物保护单位的文物，具有本解释第三条第二款第一项至第三项规定情形之一的，应当认定为刑法第三百二十四条第三款规定的“造成严重后果”。两高《关于办理妨害文物管理等刑事案件适用法律若干问题的解释》法释〔2015〕23号 2016/01/01 第五条

[文物] 刑法有关文物的规定，适用于具有科学价值的古脊椎动物化石、古人类化石。全国人大常委会《关于〈中华人民共和国刑法〉有关文物的规定适用于具有科学价值的古脊椎动物化石、古人类化石的解释》2005/12/29

[故意损毁文物案立案追诉标准] [故意损毁文物案（刑法第三百二十四条第一款）] 故意损毁国家保护的珍贵文物或者被确定为全国重点文物保护单位、省级文物保护单位的文物的，应予立案追诉。最高检、公安部《关于公安机关管辖的刑事案件立案追诉标准的规定（一）》公通字〔2008〕36号 2008/06/25 第四十六条

[故意损毁名胜古迹案立案追诉标准] [故意损毁名胜古迹案（刑法第三百二十四条第二款）] 故意损毁国家保护的名胜古迹，涉嫌下列情形之一的，应予立案追诉：

（一）造成国家保护的名胜古迹严重损毁的；

（二）损毁国家保护的名胜古迹三次以上或者三处以上，尚未造成严重损毁后果的；

（三）损毁手段特别恶劣的；

（四）其他情节严重的情形。最高检、公安部《关于公安机关管辖的刑事案件立案追诉标准的规定（一）》公通字〔2008〕36号 2008/06/25 第四十七条

［过失损毁文物案立案追诉标准］［过失损毁文物案（刑法第三百二十四条第三款）］过失损毁国家保护的珍贵文物或者被确定为全国重点文物保护单位、省级文物保护单位的文物，涉嫌下列情形之一的，应予立案追诉：

（一）造成珍贵文物严重损毁的；

（二）造成被确定为全国重点文物保护单位、省级文物保护单位的文物严重损毁的；

（三）造成珍贵文物损毁三件以上的；

（四）其他造成严重后果的情形。最高检、公安部《关于公安机关管辖的刑事案件立案追诉标准的规定（一）》公通字〔2008〕36号 2008/06/25 第四十八条

第三百二十五条　【非法向外国人出售、赠送珍贵文物罪】违反文物保护法规，将收藏的国家禁止出口的珍贵文物私自出售或者私自赠送给外国人的，处五年以下有期徒刑或者拘役，可以并处罚金。

单位犯前款罪的，对单位判处罚金，并对其直接负责的主管人员和其他直接责任人员，依照前款的规定处罚。

［文物］刑法有关文物的规定，适用于具有科学价值的古脊椎动物化石、古人类化石。全国人大常委会《关于〈中华人民共和国刑法〉有关文物的规定适用于具有科学价值的古脊椎动物化石、古人类化石的解释》2005/12/29

第三百二十六条　【倒卖文物罪】以牟利为目的，倒卖国家禁止经营的文物，情节严重的，处五年以下有期徒刑或者拘役，并处罚金；情节特别严重的，处五年以上十年以下有期徒刑，并处罚金。

单位犯前款罪的，对单位判处罚金，并对其直接负责的主管人员和其他直接责任人员，依照前款的规定处罚。

[倒卖国家禁止经营的文物] 出售或者为出售而收购、运输、储存《中华人民共和国文物保护法》规定的“国家禁止买卖的文物”的，应当认定为刑法第三百二十六条规定的“倒卖国家禁止经营的文物”。两高《关于办理妨害文物管理等刑事案件适用法律若干问题的解释》法释〔2015〕23号 2016/01/01 第六条第一款

[刑法第326条规定的“情节严重”] 倒卖国家禁止经营的文物，具有下列情形之一的，应当认定为刑法第三百二十六条规定的“情节严重”：

（一）倒卖三级文物的；

（二）交易数额在五万元以上的；

（三）其他情节严重的情形。两高《关于办理妨害文物管理等刑事案件适用法律若干问题的解释》法释〔2015〕23号 2016/01/01 第六条第二款

[刑法第326条规定的“情节特别严重”] 实施前款规定的行为，具有下列情形之一的，应当认定为刑法第三百二十六条规定的“情节特别严重”：

（一）倒卖二级以上文物的；

（二）倒卖三级文物五件以上的；

（三）交易数额在二十五万元以上的；

（四）其他情节特别严重的情形。两高《关于办理妨害文物管理等刑事案件适用法律若干问题的解释》法释〔2015〕23号 2016/01/01 第六条第三款

[针对不可移动文物整体实施走私、盗窃、倒卖等行为的] 针对不可移动文物整体实施走私、盗窃、倒卖等行为的，根据所属不可移动文物的等级，依照本解释第一条、第二条、第六条的规定定罪量刑：

（一）尚未被确定为文物保护单位的不可移动文物，适用一般文物的定罪量刑标准；

（二）市、县级文物保护单位，适用三级文物的定罪量刑标准；

（三）全国重点文物保护单位、省级文物保护单位，适用二级以上文物的定罪量刑标准。两高《关于办理妨害文物管理等刑事案件适用法律若干问题的解释》法释〔2015〕23号 2016/01/01 第十二条第一款

[针对不可移动文物中的建筑构件、壁画、雕塑、石刻等实施走私、盗窃、倒卖等行为的] 针对不可移动文物中的建筑构件、壁画、雕塑、石

刻等实施走私、盗窃、倒卖等行为的，根据建筑构件、壁画、雕塑、石刻等文物本身的等级或者价值，依照本解释第一条、第二条、第六条的规定定罪量刑。建筑构件、壁画、雕塑、石刻等所属不可移动文物的等级，应当作为量刑情节予以考虑。**两高《关于办理妨害文物管理等刑事案件适用法律若干问题的解释》法释〔2015〕23号 2016/01/01 第十二条第二款**

［依照文物价值定罪量刑的］依照文物价值定罪量刑的，根据涉案文物的有效价格证明认定文物价值；无有效价格证明，或者根据价格证明认定明显不合理的，根据销赃数额认定，或者结合本解释第十五条规定的鉴定意见、报告认定。**两高《关于办理妨害文物管理等刑事案件适用法律若干问题的解释》法释〔2015〕23号 2016/01/01 第十四条**

［在行为人实施有关行为前，文物行政部门已对涉案文物及其等级作出认定的］在行为人实施有关行为前，文物行政部门已对涉案文物及其等级作出认定的，可以直接对有关案件事实作出认定。**两高《关于办理妨害文物管理等刑事案件适用法律若干问题的解释》法释〔2015〕23号 2016/01/01 第十五条第一款**

［对案件涉及的有关文物鉴定、价值认定等专门性问题难以确定的］对案件涉及的有关文物鉴定、价值认定等专门性问题难以确定的，由司法鉴定机构出具鉴定意见，或者由国务院文物行政部门指定的机构出具报告。其中，对于文物价值，也可以由有关价格认证机构作出价格认证并出具报告。**两高《关于办理妨害文物管理等刑事案件适用法律若干问题的解释》法释〔2015〕23号 2016/01/01 第十五条第二款**

［可以认定为犯罪情节轻微，不起诉或者免予刑事处罚］实施本解释第一条、第二条、第六条至第九条规定的行为，虽已达到应当追究刑事责任的标准，但行为人系初犯，积极退回或者协助追回文物，未造成文物损毁，并确有悔罪表现的，可以认定为犯罪情节轻微，不起诉或者免予刑事处罚。

实施本解释第三条至第五条规定的行为，虽已达到应当追究刑事责任的标准，但行为人系初犯，积极赔偿损失，并确有悔罪表现的，可以认定为犯罪情节轻微，不起诉或者免予刑事处罚。**两高《关于办理妨害文物管理等刑事案件适用法律若干问题的解释》法释〔2015〕23号 2016/01/01 第十六条**

[走私、盗窃、损毁、倒卖、盗掘或者非法转让具有科学价值的古脊椎动物化石、古人类化石的] 走私、盗窃、损毁、倒卖、盗掘或者非法转让具有科学价值的古脊椎动物化石、古人类化石的，依照刑法和本解释的有关规定定罪量刑。两高《关于办理妨害文物管理等刑事案件适用法律若干问题的解释》法释〔2015〕23号 2016/01/01 第十七条

[文物] 刑法有关文物的规定，适用于具有科学价值的古脊椎动物化石、古人类化石。全国人大常委会《关于〈中华人民共和国刑法〉有关文物的规定适用于具有科学价值的古脊椎动物化石、古人类化石的解释》2005/12/29

第三百二十七条　【非法出售、私赠文物藏品罪】违反文物保护法规，国有博物馆、图书馆等单位将国家保护的文物藏品出售或者私自送给非国有单位或者个人的，对单位判处罚金，并对其直接负责的主管人员和其他直接责任人员，处三年以下有期徒刑或者拘役。

[以非法出售、私赠文物藏品罪追究刑事责任] 国有博物馆、图书馆以及其他国有单位，违反文物保护法规，将收藏或者管理的国家保护的文物藏品出售或者私自送给非国有单位或者个人的，依照刑法第三百二十七条的规定，以非法出售、私赠文物藏品罪追究刑事责任。两高《关于办理妨害文物管理等刑事案件适用法律若干问题的解释》法释〔2015〕23号 2016/01/01 第七条

[可以认定为犯罪情节轻微，不起诉或者免予刑事处罚] 实施本解释第一条、第二条、第六条至第九条规定的行为，虽已达到应当追究刑事责任的标准，但行为人系初犯，积极退回或者协助追回文物，未造成文物损毁，并确有悔罪表现的，可以认定为犯罪情节轻微，不起诉或者免予刑事处罚。

实施本解释第三条至第五条规定的行为，虽已达到应当追究刑事责任的标准，但行为人系初犯，积极赔偿损失，并确有悔罪表现的，可以认定为犯罪情节轻微，不起诉或者免予刑事处罚。两高《关于办理妨害文物管理等刑事案件适用法律若干问题的解释》法释〔2015〕23号 2016/01/01 第十六条

[走私、盗窃、损毁、倒卖、盗掘或者非法转让具有科学价值的古脊椎

椎动物化石、古人类化石的］走私、盗窃、损毁、倒卖、盗掘或者非法转让具有科学价值的古脊椎动物化石、古人类化石的，依照刑法和本解释的有关规定定罪量刑。两高《关于办理妨害文物管理等刑事案件适用法律若干问题的解释》法释〔2015〕23号 2016/01/01 第十七条

［文物］刑法有关文物的规定，适用于具有科学价值的古脊椎动物化石、古人类化石。全国人大常委会《关于〈中华人民共和国刑法〉有关文物的规定适用于具有科学价值的古脊椎动物化石、古人类化石的解释》2005/12/29

第三百二十八条　【盗掘古文化遗址、古墓葬罪；盗掘古人类化石、古脊椎动物化石罪】盗掘具有历史、艺术、科学价值的古文化遗址、古墓葬的，处三年以上十年以下有期徒刑，并处罚金；情节较轻的，处三年以下有期徒刑、拘役或者管制，并处罚金；有下列情形之一的，处十年以上有期徒刑或者无期徒刑，并处罚金或者没收财产：

（一）盗掘确定为全国重点文物保护单位和省级文物保护单位的古文化遗址、古墓葬的；

（二）盗掘古文化遗址、古墓葬集团的首要分子；

（三）多次盗掘古文化遗址、古墓葬的；

（四）盗掘古文化遗址、古墓葬，并盗窃珍贵文物或者造成珍贵文物严重破坏的。①

盗掘国家保护的具有科学价值的古人类化石和古脊椎动物化石的，依照前款的规定处罚。

［古文化遗址、古墓葬］刑法第三百二十八条第一款规定的“古文化

---

① 根据2011年2月25日《刑法修正案（八）》修改，原条文为：“盗掘具有历史、艺术、科学价值的古文化遗址、古墓葬的，处三年以上十年以下有期徒刑，并处罚金；情节较轻的，处三年以下有期徒刑、拘役或者管制，并处罚金；有下列情形之一的，处十年以上有期徒刑、无期徒刑或者死刑，并处罚金或者没收财产：

“（一）盗掘确定为全国重点文物保护单位和省级文物保护单位的古文化遗址、古墓葬的；

“（二）盗掘古文化遗址、古墓葬集团的首要分子；

“（三）多次盗掘古文化遗址、古墓葬的；

“（四）盗掘古文化遗址、古墓葬，并盗窃珍贵文物或者造成珍贵文物严重破坏的。”

遗址、古墓葬”包括水下古文化遗址、古墓葬。“古文化遗址、古墓葬”不以公布为不可移动文物的古文化遗址、古墓葬为限。两高《关于办理妨害文物管理等刑事案件适用法律若干问题的解释》法释〔2015〕23号 2016/01/01 第八条第一款

[**实施盗掘行为，已损害古文化遗址、古墓葬的历史、艺术、科学价值的**] 实施盗掘行为，已损害古文化遗址、古墓葬的历史、艺术、科学价值的，应当认定为盗掘古文化遗址、古墓葬罪既遂。两高《关于办理妨害文物管理等刑事案件适用法律若干问题的解释》法释〔2015〕23号 2016/01/01 第八条第二款

[**以盗窃罪追究刑事责任**] 采用破坏性手段盗窃古文化遗址、古墓葬以外的古建筑、石窟寺、石刻、壁画、近代现代重要史迹和代表性建筑等其他不可移动文物的，依照刑法第二百六十四条的规定，以盗窃罪追究刑事责任。两高《关于办理妨害文物管理等刑事案件适用法律若干问题的解释》法释〔2015〕23号 2016/01/01 第八条第三款

[**可以认定为犯罪情节轻微，不起诉或者免予刑事处罚**] 实施本解释第一条、第二条、第六条至第九条规定的行为，虽已达到应当追究刑事责任的标准，但行为人系初犯，积极退回或者协助追回文物，未造成文物损毁，并确有悔罪表现的，可以认定为犯罪情节轻微，不起诉或者免予刑事处罚。

实施本解释第三条至第五条规定的行为，虽已达到应当追究刑事责任的标准，但行为人系初犯，积极赔偿损失，并确有悔罪表现的，可以认定为犯罪情节轻微，不起诉或者免予刑事处罚。两高《关于办理妨害文物管理等刑事案件适用法律若干问题的解释》法释〔2015〕23号 2016/01/01 第十六条

[**走私、盗窃、损毁、倒卖、盗掘或者非法转让具有科学价值的古脊椎动物化石、古人类化石的**] 走私、盗窃、损毁、倒卖、盗掘或者非法转让具有科学价值的古脊椎动物化石、古人类化石的，依照刑法和本解释的有关规定定罪量刑。两高《关于办理妨害文物管理等刑事案件适用法律若干问题的解释》法释〔2015〕23号 2016/01/01 第十七条

第三百二十九条　【盗窃、抢夺国有档案罪；擅自出卖、转让国有档案罪】抢夺、窃取国家所有的档案的，处五年以下有期

徒刑或者拘役。

违反档案法的规定，擅自出卖、转让国家所有的档案，情节严重的，处三年以下有期徒刑或者拘役。

有前两款行为，同时又构成本法规定的其他犯罪的，依照处罚较重的规定定罪处罚。

第五节 危害公共卫生罪

第三百三十条 【妨害传染病防治罪】违反传染病防治法的规定，有下列情形之一，引起甲类传染病传播或者有传播严重危险的，处三年以下有期徒刑或者拘役；后果特别严重的，处三年以上七年以下有期徒刑：

（一）供水单位供应的饮用水不符合国家规定的卫生标准的；

（二）拒绝按照卫生防疫机构提出的卫生要求，对传染病病原体污染的污水、污物、粪便进行消毒处理的；

（三）准许或者纵容传染病病人、病原携带者和疑似传染病病人从事国务院卫生行政部门规定禁止从事的易使该传染病扩散的工作的；

（四）拒绝执行卫生防疫机构依照传染病防治法提出的预防、控制措施的。

单位犯前款罪的，对单位判处罚金，并对其直接负责的主管人员和其他直接责任人员，依照前款的规定处罚。

甲类传染病的范围，依照《中华人民共和国传染病防治法》和国务院有关规定确定。

［妨害传染病防治案立案追诉标准］［妨害传染病防治案（刑法第三百三十条）］违反传染病防治法的规定，引起甲类或者按照甲类管理的传染

病传播或者有传播严重危险，涉嫌下列情形之一的，应予立案追诉：

（一）供水单位供应的饮用水不符合国家规定的卫生标准的；

（二）拒绝按照疾病预防控制机构提出的卫生要求，对传染病病原体污染的污水、污物、粪便进行消毒处理的；

（三）准许或者纵容传染病病人、病原携带者和疑似传染病病人从事国务院卫生行政部门规定禁止从事的易使该传染病扩散的工作的；

（四）拒绝执行疾病预防控制机构依照传染病防治法提出的预防、控制措施的。**最高检、公安部《关于公安机关管辖的刑事案件立案追诉标准的规定（一）》公通字〔2008〕36号 2008/06/25 第四十九条第一款**

［**甲类传染病　按甲类管理的传染病**］本条和本规定第五十条规定的“甲类传染病”，是指鼠疫、霍乱；“按甲类管理的传染病”，是指乙类传染病中传染性非典型肺炎、炭疽中的肺炭疽、人感染高致病性禽流感以及国务院卫生行政部门根据需要报经国务院批准公布实施的其他需要按甲类管理的乙类传染病和突发原因不明的传染病。**最高检、公安部《关于公安机关管辖的刑事案件立案追诉标准的规定（一）》公通字〔2008〕36号 2008/06/25 第四十九条第二款**

第三百三十一条　【传染病菌种、毒种扩散罪】从事实验、保藏、携带、运输传染病菌种、毒种的人员，违反国务院卫生行政部门的有关规定，造成传染病菌种、毒种扩散，后果严重的，处三年以下有期徒刑或者拘役；后果特别严重的，处三年以上七年以下有期徒刑。

［**传染病菌种、毒种扩散案立案追诉标准**］［**传染病菌种、毒种扩散案（刑法第三百三十一条）**］从事实验、保藏、携带、运输传染病菌种、毒种的人员，违反国务院卫生行政部门的有关规定，造成传染病菌种、毒种扩散，涉嫌下列情形之一的，应予立案追诉：

（一）导致甲类和按甲类管理的传染病传播的；

（二）导致乙类、丙类传染病流行、暴发的；

（三）造成人员重伤或者死亡的；

（四）严重影响正常的生产、生活秩序的；

（五）其他造成严重后果的情形。最高检、公安部《关于公安机关管辖的刑事案件立案追诉标准的规定（一）》公通字〔2008〕36号 2008/06/25 第五十条

第三百三十二条 【妨害国境卫生检疫罪】违反国境卫生检疫规定，引起检疫传染病传播或者有传播严重危险的，处三年以下有期徒刑或者拘役，并处或者单处罚金。

单位犯前款罪的，对单位判处罚金，并对其直接负责的主管人员和其他直接责任人员，依照前款的规定处罚。

［妨害国境卫生检疫案立案追诉标准］［妨害国境卫生检疫案（刑法第三百三十二条）］违反国境卫生检疫规定，引起检疫传染病传播或者有传播严重危险的，应予立案追诉。最高检、公安部《关于公安机关管辖的刑事案件立案追诉标准的规定（一）》公通字〔2008〕36号 2008/06/25 第五十一条第一款

［检疫传染病］本条规定的"检疫传染病"，是指鼠疫、霍乱、黄热病以及国务院确定和公布的其他传染病。最高检、公安部《关于公安机关管辖的刑事案件立案追诉标准的规定（一）》公通字〔2008〕36号 2008/06/25 第五十一条第二款

第三百三十三条 【非法组织卖血罪；强迫卖血罪；故意伤害罪】非法组织他人出卖血液的，处五年以下有期徒刑，并处罚金；以暴力、威胁方法强迫他人出卖血液的，处五年以上十年以下有期徒刑，并处罚金。

有前款行为，对他人造成伤害的，依照本法第二百三十四条的规定定罪处罚。

［非法组织卖血案立案追诉标准］［非法组织卖血案（刑法第三百三十三条第一款）］非法组织他人出卖血液，涉嫌下列情形之一的，应予立案追诉：

（一）组织卖血三人次以上的；

（二）组织卖血非法获利二千元以上的；

（三）组织未成年人卖血的；

（四）被组织卖血的人的血液含有艾滋病病毒、乙型肝炎病毒、丙型肝炎病毒、梅毒螺旋体等病原微生物的；

（五）其他非法组织卖血应予追究刑事责任的情形。最高检、公安部《关于公安机关管辖的刑事案件立案追诉标准的规定（一）》公通字〔2008〕36号 2008/06/25 第五十二条

[强迫卖血案立案追诉标准] [强迫卖血案（刑法第三百三十三条第一款）] 以暴力、威胁方法强迫他人出卖血液的，应予立案追诉。最高检、公安部《关于公安机关管辖的刑事案件立案追诉标准的规定（一）》公通字〔2008〕36号 2008/06/25 第五十三条

第三百三十四条　【非法采集、供应血液，制作、供应血液制品罪；采集、供应血液，制作、供应血液制品事故罪】 非法采集、供应血液或者制作、供应血液制品，不符合国家规定的标准，足以危害人体健康的，处五年以下有期徒刑或者拘役，并处罚金；对人体健康造成严重危害的，处五年以上十年以下有期徒刑，并处罚金；造成特别严重后果的，处十年以上有期徒刑或者无期徒刑，并处罚金或者没收财产。

经国家主管部门批准采集、供应血液或者制作、供应血液制品的部门，不依照规定进行检测或者违背其他操作规定，造成危害他人身体健康后果的，对单位判处罚金，并对其直接负责的主管人员和其他直接责任人员，处五年以下有期徒刑或者拘役。

[未经批准或超过批准的业务范围采集、供应血液或者制作、供应血液制品] 对未经国家主管部门批准或者超过批准的业务范围，采集、供应血液或者制作、供应血液制品的，应认定为刑法第三百三十四条第一款规定的“非法采集、供应血液或者制作、供应血液制品”。两高《关于办理非法采供血液等刑事案件具体应用法律若干问题的解释》法释〔2008〕12号 2008/09/23 第一条

[不符合国家规定的标准，足以危害人体健康] 对非法采集、供应血液或者制作、供应血液制品，具有下列情形之一的，应认定为刑法第三百三十四条第一款规定的“不符合国家规定的标准，足以危害人体健康”，处五年以下有期徒刑或者拘役，并处罚金：

（一）采集、供应的血液含有艾滋病病毒、乙型肝炎病毒、丙型肝炎

病毒、梅毒螺旋体等病原微生物的；

（二）制作、供应的血液制品含有艾滋病病毒、乙型肝炎病毒、丙型肝炎病毒、梅毒螺旋体等病原微生物，或者将含有上述病原微生物的血液用于制作血液制品的；

（三）使用不符合国家规定的药品、诊断试剂、卫生器材，或者重复使用一次性采血器材采集血液，造成传染病传播危险的；

（四）违反规定对献血者、供血浆者超量、频繁采集血液、血浆，足以危害人体健康的；

（五）其他不符合国家有关采集、供应血液或者制作、供应血液制品的规定标准，足以危害人体健康的。**两高《关于办理非法采供血液等刑事案件具体应用法律若干问题的解释》法释〔2008〕12号 2008/09/23 第二条**

［对人体健康造成严重危害］对非法采集、供应血液或者制作、供应血液制品，具有下列情形之一的，应认定为刑法第三百三十四条第一款规定的“对人体健康造成严重危害”，处五年以上十年以下有期徒刑，并处罚金：

（一）造成献血者、供血浆者、受血者感染乙型肝炎病毒、丙型肝炎病毒、梅毒螺旋体或者其他经血液传播的病原微生物的；

（二）造成献血者、供血浆者、受血者重度贫血、造血功能障碍或者其他器官组织损伤导致功能障碍等身体严重危害的；

（三）对人体健康造成其他严重危害的。**两高《关于办理非法采供血液等刑事案件具体应用法律若干问题的解释》法释〔2008〕12号 2008/09/23 第三条**

［造成特别严重后果］对非法采集、供应血液或者制作、供应血液制品，具有下列情形之一的，应认定为刑法第三百三十四条第一款规定的“造成特别严重后果”，处十年以上有期徒刑或者无期徒刑，并处罚金或者没收财产：

（一）因血液传播疾病导致人员死亡或者感染艾滋病病毒的；

（二）造成五人以上感染乙型肝炎病毒、丙型肝炎病毒、梅毒螺旋体或者其他经血液传播的病原微生物的；

（三）造成五人以上重度贫血、造血功能障碍或者其他器官组织损伤导致功能障碍等身体严重危害的；

（四）造成其他特别严重后果的。两高《关于办理非法采供血液等刑事案件具体应用法律若干问题的解释》法释〔2008〕12号 2008/09/23 第四条

[不依照规定进行检测或者违背其他操作规定] 对经国家主管部门批准采集、供应血液或者制作、供应血液制品的部门，具有下列情形之一的，应认定为刑法第三百三十四条第二款规定的“不依照规定进行检测或者违背其他操作规定”：

（一）血站未用两个企业生产的试剂对艾滋病病毒抗体、乙型肝炎病毒表面抗原、丙型肝炎病毒抗体、梅毒抗体进行两次检测的；

（二）单采血浆站不依照规定对艾滋病病毒抗体、乙型肝炎病毒表面抗原、丙型肝炎病毒抗体、梅毒抗体进行检测的；

（三）血液制品生产企业在投料生产前未用主管部门批准和检定合格的试剂进行复检的；

（四）血站、单采血浆站和血液制品生产企业使用的诊断试剂没有生产单位名称、生产批准文号或者经检定不合格的；

（五）采供血机构在采集检验标本、采集血液和成分血分离时，使用没有生产单位名称、生产批准文号或者超过有效期的一次性注射器等采血器材的；

（六）不依照国家规定的标准和要求包装、储存、运输血液、原料血浆的；

（七）对国家规定检测项目结果呈阳性的血液未及时按照规定予以清除的；

（八）不具备相应资格的医务人员进行采血、检验操作的；

（九）对献血者、供血浆者超量、频繁采集血液、血浆的；

（十）采供血机构采集血液、血浆前，未对献血者或供血浆者进行身份识别，采集冒名顶替者、健康检查不合格者血液、血浆的；

（十一）血站擅自采集原料血浆，单采血浆站擅自采集临床用血或者向医疗机构供应原料血浆的；

（十二）重复使用一次性采血器材的；

（十三）其他不依照规定进行检测或者违背操作规定的。两高《关于办理非法采供血液等刑事案件具体应用法律若干问题的解释》法释〔2008〕12号 2008/09/23 第五条

[造成危害他人身体健康后果] 对经国家主管部门批准采集、供应血液或者制作、供应血液制品的部门，不依照规定进行检测或者违背其他操作规定，具有下列情形之一的，应认定为刑法第三百三十四条第二款规定的“造成危害他人身体健康后果”，对单位判处罚金，并对其直接负责的主管人员和其他直接责任人员，处五年以下有期徒刑或者拘役：

（一）造成献血者、供血浆者、受血者感染艾滋病病毒、乙型肝炎病毒、丙型肝炎病毒、梅毒螺旋体或者其他经血液传播的病原微生物的；

（二）造成献血者、供血浆者、受血者重度贫血、造血功能障碍或者其他器官组织损伤导致功能障碍等身体严重危害的；

（三）造成其他危害他人身体健康后果的。两高《关于办理非法采供血液等刑事案件具体应用法律若干问题的解释》法释〔2008〕12号 2008/09/23 第六条

[经国家主管部门批准采集、供应血液或者制作、供应血液制品的部门] 经国家主管部门批准的采供血机构和血液制品生产经营单位，应认定为刑法第三百三十四条第二款规定的“经国家主管部门批准采集、供应血液或者制作、供应血液制品的部门”。两高《关于办理非法采供血液等刑事案件具体应用法律若干问题的解释》法释〔2008〕12号 2008/09/23 第七条

[血液 血液制品 采供血机构] 本解释所称“血液”，是指全血、成分血和特殊血液成分。

本解释所称“血液制品”，是指各种人血浆蛋白制品。

本解释所称“采供血机构”，包括血液中心、中心血站、中心血库、脐带血造血干细胞库和国家卫生行政主管部门根据医学发展需要批准、设置的其他类型血库、单采血浆站。两高《关于办理非法采供血液等刑事案件具体应用法律若干问题的解释》法释〔2008〕12号 2008/09/23 第八条

[非法采集、供应血液，制作、供应血液制品案立案追诉标准] [非法采集、供应血液、制作、供应血液制品案（刑法第三百三十四条第一款）] 非法采集、供应血液或者制作、供应血液制品，涉嫌下列情形之一的，应予立案追诉：

（一）采集、供应的血液含有艾滋病病毒、乙型肝炎病毒、丙型肝炎病毒、梅毒螺旋体等病原微生物的；

（二）制作、供应的血液制品含有艾滋病病毒、乙型肝炎病毒、丙型肝炎病毒、梅毒螺旋体等病原微生物，或者将含有上述病原微生物的血液用于制作血液制品的；

（三）使用不符合国家规定的药品、诊断试剂、卫生器材，或者重复使用一次性采血器材采集血液，造成传染病传播危险的；

（四）违反规定对献血者、供血浆者超量、频繁采集血液、血浆，足以危害人体健康的；

（五）其他不符合国家有关采集、供应血液或者制作、供应血液制品的规定，足以危害人体健康或者对人体健康造成严重危害的情形。**最高检、公安部《关于公安机关管辖的刑事案件立案追诉标准的规定（一）》公通字〔2008〕36号 2008/06/25 第五十四条第一款**

［非法采集、供应血液，制作、供应血液制品］未经国家主管部门批准或者超过批准的业务范围，采集、供应血液或者制作、供应血液制品的，属于本条规定的“非法采集、供应血液、制作、供应血液制品”。**最高检、公安部《关于公安机关管辖的刑事案件立案追诉标准的规定（一）》公通字〔2008〕36号 2008/06/25 第五十四条第二款**

［血液］本条和本规定第五十二条、第五十三条、第五十五条规定的“血液”，是指全血、成分血和特殊血液成分。**最高检、公安部《关于公安机关管辖的刑事案件立案追诉标准的规定（一）》公通字〔2008〕36号 2008/06/25 第五十四条第三款**

［血液制品］本条和本规定第五十五条规定的“血液制品”，是指各种人血浆蛋白制品。**最高检、公安部《关于公安机关管辖的刑事案件立案追诉标准的规定（一）》公通字〔2008〕36号 2008/06/25 第五十四条第四款**

［采集、供应血液、制作、供应血液制品事故案立案追诉标准］［采集、供应血液、制作、供应血液制品事故案（刑法第三百三十四条第二款）］经国家主管部门批准采集、供应血液或者制作、供应血液制品的部门，不依照规定进行检测或者违背其他操作规定，涉嫌下列情形之一的，应予立案追诉：

（一）造成献血者、供血浆者、受血者感染艾滋病病毒、乙型肝炎病毒、丙型肝炎病毒、梅毒螺旋体或者其他经血液传播的病原微生物的；

（二）造成献血者、供血浆者、受血者重度贫血、造血功能障碍或者其他器官组织损伤导致功能障碍等身体严重危害的；

（三）其他造成危害他人身体健康后果的情形。**最高检、公安部《关于公安机关管辖的刑事案件立案追诉标准的规定（一）》公通字〔2008〕36号 2008/06/25 第五十五条第一款**

［经国家主管部门批准采集、供应血液或者制作、供应血液制品的部门］ 经国家主管部门批准的采供血机构和血液制品生产经营单位，属于本条规定的“经国家主管部门批准采集、供应血液或者制作、供应血液制品的部门”。采供血机构包括血液中心、中心血站、脐带血造血干细胞库和国家卫生行政主管部门根据医学发展需要批准、设置的其他类型血库、单采血浆站。**最高检、公安部《关于公安机关管辖的刑事案件立案追诉标准的规定（一）》公通字〔2008〕36号 2008/06/25 第五十五条第二款**

［不依照规定进行检测或者违背其他操作规定］ 具有下列情形之一的，属于本条规定的“不依照规定进行检测或者违背其他操作规定”：

（一）血站未用两个企业生产的试剂对艾滋病病毒抗体、乙型肝炎病毒表面抗原、丙型肝炎病毒抗体、梅毒抗体进行两次检测的；

（二）单采血浆站不依照规定对艾滋病病毒抗体、乙型肝炎病毒表面抗原、丙型肝炎病毒抗体、梅毒抗体进行检测的；

（三）血液制品生产企业在投料生产前未用主管部门批准和检定合格的试剂进行复检的；

（四）血站、单采血浆站和血液制品生产企业使用的诊断试剂没有生产单位名称、生产批准文号或者经检定不合格的；

（五）采供血机构在采集检验样本、采集血液和成分血分离时，使用没有生产单位名称、生产批准文号或者超过有效期的一次性注射器等采血器材的；

（六）不依照国家规定的标准和要求包装、储存、运输血液、原料血浆的；

（七）对国家规定检测项目结果呈阳性的血液未及时按照规定予以清

除的；

（八）不具备相应资格的医务人员进行采血、检验操作的；

（九）对献血者、供血浆者超量、频繁采集血液、血浆的；

（十）采供血机构采集血液、血浆前，未对献血者或者供血浆者进行身份识别，采集冒名顶替者、健康检查不合格者血液、血浆的；

（十一）血站擅自采集原料血浆，单采血浆站擅自采集临床用血或者向医疗机构供应原料血浆的；

（十二）重复使用一次性采血器材的；

（十三）其他不依照规定进行检测或者违背操作规定的。**最高检、公安部《关于公安机关管辖的刑事案件立案追诉标准的规定（一）》公通字〔2008〕36号 2008/06/25 第五十五条第三款**

第三百三十五条 【医疗事故罪】医务人员由于严重不负责任，造成就诊人死亡或者严重损害就诊人身体健康的，处三年以下有期徒刑或者拘役。

［医疗事故案立案追诉标准］［医疗事故案（刑法第三百三十五条）］医务人员由于严重不负责任，造成就诊人死亡或者严重损害就诊人身体健康的，应予立案追诉。

具有下列情形之一的，属于本条规定的“严重不负责任”：

（一）擅离职守的；

（二）无正当理由拒绝对危急就诊人实行必要的医疗救治的；

（三）未经批准擅自开展试验性医疗的；

（四）严重违反查对、复核制度的；

（五）使用未经批准使用的药品、消毒药剂、医疗器械的；

（六）严重违反国家法律法规及有明确规定的诊疗技术规范、常规的；

（七）其他严重不负责任的情形。**最高检、公安部《关于公安机关管辖的刑事案件立案追诉标准的规定（一）》公通字〔2008〕36号 2008/06/25 第五十六条第一款**

［严重损害就诊人身体健康］本条规定的“严重损害就诊人身体健康”，是指造成就诊人严重残疾、重伤、感染艾滋病、病毒性肝炎等难以

治愈的疾病或者其他严重损害就诊人身体健康的后果。**最高检、公安部《关于公安机关管辖的刑事案件立案追诉标准的规定（一）》公通字〔2008〕36号 2008/06/25 第五十六条第二款**

第三百三十六条 【非法行医罪；非法进行节育手术罪】未取得医生执业资格的人非法行医，情节严重的，处三年以下有期徒刑、拘役或者管制，并处或者单处罚金；严重损害就诊人身体健康的，处三年以上十年以下有期徒刑，并处罚金；造成就诊人死亡的，处十年以上有期徒刑，并处罚金。

未取得医生执业资格的人擅自为他人进行节育复通手术、假节育手术、终止妊娠手术或者摘取宫内节育器，情节严重的，处三年以下有期徒刑、拘役或者管制，并处或者单处罚金；严重损害就诊人身体健康的，处三年以上十年以下有期徒刑，并处罚金；造成就诊人死亡的，处十年以上有期徒刑，并处罚金。

［未取得医生执业资格的人非法行医］具有下列情形之一的，应认定为刑法第三百三十六条第一款规定的"未取得医生执业资格的人非法行医"：

（一）未取得或者以非法手段取得医师资格从事医疗活动的；

（二）被依法吊销医师执业证书期间从事医疗活动的；

（三）未取得乡村医生执业证书，从事乡村医疗活动的；

（四）家庭接生员实施家庭接生以外的医疗行为的。**最高法《关于审理非法行医刑事案件具体应用法律若干问题的解释》法释〔2016〕27号 2016/12/20 第一条**

［刑法第336条第1款之情节严重］具有下列情形之一的，应认定为刑法第三百三十六条第一款规定的"情节严重"：

（一）造成就诊人轻度残疾、器官组织损伤导致一般功能障碍的；

（二）造成甲类传染病传播、流行或者有传播、流行危险的；

（三）使用假药、劣药或不符合国家规定标准的卫生材料、医疗器械，足以严重危害人体健康的；

（四）非法行医被卫生行政部门行政处罚两次以后，再次非法行医的；

（五）其他情节严重的情形。**最高法《关于审理非法行医刑事案件具体应用**

法律若干问题的解释》法释〔2016〕27号 2016/12/20 第二条

[刑法第336条第1款之严重损害就诊人身体健康] 具有下列情形之一的，应认定为刑法第三百三十六条第一款规定的“严重损害就诊人身体健康”：

（一）造成就诊人中度以上残疾、器官组织损伤导致严重功能障碍的；

（二）造成三名以上就诊人轻度残疾、器官组织损伤导致一般功能障碍的。最高法《关于审理非法行医刑事案件具体应用法律若干问题的解释》法释〔2016〕27号 2016/12/20 第三条

[刑法第336条第1款之造成就诊人死亡] 非法行医行为系造成就诊人死亡的直接、主要原因的，应认定为刑法第三百三十六条第一款规定的“造成就诊人死亡”。最高法《关于审理非法行医刑事案件具体应用法律若干问题的解释》法释〔2016〕27号 2016/12/20 第四条第一款

[刑法第336条第1款之情节严重] 非法行医行为并非造成就诊人死亡的直接、主要原因的，可不认定为刑法第三百三十六条第一款规定的“造成就诊人死亡”。但是，根据案件情况，可以认定为刑法第三百三十六条第一款规定的“情节严重”。最高法《关于审理非法行医刑事案件具体应用法律若干问题的解释》法释〔2016〕27号 2016/12/20 第四条第二款

[实施非法行医犯罪，同时构成生产、销售假药罪，生产、销售劣药罪，诈骗罪等其他犯罪的] 实施非法行医犯罪，同时构成生产、销售假药罪，生产、销售劣药罪，诈骗罪等其他犯罪的，依照刑法处罚较重的规定定罪处罚。最高法《关于审理非法行医刑事案件具体应用法律若干问题的解释》法释〔2016〕27号 2016/12/20 第五条

[“医疗活动”“医疗行为”的认定] 本解释所称“医疗活动”“医疗行为”，参照《医疗机构管理条例实施细则》中的“诊疗活动”“医疗美容”认定。最高法《关于审理非法行医刑事案件具体应用法律若干问题的解释》法释〔2016〕27号 2016/12/20 第六条第一款

[“轻度残疾、器官组织损伤导致一般功能障碍”“中度以上残疾、器官组织损伤导致严重功能障碍”的认定] 本解释所称“轻度残疾、器官组织损伤导致一般功能障碍”“中度以上残疾、器官组织损伤导致严重功能障碍”，参照《医疗事故分级标准（试行）》认定。最高法《关于审理非法行医

刑事案件具体应用法律若干问题的解释》法释〔2016〕27号 2016/12/20 第六条第二款

[造成突发传染病病人等贻误诊治或交叉感染] 未取得医师执业资格非法行医，具有造成突发传染病病人、病原携带者、疑似突发传染病病人贻误诊治或者造成交叉感染等严重情节的，依照刑法第三百三十六条第一款的规定，以非法行医罪定罪，依法从重处罚。两高《关于办理妨害预防、控制突发传染病疫情等灾害的刑事案件具体应用法律若干问题的解释》法释〔2003〕8号 2003/05/15 第十二条

[非法行医罪犯罪主体]

一、关于非法行医罪犯罪主体的概念

1998年6月26日第九届全国人民代表大会常务委员会第三次会议通过《执业医师法》，根据该法规定，医师是取得执业医师资格，经注册在医疗、预防、保健机构中执业的医学专业人员。医师分为执业医师和执业助理医师，《刑法》中的"医生执业资格的人"应当是按照《执业医师法》的规定，取得执业医师资格并经卫生行政部门注册的医学专业人员。卫生部《关于对非法行医罪犯罪条件征询意见函的复函》2001/08/08

[《执业医师法》颁布以前医师资格认定]

二、关于《执业医师法》颁布以前医师资格认定问题

《执业医师法》第四十三条规定："本法颁布之日前按照国家有关规定取得医学专业技术职称和医学专业技术职务的人员，由所在机构报请县级以上人民政府卫生行政部门认定，取得相应的医师资格。"

卫生部、人事部下发了《具有医学专业技术职务任职资格人员认定医师资格及执业注册办法》。目前各级卫生行政部门正在对《执业医师法》颁布之前，按照国家有关规定已取得医学专业技术职务任职资格的人员认定医师资格，并为仍在医疗、预防、保健机构执业的医师办理执业注册。卫生部《关于对非法行医罪犯罪条件征询意见函的复函》2001/08/08

[未被批准行医的场所]

三、关于在"未被批准行医的场所"行医问题

具有医生执业资格的人在"未被批准行医的场所"行医属非法行医。其中，"未被批准行医的场所"是指没有卫生行政部门核发的《医疗机构执业许可证》的场所。但是，下列情况不属于非法行医：

（一）随急救车出诊或随采血车出车采血的；

（二）对病人实施现场急救的；

（三）经医疗、预防、保健机构批准的家庭病床、卫生支农、出诊、承担政府交办的任务和卫生行政部门批准的义诊等。卫生部《关于对非法行医罪犯罪条件征询意见函的复函》2001/08/08

[乡村医生及家庭接生员]

四、关于乡村医生及家庭接生员的问题

《执业医师法》规定，不具备《执业医师法》规定的执业医师资格或者执业助理医师资格的乡村医生，由国务院另行制定管理办法。经过卫生行政部门审核的乡村医生应当在注册的村卫生室执业。除第三条所列情况外，其他凡超出其申请执业地点的，应视为非法行医。

根据《母婴保健法》的规定“不能住院分娩的孕妇应当经过培训合格的接生人员实行消毒接生”，“从事家庭接生的人员，必须经过县级以上地方人民政府卫生行政部门的考核，并取得相应的合格证书”。取得合法资格的家庭接生人员为不能住院分娩的孕妇接生，不属于非法行医。卫生部《关于对非法行医罪犯罪条件征询意见函的复函》2001/08/08

[非法行医案立案追诉标准][非法行医案（刑法第三百三十六条第一款）]未取得医生执业资格的人非法行医，涉嫌下列情形之一的，应予立案追诉：

（一）造成就诊人轻度残疾、器官组织损伤导致一般功能障碍，或者中度以上残疾、器官组织损伤导致严重功能障碍，或者死亡的；

（二）造成甲类传染病传播、流行或者有传播、流行危险的；

（三）使用假药、劣药或不符合国家规定标准的卫生材料、医疗器械，足以严重危害人体健康的；

（四）非法行医被卫生行政部门行政处罚两次以后，再次非法行医的；

（五）其他情节严重的情形。最高检、公安部《关于公安机关管辖的刑事案件立案追诉标准的规定（一）》公通字〔2008〕36号 2008/06/25 第五十七条第一款

[未取得医生执业资格的人非法行医]具有下列情形之一的，属于本条规定的“未取得医生执业资格的人非法行医”：

（一）未取得或者以非法手段取得医师资格从事医疗活动的；

（二）个人未取得《医疗机构执业许可证》开办医疗机构的；

（三）被依法吊销医师执业证书期间从事医疗活动的；

（四）未取得乡村医生执业证书，从事乡村医疗活动的；

（五）家庭接生员实施家庭接生以外的医疗活动的。最高检、公安部《关于公安机关管辖的刑事案件立案追诉标准的规定（一）》公通字〔2008〕36号 2008/06/25 第五十七条第二款

［轻度残疾、器官组织损伤导致一般功能障碍，中度以上残疾、器官组织损伤导致严重功能障碍］本条规定的“轻度残疾、器官组织损伤导致一般功能障碍”、“中度以上残疾、器官组织损伤导致严重功能障碍”，参照卫生部《医疗事故分级标准（试行）》认定。最高检、公安部《关于公安机关管辖的刑事案件立案追诉标准的规定（一）》公通字〔2008〕36号 2008/06/25 第五十七条第三款

［非法进行节育手术案立案追诉标准］［非法进行节育手术案（刑法第三百三十六条第二款）］未取得医生执业资格的人擅自为他人进行节育复通手术、假节育手术、终止妊娠手术或者摘取宫内节育器，涉嫌下列情形之一的，应予立案追诉：

（一）造成就诊人轻伤、重伤、死亡或者感染艾滋病、病毒性肝炎等难以治愈的疾病的；

（二）非法进行节育复通手术、假节育手术、终止妊娠手术或者摘取宫内节育器五人次以上的；

（三）致使他人超计划生育的；

（四）非法进行选择性别的终止妊娠手术的；

（五）非法获利累计五千元以上的；

（六）其他情节严重的情形。最高检、公安部《关于公安机关管辖的刑事案件立案追诉标准的规定（一）》公通字〔2008〕36号 2008/06/25 第五十八条

第三百三十七条　【逃避动植物防疫、检疫罪】违反进出境动植物检疫法的规定，逃避动植物检疫，引起重大动植物疫情的，处三年以下有期徒刑或者拘役，并处或者单处罚金。

违反有关动植物防疫、检疫的国家规定，引起重大动植物疫

情的，或者有引起重大动植物疫情危险，情节严重的，处三年以下有期徒刑或者拘役，并处或者单处罚金。[①]

单位犯前款罪的，对单位判处罚金，并对其直接负责的主管人员和其他直接责任人员，依照前款的规定处罚。

[妨害动植物防疫、检疫案立案追诉标准] 将《立案追诉标准（一）》第五十九条修改为：[妨害动植物防疫、检疫案（刑法第三百三十七条）] 违反有关动植物防疫、检疫的国家规定，引起重大动植物疫情的，应予立案追诉。

违反有关动植物防疫、检疫的国家规定，有引起重大动植物疫情危险，涉嫌下列情形之一的，应予立案追诉：

（一）非法处置疫区内易感动物或者其产品，货值金额五万元以上的；

（二）非法处置因动植物防疫、检疫需要被依法处理的动植物或者其产品，货值金额二万元以上的；

（三）非法调运、生产、经营感染重大植物检疫性有害生物的林木种子、苗木等繁殖材料或者森林植物产品的；

（四）输入《中华人民共和国进出境动植物检疫法》规定的禁止进境物逃避检疫，或者对特许进境的禁止进境物未有效控制与处置，导致其逃逸、扩散的；

（五）进境动植物及其产品检出有引起重大动植物疫情危险的动物疫病或者植物有害生物后，非法处置导致进境动植物及其产品流失的；

（六）一年内携带或者寄递《中华人民共和国禁止携带、邮寄进境的动植物及其产品名录》所列物品进境逃避检疫两次以上，或者窃取、抢夺、损毁、抛洒动植物检疫机关截留的《中华人民共和国禁止携带、邮寄进境的动植物及其产品名录》所列物品的；

---

① 根据2009年2月28日《刑法修正案（七）》修改，原条文为："违反进出境动植物检疫法的规定，逃避动植物检疫，引起重大动植物疫情的，处三年以下有期徒刑或者拘役，并处或者单处罚金。"

（七）其他情节严重的情形。

本条规定的“重大动植物疫情”，按照国家行政主管部门的有关规定认定。最高检、公安部《关于公安机关管辖的刑事案件立案追诉标准的规定（一）的补充规定》公通字〔2017〕12号 2017/04/27 第九条

GUIDELINES FOR THE APPLICATION OF CRIMINAL LAW

刑法办案法律规范适用指引

[下 册]

徐建伟◎编

中国法制出版社
CHINA LEGAL PUBLISHING HOUSE

目　录

（上册）

(下册)

第六节　破坏环境资源保护罪

第三百三十八条　【污染环境罪】违反国家规定，排放、倾倒或者处置有放射性的废物、含传染病病原体的废物、有毒物质或者其他有害物质，严重污染环境的，处三年以下有期徒刑或者拘役，并处或者单处罚金；后果特别严重的，处三年以上七年以下有期徒刑，并处罚金。①

［判决理由　后果特别严重项　百万元损失项　含砷废水污染项］被告单位锦业公司未建设完善配套环保设施，经多次行政处罚仍未整改，致使生产区内外环境中大量富含砷的生产废水通过地下渗透随地下水以及地表径流进入阳宗海，导致该重要湖泊被砷污染，构成重大环境污染事故罪，且应当认定为“后果特别严重”。被告人李大宏作为锦业公司的董事长，被告人李耀鸿作为锦业公司的总经理（负责公司的全面工作），二人未按规范要求采取防渗措施，最终导致阳宗海被砷污染的危害后果，应当作为单位犯罪的主管人员承担相应刑事责任。被告人金大东作为锦业公司生产部部长，具体负责安全生产、环境保护和生产调度等工作，安排他人抽排含砷废水到厂区外，应作为单位犯罪的直接责任人承担相应刑事责任。案发后，锦业公司及被告人积极配合相关部门截污治污，可对其酌情从轻处罚。最高法公布四起环境污染犯罪典型案例之二：云南澄江锦业工贸有限责任公司重大环境污染事故案

［判决理由　将废物交由他人处理项（次级苯）　擅自倾倒项］法院认为，被告重庆云光化工有限公司作为专业的化工危险废物处置企业，违

① 根据2011年5月1日《刑法修正案（八）》修改，原条文为：“违反国家规定，向土地、水体、大气排放、倾倒或者处置有放射性的废物、含传染病病原体的废物、有毒物质或者其他危险废物，造成重大环境污染事故，致使公私财产遭受重大损失或者人身伤亡的严重后果的，处三年以下有期徒刑或者拘役，并处或者单处罚金；后果特别严重的，处三年以上七年以下有期徒刑，并处罚金。”

反国家关于化工危险废物的处置规定，将工业污泥和工业废水交给不具有化工危险废物处置资质的被告人张必宾处置，导致环境严重污染，构成污染环境罪。被告人张必宾违反国家规定，向土地倾倒危险废物，造成环境严重污染，且后果严重，构成污染环境罪。被告人周刚、胡学辉帮助被告人张必宾实施上述行为，构成污染环境罪。被告人张必宾投案自首，依法可以从轻或者减轻处罚。据此，以污染环境罪分别判处被告重庆云光化工有限公司罚金五十万元；被告人夏勇有期徒刑二年，并处罚金二万元；张必宾有期徒刑一年六个月，并处罚金二万元。对蒋云川、周刚、胡学辉宣告缓刑。判决宣告后，被告单位、各被告人均未上诉，检察机关亦未抗诉。**最高法公布四起环境污染犯罪典型案例之三：重庆云光化工有限公司等污染环境案**

[裁定理由　紫金污染案项　后果特别严重项　含铜酸性废水污染项　千万元损失项] 裁定认为：被告单位紫金山金铜矿违反国家规定，未采取有效措施解决存在的环保隐患，继而发生了危险废物泄漏至汀江，致使汀江河水域水质受到污染，后果特别严重。被告人陈家洪（2006年9月至2009年12月任紫金山金铜矿矿长）、黄福才（紫金山金铜矿环保安全处处长）是应对该事故直接负责的主管人员，被告人林文贤（紫金山铜矿湿法厂厂长）、王勇（紫金山铜矿湿法厂分管环保的副厂长）、刘生源（紫金山铜矿湿法厂环保车间主任）是该事故的直接责任人员，对该事故均负有直接责任，其行为均已构成重大环境污染事故罪。据此，综合考虑被告单位自首、积极赔偿受害渔民损失等情节，以重大环境污染事故罪判处被告单位紫金山金铜矿罚金人民币三千万元；被告人林文贤有期徒刑三年，并处罚金人民币三十万元；被告人王勇有期徒刑三年，并处罚金人民币三十万元；被告人刘生源有期徒刑三年六个月，并处罚金人民币三十万元。对被告人陈家洪、黄福才宣告缓刑。**最高法公布四起环境污染犯罪典型案例之一：紫金矿业集团股份有限公司紫金山金铜矿重大环境污染事故案**

[典型意义] 深挖上下游犯罪案件线索是打击破坏环境资源犯罪的一条重要途径。检察机关在办理赵大闯等6人涉嫌污染环境罪案件中，发现了刘刚卫与郝书杰等另5人的污染环境犯罪事实及徐勤江、许增超等4人

涉嫌非法买卖、运输危险物质罪的案件线索，通过加大监督力度，引导公安机关侦查取证，一举打掉了一条非法生产、销售危险化工产品的利益链，实现了标本兼治，有效发挥了法律监督职能。**最高检发布10起加强生态环境司法保护典型示范案例五：赵大闯等人污染环境案**

[**典型意义**] 去年9月，腾格里沙漠污染环境系列案曝光后，最高人民检察院高度重视，综合发挥“捕、诉、侦、防”职能，侦查监督厅、公诉厅、渎职侵权检察厅均列为重点挂牌督办案件，联合公安部、环保部等组成督导组，从严惩治犯罪行为，形成保护生态环境整体合力。**最高检发布10起检察机关加强生态环境司法保护典型案例一：最高检挂牌督办4起腾格里沙漠污染环境案**

[**严重污染环境**] 实施刑法第三百三十八条规定的行为，具有下列情形之一的，应当认定为“严重污染环境”：

（一）在饮用水水源一级保护区、自然保护区核心区排放、倾倒、处置有放射性的废物、含传染病病原体的废物、有毒物质的；

（二）非法排放、倾倒、处置危险废物三吨以上的；

（三）排放、倾倒、处置含铅、汞、镉、铬、砷、铊、锑的污染物，超过国家或者地方污染物排放标准三倍以上的；

（四）排放、倾倒、处置含镍、铜、锌、银、钒、锰、钴的污染物，超过国家或者地方污染物排放标准十倍以上的；

（五）通过暗管、渗井、渗坑、裂隙、溶洞、灌注等逃避监管的方式排放、倾倒、处置有放射性的废物、含传染病病原体的废物、有毒物质的；

（六）二年内曾因违反国家规定，排放、倾倒、处置有放射性的废物、含传染病病原体的废物、有毒物质受过两次以上行政处罚，又实施前列行为的；

（七）重点排污单位篡改、伪造自动监测数据或者干扰自动监测设施，排放化学需氧量、氨氮、二氧化硫、氮氧化物等污染物的；

（八）违法减少防治污染设施运行支出一百万元以上的；

（九）违法所得或者致使公私财产损失三十万元以上的；

（十）造成生态环境严重损害的；

（十一）致使乡镇以上集中式饮用水水源取水中断十二小时以上的；

（十二）致使基本农田、防护林地、特种用途林地五亩以上，其他农用地十亩以上，其他土地二十亩以上基本功能丧失或者遭受永久性破坏的；

（十三）致使森林或者其他林木死亡五十立方米以上，或者幼树死亡二千五百株以上的；

（十四）致使疏散、转移群众五千人以上的；

（十五）致使三十人以上中毒的；

（十六）致使三人以上轻伤、轻度残疾或者器官组织损伤导致一般功能障碍的；

（十七）致使一人以上重伤、中度残疾或者器官组织损伤导致严重功能障碍的；

（十八）其他严重污染环境的情形。**两高《关于办理环境污染刑事案件适用法律若干问题的解释》法释〔2016〕29号 2017/01/01 第一条**

[刑法第338条、第339条之后果特别严重] 实施刑法第三百三十八条、第三百三十九条规定的行为，具有下列情形之一的，应当认定为“后果特别严重”：

（一）致使县级以上城区集中式饮用水水源取水中断十二小时以上的；

（二）非法排放、倾倒、处置危险废物一百吨以上的；

（三）致使基本农田、防护林地、特种用途林地十五亩以上，其他农用地三十亩以上，其他土地六十亩以上基本功能丧失或者遭受永久性破坏的；

（四）致使森林或者其他林木死亡一百五十立方米以上，或者幼树死亡七千五百株以上的；

（五）致使公私财产损失一百万元以上的；

（六）造成生态环境特别严重损害的；

（七）致使疏散、转移群众一万五千人以上的；

（八）致使一百人以上中毒的；

（九）致使十人以上轻伤、轻度残疾或者器官组织损伤导致一般功能障碍的；

（十）致使三人以上重伤、中度残疾或者器官组织损伤导致严重功能障碍的；

（十一）致使一人以上重伤、中度残疾或者器官组织损伤导致严重功能障碍，并致使五人以上轻伤、轻度残疾或者器官组织损伤导致一般功能障碍的；

（十二）致使一人以上死亡或者重度残疾的；

（十三）其他后果特别严重的情形。**两高《关于办理环境污染刑事案件适用法律若干问题的解释》法释〔2016〕29号 2017/01/01 第三条**

[刑法第338条、第339条应当从重处罚之情形] 实施刑法第三百三十八条、第三百三十九条规定的犯罪行为，具有下列情形之一的，应当从重处罚：

（一）阻挠环境监督检查或者突发环境事件调查，尚不构成妨害公务等犯罪的；

（二）在医院、学校、居民区等人口集中地区及其附近，违反国家规定排放、倾倒、处置有放射性的废物、含传染病病原体的废物、有毒物质或者其他有害物质的；

（三）在重污染天气预警期间、突发环境事件处置期间或者被责令限期整改期间，违反国家规定排放、倾倒、处置有放射性的废物、含传染病病原体的废物、有毒物质或者其他有害物质的；

（四）具有危险废物经营许可证的企业违反国家规定排放、倾倒、处置有放射性的废物、含传染病病原体的废物、有毒物质或者其他有害物质的。**两高《关于办理环境污染刑事案件适用法律若干问题的解释》法释〔2016〕29号 2017/01/01 第四条**

[刑法第338条、第339条　情节轻微] 实施刑法第三百三十八条、第三百三十九条规定的行为，刚达到应当追究刑事责任的标准，但行为人及时采取措施，防止损失扩大、消除污染，全部赔偿损失，积极修复生态环境，且系初犯，确有悔罪表现的，可以认定为情节轻微，不起诉或者免予刑事处罚；确有必要判处刑罚的，应当从宽处罚。**两高《关于办理环境污染刑**

事案件适用法律若干问题的解释》法释〔2016〕29号 2017/01/01 第五条

[无危险废物经营许可证从事收集、贮存、利用、处置危险废物经营活动，严重污染环境的] 无危险废物经营许可证从事收集、贮存、利用、处置危险废物经营活动，严重污染环境的，按照污染环境罪定罪处罚；同时构成非法经营罪的，依照处罚较重的规定定罪处罚。

实施前款规定的行为，不具有超标排放污染物、非法倾倒污染物或者其他违法造成环境污染的情形的，可以认定为非法经营情节显著轻微危害不大，不认为是犯罪；构成生产、销售伪劣产品等其他犯罪的，以其他犯罪论处。两高《关于办理环境污染刑事案件适用法律若干问题的解释》法释〔2016〕29号 2017/01/01 第六条

[以共同犯罪论处] 明知他人无危险废物经营许可证，向其提供或者委托其收集、贮存、利用、处置危险废物，严重污染环境的，以共同犯罪论处。两高《关于办理环境污染刑事案件适用法律若干问题的解释》法释〔2016〕29号 2017/01/01 第七条

[依照处罚较重的规定定罪处罚] 违反国家规定，排放、倾倒、处置含有毒害性、放射性、传染病病原体等物质的污染物，同时构成污染环境罪、非法处置进口的固体废物罪、投放危险物质罪等犯罪的，依照处罚较重的规定定罪处罚。两高《关于办理环境污染刑事案件适用法律若干问题的解释》法释〔2016〕29号 2017/01/01 第八条

[实施或者参与实施篡改、伪造自动监测数据、干扰自动监测设施、破坏环境质量监测系统等行为的] 从事环境监测设施维护、运营的人员实施或者参与实施篡改、伪造自动监测数据、干扰自动监测设施、破坏环境质量监测系统等行为的，应当从重处罚。两高《关于办理环境污染刑事案件适用法律若干问题的解释》法释〔2016〕29号 2017/01/01 第十条第三款

[单位犯本解释规定之罪] 单位实施本解释规定的犯罪的，依照本解释规定的定罪量刑标准，对直接负责的主管人员和其他直接责任人员定罪处罚，并对单位判处罚金。两高《关于办理环境污染刑事案件适用法律若干问题的解释》法释〔2016〕29号 2017/01/01 第十一条

[在行政执法过程中收集的监测数据可作为证据使用] 环境保护主管部门及其所属监测机构在行政执法过程中收集的监测数据，在刑事诉讼中

可以作为证据使用。两高《关于办理环境污染刑事案件适用法律若干问题的解释》法释〔2016〕29号 2017/01/01 第十二条第一款

[提取污染物样品进行检测获取的数据可作为证据使用] 公安机关单独或者会同环境保护主管部门，提取污染物样品进行检测获取的数据，在刑事诉讼中可以作为证据使用。两高《关于办理环境污染刑事案件适用法律若干问题的解释》法释〔2016〕29号 2017/01/01 第十二条第二款

[对国家危险废物名录所列的废物的认定] 对国家危险废物名录所列的废物，可以依据涉案物质的来源、产生过程、被告人供述、证人证言以及经批准或者备案的环境影响评价文件等证据，结合环境保护主管部门、公安机关等出具的书面意见作出认定。两高《关于办理环境污染刑事案件适用法律若干问题的解释》法释〔2016〕29号 2017/01/01 第十三条第一款

[对于危险废物的数量的认定] 对于危险废物的数量，可以综合被告人供述，涉案企业的生产工艺、物耗、能耗情况，以及经批准或者备案的环境影响评价文件等证据作出认定。两高《关于办理环境污染刑事案件适用法律若干问题的解释》法释〔2016〕29号 2017/01/01 第十三条第二款

[对案件所涉的环境污染专门性问题难以确定的] 对案件所涉的环境污染专门性问题难以确定的，依据司法鉴定机构出具的鉴定意见，或者国务院环境保护主管部门、公安部门指定的机构出具的报告，结合其他证据作出认定。两高《关于办理环境污染刑事案件适用法律若干问题的解释》法释〔2016〕29号 2017/01/01 第十四条

[刑法第338条之有毒物质] 下列物质应当认定为刑法第三百三十八条规定的“有毒物质”：

（一）危险废物，是指列入国家危险废物名录，或者根据国家规定的危险废物鉴别标准和鉴别方法认定的，具有危险特性的废物；

（二）《关于持久性有机污染物的斯德哥尔摩公约》附件所列物质；

（三）含重金属的污染物；

（四）其他具有毒性，可能污染环境的物质。两高《关于办理环境污染刑事案件适用法律若干问题的解释》法释〔2016〕29号 2017/01/01 第十五条

[非法处置危险废物] 无危险废物经营许可证，以营利为目的，从危险废物中提取物质作为原材料或者燃料，并具有超标排放污染物、非法倾

倒污染物或者其他违法造成环境污染的情形的行为，应当认定为“非法处置危险废物”。两高《关于办理环境污染刑事案件适用法律若干问题的解释》法释〔2016〕29号 2017/01/01 第十六条

［二年内］本解释所称“二年内”，以第一次违法行为受到行政处罚的生效之日与又实施相应行为之日的时间间隔计算确定。两高《关于办理环境污染刑事案件适用法律若干问题的解释》法释〔2016〕29号 2017/01/01 第十七条第一款

［重点排污单位］本解释所称“重点排污单位”，是指设区的市级以上人民政府环境保护主管部门依法确定的应当安装、使用污染物排放自动监测设备的重点监控企业及其他单位。两高《关于办理环境污染刑事案件适用法律若干问题的解释》法释〔2016〕29号 2017/01/01 第十七条第二款

［违法所得］本解释所称“违法所得”，是指实施刑法第三百三十八条、第三百三十九条规定的行为所得和可得的全部违法收入。两高《关于办理环境污染刑事案件适用法律若干问题的解释》法释〔2016〕29号 2017/01/01 第十七条第三款

［公私财产损失］本解释所称“公私财产损失”，包括实施刑法第三百三十八条、第三百三十九条规定的行为直接造成财产损毁、减少的实际价值，为防止污染扩大、消除污染而采取必要合理措施所产生的费用，以及处置突发环境事件的应急监测费用。两高《关于办理环境污染刑事案件适用法律若干问题的解释》法释〔2016〕29号 2017/01/01 第十七条四第四款

［生态环境损害］本解释所称“生态环境损害”，包括生态环境修复费用，生态环境修复期间服务功能的损失和生态环境功能永久性损害造成的损失，以及其他必要合理费用。两高《关于办理环境污染刑事案件适用法律若干问题的解释》法释〔2016〕29号 2017/01/01 第十七条第五款

［无危险废物经营许可证］本解释所称“无危险废物经营许可证”，是指未取得危险废物经营许可证，或者超出危险废物经营许可证的经营范围。两高《关于办理环境污染刑事案件适用法律若干问题的解释》法释〔2016〕29号 2017/01/01 第十七条第六款

［造成突发传染病传播］违反传染病防治法等国家有关规定，向土地、水体、大气排放、倾倒或者处置含传染病病原体的废物、有毒物质或者其

他危险废物，造成突发传染病传播等重大环境污染事故，致使公私财产遭受重大损失或者人身伤亡的严重后果的，依照刑法第三百三十八条的规定，以重大环境污染事故罪定罪处罚。两高《关于办理妨害预防、控制突发传染病疫情等灾害的刑事案件具体应用法律若干问题的解释》法释〔2003〕8号 2003/05/15 第十三条

[污染环境案立案追诉标准] 将《立案追诉标准（一）》第六十条修改为：[污染环境案（刑法第三百三十八条）] 违反国家规定，排放、倾倒或者处置有放射性的废物、含传染病病原体的废物、有毒物质或者其他有害物质，涉嫌下列情形之一的，应予立案追诉：

（一）在饮用水水源一级保护区、自然保护区核心区排放、倾倒、处置有放射性的废物、含传染病病原体的废物、有毒物质的；

（二）非法排放、倾倒、处置危险废物三吨以上的；

（三）排放、倾倒、处置含铅、汞、镉、铬、砷、铊、锑的污染物，超过国家或者地方污染物排放标准三倍以上的；

（四）排放、倾倒、处置含镍、铜、锌、银、钒、锰、钴的污染物，超过国家或者地方污染物排放标准十倍以上的；

（五）通过暗管、渗井、渗坑、裂隙、溶洞、灌注等逃避监管的方式排放、倾倒、处置有放射性的废物、含传染病病原体的废物、有毒物质的；

（六）二年内曾因违反国家规定，排放、倾倒、处置有放射性的废物、含传染病病原体的废物、有毒物质受过两次以上行政处罚，又实施前列行为的；

（七）重点排污单位篡改、伪造自动监测数据或者干扰自动监测设施，排放化学需氧量、氨氮、二氧化硫、氮氧化物等污染物的；

（八）违法减少防治污染设施运行支出一百万元以上的；

（九）违法所得或者致使公私财产损失三十万元以上的；

（十）造成生态环境严重损害的；

（十一）致使乡镇以上集中式饮用水水源取水中断十二小时以上的；

（十二）致使基本农田、防护林地、特种用途林地五亩以上，其他农用

地十亩以上，其他土地二十亩以上基本功能丧失或者遭受永久性破坏的；

（十三）致使森林或者其他林木死亡五十立方米以上，或者幼树死亡二千五百株以上的；

（十四）致使疏散、转移群众五千人以上的；

（十五）致使三十人以上中毒的；

（十六）致使三人以上轻伤、轻度残疾或者器官组织损伤导致一般功能障碍的；

（十七）致使一人以上重伤、中度残疾或者器官组织损伤导致严重功能障碍的；

（十八）其他严重污染环境的情形。最高检、公安部《关于公安机关管辖的刑事案件立案追诉标准的规定（一）的补充规定》公通字〔2017〕12号 2017/04/27 第十条第一款

[有毒物质] 本条规定的“有毒物质”，包括列入国家危险废物名录或者根据国家规定的危险废物鉴别标准和鉴别方法认定的具有危险特性的废物，《关于持久性有机污染物的斯德哥尔摩公约》附件所列物质，含重金属的污染物，以及其他具有毒性可能污染环境的物质。最高检、公安部《关于公安机关管辖的刑事案件立案追诉标准的规定（一）的补充规定》公通字〔2017〕12号 2017/04/27 第十条第二款

[非法处置危险废物] 本条规定的“非法处置危险废物”，包括无危险废物经营许可证，以营利为目的，从危险废物中提取物质作为原材料或者燃料，并具有超标排放污染物、非法倾倒污染物或者其他违法造成环境污染情形的行为。最高检、公安部《关于公安机关管辖的刑事案件立案追诉标准的规定（一）的补充规定》公通字〔2017〕12号 2017/04/27 第十条第三款

[重点排污单位] 本条规定的“重点排污单位”，是指设区的市级以上人民政府环境保护主管部门依法确定的应当安装、使用污染物排放自动监测设备的重点监控企业及其他单位。最高检、公安部《关于公安机关管辖的刑事案件立案追诉标准的规定（一）的补充规定》公通字〔2017〕12号 2017/04/27 第十条第四款

[公私财产损失] 本条规定的“公私财产损失”，包括直接造成财产损毁、减少的实际价值，为防止污染扩大、消除污染而采取必要合理措施所

产生的费用，以及处置突发环境事件的应急监测费用。最高检、公安部《关于公安机关管辖的刑事案件立案追诉标准的规定（一）的补充规定》公通字〔2017〕12号 2017/04/27 第十条第五款

［生态环境损害］本条规定的“生态环境损害”，包括生态环境修复费用，生态环境修复期间服务功能的损失和生态环境功能永久性损害造成的损失，以及其他必要合理费用。最高检、公安部《关于公安机关管辖的刑事案件立案追诉标准的规定（一）的补充规定》公通字〔2017〕12号 2017/04/27 第十条第六款

［无危险废物经营许可证］本条规定的“无危险废物经营许可证”，是指未取得危险废物经营许可证，或者超出危险废物经营许可证的经营范围。最高检、公安部《关于公安机关管辖的刑事案件立案追诉标准的规定（一）的补充规定》公通字〔2017〕12号 2017/04/27 第十条第七款

［关于非法排放、倾倒、处置行为的认定］会议针对如何准确认定环境污染犯罪中非法排放、倾倒、处置行为进行了讨论。会议认为，司法实践中认定非法排放、倾倒、处置行为时，应当根据《固体废物污染环境防治法》和《环境解释》的有关规定精神，从其行为方式是否违反国家规定或者行业操作规范、污染物是否与外环境接触、是否造成环境污染的危险或者危害等方面进行综合分析判断。对名为运输、贮存、利用，实为排放、倾倒、处置的行为应当认定为非法排放、倾倒、处置行为，可以依法追究刑事责任。比如，未采取相应防范措施将没有利用价值的危险废物长期贮存、搁置，放任危险废物或者其有毒有害成分大量扬散、流失、泄漏、挥发，污染环境的。两高、公安部、司法部、生态环境部印发《关于办理环境污染刑事案件有关问题座谈会纪要》的通知 2019/02/20 一、8

［关于有害物质的认定］会议针对如何准确认定刑法第三百三十八条规定的“其他有害物质”的问题进行了讨论。会议认为，办理非法排放、倾倒、处置其他有害物质的案件，应当坚持主客观相一致原则，从行为人的主观恶性、污染行为恶劣程度、有害物质危险性毒害性等方面进行综合分析判断，准确认定其行为的社会危害性。实践中，常见的有害物质主要有：工业危险废物以外的其他工业固体废物；未经处理的生活垃圾；有害大气污染物、受控消耗臭氧层物质和有害水污染物；在利用和处置过程中

必然产生有毒有害物质的其他物质；国务院生态环境保护主管部门会同国务院卫生主管部门公布的有毒有害污染物名录中的有关物质等。最高人民法院、最高人民检察院、公安部、司法部、生态环境部印发《关于办理环境污染刑事案件有关问题座谈会纪要》的通知 2019/02/20 一、9

［关于从重处罚情形的认定］会议强调，要坚决贯彻党中央推动长江经济带发展的重大决策，为长江经济带共抓大保护、不搞大开发提供有力的司法保障。实践中，对于发生在长江经济带十一省（直辖市）的下列环境污染犯罪行为，可以从重处罚：(1) 跨省（直辖市）排放、倾倒、处置有放射性的废物、含传染病病原体的废物、有毒物质或者其他有害物质的；(2) 向国家确定的重要江河、湖泊或者其他跨省（直辖市）江河、湖泊排放、倾倒、处置有放射性的废物、含传染病病原体的废物、有毒物质或者其他有害物质的。两高、公安部、司法部、生态环境部印发《关于办理环境污染刑事案件有关问题座谈会纪要》的通知 2019/02/20 一、10

第三百三十九条　【非法处置进口的固体废物罪；擅自进口固体废物罪；走私废物罪】违反国家规定，将境外的固体废物进境倾倒、堆放、处置的，处五年以下有期徒刑或者拘役，并处罚金；造成重大环境污染事故，致使公私财产遭受重大损失或者严重危害人体健康的，处五年以上十年以下有期徒刑，并处罚金；后果特别严重的，处十年以上有期徒刑，并处罚金。

未经国务院有关主管部门许可，擅自进口固体废物用作原料，造成重大环境污染事故，致使公私财产遭受重大损失或者严重危害人体健康的，处五年以下有期徒刑或者拘役，并处罚金；后果特别严重的，处五年以上十年以下有期徒刑，并处罚金。

以原料利用为名，进口不能用作原料的固体废物、液态废物和气态废物的，依照本法第一百五十二条第二款、第三款的规定定罪处罚。[①]

---

① 根据 2002 年 12 月 28 日《刑法修正案（四）》修改，原第三款条文为："以原料利用为名，进口不能用作原料的固体废物的，依照本法第一百五十五条的规定定罪处罚。"

[刑法第 338 条、第 339 条后果特别严重] 实施刑法第三百三十八条、第三百三十九条规定的行为，具有下列情形之一的，应当认定为“后果特别严重”：

（一）致使县级以上城区集中式饮用水水源取水中断十二小时以上的；

（二）非法排放、倾倒、处置危险废物一百吨以上的；

（三）致使基本农田、防护林地、特种用途林地十五亩以上，其他农用地三十亩以上，其他土地六十亩以上基本功能丧失或者遭受永久性破坏的；

（四）致使森林或者其他林木死亡一百五十立方米以上，或者幼树死亡七千五百株以上的；

（五）致使公私财产损失一百万元以上的；

（六）造成生态环境特别严重损害的；

（七）致使疏散、转移群众一万五千人以上的；

（八）致使一百人以上中毒的；

（九）致使十人以上轻伤、轻度残疾或者器官组织损伤导致一般功能障碍的；

（十）致使三人以上重伤、中度残疾或者器官组织损伤导致严重功能障碍的；

（十一）致使一人以上重伤、中度残疾或者器官组织损伤导致严重功能障碍，并致使五人以上轻伤、轻度残疾或者器官组织损伤导致一般功能障碍的；

（十二）致使一人以上死亡或者重度残疾的；

（十三）其他后果特别严重的情形。**两高《关于办理环境污染刑事案件适用法律若干问题的解释》法释〔2016〕29 号 2017/01/01 第三条**

[刑法第 338 条、第 339 条应当从重处罚之情形] 实施刑法第三百三十八条、第三百三十九条规定的犯罪行为，具有下列情形之一的，应当从重处罚：

（一）阻挠环境监督检查或者突发环境事件调查，尚不构成妨害公务等犯罪的；

（二）在医院、学校、居民区等人口集中地区及其附近，违反国家规定排放、倾倒、处置有放射性的废物、含传染病病原体的废物、有毒物质或者其他有害物质的；

（三）在重污染天气预警期间、突发环境事件处置期间或者被责令限期整改期间，违反国家规定排放、倾倒、处置有放射性的废物、含传染病病原体的废物、有毒物质或者其他有害物质的；

（四）具有危险废物经营许可证的企业违反国家规定排放、倾倒、处置有放射性的废物、含传染病病原体的废物、有毒物质或者其他有害物质的。两高《关于办理环境污染刑事案件适用法律若干问题的解释》法释〔2016〕29号 2017/01/01 第四条

［刑法第338条、第339条　情节轻微］实施刑法第三百三十八条、第三百三十九条规定的行为，刚达到应当追究刑事责任的标准，但行为人及时采取措施，防止损失扩大、消除污染，全部赔偿损失，积极修复生态环境，且系初犯，确有悔罪表现的，可以认定为情节轻微，不起诉或者免予刑事处罚；确有必要判处刑罚的，应当从宽处罚。两高《关于办理环境污染刑事案件适用法律若干问题的解释》法释〔2016〕29号 2017/01/01 第五条

［致使公私财产遭受重大损失或者严重危害人体健康　致使公私财产遭受重大损失或者造成人身伤亡的严重后果］实施刑法第三百三十九条、第四百零八条规定的行为，致使公私财产损失三十万元以上，或者具有本解释第一条第十项至第十七项规定情形之一的，应当认定为“致使公私财产遭受重大损失或者严重危害人体健康”或者“致使公私财产遭受重大损失或者造成人身伤亡的严重后果”。两高《关于办理环境污染刑事案件适用法律若干问题的解释》法释〔2016〕29号 2017/01/01 第二条

［无危险废物经营许可证从事收集、贮存、利用、处置危险废物经营活动，严重污染环境的］无危险废物经营许可证从事收集、贮存、利用、处置危险废物经营活动，严重污染环境的，按照污染环境罪定罪处罚；同时构成非法经营罪的，依照处罚较重的规定定罪处罚。

实施前款规定的行为，不具有超标排放污染物、非法倾倒污染物或者其他违法造成环境污染的情形的，可以认定为非法经营情节显著轻微危害不大，不认为是犯罪；构成生产、销售伪劣产品等其他犯罪的，以其他犯

罪论处。两高《关于办理环境污染刑事案件适用法律若干问题的解释》法释〔2016〕29号 2017/01/01 第六条

[以共同犯罪论处] 明知他人无危险废物经营许可证，向其提供或者委托其收集、贮存、利用、处置危险废物，严重污染环境的，以共同犯罪论处。两高《关于办理环境污染刑事案件适用法律若干问题的解释》法释〔2016〕29号 2017/01/01 第七条

[依照处罚较重的规定定罪处罚] 违反国家规定，排放、倾倒、处置含有毒害性、放射性、传染病病原体等物质的污染物，同时构成污染环境罪、非法处置进口的固体废物罪、投放危险物质罪等犯罪的，依照处罚较重的规定定罪处罚。两高《关于办理环境污染刑事案件适用法律若干问题的解释》法释〔2016〕29号 2017/01/01 第八条

[实施或者参与实施篡改、伪造自动监测数据、干扰自动监测设施、破坏环境质量监测系统等行为的] 从事环境监测设施维护、运营的人员实施或者参与实施篡改、伪造自动监测数据、干扰自动监测设施、破坏环境质量监测系统等行为的，应当从重处罚。两高《关于办理环境污染刑事案件适用法律若干问题的解释》法释〔2016〕29号 2017/01/01 第十条第三款

[单位犯本解释规定之罪] 单位实施本解释规定的犯罪的，依照本解释规定的定罪量刑标准，对直接负责的主管人员和其他直接责任人员定罪处罚，并对单位判处罚金。两高《关于办理环境污染刑事案件适用法律若干问题的解释》法释〔2016〕29号 2017/01/01 第十一条

[在行政执法过程中收集的监测数据可作为证据使用] 环境保护主管部门及其所属监测机构在行政执法过程中收集的监测数据，在刑事诉讼中可以作为证据使用。两高《关于办理环境污染刑事案件适用法律若干问题的解释》法释〔2016〕29号 2017/01/01 第十二条第一款

[提取污染物样品进行检测获取的数据可作为证据使用] 公安机关单独或者会同环境保护主管部门，提取污染物样品进行检测获取的数据，在刑事诉讼中可以作为证据使用。两高《关于办理环境污染刑事案件适用法律若干问题的解释》法释〔2016〕29号 2017/01/01 第十二条第二款

[对国家危险废物名录所列的废物的认定] 对国家危险废物名录所列的废物，可以依据涉案物质的来源、产生过程、被告人供述、证人证言以

及经批准或者备案的环境影响评价文件等证据，结合环境保护主管部门、公安机关等出具的书面意见作出认定。两高《关于办理环境污染刑事案件适用法律若干问题的解释》法释〔2016〕29号 2017/01/01 第十三条第一款

[对于危险废物的数量的认定] 对于危险废物的数量，可以综合被告人供述，涉案企业的生产工艺、物耗、能耗情况，以及经批准或者备案的环境影响评价文件等证据作出认定。两高《关于办理环境污染刑事案件适用法律若干问题的解释》法释〔2016〕29号 2017/01/01 第十三条第二款

[对案件所涉的环境污染专门性问题难以确定的] 对案件所涉的环境污染专门性问题难以确定的，依据司法鉴定机构出具的鉴定意见，或者国务院环境保护主管部门、公安部门指定的机构出具的报告，结合其他证据作出认定。两高《关于办理环境污染刑事案件适用法律若干问题的解释》法释〔2016〕29号 2017/01/01 第十四条

[刑法第338条之有毒物质] 下列物质应当认定为刑法第三百三十八条规定的“有毒物质”：

（一）危险废物，是指列入国家危险废物名录，或者根据国家规定的危险废物鉴别标准和鉴别方法认定的，具有危险特性的废物；

（二）《关于持久性有机污染物的斯德哥尔摩公约》附件所列物质；

（三）含重金属的污染物；

（四）其他具有毒性，可能污染环境的物质。两高《关于办理环境污染刑事案件适用法律若干问题的解释》法释〔2016〕29号 2017/01/01 第十五条

[非法处置危险废物] 无危险废物经营许可证，以营利为目的，从危险废物中提取物质作为原材料或者燃料，并具有超标排放污染物、非法倾倒污染物或者其他违法造成环境污染的情形的行为，应当认定为“非法处置危险废物”。两高《关于办理环境污染刑事案件适用法律若干问题的解释》法释〔2016〕29号 2017/01/01 第十六条

[二年内] 本解释所称“二年内”，以第一次违法行为受到行政处罚的生效之日与又实施相应行为之日的时间间隔计算确定。两高《关于办理环境污染刑事案件适用法律若干问题的解释》法释〔2016〕29号 2017/01/01 第十七条第一款

[重点排污单位] 本解释所称“重点排污单位”，是指设区的市级以上

人民政府环境保护主管部门依法确定的应当安装、使用污染物排放自动监测设备的重点监控企业及其他单位。两高《关于办理环境污染刑事案件适用法律若干问题的解释》法释〔2016〕29号 2017/01/01 第十七条第二款

[违法所得] 本解释所称“违法所得”，是指实施刑法第三百三十八条、第三百三十九条规定的行为所得和可得的全部违法收入。两高《关于办理环境污染刑事案件适用法律若干问题的解释》法释〔2016〕29号 2017/01/01 第十七条第三款

[公私财产损失] 本解释所称“公私财产损失”，包括实施刑法第三百三十八条、第三百三十九条规定的行为直接造成财产损毁、减少的实际价值，为防止污染扩大、消除污染而采取必要合理措施所产生的费用，以及处置突发环境事件的应急监测费用。两高《关于办理环境污染刑事案件适用法律若干问题的解释》法释〔2016〕29号 2017/01/01 第十七条四第四款

[生态环境损害] 本解释所称“生态环境损害”，包括生态环境修复费用，生态环境修复期间服务功能的损失和生态环境功能永久性损害造成的损失，以及其他必要合理费用。两高《关于办理环境污染刑事案件适用法律若干问题的解释》法释〔2016〕29号 2017/01/01 第十七条第五款

[无危险废物经营许可证] 本解释所称“无危险废物经营许可证”，是指未取得危险废物经营许可证，或者超出危险废物经营许可证的经营范围。两高《关于办理环境污染刑事案件适用法律若干问题的解释》法释〔2016〕29号 2017/01/01 第十七条第六款

[非法处置进口的固体废物案立案追诉标准] [非法处置进口的固体废物案（刑法第三百三十九条第一款）] 违反国家规定，将境外的固体废物进境倾倒、堆放、处置的，应予立案追诉。最高检、公安部《关于公安机关管辖的刑事案件立案追诉标准的规定（一）》公通字〔2008〕36号 2008/06/25 第六十一条

[擅自进口固体废物案立案追诉标准] [擅自进口固体废物案（刑法第三百三十九条第二款）] 未经国务院有关主管部门许可，擅自进口固体废物用作原料，造成重大环境污染事故，涉嫌下列情形之一的，应予立案追诉：

（一）致使公私财产损失三十万元以上的；

（二）致使基本农田、防护林地、特种用途林地五亩以上，其他农用地十亩以上，其它土地二十亩以上基本功能丧失或者遭受永久性破坏的；

（三）致使森林或者其他林木死亡五十立方米以上，或者幼树死亡二千五百株以上的；

（四）致使一人以上死亡、三人以上重伤、十人以上轻伤，或者一人以上重伤并且五人以上轻伤的；

（五）致使传染病发生、流行或者人员中毒达到《国家突发公共卫生事件应急预案》中突发公共卫生事件分级Ⅲ级以上情形，严重危害人体健康的；

（六）其他致使公私财产遭受重大损失或者严重危害人体健康的情形。**最高检、公安部《关于公安机关管辖的刑事案件立案追诉标准的规定（一）》公通字〔2008〕36号 2008/06/25 第六十二条**

第三百四十条　【非法捕捞水产品罪】违反保护水产资源法规，在禁渔区、禁渔期或者使用禁用的工具、方法捕捞水产品，情节严重的，处三年以下有期徒刑、拘役、管制或者罚金。

[刑法第340条之情节严重] 违反保护水产资源法规，在海洋水域，在禁渔区、禁渔期或者使用禁用的工具、方法捕捞水产品，具有下列情形之一的，应当认定为刑法第三百四十条规定的“情节严重”：

（一）非法捕捞水产品一万公斤以上或者价值十万元以上的；

（二）非法捕捞有重要经济价值的水生动物苗种、怀卵亲体二千公斤以上或者价值二万元以上的；

（三）在水产种质资源保护区内捕捞水产品二千公斤以上或者价值二万元以上的；

（四）在禁渔区内使用禁用的工具或者方法捕捞的；

（五）在禁渔期内使用禁用的工具或者方法捕捞的；

（六）在公海使用禁用渔具从事捕捞作业，造成严重影响的；

（七）其他情节严重的情形。**最高法《关于审理发生在我国管辖海域相关案件若干问题的规定（二）》法释〔2016〕17号 2016/08/02 第四条**

[非法捕捞水产品案立案追诉标准] [非法捕捞水产品案（刑法第三百

四十条)］违反保护水产资源法规，在禁渔区、禁渔期或者使用禁用的工具、方法捕捞水产品，涉嫌下列情形之一的，应予立案追诉：

（一）在内陆水域非法捕捞水产品五百公斤以上或者价值五千元以上的，或者在海洋水域非法捕捞水产品二千公斤以上或者价值二万元以上的；

（二）非法捕捞有重要经济价值的水生动物苗种、怀卵亲体或者在水产种质资源保护区内捕捞水产品，在内陆水域五十公斤以上或者价值五百元以上，或者在海洋水域二百公斤以上或者价值二千元以上的；

（三）在禁渔区内使用禁用的工具或者禁用的方法捕捞的；

（四）在禁渔期内使用禁用的工具或者禁用的方法捕捞的；

（五）在公海使用禁用渔具从事捕捞作业，造成严重影响的；

（六）其他情节严重的情形。最高检、公安部《关于公安机关管辖的刑事案件立案追诉标准的规定（一）》公通字〔2008〕36号 2008/06/25 第六十三条

第三百四十一条　【非法猎捕、杀害珍贵、濒危野生动物罪；非法收购、运输、出售珍贵、濒危野生动物、珍贵、濒危野生动物制品罪；非法狩猎罪】非法猎捕、杀害国家重点保护的珍贵、濒危野生动物的，或者非法收购、运输、出售国家重点保护的珍贵、濒危野生动物及其制品的，处五年以下有期徒刑或者拘役，并处罚金；情节严重的，处五年以上十年以下有期徒刑，并处罚金；情节特别严重的，处十年以上有期徒刑，并处罚金或者没收财产。

违反狩猎法规，在禁猎区、禁猎期或者使用禁用的工具、方法进行狩猎，破坏野生动物资源，情节严重的，处三年以下有期徒刑、拘役、管制或者罚金。

［非法采捕珊瑚、砗磲等　刑法第341条第1款之情节严重］非法采捕珊瑚、砗磲或者其他珍贵、濒危水生野生动物，具有下列情形之一的，应当认定为刑法第三百四十一条第一款规定的“情节严重”：

（一）价值在五十万元以上的；

（二）非法获利二十万元以上的；

（三）造成海域生态环境严重破坏的；

（四）造成严重国际影响的；

（五）其他情节严重的情形。最高法《关于审理发生在我国管辖海域相关案件若干问题的规定（二）》法释〔2016〕17号 2016/08/02 第五条第一款

［非法采捕珊瑚、砗磲等　刑法第341条第1款之情节特别严重］实施前款规定的行为，具有下列情形之一的，应当认定为刑法第三百四十一条第一款规定的“情节特别严重”：

（一）价值或者非法获利达到本条第一款规定标准五倍以上的；

（二）价值或者非法获利达到本条第一款规定的标准，造成海域生态环境严重破坏的；

（三）造成海域生态环境特别严重破坏的；

（四）造成特别严重国际影响的；

（五）其他情节特别严重的情形。最高法《关于审理发生在我国管辖海域相关案件若干问题的规定（二）》法释〔2016〕17号 2016/08/02 第五条第二款

［非法收购、运输、出售珊瑚、砗磲等　刑法第341条第1款之情节严重］非法收购、运输、出售珊瑚、砗磲或者其他珍贵、濒危水生野生动物及其制品，具有下列情形之一的，应当认定为刑法第三百四十一条第一款规定的“情节严重”：

（一）价值在五十万元以上的；

（二）非法获利在二十万元以上的；

（三）具有其他严重情节的。最高法《关于审理发生在我国管辖海域相关案件若干问题的规定（二）》法释〔2016〕17号 2016/08/02 第六条第一款

［非法收购、运输、出售珊瑚、砗磲等　刑法第341条第1款之情节特别严重］非法收购、运输、出售珊瑚、砗磲或者其他珍贵、濒危水生野生动物及其制品，具有下列情形之一的，应当认定为刑法第三百四十一条第一款规定的“情节特别严重”：

（一）价值在二百五十万元以上的；

（二）非法获利在一百万元以上的；

（三）具有其他特别严重情节的。最高法《关于审理发生在我国管辖海域相

关案件若干问题的规定（二）》法释〔2016〕17号 2016/08/02 第六条第二款

［珍贵、濒危水生野生动物的种属难以确定的］对案件涉及的珍贵、濒危水生野生动物的种属难以确定的，由司法鉴定机构出具鉴定意见，或者由国务院渔业行政主管部门指定的机构出具报告。最高法《关于审理发生在我国管辖海域相关案件若干问题的规定（二）》法释〔2016〕17号 2016/08/02 第七条第一款

［珍贵、濒危水生野生动物或者其制品的价值认定］珍贵、濒危水生野生动物或者其制品的价值，依照国务院渔业行政主管部门的规定核定。核定价值低于实际交易价格的，以实际交易价格认定。最高法《关于审理发生在我国管辖海域相关案件若干问题的规定（二）》法释〔2016〕17号 2016/08/02 第七条第二款

［珊瑚、砗磲］本解释所称珊瑚、砗磲，是指列入《国家重点保护野生动物名录》中国家一、二级保护的，以及列入《濒危野生动植物种国际贸易公约》附录一、附录二中的珊瑚、砗磲的所有种，包括活体和死体。最高法《关于审理发生在我国管辖海域相关案件若干问题的规定（二）》法释〔2016〕17号 2016/08/02 第七条第三款

［数罪　择重罪处罚］实施破坏海洋资源犯罪行为，同时构成非法捕捞罪、非法猎捕、杀害珍贵、濒危野生动物罪、组织他人偷越国（边）境罪、偷越国（边）境罪等犯罪的，依照处罚较重的规定定罪处罚。最高法《关于审理发生在我国管辖海域相关案件若干问题的规定（二）》法释〔2016〕17号 2016/08/02 第八条第一款

［数罪　数罪处罚］有破坏海洋资源犯罪行为，又实施走私、妨害公务等犯罪的，依照数罪并罚的规定处理。最高法《关于审理发生在我国管辖海域相关案件若干问题的规定（二）》法释〔2016〕17号 2016/08/02 第八条第二款

［非法收购国家重点保护的珍贵、濒危野生动物及其制品的行为］知道或者应当知道是国家重点保护的珍贵、濒危野生动物及其制品，为食用或者其他目的而非法购买的，属于刑法第三百四十一条第一款规定的非法收购国家重点保护的珍贵、濒危野生动物及其制品的行为。全国人大常委会《关于〈中华人民共和国刑法〉第三百四十一条、第三百一十二条的解释》2014/04/24

［明知是犯罪所得而收购的行为］知道或者应当知道是刑法第三百四

十一条第二款规定的非法狩猎的野生动物而购买的，属于刑法第三百一十二条第一款规定的明知是犯罪所得而收购的行为。全国人大常委会《关于〈中华人民共和国刑法〉第三百四十一条、第三百一十二条的解释》2014/04/24

[珍贵、濒危野生动物] 刑法第三百四十一条第一款规定的“珍贵、濒危野生动物”，包括列入国家重点保护野生动物名录的国家一、二级保护野生动物、列入《濒危野生动植物种国际贸易公约》附录一、附录二的野生动物以及驯养繁殖的上述物种。最高法《关于审理破坏野生动物资源刑事案件具体应用法律若干问题的解释》法释〔2000〕37号 2000/12/11 第一条

[收购、运输、出售] 刑法第三百四十一条第一款规定的“收购”，包括以营利、自用等为目的的购买行为；“运输”，包括采用携带、邮寄、利用他人、使用交通工具等方法进行运送的行为；“出售”，包括出卖和以营利为目的的加工利用行为。最高法《关于审理破坏野生动物资源刑事案件具体应用法律若干问题的解释》法释〔2000〕37号 2000/12/11 第二条

[非法猎捕、杀害、收购、运输、出售珍贵、濒危野生动物情节严重] 非法猎捕、杀害、收购、运输、出售珍贵、濒危野生动物具有下列情形之一的，属于“情节严重”：

（一）达到本解释附表所列相应数量标准的；

（二）非法猎捕、杀害、收购、运输、出售不同种类的珍贵、濒危野生动物，其中两种以上分别达到附表所列“情节严重”数量标准一半以上的。最高法《关于审理破坏野生动物资源刑事案件具体应用法律若干问题的解释》法释〔2000〕37号 2000/12/11 第三条第一款

[非法猎捕、杀害、收购、运输、出售珍贵、濒危野生动物情节特别严重] 非法猎捕、杀害、收购、运输、出售珍贵、濒危野生动物具有下列情形之一的，属于“情节特别严重”：

（一）达到本解释附表所列相应数量标准的；

（二）非法猎捕、杀害、收购、运输、出售不同种类的珍贵、濒危野生动物，其中两种以上分别达到附表所列“情节特别严重”数量标准一半以上的。最高法《关于审理破坏野生动物资源刑事案件具体应用法律若干问题的解释》法释〔2000〕37号 2000/12/11 第三条第二款

[非法猎捕、杀害、收购、运输、出售珍贵、濒危野生动物构成犯罪

情节严重、情节特别严重］非法猎捕、杀害、收购、运输、出售珍贵、濒危野生动物构成犯罪，具有下列情形之一的，可以认定为“情节严重”；非法猎捕、杀害、收购、运输、出售珍贵、濒危野生动物符合本解释第三条第一款的规定，并具有下列情形之一的，可以认定为“情节特别严重”：

（一）犯罪集团的首要分子；

（二）严重影响对野生动物的科研、养殖等工作顺利进行的；

（三）以武装掩护方法实施犯罪的；

（四）使用特种车、军用车等交通工具实施犯罪的；

（五）造成其他重大损失的。最高法《关于审理破坏野生动物资源刑事案件具体应用法律若干问题的解释》法释〔2000〕37号 2000/12/11 第四条

［非法收购、运输、出售珍贵、濒危野生动物制品情节严重］非法收购、运输、出售珍贵、濒危野生动物制品具有下列情形之一的，属于“情节严重”：

（一）价值在十万元以上的；

（二）非法获利五万元以上的；

（三）具有其他严重情节的。最高法《关于审理破坏野生动物资源刑事案件具体应用法律若干问题的解释》法释〔2000〕37号 2000/12/11 第五条第一款

［非法收购、运输、出售珍贵、濒危野生动物制品情节特别严重］非法收购、运输、出售珍贵、濒危野生动物制品具有下列情形之一的，属于“情节特别严重”：

（一）价值在二十万元以上的；

（二）非法获利十万元以上的；

（三）具有其他特别严重情节的。最高法《关于审理破坏野生动物资源刑事案件具体应用法律若干问题的解释》法释〔2000〕37号 2000/12/11 第五条第二款

［非法狩猎情节严重］违反狩猎法规，在禁猎区、禁猎期或者使用禁用的工具、方法狩猎，具有下列情形之一的，属于非法狩猎“情节严重”：

（一）非法狩猎野生动物二十只以上的；

（二）违反狩猎法规，在禁猎区或者禁猎期使用禁用的工具、方法狩猎的；

（三）具有其他严重情节的。最高法《关于审理破坏野生动物资源刑事案件

具体应用法律若干问题的解释》法释〔2000〕37号 2000/12/11 第六条

[数罪并罚] 实施刑法第三百四十一条规定的犯罪，又以暴力、威胁方法抗拒查处，构成其他犯罪的，依照数罪并罚的规定处罚。最高法《关于审理破坏野生动物资源刑事案件具体应用法律若干问题的解释》法释〔2000〕37号 2000/12/11 第八条

[非法猎捕、杀害、收购、运输、出售非原产于我国的野生动物情节严重、情节特别严重] 非法猎捕、杀害、收购、运输、出售《濒危野生动植物种国际贸易公约》附录一、附录二所列的非原产于我国的野生动物"情节严重"、"情节特别严重"的认定标准，参照本解释第三条、第四条以及附表所列与其同属的国家一、二级保护野生动物的认定标准执行；没有与其同属的国家一、二级保护野生动物的，参照与其同科的国家一、二级保护野生动物的认定标准执行。最高法《关于审理破坏野生动物资源刑事案件具体应用法律若干问题的解释》法释〔2000〕37号 2000/12/11 第十条

[珍贵、濒危野生动物制品的价值认定] 珍贵、濒危野生动物制品的价值，依照国家野生动物保护主管部门的规定核定；核定价值低于实际交易价格的，以实际交易价格认定。最高法《关于审理破坏野生动物资源刑事案件具体应用法律若干问题的解释》法释〔2000〕37号 2000/12/11 第十一条

[单位犯本罪之定罪量刑标准] 单位犯刑法第三百四十一条规定之罪，定罪量刑标准依照本解释的有关规定执行。最高法《关于审理破坏野生动物资源刑事案件具体应用法律若干问题的解释》法释〔2000〕37号 2000/12/11 第十二条

[非法猎捕、杀害珍贵、濒危野生动物案立案追诉标准] [非法猎捕、杀害珍贵、濒危野生动物案（刑法第三百四十一条第一款）] 非法猎捕、杀害国家重点保护的珍贵、濒危野生动物的，应予立案追诉。最高检、公安部《关于公安机关管辖的刑事案件立案追诉标准的规定（一）》公通字〔2008〕36号 2008/06/25 第六十四条第一款

[珍贵、濒危野生动物] 本条和本规定第六十五条规定的"珍贵、濒危野生动物"，包括列入《国家重点保护野生动物名录》的国家一、二级保护野生动物、列入《濒危野生动植物种国际贸易公约》附录一、附录二的野生动物以及驯养繁殖的上述物种。最高检、公安部《关于公安机关管辖的刑事案件立案追诉标准的规定（一）》公通字〔2008〕36号 2008/06/25 第六十四条第

二款

[非法收购、运输、出售珍贵、濒危野生动物、珍贵、濒危野生动物制品案立案追诉标准] [非法收购、运输、出售珍贵、濒危野生动物、珍贵、濒危野生动物制品案（刑法第三百四十一条第一款）] 非法收购、运输、出售国家重点保护的珍贵、濒危野生动物及其制品的，应予立案追诉。最高检、公安部《关于公安机关管辖的刑事案件立案追诉标准的规定（一）》公通字〔2008〕36号 2008/06/25 第六十五条第一款

[收购　运输　出售] 本条规定的“收购”，包括以营利、自用等为目的的购买行为；“运输”，包括采用携带、邮寄、利用他人、使用交通工具等方法进行运送的行为；“出售”，包括出卖和以营利为目的的加工利用行为。最高检、公安部《关于公安机关管辖的刑事案件立案追诉标准的规定（一）》公通字〔2008〕36号 2008/06/25 第六十五条第二款

[非法狩猎案立案追诉标准] [非法狩猎案（刑法第三百四十一条第二款）] 违反狩猎法规，在禁猎区、禁猎期或者使用禁用的工具、方法进行狩猎，破坏野生动物资源，涉嫌下列情形之一的，应予立案追诉：

（一）非法狩猎野生动物二十只以上的；

（二）在禁猎区内使用禁用的工具或者禁用的方法狩猎的；

（三）在禁猎期内使用禁用的工具或者禁用的方法狩猎的；

（四）其他情节严重的情形。最高检、公安部《关于公安机关管辖的刑事案件立案追诉标准的规定（一）》公通字〔2008〕36号 2008/06/25 第六十六条

第三百四十二条　【非法占用农用地罪】违反土地管理法规，非法占用耕地、林地等农用地，改变被占用土地用途，数量较大，造成耕地、林地等农用地大量毁坏的，处五年以下有期徒刑或者拘役，并处或者单处罚金。[1]

[破坏草原资源] 违反草原法等土地管理法规，非法占用草原，改变被占用草原用途，数量较大，造成草原大量毁坏的，依照刑法第三百四十

---

① 根据2001年8月31日《中华人民共和国刑法修正案（二）》修改，原条文为：“违反土地管理法规，非法占用耕地改作他用，数量较大，造成耕地大量毁坏的，处五年以下有期徒刑或者拘役，并处或者单处罚金。”

二条的规定，以非法占用农用地罪定罪处罚。最高法《关于审理破坏草原资源刑事案件应用法律若干问题的解释》法释〔2012〕15号 2012/11/22 第一条

[数量较大] 非法占用草原，改变被占用草原用途，数量在二十亩以上的，或者曾因非法占用草原受过行政处罚，在三年内又非法占用草原，改变被占用草原用途，数量在十亩以上的，应当认定为刑法第三百四十二条规定的“数量较大”。

非法占用草原，改变被占用草原用途，数量较大，具有下列情形之一的，应当认定为刑法第三百四十二条规定的“造成耕地、林地等农用地大量毁坏”：

（一）开垦草原种植粮食作物、经济作物、林木的；

（二）在草原上建窑、建房、修路、挖砂、采石、采矿、取土、剥取草皮的；

（三）在草原上堆放或者排放废弃物，造成草原的原有植被严重毁坏或者严重污染的；

（四）违反草原保护、建设、利用规划种植牧草和饲料作物，造成草原沙化或者水土严重流失的；

（五）其他造成草原严重毁坏的情形。最高法《关于审理破坏草原资源刑事案件应用法律若干问题的解释》法释〔2012〕15号 2012/11/22 第二条

[多次实施破坏草原资源的违法犯罪行为　按累计的数量、数额定罪处罚] 多次实施破坏草原资源的违法犯罪行为，未经处理，应当依法追究刑事责任的，按照累计的数量、数额定罪处罚。最高法《关于审理破坏草原资源刑事案件应用法律若干问题的解释》法释〔2012〕15号 2012/11/22 第六条

[单位犯罪] 单位实施刑法第三百四十二条规定的行为，对单位判处罚金，并对其直接负责的主管人员和其他直接责任人员，依照本解释规定的定罪量刑标准定罪处罚。最高法《关于审理破坏草原资源刑事案件应用法律若干问题的解释》法释〔2012〕15号 2012/11/22 第五条

[草原] 本解释所称“草原”，是指天然草原和人工草地，天然草原包括草地、草山和草坡，人工草地包括改良草地和退耕还草地，不包括城镇草地。最高法《关于审理破坏草原资源刑事案件应用法律若干问题的解释》法释〔2012〕15号 2012/11/22 第七条

[犯罪数额] 违反土地管理法规，非法占用林地，改变被占用林地用途，在非法占用的林地上实施建窑、建坟、建房、挖沙、采石、采矿、取土、种植农作物、堆放或排泄废弃物等行为或者进行其他非林业生产、建设，造成林地的原有植被或林业种植条件严重毁坏或者严重污染，并具有下列情形之一的，属于刑法第三百四十二条规定的犯罪行为，应当以非法占用农用地罪判处五年以下有期徒刑或者拘役，并处或者单处罚金：

（一）非法占用并毁坏防护林地、特种用途林地数量分别或者合计达到五亩以上；

（二）非法占用并毁坏其他林地数量达到十亩以上；

（三）非法占用并毁坏本条第（一）项、第（二）项规定的林地，数量分别达到相应规定的数量标准的百分之五十以上；

（四）非法占用并毁坏本条第（一）项、第（二）项规定的林地，其中一项数量达到相应规定的数量标准的百分之五十以上，且两项数量合计达到该项规定的数量标准。最高法《关于审理破坏林地资源刑事案件具体应用法律若干问题的解释》法释〔2015〕15 号 2005/12/16 第一条

[违反土地管理法规] 刑法第二百二十八条、第三百四十二条、第四百一十条规定的“违反土地管理法规”，是指违反土地管理法、森林法、草原法等法律以及有关行政法规中关于土地管理的规定。全国人大常委会《关于〈中华人民共和国刑法〉第二百二十八条、第三百四十二条、第四百一十条的解释》2009/08/27

[数量较大　造成耕地大量毁坏] 违反土地管理法规，非法占用耕地改作他用，数量较大，造成耕地大量毁坏的，依照刑法第三百四十二条的规定，以非法占用耕地罪定罪处罚：

（一）非法占用耕地“数量较大”，是指非法占用基本农田五亩以上或者非法占用基本农田以外的耕地十亩以上。

（二）非法占用耕地“造成耕地大量毁坏”，是指行为人非法占用耕地建窑、建坟、建房、挖沙、采石、采矿、取土、堆放固体废弃物或者进行其他非农业建设，造成基本农田五亩以上或者基本农田以外的耕地十亩以上种植条件严重毁坏或者严重污染。最高法《关于审理破坏土地资源刑事案件具体应用法律若干问题的解释》法释〔2000〕14 号 2000/06/22 第三条

[单位犯本罪] 单位犯非法转让、倒卖土地使用权罪、非法占有耕地罪的定罪量刑标准，依照本解释第一条、第二条、第三条的规定执行。最高法《关于审理破坏土地资源刑事案件具体应用法律若干问题的解释》法释〔2000〕14号 2000/06/22 第八条

[非法占用农用地案立案追诉标准] [非法占用农用地案（刑法第三百四十二条）] 违反土地管理法规，非法占用耕地、林地等农用地，改变被占用土地用途，造成耕地、林地等农用地大量毁坏，涉嫌下列情形之一的，应予立案追诉：

（一）非法占用基本农田五亩以上或者基本农田以外的耕地十亩以上的；

（二）非法占用防护林地或者特种用途林地数量单种或者合计五亩以上的；

（三）非法占用其他林地十亩以上的；

（四）非法占用本款第（二）项、第（三）项规定的林地，其中一项数量达到相应规定的数量标准的百分之五十以上，且两项数量合计达到该项规定的数量标准的；

（五）非法占用其他农用地数量较大的情形。最高检、公安部《关于公安机关管辖的刑事案件立案追诉标准的规定（一）》公通字〔2008〕36号 2008/06/25 第六十七条第一款

[造成耕地大量毁坏] 违反土地管理法规，非法占用耕地建窑、建坟、建房、挖沙、采石、采矿、取土、堆放固体废弃物或者进行其他非农业建设，造成耕地种植条件严重毁坏或者严重污染，被毁坏耕地数量达到以上规定的，属于本条规定的“造成耕地大量毁坏”。最高检、公安部《关于公安机关管辖的刑事案件立案追诉标准的规定（一）》公通字〔2008〕36号 2008/06/25 第六十七条第二款

[造成林地大量毁坏] 违反土地管理法规，非法占用林地，改变被占用林地用途，在非法占用的林地上实施建窑、建坟、建房、挖沙、采石、采矿、取土、种植农作物、堆放或者排泄废弃物等行为或者进行其他非林业生产、建设，造成林地的原有植被或者林业种植条件严重毁坏或者严重污染，被毁坏林地数量达到以上规定的，属于本条规定的“造成林地大量

毁坏”。最高检、公安部《关于公安机关管辖的刑事案件立案追诉标准的规定（一）》公通字〔2008〕36号 2008/06/25 第六十七条第三款

第三百四十三条 【非法采矿罪；破坏性采矿罪】违反矿产资源法的规定，未取得采矿许可证擅自采矿，擅自进入国家规划矿区、对国民经济具有重要价值的矿区和他人矿区范围采矿，或者擅自开采国家规定实行保护性开采的特定矿种，情节严重的，处三年以下有期徒刑、拘役或者管制，并处或者单处罚金；情节特别严重的，处三年以上七年以下有期徒刑，并处罚金。[①]

违反矿产资源法的规定，采取破坏性的开采方法开采矿产资源，造成矿产资源严重破坏的，处五年以下有期徒刑或者拘役，并处罚金。

［判决理由 河北蔚县李家洼煤矿“7·14”特别重大事故］河北省张家口市中级人民法院一审判决、河北省高级人民法院复核裁定认为，被告人李发奎、李成奎、苏正喜等非法买卖、储存炸药、雷管，造成严重后果，情节严重，构成非法买卖、储存爆炸物罪；被告人李发奎、李成奎、李向奎、苏正喜、苏强全、邓开兴违反矿产资源法规，未取得采矿许可证擅自采矿，被责令停止开采而拒不执行，造成矿产资源严重破坏，构成非法采矿罪；被告人李发奎、李成奎、李向奎明知矿井安全生产设施和安全生产条件不符合国家规定，仍然组织矿工进行井下生产作业，造成重大伤亡事故，情节特别恶劣，构成重大劳动安全事故罪；被告人李发奎、李成奎、李向奎、苏正喜、苏强全在安全事故发生后，分工负责，相互配合，隐瞒事故真相，贻误事故抢救，情节特别严重，构成不报安全事故罪；被告人李发奎、李成奎、李向奎为谋取不正当利益，共同或单独多次给予国家工作人员钱物，构成行贿罪；被告人李发奎在非法买卖、储存爆炸物、

① 根据2011年5月1日《刑法修正案（八）》修改，原条文为：“违反矿产资源法的规定，未取得采矿许可证擅自采矿的，擅自进入国家规划矿区、对国民经济具有重要价值的矿区和他人矿区范围采矿的，擅自开采国家规定实行保护性开采的特定矿种，经责令停止开采后拒不停止开采，造成矿产资源破坏的，处三年以下有期徒刑、拘役或者管制，并处或者单处罚金；造成矿产资源严重破坏的，处三年以上七年以下有期徒刑，并处罚金。”

非法采矿、重大劳动安全事故、不报安全事故、行贿犯罪中起主要作用，应承担主要责任。被告人李成奎在非法买卖、储存爆炸物罪具体实施中作用次于李发奎，可依法从轻处罚；在其他犯罪中应承担主要责任。被告人李向奎、苏正喜、苏强全、邓开兴在犯罪中地位、作用次于李发奎、李成奎。被告人苏强全有自首情节，依法从轻处罚。**最高法发布危害生产安全犯罪典型案例之一：李发奎、李成奎、李向奎、苏正喜、苏强全、邓开兴非法买卖、储存爆炸物，非法采矿，重大劳动安全事故，不报安全事故，行贿案**

[**典型意义**] 本案涉及的破坏环境资源线索，系湟中县检察院会同县政府有关部门在开展非法盗挖砂石专项立案监督工作中发现并移送的。湟中县检察院配合当地党委、政府的砂石资源集中整治工作，组织开展“非法盗挖砂石案件立案监督专项活动”，先后介入8起非法采矿案，依法批准逮捕非法采矿犯罪案件8件13人，并对侦查活动违法问题发出3份纠正违法通知书，有效整治了青藏铁路周边环境的安全隐患。该案的成功办理，得益于检察机关与行政执法机关的工作衔接与协调配合，同时检察机关依法提前介入，对侦查活动进行全程跟进监督，为案件的成功办理奠定了坚实基础，有效遏制了当地滥采滥挖砂石、破坏环境资源的行为。**最高检发布10起检察机关加强生态环境司法保护典型案例二：韩甲福非法采矿案**

[**违反矿产资源法的规定**] 违反《中华人民共和国矿产资源法》《中华人民共和国水法》等法律、行政法规有关矿产资源开发、利用、保护和管理的规定的，应当认定为刑法第三百四十三条规定的“违反矿产资源法的规定”。**两高《关于办理非法采矿、破坏性采矿刑事案件适用法律若干问题的解释》法释〔2016〕25号 2016/12/01 第一条**

[**未取得采矿许可证**] 具有下列情形之一的，应当认定为刑法第三百四十三条第一款规定的“未取得采矿许可证”：

（一）无许可证的；

（二）许可证被注销、吊销、撤销的；

（三）超越许可证规定的矿区范围或者开采范围的；

（四）超出许可证规定的矿种的（共生、伴生矿种除外）；

（五）其他未取得许可证的情形。**两高《关于办理非法采矿、破坏性采矿刑事案件适用法律若干问题的解释》法释〔2016〕25号 2016/12/01 第二条**

[刑法第343条第1款之情节严重] 实施非法采矿行为，具有下列情形之一的，应当认定为刑法第三百四十三条第一款规定的“情节严重”：

（一）开采的矿产品价值或者造成矿产资源破坏的价值在十万元至三十万元以上的；

（二）在国家规划矿区、对国民经济具有重要价值的矿区采矿，开采国家规定实行保护性开采的特定矿种，或者在禁采区、禁采期内采矿，开采的矿产品价值或者造成矿产资源破坏的价值在五万元至十五万元以上的；

（三）二年内曾因非法采矿受过两次以上行政处罚，又实施非法采矿行为的；

（四）造成生态环境严重损害的；

（五）其他情节严重的情形。**两高《关于办理非法采矿、破坏性采矿刑事案件适用法律若干问题的解释》法释〔2016〕25号 2016/12/01 第三条第一款**

[刑法第343条第1款之情节特别严重] 实施非法采矿行为，具有下列情形之一的，应当认定为刑法第三百四十三条第一款规定的“情节特别严重”：

（一）数额达到前款第一项、第二项规定标准五倍以上的；

（二）造成生态环境特别严重损害的；

（三）其他情节特别严重的情形。**两高《关于办理非法采矿、破坏性采矿刑事案件适用法律若干问题的解释》法释〔2016〕25号 2016/12/01 第三条第二款**

[以非法采矿罪定罪处罚] 在河道管理范围内采砂，具有下列情形之一，符合刑法第三百四十三条第一款和本解释第二条、第三条规定的，以非法采矿罪定罪处罚：

（一）依据相关规定应当办理河道采砂许可证，未取得河道采砂许可证的；

（二）依据相关规定应当办理河道采砂许可证和采矿许可证，既未取得河道采砂许可证，又未取得采矿许可证的。**两高《关于办理非法采矿、破坏性采矿刑事案件适用法律若干问题的解释》法释〔2016〕25号 2016/12/01 第四条第一款**

[严重影响河势稳定，危害防洪安全的] 实施前款规定行为，虽不具

有本解释第三条第一款规定的情形，但严重影响河势稳定，危害防洪安全的，应当认定为刑法第三百四十三条第一款规定的“情节严重”。两高《关于办理非法采矿、破坏性采矿刑事案件适用法律若干问题的解释》法释〔2016〕25号 2016/12/01 第四条第二款

[无证采挖海砂的　以非法采矿罪定罪处罚] 未取得海砂开采海域使用权证，且未取得采矿许可证，采挖海砂，符合刑法第三百四十三条第一款和本解释第二条、第三条规定的，以非法采矿罪定罪处罚。两高《关于办理非法采矿、破坏性采矿刑事案件适用法律若干问题的解释》法释〔2016〕25号 2016/12/01 第五条第一款

[造成海岸线严重破坏的] 实施前款规定行为，虽不具有本解释第三条第一款规定的情形，但造成海岸线严重破坏的，应当认定为刑法第三百四十三条第一款规定的“情节严重”。两高《关于办理非法采矿、破坏性采矿刑事案件适用法律若干问题的解释》法释〔2016〕25号 2016/12/01 第五条第二款

[造成矿产资源严重破坏] 造成矿产资源破坏的价值在五十万元至一百万元以上，或者造成国家规划矿区、对国民经济具有重要价值的矿区和国家规定实行保护性开采的特定矿种资源破坏的价值在二十五万元至五十万元以上的，应当认定为刑法第三百四十三条第二款规定的“造成矿产资源严重破坏”。两高《关于办理非法采矿、破坏性采矿刑事案件适用法律若干问题的解释》法释〔2016〕25号 2016/12/01 第六条

[以掩饰、隐瞒犯罪所得、犯罪所得收益罪定罪处罚] 明知是犯罪所得的矿产品及其产生的收益，而予以窝藏、转移、收购、代为销售或者以其他方法掩饰、隐瞒的，依照刑法第三百一十二条的规定，以掩饰、隐瞒犯罪所得、犯罪所得收益罪定罪处罚。

实施前款规定的犯罪行为，事前通谋的，以共同犯罪论处。两高《关于办理非法采矿、破坏性采矿刑事案件适用法律若干问题的解释》法释〔2016〕25号 2016/12/01 第七条

[多次非法采矿、破坏性采矿] 多次非法采矿、破坏性采矿构成犯罪，依法应当追诉的，或者二年内多次非法采矿、破坏性采矿未经处理的，价值数额累计计算。两高《关于办理非法采矿、破坏性采矿刑事案件适用法律若干问题的解释》法释〔2016〕25号 2016/12/01 第八条

[单位犯本罪的] 单位犯刑法第三百四十三条规定之罪的，依照本解释规定的相应自然人犯罪的定罪量刑标准，对直接负责的主管人员和其他直接责任人员定罪处罚，并对单位判处罚金。两高《关于办理非法采矿、破坏性采矿刑事案件适用法律若干问题的解释》法释〔2016〕25号 2016/12/01 第九条

[犯罪情节轻微，不起诉或者免予刑事处罚] 实施非法采矿犯罪，不属于"情节特别严重"，或者实施破坏性采矿犯罪，行为人系初犯，全部退赃退赔，积极修复环境，并确有悔改表现的，可以认定为犯罪情节轻微，不起诉或者免予刑事处罚。两高《关于办理非法采矿、破坏性采矿刑事案件适用法律若干问题的解释》法释〔2016〕25号 2016/12/01 第十条

[受雇佣为非法采矿、破坏性采矿犯罪提供劳务的人员] 对受雇佣为非法采矿、破坏性采矿犯罪提供劳务的人员，除参与利润分成或者领取高额固定工资的以外，一般不以犯罪论处，但曾因非法采矿、破坏性采矿受过处罚的除外。两高《关于办理非法采矿、破坏性采矿刑事案件适用法律若干问题的解释》法释〔2016〕25号 2016/12/01 第十一条

[依法追缴或者责令退赔　没收] 对非法采矿、破坏性采矿犯罪的违法所得及其收益，应当依法追缴或者责令退赔。

对用于非法采矿、破坏性采矿犯罪的专门工具和供犯罪所用的本人财物，应当依法没收。两高《关于办理非法采矿、破坏性采矿刑事案件适用法律若干问题的解释》法释〔2016〕25号 2016/12/01 第十二条

[非法开采的矿产品价值的认定] 非法开采的矿产品价值，根据销赃数额认定；无销赃数额，销赃数额难以查证，或者根据销赃数额认定明显不合理的，根据矿产品价格和数量认定。

矿产品价值难以确定的，依据下列机构出具的报告，结合其他证据作出认定：

（一）价格认证机构出具的报告；

（二）省级以上人民政府国土资源、水行政、海洋等主管部门出具的报告；

（三）国务院水行政主管部门在国家确定的重要江河、湖泊设立的流域管理机构出具的报告。两高《关于办理非法采矿、破坏性采矿刑事案件适用法律若干问题的解释》法释〔2016〕25号 2016/12/01 第十三条

[有关专门性问题难以确定的] 对案件所涉的有关专门性问题难以确定的，依据下列机构出具的鉴定意见或者报告，结合其他证据作出认定：

（一）司法鉴定机构就生态环境损害出具的鉴定意见；

（二）省级以上人民政府国土资源主管部门就造成矿产资源破坏的价值、是否属于破坏性开采方法出具的报告；

（三）省级以上人民政府水行政主管部门或者国务院水行政主管部门在国家确定的重要江河、湖泊设立的流域管理机构就是否危害防洪安全出具的报告；

（四）省级以上人民政府海洋主管部门就是否造成海岸线严重破坏出具的报告。两高《关于办理非法采矿、破坏性采矿刑事案件适用法律若干问题的解释》法释〔2016〕25号 2016/12/01 第十四条

[在数额幅度内，确定本地区执行的具体数额标准] 各省、自治区、直辖市高级人民法院、人民检察院，可以根据本地区实际情况，在本解释第三条、第六条规定的数额幅度内，确定本地区执行的具体数额标准，报最高人民法院、最高人民检察院备案。两高《关于办理非法采矿、破坏性采矿刑事案件适用法律若干问题的解释》法释〔2016〕25号 2016/12/01 第十五条

[非法开采或者破坏性开采石油、天然气资源的] 违反矿产资源法的规定，非法开采或者破坏性开采石油、天然气资源的，依照刑法第三百四十三条以及《最高人民法院关于审理非法采矿、破坏性采矿刑事案件具体应用法律若干问题的解释》的规定追究刑事责任。两高《关于办理盗窃油气、破坏油气设备等刑事案件具体应用法律若干问题的解释》法释〔2007〕3号 2007/01/19 第六条

[非法采矿案立案追诉标准] 将《立案追诉标准（一）》第六十八条修改为：[非法采矿案（刑法第三百四十三条第一款）] 违反矿产资源法的规定，未取得采矿许可证擅自采矿，或者擅自进入国家规划矿区、对国民经济具有重要价值的矿区和他人矿区范围采矿，或者擅自开采国家规定实行保护性开采的特定矿种，涉嫌下列情形之一的，应予立案追诉：

（一）开采的矿产品价值或者造成矿产资源破坏的价值在十万元至三十万元以上的；

（二）在国家规划矿区、对国民经济具有重要价值的矿区采矿，开采

国家规定实行保护性开采的特定矿种，或者在禁采区、禁采期内采矿，开采的矿产品价值或者造成矿产资源破坏的价值在五万元至十五万元以上的；

（三）二年内曾因非法采矿受过两次以上行政处罚，又实施非法采矿行为的；

（四）造成生态环境严重损害的；

（五）其他情节严重的情形。

在河道管理范围内采砂，依据相关规定应当办理河道采砂许可证而未取得河道采砂许可证，或者应当办理河道采砂许可证和采矿许可证，既未取得河道采砂许可证又未取得采矿许可证，具有本条第一款规定的情形之一，或者严重影响河势稳定危害防洪安全的，应予立案追诉。

采挖海砂，未取得海砂开采海域使用权证且未取得采矿许可证，具有本条第一款规定的情形之一，或者造成海岸线严重破坏的，应予立案追诉。

具有下列情形之一的，属于本条规定的"未取得采矿许可证"：

（一）无许可证的；

（二）许可证被注销、吊销、撤销的；

（三）超越许可证规定的矿区范围或者开采范围的；

（四）超出许可证规定的矿种的（共生、伴生矿种除外）；

（五）其他未取得许可证的情形。

多次非法采矿构成犯罪，依法应当追诉的，或者二年内多次非法采矿未经处理的，价值数额累计计算。

非法开采的矿产品价值，根据销赃数额认定；无销赃数额，销赃数额难以查证，或者根据销赃数额认定明显不合理的，根据矿产品价格和数量认定。

矿产品价值难以确定的，依据价格认证机构，省级以上人民政府国土资源、水行政、海洋等主管部门，或者国务院水行政主管部门在国家确定的重要江河、湖泊设立的流域管理机构出具的报告，结合其他证据作出认定。**最高检、公安部《关于公安机关管辖的刑事案件立案追诉标准的规定（一）的补**

充规定》公通字〔2017〕12号 2017/04/27 第十一条

[破坏性采矿案立案追诉标准] [破坏性采矿案（刑法第三百四十三条第二款）] 违反矿产资源法的规定，采取破坏性的开采方法开采矿产资源，造成矿产资源严重破坏，价值在三十万至五十万元以上的，应予立案追诉。最高检、公安部《关于公安机关管辖的刑事案件立案追诉标准的规定（一）》公通字〔2008〕36号 2008/06/25 第六十九条第一款

[采取破坏性的开采方法开采矿产资源] 本条规定的“采取破坏性的开采方法开采矿产资源”，是指行为人违反地质矿产主管部门审查批准的矿产资源开发利用方案开采矿产资源，并造成矿产资源严重破坏的行为。

破坏性的开采方法以及造成矿产资源严重破坏的价值数额，由省级以上地质矿产主管部门出具鉴定结论，经查证属实后予以认定。最高检、公安部《关于公安机关管辖的刑事案件立案追诉标准的规定（一）》公通字〔2008〕36号 2008/06/25 第六十九条第二、三款

第三百四十四条　【非法采伐、毁坏国家重点保护植物罪；非法收购、运输、加工、出售国家重点保护植物、国家重点保护植物制品罪】违反国家规定，非法采伐、毁坏珍贵树木或者国家重点保护的其他植物的，或者非法收购、运输、加工、出售珍贵树木或者国家重点保护的其他植物及其制品的，处三年以下有期徒刑、拘役或者管制，并处罚金；情节严重的，处三年以上七年以下有期徒刑，并处罚金。①

[典型意义] 榕江县检察院结合本县境内森林覆盖率高、林业资源丰富，盗伐滥伐林木及非法采伐、毁坏国家重点保护植物案件发案率较高的实际情况，积极拓宽立案监督案件信息来源，做好信息分析及调查核实工作，突出立案监督工作实效。本案系榕江县首例采用新型伐木工具实施非法毁坏国家重点保护植物的案件，被告人采用消声伸缩电锯切割楠木蔸块，作案手段隐蔽，后果极其恶劣，被切割蔸块的楠木树往往无法存活。

① 根据2002年12月28日《刑法修正案（四）》修改，原条文为：“违反森林法的规定，非法采伐、毁坏珍贵树木的，处三年以下有期徒刑、拘役或者管制，并处罚金；情节严重的，处三年以上七年以下有期徒刑，并处罚金。”

榕江县检察院通过认真分析群众举报线索，深入现场调查取证，及时向公安机关提出立案监督意见，有效打击了破坏环境资源犯罪，震慑了潜在的犯罪分子，也为全国检察机关今后办理同类型案件起到了良好的示范作用。**最高检发布10起加强生态环境司法保护典型案例四：莫长生、潘其安、杨昌勇非法毁坏国家重点保护植物案**

［典型意义］该案系施秉县检察院在日常工作中发现案件线索，并进行立案监督的成功范例。检察机关经实地调查走访，确认了存在非法采伐国家重点保护植物的犯罪事实，在开展立案监督后，依法提前介入，引导公安机关侦查取证，确保案件事实清楚、证据确实充分。通过紧密结合全国检察机关打击破坏环境资源犯罪专项立案监督活动，当地检察机关严厉查处了多起破坏生态环境资源犯罪，切实履行法律监督职能，遏制了当地多发频发的非法采伐国家重点保护植物犯罪，有力保护了当地生物多样性。**最高检发布10起检察机关加强生态环境司法保护典型案例三：彭安亮非法采伐国家重点保护植物案**

［珍贵树木］刑法第三百四十四条规定的“珍贵树木”，包括由省级以上林业主管部门或者其他部门确定的具有重大历史纪念意义、科学研究价值或者年代久远的古树名木，国家禁止、限制出口的珍贵树木以及列入国家重点保护野生植物名录的树木。**最高法《关于审理破坏森林资源刑事案件具体应用法律若干问题的解释》法释〔2000〕36号 2000/12/11 第一条**

［情节严重］具有下列情形之一的，属于非法采伐、毁坏珍贵树木行为“情节严重”：

（一）非法采伐珍贵树木二株以上或者毁坏珍贵树木致使珍贵树木死亡三株以上的；

（二）非法采伐珍贵树木二立方米以上的；

（三）为首组织、策划、指挥非法采伐或者毁坏珍贵树木的；

（四）其他情节严重的情形。**最高法《关于审理破坏森林资源刑事案件具体应用法律若干问题的解释》法释〔2000〕36号 2000/12/11 第二条**

［一年多次累计数量］对于一年内多次盗伐、滥伐少量林木未经处罚的，累计其盗伐、滥伐林木的数量，构成犯罪的，依法追究刑事责任。**最高法《关于审理破坏森林资源刑事案件具体应用法律若干问题的解释》法释〔2000〕**

36 号 2000/12 /11第七条

[盗伐、滥伐　依重罪处罚] 盗伐、滥伐珍贵树木，同时触犯刑法第三百四十四条、第三百四十五条规定的，依照处罚较重的规定定罪处罚。最高法《关于审理破坏森林资源刑事案件具体应用法律若干问题的解释》法释〔2000〕36 号 2000/12/11 第八条

[林木数量] 本解释规定的林木数量以立木蓄积计算，计算方法为：原木材积除以该树种的出材率。最高法《关于审理破坏森林资源刑事案件具体应用法律若干问题的解释》法释〔2000〕36 号 2000/12/11 第十七条第一款

[幼树] 本解释所称“幼树”，是指胸径五厘米以下的树木。最高法《关于审理破坏森林资源刑事案件具体应用法律若干问题的解释》法释〔2000〕36 号 2000/12/11 第十七条第二款

[滥伐林木的数量的计算] 滥伐林木的数量，应在伐区调查设计允许的误差额以上计算。最高法《关于审理破坏森林资源刑事案件具体应用法律若干问题的解释》法释〔2000〕36 号 2000/12/11 第十七条第三款

[省院确定地区标准] 各省、自治区、直辖市高级人民法院可以根据本地区的实际情况，在本解释第四条、第六条规定的数量幅度内，确定本地区执行的具体数量标准，并报最高人民法院备案。最高法《关于审理破坏森林资源刑事案件具体应用法律若干问题的解释》法释〔2000〕36 号 2000/12/11 第十九条

[非法采伐、毁坏国家重点保护植物案立案追诉标准] [非法采伐、毁坏国家重点保护植物案 (刑法第三百四十四条)] 违反国家规定，非法采伐、毁坏珍贵树木或者国家重点保护的其他植物的，应予立案追诉。最高检、公安部《关于公安机关管辖的刑事案件立案追诉标准的规定 (一)》公通字〔2008〕36 号 2008/06/25 第七十条第一款

[珍贵树木或者国家重点保护的其他植物] 本条和本规定第七十一条规定的“珍贵树木或者国家重点保护的其他植物”，包括由省级以上林业主管部门或者其他部门确定的具有重大历史纪念意义、科学研究价值或者年代久远的古树名木，国家禁止、限制出口的珍贵树木以及列入《国家重点保护野生植物名录》的树木或者其他植物。最高检、公安部《关于公安机关管辖的刑事案件立案追诉标准的规定 (一)》公通字〔2008〕36 号 2008/06/25 第七十

条第二款

[非法收购、运输、加工、出售国家重点保护植物、国家重点保护植物制品案立案追诉标准] [非法收购、运输、加工、出售国家重点保护植物、国家重点保护植物制品案（刑法第三百四十四条）] 违反国家规定，非法收购、运输、加工、出售珍贵树木或者国家重点保护的其他植物及其制品的，应予立案追诉。最高检、公安部《关于公安机关管辖的刑事案件立案追诉标准的规定（一）》公通字〔2008〕36号 2008/06/25 第七十一条

第三百四十五条 【盗伐林木罪；滥伐林木罪；非法收购、运输盗伐、滥伐的林木罪】 盗伐森林或者其他林木，数量较大的，处三年以下有期徒刑、拘役或者管制，并处或者单处罚金；数量巨大的，处三年以上七年以下有期徒刑，并处罚金；数量特别巨大的，处七年以上有期徒刑，并处罚金。

违反森林法的规定，滥伐森林或者其他林木，数量较大的，处三年以下有期徒刑、拘役或者管制，并处或者单处罚金；数量巨大的，处三年以上七年以下有期徒刑，并处罚金。

非法收购、运输明知是盗伐、滥伐的林木，情节严重的，处三年以下有期徒刑、拘役或者管制，并处或者单处罚金；情节特别严重的，处三年以上七年以下有期徒刑，并处罚金。

盗伐、滥伐国家级自然保护区内的森林或者其他林木的，从重处罚。[①]

[在林木采伐许可证规定的地点以外采伐本单位或者本人所有的森林

① 根据2002年12月28日《刑法修正案（四）》修改，原条文为："盗伐森林或者其他林木，数量较大的，处三年以下有期徒刑、拘役或者管制，并处或者单处罚金；数量巨大的，处三年以上七年以下有期徒刑，并处罚金；数量特别巨大的，处七年以上有期徒刑，并处罚金。

"违反森林法的规定，滥伐森林或者其他林木，数量较大的，处三年以下有期徒刑、拘役或者管制，并处或者单处罚金；数量巨大的，处三年以上七年以下有期徒刑，并处罚金。

"以牟利为目的，在林区非法收购明知是盗伐、滥伐的林木，情节严重的，处三年以下有期徒刑、拘役或者管制，并处或者单处罚金；情节特别严重的，处三年以上七年以下有期徒刑，并处罚金。

"盗伐、滥伐国家级自然保护区内的森林或者其他林木的，从重处罚。"

或者其他林木］违反森林法的规定，在林木采伐许可证规定的地点以外，采伐本单位或者本人所有的森林或者其他林木的，除农村居民采伐自留地和房前屋后个人所有的零星林木以外，属于《最高人民法院关于审理破坏森林资源刑事案件具体应用法律若干问题的解释》第五条第一款第（一）项“未经林业行政主管部门及法律规定的其他主管部门批准并核发林木采伐许可证”规定的情形，数量较大的，应当依照刑法第三百四十五条第二款的规定，以滥伐林木罪定罪处罚。最高法《关于在林木采伐许可证规定的地点以外采伐本单位或者本人所有的森林或者其他林木的行为如何适用法律问题的批复》法释〔2014〕3号 2004/03/26

［盗伐林木罪三种情形］以非法占有为目的，具有下列情形之一，数量较大的，依照刑法第三百四十五条第一款的规定，以盗伐林木罪定罪处罚：

（一）擅自砍伐国家、集体、他人所有或者他人承包经营管理的森林或者其他林木的；

（二）擅自砍伐本单位或者本人承包经营管理的森林或者其他林木的；

（三）在林木采伐许可证规定的地点以外采伐国家、集体、他人所有或者他人承包经营管理的森林或者其他林木的。最高法《关于审理破坏森林资源刑事案件具体应用法律若干问题的解释》法释〔2000〕36号 2000/12/11 第三条

［数量较大、数量巨大、数量特别巨大］盗伐林木“数量较大”，以二至五立方米或者幼树一百至二百株为起点；盗伐林木“数量巨大”，以二十至五十立方米或者幼树一千至二千株为起点；盗伐林木“数量特别巨大”，以一百至二百立方米或者幼树五千至一万株为起点。最高法《关于审理破坏森林资源刑事案件具体应用法律若干问题的解释》法释〔2000〕36号 2000/12/11 第四条

［滥伐林木罪两种情形］违反森林法的规定，具有下列情形之一，数量较大的，依照刑法第三百四十五条第二款的规定，以滥伐林木罪定罪处罚：

（一）未经林业行政主管部门及法律规定的其他主管部门批准并核发林木采伐许可证，或者虽持有林木采伐许可证，但违反林木采伐许可证规定的时间、数量、树种或者方式，任意采伐本单位所有或者本人所有的森

林或者其他林木的；

（二）超过林木采伐许可证规定的数量采伐他人所有的森林或者其他林木的。最高法《关于审理破坏森林资源刑事案件具体应用法律若干问题的解释》法释〔2000〕36号 2000/12/11 第五条第一款

[林木权属确权之前擅自砍伐数量较大的] 林木权属争议一方在林木权属确权之前，擅自砍伐森林或者其他林木，数量较大的，以滥伐林木罪论处。最高法《关于审理破坏森林资源刑事案件具体应用法律若干问题的解释》法释〔2000〕36号 2000/12/11 第五条第二款

[数量较大、数量巨大] 滥伐林木"数量较大"，以十至二十立方米或者幼树五百至一千株为起点；滥伐林木"数量巨大"，以五十至一百立方米或者幼树二千五百至五千株为起点。最高法《关于审理破坏森林资源刑事案件具体应用法律若干问题的解释》法释〔2000〕36号 2000/12/11 第六条

[一年多次累计数量] 对于一年内多次盗伐、滥伐少量林木未经处罚的，累计其盗伐、滥伐林木的数量，构成犯罪的，依法追究刑事责任。最高法《关于审理破坏森林资源刑事案件具体应用法律若干问题的解释》法释〔2000〕36号 2000/12 /11第七条

[盗伐、滥伐　依重罪处罚] 盗伐、滥伐珍贵树木，同时触犯刑法第三百四十四条、第三百四十五条规定的，依照处罚较重的规定定罪处罚。最高法《关于审理破坏森林资源刑事案件具体应用法律若干问题的解释》法释〔2000〕36号 2000/12/11 第八条

[明知　视为知道之三种情形及除外] 刑法第三百四十五条规定的"非法收购明知是盗伐、滥伐的林木"中的"明知"，是指知道或者应当知道。具有下列情形之一的，可以视为应当知道，但是有证据证明确属被蒙骗的除外：

（一）在非法的木材交易场所或者销售单位收购木材的；

（二）收购以明显低于市场价格出售的木材的；

（三）收购违反规定出售的木材的。最高法《关于审理破坏森林资源刑事案件具体应用法律若干问题的解释》法释〔2000〕36号 2000/12/11 第十条

[单位犯罪] 单位犯刑法第三百四十四条、第三百四十五条规定之罪，定罪量刑标准按照本解释的规定执行。最高法《关于审理破坏森林资源刑事案件

具体应用法律若干问题的解释》法释〔2000〕36号 2000/12/11 第十六条

[林木数量] 本解释规定的林木数量以立木蓄积计算，计算方法为：原木材积除以该树种的出材率。最高法《关于审理破坏森林资源刑事案件具体应用法律若干问题的解释》法释〔2000〕36号 2000/12/11 第十七条第一款

[幼树] 本解释所称“幼树”，是指胸径五厘米以下的树木。最高法《关于审理破坏森林资源刑事案件具体应用法律若干问题的解释》法释〔2000〕36号 2000/12/11 第十七条第二款

[滥伐林木的数量的计算] 滥伐林木的数量，应在伐区调查设计允许的误差额以上计算。最高法《关于审理破坏森林资源刑事案件具体应用法律若干问题的解释》法释〔2000〕36号 2000/12/11 第十七条第三款

[盗伐、滥伐竹林的定罪量刑　地区标准] 盗伐、滥伐以生产竹材为主要目的的竹林的定罪量刑问题，有关省、自治区、直辖市高级人民法院可以参照上述规定的精神，规定本地区的具体标准，并报最高人民法院备案。最高法《关于审理破坏森林资源刑事案件具体应用法律若干问题的解释》法释〔2000〕36号 2000/12/11 第十八条

[省院确定地区标准] 各省、自治区、直辖市高级人民法院可以根据本地区的实际情况，在本解释第四条、第六条规定的数量幅度内，确定本地区执行的具体数量标准，并报最高人民法院备案。最高法《关于审理破坏森林资源刑事案件具体应用法律若干问题的解释》法释〔2000〕36号 2000/12/11 第十九条

[盗伐林木案立案追诉标准] [盗伐林木案（刑法第三百四十五条第一款)] 盗伐森林或者其他林木，涉嫌下列情形之一的，应予立案追诉：

（一）盗伐二至五立方米以上的；

（二）盗伐幼树一百至二百株以上的。最高检、公安部《关于公安机关管辖的刑事案件立案追诉标准的规定（一)》公通字〔2008〕36号 2008/06/25 第七十二条第一款

[盗伐森林或者其他林木] 以非法占有为目的，具有下列情形之一的，属于本条规定的“盗伐森林或者其他林木”：

（一）擅自砍伐国家、集体、他人所有或者他人承包经营管理的森林或者其他林木的；

（二）擅自砍伐本单位或者本人承包经营管理的森林或者其他林木的；

（三）在林木采伐许可证规定的地点以外采伐国家、集体、他人所有或者他人承包经营管理的森林或者其他林木的。最高检、公安部《关于公安机关管辖的刑事案件立案追诉标准的规定（一）》公通字〔2008〕36号 2008/06/25 第七十二条第二款

[林木数量以立木蓄积计算　幼树] 本条和本规定第七十三条、第七十四条规定的林木数量以立木蓄积计算，计算方法为：原木材积除以该树种的出材率；“幼树”，是指胸径五厘米以下的树木。最高检、公安部《关于公安机关管辖的刑事案件立案追诉标准的规定（一）》公通字〔2008〕36号 2008/06/25 第七十二条第三款

[滥伐林木案立案追诉标准] [滥伐林木案（刑法第三百四十五条第二款）] 违反森林法的规定，滥伐森林或者其他林木，涉嫌下列情形之一的，应予立案追诉：

（一）滥伐十至二十立方米以上的；

（二）滥伐幼树五百至一千株以上的。最高检、公安部《关于公安机关管辖的刑事案件立案追诉标准的规定（一）》公通字〔2008〕36号 2008/06/25 第七十三条第一款

[滥伐森林或者其他林木] 违反森林法的规定，具有下列情形之一的，属于本条规定的“滥伐森林或者其他林木”：

（一）未经林业行政主管部门及法律规定的其他主管部门批准并核发林木采伐许可证，或者虽持有林木采伐许可证，但违反林木采伐许可证规定的时间、数量、树种或者方式，任意采伐本单位所有或者本人所有的森林或者其他林木的；

（二）超过林木采伐许可证规定的数量采伐他人所有的森林或者其他林木的。最高检、公安部《关于公安机关管辖的刑事案件立案追诉标准的规定（一）》公通字〔2008〕36号 2008/06/25 第七十三条第二款

[未经林业行政主管部门及法律规定的其他主管部门批准并核发林木采伐许可证] 违反森林法的规定，在林木采伐许可证规定的地点以外，采伐本单位或者本人所有的森林或者其他林木的，除农村居民采伐自留地和房前屋后个人所有的零星林木以外，属于本条第二款第（一）项“未经林

业行政主管部门及法律规定的其他主管部门批准并核发林木采伐许可证”规定的情形。最高检、公安部《关于公安机关管辖的刑事案件立案追诉标准的规定（一）》公通字〔2008〕36号 2008/06/25 第七十三条第三款

［滥伐森林或者其他林木］林木权属争议一方在林木权属确权之前，擅自砍伐森林或者其他林木的，属于本条规定的“滥伐森林或者其他林木”。最高检、公安部《关于公安机关管辖的刑事案件立案追诉标准的规定（一）》公通字〔2008〕36号 2008/06/25 第七十三条第四款

［滥伐林木的数量的计算］滥伐林木的数量，应在伐区调查设计允许的误差额以上计算。最高检、公安部《关于公安机关管辖的刑事案件立案追诉标准的规定（一）》公通字〔2008〕36号 2008/06/25 第七十三条第五款

［非法收购、运输盗伐、滥伐的林木案立案追诉标准］［非法收购、运输盗伐、滥伐的林木案（刑法第三百四十五条第三款）］非法收购、运输明知是盗伐、滥伐的林木，涉嫌下列情形之一的，应予立案追诉：

（一）非法收购、运输盗伐、滥伐的林木二十立方米以上或者幼树一千株以上的；

（二）其他情节严重的情形。最高检、公安部《关于公安机关管辖的刑事案件立案追诉标准的规定（一）》公通字〔2008〕36号 2008/06/25 第七十四条第一款

［非法收购的明知］本条规定的“非法收购”的“明知”，是指知道或者应当知道。具有下列情形之一的，可以视为应当知道，但是有证据证明确属被蒙骗的除外：

（一）在非法的木材交易场所或者销售单位收购木材的；

（二）收购以明显低于市场价格出售的木材的；

（三）收购违反规定出售的木材的。最高检、公安部《关于公安机关管辖的刑事案件立案追诉标准的规定（一）》公通字〔2008〕36号 2008/06/25 第七十四条第二款

第三百四十六条　【单位犯破坏环境资源保护罪的处罚规定】单位犯本节第三百三十八条至第三百四十五条规定之罪的，对单位判处罚金，并对其直接负责的主管人员和其他直接责任人员，依照本节各该条的规定处罚。

第七节 走私、贩卖、运输、制造毒品罪

第三百四十七条 【走私、贩卖、运输、制造毒品罪】走私、贩卖、运输、制造毒品，无论数量多少，都应当追究刑事责任，予以刑事处罚。

走私、贩卖、运输、制造毒品，有下列情形之一的，处十五年有期徒刑、无期徒刑或者死刑，并处没收财产：

（一）走私、贩卖、运输、制造鸦片一千克以上、海洛因或者甲基苯丙胺五十克以上或者其他毒品数量大的；

（二）走私、贩卖、运输、制造毒品集团的首要分子；

（三）武装掩护走私、贩卖、运输、制造毒品的；

（四）以暴力抗拒检查、拘留、逮捕，情节严重的；

（五）参与有组织的国际贩毒活动的。

走私、贩卖、运输、制造鸦片二百克以上不满一千克、海洛因或者甲基苯丙胺十克以上不满五十克或者其他毒品数量较大的，处七年以上有期徒刑，并处罚金。

走私、贩卖、运输、制造鸦片不满二百克、海洛因或者甲基苯丙胺不满十克或者其他少量毒品的，处三年以下有期徒刑、拘役或者管制，并处罚金；情节严重的，处三年以上七年以下有期徒刑，并处罚金。

单位犯第二款、第三款、第四款罪的，对单位判处罚金，并对其直接负责的主管人员和其他直接责任人员，依照各该款的规定处罚。

利用、教唆未成年人走私、贩卖、运输、制造毒品，或者向未成年人出售毒品的，从重处罚。

对多次走私、贩卖、运输、制造毒品，未经处理的，毒品数量累计计算。

[判决理由　数量巨大项　甲基苯丙胺项] 法院认为，被告人陈卫东、王农力、刘卫忠为牟取非法利益，明知是毒品而贩卖、运输，其行为均已构成贩卖、运输毒品罪。被告人赵雪敏的行为构成贩卖毒品罪。陈卫东、王农力、刘卫忠贩卖、运输毒品数量巨大，社会危害性大，应依法惩处。在共同犯罪中，陈卫东起组织、指挥作用，系主犯，应当按照其所组织、指挥的全部犯罪处罚；王农力、刘卫忠积极参与毒品犯罪，亦系主犯，均应按照其所参与的全部犯罪处罚。赵雪敏系从犯，应依法减轻处罚。鉴于刘卫忠有重大立功表现，依法可从轻处罚。据此，依法对被告人陈卫东判处并核准死刑，对被告人王农力判处死刑，缓期二年执行，对被告人刘卫忠判处有期徒刑十五年，对被告人赵雪敏判处有期徒刑八年。**最高法公布四起毒品犯罪典型案件之一：被告人陈卫东等人贩卖、运输毒品案**

[判决理由　贩卖、制造、运输毒品数量大项　社会危害大项　罪行极其严重项　应依法惩处] 法院认为，被告人姚连生制造毒品后进行贩卖，其行为已构成贩卖、制造毒品罪；被告人林根、高建以贩卖为目的购买毒品后进行运输，其行为均已构成贩卖、运输毒品罪。姚连生贩卖、制造毒品数量大，社会危害大，罪行极其严重；林根、高建贩卖、运输毒品数量大，均应依法惩处。据此，依法对被告人姚连生判处并核准死刑，对被告人林根、高建均判处无期徒刑。**最高法发布毒品犯罪典型案例之二：姚连生等贩卖、制造毒品案**

[判决理由　贩卖、制造、运输毒品数量大项　社会危害大项　罪行极其严重项　应依法惩处] 法院认为，被告人王大庆以贩卖为目的制造毒品并指使他人进行运输，其行为已构成贩卖、运输、制造毒品罪；被告人张成、张伟、王升制造毒品后进行运输，其行为均已构成运输、制造毒品罪；被告人张成、梁美妙非法持有毒品，数量大，其行为均已构成非法持有毒品罪。王大庆贩卖、运输、制造毒品数量大，社会危害大，罪行极其严重，且在运输、制造毒品共同犯罪中起组织、指挥作用，系主犯，应按照其组织、指挥和参与的全部犯罪处罚。张成运输、制造毒品数量大，且

非法持有毒品，在共同犯罪中均起主要作用，系主犯，应按照其所参与的全部犯罪处罚，并依法数罪并罚，鉴于张成在共同犯罪中的地位和作用相对小于王大庆，对其判处死刑，可不立即执行。王升、张伟运输、制造毒品数量大，在共同犯罪中均起次要作用，系从犯，可依法从轻处罚。梁美妙在非法持有毒品共同犯罪中起次要作用，系从犯，可依法减轻处罚。据此，依法对被告人王大庆判处并核准死刑，对被告人张成判处死刑，缓期二年执行，对被告人王升、张伟均判处有期徒刑十五年，对被告人梁美妙判处有期徒刑三年。**最高法发布毒品犯罪典型案例之三：王大庆等贩卖、运输、制造毒品案**

[判决理由 多次贩卖毒品项 数量大、社会危害大、罪行极其严重项] 法院认为，被告人杨武、宋帮林、夏永发、宋凯明知是毒品而贩卖，被告人陈世伟为他人贩卖毒品进行居间介绍，其行为均已构成贩卖毒品罪；被告人蔡碧刚、史勇明知是毒品而贩卖、运输，其行为均已构成贩卖、运输毒品罪；被告人蒙角发明知是毒品而运输，其行为已构成运输毒品罪。杨武、宋帮林、夏永发伙同他人多次贩卖毒品，数量大，社会危害大，罪行极其严重，且在共同犯罪中均起主要作用，系主犯，应按照其所参与的全部犯罪处罚。鉴于夏永发归案后认罪态度较好，对侦破案件起到一定积极作用，对其判处死刑，可不立即执行。蔡碧刚、史勇伙同他人贩卖、运输毒品，数量大，在共同犯罪中均系主犯，应按照其所参与的全部犯罪处罚。蒙角发运输毒品、宋凯贩卖毒品数量大，陈世伟居间介绍贩卖毒品，均应依法惩处。据此，依法对被告人杨武、宋帮林均判处并核准死刑，对被告人夏永发、蔡碧刚均判处死刑，缓期二年执行，对被告人史勇判处无期徒刑，对被告人蒙角发、宋凯均判处有期徒刑十五年，对被告人陈世伟判处有期徒刑一年。**最高法发布毒品犯罪典型案例之一：杨武、宋帮林等贩卖毒品案**

[判决理由 死缓后又犯重罪项 罪行极其严重项] 法院认为，被告人忽彪武明知是毒品而贩卖，其行为已构成贩卖毒品罪。忽彪武贩卖毒品数量大，社会危害大，罪行极其严重，其曾因犯贩卖毒品罪被判处死刑，缓期二年执行，在刑罚执行完毕后五年内又犯贩卖毒品罪，系累犯、毒品

再犯，主观恶性深，人身危险性大，应依法从重处罚。据此，依法对被告人忽彪武判处并核准死刑。最高法公布毒品犯罪及吸毒诱发的严重犯罪典型案例之二：忽彪武贩卖毒品案

［判决理由　新康克胶囊提炼伪麻黄碱项　制造甲基苯丙胺项］法院认为，被告人席海龙、梁似冰制造毒品后进行贩卖，其行为均已构成贩卖、制造毒品罪。被告人王鹏向他人传授制造毒品的方法，其行为已构成传授犯罪方法罪。席海龙、梁似冰共同制造甲基苯丙胺47克，并将其中的15克甲基苯丙胺贩卖给他人，贩卖、制造毒品数量较大，均应依法惩处。席海龙归案后如实供述罪行，并协助抓捕王鹏，有立功表现，依法对其从轻处罚。梁似冰、王鹏归案后如实供述罪行，均依法从轻处罚。据此，依法对被告人席海龙、梁似冰均判处有期徒刑十三年，对被告人王鹏判处有期徒刑三年。最高法公布毒品犯罪及吸毒诱发的严重犯罪典型案例之五：席海龙等贩卖、制造毒品案

［判决理由　明知他人利用麻黄碱类复方制剂制造毒品项　提供帮助项　以制造毒品罪的共犯论处项］法院认为，被告人陈旭东明知是毒品而贩卖，并伙同他人制造毒品，其行为已构成贩卖、制造毒品罪。被告人刘秋林、周春红伙同他人制造毒品，其行为均已构成制造毒品罪。陈旭东贩卖、制造毒品数量大，在制造毒品共同犯罪中起组织、指挥作用并为主进行制毒操作，系主犯，应按照其组织、指挥和参与的全部犯罪处罚。刘秋林、周春红参与制造毒品数量大，明知他人制造毒品而为其提供帮助，在共同犯罪中起次要作用，系从犯，且归案后如实供述罪行，均依法减轻处罚。最高法公布毒品犯罪及吸毒诱发的严重犯罪典型案例之六：陈旭东等贩卖、制造毒品案

［判决理由　多次组织艾滋病人运输毒品项　多次利用未成年人贩卖毒品项　罪行极其严重项］法院认为，被告人刘付成明知是毒品而贩卖、运输，其行为已构成贩卖、运输毒品罪。刘付成贩卖、运输毒品次数多、数量大，社会危害大。刘付成在共同犯罪中起主要作用，系主犯，且具有组织艾滋病人运输毒品，利用未成年人贩卖毒品等情节，罪行极其严重，应依法从重处罚。刘付成到案后揭发他人重大犯罪行为，经查证属实，具有重大立功表现，但刘付成所犯罪行极其严重，功不足以抵罪，依法不予

从轻处罚。据此，依法对被告人刘付成判处并核准死刑。**最高法公布毒品犯罪及吸毒诱发的严重犯罪典型案例之一：刘付成等贩卖、运输毒品案**

［**判决理由 甲基苯丙胺类项（1610克） 海洛因项（21克） 罪行极其严重项 继续贩卖毒品项**］法院认为，被告人黄红中贩卖、运输毒品的行为已构成贩卖、运输毒品罪；被告人王玉贩卖毒品的行为已构成贩卖毒品罪；黄红中、王玉非法持有枪支的行为又均构成非法持有枪支罪。黄红中贩卖、运输毒品次数多，数量大，社会危害大，在与王桂军共同贩卖、运输毒品犯罪中系主犯，罪行极其严重，且系累犯，主观恶性深，人身危险性大，应依法从重处罚。王玉贩卖毒品次数多，数量大，社会危害大，在与吴小利共同贩卖毒品犯罪中系主犯，且其在涉嫌贩卖毒品被采取强制措施期间继续贩卖毒品，主观恶性深，人身危险性大，罪行极其严重，应依法惩处。对黄红中、王玉所犯数罪，均应依法并罚。据此，依法对被告人黄红中、王玉均判处并核准死刑。另对同案被告人吴小利、王辉明、廖友全均判处无期徒刑。**最高法公布五起毒品犯罪及吸毒诱发的严重犯罪典型之二：黄红中、王玉等贩卖、运输毒品、非法持有枪支案**

［**判决理由 麻古项（195克） 海洛因项 咖啡因项 累犯项**］法院认为，被告人俞彬、孙弘以贩卖为目的购买、运输毒品，孙弘还贩卖毒品，二人的行为均已构成贩卖、运输毒品罪。俞彬、孙弘贩卖、运输毒品数量大，社会危害大，且二人均曾因毒品犯罪被判刑，又犯贩卖、运输毒品罪，均系毒品再犯，孙弘还系累犯，二人主观恶性深，人身危险性大，均应依法从重处罚。据此，依法对被告人俞彬、孙弘均判处死刑，缓期二年执行。**最高法公布五起毒品犯罪及吸毒诱发的严重犯罪典型之三：俞彬、孙弘贩卖、运输毒品案**

［**判决理由 海洛因项（6287克） 麻古项（含甲基苯丙胺成分）91克 数量巨大项 罪行极其严重项**］法院认为，被告人孙子尔火运输毒品的行为已构成运输毒品罪。孙子尔火运输毒品数量巨大，社会危害大，罪行极其严重，应依法惩处。孙子尔火提起犯意并纠集他人运输毒品，在共同犯罪中起主要作用，系主犯，应当按照其组织、指挥和参与的全部犯罪处罚。据此，依法对被告人孙子尔火判处并核准死刑。另对同案被告人比么日惹、刘付荣、初布色聪分别判处死刑缓期二年执行、无期徒刑、有期

徒刑十五年。最高法公布五起毒品犯罪及吸毒诱发的严重犯罪典型之一：孙子尔火等运输毒品案

[判决理由　甲基苯丙胺项　走私入境项　次数多项　数量特别巨大项　判处死刑项　判处无期徒刑项　判处八年有期徒刑不等项] 法院认为，被告人王正元、朱玉峰违反毒品管制规定，将甲基苯丙胺走私入境并进行运输，其行为均已构成走私、运输毒品罪。被告人翟建海、胡德彪、王平为牟取非法利益而运输甲基苯丙胺，其行为均已构成运输毒品罪。王正元、朱玉峰走私、运输毒品次数多，数量特别巨大，罪行极其严重，社会危害极大，且在共同犯罪中起主要作用，系主犯，均应按照所组织、指挥的全部犯罪处罚。王正元还教唆、利用未成年人走私、运输毒品，且曾因犯罪三次被判刑，主观恶性深，人身危险性大，应依法从重处罚。翟建海、胡德彪、王平运输毒品数量大，鉴于三人到案后认罪态度较好，且王平系从犯，对翟建海、胡德彪酌予从轻处罚，对王平减轻处罚。据此，依法对被告人王正元、朱玉峰判处并核准死刑，对被告人翟建海、胡德彪均判处无期徒刑，对被告人王平判处有期徒刑八年。最高法关于毒品犯罪案件的四起典型案例之二：王正元、朱玉峰等走私、运输毒品案

[判决理由　主犯项　累犯项　立功项　减轻项　利用互联网发布出售制造毒品技术的信息项　氯胺酮项　主犯有自首情节和协助抓捕他人立功项　减轻项（处死缓）] 法院认为，被告人刘巍与被告人迁飞违反毒品管制规定，结伙制造海洛因勾兑液后进行贩卖，刘巍还伙同他人制造氯胺酮，其行为均已构成贩卖、制造毒品罪。被告人侯瑛、张朝刚、高宝播伙同他人非法制造毒品，其行为均已构成制造毒品罪。被告人刘志顺、聂兵、关德鑫非法贩卖毒品，其行为均已构成贩卖毒品罪。被告人张金龙向他人传授制造毒品的犯罪方法，其行为已构成传授犯罪方法罪。刘巍伙同他人贩卖、制造毒品数量大，在共同犯罪中系主犯，且曾因犯罪被判刑，主观恶性深，人身危险性大，罪行极其严重，应依法惩处。迁飞伙同他人贩卖、制造毒品数量大，在共同犯罪中系主犯，且系累犯和毒品再犯，应依法从重处罚。鉴于其在共同犯罪中的作用相对小于刘巍，对其判处死刑，可不立即执行。侯瑛、张朝刚、高宝播伙同他人制造毒品数量大，在

共同犯罪中系主犯，均应按照所参与的全部犯罪处罚。聂兵贩卖毒品数量大，且在共同犯罪中系主犯，鉴于其有自首情节和协助抓捕同案犯关德鑫的立功表现，依法可减轻处罚。关德鑫贩卖毒品数量大，且系累犯和毒品再犯，应依法从重处罚。刘志顺贩卖毒品数量大，应依法惩处。张金龙为牟利，利用互联网发布出售制造毒品技术的信息，并向高宝璠传授制造氯胺酮的具体方法，高据此制造氯胺酮1540克，犯罪情节严重，应依法惩处。据此，依法对被告人刘巍判处并核准死刑，对被告人迂飞判处死刑，缓期二年执行，对被告人侯瑛、张朝刚、高宝璠分别判处无期徒刑、有期徒刑十五年和十五年，对被告人刘志顺、聂兵、关德鑫分别判处有期徒刑十五年、十四年和十年，对被告人张金龙判处有期徒刑五年。**最高法公布关于毒品犯罪案件的四起典型案例之三：刘巍等贩卖、制造毒品案**

[判决理由　氯胺酮项　甲基苯丙胺项　大麻项　主犯项　累犯项　重大立功项　通过物流邮寄毒品项　非法持有枪支罪类] 法院认为，被告人李德忠、夏世云、马忠甫以牟利为目的，非法贩卖氯胺酮、甲基苯丙胺、大麻等毒品，其行为均已构成贩卖毒品罪。李德忠、夏世云还违反枪支管理规定，非法持有具有杀伤力的枪支，其行为均又构成非法持有枪支罪。李德忠贩卖毒品数量巨大，在共同犯罪中起主要作用，系主犯，还非法持有枪支，主观恶性深，人身危险性大，罪行极其严重，应依法惩处并数罪并罚。夏世云、马忠甫贩卖毒品数量巨大，在共同犯罪中起次要作用，系从犯，应依法从轻处罚。夏世云曾因犯罪被判处有期徒刑以上刑罚，在刑满释放后五年内再犯应当判处有期徒刑以上刑罚之罪，系累犯，还非法持有枪支，应依法从重处罚并数罪并罚。马忠甫归案后协助公安机关抓获李德忠，有重大立功表现，依法可从轻处罚。据此，依法对被告人李德忠判处并核准死刑，对被告人夏世云判处死刑，缓期二年执行，对被告人马忠甫判处有期徒刑十五年。**最高法关于毒品犯罪案件的四起典型案例之四：李德忠等贩卖毒品、非法持有枪支案**

[判决理由　非法生产氯胺酮项] 法院认为，被告人夏志军、何平全、徐祥平、何方明、陈勇、杨翠彬、游超违反毒品管制规定，非法生产氯胺酮，其行为均已构成制造毒品罪。被告人王平明知他人制造毒品而提供制

毒设备和原料，其行为亦构成制造毒品罪。夏志军、何平全还违反枪支管理规定，非法持有具有杀伤力的枪支，其行为均又构成非法持有枪支罪。在制造毒品共同犯罪中，夏志军、何平全、徐祥平系主犯，均应按照所参与或者组织、指挥的全部犯罪处罚；何方明、陈勇、杨翠彬、游超、王平起次要或者辅助作用，系从犯，应依法从轻处罚。夏志军、何平全制造氯胺酮320余千克，数量特别巨大，且有部分毒品已流入社会，社会危害极大，罪行极其严重，还非法持有枪支，均应依法惩处并数罪并罚。夏志军曾因犯抢劫罪被判刑，在刑罚执行完毕后五年内又犯应当判处有期徒刑以上刑罚之罪，系累犯，主观恶性深，人身危险性大，应依法从重处罚。何平全所犯非法持有枪支罪系自首，对该罪可依法从轻处罚。游超亦系累犯，应依法从重处罚。**最高法关于毒品犯罪案件的四起典型案例之一：夏志军、何平全等制造毒品、非法持有枪支案**

[其他毒品数量大] 走私、贩卖、运输、制造、非法持有下列毒品，应当认定为刑法第三百四十七条第二款第一项、第三百四十八条规定的“其他毒品数量大”：

（一）可卡因五十克以上；

（二）3，4-亚甲二氧基甲基苯丙胺（MDMA）等苯丙胺类毒品（甲基苯丙胺除外）、吗啡一百克以上；

（三）芬太尼一百二十五克以上；

（四）甲卡西酮二百克以上；

（五）二氢埃托啡十毫克以上；

（六）哌替啶（度冷丁）二百五十克以上；

（七）氯胺酮五百克以上；

（八）美沙酮一千克以上；

（九）曲马多、γ-羟丁酸二千克以上；

（十）大麻油五千克、大麻脂十千克、大麻叶及大麻烟一百五十千克以上；

（十一）可待因、丁丙诺啡五千克以上；

（十二）三唑仑、安眠酮五十千克以上；

（十三）阿普唑仑、恰特草一百千克以上；

（十四）咖啡因、罂粟壳二百千克以上；

（十五）巴比妥、苯巴比妥、安钠咖、尼美西泮二百五十千克以上；

（十六）氯氮卓、艾司唑仑、地西泮、溴西泮五百千克以上；

（十七）上述毒品以外的其他毒品数量大的。

国家定点生产企业按照标准规格生产的麻醉药品或者精神药品被用于毒品犯罪的，根据药品中毒品成分的含量认定涉案毒品数量。**最高法《关于审理毒品犯罪案件适用法律若干问题的解释》法释〔2016〕8号 2016/04/11 第一条**

[**其他毒品数量较大**] 走私、贩卖、运输、制造、非法持有下列毒品，应当认定为刑法第三百四十七条第三款、第三百四十八条规定的“其他毒品数量较大”：

（一）可卡因十克以上不满五十克；

（二）3，4-亚甲二氧基甲基苯丙胺（MDMA）等苯丙胺类毒品（甲基苯丙胺除外）、吗啡二十克以上不满一百克；

（三）芬太尼二十五克以上不满一百二十五克；

（四）甲卡西酮四十克以上不满二百克；

（五）二氢埃托啡二毫克以上不满十毫克；

（六）哌替啶（度冷丁）五十克以上不满二百五十克；

（七）氯胺酮一百克以上不满五百克；

（八）美沙酮二百克以上不满一千克；

（九）曲马多、γ-羟丁酸四百克以上不满二千克；

（十）大麻油一千克以上不满五千克、大麻脂二千克以上不满十千克、大麻叶及大麻烟三十千克以上不满一百五十千克；

（十一）可待因、丁丙诺啡一千克以上不满五千克；

（十二）三唑仑、安眠酮十千克以上不满五十千克；

（十三）阿普唑仑、恰特草二十千克以上不满一百千克；

（十四）咖啡因、罂粟壳四十千克以上不满二百千克；

（十五）巴比妥、苯巴比妥、安钠咖、尼美西泮五十千克以上不满二百五十千克；

（十六）氯氮卓、艾司唑仑、地西泮、溴西泮一百千克以上不满五百千克；

（十七）上述毒品以外的其他毒品数量较大的。最高法《关于审理毒品犯罪案件适用法律若干问题的解释》法释〔2016〕8号 2016/04/11 第二条

[武装掩护走私、贩卖、运输、制造毒品] 在实施走私、贩卖、运输、制造毒品犯罪的过程中，携带枪支、弹药或者爆炸物用于掩护的，应当认定为刑法第三百四十七条第二款第三项规定的“武装掩护走私、贩卖、运输、制造毒品”。枪支、弹药、爆炸物种类的认定，依照相关司法解释的规定执行。最高法《关于审理毒品犯罪案件适用法律若干问题的解释》法释〔2016〕8号 2016/04/11 第三条第一款

[以暴力抗拒检查、拘留、逮捕，情节严重] 在实施走私、贩卖、运输、制造毒品犯罪的过程中，以暴力抗拒检查、拘留、逮捕，造成执法人员死亡、重伤、多人轻伤或者具有其他严重情节的，应当认定为刑法第三百四十七条第二款第四项规定的“以暴力抗拒检查、拘留、逮捕，情节严重”。最高法《关于审理毒品犯罪案件适用法律若干问题的解释》法释〔2016〕8号 2016/04/11 第三条第二款

[刑法第347条第4款之情节严重] 走私、贩卖、运输、制造毒品，具有下列情形之一的，应当认定为刑法第三百四十七条第四款规定的“情节严重”：

（一）向多人贩卖毒品或者多次走私、贩卖、运输、制造毒品的；

（二）在戒毒场所、监管场所贩卖毒品的；

（三）向在校学生贩卖毒品的；

（四）组织、利用残疾人、严重疾病患者、怀孕或者正在哺乳自己婴儿的妇女走私、贩卖、运输、制造毒品的；

（五）国家工作人员走私、贩卖、运输、制造毒品的；

（六）其他情节严重的情形。最高法《关于审理毒品犯罪案件适用法律若干问题的解释》法释〔2016〕8号 2016/04/11 第四条

[走私、贩卖、运输、制造毒品罪的量刑]

1. 构成走私、贩卖、运输、制造毒品罪的，可以根据下列不同情形在相应的幅度内确定量刑起点：

（1）走私、贩卖、运输、制造鸦片一千克，海洛因、甲基苯丙胺五十克或者其它毒品数量达到数量大起点的，量刑起点为十五年有期徒刑。依法应当判处无期徒刑以上刑罚的除外。

（2）走私、贩卖、运输、制造鸦片二百克，海洛因、甲基苯丙胺十克或者其它毒品数量达到数量较大起点的，可以在七年至八年有期徒刑幅度内确定量刑起点。

（3）走私、贩卖、运输、制造鸦片不满二百克，海洛因、甲基苯丙胺不满十克或者其他少量毒品的，可以在三年以下有期徒刑、拘役幅度内确定量刑起点情节严重的，可以在三年至四年有期徒刑幅度内确定量刑起点。

2. 在量刑起点的基础上，可以根据毒品犯罪次数、人次、毒品数量等其他影响犯罪构成的犯罪事实增加刑罚量，确定基准刑。

3. 有下列情节之一的，可以增加基准刑的10%—30%

（1）利用、教唆未成年人走私、贩卖、运输、制造毒品的；

（2）向未成年人出售毒品的；

（3）毒品再犯。

4. 有下列情节之一的，可以减少基准刑的30%以下：

（1）受雇运输毒品的；

（2）毒品含量明显偏低的；

（3）存在数量引诱情形的。**最高法《关于常见犯罪的量刑指导意见》**2017/04/01 **四、（十五）**

［直接向走私人非法收购走私进口的货物、物品的］直接向走私人非法收购走私进口的货物、物品，在内海、领海、界河、界湖运输、收购、贩卖国家禁止进出口的物品，或者没有合法证明，在内海、领海、界河、界湖运输、收购、贩卖国家限制进出口的货物、物品，构成犯罪的，应当按照走私货物、物品的种类，分别依照刑法第一百五十一条、第一百五十二条、第一百五十三条、第三百四十七条、第三百五十条的规定定罪处罚。**两高《关于办理走私刑事案件适用法律若干问题的解释》法释**〔2014〕10**号** 2014/09/10 **第二十条第一款**

[以制造毒品为目的购买、运输、携带、寄递麻黄碱类复方制剂] 以加工、提炼制毒物品制造毒品为目的，购买麻黄碱类复方制剂，或者运输、携带、寄递麻黄碱类复方制剂进出境的，依照刑法第三百四十七条的规定，以制造毒品罪定罪处罚。两高、公安部《关于办理走私、非法买卖麻黄碱类复方制剂等刑事案件适用法律若干问题的意见》法发〔2012〕12号 2012/06/18 第一条第一款

[购或者运输、携带、寄递麻黄碱类复方制剂进出境的] 以加工、提炼制毒物品为目的，购买麻黄碱类复方制剂，或者运输、携带、寄递麻黄碱类复方制剂进出境的，依照刑法第三百五十条第一款、第三款的规定，分别以非法买卖制毒物品罪、走私制毒物品罪定罪处罚。两高、公安部《关于办理走私、非法买卖麻黄碱类复方制剂等刑事案件适用法律若干问题的意见》法发〔2012〕12号 2012/06/18 第一条第二款

[将麻黄碱类复方制剂拆除包装、改变形态后进行走私或者非法买卖或者明知是拆除包装、改变形态的麻黄碱制剂而走私、买卖的] 将麻黄碱类复方制剂拆除包装、改变形态后进行走私或者非法买卖，或者明知是已拆除包装、改变形态的麻黄碱类复方制剂而进行走私或者非法买卖的，依照刑法第三百五十条第一款、第三款的规定，分别以走私制毒物品罪、非法买卖制毒物品罪定罪处罚。两高、公安部《关于办理走私、非法买卖麻黄碱类复方制剂等刑事案件适用法律若干问题的意见》法发〔2012〕12号 2012/06/18 第一条第三款

[无证据证明用于制造毒品或者走私等　以非法经营罪，走私普通货物、物品罪等其他犯罪定罪处罚] 非法买卖麻黄碱类复方制剂或者运输、携带、寄递麻黄碱类复方制剂进出境，没有证据证明系用于制造毒品或者走私、非法买卖制毒物品，或者未达到走私制毒物品罪、非法买卖制毒物品罪的定罪数量标准，构成非法经营罪、走私普通货物、物品罪等其他犯罪的，依法定罪处罚。两高、公安部《关于办理走私、非法买卖麻黄碱类复方制剂等刑事案件适用法律若干问题的意见》法发〔2012〕12号 2012/06/18 第一条第四款

[择重罪处罚] 实施第一款、第二款规定的行为，同时构成其他犯罪的，依照处罚较重的规定定罪处罚。两高、公安部《关于办理走私、非法买卖麻黄碱类复方制剂等刑事案件适用法律若干问题的意见》法发〔2012〕12号 2012/06/18

第一条第五款

[以制造毒品为目的，利用麻黄碱类复方制剂加工、提炼制毒物品的]以制造毒品为目的，利用麻黄碱类复方制剂加工、提炼制毒物品的，依照刑法第三百四十七条的规定，以制造毒品罪定罪处罚。两高、公安部《关于办理走私、非法买卖麻黄碱类复方制剂等刑事案件适用法律若干问题的意见》法发〔2012〕12号 2012/06/18 第二条第一款

[以走私或者非法买卖为目的，利用麻黄碱类复方制剂加工、提炼制毒物品的]以走私或者非法买卖为目的，利用麻黄碱类复方制剂加工、提炼制毒物品的，依照刑法第三百五十条第一款、第三款的规定，分别以走私制毒物品罪、非法买卖制毒物品罪定罪处罚。两高、公安部《关于办理走私、非法买卖麻黄碱类复方制剂等刑事案件适用法律若干问题的意见》法发〔2012〕12号 2012/06/18 第二条第二款

[共同犯罪]明知他人利用麻黄碱类制毒物品制造毒品，向其提供麻黄碱类复方制剂，为其利用麻黄碱类复方制剂加工、提炼制毒物品，或者为其获取、利用麻黄碱类复方制剂提供其他帮助的，以制造毒品罪的共犯论处。

明知他人走私或者非法买卖麻黄碱类制毒物品，向其提供麻黄碱类复方制剂，为其利用麻黄碱类复方制剂加工、提炼制毒物品，或者为其获取、利用麻黄碱类复方制剂提供其他帮助的，分别以走私制毒物品罪、非法买卖制毒物品罪的共犯论处。两高、公安部《关于办理走私、非法买卖麻黄碱类复方制剂等刑事案件适用法律若干问题的意见》法发〔2012〕12号 2012/06/18 第三条

[犯罪预备、未遂的认定]实施本意见规定的行为，符合犯罪预备或者未遂情形的，依照法律规定处罚。两高、公安部《关于办理走私、非法买卖麻黄碱类复方制剂等刑事案件适用法律若干问题的意见》法发〔2012〕12号 2012/06/18 第四条

[主观目的与明知的认定]对于本意见规定的犯罪嫌疑人、被告人的主观目的与明知，应当根据物证、书证、证人证言以及犯罪嫌疑人、被告人供述和辩解等在案证据，结合犯罪嫌疑人、被告人的行为表现，重点考虑以下因素综合予以认定：

1. 购买、销售麻黄碱类复方制剂的价格是否明显高于市场交易价格；

2. 是否采用虚假信息、隐蔽手段运输、寄递、存储麻黄碱类复方制剂；

3. 是否采用伪报、伪装、藏匿或者绕行进出境等手段逃避海关、边防等检查；

4. 提供相关帮助行为获得的报酬是否合理；

5. 此前是否实施过同类违法犯罪行为；

6. 其他相关因素。两高、公安部《关于办理走私、非法买卖麻黄碱类复方制剂等刑事案件适用法律若干问题的意见》法发〔2012〕12号 2012/06/18 第五条

［制毒物品数量的认定］实施本意见规定的行为，以走私制毒物品罪、非法买卖制毒物品罪定罪处罚的，应当以涉案麻黄碱类复方制剂中麻黄碱类物质的含量作为涉案制毒物品的数量。

实施本意见规定的行为，以制造毒品罪定罪处罚的，应当将涉案麻黄碱类复方制剂所含的麻黄碱类物质可以制成的毒品数量作为量刑情节考虑。

多次实施本意见规定的行为未经处理的，涉案制毒物品的数量累计计算。两高、公安部《关于办理走私、非法买卖麻黄碱类复方制剂等刑事案件适用法律若干问题的意见》法发〔2012〕12号 2012/06/18 第六条

［定罪量刑的数量标准］实施本意见规定的行为，以走私制毒物品罪、非法买卖制毒物品罪定罪处罚的，涉案麻黄碱类复方制剂所含的麻黄碱类物质应当达到以下数量标准：麻黄碱、伪麻黄碱、消旋麻黄碱及其盐类五千克以上不满五十千克；去甲麻黄碱、甲基麻黄碱及其盐类十千克以上不满一百千克；麻黄浸膏、麻黄浸膏粉一百千克以上不满一千千克。达到上述数量标准上限的，认定为刑法第三百五十条第一款规定的“数量大”。

实施本意见规定的行为，以制造毒品罪定罪处罚的，无论涉案麻黄碱类复方制剂所含的麻黄碱类物质数量多少，都应当追究刑事责任。两高、公安部《关于办理走私、非法买卖麻黄碱类复方制剂等刑事案件适用法律若干问题的意见》法发〔2012〕12号 2012/06/18 第七条

［麻黄碱类复方制剂的范围］本意见所称麻黄碱类复方制剂是指含有《易制毒化学品管理条例》（国务院令第445号）品种目录所列的麻黄碱

(麻黄素)、伪麻黄碱(伪麻黄素)、消旋麻黄碱(消旋麻黄素)、去甲麻黄碱(去甲麻黄素)、甲基麻黄碱(甲基麻黄素)及其盐类,或者麻黄浸膏、麻黄浸膏粉等麻黄碱类物质的药品复方制剂。两高、公安部《关于办理走私、非法买卖麻黄碱类复方制剂等刑事案件适用法律若干问题的意见》法发〔2012〕12号 2012/06/18 第八条

[走私、贩卖、运输、制造毒品案立案追诉标准] [走私、贩卖、运输、制造毒品案(刑法第三百四十七条)]走私、贩卖、运输、制造毒品,无论数量多少,都应予立案追诉。最高检、公安部《关于公安机关管辖的刑事案件立案追诉标准的规定(三)》公通字〔2012〕26号 2012/05/16 第一条第一款

[走私] 本条规定的"走私"是指明知是毒品而非法将其运输、携带、寄递进出国(边)境的行为。直接向走私人非法收购走私进口的毒品,或者在内海、领海、界河、界湖运输、收购、贩卖毒品的,以走私毒品罪立案追诉。最高检、公安部《关于公安机关管辖的刑事案件立案追诉标准的规定(三)》公通字〔2012〕26号 2012/05/16 第一条第二款

[贩卖] 本条规定的"贩卖"是指明知是毒品而非法销售或者以贩卖为目的而非法收买的行为。最高检、公安部《关于公安机关管辖的刑事案件立案追诉标准的规定(三)》公通字〔2012〕26号 2012/05/16 第一条第三款

[贩卖毒品罪 为他人代购 立案追诉 以非法持有毒品罪立案追诉 共犯立案追诉] 有证据证明行为人以牟利为目的,为他人代购仅用于吸食、注射的毒品,对代购者以贩卖毒品罪立案追诉。不以牟利为目的,为他人代购仅用于吸食、注射的毒品,毒品数量达到本规定第二条规定的数量标准的,对托购者和代购者以非法持有毒品罪立案追诉。明知他人实施毒品犯罪而为其居间介绍、代购代卖的,无论是否牟利,都应以相关毒品犯罪的共犯立案追诉。最高检、公安部《关于公安机关管辖的刑事案件立案追诉标准的规定(三)》公通字〔2012〕26号 2012/05/16 第一条第四款

[运输] 本条规定的"运输"是指明知是毒品而采用携带、寄递、托运、利用他人或者使用交通工具等方法非法运送毒品的行为。最高检、公安部《关于公安机关管辖的刑事案件立案追诉标准的规定(三)》公通字〔2012〕26号 2012/05/16 第一条第五款

[制造] 本条规定的"制造"是指非法利用毒品原植物直接提炼或者

用化学方法加工、配制毒品，或者以改变毒品成分和效用为目的，用混合等物理方法加工、配制毒品的行为。为了便于隐蔽运输、销售、使用、欺骗购买者，或者为了增重，对毒品掺杂使假，添加或者去除其他非毒品物质，不属于制造毒品的行为。**最高检、公安部《关于公安机关管辖的刑事案件立案追诉标准的规定（三）》公通字〔2012〕26号 2012/05/16 第一条第六款**

[制造毒品罪　预备立案追诉　未遂立案追诉　共犯立案追诉] 为了制造毒品而采用生产、加工、提炼等方法非法制造易制毒化学品的，以制造毒品罪（预备）立案追诉。购进制造毒品的设备和原材料，开始着手制造毒品，尚未制造出毒品或者半成品的，以制造毒品罪（未遂）立案追诉。明知他人制造毒品而为其生产、加工、提炼、提供醋酸酐、乙醚、三氯甲烷等制毒物品的，以制造毒品罪的共犯立案追诉。**最高检、公安部《关于公安机关管辖的刑事案件立案追诉标准的规定（三）》公通字〔2012〕26号 2012/05/16 第一条第七款**

[走私、贩卖、运输毒品主观故意　应当知道] 走私、贩卖、运输毒品主观故意中的“明知”，是指行为人知道或者应当知道所实施的是走私、贩卖、运输毒品行为。具有下列情形之一，结合行为人的供述和其他证据综合审查判断，可以认定其“应当知道”，但有证据证明确属被蒙骗的除外：

（一）执法人员在口岸、机场、车站、港口、邮局和其他检查站点检查时，要求行为人申报携带、运输、寄递的物品和其他疑似毒品物，并告知其法律责任，而行为人未如实申报，在其携带、运输、寄递的物品中查获毒品的；

（二）以伪报、藏匿、伪装等蒙蔽手段逃避海关、边防等检查，在其携带、运输、寄递的物品中查获毒品的；

（三）执法人员检查时，有逃跑、丢弃携带物品或者逃避、抗拒检查等行为，在其携带、藏匿或者丢弃的物品中查获毒品的；

（四）体内或者贴身隐秘处藏匿毒品的；

（五）为获取不同寻常的高额或者不等值的报酬为他人携带、运输、寄递、收取物品，从中查获毒品的；

（六）采用高度隐蔽的方式携带、运输物品，从中查获毒品的；

（七）采用高度隐蔽的方式交接物品，明显违背合法物品惯常交接方式，从中查获毒品的；

（八）行程路线故意绕开检查站点，在其携带、运输的物品中查获毒品的；

（九）以虚假身份、地址或者其他虚假方式办理托运、寄递手续，在托运、寄递的物品中查获毒品的；

（十）有其他证据足以证明行为人应当知道的。**最高检、公安部《关于公安机关管辖的刑事案件立案追诉标准的规定（三）》公通字〔2012〕26号 2012/05/16 第一条第八款**

[制造毒品主观故意　应当知道] 制造毒品主观故意中的“明知”，是指行为人知道或者应当知道所实施的是制造毒品行为。有下列情形之一，结合行为人的供述和其他证据综合审查判断，可以认定其“应当知道”，但有证据证明确属被蒙骗的除外：

（一）购置了专门用于制造毒品的设备、工具、制毒物品或者配制方案的；

（二）为获取不同寻常的高额或者不等值的报酬为他人制造物品，经检验是毒品的；

（三）在偏远、隐蔽场所制造，或者采取对制造设备进行伪装等方式制造物品，经检验是毒品的；

（四）制造人员在执法人员检查时，有逃跑、抗拒检查等行为，在现场查获制造出的物品，经检验是毒品的；

（五）有其他证据足以证明行为人应当知道的。**最高检、公安部《关于公安机关管辖的刑事案件立案追诉标准的规定（三）》公通字〔2012〕26号 2012/05/16 第一条第九款**

[同宗毒品不重复计算　不同宗毒品累计计算] 走私、贩卖、运输、制造毒品罪是选择性罪名，对同一宗毒品实施了两种以上犯罪行为，并有相应确凿证据的，应当按照所实施的犯罪行为的性质并列适用罪名，毒品数量不重复计算。对同一宗毒品可能实施了两种以上犯罪行为，但相应证据只能认定其中一种或者几种行为，认定其他行为的证据不够确实充分的，只按照依法能够认定的行为的性质适用罪名。对不同宗毒品分别实施

了不同种犯罪行为的，应对不同行为并列适用罪名，累计计算毒品数量。最高检、公安部《关于公安机关管辖的刑事案件立案追诉标准的规定（三）》公通字〔2012〕26号 2012/05/16 第一条第十款

第三百四十八条　【非法持有毒品罪】非法持有鸦片一千克以上、海洛因或者甲基苯丙胺五十克以上或者其他毒品数量大的，处七年以上有期徒刑或者无期徒刑，并处罚金；非法持有鸦片二百克以上不满一千克、海洛因或者甲基苯丙胺十克以上不满五十克或者其他毒品数量较大的，处三年以下有期徒刑、拘役或者管制，并处罚金；情节严重的，处三年以上七年以下有期徒刑，并处罚金。

[非法持有毒品罪的量刑]

1. 构成非法持有毒品罪的，可以根据下列不同情形在相应的幅度内确定量刑起点：

（1）非法持有鸦片一千克、海洛因或者甲基苯丙胺五十克或者其他毒品数量大的，可以在七年至九年有期徒刑幅度内确定量刑起点。依法应当判处无期徒刑的除外。

（2）非法持有毒品情节严重的，可以在三年至四年有期徒刑幅度内确定量刑起点。

（3）非法持有鸦片二百克、海洛因或者甲基苯丙胺十克或者其他毒品数量较大的，可以在一年以下有期徒刑、拘役幅度内确定量刑起点。

2. 在量刑起点的基础上，可以根据毒品数量等其他影响犯罪构成的犯罪事实增加刑罚量，确定基准刑。最高法《关于常见犯罪的量刑指导意见（二）（试行）》2017/05/01 一、（六）

[其他毒品数量大] 走私、贩卖、运输、制造、非法持有下列毒品，应当认定为刑法第三百四十七条第二款第一项、第三百四十八条规定的“其他毒品数量大”：

（一）可卡因五十克以上；

（二）3，4-亚甲二氧基甲基苯丙胺（MDMA）等苯丙胺类毒品（甲基苯丙胺除外）、吗啡一百克以上；

（三）芬太尼一百二十五克以上；

（四）甲卡西酮二百克以上；

（五）二氢埃托啡十毫克以上；

（六）哌替啶（度冷丁）二百五十克以上；

（七）氯胺酮五百克以上；

（八）美沙酮一千克以上；

（九）曲马多、γ-羟丁酸二千克以上；

（十）大麻油五千克、大麻脂十千克、大麻叶及大麻烟一百五十千克以上；

（十一）可待因、丁丙诺啡五千克以上；

（十二）三唑仑、安眠酮五十千克以上；

（十三）阿普唑仑、恰特草一百千克以上；

（十四）咖啡因、罂粟壳二百千克以上；

（十五）巴比妥、苯巴比妥、安钠咖、尼美西泮二百五十千克以上；

（十六）氯氮卓、艾司唑仑、地西泮、溴西泮五百千克以上；

（十七）上述毒品以外的其他毒品数量大的。

国家定点生产企业按照标准规格生产的麻醉药品或者精神药品被用于毒品犯罪的，根据药品中毒品成分的含量认定涉案毒品数量。**最高法《关于审理毒品犯罪案件适用法律若干问题的解释》法释〔2016〕8号 2016/04/11 第一条**

[其他毒品数量较大] 走私、贩卖、运输、制造、非法持有下列毒品，应当认定为刑法第三百四十七条第三款、第三百四十八条规定的“其他毒品数量较大”：

（一）可卡因十克以上不满五十克；

（二）3，4-亚甲二氧基甲基苯丙胺（MDMA）等苯丙胺类毒品（甲基苯丙胺除外）、吗啡二十克以上不满一百克；

（三）芬太尼二十五克以上不满一百二十五克；

（四）甲卡西酮四十克以上不满二百克；

（五）二氢埃托啡二毫克以上不满十毫克；

（六）哌替啶（度冷丁）五十克以上不满二百五十克；

（七）氯胺酮一百克以上不满五百克；

（八）美沙酮二百克以上不满一千克；

（九）曲马多、γ-羟丁酸四百克以上不满二千克；

（十）大麻油一千克以上不满五千克、大麻脂二千克以上不满十千克、大麻叶及大麻烟三十千克以上不满一百五十千克；

（十一）可待因、丁丙诺啡一千克以上不满五千克；

（十二）三唑仑、安眠酮十千克以上不满五十千克；

（十三）阿普唑仑、恰特草二十千克以上不满一百千克；

（十四）咖啡因、罂粟壳四十千克以上不满二百千克；

（十五）巴比妥、苯巴比妥、安钠咖、尼美西泮五十千克以上不满二百五十千克；

（十六）氯氮卓、艾司唑仑、地西泮、溴西泮一百千克以上不满五百千克；

（十七）上述毒品以外的其他毒品数量较大的。**最高法《关于审理毒品犯罪案件适用法律若干问题的解释》法释〔2016〕8号 2016/04/11 第二条**

[刑法第348条之情节严重] 非法持有毒品达到刑法第三百四十八条或者本解释第二条规定的“数量较大”标准，且具有下列情形之一的，应当认定为刑法第三百四十八条规定的“情节严重”：

（一）在戒毒场所、监管场所非法持有毒品的；

（二）利用、教唆未成年人非法持有毒品的；

（三）国家工作人员非法持有毒品的；

（四）其他情节严重的情形。**最高法《关于审理毒品犯罪案件适用法律若干问题的解释》法释〔2016〕8号 2016/04/11 第五条**

[非法持有毒品案立案追诉标准] **[非法持有毒品案（刑法第三百四十八条）]** 明知是毒品而非法持有，涉嫌下列情形之一的，应予立案追诉：

（一）鸦片二百克以上、海洛因、可卡因或者甲基苯丙胺十克以上；

（二）二亚甲基双氧安非他明（MDMA）等苯丙胺类毒品（甲基苯丙胺除外）、吗啡二十克以上；

（三）度冷丁（杜冷丁）五十克以上（针剂100mg/支规格的五百支以

上，50mg/支规格的一千支以上；片剂25mg/片规格的二千片以上，50mg/片规格的一千片以上）；

（四）盐酸二氢埃托啡二毫克以上（针剂或者片剂20mg/支、片规格的一百支、片以上）；

（五）氯胺酮、美沙酮二百克以上；

（六）三唑仑、安眠酮十千克以上；

（七）咖啡因五十千克以上；

（八）氯氮卓、艾司唑仑、地西泮、溴西泮一百千克以上；

（九）大麻油一千克以上，大麻脂二千克以上，大麻叶及大麻烟三十千克以上；

（十）罂粟壳五十千克以上；

（十一）上述毒品以外的其他毒品数量较大的。

非法持有两种以上毒品，每种毒品均没有达到本条第一款规定的数量标准，但按前款规定的立案追诉数量比例折算成海洛因后累计相加达到十克以上的，应予立案追诉。**最高检、公安部《关于公安机关管辖的刑事案件立案追诉标准的规定（三）》公通字〔2012〕26号 2012/05/16 第二条第一款、第二款**

［非法持有］本条规定的“非法持有”，是指违反国家法律和国家主管部门的规定，占有、携带、藏有或者以其他方式持有毒品。**最高检、公安部《关于公安机关管辖的刑事案件立案追诉标准的规定（三）》公通字〔2012〕26号 2012/05/16 第二条第三款**

［明知］非法持有毒品主观故意中的“明知”，依照本规定第一条第八款的有关规定予以认定。**最高检、公安部《关于公安机关管辖的刑事案件立案追诉标准的规定（三）》公通字〔2012〕26号 2012/05/16 第二条第四款**

第三百四十九条　【包庇毒品犯罪分子罪；窝藏、转移、隐瞒毒品、毒赃罪】包庇走私、贩卖、运输、制造毒品的犯罪分子的，为犯罪分子窝藏、转移、隐瞒毒品或者犯罪所得的财物的，处三年以下有期徒刑、拘役或者管制；情节严重的，处三年以上十年以下有期徒刑。

缉毒人员或者其他国家机关工作人员掩护、包庇走私、贩卖、运输、制造毒品的犯罪分子的，依照前款的规定从重处罚。

犯前两款罪，事先通谋的，以走私、贩卖、运输、制造毒品罪的共犯论处。

[刑法第349条第1款之情节严重] 包庇走私、贩卖、运输、制造毒品的犯罪分子，具有下列情形之一的，应当认定为刑法第三百四十九条第一款规定的“情节严重”：

（一）被包庇的犯罪分子依法应当判处十五年有期徒刑以上刑罚的；

（二）包庇多名或者多次包庇走私、贩卖、运输、制造毒品的犯罪分子的；

（三）严重妨害司法机关对被包庇的犯罪分子实施的毒品犯罪进行追究的；

（四）其他情节严重的情形。

为走私、贩卖、运输、制造毒品的犯罪分子窝藏、转移、隐瞒毒品或者毒品犯罪所得的财物，具有下列情形之一的，应当认定为刑法第三百四十九条第一款规定的“情节严重”：

（一）为犯罪分子窝藏、转移、隐瞒毒品达到刑法第三百四十七条第二款第一项或者本解释第一条第一款规定的“数量大”标准的；

（二）为犯罪分子窝藏、转移、隐瞒毒品犯罪所得的财物价值达到五万元以上的；

（三）为多人或者多次为他人窝藏、转移、隐瞒毒品或者毒品犯罪所得的财物的；

（四）严重妨害司法机关对该犯罪分子实施的毒品犯罪进行追究的；

（五）其他情节严重的情形。

包庇走私、贩卖、运输、制造毒品的近亲属，或者为其窝藏、转移、隐瞒毒品或者毒品犯罪所得的财物，不具有本条前两款规定的“情节严重”情形，归案后认罪、悔罪、积极退赃，且系初犯、偶犯，犯罪情节轻微不需要判处刑罚的，可以免予刑事处罚。**最高法《关于审理毒品犯罪案件适用法律若干问题的解释》法释〔2016〕8号 2016/04/11 第六条**

[择重罪处罚] 明知是犯罪所得及其产生的收益而予以掩饰、隐瞒，

构成刑法第三百一十二条规定的犯罪，同时又构成刑法第一百九十一条或者第三百四十九条规定的犯罪的，依照处罚较重的规定定罪处罚。**最高法《关于审理洗钱等刑事案件具体应用法律若干问题的解释》法释〔2009〕15号 2009/11/11 第三条**

[与上游犯罪的关系] 刑法第一百九十一条、第三百一十二条、第三百四十九条规定的犯罪，应当以上游犯罪事实成立为认定前提。上游犯罪尚未依法裁判，但查证属实的，不影响刑法第一百九十一条、第三百一十二条、第三百四十九条规定的犯罪的审判。

上游犯罪事实可以确认，因行为人死亡等原因依法不予追究刑事责任的，不影响刑法第一百九十一条、第三百一十二条、第三百四十九条规定的犯罪的认定。

上游犯罪事实可以确认，依法以其他罪名定罪处罚的，不影响刑法第一百九十一条、第三百一十二条、第三百四十九条规定的犯罪的认定。**最高法《关于审理洗钱等刑事案件具体应用法律若干问题的解释》法释〔2009〕15号 2009/11/11 第四条第一款至第三款**

[上游犯罪] 本条所称“上游犯罪”，是指产生刑法第一百九十一条、第三百一十二条、第三百四十九条规定的犯罪所得及其收益的各种犯罪行为。**最高法《关于审理洗钱等刑事案件具体应用法律若干问题的解释》法释〔2009〕15号 2009/11/11 第四条第四款**

[包庇毒品犯罪分子案立案追诉标准][包庇毒品犯罪分子案（刑法第三百四十九条）] 包庇走私、贩卖、运输、制造毒品的犯罪分子，涉嫌下列情形之一的，应予立案追诉：

（一）作虚假证明，帮助掩盖罪行的；

（二）帮助隐藏、转移或者毁灭证据的；

（三）帮助取得虚假身份或者身份证件的；

（四）以其他方式包庇犯罪分子的。

实施前款规定的行为，事先通谋的，以走私、贩卖、运输、制造毒品罪的共犯立案追诉。**最高检、公安部《关于公安机关管辖的刑事案件立案追诉标准的规定（三）》公通字〔2012〕26号 2012/05/16 第三条**

[窝藏、转移、隐瞒毒品、毒赃案立案追诉标准][窝藏、转移、隐瞒

毒品、毒赃案（刑法第三百四十九条）〕为走私、贩卖、运输、制造毒品的犯罪分子窝藏、转移、隐瞒毒品或者犯罪所得的财物的，应予立案追诉。

实施前款规定的行为，事先通谋的，以走私、贩卖、运输、制造毒品罪的共犯立案追诉。**最高检、公安部《关于公安机关管辖的刑事案件立案追诉标准的规定（三）》公通字〔2012〕26号 2012/05/16 第四条**

第三百五十条　【非法生产、买卖、运输制毒物品、走私制毒物品罪】违反国家规定，非法生产、买卖、运输醋酸酐、乙醚、三氯甲烷或者其他用于制造毒品的原料、配剂，或者携带上述物品进出境，情节较重的，处三年以下有期徒刑、拘役或者管制，并处罚金；情节严重的，处三年以上七年以下有期徒刑，并处罚金；情节特别严重的，处七年以上有期徒刑，并处罚金或者没收财产。

明知他人制造毒品而为其生产、买卖、运输前款规定的物品的，以制造毒品罪的共犯论处。①

单位犯前两款罪的，对单位判处罚金，并对其直接负责的主管人员和其他直接责任人员，依照前两款的规定处罚。

〔**判决理由　非法购得复方茶碱麻黄碱片项　提炼麻黄碱项**〕法院认为，被告人王小情、王啟祥、张鹏、王以林非法买卖国家管制的制毒物品麻黄碱，被告人杨平先、曾红宝非法制造麻黄碱并贩卖牟利，被告人刘林全、刘林辉明知他人贩卖麻黄碱而为其生产制造，其行为均已构成非法买卖制毒物品罪。王小情非法购买麻黄碱后多次组织他人并亲自参与贩卖，数量大，在共同犯罪中起组织、指挥作用，系主犯，应按照其组织、指挥和参与的全部犯罪处罚。王啟祥、张鹏、王以林非法买卖麻黄碱数量大，

① 根据2015年11月1日《刑法修正案（九）》修改，原第一款、第二款条文为："违反国家规定，非法运输、携带醋酸酐、乙醚、三氯甲烷或者其他用于制造毒品的原料或者配剂进出境的，或者违反国家规定，在境内非法买卖上述物品的，处三年以下有期徒刑、拘役或者管制，并处罚金；数量大的，处三年以上十年以下有期徒刑，并处罚金。

"明知他人制造毒品而为其提供前款规定的物品的，以制造毒品罪的共犯论处。"

均系受指使参与犯罪，在共同犯罪中起次要作用，系从犯，应依法从轻处罚。杨平先雇佣他人制造并贩卖麻黄碱，数量大，在共同犯罪中起组织、指挥作用，系主犯，应按照其组织、指挥的全部犯罪处罚。曾红宝、刘林全、刘林辉受雇参与制造或者贩卖麻黄碱，数量大，在共同犯罪中均起次要作用，系从犯，应依法从轻处罚。据此，依法对被告人王小情判处有期徒刑十年，对被告人杨平先判处有期徒刑八年六个月，对被告人王啟祥判处有期徒刑七年，对被告人王以林判处有期徒刑六年，对被告人张鹏、曾红宝均判处有期徒刑五年，对被告人刘林全判处有期徒刑三年六个月，对被告人刘林辉判处有期徒刑三年。**最高法公布毒品犯罪及吸毒诱发的严重犯罪典型案例之四：王小情等非法买卖制毒物品案**

[刑法第350条第1款之情节较重] 违反国家规定，非法生产、买卖、运输制毒物品、走私制毒物品，达到下列数量标准的，应当认定为刑法第三百五十条第一款规定的“情节较重”：

（一）麻黄碱（麻黄素）、伪麻黄碱（伪麻黄素）、消旋麻黄碱（消旋麻黄素）一千克以上不满五千克；

（二）1-苯基-2-丙酮、1-苯基-2-溴-1-丙酮、3，4-亚甲基二氧苯基-2-丙酮、羟亚胺二千克以上不满十千克；

（三）3-氧-2-苯基丁腈、邻氯苯基环戊酮、去甲麻黄碱（去甲麻黄素）、甲基麻黄碱（甲基麻黄素）四千克以上不满二十千克；

（四）醋酸酐十千克以上不满五十千克；

（五）麻黄浸膏、麻黄浸膏粉、胡椒醛、黄樟素、黄樟油、异黄樟素、麦角酸、麦角胺、麦角新碱、苯乙酸二十千克以上不满一百千克；

（六）N-乙酰邻氨基苯酸、邻氨基苯甲酸、三氯甲烷、乙醚、哌啶五十千克以上不满二百五十千克；

（七）甲苯、丙酮、甲基乙基酮、高锰酸钾、硫酸、盐酸一百千克以上不满五百千克；

（八）其他制毒物品数量相当的。

违反国家规定，非法生产、买卖、运输制毒物品、走私制毒物品，达到前款规定的数量标准最低值的百分之五十，且具有下列情形之一的，应当认定为刑法第三百五十条第一款规定的“情节较重”：

（一）曾因非法生产、买卖、运输制毒物品、走私制毒物品受过刑事处罚的；

（二）二年内曾因非法生产、买卖、运输制毒物品、走私制毒物品受过行政处罚的；

（三）一次组织五人以上或者多次非法生产、买卖、运输制毒物品、走私制毒物品，或者在多个地点非法生产制毒物品的；

（四）利用、教唆未成年人非法生产、买卖、运输制毒物品、走私制毒物品的；

（五）国家工作人员非法生产、买卖、运输制毒物品、走私制毒物品的；

（六）严重影响群众正常生产、生活秩序的；

（七）其他情节较重的情形。**最高法《关于审理毒品犯罪案件适用法律若干问题的解释》法释〔2016〕8号 2016/04/11 第七条第一款、第二款**

[不以制毒物品犯罪论处] 易制毒化学品生产、经营、购买、运输单位或者个人未办理许可证明或者备案证明，生产、销售、购买、运输易制毒化学品，确实用于合法生产、生活需要的，不以制毒物品犯罪论处。**最高法《关于审理毒品犯罪案件适用法律若干问题的解释》法释〔2016〕8号 2016/04/11 第七条第三款**

[刑法第350条第1款之情节严重] 违反国家规定，非法生产、买卖、运输制毒物品、走私制毒物品，具有下列情形之一的，应当认定为刑法第三百五十条第一款规定的“情节严重”：

（一）制毒物品数量在本解释第七条第一款规定的最高数量标准以上，不满最高数量标准五倍的；

（二）达到本解释第七条第一款规定的数量标准，且具有本解释第七条第二款第三项至第六项规定的情形之一的；

（三）其他情节严重的情形。**最高法《关于审理毒品犯罪案件适用法律若干问题的解释》法释〔2016〕8号 2016/04/11 第八条第一款**

[刑法第350条第1款之情节特别严重] 违反国家规定，非法生产、买卖、运输制毒物品、走私制毒物品，具有下列情形之一的，应当认定为刑

法第三百五十条第一款规定的“情节特别严重”：

（一）制毒物品数量在本解释第七条第一款规定的最高数量标准五倍以上的；

（二）达到前款第一项规定的数量标准，且具有本解释第七条第二款第三项至第六项规定的情形之一的；

（三）其他情节特别严重的情形。最高法《关于审理毒品犯罪案件适用法律若干问题的解释》法释〔2016〕8号 2016/04/11 第八条第二款

［办理邻氯苯基环戊酮等三种制毒物品犯罪案件定罪量刑数量标准］违反国家规定，非法运输、携带邻氯苯基环戊酮、1-苯基-2-溴-1-丙酮或者3-氧-2-苯基丁腈进出境，或者在境内非法买卖上述物品，达到下列数量标准的，依照刑法第三百五十条第一款的规定，处三年以下有期徒刑、拘役或者管制，并处罚金：

（一）邻氯苯基环戊酮二十千克以上不满二百千克；

（二）1-苯基-2-溴-1-丙酮、3-氧-2-苯基丁腈十五千克以上不满一百五十千克。两高、公安部《关于办理邻氯苯基环戊酮等三种制毒物品犯罪案件定罪量刑数量标准的通知》公通字〔2014〕32号 2014/09/05 第一条

［数量大］违反国家规定，实施上述行为，达到或者超过第一条所列最高数量标准的，应当认定为刑法第三百五十条第一款规定的“数量大”，处三年以上十年以下有期徒刑，并处罚金。两高、公安部《关于办理邻氯苯基环戊酮等三种制毒物品犯罪案件定罪量刑数量标准的通知》公通字〔2014〕32号 2014/09/05 第二条

［直接向走私人非法收购走私进口的货物、物品的］直接向走私人非法收购走私进口的货物、物品，在内海、领海、界河、界湖运输、收购、贩卖国家禁止进出口的物品，或者没有合法证明，在内海、领海、界河、界湖运输、收购、贩卖国家限制进出口的货物、物品，构成犯罪的，应当按照走私货物、物品的种类，分别依照刑法第一百五十一条、第一百五十二条、第一百五十三条、第三百四十七条、第三百五十条的规定定罪处罚。两高《关于办理走私刑事案件适用法律若干问题的解释》法释〔2014〕10号 2014/09/10 第二十条第一款

［走私制毒物品案立案追诉标准］［走私制毒物品案（刑法第三百五十

条)］违反国家规定，非法运输、携带制毒物品进出国（边）境，涉嫌下列情形之一的，应予立案追诉：

（一）1-苯基-2-丙酮五千克以上；

（二）麻黄碱、伪麻黄碱及其盐类和单方制剂五千克以上，麻黄浸膏、麻黄浸膏粉一百千克以上；

（三）3，4-亚甲基二氧苯基-2-丙酮、去甲麻黄素（去甲麻黄碱）、甲基麻黄素（甲基麻黄碱）、羟亚胺及其盐类十千克以上；

（四）胡椒醛、黄樟素、黄樟油、异黄樟素、麦角酸、麦角胺、麦角新碱、苯乙酸二十千克以上；

（五）N-乙酰邻氨基苯酸、邻氨基苯甲酸、哌啶一百五十千克以上；

（六）醋酸酐、三氯甲烷二百千克以上；

（七）乙醚、甲苯、丙酮、甲基乙基酮、高锰酸钾、硫酸、盐酸四百千克以上；

（八）其他用于制造毒品的原料或者配剂相当数量的。

非法运输、携带两种以上制毒物品进出国（边）境，每种制毒物品均没有达到本条第一款规定的数量标准，但按前款规定的立案追诉数量比例折算成一种制毒物品后累计相加达到上述数量标准的，应予立案追诉。**最高检、公安部《关于公安机关管辖的刑事案件立案追诉标准的规定（三）》公通字〔2012〕26号 2012/05/16 第五条第一款、第二款**

［**以走私制毒物品罪（预备）立案追诉**］为了走私制毒物品而采用生产、加工、提炼等方法非法制造易制毒化学品的，以走私制毒物品罪（预备）立案追诉。**最高检、公安部《关于公安机关管辖的刑事案件立案追诉标准的规定（三）》公通字〔2012〕26号 2012/05/16 第五条第三款**

［**明知**］实施走私制毒物品行为，有下列情形之一，且查获了易制毒化学品，结合行为人的供述和其他证据综合审查判断，可以认定其“明知”是制毒物品而走私或者非法买卖，但有证据证明确属被蒙骗的除外：

（一）改变产品形状、包装或者使用虚假标签、商标等产品标志的；

（二）以藏匿、夹带、伪装或者其他隐蔽方式运输、携带易制毒化学品逃避检查的；

（三）抗拒检查或者在检查时丢弃货物逃跑的；

（四）以伪报、藏匿、伪装等蒙蔽手段逃避海关、边防等检查的；

（五）选择不设海关或者边防检查站的路段绕行出入境的；

（六）以虚假身份、地址或者其他虚假方式办理托运、寄递手续的；

（七）以其他方法隐瞒真相，逃避对易制毒化学品依法监管的。**最高检、公安部《关于公安机关管辖的刑事案件立案追诉标准的规定（三）》公通字〔2012〕26号 2012/05/16 第五条第四款**

［以走私制毒物品罪的共犯立案追诉］明知他人实施走私制毒物品犯罪，而为其运输、储存、代理进出口或者以其他方式提供便利的，以走私制毒物品罪的共犯立案追诉。**最高检、公安部《关于公安机关管辖的刑事案件立案追诉标准的规定（三）》公通字〔2012〕26号 2012/05/16 第五条第五款**

［非法买卖制毒物品案立案追诉标准］［非法买卖制毒物品案（刑法第三百五十条）］违反国家规定，在境内非法买卖制毒物品，数量达到本规定第五条第一款规定情形之一的，应予立案追诉。

非法买卖两种以上制毒物品，每种制毒物品均没有达到本条第一款规定的数量标准，但按前款规定的立案追诉数量比例折算成一种制毒物品后累计相加达到上述数量标准的，应予立案追诉。

违反国家规定，实施下列行为之一的，认定为本条规定的非法买卖制毒物品行为：

（一）未经许可或者备案，擅自购买、销售易制毒化学品的；

（二）超出许可证明或者备案证明的品种、数量范围购买、销售易制毒化学品的；

（三）使用他人的或者伪造、变造、失效的许可证明或者备案证明购买、销售易制毒化学品的；

（四）经营单位违反规定，向无购买许可证明、备案证明的单位、个人销售易制毒化学品的，或者明知购买者使用他人的或者伪造、变造、失效的许可证明或者备案证明，向其销售易制毒化学品的；

（五）以其他方式非法买卖易制毒化学品的。易制毒化学品生产、经营、使用单位或者个人未办理许可证明或者备案证明，购买、销售易制毒化学品，如果有证据证明确实用于合法生产、生活需要，依法能够办理只是未及时办理许可证明或者备案证明，且未造成严重社会危害的，可不以非法买卖制毒物品罪立案追诉。

为了非法买卖制毒物品而采用生产、加工、提炼等方法非法制造易制毒化学品的，以非法买卖制毒物品罪（预备）立案追诉。最高检、公安部《关于公安机关管辖的刑事案件立案追诉标准的规定（三）》公通字〔2012〕26号 2012/05/16 第六条第一款至第四款

[明知] 非法买卖制毒物品主观故意中的“明知”，依照本规定第五条第四款的有关规定予以认定。最高检、公安部《关于公安机关管辖的刑事案件立案追诉标准的规定（三）》公通字〔2012〕26号 2012/05/16 第六条第五款

[以非法买卖制毒物品罪的共犯立案追诉] 明知他人实施非法买卖制毒物品犯罪，而为其运输、储存、代理进出口或者以其他方式提供便利的，以非法买卖制毒物品罪的共犯立案追诉。最高检、公安部《关于公安机关管辖的刑事案件立案追诉标准的规定（三）》公通字〔2012〕26号 2012/05/16 第六条第六款

第三百五十一条　【非法种植毒品原植物罪】非法种植罂粟、大麻等毒品原植物的，一律强制铲除。有下列情形之一的，处五年以下有期徒刑、拘役或者管制，并处罚金：

（一）种植罂粟五百株以上不满三千株或者其他毒品原植物数量较大的；

（二）经公安机关处理后又种植的；

（三）抗拒铲除的。

非法种植罂粟三千株以上或者其他毒品原植物数量大的，处五年以上有期徒刑，并处罚金或者没收财产。

非法种植罂粟或者其他毒品原植物，在收获前自动铲除的，可以免除处罚。

[刑法第351条第1款之数量较大] 非法种植毒品原植物，具有下列情形之一的，应当认定为刑法第三百五十一条第一款第一项规定的“数量较大”：

（一）非法种植大麻五千株以上不满三万株的；

（二）非法种植罂粟二百平方米以上不满一千二百平方米、大麻二千

平方米以上不满一万二千平方米，尚未出苗的；

（三）非法种植其他毒品原植物数量较大的。最高法《关于审理毒品犯罪案件适用法律若干问题的解释》法释〔2016〕8号 2016/04/11 第九条第一款

［刑法第351条第2款之数量大］非法种植毒品原植物，达到前款规定的最高数量标准的，应当认定为刑法第三百五十一条第二款规定的“数量大”。最高法《关于审理毒品犯罪案件适用法律若干问题的解释》法释〔2016〕8号 2016/04/11 第九条第二款

［非法种植毒品原植物案立案追诉标准］［非法种植毒品原植物案（刑法第三百五十一条）］非法种植罂粟、大麻等毒品原植物，涉嫌下列情形之一的，应予立案追诉：

（一）非法种植罂粟五百株以上的；

（二）非法种植大麻五千株以上的；

（三）非法种植其他毒品原植物数量较大的；

（四）非法种植罂粟二百平方米以上、大麻二千平方米以上或者其他毒品原植物面积较大，尚未出苗的；

（五）经公安机关处理后又种植的；

（六）抗拒铲除的。最高检、公安部《关于公安机关管辖的刑事案件立案追诉标准的规定（三）》公通字〔2012〕26号 2012/05/16 第七条第一款

［种植］本条所规定的“种植”，是指播种、育苗、移栽、插苗、施肥、灌溉、割取津液或者收取种子等行为。非法种植毒品原植物的株数一般应以实际查获的数量为准。因种植面积较大，难以逐株清点数目的，可以抽样测算每平方米平均株数后按实际种植面积测算出种植总株数。最高检、公安部《关于公安机关管辖的刑事案件立案追诉标准的规定（三）》公通字〔2012〕26号 2012/05/16 第七条第二款

［可以不予立案追诉］非法种植罂粟或者其他毒品原植物，在收获前自动铲除的，可以不予立案追诉。最高检、公安部《关于公安机关管辖的刑事案件立案追诉标准的规定（三）》公通字〔2012〕26号 2012/05/16 第七条第三款

第三百五十二条　【非法买卖、运输、携带、持有毒品原植物种子、幼苗罪】非法买卖、运输、携带、持有未经灭活的罂粟等毒品原植物种子或者幼苗，数量较大的，处三年以下有期徒

刑、拘役或者管制，并处或者单处罚金。

[刑法第352条之数量较大] 非法买卖、运输、携带、持有未经灭活的毒品原植物种子或者幼苗，具有下列情形之一的，应当认定为刑法第三百五十二条规定的“数量较大”：

（一）罂粟种子五十克以上、罂粟幼苗五千株以上的；

（二）大麻种子五十千克以上、大麻幼苗五万株以上的；

（三）其他毒品原植物种子或者幼苗数量较大的。最高法《关于审理毒品犯罪案件适用法律若干问题的解释》法释〔2016〕8号 2016/04/11 第十条

[非法买卖、运输、携带、持有毒品原植物种子、幼苗案立案追诉标准] [非法买卖、运输、携带、持有毒品原植物种子、幼苗案（刑法第三百五十二条）] 非法买卖、运输、携带、持有未经灭活的罂粟等毒品原植物种子或者幼苗，涉嫌下列情形之一的，应予立案追诉：

（一）罂粟种子五十克以上、罂粟幼苗五千株以上；

（二）大麻种子五十千克以上、大麻幼苗五万株以上；

（三）其他毒品原植物种子、幼苗数量较大的。最高检、公安部《关于公安机关管辖的刑事案件立案追诉标准的规定（三）》公通字〔2012〕26号 2012/05/16 第八条

第三百五十三条　【引诱、教唆、欺骗他人吸毒罪；强迫他人吸毒罪】引诱、教唆、欺骗他人吸食、注射毒品的，处三年以下有期徒刑、拘役或者管制，并处罚金；情节严重的，处三年以上七年以下有期徒刑，并处罚金。

强迫他人吸食、注射毒品的，处三年以上十年以下有期徒刑，并处罚金。

引诱、教唆、欺骗或者强迫未成年人吸食、注射毒品的，从重处罚。

[刑法第353条第1款之情节严重] 引诱、教唆、欺骗他人吸食、注射毒品，具有下列情形之一的，应当认定为刑法第三百五十三条第一款规定的“情节严重”：

（一）引诱、教唆、欺骗多人或者多次引诱、教唆、欺骗他人吸食、

注射毒品的；

（二）对他人身体健康造成严重危害的；

（三）导致他人实施故意杀人、故意伤害、交通肇事等犯罪行为的；

（四）国家工作人员引诱、教唆、欺骗他人吸食、注射毒品的；

（五）其他情节严重的情形。最高法《关于审理毒品犯罪案件适用法律若干问题的解释》法释〔2016〕8号 2016/04/11 第十一条

[引诱、教唆、欺骗他人吸毒案立案追诉标准][引诱、教唆、欺骗他人吸毒案（刑法第三百五十三条）]引诱、教唆、欺骗他人吸食、注射毒品的，应予立案追诉。最高检、公安部《关于公安机关管辖的刑事案件立案追诉标准的规定（三）》公通字〔2012〕26号 2012/05/16 第九条

[强迫他人吸毒案立案追诉标准][强迫他人吸毒案（刑法第三百五十三条）]违背他人意志，以暴力、胁迫或者其他强制手段，迫使他人吸食、注射毒品的，应予立案追诉。最高检、公安部《关于公安机关管辖的刑事案件立案追诉标准的规定（三）》公通字〔2012〕26号 2012/05/16 第十条

第三百五十四条　【容留他人吸毒罪】容留他人吸食、注射毒品的，处三年以下有期徒刑、拘役或者管制，并处罚金。

[容留他人吸毒罪的量刑]

1. 构成容留他人吸毒罪的，可以在一年以下有期徒刑、拘役幅度内确定量刑起点。

2. 在量刑起点的基础上，可以根据容留他人吸毒的人数、次数等其他影响犯罪构成的犯罪事实增加刑罚量，确定基准刑。最高法《关于常见犯罪的量刑指导意见（二）（试行）》2017/05/01 一、（七）

[以容留他人吸毒罪定罪处罚]容留他人吸食、注射毒品，具有下列情形之一的，应当依照刑法第三百五十四条的规定，以容留他人吸毒罪定罪处罚：

（一）一次容留多人吸食、注射毒品的；

（二）二年内多次容留他人吸食、注射毒品的；

（三）二年内曾因容留他人吸食、注射毒品受过行政处罚的；

（四）容留未成年人吸食、注射毒品的；

（五）以牟利为目的容留他人吸食、注射毒品的；

（六）容留他人吸食、注射毒品造成严重后果的；

（七）其他应当追究刑事责任的情形。最高法《关于审理毒品犯罪案件适用法律若干问题的解释》法释〔2016〕8号 2016/04/11 第十二条第一款

[以贩卖毒品罪和容留他人吸毒罪数罪并罚] 向他人贩卖毒品后又容留其吸食、注射毒品，或者容留他人吸食、注射毒品并向其贩卖毒品，符合前款规定的容留他人吸毒罪的定罪条件的，以贩卖毒品罪和容留他人吸毒罪数罪并罚。最高法《关于审理毒品犯罪案件适用法律若干问题的解释》法释〔2016〕8号 2016/04/11 第十二条第二款

[刑法第354条之酌情从宽处罚] 容留近亲属吸食、注射毒品，情节显著轻微危害不大的，不作为犯罪处理；需要追究刑事责任的，可以酌情从宽处罚。最高法《关于审理毒品犯罪案件适用法律若干问题的解释》法释〔2016〕8号 2016/04/11 第十二条第三款

[容留他人吸毒案立案追诉标准] [容留他人吸毒案（刑法第三百五十四条）] 提供场所，容留他人吸食、注射毒品，涉嫌下列情形之一的，应予立案追诉：

（一）容留他人吸食、注射毒品两次以上的；

（二）一次容留三人以上吸食、注射毒品的；

（三）因容留他人吸食、注射毒品被行政处罚，又容留他人吸食、注射毒品的；

（四）容留未成年人吸食、注射毒品的；

（五）以牟利为目的容留他人吸食、注射毒品的；

（六）容留他人吸食、注射毒品造成严重后果或者其他情节严重的。最高检、公安部《关于公安机关管辖的刑事案件立案追诉标准的规定（三）》公通字〔2012〕26号 2012/05/16 第十一条

第三百五十五条　【非法提供麻醉药品、精神药品罪】依法从事生产、运输、管理、使用国家管制的麻醉药品、精神药品的人员，违反国家规定，向吸食、注射毒品的人提供国家规定管制的能够使人形成瘾癖的麻醉药品、精神药品的，处三年以下有期

徒刑或者拘役，并处罚金；情节严重的，处三年以上七年以下有期徒刑，并处罚金。向走私、贩卖毒品的犯罪分子或者以牟利为目的，向吸食、注射毒品的人提供国家规定管制的能够使人形成瘾癖的麻醉药品、精神药品的，依照本法第三百四十七条的规定定罪处罚。

单位犯前款罪的，对单位判处罚金，并对其直接负责的主管人员和其他直接责任人员，依照前款的规定处罚。

[**以非法提供麻醉药品、精神药品罪定罪处罚**] 依法从事生产、运输、管理、使用国家管制的麻醉药品、精神药品的人员，违反国家规定，向吸食、注射毒品的人提供国家规定管制的能够使人形成瘾癖的麻醉药品、精神药品，具有下列情形之一的，应当依照刑法第三百五十五条第一款的规定，以非法提供麻醉药品、精神药品罪定罪处罚：

（一）非法提供麻醉药品、精神药品达到刑法第三百四十七条第三款或者本解释第二条规定的“数量较大”标准最低值的百分之五十，不满“数量较大”标准的；

（二）二年内曾因非法提供麻醉药品、精神药品受过行政处罚的；

（三）向多人或者多次非法提供麻醉药品、精神药品的；

（四）向吸食、注射毒品的未成年人非法提供麻醉药品、精神药品的；

（五）非法提供麻醉药品、精神药品造成严重后果的；

（六）其他应当追究刑事责任的情形。**最高法《关于审理毒品犯罪案件适用法律若干问题的解释》法释〔2016〕8号 2016/04/11 第十三条第一款**

[**刑法第355条第1款之情节严重**] 具有下列情形之一的，应当认定为刑法第三百五十五条第一款规定的“情节严重”：

（一）非法提供麻醉药品、精神药品达到刑法第三百四十七条第三款或者本解释第二条规定的“数量较大”标准的；

（二）非法提供麻醉药品、精神药品达到前款第一项规定的数量标准，且具有前款第三项至第五项规定的情形之一的；

（三）其他情节严重的情形。**最高法《关于审理毒品犯罪案件适用法律若干问题的解释》法释〔2016〕8号 2016/04/11 第十三条第二款**

[安定注射液　国家规定管制的能够使人形成瘾癖的精神药品] 根据《精神药品管理办法》等国家有关规定，“能够使人形成瘾癖”的精神药品，是指使用后能使人的中枢神经系统兴奋或者抑制连续使用能使入产生依赖性的药品。安定注射液属于刑法第三百五十五条第一款规定的“国家规定管制的能够使人形成瘾癖的”精神药品。鉴于安定注射液属于《精神药品管理办法》规定的第二类精神药品，医疗实践中使用较多，在处理此类案件时，应当慎重掌握罪与非罪的界限。对于明知他人是吸毒人员而多次向其出售安定注射液，或者贩卖安定注射液数量较大的，可以依法追究行为人的刑事责任。**最高检法律政策研究室《关于安定注射液是否属于刑法第三百五十五条规定的精神药品问题的答复》〔2002〕高检研发第23号 2002/10/24**

[非法提供麻醉药品、精神药品案立案追诉标准] [非法提供麻醉药品、精神药品案（刑法第三百五十五条）] 依法从事生产、运输、管理、使用国家管制的麻醉药品、精神药品的个人或者单位，违反国家规定，向吸食、注射毒品的人员提供国家规定管制的能够使人形成瘾癖的麻醉药品、精神药品，涉嫌下列情形之一的，应予立案追诉：

（一）非法提供鸦片二十克以上、吗啡二克以上、度冷丁（杜冷丁）五克以上（针剂100mg/支规格的五十支以上，50mg/支规格的一百支以上；片剂25mg/片规格的二百片以上，50mg/片规格的一百片以上）、盐酸二氢埃托啡零点二毫克以上（针剂或者片剂20mg/支、片规格的十支、片以上）、氯胺酮、美沙酮二十克以上、三唑仑、安眠酮一千克以上、咖啡因五千克以上、氯氮卓、艾司唑仑、地西泮、溴西泮十千克以上，以及其他麻醉药品和精神药品数量较大的；

（二）虽未达到上述数量标准，但非法提供麻醉药品、精神药品两次以上，数量累计达到前项规定的数量标准百分之八十以上的；

（三）因非法提供麻醉药品、精神药品被行政处罚，又非法提供麻醉药品、精神药品的；

（四）向吸食、注射毒品的未成年人提供麻醉药品、精神药品的；

（五）造成严重后果或者其他情节严重的。依法从事生产、运输、管理、使用国家管制的麻醉药品、精神药品的人员或者单位，违反国家规定，向走私、贩卖毒品的犯罪分子提供国家规定管制的能够使人形成瘾癖的麻醉药品、精神药品的，或者以牟利为目的，向吸食、注射毒品的人提供国家规定管制的能够使人形成瘾癖的麻醉药品、精神药品的，以走私、贩卖毒品罪立案追诉。最高检、公安部《关于公安机关管辖的刑事案件立案追诉标准的规定（三）》公通字〔2012〕26号 2012/05/16 第十二条

第三百五十六条 【毒品犯罪的再犯】因走私、贩卖、运输、制造、非法持有毒品罪被判过刑，又犯本节规定之罪的，从重处罚。

第三百五十七条 【毒品的范围及毒品数量的计算原则】本法所称的毒品，是指鸦片、海洛因、甲基苯丙胺（冰毒）、吗啡、大麻、可卡因以及国家规定管制的其他能够使人形成瘾癖的麻醉药品和精神药品。

毒品的数量以查证属实的走私、贩卖、运输、制造、非法持有毒品的数量计算，不以纯度折算。

第八节 组织、强迫、引诱、容留、介绍卖淫罪

第三百五十八条 【组织卖淫罪；强迫卖淫罪；协助组织卖淫罪】组织、强迫他人卖淫的，处五年以上十年以下有期徒刑，并处罚金；情节严重的，处十年以上有期徒刑或者无期徒刑，并处罚金或者没收财产。

组织、强迫未成年人卖淫的，依照前款的规定从重处罚。

犯前两款罪，并有杀害、伤害、强奸、绑架等犯罪行为的，依照数罪并罚的规定处罚。

为组织卖淫的人招募、运送人员或者有其他协助组织他人卖淫行为的，处五年以下有期徒刑，并处罚金；情节严重的，处五

年以上十年以下有期徒刑，并处罚金。①

[判决理由　强迫多人多次卖淫项　二名未成年少女项　一人死亡项　死刑项]法院认为，被告人王佳佳伙同他人使用暴力、威胁手段强迫被害人卖淫，其行为已构成强迫卖淫罪；王佳佳以非法占有为目的，伙同他人采用暴力、胁迫手段劫取被害人财物，其行为又构成抢劫罪，应依法予以并罚。在强迫卖淫的共同犯罪中，王佳佳提起犯意，纠集多人参与，殴打、虐待、控制多名被害人，系主犯。王佳佳等人强迫多人多次卖淫，其中包括二名未成年少女，致一人死亡，犯罪情节特别恶劣，手段特别残忍，罪行极其严重，社会危害极大，应依法严惩。据此，依法认定被告人王佳佳犯强迫卖淫罪，判处死刑，剥夺政治权利终身，并处没收个人全部财产；犯抢劫罪，判处有期徒刑七年，并处罚金人民币二千元，决定执行死刑，剥夺政治权利终身，并处没收个人全部财产。经最高人民法院复核核准，罪犯王佳佳已被依法执行死刑。**最高法公布三起性侵害未成年人犯罪典型案例之一：王佳佳强迫卖淫案**

[判决理由　奸淫幼女多人项　累犯项　死缓项　如实供述罪行项　限制减刑项] 法院认为，被告人杨宗樑奸淫不满14周岁的幼女，其行为已构成强奸罪，应从重处罚。杨宗樑奸淫幼女多人，且曾因奸淫幼女罪和强奸罪分别被判处有期徒刑九年和八年，系累犯，刑满释放后不足半年即又实施奸淫幼女犯罪，主观恶性深，人身危险性大，依法应当从重处罚。鉴

---

① 根据2011年5月1日《刑法修正案（八）》第一次修改，原第三款条文为："协助组织他人卖淫的，处五年以下有期徒刑，并处罚金；情节严重的，处五年以上十年以下有期徒刑，并处罚金。"

根据2015年11月1日《刑法修正案（九）》第二次修改，原条文为："组织他人卖淫或者强迫他人卖淫的，处五年以上十年以下有期徒刑，并处罚金；有下列情形之一的，处十年以上有期徒刑或者无期徒刑，并处罚金或者没收财产：

"（一）组织他人卖淫，情节严重的；

"（二）强迫不满十四周岁的幼女卖淫的；

"（三）强迫多人卖淫或者多次强迫他人卖淫的；

"（四）强奸后迫使卖淫的；

"（五）造成被强迫卖淫的人重伤、死亡或者其他严重后果的。

有前款所列情形之一，情节特别严重的，处无期徒刑或者死刑，并处没收财产。

协助组织他人卖淫的，处五年以下有期徒刑，并处罚金；情节严重的，处五年以上十年以下有期徒刑，并处罚金。"

于杨宗樑能够如实供述罪行，认罪态度较好，对其判处死刑，可不立即执行，但应依法对其限制减刑。据此，依法认定被告人杨宗樑犯强奸罪，判处死刑，缓期二年执行，剥夺政治权利终身。对被告人杨宗樑限制减刑。最高法公布三起性侵害未成年人犯罪典型案例之二：杨宗樑强奸案

[组织他人卖淫] 以招募、雇佣、纠集等手段，管理或者控制他人卖淫，卖淫人员在三人以上的，应当认定为刑法第三百五十八条规定的“组织他人卖淫”。

组织卖淫者是否设置固定的卖淫场所、组织卖淫者人数多少、规模大小，不影响组织卖淫行为的认定。两高《关于办理组织、强迫、引诱、容留、介绍卖淫刑事案件适用法律若干问题的解释》法释〔2017〕13号 2017/07/25 第一条

[刑法第358条第1款之“情节严重”] 组织他人卖淫，具有下列情形之一的，应当认定为刑法第三百五十八条第一款规定的“情节严重”：

（一）卖淫人员累计达十人以上的；

（二）卖淫人员中未成年人、孕妇、智障人员、患有严重性病的人累计达五人以上的；

（三）组织境外人员在境内卖淫或者组织境内人员出境卖淫的；

（四）非法获利人民币一百万元以上的；

（五）造成被组织卖淫的人自残、自杀或者其他严重后果的；

（六）其他情节严重的情形。两高《关于办理组织、强迫、引诱、容留、介绍卖淫刑事案件适用法律若干问题的解释》法释〔2017〕13号 2017/07/25 第二条

[在组织卖淫犯罪活动中，有引诱、容留、介绍卖淫行为的两种情形 依照处罚较重的规定定罪处罚 分别定罪，实行数罪并罚] 在组织卖淫犯罪活动中，对被组织卖淫的人有引诱、容留、介绍卖淫行为的，依照处罚较重的规定定罪处罚。但是，对被组织卖淫的人以外的其他人有引诱、容留、介绍卖淫行为的，应当分别定罪，实行数罪并罚。两高《关于办理组织、强迫、引诱、容留、介绍卖淫刑事案件适用法律若干问题的解释》法释〔2017〕13号 2017/07/25 第三条

[明知他人实施组织卖淫犯罪活动而为其招募、运送人员或者充当保镖、打手、管账人等的] 明知他人实施组织卖淫犯罪活动而为其招募、运送人员或者充当保镖、打手、管账人等的，依照刑法第三百五十八条第四

款的规定，以协助组织卖淫罪定罪处罚，不以组织卖淫罪的从犯论处。两高《关于办理组织、强迫、引诱、容留、介绍卖淫刑事案件适用法律若干问题的解释》法释〔2017〕13号 2017/07/25 第四条第一款

[不认定为协助组织卖淫罪] 在具有营业执照的会所、洗浴中心等经营场所担任保洁员、收银员、保安员等，从事一般服务性、劳务性工作，仅领取正常薪酬，且无前款所列协助组织卖淫行为的，不认定为协助组织卖淫罪。两高《关于办理组织、强迫、引诱、容留、介绍卖淫刑事案件适用法律若干问题的解释》法释〔2017〕13号 2017/07/25 第四条第二款

[刑法第358条第4款之"情节严重"] 协助组织他人卖淫，具有下列情形之一的，应当认定为刑法第三百五十八条第四款规定的"情节严重"：

（一）招募、运送卖淫人员累计达十人以上的；

（二）招募、运送的卖淫人员中未成年人、孕妇、智障人员、患有严重性病的人累计达五人以上的；

（三）协助组织境外人员在境内卖淫或者协助组织境内人员出境卖淫的；

（四）非法获利人民币五十万元以上的；

（五）造成被招募、运送或者被组织卖淫的人自残、自杀或者其他严重后果的；

（六）其他情节严重的情形。两高《关于办理组织、强迫、引诱、容留、介绍卖淫刑事案件适用法律若干问题的解释》法释〔2017〕13号 2017/07/25 第五条

[刑法第358条第1款之"情节严重"] 强迫他人卖淫，具有下列情形之一的，应当认定为刑法第三百五十八条第一款规定的"情节严重"：

（一）卖淫人员累计达五人以上的；

（二）卖淫人员中未成年人、孕妇、智障人员、患有严重性病的人累计达三人以上的；

（三）强迫不满十四周岁的幼女卖淫的；

（四）造成被强迫卖淫的人自残、自杀或者其他严重后果的；

（五）其他情节严重的情形。

行为人既有组织卖淫犯罪行为，又有强迫卖淫犯罪行为，且具有下列情形之一的，以组织、强迫卖淫"情节严重"论处：

（一）组织卖淫、强迫卖淫行为中具有本解释第二条、本条前款规定的“情节严重”情形之一的；

（二）卖淫人员累计达到本解释第二条第一、二项规定的组织卖淫“情节严重”人数标准的；

（三）非法获利数额相加达到本解释第二条第四项规定的组织卖淫“情节严重”数额标准的。两高《关于办理组织、强迫、引诱、容留、介绍卖淫刑事案件适用法律若干问题的解释》法释〔2017〕13号 2017/07/25 第六条

［犯组织、强迫卖淫罪，并有杀害、伤害、强奸、绑架等犯罪行为的］根据刑法第三百五十八条第三款的规定，犯组织、强迫卖淫罪，并有杀害、伤害、强奸、绑架等犯罪行为的，依照数罪并罚的规定处罚。协助组织卖淫行为人参与实施上述行为的，以共同犯罪论处。两高《关于办理组织、强迫、引诱、容留、介绍卖淫刑事案件适用法律若干问题的解释》法释〔2017〕13号 2017/07/25 第七条第一款

［组织、强迫未成年人卖淫的］根据刑法第三百五十八条第二款的规定，组织、强迫未成年人卖淫的，应当从重处罚。两高《关于办理组织、强迫、引诱、容留、介绍卖淫刑事案件适用法律若干问题的解释》法释〔2017〕13号 2017/07/25 第七条第二款

［判处罚金数额　没收财产］犯组织、强迫、引诱、容留、介绍卖淫罪的，应当依法判处犯罪所得二倍以上的罚金。共同犯罪的，对各共同犯罪人合计判处的罚金应当在犯罪所得的二倍以上。

对犯组织、强迫卖淫罪被判处无期徒刑的，应当并处没收财产。两高《关于办理组织、强迫、引诱、容留、介绍卖淫刑事案件适用法律若干问题的解释》法释〔2017〕13号 2017/07/25 第十三条

［组织卖淫案立案追诉标准］［组织卖淫案（刑法第三百五十八条第一款）］以招募、雇佣、强迫、引诱、容留等手段，组织他人卖淫的，应予立案追诉。最高检、公安部《关于公安机关管辖的刑事案件立案追诉标准的规定（一）》公通字〔2008〕36号 2008/06/25 第七十五条

［强迫卖淫案立案追诉标准］［强迫卖淫案（刑法第三百五十八条第一款）］以暴力、胁迫等手段强迫他人卖淫的，应予立案追诉。最高检、公安部《关于公安机关管辖的刑事案件立案追诉标准的规定（一）》公通字〔2008〕36号

2008/06/25 第七十六条

[协助组织卖淫案立案追诉标准] 将《立案追诉标准（一）》第七十七条修改为：[协助组织卖淫案（刑法第三百五十八条第四款）] 在组织卖淫的犯罪活动中，帮助招募、运送、培训人员三人以上，或者充当保镖、打手、管账人等，起帮助作用的，应予立案追诉。最高检、公安部《关于公安机关管辖的刑事案件立案追诉标准的规定（一）的补充规定》公通字〔2017〕12号 2017/04/27 第十二条

第三百五十九条　【引诱、容留、介绍卖淫罪；引诱幼女卖淫罪】引诱、容留、介绍他人卖淫的，处五年以下有期徒刑、拘役或者管制，并处罚金；情节严重的，处五年以上有期徒刑，并处罚金。

引诱不满十四周岁的幼女卖淫的，处五年以上有期徒刑，并处罚金。

[引诱、容留、介绍卖淫罪的量刑]

1. 构成引诱、容留、介绍卖淫罪的，可以根据下列不同情形在相应的幅度内确定量刑起点：

（1）情节一般的，可以在二年以下有期徒刑、拘役幅度内确定量刑起点。

（2）情节严重的，可以在五年至七年有期徒刑幅度内确定量刑起点。

2. 在量刑起点基础上，可以根据引诱、容留、介绍卖淫的人数、次数等其他影响犯罪构成的犯罪事实增加刑罚量，确定基准刑。

3. 旅馆业、饮食服务业、文化娱乐业、出租汽车业等单位的主要负责人，利用本单位的条件，引诱、容留、介绍他人卖淫的，可以增加基准刑的10％—20％。最高法《关于常见犯罪的量刑指导意见（二）（试行）》2017/05/01 一、（八）

[依刑法第359条第1款定罪处罚] 引诱、容留、介绍他人卖淫，具有下列情形之一的，应当依照刑法第三百五十九条第一款的规定定罪处罚：

（一）引诱他人卖淫的；

（二）容留、介绍二人以上卖淫的；

（三）容留、介绍未成年人、孕妇、智障人员、患有严重性病的人卖淫的；

（四）一年内曾因引诱、容留、介绍卖淫行为被行政处罚，又实施容留、介绍卖淫行为的；

（五）非法获利人民币一万元以上的。两高《关于办理组织、强迫、引诱、容留、介绍卖淫刑事案件适用法律若干问题的解释》法释〔2017〕13号 2017/07/25 第八条第一款

［利用信息网络发布招嫖违法信息，情节严重的］利用信息网络发布招嫖违法信息，情节严重的，依照刑法第二百八十七条之一的规定，以非法利用信息网络罪定罪处罚。同时构成介绍卖淫罪的，依照处罚较重的规定定罪处罚。两高《关于办理组织、强迫、引诱、容留、介绍卖淫刑事案件适用法律若干问题的解释》法释〔2017〕13号 2017/07/25 第八条第二款

［是否以营利为目的，不影响犯罪的成立］引诱、容留、介绍他人卖淫是否以营利为目的，不影响犯罪的成立。两高《关于办理组织、强迫、引诱、容留、介绍卖淫刑事案件适用法律若干问题的解释》法释〔2017〕13号 2017/07/25 第八条第三款

［引诱不满14周岁的幼女卖淫的］引诱不满十四周岁的幼女卖淫的，依照刑法第三百五十九条第二款的规定，以引诱幼女卖淫罪定罪处罚。两高《关于办理组织、强迫、引诱、容留、介绍卖淫刑事案件适用法律若干问题的解释》法释〔2017〕13号 2017/07/25 第八条第四款

［被引诱卖淫的人员中既有不满14周岁的幼女，又有其他人员的］被引诱卖淫的人员中既有不满十四周岁的幼女，又有其他人员的，分别以引诱幼女卖淫罪和引诱卖淫罪定罪，实行并罚。两高《关于办理组织、强迫、引诱、容留、介绍卖淫刑事案件适用法律若干问题的解释》法释〔2017〕13号 2017/07/25 第八条第五款

［刑法第359条第1款之“情节严重”］引诱、容留、介绍他人卖淫，具有下列情形之一的，应当认定为刑法第三百五十九条第一款规定的“情节严重”：

（一）引诱五人以上或者引诱、容留、介绍十人以上卖淫的；

（二）引诱三人以上的未成年人、孕妇、智障人员、患有严重性病的

人卖淫，或者引诱、容留、介绍五人以上该类人员卖淫的；

（三）非法获利人民币五万元以上的；

（四）其他情节严重的情形。两高《关于办理组织、强迫、引诱、容留、介绍卖淫刑事案件适用法律若干问题的解释》法释〔2017〕13号 2017/07/25 第九条

[酌定情节] 组织、强迫、引诱、容留、介绍他人卖淫的次数，作为酌定情节在量刑时考虑。两高《关于办理组织、强迫、引诱、容留、介绍卖淫刑事案件适用法律若干问题的解释》法释〔2017〕13号 2017/07/25 第十条

[判处罚金数额　没收财产] 犯组织、强迫、引诱、容留、介绍卖淫罪的，应当依法判处犯罪所得二倍以上的罚金。共同犯罪的，对各共同犯罪人合计判处的罚金应当在犯罪所得的二倍以上。

对犯组织、强迫卖淫罪被判处无期徒刑的，应当并处没收财产。两高《关于办理组织、强迫、引诱、容留、介绍卖淫刑事案件适用法律若干问题的解释》法释〔2017〕13号 2017/07/25 第十三条

[引诱、容留、介绍卖淫案立案追诉标准] [引诱、容留、介绍卖淫案(刑法第三百五十九条第一款)] 引诱、容留、介绍他人卖淫，涉嫌下列情形之一的，应予立案追诉：

（一）引诱、容留、介绍二人次以上卖淫的；

（二）引诱、容留、介绍已满十四周岁未满十八周岁的未成年人卖淫的；

（三）被引诱、容留、介绍卖淫的人患有艾滋病或者患有梅毒、淋病等严重性病。

（四）其他引诱、容留、介绍卖淫应予追究刑事责任的情形。最高检、公安部《关于公安机关管辖的刑事案件立案追诉标准的规定（一）》公通字〔2008〕36号 2008/06/25 第七十八条

[引诱幼女卖淫案立案追诉标准] [引诱幼女卖淫案（刑法第三百五十九条第二款)] 引诱不满十四周岁的幼女卖淫的，应予立案追诉。最高检、公安部《关于公安机关管辖的刑事案件立案追诉标准的规定（一）》公通字〔2008〕36号 2008/06/25 第七十九条

第三百六十条　【传播性病罪】明知自己患有梅毒、淋病等严重性病卖淫、嫖娼的，处五年以下有期徒刑、拘役或者管制，

并处罚金。[1]

[刑法第360条之“明知”] 具有下列情形之一的，应当认定为刑法第三百六十条规定的“明知”：

（一）有证据证明曾到医院或者其他医疗机构就医或者检查，被诊断为患有严重性病的；

（二）根据本人的知识和经验，能够知道自己患有严重性病的；

（三）通过其他方法能够证明行为人是“明知”的。两高《关于办理组织、强迫、引诱、容留、介绍卖淫刑事案件适用法律若干问题的解释》法释〔2017〕13号 2017/07/25 第十一条第一款

[不影响本罪的成立] 传播性病行为是否实际造成他人患上严重性病的后果，不影响本罪的成立。两高《关于办理组织、强迫、引诱、容留、介绍卖淫刑事案件适用法律若干问题的解释》法释〔2017〕13号 2017/07/25 第十一条第二款

[刑法第360条之“严重性病”] 刑法第三百六十条规定所称的“严重性病”，包括梅毒、淋病等。其它性病是否认定为“严重性病”，应当根据《中华人民共和国传染病防治法》《性病防治管理办法》的规定，在国家卫生与计划生育委员会规定实行性病监测的性病范围内，依照其危害、特点与梅毒、淋病相当的原则，从严掌握。两高《关于办理组织、强迫、引诱、容留、介绍卖淫刑事案件适用法律若干问题的解释》法释〔2017〕13号 2017/07/25 第十一条第三款

[知自己患有艾滋病或者感染艾滋病病毒而卖淫、嫖娼的] 明知自己患有艾滋病或者感染艾滋病病毒而卖淫、嫖娼的，依照刑法第三百六十条的规定，以传播性病罪定罪，从重处罚。两高《关于办理组织、强迫、引诱、容留、介绍卖淫刑事案件适用法律若干问题的解释》法释〔2017〕13号 2017/07/25 第十二条第一款

[致使他人感染艾滋病病毒的　刑法第95条第3项“其他对于人身健康有重大伤害”所指的“重伤”] 具有下列情形之一，致使他人感染艾滋病病毒的，认定为刑法第九十五条第三项“其他对于人身健康有重大伤

① 根据2015年11月1日《刑法修正案（九）》删去第二款，原第二款条文为：“嫖宿不满十四周岁的幼女的，处五年以上有期徒刑，并处罚金。”

害”所指的“重伤”，依照刑法第二百三十四条第二款的规定，以故意伤害罪定罪处罚：

（一）明知自己感染艾滋病病毒而卖淫、嫖娼的；

（二）明知自己感染艾滋病病毒，故意不采取防范措施而与他人发生性关系的。两高《关于办理组织、强迫、引诱、容留、介绍卖淫刑事案件适用法律若干问题的解释》法释〔2017〕13号 2017/07/25 第十二条第二款

［传播性病案立案追诉标准］［传播性病案（刑法第三百六十条第一款）］明知自己患有梅毒、淋病等严重性病卖淫、嫖娼的，应予立案追诉。最高检、公安部《关于公安机关管辖的刑事案件立案追诉标准的规定（一）》公通字〔2008〕36号 2008/06/25 第八十条第一款

［明知］具有下列情形之一的，可以认定为本条规定的“明知”：

（一）有证据证明曾到医疗机构就医，被诊断为患有严重性病的；

（二）根据本人的知识和经验，能够知道自己患有严重性病的；

（三）通过其他方法能够证明是“明知”的。最高检、公安部《关于公安机关管辖的刑事案件立案追诉标准的规定（一）》公通字〔2008〕36号 2008/06/25 第八十条第二款

第三百六十一条　【特定单位的人员组织、强迫、引诱、容留、介绍卖淫的处理规定】旅馆业、饮食服务业、文化娱乐业、出租汽车业等单位的人员，利用本单位的条件，组织、强迫、引诱、容留、介绍他人卖淫的，依照本法第三百五十八条、第三百五十九条的规定定罪处罚。

前款所列单位的主要负责人，犯前款罪的，从重处罚。

第三百六十二条　【包庇罪】旅馆业、饮食服务业、文化娱乐业、出租汽车业等单位的人员，在公安机关查处卖淫、嫖娼活动时，为违法犯罪分子通风报信，情节严重的，依照本法第三百一十条的规定定罪处罚。

［通风报信，情节严重的］根据刑法第三百六十二条、第三百一十条的规定，旅馆业、饮食服务业、文化娱乐业、出租汽车业等单位的人员，在公安机关查处卖淫、嫖娼活动时，为违法犯罪分子通风报信，情节严重

的，以包庇罪定罪处罚。事前与犯罪分子通谋的，以共同犯罪论处。两高《关于办理组织、强迫、引诱、容留、介绍卖淫刑事案件适用法律若干问题的解释》法释〔2017〕13号 2017/07/25 第十四条第一款

[刑法第362条之"情节严重"] 具有下列情形之一的，应当认定为刑法第三百六十二条规定的"情节严重"：

（一）向组织、强迫卖淫犯罪集团通风报信的；

（二）二年内通风报信三次以上的；

（三）一年内因通风报信被行政处罚，又实施通风报信行为的；

（四）致使犯罪集团的首要分子或者其他共同犯罪的主犯未能及时归案的；

（五）造成卖淫嫖娼人员逃跑，致使公安机关查处犯罪行为因取证困难而撤销刑事案件的；

（六）非法获利人民币一万元以上的；

（七）其他情节严重的情形。两高《关于办理组织、强迫、引诱、容留、介绍卖淫刑事案件适用法律若干问题的解释》法释〔2017〕13号 2017/07/25 第十四条第二款

第九节　制作、贩卖、传播淫秽物品罪

第三百六十三条　【制作、复制、出版、贩卖、传播淫秽物品牟利罪；为他人提供书号出版淫秽书刊罪】以牟利为目的，制作、复制、出版、贩卖、传播淫秽物品的，处三年以下有期徒刑、拘役或者管制，并处罚金；情节严重的，处三年以上十年以下有期徒刑，并处罚金；情节特别严重的，处十年以上有期徒刑或者无期徒刑，并处罚金或者没收财产。

为他人提供书号，出版淫秽书刊的，处三年以下有期徒刑、拘役或者管制，并处或者单处罚金；明知他人用于出版淫秽书刊而提供书号的，依照前款的规定处罚。

[判决理由　情节特别严重项　情节严重项　开设手机色情网站项　编写建站程序项] 法院认为，被告人林俊良、林海长、傅进孝通过开设手机色情网站为广告商提供手机广告服务，以收取广告商支付的费用非法牟利，传播淫秽物品，其中林俊良传播的淫秽色情图片、小说数量达到情节特别严重的标准，林海长、傅进孝达到情节严重的标准，林海长还通过出售含有淫秽色情内容的手机网站建站程序牟利，林俊良、傅进孝的行为均已构成传播淫秽物品牟利罪，林海长的行为已构成制作、贩卖、传播淫秽物品牟利罪。在林海长和傅进孝的共同犯罪中，两人分工配合，各得非法利益，不宜区分主从犯。最高法发布手机淫秽色情信息犯罪典型案例之一：林俊良、林海长、傅进孝制作、贩卖、传播淫秽物品牟利案

[是否应当追究刑事责任] 对于以牟利为目的，利用网络云盘制作、复制、贩卖、传播淫秽电子信息的行为，是否应当追究刑事责任，适用刑法和《最高人民法院、最高人民检察院关于办理利用互联网、移动通讯终端、声讯台制作、复制、出版、贩卖、传播淫秽电子信息刑事案件具体应用法律若干问题的解释》(法释〔2004〕11 号)、《最高人民法院、最高人民检察院关于办理利用互联网、移动通讯终端、声讯台制作、复制、出版、贩卖、传播淫秽电子信息刑事案件具体应用法律若干问题的解释(二)》(法释〔2010〕3 号）的有关规定。两高《关于利用网络云盘制作、复制、贩卖、传播淫秽电子信息牟利行为定罪量刑问题的批复》法释〔2017〕19 号 2017/12/01

[综合评估恰当裁量刑罚] 对于以牟利为目的，利用网络云盘制作、复制、贩卖、传播淫秽电子信息的行为，在追究刑事责任时，鉴于网络云盘的特点，不应单纯考虑制作、复制、贩卖、传播淫秽电子信息的数量，还应充分考虑传播范围、违法所得、行为人一贯表现以及淫秽电子信息、传播对象是否涉及未成年人等情节，综合评估社会危害性，恰当裁量刑罚，确保罪责刑相适应。两高《关于利用网络云盘制作、复制、贩卖、传播淫秽电子信息牟利行为定罪量刑问题的批复》法释〔2017〕19 号 2017/12/01

[判决理由　自行编写建站程序项　添加淫秽色情小说项] 法院认为，被告人唐小明以牟利为目的，制作带淫秽内容的手机网站程序，出售给他人用于开设色情淫秽网站，其行为已构成了制作、贩卖淫秽物品牟利罪。

最高法发布手机淫秽色情信息犯罪典型案例之二：唐小明制作、贩卖淫秽物品牟利案

[判决理由　通过手机 WAP 传播淫秽信息项] 法院认为，北京轻点万维电信技术有限公司无线互联网业务部，以公司牟利为目的，利用互联网及移动通讯终端传播淫秽电子信息，妨害了社会管理秩序，情节严重，罗刚、杨韬作为部门主管和产品经理，授意并指使下属上传淫秽电子信息，系单位犯罪中的主管人员；丁怡、袁毅积极参与利用网络传播淫秽电子信息，系单位犯罪中的直接责任人员，四人的行为均已构成传播淫秽物品牟利罪。最高法发布手机淫秽色情信息犯罪典型案例之三：罗刚、杨韬、丁怡、袁毅传播淫秽物品牟利案

[判决理由　复制淫秽视频文件项　累犯项] 法院认为，被告人陈光明以牟利为目的，复制、贩卖淫秽物品，情节严重，其行为已构成复制淫秽物品牟利罪，且系累犯，依法应予从重处罚。最高法发布手机淫秽色情信息犯罪典型案例之四：陈光明复制淫秽物品牟利案

[判决理由　手机 WAP 项　复制源代码项　情节严重项] 法院认为，被告人杨勇在其所建网站上链接大量淫秽电子信息，并在互联网和移动通讯网络中传播，加入广告联盟后，将广告信息以淫秽诱导性词语为标识的方式链接在同一网站上，其利用淫秽电子信息增加广告点击量，从而实现牟利，行为已构成传播淫秽物品牟利罪。其在网站上链接的淫秽电影、图片数量已达到情节严重的标准。最高法发布手机淫秽色情信息犯罪典型案例之五：杨勇传播淫秽物品牟利案

[判决理由　开设境外淫秽色情网站项] 法院认为，被告人骆良衍、骆立顶以牟利为目的，利用手机开设境外淫秽色情网站进行牟利，其行为已构成传播淫秽物品牟利罪。鉴于被告人系初犯，认罪态度较好，有悔罪表现，酌情从轻处罚。最高法发布手机淫秽色情信息犯罪典型案例之六：骆良衍、骆立顶传播淫秽物品牟利案

[依法释〔2014〕11 号第 1 条、第 2 条定罪处罚] 以牟利为目的，利用互联网、移动通讯终端制作、复制、出版、贩卖、传播淫秽电子信息的，依照《最高人民法院、最高人民检察院关于办理利用互联网、移动通讯终端、声讯台制作、复制、出版、贩卖、传播淫秽电子信息刑事案件具体应用法律若干问题的解释》第一条、第二条的规定定罪处罚。两高《关于

办理利用互联网、移动通讯终端、声讯台制作、复制、出版、贩卖、传播淫秽电子信息刑事案件具体应用法律若干问题的解释（二）》法释〔2010〕3号 2010/02/04 第一条第一款

[制作、复制、出版、贩卖、传播淫秽物品牟利罪之八种情形] 以牟利为目的，利用互联网、移动通讯终端制作、复制、出版、贩卖、传播内容含有不满十四周岁未成年人的淫秽电子信息，具有下列情形之一的，依照刑法第三百六十三条第一款的规定，以制作、复制、出版、贩卖、传播淫秽物品牟利罪定罪处罚：

（一）制作、复制、出版、贩卖、传播淫秽电影、表演、动画等视频文件十个以上的；

（二）制作、复制、出版、贩卖、传播淫秽音频文件五十个以上的；

（三）制作、复制、出版、贩卖、传播淫秽电子刊物、图片、文章等一百件以上的；

（四）制作、复制、出版、贩卖、传播的淫秽电子信息，实际被点击数达到五千次以上的；

（五）以会员制方式出版、贩卖、传播淫秽电子信息，注册会员达一百人以上的；

（六）利用淫秽电子信息收取广告费、会员注册费或者其他费用，违法所得五千元以上的；

（七）数量或者数额虽未达到第（一）项至第（六）项规定标准，但分别达到其中两项以上标准一半以上的；

（八）造成严重后果的。两高《关于办理利用互联网、移动通讯终端、声讯台制作、复制、出版、贩卖、传播淫秽电子信息刑事案件具体应用法律若干问题的解释（二）》法释〔2010〕3号 2010/02/04 第一条第二款

[情节严重　情节特别严重] 实施第二款规定的行为，数量或者数额达到第二款第（一）项至第（七）项规定标准五倍以上的，应当认定为刑法第三百六十三条第一款规定的“情节严重”；达到规定标准二十五倍以上的，应当认定为“情节特别严重”。两高《关于办理利用互联网、移动通讯终端、声讯台制作、复制、出版、贩卖、传播淫秽电子信息刑事案件具体应用法律若干问题的解释（二）》法释〔2010〕3号 2010/02/04 第一条第三款

[依法释〔2014〕11号第3条定罪处罚] 利用互联网、移动通讯终端传播淫秽电子信息的，依照《最高人民法院、最高人民检察院关于办理利用互联网、移动通讯终端、声讯台制作、复制、出版、贩卖、传播淫秽电子信息刑事案件具体应用法律若干问题的解释》第三条的规定定罪处罚。**两高《关于办理利用互联网、移动通讯终端、声讯台制作、复制、出版、贩卖、传播淫秽电子信息刑事案件具体应用法律若干问题的解释（二）》法释〔2010〕3号 2010/02/04 第二条第一款**

[传播淫秽物品罪之三种情形] 利用互联网、移动通讯终端传播内容含有不满十四周岁未成年人的淫秽电子信息，具有下列情形之一的，依照刑法第三百六十四条第一款的规定，以传播淫秽物品罪定罪处罚：

（一）数量达到第一条第二款第（一）项至第（五）项规定标准二倍以上的；

（二）数量分别达到第一条第二款第（一）项至第（五）项两项以上标准的；

（三）造成严重后果的。**两高《关于办理利用互联网、移动通讯终端、声讯台制作、复制、出版、贩卖、传播淫秽电子信息刑事案件具体应用法律若干问题的解释（二）》法释〔2010〕3号 2010/02/04 第二条第二款**

[建立群组成员三十人以上或者造成严重后果] 利用互联网建立主要用于传播淫秽电子信息的群组，成员达三十人以上或者造成严重后果的，对建立者、管理者和主要传播者，依照刑法第三百六十四条第一款的规定，以传播淫秽物品罪定罪处罚。**两高《关于办理利用互联网、移动通讯终端、声讯台制作、复制、出版、贩卖、传播淫秽电子信息刑事案件具体应用法律若干问题的解释（二）》法释〔2010〕3号 2010/02/04 第三条**

[建立者、管理者允许或者放任发布　传播淫秽物品牟利罪之三种情形] 以牟利为目的，网站建立者、直接负责的管理者明知他人制作、复制、出版、贩卖、传播的是淫秽电子信息，允许或者放任他人在自己所有、管理的网站或者网页上发布，具有下列情形之一的，依照刑法第三百六十三条第一款的规定，以传播淫秽物品牟利罪定罪处罚：

（一）数量或者数额达到第一条第二款第（一）项至第（六）项规定标准五倍以上的；

（二）数量或者数额分别达到第一条第二款第（一）项至第（六）项两项以上标准二倍以上的；

（三）造成严重后果的。两高《关于办理利用互联网、移动通讯终端、声讯台制作、复制、出版、贩卖、传播淫秽电子信息刑事案件具体应用法律若干问题的解释（二）》法释〔2010〕3号 2010/02/04 第四条第一款

[情节严重　情节特别严重] 实施前款规定的行为，数量或者数额达到第一条第二款第（一）项至第（七）项规定标准二十五倍以上的，应当认定为刑法第三百六十三条第一款规定的“情节严重”；达到规定标准一百倍以上的，应当认定为“情节特别严重”。两高《关于办理利用互联网、移动通讯终端、声讯台制作、复制、出版、贩卖、传播淫秽电子信息刑事案件具体应用法律若干问题的解释（二）》法释〔2010〕3号 2010/02/04 第四条第二款

[电信业务经营者、互联网信息服务提供者　提供服务并收取服务费传播淫秽物品牟利罪之四种情形] 电信业务经营者、互联网信息服务提供者明知是淫秽网站，为其提供互联网接入、服务器托管、网络存储空间、通讯传输通道、代收费等服务，并收取服务费，具有下列情形之一的，对直接负责的主管人员和其他直接责任人员，依照刑法第三百六十三条第一款的规定，以传播淫秽物品牟利罪定罪处罚：

（一）为五个以上淫秽网站提供上述服务的；

（二）为淫秽网站提供互联网接入、服务器托管、网络存储空间、通讯传输通道等服务，收取服务费数额在二万元以上的；

（三）为淫秽网站提供代收费服务，收取服务费数额在五万元以上的；

（四）造成严重后果的。两高《关于办理利用互联网、移动通讯终端、声讯台制作、复制、出版、贩卖、传播淫秽电子信息刑事案件具体应用法律若干问题的解释（二）》法释〔2010〕3号 2010/02/04 第六条第一款

[情节严重　情节特别严重] 实施前款规定的行为，数量或者数额达到前款第（一）项至第（三）项规定标准五倍以上的，应当认定为刑法第三百六十三条第一款规定的“情节严重”；达到规定标准二十五倍以上的，应当认定为“情节特别严重”。两高《关于办理利用互联网、移动通讯终端、声讯台制作、复制、出版、贩卖、传播淫秽电子信息刑事案件具体应用法律若干问题的解释（二）》法释〔2010〕3号 2010/02/04 第六条第二款

[投放广告等或提供资金或费用结算服务 制作、复制、出版、贩卖、传播淫秽物品牟利罪的共同犯罪之六种情形] 明知是淫秽网站，以牟利为目的，通过投放广告等方式向其直接或者间接提供资金，或者提供费用结算服务，具有下列情形之一的，对直接负责的主管人员和其他直接责任人员，依照刑法第三百六十三条第一款的规定，以制作、复制、出版、贩卖、传播淫秽物品牟利罪的共同犯罪处罚：

（一）向十个以上淫秽网站投放广告或者以其他方式提供资金的；

（二）向淫秽网站投放广告二十条以上的；

（三）向十个以上淫秽网站提供费用结算服务的；

（四）以投放广告或者其他方式向淫秽网站提供资金数额在五万元以上的；

（五）为淫秽网站提供费用结算服务，收取服务费数额在二万元以上的；

（六）造成严重后果的。两高《关于办理利用互联网、移动通讯终端、声讯台制作、复制、出版、贩卖、传播淫秽电子信息刑事案件具体应用法律若干问题的解释（二）》法释〔2010〕3号 2010/02/04 第七条第一款

[情节严重 情节特别严重] 实施前款规定的行为，数量或者数额达到前款第（一）项至第（五）项规定标准五倍以上的，应当认定为刑法第三百六十三条第一款规定的“情节严重”；达到规定标准二十五倍以上的，应当认定为“情节特别严重”。两高《关于办理利用互联网、移动通讯终端、声讯台制作、复制、出版、贩卖、传播淫秽电子信息刑事案件具体应用法律若干问题的解释（二）》法释〔2010〕3号 2010/02/04 第七条第二款

[本解释第4条至第7条行为之明知] 实施第四条至第七条规定的行为，具有下列情形之一的，应当认定行为人“明知”，但是有证据证明确实不知道的除外：

（一）行政主管机关书面告知后仍然实施上述行为的；

（二）接到举报后不履行法定管理职责的；

（三）为淫秽网站提供互联网接入、服务器托管、网络存储空间、通讯传输通道、代收费、费用结算等服务，收取服务费明显高于市场价格的；

（四）向淫秽网站投放广告，广告点击率明显异常的；

（五）其他能够认定行为人明知的情形。两高《关于办理利用互联网、移动通讯终端、声讯台制作、复制、出版、贩卖、传播淫秽电子信息刑事案件具体应用法律若干问题的解释（二）》法释〔2010〕3号 2010/02/04 第八条

[一年内多次 累计计算] 一年内多次实施制作、复制、出版、贩卖、传播淫秽电子信息行为未经处理，数量或者数额累计计算构成犯罪的，应当依法定罪处罚。两高《关于办理利用互联网、移动通讯终端、声讯台制作、复制、出版、贩卖、传播淫秽电子信息刑事案件具体应用法律若干问题的解释（二）》法释〔2010〕3号 2010/02/04 第九条

[单位犯罪] 单位实施制作、复制、出版、贩卖、传播淫秽电子信息犯罪的，依照《中华人民共和国刑法》、《最高人民法院、最高人民检察院关于办理利用互联网、移动通讯终端、声讯台制作、复制、出版、贩卖、传播淫秽电子信息刑事案件具体应用法律若干问题的解释》和本解释规定的相应个人犯罪的定罪量刑标准，对直接负责的主管人员和其他直接责任人员定罪处罚，并对单位判处罚金。两高《关于办理利用互联网、移动通讯终端、声讯台制作、复制、出版、贩卖、传播淫秽电子信息刑事案件具体应用法律若干问题的解释（二）》法释〔2010〕3号 2010/02/04 第十条

[罚金或者没收财产 罚金数额] 对于以牟利为目的，实施制作、复制、出版、贩卖、传播淫秽电子信息犯罪的，人民法院应当综合考虑犯罪的违法所得、社会危害性等情节，依法判处罚金或者没收财产。罚金数额一般在违法所得的一倍以上五倍以下。两高《关于办理利用互联网、移动通讯终端、声讯台制作、复制、出版、贩卖、传播淫秽电子信息刑事案件具体应用法律若干问题的解释（二）》法释〔2010〕3号 2010/02/04 第十一条

[网站]《最高人民法院、最高人民检察院关于办理利用互联网、移动通讯终端、声讯台制作、复制、出版、贩卖、传播淫秽电子信息刑事案件具体应用法律若干问题的解释》和本解释所称网站，是指可以通过互联网域名、IP地址等方式访问的内容提供站点。两高《关于办理利用互联网、移动通讯终端、声讯台制作、复制、出版、贩卖、传播淫秽电子信息刑事案件具体应用法律若干问题的解释（二）》法释〔2010〕3号 2010/02/04 第十二条第一款

[淫秽网站] 以制作、复制、出版、贩卖、传播淫秽电子信息为目的

建立或者建立后主要从事制作、复制、出版、贩卖、传播淫秽电子信息活动的网站，为淫秽网站。两高《关于办理利用互联网、移动通讯终端、声讯台制作、复制、出版、贩卖、传播淫秽电子信息刑事案件具体应用法律若干问题的解释（二）》法释〔2010〕3号2010/02/04第十二条第二款

［本解释之效力］以前发布的司法解释与本解释不一致的，以本解释为准。两高《关于办理利用互联网、移动通讯终端、声讯台制作、复制、出版、贩卖、传播淫秽电子信息刑事案件具体应用法律若干问题的解释（二）》法释〔2010〕3号2010/02/04第十三条

［制作、复制、出版、贩卖、传播淫秽物品牟利罪之八种情形］以牟利为目的，利用互联网、移动通讯终端制作、复制、出版、贩卖、传播淫秽电子信息，具有下列情形之一的，依照刑法第三百六十三条第一款的规定，以制作、复制、出版、贩卖、传播淫秽物品牟利罪定罪处罚：

（一）制作、复制、出版、贩卖、传播淫秽电影、表演、动画等视频文件二十个以上的；

（二）制作、复制、出版、贩卖、传播淫秽音频文件一百个以上的；

（三）制作、复制、出版、贩卖、传播淫秽电子刊物、图片、文章、短信息等二百件以上的；

（四）制作、复制、出版、贩卖、传播的淫秽电子信息，实际被点击数达到一万次以上的；

（五）以会员制方式出版、贩卖、传播淫秽电子信息，注册会员达二百人以上的；

（六）利用淫秽电子信息收取广告费、会员注册费或者其他费用，违法所得一万元以上的；

（七）数量或者数额虽未达到第（一）项至第（六）项规定标准，但分别达到其中两项以上标准一半以上的；

（八）造成严重后果的。两高《关于办理利用互联网、移动通讯终端、声讯台制作、复制、出版、贩卖、传播淫秽电子信息刑事案件具体应用法律若干问题的解释》法释〔2004〕11号2004/09/06第一条第一款

［利用聊天室、论坛、即时通信软件、电子邮件等方式实施第一款行为］利用聊天室、论坛、即时通信软件、电子邮件等方式，实施第一款规

定行为的，依照刑法第三百六十三条第一款的规定，以制作、复制、出版、贩卖、传播淫秽物品牟利罪定罪处罚。两高《关于办理利用互联网、移动通讯终端、声讯台制作、复制、出版、贩卖、传播淫秽电子信息刑事案件具体应用法律若干问题的解释》法释〔2004〕11号 2004/09/06 第一条第二款

[情节严重　情节特别严重] 实施第一条规定的行为，数量或者数额达到第一条第一款第（一）项至第（六）项规定标准五倍以上的，应当认定为刑法第三百六十三条第一款规定的“情节严重”；达到规定标准二十五倍以上的，应当认定为“情节特别严重”。两高《关于办理利用互联网、移动通讯终端、声讯台制作、复制、出版、贩卖、传播淫秽电子信息刑事案件具体应用法律若干问题的解释》法释〔2004〕11号 2004/09/06 第二条

[明知而提供直接链接的] 明知是淫秽电子信息而在自己所有、管理或者使用的网站或者网页上提供直接链接的，其数量标准根据所链接的淫秽电子信息的种类计算。两高《关于办理利用互联网、移动通讯终端、声讯台制作、复制、出版、贩卖、传播淫秽电子信息刑事案件具体应用法律若干问题的解释》法释〔2004〕11号 2004/09/06 第四条

[直接负责的主管人员和其他直接责任人员　以传播淫秽物品牟利罪定罪之三种情形] 以牟利为目的，通过声讯台传播淫秽语音信息，具有下列情形之一的，依照刑法第三百六十三条第一款的规定，对直接负责的主管人员和其他直接责任人员以传播淫秽物品牟利罪定罪处罚：

（一）向一百人次以上传播的；

（二）违法所得一万元以上的；

（三）造成严重后果的。两高《关于办理利用互联网、移动通讯终端、声讯台制作、复制、出版、贩卖、传播淫秽电子信息刑事案件具体应用法律若干问题的解释》法释〔2004〕11号 2004/09/06 第五条第一款

[情节严重　情节特别严重] 实施前款规定行为，数量或者数额达到前款第（一）项至第（二）项规定标准五倍以上的，应当认定为刑法第三百六十三条第一款规定的“情节严重”；达到规定标准二十五倍以上的，应当认定为“情节特别严重”。两高《关于办理利用互联网、移动通讯终端、声讯台制作、复制、出版、贩卖、传播淫秽电子信息刑事案件具体应用法律若干问题的解释》法释〔2004〕11号 2004/09/06 第五条第二款

[从重处罚之四种情形] 实施本解释前五条规定的犯罪，具有下列情形之一的，依照刑法第三百六十三条第一款、第三百六十四条第一款的规定从重处罚：

（一）制作、复制、出版、贩卖、传播具体描绘不满十八周岁未成年人性行为的淫秽电子信息的；

（二）明知是具体描绘不满十八周岁的未成年人性行为的淫秽电子信息而在自己所有、管理或者使用的网站或者网页上提供直接链接的；

（三）向不满十八周岁的未成年人贩卖、传播淫秽电子信息和语音信息的；

（四）通过使用破坏性程序、恶意代码修改用户计算机设置等方法，强制用户访问、下载淫秽电子信息的。两高《关于办理利用互联网、移动通讯终端、声讯台制作、复制、出版、贩卖、传播淫秽电子信息刑事案件具体应用法律若干问题的解释》法释〔2004〕11号 2004/09/06 第六条

[提供接入等帮助 直接负责的主管人员、其他直接责任人员 以共同犯罪论处] 明知他人实施制作、复制、出版、贩卖、传播淫秽电子信息犯罪，为其提供互联网接入、服务器托管、网络存储空间、通讯传输通道、费用结算等帮助的，对直接负责的主管人员和其他直接责任人员，以共同犯罪论处。两高《关于办理利用互联网、移动通讯终端、声讯台制作、复制、出版、贩卖、传播淫秽电子信息刑事案件具体应用法律若干问题的解释》法释〔2004〕11号 2004/09/06 第七条

[利用互联网等贩卖、传播以实物为载体的淫秽物品] 利用互联网、移动通讯终端、声讯台贩卖、传播淫秽书刊、影片、录像带、录音带等以实物为载体的淫秽物品的，依照《最高人民法院关于审理非法出版物刑事案件具体应用法律若干问题的解释》的有关规定定罪处罚。两高《关于办理利用互联网、移动通讯终端、声讯台制作、复制、出版、贩卖、传播淫秽电子信息刑事案件具体应用法律若干问题的解释》法释〔2004〕11号 2004/09/06 第八条

[定罪处罚] 以牟利为目的，实施刑法第三百六十三条第一款规定的行为，具有下列情形之一的，以制作、复制、出版、贩卖、传播淫秽物品牟利罪定罪处罚：

（一）制作、复制、出版淫秽影碟、软件、录像带五十至一百张（盒）

以上，淫秽音碟、录音带一百至二百张（盒）以上，淫秽扑克、书刊、画册一百至二百副（册）以上，淫秽照片、画片五百至一千张以上的；

（二）贩卖淫秽影碟、软件、录像带一百至二百张（盒）以上，淫秽音碟、录音带二百至四百张（盒）以上，淫秽扑克、书刊、画册二百至四百副（册）以上，淫秽照片、画片一千至二千张以上的；

（三）向他人传播淫秽物品达二百至五百人次以上，或者组织播放淫秽影、像达十至二十场次以上的；

（四）制作、复制、出版、贩卖、传播淫秽物品，获利五千至一万元以上的。**最高法《关于审理非法出版物刑事案件具体应用法律若干问题的解释》法释〔1998〕30号 1998/12/23 第八条第一款**

[情节严重] 以牟利为目的，实施刑法第三百六十三条第一款规定的行为，具有下列情形之一的，应当认定为制作、复制、出版、贩卖、传播淫秽物品牟利罪“情节严重”：

（一）制作、复制、出版淫秽影碟、软件、录像带二百五十至五百张（盒）以上，淫秽音碟、录音带五百至一千张（盒）以上，淫秽扑克、书刊、画册五百至一千副（册）以上，淫秽照片、画片二千五百至五千张以上的；

（二）贩卖淫秽影碟、软件、录像带五百至一千张（盒）以上，淫秽音碟、录音带一千至二千张（盒）以上，淫秽扑克、书刊、画册一千至二千副（册）以上，淫秽照片、画片五千至一万张以上的；

（三）向他人传播淫秽物品达一千至二千人次以上，或者组织播放淫秽影、像达五十至一百场次以上的；

（四）制作、复制、出版、贩卖、传播淫秽物品，获利三万至五万元以上的。**最高法《关于审理非法出版物刑事案件具体应用法律若干问题的解释》法释〔1998〕30号 1998/12/23 第八条第二款**

[情节特别严重] 以牟利为目的，实施刑法第三百六十三条第一款规定的行为，其数量（数额）达到前款规定的数量（数额）五倍以上的，应当认定为制作、复制、出版、贩卖、传播淫秽物品牟利罪“情节特别严重”。**最高法《关于审理非法出版物刑事案件具体应用法律若干问题的解释》法释**

〔1998〕30号 1998/12/23 第八条第三款

［提供书号、刊号，出版淫秽书刊的］为他人提供书号、刊号，出版淫秽书刊的，依照刑法第三百六十三条第二款的规定，以为他人提供书号出版淫秽书刊罪定罪处罚。最高法《关于审理非法出版物刑事案件具体应用法律若干问题的解释》法释〔1998〕30号 1998/12/23 第九条第一款

［为他人提供版号，出版淫秽音像制品的］为他人提供版号，出版淫秽音像制品的，依照前款规定定罪处罚。最高法《关于审理非法出版物刑事案件具体应用法律若干问题的解释》法释〔1998〕30号 1998/12/23 第九条第二款

［明知他人用于出版淫秽书刊而提供书号、刊号的］明知他人用于出版淫秽书刊而提供书号、刊号的，依照刑法第三百六十三条第一款的规定，以出版淫秽物品牟利罪定罪处罚。最高法《关于审理非法出版物刑事案件具体应用法律若干问题的解释》法释〔1998〕30号 1998/12/23 第九条第三款

［制作、复制、出版、贩卖、传播淫秽物品牟利案立案追诉标准］［制作、复制、出版、贩卖、传播淫秽物品牟利案（刑法第三百六十三条第一款、第二款）］以牟利为目的，制作、复制、出版、贩卖、传播淫秽物品，涉嫌下列情形之一的，应予立案追诉：

（一）制作、复制、出版淫秽影碟、软件、录像带五十至一百张（盒）以上，淫秽音碟、录音带一百至二百张（盒）以上，淫秽扑克、书刊、画册一百至二百副（册）以上，淫秽照片、画片五百至一千张以上的；

（二）贩卖淫秽影碟、软件、录像带一百至二百张（盒）以上，淫秽音碟、录音带二百至四百张（盒）以上，淫秽扑克、书刊、画册二百至四百副（册）以上，淫秽照片、画片一千至二千张以上的；

（三）向他人传播淫秽物品达二百至五百人次以上，或者组织播放淫秽影、像达十至二十场次以上的；

（四）制作、复制、出版、贩卖、传播淫秽物品，获利五千至一万元以上的。最高检、公安部《关于公安机关管辖的刑事案件立案追诉标准的规定（一）》公通字〔2008〕36号 2008/06/25 第八十二条第一款

［以牟利为目的，利用互联网、移动通讯终端制作、复制、出版、贩卖、传播淫秽电子信息，应予立案追诉的情形］以牟利为目的，利用互联网、移动通讯终端制作、复制、出版、贩卖、传播淫秽电子信息，涉嫌下

列情形之一的，应予立案追诉：

（一）制作、复制、出版、贩卖、传播淫秽电影、表演、动画等视频文件二十个以上的；

（二）制作、复制、出版、贩卖、传播淫秽音频文件一百个以上的；

（三）制作、复制、出版、贩卖、传播淫秽电子刊物、图片、文章、短信息等二百件以上的；

（四）制作、复制、出版、贩卖、传播的淫秽电子信息，实际被点击数达到一万次以上的；

（五）以会员制方式出版、贩卖、传播淫秽电子信息，注册会员达二百人以上的；

（六）利用淫秽电子信息收取广告费、会员注册费或者其他费用，违法所得一万元以上的；

（七）数量或者数额虽未达到本款第（一）项至第（六）项规定标准，但分别达到其中两项以上标准的百分之五十以上的；

（八）造成严重后果的。**最高检、公安部《关于公安机关管辖的刑事案件立案追诉标准的规定（一）》公通字〔2008〕36号 2008/06/25 第八十二条第二款**

[利用聊天室、论坛、即时通信软件、电子邮件等方式，实施本条第二款规定行为的立案追诉标准] 利用聊天室、论坛、即时通信软件、电子邮件等方式，实施本条第二款规定行为的，应予立案追诉。**最高检、公安部《关于公安机关管辖的刑事案件立案追诉标准的规定（一）》公通字〔2008〕36号 2008/06/25 第八十二条第三款**

[以牟利为目的，通过声讯台传播淫秽语音信息行为的立案追诉标准] 以牟利为目的，通过声讯台传播淫秽语音信息，涉嫌下列情形之一的，应予立案追诉：

（一）向一百人次以上传播的；

（二）违法所得一万元以上的；

（三）造成严重后果的。

明知他人用于出版淫秽书刊而提供书号、刊号的，应予立案追诉。**最高检、公安部《关于公安机关管辖的刑事案件立案追诉标准的规定（一）》公通字〔2008〕36号 2008/06/25 第八十二条第四款、第五款**

[为他人提供书号出版淫秽书刊案立案追诉标准] [为他人提供书号出版淫秽书刊案（刑法第三百六十三条第二款）] 为他人提供书号、刊号出版淫秽书刊，或者为他人提供版号出版淫秽音像制品的，应予立案追诉。最高检、公安部《关于公安机关管辖的刑事案件立案追诉标准的规定（一）》公通字〔2008〕36号 2008/06/25 第八十三条

[传播淫秽物品案立案追诉标准] [传播淫秽物品案（刑法第三百六十四条第一款）] 传播淫秽的书刊、影片、音像、图片或者其他淫秽物品，涉嫌下列情形之一的，应予立案追诉：

（一）向他人传播三百至六百人次以上的；

（二）造成恶劣社会影响的。最高检、公安部《关于公安机关管辖的刑事案件立案追诉标准的规定（一）》公通字〔2008〕36号 2008/06/25 第八十四条第一款

[不以牟利为目的，利用互联网、移动通讯终端传播淫秽电子信息的立案追诉标准] 不以牟利为目的，利用互联网、移动通讯终端传播淫秽电子信息，涉嫌下列情形之一的，应予立案追诉：

（一）数量达到本规定第八十二条第二款第（一）项至第（五）项规定标准二倍以上的；

（二）数量分别达到本规定第八十二条第二款第（一）项至第（五）项两项以上标准的；

（三）造成严重后果的。最高检、公安部《关于公安机关管辖的刑事案件立案追诉标准的规定（一）》公通字〔2008〕36号 2008/06/25 第八十四条第二款

[利用聊天室、论坛、即时通信软件、电子邮件等方式传播淫秽电子信息的立案追诉标准] 利用聊天室、论坛、即时通信软件、电子邮件等方式，实施本条第二款规定行为的，应予立案追诉。最高检、公安部《关于公安机关管辖的刑事案件立案追诉标准的规定（一）》公通字〔2008〕36号 2008/06/25 第八十四条第三款

第三百六十四条 【传播淫秽物品罪；组织播放淫秽音像制品罪】传播淫秽的书刊、影片、音像、图片或者其他淫秽物品，情节严重的，处二年以下有期徒刑、拘役或者管制。

组织播放淫秽的电影、录像等音像制品的，处三年以下有期

徒刑、拘役或者管制，并处罚金；情节严重的，处三年以上十年以下有期徒刑，并处罚金。

制作、复制淫秽的电影、录像等音像制品组织播放的，依照第二款的规定从重处罚。

向不满十八周岁的未成年人传播淫秽物品的，从重处罚。

[判决理由　自己管理的网站版块内项　放任他人发布淫秽电子信息项] 法院认为，被告人王同林、杨剑华、黄勇、梁伟、王喜群、李恒军、席亮亮、叶波、郝志朋、韩金波在互联网上，允许、放任他人在自己管理的网站版块内发布淫秽电子信息，情节严重，其行为均已构成传播淫秽物品罪。各被告人归案后均能如实供述犯罪事实，自愿认罪，依法可以从轻处罚。据此，依法判决如下：被告人王同林犯传播淫秽物品罪，判处有期徒刑十个月；被告人杨剑华犯传播淫秽物品罪，判处有期徒刑十个月；被告人黄勇犯传播淫秽物品罪，判处有期徒刑十个月；被告人梁伟犯传播淫秽物品罪，判处有期徒刑十个月；被告人王喜群犯传播淫秽物品罪，判处有期徒刑九个月；被告人李恒军犯传播淫秽物品罪，判处有期徒刑八个月；被告人席亮亮犯传播淫秽物品罪，判处有期徒刑七个月；被告人叶波犯传播淫秽物品罪，判处有期徒刑七个月；被告人郝志朋犯传播淫秽物品罪，判处有期徒刑六个月，缓刑一年；被告人韩金波犯传播淫秽物品罪，判处拘役六个月，缓刑一年。**最高法公布三起涉黄涉非犯罪典型案例之一：王同林等传播淫秽物品案**

[不以牟利为目的　以传播淫秽物品罪定罪之三种情形] 不以牟利为目的，利用互联网或者移动通讯终端传播淫秽电子信息，具有下列情形之一的，依照刑法第三百六十四条第一款的规定，以传播淫秽物品罪定罪处罚：

（一）数量达到第一条第一款第（一）项至第（五）项规定标准二倍以上的；

（二）数量分别达到第一条第一款第（一）项至第（五）项两项以上标准的；

（三）造成严重后果的。**两高《关于办理利用互联网、移动通讯终端、声讯台**

制作、复制、出版、贩卖、传播淫秽电子信息刑事案件具体应用法律若干问题的解释》法释〔2004〕11号 2004/09/06 第三条第一款

[利用聊天室、论坛、即时通信软件、电子邮件等方式实施第一款行为] 利用聊天室、论坛、即时通信软件、电子邮件等方式，实施第一款规定行为的，依照刑法第三百六十四条第一款的规定，以传播淫秽物品罪定罪处罚。两高《关于办理利用互联网、移动通讯终端、声讯台制作、复制、出版、贩卖、传播淫秽电子信息刑事案件具体应用法律若干问题的解释》法释〔2004〕11号 2004/09/06 第三条第二款

[从重处罚之四种情形] 实施本解释前五条规定的犯罪，具有下列情形之一的，依照刑法第三百六十三条第一款、第三百六十四条第一款的规定从重处罚：

（一）制作、复制、出版、贩卖、传播具体描绘不满十八周岁未成年人性行为的淫秽电子信息的；

（二）明知是具体描绘不满十八周岁的未成年人性行为的淫秽电子信息而在自己所有、管理或者使用的网站或者网页上提供直接链接的；

（三）向不满十八周岁的未成年人贩卖、传播淫秽电子信息和语音信息的；

（四）通过使用破坏性程序、恶意代码修改用户计算机设置等方法，强制用户访问、下载淫秽电子信息的。两高《关于办理利用互联网、移动通讯终端、声讯台制作、复制、出版、贩卖、传播淫秽电子信息刑事案件具体应用法律若干问题的解释》法释〔2004〕11号 2004/09/06 第六条

[情节严重] 向他人传播淫秽的书刊、影片、音像、图片等出版物达三百至六百人次以上或者造成恶劣社会影响的，属于“情节严重”，依照刑法第三百六十四条第一款的规定，以传播淫秽物品罪定罪处罚。最高法《关于审理非法出版物刑事案件具体应用法律若干问题的解释》法释〔1998〕30号 1998/12/23 第十条第一款

[十五至三十场次以上　造成恶劣影响] 组织播放淫秽的电影、录像等音像制品达十五至三十场次以上或者造成恶劣社会影响的，依照刑法第三百六十四条第二款的规定，以组织播放淫秽音像制品罪定罪处罚。最高法《关于审理非法出版物刑事案件具体应用法律若干问题的解释》法释〔1998〕30号

1998/12/23 第十条第二款

[组织播放淫秽音像制品案立案追诉标准] [组织播放淫秽音像制品案(刑法第三百六十四条第二款)] 组织播放淫秽的电影、录像等音像制品，涉嫌下列情形之一的，应予立案追诉：

（一）组织播放十五至三十场次以上的；

（二）造成恶劣社会影响的。最高检、公安部《关于公安机关管辖的刑事案件立案追诉标准的规定（一）》公通字〔2008〕36号 2008/06/25 第八十五条

第三百六十五条　【组织淫秽表演罪】组织进行淫秽表演的，处三年以下有期徒刑、拘役或者管制，并处罚金；情节严重的，处三年以上十年以下有期徒刑，并处罚金。

[组织淫秽表演案立案追诉标准] [组织淫秽表演案（刑法第三百六十五条)] 以策划、招募、强迫、雇用、引诱、提供场地、提供资金等手段，组织进行淫秽表演，涉嫌下列情形之一的，应予立案追诉：

（一）组织表演者进行裸体表演的；

（二）组织表演者利用性器官进行诲淫性表演的；

（三）组织表演者半裸体或者变相裸体表演并通过语言、动作具体描绘性行为的；

（四）其他组织进行淫秽表演应予追究刑事责任的情形。最高检、公安部《关于公安机关管辖的刑事案件立案追诉标准的规定（一）》公通字〔2008〕36号 2008/06/25 第八十六条

第三百六十六条　【单位犯本节规定之罪的处罚】单位犯本节第三百六十三条、第三百六十四条、第三百六十五条规定之罪的，对单位判处罚金，并对其直接负责的主管人员和其他直接责任人员，依照各该条的规定处罚。

第三百六十七条　【淫秽物品的范围】本法所称淫秽物品，是指具体描绘性行为或者露骨宣扬色情的诲淫性的书刊、影片、录像带、录音带、图片及其他淫秽物品。

有关人体生理、医学知识的科学著作不是淫秽物品。

包含有色情内容的有艺术价值的文学、艺术作品不视为淫秽

物品。

[其他淫秽物品] 刑法第三百六十七条第一款规定的"其他淫秽物品"，包括具体描绘性行为或者露骨宣扬色情的诲淫性的视频文件、音频文件、电子刊物、图片、文章、短信息等互联网、移动通讯终端电子信息和声讯台语音信息。两高《关于办理利用互联网、移动通讯终端、声讯台制作、复制、出版、贩卖、传播淫秽电子信息刑事案件具体应用法律若干问题的解释》法释〔2004〕11号 2004/09/06 第九条第一款

[非淫秽物品　不视为淫秽物品] 有关人体生理、医学知识的电子信息和声讯台语音信息不是淫秽物品。包含色情内容的有艺术价值的电子文学、艺术作品不视为淫秽物品。两高《关于办理利用互联网、移动通讯终端、声讯台制作、复制、出版、贩卖、传播淫秽电子信息刑事案件具体应用法律若干问题的解释》法释〔2004〕11号 2004/09/06 第九条第二款

第七章　危害国防利益罪

第三百六十八条　【阻碍军人执行职务罪；阻碍军事行动罪】 以暴力、威胁方法阻碍军人依法执行职务的，处三年以下有期徒刑、拘役、管制或者罚金。

故意阻碍武装部队军事行动，造成严重后果的，处五年以下有期徒刑或者拘役。

第三百六十九条　【破坏武器装备、军事设施、军事通信罪；过失损坏武器装备、军事设施、军事通信罪】 破坏武器装备、军事设施、军事通信的，处三年以下有期徒刑、拘役或者管制；破坏重要武器装备、军事设施、军事通信的，处三年以上十年以下有期徒刑；情节特别严重的，处十年以上有期徒刑、无期徒刑或者死刑。

过失犯前款罪，造成严重后果的，处三年以下有期徒刑或者

拘役；造成特别严重后果的，处三年以上七年以下有期徒刑。

战时犯前两款罪的，从重处罚。[①]

[以破坏军事通信罪定罪] 故意实施损毁军事通信线路、设备，破坏军事通信计算机信息系统，干扰、侵占军事通信电磁频谱等行为的，依照刑法第三百六十九条第一款的规定，以破坏军事通信罪定罪，处三年以下有期徒刑、拘役或者管制；破坏重要军事通信的，处三年以上十年以下有期徒刑。最高法《关于审理危害军事通信刑事案件具体应用法律若干问题的解释》法释〔2007〕13号 2007/06/29 第一条

[破坏军事通信行为　情节特别严重] 实施破坏军事通信行为，具有下列情形之一的，属于刑法第三百六十九条第一款规定的“情节特别严重”，以破坏军事通信罪定罪，处十年以上有期徒刑、无期徒刑或者死刑：

（一）造成重要军事通信中断或者严重障碍，严重影响部队完成作战任务或者致使部队在作战中遭受损失的；

（二）造成部队执行抢险救灾、军事演习或者处置突发性事件等任务的通信中断或者严重障碍，并因此贻误部队行动，致使死亡3人以上、重伤10人以上或者财产损失100万元以上的；

（三）破坏重要军事通信三次以上的；

（四）其他情节特别严重的情形。最高法《关于审理危害军事通信刑事案件具体应用法律若干问题的解释》法释〔2007〕13号 2007/06/29 第二条

[过失损坏军事通信　造成严重后果] 过失损坏军事通信，造成重要军事通信中断或者严重障碍的，属于刑法第三百六十九条第二款规定的“造成严重后果”，以过失损坏军事通信罪定罪，处三年以下有期徒刑或者拘役。最高法《关于审理危害军事通信刑事案件具体应用法律若干问题的解释》法释〔2007〕13号 2007/06/29 第三条

[过失损坏军事通信　造成特别严重后果] 过失损坏军事通信，具有

① 根据2005年2月28日《刑法修正案（五）》修改，原条文为：“破坏武器装备、军事设施、军事通信的，处三年以下有期徒刑、拘役或者管制；破坏重要武器装备、军事设施、军事通信的，处三年以上十年以下有期徒刑；情节特别严重的，处十年以上有期徒刑、无期徒刑或者死刑。战时从重处罚。”

下列情形之一的，属于刑法第三百六十九条第二款规定的“造成特别严重后果”，以过失损坏军事通信罪定罪，处三年以上七年以下有期徒刑：

（一）造成重要军事通信中断或者严重障碍，严重影响部队完成作战任务或者致使部队在作战中遭受损失的；

（二）造成部队执行抢险救灾、军事演习或者处置突发性事件等任务的通信中断或者严重障碍，并因此贻误部队行动，致使死亡3人以上、重伤10人以上或者财产损失100万元以上的；

（三）其他后果特别严重的情形。**最高法《关于审理危害军事通信刑事案件具体应用法律若干问题的解释》法释〔2007〕13号 2007/06/29 第四条**

[以破坏军事通信罪定罪] 建设、施工单位直接负责的主管人员、施工管理人员，明知是军事通信线路、设备而指使、强令、纵容他人予以损毁的，或者不听管护人员劝阻，指使、强令、纵容他人违章作业，造成军事通信线路、设备损毁的，以破坏军事通信罪定罪处罚。**最高法《关于审理危害军事通信刑事案件具体应用法律若干问题的解释》法释〔2007〕13号 2007/06/29 第五条第一款**

[以过失损坏军事通信罪定罪] 建设、施工单位直接负责的主管人员、施工管理人员，忽视军事通信线路、设备保护标志，指使、纵容他人违章作业，致使军事通信线路、设备损毁，构成犯罪的，以过失损坏军事通信罪定罪处罚。**最高法《关于审理危害军事通信刑事案件具体应用法律若干问题的解释》法释〔2007〕13号 2007/06/29 第五条第二款**

[择重罪定罪处罚] 破坏、过失损坏军事通信，并造成公用电信设施损毁，危害公共安全，同时构成刑法第一百二十四条和第三百六十九条规定的犯罪的，依照处罚较重的规定定罪处罚。**最高法《关于审理危害军事通信刑事案件具体应用法律若干问题的解释》法释〔2007〕13号 2007/06/29 第六条第一款**

[择重罪定罪处罚] 盗窃军事通信线路、设备，不构成盗窃罪，但破坏军事通信的，依照刑法第三百六十九条第一款的规定定罪处罚；同时构成刑法第一百二十四条、第二百六十四条和第三百六十九条第一款规定的犯罪的，依照处罚较重的规定定罪处罚。**最高法《关于审理危害军事通信刑事案件具体应用法律若干问题的解释》法释〔2007〕13号 2007/06/29 第六条第二款**

[择重罪定罪处罚] 违反国家规定，侵入国防建设、尖端科学技术领

域的军事通信计算机信息系统，尚未对军事通信造成破坏的，依照刑法第二百八十五条的规定定罪处罚；对军事通信造成破坏，同时构成刑法第二百八十五条、第二百八十六条、第三百六十九条第一款规定的犯罪的，依照处罚较重的规定定罪处罚。最高法《关于审理危害军事通信刑事案件具体应用法律若干问题的解释》法释〔2007〕13号 2007/06/29 第六条第三款

［择重罪定罪处罚］违反国家规定，擅自设置、使用无线电台、站，或者擅自占用频率，经责令停止使用后拒不停止使用，干扰无线电通讯正常进行，构成犯罪的，依照刑法第二百八十八条的规定定罪处罚；造成军事通信中断或者严重障碍，同时构成刑法第二百八十八条、第三百六十九条第一款规定的犯罪的，依照处罚较重的规定定罪处罚。最高法《关于审理危害军事通信刑事案件具体应用法律若干问题的解释》法释〔2007〕13号 2007/06/29 第六条第四款

［重要军事通信］本解释所称"重要军事通信"，是指军事首脑机关及重要指挥中心的通信，部队作战中的通信，等级战备通信，飞行航行训练、抢险救灾、军事演习或者处置突发性事件中的通信，以及执行试飞试航、武器装备科研试验或者远洋航行等重要军事任务中的通信。最高法《关于审理危害军事通信刑事案件具体应用法律若干问题的解释》法释〔2007〕13号 2007/06/29 第七条第一款

［参照军队通信主管部门有关规定］本解释所称军事通信的具体范围、通信中断和严重障碍的标准，参照中国人民解放军通信主管部门的有关规定确定。最高法《关于审理危害军事通信刑事案件具体应用法律若干问题的解释》法释〔2007〕13号 2007/06/29 第七条第二款

第三百七十条　【故意提供不合格武器装备、军事设施罪；过失提供不合格武器装备、军事设施罪】明知是不合格的武器装备、军事设施而提供给武装部队的，处五年以下有期徒刑或者拘役；情节严重的，处五年以上十年以下有期徒刑；情节特别严重的，处十年以上有期徒刑、无期徒刑或者死刑。

过失犯前款罪，造成严重后果的，处三年以下有期徒刑或者拘役；造成特别严重后果的，处三年以上七年以下有期徒刑。

单位犯第一款罪的，对单位判处罚金，并对其直接负责的主管人员和其他直接责任人员，依照第一款的规定处罚。

［故意提供不合格武器装备、军事设施案立案追诉标准］［故意提供不合格武器装备、军事设施案（刑法第三百七十条第一款）］明知是不合格的武器装备、军事设施而提供给武装部队，涉嫌下列情形之一的，应予立案追诉：

（一）造成人员轻伤以上的；

（二）造成直接经济损失十万元以上的；

（三）提供不合格的枪支三支以上、子弹一百发以上、雷管五百枚以上、炸药五千克以上或者其他重要武器装备、军事设施的；

（四）影响作战、演习、抢险救灾等重大任务完成的；

（五）发生在战时的；

（六）其他故意提供不合格武器装备、军事设施应予追究刑事责任的情形。最高检、公安部《关于公安机关管辖的刑事案件立案追诉标准的规定（一）》公通字〔2008〕36 号 2008/06/25 第八十七条

［过失提供不合格武器装备、军事设施案立案追诉标准］［过失提供不合格武器装备、军事设施案（刑法第三百七十条第二款）］过失提供不合格武器装备、军事设施给武装部队，涉嫌下列情形之一的，应予立案追诉：

（一）造成死亡一人或者重伤三人以上的；

（二）造成直接经济损失三十万元以上的；

（三）严重影响作战、演习、抢险救灾等重大任务完成的；

（四）其他造成严重后果的情形。最高检、公安部《关于公安机关管辖的刑事案件立案追诉标准的规定（一）》公通字〔2008〕36 号 2008/06/25 第八十八条

第三百七十一条　【聚众冲击军事禁区罪；聚众扰乱军事管理区秩序罪】聚众冲击军事禁区，严重扰乱军事禁区秩序的，对首要分子，处五年以上十年以下有期徒刑；对其他积极参加的，处五年以下有期徒刑、拘役、管制或者剥夺政治权利。

聚众扰乱军事管理区秩序，情节严重，致使军事管理区工作

无法进行，造成严重损失的，对首要分子，处三年以上七年以下有期徒刑；对其他积极参加的，处三年以下有期徒刑、拘役、管制或者剥夺政治权利。

[聚众冲击军事禁区案立案追诉标准] [聚众冲击军事禁区案（刑法第三百七十一条第一款）] 组织、策划、指挥聚众冲击军事禁区或者积极参加聚众冲击军事禁区，严重扰乱军事禁区秩序，涉嫌下列情形之一的，应予立案追诉：

（一）冲击三次以上或者一次冲击持续时间较长的；

（二）持械或者采取暴力手段冲击的；

（三）冲击重要军事禁区的；

（四）发生在战时的；

（五）其他严重扰乱军事禁区秩序应予追究刑事责任的情形。最高检、公安部《关于公安机关管辖的刑事案件立案追诉标准的规定（一）》公通字〔2008〕36号 2008/06/25 第八十九条

[聚众扰乱军事管理区秩序案立案追诉标准] [聚众扰乱军事管理区秩序案（刑法第三百七十一条第二款）] 组织、策划、指挥聚众扰乱军事管理区秩序或者积极参加聚众扰乱军事管理区秩序，致使军事管理区工作无法进行，造成严重损失，涉嫌下列情形之一的，应予立案追诉：

（一）造成人员轻伤以上的；

（二）扰乱三次以上或者一次扰乱持续时间较长的；

（三）造成直接经济损失五万元以上的；

（四）持械或者采取暴力手段的；

（五）扰乱重要军事管理区秩序的；

（六）发生在战时的；

（七）其他聚众扰乱军事管理区秩序应予追究刑事责任的情形。最高检、公安部《关于公安机关管辖的刑事案件立案追诉标准的规定（一）》公通字〔2008〕36号 2008/06/25 第九十条

第三百七十二条 【冒充军人招摇撞骗罪】冒充军人招摇撞骗的，处三年以下有期徒刑、拘役、管制或者剥夺政治权利；情

节严重的，处三年以上十年以下有期徒刑。

第三百七十三条 【煽动军人逃离部队罪；雇用逃离部队军人罪】煽动军人逃离部队或者明知是逃离部队的军人而雇用，情节严重的，处三年以下有期徒刑、拘役或者管制。

[煽动军人逃离部队案立案追诉标准][煽动军人逃离部队案（刑法第三百七十三条）]煽动军人逃离部队，涉嫌下列情形之一的，应予立案追诉：

（一）煽动三人以上逃离部队的；

（二）煽动指挥人员、值班执勤人员或者其他负有重要职责人员逃离部队的；

（三）影响重要军事任务完成的；

（四）发生在战时的；

（五）其他情节严重的情形。最高检、公安部《关于公安机关管辖的刑事案件立案追诉标准的规定（一）》公通字〔2008〕36号 2008/06/25 第九十一条

[雇用逃离部队军人案立案追诉标准][雇用逃离部队军人案（刑法第三百七十三条）]明知是逃离部队的军人而雇用，涉嫌下列情形之一的，应予立案追诉：

（一）雇用一人六个月以上的；

（二）雇用三人以上的；

（三）明知是逃离部队的指挥人员、值班执勤人员或者其他负有重要职责人员而雇用的；

（四）阻碍部队将被雇用军人带回的；

（五）其他情节严重的情形。最高检、公安部《关于公安机关管辖的刑事案件立案追诉标准的规定（一）》公通字〔2008〕36号 2008/06/25 第九十二条

第三百七十四条 【接送不合格兵员罪】在征兵工作中徇私舞弊，接送不合格兵员，情节严重的，处三年以下有期徒刑或者拘役；造成特别严重后果的，处三年以上七年以下有期徒刑。

[接送不合格兵员案立案追诉标准][接送不合格兵员案（刑法第三百七十四条）]在征兵工作中徇私舞弊，接送不合格兵员，涉嫌下列情形之

一的，应予立案追诉：

（一）接送不合格特种条件兵员一名以上或者普通兵员三名以上的；

（二）发生在战时的；

（三）造成严重后果的；

（四）其他情节严重的情形。最高检、公安部《关于公安机关管辖的刑事案件立案追诉标准的规定（一）》公通字〔2008〕36号 2008/06/25 第九十三条

第三百七十五条　【伪造、变造、买卖武装部队公文、证件、印章罪；盗窃、抢夺武装部队公文、证件、印章罪；非法生产、买卖武装部队制式服装罪；伪造、盗窃、买卖、非法提供、非法使用武装部队专用标志罪】伪造、变造、买卖或者盗窃、抢夺武装部队公文、证件、印章的，处三年以下有期徒刑、拘役、管制或者剥夺政治权利；情节严重的，处三年以上十年以下有期徒刑。

非法生产、买卖武装部队制式服装，情节严重的，处三年以下有期徒刑、拘役或者管制，并处或者单处罚金。[①]

伪造、盗窃、买卖或者非法提供、使用武装部队车辆号牌等专用标志，情节严重的，处三年以下有期徒刑、拘役或者管制，并处或者单处罚金；情节特别严重的，处三年以上七年以下有期徒刑，并处罚金。[②]

单位犯第二款、第三款罪的，对单位判处罚金，并对其直接负责的主管人员和其他直接责任人员，依照各该款的规定处罚。[③]

［**数量**］伪造、变造、买卖或者盗窃、抢夺武装部队公文、证件、印章，具有下列情形之一的，应当依照刑法第三百七十五条第一款的规定，

① 根据2009年2月28日《刑法修正案（七）》修改，原第二款条文为：“非法生产、买卖武装部队制式服装、车辆号牌等专用标志，情节严重的，处三年以下有期徒刑、拘役或者管制，并处或者单处罚金。”

② 根据2009年2月28日《刑法修正案（七）》增加一款作为第三款，原第三款改为第四款。

③ 根据2009年2月28日《刑法修正案（七）》修改，本款原条文为：“单位犯第二款罪的，对单位判处罚金，并对其直接负责的主管人员和其他直接责任人员，依照该款的规定处罚。”

以伪造、变造、买卖武装部队公文、证件、印章罪或者盗窃、抢夺武装部队公文、证件、印章罪定罪处罚：

（一）伪造、变造、买卖或者盗窃、抢夺武装部队公文一件以上的；

（二）伪造、变造、买卖或者盗窃、抢夺武装部队军官证、士兵证、车辆行驶证、车辆驾驶证或者其他证件二本以上的；

（三）伪造、变造、买卖或者盗窃、抢夺武装部队机关印章、车辆牌证印章或者其他印章一枚以上的。**两高《关于办理妨害武装部队制式服装、车辆号牌管理秩序等刑事案件具体应用法律若干问题的解释》法释〔2011〕16号 2011/08/01 第一条第一款**

[情节严重] 实施前款规定的行为，数量达到第（一）至（三）项规定标准五倍以上或者造成严重后果的，应当认定为刑法第三百七十五条第一款规定的“情节严重”。**两高《关于办理妨害武装部队制式服装、车辆号牌管理秩序等刑事案件具体应用法律若干问题的解释》法释〔2011〕16号 2011/08/01 第一条第二款**

[情节严重] 非法生产、买卖武装部队现行装备的制式服装，具有下列情形之一的，应当认定为刑法第三百七十五条第二款规定的“情节严重”，以非法生产、买卖武装部队制式服装罪定罪处罚：

（一）非法生产、买卖成套制式服装三十套以上，或者非成套制式服装一百件以上的；

（二）非法生产、买卖帽徽、领花、臂章等标志服饰合计一百件（副）以上的；

（三）非法经营数额二万元以上的；

（四）违法所得数额五千元以上的；

（五）具有其他严重情节的。**两高《关于办理妨害武装部队制式服装、车辆号牌管理秩序等刑事案件具体应用法律若干问题的解释》法释〔2011〕16号 2011/08/01 第二条**

[情节严重] 伪造、盗窃、买卖或者非法提供、使用武装部队车辆号牌等专用标志，具有下列情形之一的，应当认定为刑法第三百七十五条第三款规定的“情节严重”，以伪造、盗窃、买卖、非法提供、非法使用武装部队专用标志罪定罪处罚：

（一）伪造、盗窃、买卖或者非法提供、使用武装部队军以上领导机关车辆号牌一副以上或者其他车辆号牌三副以上的；

（二）非法提供、使用军以上领导机关车辆号牌之外的其他车辆号牌累计六个月以上的；

（三）伪造、盗窃、买卖或者非法提供、使用军徽、军旗、军种符号或者其他军用标志合计一百件（副）以上的；

（四）造成严重后果或者恶劣影响的。两高《关于办理妨害武装部队制式服装、车辆号牌管理秩序等刑事案件具体应用法律若干问题的解释》法释〔2011〕16号 2011/08/01 第三条第一款

[情节特别严重] 实施前款规定的行为，具有下列情形之一的，应当认定为刑法第三百七十五条第三款规定的“情节特别严重”：

（一）数量达到前款第（一）、（三）项规定标准五倍以上的；

（二）非法提供、使用军以上领导机关车辆号牌累计六个月以上或者其他车辆号牌累计一年以上的；

（三）造成特别严重后果或者特别恶劣影响的。两高《关于办理妨害武装部队制式服装、车辆号牌管理秩序等刑事案件具体应用法律若干问题的解释》法释〔2011〕16号 2011/08/01 第三条第二款

[定罪量刑准适用本解释第1条至第3条] 买卖、盗窃、抢夺伪造、变造的武装部队公文、证件、印章的，买卖仿制的现行装备的武装部队制式服装情节严重的，盗窃、买卖、提供、使用伪造、变造的武装部队车辆号牌等专用标志情节严重的，应当追究刑事责任。定罪量刑标准适用本解释第一至第三条的规定。两高《关于办理妨害武装部队制式服装、车辆号牌管理秩序等刑事案件具体应用法律若干问题的解释》法释〔2011〕16号 2011/08/01 第四条

[共犯] 明知他人实施刑法第三百七十五条规定的犯罪行为，而为其生产、提供专用材料或者提供资金、账号、技术、生产经营场所等帮助的，以共犯论处。两高《关于办理妨害武装部队制式服装、车辆号牌管理秩序等刑事案件具体应用法律若干问题的解释》法释〔2011〕16号 2011/08/10 第五条

[非法生产、买卖武装部队制式服装案立案追诉标准] 将《立案追诉标准（一）》第九十四条修改为：［非法生产、买卖武装部队制式服装案（刑法第三百七十五条第二款）］非法生产、买卖武装部队制式服装，涉嫌

下列情形之一的，应予立案追诉：

（一）非法生产、买卖成套制式服装三十套以上，或者非成套制式服装一百件以上的；

（二）非法生产、买卖帽徽、领花、臂章等标志服饰合计一百件（副）以上的；

（三）非法经营数额二万元以上的；

（四）违法所得数额五千元以上的；

（五）其他情节严重的情形。

买卖仿制的现行装备的武装部队制式服装，情节严重的，应予立案追诉。**最高检、公安部《关于公安机关管辖的刑事案件立案追诉标准的规定（一）的补充规定》公通字〔2017〕12号 2017/04/27 第十四条**

［伪造、盗窃、买卖、非法提供、非法使用武装部队专用标志案立案追诉标准］在《立案追诉标准（一）》第九十四条后增加一条，作为第九十四条之一：［伪造、盗窃、买卖、非法提供、非法使用武装部队专用标志案（刑法第三百七十五条第三款）］伪造、盗窃、买卖或者非法提供、使用武装部队车辆号牌等专用标志，涉嫌下列情形之一的，应予立案追诉：

（一）伪造、盗窃、买卖或者非法提供、使用武装部队军以上领导机关车辆号牌一副以上或者其他车辆号牌三副以上的；

（二）非法提供、使用军以上领导机关车辆号牌之外的其他车辆号牌累计六个月以上的；

（三）伪造、盗窃、买卖或者非法提供、使用军徽、军旗、军种符号或者其他军用标志合计一百件（副）以上的；

（四）造成严重后果或者恶劣影响的。

盗窃、买卖、提供、使用伪造、变造的武装部队车辆号牌等专用标志，情节严重的，应予立案追诉。**最高检、公安部《关于公安机关管辖的刑事案件立案追诉标准的规定（一）的补充规定》公通字〔2017〕12号 2017/04/27 第十五条**

第三百七十六条　【战时拒绝、逃避征召、军事训练罪；战时拒绝、逃避服役罪】预备役人员战时拒绝、逃避征召或者军事训练，情节严重的，处三年以下有期徒刑或者拘役。

公民战时拒绝、逃避服役，情节严重的，处二年以下有期徒刑或者拘役。

[战时拒绝、逃避征召、军事训练案立案追诉标准] [战时拒绝、逃避征召、军事训练案（刑法第三百七十六条第一款）] 预备役人员战时拒绝、逃避征召或者军事训练，涉嫌下列情形之一的，应予立案追诉：

（一）无正当理由经教育仍拒绝、逃避征召或者军事训练的；

（二）以暴力、威胁、欺骗等手段，或者采取自伤、自残等方式拒绝、逃避征召或者军事训练的；

（三）联络、煽动他人共同拒绝、逃避征召或者军事训练的；

（四）其他情节严重的情形。最高检、公安部《关于公安机关管辖的刑事案件立案追诉标准的规定（一）》公通字〔2008〕36号 2008/06/25 第九十五条

[战时拒绝、逃避服役案立案追诉标准] [战时拒绝、逃避服役案（刑法第三百七十六条第二款）] 公民战时拒绝、逃避服役，涉嫌下列情形之一的，应予立案追诉：

（一）无正当理由经教育仍拒绝、逃避服役的；

（二）以暴力、威胁、欺骗等手段，或者采取自伤、自残等方式拒绝、逃避服役的；

（三）联络、煽动他人共同拒绝、逃避服役的；

（四）其他情节严重的情形。最高检、公安部《关于公安机关管辖的刑事案件立案追诉标准的规定（一）》公通字〔2008〕36号 2008/06/25 第九十六条

第三百七十七条　【战时故意提供虚假敌情罪】战时故意向武装部队提供虚假敌情，造成严重后果的，处三年以上十年以下有期徒刑；造成特别严重后果的，处十年以上有期徒刑或者无期徒刑。

第三百七十八条　【战时造谣扰乱军心罪】战时造谣惑众，扰乱军心的，处三年以下有期徒刑、拘役或者管制；情节严重的，处三年以上十年以下有期徒刑。

第三百七十九条　【战时窝藏逃离部队军人罪】战时明知是

逃离部队的军人而为其提供隐蔽处所、财物，情节严重的，处三年以下有期徒刑或者拘役。

［战时窝藏逃离部队军人案立案追诉标准］［战时窝藏逃离部队军人案（刑法第三百七十九条）］战时明知是逃离部队的军人而为其提供隐蔽处所、财物，涉嫌下列情形之一的，应予立案追诉：

（一）窝藏三人次以上的；

（二）明知是指挥人员、值班执勤人员或者其他负有重要职责人员而窝藏的；

（三）有关部门查找时拒不交出的；

（四）其他情节严重的情形。最高检、公安部《关于公安机关管辖的刑事案件立案追诉标准的规定（一）》公通字〔2008〕36号 2008/06/25 第九十七条

第三百八十条　【战时拒绝、故意延误军事订货罪】战时拒绝或者故意延误军事订货，情节严重的，对单位判处罚金，并对其直接负责的主管人员和其他直接责任人员，处五年以下有期徒刑或者拘役；造成严重后果的，处五年以上有期徒刑。

［战时拒绝、故意延误军事订货案立案追诉标准］［战时拒绝、故意延误军事订货案（刑法第三百八十条）］战时拒绝或者故意延误军事订货，涉嫌下列情形之一的，应予立案追诉：

（一）拒绝或者故意延误军事订货三次以上的；

（二）联络、煽动他人共同拒绝或者故意延误军事订货的；

（三）拒绝或者故意延误重要军事订货，影响重要军事任务完成的；

（四）其他情节严重的情形。最高检、公安部《关于公安机关管辖的刑事案件立案追诉标准的规定（一）》公通字〔2008〕36号 2008/06/25 第九十八条

第三百八十一条　【战时拒绝军事征收、征用罪】战时拒绝军事征收、征用，情节严重的，处三年以下有期徒刑或者拘役。

［战时拒绝军事征收、征用案立案追诉标准］将《立案追诉标准（一）》第九十九条修改为：［战时拒绝军事征收、征用案（刑法第三百八十一条）］战时拒绝军事征收、征用，涉嫌下列情形之一的，应予立案追诉：

（一）无正当理由拒绝军事征收、征用三次以上的；

（二）采取暴力、威胁、欺骗等手段拒绝军事征收、征用的；

（三）联络、煽动他人共同拒绝军事征收、征用的；

（四）拒绝重要军事征收、征用，影响重要军事任务完成的；

（五）其他情节严重的情形。最高检、公安部《关于公安机关管辖的刑事案件立案追诉标准的规定（一）的补充规定》公通字〔2017〕12号 2017/04/27 第十六条

第八章　贪污贿赂罪

[财物] 贿赂犯罪中的“财物”，包括货币、物品和财产性利益。财产性利益包括可以折算为货币的物质利益如房屋装修、债务免除等，以及需要支付货币的其他利益如会员服务、旅游等。后者的犯罪数额，以实际支付或者应当支付的数额计算。两高《关于办理贪污贿赂刑事案件适用法律若干问题的解释》〔2016〕9号 2016/04/18 第十二条

[为他人谋取利益] 具有下列情形之一的，应当认定为“为他人谋取利益”，构成犯罪的，应当依照刑法关于受贿犯罪的规定定罪处罚：

（一）实际或者承诺为他人谋取利益的；

（二）明知他人有具体请托事项的；

（三）履职时未被请托，但事后基于该履职事由收受他人财物的。两高《关于办理贪污贿赂刑事案件适用法律若干问题的解释》〔2016〕9号 2016/04/18 第十三条第一款

[视为承诺为他人谋取利益] 国家工作人员索取、收受具有上下级关系的下属或者具有行政管理关系的被管理人员的财物价值三万元以上，可能影响职权行使的，视为承诺为他人谋取利益。两高《关于办理贪污贿赂刑事案件适用法律若干问题的解释》〔2016〕9号 2016/04/18 第十三条第二款

[多次受贿未经处理的] 对多次受贿未经处理的，累计计算受贿数额。

国家工作人员利用职务上的便利为请托人谋取利益前后多次收受请托人财物，受请托之前收受的财物数额在一万元以上的，应当一并计入受贿

数额。两高《关于办理贪污贿赂刑事案件适用法律若干问题的解释》〔2016〕9号 2016/04/18 第十五条

[将赃款赃物用于单位公务支出或者社会捐赠的] 国家工作人员出于贪污、受贿的故意，非法占有公共财物、收受他人财物之后，将赃款赃物用于单位公务支出或者社会捐赠的，不影响贪污罪、受贿罪的认定，但量刑时可以酌情考虑。两高《关于办理贪污贿赂刑事案件适用法律若干问题的解释》〔2016〕9号 2016/04/18 第十六条第一款

[具有受贿故意] 特定关系人索取、收受他人财物，国家工作人员知道后未退还或者上交的，应当认定国家工作人员具有受贿故意。两高《关于办理贪污贿赂刑事案件适用法律若干问题的解释》〔2016〕9号 2016/04/18 第十六条第二款

[以受贿罪和渎职犯罪数罪并罚] 国家工作人员利用职务上的便利，收受他人财物，为他人谋取利益，同时构成受贿罪和刑法分则第三章第三节、第九章规定的渎职犯罪的，除刑法另有规定外，以受贿罪和渎职犯罪数罪并罚。两高《关于办理贪污贿赂刑事案件适用法律若干问题的解释》〔2016〕9号 2016/04/18 第十七条

[贪污贿赂犯罪和渎职犯罪的主体]

（一）国家机关工作人员的认定

刑法中所称的国家机关工作人员。是指在国家机关中从事公务的人员、包括在各级国家权力机关、行政机关、司法机关和军事机关中从事公务的人员。

根据有关立法解释的规定，在依照法律、法规规定行使国家行政管理职权的组织中从事公务的人员，或者在受国家机关委托代表国家行使职权的组织中从事公务的人员，或者虽未列入国家机关人员编制但在国家机关中从事公务的人员，视为国家机关工作人员。在乡（镇）以上中国共产党机关、人民政协机关中从事公务的人员，司法实践中也应当视为国家机关工作人员。

（二）国家机关、国有公司、企业、事业单位委派到非国有公司、企业、事业单位、社会团体从事公务的人员的认定

所谓委派，即委任、派遣，其形式多种多样，如任命、指派、提名、

批准等。不论被委派的人身份如何，只要是接受国家机关、国有公司、企业、事业单位委派，代表国家机关、国有公司、企业、事业单位在非国有公司、企业、事业单位、社会团体中从事组织、领导、监督、管理等工作，都可以认定为国家机关、国有公司、企业、事业单位委派到非国有公司、企业、事业单位、社会团体从事公务的人员。如国家机关、国有公司、企业、事业单位委派在国有控股或者参股的股份有限公司从事组织、领导、监督、管理等工作的人员，应当以国家工作人员论。国有公司、企业改制为股份有限公司后，原国有公司、企业的工作人员和股份有限公司新任命的人员中，除代表国有投资主体行使监督、管理职权的人外，不以国家工作人员论。

（三）“其他依照法律从事公务的人员”的认定

刑法第九十三条第二款规定的“其他依照法律从事公务的人员”应当具有两个特征：一是在特定条件下行使国家管理职能；二是依照法律规定从事公务。具体包括：(1) 依法履行职责的各级人民代表大会代表；(2) 依法履行审判职责的人民陪审员；(3) 协助乡镇人民政府、街道办事处从事行政管理工作的村民委员会、居民委员会等农村和城市基层组织人员；(4) 其他由法律授权从事公务的人员。

（四）关于“从事公务”的理解

从事公务，是指代表国家机关、国有公司、企业、事业单位、人民团体等履行组织、领导、监督、管理等职责。公务主要表现为与职权相联系的公共事务以及监督、管理国有财产的职务活动。如国家机关工作人员依法履行职责，国有公司的董事、经理、监事、会计、出纳人员等管理、监督国有财产等活动，属于从事公务。那些不具备职权内容的劳务活动、技术服务工作，如售货员、售票员等所从事的工作，一般不认为是公务。《全国法院审理经济犯罪案件工作座谈会纪要》法发〔2003〕167号 2003/11/13 第一条

第三百八十二条　【贪污罪】国家工作人员利用职务上的便利，侵吞、窃取、骗取或者以其他手段非法占有公共财物的，是贪污罪。

受国家机关、国有公司、企业、事业单位、人民团体委托管

理、经营国有财产的人员，利用职务上的便利，侵吞、窃取、骗取或者以其他手段非法占有国有财物的，以贪污论。

与前两款所列人员勾结，伙同贪污的，以共犯论处。

[裁判要旨 职务便利 公共财物项 骗取土地使用权 利用职务便利 与小姨子合谋]

1. 贪污罪中的“利用职务上的便利”，是指利用职务上主管、管理、经手公共财物的权力及方便条件，既包括利用本人职务上主管、管理公共财物的职务便利，也包括利用职务上有隶属关系的其他国家工作人员的职务便利。

2. 土地使用权具有财产性利益，属于刑法第三百八十二条第一款规定中的“公共财物”，可以成为贪污的对象。最高法指导案例11号：杨延虎等贪污案

[国家工作人员或者受国家机关、国有公司、企业、事业单位、人民团体委托管理、经营国有财产的人员隐匿公司、企业财产归个人持股的改制后公司、企业所有 以贪污罪定罪处罚] 国家工作人员或者受国家机关、国有公司、企业、事业单位、人民团体委托管理、经营国有财产的人员利用职务上的便利，在国家出资企业改制过程中故意通过低估资产、隐瞒债权、虚设债务、虚构产权交易等方式隐匿公司、企业财产，转为本人持有股份的改制后公司、企业所有，应当依法追究刑事责任的，依照刑法第三百八十二条、第三百八十三条的规定，以贪污罪定罪处罚。贪污数额一般应当以所隐匿财产全额计算；改制后公司、企业仍有国有股份的，按股份比例扣除归于国有的部分。两高《关于办理国家出资企业中职务犯罪案件具体应用法律若干问题的意见》法发〔2010〕49号第一条第一款

[已实际控制或改制已完成 犯罪既遂] 所隐匿财产在改制过程中已为行为人实际控制，或者国家出资企业改制已经完成的，以犯罪既遂处理。两高《关于办理国家出资企业中职务犯罪案件具体应用法律若干问题的意见》法发〔2010〕49号第一条第二款

[第一款规定以外的人员实施该款行为 以职务侵占罪定罪处罚 两种人员共同实施的以贪污罪共犯论处] 第一款规定以外的人员实施该款行

为的，依照刑法第二百七十一条的规定，以职务侵占罪定罪处罚；第一款规定以外的人员与第一款规定的人员共同实施该款行为的，以贪污罪的共犯论处。**两高《关于办理国家出资企业中职务犯罪案件具体应用法律若干问题的意见》法发〔2010〕49号第一条第三款**

[未采取低估资产等故意隐匿公司、企业财产的 不认定为贪污 造成国有资金重大损失的 依刑法第168条或第169条定罪处罚] 在企业改制过程中未采取低估资产、隐瞒债权、虚设债务、虚构产权交易等方式故意隐匿公司、企业财产的，一般不应当认定为贪污；造成国有资产重大损失，依法构成刑法第一百六十八条或者第一百六十九条规定的犯罪的，依照该规定定罪处罚。**两高《关于办理国家出资企业中职务犯罪案件具体应用法律若干问题的意见》法发〔2010〕49号第一条第四款**

[只有少数公司、企业的管理人员或少数职工持股的 以贪污罪定罪处罚] 改制后的公司、企业中只有改制前公司、企业的管理人员或者少数职工持股，改制前公司、企业的多数职工未持股的，依照本意见第一条的规定，以贪污罪定罪处罚。**两高《关于办理国家出资企业中职务犯罪案件具体应用法律若干问题的意见》法发〔2010〕49号第二条第二款**

[国家工作人员在企业改制过程中的渎职行为的处理] 国家出资企业中的国家工作人员在公司、企业改制或者国有资产处置过程中严重不负责任或者滥用职权，致使国家利益遭受重大损失的，依照刑法第一百六十八条的规定，以国有公司、企业人员失职罪或者国有公司、企业人员滥用职权罪定罪处罚。

国家出资企业中的国家工作人员在公司、企业改制或者国有资产处置过程中徇私舞弊，将国有资产低价折股或者低价出售给其本人未持有股份的公司、企业或者其他个人，致使国家利益遭受重大损失的，依照刑法第一百六十九条的规定，以徇私舞弊低价折股、出售国有资产罪定罪处罚。

国家出资企业中的国家工作人员在公司、企业改制或者国有资产处置过程中徇私舞弊，将国有资产低价折股或者低价出售给特定关系人持有股份或者本人实际控制的公司、企业，致使国家利益遭受重大损失的，依照刑法第三百八十二条、第三百八十三条的规定，以贪污罪定罪处罚。贪污数额以国有资产的损失数额计算。

国家出资企业中的国家工作人员因实施第一款、第二款行为收受贿赂，同时又构成刑法第三百八十五条规定之罪的，依照处罚较重的规定定罪处罚。**两高《关于办理国家出资企业中职务犯罪案件具体应用法律若干问题的意见》法发〔2010〕49号第四条**

[改制前后主体身份发生变化的犯罪的处理] 国家工作人员在国家出资企业改制前利用职务上的便利实施犯罪，在其不再具有国家工作人员身份后又实施同种行为，依法构成不同犯罪的，应当分别定罪，实行数罪并罚。

国家工作人员利用职务上的便利，在国家出资企业改制过程中隐匿公司、企业财产，在其不再具有国家工作人员身份后将所隐匿财产据为己有的，依照刑法第三百八十二条、第三百八十三条的规定，以贪污罪定罪处罚。

国家工作人员在国家出资企业改制过程中利用职务上的便利为请托人谋取利益，事先约定在其不再具有国家工作人员身份后收受请托人财物，或者在身份变化前后连续收受请托人财物的，依照刑法第三百八十五条、第三百八十六条的规定，以受贿罪定罪处罚。**两高《关于办理国家出资企业中职务犯罪案件具体应用法律若干问题的意见》法发〔2010〕49号第五条**

[国家出资企业中国家工作人员的认定] 经国家机关、国有公司、企业、事业单位提名、推荐、任命、批准等，在国有控股、参股公司及其分支机构中从事公务的人员，应当认定为国家工作人员。具体的任命机构和程序，不影响国家工作人员的认定。

经国家出资企业中负有管理、监督国有资产职责的组织批准或者研究决定，代表其在国有控股、参股公司及其分支机构中从事组织、领导、监督、经营、管理工作的人员，应当认定为国家工作人员。

国家出资企业中的国家工作人员，在国家出资企业中持有个人股份或者同时接受非国有股东委托的，不影响其国家工作人员身份的认定。**两高《关于办理国家出资企业中职务犯罪案件具体应用法律若干问题的意见》法发〔2010〕49号第六条**

[国家出资企业] 本意见所称“国家出资企业”，包括国家出资的国有独资公司、国有独资企业，以及国有资本控股公司、国有资本参股公司。

是否属于国家出资企业不清楚的，应遵循“谁投资、谁拥有产权”的原则进行界定。企业注册登记中的资金来源与实际出资不符的，应根据实际出资情况确定企业的性质。企业实际出资情况不清楚的，可以综合工商注册、分配形式、经营管理等因素确定企业的性质。**两高《关于办理国家出资企业中职务犯罪案件具体应用法律若干问题的意见》法发〔2010〕49号第七条**

[宽严相济刑事政策的具体贯彻] 办理国家出资企业中的职务犯罪案件时，要综合考虑历史条件、企业发展、职工就业、社会稳定等因素，注意具体情况具体分析，严格把握犯罪与一般违规行为的区分界限。对于主观恶意明显、社会危害严重、群众反映强烈的严重犯罪，要坚决依法从严惩处；对于特定历史条件下、为了顺利完成企业改制而实施的违反国家政策法律规定的行为，行为人无主观恶意或者主观恶意不明显，情节较轻，危害不大的，可以不作为犯罪处理。

对于国家出资企业中的职务犯罪，要加大经济上的惩罚力度，充分重视财产刑的适用和执行，最大限度地挽回国家和人民利益遭受的损失。不能退赃的，在决定刑罚时，应当作为重要情节予以考虑。**两高《关于办理国家出资企业中职务犯罪案件具体应用法律若干问题的意见》法发〔2010〕49号第八条**

[关于贪污罪]

（一）贪污罪既遂与未遂的认定

贪污罪是一种以非法占有为目的的财产性职务犯罪，与盗窃、诈骗、抢夺等侵犯财产罪一样，应当以行为人是否实际控制财物作为区分贪污罪既遂与未遂的标准。对于行为人利用职务上的便利，实施了虚假平账等贪污行为，但公共财物尚未实际转移，或者尚未被行为人控制就被查获的，应当认定为贪污未遂：行为人控制公共财物后，是否将财物据为己有，不影响贪污既遂的认定。

（二）“受委托管理、经营国有财产”的认定

刑法第三百八十二条第二款规定的“受委托管理、经营国有财产”，是指因承包、租赁、临时聘用等管理、经营国有财产。

（三）国家工作人员与非国家工作人员勾结共同非法占有单位财物行为的认定

对于国家工作人员与他人勾结，共同非法占有单位财物的行为，应当按照《最高人民法院关于审理贪污、职务侵占案件如何认定共同犯罪几个问题的解释》的规定定罪处罚。对于在公司、企业或者其他单位中，非国家工作人员与国家工作人员勾结，分别利用各自的职务便利，共同将本单位财物非法占有的，应当尽量区分主从犯，按照主犯的犯罪性质定罪。司法实践中，如果根据案件的实际情况。各共同犯罪人在共同犯罪中的地位、作用相当，难以区分主从犯的，可以贪污罪定罪处罚。

（四）共同贪污犯罪中“个人贪污数额”的认定

刑法第三百八十三条第一款规定的“个人贪污数额”，在共同贪污犯罪案件中应理解为个人所参与或者组织、指挥共同贪污的数额，不能只按个人实际分得的赃款数额来认定。对共同贪污犯罪中的从犯，应当按照其所参与的共同贪污的数额确定量刑幅度，并依照刑法第二十七条第二款的规定，从轻、减轻处罚或者免除处罚。**《全国法院审理经济犯罪案件工作座谈会纪要》法发〔2003〕167号 2003/11/13 第二条**

[从重处罚] 贪污、侵占用于预防、控制突发传染病疫情等灾害的款物或者挪用归个人使用，构成犯罪的，分别依照刑法第三百八十二条、第三百八十三条、第二百七十一条、第三百八十四条、第二百七十二条的规定，以贪污罪、侵占罪、挪用公款罪、挪用资金罪定罪，依法从重处罚。**两高《关于办理妨害预防、控制突发传染病疫情等灾害的刑事案件具体应用法律若干问题的解释》法释〔2003〕8号 2003/05/15 第十四条第一款**

[突发传染病疫情等灾害] 本解释所称“突发传染病疫情等灾害”，是指突然发生，造成或者可能造成社会公众健康严重损害的重大传染病疫情、群体性不明原因疾病以及其他严重影响公众健康的灾害。**两高《关于办理妨害预防、控制突发传染病疫情等灾害的刑事案件具体应用法律若干问题的解释》法释〔2003〕8号 2003/05/15 第十八条**

[携带挪用的公款潜逃的] 携带挪用的公款潜逃的，依照刑法第三百八十二条、第三百八十三条的规定定罪处罚。**最高法《关于审理挪用公款案件具体应用法律若干问题的解释》法释〔1998〕9号 1998/05/09 第六条**

第三百八十三条　【对犯贪污罪的处罚规定】对犯贪污罪的，根据情节轻重，分别依照下列规定处罚：

（一）贪污数额较大或者有其他较重情节的，处三年以下有期徒刑或者拘役，并处罚金。

（二）贪污数额巨大或者有其他严重情节的，处三年以上十年以下有期徒刑，并处罚金或者没收财产。

（三）贪污数额特别巨大或者有其他特别严重情节的，处十年以上有期徒刑或者无期徒刑，并处罚金或者没收财产；数额特别巨大，并使国家和人民利益遭受特别重大损失的，处无期徒刑或者死刑，并处没收财产。

对多次贪污未经处理的，按照累计贪污数额处罚。

犯第一款罪，在提起公诉前如实供述自己罪行、真诚悔罪、积极退赃，避免、减少损害结果的发生，有第一项规定情形的，可以从轻、减轻或者免除处罚；有第二项、第三项规定情形的，可以从轻处罚。

犯第一款罪，有第三项规定情形被判处死刑缓期执行的，人民法院根据犯罪情节等情况可以同时决定在其死刑缓期执行二年期满依法减为无期徒刑后，终身监禁，不得减刑、假释。①

[刑法第383条第1款之数额较大] 贪污或者受贿数额在三万元以上不满二十万元的，应当认定为刑法第三百八十三条第一款规定的“数额较大”，依法判处三年以下有期徒刑或者拘役，并处罚金。两高《关于办理贪污

---

① 根据2015年11月1日《刑法修正案（九）》修改，原条文为：“对犯贪污罪的，根据情节轻重，分别依照下列规定处罚：

“（一）个人贪污数额在十万元以上的，处十年以上有期徒刑或者无期徒刑，可以并处没收财产；情节特别严重的，处死刑，并处没收财产。

“（二）个人贪污数额在五万元以上不满十万元的，处五年以上有期徒刑，可以并处没收财产；情节特别严重的，处无期徒刑，并处没收财产。

“（三）个人贪污数额在五千元以上不满五万元的，处一年以上七年以下有期徒刑；情节严重的，处七年以上十年以下有期徒刑。个人贪污数额在五千元以上不满一万元，犯罪后有悔改表现、积极退赃的，可以减轻处罚或者免予刑事处罚，由其所在单位或者上级主管机关给予行政处分。

“（四）个人贪污数额不满五千元，情节较重的，处二年以下有期徒刑或者拘役；情节较轻的，由其所在单位或者上级主管机关酌情给予行政处分。

“对多次贪污未经处理的，按照累计贪污数额处罚。”

贿赂刑事案件适用法律若干问题的解释》〔2016〕9号 2016/04/18 第一条第一款

[特定款物] 养老、医疗、工伤、失业、生育等社会保险基金可以认定为《最高人民法院、最高人民检察院关于办理贪污贿赂刑事案件适用法律若干问题的解释》第一条第二款第一项规定的“特定款物”。

根据刑法和有关司法解释规定，贪污罪和挪用公款罪中的“特定款物”的范围有所不同，实践中应注意区分，依法适用。最高检《关于贪污养老、医疗等社会保险基金能否适用〈最高人民法院 最高人民检察院关于办理贪污贿赂刑事案件适用法律若干问题的解释〉第一条第二款第一项规定的批复》2017/07/19

[刑法第383条第1款之其他较重情节] 贪污数额在一万元以上不满三万元，具有下列情形之一的，应当认定为刑法第三百八十三条第一款规定的“其他较重情节”，依法判处三年以下有期徒刑或者拘役，并处罚金：

（一）贪污救灾、抢险、防汛、优抚、扶贫、移民、救济、防疫、社会捐助等特定款物的；

（二）曾因贪污、受贿、挪用公款受过党纪、行政处分的；

（三）曾因故意犯罪受过刑事追究的；

（四）赃款赃物用于非法活动的；

（五）拒不交待赃款赃物去向或者拒不配合追缴工作，致使无法追缴的；

（六）造成恶劣影响或者其他严重后果的。

受贿数额在一万元以上不满三万元，具有前款第二项至第六项规定的情形之一，或者具有下列情形之一的，应当认定为刑法第三百八十三条第一款规定的“其他较重情节”，依法判处三年以下有期徒刑或者拘役，并处罚金：

（一）多次索贿的；

（二）为他人谋取不正当利益，致使公共财产、国家和人民利益遭受损失的；

（三）为他人谋取职务提拔、调整的。两高《关于办理贪污贿赂刑事案件适用法律若干问题的解释》〔2016〕9号 2016/04/18 第一条第二款

[刑法第383条第1款之数额巨大] 贪污或者受贿数额在二十万元以上不满三百万元的，应当认定为刑法第三百八十三条第一款规定的“数额巨

大”，依法判处三年以上十年以下有期徒刑，并处罚金或者没收财产。两高《关于办理贪污贿赂刑事案件适用法律若干问题的解释》〔2016〕9号 2016/04/18 第二条第一款

[刑法第383条第1款之其他严重情节] 贪污数额在十万元以上不满二十万元，具有本解释第一条第二款规定的情形之一的，应当认定为刑法第三百八十三条第一款规定的“其他严重情节”，依法判处三年以上十年以下有期徒刑，并处罚金或者没收财产。

受贿数额在十万元以上不满二十万元，具有本解释第一条第三款规定的情形之一的，应当认定为刑法第三百八十三条第一款规定的“其他严重情节”，依法判处三年以上十年以下有期徒刑，并处罚金或者没收财产。两高《关于办理贪污贿赂刑事案件适用法律若干问题的解释》〔2016〕9号 2016/04/18 第二条第二款、第三款

[刑法第383条第1款之数额特别巨大] 贪污或者受贿数额在三百万元以上的，应当认定为刑法第三百八十三条第一款规定的“数额特别巨大”，依法判处十年以上有期徒刑、无期徒刑或者死刑，并处罚金或者没收财产。两高《关于办理贪污贿赂刑事案件适用法律若干问题的解释》〔2016〕9号 2016/04/18 第三条第一款

[刑法第383条第1款之其他特别严重情节] 贪污数额在一百五十万元以上不满三百万元，具有本解释第一条第二款规定的情形之一的，应当认定为刑法第三百八十三条第一款规定的“其他特别严重情节”，依法判处十年以上有期徒刑、无期徒刑或者死刑，并处罚金或者没收财产。

受贿数额在一百五十万元以上不满三百万元，具有本解释第一条第三款规定的情形之一的，应当认定为刑法第三百八十三条第一款规定的“其他特别严重情节”，依法判处十年以上有期徒刑、无期徒刑或者死刑，并处罚金或者没收财产。两高《关于办理贪污贿赂刑事案件适用法律若干问题的解释》〔2016〕9号 2016/04/18 第三条第二款、第三款

[处死刑或死缓的情形] 贪污、受贿数额特别巨大，犯罪情节特别严重、社会影响特别恶劣、给国家和人民利益造成特别重大损失的，可以判处死刑。

符合前款规定的情形，但具有自首，立功，如实供述自己罪行、真诚

悔罪、积极退赃，或者避免、减少损害结果的发生等情节，不是必须立即执行的，可以判处死刑缓期二年执行。

符合第一款规定情形的，根据犯罪情节等情况可以判处死刑缓期二年执行，同时裁判决定在其死刑缓期执行二年期满依法减为无期徒刑后，终身监禁，不得减刑、假释。两高《关于办理贪污贿赂刑事案件适用法律若干问题的解释》〔2016〕9号 2016/04/18 第四条

［适用新法抑或旧法 视情况而定］对于2015年10月31日以前实施贪污、受贿行为，罪行极其严重，根据修正前刑法判处死刑缓期执行不能体现罪刑相适应原则，而根据修正后刑法判处死刑缓期执行同时决定在其死刑缓期执行二年期满依法减为无期徒刑后，终身监禁，不得减刑、假释可以罚当其罪的，适用修正后刑法第三百八十三条第四款的规定。根据修正前刑法判处死刑缓期执行足以罚当其罪的，不适用修正后刑法第三百八十三条第四款的规定。最高法《关于〈中华人民共和国刑法修正案（九）〉时间效力问题的解释》法释〔2015〕19号 2015/11/01 第八条

第三百八十四条 【挪用公款罪】国家工作人员利用职务上的便利，挪用公款归个人使用，进行非法活动的，或者挪用公款数额较大、进行营利活动的，或者挪用公款数额较大、超过三个月未还的，是挪用公款罪，处五年以下有期徒刑或者拘役；情节严重的，处五年以上有期徒刑。挪用公款数额巨大不退还的，处十年以上有期徒刑或者无期徒刑。

挪用用于救灾、抢险、防汛、优抚、扶贫、移民、救济款物归个人使用的，从重处罚。

［刑法第384条第1款之数额巨大、情节严重］挪用公款归个人使用，进行非法活动，数额在三万元以上的，应当依照刑法第三百八十四条的规定以挪用公款罪追究刑事责任；数额在三百万元以上的，应当认定为刑法第三百八十四条第一款规定的“数额巨大”。具有下列情形之一的，应当认定为刑法第三百八十四条第一款规定的“情节严重”：

（一）挪用公款数额在一百万元以上的；

（二）挪用救灾、抢险、防汛、优抚、扶贫、移民、救济特定款物，

数额在五十万元以上不满一百万元的；

（三）挪用公款不退还，数额在五十万元以上不满一百万元的；

（四）其他严重的情节。两高《关于办理贪污贿赂刑事案件适用法律若干问题的解释》〔2016〕9号 2016/04/18 第五条

[刑法第384条第1款之数额较大、数额巨大、情节严重] 挪用公款归个人使用，进行营利活动或者超过三个月未还，数额在五万元以上的，应当认定为刑法第三百八十四条第一款规定的"数额较大"；数额在五百万元以上的，应当认定为刑法第三百八十四条第一款规定的"数额巨大"。具有下列情形之一的，应当认定为刑法第三百八十四条第一款规定的"情节严重"：

（一）挪用公款数额在二百万元以上的；

（二）挪用救灾、抢险、防汛、优抚、扶贫、移民、救济特定款物，数额在一百万元以上不满二百万元的；

（三）挪用公款不退还，数额在一百万元以上不满二百万元的；

（四）其他严重的情节。两高《关于办理贪污贿赂刑事案件适用法律若干问题的解释》〔2016〕9号 2016/04/18 第六条

[国家出资企业工作人员使用改制公司、企业的资金担保个人贷款，用于购买改制公司、企业股份的行为的处理] 国家出资企业的工作人员在公司、企业改制过程中为购买公司、企业股份，利用职务上的便利，将公司、企业的资金或者金融凭证、有价证券等用于个人贷款担保的，依照刑法第二百七十二条或者第三百八十四条的规定，以挪用资金罪或者挪用公款罪定罪处罚。

行为人在改制前的国家出资企业持有股份的，不影响挪用数额的认定，但量刑时应当酌情考虑。

经有关主管部门批准或者按照有关政策规定，国家出资企业的工作人员为购买改制公司、企业股份实施前款行为的，可以视具体情况不作为犯罪处理。两高《关于办理国家出资企业中职务犯罪案件具体应用法律若干问题的意见》法发〔2010〕49号第三条

[关于挪用公款罪]

（一）单位决定将公款给个人使用行为的认定

经单位领导集体研究决定将公款给个人使用，或者单位负责人为了单位的利益，决定将公款给个人使用的，不以挪用公款罪定罪处罚。上述行为致使单位遭受重大损失，构成其他犯罪的，依照刑法的有关规定对责任人员定罪处罚。

（二）挪用公款供其他单位使用行为的认定

根据全国人大常委会《关于〈中华人民共和国刑法〉第三百八十四条第一款的解释》的规定，“以个人名义将公款供其他单位使用的”、“个人决定以单位名义将公款供其他单位使用谋取个人利益的”，属于挪用公款“归个人使用”、在司法实践中，对于将公款供其他单位使用的，认定是否属于“以个人名义”，不能只看形式，要从实质上把握。对于行为人逃避财务监管，或者与使用人约定以个人名义进行，或者借款、还款都以个人名义进行，将公款给其他单位使用的，应认定为“以个人名义”。“个人决定”既包括行为人在职权范围内决定，也包括超越职权范围决定。“谋取个人利益”，既包括行为人与使用人事先约定谋取个人利益实际尚未获取的情况，也包括虽未事先约定但实际已获取了个人利益的情况。其中的“个人利益”，既包括不正当利益，也包括正当利益；既包括财产性利益，也包括非财产性利益，但这种非财产性利益应当是具体的实际利益，如升学、就业等。

（三）国有单位领导向其主管的具有法人资格的下级单位借公款归个人使用的认定

国有单位领导利用职务上的便利指令具有法人资格的下级单位将公款供个人使用的，属于挪用公款行为，构成犯罪的，应以挪用公款罪定罪处罚。

（四）挪用有价证券、金融凭证用于质押行为性质的认定

挪用金融凭证、有价证券用于质押，使公款处于风险之中，与挪用公款为他人提供担保没有实质的区别，符合刑法关于挪用公款罪规定的，以挪用公款罪定罪处罚，挪用公款数额以实际或者可能承担的风险数额认定。

（五）挪用公款归还个人欠款行为性质的认定

挪用公款归还个人欠款的，应当根据产生欠款的原因，分别认定属于挪用公款的何种情形。归还个人进行非法活动或者进行营利活动产生的欠款，应当认定为挪用公款进行非法活动或者进行营利活动。

（六）挪用公款用于注册公司、企业行为性质的认定

申报注册资本是为进行生产经营活动作准备，属于成立公司、企业进行营利活动的组成部分。因此，挪用公款归个人用于公司、企业注册资本验资证明的，应当认定为挪用公款进行营利活动。

（七）挪用公款后尚未投入实际使用的行为性质的认定

挪用公款后尚未投入实际使用的，只要同时具备“数额较大”和“超过三个月未还”的构成要件，应当认定为挪用公款罪，但可以酌情从轻处罚。

（八）挪用公款转化为贪污的认定

挪用公款罪与贪污罪的主要区别在于行为人主观上是否具有非法占有公款的目的。挪用公款是否转化为贪污，应当按照主客观相一致的原则，具体判断和认定行为人主观上是否具有非法占有公款的目的。在司法实践中，具有以下情形之一的，可以认定行为人具有非法占有公款的目的：

1. 根据《最高人民法院关于审理挪用公款案件具体应用法律若干问题的解释》第六条的规定，行为人“携带挪用的公款潜逃的”，对其携带挪用的公款部分，以贪污罪定罪处罚。

2. 行为人挪用公款后采取虚假发票平账、销毁有关账目等手段，使所挪用的公款已难以在单位财务账目上反映出来，且没有归还行为的，应当以贪污罪定罪处罚。

3. 行为人截取单位收入不入账，非法占有，使所占有的公款难以在单位财务账目上反映出来，且没有归还行为的，应当以贪污罪定罪处罚。

4. 有证据证明行为人有能力归还所挪用的公款而拒不归还，并隐瞒挪用的公款去向的，应当以贪污罪定罪处罚。**《全国法院审理经济犯罪案件工作座谈会纪要》法发〔2003〕167号 2003/11/13 第四条**

[归个人使用] 有下列情形之一的，属于挪用公款“归个人使用”：

（一）将公款供本人、亲友或者其他自然人使用的；

（二）以个人名义将公款供其他单位使用的；

（三）个人决定以单位名义将公款供其他单位使用，谋取个人利益的。全国人大常委会《关于〈中华人民共和国刑〉第三百八十四条第一款的解释》2002/04/28

[从重处罚] 贪污、侵占用于预防、控制突发传染病疫情等灾害的款物或者挪用归个人使用，构成犯罪的，分别依照刑法第三百八十二条、第三百八十三条、第二百七十一条、第三百八十四条、第二百七十二条的规定，以贪污罪、侵占罪、挪用公款罪、挪用资金罪定罪，依法从重处罚。两高《关于办理妨害预防、控制突发传染病疫情等灾害的刑事案件具体应用法律若干问题的解释》法释〔2003〕8号 2003/05/15 第十四条第一款

[突发传染病疫情等灾害] 本解释所称“突发传染病疫情等灾害”，是指突然发生，造成或者可能造成社会公众健康严重损害的重大传染病疫情、群体性不明原因疾病以及其他严重影响公众健康的灾害。两高《关于办理妨害预防、控制突发传染病疫情等灾害的刑事案件具体应用法律若干问题的解释》法释〔2003〕8号 2003/05/15 第十八条

[未包括挪用非特定公物归个人使用的行为] 刑法第384条规定的挪用公款罪中未包括挪用非特定公物归个人使用的行为，对该行为不以挪用公款罪论处。如构成其他犯罪的，依照刑法的相关规定定罪处罚。最高检《关于国家工作人员挪用非特定公物能否定罪的请示的批复》高检发释字〔2000〕1号 2000/03/15

[挪用公款归个人使用] 刑法第三百八十四条规定的，“挪用公款归个人使用”，包括挪用者本人使用或者给他人使用。

挪用公款给私有公司、私有企业使用的，属于挪用公款归个人使用。最高法《关于审理挪用公款案件具体应用法律若干问题的解释》法释〔1998〕9号 1998/05/09 第一条

[挪用公款罪的三种情况] 对挪用公款罪，应区分三种不同情况予以认定：

（一）挪用公款归个人使用，数额较大、超过三个月未还的，构成挪用公款罪。

挪用正在生息或者需要支付利息的公款归个人使用，数额较大，超过

三个月但在案发前全部归还本金的，可以从轻处罚或者免除处罚。给国家、集体造成的利息损失应予追缴。挪用公款数额巨大，超过三个月，案发前全部归还的，可以酌情从轻处罚。

（二）挪用公款数额较大，归个人进行营利活动的，构成挪用公款罪，不受挪用时间和是否归还的限制。在案发前部分或者全部归还本息的，可以从轻处罚；情节轻微的，可以免除处罚。

挪用公款存入银行、用于集资、购买股票、国债等，属于挪用公款进行营利活动。所获取的利息、收益等违法所得，应当追缴，但不计入挪用公款的数额。

（三）挪用公款归个人使用，进行赌博、走私等非法活动的，构成挪用公款罪，不受《数额较大》和挪用时间的限制。

挪用公款给他人使用，不知道使用人用公款进行营利活动或者用于非法进行营利活动或者用于非法活动，数额较大、超过三个月未还的，构成挪用公款罪；明知使用人用于营利活动或者非法活动的，应当认定为挪用人挪用公款进行营利活动或者非法活动。**最高法《关于审理挪用公款案件具体应用法律若干问题的解释》法释〔1998〕9号 1998/05/09 第二条**

[挪用公款归个人使用　数额较大　数额巨大] 挪用公款归个人使用，“数额较大、进行营利活动的”，或者“数额较大、超过三个月未还的”，以挪用公款一万元至三万元为“数额较大”的起点，以挪用公款十五万元至二十万元为“数额巨大”的起点。挪用公款“情节严重”，是指挪用公款数额巨大，或者数额虽未达到巨大，但挪用公款手段恶劣；多次挪用公款；因挪用公款严重影响生产、经营，造成严重损失等情形。**最高法《关于审理挪用公款案件具体应用法律若干问题的解释》法释〔1998〕9号 1998/05/09 第三条第一款**

[挪用公款归个人使用，进行非法活动　数额起点　情节严重] “挪用公款归个人使用，进行非法活动的”，以挪用公款五千元至一万元为追究刑事责任的数额起点。挪用公款五万元至十万元以上的，属于挪用公款归个人使用，进行非法活动，“情节严重”的情形之一。挪用公款归个人使用，进行非法活动，情节严重的其他情形，按照本条第一款的规定执行。**最高法《关于审理挪用公款案件具体应用法律若干问题的解释》法释〔1998〕9号**

1998/05/09 第三条第二款

［高级人民法院制定本地区执行标准］各高级人民法院可以根据本地实际情况，按照本解释规定的数额幅度，确定本地区执行的具体数额标准，并报最高人民法院备案。最高法《关于审理挪用公款案件具体应用法律若干问题的解释》法释〔1998〕9号 1998/05/09 第三条第三款

［挪用救灾、抢险、防汛、优抚、扶贫、移民、救济款物归个人使用的数额标准］挪用救灾、抢险、防汛、优抚、扶贫、移民、救济款物归个人使用的数额标准，参照挪用公款归个人使用进行非法活动的数额标准。最高法《关于审理挪用公款案件具体应用法律若干问题的解释》法释〔1998〕9号 1998/05/09 第三条第四款

［多次挪用未还　累计计算］多次挪用公款不还，挪用公款数额累计计算；多次挪用公款，并以后次挪用的公款归还前次挪用的公款，挪用公款数额以案发时未还的实际数额认定。最高法《关于审理挪用公款案件具体应用法律若干问题的解释》法释〔1998〕9号 1998/05/09 第四条

［挪用公款数额巨大不退还的］"挪用公款数额巨大不退还的"，是指挪用公款数额巨大，因客观原因在一审宣判前不能退还的。最高法《关于审理挪用公款案件具体应用法律若干问题的解释》法释〔1998〕9号 1998/05/09 第五条

［数罪并罚］因挪用公款索取、收受贿赂构成犯罪的，依照数罪并罚的规定处罚。

挪用公款进行非法活动构成其他犯罪的，依照数罪并罚的规定处罚。最高法《关于审理挪用公款案件具体应用法律若干问题的解释》法释〔1998〕9号 1998/05/09 第七条

［共犯］挪用公款给他人使用，使用人与挪用人共谋，指使或者参与策划取得挪用款的，以挪用公款罪的共犯定罪处罚。最高法《关于审理挪用公款案件具体应用法律若干问题的解释》法释〔1998〕9号 1998/05/09 第八条

［挪用国库券］国家工作人员利用职务上的便利，挪用公有或本单位的国库券的行为以挪用公款论；符合刑法第384条、第272条第2款规定的情形构成犯罪的，按挪用公款罪追究刑事责任。最高检《关于挪用国库券如何定性问题的批复》高检发释字〔1997〕5号 1997/10/13

第三百八十五条　【受贿罪】国家工作人员利用职务上的便

利，索取他人财物的，或者非法收受他人财物，为他人谋取利益的，是受贿罪。

国家工作人员在经济往来中，违反国家规定，收受各种名义的回扣、手续费，归个人所有的，以受贿论处。

［要旨　受贿罪　食品监管渎职罪　使用已查获的原料无证生产食用猪油并流入社会］负有食品安全监督管理职责的国家机关工作人员，滥用职权或玩忽职守，导致发生重大食品安全事故或者造成其他严重后果的，应当认定为食品监管渎职罪。在渎职过程中受贿的，应当以食品监管渎职罪和受贿罪实行数罪并罚。检例第16号：赛跃、韩成武受贿、食品监管渎职案

［要旨　病、死猪加亚硝酸钠、工业用盐等，生产腊肠、腊肉　为逃避监管行贿　通风报信　数罪并罚］实施生产、销售有毒、有害食品犯罪，为逃避查处向负有食品安全监管职责的国家工作人员行贿的，应当以生产、销售有毒、有害食品罪和行贿罪实行数罪并罚。

负有食品安全监督管理职责的国家机关工作人员，滥用职权，向生产、销售有毒、有害食品的犯罪分子通风报信，帮助逃避处罚的，应当认定为食品监管渎职罪；在渎职过程中受贿的，应当以食品监管渎职罪和受贿罪实行数罪并罚。检例第15号：胡林贵等人生产、销售有毒、有害食品，行贿；骆梅等人销售伪劣产品；朱伟全等人生产、销售伪劣产品；黎达文等人受贿，食品监管渎职案

［裁判要旨　受贿罪类"合办"公司受贿项　低价购房受贿项　承诺谋利项　受贿数额计算项　掩饰受贿退赃项　事后退还］1. 国家工作人员利用职务上的便利为请托人谋取利益，并与请托人以"合办"公司的名义获取"利润"，没有实际出资和参与经营管理的，以受贿论处。2. 国家工作人员明知他人有请托事项而收受其财物，视为承诺"为他人谋取利益"，是否已实际为他人谋取利益或谋取到利益，不影响受贿的认定。3. 国家工作人员利用职务上的便利为请托人谋取利益，以明显低于市场的价格向请托人购买房屋等物品的，以受贿论处，受贿数额按照交易时当地市场价格与实际支付价格的差额计算。4. 国家工作人员收受财物后，因与其受贿有关联的人、事被查处，为掩饰犯罪而退还的，不影响认定受贿罪。最高法指

导案例：潘玉梅、陈宁受贿案

[要旨 玩忽职守罪类 徇私枉法罪类 受贿罪 因果关系项 数罪并罚项] 本案要旨有两点：一是渎职犯罪因果关系的认定。如果负有监管职责的国家机关工作人员没有认真履行其监管职责，从而未能有效防止危害结果发生，那么，这些对危害结果具有“原因力”的渎职行为，应认定与危害结果之间具有刑法意义上的因果关系。二是渎职犯罪同时受贿的处罚原则。对于国家机关工作人员实施渎职犯罪并收受贿赂，同时构成受贿罪的，除刑法第三百九十九条有特别规定的外，以渎职犯罪和受贿罪数罪并罚。检例第8号：杨某玩忽职守、徇私枉法、受贿案

[指导意义] 国家机关工作人员不认真履行监管职责，未能有效防止危害结果发生的，其行为与危害结果之间具有因果关系的，应当承担刑事责任；国家机关工作人员实施渎职犯罪并收受贿赂，同时构成受贿罪的，除刑法有特别规定的外，以渎职犯罪和受贿罪数罪并罚。检例第8号：杨某玩忽职守、徇私枉法、受贿案

[医疗机构中的国家工作人员索取财物或收受财物的] 医疗机构中的国家工作人员，在药品、医疗器械、医用卫生材料等医药产品采购活动中，利用职务上的便利，索取销售方财物，或者非法收受销售方财物，为销售方谋取利益，构成犯罪的，依照刑法第三百八十五条的规定，以受贿罪定罪处罚。两高《关于办理商业贿赂刑事案件适用法律若干问题的意见》法发〔2008〕33号2008/11/20第四条第一款

[学校及其他教育机构中的国家工作人员索取财物或收受财物] 学校及其他教育机构中的国家工作人员，在教材、教具、校服或者其他物品的采购等活动中，利用职务上的便利，索取销售方财物，或者非法收受销售方财物，为销售方谋取利益，构成犯罪的，依照刑法第三百八十五条的规定，以受贿罪定罪处罚。两高《关于办理商业贿赂刑事案件适用法律若干问题的意见》法发〔2008〕33号 2008/11/20 第五条第一款

[评标委员会 谈判小组、询价小组的国有单位代表索取财物或收受财物] 依法组建的评标委员会、竞争性谈判采购中谈判小组、询价采购中询价小组中国家机关或者其他国有单位的代表有前款行为的，依照刑法第三百八十五条的规定，以受贿罪定罪处罚。两高《关于办理商业贿赂刑事案件

适用法律若干问题的意见》法发〔2008〕33号2008/11/20第六条第二款

[商业贿赂中的财物] 商业贿赂中的财物，既包括金钱和实物，也包括可以用金钱计算数额的财产性利益，如提供房屋装修、含有金额的会员卡、代币卡（券）、旅游费用等。具体数额以实际支付的资费为准。两高《关于办理商业贿赂刑事案件适用法律若干问题的意见》法发〔2008〕33号2008/11/20第七条

[收受、透支银行卡] 收受银行卡的，不论受贿人是否实际取出或者消费，卡内的存款数额一般应全额认定为受贿数额。使用银行卡透支的，如果由给予银行卡的一方承担还款责任，透支数额也应当认定为受贿数额。两高《关于办理商业贿赂刑事案件适用法律若干问题的意见》法发〔2008〕33号2008/11/20第八条

[择重罪处罚] 国家机关工作人员收受贿赂或者滥用职权，有本《通知》第一条第四项行为的，同时又构成刑法第三百八十五条、第三百九十七条规定罪的，依照处罚较重的规定定罪处罚。两高、公安部《关于依法严肃查处拒不执行判决裁定和暴力抗拒法院执行犯罪行为有关问题的通知》法发〔2007〕29号2007/08/30第四条第二款

[关于受贿罪]

（一）关于“利用职务上的便利”的认定

刑法第三百八十五条第一款规定的“利用职务上的便利”，既包括利用本人职务上主管、负责、承办某项公共事务的职权，也包括利用职务上有隶属、制约关系的其他国家工作人员的职权。担任单位领导职务的国家工作人员通过不属自己主管的下级部门的国家工作人员的职务为他人谋取利益的，应当认定为“利用职务上的便利”为他人谋取利益。

（二）“为他人谋取利益”的认定

为他人谋取利益包括承诺、实施和实现三个阶段的行为。只要具有其中一个阶段的行为，如国家工作人员收受他人财物时，根据他人提出的具体请托事项，承诺为他人谋取利益的，就具备了为他人谋取利益的要件。明知他人有具体请托事项而收受其财物的，视为承诺为他人谋取利益。

（三）“利用职权或地位形成的便利条件”的认定

刑法第三百八十八条规定的“利用本人职权或者地位形成的便利条件”，

是指行为人与被其利用的国家工作人员之间在职务上虽然没有隶属、制约关系，但是行为人利用了本人职权或者地位产生的影响和一定的工作联系，如单位内不同部门的国家工作人员之间、上下级单位没有职务上隶属、制约关系的国家工作人员之间、有工作联系的不同单位的国家工作人员之间等。

（四）离职国家工作人员收受财物行为的处理

参照《最高人民法院关于国家工作人员利用职务上的便利为他人谋取利益离退休后收受财物行为如何处理问题的批复》规定的精神，国家工作人员利用职务上的便利为请托人谋取利益，并与请托人事先约定，在其离职后收受请托人财物，构成犯罪的，以受贿罪定罪处罚。

（五）共同受贿犯罪的认定

根据刑法关于共同犯罪的规定，非国家工作人员与国家工作人员勾结，伙同受贿的，应当以受贿罪的共犯追究刑事责任。非国家工作人员是否构成受贿罪共犯，取决于双方有无共同受贿的故意和行为。国家工作人员的近亲属向国家工作人员代为转达请托事项，收受请托人财物并告知该国家工作人员，或者国家工作人员明知其近亲属收受了他人财物，仍按照近亲属的要求利用职权为他人谋取利益的，对该国家工作人员应认定为受贿罪，其近亲属以受贿罪共犯论处。近亲属以外的其他人与国家工作人员通谋，由国家工作人员利用职务上的便利为请托人谋取利益，收受请托人财物后双方共同占有的，构成受贿罪共犯。国家工作人员利用职务上的便利为他人谋取利益，并指定他人将财物送给其他人，构成犯罪的，应以受贿罪定罪处罚。

（六）以借款为名索取或者非法收受财物行为的认定

国家工作人员利用职务上的便利，以借为名向他人索取财物，或者非法收受财物为他人谋取利益的．应当认定为受贿。具体认定时，不能仅仅看是否有书面借款手续，应当根据以下因素综合判定：（1）有无正当、合理的借款事由；（2）款项的去向；（3）双方平时关系如何、有无经济往来；（4）出借方是否要求国家工作人员利用职务上的便利为其谋取利益；（5）借款后是否有归还的意思表示及行为；（6）是否有归还的能力；（7）未归还的原因；等等。

（七）涉及股票受贿案件的认定

在办理涉及股票的受贿案件时，应当注意：（1）国家工作人员利用职务上的便利，索取或非法收受股票，没有支付股本金，为他人谋取利益，构成受贿罪的，其受贿数额按照收受股票时的实际价格计算。（2）行为人支付股本金而购买较有可能升值的股票，由于不是无偿收受请托人财物，不以受贿罪论处。（3）股票已上市且已升值，行为人仅支付股本金，其“购买”股票时的实际价格与股本金的差价部分应认定为受贿。《全国法院审理经济犯罪案件工作座谈会纪要》法发〔2003〕167号 2003/11/13 第三条

第三百八十六条　【对犯受贿罪的处罚规定】对犯受贿罪的，根据受贿所得数额及情节，依照本法第三百八十三条的规定处罚。索贿的从重处罚。

第三百八十七条　【单位受贿罪】国家机关、国有公司、企业、事业单位、人民团体，索取、非法收受他人财物，为他人谋取利益，情节严重的，对单位判处罚金，并对其直接负责的主管人员和其他直接责任人员，处五年以下有期徒刑或者拘役。

前款所列单位，在经济往来中，在账外暗中收受各种名义的回扣、手续费的，以受贿论，依照前款的规定处罚。

［国有单位的内设机构　单位受贿罪主体］国有单位的内设机构利用其行使职权的便利，索取、非法收受他人财物并归该内设机构所有或者支配，为他人谋取利益，情节严重的，依照刑法第三百八十七条的规定以单位受贿罪追究刑事责任。

上述内设机构在经济往来中，在账外暗中收受各种名义的回扣、手续费的，以受贿论。最高检法律政策研究室《关于国有单位的内设机构能否构成单位受贿罪主体问题的答复》〔2006〕高检研发8号 2006/09/12

第三百八十八条　【受贿罪】国家工作人员利用本人职权或者地位形成的便利条件，通过其他国家工作人员职务上的行为，为请托人谋取不正当利益，索取请托人财物或者收受请托人财物的，以受贿论处。

第三百八十八条之一　【利用影响力受贿罪】国家工作人员的近亲属或者其他与该国家工作人员关系密切的人，通过该国家工作人员职务上的行为，或者利用该国家工作人员职权或者地位形成的便利条件，通过其他国家工作人员职务上的行为，为请托人谋取不正当利益，索取请托人财物或者收受请托人财物，数额较大或者有其他较重情节的，处三年以下有期徒刑或者拘役，并处罚金；数额巨大或者有其他严重情节的，处三年以上七年以下有期徒刑，并处罚金；数额特别巨大或者有其他特别严重情节的，处七年以上有期徒刑，并处罚金或者没收财产。

离职的国家工作人员或者其近亲属以及其他与其关系密切的人，利用该离职的国家工作人员原职权或者地位形成的便利条件实施前款行为的，依照前款的规定定罪处罚。①

［利用影响力受贿罪的定罪量刑适用标准］刑法第三百八十八条之一规定的利用影响力受贿罪的定罪量刑适用标准，参照本解释关于受贿罪的规定执行。两高《关于办理贪污贿赂刑事案件适用法律若干问题的解释》〔2016〕9号 2016/04/18 第十条第一款

［通过赌博受贿　为赌博提供资金］通过赌博或者为国家工作人员赌博提供资金的形式实施行贿、受贿行为，构成犯罪的，依照刑法关于贿赂犯罪的规定定罪处罚。两高《关于办理赌博刑事案件具体应用法律若干问题的解释》法释〔2005〕3号 2005/05/13 第七条

第三百八十九条　【行贿罪】为谋取不正当利益，给予国家工作人员以财物的，是行贿罪。

在经济往来中，违反国家规定，给予国家工作人员以财物，数额较大的，或者违反国家规定，给予国家工作人员以各种名义的回扣、手续费的，以行贿论处。

因被勒索给予国家工作人员以财物，没有获得不正当利益

---

①　根据2009年2月28日《刑法修正案（七）》增加。

的，不是行贿。

[要旨　病、死猪加亚硝酸钠、工业用盐等，生产腊肠、腊肉　为逃避监管行贿　通风报信　数罪并罚] 实施生产、销售有毒、有害食品犯罪，为逃避查处向负有食品安全监管职责的国家工作人员行贿的，应当以生产、销售有毒、有害食品罪和行贿罪实行数罪并罚。

负有食品安全监督管理职责的国家机关工作人员，滥用职权，向生产、销售有毒、有害食品的犯罪分子通风报信，帮助逃避处罚的，应当认定为食品监管渎职罪；在渎职过程中受贿的，应当以食品监管渎职罪和受贿罪实行数罪并罚。检例第15号：胡林贵等人生产、销售有毒、有害食品，行贿；骆梅等人销售伪劣产品；朱伟全等人生产、销售伪劣产品；黎达文等人受贿，食品监管渎职案

[通过赌博行贿　为赌博提供资金] 通过赌博或者为国家工作人员赌博提供资金的形式实施行贿、受贿行为，构成犯罪的，依照刑法关于贿赂犯罪的规定定罪处罚。两高《关于办理赌博刑事案件具体应用法律若干问题的解释》法释〔2005〕3号 2005/05/13 第七条

第三百九十条　【对犯行贿罪的处罚】对犯行贿罪的，处五年以下有期徒刑或者拘役，并处罚金；因行贿谋取不正当利益，情节严重的，或者使国家利益遭受重大损失的，处五年以上十年以下有期徒刑，并处罚金；情节特别严重的，或者使国家利益遭受特别重大损失的，处十年以上有期徒刑或者无期徒刑，并处罚金或者没收财产。

行贿人在被追诉前主动交待行贿行为的，可以从轻或者减轻处罚。其中，犯罪较轻的，对侦破重大案件起关键作用的，或者有重大立功表现的，可以减轻或者免除处罚。[①]

① 根据2015年11月1日《刑法修正案（九）》修改，原条文为：“对犯行贿罪的，处五年以下有期徒刑或者拘役；因行贿谋取不正当利益，情节严重的，或者使国家利益遭受重大损失的，处五年以上十年以下有期徒刑；情节特别严重的，处十年以上有期徒刑或者无期徒刑，可以并处没收财产。

“行贿人在被追诉前主动交待行贿行为的，可以减轻处罚或者免除处罚。”

第三百九十条之一 【对有影响力的人行贿罪】为谋取不正当利益，向国家工作人员的近亲属或者其他与该国家工作人员关系密切的人，或者向离职的国家工作人员或者其近亲属以及其他与其关系密切的人行贿的，处三年以下有期徒刑或者拘役，并处罚金；情节严重的，或者使国家利益遭受重大损失的，处三年以上七年以下有期徒刑，并处罚金；情节特别严重的，或者使国家利益遭受特别重大损失的，处七年以上十年以下有期徒刑，并处罚金。

单位犯前款罪的，对单位判处罚金，并对其直接负责的主管人员和其他直接责任人员，处三年以下有期徒刑或者拘役，并处罚金。[①]

[刑法第390条第1款之情节严重] 犯行贿罪，具有下列情形之一的，应当认定为刑法第三百九十条第一款规定的“情节严重”：

（一）行贿数额在一百万元以上不满五百万元的；

（二）行贿数额在五十万元以上不满一百万元，并具有本解释第七条第二款第一项至第五项规定的情形之一的；

（三）其他严重的情节。两高《关于办理贪污贿赂刑事案件适用法律若干问题的解释》〔2016〕9号 2016/04/18 第八条第一款

[刑法第390条第1款之使国家利益遭受重大损失] 为谋取不正当利益，向国家工作人员行贿，造成经济损失数额在一百万元以上不满五百万元的，应当认定为刑法第三百九十条第一款规定的“使国家利益遭受重大损失”。两高《关于办理贪污贿赂刑事案件适用法律若干问题的解释》〔2016〕9号 2016/04/18 第八条第二款

[刑法第390条第1款之情节特别严重] 犯行贿罪，具有下列情形之一的，应当认定为刑法第三百九十条第一款规定的“情节特别严重”：

（一）行贿数额在五百万元以上的；

（二）行贿数额在二百五十万元以上不满五百万元，并具有本解释第

① 根据2015年11月1日《刑法修正案（九）》增加。

七条第二款第一项至第五项规定的情形之一的；

（三）其他特别严重的情节。两高《关于办理贪污贿赂刑事案件适用法律若干问题的解释》〔2016〕9号 2016/04/18 第九条第一款

[刑法第390条第1款之使国家利益遭受特别重大损失] 为谋取不正当利益，向国家工作人员行贿，造成经济损失数额在五百万元以上的，应当认定为刑法第三百九十条第一款规定的“使国家利益遭受特别重大损失”。两高《关于办理贪污贿赂刑事案件适用法律若干问题的解释》〔2016〕9号 2016/04/18 第九条第二款

[对有影响力的人行贿罪的定罪量刑适用标准] 刑法第三百九十条之一规定的对有影响力的人行贿罪的定罪量刑适用标准，参照本解释关于行贿罪的规定执行。

单位对有影响力的人行贿数额在二十万元以上的，应当依照刑法第三百九十条之一的规定以对有影响力的人行贿罪追究刑事责任。两高《关于办理贪污贿赂刑事案件适用法律若干问题的解释》〔2016〕9号 2016/04/18 第十条第二款、第三款

[刑法第390条第2款之犯罪较轻] 根据行贿犯罪的事实、情节，可能被判处三年有期徒刑以下刑罚的，可以认定为刑法第三百九十条第二款规定的“犯罪较轻”。两高《关于办理贪污贿赂刑事案件适用法律若干问题的解释》〔2016〕9号 2016/04/18 第十四条第一款

[刑法第390条第2款之重大案件] 根据犯罪的事实、情节，已经或者可能被判处十年有期徒刑以上刑罚的，或者案件在本省、自治区、直辖市或者全国范围内有较大影响的，可以认定为刑法第三百九十条第二款规定的“重大案件”。两高《关于办理贪污贿赂刑事案件适用法律若干问题的解释》〔2016〕9号 2016/04/18 第十四条第二款

[刑法第390条第2款之对侦破重大案件起关键作用] 具有下列情形之一的，可以认定为刑法第三百九十条第二款规定的“对侦破重大案件起关键作用”：

（一）主动交待办案机关未掌握的重大案件线索的；

（二）主动交待的犯罪线索不属于重大案件的线索，但该线索对于重大案件侦破有重要作用的；

（三）主动交待行贿事实，对于重大案件的证据收集有重要作用的；

（四）主动交待行贿事实，对于重大案件的追逃、追赃有重要作用的。**两高《关于办理贪污贿赂刑事案件适用法律若干问题的解释》〔2016〕9号 2016/04/18 第十四条第三款**

[行贿一万元以上的] 为谋取不正当利益，向国家工作人员行贿，数额在一万元以上的，应当依照刑法第三百九十条的规定追究刑事责任。**两高《关于办理行贿刑事案件具体应用法律若干问题的解释》法释〔2012〕22号 2013/01/01 第一条**

[情节严重] 因行贿谋取不正当利益，具有下列情形之一的，应当认定为刑法第三百九十条第一款规定的“情节严重”：

（一）行贿数额在二十万元以上不满一百万元的；

（二）行贿数额在十万元以上不满二十万元，并具有下列情形之一的：

1. 向三人以上行贿的；

2. 将违法所得用于行贿的；

3. 为实施违法犯罪活动，向负有食品、药品、安全生产、环境保护等监督管理职责的国家工作人员行贿，严重危害民生、侵犯公众生命财产安全的；

4. 向行政执法机关、司法机关的国家工作人员行贿，影响行政执法和司法公正的；

（三）其他情节严重的情形。**两高《关于办理行贿刑事案件具体应用法律若干问题的解释》法释〔2012〕22号 2013/01/01 第二条**

[使国家利益遭受重大损失] 因行贿谋取不正当利益，造成直接经济损失数额在一百万元以上的，应当认定为刑法第三百九十条第一款规定的“使国家利益遭受重大损失”。**两高《关于办理行贿刑事案件具体应用法律若干问题的解释》法释〔2012〕22号 2013/01/01 第三条**

[情节特别严重] 因行贿谋取不正当利益，具有下列情形之一的，应当认定为刑法第三百九十条第一款规定的“情节特别严重”：

（一）行贿数额在一百万元以上的；

（二）行贿数额在五十万元以上不满一百万元，并具有下列情形之一的：

1. 向三人以上行贿的；

2. 将违法所得用于行贿的；

3. 为实施违法犯罪活动，向负有食品、药品、安全生产、环境保护等监督管理职责的国家工作人员行贿，严重危害民生、侵犯公众生命财产安全的；

4. 向行政执法机关、司法机关的国家工作人员行贿，影响行政执法和司法公正的；

（三）造成直接经济损失数额在五百万元以上的；

（四）其他情节特别严重的情形。两高《关于办理行贿刑事案件具体应用法律若干问题的解释》法释〔2012〕22号 2013/01/01 第四条

[多次行贿未经处理的] 多次行贿未经处理的，按照累计行贿数额处罚。两高《关于办理行贿刑事案件具体应用法律若干问题的解释》法释〔2012〕22号 2013/01/01 第五条

[行贿人谋取不正当利益的行为构成犯罪的] 行贿人谋取不正当利益的行为构成犯罪的，应当与行贿犯罪实行数罪并罚。两高《关于办理行贿刑事案件具体应用法律若干问题的解释》法释〔2012〕22号 2013/01/01 第六条

[行贿人在被追诉前主动交待行贿行为而破获相关受贿案件的] 因行贿人在被追诉前主动交待行贿行为而破获相关受贿案件的，对行贿人不适用刑法第六十八条关于立功的规定，依照刑法第三百九十条第二款的规定，可以减轻或者免除处罚。两高《关于办理行贿刑事案件具体应用法律若干问题的解释》法释〔2012〕22号 2013/01/01 第七条第一款

[单位行贿的] 单位行贿的，在被追诉前，单位集体决定或者单位负责人决定主动交待单位行贿行为的，依照刑法第三百九十条第二款的规定，对单位及相关责任人员可以减轻处罚或者免除处罚；受委托直接办理单位行贿事项的直接责任人员在被追诉前主动交待自己知道的单位行贿行为的，对该直接责任人员可以依照刑法第三百九十条第二款的规定减轻处罚或者免除处罚。两高《关于办理行贿刑事案件具体应用法律若干问题的解释》法释〔2012〕22号第七条 2013/01/01 第二款

[行贿人被追诉后如实供述自己罪行的] 行贿人被追诉后如实供述自己罪行的，依照刑法第六十七条第三款的规定，可以从轻处罚；因其如实

供述自己罪行，避免特别严重后果发生的，可以减轻处罚。两高《关于办理行贿刑事案件具体应用法律若干问题的解释》法释〔2012〕22号 2013/01/01 第八条

［行贿人揭发受贿人与其行贿无关的其他犯罪行为　查证属实的］行贿人揭发受贿人与其行贿无关的其他犯罪行为，查证属实的，依照刑法第六十八条关于立功的规定，可以从轻、减轻或者免除处罚。两高《关于办理行贿刑事案件具体应用法律若干问题的解释》法释〔2012〕22号 2013/01/01 第九条

［实施行贿犯罪不适用缓刑和免予刑事处罚的情形］实施行贿犯罪，具有下列情形之一的，一般不适用缓刑和免予刑事处罚：

（一）向三人以上行贿的；

（二）因行贿受过行政处罚或者刑事处罚的；

（三）为实施违法犯罪活动而行贿的；

（四）造成严重危害后果的；

（五）其他不适用缓刑和免予刑事处罚的情形。两高《关于办理行贿刑事案件具体应用法律若干问题的解释》法释〔2012〕22号 2013/01/01 第十条第一款

［不受前款规定限制的］具有刑法第三百九十条第二款规定的情形的，不受前款规定的限制。两高《关于办理行贿刑事案件具体应用法律若干问题的解释》法释〔2012〕22号 2013/01/01 第十条第二款

［行贿犯罪取得的不正当财产性利益的追缴、责令退赔或返还被害人］行贿犯罪取得的不正当财产性利益应当依照刑法第六十四条的规定予以追缴、责令退赔或者返还被害人。两高《关于办理行贿刑事案件具体应用法律若干问题的解释》法释〔2012〕22号第十一条第一款

［因行贿犯罪取得财产性利益以外的不正当利益］因行贿犯罪取得财产性利益以外的经营资格、资质或者职务晋升等其他不正当利益，建议有关部门依照相关规定予以处理。两高《关于办理行贿刑事案件具体应用法律若干问题的解释》法释〔2012〕22号 2013/01/01 第十一条第二款

［谋取不正当利益］行贿犯罪中的“谋取不正当利益”，是指行贿人谋取的利益违反法律、法规、规章、政策规定，或者要求国家工作人员违反法律、法规、规章、政策、行业规范的规定，为自己提供帮助或者方便条件。

违背公平、公正原则，在经济、组织人事管理等活动中，谋取竞争优

势的，应当认定为“谋取不正当利益”。两高《关于办理行贿刑事案件具体应用法律若干问题的解释》法释〔2012〕22号 2013/01/01 第十二条

［被追诉前］刑法第三百九十条第二款规定的“被追诉前”，是指检察机关对行贿人的行贿行为刑事立案前。两高《关于办理行贿刑事案件具体应用法律若干问题的解释》法释〔2012〕22号 2013/01/01 第十三条

第三百九十一条　【对单位行贿罪】为谋取不正当利益，给予国家机关、国有公司、企业、事业单位、人民团体以财物的，或者在经济往来中，违反国家规定，给予各种名义的回扣、手续费的，处三年以下有期徒刑或者拘役，并处罚金。[①]

单位犯前款罪的，对单位判处罚金，并对其直接负责的主管人员和其他直接责任人员，依照前款的规定处罚。

［典型意义］在推进生态文明建设过程中，国家投入了巨大的财力物力，设立了关闭小企业奖励资金及淘汰落后产能补助资金等专项资金。检察机关充分发挥职能作用，在查办行贿受贿等职务犯罪案件过程中，注重加大对骗取国家专项资金等犯罪的打击力度，为确保国家专项补助资金按照法律和制度要求正确使用提供了坚实保障。最高检发布10起检察机关加强生态环境司法保护典型案例六：张有胜行贿、诈骗案

第三百九十二条　【介绍贿赂罪】向国家工作人员介绍贿赂，情节严重的，处三年以下有期徒刑或者拘役，并处罚金。[②]

介绍贿赂人在被追诉前主动交待介绍贿赂行为的，可以减轻处罚或者免除处罚。

第三百九十三条　【单位行贿罪】单位为谋取不正当利益而行贿，或者违反国家规定，给予国家工作人员以回扣、手续费，情节严重的，对单位判处罚金，并对其直接负责的主管人员和其

---

① 根据2015年11月1日《刑法修正案（九）》修改，原第一款条文为：“为谋取不正当利益，给予国家机关、国有公司、企业、事业单位、人民团体以财物的，或者在经济往来中，违反国家规定，给予各种名义的回扣、手续费的，处三年以下有期徒刑或者拘役。”

② 根据2015年11月1日《刑法修正案（九）》修改，原第一款条文为：“向国家工作人员介绍贿赂，情节严重的，处三年以下有期徒刑或者拘役。”

他直接责任人员，处五年以下有期徒刑或者拘役，并处罚金。因行贿取得的违法所得归个人所有的，依照本法第三百八十九条、第三百九十条的规定定罪处罚。①

第三百九十四条 【贪污罪】国家工作人员在国内公务活动或者对外交往中接受礼物，依照国家规定应当交公而不交公，数额较大的，依照本法第三百八十二条、第三百八十三条的规定定罪处罚。

第三百九十五条 【巨额财产来源不明罪；隐瞒境外存款罪】国家工作人员的财产、支出明显超过合法收入，差额巨大的，可以责令该国家工作人员说明来源，不能说明来源的，差额部分以非法所得论，处五年以下有期徒刑或者拘役；差额特别巨大的，处五年以上十年以下有期徒刑。财产的差额部分予以追缴。②

国家工作人员在境外的存款，应当依照国家规定申报。数额较大、隐瞒不报的，处二年以下有期徒刑或者拘役；情节较轻的，由其所在单位或者上级主管机关酌情给予行政处分。

[关于巨额财产来源不明罪]

（一）行为人不能说明巨额财产来源合法的认定

刑法第三百九十五条第一款规定的“不能说明”，包括以下情况：(1) 行为人拒不说明财产来源；(2) 行为人无法说明财产的具体来源；(3) 行为人所说的财产来源经司法机关查证并不属实；(4) 行为人所说的财产来源因线索不具体等原因，司法机关无法查实，但能排除存在来源合法的可

---

① 根据2015年11月1日《刑法修正案（九）》修改，原条文为：“单位为谋取不正当利益而行贿，或者违反国家规定，给予国家工作人员以回扣、手续费，情节严重的，对单位判处罚金，并对其直接负责的主管人员和其他直接责任人员，处五年以下有期徒刑或者拘役。因行贿取得的违法所得归个人所有的，依照本法第三百八十九条、第三百九十条的规定定罪处罚。”

② 根据2009年2月28日《刑法修正案（七）》修改，原第一款条文为：“国家工作人员的财产或者支出明显超过合法收入，差额巨大的，可以责令说明来源。本人不能说明其来源是合法的，差额部分以非法所得论，处五年以下有期徒刑或者拘役，财产的差额部分予以追缴。”

能性和合理性的。

（二）“非法所得”的数额计算

刑法第三百九十五条规定的“非法所得”，一般是指行为人的全部财产与能够认定的所有支出的总和减去能够证实的有真实来源的所得。在具体计算时，应注意以下问题：(1) 应把国家工作人员个人财产和与其共同生活的家庭成员的财产、支出等一并计算，而且一并减去他们所有的合法收入以及确属与其共同生活的家庭成员个人的非法收入。(2) 行为人所有的财产包括房产、家具、生活用品、学习用品及股票、债券、存款等动产和不动产；行为人的支出包括合法支出和不合法的支出，包括日常生活、工作、学习费用、罚款及向他人行贿的财物等；行为人的合法收入包括工资、奖金、稿酬、继承等法律和政策允许的各种收入。(3) 为了便于计算犯罪数额，对于行为人的财产和合法收入，一般可以从行为人有比较确定的收入和财产时开始计算。**《全国法院审理经济犯罪案件工作座谈会纪要》法发〔2003〕167号 2003/11/13 第五条**

第三百九十六条　【私分国有资产罪；私分罚没财物罪】国家机关、国有公司、企业、事业单位、人民团体，违反国家规定，以单位名义将国有资产集体私分给个人，数额较大的，对其直接负责的主管人员和其他直接责任人员，处三年以下有期徒刑或者拘役，并处或者单处罚金；数额巨大的，处三年以上七年以下有期徒刑，并处罚金。

司法机关、行政执法机关违反国家规定，将应当上缴国家的罚没财物，以单位名义集体私分给个人的，依照前款的规定处罚。

[国有公司、企业在改制过程中隐匿公司、企业财产归职工集体持股的改制后公司、企业所有的行为] 国有公司、企业违反国家规定，在改制过程中隐匿公司、企业财产，转为职工集体持股的改制后公司、企业所有的，对其直接负责的主管人员和其他直接责任人员，依照刑法第三百九十六条第一款的规定，以私分国有资产罪定罪处罚。**两高《关于办理国家出资企业中职务犯罪案件具体应用法律若干问题的意见》法发〔2010〕49号 2010/11/26 第二**

条第一款

[只有改制前公司、企业的管理人员或少数职工持股的 以贪污罪定罪处罚] 改制后的公司、企业中只有改制前公司、企业的管理人员或者少数职工持股，改制前公司、企业的多数职工未持股的，依照本意见第一条的规定，以贪污罪定罪处罚。**两高《关于办理国家出资企业中职务犯罪案件具体应用法律若干问题的意见》法发〔2010〕49号第二条第二款**

第九章 渎职罪

[关于渎职罪]

（一）渎职犯罪行为造成的公共财产重大损失的认定

根据刑法规定，玩忽职守、滥用职权等渎职犯罪是以致使公共财产、国家和人民利益遭受重大损失为构成要件的。其中，公共财产的重大损失，通常是指渎职行为已经造成的重大经济损失。在司法实践中，有以下情形之一的，虽然公共财产作为债权存在，但已无法实现债权的，可以认定为行为人的渎职行为造成了经济损失：（1）债务人已经法定程序被宣告破产；（2）债务人潜逃，去向不明；（3）因行为人责任，致使超过诉讼时效；（4）有证据证明债权无法实现的其他情况。

（二）玩忽职守罪的追诉时效

玩忽职守行为造成的重大损失当时没有发生，而是玩忽职守行为之后一定时间发生的，应从危害结果发生之日起计算玩忽职守罪的追诉期限。

（三）国有公司、企业人员渎职犯罪的法律适用

对于1999年12月24日《中华人民共和国刑法修正案》实施以前发生的国有公司、企业人员渎职行为（不包括徇私舞弊行为），尚未处理或者正在处理的，不能按照刑法修正案追究刑事责任。

（四）关于“徇私”的理解

徇私舞弊型渎职犯罪的“徇私”应理解为徇个人私情、私利。国家机

关工作人员为了本单位的利益，实施滥用职权、玩忽职守行为，构成犯罪的，依照刑法第三百九十七条第一款的规定定罪处罚。《全国法院审理经济犯罪案件工作座谈会纪要》法发〔2003〕167号 2003/11/13 第六条

[渎职罪主体] 在依照法律、法规规定行使国家行政管理职权的组织中从事公务的人员，或者在受国家机关委托代表国家机关行使职权的组织中从事公务的人员，或者虽未列入国家机关人员编制但在国家机关中从事公务的人员，在代表国家机关行使职权时，有渎职行为，构成犯罪的，依照刑法关于渎职罪的规定追究刑事责任。全国人大常委会《关于〈中华人民共和国刑法〉第九章渎职罪主体适用问题的解释》2002/12/28

第三百九十七条　【滥用职权罪；玩忽职守罪】国家机关工作人员滥用职权或者玩忽职守，致使公共财产、国家和人民利益遭受重大损失的，处三年以下有期徒刑或者拘役；情节特别严重的，处三年以上七年以下有期徒刑。本法另有规定的，依照规定。

国家机关工作人员徇私舞弊，犯前款罪的，处五年以下有期徒刑或者拘役；情节特别严重的，处五年以上十年以下有期徒刑。本法另有规定的，依照规定。

[要旨　渎职罪主体　村基层组织人员　滥用职权罪] 随着我国城镇建设和社会主义新农村建设逐步深入推进，村民委员会、居民委员会等基层组织协助人民政府管理社会发挥越来越重要的作用。实践中，对村民委员会、居民委员会等基层组织人员协助人民政府从事行政管理工作时，滥用职权、玩忽职守构成犯罪的，应当依照刑法关于渎职罪的规定追究刑事责任。检例第5号：陈某、林某、李甲滥用职权案

[指导意义] 村民委员会、居民委员会等基层组织人员协助政府从事行政管理工作时，滥用职权、玩忽职守构成犯罪的，应当以渎职罪追究刑事责任。检例第5号：陈某、林某、李甲滥用职权案

[要旨　滥用职权罪　重大损失　恶劣社会影响] 根据刑法规定，滥用职权罪是指国家机关工作人员滥用职权，致使"公共财产、国家和人民利益遭受重大损失"的行为。实践中，对滥用职权"造成恶劣社会影响

的”，应当依法认定为“致使公共财产、国家和人民利益遭受重大损失”。

根据刑法规定，滥用职权罪是指国家机关工作人员滥用职权，致使“公共财产、国家和人民利益遭受重大损失”的行为。实践中，对滥用职权“造成恶劣社会影响的”，应当依法认定为“致使公共财产、国家和人民利益遭受重大损失”。检例第6号：罗甲、罗乙、朱某、罗丙滥用职权案

［指导意义］国家机关工作人员滥用职权“造成恶劣社会影响的”，应当依法认定为“致使公共财产、国家和人民利益遭受重大损失”检例第6号：罗甲、罗乙、朱某、罗丙滥用职权案

［要旨 玩忽职守罪 徇私枉法罪 受贿罪 因果关系项 数罪并罚项］本案要旨有两点：一是渎职犯罪因果关系的认定。如果负有监管职责的国家机关工作人员没有认真履行其监管职责，从而未能有效防止危害结果发生，那么，这些对危害结果具有“原因力”的渎职行为，应认定与危害结果之间具有刑法意义上的因果关系。二是渎职犯罪同时受贿的处罚原则。对于国家机关工作人员实施渎职犯罪并收受贿赂，同时构成受贿罪的，除刑法第三百九十九条有特别规定的外，以渎职犯罪和受贿罪数罪并罚。检例第8号：杨某玩忽职守、徇私枉法、受贿案

［指导意义］国家机关工作人员不认真履行监管职责，未能有效防止危害结果发生的，其行为与危害结果之间具有因果关系的，应当承担刑事责任；国家机关工作人员实施渎职犯罪并收受贿赂，同时构成受贿罪的，除刑法有特别规定的外，以渎职犯罪和受贿罪数罪并罚。检例第8号：杨某玩忽职守、徇私枉法、受贿案

［典型意义］浙江省宁波市检察机关在查办本案过程中，多方取证，先后调查了130多家单位，主动与水利水电设计研究院、价格认定中心等单位沟通联系，科学测量具体的泥浆偷排量，严格计算造成的损害后果，认真评估造成的社会影响，最终该系列案件均被法院认定为情节特别严重，有关人员得到了应有的惩处。通过查办此类发生在环境监管过程中的渎职犯罪案件，有效促使相关职能部门健全机制、依法行政、加大环境监管力度，为促进环境资源保护、保障当地经济社会可持续发展发挥了积极作用。最高检发布10起加强生态环境环境卫生司法保护典型案例八：冯华滥用职权、

受贿案

[典型意义] 本案系典型的不认真履行职责，不严格落实法律规定，不征、少征排污费用，放任排污，导致企业和个人无限制排污，严重破坏污水处理费征收和排污管理秩序的渎职犯罪案件。河北省衡水市检察机关从治理水体污染出发，以排污管理、污水处理、排污费征收等环节为重点，严肃查办了一批少缴水资源费所涉渎职犯罪案件。此案的查处，对于规范污水处理费征收管理，规制企业和个人排污行为，减少污染物排放，强化当地生态环境保护具有重要的推动作用。最高检发布10起检察机关加强生态环境保护典型案例七：李来丽滥用职权案

[以滥用职权罪或者玩忽职守罪追究刑事责任] 负有无线电监督管理职责的国家机关工作人员滥用职权或者玩忽职守，致使公共财产、国家和人民利益遭受重大损失的，应当依照刑法第三百九十七条的规定，以滥用职权罪或者玩忽职守罪追究刑事责任。两高《关于办理扰乱无线电通讯管理秩序等刑事案件适用法律若干问题的解释》法释〔2017〕11号 2017/07/01 第七条第一款

[致使公共财产、国家和人民利益遭受重大损失] 国家机关工作人员滥用职权或者玩忽职守，具有下列情形之一的，应当认定为刑法第三百九十七条规定的“致使公共财产、国家和人民利益遭受重大损失”：

（一）造成死亡1人以上，或者重伤3人以上，或者轻伤9人以上，或者重伤2人、轻伤3人以上，或者重伤1人、轻伤6人以上的；

（二）造成经济损失30万元以上的；

（三）造成恶劣社会影响的；

（四）其他致使公共财产、国家和人民利益遭受重大损失的情形。两高《关于办理渎职刑事案件适用法律若干问题的解释（一）》法释〔2012〕18号 2013/01/09 第一条第一款

[情节特别严重] 具有下列情形之一的，应当认定为刑法第三百九十七条规定的“情节特别严重”：

（一）造成伤亡达到前款第（一）项规定人数3倍以上的；

（二）造成经济损失150万元以上的；

（三）造成前款规定的损失后果，不报、迟报、谎报或者授意、指使、强令他人不报、迟报、谎报事故情况，致使损失后果持续、扩大或者抢救

工作延误的；

（四）造成特别恶劣社会影响的；

（五）其他特别严重的情节。两高《关于办理渎职刑事案件适用法律若干问题的解释（一）》法释〔2012〕18号 2013/01/09 第一条第二款

[国家机关工作人员实施滥用职权或者玩忽职守犯罪行为的] 国家机关工作人员实施滥用职权或者玩忽职守犯罪行为，触犯刑法分则第九章第三百九十八条至第四百一十九条规定的，依照该规定定罪处罚。两高《关于办理渎职刑事案件适用法律若干问题的解释（一）》法释〔2012〕18号 2013/01/09 第二条第一款

[国家机关工作人员滥用职权或者玩忽职守不符合刑法第398条至419条但构成第397条规定的犯罪] 国家机关工作人员滥用职权或者玩忽职守，因不具备徇私舞弊等情形，不符合刑法分则第九章第三百九十八条至第四百一十九条的规定，但依法构成第三百九十七条规定的犯罪的，以滥用职权罪或者玩忽职守罪定罪处罚。两高《关于办理渎职刑事案件适用法律若干问题的解释（一）》法释〔2012〕18号 2013/01/09 第二条第二款

[国家机关工作人员实施渎职犯罪并收受贿赂，同时构成受贿罪的] 国家机关工作人员实施渎职犯罪并收受贿赂，同时构成受贿罪的，除刑法另有规定外，以渎职犯罪和受贿罪数罪并罚。两高《关于办理渎职刑事案件适用法律若干问题的解释（一）》法释〔2012〕18号 2013/01/09 第三条

[国家机关工作人员实施渎职行为，放纵他人犯罪或者帮助他人逃避刑事处罚，构成犯罪的] 国家机关工作人员实施渎职行为，放纵他人犯罪或者帮助他人逃避刑事处罚，构成犯罪的，依照渎职罪的规定定罪处罚。两高《关于办理渎职刑事案件适用法律若干问题的解释（一）》法释〔2012〕18号 2013/01/09 第四条第一款

[国家机关工作人员与他人共谋，利用其职务行为帮助他人实施其他犯罪行为的 择重罪处罚] 国家机关工作人员与他人共谋，利用其职务行为帮助他人实施其他犯罪行为，同时构成渎职犯罪和共谋实施的其他犯罪共犯的，依照处罚较重的规定定罪处罚。两高《关于办理渎职刑事案件适用法律若干问题的解释（一）》法释〔2012〕18号 2013/01/09 第四条第二款

[既利用其职务行为帮助他人实施其他犯罪，又以非职务行为与他人

共同实施该其他犯罪行为的］国家机关工作人员与他人共谋，既利用其职务行为帮助他人实施其他犯罪，又以非职务行为与他人共同实施该其他犯罪行为，同时构成渎职犯罪和其他犯罪的共犯的，依照数罪并罚的规定定罪处罚。两高《关于办理渎职刑事案件适用法律若干问题的解释（一）》法释〔2012〕18号 2013/01/09 第四条第三款

［国家机关负责人员违法决定，或者指使、授意、强令其他国家机关工作人员违法履行职务或者不履行职务构成犯罪的］国家机关负责人员违法决定，或者指使、授意、强令其他国家机关工作人员违法履行职务或者不履行职务，构成刑法分则第九章规定的渎职犯罪的，应当依法追究刑事责任。两高《关于办理渎职刑事案件适用法律若干问题的解释（一）》法释〔2012〕18号 2013/01/09 第五条第一款

［以“集体研究”形式实施的渎职犯罪］以“集体研究”形式实施的渎职犯罪，应当依照刑法分则第九章的规定追究国家机关负有责任的人员的刑事责任。对于具体执行人员，应当在综合认定其行为性质、是否提出反对意见、危害结果大小等情节的基础上决定是否追究刑事责任和应当判处的刑罚。两高《关于办理渎职刑事案件适用法律若干问题的解释（一）》法释〔2012〕18号 2013/01/09 第五条第二款

［渎职犯罪的追诉期限］以危害结果为条件的渎职犯罪的追诉期限，从危害结果发生之日起计算；有数个危害结果的，从最后一个危害结果发生之日起计算。两高《关于办理渎职刑事案件适用法律若干问题的解释（一）》法释〔2012〕18号 2013/01/09 第六条

［依法或者受委托行使国家行政管理职权的公司、企业、事业单位的工作人员，在行使行政管理职权时滥用职权或者玩忽职守，构成犯罪的］依法或者受委托行使国家行政管理职权的公司、企业、事业单位的工作人员，在行使行政管理职权时滥用职权或者玩忽职守，构成犯罪的，应当依照《全国人民代表大会常务委员会关于〈中华人民共和国刑法〉第九章渎职罪主体适用问题的解释》的规定，适用渎职罪的规定追究刑事责任。两高《关于办理渎职刑事案件适用法律若干问题的解释（一）》法释〔2012〕18号 2013/01/09 第七条

［经济损失］本解释规定的“经济损失”，是指渎职犯罪或者与渎职犯

罪相关联的犯罪立案时已经实际造成的财产损失，包括为挽回渎职犯罪所造成损失而支付的各种开支、费用等。立案后至提起公诉前持续发生的经济损失，应一并计入渎职犯罪造成的经济损失。两高《关于办理渎职刑事案件适用法律若干问题的解释（一）》法释〔2012〕18号 2013/01/09 第八条第一款

[无法实现的债权部分] 债务人经法定程序被宣告破产，债务人潜逃、去向不明，或者因行为人的责任超过诉讼时效等，致使债权已经无法实现的，无法实现的债权部分应当认定为渎职犯罪的经济损失。两高《关于办理渎职刑事案件适用法律若干问题的解释（一）》法释〔2012〕18号 2013/01/09 第八条第二款

[挽回的经济损失　减少的经济损失] 渎职犯罪或者与渎职犯罪相关联的犯罪立案后，犯罪分子及其亲友自行挽回的经济损失，司法机关或者犯罪分子所在单位及其上级主管部门挽回的经济损失，或者因客观原因减少的经济损失，不予扣减，但可以作为酌定从轻处罚的情节。两高《关于办理渎职刑事案件适用法律若干问题的解释（一）》法释〔2012〕18号 2013/01/09 第八条第三款

[致使不符合安全标准的食品、有毒有害食品、假药、劣药等流入社会造成严重后果的] 负有监督管理职责的国家机关工作人员滥用职权或者玩忽职守，致使不符合安全标准的食品、有毒有害食品、假药、劣药等流入社会，对人民群众生命、健康造成严重危害后果的，依照渎职罪的规定从严惩处。两高《关于办理渎职刑事案件适用法律若干问题的解释（一）》法释〔2012〕18号 2013/01/09 第九条

[本解释的效力] 最高人民法院、最高人民检察院此前发布的司法解释与本解释不一致的，以本解释为准。两高《关于办理渎职刑事案件适用法律若干问题的解释（一）》法释〔2012〕18号 2013/01/09 第十条

[择重罪处罚] 国家机关工作人员收受贿赂或者滥用职权，有本《通知》第一条第四项行为的，同时又构成刑法第三百八十五条、第三百九十七条规定罪的，依照处罚较重的规定定罪处罚。两高、公安部《关于依法严肃查处拒不执行判决裁定和暴力抗拒法院执行犯罪行为有关问题的通知》法发〔2007〕29号 2007/08/30 第四条第二款

[林业主管部门工作人员在发放林木采伐许可证之外滥用职权或者玩

忽职守致使森林遭受严重破坏的行为］林业主管部门工作人员违法发放林木采伐许可证，致使森林遭受严重破坏的，依照刑法第四百零七条的规定，以违法发放林木采伐许可证罪追究刑事责任；以其他方式滥用职权或者玩忽职守，致使森林遭受严重破坏的，依照刑法第三百九十七条的规定，以滥用职权罪或者玩忽职守罪追究刑事责任，立案标准依照《最高人民检察院关于渎职侵权犯罪案件立案标准的规定》第一部分渎职犯罪案件第十八条第三款的规定执行。**最高检《关于对林业主管部门工作人员在发放林木采伐许可证之外滥用职权玩忽职守致使森林遭受严重破坏的行为适用法律问题的批复》高检发释字〔2007〕1号 2007/05/16**

［滥用职权　致使盗窃、抢劫、诈骗、抢夺的机动车被办理登记手续］国家机关工作人员滥用职权，有下列情形之一，致使盗窃、抢劫、诈骗、抢夺的机动车被办理登记手续，数量达到三辆以上或者价值总额达到三十万元以上的，依照刑法第三百九十七条第一款的规定，以滥用职权罪定罪，处三年以下有期徒刑或者拘役：

（一）明知是登记手续不全或者不符合规定的机动车而办理登记手续的；

（二）指使他人为明知是登记手续不全或者不符合规定的机动车办理登记手续的；

（三）违规或者指使他人违规更改、调换车辆档案的；

（四）其他滥用职权的行为。**两高《关于办理与盗窃、抢劫、诈骗、抢夺机动车相关刑事案件具体应用法律若干问题的解释》法释〔2007〕11号 2007/05/11 第三条第一款**

［玩忽职守　致使盗窃、抢劫、诈骗、抢夺的机动车被办理登记手续］

国家机关工作人员疏于审查或者审查不严，致使盗窃、抢劫、诈骗、抢夺的机动车被办理登记手续，数量达到五辆以上或者价值总额达到五十万元以上的，依照刑法第三百九十七条第一款的规定，以玩忽职守罪定罪，处三年以下有期徒刑或者拘役。**两高《关于办理与盗窃、抢劫、诈骗、抢夺机动车相关刑事案件具体应用法律若干问题的解释》法释〔2007〕11号 2007/05/11 第三条第二款**

［刑法第397条第1款之情节特别严重］国家机关工作人员实施前两款

规定的行为，致使盗窃、抢劫、诈骗、抢夺的机动车被办理登记手续，分别达到前两款规定数量、数额标准五倍以上的，或者明知是盗窃、抢劫、诈骗、抢夺的机动车而办理登记手续的，属于刑法第三百九十七条第一款规定的“情节特别严重”，处三年以上七年以下有期徒刑。**两高《关于办理与盗窃、抢劫、诈骗、抢夺机动车相关刑事案件具体应用法律若干问题的解释》法释〔2007〕11号 2007/05/11 第三条第三款**

[徇私舞弊，实施上述行为　依刑法第397条第2款定罪处罚] 国家机关工作人员徇私舞弊，实施上述行为，构成犯罪的，依照刑法第三百九十七条第二款的规定定罪处罚。**两高《关于办理与盗窃、抢劫、诈骗、抢夺机动车相关刑事案件具体应用法律若干问题的解释》法释〔2007〕11号 2007/05/11 第三条第四款**

[事前通谋的　以共犯论处] 实施本解释第一条、第二条、第三条第一款或者第三款规定的行为，事前与盗窃、抢劫、诈骗、抢夺机动车的犯罪分子通谋的，以盗窃罪、抢劫罪、诈骗罪、抢夺罪的共犯论处。**两高《关于办理与盗窃、抢劫、诈骗、抢夺机动车相关刑事案件具体应用法律若干问题的解释》法释〔2007〕11号 2007/05/11 第四条**

[涉及石油的犯罪以本罪定罪处罚] 国家机关工作人员滥用职权或者玩忽职守，实施下列行为之一，致使公共财产、国家和人民利益遭受重大损失的，依照刑法第三百九十七条的规定，以滥用职权罪或者玩忽职守罪定罪处罚：

（一）超越职权范围，批准发放石油、天然气勘查、开采、加工、经营等许可证的；

（二）违反国家规定，给不符合法定条件的单位、个人发放石油、天然气勘查、开采、加工、经营等许可证的；

（三）违反《石油天然气管道保护条例》等国家规定，在油气设备安全保护范围内批准建设项目的；

（四）对发现或者经举报查实的未经依法批准、许可擅自从事石油、天然气勘查、开采、加工、经营等违法活动不予查封、取缔的。**两高《关于办理盗窃油气、破坏油气设备等刑事案件具体应用法律若干问题的解释》法释〔2007〕3号 2007/01/19 第七条**

[在预防、控制突发传染病疫情等灾害中犯本罪] 在预防、控制突发传染病疫情等灾害的工作中，负有组织、协调、指挥、灾害调查、控制、医疗救治、信息传递、交通运输、物资保障等职责的国家机关工作人员，滥用职权或者玩忽职守，致使公共财产、国家和人民利益遭受重大损失的，依照刑法第三百九十七条的规定，以滥用职权罪或者玩忽职守罪定罪处罚。两高《关于办理妨害预防、控制突发传染病疫情等灾害的刑事案件具体应用法律若干问题的解释》法释〔2003〕8号 2003/05/15 第十五条

[突发传染病疫情等灾害] 本解释所称“突发传染病疫情等灾害”，是指突然发生，造成或者可能造成社会公众健康严重损害的重大传染病疫情、群体性不明原因疾病以及其他严重影响公众健康的灾害。两高《关于办理妨害预防、控制突发传染病疫情等灾害的刑事案件具体应用法律若干问题的解释》法释〔2003〕8号 2003/05/15 第十八条

[对非法制造、买卖、运输、储存毒鼠强负有查处职责的国家机关工作人员滥用职权或者玩忽职守] 对非法制造、买卖、运输、储存毒鼠强等禁用剧毒化学品行为负有查处职责的国家机关工作人员，滥用职权或者玩忽职守，致使公共财产、国家和人民利益遭受重大损失的，依照刑法第三百九十七条的规定，以滥用职权罪或者玩忽职守罪追究刑事责任。两高《关于办理非法制造、买卖、运输、储存毒鼠强等禁用剧毒化学品刑事案件具体应用法律若干问题的解释》法释〔2003〕14号 2003/10/01 第四条

[海事局及其分支机构工作人员　滥用职权、玩忽职守] 根据国办发〔1999〕90号、中编办函〔2000〕184号等文件的规定，海事局负责行使国家水上安全监督和防止船舶污染及海上设施检验、航海保障的管理职权，是国家执法监督机构。海事局及其分支机构工作人员在从事上述公务活动中，滥用职权或者玩忽职守，致使公共财产、国家和人民利益遭受重大损失的，应当依照刑法第三百九十七条的规定，以滥用职权罪或者玩忽职守罪追究刑事责任。最高检《关于对海事局工作人员如何使用法律问题的答复》〔2003〕高检研发第1号 2003/01/13

第三百九十八条　【故意泄露国家秘密罪；过失泄露国家秘密罪】 国家机关工作人员违反保守国家秘密法的规定，故意或者过失泄露国家秘密，情节严重的，处三年以下有期徒刑或者拘

役；情节特别严重的，处三年以上七年以下有期徒刑。

非国家机关工作人员犯前款罪的，依照前款的规定酌情处罚。

[通过互联网发送　发布情节严重] 通过互联网将国家秘密或者情报非法发送给境外的机构、组织、个人的，依照刑法第一百一十一条的规定定罪处罚；将国家秘密通过互联网予以发布，情节严重的，依照刑法第三百九十八条的规定定罪处罚。最高法《关于审理为境外窃取、刺探、收买、非法提供国家秘密、情报案件具体应用法律若干问题的解释》法释〔2001〕4号 2001/01/22 第六条

第三百九十九条　【徇私枉法罪；民事、行政枉法裁判罪；执行判决、裁定失职罪；执行判决、裁定滥用职权罪】司法工作人员徇私枉法、徇情枉法，对明知是无罪的人而使他受追诉、对明知是有罪的人而故意包庇不使他受追诉，或者在刑事审判活动中故意违背事实和法律作枉法裁判的，处五年以下有期徒刑或者拘役；情节严重的，处五年以上十年以下有期徒刑；情节特别严重的，处十年以上有期徒刑。

在民事、行政审判活动中故意违背事实和法律作枉法裁判，情节严重的，处五年以下有期徒刑或者拘役；情节特别严重的，处五年以上十年以下有期徒刑。

在执行判决、裁定活动中，严重不负责任或者滥用职权，不依法采取诉讼保全措施、不履行法定执行职责，或者违法采取诉讼保全措施、强制执行措施，致使当事人或者其他人的利益遭受重大损失的，处五年以下有期徒刑或者拘役；致使当事人或者其他人的利益遭受特别重大损失的，处五年以上十年以下有期徒刑。

司法工作人员收受贿赂，有前三款行为的，同时又构成本法

第三百八十五条规定之罪的，依照处罚较重的规定定罪处罚。①

[要旨 玩忽职守罪 徇私枉法罪 受贿罪 因果关系 数罪并罚] 本案要旨有两点：一是渎职犯罪因果关系的认定。如果负有监管职责的国家机关工作人员没有认真履行其监管职责，从而未能有效防止危害结果发生，那么，这些对危害结果具有“原因力”的渎职行为，应认定与危害结果之间具有刑法意义上的因果关系。二是渎职犯罪同时受贿的处罚原则。对于国家机关工作人员实施渎职犯罪并收受贿赂，同时构成受贿罪的，除刑法第三百九十九条有特别规定的外，以渎职犯罪和受贿罪数罪并罚。检例第8号：杨某玩忽职守、徇私枉法、受贿案

[指导意义] 国家机关工作人员不认真履行监管职责，未能有效防止危害结果发生的，其行为与危害结果之间具有因果关系的，应当承担刑事责任；国家机关工作人员实施渎职犯罪并收受贿赂，同时构成受贿罪的，除刑法有特别规定的外，以渎职犯罪和受贿罪数罪并罚。检例第8号：杨某玩忽职守、徇私枉法、受贿案

第三百九十九条之一 【枉法仲裁罪】依法承担仲裁职责的人员，在仲裁活动中故意违背事实和法律作枉法裁决，情节严重的，处三年以下有期徒刑或者拘役；情节特别严重的，处三年以上七年以下有期徒刑。②

第四百条 【私放在押人员罪；失职致使在押人员脱逃罪】司法工作人员私放在押的犯罪嫌疑人、被告人或者罪犯的，处五年以下有期徒刑或者拘役；情节严重的，处五年以上十年以下有

---

① 根据2002年12月28日《刑法修正案（四）》修改，原条文为：“司法工作人员徇私枉法、徇情枉法，对明知是无罪的人而使他受追诉、对明知是有罪的人而故意包庇不使他受追诉，或者在刑事审判活动中故意违背事实和法律作枉法裁判的，处五年以下有期徒刑或者拘役；情节严重的，处五年以上十年以下有期徒刑；情节特别严重的，处十年以上有期徒刑。

“在民事、行政审判活动中故意违背事实和法律作枉法裁判，情节严重的，处五年以下有期徒刑或者拘役；情节特别严重的，处五年以上十年以下有期徒刑。

“司法工作人员贪赃枉法，有前两款行为的，同时又构成本法第三百八十五条规定之罪的，依照处罚较重的规定定罪处罚。”

② 根据2006年6月29日《刑法修正案（六）》增加。

期徒刑；情节特别严重的，处十年以上有期徒刑。

司法工作人员由于严重不负责任，致使在押的犯罪嫌疑人、被告人或者罪犯脱逃，造成严重后果的，处三年以下有期徒刑或者拘役；造成特别严重后果的，处三年以上十年以下有期徒刑。

[未被公安机关正式录用的人员、狱医与脱逃罪主体] 对于未被公安机关正式录用，受委托履行监管职责的人员，由于严重不负责任，致使在押人员脱逃，造成严重后果的，应当依照刑法第四百条第二款的规定定罪处罚。

不负监管职责的狱医，不构成失职致使在押人员脱逃罪的主体。但是受委派承担了监管职责的狱医，由于严重不负责任，致使在押人员脱逃，造成严重后果的，应当依照刑法第四百条第二款的规定定罪处罚。最高法《关于未被公安机关正式录用的人员、狱医能否构成失职致使在押人员脱逃罪主体问题的批复》法释〔2000〕28 号 2000/09/22

第四百零一条　【徇私舞弊减刑、假释、暂予监外执行罪】 司法工作人员徇私舞弊，对不符合减刑、假释、暂予监外执行条件的罪犯，予以减刑、假释或者暂予监外执行的，处三年以下有期徒刑或者拘役；情节严重的，处三年以上七年以下有期徒刑。

[要旨] 司法工作人员收受贿赂，对不符合减刑、假释、暂予监外执行条件的罪犯，予以减刑、假释或者暂予监外执行的，应根据案件的具体情况，依法追究刑事责任。检例第 3 号：林志斌徇私舞弊暂予监外执行案

[工人等非监管机关在编监管人员私放在押人员和失职致使在押人员脱逃] 工人等非监管机关在编监管人员在被监管机关聘用受委托履行监管职责的过程中私放在押人员的，应当依照刑法第四百条第一款的规定，以私放在押人员罪追究刑事责任；由于严重不负责任，致使在押人员脱逃，造成严重后果的，应当依照刑法第四百条第二款的规定，以失职致使在押人员脱逃罪追究刑事责任。最高检《关于工人等非监管机关在编监管人员私放在押人员行为和失职致使在押人员脱逃行为适用法律问题的解释》高检发释字〔2001〕2 号 2001/03/02

第四百零二条　【徇私舞弊不移交刑事案件罪】 行政执法人

员徇私舞弊，对依法应当移交司法机关追究刑事责任的不移交，情节严重的，处三年以下有期徒刑或者拘役；造成严重后果的，处三年以上七年以下有期徒刑。

［要旨　诉讼监督　徇私舞弊不移交刑事案件罪］诉讼监督，是人民检察院依法履行法律监督的重要内容。实践中，检察机关和办案人员应当坚持办案与监督并重，建立健全行政执法与刑事司法有效衔接的工作机制，善于在办案中发现各种职务犯罪线索；对于行政执法人员徇私舞弊，不移送有关刑事案件构成犯罪的，应当依法追究刑事责任。检例第7号：胡某、郑某徇私舞弊不移交刑事案件案

［指导意义］检察机关和办案人员应当坚持办案与监督并重，善于在办案中发现各种职务犯罪线索，对于行政执法人员徇私舞弊不移交刑事案件构成犯罪的，应当依法追究刑事责任。检例第7号：胡某、郑某徇私舞弊不移交刑事案件案

第四百零三条　【滥用管理公司、证券职权罪】国家有关主管部门的国家机关工作人员，徇私舞弊，滥用职权，对不符合法律规定条件的公司设立、登记申请或者股票、债券发行、上市申请，予以批准或者登记，致使公共财产、国家和人民利益遭受重大损失的，处五年以下有期徒刑或者拘役。

上级部门强令登记机关及其工作人员实施前款行为的，对其直接负责的主管人员，依照前款的规定处罚。

第四百零四条　【徇私舞弊不征、少征税款罪】税务机关的工作人员徇私舞弊，不征或者少征应征税款，致使国家税收遭受重大损失的，处五年以下有期徒刑或者拘役；造成特别重大损失的，处五年以上有期徒刑。

第四百零五条　【徇私舞弊发售发票、抵扣税款、出口退税罪；违法提供出口退税证罪】税务机关的工作人员违反法律、行政法规的规定，在办理发售发票、抵扣税款、出口退税工作中，徇私舞弊，致使国家利益遭受重大损失的，处五年以下有期徒刑

或者拘役；致使国家利益遭受特别重大损失的，处五年以上有期徒刑。

其他国家机关工作人员违反国家规定，在提供出口货物报关单、出口收汇核销单等出口退税凭证的工作中，徇私舞弊，致使国家利益遭受重大损失的，依照前款的规定处罚。

第四百零六条　【国家机关工作人员签订、履行合同失职被骗罪】国家机关工作人员在签订、履行合同过程中，因严重不负责任被诈骗，致使国家利益遭受重大损失的，处三年以下有期徒刑或者拘役；致使国家利益遭受特别重大损失的，处三年以上七年以下有期徒刑。

第四百零七条　【违法发放林木采伐许可证罪】林业主管部门的工作人员违反森林法的规定，超过批准的年采伐限额发放林木采伐许可证或者违反规定滥发林木采伐许可证，情节严重，致使森林遭受严重破坏的，处三年以下有期徒刑或者拘役。

[情节严重，致使森林遭受严重破坏之五种情形] 林业主管部门的工作人员违反森林法的规定，超过批准的年采伐限额发放林木采伐许可证或者违反规定滥发林木采伐许可证，具有下列情形之一的，属于刑法第四百零七条规定的“情节严重，致使森林遭受严重破坏”，以违法发放林木采伐许可证罪定罪处罚：

（一）发放林木采伐许可证允许采伐数量累计超过批准的年采伐限额，导致林木被采伐数量在十立方米以上的；

（二）滥发林木采伐许可证，导致林木被滥伐二十立方米以上的；

（三）滥发林木采伐许可证，导致珍贵树木被滥伐的；

（四）批准采伐国家禁止采伐的林木，情节恶劣的；

（五）其他情节严重的情形。最高法《关于审理破坏森林资源刑事案件具体应用法律若干问题的解释》法释〔2000〕36号 2000/12/11 第十二条

第四百零八条　【环境监管失职罪】负有环境保护监督管理职责的国家机关工作人员严重不负责任，导致发生重大环境污染

事故，致使公私财产遭受重大损失或者造成人身伤亡的严重后果的，处三年以下有期徒刑或者拘役。

第四百零八条之一　【食品监管渎职罪】负有食品安全监督管理职责的国家机关工作人员，滥用职权或者玩忽职守，导致发生重大食品安全事故或者造成其他严重后果的，处五年以下有期徒刑或者拘役；造成特别严重后果的，处五年以上十年以下有期徒刑。

徇私舞弊犯前款罪的，从重处罚。[①]

［典型意义］本案中因为渎职犯罪放任排污行为不仅造成了重大经济损失，并造成水体环境的长期污染，难以一时修复，损害后果持久，严重影响人民群众的生产生活。本案是在福建省推进生态文明先行示范区建设过程中，检察机关主动履职，集中查办危害生态文明建设渎职犯罪的具体体现。本案由福建省三明市三元区检察院自行发现，检察机关主动履职，通过办案严肃查办了国家机关工作人员在环境监管中的懒政、怠政造成的渎职犯罪，为推进生态文明先行示范区建设发挥了积极作用。**最高检发布10起加强生态环境司法保护典型案例九：倪可佃等3人环境监管失职案**

［典型意义］本案属于环保部门工作人员在环境监管、执法过程中不严格履职，以罚代管，长期放任违法行为，导致土地污染持续扩大，造成严重后果的渎职犯罪案件。此案的查处是落实广东省检察机关开展查办和预防危害生态环境职务犯罪专项工作的重要举措，有力促使当地环境监察、土地管理等部门在履行职责过程中，及时发现并依法查处污染环境行为，对于当地生态环境保护、经济社会健康发展具有重要的推动作用。**最高检发布10起加强生态环境司法保护典型案例十：张建强环境监管失职案**

［要旨　受贿罪类　食品监管渎职罪类　使用已查获的原料无证生产食用猪油并流入社会项］负有食品安全监督管理职责的国家机关工作人员，滥用职权或玩忽职守，导致发生重大食品安全事故或者造成其他严重后果的，应当认定为食品监管渎职罪。在渎职过程中受贿的，应当以食品

---

① 根据2011年5月1日《刑法修正案（八）》增加。

监管渎职罪和受贿罪实行数罪并罚。检例第16号：赛跃、韩成武受贿、食品监管渎职案

[要旨　渎职罪主体　国有事业单位工作人员环境监管失职罪] 实践中，一些国有公司、企业和事业单位经合法授权从事具体的管理市场经济和社会生活的工作，拥有一定管理公共事务和社会事务的职权，这些实际行使国家行政管理职权的公司、企业和事业单位工作人员，符合渎职罪主体要求；对其实施渎职行为构成犯罪的，应当依照刑法关于渎职罪的规定追究刑事责任。检例第4号：崔某环境监管失职案

[指导意义] 实际行使行政管理职权的国有公司、企业和事业单位的工作人员拥有一定管理公共事务和社会事务的职权，实施渎职行为构成犯罪的，应当以渎职罪追究刑事责任。检例第4号：崔某环境监管失职案

[要旨　病死猪加亚硝酸钠、工业用盐等，生产腊肠、腊肉　为逃避监管行贿　通风报信　数罪并罚] 实施生产、销售有毒、有害食品犯罪，为逃避查处向负有食品安全监管职责的国家工作人员行贿的，应当以生产、销售有毒、有害食品罪和行贿罪实行数罪并罚。

负有食品安全监督管理职责的国家机关工作人员，滥用职权，向生产、销售有毒、有害食品的犯罪分子通风报信，帮助逃避处罚的，应当认定为食品监管渎职罪；在渎职过程中受贿的，应当以食品监管渎职罪和受贿罪实行数罪并罚。检例第15号：胡林贵等人生产、销售有毒、有害食品，行贿；骆梅等人销售伪劣产品；朱伟全等人生产、销售伪劣产品；黎达文等人受贿，食品监管渎职案

[致使公私财产遭受重大损失或者严重危害人体健康　致使公私财产遭受重大损失或者造成人身伤亡的严重后果] 实施刑法第三百三十九条、第四百零八条规定的行为，致使公私财产损失三十万元以上，或者具有本解释第一条第十项至第十七项规定情形之一的，应当认定为“致使公私财产遭受重大损失或者严重危害人体健康”或者“致使公私财产遭受重大损失或者造成人身伤亡的严重后果”。两高《关于办理环境污染刑事案件适用法律若干问题的解释》法释〔2016〕29号 2017/01/01 第二条

第四百零九条　【传染病防治失职罪】从事传染病防治的政

府卫生行政部门的工作人员严重不负责任，导致传染病传播或者流行，情节严重的，处三年以下有期徒刑或者拘役。

[在预防、控制突发传染病疫情等灾害期间犯本罪] 在预防、控制突发传染病疫情等灾害期间，从事传染病防治的政府卫生行政部门的工作人员，或者在受政府卫生行政部门委托代表政府卫生行政部门行使职权的组织中从事公务的人员，或者虽未列入政府卫生行政部门人员编制但在政府卫生行政部门从事公务的人员，在代表政府卫生行政部门行使职权时，严重不负责任，导致传染病传播或者流行，情节严重的，依照刑法第四百零九条的规定，以传染病防治失职罪定罪处罚。两高《关于办理妨害预防、控制突发传染病疫情等灾害的刑事案件具体应用法律若干问题的解释》法释〔2003〕8 号 2003/05/15 第十六条第一款

[情节严重] 在国家对突发传染病疫情等灾害采取预防、控制措施后，具有下列情形之一的，属于刑法第四百零九条规定的“情节严重”：

（一）对发生突发传染病疫情等灾害的地区或者突发传染病病人、病原携带者、疑似突发传染病病人，未按照预防、控制突发传染病疫情等灾害工作规范的要求做好防疫、检疫、隔离、防护、救治等工作，或者采取的预防、控制措施不当，造成传染范围扩大或者疫情、灾情加重的；

（二）隐瞒、缓报、谎报或者授意、指使、强令他人隐瞒、缓报、谎报疫情、灾情，造成传染范围扩大或者疫情、灾情加重的；

（三）拒不执行突发传染病疫情等灾害应急处理指挥机构的决定、命令，造成传染范围扩大或者疫情、灾情加重的；

（四）具有其他严重情节的。两高《关于办理妨害预防、控制突发传染病疫情等灾害的刑事案件具体应用法律若干问题的解释》法释〔2003〕8 号 2003/05/15 第十六条第二款

[突发传染病疫情等灾害] 本解释所称“突发传染病疫情等灾害”，是指突然发生，造成或者可能造成社会公众健康严重损害的重大传染病疫情、群体性不明原因疾病以及其他严重影响公众健康的灾害。两高《关于办理妨害预防、控制突发传染病疫情等灾害的刑事案件具体应用法律若干问题的解释》法释〔2003〕8 号 2003/05/15 第十八条

第四百一十条　【非法批准征收、征用、占用土地罪；非法

低价出让国有土地使用权罪】国家机关工作人员徇私舞弊，违反土地管理法规，滥用职权，非法批准征收、征用、占用土地，或者非法低价出让国有土地使用权，情节严重的，处三年以下有期徒刑或者拘役；致使国家或者集体利益遭受特别重大损失的，处三年以上七年以下有期徒刑。

[国家机关工作人员徇私舞弊，违反草原法之情节严重] 国家机关工作人员徇私舞弊，违反草原法等土地管理法规，具有下列情形之一的，应当认定为刑法第四百一十条规定的“情节严重”：

（一）非法批准征收、征用、占用草原四十亩以上的；

（二）非法批准征收、征用、占用草原，造成二十亩以上草原被毁坏的；

（三）非法批准征收、征用、占用草原，造成直接经济损失三十万元以上，或者具有其他恶劣情节的。**最高法《关于审理破坏草原资源刑事案件应用法律若干问题的解释》法释〔2012〕15号 2012/11/22 第三条第一款**

[致使国家或者集体利益遭受特别重大损失] 具有下列情形之一，应当认定为刑法第四百一十条规定的“致使国家或者集体利益遭受特别重大损失”：

（一）非法批准征收、征用、占用草原八十亩以上的；

（二）非法批准征收、征用、占用草原，造成四十亩以上草原被毁坏的；

（三）非法批准征收、征用、占用草原，造成直接经济损失六十万元以上，或者具有其他特别恶劣情节的。**最高法《关于审理破坏草原资源刑事案件应用法律若干问题的解释》法释〔2012〕15号 2012/11/22 第三条第二款**

[违反土地管理法规 非法批准征用、占用土地] 刑法第二百二十八条、第三百四十二条、第四百一十条规定的“违反土地管理法规”，是指违反土地管理法、森林法、草原法等法律以及有关行政法规中关于土地管理的规定。

刑法第四百一十条规定的“非法批准征收、征用、占用土地”，是指非法批准征收、征用、占用耕地、林地等农用地以及其他土地。**全国人大常**

务委员会《关于〈中华人民共和国刑法〉第二百二十八条、第三百四十二条、第四百一十条的解释》2009/08/27

[情节严重] 国家机关工作人员徇私舞弊，违反土地管理法规，滥用职权，非法批准征用、占用林地，具有下列情形之一的，属于刑法第四百一十条规定的“情节严重”，应当以非法批准征用、占用土地罪判处三年以下有期徒刑或者拘役：

（一）非法批准征用、占用防护林地、特种用途林地数量分别或者合计达到十亩以上；

（二）非法批准征用、占用其他林地数量达到二十亩以上；

（三）非法批准征用、占用林地造成直接经济损失数额达到三十万元以上，或者造成本条第（一）项规定的林地数量分别或者合计达到五亩以上或者本条第（二）项规定的林地数量达到十亩以上毁坏。最高法《关于审理破坏林地资源刑事案件具体应用法律若干问题的解释》法释〔2005〕15号 2005/12/26 第二条

[致使国家或者集体利益遭受特别重大损失] 实施本解释第二条规定的行为，具有下列情形之一的，属于刑法第四百一十条规定的“致使国家或者集体利益遭受特别重大损失”，应当以非法批准征用、占用土地罪判处三年以上七年以下有期徒刑：

（一）非法批准征用、占用防护林地、特种用途林地数量分别或者合计达到二十亩以上；

（二）非法批准征用、占用其他林地数量达到四十亩以上；

（三）非法批准征用、占用林地造成直接经济损失数额达到六十万元以上，或者造成本条第（一）项规定的林地数量分别或者合计达到十亩以上或者本条第（二）项规定的林地数量达到二十亩以上毁坏。最高法《关于审理破坏林地资源刑事案件具体应用法律若干问题的解释》法释〔2005〕15号 2005/12/26 第三条

[情节严重] 国家机关工作人员徇私舞弊，违反土地管理法规，非法低价出让国有林地使用权，具有下列情形之一的，属于刑法第四百一十条规定的“情节严重”，应当以非法低价出让国有土地使用权罪判处三年以下有期徒刑或者拘役：

（一）林地数量合计达到三十亩以上，并且出让价额低于国家规定的最低价额标准的百分之六十；

（二）造成国有资产流失价额达到三十万元以上。**最高法《关于审理破坏林地资源刑事案件具体应用法律若干问题的解释》法释〔2005〕15 号 2005/12/26 第四条**

［**致使国家和集体利益遭受特别重大损失**］实施本解释第四条规定的行为，造成国有资产流失价额达到六十万元以上的，属于刑法第四百一十条规定的“致使国家和集体利益遭受特别重大损失”，应当以非法低价出让国有土地使用权罪判处三年以上七年以下有期徒刑。**最高法《关于审理破坏林地资源刑事案件具体应用法律若干问题的解释》法释〔2005〕15 号 2005/12/26 第五条**

［**单位犯罪**］单位实施破坏林地资源犯罪的，依照本解释规定的相关定罪量刑标准执行。**最高法《关于审理破坏林地资源刑事案件具体应用法律若干问题的解释》法释〔2005〕15 号 2005/12/26 第六条**

［**按累计数量、数额处罚**］多次实施本解释规定的行为依法应当追诉且未经处理的，应当按照累计的数量、数额处罚。**最高法《关于审理破坏林地资源刑事案件具体应用法律若干问题的解释》法释〔2005〕15 号 2005/12/26 第七条**

［**情节严重**］国家机关工作人员徇私舞弊，违反土地管理法规，滥用职权，非法批准征用、占用土地，具有下列情形之一的，属于非法批准征用、占用土地“情节严重”，依照刑法第四百一十条的规定，以非法批准征用、占用土地罪定罪处罚：

（一）非法批准征用、占用基本农田十亩以上的；

（二）非法批准征用、占用基本农田以外的耕地三十亩以上的；

（三）非法批准征用、占用其他土地五十亩以上的；

（四）虽未达到上述数量标准，但非法批准征用、占用土地造成直接经济损失三十万元以上；造成耕地大量毁坏等恶劣情节的。**最高法《关于审理破坏土地资源刑事案件具体应用法律若干问题的解释》法释〔2000〕14 号 2000/06/16 第四条**

［**致使国家或者集体利益遭受特别重大损失**］实施第四条规定的行为，具有下列情形之一的，属于非法批准征用、占用土地“致使国家或者集体

利益遭受特别重大损失”：

（一）非法批准征用、占用基本农田二十亩以上的；

（二）非法批准征用、占用基本农田以外的耕地六十亩以上的；

（三）非法批准征用、占用其他土地一百亩以上的；

（四）非法批准征用、占用土地，造成基本农田五亩以上，其他耕地十亩以上严重毁坏的；

（五）非法批准征用、占用土地造成直接经济损失五十万元以上等恶劣情节的。最高法《关于审理破坏土地资源刑事案件具体应用法律若干问题的解释》法释〔2000〕14号 2000/06/16 第五条

[情节严重] 国家机关工作人员徇私舞弊，违反土地管理法规，非法低价出让国有土地使用权，具有下列情形之一的，属于“情节严重”，依照刑法第四百一十条的规定，以非法低价出让国有土地使用权罪定罪处罚：

（一）出让国有土地使用权面积在三十亩以上，并且出让价额低于国家规定的最低价额标准的百分之六十的；

（二）造成国有土地资产流失价额在三十万元以上的。最高法《关于审理破坏土地资源刑事案件具体应用法律若干问题的解释》法释〔2000〕14号 2000/06/16 第六条

[致使国家和集体利益遭受特别重大损失] 实施第六条规定的行为，具有下列情形之一的，属于非法低价出让国有土地使用权，“致使国家和集体利益遭受特别重大损失”：

（一）非法低价出让国有土地使用权面积在六十亩以上，并且出让价额低于国家规定的最低价额标准的百分之四十的；

（二）造成国有土地资产流失价额在五十万元以上的。最高法《关于审理破坏土地资源刑事案件具体应用法律若干问题的解释》法释〔2000〕14号 2000/06/16 第七条

第四百一十一条　【放纵走私罪】海关工作人员徇私舞弊，放纵走私，情节严重的，处五年以下有期徒刑或者拘役；情节特别严重的，处五年以上有期徒刑。

第四百一十二条　【商检徇私舞弊罪；商检失职罪】国家商检部门、商检机构的工作人员徇私舞弊，伪造检验结果的，处五年以下有期徒刑或者拘役；造成严重后果的，处五年以上十年以下有期徒刑。

前款所列人员严重不负责任，对应当检验的物品不检验，或者延误检验出证、错误出证，致使国家利益遭受重大损失的，处三年以下有期徒刑或者拘役。

[放纵走私罪] 依照刑法第四百一十一条的规定，负有特定监管义务的海关工作人员徇私舞弊，利用职权，放任、纵容走私犯罪行为，情节严重的，构成放纵走私罪。放纵走私行为，一般是消极的不作为。如果海关工作人员与走私分子通谋，在放纵走私过程中以积极的行为配合走私分子逃避海关监管或者在放纵走私之后分得赃款的，应以共同走私犯罪追究刑事责任。

海关工作人员收受贿赂又放纵走私的，应以受贿罪和放纵走私罪数罪并罚。两高、海关总署《关于办理走私刑事案件适用法律若干问题的意见》法〔2002〕139号 2002/07/08 第十六条

第四百一十三条　【动植物检疫徇私舞弊罪；动植物检疫失职罪】动植物检疫机关的检疫人员徇私舞弊，伪造检疫结果的，处五年以下有期徒刑或者拘役；造成严重后果的，处五年以上十年以下有期徒刑。

前款所列人员严重不负责任，对应当检疫的检疫物不检疫，或者延误检疫出证、错误出证，致使国家利益遭受重大损失的，处三年以下有期徒刑或者拘役。

第四百一十四条　【放纵制售伪劣商品犯罪行为罪】对生产、销售伪劣商品犯罪行为负有追究责任的国家机关工作人员，徇私舞弊，不履行法律规定的追究职责，情节严重的，处五年以下有期徒刑或者拘役。

[对生产、销售伪劣商品犯罪不履行查处职责　情节严重之情形] 国

家机关工作人员徇私舞弊，对生产、销售伪劣商品犯罪不履行法律规定的查处职责，具有下列情形之一的，属于刑法第四百一十四条规定的“情节严重”：

（一）放纵生产、销售假药或者有毒、有害食品犯罪行为的；

（二）放纵依法可能判处二年有期徒刑以上刑罚的生产、销售、伪劣商品犯罪行为的；

（三）对三个以上有生产、销售伪劣商品犯罪行为的单位或者个人不履行追究职责的；

（四）致使国家和人民利益遭受重大损失或者造成恶劣影响的。两高《关于办理生产、销售伪劣商品刑事案件具体应用法律若干问题的解释》〔2001〕10号 2001/04/10 第八条

第四百一十五条　【办理偷越国（边）境人员出入境证件罪；放行偷越国（边）境人员罪】负责办理护照、签证以及其他出入境证件的国家机关工作人员，对明知是企图偷越国（边）境的人员，予以办理出入境证件的，或者边防、海关等国家机关工作人员，对明知是偷越国（边）境的人员，予以放行的，处三年以下有期徒刑或者拘役；情节严重的，处三年以上七年以下有期徒刑。

第四百一十六条　【不解救被拐卖、绑架妇女、儿童罪；阻碍解救被拐卖、绑架妇女、儿童罪】对被拐卖、绑架的妇女、儿童负有解救职责的国家机关工作人员，接到被拐卖、绑架的妇女、儿童及其家属的解救要求或者接到其他人的举报，而对被拐卖、绑架的妇女、儿童不进行解救，造成严重后果的，处五年以下有期徒刑或者拘役。

负有解救职责的国家机关工作人员利用职务阻碍解救的，处二年以上七年以下有期徒刑；情节较轻的，处二年以下有期徒刑或者拘役。

第四百一十七条　【帮助犯罪分子逃避处罚罪】有查禁犯罪

活动职责的国家机关工作人员，向犯罪分子通风报信、提供便利，帮助犯罪分子逃避处罚的，处三年以下有期徒刑或者拘役；情节严重的，处三年以上十年以下有期徒刑。

［国家机关工作人员，向犯罪分子通风报信、提供便利，帮助犯罪分子逃避处罚的］有查禁扰乱无线电管理秩序犯罪活动职责的国家机关工作人员，向犯罪分子通风报信、提供便利，帮助犯罪分子逃避处罚的，应当依照刑法第四百一十七条的规定，以帮助犯罪分子逃避处罚罪追究刑事责任；事先通谋的，以共同犯罪论处。两高《关于办理扰乱无线电通讯管理秩序等刑事案件适用法律若干问题的解释》法释〔2017〕11号 2017/07/01 第七条第二款

第四百一十八条　【招收公务员、学生徇私舞弊罪】国家机关工作人员在招收公务员、学生工作中徇私舞弊，情节严重的，处三年以下有期徒刑或者拘役。

第四百一十九条　【失职造成珍贵文物损毁、流失罪】国家机关工作人员严重不负责任，造成珍贵文物损毁或者流失，后果严重的，处三年以下有期徒刑或者拘役。

［国家机关工作人员严重不负责任，造成珍贵文物损毁或者流失　后果严重］国家机关工作人员严重不负责任，造成珍贵文物损毁或者流失，具有下列情形之一的，应当认定为刑法第四百一十九条规定的“后果严重”：

（一）导致二级以上文物或者五件以上三级文物损毁或者流失的；

（二）导致全国重点文物保护单位、省级文物保护单位的本体严重损毁或者灭失的；

（三）其他后果严重的情形。两高《关于办理妨害文物管理等刑事案件适用法律若干问题的解释》法释〔2015〕23号 2016/01/01 第十条

［文物］刑法有关文物的规定，适用于具有科学价值的古脊椎动物化石、古人类化石。全国人大常委会《关于〈中华人民共和国刑法〉有关文物的规定适用于具有科学价值的古脊椎动物化石、古人类化石的解释》2005/12/29

第十章　军人违反职责罪

第四百二十条　【军人违反职责罪的概念】军人违反职责，危害国家军事利益，依照法律应当受刑罚处罚的行为，是军人违反职责罪。

第四百二十一条　【战时违抗命令罪】战时违抗命令，对作战造成危害的，处三年以上十年以下有期徒刑；致使战斗、战役遭受重大损失的，处十年以上有期徒刑、无期徒刑或者死刑。

［战时违抗命令罪］战时违抗命令罪是指战时违抗命令，对作战造成危害的行为。最高检、解放军总政治部《军人违反职责罪案件立案标准的规定》2013/02/26 第一条第一款

［违抗命令］违抗命令，是指主观上出于故意，客观上违背、抗拒首长、上级职权范围内的命令，包括拒绝接受命令、拒不执行命令，或者不按照命令的具体要求行动等。最高检、解放军总政治部《军人违反职责罪案件立案标准的规定》2013/02/26 第一条第二款

［立案］战时涉嫌下列情形之一的，应予立案：

（一）扰乱作战部署或者贻误战机的；

（二）造成作战任务不能完成或者迟缓完成的；

（三）造成我方人员死亡一人以上，或者重伤二人以上，或者轻伤三人以上的；

（四）造成武器装备、军事设施、军用物资损毁，直接影响作战任务完成的；

（五）对作战造成其他危害的。最高检、解放军总政治部《军人违反职责罪案件立案标准的规定》2013/02/26 第一条第三款

第四百二十二条　【隐瞒、谎报军情罪；拒传、假传军令罪】故意隐瞒、谎报军情或者拒传、假传军令，对作战造成危害

的，处三年以上十年以下有期徒刑；致使战斗、战役遭受重大损失的，处十年以上有期徒刑、无期徒刑或者死刑。

［隐瞒、谎报军情罪］隐瞒、谎报军情罪是指故意隐瞒、谎报军情，对作战造成危害的行为。最高检、解放军总政治部《军人违反职责罪案件立案标准的规定》2013/02/26 第二条第一款

［立案］涉嫌下列情形之一的，应予立案：

（一）造成首长、上级决策失误的；

（二）造成作战任务不能完成或者迟缓完成的；

（三）造成我方人员死亡一人以上，或者重伤二人以上，或者轻伤三人以上的；

（四）造成武器装备、军事设施、军用物资损毁，直接影响作战任务完成的；

（五）对作战造成其他危害的。最高检、解放军总政治部《军人违反职责罪案件立案标准的规定》2013/02/26 第二条第二款

［拒传军令罪］拒传军令罪是指负有传递军令职责的军人，明知是军令而故意拒绝传递或者拖延传递，对作战造成危害的行为。最高检、解放军总政治部《军人违反职责罪案件立案标准的规定》2013/02/26 第三条第一款

［假传军令罪］假传军令罪是指故意伪造、篡改军令，或者明知是伪造、篡改的军令而予以传达或者发布，对作战造成危害的行为。最高检、解放军总政治部《军人违反职责罪案件立案标准的规定》2013/02/26 第三条第二款

［立案］涉嫌下列情形之一的，应予立案：

（一）造成首长、上级决策失误的；

（二）造成作战任务不能完成或者迟缓完成的；

（三）造成我方人员死亡一人以上，或者重伤二人以上，或者轻伤三人以上的；

（四）造成武器装备、军事设施、军用物资损毁，直接影响作战任务完成的；

（五）对作战造成其他危害的。最高检、解放军总政治部《军人违反职责罪案件立案标准的规定》2013/02/26 第三条第三款

第四百二十三条 【投降罪】在战场上贪生怕死，自动放下武器投降敌人的，处三年以上十年以下有期徒刑；情节严重的，处十年以上有期徒刑或者无期徒刑。

投降后为敌人效劳的，处十年以上有期徒刑、无期徒刑或者死刑。

[投降罪] 投降罪是指在战场上贪生怕死，自动放下武器投降敌人的行为。最高检、解放军总政治部《军人违反职责罪案件立案标准的规定》2013/02/26 第四条第一款

[立案] 凡涉嫌投降敌人的，应予立案。最高检、解放军总政治部《军人违反职责罪案件立案标准的规定》2013/02/26 第四条第二款

第四百二十四条 【战时临阵脱逃罪】战时临阵脱逃的，处三年以下有期徒刑；情节严重的，处三年以上十年以下有期徒刑；致使战斗、战役遭受重大损失的，处十年以上有期徒刑、无期徒刑或者死刑。

[战时临阵脱逃罪] 战时临阵脱逃罪是指在战斗中或者在接受作战任务后，逃离战斗岗位的行为。最高检、解放军总政治部《军人违反职责罪案件立案标准的规定》2013/02/26 第五条第一款

[立案] 凡战时涉嫌临阵脱逃的，应予立案。最高检、解放军总政治部《军人违反职责罪案件立案标准的规定》2013/02/26 第五条第二款

第四百二十五条 【擅离、玩忽军事职守罪】指挥人员和值班、值勤人员擅离职守或者玩忽职守，造成严重后果的，处三年以下有期徒刑或者拘役；造成特别严重后果的，处三年以上七年以下有期徒刑。

战时犯前款罪的，处五年以上有期徒刑。

[擅离、玩忽军事职守罪] 擅离、玩忽军事职守罪是指指挥人员和值班、值勤人员擅自离开正在履行职责的岗位，或者在履行职责的岗位上，严重不负责任，不履行或者不正确履行职责，造成严重后果的行为。最高检、解放军总政治部《军人违反职责罪案件立案标准的规定》2013/02/26 第六条第一款

[指挥人员] 指挥人员，是指对部队或者部属负有组织、领导、管理职责的人员。专业主管人员在其业务管理范围内，视为指挥人员。最高检、

解放军总政治部《军人违反职责罪案件立案标准的规定》2013/02/26 第六条第二款

[值班人员] 值班人员，是指军队各单位、各部门为保持指挥或者履行职责不间断而设立的、负责处理本单位、本部门特定事务的人员。最高检、解放军总政治部《军人违反职责罪案件立案标准的规定》2013/02/26 第六条第三款

[值勤人员] 值勤人员，是指正在担任警卫、巡逻、观察、纠察、押运等勤务，或者作战勤务工作的人员。最高检、解放军总政治部《军人违反职责罪案件立案标准的规定》2013/02/26 第六条第四款

[立案] 涉嫌下列情形之一的，应予立案：

（一）造成重大任务不能完成或者迟缓完成的；

（二）造成死亡一人以上，或者重伤三人以上，或者重伤二人、轻伤四人以上，或者重伤一人、轻伤七人以上，或者轻伤十人以上的；

（三）造成枪支、手榴弹、爆炸装置或者子弹十发、雷管三十枚、导火索或者导爆索三十米、炸药一千克以上丢失、被盗，或者不满规定数量，但后果严重的，或者造成其他重要武器装备、器材丢失、被盗的；

（四）造成武器装备、军事设施、军用物资或者其他财产损毁，直接经济损失三十万元以上，或者直接经济损失、间接经济损失合计一百五十万元以上的；

（五）造成其他严重后果的。最高检、解放军总政治部《军人违反职责罪案件立案标准的规定》2013/02/26 第六条第五款

第四百二十六条 【阻碍执行军事职务罪】 以暴力、威胁方法，阻碍指挥人员或者值班、值勤人员执行职务的，处五年以下有期徒刑或者拘役；情节严重的，处五年以上十年以下有期徒刑；情节特别严重的，处十年以上有期徒刑或者无期徒刑。战时从重处罚。[①]

---

① 根据 2015 年 11 月 1 日《刑法修正案（九）》修改，原条文为："以暴力、威胁方法，阻碍指挥人员或者值班、值勤人员执行职务的，处五年以下有期徒刑或者拘役；情节严重的，处五年以上有期徒刑；致人重伤、死亡的，或者有其他特别严重情节的，处无期徒刑或者死刑。战时从重处罚。"

[阻碍执行军事职务罪] 阻碍执行军事职务罪是指以暴力、威胁方法，阻碍指挥人员或者值班、值勤人员执行职务的行为。最高检、解放军总政治部《军人违反职责罪案件立案标准的规定》2013/02/26 第七条第一款

[立案] 凡涉嫌阻碍执行军事职务的，应予立案。最高检、解放军总政治部《军人违反职责罪案件立案标准的规定》2013/02/26 第七条第二款

第四百二十七条　【指使部属违反职责罪】滥用职权，指使部属进行违反职责的活动，造成严重后果的，处五年以下有期徒刑或者拘役；情节特别严重的，处五年以上十年以下有期徒刑。

[指使部属违反职责罪] 指使部属违反职责罪是指指挥人员滥用职权，指使部属进行违反职责的活动，造成严重后果的行为。最高检、解放军总政治部《军人违反职责罪案件立案标准的规定》2013/02/26 第八条第一款

[立案] 涉嫌下列情形之一的，应予立案：

（一）造成重大任务不能完成或者迟缓完成的；

（二）造成死亡一人以上，或者重伤二人以上，或者重伤一人、轻伤三人以上，或者轻伤五人以上的；

（三）造成武器装备、军事设施、军用物资或者其他财产损毁，直接经济损失二十万元以上，或者直接经济损失、间接经济损失合计一百万元以上的；

（四）造成其他严重后果的。最高检、解放军总政治部《军人违反职责罪案件立案标准的规定》2013/02/26 第八条第二款

第四百二十八条　【违令作战消极罪】指挥人员违抗命令，临阵畏缩，作战消极，造成严重后果的，处五年以下有期徒刑；致使战斗、战役遭受重大损失或者有其他特别严重情节的，处五年以上有期徒刑。

[违令作战消极罪] 违令作战消极罪是指指挥人员违抗命令，临阵畏缩，作战消极，造成严重后果的行为。最高检、解放军总政治部《军人违反职责罪案件立案标准的规定》2013/02/26 第九条第一款

[违抗命令，临阵畏缩，作战消极] 违抗命令，临阵畏缩，作战消极，是指在作战中故意违背、抗拒执行首长、上级的命令，面临战斗任务而畏

难怕险，怯战怠战，行动消极。最高检、解放军总政治部《军人违反职责罪案件立案标准的规定》2013/02/26 第九条第二款

[立案] 涉嫌下列情形之一的，应予立案：

（一）扰乱作战部署或者贻误战机的；

（二）造成作战任务不能完成或者迟缓完成的；

（三）造成我方人员死亡一人以上，或者重伤二人以上，或者轻伤三人以上的；

（四）造成武器装备、军事设施、军用物资或者其他财产损毁，直接经济损失二十万元以上，或者直接经济损失、间接经济损失合计一百万元以上的；

（五）造成其他严重后果的。最高检、解放军总政治部《军人违反职责罪案件立案标准的规定》2013/02/26 第九条第三款

第四百二十九条　【拒不救援友邻部队罪】在战场上明知友邻部队处境危急请求救援，能救援而不救援，致使友邻部队遭受重大损失的，对指挥人员，处五年以下有期徒刑。

[拒不救援友邻部队罪] 拒不救援友邻部队罪是指指挥人员在战场上，明知友邻部队面临被敌人包围、追击或者阵地将被攻陷等危急情况请求救援，能救援而不救援，致使友邻部队遭受重大损失的行为。最高检、解放军总政治部《军人违反职责罪案件立案标准的规定》2013/02/26 第十条第一款

[能救援而不救援] 能救援而不救援，是指根据当时自己部队（分队）所处的环境、作战能力及所担负的任务，有条件组织救援却没有组织救援。最高检、解放军总政治部《军人违反职责罪案件立案标准的规定》2013/02/26 第十条第二款

[立案] 涉嫌下列情形之一的，应予立案：

（一）造成战斗失利的；

（二）造成阵地失陷的；

（三）造成突围严重受挫的；

（四）造成我方人员死亡三人以上，或者重伤十人以上，或者轻伤十五人以上的；

（五）造成武器装备、军事设施、军用物资损毁，直接经济损失一百万元以上的；

（六）造成其他重大损失的。最高检、解放军总政治部《军人违反职责罪案件立案标准的规定》2013/02/26 第十条第三款

第四百三十条 【军人叛逃罪】在履行公务期间，擅离岗位，叛逃境外或者在境外叛逃，危害国家军事利益的，处五年以下有期徒刑或者拘役；情节严重的，处五年以上有期徒刑。

驾驶航空器、舰船叛逃的，或者有其他特别严重情节的，处十年以上有期徒刑、无期徒刑或者死刑。

［**军人叛逃罪**］军人叛逃罪是指军人在履行公务期间，擅离岗位，叛逃境外或者在境外叛逃，危害国家军事利益的行为。最高检、解放军总政治部《军人违反职责罪案件立案标准的规定》2013/02/26 第十一条第一款

［**立案**］涉嫌下列情形之一的，应予立案：

（一）因反对国家政权和社会主义制度而出逃的；

（二）掌握、携带军事秘密出境后滞留不归的；

（三）申请政治避难的；

（四）公开发表叛国言论的；

（五）投靠境外反动机构或者组织的；

（六）出逃至交战对方区域的；

（七）进行其他危害国家军事利益活动的。最高检、解放军总政治部《军人违反职责罪案件立案标准的规定》2013/02/26 第十一条第二款

第四百三十一条 【非法获取军事秘密罪；为境外窃取、刺探、收买、非法提供军事秘密罪】以窃取、刺探、收买方法，非法获取军事秘密的，处五年以下有期徒刑；情节严重的，处五年以上十年以下有期徒刑；情节特别严重的，处十年以上有期徒刑。

为境外的机构、组织、人员窃取、刺探、收买、非法提供军事秘密的，处十年以上有期徒刑、无期徒刑或者死刑。

［非法获取军事秘密罪］非法获取军事秘密罪是指违反国家和军队的保密规定，采取窃取、刺探、收买方法，非法获取军事秘密的行为。最高检、解放军总政治部《军人违反职责罪案件立案标准的规定》2013/02/26 第十二条第一款

［军事秘密］军事秘密，是关系国防安全和军事利益，依照规定的权限和程序确定，在一定时间内只限一定范围的人员知悉的事项。内容包括：

（一）国防和武装力量建设规划及其实施情况；

（二）军事部署，作战、训练以及处置突发事件等军事行动中需要控制知悉范围的事项；

（三）军事情报及其来源，军事通信、信息对抗以及其他特种业务的手段、能力，密码以及有关资料；

（四）武装力量的组织编制，部队的任务、实力、状态等情况中需要控制知悉范围的事项，特殊单位以及师级以下部队的番号；

（五）国防动员计划及其实施情况；

（六）武器装备的研制、生产、配备情况和补充、维修能力，特种军事装备的战术技术性能；

（七）军事学术和国防科学技术研究的重要项目、成果及其应用情况中需要控制知悉范围的事项；

（八）军队政治工作中不宜公开的事项；

（九）国防费分配和使用的具体事项，军事物资的筹措、生产、供应和储备等情况中需要控制知悉范围的事项；

（十）军事设施及其保护情况中不宜公开的事项；

（十一）对外军事交流与合作中不宜公开的事项；

（十二）其他需要保密的事项。最高检、解放军总政治部《军人违反职责罪案件立案标准的规定》2013/02/26 第十二条第二款

［立案］凡涉嫌非法获取军事秘密的，应予立案。最高检、解放军总政治部《军人违反职责罪案件立案标准的规定》2013/02/26 第十二条第三款

［为境外窃取、刺探、收买、非法提供军事秘密罪］为境外窃取、刺探、收买、非法提供军事秘密罪是指违反国家和军队的保密规定，为境外

的机构、组织、人员窃取、刺探、收买、非法提供军事秘密的行为。最高检、解放军总政治部《军人违反职责罪案件立案标准的规定》2013/02/26 第十三条第一款

[立案] 凡涉嫌为境外窃取、刺探、收买、非法提供军事秘密的，应予立案。最高检、解放军总政治部《军人违反职责罪案件立案标准的规定》2013/02/26 第十三条第二款

第四百三十二条 【故意泄露军事秘密罪；过失泄露军事秘密罪】违反保守国家秘密法规，故意或者过失泄露军事秘密，情节严重的，处五年以下有期徒刑或者拘役；情节特别严重的，处五年以上十年以下有期徒刑。

战时犯前款罪的，处五年以上十年以下有期徒刑；情节特别严重的，处十年以上有期徒刑或者无期徒刑。

[故意泄露军事秘密罪] 故意泄露军事秘密罪是指违反国家和军队的保密规定，故意使军事秘密被不应知悉者知悉或者超出了限定的接触范围，情节严重的行为。最高检、解放军总政治部《军人违反职责罪案件立案标准的规定》2013/02/26 第十四条第一款

[立案] 涉嫌下列情形之一的，应予立案：

（一）泄露绝密级或者机密级军事秘密一项（件）以上的；

（二）泄露秘密级军事秘密三项（件）以上的；

（三）向公众散布、传播军事秘密的；

（四）泄露军事秘密造成严重危害后果的；

（五）利用职权指使或者强迫他人泄露军事秘密的；

（六）负有特殊保密义务的人员泄密的；

（七）以牟取私利为目的泄露军事秘密的；

（八）执行重大任务时泄密的；

（九）有其他情节严重行为的。最高检、解放军总政治部《军人违反职责罪案件立案标准的规定》2013/02/26 第十四条第二款

[过失泄露军事秘密罪] 过失泄露军事秘密罪是指违反国家和军队的保密规定，过失泄露军事秘密，致使军事秘密被不应知悉者知悉或者超出

了限定的接触范围，情节严重的行为。最高检、解放军总政治部《军人违反职责罪案件立案标准的规定》2013/02/26 第十五条第一款

[立案] 涉嫌下列情形之一的，应予立案：

（一）泄露绝密级军事秘密一项（件）以上的；

（二）泄露机密级军事秘密三项（件）以上的；

（三）泄露秘密级军事秘密四项（件）以上的；

（四）负有特殊保密义务的人员泄密的；

（五）泄露军事秘密或者遗失军事秘密载体，不按照规定报告，或者不如实提供有关情况，或者未及时采取补救措施的；

（六）有其他情节严重行为的。最高检、解放军总政治部《军人违反职责罪案件立案标准的规定》2013/02/26 第十五条第二款

第四百三十三条　【战时造谣惑众罪】战时造谣惑众，动摇军心的，处三年以下有期徒刑；情节严重的，处三年以上十年以下有期徒刑；情节特别严重的，处十年以上有期徒刑或者无期徒刑。[①]

[战时造谣惑众罪] 战时造谣惑众罪是指在战时造谣惑众，动摇军心的行为。最高检、解放军总政治部《军人违反职责罪案件立案标准的规定》2013/02/26 第十六条第一款

[造谣惑众，动摇军心] 造谣惑众，动摇军心，是指故意编造、散布谣言，煽动怯战、厌战或者恐怖情绪，蛊惑官兵，造成或者足以造成部队情绪恐慌、士气不振、军心涣散的行为。最高检、解放军总政治部《军人违反职责罪案件立案标准的规定》2013/02/26 第十六条第二款

[立案] 凡战时涉嫌造谣惑众，动摇军心的，应予立案。最高检、解放军总政治部《军人违反职责罪案件立案标准的规定》2013/02/26 第十六条第三款

第四百三十四条　【战时自伤罪】战时自伤身体，逃避军事

---

① 根据 2015 年 11 月 1 日《刑法修正案（九）》修改，原条文为：“战时造谣惑众，动摇军心的，处三年以下有期徒刑；情节严重的，处三年以上十年以下有期徒刑。

“勾结敌人造谣惑众，动摇军心的，处十年以上有期徒刑或者无期徒刑；情节特别严重的，可以判处死刑。”

义务的，处三年以下有期徒刑；情节严重的，处三年以上七年以下有期徒刑。

[战时自伤罪] 战时自伤罪是指在战时为了逃避军事义务，故意伤害自己身体的行为。最高检、解放军总政治部《军人违反职责罪案件立案标准的规定》2013/02/26 第十七条第一款

[逃避军事义务] 逃避军事义务，是指逃避临战准备、作战行动、战场勤务和其他作战保障任务等与作战有关的义务。最高检、解放军总政治部《军人违反职责罪案件立案标准的规定》2013/02/26 第十七条第二款

[立案] 凡战时涉嫌自伤致使不能履行军事义务的，应予立案。最高检、解放军总政治部《军人违反职责罪案件立案标准的规定》2013/02/26 第十七条第三款

第四百三十五条　【逃离部队罪】违反兵役法规，逃离部队，情节严重的，处三年以下有期徒刑或者拘役。

战时犯前款罪的，处三年以上七年以下有期徒刑。

[逃离部队罪] 逃离部队罪是指违反兵役法规，逃离部队，情节严重的行为。最高检、解放军总政治部《军人违反职责罪案件立案标准的规定》2013/02/26 第十八条第一款

[违反兵役法规] 违反兵役法规，是指违反国防法、兵役法和军队条令条例以及其他有关兵役方面的法律规定。最高检、解放军总政治部《军人违反职责罪案件立案标准的规定》2013/02/26 第十八条第二款

[逃离部队] 逃离部队，是指擅自离开部队或者经批准外出逾期拒不归队。最高检、解放军总政治部《军人违反职责罪案件立案标准的规定》2013/02/26 第十八条第三款

[立案] 涉嫌下列情形之一的，应予立案：

（一）逃离部队持续时间达三个月以上或者三次以上或者累计时间达六个月以上的；

（二）担负重要职责的人员逃离部队的；

（三）策动三人以上或者胁迫他人逃离部队的；

（四）在执行重大任务期间逃离部队的；

（五）携带武器装备逃离部队的；

（六）有其他情节严重行为的。最高检、解放军总政治部《军人违反职责罪案件立案标准的规定》2013/02/26 第十八条第四款

［非战时逃离部队］军人违反兵役法规，在非战时逃离部队，情节严重的，应当依照刑法第四百三十五条第一款的规定定罪处罚。两高《关于对军人非战时逃离部队的行为能否定罪处罚问题的批复》法释〔2000〕39 号 2000/12/08

第四百三十六条　【武器装备肇事罪】违反武器装备使用规定，情节严重，因而发生责任事故，致人重伤、死亡或者造成其他严重后果的，处三年以下有期徒刑或者拘役；后果特别严重的，处三年以上七年以下有期徒刑。

［武器装备肇事罪］武器装备肇事罪是指违反武器装备使用规定，情节严重，因而发生责任事故，致人重伤、死亡或者造成其他严重后果的行为。最高检、解放军总政治部《军人违反职责罪案件立案标准的规定》2013/02/26 第十九条第一款

［情节严重］情节严重，是指故意违反武器装备使用规定，或者在使用过程中严重不负责任。最高检、解放军总政治部《军人违反职责罪案件立案标准的规定》2013/02/26 第十九条第二款

［立案］涉嫌下列情形之一的，应予立案：

（一）影响重大任务完成的；

（二）造成死亡一人以上，或者重伤二人以上，或者轻伤三人以上的；

（三）造成武器装备、军事设施、军用物资或者其他财产损毁，直接经济损失三十万元以上，或者直接经济损失、间接经济损失合计一百五十万元以上的；

（四）严重损害国家和军队声誉，造成恶劣影响的；

（五）造成其他严重后果的。最高检、解放军总政治部《军人违反职责罪案件立案标准的规定》2013/02/26 第十九条第三款

第四百三十七条　【擅自改变武器装备编配用途罪】违反武器装备管理规定，擅自改变武器装备的编配用途，造成严重后果的，处三年以下有期徒刑或者拘役；造成特别严重后果的，处三年以上七年以下有期徒刑。

［擅自改变武器装备编配用途罪］擅自改变武器装备编配用途罪是指违反武器装备管理规定，未经有权机关批准，擅自将编配的武器装备改作其他用途，造成严重后果的行为。最高检、解放军总政治部《军人违反职责罪案件立案标准的规定》2013/02/26 第二十条第一款

［立案］涉嫌下列情形之一的，应予立案：

（一）造成重大任务不能完成或者迟缓完成的；

（二）造成死亡一人以上，或者重伤三人以上，或者重伤二人、轻伤四人以上，或者重伤一人、轻伤七人以上，或者轻伤十人以上的；

（三）造成武器装备、军事设施、军用物资或者其他财产损毁，直接经济损失三十万元以上，或者直接经济损失、间接经济损失合计一百五十万元以上的；

（四）造成其他严重后果的。最高检、解放军总政治部《军人违反职责罪案件立案标准的规定》2013/02/26 第二十条第二款

第四百三十八条　【盗窃、抢夺武器装备、军用物资罪；盗窃、抢夺枪支、弹药、爆炸物罪】 盗窃、抢夺武器装备或者军用物资的，处五年以下有期徒刑或者拘役；情节严重的，处五年以上十年以下有期徒刑；情节特别严重的，处十年以上有期徒刑、无期徒刑或者死刑。

盗窃、抢夺枪支、弹药、爆炸物的，依照本法第一百二十七条的规定处罚。

［盗窃武器装备罪］盗窃武器装备罪是指以非法占有为目的，秘密窃取武器装备的行为。最高检、解放军总政治部《军人违反职责罪案件立案标准的规定》2013/02/26 第二十一条第一款

［抢夺武器装备罪］抢夺武器装备罪是指以非法占有为目的，乘人不备，公然夺取武器装备的行为。最高检、解放军总政治部《军人违反职责罪案件立案标准的规定》2013/02/26 第二十一条第二款

［立案］凡涉嫌盗窃、抢夺武器装备的，应予立案。最高检、解放军总政治部《军人违反职责罪案件立案标准的规定》2013/02/26 第二十一条第三款

［盗窃军用物资罪］盗窃军用物资罪是指以非法占有为目的，秘密窃

取军用物资的行为。最高检、解放军总政治部《军人违反职责罪案件立案标准的规定》2013/02/26 第二十一条第四款

［抢夺军用物资罪］抢夺军用物资罪是指以非法占有为目的，乘人不备，公然夺取军用物资的行为。最高检、解放军总政治部《军人违反职责罪案件立案标准的规定》2013/02/26 第二十一条第五款

［立案］凡涉嫌盗窃、抢夺军用物资价值二千元以上，或者不满规定数额，但后果严重的，应予立案。最高检、解放军总政治部《军人违反职责罪案件立案标准的规定》2013/02/26 第二十一条第六款

第四百三十九条　【非法出卖、转让武器装备罪】非法出卖、转让军队武器装备的，处三年以上十年以下有期徒刑；出卖、转让大量武器装备或者有其他特别严重情节的，处十年以上有期徒刑、无期徒刑或者死刑。

［非法出卖、转让武器装备罪］非法出卖、转让武器装备罪是指非法出卖、转让武器装备的行为。最高检、解放军总政治部《军人违反职责罪案件立案标准的规定》2013/02/26 第二十二条第一款

［出卖、转让］出卖、转让，是指违反武器装备管理规定，未经有权机关批准，擅自用武器装备换取金钱、财物或者其他利益，或者将武器装备馈赠他人的行为。最高检、解放军总政治部《军人违反职责罪案件立案标准的规定》2013/02/26 第二十二条第二款

［立案］涉嫌下列情形之一的，应予立案：

（一）非法出卖、转让枪支、手榴弹、爆炸装置的；

（二）非法出卖、转让子弹十发、雷管三十枚、导火索或者导爆索三十米、炸药一千克以上，或者不满规定数量，但后果严重的；

（三）非法出卖、转让武器装备零部件或者维修器材、设备，致使武器装备报废或者直接经济损失三十万元以上的；

（四）非法出卖、转让其他重要武器装备的。最高检、解放军总政治部《军人违反职责罪案件立案标准的规定》2013/02/26 第二十二条第三款

第四百四十条　【遗弃武器装备罪】违抗命令，遗弃武器装备的，处五年以下有期徒刑或者拘役；遗弃重要或者大量武器装

备的，或者有其他严重情节的，处五年以上有期徒刑。

[遗弃武器装备罪] 遗弃武器装备罪是指负有保管、使用武器装备义务的军人，违抗命令，故意遗弃武器装备的行为。最高检、解放军总政治部《军人违反职责罪案件立案标准的规定》2013/02/26 第二十三条第一款

[立案] 涉嫌下列情形之一的，应予立案：

(一) 遗弃枪支、手榴弹、爆炸装置的；

(二) 遗弃子弹十发、雷管三十枚、导火索或者导爆索三十米、炸药一千克以上，或者不满规定数量，但后果严重的；

(三) 遗弃武器装备零部件或者维修器材、设备，致使武器装备报废或者直接经济损失三十万元以上的；

(四) 遗弃其他重要武器装备的。最高检、解放军总政治部《军人违反职责罪案件立案标准的规定》2013/02/26 第二十三条第二款

第四百四十一条　【遗失武器装备罪】遗失武器装备，不及时报告或者有其他严重情节的，处三年以下有期徒刑或者拘役。

[遗失武器装备罪] 遗失武器装备罪是指遗失武器装备，不及时报告或者有其他严重情节的行为。最高检、解放军总政治部《军人违反职责罪案件立案标准的规定》2013/02/26 第二十四条第一款

[其他严重情节] 其他严重情节，是指遗失武器装备严重影响重大任务完成的；给人民群众生命财产安全造成严重危害的；遗失的武器装备被敌人或者境外的机构、组织和人员或者国内恐怖组织和人员利用，造成严重后果或者恶劣影响的；遗失的武器装备数量多、价值高的；战时遗失的，等等。最高检、解放军总政治部《军人违反职责罪案件立案标准的规定》2013/02/26 第二十四条第二款

[立案] 凡涉嫌遗失武器装备不及时报告或者有其他严重情节的，应予立案。最高检、解放军总政治部《军人违反职责罪案件立案标准的规定》2013/02/26 第二十四条第三款

第四百四十二条　【擅自出卖、转让军队房地产罪】违反规定，擅自出卖、转让军队房地产，情节严重的，对直接责任人员，处三年以下有期徒刑或者拘役；情节特别严重的，处三年以

上十年以下有期徒刑。

[擅自出卖、转让军队房地产罪] 擅自出卖、转让军队房地产罪是指违反军队房地产管理和使用规定，未经有权机关批准，擅自出卖、转让军队房地产，情节严重的行为。最高检、解放军总政治部《军人违反职责罪案件立案标准的规定》2013/02/26 第二十五条第一款

[军队房地产] 军队房地产，是指依法由军队使用管理的土地及其地上地下用于营房保障的建筑物、构筑物、附属设施设备，以及其他附着物。最高检、解放军总政治部《军人违反职责罪案件立案标准的规定》2013/02/26 第二十五条第二款

[立案] 涉嫌下列情形之一的，应予立案：

（一）擅自出卖、转让军队房地产价值三十万元以上的；

（二）擅自出卖、转让军队房地产给境外的机构、组织、人员的；

（三）擅自出卖、转让军队房地产严重影响部队正常战备、训练、工作、生活和完成军事任务的；

（四）擅自出卖、转让军队房地产给军事设施安全造成严重危害的；

（五）有其他情节严重行为的。最高检、解放军总政治部《军人违反职责罪案件立案标准的规定》2013/02/26 第二十五条第三款

第四百四十三条　【虐待部属罪】滥用职权，虐待部属，情节恶劣，致人重伤或者造成其他严重后果的，处五年以下有期徒刑或者拘役；致人死亡的，处五年以上有期徒刑。

[虐待部属罪] 虐待部属罪是指滥用职权，虐待部属，情节恶劣，致人重伤、死亡或者造成其他严重后果的行为。最高检、解放军总政治部《军人违反职责罪案件立案标准的规定》2013/02/26 第二十六条第一款

[虐待部属] 虐待部属，是指采取殴打、体罚、冻饿或者其他有损身心健康的手段，折磨、摧残部属的行为。最高检、解放军总政治部《军人违反职责罪案件立案标准的规定》2013/02/26 第二十六条第二款

[情节恶劣] 情节恶劣，是指虐待手段残酷的；虐待三人以上的；虐待部属三次以上的；虐待伤病残部属的，等等。最高检、解放军总政治部《军人违反职责罪案件立案标准的规定》2013/02/26 第二十六条第三款

[其他严重后果] 其他严重后果，是指部属不堪忍受虐待而自杀、自残造成重伤或者精神失常的；诱发其他案件、事故的；导致部属一人逃离部队三次以上，或者二人以上逃离部队的；造成恶劣影响的，等等。最高检、解放军总政治部《军人违反职责罪案件立案标准的规定》2013/02/26 第二十六条第四款

[立案] 凡涉嫌虐待部属，情节恶劣，致人重伤、死亡或者造成其他严重后果的，应予立案。最高检、解放军总政治部《军人违反职责罪案件立案标准的规定》2013/02/26 第二十六条第五款

第四百四十四条 【遗弃伤病军人罪】在战场上故意遗弃伤病军人，情节恶劣的，对直接责任人员，处五年以下有期徒刑。

[遗弃伤病军人罪] 遗弃伤病军人罪是指在战场上故意遗弃我方伤病军人，情节恶劣的行为。最高检、解放军总政治部《军人违反职责罪案件立案标准的规定》2013/02/26 第二十七条第一款

[立案] 涉嫌下列情形之一的，应予立案：

（一）为挟嫌报复而遗弃伤病军人的；

（二）遗弃伤病军人三人以上的；

（三）导致伤病军人死亡、失踪、被俘的；

（四）有其他恶劣情节的。最高检、解放军总政治部《军人违反职责罪案件立案标准的规定》2013/02/26 第二十七条第二款

第四百四十五条 【战时拒不救治伤病军人罪】战时在救护治疗职位上，有条件救治而拒不救治危重伤病军人的，处五年以下有期徒刑或者拘役；造成伤病军人重残、死亡或者有其他严重情节的，处五年以上十年以下有期徒刑。

[战时拒不救治伤病军人罪] 战时拒不救治伤病军人罪是指战时在救护治疗职位上，有条件救治而拒不救治危重伤病军人的行为。最高检、解放军总政治部《军人违反职责罪案件立案标准的规定》2013/02/26 第二十八条第一款

[有条件救治而拒不救治] 有条件救治而拒不救治，是指根据伤病军人的伤情或者病情，结合救护人员的技术水平、医疗单位的医疗条件及当时的客观环境等因素，能够给予救治而拒绝抢救、治疗。最高检、解放军总

政治部《军人违反职责罪案件立案标准的规定》2013/02/26 第二十八条第二款

[立案] 凡战时涉嫌拒不救治伤病军人的，应予立案。最高检、解放军总政治部《军人违反职责罪案件立案标准的规定》2013/02/26 第二十八条第三款

第四百四十六条 【战时残害居民、掠夺居民财物罪】战时在军事行动地区，残害无辜居民或者掠夺无辜居民财物的，处五年以下有期徒刑；情节严重的，处五年以上十年以下有期徒刑；情节特别严重的，处十年以上有期徒刑、无期徒刑或者死刑。

[战时残害居民罪] 战时残害居民罪是指战时在军事行动地区残害无辜居民的行为。最高检、解放军总政治部《军人违反职责罪案件立案标准的规定》2013/02/26 第二十九条第一款

[无辜居民] 无辜居民，是指对我军无敌对行动的平民。最高检、解放军总政治部《军人违反职责罪案件立案标准的规定》2013/02/26 第二十九条第二款

[立案] 战时涉嫌下列情形之一的，应予立案：

（一）故意造成无辜居民死亡、重伤或者轻伤三人以上的；

（二）强奸无辜居民的；

（三）故意损毁无辜居民财物价值五千元以上，或者不满规定数额，但手段恶劣、后果严重的。最高检、解放军总政治部《军人违反职责罪案件立案标准的规定》2013/02/26 第二十九条第三款

[战时掠夺居民财物罪] 战时掠夺居民财物罪是指战时在军事行动地区抢劫、抢夺无辜居民财物的行为。最高检、解放军总政治部《军人违反职责罪案件立案标准的规定》2013/02/26 第二十九条第四款

[立案] 战时涉嫌下列情形之一的，应予立案：

（一）抢劫无辜居民财物的；

（二）抢夺无辜居民财物价值二千元以上，或者不满规定数额，但手段恶劣、后果严重的。最高检、解放军总政治部《军人违反职责罪案件立案标准的规定》2013/02/26 第二十九条第五款

第四百四十七条 【私放俘虏罪】私放俘虏的，处五年以下有期徒刑；私放重要俘虏、私放俘虏多人或者有其他严重情节的，处五年以上有期徒刑。

[私放俘虏罪] 私放俘虏罪是指擅自将俘虏放走的行为。

凡涉嫌私放俘虏的，应予立案。最高检、解放军总政治部《军人违反职责罪案件立案标准的规定》2013/02/26 第三十条

第四百四十八条 【虐待俘虏罪】虐待俘虏，情节恶劣的，处三年以下有期徒刑。

[虐待俘虏罪] 虐待俘虏罪是指虐待俘虏，情节恶劣的行为。最高检、解放军总政治部《军人违反职责罪案件立案标准的规定》2013/02/26 第三十一条第一款

[立案] 涉嫌下列情形之一的，应予立案：

（一）指挥人员虐待俘虏的；

（二）虐待俘虏三人以上，或者虐待俘虏三次以上的；

（三）虐待俘虏手段特别残忍的；

（四）虐待伤病俘虏的；

（五）导致俘虏自杀、逃跑等严重后果的；

（六）造成恶劣影响的；

（七）有其他恶劣情节的。最高检、解放军总政治部《军人违反职责罪案件立案标准的规定》2013/02/26 第三十一条第二款

第四百四十九条 【战时缓刑】在战时，对被判处三年以下有期徒刑没有现实危险宣告缓刑的犯罪军人，允许其戴罪立功，确有立功表现时，可以撤销原判刑罚，不以犯罪论处。

第四百五十条 【本章适用的主体范围】本章适用于中国人民解放军的现役军官、文职干部、士兵及具有军籍的学员和中国人民武装警察部队的现役警官、文职干部、士兵及具有军籍的学员以及执行军事任务的预备役人员和其他人员。

[本规定适用范围] 本规定适用于中国人民解放军的现役军官、文职干部、士兵及具有军籍的学员和中国人民武装警察部队的现役警官、文职干部、士兵及具有军籍的学员以及执行军事任务的预备役人员和其他人员涉嫌军人违反职责犯罪的案件。最高检、解放军总政治部《军人违反职责罪案件立案标准的规定》2013/02/26 第三十二条

[违反职责] 本规定中的"违反职责"，是指违反国家法律、法规，军事法规、军事规章所规定的军人职责，包括军人的共同职责，士兵、军官和首长的一般职责，各类主管人员和其他从事专门工作的军人的专业职责等。最高检、解放军总政治部《军人违反职责罪案件立案标准的规定》2013/02/26 第三十四条

[以上] 本规定所称"以上"，包括本数；有关犯罪数额"不满"，是指已达到该数额百分之八十以上。最高检、解放军总政治部《军人违反职责罪案件立案标准的规定》2013/02/26 第三十五条

[直接经济损失、间接经济损失] 本规定中的"直接经济损失"，是指与行为有直接因果关系而造成的财产损毁、减少的实际价值；"间接经济损失"，是指由直接经济损失引起和牵连的其他损失，包括失去在正常情况下可能获得的利益和为恢复正常管理活动或者为挽回已经造成的损失所支付的各种费用等。最高检、解放军总政治部《军人违反职责罪案件立案标准的规定》2013/02/26 第三十六条

[武器装备] 本规定中的"武器装备"，是实施和保障军事行动的武器、武器系统和军事技术器材的统称。最高检、解放军总政治部《军人违反职责罪案件立案标准的规定》2013/02/26 第三十七条

[军用物资] 本规定中的"军用物资"，是除武器装备以外专供武装力量使用的各种物资的统称，包括装备器材、军需物资、医疗物资、油料物资、营房物资等。最高检、解放军总政治部《军人违反职责罪案件立案标准的规定》2013/02/26 第三十八条

[财物价值和损失的确定] 本规定中财物价值和损失的确定，由部队驻地人民法院、人民检察院和公安机关指定的价格事务机构进行估价。武器装备、军事设施、军用物资的价值和损失，由部队军以上单位的主管部门确定；有条件的，也可以由部队驻地人民法院、人民检察院和公安机关指定的价格事务机构进行估价。最高检、解放军总政治部《军人违反职责罪案件立案标准的规定》2013/02/26 第三十九条

[本规定施行日] 本规定自 2013 年 3 月 28 日起施行。2002 年 10 月 31 日总政治部发布的《关于军人违反职责罪案件立案标准的规定（试行）》同时废止。最高检、解放军总政治部《军人违反职责罪案件立案标准的规定》2013/

02/26 第四十条

第四百五十一条　【战时的概念】本章所称战时，是指国家宣布进入战争状态、部队受领作战任务或者遭敌突然袭击时。

部队执行戒严任务或者处置突发性暴力事件时，以战时论。

[战时、以战时论] 本规定所称“战时”，是指国家宣布进入战争状态、部队受领作战任务或者遭敌突然袭击时。部队执行戒严任务或者处置突发性暴力事件时，以战时论。最高检、解放军总政治部《军人违反职责罪案件立案标准的规定》2013/02/26 第三十三条

附 则

第四百五十二条 【施行日期】本法自 1997 年 10 月 1 日起施行。

列于本法附件一的全国人民代表大会常务委员会制定的条例、补充规定和决定，已纳入本法或者已不适用，自本法施行之日起，予以废止。

列于本法附件二的全国人民代表大会常务委员会制定的补充规定和决定予以保留。其中，有关行政处罚和行政措施的规定继续有效；有关刑事责任的规定已纳入本法，自本法施行之日起，适用本法规定。

[修订刑法之适用] 修订的刑法实施后，各级人民法院必须坚决贯彻执行。对于修订的刑法实施前发生的行为，10 月 1 日实施后尚未处理或者正在处理的案件，依照修订的刑法第十二条的规定办理；对于修订的刑法施行前，人民法院已审结的案件，实施后人民法院按照审判监督程序重新审理的，适用原审结时的有关法律规定。**最高法《关于认真学习宣传贯彻修订的〈中华人民共和国刑法〉的通知》法发〔1997〕3 号 1997/03/25 第三条**

[修订的刑法实施前的法律适用] 修订的刑法实施前，人民法院审判刑法案件仍然应当依照现行刑法和人大常委会修改、补充刑法的有关决定、补充规定及最高人民法院的有关司法解释，并应遵守刑事诉讼法有关程序和期限的规定。**最高法《关于认真学习宣传贯彻修订的〈中华人民共和国刑法〉的通知》法发〔1997〕3 号 1997/03/25 第四条**

[修订的刑法实施后的法律适用] 修订的刑法实施后，对已明令废止的全国人大常委会有关决定和补充规定，最高人民法院原作出的有关司法解释不再适用。但是如果修订的刑法有关条文实质内容没有变化的，人民

法院在刑事审判工作中，在没有新的司法解释前，可参照执行。其他对于与修订的刑法规定相抵触的司法解释，不再适用。**最高法《关于认真学习宣传贯彻修订的〈中华人民共和国刑法〉的通知》法发〔1997〕3号 1997/03/25 第五条**

[刑法之适用] 对于行为人1997年9月30日以前实施的犯罪行为，在人民检察院、公安机关、国家安全机关立案侦查或者在人民法院受理案件以后，行为人逃避侦查或者审判，超过追诉期限或者被害人在追诉期限内提出控告，人民法院、人民检察院、公安机关应当立案而不予立案，超过追诉期限的，是否追究行为人的刑事责任，适用修订前的刑法第七十七条的规定。**最高法《关于适用刑法时间效力规定若干问题的解释》法释〔1997〕5号 1997/09/25 第一条**

[不具有法定减少轻处罚情节　需要在法定刑以下判处刑罚] 犯罪分子1997年9月30日以前犯罪，不具有法定减轻处罚情节，但是根据案件的具体情况需要在法定刑以下判处刑罚的，适用修订前的刑法第五十九条第二款的规定。**最高法《关于适用刑法时间效力规定若干问题的解释》法释〔1997〕5号 1997/09/25 第二条**

[是否构成累犯] 前罪判处的刑罚已经执行完毕或者赦免，在1997年9月30日以前又犯应当判处有期徒刑以上刑罚之罪，是否构成累犯，适用修订前的刑法第六十一条的规定；1997年10月1日以后又犯应当判处有期徒刑以上刑罚之罪的，是否构成累犯，适用刑法第六十五条的规定。**最高法《关于适用刑法时间效力规定若干问题的解释》法释〔1997〕5号 1997/09/25 第三条**

[自首] 1997年9月30日以前被采取强制措施的犯罪嫌疑人、被告人或者1997年9月30日以前犯罪，1997年10月1日以后仍在服刑的罪犯，如实供述司法机关还未掌握的本人其他罪行的，适用刑法第六十七条第二款的规定。**最高法《关于适用刑法时间效力规定若干问题的解释》法释〔1997〕5号 1997/09/25 第四条**

[立功] 1997年9月30日以前犯罪的犯罪分子，有揭发他人犯罪行为，或者提供重要线索，从而得以侦破其他案件等立功表现的，适用刑法第六十八条的规定。**最高法《关于适用刑法时间效力规定若干问题的解释》法释〔1997〕5号 1997/09/25 第五条**

[撤销缓刑] 1997年9月30日以前犯罪被宣告缓刑的犯罪分子，在1997年10月1日以后的缓刑考验期间又犯新罪、被发现漏罪或者违反法律、行政法规或者国务院公安部门有关缓刑的监督管理规定，情节严重的，适用刑法第七十七条的规定，撤销缓刑。**最高法《关于适用刑法时间效力规定若干问题的解释》法释〔1997〕5号 1997/09/25 第六条**

[不受执行期限限制假释] 1997年9月30日以前犯罪，1997年10月1日以后仍在服刑的犯罪分子，因特殊情况，需要不受执行刑期限制假释的，适用刑法第八十一条第一款的规定，报经最高人民法院核准。**最高法《关于适用刑法时间效力规定若干问题的解释》法释〔1997〕5号 1997/09/25 第七条**

[刑法之适用]

一、如果当时的法律（包括1979年刑法，中华人民共和国惩治军人违反职责罪暂行条例，全国人大常委会关于刑事法律的决定、补充规定，民事、经济、行政法律中“依照”、“比照”刑法有关条款追究刑事责任的法律条文，下同）、司法解释认为是犯罪，修订刑法不认为是犯罪的，依法不再追究刑事责任。已经立案、侦查的，撤销案件；已批准逮捕的，撤销批准逮捕决定，并建议公安机关撤销案件；审查起诉的，作出不起诉决定；已经起诉的，建议人民法院退回案件，予以撤销；已经抗诉的，撤回抗诉。

二、如果当时的法律、司法解释认为是犯罪，修订刑法也认为是犯罪的，按从旧兼从轻的原则依法追究刑事责任：

1. 罪名、构成要件、情节以及法定刑没有变化的，适用当时的法律追究刑事责任。

2. 罪名、构成要件、情节以及法定刑已经变化的，根据从轻原则，确定适用当时的法律或者修订刑法追究刑事责任。

三、如果当时的法律不认为是犯罪，修订刑法认为是犯罪的，适用当时的法律；但行为连续或者继续到1997年10月1日以后的，对10月1日以后构成犯罪的行为适用修订刑法追究刑事责任。**最高检《关于检察工作中具体适用修订刑法第十二条若干问题的通知》高检发释字〔1997〕4号 1997/10/06**

[刑法修正案之引用]

一、根据案件情况，裁判文书引用1997年3月14日第八届全国人民代表大会第五次会议修订的刑法条文，应当根据具体情况分别表述：

（一）有关刑法条文在修订的刑法施行后未经修正，或者经过修正，但引用的是现行有效条文，表述为"《中华人民共和国刑法》第××条"。

（二）有关刑法条文经过修正，引用修正前的条文，表述为"1997年修订的《中华人民共和国刑法》第××条"。

（三）有关刑法条文经两次以上修正，引用经修正，且为最后一次修正前的条文，表述为"经××××年《中华人民共和国刑法修正案（×）》修正的《中华人民共和国刑法》第××条"。

二、根据案件情况，裁判文书引用1997年3月14日第八届全国人民代表大会第五次会议修订前的刑法条文，应当表述为"1979年《中华人民共和国刑法》第××条"。

三、根据案件情况，裁判文书引用有关单行刑法条文，应当直接引用相应该条例、补充规定或者决定的具体条款。**最高法《关于在裁判文书中如何表述修正前后刑法条文的批复》**法释〔2012〕7号 2012/06/01

[刑法修正案（四）之适用] 要准确把握《刑法修正案（四）》和《解释》的时间效力，正确适用法律。《刑法修正案（四）》是对《刑法》有关条文的修改和补充，实践中办理相关案件时，应当依照《刑法》第十二条规定的原则正确适用法律。对于1997年修订刑法施行以后、《刑法修正案（四）》施行以前发生的枉法执行判决、裁定犯罪行为，应当依照《刑法》第三百九十七条的规定追究刑事责任。根据《立法法》第四十七条的规定，法律解释的时间效力与它所解释的法律的时间效力相同。对于在1997年修订刑法施行以后、《解释》施行以前发生的行为，在《解释》施行以后尚未处理或者正在处理的案件，应当依照《解释》的规定办理。对于在《解释》施行前已经办结的案件，不再变动。**最高检《关于认真贯彻执行〈中华人民共和国刑法修正案（四）〉和〈全国人大常委会关于《中华人民共和国刑法》第九章渎职罪主体适用问题的解释〉的通知》**高检发研字〔2003〕1号 2003/01/14 第三条

附　录

附录一　“两高”发布的指导性案例

（一）最高法指导性案例

1. 最高法指导性案例3号：潘玉梅、陈宁受贿案

（最高人民法院审判委员会讨论通过　2011年12月20日发布）

【关键词】

刑事　受贿罪　“合办”公司受贿　低价购房受贿　承诺谋利　受贿数额计算　掩饰受贿退赃

【裁判要点】

1. 国家工作人员利用职务上的便利为请托人谋取利益，并与请托人以“合办”公司的名义获取“利润”，没有实际出资和参与经营管理的，以受贿论处。

2. 国家工作人员明知他人有请托事项而收受其财物，视为承诺“为他人谋取利益”，是否已实际为他人谋取利益或谋取到利益，不影响受贿的认定。

3. 国家工作人员利用职务上的便利为请托人谋取利益，以明显低于市场的价格向请托人购买房屋等物品的，以受贿论处，受贿数额按照交易时当地市场价格与实际支付价格的差额计算。

4. 国家工作人员收受财物后，因与其受贿有关联的人、事被查处，为掩饰犯罪而退还的，不影响认定受贿罪。

【相关法条】

《中华人民共和国刑法》第三百八十五条第一款

【基本案情】

2003年八九月间，被告人潘玉梅、陈宁分别利用担任江苏省南京市栖霞区迈皋桥街道工委书记、迈皋桥办事处主任的职务便利，为南京某房地产开发有限公司总经理陈某在迈皋桥创业园区低价获取100亩土地等提供帮助，并于9月3日分别以其亲属名义与陈某共同注册成立南京多贺工贸有限责任公司（以下简称多贺公司），以“开发”上述土地。潘玉梅、陈宁既未实际出资，也未参与该公司经营管理。2004年6月，陈某以多贺公司的名义将该公司及其土地转让给南京某体育用品有限公司，潘玉梅、陈宁以参与利润分配名义，分别收受陈某给予的480万元。2007年3月，陈宁因潘玉梅被调查，在美国出差期间安排其驾驶员退给陈某80万元。案发后，潘玉梅、陈宁所得赃款及赃款收益均被依法追缴。

2004年2月至10月，被告人潘玉梅、陈宁分别利用担任迈皋桥街道工委书记、迈皋桥办事处主任的职务之便，为南京某置业发展有限公司在迈皋桥创业园购买土地提供帮助，并先后4次各收受该公司总经理吴某某给予的50万元。

2004年上半年，被告人潘玉梅利用担任迈皋桥街道工委书记的职务便利，为南京某发展有限公司受让金桥大厦项目减免100万元费用提供帮助，并在购买对方开发的一处房产时接受该公司总经理许某某为其支付的房屋差价款和相关税费61万余元（房价含税费121.0817万元，潘支付60万元）。2006年4月，潘玉梅因检察机关从许某某的公司账上已掌握其购房仅支付部分款项的情况而补还给许某某55万元。

此外，2000年春节前至2006年12月，被告人潘玉梅利用职务便利，先后收受迈皋桥办事处一党支部书记兼南京某商贸有限责任公司总经理高某某人民币201万元和美元49万元、浙江某房地产集团南京置业有限公司范某某美元1万元。2002年至2005年间，被告人陈宁利用职务便利，先后收受迈皋桥办事处一党支部书记高某某21万元、迈皋桥办事处副主任刘某8万元。

综上，被告人潘玉梅收受贿赂人民币792万余元、美元50万元（折合人民币398.1234万元），共计收受贿赂1190.2万余元；被告人陈宁收受贿赂559万元。

【裁判结果】

江苏省南京市中级人民法院于2009年2月25日以（2008）宁刑初字第49号刑事判决，认定被告人潘玉梅犯受贿罪，判处死刑，缓期二年执行，剥夺政治权利终身，并处没收个人全部财产；被告人陈宁犯受贿罪，判处无期徒刑，剥夺政治权利终身，并处没收个人全部财产。宣判后，潘玉梅、陈宁提出上诉。江苏省高级人民法院于2009年11月30日以同样的事实和理由作出（2009）苏刑二终字第0028号刑事裁定，驳回上诉，维持原判，并核准一审以受贿罪判处被告人潘玉梅死刑，缓期二年执行，剥夺政治权利终身，并处没收个人全部财产的刑事判决。

【裁判理由】

法院生效裁判认为：关于被告人潘玉梅、陈宁及其辩护人提出二被告人与陈某共同开办多贺公司开发土地获取“利润”480万元不应认定为受贿的辩护意见。经查，潘玉梅时任迈皋桥街道工委书记，陈宁时任迈皋桥街道办事处主任，对迈皋桥创业园区的招商工作、土地转让负有领导或协调职责，二人分别利用各自职务便利，为陈某低价取得创业园区的土地等提供了帮助，属于利用职务上的便利为他人谋取利益；在此期间，潘玉梅、陈宁与陈某商议合作成立多贺公司用于开发上述土地，公司注册资金全部来源于陈某，潘玉梅、陈宁既未实际出资，也未参与公司的经营管理。因此，潘玉梅、陈宁利用职务便利为陈某谋取利益，以与陈某合办公司开发该土地的名义而分别获取的480万元，并非所谓的公司利润，而是利用职务便利使陈某低价获取土地并转卖后获利的一部分，体现了受贿罪权钱交易的本质，属于以合办公司为名的变相受贿，应以受贿论处。

关于被告人潘玉梅及其辩护人提出潘玉梅没有为许某某实际谋取利益的辩护意见。经查，请托人许某某向潘玉梅行贿时，要求在受让金桥大厦项目中减免100万元的费用，潘玉梅明知许某某有请托事项而收受贿赂；虽然该请托事项没有实现，但“为他人谋取利益”包括承诺、实施和实现不同阶段的行为，只要具有其中一项，就属于为他人谋取利益。承诺“为他人谋取利益”，可以从为他人谋取利益的明示或默示的意思表示予以认定。潘玉梅明知他人有请托事项而收受其财物，应视为承诺为他人谋取利益，至于是否已实际为他人谋取利益或谋取到利益，只是受贿的情节问题，不影响受贿的认定。

关于被告人潘玉梅及其辩护人提出潘玉梅购买许某某的房产不应认定为受贿的辩护意见。经查，潘玉梅购买的房产，市场价格含税费共计应为121万余元，潘玉梅仅支付60万元，明显低于该房产交易时当地市场价格。潘玉梅利用职务之便为请托人谋取利益，以明显低于市场的价格向请托人购买房产的行为，是以形式上支付一定数额的价款来掩盖其受贿权钱交易本质的一种手段，应以受贿论处，受贿数额按照涉案房产交易时当地市场价格与实际支付价格的差额计算。

关于被告人潘玉梅及其辩护人提出潘玉梅购买许某某开发的房产，在案发前已将房产差价款给付了许某某，不应认定为受贿的辩护意见。经查，2006年4月，潘玉梅在案发前将购买许某某开发房产的差价款中的55万元补给许某某，相距2004年上半年其低价购房有近两年时间，没有及时补还巨额差价；潘玉梅的补还行为，是由于许某某因其他案件被检察机关找去谈话，检察机关从许某某的公司账上已掌握潘玉梅购房仅支付部分款项的情况后，出于掩盖罪行目的而采取的退赃行为。因此，潘玉梅为掩饰犯罪而补还房屋差价款，不影响对其受贿罪的认定。

综上所述，被告人潘玉梅、陈宁及其辩护人提出的上述辩护意见不能成立，不予采纳。潘玉梅、陈宁作为国家工作人员，分别利用各自的职务便利，为他人谋取利益，收受他人财物的行为均已构成受贿罪，且受贿数额特别巨大，但同时鉴于二被告人均具有归案后如实供述犯罪、认罪态度好，主动交代司法机关尚未掌握的同种余罪，案发前退出部分赃款，案发后配合追缴涉案全部赃款等从轻处罚情节，故一、二审法院依法作出如上裁判。

2. 最高法指导性案例4号：王志才故意杀人案

（最高人民法院审判委员会讨论通过　2011年12月20日发布）

【关键词】

刑事　故意杀人罪　婚恋纠纷引发　坦白悔罪　死刑缓期执行　限制减刑

【裁判要点】

因恋爱、婚姻矛盾激化引发的故意杀人案件，被告人犯罪手段残忍，论罪应当判处死刑，但被告人具有坦白悔罪、积极赔偿等从轻处罚情节，同时被害人亲属要求严惩的，人民法院根据案件性质、犯罪情节、危害后果和被告人的主观恶性及人身危险性，可以依法判处被告人死刑，缓期二年执行，同时决定限制减刑，以有效化解社会矛盾，促进社会和谐。

【相关法条】

《中华人民共和国刑法》第五十条第二款

【基本案情】

被告人王志才与被害人赵某某（女，殁年26岁）在山东省潍坊市科技职业学院同学期间建立恋爱关系。2005年，王志才毕业后参加工作，赵某某考入山东省曲阜师范大学继续专升本学习。2007年赵某某毕业参加工作后，王志才与赵某某商议结婚事宜，因赵某某家人不同意，赵某某多次提出分手，但在王志才的坚持下二人继续保持联系。2008年10月9日中午，王志才在赵某某的集体宿舍再次谈及婚恋问题，因赵某某明确表示二人不可能在一起，王志才感到绝望，愤而产生杀死赵某某然后自杀的念头，即持赵某某宿舍内的一把单刃尖刀，朝赵某某的颈部、胸腹部、背部连续捅刺，致其失血性休克死亡。次日8时30分许，王志才服农药自杀未遂，被公安机关抓获归案。王志才平时表现较好，归案后如实供述自己罪行，并与其亲属积极赔偿，但未与被害人亲属达成赔偿协议。

【裁判结果】

山东省潍坊市中级人民法院于2009年10月14日以（2009）潍刑一初字第35号刑事判决，认定被告人王志才犯故意杀人罪，判处死刑，剥夺政治权利终身。宣判后，王志才提出上诉。山东省高级人民法院于2010年6月18日以（2010）鲁刑四终字第2号刑事裁定，驳回上诉，维持原判，并依法报请最高人民法院核准。最高人民法院根据复核确认的事实，以（2010）刑三复22651920号刑事裁定，不核准被告人王志才死刑，发回山东省高级人民法院重新审判。山东省高级人民法院经依法重新审理，于2011年5月3日作出（2010）鲁刑四终字第2－1号刑事判决，以故意杀人罪改判被告人王志才死刑，缓期二年执行，剥夺政治权利终身，同时决定对其限制减刑。

【裁判理由】

山东省高级人民法院经重新审理认为：被告人王志才的行为已构成故意杀人罪，罪行极其严重，论罪应当判处死刑。鉴于本案系因婚恋纠纷引发，王志才求婚不成，恼怒并起意杀人，归案后坦白悔罪，积极赔偿被害方经济损失，且平时表现较好，故对其判处死刑，可不立即执行。同时考虑到王志才故意杀人手段特别残忍，被害人亲属不予谅解，要求依法从严惩处，为有效化解社会矛盾，依照《中华人民共和国刑法》第五十条第二款等规定，判处被告人王志才死刑，缓期二年执行，同时决定对其限制减刑。

3. 最高法指导性案例11号：杨延虎等贪污案

（最高人民法院审判委员会讨论通过　2012年9月18日发布）

【关键词】

刑事　贪污罪　职务便利　骗取土地使用权

【裁判要点】

1. 贪污罪中的“利用职务上的便利”，是指利用职务上主管、管理、经手公共财物的权力及方便条件，既包括利用本人职务上主管、管理公共财物的职务便利，也包括利用职务上有隶属关系的其他国家工作人员的职务便利。

2. 土地使用权具有财产性利益，属于刑法第三百八十二条第一款规定中的“公共财物”，可以成为贪污的对象。

【相关法条】

《中华人民共和国刑法》第三百八十二条第一款

【基本案情】

被告人杨延虎1996年8月任浙江省义乌市委常委，2003年3月任义乌市人大常委会副主任，2000年8月兼任中国小商品城福田市场（2003年3月改称中国义乌国际商贸城，以下简称国际商贸城）建设领导小组副组长兼指挥部总指挥，主持指挥部全面工作。2002年，杨延虎得知义乌市稠城街道共和村将列入拆迁和旧村改造范围后，决定在该村购买旧房，利用其职务便利，在拆迁安置时骗取非法利益。杨延虎遂与被告人王月芳（杨延虎的妻妹）、被告人郑新潮（王月芳之夫）共谋后，由王、郑二人出面，通过共和村王某某，以王月芳的名义在该村购买赵某某的3间旧房（房产证登记面积61.87平方米，发证日期1998年8月3日）。按当地拆迁和旧村改造政策，赵某某有无该旧房，其所得安置土地面积均相同，事实上赵某某也按无房户得到了土地安置。2003年三四月份，为使3间旧房所占土地确权到王月芳名下，在杨延虎指使和安排下，郑新潮再次通过共和村王某某，让该村村民委员会及其成员出具了该3间旧房系王月芳于1983年所建的虚假证明。杨延虎利用职务便利，要求兼任国际商贸城建设指挥部分管土地确权工作的副总指挥、义乌市国土资源局副局长吴某某和指挥部确权报批科人员，对王月芳拆迁安置、土地确权予以关照。国际商贸城建设指挥部遂将王月芳所购房屋作为有村证明但无产权证的旧房进行确权审核，上报义乌市国土资源局确权，并按丈量结果认定其占地面积64.7平方米。

此后，被告人杨延虎与郑新潮、王月芳等人共谋，在其岳父王某祥在共和村拆迁中可得25.5平方米土地确权的基础上，于2005年1月编造了由王月芳等人签名的申请报告，谎称“王某祥与王月芳共有三间半房屋，占地90.2平方米，二人在1986年分家，王某祥分得36.1平方米，王月芳分得54.1平方米，有关部门确认王某祥房屋25.5平方米、王月芳房屋64平方米有误”，要求义乌市国土资源局更正。随后，杨延虎利用职务便利，指使国际商贸城建设指挥部工作人员以该部名义对该申请报告盖章确认，并使该申请报告得到义乌市国土资源局和义乌市政府认可，从而让王月芳、王某祥分别获得72平方米和54平方米（共126平方米）的建设用地审批。按王某祥的土地确权面积仅应得36平方米建设用地审批，其余90平方米系非法所得。2005年5月，杨延虎等人在支付选位费24.552万元后，在国际商贸城拆迁安置区获得两间店面72平方米土地的拆迁安置补偿（案发后，该72平方米的土地使用权被依法冻结）。该处地块在用作安置前已被国家征用并转为建设用地，属国有划拨土地。经评估，该处每平方米的土地使用权价值35270元。杨延虎等人非法所得的建设用地90平方米，按照当地拆迁安置规定，折合拆迁安置区店面的土地面积为72平方米，价值253.944万元，扣除其支付的24.552万元后，实际非法所得229.392万元。

此外，2001年至2007年间，被告人杨延虎利用职务便利，为他人承揽工程、拆迁安置、国有土地受让等谋取利益，先后非法收受或索取57万元，其中索贿5万元。

【裁判结果】

浙江省金华市中级人民法院于2008年12月15日作出（2008）金中刑二初字第30号刑事判决：一、被告人杨延虎犯贪污罪，判处有期徒刑十五年，并处没收财产二十万元；犯受贿罪，判处有期徒刑十一年，并处没收财产十万元；决定执行有期徒刑十八年，并处没收财产三十万元。二、被告人郑新潮犯贪污罪，判处有期徒刑五年。三、被告人王月芳犯贪污罪，判处有期徒刑三年。宣判后，三被告人均提出上诉。浙江省高级人民法院于2009年3月16日作出（2009）浙刑二终字第34号刑事裁定，驳回上诉，维持原判。

【裁判理由】

法院生效裁判认为：关于被告人杨延虎的辩护人提出杨延虎没有利用职务便利的辩护意见。经查，义乌国际商贸城指挥部系义乌市委、市政府为确保国际商贸城建设工程顺利进行而设立的机构，指挥部下设确权报批科，工作人员从国土资源局抽调，负责土地确权、建房建设用地的审核及报批工作，分管该科的副总指挥吴某某也是国土资源局的副局长。确权报批科作为指挥部下设机构，同时受指挥部的领导，作为指挥部总指挥的杨延虎具有对该科室的领导职权。贪污罪中的"利用职务上的便利"，是指利用职务上主管、管理、经手公共财物的权力及方便条件，既包括利用本人职务上主管、管理公共财物的职务便利，也包括利用职务上有隶属关系的其他国家工作人员的职务便利。本案中，杨延虎正是利用担任义乌市委常委、义乌市人大常委会副主任和兼任指挥部总指挥的职务便利，给下属的土地确权报批科人员及其分管副总指挥打招呼，才使得王月芳等人虚报的拆迁安置得以实现。

关于被告人杨延虎等人及其辩护人提出被告人王月芳应当获得土地安置补偿，涉案土地属于集体土地，不能构成贪污罪的辩护意见。经查，王月芳购房时系居民户口，按照法律规定和义乌市拆迁安置有关规定，不属于拆迁安置对象，不具备获得土地确权的资格，其在共和村所购房屋既不能获得土地确权，又不能得到拆迁安置补偿。杨延虎等人明知王月芳不符合拆迁安置条件，却利用杨延虎的职务便利，通过将王月芳所购房屋谎报为其祖传旧房、虚构王月芳与王某祥分家事实，骗得旧房拆迁安置资格，骗取国有土地确权。同时，由于杨延虎利用职务便利，杨延虎、王月芳等人弄虚作假，既使王月芳所购旧房的房主赵某某按无房户得到了土地安置补偿，又使本来不应获得土地安置补偿的王月芳获得了土地安置补偿。《中华人民共和国土地管理法》第二条、第九条规定，我国土地实行社会主义公有制，即全民所有制和劳动群众集体所有制，并可以依法确定给单位或者个人使用。对土地进行占有、使用、开发、经营、交易和流转，能够带来相应经济收益。因此，土地使用权自然具有财产性利益，无论国有土地，还是集体土地，都属于刑法第三百八十二条第一款规定中的"公共财物”，可以成为贪污的对象。王月芳名下安置的地块已在 2002 年 8 月被征为国有并转为建设用地，义乌市政府文件抄告单也明确该处的拆迁安置土地使用权登记核发国有土地使用权证。因此，杨延虎等人及其辩护人所提该项辩护意见，不能成立。

综上，被告人杨延虎作为国家工作人员，利用担任义乌市委常委、义乌市人大常委会副主任和兼任国际商贸城指挥部总指挥的职务便利，伙同被告人郑新潮、王月芳以虚构事实的手段，骗取国有土地使用权，非法占有公共财物，三被告人的行为均已构成贪污罪。杨延虎还利用职务便利，索取或收受他人贿赂，为他人谋取利益，其行为又构成受贿罪，应依法数罪并罚。在共同贪污犯罪中，杨延虎起主要作用，系主犯，应当按照其所参与或者组织、指挥的全部犯罪处罚；郑新潮、王月芳起次要作用，系从犯，应减轻处罚。故一、二审法院依法作出如上裁判。

4. 最高法指导性案例 12 号：李飞故意杀人案

（最高人民法院审判委员会讨论通过　2012 年 9 月 18 日发布）

【关键词】

刑事　故意杀人罪　民间矛盾引发　亲属协助抓捕　累犯　死刑缓期执行　限制减刑

【裁判要点】

对于因民间矛盾引发的故意杀人案件，被告人犯罪手段残忍，且系累犯，论罪应当判处死刑，但被告人亲属主动协助公安机关将其抓捕归案，并积极赔偿的，人民法院根据案件具体情节，从尽量化解社会矛盾角度考虑，可以依法判处被告人死刑，缓期二年执行，同时决定限制减刑。

【相关法条】

《中华人民共和国刑法》第五十条第二款

【基本案情】

2006 年 4 月 14 日，被告人李飞因犯盗窃罪被判处有期徒刑二年，于

2008年1月2日刑满释放。2008年4月，经他人介绍，李飞与被害人徐某某（女，殁年26岁）建立恋爱关系。同年8月，二人因经常吵架而分手。8月24日，当地公安机关到李飞的工作单位给李飞建立重点人档案时，其单位得知李飞曾因犯罪被判刑一事，并以此为由停止了李飞的工作。李飞认为其被停止工作与徐某某有关。

同年9月12日21时许，被告人李飞拨打徐某某的手机，因徐某某外出，其表妹王某某（被害人，时年16岁）接听了李飞打来的电话，并告知李飞，徐某某已外出。后李飞又多次拨打徐某某的手机，均未接通。当日23时许，李飞到哈尔滨市呼兰区徐某某开设的“小天使形象设计室”附近，再次拨打徐某某的手机，与徐某某在电话中发生争吵。后李飞破门进入徐某某在“小天使形象设计室”内的卧室，持室内的铁锤多次击打徐某某的头部，击打徐某某表妹王某某头部、双手数下。稍后，李飞又持铁锤先后再次击打徐某某、王某某的头部，致徐某某当场死亡、王某某轻伤。为防止在场的“小天使形象设计室”学徒工佟某报警，李飞将徐某某、王某某及佟某的手机带离现场抛弃，后潜逃。同月23日22时许，李飞到其姑母李某某家中，委托其姑母转告其母亲梁某某送钱。梁某某得知此情后，及时报告公安机关，并于次日晚协助公安机关将来姑母家取钱的李飞抓获。在本案审理期间，李飞的母亲梁某某代为赔偿被害人亲属4万元。

【裁判结果】

黑龙江省哈尔滨市中级人民法院于2009年4月30日以（2009）哈刑二初字第51号刑事判决，认定被告人李飞犯故意杀人罪，判处死刑，剥夺政治权利终身。宣判后，李飞提出上诉。黑龙江省高级人民法院于2009年10月29日以（2009）黑刑三终字第70号刑事裁定，驳回上诉，维持原判，并依法报请最高人民法院核准。最高人民法院根据复核确认的事实和被告人母亲协助抓捕被告人的情况，以（2010）刑五复66820039号刑事裁定，不核准被告人李飞死刑，发回黑龙江省高级人民法院重新审判。黑龙江省高级人民法院经依法重新审理，于2011年5月3日作出（2011）黑刑三终字第63号刑事判决，以故意杀人罪改判被告人李飞死刑，缓期二年执行，剥夺政治权利终身，同时决定对其限制减刑。

【裁判理由】

黑龙江省高级人民法院经重新审理认为：被告人李飞的行为已构成故意杀人罪，罪行极其严重，论罪应当判处死刑。本案系因民间矛盾引发的犯罪；案发后李飞的母亲梁某某在得知李飞杀人后的行踪时，主动、及时到公安机关反映情况，并积极配合公安机关将李飞抓获归案；李飞在公安机关对其进行抓捕时，顺从归案，没有反抗行为，并在归案后始终如实供述自己的犯罪事实，认罪态度好；在本案审理期间，李飞的母亲代为赔偿被害方经济损失；李飞虽系累犯，但此前所犯盗窃罪的情节较轻。综合考虑上述情节，可以对李飞酌情从宽处罚，对其可不判处死刑立即执行。同时，鉴于其故意杀人手段残忍，又系累犯，且被害人亲属不予谅解，故依法判处被告人李飞死刑，缓期二年执行，同时决定对其限制减刑。

5. 最高法指导性案例 13 号：王召成等非法买卖、储存危险物质案

（最高人民法院审判委员会讨论通过　2013 年 1 月 31 日发布）

【关键词】

刑事　非法买卖、储存危险物质　毒害性物质

【裁判要点】

1. 国家严格监督管理的氰化钠等剧毒化学品，易致人中毒或者死亡，对人体、环境具有极大的毒害性和危险性，属于刑法第一百二十五条第二款规定的“毒害性”物质。

2. “非法买卖”毒害性物质，是指违反法律和国家主管部门规定，未经有关主管部门批准许可，擅自购买或者出售毒害性物质的行为，并不需要兼有买进和卖出的行为。

【相关法条】

《中华人民共和国刑法》第一百二十五条第二款

【基本案情】

公诉机关指控：被告人王召成、金国森、孙永法、钟伟东、周智明非

法买卖氰化钠，危害公共安全，且系共同犯罪，应当以非法买卖危险物质罪追究刑事责任，但均如实供述自己的罪行，购买氰化钠用于电镀，未造成严重后果，可以从轻处罚，并建议对五被告人适用缓刑。

被告人王召成的辩护人辩称：氰化钠系限用而非禁用剧毒化学品，不属于毒害性物质，王召成等人擅自购买氰化钠的行为，不符合刑法第一百二十五条第二款规定的构成要件，在未造成严重后果的情形下，不应当追究刑事责任，故请求对被告人宣告无罪。

法院经审理查明：被告人王召成、金国淼在未依法取得剧毒化学品购买、使用许可的情况下，约定由王召成出面购买氰化钠。2006 年 10 月至 2007 年年底，王召成先后 3 次以每桶 1000 元的价格向倪荣华（另案处理）购买氰化钠，共支付给倪荣华 40000 元。2008 年 8 月至 2009 年 9 月，王召成先后 3 次以每袋 975 元的价格向李光明（另案处理）购买氰化钠，共支付给李光明 117000 元。王召成、金国淼均将上述氰化钠储存在浙江省绍兴市南洋五金有限公司其二人各自承包车间的带锁仓库内，用于电镀生产。其中，王召成用总量的三分之一，金国淼用总量的三分之二。2008 年 5 月和 2009 年 7 月，被告人孙永法先后共用 2000 元向王召成分别购买氰化钠 1 桶和 1 袋。2008 年 7、8 月间，被告人钟伟东以每袋 1000 元的价格向王召成购买氰化钠 5 袋。2009 年 9 月，被告人周智明以每袋 1000 元的价格向王召成购买氰化钠 3 袋。孙永法、钟伟东、周智明购得氰化钠后，均储存于各自车间的带锁仓库或水槽内，用于电镀生产。

【裁判结果】

浙江省绍兴市越城区人民法院于 2012 年 3 月 31 日作出（2011）绍越刑初字第 205 号刑事判决，以非法买卖、储存危险物质罪，分别判处被告人王召成有期徒刑三年，缓刑五年；被告人金国淼有期徒刑三年，缓刑四年六个月；被告人钟伟东有期徒刑三年，缓刑四年；被告人周智明有期徒刑三年，缓刑三年六个月；被告人孙永法有期徒刑三年，缓刑三年。宣判后，五被告人均未提出上诉，判决已发生法律效力。

【裁判理由】

法院生效裁判认为：被告人王召成、金国淼、孙永法、钟伟东、周智明在未取得剧毒化学品使用许可证的情况下，违反国务院《危险化学品安全管理条例》等规定，明知氰化钠是剧毒化学品仍非法买卖、储存，危害公共安全，其行为均已构成非法买卖、储存危险物质罪，且系共同犯罪。关于王召成的辩护人提出的辩护意见，经查，氰化钠虽不属于禁用剧毒化学品，但系列入危险化学品名录中严格监督管理的限用的剧毒化学品，易致人中毒或者死亡，对人体、环境具有极大的毒害性和极度危险性，极易对环境和人的生命健康造成重大威胁和危害，属于刑法第一百二十五条第二款规定的“毒害性”物质；“非法买卖”毒害性物质，是指违反法律和国家主管部门规定，未经有关主管部门批准许可，擅自购买或者出售毒害性物质的行为，并不需要兼有买进和卖出的行为；王召成等人不具备购买、储存氰化钠的资格和条件，违反国家有关监管规定，非法买卖、储存大量剧毒化学品，逃避有关主管部门的安全监督管理，破坏危险化学品管理秩序，已对人民群众的生命、健康和财产安全产生现实威胁，足以危害公共安全，故王召成等人的行为已构成非法买卖、储存危险物质罪，上述辩护意见不予采纳。王召成、金国森、孙永法、钟伟东、周智明到案后均能如实供述自己的罪行，且购买氰化钠用于电镀生产，未发生事故，未发现严重环境污染，没有造成严重后果，依法可以从轻处罚。根据五被告人的犯罪情节及悔罪表现等情况，对其可依法宣告缓刑。公诉机关提出的量刑建议，王召成、钟伟东、周智明请求从轻处罚的意见，予以采纳，故依法作出如上判决。

6. 最高法指导性案例14号：董某某、宋某某抢劫案

（最高人民法院审判委员会讨论通过　2013年1月31日发布）

【关键词】

刑事　抢劫罪　未成年人犯罪　禁止

【裁判要点】

对判处管制或者宣告缓刑的未成年被告人，可以根据其犯罪的具体情

况以及禁止事项与所犯罪行的关联程度，对其适用“禁止令”。对于未成年人因上网诱发犯罪的，可以禁止其在一定期限内进入网吧等特定场所。

【相关法条】

《中华人民共和国刑法》第七十二条第二款

【基本案情】

被告人董某某、宋某某（时年17周岁）迷恋网络游戏，平时经常结伴到网吧上网，时常彻夜不归。2010年7月27日11时许，因在网吧上网的网费用完，二被告人即伙同王某（作案时未达到刑事责任年龄）到河南省平顶山市红旗街社区健身器材处，持刀对被害人张某某和王某某实施抢劫，抢走张某某5元现金及手机一部，后将所抢的手机卖掉，所得赃款用于上网。

【裁判结果】

河南省平顶山市新华区人民法院于2011年5月10日作出（2011）新刑未初字第29号刑事判决，认定被告人董某某、宋某某犯抢劫罪，分别判处有期徒刑二年六个月，缓刑三年，并处罚金人民币1000元。同时禁止董某某和宋某某在36个月内进入网吧、游戏机房等场所。宣判后，二被告人均未上诉，判决已发生法律效力。

【裁判理由】

法院生效裁判认为：被告人董某某、宋某某以非法占有为目的，以暴力威胁方法劫取他人财物，其行为均已构成抢劫罪。鉴于董某某、宋某某系持刀抢劫；犯罪时不满十八周岁，且均为初犯，到案后认罪悔罪态度较好，宋某某还是在校学生，符合缓刑条件，决定分别判处二被告人有期徒刑二年六个月，缓刑三年。考虑到被告人主要是因上网需要网费而诱发了抢劫犯罪；二被告人长期迷恋网络游戏，网吧等场所与其犯罪有密切联系；如果将被告人与引发其犯罪的场所相隔离，有利于家长和社区在缓刑期间对其进行有效管教，预防再次犯罪；被告人犯罪时不满十八周岁，平时自我控制能力较差，对其适用禁止令的期限确定为与缓刑考验期相同的三年，有利于其改过自新。因此，依法判决禁止二被告人在缓刑考验期内进入网吧等特定场所。

7. 最高法指导性案例 27 号：臧进泉等盗窃、诈骗案

（最高人民法院审判委员会讨论通过 2014 年 6 月 23 日发布）

【关键词】

刑事 盗窃 诈骗 利用信息网络

【裁判要点】

行为人利用信息网络，诱骗他人点击虚假链接而实际通过预先植入的计算机程序窃取财物构成犯罪的，以盗窃罪定罪处罚；虚构可供交易的商品或者服务，欺骗他人点击付款链接而骗取财物构成犯罪的，以诈骗罪定罪处罚。

【相关法条】

《中华人民共和国刑法》第二百六十四条、第二百六十六条

【基本案情】

一、盗窃事实

2010 年 6 月 1 日，被告人郑必玲骗取被害人金某 195 元后，获悉金某的建设银行网银账户内有 305000 余元存款且无每日支付限额，遂电话告知被告人臧进泉，预谋合伙作案。臧进泉赶至网吧后，以尚未看到金某付款成功的记录为由，发送给金某一个交易金额标注为 1 元而实际植入了支付 305000 元的计算机程序的虚假链接，谎称金某点击该 1 元支付链接后，其即可查看到付款成功的记录。金某在诱导下点击了该虚假链接，其建设银行网银账户中的 305000 元随即通过臧进泉预设的计算机程序，经上海快钱信息服务有限公司的平台支付到臧进泉提前在福州海都阳光信息科技有限公司注册的“kissal23”账户中。臧进泉使用其中的 116863 元购买大量游戏点卡，并在“小泉先生哦”的淘宝网店上出售套现。案发后，公安机关追回赃款 187126.31 元发还被害人。

二、诈骗事实

2010 年 5 月至 6 月间，被告人臧进泉、郑必玲、刘涛分别以虚假身份

开设无货可供的淘宝网店铺，并以低价吸引买家。三被告人事先在网游网站注册一账户，并对该账户预设充值程序，充值金额为买家欲支付的金额，后将该充值程序代码植入到一个虚假淘宝网链接中。与买家商谈好商品价格后，三被告人各自以方便买家购物为由，将该虚假淘宝网链接通过阿里旺旺聊天工具发送给买家。买家误以为是淘宝网链接而点击该链接进行购物、付款，并认为所付货款会汇入支付宝公司为担保交易而设立的公用账户，但该货款实际通过预设程序转入网游网站在支付宝公司的私人账户，再转入被告人事先在网游网站注册的充值账户中。三被告人获取买家货款后，在网游网站购买游戏点卡、腾讯Q币等，然后将其按事先约定统一放在臧进泉的“小泉先生哦”的淘宝网店铺上出售套现，所得款均汇入臧进泉的工商银行卡中，由臧进泉按照获利额以约定方式分配。

被告人臧进泉、郑必玲、刘涛经预谋后，先后到江苏省苏州市、无锡市、昆山市等地网吧采用上述手段作案。臧进泉诈骗22000元，获利5000余元，郑必玲诈骗获利5000余元，刘涛诈骗获利12000余元。

【裁判结果】

浙江省杭州市中级人民法院于2011年6月1日作出（2011）浙杭刑初字第91号刑事判决：一、被告人臧进泉犯盗窃罪，判处有期徒刑十三年，剥夺政治权利一年，并处罚金人民币三万元；犯诈骗罪，判处有期徒刑二年，并处罚金人民币五千元，决定执行有期徒刑十四年六个月，剥夺政治权利一年，并处罚金人民币三万五千元。二、被告人郑必玲犯盗窃罪，判处有期徒刑十年，剥夺政治权利一年，并处罚金人民币一万元；犯诈骗罪，判处有期徒刑六个月，并处罚金人民币二千元，决定执行有期徒刑十年三个月，剥夺政治权利一年，并处罚金人民币一万二千元。三、被告人刘涛犯诈骗罪，判处有期徒刑一年六个月，并处罚金人民币五千元。宣判后，臧进泉提出上诉。浙江省高级人民法院于2011年8月9日作出（2011）浙刑三终字第132号刑事裁定，驳回上诉，维持原判。

【裁判理由】

法院生效裁判认为：盗窃是指以非法占有为目的，秘密窃取公私财物的行为；诈骗是指以非法占有为目的，采用虚构事实或者隐瞒真相的方法，骗取公私财物的行为。对既采取秘密窃取手段又采取欺骗手段非法占有财物行为的定性，应从行为人采取主要手段和被害人有无处分财物意识方面区分盗窃与诈骗。如果行为人获取财物时起决定性作用的手段是秘密窃取，诈骗行为只是为盗窃创造条件或作掩护，被害人也没有“自愿”交付财物的，就应当认定为盗窃；如果行为人获取财物时起决定性作用的手段是诈骗，被害人基于错误认识而“自愿”交付财物，盗窃行为只是辅助手段的，就应当认定为诈骗。在信息网络情形下，行为人利用信息网络，诱骗他人点击虚假链接而实际上通过预先植入的计算机程序窃取他人财物构成犯罪的，应当以盗窃罪定罪处罚；行为人虚构可供交易的商品或者服务，欺骗他人为支付货款点击付款链接而获取财物构成犯罪的，应当以诈骗罪定罪处罚。本案中，被告人臧进泉、郑必玲使用预设计算机程序并植入的方法，秘密窃取他人网上银行账户内巨额钱款，其行为均已构成盗窃罪。臧进泉、郑必玲和被告人刘涛以非法占有为目的，通过开设虚假的网络店铺和利用伪造的购物链接骗取他人数额较大的货款，其行为均已构成诈骗罪。对臧进泉、郑必玲所犯数罪，应依法并罚。

关于被告人臧进泉及其辩护人所提非法获取被害人金某的网银账户内305000元的行为，不构成盗窃罪而是诈骗罪的辩解与辩护意见，经查，臧进泉和被告人郑必玲在得知金某网银账户内有款后，即产生了通过植入计算机程序非法占有目的；随后在网络聊天中诱导金某同意支付1元钱，而实际上制作了一个表面付款“1元”却支付305000元的假淘宝网链接，致使金某点击后，其网银账户内305000元即被非法转移到臧进泉的注册账户中，对此金某既不知情，也非自愿。可见，臧进泉、郑必玲获取财物时起决定性作用的手段是秘密窃取，诱骗被害人点击“1元”的虚假链接系实施盗窃的辅助手段，只是为盗窃创造条件或作掩护，被害人也没有“自愿”交付巨额财物，获取银行存款实际上是通过隐藏的事先植入的计算机程序来窃取的，符合盗窃罪的犯罪构成要件，依照刑法第二百六十四条、第二百八十七条的规定，应当以盗窃罪定罪处罚。故臧进泉及其辩护人所提上述辩解和辩护意见与事实和法律规定不符，不予采纳。

8. 最高法指导性案例 28 号：胡克金拒不支付劳动报酬案

（最高人民法院审判委员会讨论通过　2014 年 6 月 23 日发布）

【关键词】

刑事　拒不支付劳动报酬罪　不具备用工主体资格的单位或者个人

【裁判要点】

1. 不具备用工主体资格的单位或者个人（包工头），违法用工且拒不支付劳动者报酬，数额较大，经政府有关部门责令支付仍不支付的，应当以拒不支付劳动报酬罪追究刑事责任。

2. 不具备用工主体资格的单位或者个人（包工头）拒不支付劳动报酬，即使其他单位或者个人在刑事立案前为其垫付了劳动报酬的，也不影响追究该用工单位或者个人（包工头）拒不支付劳动报酬罪的刑事责任。

【相关法条】

《中华人民共和国刑法》第二百七十六条之一第一款

【基本案情】

被告人胡克金于 2010 年 12 月分包了位于四川省双流县黄水镇的三盛翡俪山一期景观工程的部分施工工程，之后聘用多名民工入场施工。施工期间，胡克金累计收到发包人支付的工程款 51 万余元，已超过结算时确认的实际工程款。2011 年 6 月 5 日工程完工后，胡克金以工程亏损为由拖欠李朝文等 20 余名民工工资 12 万余元。6 月 9 日，双流县人力资源和社会保障局责令胡克金支付拖欠的民工工资，胡克金却于当晚订购机票并在次日早上乘飞机逃匿。6 月 30 日，四川锦天下园林工程有限公司作为工程总承包商代胡克金垫付民工工资 12 万余元。7 月 4 日，公安机关对胡克金拒不支付劳动报酬案立案侦查。7 月 12 日，胡克金在浙江省慈溪市被抓获。

【裁判结果】

四川省双流县人民法院于 2011 年 12 月 29 日作出（2011）双流刑初字第 544 号刑事判决，认定被告人胡克金犯拒不支付劳动报酬罪，判处有期徒刑一年，并处罚金人民币二万元。宣判后被告人未上诉，判决已发生法律效力。

【裁判理由】

法院生效裁判认为：被告人胡克金拒不支付20余名民工的劳动报酬达12万余元，数额较大，且在政府有关部门责令其支付后逃匿，其行为构成拒不支付劳动报酬罪。被告人胡克金虽然不具有合法的用工资格，又属没有相应建筑工程施工资质而承包建筑工程施工项目，且违法招用民工进行施工，上述情况不影响以拒不支付劳动报酬罪追究其刑事责任。本案中，胡克金逃匿后，工程总承包企业按照有关规定清偿了胡克金拖欠的民工工资，其清偿拖欠民工工资的行为属于为胡克金垫付，这一行为虽然消减了拖欠行为的社会危害性，但并不能免除胡克金应当支付劳动报酬的责任，因此，对胡克金仍应当以拒不支付劳动报酬罪追究刑事责任。鉴于胡克金系初犯、认罪态度好，依法作出如上判决。

9. 最高法指导性案例32号：张某某、金某危险驾驶案

（最高人民法院审判委员会讨论通过　2014年12月18日发布）

【关键词】

刑事　危险驾驶罪　追逐竞驶　情节恶劣

【裁判要点】

1. 机动车驾驶人员出于竞技、追求刺激、斗气或者其他动机，在道路上曲折穿行、快速追赶行驶的，属于《中华人民共和国刑法》第一百三十三条之一规定的“追逐竞驶”。

2. 追逐竞驶虽未造成人员伤亡或财产损失，但综合考虑超过限速、闯红灯、强行超车、抗拒交通执法等严重违反道路交通安全法的行为，足以威胁他人生命、财产安全的，属于危险驾驶罪中“情节恶劣”的情形。

【相关法条】

《中华人民共和国刑法》第一百三十三条之一

【基本案情】

2012年2月3日20时20分许，被告人张某某、金某相约驾驶摩托车出去享受大功率摩托车的刺激感，约定“陆家浜路、河南南路路口是目的地，谁先到谁就等谁”。随后，由张某某驾驶无牌的本田大功率二轮摩托车（经过改装），金某驾驶套牌的雅马哈大功率二轮摩托车（经过改装），从上海市浦东新区乐园路99号车行出发，行至杨高路、巨峰路路口掉头沿杨高路由北向南行驶，经南浦大桥到陆家浜路下桥，后沿河南南路经复兴东路隧道、张杨路回到张某某住所。全程28.5公里，沿途经过多个公交站点、居民小区、学校和大型超市。在行驶途中，二被告人驾车在密集车流中反复并线、曲折穿插、多次闯红灯、大幅度超速行驶。当行驶至陆家浜路、河南南路路口时，张某某、金某遇执勤民警检查，遂驾车沿河南南路经复兴东路隧道、张杨路逃离。其中，在杨高南路浦建路立交（限速60km/h）张某某行驶速度115km/h、金某行驶速度98km/h；在南浦大桥桥面（限速60km/h）张某某行驶速度108km/h、金某行驶速度108km/h；在南浦大桥陆家浜路引桥下匝道（限速40km/h）张某某行驶速度大于59km/h、金某行驶速度大于68km/h；在复兴东路隧道（限速60km/h）张某某行驶速度102km/h、金某行驶速度99km/h。

2012年2月5日21时许，被告人张某某被抓获到案后，如实供述上述事实，并向公安机关提供被告人金某的手机号码。金某接公安机关电话通知后于2月6日21时许主动投案，并如实供述上述事实。

【裁判结果】

上海市浦东新区人民法院于2013年1月21日作出（2012）浦刑初字第4245号刑事判决：被告人张某某犯危险驾驶罪，判处拘役四个月，缓刑四个月，并处罚金人民币四千元；被告人金某犯危险驾驶罪，判处拘役三个月，缓刑三个月，并处罚金人民币三千元。宣判后，二被告人均未上诉，判决已发生法律效力。

【裁判理由】

法院生效裁判认为：根据《中华人民共和国刑法》第一百三十三条之一第一款规定，在道路上驾驶机动车追逐竞驶，情节恶劣的，构成危险驾驶罪。刑法规定的“追逐竞驶”，一般指行为人出于竞技、追求刺激、斗气或者其他动机，二人或二人以上分别驾驶机动车，违反道路交通安全规定，在道路上快速追赶行驶的行为。本案中，从主观驾驶心态上看，二被告人张某某、金某到案后先后供述“心里面想找点享乐和刺激”“在道路上穿插、超车、得到心理满足”，在面临红灯时，“刹车不舒服、逢车必超”“前方有车就变道曲折行驶再超越”。二被告人上述供述与相关视听资料相互印证，可以反映出其追求刺激、炫耀驾驶技能的竞技心理。从客观行为上看，二被告人驾驶超标大功率的改装摩托车，为追求速度，多次随意变道、闯红灯、大幅超速等严重违章。从行驶路线看，二被告人共同自浦东新区乐园路99号出发，至陆家浜路、河南南路路口接人，约定了竞相行驶的起点和终点。综上，可以认定二被告人的行为属于危险驾驶罪中的“追逐竞驶”。

关于本案被告人的行为是否属于“情节恶劣”，应从其追逐竞驶行为的具体表现、危害程度、造成的危害后果等方面，综合分析其对道路交通秩序、不特定多人生命、财产安全威胁的程度是否“恶劣”。本案中，二被告人追逐竞驶行为，虽未造成人员伤亡和财产损失，但从以下情形分析，属于危险驾驶罪中的“情节恶劣”：第一，从驾驶的车辆看，二被告人驾驶的系无牌和套牌的大功率改装摩托车；第二，从行驶速度看，总体驾驶速度很快，多处路段超速达50%以上；第三，从驾驶方式看，反复并线、穿插前车、多次闯红灯行驶；第四，从对待执法的态度看，二被告人在民警盘查时驾车逃离；第五，从行驶路段看，途经的杨高路、张杨路、南浦大桥、复兴东路隧道等均系城市主干道，沿途还有多处学校、公交和地铁站点、居民小区、大型超市等路段，交通流量较大，行驶距离较长，在高速驾驶的刺激心态下和躲避民警盘查的紧张心态下，极易引发重大恶性交通事故。上述行为，给公共交通安全造成一定危险，足以威胁他人生命、财产安全，故可以认定二被告人追逐竞驶的行为属于危险驾驶罪中的“情节恶劣”。

被告人张某某到案后如实供述所犯罪行，依法可以从轻处罚。被告人金某投案自首，依法亦可以从轻处罚。鉴于二被告人在庭审中均已认识到行为的违法性及社会危害性，保证不再实施危险驾驶行为，并多次表示认罪悔罪，且其行为尚未造成他人人身、财产损害后果，故依法作出如上判决。

10. 最高法指导性案例42号：朱红蔚申请无罪逮捕赔偿案

（最高人民法院审判委员会讨论通过　2014年12月25日发布）

【关键词】

国家赔偿　刑事赔偿　无罪逮捕　精神损害赔偿

【裁判要点】

1. 国家机关及其工作人员行使职权时侵犯公民人身自由权，严重影响受害人正常的工作、生活，导致其精神极度痛苦，属于造成精神损害严重后果。

2. 赔偿义务机关支付精神损害抚慰金的数额，应当根据侵权行为的手段、场合、方式等具体情节，侵权行为造成的影响、后果，以及当地平均生活水平等综合因素确定。

【相关法条】

《中华人民共和国国家赔偿法》第三十五条

【基本案情】

赔偿请求人朱红蔚申请称：检察机关的错误羁押致使其遭受了极大的物质损失和精神损害，申请最高人民法院赔偿委员会维持广东省人民检察院支付侵犯人身自由的赔偿金的决定，并决定由广东省人民检察院登报赔礼道歉、消除影响、恢复名誉，赔偿精神损害抚慰金200万元，赔付被扣押车辆、被拍卖房产等损失。

广东省人民检察院答辩称：朱红蔚被无罪羁押873天，广东省人民检察院依法决定支付侵犯人身自由的赔偿金124254.09元，已向朱红蔚当面道歉，并为帮助朱红蔚恢复经营走访了相关工商管理部门及向有关银行出具情况说明。广东省人民检察院未参与涉案车辆的扣押，不应对此承担赔偿责任。朱红蔚未能提供精神损害后果严重的证据，其要求支付精神损害抚慰金的请求不应予支持，其他请求不属于国家赔偿范围。

法院经审理查明：因涉嫌犯合同诈骗罪，朱红蔚于2005年7月25日被刑事拘留，同年8月26日被取保候审。2006年5月26日，广东省人民检察院以粤检侦监核〔2006〕4号复核决定书批准逮捕朱红蔚。同年6月1日，朱红蔚被执行逮捕。2008年9月11日，广东省深圳市中级人民法院以指控依据不足为由，判决宣告朱红蔚无罪。同月19日，朱红蔚被释放。朱红蔚被羁押时间共计875天。2011年3月15日，朱红蔚以无罪逮捕为由向广东省人民检察院申请国家赔偿。同年7月19日，广东省人民检察院作出粤检赔决〔2011〕1号刑事赔偿决定：按照2010年度全国职工日平均工资标准支付侵犯人身自由的赔偿金124254.09元（142.33元×873天）；口头赔礼道歉并依法在职能范围内为朱红蔚恢复生产提供方便；对支付精神损害抚慰金的请求不予支持。

另查明：(1) 朱红蔚之女朱某某在朱红蔚被刑事拘留时未满18周岁，至2012年抑郁症仍未愈。(2) 深圳一和实业有限公司自2004年由朱红蔚任董事长兼法定代表人，2005年以来未参加年检。(3) 朱红蔚另案申请深圳市公安局赔偿被扣押车辆损失，广东省高级人民法院赔偿委员会以朱红蔚无证据证明其系车辆所有权人和受到实际损失为由，决定驳回朱红蔚赔偿申请。(4) 2011年9月5日，广东省高级人民法院、广东省人民检察院、广东省公安厅联合发布粤高法〔2011〕382号《关于在国家赔偿工作中适用精神损害抚慰金若干问题的座谈会纪要》。该纪要发布后，广东省人民检察院表示可据此支付精神损害抚慰金。

【裁判结果】

最高人民法院赔偿委员会于2012年6月18日作出（2011）法委赔字第4号国家赔偿决定：维持广东省人民检察院粤检赔决〔2011〕1号刑事赔偿决定第二项；撤销广东省人民检察院粤检赔决〔2011〕1号刑事赔偿决定第一、三项；广东省人民检察院向朱红蔚支付侵犯人身自由的赔偿金142318.75元；广东省人民检察院向朱红蔚支付精神损害抚慰金50000元；驳回朱红蔚的其他赔偿请求。

【裁判理由】

最高人民法院认为：赔偿请求人朱红蔚于2011年3月15日向赔偿义务机关广东省人民检察院提出赔偿请求，本案应适用修订后的《中华人民共和国国家赔偿法》。朱红蔚被实际羁押时间为875天，广东省人民检察院计算为873天有误，应予纠正。根据《最高人民法院关于人民法院执行〈中华人民共和国国家赔偿法〉几个问题的解释》第六条规定，赔偿委员会变更赔偿义务机关尚未生效的赔偿决定，应以作出本赔偿决定时的上年度即2011年度全国职工日平均工资162.65元为赔偿标准。因此，广东省人民检察院应按照2011年度全国职工日平均工资标准向朱红蔚支付侵犯人身自由875天的赔偿金142318.75元。朱红蔚被宣告无罪后，广东省人民检察院已决定向朱红蔚以口头方式赔礼道歉，并为其恢复生产提供方便，从而在侵权行为范围内为朱红蔚消除影响、恢复名誉，该项决定应予维持。朱红蔚另要求广东省人民检察院以登报方式赔礼道歉，不予支持。

朱红蔚被羁押875天，正常的家庭生活和公司经营也因此受到影响，导致其精神极度痛苦，应认定精神损害后果严重。对朱红蔚主张的精神损害抚慰金，根据自2005年朱红蔚被羁押以来深圳一和实业有限公司不能正常经营，朱红蔚之女患抑郁症未愈，以及粤高法〔2011〕382号《关于在国家赔偿工作中适用精神损害抚慰金若干问题的座谈会纪要》明确的广东省赔偿精神损害抚慰金的参考标准，结合赔偿协商协调情况以及当地平均生活水平等情况，确定为50000元。朱红蔚提出的其他请求，不予支持。

11. 最高法指导性案例44号：卜新光申请刑事违法追缴赔偿案

（最高人民法院审判委员会讨论通过2014年12月25日发布）

【关键词】

国家赔偿　刑事赔偿　刑事追缴　发还赃物

【裁判要点】

公安机关根据人民法院生效刑事判决将判令追缴的赃物发还被害单

位，并未侵犯赔偿请求人的合法权益，不属于《中华人民共和国国家赔偿法》第十八条第一项规定的情形，不应承担国家赔偿责任。

【相关法条】

《中华人民共和国国家赔偿法》第十八条

【基本案情】

赔偿请求人卜新光以安徽省公安厅皖公刑赔字〔2011〕01号刑事赔偿决定、中华人民共和国公安部（以下简称公安部）公刑赔复字〔2011〕1号刑事赔偿复议决定与事实不符，适用法律不当为由，向最高人民法院赔偿委员会提出赔偿申请，称安徽省公安厅越权处置经济纠纷，以其购买的“深坑村土地”抵偿银行欠款违法，提出安徽省公安厅赔偿经济损失316.6万元等赔偿请求。

法院经审理查明：赔偿请求人卜新光因涉嫌伪造公司印章罪、非法出具金融票证罪和挪用资金罪被安徽省公安厅立案侦查，于1999年9月5日被逮捕，捕前系深圳新晖实业发展有限责任公司（以下简称新晖公司）总经理。2001年11月20日，合肥市中级人民法院作出（2001）合刑初字第68号刑事判决，认定卜新光自1995年1月起承包经营安徽省信托投资公司深圳证券业务部（以下简称安信证券部）期间，未经安徽省信托投资公司（以下简称安信公司）授权，安排其聘用人员私自刻制、使用属于安信公司专有的公司印章，并用此假印章伪造安信公司法人授权委托书、法定代表人证明书及给深圳证券交易所的担保文书，获得了安信证券部的营业资格，其行为构成伪造印章罪；卜新光在承包经营安信证券部期间，违反金融管理法规，两次向他人开具虚假的资信证明，造成1032万元的重大经济损失，其行为又构成非法出具金融票证罪；在承包经营过程中，作为安信证券部总经理，利用职务之便，直接或间接将安信证券部资金9173.2286万元挪用，用于其个人所有的新晖公司投资及各项费用，与安信证券部经营业务没有关联，且造成的经济损失由安信证券部、安信公司承担法律责任，应视为卜新光挪用证券部资金归个人使用，其行为构成挪用资金罪。案发后，安徽省公安厅追回赃款1689.05万元，赃物、住房折合1627万元；查封新晖公司投资的价值2840万元房产和1950万元的土地使用权，共计价值 8106.05 万元。卜新光一人犯数罪，应数罪并罚，遂判决：一、卜新光犯伪造公司印章罪，判处有期徒刑二年；犯非法出具金融票证罪，判处有期徒刑八年；犯挪用资金罪，判处有期徒刑十年，决定执行有期徒刑十五年。二、赃款、赃物共计 8106.05 万元予以追缴。卜新光不服，提起上诉。安徽省高级人民法院于 2002 年 2 月 22 日作出（2002）皖刑终字第 34 号刑事裁定，驳回上诉，维持原判。上述刑事判决认定查封和判令追缴的土地使用权即指卜新光以新晖公司名义投资的“深坑村土地”使用权。2009 年 8 月 4 日，卜新光刑满释放。

又查明：在卜新光刑事犯罪案发后，深圳发展银行人民桥支行（原系深圳发展银行营业部，以下简称深发行）以与卜新光、安信证券部、安信公司存在拆借 2500 万元的债务纠纷为由，于 1999 年 12 月 28 日向深圳市中级人民法院提起民事诉讼，案号为（2000）深中法经调初字第 72 号；深发行还以与安信证券部、安信公司存在担保借款纠纷，拆借资金合同和保证金存款协议纠纷为由，于 2000 年 3 月 10 日，同时向深圳市罗湖区人民法院提起民事诉讼，该院立案审理，案号分别为（2000）深罗法经一初字第 372 号、（2000）深罗法经一初字第 373 号。2000 年 4 月 19 日，安徽省公安厅致函深圳市中级人民法院、罗湖区人民法院，请法院根据最高人民法院《关于在审理经济纠纷案件中涉及经济犯罪嫌疑若干问题的规定》第十二条的规定，对民事案件中止审理并依法移送安徽省公安厅统一侦办。2000 年 7 月 15 日，罗湖区人民法院将其受理的（2000）深罗法经一初字第 372 号、（2000）深罗法经一初字第 373 号民事案件移送安徽省公安厅。2000 年 8 月 24 日，安徽省公安厅刑事警察总队对“深坑村土地”进行查封。对（2000）深中法经调初字第 72 号深发行诉安信证券部、安信公司的拆借金额 2500 万元债务纠纷案件，深圳市中级人民法院经审理认为，该案涉嫌刑事犯罪，于 2001 年 9 月 21 日将该案移送安徽省公安厅侦查处理，同时通知深发行、安信公司、安信证券部已将该民事案件移送安徽省公安厅。安徽省公安厅在合肥市中级人民法院（2001）合刑初字第 68 号刑事判决生效后，对“深坑村土地”予以解封并将追缴的土地使用权返还被害单位安信证券部，用于抵偿安徽省公安厅侦办的（2000）深中法经调初字第

72 号民事案件中卜新光以安信证券部名义拆借深发行 2500 万元的债务。

再查明：在卜新光刑事犯罪案发后，深发行认为安信证券部向该行融资 2000 万元，只清偿 1200 万元，余款 800 万元逾期未付，以债券回购协议纠纷为由，向深圳市中级人民法院起诉卜新光及安信证券部、安信公司，要求连带清偿欠款 800 万元及利息 300 万元。深圳市中级人民法院于 1999 年 11 月 9 日作出（1998）深中法经一初字第 311 号民事判决：卜新光返还给深发行 2570016 元及使用 2000 万元期间的利息；卜新光财产不足清偿债务时，由安信证券部和安信公司承担补充清偿责任。该民事判决在执行中已由深发行与安信公司达成和解，以其他财产抵偿。

【裁判结果】

最高人民法院赔偿委员会于 2011 年 11 月 24 日作出（2011）法委赔字第 1 号赔偿委员会决定：维持安徽省公安厅皖公刑赔字〔2011〕01 号刑事赔偿决定和中华人民共和国公安部公赔复字〔2011〕1 号刑事赔偿复议决定。

【裁判理由】

最高人民法院认为：卜新光在承包经营安信证券部期间，未经安信公司授权，私刻安信公司印章并冒用，违反金融管理法规向他人开具虚假的资信证明，利用职务之便，挪用安信证券部资金 9173.2286 万元，已被合肥市中级人民法院（2001）合刑初字第 68 号刑事判决认定构成伪造印章罪、非法出具金融票证罪、挪用资金罪，对包括卜新光以新晖公司名义投资的“深坑村土地”使用权在内的共计价值 8106.05 万元（其中土地使用权价值 1950 万元）的赃款、赃物判决予以追缴。卜新光以新晖公司出资购买的该土地部分使用权属其个人合法财产的理由不成立，人民法院生效刑事判决已将新晖公司投资的“深坑村土地”价值 1950 万元的使用权作为卜新光挪用资金罪的赃款、赃物的一部分予以追缴，卜新光无权对人民法院生效判决追缴的财产要求国家赔偿。

关于卜新光主张安徽省公安厅以“深坑村土地”抵偿其欠深发行 800 万元，造成直接财产损失 316.6 万元的主张。在卜新光涉嫌犯罪案发后，深发行起诉卜新光及安信证券部、安信公司 800 万元债券回购协议案，深圳市中级人民法院作出（1998）深中法经一初字第311号民事判决并已执行。该案与深圳市中级人民法院于2001年9月21日移送安徽省公安厅侦办的（2000）深中法经调初字第72号，深发行起诉卜新光及安信证券部、安信公司拆借2500万元的债务纠纷案，不是同一民事案件。安徽省公安厅在刑事判决生效后，将判决追缴的价值1950万元的“深坑村土地”使用权发还给其侦办的卜新光以安信证券部名义拆借深发行2500万元资金案的被害单位，具有事实依据，没有损害其利益。卜新光主张安徽省公安厅以“深坑村土地”抵偿其欠深发行800万元，与事实不符。卜新光要求安徽省公安厅赔偿违法返还“深坑村土地”造成其316.6万元损失无事实与法律依据。

综上，“深坑村土地”已经安徽省高级人民法院（2002）皖刑终字第34号刑事裁定予以追缴，赔偿请求人卜新光主张安徽省公安厅违法返还土地给其造成316.6万元的损失没有法律依据，其他请求没有事实根据，不符合国家赔偿法的规定，不予支持。

12. 最高法指导性案例61号：马乐利用未公开信息交易案

（最高人民法院审判委员会讨论通过2016年6月30日发布）

【关键词】

刑事　利用未公开信息交易罪　援引法定刑　情节特别严重

【裁判要点】

刑法第一百八十条第四款规定的利用未公开信息交易罪援引法定刑的情形，应当是对第一款内幕交易、泄露内幕信息罪全部法定刑的引用，即利用未公开信息交易罪应有“情节严重”“情节特别严重”两种情形和两个量刑档次。

【相关法条】

《中华人民共和国刑法》第一百八十条

【基本案情】

2011年3月9日至2013年5月30日期间，被告人马乐担任博时基金管理有限公司旗下的博时精选股票证券投资经理，全权负责投资基金投资股票市场，掌握了博时精选股票证券投资基金交易的标的股票、交易时间和交易数量等未公开信息。马乐在任职期间利用其掌控的上述未公开信息，从事与该信息相关的证券交易活动，操作自己控制的“金某”“严某甲”“严某乙”三个股票账户，通过临时购买的不记名神州行电话卡下单，先于（1—5个交易日）、同期或稍晚于（1—2个交易日）其管理的“博时精选”基金账户买卖相同股票76只，累计成交金额10.5亿余元，非法获利18833374.74元。2013年7月17日，马乐主动到深圳市公安局投案，且到案之后能如实供述其所犯罪行，属自首；马乐认罪态度良好，违法所得能从扣押、冻结的财产中全额返还，判处的罚金亦能全额缴纳。

【裁判结果】

广东省深圳市中级人民法院（2014）深中法刑二初字第27号刑事判决认为，被告人马乐的行为已构成利用未公开信息交易罪。但刑法中并未对利用未公开信息交易罪规定“情节特别严重”的情形，因此只能认定马乐的行为属于“情节严重”。马乐自首，依法可以从轻处罚；马乐认罪态度良好，违法所得能全额返还，罚金亦能全额缴纳，确有悔罪表现；另经深圳市福田区司法局社区矫正和安置帮教科调查评估，对马乐宣告缓刑对其所居住的社区没有重大不良影响，符合适用缓刑的条件。遂以利用未公开信息交易罪判处马乐有期徒刑三年，缓刑五年，并处罚金人民币1884万元；违法所得人民币18833374.74元依法予以追缴，上缴国库。

宣判后，深圳市人民检察院提出抗诉认为，被告人马乐的行为应认定为犯罪情节特别严重，依照“情节特别严重”的量刑档次处罚。一审判决适用法律错误，量刑明显不当，应当依法改判。

广东省高级人民法院（2014）粤高法刑二终字第137号刑事裁定认为，刑法第一百八十条第四款规定，利用未公开信息交易，情节严重的，依照第一款的规定处罚，该条款并未对利用未公开信息交易罪规定有“情节特别严重”情形；而根据第一百八十条第一款的规定，情节严重的，处五年以下有期徒刑或者拘役，并处或者单处违法所得一倍以上五倍以下罚金，故马乐利用未公开信息交易，属于犯罪情节严重，应在该量刑幅度内判处刑罚。原审判决量刑适当，抗诉机关的抗诉理由不成立，不予采纳。遂裁定驳回抗诉，维持原判。

二审裁定生效后，广东省人民检察院提请最高人民检察院按照审判监督程序向最高人民法院提出抗诉。最高人民检察院抗诉提出，刑法第一百八十条第四款属于援引法定刑的情形，应当引用第一款处罚的全部规定；利用未公开信息交易罪与内幕交易、泄露内幕信息罪的违法与责任程度相当，法定刑亦应相当；马乐的行为应当认定为犯罪情节特别严重，对其适用缓刑明显不当。本案终审裁定以刑法第一百八十条第四款未对利用未公开信息交易罪规定有“情节特别严重”为由，降格评价马乐的犯罪行为，属于适用法律确有错误，导致量刑不当，应当依法纠正。

最高人民法院依法组成合议庭对该案直接进行再审，并公开开庭审理了本案。再审查明的事实与原审基本相同，原审认定被告人马乐非法获利数额为18833374.74元存在计算错误，实际为19120246.98元，依法应当予以更正。最高人民法院（2015）刑抗字第1号刑事判决认为，原审被告人马乐的行为已构成利用未公开信息交易罪。马乐利用未公开信息交易股票76只，累计成交额10.5亿余元，非法获利1912万余元，属于情节特别严重。鉴于马乐具有主动从境外回国投案自首法定从轻、减刑处罚情节；在未受控制的情况下，将股票兑成现金存在涉案三个账户中并主动向中国证券监督管理委员会说明情况，退还了全部违法所得，认罪悔罪态度好，赃款未挥霍，原判罚金刑得以全部履行等酌定从轻处罚情节，对马乐可予减轻处罚。第一审判决、第二审裁定认定事实清楚，证据确实、充分，定罪准确，但因对法律条文理解错误，导致量刑不当，应予纠正。依照《中华人民共和国刑法》第一百八十条第四款、第一款，第六十七条第一款，第五十二条，第五十三条，第六十四条及《最高人民法院关于适用〈中华人民共和国刑事诉讼法〉的解释》第三百八十九条第（三）项的规定，判决如下：一、维持广东省高级人民法院（2014）粤高法刑二终字第137号刑事裁定和深圳市中级人民法院（2014）深中法刑二初字第27号刑事判决中对原审被告人马乐的定罪部分；二、撤销广东省高级人民法院（2014）粤高法刑二终字第137号刑事裁定和深圳市中级人民法院（2014）深中法刑二初字第27号刑事判决中对原审被告人马乐的量刑及追缴违法所得部分；三、原审被告人马乐犯利用未公开信息交易罪，判处有期徒刑三年，并处罚金人民币1913万元；四、违法所得人民币19120246.98元依法予以追缴，上缴国库。

【裁判理由】

法院生效裁判认为：本案事实清楚，定罪准确，争议的焦点在于如何正确理解刑法第一百八十条第四款对于第一款的援引以及如何把握利用未公开信息交易罪"情节特别严重"的认定标准。

一、对刑法第一百八十条第四款援引第一款量刑情节的理解和把握

刑法第一百八十条第一款对内幕交易、泄露内幕信息罪规定为："证券、期货交易内幕信息的知情人员或者非法获取证券、期货交易内幕信息的人员，在涉及证券的发行，证券、期货交易或者其他对证券、期货交易价格有重大影响的信息尚未公开前，买入或者卖出该证券，或者从事与该内幕信息有关的期货交易，或者泄露该信息，或者明示、暗示他人从事上述交易活动，情节严重的，处五年以下有期徒刑或者拘役，并处或者单处违法所得一倍以上五倍以下罚金；情节特别严重的，处五年以上十年以下有期徒刑，并处违法所得一倍以上五倍以下罚金。"第四款对利用未公开信息交易罪规定为："证券交易所、期货交易所、证券公司、期货经纪公司、基金管理公司、商业银行、保险公司等金融机构的从业人员以及有关监管部门或者行业协会的工作人员，利用因职务便利获取的内幕信息以外的其他未公开的信息，违反规定，从事与该信息相关的证券、期货交易活动，或者明示、暗示他人从事相关交易活动，情节严重的，依照第一款的规定处罚。"

对于第四款中"情节严重的，依照第一款的规定处罚"应如何理解，在司法实践中存在不同的认识。一种观点认为，第四款中只规定了"情节严重"的情形，而未规定"情节特别严重"的情形，因此，这里的"情节严重的，依照第一款的规定处罚"只能是依照第一款中"情节严重"的量

刑档次予以处罚；另一种观点认为，第四款中的“情节严重”只是入罪条款，即达到了情节严重以上的情形，依据第一款的规定处罚。至于具体处罚，应看符合第一款中的“情节严重”还是“情节特别严重”的情形，分别情况依法判处。情节严重的，“处五年以下有期徒刑”，情节特别严重的，“处五年以上十年以下有期徒刑”。

最高人民法院认为，刑法第一百八十条第四款援引法定刑的情形，应当是对第一款全部法定刑的引用，即利用未公开信息交易罪应有“情节严重”“情节特别严重”两种情形和两个量刑档次。这样理解的具体理由如下：

（一）符合刑法的立法目的。由于我国基金、证券、期货等领域中，利用未公开信息交易行为比较多发，行为人利用公众投入的巨额资金作后盾，以提前买入或者提前卖出的手段获得巨额非法利益，将风险与损失转嫁到其他投资者，不仅对其任职单位的财产利益造成损害，而且严重破坏了公开、公正、公平的证券市场原则，严重损害客户投资者或处于信息弱势的散户利益，严重损害金融行业信誉，影响投资者对金融机构的信任，进而对资产管理和基金、证券、期货市场的健康发展产生严重影响。为此，《中华人民共和国刑法修正案（七）》新增利用未公开信息交易罪，并将该罪与内幕交易、泄露内幕信息罪规定在同一法条中，说明两罪的违法与责任程度相当。利用未公开信息交易罪也应当适用“情节特别严重”。

（二）符合法条的文意。首先，刑法第一百八十条第四款中的“情节严重”是入罪条款。《最高人民检察院、公安部关于公安机关管辖的刑事案件立案追诉标准的规定（二）》，对利用未公开信息交易罪规定了追诉的情节标准，说明该罪需达到“情节严重”才能被追诉。利用未公开信息交易罪属情节犯，立法要明确其情节犯属性，就必须借助“情节严重”的表述，以避免“情节不严重”的行为入罪。其次，该款中“情节严重”并不兼具量刑条款的性质。刑法条文中大量存在“情节严重”兼具定罪条款及量刑条款性质的情形，但无一例外均在其后列明了具体的法定刑。刑法第一百八十条第四款中“情节严重”之后，并未列明具体的法定刑，而是参照内幕交易、泄露内幕信息罪的法定刑。因此，本款中的“情节严重”仅具有定罪条款的性质，而不具有量刑条款的性质。

（三）符合援引法定刑立法技术的理解。援引法定刑是指对某一犯罪并不规定独立的法定刑，而是援引其他犯罪的法定刑作为该犯罪的法定刑。刑法第一百八十条第四款援引法定刑的目的是避免法条文字表述重复，并不属于法律规定不明确的情形。

综上，刑法第一百八十条第四款虽然没有明确表述“情节特别严重”，但是根据本条款设立的立法目的、法条文意及立法技术，应当包含“情节特别严重”的情形和量刑档次。

二、利用未公开信息交易罪“情节特别严重”的认定标准

目前虽然没有关于利用未公开信息交易罪“情节特别严重”认定标准的专门规定，但鉴于刑法规定利用未公开信息交易罪是参照内幕交易、泄露内幕信息罪的规定处罚，最高人民法院、最高人民检察院《关于办理内幕交易、泄露内幕信息刑事案件具体应用法律若干问题的解释》将成交额250万元以上、获利75万元以上等情形认定为内幕交易、泄露内幕信息罪“情节特别严重”的标准，利用未公开信息交易罪也应当遵循相同的标准。马乐利用未公开信息进行交易活动，累计成交额达10.5亿余元，非法获利达1912万余元，已远远超过上述标准，且在案发时属全国查获的该类犯罪数额最大者，参照最高人民法院、最高人民检察院《关于办理内幕交易、泄露内幕信息刑事案件具体应用法律若干问题的解释》，马乐的犯罪情节应当属于“情节特别严重”。

13. 最高法指导性案例62号：王新明合同诈骗案

（最高人民法院审判委员会讨论通过　2016年6月30日发布）

【关键词】

刑事　合同诈骗　数额犯　既遂　未遂

【裁判要点】

在数额犯中，犯罪既遂部分与未遂部分分别对应不同法定刑幅度的，

应当先决定对未遂部分是否减轻处罚，确定未遂部分对应的法定刑幅度，再与既遂部分对应的法定刑幅度进行比较，选择适用处罚较重的法定刑幅度，并酌情从重处罚；二者在同一量刑幅度的，以犯罪既遂酌情从重处罚。

【相关法条】

《中华人民共和国刑法》第二十三条

【基本案情】

2012年7月29日，被告人王新明使用伪造的户口本、身份证，冒充房主即王新明之父的身份，在北京市石景山区链家房地产经纪有限公司古城公园店，以出售该区古城路28号楼一处房屋为由，与被害人徐某签订房屋买卖合同，约定购房款为100万元，并当场收取徐某定金1万元。同年8月12日，王新明又收取徐某支付的购房首付款29万元，并约定余款过户后给付。后双方在办理房产过户手续时，王新明虚假身份被石景山区住建委工作人员发现，余款未取得。2013年4月23日，王新明被公安机关查获。次日，王新明的亲属将赃款退还被害人徐某，被害人徐某对王新明表示谅解。

【裁判结果】

北京市石景山区人民法院经审理于2013年8月23日作出（2013）石刑初字第239号刑事判决，认为被告人王新明的行为已构成合同诈骗罪，数额巨大，同时鉴于其如实供述犯罪事实，在亲属帮助下退赔全部赃款，取得了被害人的谅解，依法对其从轻处罚。公诉机关北京市石景山区人民检察院指控罪名成立，但认为数额特别巨大且系犯罪未遂有误，予以更正。遂认定被告人王新明犯合同诈骗罪，判处有期徒刑六年，并处罚金人民币六千元。宣判后，公诉机关提出抗诉，认为犯罪数额应为100万元，数额特别巨大，而原判未评价70万元未遂，仅依据既遂30万元认定犯罪数额巨大，系适用法律错误。北京市人民检察院第一分院的支持抗诉意见与此一致。王新明以原判量刑过重为由提出上诉，在法院审理过程中又申请撤回上诉。北京市第一中级人民法院经审理于2013年12月2日作出（2013）一中刑终字第4134号刑事裁定：准许上诉人王新明撤回上诉，维持原判。

【裁判理由】

法院生效裁判认为：王新明以非法占有为目的，冒用他人名义签订合同，其行为已构成合同诈骗罪。一审判决事实清楚，证据确实、充分，定性准确，审判程序合法，但未评价未遂70万元的犯罪事实不当，予以纠正。根据刑法及司法解释的有关规定，考虑王新明合同诈骗既遂30万元，未遂70万元但可对该部分减轻处罚，王新明如实供述犯罪事实，退赔全部赃款取得被害人的谅解等因素，原判量刑在法定刑幅度之内，且抗诉机关亦未对量刑提出异议，故应予维持。北京市石景山区人民检察院的抗诉意见及北京市人民检察院第一分院的支持抗诉意见，酌予采纳。鉴于二审期间王新明申请撤诉，撤回上诉的申请符合法律规定，故二审法院裁定依法准许撤回上诉，维持原判。

本案争议焦点是，在数额犯中犯罪既遂与未遂并存时如何量刑。最高人民法院、最高人民检察院《关于办理诈骗刑事案件具体应用法律若干问题的解释》第六条规定："诈骗既有既遂，又有未遂，分别达到不同量刑幅度的，依照处罚较重的规定处罚；达到同一量刑幅度的，以诈骗罪既遂处罚。"因此，对于数额犯中犯罪行为既遂与未遂并存且均构成犯罪的情况，在确定全案适用的法定刑幅度时，先就未遂部分进行是否减轻处罚的评价，确定未遂部分所对应的法定刑幅度，再与既遂部分对应的法定刑幅度比较，确定全案适用的法定刑幅度。如果既遂部分对应的法定刑幅度较重或者二者相同的，应当以既遂部分对应的法定刑幅度确定全案适用的法定刑幅度，将包括未遂部分在内的其他情节作为确定量刑起点的调节要素进而确定基准刑。如果未遂部分对应的法定刑幅度较重的，应当以未遂部分对应的法定刑幅度确定全案适用的法定刑幅度，将包括既遂部分在内的其他情节，连同未遂部分的未遂情节一并作为量刑起点的调节要素进而确定基准刑。

本案中，王新明的合同诈骗犯罪行为既遂部分为30万元，根据司法解释及北京市的具体执行标准，对应的法定刑幅度为有期徒刑三年以上十年以下；未遂部分为70万元，结合本案的具体情况，应当对该未遂部分减一挡处罚，未遂部分法定刑幅度应为有期徒刑三年以上十年以下，与既遂部分 30 万元对应的法定刑幅度相同。因此，以合同诈骗既遂 30 万元的基本犯罪事实确定对王新明适用的法定刑幅度为有期徒刑三年以上十年以下，将未遂部分 70 万元的犯罪事实，连同其如实供述犯罪事实、退赔全部赃款、取得被害人谅解等一并作为量刑情节，故对王新明从轻处罚，判处有期徒刑六年，并处罚金人民币六万元。

14. 最高法指导性案例 63 号：徐加富强制医疗案

（最高人民法院审判委员会讨论通过　2016 年 6 月 30 日发布）

【关键词】

刑事诉讼　强制医疗　有继续危害社会可能

【裁判要点】

审理强制医疗案件，对被申请人或者被告人是否“有继续危害社会可能”，应当综合被申请人或者被告人所患精神病的种类、症状，案件审理时其病情是否已经好转，以及其家属或者监护人有无严加看管和自行送医治疗的意愿和能力等情况予以判定。必要时，可以委托相关机构或者专家进行评估。

【相关法条】

《中华人民共和国刑法》第十八条第一款

《中华人民共和国刑事诉讼法》第二百八十四条

【基本案情】

被申请人徐加富在 2007 年下半年开始出现精神异常，表现为凭空闻声，认为别人在议论他，有人要杀他，紧张害怕，夜晚不睡，随时携带刀自卫，外出躲避。因未接受治疗，病情加重。2012 年 11 月 18 日 4 时许，被申请人在其经常居住地听到有人开车来杀他，遂携带刀和榔头欲外出撞车自杀。其居住地的门卫张友发得知其出去要撞车自杀，未给其开门。被申请人见被害人手持一部手机，便认为被害人要叫人来对其加害。被申请人当即用携带的刀刺杀被害人身体，用榔头击打其头部，致其当场死亡。经法医学鉴定，被害人系头部受到钝器打击，造成严重颅脑损伤死亡。

2012年12月10日，被申请人被公安机关送往成都市第四人民医院住院治疗。2012年12月17日，成都精卫司法鉴定所接受成都市公安局武侯区分局的委托，对被申请人进行精神疾病及刑事责任能力鉴定，同月26日该所出具成精司鉴所（2012）病鉴字第105号鉴定意见书，载明：1. 被鉴定人徐加富目前患有精神分裂症，幻觉妄想型；2. 被鉴定人徐加富2012年11月18日4时作案时无刑事责任能力。2013年1月，成都市第四人民医院对被申请人的病情作出证明，证实徐加富需要继续治疗。

【裁判结果】

四川省武侯区人民法院于2013年1月24日作出（2013）武侯刑强初字第1号强制医疗决定书：对被申请人徐加富实施强制医疗。

【裁判理由】

法院生效裁判认为：本案被申请人徐加富实施了故意杀人的暴力行为后，经鉴定属于依法不负刑事责任的精神病人，其妄想他人欲对其加害而必须携带刀等防卫工具外出的行为，在其病症未能减轻并需继续治疗的情况下，认定其放置社会有继续危害社会的可能。成都市武侯区人民检察院提出对被申请人强制医疗的申请成立，予以支持。诉讼代理人提出了被申请人是否有继续危害社会的可能应由医疗机构作出评估，本案没有医疗机构的评估报告，对被申请人的强制医疗的证据不充分的辩护意见。法院认为，在强制医疗中如何认定被申请人是否有继续危害社会的可能，需要根据以往被申请人的行为及本案的证据进行综合判断，而医疗机构对其评估也只是对其病情痊愈的评估，法律没有赋予医疗机构对患者是否有继续危害社会可能性方面的评估权利。本案被申请人的病症是被害幻觉妄想症，经常假想要被他人杀害，外出害怕被害必带刀等防卫工具。如果不加约束治疗，被申请人不可能不外出，其外出必携带刀的行为，具有危害社会的可能，故诉讼代理人的意见不予采纳。

15. 最高法指导性案例70号：北京阳光一佰生物技术开发有限公司、习文有等生产、销售有毒、有害食品案

（最高人民法院审判委员会讨论通过 2016年12月28日发布）

【关键词】

刑事 生产、销售有毒、有害食品罪 有毒有害的非食品原料

【裁判要点】

行为人在食品生产经营中添加的虽然不是国务院有关部门公布的《食品中可能违法添加的非食用物质名单》和《保健食品中可能非法添加的物质名单》中的物质，但如果该物质与上述名单中所列物质具有同等属性，并且根据检验报告和专家意见等相关材料能够确定该物质对人体具有同等危害的，应当认定为《中华人民共和国刑法》第一百四十四条规定的“有毒、有害的非食品原料”。

【相关法条】

《中华人民共和国刑法》第一百四十四条

【基本案情】

被告人习文有于2001年注册成立了北京阳光一佰生物技术开发有限公司（以下简称阳光一佰公司），系公司的实际生产经营负责人。2010年以来，被告单位阳光一佰公司从被告人谭国民处以600元/公斤的价格购进生产保健食品的原料，该原料系被告人谭国民从被告人尹立新处以2500元/公斤的价格购进后进行加工，阳光一佰公司购进原料后加工制作成用于辅助降血糖的保健食品阳光一佰牌山芪参胶囊，以每盒100元左右的价格销售至扬州市广陵区金福海保健品店及全国多个地区。被告人杨立峰具体负责生产，被告人钟立檬、王海龙负责销售。2012年5月至9月，销往上海、湖南、北京等地的山芪参胶囊分别被检测出含有盐酸丁二胍，食品药品监督管理部门将检测结果告知阳光一佰公司及习文有。被告人习文有在得知检测结果后随即告知被告人谭国民、尹立新，被告人习文有明知其所生产、销售的保健品中含有盐酸丁二胍后，仍然继续向被告人谭国民、尹

立新购买原料，组织杨立峰、钟立檬、王海龙等人生产山芪参胶囊并销售。被告人谭国民、尹立新在得知检测结果后继续向被告人习文有销售该原料。

盐酸丁二胍是丁二胍的盐酸盐。目前盐酸丁二胍未获得国务院药品监督管理部门批准生产或进口，不得作为药物在我国生产、销售和使用。扬州大学医学院葛晓群教授出具的专家意见和南京医科大学司法鉴定所的鉴定意见证明：盐酸丁二胍具有降低血糖的作用，很早就撤出我国市场，长期使用添加盐酸丁二胍的保健食品可能对机体产生不良影响，甚至危及生命。

从2012年8月底至2013年1月案发，阳光一佰公司生产、销售金额达800余万元。其中，习文有、尹立新、谭国民参与生产、销售的含有盐酸丁二胍的山芪参胶囊金额达800余万元；杨立峰参与生产的含有盐酸丁二胍的山芪参胶囊金额达800余万元；钟立檬、王海龙参与销售的含有盐酸丁二胍的山芪参胶囊金额达40余万元。尹立新、谭国民与阳光一佰公司共同故意实施犯罪，系共同犯罪，尹立新、谭国民系提供有毒、有害原料用于生产、销售有毒、有害食品的帮助犯，其在共同犯罪中均系从犯。习文有与杨立峰、钟立檬、王海龙共同故意实施犯罪，系共同犯罪，杨立峰、钟立檬、王海龙系受习文有指使实施生产、销售有毒、有害食品的犯罪行为，均系从犯。习文有在共同犯罪中起主要作用，系主犯。杨立峰、谭国民犯罪后主动投案，并如实供述犯罪事实，系自首，当庭自愿认罪。习文有、尹立新、王海龙归案后如实供述犯罪事实，当庭自愿认罪。钟立檬归案后如实供述部分犯罪事实，当庭对部分犯罪事实自愿认罪。

【裁判结果】

江苏省扬州市广陵区人民法院于2014年1月10日作出（2013）扬广刑初字第0330号刑事判决：被告单位北京阳光一佰生物技术开发有限公司犯生产、销售有毒、有害食品罪，判处罚金人民币一千五百万元；被告人习文有犯生产、销售有毒、有害食品罪，判处有期徒刑十五年，剥夺政治权利三年，并处罚金人民币九百万元；被告人尹立新犯生产、销售有毒、有害食品罪，判处有期徒刑十二年，剥夺政治权利二年，并处罚金人民币一百万元；被告人谭国民犯生产、销售有毒、有害食品罪，判处有期徒刑十一年，剥夺政治权利二年，并处罚金人民币一百万元；被告人杨立峰犯生产有毒、有害食品罪，判处有期徒刑五年，并处罚金人民币十万元；被告人钟立檬犯销售有毒、有害食品罪，判处有期徒刑四年，并处罚金人民币八万元；被告人王海龙犯销售有毒、有害食品罪，判处有期徒刑三年六个月，并处罚金人民币六万元；继续向被告单位北京阳光一佰生物技术开发有限公司追缴违法所得人民币八百万元，向被告人尹立新追缴违法所得人民币六十七万一千五百元，向被告人谭国民追缴违法所得人民币一百三十二万元；扣押的含有盐酸丁二胍的山芪参胶囊、颗粒，予以没收。宣判后，被告单位和各被告人均提出上诉。江苏省扬州市中级人民法院于2014年6月13日作出（2014）扬刑二终字第0032号刑事裁定：驳回上诉、维持原判。

【裁判理由】

法院生效裁判认为：刑法第一百四十四条规定："在生产、销售的食品中掺入有毒、有害的非食品原料的，或者销售明知掺有有毒、有害的非食品原料的食品的，处五年以下有期徒刑，并处罚金；对人体健康造成严重危害或者有其他严重情节的，处五年以上十年以下有期徒刑，并处罚金；致人死亡或者有其他特别严重情节的，依照本法第一百四十一条的规定处罚。"最高人民法院、最高人民检察院《关于办理危害食品安全刑事案件适用法律若干问题的解释》（以下简称《解释》）第二十条规定："下列物质应当认定为'有毒、有害的非食品原料'：（一）法律、法规禁止在食品生产经营活动中添加、使用的物质；（二）国务院有关部门公布的《食品中可能违法添加的非食用物质名单》《保健食品中可能非法添加的物质名单》上的物质；（三）国务院有关部门公告禁止使用的农药、兽药以及其他有毒、有害物质；（四）其他危害人体健康的物质。"第二十一条规定："'足以造成严重食物中毒事故或者其他严重食源性疾病''有毒、有害非食品原料'难以确定的，司法机关可以根据检验报告并结合专家意见等相关材料进行认定。必要时，人民法院可以依法通知有关专家出庭作出说明。"本案中，盐酸丁二胍系在我国未获得药品监督管理部门批准生产或进口，不得作为药品在我国生产、销售和使用的化学物质；其亦非食品添加剂。盐酸丁二胍也不属于上述《解释》第二十条第二项、第三项规定的物质。根据扬州大学医学院葛晓群教授出具的专家意见和南京医科大学司法鉴定所的鉴定意见证明，盐酸丁二胍与《解释》第二十条第二项《保健食品中可能非法添加的物质名单》中的其他降糖类西药（盐酸二甲双胍、盐酸苯乙双胍）具有同等属性和同等危害。长期服用添加有盐酸丁二胍的“阳光一佰牌山芪参胶囊”有对人体产生毒副作用的风险，影响人体健康、甚至危害生命。因此，对盐酸丁二胍应当依照《解释》第二十条第四项、第二十一条的规定，认定为刑法第一百四十四条规定的“有毒、有害的非食品原料”。

被告单位阳光一佰公司、被告人习文有作为阳光一佰公司生产、销售山芪参胶囊的直接负责的主管人员，被告人杨立峰、钟立檬、王海龙作为阳光一佰公司生产、销售山芪参胶囊的直接责任人员，明知阳光一佰公司生产、销售的保健食品山芪参胶囊中含有国家禁止添加的盐酸丁二胍成分，仍然进行生产、销售；被告人尹立新、谭国民明知其提供的含有国家禁止添加的盐酸丁二胍的原料被被告人习文有用于生产保健食品山芪参胶囊并进行销售，仍然向习文有提供该种原料，因此，上述单位和被告人均依法构成生产、销售有毒、有害食品罪。其中，被告单位阳光一佰公司、被告人习文有、尹立新、谭国民的行为构成生产、销售有毒、有害食品罪。被告人杨立峰的行为构成生产有毒、有害食品罪；被告人钟立檬、王海龙的行为均已构成销售有毒、有害食品罪。根据被告单位及各被告人犯罪情节、犯罪数额，综合考虑各被告人在共同犯罪的地位作用、自首、认罪态度等量刑情节，作出如上判决。

16. 最高法指导性案例71号：毛建文拒不执行判决、裁定案

（最高人民法院审判委员会讨论通过 2016年12月28日发布）

【关键词】

刑事 拒不执行判决、裁定罪 起算时间

【裁判要点】

有能力执行而拒不执行判决、裁定的时间从判决、裁定发生法律效力时起算。具有执行内容的判决、裁定发生法律效力后，负有执行义务的人有隐藏、转移、故意毁损财产等拒不执行行为，致使判决、裁定无法执行，情节严重的，应当以拒不执行判决、裁定罪定罪处罚。

【相关法条】

《中华人民共和国刑法》第三百一十三条

【基本案情】

浙江省平阳县人民法院于2012年12月11日作出（2012）温平鳌商初字第595号民事判决，判令被告人毛建文于判决生效之日起15日内返还陈先银挂靠在其名下的温州宏源包装制品有限公司投资款200000元及利息。该判决于2013年1月6日生效。因毛建文未自觉履行生效法律文书确定的义务，陈先银于2013年2月16日向平阳县人民法院申请强制执行。立案后，平阳县人民法院在执行中查明，毛建文于2013年1月17日将其名下的浙CVU661小型普通客车以150000元的价格转卖，并将所得款项用于个人开销，拒不执行生效判决。毛建文于2013年11月30日被抓获归案后如实供述了上述事实。

【裁判结果】

浙江省平阳县人民法院于2014年6月17日作出（2014）温平刑初字第314号刑事判决：被告人毛建文犯拒不执行判决罪，判处有期徒刑十个月。宣判后，毛建文未提起上诉，公诉机关未提出抗诉，判决已发生法律效力。

【裁判理由】

法院生效裁判认为：被告人毛建文负有履行生效裁判确定的执行义务，在人民法院具有执行内容的判决、裁定发生法律效力后，实施隐藏、转移财产等拒不执行行为，致使判决、裁定无法执行，情节严重，其行为已构成拒不执行判决罪。公诉机关指控的罪名成立。毛建文归案后如实供述了自己的罪行，可以从轻处罚。

本案的争议焦点为，拒不执行判决、裁定罪中规定的“有能力执行而拒不执行”的行为起算时间如何认定，即被告人毛建文拒不执行判决的行为是从相关民事判决发生法律效力时起算，还是从执行立案时起算。对此，法院认为，生效法律文书进入强制执行程序并不是构成拒不执行判决、裁定罪的要件和前提，毛建文拒不执行判决的行为应从相关民事判决于2013年1月6日发生法律效力时起算。主要理由如下：第一，符合立法原意。全国人民代表大会常务委员会对刑法第三百一十三条规定解释时指出，该条中的“人民法院的判决、裁定”，是指人民法院依法作出的具有执行内容并已发生法律效力的判决、裁定。这就是说，只有具有执行内容的判决、裁定发生法律效力后，才具有法律约束力和强制执行力，义务人才有及时、积极履行生效法律文书确定义务的责任。生效法律文书的强制执行力不是在进入强制执行程序后才产生的，而是自法律文书生效之日起即产生。第二，与民事诉讼法及其司法解释协调一致。《中华人民共和国民事诉讼法》第一百一十一条规定：诉讼参与人或者其他人拒不履行人民法院已经发生法律效力的判决、裁定的，人民法院可以根据情节轻重予以罚款、拘留；构成犯罪的，依法追究刑事责任。《最高人民法院关于适用〈中华人民共和国民事诉讼法〉的解释》第一百八十八条规定：民事诉讼法第一百一十一条第一款第六项规定的拒不履行人民法院已经发生法律效力的判决、裁定的行为，包括在法律文书发生法律效力后隐藏、转移、变卖、毁损财产或者无偿转让财产、以明显不合理的价格交易财产、放弃到期债权、无偿为他人提供担保等，致使人民法院无法执行的。由此可见，法律明确将拒不执行行为限定在法律文书发生法律效力后，并未将拒不执行的主体仅限定为进入强制执行程序后的被执行人或者协助执行义务人等，更未将拒不执行判决、裁定罪的调整范围仅限于生效法律文书进入强制执行程序后发生的行为。第三，符合立法目的。拒不执行判决、裁定罪的立法目的在于解决法院生效判决、裁定的“执行难”问题。将判决、裁定生效后立案执行前逃避履行义务的行为纳入拒不执行判决、裁定罪的调整范围，是法律设定该罪的应有之意。将判决、裁定生效之日确定为拒不执行判决、裁定罪中拒不执行行为的起算时间点，能有效地促使义务人在判决、裁定生效后即迫于刑罚的威慑力而主动履行生效裁判确定的义务，避免生效裁判沦为一纸空文，从而使社会公众真正尊重司法裁判，维护法律权威，从根本上解决“执行难”问题，实现拒不执行判决、裁定罪的立法目的。

17. 最高法指导性案例87号：郭明升、郭明锋、孙淑标假冒注册商标案

（最高人民法院审判委员会讨论通过 2017年3月6日发布）

【关键词】

刑事 假冒注册商标罪 非法经营数额 网络销售 刷信誉

【裁判要点】

假冒注册商标犯罪的非法经营数额、违法所得数额，应当综合被告人供述、证人证言、被害人陈述、网络销售电子数据、被告人银行账户往来记录、送货单、快递公司电脑系统记录、被告人等所作记账等证据认定。被告人辩解称网络销售记录存在刷信誉的不真实交易，但无证据证实的，对其辩解不予采纳。

【相关法条】

《中华人民共和国刑法》第二百一十三条

【基本案情】

公诉机关指控：2013年11月底至2014年6月期间，被告人郭明升为谋取非法利益，伙同被告人孙淑标、郭明锋在未经三星（中国）投资有限公司授权许可的情况下，从他人处批发假冒三星手机裸机及配件进行组

装，利用其在淘宝网上开设的“三星数码专柜”网店进行“正品行货”宣传，并以明显低于市场价格公开对外销售，共计销售假冒的三星手机20000余部，销售金额2000余万元，非法获利200余万元，应当以假冒注册商标罪追究其刑事责任。被告人郭明升在共同犯罪中起主要作用，系主犯。被告人郭明锋、孙淑标在共同犯罪中起辅助作用，系从犯，应当从轻处罚。

被告人郭明升、孙淑标、郭明锋及其辩护人对其未经“SΛMSUNG”商标注册人授权许可，组装假冒的三星手机，并通过淘宝网店进行销售的犯罪事实无异议，但对非法经营额、非法获利提出异议，辩解称其淘宝网店存在请人刷信誉的行为，真实交易量只有10000多部。

法院经审理查明：“SΛMSUNG”是三星电子株式会社在中国注册的商标，该商标有效期至2021年7月27日；三星（中国）投资有限公司是三星电子株式会社在中国投资设立，并经三星电子株式会社特别授权负责三星电子株式会社名下商标、专利、著作权等知识产权管理和法律事务的公司。2013年11月，被告人郭明升通过网络中介购买店主为“汪亮”、账号为play2011－1985的淘宝店铺，并改名为“三星数码专柜”，在未经三星（中国）投资公司授权许可的情况下，从深圳市华强北远望数码城、深圳福田区通天地手机市场批发假冒的三星I8552手机裸机及配件进行组装，并通过“三星数码专柜”在淘宝网上以“正品行货”进行宣传、销售。被告人郭明锋负责该网店的客服工作及客服人员的管理，被告人孙淑标负责假冒的三星I8552手机裸机及配件的进货、包装及联系快递公司发货。至2014年6月，该网店共计组装、销售假冒三星I8552手机20000余部，非法经营额2000余万元，非法获利200余万元。

【裁判结果】

江苏省宿迁市中级人民法院于2015年9月8日作出（2015）宿中知刑初字第0004号刑事判决，以被告人郭明升犯假冒注册商标罪，判处有期徒刑五年，并处罚金人民币160万元；被告人孙淑标犯假冒注册商标罪，判处有期徒刑三年，缓刑五年，并处罚金人民币20万元。被告人郭明锋犯假冒注册商标罪，判处有期徒刑三年，缓刑四年，并处罚金人民币20万元。

宣判后，三被告人均没有提出上诉，该判决已经生效。

【裁判理由】

法院生效裁判认为，被告人郭明升、郭明锋、孙淑标在未经“SΛMSUNG”商标注册人授权许可的情况下，购进假冒“SΛMSUNG”注册商标的手机机头及配件，组装假冒“SΛMSUNG”注册商标的手机，并通过网店对外以“正品行货”销售，属于未经注册商标所有人许可在同一种商品上使用与其相同的商标的行为，非法经营数额达2000余万元，非法获利200余万元，属情节特别严重，其行为构成假冒注册商标罪。被告人郭明升、郭明锋、孙淑标虽然辩解称其网店售销记录存在刷信誉的情况，对公诉机关指控的非法经营数额、非法获利提出异议，但三被告人在公安机关的多次供述，以及公安机关查获的送货单、支付宝向被告人郭明锋银行账户付款记录、郭明锋银行账户对外付款记录、“三星数码专柜”淘宝记录、快递公司电脑系统记录、公安机关现场扣押的笔记等证据之间能够互相印证，综合公诉机关提供的证据，可以认定公诉机关关于三被告人共计销售假冒的三星I8552手机20000余部，销售金额2000余万元，非法获利200余万元的指控能够成立，三被告人关于销售记录存在刷信誉行为的辩解无证据予以证实，不予采信。被告人郭明升、郭明锋、孙淑标，系共同犯罪，被告人郭明升起主要作用，是主犯；被告人郭明锋、孙淑标在共同犯罪中起辅助作用，是从犯，依法可以从轻处罚。故依法作出上述判决。

18. 指导案例93号：于欢故意伤害案

（最高人民法院审判委员会讨论通过　2018年6月20日发布）

【关键词】

刑事　故意伤害罪　非法限制人身自由　正当防卫/防卫过当

【裁判要点】

1. 对正在进行的非法限制他人人身自由的行为，应当认定为刑法第二十条第一款规定的“不法侵害”，可以进行正当防卫。

2. 对非法限制他人人身自由并伴有侮辱、轻微殴打的行为，不应当认定为刑法第二十条第三款规定的“严重危及人身安全的暴力犯罪”。

3. 判断防卫是否过当，应当综合考虑不法侵害的性质、手段、强度、危害程度，以及防卫行为的性质、时机、手段、强度、所处环境和损害后果等情节。对非法限制他人人身自由并伴有侮辱、轻微殴打，且并不十分紧迫的不法侵害，进行防卫致人死亡重伤的，应当认定为刑法第二十条第二款规定的“明显超过必要限度造成重大损害”。

4. 防卫过当案件，如系因被害人实施严重贬损他人人格尊严或者亵渎人伦的不法侵害引发的，量刑时对此应予充分考虑，以确保司法裁判既经得起法律检验，也符合社会公平正义观念。

【相关法条】

《中华人民共和国刑法》第二十条

【基本案情】

被告人于欢的母亲苏某在山东省冠县工业园区经营山东源大工贸有限公司（以下简称源大公司），于欢系该公司员工。2014年7月28日，苏某及其丈夫于某1向吴某、赵某1借款100万元，双方口头约定月息10%。至2015年10月20日，苏某共计还款154万元。其间，吴某、赵某1因苏某还款不及时，曾指使被害人郭某1等人采取在源大公司车棚内驻扎、在办公楼前支锅做饭等方式催债。2015年11月1日，苏某、于某1再向吴某、赵某1借款35万元。其中10万元，双方口头约定月息10%；另外25万元，通过签订房屋买卖合同，用于某1名下的一套住房作为抵押，双方约定如逾期还款，则将该住房过户给赵某1。2015年11月2日至2016年1月6日，苏某共计向赵某1还款29.8万元。吴某、赵某1认为该29.8万元属于偿还第一笔100万元借款的利息，而苏某夫妇认为是用于偿还第二笔借款。吴某、赵某1多次催促苏某夫妇继续还款或办理住房过户手续，但苏某夫妇未再还款，也未办理住房过户。

2016年4月1日，赵某1与被害人杜某2、郭某1等人将于某1上述住房的门锁更换并强行入住，苏某报警。赵某1出示房屋买卖合同，民警调解后离去。同月 13 日上午，吴某、赵某 1 与杜某 2、郭某 1、杜某 7 等人将上述住房内的物品搬出，苏某报警。民警处警时，吴某称系房屋买卖纠纷，民警告知双方协商或通过诉讼解决。民警离开后，吴某责骂苏某，并将苏某头部按入座便器接近水面位置。当日下午，赵某 1 等人将上述住房内物品搬至源大公司门口。其间，苏某、于某 1 多次拨打市长热线求助。当晚，于某 1 通过他人调解，与吴某达成口头协议，约定次日将住房过户给赵某 1，此后再付 30 万元，借款本金及利息即全部结清。

4 月 14 日，于某 1、苏某未去办理住房过户手续。当日 16 时许，赵某 1 纠集郭某 2、郭某 1、苗某、张某 3 到源大公司讨债。为找到于某 1、苏某，郭某 1 报警称源大公司私刻财务章。民警到达源大公司后，苏某与赵某 1 等人因还款纠纷发生争吵。民警告知双方协商解决或到法院起诉后离开。李某 3 接赵某 1 电话后，伙同么某、张某 2 和被害人严某、程某到达源大公司。赵某 1 等人先后在办公楼前呼喊，在财务室内、餐厅外盯守，在办公楼门厅外烧烤、饮酒，催促苏某还款。其间，赵某 1、苗某离开。20 时许，杜某 2、杜某 7 赶到源大公司，与李某 3 等人一起饮酒。20 时 48 分，苏某按郭某 1 要求到办公楼一楼接待室，于欢及公司员工张某 1、马某陪同。21 时 53 分，杜某 2 等人进入接待室讨债，将苏某、于欢的手机收走放在办公桌上。杜某 2 用污秽言语辱骂苏某、于欢及其家人，将烟头弹到苏某胸前衣服上，将裤子褪至大腿处裸露下体，朝坐在沙发上的苏某等人左右转动身体。在马某、李某 3 劝阻下，杜某 2 穿好裤子，又脱下于欢的鞋让苏某闻，被苏某打掉。杜某 2 还用手拍打于欢面颊，其他讨债人员实施了揪抓于欢头发或按压于欢肩部不准其起身等行为。22 时 07 分，公司员工刘某打电话报警。22 时 17 分，民警朱某带领辅警宋某、郭某 3 到达源大公司接待室了解情况，苏某和于欢指认杜某 2 殴打于欢，杜某 2 等人否认并称系讨债。22 时 22 分，朱某警告双方不能打架，然后带领辅警到院内寻找报警人，并给值班民警徐某打电话通报警情。于欢、苏某想随民警离开接待室，杜某 2 等人阻拦，并强迫于欢坐下，于欢拒绝。杜某 2 等人卡于欢颈部，将于欢推拉至接待室东南角。于欢持刃长 15.3 厘米的单刃尖刀，警告杜某 2 等人不要靠近。杜某 2 出言挑衅并逼近于欢，于欢遂捅刺杜某2腹部一刀，又捅刺围逼在其身边的程某胸部、严某腹部、郭某1背部各一刀。22时26分，辅警闻声返回接待室。经辅警连续责令，于欢交出尖刀。杜某2等四人受伤后，被杜某7等人驾车送至冠县人民医院救治。次日2时18分，杜某2经抢救无效，因腹部损伤造成肝固有动脉裂伤及肝右叶创伤导致失血性休克死亡。严某、郭某1的损伤均构成重伤二级，程某的损伤构成轻伤二级。

【裁判结果】

山东省聊城市中级人民法院于2017年2月17日作出（2016）鲁15刑初33号刑事附带民事判决，认定被告人于欢犯故意伤害罪，判处无期徒刑，剥夺政治权利终身，并赔偿附带民事原告人经济损失。

宣判后，被告人于欢及部分原审附带民事诉讼原告人不服，分别提出上诉。山东省高级人民法院经审理于2017年6月23日作出（2017）鲁刑终151号刑事附带民事判决：驳回附带民事上诉，维持原判附带民事部分；撤销原判刑事部分，以故意伤害罪改判于欢有期徒刑五年。

【裁判理由】

法院生效裁判认为：被告人于欢持刀捅刺杜某2等四人，属于制止正在进行的不法侵害，其行为具有防卫性质；其防卫行为造成一人死亡、二人重伤、一人轻伤的严重后果，明显超过必要限度造成重大损害，构成故意伤害罪，依法应负刑事责任。鉴于于欢的行为属于防卫过当，于欢归案后如实供述主要罪行，且被害方有以恶劣手段侮辱于欢之母的严重过错等情节，对于欢依法应当减轻处罚。原判认定于欢犯故意伤害罪正确，审判程序合法，但认定事实不全面，部分刑事判项适用法律错误，量刑过重，遂依法改判于欢有期徒刑五年。

本案在法律适用方面的争议焦点主要有两个方面：一是于欢的捅刺行为性质，即是否具有防卫性、是否属于特殊防卫、是否属于防卫过当；二是如何定罪处罚。

一、关于于欢的捅刺行为性质

《中华人民共和国刑法》（以下简称《刑法》）第二十条第一款规定："为了使国家、公共利益、本人或者他人的人身、财产和其他权利免受正在进行的不法侵害，而采取的制止不法侵害的行为，对不法侵害人造成损害的，属于正当防卫，不负刑事责任。”由此可见，成立正当防卫必须同时具备以下五项条件：一是防卫起因，不法侵害现实存在。不法侵害是指违背法律的侵袭和损害，既包括犯罪行为，又包括一般违法行为；既包括侵害人身权利的行为，又包括侵犯财产及其他权利的行为。二是防卫时间，不法侵害正在进行。正在进行是指不法侵害已经开始并且尚未结束的这段时期。对尚未开始或已经结束的不法侵害，不能进行防卫，否则即是防卫不适时。三是防卫对象，即针对不法侵害者本人。正当防卫的对象只能是不法侵害人本人，不能对不法侵害人之外的人实施防卫行为。在共同实施不法侵害的场合，共同侵害具有整体性，可对每一个共同侵害人进行正当防卫。四是防卫意图，出于制止不法侵害的目的，有防卫认识和意志。五是防卫限度，尚未明显超过必要限度造成重大损害。这就是说正当防卫的成立条件包括客观条件、主观条件和限度条件。客观条件和主观条件是定性条件，确定了正当防卫“正”的性质和前提条件，不符合这些条件的不是正当防卫；限度条件是定量条件，确定了正当防卫“当”的要求和合理限度，不符合该条件的虽然仍有防卫性质，但不是正当防卫，属于防卫过当。防卫过当行为具有防卫的前提条件和制止不法侵害的目的，只是在制止不法侵害过程中，没有合理控制防卫行为的强度，明显超过正当防卫必要限度，并造成不应有的重大损害后果，从而转化为有害于社会的违法犯罪行为。根据本案认定的事实、证据和我国刑法有关规定，于欢的捅刺行为虽然具有防卫性，但属于防卫过当。

首先，于欢的捅刺行为具有防卫性。案发当时杜某 2 等人对于欢、苏某持续实施着限制人身自由的非法拘禁行为，并伴有侮辱人格和对于欢推搡、拍打等行为；民警到达现场后，于欢和苏某想随民警走出接待室时，杜某 2 等人阻止二人离开，并对于欢实施推拉、围堵等行为，在于欢持刀警告时仍出言挑衅并逼近，实施正当防卫所要求的不法侵害客观存在并正在进行；于欢是在人身自由受到违法侵害、人身安全面临现实威胁的情况下持刀捅刺，且捅刺的对象都是在其警告后仍向其靠近围逼的人。因此，可以认定其是为了使本人和其母亲的人身权利免受正在进行的不法侵害，而采取的制止不法侵害行为，具备正当防卫的客观和主观条件，具有防卫性质。

其次，于欢的捅刺行为不属于特殊防卫。《刑法》第二十条第三款规定："对正在进行行凶、杀人、抢劫、强奸、绑架以及其他严重危及人身安全的暴力犯罪，采取防卫行为，造成不法侵害人伤亡的，不属于防卫过当，不负刑事责任。"根据这一规定，特殊防卫的适用前提条件是存在严重危及本人或他人人身安全的暴力犯罪。本案中，虽然杜某2等人对于欢母子实施了非法限制人身自由、侮辱、轻微殴打等人身侵害行为，但这些不法侵害不是严重危及人身安全的暴力犯罪。其一，杜某2等人实施的非法限制人身自由、侮辱等不法侵害行为，虽然侵犯了于欢母子的人身自由、人格尊严等合法权益，但并不具有严重危及于欢母子人身安全的性质；其二，杜某2等人按肩膀、推拉等强制或者殴打行为，虽然让于欢母子的人身安全、身体健康权遭受了侵害，但这种不法侵害只是轻微的暴力侵犯，既不是针对生命权的不法侵害，又不是发生严重侵害于欢母子身体健康权的情形，因而不属于严重危及人身安全的暴力犯罪。其三，苏某、于某1系主动通过他人协调、担保，向吴某借贷，自愿接受吴某所提10%的月息。既不存在苏某、于某1被强迫向吴某高息借贷的事实，又不存在吴某强迫苏某、于某1借贷的事实，与司法解释以借贷为名采用暴力、胁迫手段获取他人财物以抢劫罪论处的规定明显不符。可见杜某2等人实施的多种不法侵害行为，符合可以实施一般防卫行为的前提条件，但不具备实施特殊防卫的前提条件，故于欢的捅刺行为不属于特殊防卫。

最后，于欢的捅刺行为属于防卫过当。《刑法》第二十条第二款规定："正当防卫明显超过必要限度造成重大损害的，应当负刑事责任，但是应当减轻或者免除处罚。"由此可见，防卫过当是在具备正当防卫客观和主观前提条件下，防卫反击明显超越必要限度，并造成致人重伤或死亡的过当结果。认定防卫是否"明显超过必要限度"，应当从不法侵害的性质、手段、强度、危害程度，以及防卫行为的性质、时机、手段、强度、所处环境和损害后果等方面综合分析判定。本案中，杜某2一方虽然人数较多，但其实施不法侵害的意图是给苏某夫妇施加压力以催讨债务，在催债过程中未携带、使用任何器械；在民警朱某等进入接待室前，杜某2一方对于欢母子实施的是非法限制人身自由、侮辱和对于欢拍打面颊、揪抓头发等行为，其目的仍是逼迫苏某夫妇尽快还款；在民警进入接待室时，双方没有发生激烈对峙和肢体冲突，当民警警告不能打架后，杜某2一方并无打架的言行；在民警走出接待室寻找报警人期间，于欢和讨债人员均可透过接待室玻璃清晰看见停在院内的警车警灯闪烁，应当知道民警并未离开；在于欢持刀警告不要逼过来时，杜某2等人虽有出言挑衅并向于欢围逼的行为，但并未实施强烈的攻击行为。因此，于欢面临的不法侵害并不紧迫和严重，而其却持刃长15.3厘米的单刃尖刀连续捅刺四人，致一人死亡、二人重伤、一人轻伤，且其中一人系被背后捅伤，故应当认定于欢的防卫行为明显超过必要限度造成重大损害，属于防卫过当。

二、关于定罪量刑

首先，关于定罪。本案中，于欢连续捅刺四人，但捅刺对象都是当时围逼在其身边的人，未对离其较远的其他不法侵害人进行捅刺，对不法侵害人每人捅刺一刀，未对同一不法侵害人连续捅刺。可见，于欢的目的在于制止不法侵害并离开接待室，在案证据不能证实其具有追求或放任致人死亡危害结果发生的故意，故于欢的行为不构成故意杀人罪，但他为了追求防卫效果的实现，对致多人伤亡的过当结果的发生持听之任之的态度，已构成防卫过当情形下的故意伤害罪。认定于欢的行为构成故意伤害罪，既是严格司法的要求，又符合人民群众的公平正义观念。

其次，关于量刑。《刑法》第二十条第二款规定："正当防卫明显超过必要限度造成重大损害的，应当负刑事责任，但是应当减轻或者免除处罚。"综合考虑本案防卫权益的性质、防卫方法、防卫强度、防卫起因、损害后果、过当程度、所处环境等情节，对于欢应当减轻处罚。

被害方对引发本案具有严重过错。本案案发前，吴某、赵某1指使杜某2等人实施过侮辱苏某、干扰源大公司生产经营等逼债行为，苏某多次报警，吴某等人的不法逼债行为并未收敛。案发当日，杜某2等人对于欢、苏某实施非法限制人身自由、侮辱及对于欢间有推搡、拍打、卡颈部等行为，于欢及其母亲苏某连日来多次遭受催逼、骚扰、侮辱，导致于欢实施防卫行为时难免带有恐惧、愤怒等因素。尤其是杜某2裸露下体侮辱苏某对引发本案有重大过错。案发当日，杜某2当着于欢之面公然以裸露下体的方式侮辱其母亲苏某。虽然距于欢实施防卫行为已间隔约二十分钟，但于欢捅刺杜某2等人时难免带有报复杜某2辱母的情绪，故杜某2裸露下体侮辱苏某的行为是引发本案的重要因素，在刑罚裁量上应当作为对于欢有利的情节重点考虑。

杜某2的辱母行为严重违法、亵渎人伦，应当受到惩罚和谴责，但于欢在民警尚在现场调查，警车仍在现场闪烁警灯的情形下，为离开接待室摆脱围堵而持刀连续捅刺四人，致一人死亡、二人重伤、一人轻伤，且其中一重伤者系于欢从背部捅刺，损害后果严重，且除杜某2以外，其他三人并未实施侮辱于欢母亲的行为，其防卫行为造成损害远远大于其保护的合法权益，防卫明显过当。于欢及其母亲的人身自由和人格尊严应当受到法律保护，但于欢的防卫行为明显超过必要限度并造成多人伤亡严重后果，超出法律所容许的限度，依法也应当承担刑事责任。

根据我国刑法规定，故意伤害致人死亡的，处十年以上有期徒刑、无期徒刑或者死刑；防卫过当的，应当减轻或者免除处罚。如上所述，于欢的防卫行为明显超过必要限度造成重大伤亡后果，减轻处罚依法应当在三至十年有期徒刑的法定刑幅度内量刑。鉴于于欢归案后如实供述主要罪行，且被害方有以恶劣手段侮辱于欢之母的严重过错等可以从轻处罚情节，综合考虑于欢犯罪的事实、性质、情节和危害后果，遂判处于欢有期徒刑五年。

19. 指导案例97号：王力军非法经营再审改判无罪案

（最高人民法院审判委员会讨论通过　2018年12月19日发布）

【关键词】

刑事　非法经营罪　严重扰乱市场秩序　社会危害性　刑事违法性　刑事处罚必要性

【裁判要点】

1. 对于刑法第二百二十五条第四项规定的“其他严重扰乱市场秩序的非法经营行为”的适用，应当根据相关行为是否具有与刑法第二百二十五条前三项规定的非法经营行为相当的社会危害性、刑事违法性和刑事处罚必要性进行判断。

2. 判断违反行政管理有关规定的经营行为是否构成非法经营罪，应当考虑该经营行为是否属于严重扰乱市场秩序。对于虽然违反行政管理有关规定，但尚未严重扰乱市场秩序的经营行为，不应当认定为非法经营罪。

【相关法条】

《中华人民共和国刑法》第225条

【基本案情】

内蒙古自治区巴彦淖尔市临河区人民检察院指控被告人王力军犯非法经营罪一案，内蒙古自治区巴彦淖尔市临河区人民法院经审理认为，2014年11月至2015年1月期间，被告人王力军未办理粮食收购许可证，未经工商行政管理机关核准登记并颁发营业执照，擅自在临河区白脑包镇附近村组无证照违法收购玉米，将所收购的玉米卖给巴彦淖尔市粮油公司杭锦后旗蛮会分库，非法经营数额218288.6元，非法获利6000元。案发后，被告人王力军主动退缴非法获利6000元。2015年3月27日，被告人王力军主动到巴彦淖尔市临河区公安局经侦大队投案自首。原审法院认为，被告人王力军违反国家法律和行政法规规定，未经粮食主管部门许可及工商行政管理机关核准登记并颁发营业执照，非法收购玉米，非法经营数额218288.6元，数额较大，其行为构成非法经营罪。鉴于被告人王力军案发后主动到公安机关投案自首，主动退缴全部违法所得，有悔罪表现，对其适用缓刑确实不致再危害社会，决定对被告人王力军依法从轻处罚并适用缓刑。宣判后，王力军未上诉，检察机关未抗诉，判决发生法律效力。

最高人民法院于2016年12月16日作出（2016）最高法刑监6号再审决定，指令内蒙古自治区巴彦淖尔市中级人民法院对本案进行再审。

再审中，原审被告人王力军及检辩双方对原审判决认定的事实无异议，再审查明的事实与原审判决认定的事实一致。内蒙古自治区巴彦淖尔市人民检察院提出了原审被告人王力军的行为虽具有行政违法性，但不具有与刑法第二百二十五条规定的非法经营行为相当的社会危害性和刑事处罚必要性，不构成非法经营罪，建议再审依法改判。原审被告人王力军在庭审中对原审认定的事实及证据无异议，但认为其行为不构成非法经营罪。辩护人提出了原审被告人王力军无证收购玉米的行为，不具有社会危害性、刑事违法性和应受惩罚性，不符合刑法规定的非法经营罪的构成要件，也不符合刑法谦抑性原则，应宣告原审被告人王力军无罪。

【裁判结果】

内蒙古自治区巴彦淖尔市临河区人民法院于2016年4月15日作出（2016）内0802刑初54号刑事判决，认定被告人王力军犯非法经营罪，判处有期徒刑一年，缓刑二年，并处罚金人民币二万元；被告人王力军退缴的非法获利款人民币六千元，由侦查机关上缴国库。最高人民法院于2016年12月16日作出（2016）最高法刑监6号再审决定，指令内蒙古自治区巴彦淖尔市中级人民法院对本案进行再审。内蒙古自治区巴彦淖尔市中级人民法院于2017年2月14日作出（2017）内08刑再1号刑事判决：一、撤销内蒙古自治区巴彦淖尔市临河区人民法院（2016）内0802刑初54号刑事判决；二、原审被告人王力军无罪。

【裁判理由】

内蒙古自治区巴彦淖尔市中级人民法院再审认为，原判决认定的原审被告人王力军于2014年11月至2015年1月期间，没有办理粮食收购许可证及工商营业执照买卖玉米的事实清楚，其行为违反了当时的国家粮食流通管理有关规定，但尚未达到严重扰乱市场秩序的危害程度，不具备与刑法第二百二十五条规定的非法经营罪相当的社会危害性、刑事违法性和刑事处罚必要性，不构成非法经营罪。原审判决认定王力军构成非法经营罪适用法律错误，检察机关提出的王力军无证照买卖玉米的行为不构成非法经营罪的意见成立，原审被告人王力军及其辩护人提出的王力军的行为不构成犯罪的意见成立。

20. 指导案例104号：李森、何利民、张锋勃等人破坏计算机信息系统案

（最高人民法院审判委员会讨论通过 2018年12月25日发布）

【关键词】

刑事 破坏计算机信息系统罪 干扰环境质量监测 采样 数据失真 后果严重

【裁判要点】

环境质量监测系统属于计算机信息系统。用棉纱等物品堵塞环境质量监测采样设备，干扰采样，致使监测数据严重失真的，构成破坏计算机信息系统罪。

【相关法条】

《中华人民共和国刑法》第286条第1款

【基本案情】

西安市长安区环境空气自动监测站（以下简称长安子站）系国家环境保护部（以下简称环保部）确定的西安市13个国控空气站点之一，通过环境空气质量自动监测系统采集、处理监测数据，并将数据每小时传输发送至中国环境监测总站（以下简称监测总站），一方面通过网站实时向社会公布，一方面用于编制全国环境空气质量状况月报、季报和年报，向全国发布。长安子站为全市两个国家直管监测子站之一，由监测总站委托武汉宇虹环保产业股份有限公司进行运行维护，不经允许，非运维方工作人员不得擅自进入。

2016年2月4日，长安子站回迁至西安市长安区西安邮电大学南区动力大楼房顶。被告人李森利用协助子站搬迁之机私自截留子站钥匙并偷记子站监控电脑密码，此后至2016年3月6日间，被告人李森、张锋勃多次进入长安子站内，用棉纱堵塞采样器的方法，干扰子站内环境空气质量自动监测系统的数据采集功能。被告人何利民明知李森等人的行为而没有阻止，只是要求李森把空气污染数值降下来。被告人李森还多次指使被告人

张楠、张肖采用上述方法对子站自动监测系统进行干扰，造成该站自动监测数据多次出现异常，多个时间段内监测数据严重失真，影响了国家环境空气质量自动监测系统正常运行。为防止罪行败露，2016 年 3 月 7 日、3 月 9 日，在被告人李森的指使下，被告人张楠、张肖两次进入长安子站将监控视频删除。2016 年 2、3 月间，长安子站每小时的监测数据已实时传输发送至监测总站，通过网站向社会公布，并用于环保部编制 2016 年 2 月、3 月和第一季度全国 74 个城市空气质量状况评价、排名。2016 年 3 月 5 日，监测总站在例行数据审核时发现长安子站数据明显偏低，检查时发现了长安子站监测数据弄虚作假问题，后公安机关将五被告人李森、何利民、张楠、张肖、张锋勃抓获到案。被告人李森、被告人张锋勃、被告人张楠、被告人张肖在庭审中均承认指控属实，被告人何利民在庭审中辩解称其对李森堵塞采样器的行为仅是默许、放任，请求宣告其无罪。

【裁判结果】

陕西省西安市中级人民法院于 2017 年 6 月 15 日作出（2016）陕 01 刑初 233 号刑事判决：一、被告人李森犯破坏计算机信息系统罪，判处有期徒刑一年十个月。二、被告人何利民犯破坏计算机信息系统罪，判处有期徒刑一年七个月。三、被告人张锋勃犯破坏计算机信息系统罪，判处有期徒刑一年四个月。四、被告人张楠犯破坏计算机信息系统罪，判处有期徒刑一年三个月。五、被告人张肖犯破坏计算机信息系统罪，判处有期徒刑一年三个月。宣判后，各被告人均未上诉，判决已发生法律效力。

【裁判理由】

法院生效裁判认为，五被告人的行为违反了国家规定。《中华人民共和国环境保护法》第六十八条规定禁止篡改、伪造或者指使篡改、伪造监测数据，《中华人民共和国环境大气污染防治法》第一百二十六条规定禁止对大气环境保护监督管理工作弄虚作假，《中华人民共和国环境计算机信息系统安全保护条例》第七条规定不得危害计算机信息系统的安全。本案五被告人采取堵塞采样器的方法伪造或者指使伪造监测数据，弄虚作假，违反了上述国家规定。

五被告人的行为破坏了计算机信息系统。《最高人民法院、最高人民检察院关于办理危害计算机信息系统安全刑事案件应用法律若干问题的解释》第十一条规定，计算机信息系统和计算机系统，是指具备自动处理数据功能的系统，包括计算机、网络设备、通信设备、自动化控制设备等。根据《最高人民法院、最高人民检察院关于办理环境污染刑事案件适用法律若干问题的解释》第十条第一款的规定，干扰环境质量监测系统的采样，致使监测数据严重失真的行为，属于破坏计算机信息系统。长安子站系国控环境空气质量自动监测站点，产生的监测数据经过系统软件直接传输至监测总站，通过环保部和监测总站的政府网站实时向社会公布，参与计算环境空气质量指数并实时发布。空气采样器是环境空气质量监测系统的重要组成部分。PM10、PM2.5 监测数据作为环境空气综合污染指数评估中的最重要两项指标，被告人用棉纱堵塞采样器的采样孔或拆卸采样器的行为，必然造成采样器内部气流场的改变，造成监测数据失真，影响对环境空气质量的正确评估，属于对计算机信息系统功能进行干扰，造成计算机信息系统不能正常运行的行为。

五被告人的行为造成了严重后果。（1）被告人李森、张锋勃、张楠、张肖均多次堵塞、拆卸采样器干扰采样，被告人何利民明知李森等人的行为而没有阻止，只是要求李森把空气污染数值降下来。（2）被告人的干扰行为造成了监测数据的显著异常。2016 年 2 至 3 月间，长安子站颗粒物监测数据多次出现与周边子站变化趋势不符的现象。长安子站 PM2.5 数据分别在 2 月 24 日 18 时至 25 日 16 时、3 月 3 日 4 时至 6 日 19 时两个时段内异常，PM10 数据分别在 2 月 18 日 18 时至 19 日 8 时、2 月 25 日 20 时至 21 日 8 时、3 月 5 日 19 时至 6 日 23 时三个时段内异常。其中，长安子站的 PM10 数据在 2016 年 3 月 5 日 19 时至 22 时由 361 下降至 213，下降了 41%，其他周边子站均值升高了 14%（由 316 上升至 361），6 日 16 时至 17 时长安子站监测数值由 188 上升至 426，升高了 127%，其他子站均值变化不大（由 318 降至 310），6 日 17 时至 19 时长安子站数值由 426 下降至 309，下降了 27%，其他子站均值变化不大（由 310 降至 304）。可见，被告人堵塞采样器的行为足以造成监测数据的严重失真。上述数据的严重失真，与监测总站在例行数据审核时发现长安子站 PM10 数据明显偏低可以印证。（3）失真的监测数据已实时发送至监测总站，并向社会公布。长安子站空气质量监测的小时浓度均值数据已经通过互联网实时发布。（4）失真的监测数据已被用于编制环境评价的月报、季报。环保部在2016年二、三月及第一季度的全国74个重点城市空气质量排名工作中已采信上述虚假数据，已向社会公布并上报国务院，影响了全国大气环境治理情况评估，损害了政府公信力，误导了环境决策。据此，五被告人干扰采样的行为造成了严重后果，符合刑法第二百八十六条规定的“后果严重”要件。

综上，五被告人均已构成破坏计算机信息系统罪。鉴于五被告人到案后均能坦白认罪，有悔罪表现，依法可以从轻处罚。

21. 最高法指导性案例106号：谢检军、高垒、高尔樵、杨泽彬开设赌场案

（最高人民法院审判委员会讨论通过　2018年12月25日发布）

【关键词】

刑事　开设赌场罪　网络赌博　微信群　微信群抢红包

【裁判要点】

以营利为目的，通过邀请人员加入微信群，利用微信群进行控制管理，以抢红包方式进行赌博，在一段时间内持续组织赌博活动的行为，属于刑法第三百零三条第二款规定的“开设赌场”。

【相关法条】

《中华人民共和国刑法》第303条第2款

【基本案情】

2015年9月至2015年11月，向某（已判决）在杭州市萧山区活动期间，分别伙同被告人谢检军、高垒、高尔樵、杨泽彬等人，以营利为目的，邀请他人加入其建立的微信群，组织他人在微信群里采用抢红包的方式进行赌博。期间，被告人谢检军、高垒、高尔樵、杨泽彬分别帮助向某

在赌博红包群内代发红包，并根据发出赌博红包的个数，从抽头款中分得好处费。

【裁判结果】

浙江省杭州市萧山区人民法院于2016年11月9日作出（2016）浙0109刑初1736号刑事判决：一、被告人谢检军犯开设赌场罪，判处有期徒刑三年六个月，并处罚金人民币25000元。二、被告人高垒犯开设赌场罪，判处有期徒刑三年三个月，并处罚金人民币20000元。三、被告人高尔樵犯开设赌场罪，判处有期徒刑三年三个月，并处罚金人民币15000元。四、被告人杨泽彬犯开设赌场罪，判处有期徒刑三年，并处罚金人民币10000元。五、随案移送的四被告人犯罪所用工具手机6只予以没收，上缴国库；尚未追回的四被告人犯罪所得赃款，继续予以追缴。宣判后，谢检军、高尔樵、杨泽彬不服，分别向浙江省杭州市中级人民法院提出上诉。浙江省杭州市中级人民法院于2016年12月29日作出（2016）浙01刑终1143号刑事判决：一、维持杭州市萧山区人民法院（2016）浙0109刑初1736号刑事判决第一项、第二项、第三项、第四项的定罪部分及第五项没收犯罪工具、追缴赃款部分。二、撤销杭州市萧山区人民法院（2016）浙0109刑初1736号刑事判决第一项、第二项、第三项、第四项的量刑部分。三、上诉人（原审被告人）谢检军犯开设赌场罪，判处有期徒刑三年，并处罚金人民币25000元。四、原审被告人高垒犯开设赌场罪，判处有期徒刑二年六个月，并处罚金人民币20000元。五、上诉人（原审被告人）高尔樵犯开设赌场罪，判处有期徒刑二年六个月，并处罚金人民币15000元。六、上诉人（原审被告人）杨泽彬犯开设赌场罪，判处有期徒刑一年六个月，并处罚金人民币10000元。

【裁判理由】

法院生效裁判认为，以营利为目的，通过邀请人员加入微信群，利用微信群进行控制管理，以抢红包方式进行赌博，设定赌博规则，在一段时间内持续组织赌博活动的行为，属于刑法第三百零三条第二款规定的“开设赌场”。谢检军、高垒、高尔樵、杨泽彬伙同他人开设赌场，均已构成开设赌场罪，且系情节严重。谢检军、高垒、高尔樵、杨泽彬在共同犯罪中地位和作用较轻，均系从犯，原判未认定从犯不当，依法予以纠正，并对谢检军予以从轻处罚，对高尔樵、杨泽彬、高垒均予以减轻处罚。杨泽彬犯罪后自动投案，并如实供述自己的罪行，系自首，依法予以从轻处罚。谢检军、高尔樵、高垒到案后如实供述犯罪事实，依法予以从轻处罚。谢检军、高尔樵、杨泽彬、高垒案发后退赃，二审审理期间杨泽彬的家人又代为退赃，均酌情予以从轻处罚。

（二）最高检指导性案例

1. 施某某等 17 人聚众斗殴案

（检例第 1 号）

【要旨】

检察机关办理群体性事件引发的犯罪案件，要从促进社会矛盾化解的角度，深入了解案件背后的各种复杂因素，依法慎重处理，积极参与调处矛盾纠纷，以促进社会和谐，实现法律效果与社会效果的有机统一。

【基本案情】

犯罪嫌疑人施某某等 9 人系福建省石狮市永宁镇西岑村人。

犯罪嫌疑人李某某等 8 人系福建省石狮市永宁镇子英村人。

福建省石狮市永宁镇西岑村与子英村相邻，原本关系友好。近年来，两村因土地及排水问题发生纠纷。永宁镇政府为解决两村之间的纠纷，曾组织人员对发生土地及排水问题的地界进行现场施工，但被多次阻挠未果。2008 年 12 月 17 日上午 8 时许，该镇组织镇干部与施工队再次进行施工。上午 9 时许，犯罪嫌疑人施某某等 9 人以及数十名西岑村村民头戴安全帽，身背装有石头的袋子，手持木棍、铁锹等器械到达两村交界处的施工地界，犯罪嫌疑人李某某等 8 人以及数十名子英村村民随后也到达施工地界，手持木棍、铁锹等器械与西岑村村民对峙。双方互相谩骂、互扔石头。出警到达现场的石狮市公安局工作人员把双方村民隔开并劝说离去，但仍有村民不听劝说，继续叫骂并扔掷石头，致使二辆警车被砸损（经鉴定损失价值人民币761元），三名民警手部被打伤（经鉴定均未达轻微伤）。

【诉讼过程】

案发后，石狮市公安局对积极参与斗殴的西岑村施某某等9人和子英村李某某等8人以涉嫌聚众斗殴罪向石狮市人民检察院提请批准逮捕。为避免事态进一步扩大，也为矛盾化解创造有利条件，石狮市人民检察院在依法作出批准逮捕决定的同时，建议公安机关和有关部门联合两村村委会做好矛盾化解工作，促成双方和解。2010年3月16日，石狮市公安局将本案移送石狮市人民检察院审查起诉。石狮市人民检察院在办案中，抓住化解积怨这一关键，专门成立了化解矛盾工作小组，努力促成两村之间矛盾的化解。在取得地方党委、人大、政府支持后，工作小组多次走访两村所在的永宁镇党委、政府，深入两村争议地点现场查看，并与村委会沟通，制订工作方案。随后协调镇政府牵头征求专家意见并依照镇排水、排污规划对争议地点进行施工，从交通安全与保护环境的角度出发，在争议的排水沟渠所在地周围修建起护栏和人行道，并纳入镇政府的统一规划。这一举措得到了两村村民的普遍认同。化解矛盾工作期间，工作小组还耐心、细致地进行释法说理、政策教育、情绪疏导和思想感化等工作，两村相关当事人及其家属均对用聚众斗殴这种违法行为解决矛盾纠纷的做法进行反省并表示后悔，都表现出明确的和解意愿。2010年4月23日，西岑村、子英村两村村委会签订了两村和解协议，涉案人员也分别出具承诺书，表示今后不再就此滋生事端，并保证遵纪守法。至此，两村纠纷得到妥善解决，矛盾根源得以消除。

石狮市人民检察院认为：施某某等17人的行为均已触犯了《中华人民共和国刑法》第二百九十二条第一款、第二十五条第一款之规定，涉嫌构成聚众斗殴罪，依法应当追究刑事责任。鉴于施某某等17人参与聚众斗殴的目的并非为了私仇或争霸一方，且造成的财产损失及人员伤害均属轻微，并未造成严重后果；两村村委会达成了和解协议，施某某等17人也出具了承诺书，从惩罚与教育相结合的原则出发以及有利于促进社会和谐的角度考虑，2010 年 4 月 28 日，石狮市人民检察院根据《中华人民共和国刑事诉讼法》第一百四十二条第二款之规定，决定对施某某等 17 人不起诉。

2. 忻元龙绑架案

（检例第 2 号）

【要旨】

对于死刑案件的抗诉，要正确把握适用死刑的条件，严格证明标准，依法履行刑事审判法律监督职责。

【基本案情】

被告人忻元龙，男，1959 年 2 月 1 日出生，汉族，浙江省宁波市人，高中文化。2005 年 9 月 15 日，因涉嫌绑架罪被刑事拘留，2005 年 9 月 27 日被逮捕。

被告人忻元龙因经济拮据而产生绑架儿童并勒索家长财物的意图，并多次到浙江省慈溪市进行踩点和物色被绑架人。2005 年 8 月 18 日上午，忻元龙驾驶自己的浙 B3C751 通宝牌面包车从宁波市至慈溪市浒山街道团圈支路老年大学附近伺机作案。当日下午 1 时许，忻元龙见女孩杨某某（女，1996 年 6 月 1 日出生。浙江省慈溪市浒山东门小学三年级学生，因本案遇害，殁年 9 岁）背着书包独自一人经过，即以“陈老师找你”为由将杨某某骗上车，将其扣在一个塑料洗澡盆下，开车驶至宁波市东钱湖镇“钱湖人家”后山。当晚 10 时许，忻元龙从杨某某处骗得其父亲的手机号码和家中的电话号码后，又开车将杨某某带至宁波市北仑区新碶镇算山村防空洞附近，采用捂口、鼻的方式将杨某某杀害后掩埋。8 月 19 日，忻元龙乘火车到安徽省广德县购买了一部波导 1220 型手机，于 20 日凌晨 0 时许拨打杨某某家电话，称自己已经绑架杨某某并要求杨某某的父亲于当月 25 日下午 6 时前带 60 万元赎金到浙江省湖州市长兴县交换其女儿。尔后，忻元龙又乘火车到安徽省芜湖市打勒索电话，因其将记录电话的纸条丢失，将被害人家的电话号码后四位 2353 误记为 7353，电话接通后听到接电话的人操宁波口音，而杨某某的父亲讲普通话，由此忻元龙怀疑是公安人员已介入，遂停止了勒索。2005 年 9 月 15 日忻元龙被公安机关抓获，忻元龙供述了绑架杀人经过，并带领公安人员指认了埋尸现场，公安机关起获了一具尸骨，从其浙 B3C751 通宝牌面包车上提取了杨某某头发两根（经法医学 DNA 检验鉴定，是被害人杨某某的尸骨和头发）。公安机关从被告人忻元龙处扣押波导 1220 型手机一部。

【诉讼过程】

被告人忻元龙绑架一案，由浙江省慈溪市公安局立案侦查，于 2005 年 11 月 21 日移送慈溪市人民检察院审查起诉。慈溪市人民检察院于同年 11 月 22 日告知了忻元龙有权委托辩护人等诉讼权利，也告知了被害人的近亲属有权委托诉讼代理人等诉讼权利。按照案件管辖的规定，同年 11 月 28 日，慈溪市人民检察院将案件报送宁波市人民检察院审查起诉。宁波市人民检察院依法讯问了被告人忻元龙，审查了全部案件材料。2006 年 1 月 4 日，宁波市人民检察院以忻元龙涉嫌绑架罪向宁波市中级人民法院提起公诉。

2006 年 1 月 17 日，浙江省宁波市中级人民法院依法组成合议庭，公开审理了此案。法庭审理认为：被告人忻元龙以勒索财物为目的，绑架并杀害他人，其行为已构成绑架罪，手段残忍、后果严重，依法应予严惩。检察机关指控的罪名成立。

2006 年 2 月 7 日，宁波市中级人民法院作出一审判决：一、被告人忻元龙犯绑架罪，判处死刑，剥夺政治权利终身，并处没收个人全部财产。二、被告人忻元龙赔偿附带民事诉讼原告人杨宝风、张玉彬应得的被害人死亡赔偿金 317640 元、丧葬费 11380 元，合计人民币 329020 元。三、供被告人忻元龙犯罪使用的浙 B3C751 通宝牌面包车一辆及波导 1220 型手机一部，予以没收。

忻元龙对一审刑事部分的判决不服，向浙江省高级人民法院提出上诉。

2006 年 10 月 12 日，浙江省高级人民法院依法组成合议庭，公开审理了此案。法庭审理认为：被告人忻元龙以勒索财物为目的，绑架并杀害他人，其行为已构成绑架罪。犯罪情节特别严重，社会危害极大，依法应予严惩。但鉴于本案的具体情况，对忻元龙判处死刑，可不予立即执行。2007年4月28日，浙江省高级人民法院作出二审判决：一、撤销浙江省宁波市中级人民法院（2006）甬刑初字第16号刑事附带民事判决中对忻元龙的量刑部分，维持判决的其余部分；二、被告人忻元龙犯绑架罪，判处死刑，缓期二年执行，剥夺政治权利终身。

被害人杨某某的父亲不服，于2007年6月25日向浙江省人民检察院申诉，请求提出抗诉。

浙江省人民检察院经审查认为，浙江省高级人民法院二审判决改判忻元龙死刑缓期二年执行确有错误，于2007年8月10日提请最高人民检察院按照审判监督程序提出抗诉。最高人民检察院派员到浙江专门核查了案件相关情况。最高人民检察院检察委员会两次审议了该案，认为被告人忻元龙绑架犯罪事实清楚，证据确实、充分，依法应当判处死刑立即执行，浙江省高级人民法院以“鉴于本案具体情况”为由改判忻元龙死刑缓期二年执行确有错误，应予纠正。理由如下：

一、忻元龙绑架犯罪事实清楚，证据确实、充分。本案定案的物证、书证、证人证言、被告人供述、鉴定结论、现场勘查笔录等证据能够形成完整的证据体系。公安机关根据忻元龙的供述找到被害人杨某某尸骨，忻元龙供述的诸多隐蔽细节，如埋尸地点、尸体在土中的姿势、尸体未穿鞋袜、埋尸坑中没有书包、打错勒索电话的原因、打勒索电话的通话次数、通话内容，接电话人的口音等，得到了其他证据的印证。

二、浙江省高级人民法院二审判决确有错误。二审改判是认为本案证据存在两个疑点。一是卖给忻元龙波导1220型手机的证人傅世红在证言中讲该手机的串号与公安人员扣押在案手机的串号不一致，手机的同一性存有疑问；二是证人宋丽娟和艾力买买提尼牙子证实，在案发当天看见一中年妇女将一个与被害人特征相近的小女孩带走，不能排除有他人作案的可能。经审查，这两个疑点均能够排除。一是关于手机同一性问题。经审查，公安人员在询问傅世红时，将波导1220型手机原机主洪义军的身份证号码误记为手机的串号。宁波市人民检察院移送给宁波市中级人民法院的《随案移送物品文件清单》中写明波导 1220 型手机的串号是 350974114389275，且洪义军将手机卖给傅世红的《旧货交易凭证》等证据，清楚地证明了从忻元龙身上扣押的手机即是索要赎金时使用的手机，且手机就在宁波市中级人民法院，手机同一性的疑点能够排除。二是关于是否存在中年妇女作案问题。案卷原有证据能够证实宋丽娟、艾力买买提尼牙子证言证明的“中年妇女带走小女孩”与本案无关。宋丽娟、艾力买买提尼牙子证言证明的中年妇女带走小女孩的地点在绑架现场东侧 200 米左右，与忻元龙绑架杨某某并非同一地点。艾力买买提尼牙子证言证明的是迪欧咖啡厅南边的电脑培训学校门口，不是忻元龙实施绑架的地点；宋丽娟证言证明的中年妇女带走小女孩的地点是迪欧咖啡厅南边的十字路口，而不是老年大学北围墙外的绑架现场，因为宋丽娟所在位置被建筑物阻挡，看不到老年大学北围墙外的绑架玑场，此疑问也已经排除。此外，二人提到的小女孩的外貌特征等细节也与杨某某不符。

三、忻元龙所犯罪行极其严重，对其应当判处死刑立即执行。一是忻元龙精心预谋犯罪、主观恶性极深。忻元龙为实施绑架犯罪进行了精心预谋，多次到慈溪市“踩点”，并选择了相对僻静无人的地方作为行车路线。忻元龙以“陈老师找你”为由将杨某某骗上车实施绑架，与慈溪市老年大学剑桥英语培训班负责人陈老师的姓氏相符。忻元龙居住在宁波市的鄞州区，选择在宁波市的慈溪市实施绑架，选择在宁波市的北仑区杀害被害人，之后又精心实施勒索赎金行为，赴安徽省广德县购买波导 1220 型手机，使用异地购买的手机卡，赴安徽省宣城市、芜湖市打勒索电话并要求被害人父亲到浙江省长兴县交付赎金。二是忻元龙犯罪后果极其严重、社会危害性极大。忻元龙实施绑架犯罪后，为使自己的罪行不被发现，在得到被害人家庭信息后，当天就将年仅 9 岁的杨某某杀害，并烧掉了杨某某的书包，扔掉了杨某某挣扎时脱落的鞋子，实施了毁灭罪证的行为。忻元龙归案后认罪态度差，开始不供述犯罪，并隐瞒作案所用手机的来源，后来虽供述犯罪，但编造他人参与共同作案。忻元龙的犯罪行为不仅剥夺了被害人的生命、给被害人家属造成了无法弥补的巨大痛苦，也严重影响了当地群众的安全感。三是二审改判忻元龙死刑缓期二年执行不被被害人家属和当地群众接受。被害人家属强烈要求判处忻元龙死刑立即执行，当地群众对二审改判忻元龙死刑缓期二年执行亦难以接受，要求司法机关严惩忻元龙。

2008 年 10 月 22 日，最高人民检察院依照《中华人民共和国刑事诉讼法》第二百零五条第三款之规定，向最高人民法院提出抗诉。2009 年 3 月 18 日，最高人民法院指令浙江省高级人民法院另行组成合议庭，对忻元龙案件进行再审。

2009 年 5 月 14 日，浙江省高级人民法院另行组成合议庭公开开庭审理本案。法庭审理认为：被告人忻元龙以勒索财物为目的，绑架并杀害他人，其行为已构成绑架罪，且犯罪手段残忍、情节恶劣，社会危害极大，无任何悔罪表现，依法应予严惩。检察机关要求纠正二审判决的意见能够成立。忻元龙及其辩护人要求维持二审判决的意见，理由不足，不予采纳。

2009 年 6 月 26 日，浙江省高级人民法院依照《中华人民共和国刑事诉讼法》第二百零五条第二款、第二百零六条、第一百八十九条第二项，《中华人民共和国刑法》第二百三十九条第一款、第五十七条第一款、第六十四条之规定，作出判决：一、撤销浙江省高级人民法院（2006）浙刑一终字第 146 号刑事判决中对原审被告人忻元龙的量刑部分，维持该判决的其余部分和宁波市中级人民法院（2006）甬刑初字第 16 号刑事附带民事判决；二、原审被告人忻元龙犯绑架罪，判处死刑，剥夺政治权利终身，并处没收个人全部财产，并依法报请最高人民法院核准。

最高人民法院复核认为：被告人忻元龙以勒索财物为目的，绑架并杀害他人的行为已构成绑架罪。其犯罪手段残忍，情节恶劣，后果严重，无法定从轻处罚情节。浙江省高级人民法院再审判决认定的事实清楚，证据确实、充分，定罪准确，量刑适当，审判程序合法。

2009 年 11 月 13 日，最高人民法院依照《中华人民共和国刑事诉讼法》第一百九十九条和《最高人民法院关于复核死刑案件若干问题的规定》第二条第一款之规定，作出裁定：核准浙江省高级人民法院（2009）

浙刑再字第3号以原审被告人忻元龙犯绑架罪，判处死刑，剥夺政治权利终身，并处没收个人全部财产的刑事判决。

2009年12月11日，被告人忻元龙被依法执行死刑。

3. 林志斌徇私舞弊暂予监外执行案

（检例第3号）

【要旨】

司法工作人员收受贿赂，对不符合减刑、假释、暂予监外执行条件的罪犯，予以减刑、假释或者暂予监外执行的，应根据案件的具体情况，依法追究刑事责任。

【基本案情】

被告人林志斌，男，1964年8月21日出生，汉族，原系吉林省吉林监狱第三监区监区长，大学文化。2008年11月1日，林志斌因涉嫌徇私舞弊暂予监外执行罪被刑事拘留，2008年11月14日被逮捕。

2003年12月，高俊宏因犯合同诈骗罪，被北京市东城区人民法院判处有期徒刑十二年，2004年1月入吉林省吉林监狱服刑。服刑期间，高俊宏认识了服刑犯人赵金喜，并请赵金喜为其办理保外就医。赵金喜找到时任吉林监狱第五监区副监区长的被告人林志斌，称高俊宏愿意出钱办理保外就医，让林志斌帮忙把手续办下来。林志斌答应帮助沟通此事。之后赵金喜找到服刑犯人杜迎涛，由杜迎涛配制了能表现出患病症状的药物。在赵金喜的安排下，高俊宏于同年3月24日服药后“发病”住院。林志斌明知高俊宏伪造病情，仍找到吉林监狱刑罚执行科的王连发（另案处理），让其为高俊宏办理保外就医，并主持召开了对高俊宏提请保外就医的监区干部讨论会。会上，林志斌隐瞒了高俊宏伪造病情的情况，致使讨论会通过了高俊宏的保外就医申请，然后其将高俊宏的保外就医相关材料报到刑罚执行科。期间高俊宏授意其弟高俊卫与赵金喜向林志斌行贿人民币5万元（林志斌将其中3万元交王连发）。2004年4月28日，经吉林监狱呈报，吉林省监狱管理局以高俊宏双肺肺炎、感染性休克、呼吸衰竭，批准高俊宏暂予监外执行一年。同年4月30日，高俊宏被保外就医。2006年5月18日，高俊宏被收监。

【诉讼过程】

2008年10月28日，吉林省长春市宽城区人民检察院对林志斌涉嫌徇私舞弊暂予监外执行一案立案侦查。2009年8月4日，长春市宽城区人民检察院以林志斌涉嫌徇私舞弊暂予监外执行罪向长春市宽城区人民法院提起公诉。2009年10月20日，长春市宽城区人民法院作出（2009）宽刑初字第223号刑事判决，以被告人林志斌犯徇私舞弊暂予监外执行罪，判处有期徒刑三年。

4. 崔某环境监管失职案

（检例第4号）

【关键词】

渎职罪主体　国有事业单位工作人员　环境监管失职罪

【要旨】

实践中，一些国有公司、企业和事业单位经合法授权从事具体的管理市场经济和社会生活的工作，拥有一定管理公共事务和社会事务的职权，这些实际行使国家行政管理职权的公司、企业和事业单位工作人员，符合渎职罪主体要求；对其实施渎职行为构成犯罪的，应当依照刑法关于渎职罪的规定追究刑事责任。

【相关法条】

《中华人民共和国刑法》第四百零八条

全国人民代表大会常务委员会《关于〈中华人民共和国刑法〉第九章渎职罪主体适用问题的解释》

【基本案情】

被告人崔某，男，1960年出生，原系江苏省盐城市饮用水源保护区环境监察支队二大队大队长。

江苏省盐城市标新化工有限公司（以下简称“标新公司”）位于该市二级饮用水保护区内的饮用水取水河蟒蛇河上游。根据国家、市、区的相关法律法规文件规定，标新公司为重点污染源，系“零排污”企业。标新公司于2002年5月经过江苏省盐城市环保局审批建设年产500吨氯代醚酮项目，2004年8月通过验收。2005年11月，标新公司未经批准在原有氯代醚酮生产车间套产甘宝素。2006年9月建成甘宝素生产专用车间，含11台生产反应釜。氯代醚酮的生产过程中所产生的废水有钾盐水、母液、酸性废水、间接冷却水及生活污水。根据验收报告的要求，母液应外售，钾盐水、酸性废水、间接冷却水均应经过中和、吸附后回用（钾盐水也可收集后出售给有资质的单位）。但标新公司自生产以来，从未使用有关排污的技术处理设施。除在2006年至2007年部分钾盐废水（共50吨左右）外售至阜宁助剂厂外，标新公司生产产生的钾盐废水及其他废水直接排放至厂区北侧或者东侧的河流中，导致2009年2月发生盐城市区饮用水源严重污染事件。盐城市城西水厂、越河水厂水源遭受严重污染，所生产的自来水中酚类物质严重超标，近20万盐城市居民生活饮用水和部分单位供水被迫中断66小时40分钟，造成直接经济损失543万余元，并在社会上造成恶劣影响。

盐城市环保局饮用水源保护区环境监察支队负责盐城市区饮用水源保护区的环境保护、污染防治工作，标新公司位于市饮用水源二级保护区范围内，属该支队二大队管辖。被告人崔某作为二大队大队长，对标新公司环境保护监察工作负有直接领导责任。崔某不认真履行环境保护监管职责，并于2006年到2008年多次收受标新公司法定代表人胡某小额财物。崔某在日常检查中多次发现标新公司有冷却水和废水外排行为，但未按规定要求标新公司提供母液台账、合同、发票等材料，只是填写现场监察记录，也未向盐城市饮用水源保护区环境监察支队汇报标新公司违法排污情况。2008年12月6日，盐城市饮用水源保护区环境监察支队对保护区内重点化工企业进行专项整治活动，并对标新公司发出整改通知，但崔某未组织二大队监察人员对标新公司进行跟踪检查，监督标新公司整改。直至

2009年2月18日，崔某对标新公司进行检查时，只在该公司办公室填写了1份现场监察记录，未对排污情况进行现场检查，没有能及时发现和阻止标新公司向厂区外河流排放大量废液，以致发生盐城市饮用水源严重污染。在水污染事件发生后，崔某为掩盖其工作严重不负责任，于2009年2月21日伪造了日期为2008年12月10日和2009年2月16日两份虚假监察记录，以逃避有关部门的查处。

【诉讼过程】

2009年3月14日，崔某因涉嫌环境监管失职罪由江苏省盐城市阜宁县人民检察院立案侦查，同日被刑事拘留，3月27日被逮捕，5月13日侦查终结移送审查起诉。2009年6月26日，江苏省盐城市阜宁县人民检察院以被告人崔某犯环境监管失职罪向阜宁县人民法院提起公诉。2009年12月16日，阜宁县人民法院作出一审判决，认为被告人崔某作为负有环境保护监督管理职责的国家机关工作人员，在履行环境监管职责过程中，严重不负责任，导致发生重大环境污染事故，致使公私财产遭受重大损失，其行为构成环境监管失职罪；依照《中华人民共和国刑法》第四百零八条的规定，判决崔某犯环境监管失职罪，判处有期徒刑二年。一审判决后，崔某以自己对标新公司只具有督查的职责，不具有监管的职责，不符合环境监管失职罪的主体要求等为由提出上诉。盐城市中级人民法院认为，崔某身为国有事业单位的工作人员，在受国家机关的委托代表国家机关履行环境监督管理职责过程中，严重不负责任，导致发生重大环境污染事故，致使公私财产遭受重大损失，其行为构成环境监管失职罪。崔某所在的盐城市饮用水源保护区环境监察支队为国有事业单位，由盐城市人民政府设立，其系受国家机关委托代表国家机关行使环境监管职权，原判决未引用全国人民代表大会常务委员会《关于〈中华人民共和国刑法〉第九章渎职罪主体适用问题的解释》的相关规定，直接认定崔某系国家机关工作人员不当，予以纠正；原判认定崔某犯罪事实清楚，定性正确，量刑恰当，审判程序合法。2010年1月21日，盐城市中级人民法院二审终审裁定，驳回上诉，维持原判。

5. 陈某、林某、李甲滥用职权案

（检例第5号）

【关键词】

渎职罪主体　村基层组织人员　滥用职权罪

【要旨】

随着我国城镇建设和社会主义新农村建设逐步深入推进，村民委员会、居民委员会等基层组织协助人民政府管理社会发挥越来越重要的作用。实践中，对村民委员会、居民委员会等基层组织人员协助人民政府从事行政管理工作时，滥用职权、玩忽职守构成犯罪的，应当依照刑法关于渎职罪的规定追究刑事责任。

【相关法条】

《中华人民共和国刑法》第三百九十七条

全国人民代表大会常务委员会《关于〈中华人民共和国刑法〉第九章渎职罪主体适用问题的解释》

【基本案情】

被告人陈某，男，1946年出生，原系上海市奉贤区四团镇推进小城镇社会保险（以下简称“镇保”）工作领导小组办公室负责人。

被告人林某，女，1960年出生，原系上海市奉贤区四团镇杨家宅村党支部书记、村民委员会主任、村镇保工作负责人。

被告人李甲（曾用名李乙），男，1958年出生，原系上海市奉贤区四团镇杨家宅村党支部委员、村民委员会副主任、村镇保工作经办人。

2004年1月至2006年6月期间，被告人陈某利用担任上海市奉贤区四团镇推进镇保工作领导小组办公室负责人的职务便利，被告人林某、李甲利用受上海市奉贤区四团镇人民政府委托分别担任杨家宅村镇保工作负责人、经办人的职务便利，在从事被征用农民集体所有土地负责农业人员就业和社会保障工作过程中，违反相关规定，采用虚增被征用土地面积等方法徇私舞弊，共同或者单独将杨家宅村、良民村、横桥村114名不符合镇保条件的人员纳入镇保范围，致使奉贤区四团镇人民政府为上述人员缴纳镇保费用共计人民币600余万元、上海市社会保险事业基金结算管理中心（以下简称市社保中心）为上述人员实际发放镇保资金共计人民币178万余元，并造成了恶劣的社会影响。其中，被告人陈某共同及单独将71名不符合镇保条件人员纳入镇保范围，致使镇政府缴纳镇保费用共计人民币400余万元、市社保中心实际发放镇保资金共计人民币114万余元；被告人林某共同及单独将79名不符合镇保条件人员纳入镇保范围，致使镇政府缴纳镇保费用共计人民币400余万元、市社保中心实际发放镇保资金共计人民币124万余元；被告人李甲共同及单独将60名不符合镇保条件人员纳入镇保范围，致使镇政府缴纳镇保费用共计人民币300余万元，市社保中心实际发放镇保资金共计人民币95万余元。

【诉讼过程】

2008年4月15日，陈某、林某、李甲因涉嫌滥用职权罪由上海市奉贤区人民检察院立案侦查，陈某于4月15日被刑事拘留，4月29日被逮捕，林某、李甲于4月15日被取保候审，6月27日侦查终结移送审查起诉。2008年7月28日，上海市奉贤区人民检察院以被告人陈某、林某、李甲犯滥用职权罪向奉贤区人民法院提起公诉。2008年12月15日，上海市奉贤区人民法院作出一审判决，认为被告人陈某身为国家机关工作人员，被告人林某、李甲作为在受国家机关委托代表国家机关行使职权的组织中从事公务的人员，在负责或经办被征地人员就业和保障工作过程中，故意违反有关规定，共同或单独擅自将不符合镇保条件的人员纳入镇保范围，致使公共财产遭受重大损失，并造成恶劣社会影响，其行为均已触犯刑法，构成滥用职权罪，且有徇个人私情、私利的徇私舞弊情节。其中被告人陈某、林某情节特别严重。犯罪后，三被告人在尚未被司法机关采取强制措施时，如实供述自己的罪行，属自首，依法可从轻或减轻处罚。依照《中华人民共和国刑法》第三百九十七条、第二十五条第一款、第六十七条第一款、第七十二条第一款、第七十三条第二款及第三款之规定，判决被告人陈某犯滥用职权罪，判处有期徒刑二年；被告人林某犯滥用职权罪，判处有期徒刑一年六个月，宣告缓刑一年六个月；被告人李甲犯滥用职权罪，判处有期徒刑一年，宣告缓刑一年。一审判决后，被告人林某提出上诉。上海市第一中级人民法院二审终审裁定，驳回上诉，维持原判。

6. 罗甲、罗乙、朱某、罗丙滥用职权案

（检例第6号）

【关键词】

滥用职权罪　重大损失　恶劣社会影响

【要旨】

根据刑法规定，滥用职权罪是指国家机关工作人员滥用职权，致使“公共财产、国家和人民利益遭受重大损失”的行为。实践中，对滥用职权“造成恶劣社会影响的”，应当依法认定为“致使公共财产、国家和人民利益遭受重大损失”。

【相关法条】

《中华人民共和国刑法》第三百九十七条

全国人民代表大会常务委员会《关于〈中华人民共和国刑法〉第九章渎职罪主体适用问题的解释》

【基本案情】

被告人罗甲，男，1963年出生，原系广州市城市管理综合执法局黄埔分局大沙街执法队协管员。

被告人罗乙，男，1967年出生，原系广州市城市管理综合执法局黄埔分局大沙街执法队协管员。

被告人朱某，男，1964年出生，原系广州市城市管理综合执法局黄埔分局大沙街执法队协管员。

被告人罗丙，男，1987年出生，原系广州市城市管理综合执法局黄埔分局大沙街执法队协管员。

2008年8月至2009年12月期间，被告人罗甲、罗乙、朱某、罗丙先

后被广州市黄埔区人民政府大沙街道办事处招聘为广州市城市管理综合执法局黄埔分局大沙街执法队（以下简称执法队）协管员。上述四名被告人的工作职责是街道城市管理协管工作，包括动态巡查，参与街道、社区日常性的城管工作；劝阻和制止并督促改正违反城市管理法规的行为；配合综合执法部门，开展集中统一整治行动等。工作任务包括坚持巡查与守点相结合，及时劝导中心城区的乱摆卖行为等。罗甲、罗乙从2009年8月至2011年5月担任协管员队长和副队长，此后由罗乙担任队长，罗甲担任副队长。协管员队长职责是负责协管员人员召集，上班路段分配和日常考勤工作；副队长职责是协助队长开展日常工作，队长不在时履行队长职责。上述四名被告人上班时，身着统一发放的迷彩服，臂上戴着写有“大沙街城市管理督导员”的红袖章，手持一根木棍。2010年8月至2011年9月期间，罗甲、罗乙、朱某、罗丙和罗丁（另案处理）利用职务便利，先后多次向多名无照商贩索要12元、10元、5元不等的少量现金、香烟或直接在该路段的“士多店”拿烟再让部分无照商贩结账，后放弃履行职责，允许给予好处的无照商贩在严禁乱摆卖的地段非法占道经营。由于上述被告人的行为，导致该地段的无照商贩非法占道经营十分严重，几百档流动商贩恣意乱摆卖，严重影响了市容市貌和环境卫生，给周边商铺和住户的经营、生活、出行造成极大不便。由于执法不公，对给予钱财的商贩放任其占道经营，对其他没给好处费的无照商贩则进行驱赶或通知城管部门到场处罚，引起了群众强烈不满，城市管理执法部门执法人员在依法执行公务过程中遭遇多次暴力抗法，数名执法人员受伤住院。上述四名被告人的行为严重危害和影响了该地区的社会秩序、经济秩序、城市管理和治安管理，造成了恶劣的社会影响。

【诉讼过程】

2011年10月1日，罗甲、罗乙、朱某、罗丙四人因涉嫌敲诈勒索罪被广州市公安局黄埔分局刑事拘留，11月7日被逮捕。11月10日，广州市公安局黄埔分局将本案移交广州市黄埔区人民检察院。2011年11月10日，罗甲、罗乙、朱某、罗丙四人因涉嫌滥用职权罪由广州市黄埔区人民检察院立案侦查，12月9日侦查终结移送审查起诉。2011年12月28日，广州市黄埔区人民检察院以被告人罗甲、罗乙、朱某、罗丙犯滥用职权罪向黄埔区人民法院提起公诉。2012 年 4 月 18 日，黄埔区人民法院一审判决，认为被告人罗甲、罗乙、朱某、罗丙身为虽未列入国家机关人员编制但在国家机关中从事公务的人员，在代表国家行使职权时，长期不正确履行职权，大肆勒索辖区部分无照商贩的钱财，造成无照商贩非法占道经营十分严重，暴力抗法事件不断发生，社会影响相当恶劣，其行为触犯了《中华人民共和国刑法》第三百九十七条第一款的规定，构成滥用职权罪。被告人罗甲与罗乙身为城管协管员前、后任队长及副队长不仅参与勒索无照商贩的钱财，放任无照商贩非法占道经营，而且也收受其下属勒索来的香烟，放任其下属胡作非为，在共同犯罪中所起作用相对较大，可对其酌情从重处罚。鉴于四被告人归案后能供述自己的罪行，可对其酌情从轻处罚。依照《中华人民共和国刑法》第三百九十七条第一款、第六十一条、《全国人民代表大会常务委员会关于〈中华人民共和国刑法〉第九章渎职罪主体适用问题的解释》的规定，判决被告人罗甲犯滥用职权罪，判处有期徒刑一年六个月；被告人罗乙犯滥用职权罪，判处有期徒刑一年五个月；被告人朱某犯滥用职权罪，判处有期徒刑一年二个月；被告人罗丙犯滥用职权罪，判处有期徒刑一年二个月。一审判决后，四名被告人在法定期限内均未上诉，检察机关也没有提出抗诉，一审判决发生法律效力。

7. 胡某、郑某徇私舞弊不移交刑事案件案

（检例第 7 号）

【关键词】

诉讼监督　徇私舞弊不移交刑事案件罪

【要旨】

诉讼监督，是人民检察院依法履行法律监督的重要内容。实践中，检察机关和办案人员应当坚持办案与监督并重，建立健全行政执法与刑事司法有效衔接的工作机制，善于在办案中发现各种职务犯罪线索；对于行政

执法人员徇私舞弊，不移送有关刑事案件构成犯罪的，应当依法追究刑事责任。

【相关法条】

《中华人民共和国刑法》第四百零二条

【基本案情】

被告人胡某，男，1956年出生，原系天津市工商行政管理局河西分局公平交易科科长。

被告人郑某，男，1957年出生，原系天津市工商行政管理局河西分局公平交易科科员。

被告人胡某在担任天津市工商行政管理局河西分局（以下简称工商河西分局）公平交易科科长期间，于2006年1月11日上午，带领被告人郑某等该科工作人员对群众举报的天津华夏神龙科贸发展有限公司（以下简称神龙公司）涉嫌非法传销问题进行现场检查，当场扣押财务报表及宣传资料若干，并于当日询问该公司法定代表人李某，李某承认其公司营业额为114万余元（与所扣押财务报表上数额一致），后由被告人郑某具体负责办理该案。2006年3月16日，被告人胡某、郑某在案件调查终结报告及处罚决定书中，认定神龙公司的行为属于非法传销行为，却隐瞒该案涉及经营数额巨大的事实，为牟取小集体罚款提成的利益，提出行政罚款的处罚意见。被告人胡某在局长办公会上汇报该案时亦隐瞒涉及经营数额巨大的事实。2006年4月11日，工商河西分局同意被告人胡某、郑某的处理意见，对当事人做出“责令停止违法行为，罚款50万元”的行政处罚，后李某分数次将50万元罚款交给工商河西分局。被告人胡某、郑某所在的公平交易科因此案得到2.5万元罚款提成。

李某在分期缴纳工商罚款期间，又成立河西、和平、南开分公司，由王某担任河西分公司负责人，继续进行变相传销活动，并造成被害人华某等人经济损失共计40万余元人民币。公安机关接被害人举报后，查明李某进行传销活动非法经营数额共计2277万余元人民币（工商查处时为1600多万元）。天津市河西区人民检察院在审查起诉被告人李某、王某非法经营案过程中，办案人员发现胡某、郑某涉嫌徇私舞弊不移交被告人李某、王某非法经营刑事案件的犯罪线索。

【诉讼过程】

2010年1月13日，胡某、郑某因涉嫌徇私舞弊不移交刑事案件罪由天津市河西区人民检察院立案侦查，并于同日被取保候审，3月15日侦查终结移送审查起诉，因案情复杂，4月22日依法延长审查起诉期限半个月，5月6日退回补充侦查，6月4日侦查终结重新移送审查起诉。2010年6月12日，天津市河西区人民检察院以被告人胡某、郑某犯徇私舞弊不移交刑事案件罪向河西区人民法院提起公诉。2010年9月14日，河西区人民法院作出一审判决，认为被告人胡某、郑某身为工商行政执法人员，在明知查处的非法传销行为涉及经营数额巨大，依法应当移交公安机关追究刑事责任的情况下，为牟取小集体利益，隐瞒不报违法事实涉及的金额，以罚代刑，不移交公安机关处理，致使犯罪嫌疑人在行政处罚期间，继续进行违法犯罪活动，情节严重，二被告人负有不可推卸的责任，其行为均已构成徇私舞弊不移交刑事案件罪，且系共同犯罪。依照《中华人民共和国刑法》第四百零二条、第二十五条第一款、第三十七条之规定，判决被告人胡某、郑某犯徇私舞弊不移交刑事案件罪。一审判决后，被告人胡某、郑某在法定期限内均没有上诉，检察机关也没有提出抗诉，一审判决发生法律效力。

8. 杨某玩忽职守、徇私枉法、受贿案

（检例第8号）

【关键词】

玩忽职守罪　徇私枉法罪　受贿罪　因果关系　数罪并罚

【要旨】

本案要旨有两点：一是渎职犯罪因果关系的认定。如果负有监管职责的国家机关工作人员没有认真履行其监管职责，从而未能有效防止危害结果发生，那么，这些对危害结果具有“原因力”的渎职行为，应认定与危

害结果之间具有刑法意义上的因果关系。二是渎职犯罪同时受贿的处罚原则。对于国家机关工作人员实施渎职犯罪并收受贿赂，同时构成受贿罪的，除刑法第三百九十九条有特别规定的外，以渎职犯罪和受贿罪数罪并罚。

【相关法条】

《中华人民共和国刑法》第三百九十七条、第三百九十九条、第三百八十五条、第六十九条

【基本案情】

被告人杨某，男，1958 年出生，原系深圳市公安局龙岗分局同乐派出所所长。

犯罪事实如下：

一、玩忽职守罪

1999 年 7 月 9 日，王某（另案处理）经营的深圳市龙岗区舞王歌舞厅经深圳市工商行政管理部门批准成立，经营地址在龙岗区龙平路。2006 年该歌舞厅被依法吊销营业执照。2007 年 9 月 8 日，王某未经相关部门审批，在龙岗街道龙东社区三和村经营舞王俱乐部，辖区派出所为同乐派出所。被告人杨某自 2001 年 10 月开始担任同乐派出所所长。开业前几天，王某为取得同乐派出所对舞王俱乐部的关照，在杨某之妻何某经营的川香酒家宴请了被告人杨某等人。此后，同乐派出所三和责任区民警在对舞王俱乐部采集信息建档和日常检查中，发现王某无法提供消防许可证、娱乐经营许可证等必需证件，提供的营业执照复印件上的名称和地址与实际不符，且已过有效期。杨某得知情况后没有督促责任区民警依法及时取缔舞王俱乐部。责任区民警还发现舞王俱乐部经营过程中存在超时超员、涉黄涉毒、未配备专业保安人员、发生多起治安案件等治安隐患，杨某既没有依法责令舞王俱乐部停业整顿，也没有责令责任区民警跟踪监督舞王俱乐部进行整改。

2008 年 3 月，根据龙岗区“扫雷”行动的安排和部署，同乐派出所成立“扫雷”专项行动小组，杨某担任组长。有关部门将舞王俱乐部存在治安隐患和消防隐患等于 2008 年 3 月 12 日通报同乐派出所，但杨某没有督

促责任区民警跟踪落实整改措施，导致舞王俱乐部的安全隐患没有得到及时排除。

2008年6月至8月期间，广东省公安厅组织开展“百日信息会战”，杨某没有督促责任区民警如实上报舞王俱乐部无证无照经营，没有对舞王俱乐部采取相应处理措施。舞王俱乐部未依照《消防法》《建筑工程消防监督审核管理规定》等规定要求取得消防验收许可，未通过申报开业前消防安全检查，擅自开业、违法经营，营业期间不落实安全管理制度和措施，导致2008年9月20日晚发生特大火灾，造成44人死亡、64人受伤的严重后果。在这起特大消防事故中，杨某及其他有关单位的人员负有重要责任。

二、徇私枉法罪

2008年8月12日凌晨，江某、汪某、赵某等人在舞王俱乐部消费后乘坐电梯离开时与同时乘坐电梯的另外几名顾客发生口角，舞王俱乐部的保安员前来劝阻。争执过程中，舞王俱乐部的保安员易某及员工罗某等五人与江某等人在舞王俱乐部一楼发生打斗，致江某受轻伤、汪某、赵某受轻微伤。杨某指示以涉嫌故意伤害对舞王俱乐部罗某、易某等五人立案侦查。次日，同乐派出所依法对涉案人员刑事拘留。案发后，舞王俱乐部负责人王某多次打电话给杨某，并通过杨某之妻何某帮忙请求调解，要求使其员工免受刑事处罚。王某并为此在龙岗中心城邮政局停车场处送给何某人民币3万元。何某收到钱后发短信告诉杨某。杨某明知该案不属于可以调解处理的案件，仍答应帮忙，并指派不是本案承办民警的刘某负责协调调解工作，于2008年9月6日促成双方以赔偿人民币11万元达成和解。杨某随即安排办案民警将案件作调解结案。舞王俱乐部有关人员于9月7日被解除刑事拘留，未被追究刑事责任。

三、受贿罪

2007年9月至2008年9月，杨某利用职务便利，为舞王俱乐部负责人王某谋取好处，单独收受或者通过妻子何某收受王某好处费，共计人民币30万元。

【诉讼过程】

2008 年 9 月 28 日，杨某因涉嫌徇私枉法罪由深圳市人民检察院立案侦查，10 月 25 日被刑事拘留，11 月 7 日被逮捕，11 月 13 日侦查终结移交深圳市龙岗区人民检察院审查起诉。2008 年 11 月 24 日，深圳市龙岗区人民检察院以被告人杨某犯玩忽职守罪、徇私枉法罪和受贿罪向龙岗区人民法院提起公诉。一审期间，延期审理一次。2009 年 5 月 9 日，深圳市龙岗区人民法院作出一审判决，认为被告人杨某作为同乐派出所的所长，对辖区内的娱乐场所负有监督管理职责，其明知舞王俱乐部未取得合法的营业执照擅自经营，且存在众多消防、治安隐患，但严重不负责任，不认真履行职责，使本应停业整顿或被取缔的舞王俱乐部持续违法经营达一年之久，并最终导致发生 44 人死亡、64 人受伤的特大消防事故，造成了人民群众生命财产的重大损失，其行为已构成玩忽职守罪，情节特别严重；被告人杨某明知舞王俱乐部发生的江某等人被打案应予刑事处罚，不符合调解结案的规定，仍指示将该案件予以调解结案，构成徇私枉法罪，但是鉴于杨某在实施徇私枉法行为的同时有受贿行为，且该受贿事实已被起诉，依照刑法第三百九十九条的规定，应以受贿罪一罪定罪处罚；被告人杨某作为国家工作人员，利用职务上的便利，非法收受舞王俱乐部负责人王某的巨额钱财，为其谋取利益，其行为已构成受贿罪；被告人杨某在未被采取强制措施前即主动交代自己全部受贿事实，属于自首，并由其妻何某代为退清全部赃款，依法可以从轻处罚。依照《中华人民共和国刑法》第三百九十七条第一款、第三百九十九条第一款、第四款、第三百八十五条第一款、第三百八十六条、第三百八十三条第一款第（一）项、第二款、第六十四条、第六十七条第一款、第六十九条第一款之规定，判决被告人杨某犯玩忽职守罪，判处有期徒刑五年；犯受贿罪，判处有期徒刑十年；总和刑期十五年，决定执行有期徒刑十三年；追缴受贿所得的赃款人民币 30 万元，依法予以没收并上缴国库。一审判决后，被告人杨某在法定期限内没有上诉，检察机关也没有提出抗诉，一审判决发生法律效力。

9. 李泽强编造、故意传播虚假恐怖信息案

（检例第9号）

【关键词】

编造、故意传播虚假恐怖信息罪

【要旨】

编造、故意传播虚假恐怖信息罪是选择性罪名。编造恐怖信息以后向特定对象散布，严重扰乱社会秩序的，构成编造虚假恐怖信息罪。编造恐怖信息以后向不特定对象散布，严重扰乱社会秩序的，构成编造、故意传播虚假恐怖信息罪。

对于实施数个编造、故意传播虚假恐怖信息行为的，不实行数罪并罚，但应当将其作为量刑情节予以考虑。

【相关法条】

《中华人民共和国刑法》第二百九十一条之一

【基本案情】

被告人李泽强，男，河北省人，1975年出生，原系北京欣和物流仓储中心电工。

2010年8月4日22时许，被告人李泽强为发泄心中不满，在北京市朝阳区小营北路13号工地施工现场，用手机编写短信“今晚要炸北京首都机场”，并向数十个随意编写的手机号码发送。天津市的彭某收到短信后于2010年8月5日向当地公安机关报案，北京首都国际机场公安分局于当日接警后立即通知首都国际机场运行监控中心。首都国际机场运行监控中心随即启动紧急预案，对东、西航站楼和机坪进行排查，并加强对行李物品的检查和监控工作，耗费大量人力、物力，严重影响了首都国际机场的正常工作秩序。

【诉讼过程】

2010年8月7日，李泽强因涉嫌编造、故意传播虚假恐怖信息罪被北

京首都国际机场公安分局刑事拘留，9月7日被逮捕，11月9日侦查终结移送北京市朝阳区人民检察院审查起诉。2010年12月3日，朝阳区人民检察院以被告人李泽强犯编造、故意传播虚假恐怖信息罪向朝阳区人民法院提起公诉。2010年12月14日，朝阳区人民法院作出一审判决，认为被告人李泽强法治观念淡薄，为泄私愤，编造虚假恐怖信息并故意向他人传播，严重扰乱社会秩序，已构成编造、故意传播虚假恐怖信息罪；鉴于被告人李泽强自愿认罪，可酌情从轻处罚，依照《中华人民共和国刑法》第二百九十一条之一、第六十一条之规定，判决被告人李泽强犯编造、故意传播虚假恐怖信息罪，判处有期徒刑一年。一审判决后，被告人李泽强在法定期限内未上诉，检察机关也未提出抗诉，一审判决发生法律效力。

10. 卫学臣编造虚假恐怖信息案

（检例第10号）

【关键词】

编造虚假恐怖信息罪　严重扰乱社会秩序

【要旨】

关于编造虚假恐怖信息造成“严重扰乱社会秩序”的认定，应当结合行为对正常的工作、生产、生活、经营、教学、科研等秩序的影响程度、对公众造成的恐慌程度以及处置情况等因素进行综合分析判断。对于编造、故意传播虚假恐怖信息威胁民航安全，引起公众恐慌，或者致使航班无法正常起降的，应当认定为“严重扰乱社会秩序”。

【相关法条】

《中华人民共和国刑法》第二百九十一条之一

【基本案情】

被告人卫学臣，男，辽宁省人，1987年出生，原系大连金色假期旅行社导游。

2010年6月13日14时46分，被告人卫学臣带领四川来大连的旅游团用完午餐后，对四川导游李忠键说自己可以让飞机停留半小时，遂用手机拨打大连周水子国际机场问询处电话，询问3U8814航班起飞时间后，告诉接电话的机场工作人员说“飞机上有两名恐怖分子，注意安全”。大连周水子国际机场接到电话后，立即启动防恐预案，将飞机安排到隔离机位，组织公安、安检对飞机客、货舱清仓，对每位出港旅客资料核对确认排查，查看安检现场录像，确认没有可疑问题后，当日19时33分，3U8814航班飞机起飞，晚点33分钟。

【诉讼过程】

2010年6月13日，卫学臣因涉嫌编造虚假恐怖信息罪被大连市公安局机场分局刑事拘留，6月25日被逮捕，8月12日侦查终结移送大连市甘井子区人民检察院审查起诉。2010年9月20日，甘井子区人民检察院以被告人卫学臣涉嫌编造虚假恐怖信息罪向甘井子区人民法院提起公诉。2010年10月11日，甘井子区人民法院作出一审判决，认为被告人卫学臣故意编造虚假恐怖信息，严重扰乱社会秩序，其行为已构成编造虚假恐怖信息罪；鉴于被告人卫学臣自愿认罪，可酌情从轻处罚，依照《中华人民共和国刑法》第二百九十一条之一之规定，判决被告人卫学臣犯编造虚假恐怖信息罪，判处有期徒刑一年六个月。一审判决后，被告人卫学臣在法定期限内未上诉，检察机关也未提出抗诉，一审判决发生法律效力。

11. 袁才彦编造虚假恐怖信息案

（检例第11号）

【关键词】

编造虚假恐怖信息罪　择一重罪处断

【要旨】

对于编造虚假恐怖信息造成有关部门实施人员疏散，引起公众极度恐慌的，或者致使相关单位无法正常营业，造成重大经济损失的，应当认定为“造成严重后果”。

以编造虚假恐怖信息的方式，实施敲诈勒索等其他犯罪的，应当根据案件事实和证据情况，择一重罪处断。

【相关法条】

《中华人民共和国刑法》第二百七十四条第二百九十一条之一

【基本案情】

被告人袁才彦，男，湖北省人，1956年出生，无业。

被告人袁才彦因经济拮据，意图通过编造爆炸威胁的虚假恐怖信息勒索钱财。2004年9月29日，被告人袁才彦冒用名为“张锐”的假身份证，在河南省工商银行信阳分行红星路支行体彩广场分理处申请办理了牡丹灵通卡账户。

2005年1月24日14时许，被告人袁才彦拨打上海太平洋百货有限公司徐汇店的电话，编造已经放置炸弹的虚假恐怖信息，以不给钱就在商场内引爆炸弹自杀相威胁，要求上海太平洋百货有限公司徐汇店在1小时内向其指定的牡丹灵通卡账户内汇款人民币5万元。上海太平洋百货有限公司徐汇店即向公安机关报警，并进行人员疏散。接警后，公安机关启动防爆预案，出动警力300余名对商场进行安全排查。被告人袁才彦的行为造成上海太平洋百货有限公司徐汇店暂停营业3个半小时。

1月25日10时许，被告人袁才彦拨打福州市新华都百货商场的电话，称已在商场内放置炸弹，要求福州市新华都百货商场在半小时内将人民币5万元汇入其指定的牡丹灵通卡账户。接警后，公安机关出动大批警力进行人员疏散、搜爆检查，并对现场及周边地区实施交通管制。

1月27日11时，被告人袁才彦拨打上海市铁路局春运办公室的电话，称已在火车上放置炸弹，并以引爆炸弹相威胁要求春运办公室在半小时内将人民币10万元汇入其指定的牡丹灵通卡账户。接警后，上海铁路公安局抽调大批警力对旅客、列车和火车站进行安全检查。

1月27日14时，被告人袁才彦拨打广州市天河城百货有限公司的电话，要求广州市天河城百货有限公司在半小时内将人民币2万元汇入其指定的牡丹灵通卡账户，否则就在商场内引爆炸弹自杀。

1月27日16时，被告人袁才彦拨打深圳市天虹商场的电话，要求深圳市天虹商场在1小时内将人民币2万元汇入其指定的牡丹灵通卡账户，否则就在商场内引爆炸弹。

1月27日16时32分，被告人袁才彦拨打南宁市百货商场的电话，要求南宁市百货商场在1小时内将人民币2万元汇入其指定的牡丹灵通卡账户，否则就在商场门口引爆炸弹。接警后，公安机关出动警力300余名在商场进行搜爆和安全检查。

【诉讼过程】

2005年1月28日，袁才彦因涉嫌敲诈勒索罪被广州市公安局天河区分局刑事拘留。2005年2月案件移交袁才彦的主要犯罪地上海市公安局徐汇区分局管辖，3月4日袁才彦被逮捕，4月5日侦查终结移送上海市徐汇区人民检察院审查起诉。2005年4月14日，上海市人民检察院将案件指定上海市人民检察院第二分院管辖，4月18日上海市人民检察院第二分院以被告人袁才彦涉嫌编造虚假恐怖信息罪向上海市第二中级人民法院提起公诉。2005年6月24日，上海市第二中级人民法院作出一审判决，认为被告人袁才彦为勒索钱财故意编造爆炸威胁等虚假恐怖信息，严重扰乱社会秩序，其行为已构成编造虚假恐怖信息罪，且造成严重后果，依照《中华人民共和国刑法》第二百九十一条之一、第五十五条第一款、第五十六条第一款、第六十四条的规定，判决被告人袁才彦犯编造虚假恐怖信息罪，判处有期徒刑十二年，剥夺政治权利三年。一审判决后，被告人袁才彦提出上诉。2005年8月25日，上海市高级人民法院二审终审裁定，驳回上诉，维持原判。

12. 柳立国等人生产、销售有毒、有害食品，生产、销售伪劣产品案

（检例第12号）

【关键词】

生产、销售有毒、有害食品罪　生产、销售伪劣产品罪

【要旨】

明知对方是食用油经销者，仍将用餐厨废弃油（俗称“地沟油”）加工而成的劣质油脂销售给对方，导致劣质油脂流入食用油市场供人食用的，构成生产、销售有毒、有害食品罪；明知油脂经销者向饲料生产企业和药品生产企业等单位销售豆油等食用油，仍将用餐厨废弃油加工而成的劣质油脂销售给对方，导致劣质油脂流向饲料生产企业和药品生产企业等单位的，构成生产、销售伪劣产品罪。

【相关法条】

《中华人民共和国刑法》第一百四十四条、第一百四十条、第一百四十一条第一款

【基本案情】

被告人柳立国，男，山东省人，1975年出生，原系山东省济南博汇生物科技有限公司（以下简称博汇公司）、山东省济南格林生物能源有限公司（以下简称格林公司）实际经营者。

被告人鲁军，男，山东省人，1968年出生，原系博汇公司生产负责人。

被告人李树军，男，山东省人，1974年出生，原系博汇公司、格林公司采购员。

被告人柳立海，男，山东省人，1965年出生，原系格林公司等企业管理后勤员工。

被告人于双迎，男，山东省人，1970年出生，原系格林公司员工。

被告人刘凡金，男，山东省人，1975年出生，原系博汇公司、格林公司驾驶员。

被告人王波，男，山东省人，1981年出生，原系博汇公司、格林公司驾驶员。

自2003年始，被告人柳立国在山东省平阴县孔村镇经营油脂加工厂，后更名为中兴脂肪酸甲酯厂，并转向餐厨废弃油（俗称“地沟油”）回收再加工。2009年3月、2010年6月，柳立国又先后注册成立了博汇公司、格林公司，扩大生产，进一步将地沟油加工提炼成劣质油脂。自2007年

12月起，柳立国从四川、江苏、浙江等地收购地沟油加工提炼成劣质油脂，在明知他人将向其所购的劣质成品油冒充正常豆油等食用油进行销售的情况下，仍将上述劣质油脂销售给他人，从中赚取利润。柳立国先后将所加工提炼的劣质油脂销售给经营食用油生意的山东聊城昌泉粮油实业公司、河南郑州宏大粮油商行等（均另案处理）。前述粮油公司等明知从柳立国处购买的劣质油脂系地沟油加工而成，仍然直接或经勾兑后作为食用油销售给个体粮油店、饮食店、食品加工厂以及学校食堂，或冒充豆油等油脂销售给饲料、药品加工等企业。截至2011年7月案发，柳立国等人的行为最终导致金额为926万余元的此类劣质油脂流向食用油市场供人食用，金额为9065万余元的劣质油脂流入非食用油加工市场。

期间，经被告人柳立国招募，被告人鲁军负责格林公司的筹建、管理；被告人李树军负责地沟油采购并曾在格林公司分提车间工作；被告人柳立海从事后勤工作；被告人于双迎负责格林公司机器设备维护及管理水解车间；被告人刘凡金作为驾驶员运输成品油脂；被告人王波作为驾驶员运输半成品和厂内污水，并提供个人账户供柳立国收付货款。上述被告人均在明知柳立国用地沟油加工劣质油脂并对外销售的情况下，仍予以帮助。其中，鲁军、于双迎参与生产、销售上述销往食用油市场的劣质油脂的金额均为134万余元，李树军为765万余元，柳立海为457万余元，刘凡金为138万余元，王波为270万余元；鲁军、于双迎参与生产、销售上述流入非食用油市场的劣质油脂金额均为699万余元，李树军为9065万余元，柳立海为4961万余元，刘凡金为2221万余元，王波为6534万余元。

【诉讼过程】

2011年7月5日，柳立国、鲁军、李树军、柳立海、于双迎、刘凡金、王波因涉嫌生产、销售不符合安全标准的食品罪被刑事拘留，8月11日被逮捕。

该案侦查终结后，移送浙江省宁波市人民检察院审查起诉。浙江省宁波市人民检察院经审查认为，被告人柳立国、鲁军、李树军、柳立海、于双迎、刘凡金、王波违反国家食品管理法规，结伙将餐厨废弃油等非食品原料进行生产、加工，并将加工提炼而成且仍含有有毒、有害物质的非食用油冒充食用油予以销售，并供人食用，严重危害了人民群众的身体健康和生命安全，其行为均触犯了《中华人民共和国刑法》第一百四十四条，犯罪事实清楚，证据确实充分，应当以生产、销售有毒、有害食品罪追究其刑事责任。被告人柳立国、鲁军、李树军、柳立海、于双迎、刘凡金、王波又违反国家食品管理法规，结伙将餐厨废弃油等非食品原料进行生产、加工，并将加工提炼而成的非食用油冒充食用油予以销售，以假充真，销售给饲料加工、药品加工单位，其行为均触犯了《中华人民共和国刑法》第一百四十条，犯罪事实清楚，证据确实充分，应当以生产、销售伪劣产品罪追究其刑事责任。2012 年 6 月 12 日，宁波市人民检察院以被告人柳立国等人犯生产、销售有毒、有害食品罪和生产、销售伪劣产品罪向宁波市中级人民法院提起公诉。

2013 年 4 月 11 日，宁波市中级人民法院一审判决：被告人柳立国犯生产、销售有毒、有害食品罪和生产、销售伪劣产品罪，数罪并罚，判处无期徒刑，剥夺政治权利终身，并处没收个人全部财产；被告人鲁军犯生产、销售有毒、有害食品罪和生产、销售伪劣产品罪，数罪并罚，判处有期徒刑十四年，并处罚金人民币四十万元；被告人李树军犯生产、销售有毒、有害食品罪和生产、销售伪劣产品罪，数罪并罚，判处有期徒刑十一年，并处罚金人民币四十万元；被告人柳立海犯生产、销售有毒、有害食品罪和生产、销售伪劣产品罪，数罪并罚，判处有期徒刑十年六个月，并处罚金人民币四十万元；被告人于双迎犯生产、销售有毒、有害食品罪和生产、销售伪劣产品罪，数罪并罚，判处有期徒刑十年，并处罚金人民币四十万元；被告人刘凡金犯生产、销售有毒、有害食品罪和生产、销售伪劣产品罪，数罪并罚，判处有期徒刑七年，并处罚金人民币三十万元；被告人王波犯生产、销售有毒、有害食品罪和生产、销售伪劣产品罪，数罪并罚，判处有期徒刑七年，并处罚金人民币三十万元。

一审宣判后，柳立国、鲁军、李树军、柳立海、于双迎、刘凡金、王波提出上诉。

浙江省高级人民法院二审认为，柳立国利用餐厨废弃油加工劣质食用油脂，销往粮油食品经营户，并致劣质油脂流入食堂、居民家庭等，供人食用，其行为已构成生产、销售有毒、有害食品罪。柳立国还明知下家购买其用餐厨废弃油加工的劣质油脂冒充合格豆油等，仍予以生产、销售，流入饲料、药品加工等企业，其行为又构成生产、销售伪劣产品罪，应予二罪并罚。柳立国生产、销售有毒、有害食品的犯罪行为持续时间长，波及范围广，严重危害食品安全，严重危及人民群众的身体健康，情节特别严重，应依法严惩。鲁军、李树军、柳立海、于双迎、刘凡金、王波明知柳立国利用餐厨废弃油加工劣质油脂并予销售，仍积极参与，其行为分别构成生产、销售有毒、有害食品罪和生产、销售伪劣产品罪，亦应并罚。在共同犯罪中，柳立国起主要作用，系主犯；鲁军、李树军、柳立海、于双迎、刘凡金、王波起次要或辅助作用，系从犯，原审均予减轻处罚。原判定罪和适用法律正确，量刑适当；审判程序合法。2013 年 6 月 4 日，浙江省高级人民法院二审裁定驳回上诉，维持原判。

13. 徐孝伦等人生产、销售有害食品案

（检例第 13 号）

【关键词】

生产、销售有害食品罪

【要旨】

在食品加工过程中，使用有毒、有害的非食品原料加工食品并出售的，应当认定为生产、销售有毒、有害食品罪；明知是他人使用有毒、有害的非食品原料加工出的食品仍然购买并出售的，应当认定为销售有毒、有害食品罪。

【相关法条】

《中华人民共和国刑法》第一百四十四条、第一百四十一条第一款

【基本案情】

被告人徐孝伦，男，贵州省人，1969 年出生，经商。

被告人贾昌容，女，贵州省人，1966 年出生，经商。

被告人徐体斌，男，贵州省人，1986年出生，经商。

被告人叶建勇，男，贵州省人，1980年出生，经商。

被告人杨玉美，女，安徽省人，1971年出生，经商。

2010年3月起，被告人徐孝伦、贾昌容在瑞安市鲍田前北村育英街12号的加工点内使用工业松香加热的方式对生猪头进行脱毛，并将加工后的猪头分离出猪头肉、猪耳朵、猪舌头、肥肉等销售给当地菜市场内的熟食店，销售金额达61万余元。被告人徐体斌、叶建勇、杨玉美明知徐孝伦所销售的猪头系用工业松香加工脱毛仍予以购买，并做成熟食在其经营的熟食店进行销售，其中徐体斌的销售金额为3.4万元，叶建勇和杨玉美的销售金额均为2.5万余元。2012年8月8日，徐孝伦、贾昌容、徐体斌在瑞安市的加工点内被公安机关及瑞安市动物卫生监督所当场抓获，并现场扣押猪头（已分割）50个，猪耳朵、猪头肉等600公斤，松香10公斤及销售单。经鉴定，被扣押的松香系工业松香，属食品添加剂外的化学物质，内含重金属铅，经反复高温使用后，铅等重金属含量升高，长期食用工业松香脱毛的禽畜类肉可能会对人体造成伤害。案发后徐体斌协助公安机关抓获两名犯罪嫌疑人。

【诉讼过程】

2012年8月8日，徐孝伦、贾昌容因涉嫌生产、销售有毒、有害食品罪被刑事拘留，9月15日被逮捕。2012年8月8日，徐体斌因涉嫌生产、销售有毒、有害食品罪被刑事拘留，8月13日被取保候审，2013年3月12日被逮捕。2012年9月27日，叶建勇、杨玉美因涉嫌生产、销售有毒、有害食品罪被取保候审，2013年3月12日被逮捕。

该案由浙江省瑞安市公安局侦查终结后，移送瑞安市人民检察院审查起诉。瑞安市人民检察院经审查认为，被告人徐孝伦、贾昌容在生产、销售的食品中掺有有害物质，被告人徐体斌、叶建勇、杨玉美销售明知掺有有害物质的食品，其中被告人徐孝伦、贾昌容有其他特别严重情节，其行为均已触犯《中华人民共和国刑法》第一百四十四条之规定，犯罪事实清楚、证据确实充分，应当以生产、销售有害食品罪追究被告人徐孝伦、贾昌容的刑事责任；以销售有害食品罪追究被告人徐体斌、叶建勇、杨玉美的刑事责任。被告人徐孝伦、贾昌容、徐体斌、叶建勇、杨玉美归案后均能如实供述自己的罪行，依法可以从轻处罚。2013 年 3 月 1 日，瑞安市人民检察院以被告人徐孝伦、贾昌容犯生产、销售有害食品罪，被告人徐体斌、叶建勇、杨玉美犯销售有害食品罪向瑞安市人民法院提起公诉。

2013 年 5 月 22 日，瑞安市人民法院一审认为，被告人徐孝伦、贾昌容在生产、销售的食品中掺入有害物质，有其他特别严重情节，其行为均已触犯刑法，构成生产、销售有害食品罪；徐体斌、叶建勇、杨玉美销售明知掺有有害物质的食品，其行为均已触犯刑法，构成销售有害食品罪。被告人徐孝伦、贾昌容共同经营猪头加工厂，生产、销售猪头，系共同犯罪。在共同犯罪中，被告人徐孝伦起主要作用，系主犯；被告人贾昌容起次要作用，系从犯，依法减轻处罚。被告人贾昌容、徐体斌、叶建勇归案后均能如实供述自己的罪行，依法从轻处罚。被告人徐体斌有立功表现，依法从轻处罚。依照刑法和司法解释有关规定，判决被告人徐孝伦犯生产、销售有害食品罪，判处有期徒刑十年六个月，并处罚金人民币一百二十五万元；被告人贾昌容犯生产、销售有害食品罪，判处有期徒刑六年，并处罚金人民币六十万元；被告人徐体斌犯销售有害食品罪，判处有期徒刑一年六个月，并处罚金人民币七万元；被告人叶建勇犯销售有害食品罪，判处有期徒刑一年六个月，并处罚金人民币五万元；被告人杨玉美犯销售有害食品罪，判处有期徒刑一年六个月，并处罚金人民币五万元。

一审宣判后，徐孝伦、贾昌容、杨玉美提出上诉。

2013 年 6 月 21 日，浙江省温州市中级人民法院二审裁定驳回上诉，维持原判。

14. 孙建亮等人生产、销售有毒、有害食品案

（检例第 14 号）

【关键词】

生产、销售有毒、有害食品罪　共犯

【要旨】

明知盐酸克伦特罗（俗称“瘦肉精”）是国家禁止在饲料和动物饮用水中使用的药品，而用以养殖供人食用的动物并出售的，应当认定为生产、销售有毒、有害食品罪。明知盐酸克伦特罗是国家禁止在饲料和动物饮用水中使用的药品，而买卖和代买盐酸克伦特罗片，供他人用以养殖供人食用的动物的，应当认定为生产、销售有毒、有害食品罪的共犯。

【相关法条】

《中华人民共和国刑法》第一百四十四条

【基本案情】

被告人孙建亮，男，天津市人，1958 年出生，农民。

被告人陈林，男，天津市人，1964 年出生，农民。

被告人郝云旺，男，天津市人，1973 年出生，农民。

被告人唐连庆，男，天津市人，1946 年出生，农民。

被告人唐民，男，天津市人，1971 年出生，农民。

2011 年 5 月，被告人陈林、郝云旺、唐连庆、唐民明知盐酸克伦特罗（俗称“瘦肉精”）属于国家禁止在饲料和动物饮用水中使用的药品而进行买卖，郝云旺从唐连庆、唐民处购买三箱盐酸克伦特罗片（每箱 100 袋，每袋 1000 片），后陈林从郝云旺处为自己购买一箱该药品，同时帮助被告人孙建亮购买一箱该药品。孙建亮在自己的养殖场内，使用陈林从郝云旺处购买的盐酸克伦特罗片喂养肉牛。2011 年 12 月 3 日，孙建亮将喂养过盐酸克伦特罗片的 9 头肉牛出售，被天津市宝坻区动物卫生监督所查获。经检测，其中 4 头肉牛尿液样品中所含盐酸克伦特罗超过国家规定标准。郝云旺、唐连庆、唐民主动到公安机关投案。

【诉讼过程】

2011 年 12 月 14 日，孙建亮因涉嫌生产、销售有毒、有害食品罪被刑事拘留，2012 年 1 月 9 日被取保候审，10 月 25 日被逮捕。2011 年 12 月 21 日，陈林因涉嫌生产、销售有毒、有害食品罪被刑事拘留，2012 年 1 月 9 日被取保候审，10 月 25 日被逮捕。2011 年 12 月 20 日，郝云旺因涉嫌生产、销售有毒、有害食品罪被取保候审，2012 年 10 月 25 日被逮捕。

2011年12月28日，唐连庆、唐民因涉嫌生产、销售有毒、有害食品罪被取保候审。

该案由天津市公安局宝坻分局侦查终结后，移送天津市宝坻区人民检察院审查起诉。天津市宝坻区人民检察院经审查认为，被告人孙建亮使用违禁药品盐酸克伦特罗饲养肉牛并将使用该药品饲养的肉牛出售，被告人陈林、郝云旺、唐连庆、唐民明知盐酸克伦特罗是禁止用于饲养供人食用的动物的药品而进行买卖，其行为均触犯了《中华人民共和国刑法》第一百四十四条之规定，应当以生产、销售有毒、有害食品罪追究刑事责任。2012年8月15日，天津市宝坻区人民检察院以被告人孙建亮、陈林、郝云旺、唐连庆、唐民犯生产、销售有毒、有害食品罪向宝坻区人民法院提起公诉。

2012年10月29日，宝坻区人民法院一审认为，被告人孙建亮使用违禁药品盐酸克伦特罗饲养肉牛并将肉牛出售，其行为已构成生产、销售有毒、有害食品罪；被告人陈林、郝云旺、唐连庆、唐民明知盐酸克伦特罗是禁止用于饲养供人食用的动物药品而代购或卖给他人，供他人用于饲养供人食用的肉牛，属于共同犯罪，应依法以生产、销售有毒、有害食品罪予以处罚。在共同犯罪中，孙建亮起主要作用，系主犯；被告人陈林、郝云旺、唐连庆、唐民起次要作用，系从犯，依法应当从轻处罚。被告人郝云旺、唐连庆、唐民在案发后主动到公安机关投案，并如实供述犯罪事实，属自首，依法可以从轻处罚。被告人孙建亮、陈林到案后如实供述犯罪事实，属坦白，依法可以从轻处罚。依照刑法相关条款规定，判决如下：被告人孙建亮犯生产、销售有毒、有害食品罪，判处有期徒刑二年，并处罚金人民币七万五千元；被告人陈林犯生产、销售有毒、有害食品罪，判处有期徒刑一年，并处罚金人民币二万元；被告人郝云旺犯生产、销售有毒、有害食品罪，判处有期徒刑一年，并处罚金人民币二万元；被告人唐连庆犯生产、销售有毒、有害食品罪，判处有期徒刑六个月，缓刑一年，并处罚金人民币五千元；被告人唐民犯生产、销售有毒、有害食品罪，判处有期徒刑六个月，缓刑一年，并处罚金人民币五千元。

一审宣判后，郝云旺提出上诉。

2012年12月12日，天津市第一中级人民法院二审裁定驳回上诉，维持原判。

15. 胡林贵等人生产、销售有毒、有害食品，行贿；骆梅等人销售伪劣产品；朱伟全等人生产、销售伪劣产品；黎达文等人受贿，食品监管渎职案

（检例第15号）

【关键词】

生产、销售有毒、有害食品罪　生产、销售伪劣产品罪　食品监管渎职罪　受贿罪　行贿罪

【要旨】

实施生产、销售有毒、有害食品犯罪，为逃避查处向负有食品安全监管职责的国家工作人员行贿的，应当以生产、销售有毒、有害食品罪和行贿罪实行数罪并罚。

负有食品安全监督管理职责的国家机关工作人员，滥用职权，向生产、销售有毒、有害食品的犯罪分子通风报信，帮助逃避处罚的，应当认定为食品监管渎职罪；在渎职过程中受贿的，应当以食品监管渎职罪和受贿罪实行数罪并罚。

【相关法条】

《中华人民共和国刑法》第一百四十四条、第一百四十条、第四百零八条之一、第三百八十五条、第三百八十九条

【基本案情】

被告人胡林贵，男，1968年出生，重庆市人，原系广东省东莞市渝湘腊味食品有限公司股东。

被告人刘康清，男，1964年出生，重庆市人，原系广东省东莞市渝湘腊味食品有限公司股东。

被告人叶在均，男，1954年出生，重庆市人，原系广东省东莞市渝湘

腊味食品有限公司股东。

被告人刘国富，男，1976年出生，重庆市人，原系广东省东莞市渝湘腊味食品有限公司股东。

被告人张永富，男，1969年出生，重庆市人，原系广东省东莞市渝湘腊味食品有限公司股东。

被告人叶世科，男，1979年出生，重庆市人，原系广东省东莞市渝湘腊味食品有限公司驾驶员。

被告人骆梅，女，1977年出生，重庆市人，原系广东省东莞市大岭山镇信立农产品批发市场销售人员。

被告人刘康素，女，1971年出生，重庆市人，原系广东省东莞市中堂镇江南农产品批发市场销售人员。

被告人朱伟全，男，1958年出生，广东省人，无业。

被告人曾伟中，男，1971年出生，广东省人，无业。

被告人黎达文，男，1973年出生，广东省人，原系广东省东莞市中堂镇人民政府经济贸易办公室（简称经贸办）副主任、中堂镇食品药品监督站站长，兼任中堂镇食品安全委员会（简称食安委）副主任及办公室主任。

被告人王伟昌，男，1965年出生，广东省人，原系广东省东莞市中堂中心屠场稽查队队长。

被告人陈伟基，男，1982年出生，广东省人，原系广东省东莞市中堂中心屠场稽查队队员。

被告人余忠东，男，1963年出生，湖南省人，原系广东省东莞市江南市场经营管理有限公司仓储加工管理部主管。

（一）被告人胡林贵、刘康清、叶在均、刘国富、张永富等人于2011年6月以每人出资2万元，在未取得工商营业执照和卫生许可证的情况下，在东莞市中堂镇江南农产品批发市场租赁加工区建立加工厂，利用病、死、残猪猪肉为原料，加入亚硝酸钠、工业用盐等调料，生产腊肠、腊肉。并将生产出来的腊肠、腊肉运至该市农产品批发市场固定铺位进行销售，平均每天销售约500公斤。该工厂主要由胡林贵负责采购病、死、残猪猪肉，刘康清负责销售，刘国富等人负责加工生产，张永富、叶在均等人负责打杂及协作，该加工厂还聘请了被告人叶世科等人负责运输，聘请了骆梅、刘康素等人负责销售上述加工厂生产出的腊肠、腊肉，其中骆梅于2011年8月初开始受聘担任销售，刘康素于2011年9月初开始受聘担任销售。

2011年10月17日，经群众举报，执法部门查处了该加工厂，当场缴获腊肠500公斤、腊肉500公斤、未检验的腊肉半成品2吨、工业用盐24包（每包50公斤）、“敌百虫”8支、亚硝酸钠11支等物品；10月25日，公安机关在农产品批发市场固定铺位缴获胡林贵等人存放的半成品猪肉7980公斤，经广东省质量监督检测中心抽样检测，该半成品含敌百虫等有害物质严重超标。

（二）自2010年12月至2011年6月份期间，被告人朱伟全、曾伟中等人收购病、死、残猪后私自屠宰，每月运行20天，并将每天生产出的约500公斤猪肉销售给被告人胡林贵、刘康清等人。后曾伟中退出经营，朱伟全等人于2011年9月份开始至案发期间，继续每天向胡林贵等人合伙经营的腊肉加工厂出售病、死、残猪猪肉约500公斤。

（三）被告人黎达文于2008年起先后兼任中堂镇产品质量和食品安全工作领导小组成员、经贸办副主任、中堂食安委副主任兼办公室主任、食品药品监督站站长，负责对中堂镇全镇食品安全的监督管理，包括中堂镇内食品安全综合协调职能和依法组织各执法部门查处食品安全方面的举报等工作。被告人余忠东于2005年起在东莞市江南市场经营管理有限公司任仓储加工管理部的主管。

2010年至2011年期间，黎达文在组织执法人员查处江南农产品批发市场的无证照腊肉、腊肠加工窝点过程中，收受被告人刘康清、胡林贵、余忠东等人贿款共十一次，每次5000元，合计55000元，其中胡林贵参与行贿十一次，计55000元，刘康清参与行贿十次，计50000元，余忠东参与行贿六次，计30000元。

被告人黎达文在收受被告人刘康清、胡林贵、余忠东等人的贿款之后，滥用食品安全监督管理的职权，多次在组织执法人员检查江南农产品批发市场之前打电话通知余忠东或胡林贵，让胡林贵等人做好准备，把加工场内的病、死、残猪猪肉等生产原料和腊肉、腊肠藏好，逃避查处，导致胡林贵等人在一年多时间内持续非法利用病、死、残猪猪肉生产“敌百虫”和亚硝酸盐成分严重超标的腊肠、腊肉，销往东莞市及周边城市的食堂和餐馆。

被告人王伟昌自2007年起任中堂中心屠场稽查队队长，被告人陈伟基自2009年2月起任中堂中心屠场稽查队队员，二人负责中堂镇内私宰猪肉的稽查工作。2009年7月至2011年10月间，王伟昌、陈伟基在执法过程中收受刘康清、刘国富等人贿款，其中王伟昌、陈伟基共同收受贿款13100元，王伟昌单独受贿3000元。

王伟昌、陈伟基受贿后，滥用食品安全监督管理的职权，多次在带队稽查过程中，明知刘康清和刘国富等人非法销售死猪猪肉、排骨而不履行查处职责，王伟昌还多次在参与中堂镇食安委组织的联合执法行动前打电话给刘康清通风报信，让刘康清等人逃避查处。

【诉讼过程】

2011年10月22日，胡林贵、刘康清因涉嫌生产、销售有毒、有害食品罪被刑事拘留，11月24日被逮捕；10月23日，叶在均、刘国富、张永富、叶世科、骆梅、刘康素因涉嫌生产、销售有毒、有害食品罪被刑事拘留，11月24日被逮捕；10月28日，朱伟全、曾伟中因涉嫌生产、销售有毒、有害食品罪被刑事拘留，11月24日被逮捕。2012年3月6日，黎达文因涉嫌受贿罪被刑事拘留，3月20日被逮捕。2012年4月26日，王伟昌、陈伟基因涉嫌受贿罪被刑事拘留，5月10日被逮捕。2012年3月6日，余忠东因涉嫌受贿罪被刑事拘留，3月20日被逮捕。

被告人胡林贵、刘康清、叶在均、刘国富、张永富、叶世科、骆梅、刘康素、曾伟中、朱伟全涉嫌生产、销售有毒、有害食品罪一案，由广东省东莞市公安局侦查终结，移送东莞市第一市区人民检察院审查起诉。被告人黎达文、王伟昌、陈伟基涉嫌受贿、食品监管渎职罪，被告人胡林贵、刘康清、余忠东涉嫌行贿罪一案，由东莞市人民检察院侦查终结，移送东莞市第一市区人民检察院审查起诉。因上述两个案件系关联案件，东莞市第一市区人民检察院决定并案审查。东莞市第一市区人民检察院经审查认为，被告人胡林贵、刘康清、叶在均、刘国富、张永富、叶世科无视国法，在生产、销售的食品中掺入有毒、有害的非食品原料，胡林贵、刘康清还为谋取不正当利益，多次向被告人黎达文、王伟昌、陈伟基等人行贿，胡林贵、刘康清的行为均已触犯了《中华人民共和国刑法》第一百四十四条、第三百八十九条第一款之规定，被告人叶在均、刘国富、张永富、叶世科的行为均已触犯了《中华人民共和国刑法》第一百四十四条之规定；被告人骆梅、刘康素在销售中以不合格产品冒充合格产品，其中骆梅销售的金额五十万元以上，刘康素销售的金额二十万元以上，二人的行为均已触犯了《中华人民共和国刑法》第一百四十条之规定；被告人朱伟全、曾伟中在生产、销售中以不合格产品冒充合格产品，生产、销售金额五十万元以上，二人的行为均已触犯了《中华人民共和国刑法》第一百四十条之规定；被告人黎达文、王伟昌、陈伟基身为国家机关工作人员，利用职务之便，多次收受贿款，同时黎达文、王伟昌、陈伟基身为负有食品安全监督管理职责的国家机关工作人员，滥用职权为刘康清等人谋取非法利益，造成恶劣社会影响，三人的行为已分别触犯了《中华人民共和国刑法》第三百八十五条第一款、第四百零八条之一之规定；被告人余忠东为谋取不正当利益，多次向被告人黎达文、王伟昌、陈伟基等人行贿，其行为已触犯《中华人民共和国刑法》第三百八十九条第一款之规定。2012 年 5 月 29 日，东莞市第一市区人民检察院以被告人胡林贵、刘康清犯生产、销售有毒、有害食品罪、行贿罪，叶在均、刘国富、张永富、叶世科犯生产、销售有毒、有害食品罪，骆梅、刘康素犯销售伪劣产品罪，朱伟全、曾伟中犯生产、销售伪劣产品罪，黎达文、王伟昌、陈伟基犯受贿罪、食品监管渎职罪，余忠东犯行贿罪，向东莞市第一人民法院提起公诉。

2012 年 7 月 9 日，东莞市第一人民法院一审认为，被告人胡林贵、刘康清、叶在均、刘国富、张永富、叶世科无视国法，在生产、销售的食品中掺入有毒、有害的非食品原料，其行为已构成生产、销售有毒、有害食品罪，且属情节严重；被告人骆梅、刘康素作为产品销售者，以不合格产品冒充合格产品，其中被告人骆梅销售金额为五十万元以上不满二百万元，被告人刘康素销售金额为二十万元以上不满五十万元，其二人的行为已构成销售伪劣产品罪；被告人朱伟全、曾伟中在生产、销售中以不合格产品冒充合格产品，涉案金额五十万元以上不满二百万元，其二人的行为已构成生产、销售伪劣产品罪；被告人黎达文身为国家工作人员，被告人王伟昌、陈伟基身为受国家机关委托从事公务的人员，均利用职务之便，多次收受贿款，同时，被告人黎达文、王伟昌、陈伟基还违背所负的食品安全监督管理职责，滥用职权为刘康清等人谋取非法利益，造成严重后果，被告人黎达文、王伟昌、陈伟基的行为已构成受贿罪、食品监管渎职罪；被告人胡林贵、刘康清、余忠东为谋取不正当利益，多次向黎达文、王伟昌、陈伟基等人行贿，其三人的行为均已构成行贿罪。对上述被告人的犯罪行为，依法均应惩处，对被告人胡林贵、刘康清、黎达文、王伟昌、陈伟基依法予以数罪并罚。被告人刘康清系累犯，依法应从重处罚；刘康清在被追诉前主动交代其行贿行为，依法可以从轻处罚；刘康清还举报了胡林贵向黎达文行贿5000元的事实，并经查证属实，是立功，依法可以从轻处罚。被告人黎达文、王伟昌、陈伟基归案后已向侦查机关退出全部赃款，对其从轻处罚。被告人胡林贵、刘康清、张永富、叶世科、余忠东归案后如实供述犯罪事实，认罪态度较好，均可从轻处罚；被告人黎达文在法庭上认罪态度较好，可酌情从轻处罚。依照刑法相关条款规定，判决：

（一）被告人胡林贵犯生产、销售有毒、有害食品罪和行贿罪，数罪并罚，判处有期徒刑九年九个月，并处罚金人民币十万元。被告人刘康清犯生产、销售有毒、有害食品罪和行贿罪，数罪并罚，判处有期徒刑九年，并处罚金人民币九万元。被告人叶在均、刘国富、张永富、叶世科犯生产、销售有毒、有害食品罪，分别判处有期徒刑八年六个月并处罚金人民币十万元、有期徒刑八年六个月并处罚金人民币十万元、有期徒刑八年三个月并处罚金人民币十万元、有期徒刑七年九个月并处罚金人民币五万元。被告人骆梅、刘康素犯销售伪劣产品罪，分别判处有期徒刑七年六个月并处罚金人民币三万元、有期徒刑六年并处罚金人民币二万元。

（二）被告人朱伟全、曾伟中犯生产、销售伪劣产品罪，分别判处有期徒刑八年并处罚金人民币七万元、有期徒刑七年六个月并处罚金人民币六万元。

（三）被告人黎达文犯受贿罪和食品监管渎职罪，数罪并罚，判处有期徒刑七年六个月，并处没收个人财产人民币一万元。被告人王伟昌犯受贿罪和食品监管渎职罪，数罪并罚，判处有期徒刑三年三个月。被告人陈伟基犯受贿罪和食品监管渎职罪，数罪并罚，判处有期徒刑二年六个月。被告人余忠东犯行贿罪，判处有期徒刑十个月。

一审宣判后，被告人胡林贵、刘康清、叶在均、刘国富、张永富、叶世科、骆梅、刘康素、曾伟中、黎达文、王伟昌、陈伟基提出上诉。

16. 检赛跃、韩成武受贿、食品监管渎职案

（检例第 16 号）

【关键词】

受贿罪　食品监管渎职罪

【要旨】

负有食品安全监督管理职责的国家机关工作人员，滥用职权或玩忽职守，导致发生重大食品安全事故或者造成其他严重后果的，应当认定为食品监管渎职罪。在渎职过程中受贿的，应当以食品监管渎职罪和受贿罪实行数罪并罚

【相关法条】

《中华人民共和国刑法》第三百八十五条、第四百零八条之一

【基本案情】

被告人赛跃，男，云南省人，1965 年出生，原系云南省嵩明县质量技术监督局（以下简称嵩明县质监局）局长。

被告人韩成武，男，云南省人，1963 年出生，原系嵩明县质监局副局长。

2011 年 9 月 17 日，根据群众举报称云南丰瑞粮油工业产业有限公司

（位于云南省嵩明县杨林工业园区，以下简称杨林丰瑞公司）违法生产地沟油，时任嵩明县质监局局长、副局长的赛跃、韩成武等人到杨林丰瑞公司现场检查，查获该公司无生产许可证，其生产区域的配套的食用油加工设备以“调试设备”之名在生产，现场有生产用原料毛猪油 2244.912 吨，其中有的外包装无标签标识等，不符合食品安全标准。9 月 21 日，被告人赛跃、韩成武没有计量核实毛猪油数量、来源，仅凭该公司人员陈述 500 吨，而对毛猪油 591.4 吨及生产用活性土 30 吨、无证生产的菜油 100 吨进行封存。同年 10 月 22 日，韩成武以“杨林丰瑞公司采购的原料共 59.143 吨不符合食品安全标准”建议立案查处，赛跃同意立案，并召开案审会经集体讨论，决定对杨林丰瑞公司给予行政处罚。10 月 24 日，嵩明县质监局作出对杨林丰瑞公司给予销毁不符合安全标准的原材料和罚款 1419432 元的行政处罚告知，并将行政处罚告知书送达该公司。之后，该公司申请从轻、减轻处罚。同年 12 月 9 日，赛跃、韩成武以企业配合调查及经济困难为由，未经集体讨论，决定减轻对杨林丰瑞公司的行政处罚，嵩明县质监局于 12 月 12 日作出行政处罚决定书，对杨林丰瑞公司作出销毁不符合食品安全标准的原料和罚款 20 万元的处罚，并下达责令改正通知书，责令杨林丰瑞公司于 2011 年 12 月 27 日前改正“采购的原料毛猪油不符合食品安全标准”的违法行为。12 月 13 日，嵩明县质监局解除了对毛猪油、活性土、菜油的封存，实际并未销毁该批原料。致使杨林丰瑞公司在 2011 年 11 月至 2012 月 3 月期间，使用已查获的原料无证生产食用猪油并流入社会，对人民群众的生命健康造成较大隐患。

2011 年 10 月至 11 月间，被告人赛跃、韩成武在查处该案的过程中，先后两次在办公室收受该公司吴庆伟（另案处理）分别送给的人民币 10 万元、3 万元。

2012 年 3 月 13 日，公安机关以该公司涉嫌生产、销售有毒、有害食品罪立案侦查。3 月 20 日，赛跃和韩成武得知该情况后，更改相关文书材料、销毁原始行政处罚文书、伪造质监局分析协调会、案审会记录及杨林丰瑞公司毛猪油原材料的销毁材料，将所收受的 13 万受贿款作为对杨林丰瑞公司的罚款存入罚没账户。

【诉讼过程】

2012年5月4日，赛跃、韩成武因涉嫌徇私舞弊不移交刑事案件罪、受贿罪被云南省嵩明县人民检察院立案侦查，韩成武于5月7日被刑事拘留，赛跃于5月8日被刑事拘留，5月21日二人被逮捕。

该案由云南省嵩明县人民检察院反渎职侵权局侦查终结后，移送该院公诉部门审查起诉。云南省嵩明县人民检察院经审查认为，被告人赛跃、韩成武作为负有食品安全监督管理职责的国家机关工作人员，未认真履行职责，失职、渎职造成大量的问题猪油流向市场，后果特别严重；同时二被告人利用职务上的便利，非法收受他人贿赂，为他人谋取利益，二被告人之行为已触犯《中华人民共和国刑法》第四百零八条之一、第三百八十五条第一款之规定，应当以食品监管渎职罪、受贿罪追究刑事责任。2012年9月5日，云南省嵩明县人民检察院以被告人赛跃、韩成武犯食品监管渎职罪、受贿罪向云南省嵩明县人民法院提起公诉。

2012年11月26日，云南省嵩明县人民法院一审认为，被告人赛跃、韩成武作为国家工作人员，利用职务上的便利，非法收受他人财物，为他人谋取利益，其行为已构成受贿罪；被告人赛跃、韩成武作为质监局工作人员，在查办杨林丰瑞公司无生产许可证生产有毒、有害食品案件中玩忽职守、滥用职权，致使查获的不符合食品安全标准的原料用于生产，有毒、有害油脂流入社会，造成严重后果，其行为还构成食品监管渎职罪。鉴于杨林丰瑞公司被公安机关查处后，赛跃、韩成武向领导如实汇报受贿事实，且将受贿款以“罚款”上交，属自首，可从轻、减轻处罚。依照刑法相关条款之规定，判决被告人赛跃犯受贿罪和食品监管渎职罪，数罪并罚，判处有期徒刑六年；韩成武犯受贿罪和食品监管渎职罪，数罪并罚，判处有期徒刑二年六个月。

一审宣判后，赛跃、韩成武提出上诉。

2013年4月20日，云南省昆明市中级人民法院二审裁定驳回上诉，维持原判。

17. 陈邓昌抢劫、盗窃，付志强盗窃案

（检例第17号）

【关键词】

第二审程序刑事抗诉　入户抢劫　盗窃罪　补充起诉

【要旨】

1. 对于入户盗窃，因被发现而当场使用暴力或者以暴力相威胁的行为，应当认定为“入户抢劫”。

2. 在人民法院宣告判决前，人民检察院发现被告人有遗漏的罪行可以一并起诉和审理的，可以补充起诉。

3. 人民检察院认为同级人民法院第一审判决重罪轻判，适用刑罚明显不当的，应当提出抗诉。

【相关法条】

《中华人民共和国刑法》第二百六十三条、第二百六十四条、第二百六十九条、第二十五条、第六十九条

《中华人民共和国刑事诉讼法》第二百一十七条、第二百二十五条第一款第（二）项

【基本案情】

被告人陈邓昌，男，贵州省人，1989年出生，无业。

被告人付志强，男，贵州省人，1981年出生，农民。

一、抢劫罪

2012年2月18日15时，被告人陈邓昌携带螺丝刀等作案工具来到广东省佛山市禅城区澜石石头后二村田边街10巷1号的一间出租屋，撬门进入房间盗走现金人民币100元，后在客厅遇到被害人陈南姐，陈邓昌拿起铁锤威胁不让其喊叫，并逃离现场。

二、盗窃罪

1.2012年2月23日，被告人付志强携带作案工具来到广东省佛山市

高明区荷城街道井溢村 398 号 302 房间，撬门进入房间内盗走现金人民币 300 元。

2.2012 年 2 月 25 日，被告人付志强、陈邓昌密谋后携带作案工具到佛山市高明区荷城街道井溢村 287 号 502 出租屋，撬锁进入房间盗走一台华硕笔记本电脑（价值人民币 2905 元）。后二人以 1300 元的价格销赃。

3.2012 年 2 月 28 日，被告人付志强携带作案工具来到佛山市高明区荷城街道井溢村 243 号 402 房间，撬锁进入房间后盗走现金人民币 1500 元。

4.2012 年 3 月 3 日，被告人付志强、陈邓昌密谋后携带六角匙等作案工具到佛山市高明区荷城街道官当村 34 号 401 房，撬锁进入房间后盗走现金人民币 700 元。

5.2012 年 3 月 28 日，被告人陈邓昌、叶其元、韦圣伦（后二人另案处理，均已判刑）密谋后携带作案工具来到佛山市禅城区跃进路 31 号 501 房间，叶其元负责望风，陈邓昌、韦圣伦二人撬锁进入房间后盗走联想一体化电脑一台（价值人民币 3928 元）、尼康 P300 数码相机一台（价值人民币 1813 元）及 600 元现金人民币。后在逃离现场的过程中被人发现，陈邓昌等人将一体化电脑丢弃。

6.2012 年 4 月 3 日，被告人付志强携带作案工具来到佛山市高明区荷城街道岗头冯村 283 号 301 房间，撬锁进入房间后盗走现金人民币 7000 元。

7.2012 年 4 月 13 日，被告人陈邓昌、叶其元、韦圣伦密谋后携带作案工具来到佛山市禅城区石湾凤凰路隔田坊 63 号 5 座 303 房间，叶其元负责望风，陈邓昌、韦圣伦二人撬锁进入房间后盗走现金人民币 6000 元、港币 900 元以及一台诺基亚 N86 手机（价值人民币 608 元）。

【诉讼过程】

2012 年 4 月 6 日，付志强因涉嫌盗窃罪被广东省佛山市公安局高明分局刑事拘留，同年 5 月 9 日被逮捕。2012 年 5 月 29 日，陈邓昌因涉嫌盗窃罪被佛山市公安局高明分局刑事拘留，同年 7 月 2 日被逮捕。2012 年 7 月 6 日，佛山市公安局高明分局以犯罪嫌疑人付志强、陈邓昌涉嫌盗窃罪向佛山市高明区人民检察院移送审查起诉。2012 年 7 月 23 日，高明区人民检察院以被告人付志强、陈邓昌犯盗窃罪向佛山市高明区人民法院提起公诉。

一审期间，高明区人民检察院经进一步审查，发现被告人陈邓昌有三起遗漏犯罪事实。2012 年 9 月 24 日，高明区人民检察院依法补充起诉被告人陈邓昌入室盗窃转化为抢劫的犯罪事实一起和陈邓昌伙同叶其元、韦圣伦共同盗窃的犯罪事实二起。

2012 年 11 月 14 日，佛山市高明区人民法院一审认为，检察机关指控被告人陈邓昌犯抢劫罪、盗窃罪，被告人付志强犯盗窃罪的犯罪事实清楚，证据确实充分，罪名成立。被告人陈邓昌在入户盗窃后被发现，为抗拒抓捕而当场使用凶器相威胁，其行为符合转化型抢劫的构成要件，应以抢劫罪定罪处罚，但不应认定为“入户抢劫”。理由是陈邓昌入户并不以实施抢劫为犯罪目的，而是在户内临时起意以暴力相威胁，且未造成被害人任何损伤，依法判决：被告人陈邓昌犯抢劫罪，处有期徒刑三年九个月，并处罚金人民币四千元；犯盗窃罪，处有期徒刑一年九个月，并处罚金人民币二千元；决定执行有期徒刑五年，并处罚金人民币六千元。被告人付志强犯盗窃罪，处有期徒刑二年，并处罚金人民币二千元。

2012 年 11 月 19 日，佛山市高明区人民检察院认为一审判决适用法律错误，造成量刑不当，依法向佛山市中级人民法院提出抗诉。2013 年 3 月 21 日，佛山市中级人民法院二审判决采纳了抗诉意见，撤销原判对原审被告人陈邓昌抢劫罪量刑部分及决定合并执行部分，依法予以改判。

【抗诉理由】

一审宣判后，佛山市高明区人民检察院审查认为一审判决未认定被告人陈邓昌的行为属于“入户抢劫”，属于适用法律错误，且造成量刑不当，应予纠正，遂依法向佛山市中级人民法院提出抗诉；佛山市人民检察院支持抗诉。抗诉和支持抗诉理由是：

1. 原判决对“入户抢劫”的理解存在偏差。原判决以“暴力行为虽然发生在户内，但是其不以实施抢劫为目的，而是在户内临时起意并以暴力相威胁，且未造成被害人任何损害”为由，未认定被告人陈邓昌所犯抢劫罪具有“入户”情节。根据2005年7月《最高人民法院关于审理抢劫、抢夺刑事案件适用法律若干问题的意见》关于认定“入户抢劫”的规定，“入户”必须以实施抢劫等犯罪为目的。但是，这里“目的”的非法性不是以抢劫罪为限，还应当包括盗窃等其他犯罪。

2. 原判决适用法律错误。2000年11月《最高人民法院关于审理抢劫案件具体应用法律若干问题的解释》（以下简称《解释》）第一条第二款规定，“对于入户盗窃，因被发现而当场使用暴力或者以暴力相威胁的行为，应当认定为入户抢劫。”依据刑法和《解释》的有关规定，本案中，被告人陈邓昌入室盗窃被发现后当场使用暴力相威胁的行为，应当认定为“入户抢劫”。

3. 原判决适用法律错误，导致量刑不当。“户”对一般公民而言属于最安全的地方。“入户抢劫”不仅严重侵犯公民的财产所有权，更是危及公民的人身安全。因为被害人处于封闭的场所，通常无法求救，与发生在户外的一般抢劫相比，被害人的身心会受到更为严重的惊吓或者伤害。根据刑法第二百六十三条第一项的规定，“入户抢劫”应当判处十年以上有期徒刑、无期徒刑或者死刑，并处罚金或者没收财产。原判决对陈邓昌抢劫罪判处三年九个月有期徒刑，属于适用法律错误，导致量刑不当。

【终审判决】

广东省佛山市中级人民法院二审认为，一审判决认定原审被告人陈邓昌犯抢劫罪，原审被告人陈邓昌、付志强犯盗窃罪的事实清楚，证据确实、充分。陈邓昌入户盗窃后，被被害人当场发现，意图抗拒抓捕，当场使用暴力威胁被害人不许其喊叫，然后逃离案发现场，依法应当认定为“入户抢劫”。原判决未认定陈邓昌所犯的抢劫罪具有“入户”情节，系适用法律错误，应当予以纠正。检察机关抗诉意见成立，予以采纳。据此，依法判决：撤销一审判决对陈邓昌抢劫罪量刑部分及决定合并执行部分；判决陈邓昌犯抢劫罪，处有期徒刑十年，并处罚金人民币一万元，犯盗窃罪，处有期徒刑一年九个月，并处罚金二千元，决定执行有期徒刑十一年，并处罚金一万二千元。

18. 郭某某参加黑社会性质组织、故意杀人、故意伤害案

（检例第 18 号）

【关键词】

第二审程序刑事抗诉　故意杀人　罪行极其严重　死刑立即执行

【要旨】

死刑依法只适用于罪行极其严重的犯罪分子。对故意杀人、故意伤害、绑架、爆炸等涉黑、涉恐、涉暴刑事案件中罪行极其严重，严重危害国家安全和公共安全、严重危害公民生命权，或者严重危害社会秩序的被告人，依法应当判处死刑，人民法院未判处死刑的，人民检察院应当依法提出抗诉。

【相关法条】

《中华人民共和国刑法》第二百三十二条、第二百三十四条、第二百九十四条

《中华人民共和国刑事诉讼法》第二百一十七条、第二百二十五条第一款第（二）项

【基本案情】

被告人郭某某，男，四川省人，1972 年出生，无业。1997 年 9 月因犯盗窃罪被判有期徒刑五年六个月，2001 年 12 月刑满释放。

2003 年 5 月 7 日，李某某（另案处理，已判刑）等人在四川省三台县“经典歌城”唱歌结账时与该歌城老板何某发生纠纷，被告人郭某某受李某某一方纠集，伙同李某某、王某某、王某某（另案处理，均已判刑）打砸“经典歌城”，郭某某持刀砍人，致何某重伤、顾客吴某某轻伤。

2008 年 1 月 1 日，闵某某（另案处理，已判刑）与王某某在四川省三台县里程乡岩崖坪发生交通事故，双方因闵某某摩托车受损赔偿问题发生争执。王某某电话通知被害人兰某、李某某等人，闵某某电话召集郭某某及闵某某、陈某（另案处理，均已判刑）等人。闵某某与其朋友代安全、

兰某某先到现场，因代安全、兰某某与争执双方均认识，即进行劝解，事情已基本平息。后郭某某、陈某等人亦分别骑摩托车赶至现场。闵某某向郭某某指认兰某后，郭某某持菜刀欲砍兰某，被路过并劝架的被害人蓝某某（殁年26岁）阻拦，郭某某遂持菜刀猛砍蓝某某头部，致蓝某某严重颅脑损伤死亡。兰某、李某某等见状，持木棒击打郭某某，郭某某持菜刀乱砍，致兰某重伤，致李某某轻伤。后郭某某搭乘闵某某所驾摩托车逃跑。

2008年5月，郭某某负案潜逃期间，应同案被告人李某（犯组织、领导黑社会性质组织罪、故意伤害罪等，被判处有期徒刑十四年）的邀约，到四川省绵阳市安县参加了同案被告人王某某（犯组织、领导黑社会性质组织罪、故意伤害罪等罪名，被判处有期徒刑二十年）组织、领导的黑社会性质组织，充当打手。因王某某对胡建不满，让李某安排人教训胡建及其手下。2009年5月17日，李某见胡建两名手下范某、张某某在安县花荄镇姜记烧烤店吃烧烤，便打电话叫来郭某某。经指认，郭某某蒙面持菜刀砍击范某、张某某，致该二人轻伤。

【诉讼过程】

2009年7月28日，郭某某因涉嫌故意伤害罪被四川省绵阳市安县公安局刑事拘留，同年8月18日被逮捕，经查犯罪嫌疑人郭某某还涉嫌王某某等人黑社会性质组织系列犯罪案件。四川省绵阳市安县公安局侦查终结后，移送四川省绵阳市安县人民检察院审查起诉。该院受理后，于2010年1月3日报送四川省绵阳市人民检察院审查起诉。2010年7月19日，四川省绵阳市人民检察院对王某某等人参与的黑社会性质组织系列犯罪案件向绵阳市中级人民法院提起公诉，其中指控该案被告人郭某某犯参加黑社会性质组织罪、故意伤害罪和故意杀人罪。

2010年12月17日，绵阳市中级人民法院一审认为，被告人郭某某1997年因犯盗窃罪被判处有期徒刑，2001年12月26日刑满释放后，又于2003年故意伤害他人，2008年故意杀人、参加黑社会性质组织，均应判处有期徒刑以上刑罚，系累犯，应当从重处罚。依法判决：被告人郭某某犯参加黑社会性质组织罪，处有期徒刑两年；犯故意杀人罪，处死刑，缓期二年执行，剥夺政治权利终身；犯故意伤害罪，处有期徒刑五年；数罪并罚，决定执行死刑，缓期二年执行，剥夺政治权利终身。

2010 年 12 月 30 日，四川省绵阳市人民检察院认为一审判决对被告人郭某某量刑畸轻，依法向四川省高级人民法院提出抗诉。2012 年 4 月 16 日，四川省高级人民法院二审判决采纳抗诉意见，改判郭某某死刑立即执行。2012 年 10 月 26 日，最高人民法院裁定核准四川省高级人民法院对被告人郭某某的死刑判决。2012 年 11 月 22 日，被告人郭某某被执行死刑。

【抗诉理由】

一审宣判后，四川省绵阳市人民检察院经审查认为原审判决对被告人郭某某量刑畸轻，依法向四川省高级人民法院提出抗诉；四川省人民检察院支持抗诉。抗诉和支持抗诉理由是：一审判处被告人郭某某死刑，缓期二年执行，量刑畸轻。郭某某 1997 年因犯盗窃罪被判有期徒刑五年六个月，2001 年 12 月刑满释放后，不思悔改，继续犯罪，于 2003 年 5 月 7 日，伙同他人打砸三台县“经典歌城”，并持刀行凶致一人重伤，一人轻伤，其行为构成故意伤害罪。郭某某负案潜逃期间，于 2008 年 1 月 1 日在三台县里程乡岩崖坪持刀行凶，致一人死亡，一人重伤，一人轻伤，其行为构成故意杀人罪和故意伤害罪。此后，又积极参加黑社会性质组织，充当他人打手，并于 2009 年 5 月 17 日受该组织安排，蒙面持刀行凶，致两人轻伤，其行为构成参加黑社会性质组织罪和故意伤害罪。根据本案事实和证据，被告人郭某某的罪行极其严重、犯罪手段残忍、犯罪后果严重，主观恶性极大，根据罪责刑相适应原则，应当依法判处其死刑立即执行。

【终审结果】

四川省高级人民法院二审认为，本案事实清楚，证据确实、充分，原审被告人郭某某犯参加黑社会性质组织罪、故意杀人罪、故意伤害罪，系累犯，主观恶性极深，依法应当从重处罚。检察机关认为“原判对郭某某量刑畸轻”的抗诉理由成立。据此，依法撤销一审判决关于原审被告人郭某某量刑部分，改判郭某某犯参加黑社会性质组织罪，处有期徒刑两年；犯故意杀人罪，处死刑；犯故意伤害罪，处有期徒刑五年；数罪并罚，决定执行死刑，并剥夺政治权利终身。经报最高人民法院核准，已被执行死刑。

19. 张某、沈某某等七人抢劫案

（检例第19号）

【关键词】

第二审程序刑事抗诉　未成年人与成年人共同犯罪　分案起诉　累犯

【要旨】

1. 办理未成年人与成年人共同犯罪案件，一般应当将未成年人与成年人分案起诉，但对于未成年人系犯罪集团的组织者或者其他共同犯罪中的主犯，或者具有其他不宜分案起诉情形的，可以不分案起诉。

2. 办理未成年人与成年人共同犯罪案件，应当根据未成年人在共同犯罪中的地位、作用，综合考量未成年人实施犯罪行为的动机和目的、犯罪时的年龄、是否属于初犯、偶犯、犯罪后的悔罪表现、个人成长经历和一贯表现等因素，依法从轻或者减轻处罚。

3. 未成年人犯罪不构成累犯。

【相关法条】

《中华人民共和国刑法》第二百六十三条、第二十五条、第二十六条、第六十一条、第六十五条、第七十七条

《中华人民共和国刑事诉讼法》第二百一十七条、第二百二十五条第一款第（二）项

【基本案情】

被告人沈某某，男，1995年1月出生。2010年3月因抢劫罪被判拘役六个月，缓刑六个月，并处罚金五百元。

被告人胡某某，男，1995年4月出生。

被告人许某，男，1993年1月出生。2008年6月因抢劫罪被判有期徒刑六个月，并处罚金五百元；2010年1月因犯盗窃罪被判有期徒刑七个月，并处罚金一千四百元。

另四名被告人张某、吕某、蒋某、杨某，均为成年人。

被告人张某为牟利，介绍沈某某、胡某某、吕某、蒋某认识，教唆他们以暴力方式劫取助力车，并提供砍刀等犯罪工具，事后负责联系销赃分赃。2010年3月，被告人沈某某、胡某某、吕某、蒋某经被告人张某召集，并伙同被告人许某、杨某等人，经预谋，相互结伙，持砍刀、断线钳、撬棍等作案工具，在上海市内公共场所抢劫助力车。其中，被告人张某、沈某某、胡某某参与抢劫四次；被告人吕某、蒋某参与抢劫三次；被告人许某参与抢劫二次；被告人杨某参与抢劫一次。具体如下：

1.2010年3月4日11时许，沈某某、胡某某、吕某、蒋某随身携带砍刀，至上海市长寿路699号国美电器商场门口，由吕某、沈某某撬窃停放在该处的一辆黑色本凌牌助力车，当被害人甲制止时，沈某某、胡某某、蒋某拿出砍刀威胁，沈某某砍击被害人致其轻伤。后吕某、沈某某等人因撬锁不成，砸坏该车外壳后逃离现场。经鉴定，该助力车价值人民币1930元。

2.2010年3月4日12时许，沈某某、胡某某、吕某、蒋某随身携带砍刀，结伙至上海市老沪太路万荣路路口的临时菜场门口，由胡某某、吕某撬窃停放在该处的一辆白色南方雅马哈牌助力车，当被害人乙制止时，沈某某、蒋某等人拿出砍刀威胁，沈某某砍击被害人致其轻微伤，后吕某等人撬开锁将车开走。经鉴定，该助力车价值人民币2058元。

3.2010年3月11日14时许，沈某某、胡某某、吕某、蒋某、许某随身携带砍刀，结伙至上海市胶州路669号东方典当行门口，由沈某某撬窃停放在该处的一辆黑色宝雕牌助力车，当被害人丙制止时，胡某某、蒋某、沈某某拿出砍刀将被害人逼退到东方典当行店内，许某则在一旁接应，吕某上前帮助撬开车锁后由胡将车开走。经鉴定，该助力车价值人民币2660元。

4.2010年3月18日14时许，沈某某、胡某某、许某、杨某及王某（男，13岁）随身携带砍刀，结伙至上海市上大路沪太路路口地铁七号线出口处的停车点，由胡某某持砍刀威胁该停车点的看车人员，杨某在旁接应，沈某某、许某等人则当场劫得助力车三辆。其中被害人丁的一辆黑色珠峰牌助力车，经鉴定，该助力车价值人民币2090元。

【诉讼过程】

2010年三四月份，张某、吕某、蒋某、杨某以及三名未成年人沈某某、胡某某、许某因涉嫌抢劫罪先后被刑事拘留、逮捕。2010年6月21日，上海市公安局静安分局侦查终结，以犯罪嫌疑人张某、沈某某、胡某某、吕某、蒋某、许某、杨某等七人涉嫌抢劫罪向静安区人民检察院移送审查起诉。静安区人民检察院经审查认为，本案虽系未成年人与成年人共同犯罪案件，但鉴于本案多名未成年人系共同犯罪中的主犯，不宜分案起诉。2010年9月25日，静安区人民检察院以上述七名被告人犯抢劫罪依法向静安区人民法院提起公诉。

2010年12月15日，静安区人民法院一审认为，七名被告人的行为均构成抢劫罪，其中许某系累犯。依法判决：（一）对未成年被告人量刑如下：沈某某判处有期徒刑五年六个月，并处罚金人民币五千元，撤销缓刑，决定执行有期徒刑五年六个月，罚金人民币五千元；胡某某判处有期徒刑七年，并处罚金人民币七千元；许某判处有期徒刑五年，并处罚金人民币五千元。（二）对成年被告人量刑如下：张某判处有期徒刑十四年，剥夺政治权利二年，并处罚金人民币一万五千元；吕某判处有期徒刑十二年六个月，剥夺政治权利一年，并处罚金人民币一万二千元；蒋某判处有期徒刑十二年，剥夺政治权利一年，并处罚金人民币一万二千元；杨某判处有期徒刑二年，并处罚金人民币二千元。

2010年12月30日，上海市静安区人民检察院认为一审判决适用法律错误，对未成年被告人的量刑不当，遂依法向上海市第二中级人民法院提出抗诉。张某以未参与抢劫，量刑过重为由，提出上诉。2011年6月16日，上海市第二中级人民法院二审判决采纳抗诉意见，驳回上诉，撤销原判决对原审被告人沈某某、胡某某、许某抢劫罪量刑部分，依法予以改判。

【抗诉理由】

一审宣判后，上海市静安区人民检察院审查认为，一审判决对犯罪情节相对较轻的胡某某判处七年有期徒刑量刑失衡，对未成年被告人沈某某、胡某某、许某判处罚金刑未依法从宽处罚，属适用法律错误，量刑不当，遂依法向上海市第二中级人民法院提出抗诉；上海市人民检察院第二分院支持抗诉。抗诉和支持抗诉的理由是：

1. 一审判决量刑失衡，对被告人胡某某量刑偏重。本案中，被告人胡某某、沈某某均参与了四次抢劫犯罪，虽然均系主犯，但是被告人胡某某的行为的社会危害性及人身危险性均小于被告人沈某某。从犯罪情节看，沈某某实施抢劫过程中直接用砍刀造成一名被害人轻伤，一名被害人轻微伤；被告人胡某某只有持刀威胁及撬车锁的行为。从犯罪时年龄看，沈某某已满十五周岁，胡某某尚未满十五周岁。从人身危险性看，沈某某因抢劫罪于2010年3月4日被判处拘役六个月，缓刑六个月，缓刑期间又犯新罪；胡某某系初犯。一审判决分别以抢劫罪判胡某某有期徒刑七年、沈某某有期徒刑五年六个月，属于量刑不当。

2. 一审判决适用法律错误，对未成年被告人罚金刑的适用既没有体现依法从宽，也没有体现与成年被告人罚金刑适用的区别。根据最高人民法院《关于适用财产刑若干问题的规定》《关于审理未成年人刑事案件具体应用法律若干问题的解释》的规定，对未成年人犯罪应当从轻或者减轻判处罚金。一审判决对未成年被告人判处罚金未依法从宽，均是按照同案成年被告人罚金的标准判处五千元以上的罚金，属于适用法律错误。

此外，2010年12月21日一审判决认定未成年被告人许某系累犯正确，但审判后刑法有所修改。根据2011年2月全国人大常委会通过的《中华人民共和国刑法修正案（八）》和2011年5月最高人民法院《关于〈中华人民共和国刑法修正案（八）时间效力问题的解释〉》的有关规定，被告人许某实施犯罪时不满十八周岁，依法不构成累犯。

【终审判决】

上海市第二中级人民法院二审认为，原审判决认定抢劫罪事实清楚，定性准确，证据确实、充分。鉴于胡某某在抢劫犯罪中的地位作用略低于沈某某及对未成年犯并处罚金应当从轻或减轻处罚等实际情况，原判对胡某某主刑及对沈某某、胡某某、许某罚金刑的量刑不当，应予纠正。检察机关的抗诉意见正确，应予支持。另依法认定许某不构成累犯。据此，依法判决：撤销一审判决对原审三名未成年被告人沈某某、胡某某、许某的量刑部分；改判沈某某犯抢劫罪，处有期徒刑五年六个月，并处罚金人民币二千元，撤销缓刑，决定执行有期徒刑五年六个月，罚金人民币二千元；胡某某犯抢劫罪，处有期徒刑五年，罚金人民币二千元；许某犯抢劫罪，处有期徒刑四年，罚金人民币一千五百元。

20. 马世龙（抢劫）核准追诉案

（检例第 20 号）

【关键词】

核准追诉　后果严重　影响恶劣

【要旨】

故意杀人、抢劫、强奸、绑架、爆炸等严重危害社会治安的犯罪，经过二十年追诉期限，仍然严重影响人民群众安全感，被害方、案发地群众、基层组织等强烈要求追究犯罪嫌疑人刑事责任，不追诉可能影响社会稳定或者产生其他严重后果的，对犯罪嫌疑人应当追诉。

【相关法条】

《中华人民共和国刑法》第十二条、第六十七条

1979 年《中华人民共和国刑法》第七十六条、第一百五十条

【基本案情】

犯罪嫌疑人马世龙，男，1970 年生，吉林省公主岭市人。

1989 年 5 月 19 日下午，犯罪嫌疑人马世龙、许云刚、曹立波（后二人另案处理，均已判刑）预谋到吉林省公主岭市苇子沟街獾子洞村李树振家抢劫，并准备了面罩、匕首等作案工具。5 月 20 日零时许，三人蒙面持刀进入被害人李树振家大院，将屋门玻璃撬开后拉开门锁进入李树振卧室。马世龙、许云刚、曹立波分别持刀逼住李树振及其妻子王某，并强迫李树振及其妻子拿钱。李树振和妻子王某喊救命，曹立波、许云刚随即逃离。马世龙在逃离时被李树振拉住，遂持刀在李树振身上乱捅，随后逃脱。曹立波、许云刚、马世龙会合后将抢得的现金 380 余元分掉。李树振

被送往医院抢救无效死亡。

【核准追诉案件办理过程】

案发后马世龙逃往黑龙江省七台河市打工。公安机关没有立案，也未对马世龙采取强制措施。2014 年 3 月 10 日，吉林省公主岭市公安局接到黑龙江省七台河市桃山区桃山街派出所移交案件：当地民警在对辖区内一名叫“李红”的居民进行盘查时，“李红”交待其真实姓名为马世龙，1989 年 5 月伙同他人闯入吉林省公主岭市苇子沟街獾子洞村李树振家抢劫，并将李树振用刀扎死后逃跑。当日，公主岭市公安局对马世龙立案侦查，3 月 18 日通过公主岭市人民检察院层报最高人民检察院核准追诉。

公主岭市人民检察院、四平市人民检察院、吉林省人民检察院对案件进行审查并开展了必要的调查。2014 年 4 月 8 日，吉林省人民检察院报最高人民检察院对马世龙核准追诉。

另据查明：（一）被害人妻子王某和儿子因案发时受到惊吓患上精神病，靠捡破烂为生，生活非常困难，王某强烈要求追究马世龙刑事责任。（二）案发地群众表示，李树振被抢劫杀害一案在当地造成很大恐慌，影响至今没有消除，对犯罪嫌疑人应当追究刑事责任。

最高人民检察院审查认为：犯罪嫌疑人马世龙伙同他人入室抢劫，造成一人死亡的严重后果，依据《中华人民共和国刑法》第十二条、1979 年《中华人民共和国刑法》第一百五十条规定，应当适用的法定量刑幅度的最高刑为死刑。本案对被害人家庭和亲属造成严重伤害，在案发当地造成恶劣影响，虽然经过二十年追诉期限，被害方以及案发地群众反映强烈，社会影响没有消失，不追诉可能严重影响社会稳定或者产生其他严重后果。综合上述情况，依据 1979 年《中华人民共和国刑法》第七十六条第（四）项规定，决定对犯罪嫌疑人马世龙核准追诉。

【案件结果】

2014 年 6 月 26 日，最高人民检察院作出对马世龙核准追诉决定。2014 年 11 月 5 日，吉林省四平市中级人民法院以马世龙犯抢劫罪，同时考虑其具有自首情节，判处其有期徒刑十五年，并处罚金 1000 元。被告人马世龙未上诉，检察机关未抗诉，一审判决生效。

21. 丁国山等（故意伤害）核准追诉案

（检例第21号）

【关键词】

核准追诉　情节恶劣　无悔罪表现

【要旨】

涉嫌犯罪情节恶劣、后果严重，并且犯罪后积极逃避侦查，经过二十年追诉期限，犯罪嫌疑人没有明显悔罪表现，也未通过赔礼道歉、赔偿损失等获得被害方谅解，犯罪造成的社会影响没有消失，不追诉可能影响社会稳定或者产生其他严重后果的，对犯罪嫌疑人应当追诉。

【相关法条】

《中华人民共和国刑法》第十二条

1979年《中华人民共和国刑法》第二十二条、第七十六条、第一百三十四条

【基本案情】

犯罪嫌疑人丁国山，男，1963年生，黑龙江省齐齐哈尔市人。

犯罪嫌疑人常永龙，男，1973年生，辽宁省朝阳市人。

犯罪嫌疑人丁国义，男，1965年生，黑龙江省齐齐哈尔市人。

犯罪嫌疑人闫立军，男，1970年生，黑龙江省齐齐哈尔市人。

1991年12月21日，李万山、董立君、魏江等三人上山打猎，途中借宿在莫旗红彦镇大韭菜沟村（后改名干拉抛沟村）丁国义家中。李万山酒后因琐事与丁国义侄子常永龙发生争吵并殴打了常永龙。12月22日上午7时许，丁国山、丁国义、常永龙、闫立军为报复泄愤，对李万山、董立君、魏江三人进行殴打，并将李万山、董立君装进麻袋，持木棒继续殴打三人要害部位。后丁国山等四人用绳索将李万山和董立君捆绑吊于房梁上，将魏江捆绑在柱子上后逃离现场。李万山头部、面部多处受伤，经救治无效于当日死亡。

【核准追诉案件办理过程】

案发后丁国山等四名犯罪嫌疑人潜逃。莫旗公安局当时没有立案，也未对犯罪嫌疑人采取强制措施。2010年全国追逃行动期间，莫旗公安局经对未破命案进行梳理，并通过网上信息研判、证人辨认，确定了丁国山等四名犯罪嫌疑人下落。2013年12月25日，犯罪嫌疑人丁国山、丁国义、闫立军被抓获归案；2014年1月17日，犯罪嫌疑人常永龙被抓获归案。2014年1月25日，莫旗公安局通过莫旗人民检察院层报最高人民检察对丁国山等四名犯罪嫌疑人核准追诉。

莫旗人民检察院、呼伦贝尔市人民检察院、内蒙古自治区人民检察院对案件进行审查并开展了必要的调查。2014年4月10日，内蒙古自治区人民检察院报最高人民检察院对丁国山等四名犯罪嫌疑人核准追诉。

另据查明：（一）案发后四名犯罪嫌疑人即逃跑，在得知李万山死亡后分别更名潜逃到黑龙江、陕西等地，其间对于死伤者及其家属未给予任何赔偿。（二）被害人家属强烈要求严惩犯罪嫌疑人。（三）案发地部分村民及村委会出具证明表示，本案虽然过了20多年，但在当地造成的影响没有消失。

最高人民检察院审查认为：犯罪嫌疑人丁国山、丁国义、常永龙、闫立军涉嫌故意伤害罪，并造成一人死亡的严重后果，依据《中华人民共和国刑法》第十二条、1979年《中华人民共和国刑法》第一百三十四条、全国人民代表大会常务委员会《关于严惩严重危害社会治安的犯罪分子的决定》第一条规定，应当适用的法定量刑幅度的最高刑为死刑。本案情节恶劣、后果严重，虽然已过20年追诉期限，但社会影响没有消失，不追诉可能严重影响社会稳定或者产生其他严重后果。本案系共同犯罪，四名犯罪嫌疑人具有共同犯罪故意，共同实施了故意伤害行为，应当对犯罪结果共同承担责任。综合上述情况，依据1979年《中华人民共和国刑法》第七十六条第（四）项规定，决定对犯罪嫌疑人丁国山、常永龙、丁国义、闫立军核准追诉。

【案件结果】

2014年6月13日，最高人民检察院作出对丁国山、常永龙、丁国义、闫立军核准追诉决定。2015 年 2 月 26 日，内蒙古自治区呼伦贝尔市中级人民法院以犯故意伤害罪，同时考虑审理期间被告人向被害人进行赔偿等因素，判处主犯丁国山、常永龙、丁国义有期徒刑十四年、十三年、十二年，从犯闫立军有期徒刑三年。被告人均未上诉，检察机关未抗诉，一审判决生效。

22. 杨菊云（故意杀人）不核准追诉案

（检例第 22 号）

【关键词】

不予核准追诉　家庭矛盾　被害人谅解

【要旨】

1. 因婚姻家庭等民间矛盾激化引发的犯罪，经过二十年追诉期限，犯罪嫌疑人没有再犯罪危险性，被害人及其家属对犯罪嫌疑人表示谅解，不追诉有利于化解社会矛盾、恢复正常社会秩序，同时不会影响社会稳定或者产生其他严重后果的，对犯罪嫌疑人可以不再追诉。

2. 须报请最高人民检察院核准追诉的案件，侦查机关在核准之前可以依法对犯罪嫌疑人采取强制措施。侦查机关报请核准追诉并提请逮捕犯罪嫌疑人，人民检察院经审查认为必须追诉而且符合法定逮捕条件的，可以依法批准逮捕。

【相关法条】

《中华人民共和国刑法》第十二条

1979 年《中华人民共和国刑法》第七十六条、第一百三十二条

【基本案情】

犯罪嫌疑人杨菊云，女，1962 年生，四川省简阳市人。

1989 年 9 月 2 日晚，杨菊云与丈夫吴德禄因琐事发生口角，吴德禄因此殴打杨菊云。杨菊云乘吴德禄熟睡，手持家中一节柏树棒击打吴德禄头部，后因担心吴德禄继续殴打自己，便用剥菜尖刀将吴德禄杀死。案发后

杨菊云携带儿子吴某（当时不满1岁）逃离简阳。9月4日中午，吴德禄继父魏某去吴德禄家中，发现吴德禄被杀死在床上，于是向公安机关报案。公安机关随即开展了尸体检验、现场勘查等调查工作，并于9月26日立案侦查，但未对杨菊云采取强制措施。

【核准追诉案件办理过程】

杨菊云潜逃后辗转多地，后被拐卖嫁与安徽省凤阳县农民曹某。2013年3月，吴德禄亲属得知杨菊云联系方式、地址后，多次到简阳市公安局、资阳市公安局进行控告，要求追究杨菊云刑事责任。同年4月22日，简阳市及资阳市公安局在安徽省凤阳县公安机关协助下将杨菊云抓获，后依法对其刑事拘留、逮捕，并通过简阳市人民检察院层报最高人民检察院核准追诉。

简阳市人民检察院、资阳市人民检察院、四川省人民检察院先后对案件进行审查并开展了必要的调查。2013年6月8日，四川省人民检察院报最高人民检察院对杨菊云核准追诉。

另据查明：（一）杨菊云与吴德禄之子吴某得知自己身世后，恳求吴德禄父母及其他亲属原谅杨菊云。吴德禄的父母等亲属向公安机关递交谅解书，称鉴于杨菊云将吴某抚养成人，成立家庭，不再要求追究杨菊云刑事责任。（二）案发地部分群众表示，吴德禄被杀害，当时社会影响很大，现在事情过去二十多年，已经没有什么影响。

最高人民检察院审查认为：犯罪嫌疑人杨菊云故意非法剥夺他人生命，依据《中华人民共和国刑法》第十二条、1979年《中华人民共和国刑法》第一百三十二条规定，应当适用的法定量刑幅度的最高刑为死刑。本案虽然情节、后果严重，但属于因家庭矛盾引发的刑事案件，且多数被害人家属已经表示原谅杨菊云，被害人与犯罪嫌疑人杨菊云之子吴某也要求不追究杨菊云刑事责任。案发地群众反映案件造成的社会影响已经消失。综合上述情况，本案不属于必须追诉的情形，依据1979年《中华人民共和国刑法》第七十六条第（四）项规定，决定对杨菊云不予核准追诉。

【案件结果】

2013年7月19日，最高人民检察院作出对杨菊云不予核准追诉决定。

2013 年 7 月 29 日，简阳市公安局对杨菊云予以释放。

23. 蔡金星、陈国辉等（抢劫）不核准追诉案

（检例第 23 号）

【关键词】

不予核准追诉　悔罪表现　共同犯罪

【要旨】

1. 涉嫌犯罪已过二十年追诉期限，犯罪嫌疑人没有再犯罪危险性，并且通过赔礼道歉、赔偿损失等方式积极消除犯罪影响，被害方对犯罪嫌疑人表示谅解，犯罪破坏的社会秩序明显恢复，不追诉不会影响社会稳定或者产生其他严重后果的，对犯罪嫌疑人可以不再追诉。

2. 1997 年 9 月 30 日以前实施的共同犯罪，已被司法机关采取强制措施的犯罪嫌疑人逃避侦查或者审判的，不受追诉期限限制。司法机关在追诉期限内未发现或者未采取强制措施的犯罪嫌疑人，应当受追诉期限限制；涉嫌犯罪应当适用的法定量刑幅度的最高刑为无期徒刑、死刑，犯罪行为发生二十年以后认为必须追诉的，须报请最高人民检察院核准。

【相关法条】

《中华人民共和国刑法》第十二条

1979 年《中华人民共和国刑法》第二十二条、七十六条、第一百五十条

【基本案情】

犯罪嫌疑人蔡金星，男，1963 年生，福建省莆田市人。

犯罪嫌疑人陈国辉，男，1963 年生，福建省莆田市人。

犯罪嫌疑人蔡金星、林俊雄于 1991 年初认识了在福建、安徽两地从事鳗鱼苗经营的一男子（姓名身份不详），该男子透露莆田市多人集资 14 万余元赴芜湖市购买鳗鱼苗，让蔡金星、林俊雄设法将钱款偷走或抢走，自己作为内应。蔡金星、林俊雄遂召集陈国辉、李建忠、蔡金文、陈锦城赶

到芜湖市。经事先“踩点”，蔡金星、陈国辉等六人携带凶器及作案工具，于1991年3月12日上午租乘一辆面包车到被害人林文忠租住的房屋附近。按照事先约定，蔡金星在车上等候，其余五名犯罪嫌疑人进入屋内，陈国辉上前按住林文忠，其他人用水果刀逼迫林文忠，抢到装在一个密码箱内的14万余元现金后逃跑。

【核准追诉案件办理过程】

1991年3月12日，被害人林文忠到芜湖市公安局报案，4月18日芜湖市公安局对犯罪嫌疑人李建忠、蔡金文、陈锦城进行通缉，4月23日对三人作出刑事拘留决定。李建忠于2011年9月21日被江苏省连云港市公安局抓获，蔡金文、陈锦城于2011年12月8日在福建省莆田市投案（三名犯罪嫌疑人另案处理，均已判刑）。李建忠、蔡金文、陈锦城到案后，供出同案犯罪嫌疑人蔡金星、陈国辉、林俊雄（已死亡）三人。莆田市公安局于2012年3月9日将犯罪嫌疑人蔡金星、陈国辉抓获。2012年3月12日，芜湖市公安局对两名犯罪嫌疑人刑事拘留（后取保候审），并通过芜湖市人民检察院层报最高人民检察院核准追诉。

芜湖市人民检察院、安徽省人民检察院分别对案件进行审查并开展了必要的调查。2012年12月4日，安徽省人民检察院报最高人民检察院对蔡金星、陈国辉核准追诉。

另据查明：（一）犯罪嫌疑人蔡金星、陈国辉与被害人（林文忠等当年集资做生意的群众）达成和解协议，并支付被害人40余万元赔偿金（包括直接损失和间接损失），各被害人不再要求追究其刑事责任。（二）蔡金星、陈国辉居住地基层组织未发现二人有违法犯罪行为，建议司法机关酌情不予追诉。

最高人民检察院审查认为：犯罪嫌疑人蔡金星、陈国辉伙同他人入户抢劫14万余元，依据《中华人民共和国刑法》第十二条、1979年《中华人民共和国刑法》第一百五十条规定，应当适用的法定量刑幅度的最高刑为死刑。本案发生在1991年3月12日，案发后公安机关只发现了犯罪嫌疑人李建忠、蔡金文、陈锦城，在追诉期限内没有发现犯罪嫌疑人蔡金星、陈国辉，二人在案发后也没有再犯罪，因此已超过二十年追诉期限。

本案虽然犯罪数额巨大，但未造成被害人人身伤害等其他严重后果。犯罪嫌疑人与被害人达成和解协议，并实际赔偿了被害人损失，被害人不再要求追究其刑事责任。综合上述情况，本案不属于必须追诉的情形，依据1979年《中华人民共和国刑法》第七十六条第（四）项规定，决定对蔡金星、陈国辉不予核准追诉。

【案件结果】

2012年12月31日，最高人民检察院作出对蔡金星、陈国辉不予核准追诉决定。2013年2月20日，芜湖市公安局对蔡金星、陈国辉解除取保候审。

24. 马乐利用未公开信息交易案

（检例第24号）

【关键词】

适用法律错误　刑事抗诉　援引法定刑　情节特别严重

【基本案情】

马乐，男，1982年8月生，河南省南阳市人。

2011年3月9日至2013年5月30日期间，马乐担任博时基金管理有限公司旗下博时精选股票证券投资基金经理，全权负责投资基金投资股票市场，掌握了博时精选股票证券投资基金交易的标的股票、交易时点和交易数量等未公开信息。马乐在任职期间利用其掌控的上述未公开信息，操作自己控制的“金某”“严某进”“严某雯”三个股票账户，通过临时购买的不记名神州行电话卡下单，从事相关证券交易活动，先于、同期或稍晚于其管理的“博时精选”基金账户，买卖相同股票76只，累计成交金额人民币10.5亿余元，非法获利人民币19120246.98元。

【诉讼过程】

2013年6月21日中国证监会决定对马乐涉嫌利用未公开信息交易行为立案稽查，交深圳证监局办理。2013年7月17日，马乐到广东省深圳市公安局投案。2014 年 1 月 2 日，深圳市人民检察院向深圳市中级人民法院提起公诉，指控被告人马乐构成利用未公开信息交易罪，情节特别严重。2014 年 3 月 24 日，深圳市中级人民法院作出一审判决，认定马乐构成利用未公开信息交易罪，鉴于刑法第一百八十条第四款未对利用未公开信息交易罪情节特别严重作出相关规定，马乐属于犯罪情节严重，同时考虑其具有自首、退赃、认罪态度良好、罚金能全额缴纳等可以从轻处罚情节，因此判处其有期徒刑三年，缓刑五年，并处罚金 1884 万元，同时对其违法所得 1883 万余元予以追缴。

深圳市人民检察院于 2014 年 4 月 4 日向广东省高级人民法院提出抗诉，认为被告人马乐的行为应当认定为犯罪情节特别严重，依照“情节特别严重”的量刑档次处罚；马乐的行为不属于退赃，应当认定为司法机关追赃。一审判决适用法律错误，量刑明显不当，应当依法改判。2014 年 8 月 28 日，广东省人民检察院向广东省高级人民法院发出《支持刑事抗诉意见书》，认为一审判决认定情节错误，导致量刑不当，应当依法纠正。

广东省高级人民法院于 2014 年 10 月 20 日作出终审裁定，认为刑法第一百八十条第四款并未对利用未公开信息交易罪规定有“情节特别严重”情形，马乐的行为属“情节严重”，应在该量刑幅度内判处刑罚，抗诉机关提出马乐的行为应认定为“情节特别严重”缺乏法律依据；驳回抗诉，维持原判。

广东省人民检察院认为终审裁定理解法律规定错误，导致认定情节错误，适用缓刑不当，于 2014 年 11 月 27 日提请最高人民检察院抗诉。2014 年 12 月 8 日，最高人民检察院按照审判监督程序向最高人民法院提出抗诉。

【抗诉理由】

最高人民检察院审查认为，原审被告人马乐利用因职务便利获取的未公开信息，违反规定从事相关证券交易活动，累计成交额人民币 10.5 亿余元，非法获利人民币 1883 万余元，属于利用未公开信息交易罪“情节特别严重”的情形。本案终审裁定以刑法第一百八十条第四款并未对利用未公开信息交易罪有“情节特别严重”规定为由，对此情形不作认定，降格评价被告人的犯罪行为，属于适用法律确有错误，导致量刑不当。理由如下：

一、刑法第一百八十条第四款属于援引法定刑的情形，应当引用第一款处罚的全部规定。按照立法精神，刑法第一百八十条第四款中的“情节严重”是入罪标准，在处罚上应当依照本条第一款的全部罚则处罚，即区分情形依照第一款规定的“情节严重”和“情节特别严重”两个量刑档次处罚。首先，援引的重要作用就是减少法条重复表述，只需就该罪的基本构成要件作出表述，法定刑全部援引即可；如果法定刑不是全部援引，才需要对不同量刑档次作出明确表述，规定独立的罚则。刑法分则多个条文都存在此种情形，这是业已形成共识的立法技术问题。其次，刑法第一百八十条第四款“情节严重”的规定是入罪标准，作此规定是为了避免“情节不严重”也入罪，而非量刑档次的限缩。最后，从立法和司法解释先例来看，刑法第二百八十五条第三款也存在相同的文字表述，2011 年《最高人民法院、最高人民检察院关于办理危害计算机信息系统安全刑事案件应用法律若干问题的解释》第三条明确规定了刑法第二百八十五条第三款包含有“情节严重”、“情节特别严重”两个量刑档次。司法解释的这一规定，表明了最高司法机关对援引法定刑立法例的一贯理解。

二、利用未公开信息交易罪与内幕交易、泄露内幕信息罪的违法与责任程度相当，法定刑亦应相当。内幕交易、泄露内幕信息罪和利用未公开信息交易罪，都属于特定人员利用未公开的可能对证券、期货市场交易价格产生影响的信息从事交易活动的犯罪。两罪的主要差别在于信息范围不同，其通过信息的未公开性和价格影响性获利的本质相同，均严重破坏了金融管理秩序，损害了公众投资者利益。刑法将两罪放在第一百八十条中分款予以规定，亦是对两罪违法和责任程度相当的确认。因此，从社会危害性理解，两罪的法定刑也应相当。

三、马乐的行为应当认定为“情节特别严重”，对其适用缓刑明显不当。《最高人民检察院、公安部关于公安机关管辖的刑事案件立案追诉标准的规定（二）》对内幕交易、泄露内幕信息罪和利用未公开信息交易罪“情节严重”规定了相同的追诉标准，《最高人民法院、最高人民检察院关于办理内幕交易、泄露内幕信息刑事案件具体应用法律若干问题的解释》将成交额250万元以上、获利75万元以上等情形认定为内幕交易、泄露内幕信息罪"情节特别严重"。如前所述，利用未公开信息交易罪"情节特别严重"的，也应当依照第一款的规定，遵循相同的标准。马乐利用未公开信息进行交易活动，累计成交额人民币10.5亿余元，从中非法获利人民币1883万余元，显然属于"情节特别严重"，应当在"五年以上十年以下有期徒刑"的幅度内量刑。其虽有自首情节，但适用缓刑无法体现罪责刑相适应，无法实现惩罚和预防犯罪的目的，量刑明显不当。

四、本案所涉法律问题的正确理解和适用，对司法实践和维护我国金融市场的健康发展具有重要意义。自刑法修正案（七）增设利用未公开信息交易罪以来，司法机关对该罪是否存在"情节特别严重"、是否有两个量刑档次长期存在分歧，亟需统一认识。正确理解和适用本案所涉法律问题，对明确同类案件的处理、同类从业人员犯罪的处罚具有重要指导作用，对于加大打击"老鼠仓"等严重破坏金融管理秩序的行为，维护社会主义市场经济秩序，保障资本市场健康发展具有重要意义。

25. 于英生申诉案

（检例第25号）

【关键词】

刑事申诉　再审检察建议　改判无罪

【基本案情】

于英生，男，1962年3月生，山东省文登市人。

1996年12月2日，于英生的妻子韩某在家中被人杀害。安徽省蚌埠市中区公安分局侦查认为于英生有重大犯罪嫌疑，于1996年12月12日将其刑事拘留。1996年12月21日，蚌埠市中市区人民检察院以于英生涉嫌故意杀人罪，将其批准逮捕。在侦查阶段的审讯中，于英生供认了杀害妻子的主要犯罪事实。蚌埠市中区公安分局侦查终结后，移送蚌埠市中市区人民检察院审查起诉。蚌埠市中市区人民检察院审查后，依法移送蚌埠市人民检察院审查起诉。1997 年 12 月 24 日，蚌埠市人民检察院以涉嫌故意杀人罪对于英生提起公诉。蚌埠市中级人民法院一审判决认定以下事实：1996 年 12 月 1 日，于英生一家三口在逛商场时，韩某将 2800 元现金交给于英生让其存入银行，但却不愿告诉这笔钱的来源，引起于英生的不满。12 月 2 日 7 时 20 分，于英生送其子去上学，回家后再次追问韩某 2800 元现金是哪来的。因韩某坚持不愿说明来源，二人发生争吵厮打。厮打过程中，于英生见韩某声音越来越大，即恼羞成怒将其推倒在床上，然后从厨房拿了一根塑料绳，将韩某的双手拧到背后捆上。接着又用棉被盖住韩某头面部并隔着棉被用双手紧捂其口鼻，将其捂昏迷后匆忙离开现场到单位上班。约 9 时 50 分，于英生从单位返回家中，发现韩某已经死亡，便先解开捆绑韩某的塑料绳，用菜刀对韩某的颈部割了数刀，然后将其内衣向上推至胸部、将其外面穿的毛线衣拉平，并将尸体翻成俯卧状。接着又将屋内家具的柜门、抽屉拉开，将物品翻乱，造成家中被抢劫、韩某被奸杀的假象。临走时，于英生又将液化气打开并点燃一根蜡烛放在床头柜上的烟灰缸里，企图使液化气排放到一定程度，烛火引燃液化气，达到烧毁现场的目的。后因被及时发现而未引燃。经法医鉴定：死者韩某口、鼻腔受暴力作用，致机械性窒息死亡。

【诉讼过程】

1998 年 4 月 7 日，蚌埠市中级人民法院以故意杀人罪判处于英生死刑，缓期二年执行。于英生不服，向安徽省高级人民法院提出上诉。

1998 年 9 月 14 日，安徽省高级人民法院以原审判决认定于英生故意杀人的部分事实不清，证据不足为由，裁定撤销原判，发回重审。被害人韩某的父母提起附带民事诉讼。

1999 年 9 月 16 日，蚌埠市中级人民法院以故意杀人罪判处于英生死刑，缓期二年执行。于英生不服，再次向安徽省高级人民法院提出上诉。

2000 年 5 月 15 日，安徽省高级人民法院以原审判决事实不清，证据不足为由，裁定撤销原判，发回重审。

2000 年 10 月 25 日，蚌埠市中级人民法院以故意杀人罪判处于英生无期徒刑。于英生不服，向安徽省高级人民法院提出上诉。2002 年 7 月 1 日，安徽省高级人民法院裁定驳回上诉，维持原判。

2002 年 12 月 8 日，于英生向安徽省高级人民法院提出申诉。2004 年 8 月 9 日，安徽省高级人民法院驳回于英生的申诉。后于英生向安徽省人民检察院提出申诉。

安徽省人民检察院经复查，提请最高人民检察院按照审判监督程序提出抗诉。最高人民检察院经审查，于 2013 年 5 月 24 日向最高人民法院提出再审检察建议。

【建议再审理由】

最高人民检察院审查认为，原审判决、裁定认定于英生故意杀人的事实不清，证据不足，案件存在的矛盾和疑点无法得到合理排除，案件事实结论不具有唯一性。

一、原审判决认定事实的证据不确实、不充分。一是根据安徽省人民检察院复查调取的公安机关侦查内卷中的手写“现场手印检验报告”及其他相关证据，能够证实现场存在的 2 枚指纹不是于英生及其家人所留，但侦查机关并未将该情况写入检验报告。原审判决依据该“现场手印检验报告”得出“没有发现外人进入现场的痕迹”的结论与客观事实不符。二是关于于英生送孩子上学以及到单位上班的时间，缺少明确证据支持，且证人证言之间存在矛盾。原审判决认定于英生 9 时 50 分回家伪造现场，10 时 20 分回到单位，而于英生辩解其在 10 时左右回到单位，后接到传呼并用办公室电话回此传呼，并在侦查阶段将传呼机提交侦查机关。安徽省人民检察院复查及最高人民检察院审查时，相关人员证实侦查机关曾对有关人员及传呼机信息问题进行了调查，并调取了通话记录，但案卷中并没有相关调查材料及通话记录，于英生关于在 10 时左右回到单位的辩解不能合理排除。因此依据现有证据，原审判决认定于英生具有 20 分钟作案时间和 30 分钟伪造现场时间的证据不足。

二、原审判决定罪的主要证据之间存在矛盾。原审判决认定于英生有罪的证据主要是现场勘查笔录、尸检报告以及于英生曾作过的有罪供述。而于英生在侦查阶段虽曾作过有罪供述，但其有罪供述不稳定，时供时翻，供述前后矛盾。且其有罪供述与现场勘查笔录、尸检报告等证据亦存在诸多不一致的地方，如于英生曾作有罪供述中有关菜刀放置的位置、拽断电话线、用于点燃蜡烛的火柴梗丢弃在现场以及与被害人发生性行为等情节与现场勘查笔录、尸检报告等证据均存在矛盾。

三、原审判决认定于英生故意杀人的结论不具有唯一性。根据从公安机关侦查内卷中调取的手写“手印检验报告”以及DNA鉴定意见，现场提取到外来指纹，被害人阴道提取的精子也不是于英生的精子，因此存在其他人作案的可能。同时，根据侦查机关蜡烛燃烧试验反映的情况，该案存在杀害被害人并伪造现场均在8时之前完成的可能。原审判决认定于英生故意杀害韩某的证据未形成完整的证据链，认定的事实不能排除合理怀疑。

26. 陈满申诉案

（检例第26号）

【关键词】

刑事申诉　刑事抗诉　改判无罪

【要旨】

证据是刑事诉讼的基石，认定案件事实，必须以证据为根据。证据未经当庭出示、辨认、质证等法庭调查程序查证属实，不能作为定案的根据。对于在案发现场提取的物证等实物证据，未经鉴定，且在诉讼过程中丢失或者毁灭，无法在庭审中出示、质证，有罪供述的主要情节又得不到其他证据印证，而原审裁判认定被告人有罪的，应当依法进行监督。

【相关法条】

《中华人民共和国刑事诉讼法》第四十八条、第一百九十三条

【基本案情】

陈满，男，1963年2月生，四川省富县人。

1992年12月25日19时30分许，海南省海口市振东区上坡下村109

号发生火灾。19 时 58 分，海口市消防中队接警后赶到现场救火，并在灭火过程中发现室内有一具尸体，立即向公安机关报案。20 时 30 分，海口市公安局接报警后派员赴现场进行现场勘查及调查工作。经走访调查后确定，死者是居住在 109 号的钟某，曾经在此处租住的陈满有重大作案嫌疑。同年 12 月 28 日凌晨，公安机关将犯罪嫌疑人陈满抓获。1993 年 9 月 25 日，海口市人民检察院以陈满涉嫌故意杀人罪，将其批准逮捕。1993 年 11 月 29 日，海口市人民检察院以涉嫌故意杀人罪对陈满提起公诉。海口市中级人民法院一审判决认定以下事实：1992 年 1 月，被告人陈满搬到海口市上坡下村 109 号钟某所在公司的住房租住。期间，陈满因未交房租等，与钟某发生矛盾，钟某声称要向公安机关告发陈满私刻公章帮他人办工商执照之事，并于同年 12 月 17 日要陈满搬出上坡下村 109 号房。陈满怀恨在心，遂起杀害钟某的歹念。同年 12 月 25 日 19 时许，陈满发现上坡下村停电并得知钟某要返回四川老家，便从宁屯大厦窜至上坡下村 109 号，见钟某正在客厅喝酒，便与其聊天，随后从厨房拿起一把菜刀，趁钟某不备，向其头部、颈部、躯干部等处连砍数刀，致钟某当即死亡。后陈满将厨房的煤气罐搬到钟某卧室门口，用打火机点着火焚尸灭迹。大火烧毁了钟某卧室里的床及办公桌等家具，消防队员及时赶到，才将大火扑灭。经法医鉴定：被害人钟某身上有多处锐器伤、颈动脉被割断造成失血性休克死亡。

【诉讼过程】

1994 年 11 月 9 日，海口市中级人民法院以故意杀人罪判处陈满死刑，缓期二年执行，剥夺政治权利终身；以放火罪，判处有期徒刑九年，决定执行死刑，缓期二年执行，剥夺政治权利终身。

1994 年 11 月 13 日，海口市人民检察院以原审判决量刑过轻，应当判处死刑立即执行为由提出抗诉。1999 年 4 月 15 日，海南省高级人民法院驳回抗诉，维持原判。判决生效后，陈满的父母提出申诉。

2001 年 11 月 8 日，海南省高级人民法院经复查驳回申诉。陈满的父母仍不服，向海南省人民检察院提出申诉。2013 年 4 月 9 日，海南省人民检察院经审查，认为申诉人的申诉理由不成立，不符合立案复查条件。陈满不服，向最高人民检察院提出申诉。

2015 年 2 月 10 日，最高人民检察院按照审判监督程序向最高人民法院提出抗诉。

【抗诉理由】

最高人民检察院复查认为，原审判决据以定案的证据不确实、不充分，认定原审被告人陈满故意杀人、放火的事实不清，证据不足。

一、原审裁判认定陈满具有作案时间与在案证据证明的案件事实不符。原审裁判认定原审被告人陈满于 1992 年 12 月 25 日 19 时许，在海口市振东区上坡下村 109 号房间持刀将钟某杀死。根据证人杨某春、刘某生、章某胜的证言，能够证实在当日 19 时左右陈满仍在宁屯大厦，而根据证人何某庆、刘某清的证言，19 时多一点听到 109 号传出上气不接下气的“啊啊”声，大约过了 30 分钟看见 109 号起火。据此，有证据证明陈满案发时仍然在宁屯大厦，不可能在同一时间出现在案发现场，原审裁判认定陈满在 19 时许进入 109 号并实施杀人、放火行为与证人提供的情况不符。

二、原审裁判认定事实的证据不足，部分重要证据未经依法查证属实。原审裁判认定原审被告人陈满实施杀人、放火行为的主要证据，除陈满有罪供述为直接证据外，其他如公安机关火灾原因认定书、现场勘查笔录、现场照片、物证照片、法医检验报告书、物证检验报告书、刑事科学技术鉴定书等仅能证明被害人钟某被人杀害，现场遭到人为纵火；在案证人证言只是证明了发案时的相关情况、案发前后陈满的活动情况以及陈满与被害人的关系等情况，但均不能证实犯罪行为系陈满所为。而在现场提取的带血白衬衫、黑色男西装等物品在侦查阶段丢失，没有在原审法院庭审中出示并接受检验，因此不能作为定案的根据。

三、陈满有罪供述的真实性存在疑问。陈满在侦查阶段虽曾作过有罪供述，但其有罪供述不稳定，时供时翻，且与现场勘查笔录、法医检验报告等证据存在矛盾。如陈满供述杀人后厨房水龙头没有关，而现场勘查时，厨房水龙头呈关闭状，而是卫生间的水龙头没有关；陈满供述杀人后菜刀扔到被害人的卧室中，而现场勘查时，该菜刀放在厨房的砧板上，且在菜刀上未发现血迹、指纹等痕迹；陈满供述将“工作证”放在被害人身上，是为了制造自己被烧死假象的说法，与案发后其依然正常工作、并未逃避侦查的实际情况相矛盾。

【案件结果】

2015 年 4 月 24 日，最高人民法院作出再审决定，指令浙江省高级人民法院再审。2015 年 12 月 29 日，浙江省高级人民法院公开开庭审理了本案。法院经过审理认为，原审裁判据以定案的主要证据即陈满的有罪供述及辨认笔录的客观性、真实性存疑，依法不能作为定案依据；本案除原被告人陈满有罪供述外无其他证据指向陈满作案。因此，原审裁判认定原审被告人陈满故意杀人并放火焚尸灭迹的事实不清、证据不足，指控的犯罪不能成立。2016 年 1 月 25 日，浙江省高级人民法院作出再审判决：撤销原审判决裁定，原审被告人陈满无罪。

【指导意义】

1. 切实强化证据裁判和证据审查意识。证据裁判原则是现代刑事诉讼的一项基本原则，是正确惩治犯罪，防止冤假错案的重要保障。证据裁判原则不仅要求认定案件事实必须以证据为依据，而且所依据的证据必须客观真实、合法有效。我国刑事诉讼法第四十八条第三款规定：“证据必须经过查证属实，才能作为定案的根据。”这是证据使用的根本原则，违背这一原则就有可能导致冤假错案，放纵罪犯或者侵犯公民的合法权利。检察机关审查逮捕、审查起诉和复查刑事申诉案件，都必须注意对证据的客观性、合法性进行审查，及时防止和纠正冤假错案。对于刑事申诉案件，经审查，如果原审裁判据以定案的有关证据，在原审过程中未经法定程序证明其真实性、合法性，而人民法院据此认定被告人有罪的，人民检察院应当依法进行监督。

2. 坚持综合审查判断证据规则。刑事诉讼法第一百九十五条第一项规定：“案件事实清楚，证据确实、充分，依据法律认定被告人有罪的，应当作出有罪判决。”证据确实、充分，不仅是对单一证据的要求，而且是对审查判断全案证据的要求。只有使各项证据相互印证，合理解释消除证据之间存在的矛盾，才能确保查明案件事实真相，避免出现冤假错案。特别是在将犯罪嫌疑人、被告人有罪供述作为定罪主要证据的案件中，尤其要重视以客观性证据检验补强口供等言词证据。只有口供而没有其他客观性证据，或者口供与其他客观性证据相互矛盾、不能相互印证，对所认定的事实不能排除合理怀疑的，应当坚持疑罪从无原则，不能认定被告人有罪。

27. 王玉雷不批准逮捕案

（检例第 27 号）

【关键词】

侦查活动监督　排除非法证据　不批准逮捕

【要旨】

检察机关办理审查逮捕案件，要严格坚持证据合法性原则，既要善于发现非法证据，又要坚决排除非法证据。非法证据排除后，其他在案证据不能证明犯罪嫌疑人实施犯罪行为的，应当依法对犯罪嫌疑人作出不批准逮捕的决定。要加强对审查逮捕案件的跟踪监督，引导侦查机关全面及时收集证据，促进侦查活动依法规范进行。

【相关法条】

《中华人民共和国刑事诉讼法》第五十四条、第七十九条、第八十八条

【基本案情】

王玉雷，男，1968 年 3 月生，河北省顺平县人。

2014 年 2 月 18 日 22 时许，河北省顺平县公安局接王玉雷报案称：当日 22 时许，其在回家路上发现一名男子躺在地上，旁边有血迹。次日，顺平县公安局对此案立案侦查。经排查，顺平县公安局认为报案人王玉雷有重大嫌疑，遂于 2014 年 3 月 8 日以涉嫌故意杀人罪对王玉雷刑事拘留。

【诉讼过程】

2014 年 3 月 15 日，顺平县公安局提请顺平县人民检察院批准逮捕王玉雷。顺平县人民检察院办案人员在审查案件时，发现该案事实证据存在

许多疑点和矛盾。在提讯过程中，王玉雷推翻了在公安机关所作的全部有罪供述，称有罪供述系被公安机关对其采取非法取证手段后作出。顺平县人民检察院认为，该案事实不清，证据不足，不符合批准逮捕条件。鉴于案情重大，顺平县人民检察院向保定市人民检察院进行了汇报。保定市人民检察院同意顺平县人民检察院的意见。2014 年 3 月 22 日，顺平县人民检察院对王玉雷作出不批准逮捕的决定。

【不批准逮捕理由】

顺平县人民检察院在审查公安机关的报捕材料和证据后认为：

一、该案主要证据之间存在矛盾，案件存在的疑点不能合理排除。公安机关认为王玉雷涉嫌故意杀人罪，但除王玉雷的有罪供述外，没有其他证据证实王玉雷实施了杀人行为，且有罪供述与其他证据相互矛盾。王玉雷先后九次接受侦查机关询问、讯问，其中前五次为无罪供述，后四次为有罪供述，前后供述存在矛盾；在有罪供述中，对作案工具有斧子、锤子、刨锛三种不同说法，但去向均未查明；供述的作案工具与尸体照片显示的创口形状不能同一认定。

二、影响定案的相关事实和部分重要证据未依法查证，关键物证未收集在案。侦查机关在办案过程中，对以下事实和证据未能依法查证属实：被害人尸检报告没有判断出被害人死亡的具体时间，公安机关认定王玉雷的作案时间不足信；王玉雷作案的动机不明；现场提取的手套没有进行 DNA 鉴定；王玉雷供述的三种凶器均未收集在案。

三、犯罪嫌疑人有罪供述属非法言词证据，应当依法予以排除。2014 年 3 月 18 日，顺平县人民检察院办案人员首次提审王玉雷时发现，其右臂被石膏固定、活动吃力，在询问该伤情原因时，其极力回避，虽然对杀人行为予以供认，但供述内容无法排除案件存在的疑点。在顺平县人民检察院驻所检察室人员发现王玉雷胳膊打了绷带并进行询问时，王玉雷自称是骨折旧伤复发。监所检察部门认为公安机关可能存在违法提讯情况，遂通报顺平县人民检察院侦查监督部门，提示在批捕过程中予以关注。鉴于王玉雷伤情可疑，顺平县人民检察院办案人员向检察长进行了汇报，检察长在阅卷后，亲自到看守所提审犯罪嫌疑人，并对讯问过程进行全程录音录像。经过耐心细致的思想疏导，王玉雷消除顾虑，推翻了在公安机关所作的全部有罪供述，称被害人王某被杀不是其所为，其有罪供述系被公安机关采取非法取证手段后作出。

2014 年 3 月 22 日，顺平县人民检察院检察委员会研究认为，王玉雷有罪供述系采用非法手段取得，属于非法言词证据，依法应当予以排除。在排除王玉雷有罪供述后，其他在案证据不能证实王玉雷实施了犯罪行为，因此不应对其作出批准逮捕决定。

【案件结果】

2014 年 3 月 22 日，顺平县人民检察院对王玉雷作出不批准逮捕决定。后公安机关依法解除王玉雷强制措施，予以释放。

顺平县人民检察院对此案进行跟踪监督，依法引导公安机关调查取证并抓获犯罪嫌疑人王斌。2014 年 7 月 14 日，顺平县人民检察院以涉嫌故意杀人罪对王斌批准逮捕。2015 年 1 月 17 日，保定市中级人民法院以故意杀人罪判处被告人王斌死刑，缓期二年执行，剥夺政治权利终身。被告人王斌未上诉，一审判决生效。

【指导意义】

1. 严格坚持非法证据排除规则。根据我国刑事诉讼法第七十九条规定，逮捕的证据条件是“有证据证明有犯罪事实”，这里的“证据”必须是依法取得的合法证据，不包括采取刑讯逼供、暴力取证等非法方法取得的证据。检察机关在审查逮捕过程中，要高度重视对证据合法性的审查，如果接到犯罪嫌疑人及其辩护人或者证人、被害人等关于刑讯逼供、暴力取证等非法行为的控告、举报及提供的线索，或者在审查案件材料时发现可能存在非法取证行为，以及刑事执行检察部门反映可能存在违法提讯情况的，应当认真进行审查，通过当面讯问犯罪嫌疑人、查看犯罪嫌疑人身体状况、识别犯罪嫌疑人供述是否自然可信以及调阅提审登记表、犯罪嫌疑人入所体检记录等途径，及时发现非法证据，坚决排除非法证据。

2. 严格把握作出批准逮捕决定的条件。构建以客观证据为核心的案件事实认定体系，高度重视无法排除合理怀疑的矛盾证据，注意利用收集在案的客观证据验证、比对全案证据，守住“犯罪事实不能没有、犯罪嫌疑人不能搞错”的逮捕底线。要坚持惩罚犯罪与保障人权并重的理念，重视犯罪嫌疑人不在犯罪现场、没有作案时间等方面的无罪证据以及侦查机关可能存在的非法取证行为的线索。综合审查全案证据，不能证明犯罪嫌疑人实施了犯罪行为的，应当依法作出不批准逮捕的决定。要结合办理审查逮捕案件，注意发挥检察机关侦查监督作用，引导侦查机关及时收集、补充其他证据，促进侦查活动依法规范进行。

28. 李丙龙破坏计算机信息系统案

（检例第 33 号）

【关键词】

破坏计算机信息系统　劫持域名

【要旨】

以修改域名解析服务器指向的方式劫持域名，造成计算机信息系统不能正常运行，是破坏计算机信息系统的行为。

【相关法条】

《中华人民共和国刑法》第二百八十六条

《最高人民法院、最高人民检察院关于办理危害计算机信息系统安全刑事案件应用法律若干问题的解释》第四条

【基本案情】

被告人李丙龙，男，1991 年 8 月生，个体工商户。

被告人李丙龙为牟取非法利益，预谋以修改大型互联网网站域名解析指向的方法，劫持互联网流量访问相关赌博网站，获取境外赌博网站广告推广流量提成。2014 年 10 月 20 日，李丙龙冒充某知名网站工作人员，采取伪造该网站公司营业执照等方式，骗取该网站注册服务提供商信任，获取网站域名解析服务管理权限。10 月 21 日，李丙龙通过其在域名解析服务网站平台注册的账号，利用该平台相关功能自动生成了该知名网站二级子域名部分 DNS（域名系统）解析列表，修改该网站子域名的 IP 指向，

使其连接至自己租用境外虚拟服务器建立的赌博网站广告发布页面。当日19时许，李丙龙对该网站域名解析服务器指向的修改生效，致使该网站不能正常运行。23时许，该知名网站经技术排查恢复了网站正常运行。11月25日，李丙龙被公安机关抓获。至案发时，李丙龙未及获利。

经司法鉴定，该知名网站共有559万有效用户，其中邮箱系统有36万有效用户。按日均电脑客户端访问量计算，10月7日至10月20日邮箱系统日均访问量达12.3万。李丙龙的行为造成该知名网站10月21日19时至23时长达四小时左右无法正常发挥其服务功能，案发当日仅邮件系统电脑客户端访问量就从12.3万减少至4.43万。

【诉讼过程和结果】

本案由上海市徐汇区人民检察院于2015年4月9日以被告人李丙龙犯破坏计算机信息系统罪向上海市徐汇区人民法院提起公诉。11月4日，徐汇区人民法院作出判决，认定李丙龙的行为构成破坏计算机信息系统罪。根据《最高人民法院、最高人民检察院关于办理危害计算机信息系统安全刑事案件应用法律若干问题的解释》第四条规定，李丙龙的行为符合“造成为五万以上用户提供服务的计算机信息系统不能正常运行累计一小时以上”“后果特别严重”的情形。结合量刑情节，判处李丙龙有期徒刑五年。一审宣判后，被告人李丙龙提出上诉，经上海市第一中级人民法院终审裁定，维持原判。

【指导意义】

修改域名解析服务器指向，强制用户偏离目标网站或网页进入指定网站或网页，是典型的域名劫持行为。行为人使用恶意代码修改目标网站域名解析服务器，目标网站域名被恶意解析到其他IP地址，无法正常发挥网站服务功能，这种行为实质是对计算机信息系统功能的修改、干扰，符合刑法第二百八十六条第一款“对计算机信息系统功能进行删除、修改、增加、干扰”的规定。根据《最高人民法院、最高人民检察院关于办理危害计算机信息系统安全刑事案件应用法律若干问题的解释》第四条的规定，造成为一万以上用户提供服务的计算机信息系统不能正常运行累计一小时以上的，属于“后果严重”，应以破坏计算机信息系统罪论处；造成为五万以上用户提供服务的计算机信息系统不能正常运行累计一小时以上的，属于“后果特别严重”。

认定遭受破坏的计算机信息系统服务用户数，可以根据计算机信息系统的功能和使用特点，结合网站注册用户、浏览用户等具体情况，作出客观判断。

29. 检例第34号：李骏杰等破坏计算机信息系统案

（检例第34号）

【关键词】

破坏计算机信息系统　删改购物评价　购物网站评价系统

【要旨】

冒用购物网站买家身份进入网站内部评价系统删改购物评价，属于对计算机信息系统内存储数据进行修改操作，应当认定为破坏计算机信息系统的行为。

【相关法条】

《中华人民共和国刑法》第二百八十六条

《最高人民法院、最高人民检察院关于办理危害计算机信息系统安全刑事案件应用法律若干问题的解释》第四条

《计算机信息网络国际联网安全保护管理办法》第六条

【基本案情】

被告人李骏杰，男，1985年7月生，原系浙江杭州某网络公司员工。

被告人胡榕，男，1975年1月生，原系江西省九江市公安局民警。

被告人黄福权，男，1987年9月生，务工。

被告人董伟，男，1983年5月生，无业。

被告人王凤昭，女，1988年11月生，务工。

2011年5月至2012年12月，被告人李骏杰在工作单位及自己家中，单独或伙同他人通过聊天软件联系需要修改中差评的某购物网站卖家，并

从被告人黄福权等处购买发表中差评的该购物网站买家信息300余条。李骏杰冒用买家身份，骗取客服审核通过后重置账号密码，登录该购物网站内部评价系统，删改买家的中差评347个，获利9万余元。

经查：被告人胡榕利用职务之便，将获取的公民个人信息分别出售给被告人黄福权、董伟、王凤昭。

2012年12月11日，被告人李骏杰被公安机关抓获归案。此后，因涉嫌出售公民个人信息、非法获取公民个人信息，被告人胡榕、黄福权、董伟、王凤昭等人也被公安机关先后抓获。

【诉讼过程和结果】

本案由浙江省杭州市滨江区人民检察院于2014年3月24日以被告人李骏杰犯破坏计算机信息系统罪、被告人胡榕犯出售公民个人信息罪、被告人黄福权等人犯非法获取公民个人信息罪，向浙江省杭州市滨江区人民法院提起公诉。2015年1月12日，杭州市滨江区人民法院作出判决，认定被告人李骏杰的行为构成破坏计算机信息系统罪，判处有期徒刑五年；被告人胡榕的行为构成出售公民个人信息罪，判处有期徒刑十个月，并处罚金人民币二万元；被告人黄福权、董伟、王凤昭的行为构成非法获取公民个人信息罪，分别判处有期徒刑、拘役，并处罚金。一审宣判后，被告人董伟提出上诉。杭州市中级人民法院二审裁定驳回上诉，维持原判。判决已生效。

【指导意义】

购物网站评价系统是对店铺销量、买家评价等多方面因素进行综合计算分值的系统，其内部储存的数据直接影响到搜索流量分配、推荐排名、营销活动报名资格、同类商品在消费者购买比较时的公平性等。买家在购买商品后，根据用户体验对所购商品分别给出好评、中评、差评三种不同评价。所有的评价都是以数据形式存储于买家评价系统之中，成为整个购物网站计算机信息系统整体数据的重要组成部分。

侵入评价系统删改购物评价，其实质是对计算机信息系统内存储的数据进行删除、修改操作的行为。这种行为危害到计算机信息系统数据采集和流量分配体系运行，使网站注册商户及其商品、服务的搜索受到影响，导致网站商品、服务评价功能无法正常运作，侵害了购物网站所属公司的信息系统安全和消费者的知情权。行为人因删除、修改某购物网站中差评数据违法所得 25000 元以上，构成破坏计算机信息系统罪，属于“后果特别严重”的情形，应当依法判处五年以上有期徒刑。

30. 曾兴亮、王玉生破坏计算机信息系统案

（检例第 35 号）

【关键词】

破坏计算机信息系统　智能手机终端　远程锁定

【要旨】

智能手机终端，应当认定为刑法保护的计算机信息系统。锁定智能手机导致不能使用的行为，可认定为破坏计算机信息系统。

【相关法条】

《中华人民共和国刑法》第二百八十六条、第二百七十四条

《最高人民法院、最高人民检察院关于办理危害计算机信息系统安全刑事案件应用法律若干问题的解释》第十一条

《最高人民法院、最高人民检察院关于办理敲诈勒索刑事案件适用法律若干问题的解释》第一条

《江苏省高级人民法院、江苏省人民检察院、江苏省公安厅关于我省执行敲诈勒索公私财物“数额较大”、“数额巨大”、“数额特别巨大”标准的意见》

【基本案情】

被告人曾兴亮，男，1997 年 8 月生，农民。

被告人王玉生，男，1992 年 2 月生，农民。

2016 年 10 月至 11 月，被告人曾兴亮与王玉生结伙或者单独使用聊天社交软件，冒充年轻女性与被害人聊天，谎称自己的苹果手机因故障无法登录“iCloud”（云存储），请被害人代为登录，诱骗被害人先注销其苹果

手机上原有的ID，再使用被告人提供的ID及密码登录。随后，二人立即在电脑上使用新的ID及密码登录苹果官方网站，利用苹果手机相关功能将被害人的手机设置修改，并使用“密码保护问题”修改该ID的密码，从而远程锁定被害人的苹果手机。二人再在其个人电脑上，用网络聊天软件与被害人联系，以解锁为条件索要钱财。采用这种方式，曾兴亮单独或合伙作案共21起，涉及苹果手机22部，锁定苹果手机21部，索得人民币合计7290元；王玉生参与作案12起，涉及苹果手机12部，锁定苹果手机11部，索得人民币合计4750元。2016年11月24日，二人被公安机关抓获。

【诉讼过程和结果】

本案由江苏省海安县人民检察院于2016年12月23日以被告人曾兴亮、王玉生犯破坏计算机信息系统罪向海安县人民法院提起公诉。2017年1月20日，海安县人民法院作出判决，认定被告人曾兴亮、王玉生的行为构成破坏计算机信息系统罪，分别判处有期徒刑一年三个月、有期徒刑六个月。一审宣判后，二被告人未上诉，判决已生效。

【指导意义】

计算机信息系统包括计算机、网络设备、通信设备、自动化控制设备等。智能手机和计算机一样，使用独立的操作系统、独立的运行空间，可以由用户自行安装软件等程序，并可以通过移动通讯网络实现无线网络接入，应当认定为刑法上的“计算机信息系统”。

行为人通过修改被害人手机的登录密码，远程锁定被害人的智能手机设备，使之成为无法开机的“僵尸机”，属于对计算机信息系统功能进行修改、干扰的行为。造成10台以上智能手机系统不能正常运行，符合刑法第二百八十六条破坏计算机信息系统罪构成要件中“对计算机信息系统功能进行修改、干扰”“后果严重”的情形，构成破坏计算机信息系统罪。

行为人采用非法手段锁定手机后以解锁为条件，索要钱财，在数额较大或多次敲诈的情况下，其目的行为又构成敲诈勒索罪。在这类犯罪案件中，手段行为构成的破坏计算机信息系统罪与目的行为构成的敲诈勒索罪之间成立牵连犯。牵连犯应当从一重罪处断。破坏计算机信息系统罪后果严重的情况下，法定刑为五年以下有期徒刑或者拘役；敲诈勒索罪在数额较大的情况下，法定刑为三年以下有期徒刑、拘役或管制，并处或者单处罚金。本案应以重罪即破坏计算机信息系统罪论处。

31. 卫梦龙、龚旭、薛东东非法获取计算机信息系统数据案

（检例第 36 号）

【关键词】

非法获取计算机信息系统数据　超出授权范围登录　侵入计算机信息系统

【要旨】

超出授权范围使用账号、密码登录计算机信息系统，属于侵入计算机信息系统的行为；侵入计算机信息系统后下载其储存的数据，可以认定为非法获取计算机信息系统数据。

【相关法条】

《中华人民共和国刑法》第二百八十五条

《最高人民法院、最高人民检察院关于办理危害计算机信息系统安全刑事案件应用法律若干问题的解释》第一条

《中华人民共和国计算机信息系统安全保护条例》第七条

《计算机信息网络国际联网安全保护管理办法》第六条

【基本案情】

被告人卫梦龙，男，1987 年 10 月生，原系北京某公司经理。

被告人龚旭，女，1983 年 9 月生，原系北京某大型网络公司运营规划管理部员工。

被告人薛东东，男，1989 年 12 月生，无固定职业。

被告人卫梦龙曾于 2012 年至 2014 年在北京某大型网络公司工作，被告人龚旭供职于该大型网络公司运营规划管理部，两人原系同事。被告人薛东东系卫梦龙商业合作伙伴。

因工作需要，龚旭拥有登录该大型网络公司内部管理开发系统的账号、密码、Token令牌（计算机身份认证令牌），具有查看工作范围内相关数据信息的权限。但该大型网络公司禁止员工私自在内部管理开发系统查看、下载非工作范围内的电子数据信息。

2016年6月至9月，经事先合谋，龚旭向卫梦龙提供自己所掌握的该大型网络公司内部管理开发系统账号、密码、Token令牌。卫梦龙利用龚旭提供的账号、密码、Token令牌，违反规定多次在异地登录该大型网络公司内部管理开发系统，查询、下载该计算机信息系统中储存的电子数据。后卫梦龙将非法获取的电子数据交由薛东东通过互联网出售牟利，违法所得共计37000元。

【诉讼过程和结果】

本案由北京市海淀区人民检察院于2017年2月9日以被告人卫梦龙、龚旭、薛东东犯非法获取计算机信息系统数据罪，向北京市海淀区人民法院提起公诉。6月6日，北京市海淀区人民法院作出判决，认定被告人卫梦龙、龚旭、薛东东的行为构成非法获取计算机信息系统数据罪，情节特别严重。判处卫梦龙有期徒刑四年，并处罚金人民币四万元；判处龚旭有期徒刑三年九个月，并处罚金人民币四万元；判处薛东东有期徒刑四年，并处罚金人民币四万元。一审宣判后，三被告人未上诉，判决已生效。

【指导意义】

非法获取计算机信息系统数据罪中的“侵入”，是指违背被害人意愿、非法进入计算机信息系统的行为。其表现形式既包括采用技术手段破坏系统防护进入计算机信息系统，也包括未取得被害人授权擅自进入计算机信息系统，还包括超出被害人授权范围进入计算机信息系统。

本案中，被告人龚旭将自己因工作需要掌握的本公司账号、密码、Token令牌等交由卫梦龙登录该公司管理开发系统获取数据，虽不属于通过技术手段侵入计算机信息系统，但内外勾结擅自登录公司内部管理开发系统下载数据，明显超出正常授权范围。超出授权范围使用账号、密码、Token令牌登录系统，也属于侵入计算机信息系统的行为。行为人违反《计算机信息系统安全保护条例》第七条、《计算机信息网络国际联网安全保护管理办法》第六条第一项等国家规定，实施了非法侵入并下载获取计算机信息系统中存储的数据的行为，构成非法获取计算机信息系统数据罪。按照2011年《最高人民法院、最高人民检察院关于办理危害计算机信息系统安全刑事案件应用法律若干问题的解释》规定，构成犯罪，违法所得二万五千元以上，应当认定为“情节特别严重”，处三年以上七年以下有期徒刑，并处罚金。

33. 张四毛盗窃案

（检例第37号）

【关键词】

盗窃　网络域名　财产属性　域名价值

【要旨】

网络域名具备法律意义上的财产属性，盗窃网络域名可以认定为盗窃行为。

【相关法条】

《中华人民共和国刑法》第二百六十四条

《中国互联网络域名管理办法》第二十八条、第二十九条、第三十条

【基本案情】

被告人张四毛，男，1989年7月生，无业。

2009年5月，被害人陈某在大连市西岗区登录网络域名注册网站，以人民币11.85万元竞拍取得“www.8.cc”域名，并交由域名维护公司维护。

被告人张四毛预谋窃取陈某拥有的域名“www.8.cc”，其先利用技术手段破解该域名所绑定的邮箱密码，后将该网络域名转移绑定到自己的邮箱上。2010年8月6日，张四毛将该域名从原有的维护公司转移到自己在另一网络公司申请的ID上，又于2011年3月16日将该网络域名再次转移到张四毛冒用“龙嫦”身份申请的ID上，并更换绑定邮箱。2011年6月，

张四毛在网上域名交易平台将网络域名“www.8.cc”以人民币12.5万元出售给李某。2015年9月29日，张四毛被公安机关抓获。

【诉讼过程和结果】

本案由辽宁省大连市西岗区人民检察院于2016年3月22日以被告人张四毛犯盗窃罪向大连市西岗区人民法院提起公诉。2016年5月5日，大连市西岗区人民法院作出判决，认定被告人张四毛的行为构成盗窃罪，判处有期徒刑四年七个月，并处罚金人民币五万元。一审宣判后，当事人未上诉，判决已生效。

【指导意义】

网络域名是网络用户进入门户网站的一种便捷途径，是吸引网络用户进入其网站的窗口。网络域名注册人注册了某域名后，该域名将不能再被其他人申请注册并使用，因此网络域名具有专属性和唯一性。网络域名属稀缺资源，其所有人可以对域名行使出售、变更、注销、抛弃等处分权利。网络域名具有市场交换价值，所有人可以以货币形式进行交易。通过合法途径获得的网络域名，其注册人利益受法律承认和保护。本案中，行为人利用技术手段，通过变更网络域名绑定邮箱及注册ID，实现了对域名的非法占有，并使原所有人丧失了对网络域名的合法占有和控制，其目的是非法获取网络域名的财产价值，其行为给网络域名的所有人带来直接的经济损失。该行为符合以非法占有为目的窃取他人财产利益的盗窃罪本质属性，应以盗窃罪论处。对于网络域名的价值，当前可综合考虑网络域名的购入价、销赃价、域名升值潜力、市场热度等综合认定。

34. 董亮等四人诈骗案

（检例第38号）

【关键词】

诈骗　自我交易　打车软件　骗取补贴

【要旨】

以非法占有为目的，采用自我交易方式，虚构提供服务事实，骗取互联网公司垫付费用及订单补贴，数额较大的行为，应认定为诈骗罪。

【相关法条】

《中华人民共和国刑法》第二百六十六条

【基本案情】

被告人董亮，男，1981 年 9 月生，无固定职业。

被告人谈申贤，男，1984 年 7 月生，无固定职业。

被告人高炯，男，1974 年 12 月生，无固定职业。

被告人宋瑞华，女，1977 年 4 月生，原系上海杨浦火车站员工。

2015 年，某网约车平台注册登记司机董亮、谈申贤、高炯、宋瑞华，分别用购买、租赁未实名登记的手机号注册网约车乘客端，并在乘客端账户内预充打车费一二十元。随后，他们各自虚构用车订单，并用本人或其实际控制的其他司机端账户接单，发起较短距离用车需求，后又故意变更目的地延长乘车距离，致使应付车费大幅提高。由于乘客端账户预存打车费较少，无法支付全额车费。网约车公司为提升市场占有率，按照内部规定，在这种情况下由公司垫付车费，同样给予司机承接订单的补贴。四被告人采用这一手段，分别非法获取网约车公司垫付车费及公司给予司机承接订单的补贴。董亮获取 40664.94 元，谈申贤获取 14211.99 元，高炯获取 38943.01 元，宋瑞华获取 6627.43 元。

【诉讼过程和结果】

本案由上海市普陀区人民检察院于 2016 年 4 月 1 日以被告人董亮、谈申贤、高炯、宋瑞华犯诈骗罪向上海市普陀区人民法院提起公诉。2016 年 4 月 18 日，上海市普陀区人民法院作出判决，认定被告人董亮、谈申贤、高炯、宋瑞华的行为构成诈骗罪，综合考虑四被告人到案后能如实供述自己的罪行，依法可从轻处罚，四被告人家属均已代为全额退赔赃款，可酌情从轻处罚，分别判处被告人董亮有期徒刑一年，并处罚金人民币一千元；被告人谈申贤有期徒刑十个月，并处罚金人民币一千元；被告人高炯有期徒刑一年，并处罚金人民币一千元；被告人宋瑞华有期徒刑八个月，并处罚金人民币一千元；四被告人所得赃款依法发还被害单位。一审宣判后，四被告人未上诉，判决已生效。

【指导意义】

当前，网络约车、网络订餐等互联网经济新形态发展迅速。一些互联网公司为抢占市场，以提供订单补贴的形式吸引客户参与。某些不法分子采取违法手段，骗取互联网公司给予的补贴，数额较大的，可以构成诈骗罪。

在网络约车中，行为人以非法占有为目的，通过网约车平台与网约车公司进行交流，发出虚构的用车需求，使网约车公司误认为是符合公司补贴规则的订单，基于错误认识，给予行为人垫付车费及订单补贴的行为，符合诈骗罪的本质特征，是一种新型诈骗罪的表现形式。

35. 朱炜明操纵证券市场案

（检例第 39 号）

【关键词】

操纵证券市场　“抢帽子”交易　公开荐股

【基本案情】

被告人朱炜明，男，1982 年 7 月出生，原系国开证券有限责任公司上海龙华西路证券营业部（以下简称国开证券营业部）证券经纪人，上海电视台第一财经频道《谈股论金》节目（以下简称《谈股论金》节目）特邀嘉宾。

2013 年 2 月 1 日至 2014 年 8 月 26 日，被告人朱炜明在任国开证券营业部证券经纪人期间，先后多次在其担任特邀嘉宾的《谈股论金》电视节目播出前，使用实际控制的三个证券账户买入多支股票，于当日或次日在《谈股论金》节目播出中，以特邀嘉宾身份对其先期买入的股票进行公开评价、预测及推介，并于节目首播后一至二个交易日内抛售相关股票，人为地影响前述股票的交易量和交易价格，获取利益。经查，其买入股票交易金额共计人民币 2094.22 万余元，卖出股票交易金额共计人民币 2169.70 万余元，非法获利 75.48 万余元。

【要旨】

证券公司、证券咨询机构、专业中介机构及其工作人员违背从业禁止规定，买卖或者持有证券，并在对相关证券作出公开评价、预测或者投资建议后，通过预期的市场波动反向操作，谋取利益，情节严重的，以操纵证券市场罪追究其刑事责任。

【指控与证明犯罪】

2016 年 11 月 29 日，上海市公安局以朱炜明涉嫌操纵证券市场罪移送上海市人民检察院第一分院审查起诉。

审查起诉阶段，朱炜明辩称：1. 涉案账户系其父亲朱某实际控制，其本人并未建议和参与相关涉案股票的买卖；2. 节目播出时，已隐去股票名称和代码，仅展示 K 线图、描述股票特征及信息，不属于公开评价、预测、推介个股；3. 涉案账户资金系家庭共同财产，其本人并未从中受益。

检察机关审查认为，现有证据足以认定犯罪嫌疑人在媒体上公开进行了股票推介行为，并且涉案账户在公开推介前后进行了涉案股票反向操作。但是，犯罪嫌疑人与涉案账户的实际控制关系，公开推介是否构成“抢帽子”交易操纵中的“公开荐股”以及行为能否认定为“操纵证券市场”等问题，有待进一步查证。针对需要进一步查证的问题，上海市人民检察院第一分院分别于 2017 年 1 月 13 日、3 月 24 日二次将案件退回上海市公安局补充侦查，要求公安机关补充查证犯罪嫌疑人的淘宝、网银等 IP 地址、MAC 地址（硬件设备地址，用来定义网络设备的位置），并与涉案账户证券交易 IP 地址做筛选比对；将涉案账户资金出入与犯罪嫌疑人个人账户资金往来做关联比对；进一步对其父朱某在关键细节上做针对性询问，以核实朱炜明的辩解；由证券监管部门对本案犯罪嫌疑人的行为是否构成“公开荐股”“操纵证券市场”提出认定意见。

经补充侦查，上海市公安局进一步收集了朱炜明父亲朱某等证人证言、中国证监会对朱炜明操纵证券市场行为性质的认定函、司法会计鉴定意见书等证据。中国证监会出具的认定函认定：2013 年 2 月 1 日至 2014

年8月26日，朱炜明在《谈股论金》节目中通过明示股票名称或描述股票特征的方法，对15支股票进行公开评价和预测。朱炜明通过其控制的三个证券账户在节目播出前一至二个交易日或当天买入推荐的股票，交易金额2094.22万余元，并于节目播出后一至二个交易日内卖出上述股票，交易金额2169.70万余元，获利75.48万余元。朱炜明所荐股票次日交易价量明显上涨，偏离行业板块和大盘走势。其行为构成操纵证券市场，扰乱了证券市场秩序，并造成了严重社会影响。

结合补充收集的证据，上海市人民检察院第一分院办案人员再次提讯朱炜明，并听取其辩护律师意见。朱炜明在展示的证据面前，承认其在节目中公开荐股，称其明知所推荐股票价格在节目播出后会有所上升，故在公开荐股前建议其父朱某买入涉案15支股票，并在节目播出后随即卖出，以谋取利益。但对于指控其实际控制涉案账户买卖股票的事实予以否认。

针对其辩解，办案人员将相关证据向朱炜明及其辩护人出示，并一一阐明证据与朱炜明行为之间的证明关系。1. 账户登录、交易IP地址大量位于朱炜明所在的办公地点，与朱炜明出行等电脑数据轨迹一致。例如，2014年7月17日、18日，涉案的朱某证券账户登录、交易IP地址在重庆，与朱炜明的出行记录一致。2. 涉案三个账户之间与朱炜明个人账户资金往来频繁，初始资金有部分来自于朱炜明账户，转出资金中有部分转入朱炜明银行账户后由其消费，证明涉案账户资金由朱炜明控制。经过上述证据展示，朱炜明对自己实施“抢帽子”交易操纵他人证券账户买卖股票牟利的事实供认不讳。

2017年5月18日，上海市人民检察院第一分院以被告人朱炜明犯操纵证券市场罪向上海市第一中级人民法院提起公诉。7月20日，上海市第一中级人民法院公开开庭审理了本案。

法庭调查阶段，公诉人宣读起诉书指控被告人朱炜明违反从业禁止规定，以“抢帽子”交易的手段操纵证券市场谋取利益，其行为构成操纵证券市场罪。对以上指控的犯罪事实，公诉人出示了四组证据予以证明：

一是关于被告人朱炜明主体身份情况的证据。包括：1. 国开证券公司与朱炜明签订的劳动合同、委托代理合同等工作关系书证；2.《谈股论金》节目编辑陈某等证人证言；3. 户籍资料、从业资格证书等书证；4. 被告人朱炜明的供述。证明：朱炜明于2013年2月至2014年8月担任国开证券营业部证券经纪人期间，先后多次受邀担任《谈股论金》节目特邀嘉宾。

二是关于涉案账户登录异常的证据。包括：1. 证人朱某等证人的证言；2. 朱炜明出入境及国内出行记录等书证；3. 司法会计鉴定意见书、搜查笔录等；4. 被告人朱炜明的供述。证明：2013年2月至2014年8月，"朱某""孙某""张某"三个涉案证券账户的实际控制人为朱炜明。

三是关于涉案账户交易异常的证据。包括：1. 证人陈某等证人的证言；2. 证监会行政处罚决定书及相关认定意见、调查报告等书证；3. 司法会计鉴定意见书；4. 节目视频拷贝光盘、QQ群聊天记录等视听资料、电子数据；5. 被告人朱炜明的供述。证明：朱炜明在节目中推荐的15支股票，均被其在节目播出前一至二个交易日或播出当天买入，并于节目播出后一至二个交易日内卖出。

四是关于涉案证券账户资金来源及获利的证据。包括：1. 证人朱某的证言；2. 证监会查询通知书等书证；3. 司法会计鉴定意见书等；4. 被告人朱炜明的供述。证明：朱炜明在公开推荐股票后，股票交易量、交易价格涨幅明显。"朱某""孙某""张某"三个证券账户交易初始资金大部分来自朱炜明，且与朱炜明个人账户资金往来频繁。上述账户在涉案期间累计交易金额人民币4263.92万余元，获利人民币75.48万余元。

法庭辩论阶段，公诉人发表公诉意见：

第一，关于本案定性。证券公司、证券咨询机构、专业中介机构及其工作人员，买卖或者持有相关证券，并对该证券或其发行人、上市公司公开作出评价、预测或者投资建议，以便通过期待的市场波动取得经济利益的行为是"抢帽子"交易操纵行为。根据刑法第一百八十二条第一款第（四）项的规定，属于"以其他方法操纵"证券市场，情节严重的，构成操纵证券市场罪。

第二，关于控制他人账户的认定。综合本案证据，可以认定朱炜明通过实际控制的"朱某""孙某""张某"三个证券账户在公开荐股前买入涉案 15 支股票，荐股后随即卖出谋取利益，涉案股票价量均因荐股有实际影响，朱炜明实际获利 75 万余元。

第三，关于公开荐股的认定。结合证据，朱炜明在电视节目中，或明示股票名称，或介绍股票标识性信息、展示 K 线图等，投资者可以依据上述信息确定涉案股票名称，系在电视节目中对涉案股票公开作出评价、预测、推介，可以认定构成公开荐股。

第四，关于本案量刑建议。根据刑法第一百八十二条的规定，被告人朱炜明的行为构成操纵证券市场罪，依法应在五年以下有期徒刑至拘役之间量刑，并处违法所得一倍以上五倍以下罚金。建议对被告人朱炜明酌情判处三年以下有期徒刑，并处违法所得一倍以上的罚金。

被告人朱炜明及其辩护人对公诉意见没有异议，被告人当庭表示愿意退缴违法所得。辩护人提出，考虑被告人认罪态度好，建议从轻处罚。

法庭经审理，认定公诉人提交的证据能够相互印证，予以确认。综合考虑全案犯罪事实、情节，对朱炜明处以相应刑罚。2017 年 7 月 28 日，上海市第一中级人民法院作出一审判决，以操纵证券市场罪判处被告人朱炜明有期徒刑十一个月，并处罚金人民币 76 万元，其违法所得予以没收。一审宣判后，被告人未上诉，判决已生效。

【指导意义】

证券公司、证券咨询机构、专业中介机构及其工作人员，违反规定买卖或者持有相关证券后，对该证券或者其发行人、上市公司作出公开评价、预测或者提出投资建议，通过期待的市场波动谋取利益的，构成“抢帽子”交易操纵行为。发布投资咨询意见的机构或者证券从业人员往往具有一定的社会知名度，他们借助影响力较大的传播平台发布诱导性信息，容易对普通投资者交易决策产生影响。其在发布信息后，又利用证券价格波动实施与投资者反向交易的行为获利，破坏了证券市场管理秩序，违反了证券市场公开、公平、公正原则，具有较大的社会危害性，情节严重的，构成操纵证券市场罪。

证券犯罪具有专业性、隐蔽性、间接性等特征，检察机关办理该类案件时，应当根据证券犯罪案件特点，引导公安机关从证券交易记录、资金流向等问题切入，全面收集涉及犯罪的书证、电子数据、证人证言等证据，并结合案件特点开展证据审查。对书证，要重点审查涉及证券交易记录的凭据，有关交易数量、交易额、成交价格、资金走向等证据。对电子数据，要重点审查收集程序是否合法，是否采取必要的保全措施，是否经过篡改，是否感染病毒等。对证人证言，要重点审查证人与犯罪嫌疑人的关系，证言能否与客观证据相印证等。

办案中，犯罪嫌疑人或被告人及其辩护人经常会提出涉案账户实际控制人及操作人非其本人的辩解。对此，检察机关可以通过行为人资金往来记录，MAC 地址（硬件设备地址）、IP 地址与互联网访问轨迹的重合度与连贯性，身份关系和资金关系的紧密度，涉案股票买卖与公开荐股在时间及资金比例上的高度关联性，相关证人证言在细节上是否吻合等入手，构建严密证据体系，确定被告人与涉案账户的实际控制关系。

非法证券活动涉嫌犯罪的案件，来源往往是证券监管部门向公安机关移送。审查案件过程中，人民检察院可以与证券监管部门加强联系和沟通。证券监管部门在行政执法和查办案件中收集的物证、书证、视听资料、电子数据等证据材料，在刑事诉讼中可以作为证据使用。检察机关通过办理证券犯罪案件，可以建议证券监管部门针对案件反映出的问题，加强资本市场监管和相关制度建设。

36. 周辉集资诈骗案

（检例第 40 号）

【关键词】

集资诈骗　非法占有目的　网络借贷信息中介机构

【基本案情】

被告人周辉，男，1982 年 2 月出生，原系浙江省衢州市中宝投资有限公司（以下简称中宝投资公司）法定代表人。

2011 年 2 月，被告人周辉注册成立中宝投资公司，担任法定代表人。

公司上线运营“中宝投资”网络平台，借款人（发标人）在网络平台注册、缴纳会费后，可发布各种招标信息，吸引投资人投资。投资人在网络平台注册成为会员后可参与投标，通过银行汇款、支付宝、财付通等方式将投资款汇至周辉公布在网站上的8个其个人账户或第三方支付平台账户。借款人可直接从周辉处取得所融资金。项目完成后，借款人返还资金，周辉将收益给予投标人。

运行前期，周辉通过网络平台为13个借款人提供总金额约170万余元的融资服务，因部分借款人未能还清借款造成公司亏损。此后，周辉除用本人真实身份信息在公司网络平台注册2个会员外，自2011年5月至2013年12月陆续虚构34个借款人，并利用上述虚假身份自行发布大量虚假抵押标、宝石标等，以支付投资人约20%的年化收益率及额外奖励等为诱饵，向社会不特定公众募集资金。所募资金未进入公司账户，全部由周辉个人掌控和支配。除部分用于归还投资人到期的本金及收益外，其余主要用于购买房产、高档车辆、首饰等。这些资产绝大部分登记在周辉名下或供周辉个人使用。2011年5月至案发，周辉通过中宝投资网络平台累计向全国1586名不特定对象非法集资共计10.3亿余元，除支付本金及收益回报6.91亿余元外，尚有3.56亿余元无法归还。案发后，公安机关从周辉控制的银行账户内扣押现金1.80亿余元。

【要旨】

网络借贷信息中介机构或其控制人，利用网络借贷平台发布虚假信息，非法建立资金池募集资金，所得资金大部分未用于生产经营活动，主要用于借新还旧和个人挥霍，无法归还所募资金数额巨大，应认定为具有非法占有目的，以集资诈骗罪追究刑事责任。

【指控与证明犯罪】

2014年7月15日，浙江省衢州市公安局以周辉涉嫌集资诈骗罪移送衢州市人民检察院审查起诉。

审查起诉阶段，衢州市人民检察院审查了全案卷宗，讯问了犯罪嫌疑人。针对该案犯罪行为涉及面广，众多集资参与人财产遭受损失的情况，检察机关充分听取了辩护人和部分集资参与人意见，进一步核实了非法集资金额，对扣押的房产等作出司法鉴定或价格评估。针对辩护人提出的非法证据排除申请，检察机关审查后发现，涉案证据存在以下瑕疵：公安机关向部分证人取证时存在取证地点不符合刑事诉讼法规定以及个别辨认笔录缺乏见证人等情况。为此，检察机关要求公安机关予以补正或作出合理解释。公安机关作出情况说明：证人从外地赶来，经证人本人同意，取证在宾馆进行。关于此项情况说明，检察机关审查后予以采信。对于缺乏见证人的个别辨认笔录，检察机关审查后予以排除。

2015 年 1 月 19 日，浙江省衢州市人民检察院以周辉犯集资诈骗罪向浙江省衢州市中级人民法院提起公诉。6 月 25 日，衢州市中级人民法院公开开庭审理本案。

法庭调查阶段，公诉人宣读起诉书指控被告人周辉以高息为诱饵，虚构借款人和借款用途，利用网络 P2P 形式，面向社会公众吸收资金，主要用于个人肆意挥霍，其行为构成集资诈骗罪。对于指控的犯罪事实，公诉人出示了四组证据予以证明：一是被告人周辉的立案情况及基本信息；二是中宝投资公司的发标、招投标情况及相关证人证言；三是集资情况的证据，包括银行交易清单，司法会计鉴定意见书等；四是集资款的去向，包括购买车辆、房产等物证及相关证人证言。

法庭辩论阶段，公诉人发表公诉意见：被告人周辉注册网络借贷信息平台，早期从事少量融资信息服务。在公司亏损、经营难以为继的情况下，虚构借款人和借款标的，以欺诈方式面向不特定投资人吸收资金，自建资金池。在公安机关立案查处时，虽暂可通过“拆东墙补西墙”的方式偿还部分旧债维持周转，但根据其所募资金主要用于还本付息和个人肆意挥霍，未投入生产经营，不可能产生利润回报的事实，可以判断其后续资金缺口势必不断扩大，无法归还所募全部资金，故可以认定其具有非法占有的目的，应以集资诈骗罪对其定罪处罚。

辩护人提出：一是周辉行为系单位行为；二是周辉一直在偿还集资款，主观上不具有非法占有集资款的故意；三是周辉利用互联网从事 P2P 借贷融资，不构成集资诈骗罪，构成非法吸收公众存款罪。

公诉人针对辩护意见进行答辩：第一，中宝投资公司是由被告人周辉控制的一人公司，不具有经营实体，不具备单位意志，集资款未纳入公司财务进行核算，而是由周辉一人掌控和支配，因此周辉的行为不构成单位犯罪。第二，周辉本人主观上认识到资金不足，少量投资赚取的收益不足以支付许诺的高额回报，没有将集资款用于生产经营活动，而是主要用于个人肆意挥霍，其主观上对集资款具有非法占有的目的。第三，P2P 网络借贷，是指个人利用中介机构的网络平台，将自己的资金出借给资金短缺者的商业模式。根据中国银行业监管委员会、工业和信息化部、公安部、国家互联网信息办公室制定的《网络借贷信息中介机构业务活动管理暂行办法》等监管规定，P2P 作为新兴金融业态，必须明确其信息中介性质，平台本身不得提供担保，不得归集资金搞资金池，不得非法吸收公众资金。周辉吸收资金建资金池，不属于合法的 P2P 网络借贷。非法吸收公众存款罪与集资诈骗罪的区别，关键在于行为人对吸收的资金是否具有非法占有的目的。利用网络平台发布虚假高利借款标募集资金，采取借新还旧的手段，短期内募集大量资金，不用于生产经营活动，或者用于生产经营活动与筹集资金规模明显不成比例，致使集资款不能返还的，是典型的利用网络中介平台实施集资诈骗行为。本案中，周辉采用编造虚假借款人、虚假投标项目等欺骗手段集资，所融资金未投入生产经营，大量集资款被其个人肆意挥霍，具有明显的非法占有目的，其行为构成集资诈骗罪。

法庭经审理，认为公诉人出示的证据能够相互印证，予以确认。对周辉及其辩护人提出的不构成集资诈骗罪及本案属于单位犯罪的辩解、辩护意见，不予采纳。综合考虑犯罪事实和量刑情节，2015 年 8 月 14 日，浙江省衢州市中级人民法院作出一审判决，以集资诈骗罪判处被告人周辉有期徒刑十五年，并处罚金人民币 50 万元。继续追缴违法所得，返还各集资参与人。

一审宣判后，浙江省衢州市人民检察院认为，被告人周辉非法集资 10.3 亿余元，属于刑法规定的集资诈骗数额特别巨大并且给人民利益造成特别重大损失的情形，依法应处无期徒刑或者死刑，并处没收财产，一审判决量刑过轻。2015 年 8 月 24 日，向浙江省高级人民法院提出抗诉。被告人周辉不服一审判决，提出上诉。其上诉理由是量刑畸重，应判处缓刑。

本案二审期间，2015 年 8 月 29 日，第十二届全国人大常委会第十六次会议审议通过了《中华人民共和国刑法修正案（九）》，删去《刑法》第一百九十九条关于犯集资诈骗罪“数额特别巨大并且给国家和人民利益造成特别重大损失的，处无期徒刑或者死刑，并处没收财产”的规定。刑法修正案（九）于 2015 年 11 月 1 日起施行。

浙江省高级人民法院经审理后认为，刑法修正案（九）取消了集资诈骗罪死刑的规定，根据从旧兼从轻原则，一审法院判处周辉有期徒刑十五年符合修订后的法律规定。上诉人周辉具有集资诈骗的主观故意及客观行为，原审定性准确。2016 年 4 月 29 日，二审法院作出裁定，维持原判。终审判决作出后，周辉及其父亲不服判决提出申诉，浙江省高级人民法院受理申诉并经审查后，认为原判事实清楚，证据确实充分，定性准确，量刑适当，于 2017 年 12 月 22 日驳回申诉，维持原裁判。

【指导意义】

是否具有非法占有目的，是正确区分非法吸收公众存款罪和集资诈骗罪的关键。对非法占有目的的认定，应当围绕融资项目真实性、资金去向、归还能力等事实、证据进行综合判断。行为人将所吸收资金大部分未用于生产经营活动，或名义上投入生产经营，但又通过各种方式抽逃转移资金，或供其个人肆意挥霍，归还本息主要通过借新还旧来实现，造成数额巨大的募集资金无法归还的，可以认定具有非法占有的目的。

集资诈骗罪是近年来检察机关重点打击的金融犯罪之一。对该类犯罪，检察机关应着重从以下几个方面开展工作：一是强化证据审查。非法集资类案件由于参与人数多、涉及面广，受主客观因素影响，取证工作易出现瑕疵和问题。检察机关对重大复杂案件要及时介入侦查、引导取证。在审查案件中要强化对证据的审查，需要退回补充侦查或者自行补充侦查的，要及时退查或补查，建立起完整、牢固的证据锁链，夯实认定案件事实的证据基础。二是在法庭审理中要突出指控和证明犯罪的重点。要紧紧围绕集资诈骗罪构成要件，特别是行为人主观上具有非法占有目的、客观上以欺骗手段非法集资的事实梳理组合证据，运用完整的证据体系对认定犯罪的关键事实予以清晰证明。三是要将办理案件与追赃挽损相结合。检察机关办理相关案件，要积极配合公安机关、人民法院依法开展追赃挽损、资产处置等工作，最大限度减少人民群众的实际损失。四是要结合办案开展以案释法，增强社会公众的法治观念和风险防范意识，有效预防相关犯罪的发生。

37. 叶经生等组织、领导传销活动案

（检例第 41 号）

【关键词】

组织、领导传销活动　网络传销　骗取财物

【基本案情】

被告人叶经生，男，1975 年 12 月出生，原系上海宝乔网络科技有限公司（以下简称宝乔公司）总经理。

被告人叶青松，男，1973 年 10 月出生，原系宝乔公司浙江省区域总代理。

2011 年 6 月，被告人叶经生等人成立宝乔公司，先后开发“经销商管理系统网站”“金乔网商城网站”（以下简称金乔网）。以网络为平台，或通过招商会、论坛等形式，宣传、推广金乔网的经营模式。

金乔网的经营模式是：1. 经上线经销商会员推荐并缴纳保证金成为经销商会员，无需购买商品，只需发展下线经销商，根据直接或者间接发展下线人数获得推荐奖金，晋升级别成为股权会员，享受股权分红。2. 经销商会员或消费者在金乔网经销商会员处购物消费满 120 元以上，向宝乔公司支付消费金额 10%的现金，即可注册成为返利会员参与消费额双倍返利，可获一倍现金返利和一倍的金乔币（虚拟电子货币）返利。3. 金乔网在全国各地设立省、地区、县（市、区）三级区域运营中心，各运营中心设区域代理，由经销商会员负责本区域会员的发展和管理，享受区域范围内不同种类业绩一定比例的提成奖励。

2011 年 11 月，被告人叶青松经他人推荐加入金乔网，缴纳三份保证金并注册了三个经销商会员号。因发展会员积极，经金乔网审批成为浙江省区域总代理，负责金乔网在浙江省的推广和发展。

截至案发，金乔网注册会员 3 万余人，其中注册经销商会员 1.8 万余人。在全国各地发展省、地区、县三级区域代理 300 余家，涉案金额 1.5 亿余元。其中，叶青松直接或间接发展下线经销商会员 1886 人，收取浙江省区域会员保证金、参与返利的消费额 10%现金、区域代理费等共计 3000 余万元，通过银行转汇给叶经生。叶青松通过抽取保证金推荐奖金、股权分红、消费返利等提成的方式非法获利 70 余万元。

【要旨】

组织者或者经营者利用网络发展会员，要求被发展人员以缴纳或者变相缴纳“入门费”为条件，获得提成和发展下线的资格。通过发展人员组成层级关系，并以直接或者间接发展的人员数量作为计酬或者返利的依据，引诱被发展人员继续发展他人参加，骗取财物，扰乱经济社会秩序的，以组织、领导传销活动罪追究刑事责任。

【指控与证明犯罪】

2012 年 8 月 28 日、2012 年 11 月 9 日，浙江省松阳县公安局分别以叶青松、叶经生涉嫌组织、领导传销活动罪移送浙江省松阳县人民检察院审查起诉。因叶经生、叶青松系共同犯罪，松阳县人民检察院作并案处理。

2013 年 3 月 11 日，浙江省松阳县人民检察院以被告人叶经生、叶青松犯组织、领导传销活动罪向松阳县人民法院提起公诉。松阳县人民法院公开开庭审理了本案。

法庭调查阶段，公诉人宣读起诉书指控被告人叶经生、叶青松利用网络，以会员消费双倍返利为名，吸引不特定公众成为会员、经销商，组成一定层级，采取区域累计计酬方式，引诱参加者继续发展他人参与，骗取财物，扰乱经济社会秩序，其行为构成组织、领导传销活动罪。在共同犯罪中，被告人叶经生起主要作用，系主犯；被告人叶青松起辅助作用，系从犯。

针对起诉书指控的犯罪事实，被告人叶经生辩解认为，宝乔公司系依法成立，没有组织、领导传销的故意，金乔网模式是消费模式的创新。

公诉人针对涉及传销的关键问题对被告人叶经生进行讯问：

第一，针对成为金乔网会员是否要向金乔网缴纳费用，公诉人讯问：如何成为金乔网会员，获得推荐奖金、消费返利？被告人叶经生回答：注册成为金乔网会员，需缴纳诚信保证金7200元，成为会员后发展一个经销商就可以获得奖励1250元；参与返利，消费要达到120元以上，并向公司缴纳10%的消费款。公诉人这一讯问揭示了缴纳保证金、缴纳10%的消费款才有资格获得推荐奖励、返利，保证金及10%的消费款其实质就是入门费。金乔网的经营模式符合传销组织要求参加者以缴纳费用或者购买商品、服务等方式获得加入资格的组织特征。

第二，针对金乔网利润来源、计酬或返利的资金来源，公诉人讯问：除了收取的保证金和10%的消费款费用，金乔网还有无其他收入？被告人叶经生回答：收取的10%的消费款就足够天天返利了，金乔网的主要收入是保证金、10%的消费款，支出主要是天天返利及推荐奖、运营费用。公诉人讯问：公司收取消费款有多少，需返利多少？被告人叶经生回答：收到4000万左右，返利也要4000万，我们的经营模式不需要盈利。公诉人通过讯问，揭示了金乔网没有实质性的经营活动，其利润及资金的真实来源系后加入人员缴纳的费用。如果没有新的人员加入，根本不可能维持其“经营活动”的运转，符合传销活动骗取财物的本质特征。

同时，公诉人向法庭出示了四组证据证明犯罪事实：

一是宝乔公司的工商登记、资金投入、人员组成、公司财务资料、网站功能等书证。证明：宝乔公司实际投入仅300万元，没有资金实力建立与其宣传匹配的电子商务系统。

二是宝乔公司内部人员证言及被告人的供述等证据。证明：公司缺乏售后服务人员、系统维护人员、市场推广及监管人员，员工主要从事虚假宣传，收取保证金及消费款，推荐佣金，发放返利。

三是宝乔公司银行明细、公司财务资料、款项开支情况等证据，证明：公司收入来源于会员缴纳的保证金、消费款。技术人员的证言等证据，证明：网站功能简单，不具备第三方支付功能，不能适应电子商务的需求。

四是金乔网网站系统的电子数据及鉴定意见，并由鉴定人出庭作证。鉴定人揭示网络数据库显示了金乔网会员加入时间、缴纳费用数额、会员之间的推荐（发展）关系、获利数额等信息。鉴定人当庭通过对上述信息的分析，指出数据库表格中的会员账号均列明了推荐人，按照推荐人关系排列，会员层级呈金字塔状，共有68层。每个结点有左右两个分支，左右分支均有新增单数，则可获得推荐奖金，奖金实行无限代计酬。证明：金乔网会员层级呈现金字塔状，上线会员可通过下线、下下线会员发展会员获得收益。

法庭辩论阶段，公诉人发表公诉意见，指出金乔网的人财物及主要活动目的，在于引诱消费者缴纳保证金、消费款，并从中非法牟利。其实质是借助公司的合法形式，打着电子商务旗号进行网络传销。同时阐述了这种新型传销活动的本质和社会危害。

辩护人提出：金乔网没有入门费，所有的人员都可以在金乔网注册，不缴纳费用也可以成为金乔网的会员。金乔网没有设层级，经销商、会员、区域代理之间不存在层级关系，没有证据证实存在层级获利。金乔网没有拉人头，没有以发展人员的数量作为计酬或返利依据。直接推荐才有奖金，间接推荐没有奖金，没有骗取财物，不符合组织、领导传销活动罪的特征。

公诉人答辩：金乔网缴纳保证金和消费款才能获得推荐佣金和返利的资格，本质系入门费。上线会员可以通过发展下线人员获取收益，并组成会员、股权会员、区域代理等层级，本质为设层级。以推荐的人数作为发放佣金的依据系直接以发展的人员数量作为计酬依据，区域业绩及返利资金主要取决于参加人数的多少，实质属于以发展人员的数量作为提成奖励及返利的依据，本质为拉人头。金乔网缺乏实质的经营活动，不产生利润，以后期收到的保证金、消费款支付前期的推荐佣金、返利，与所有的传销活动一样，人员不可能无限增加，资金链必然断裂。传销组织人员不断增加的过程实际也是风险不断积累和放大的过程。金乔网所谓经营活动本质是从被发展人员缴纳的费用中非法牟利，具有骗取财物的特征。

法庭经审理，认定检察机关出示的证据能够相互印证，予以确认。被告人及其辩护人提出的不构成组织、领导传销活动罪的辩解、辩护意见不能成立。

2013年8月23日，浙江省松阳县人民法院作出一审判决，以组织、领导传销活动罪判处被告人叶经生有期徒刑七年，并处罚金人民币150万元。以组织、领导传销活动罪判处被告人叶青松有期徒刑三年，并处罚金人民币30万元。扣押和冻结的涉案财物予以没收，继续追缴二被告人的违法所得。

二被告人不服一审判决，提出上诉。叶经生的上诉理由是其行为不构成组织、领导传销活动罪。叶青松的上诉理由是量刑过重。浙江省丽水市中级人民法院经审理，认定原判事实清楚，证据确实、充分，定罪准确，量刑适当，审判程序合法，驳回上诉，维持原判。

【指导意义】

随着互联网技术的广泛应用，微信、语音视频聊天室等社交平台作为新的营销方式被广泛运用。传销组织在手段上借助互联网不断翻新，打着“金融创新”的旗号，以“资本运作”“消费投资”“网络理财”“众筹”“慈善互助”等为名从事传销活动。常见的表现形式有：组织者、经营者注册成立电子商务企业，以此名义建立电子商务网站。以网络营销、网络直销等名义，变相收取入门费，设置各种返利机制，激励会员发展下线，上线从直接或者间接发展的下线的销售业绩中计酬，或以直接或者间接发展的人员数量为依据计酬或者返利。这类行为，不管其手段如何翻新，只要符合传销组织骗取财物、扰乱市场经济秩序本质特征的，应以组织、领导传销活动罪论处。

检察机关办理组织、领导传销活动犯罪案件，要紧扣传销活动骗取财物的本质特征和构成要件，收集、审查、运用证据。特别要注意针对传销网站的经营特征与其他合法经营网站的区别，重点收集涉及入门费、设层级、拉人头等传销基本特征的证据及企业资金投入、人员组成、资金来源去向、网站功能等方面的证据，揭示传销犯罪没有创造价值，经营模式难以持续，用后加入者的财物支付给先加入者，通过发展下线牟利骗取财物的本质特征。

38. 齐某强奸、猥亵儿童案

（检例第42号）

【关键词】

公共场所当众　情节恶劣　猥亵儿童罪　强奸罪

【基本案情】

被告人齐某，男，1969年1月出生，原系某县某小学班主任。

2011年夏天至2012年10月，被告人齐某在担任班主任期间，利用午休、晚自习及宿舍查寝等机会，在学校办公室、教室、洗澡堂、男生宿舍等处多次对被害女童A（10岁）、B（10岁）实施奸淫、猥亵，并以带A女童外出看病为由，将其带回家中强奸。齐某还在女生集体宿舍等地多次猥亵被害女童C（11岁）、D（11岁）、E（10岁），猥亵被害女童F（11岁）、G（11岁）各一次。

【要旨】

1. 性侵未成年人犯罪案件中，被害人陈述稳定自然，对于细节的描述符合正常记忆认知、表达能力，被告人辩解没有证据支持，结合生活经验对全案证据进行审查，能够形成完整证明体系的，可以认定案件事实。

2. 奸淫幼女具有《最高人民法院、最高人民检察院、公安部、司法部关于依法惩治性侵害未成年人犯罪的意见》规定的从严处罚情节，社会危害性与刑法第二百三十六条第三款第二至四项规定的情形相当的，可以认定为该款第一项规定的“情节恶劣”。

3. 行为人在教室、集体宿舍等场所实施猥亵行为，只要当时有多人在场，即使在场人员未实际看到，也应当认定犯罪行为是在“公共场所当众”实施。

【指控与证明犯罪】

（一）提起公诉及原审判决情况

2013年4月14日，某市人民检察院以齐某犯强奸罪、猥亵儿童罪对其提起公诉。5月9日，某市中级人民法院依法不公开开庭审理本案。9月23日，该市中级人民法院作出判决，认定齐某犯强奸罪，判处死刑缓期二年执行，剥夺政治权利终身；犯猥亵儿童罪，判处有期徒刑四年六个月；决定执行死刑，缓期二年执行，剥夺政治权利终身。被告人未上诉，判决生效后，报某省高级人民法院复核。

2013年12月24日，某省高级人民法院以原判认定部分事实不清为由，裁定撤销原判，发回重审。

2014年11月13日，某市中级人民法院经重新审理，作出判决，认定齐某犯强奸罪，判处无期徒刑，剥夺政治权利终身；犯猥亵儿童罪，判处有期徒刑四年六个月；决定执行无期徒刑，剥夺政治权利终身。齐某不服提出上诉。

2016年1月20日，某省高级人民法院经审理，作出终审判决，认定齐某犯强奸罪，判处有期徒刑六年，剥夺政治权利一年；犯猥亵儿童罪，判处有期徒刑四年六个月；决定执行有期徒刑十年，剥夺政治权利一年。

（二）提起审判监督程序及再审改判情况

某省人民检察院认为该案终审判决确有错误，提请最高人民检察院抗诉。最高人民检察院经审查，认为该案适用法律错误，量刑不当，应予纠正。2017年3月3日，最高人民检察院依照审判监督程序向最高人民法院提出抗诉。

2017年12月4日，最高人民法院依法不公开开庭审理本案，最高人民检察院指派检察员出席法庭，辩护人出庭为原审被告人进行辩护。

法庭调查阶段，针对原审被告人不认罪的情况，检察员着重就齐某辩解与在案证据是否存在矛盾，以及有无其他证据或线索支持其辩解进行发问和举证，重点核实以下问题：案发前齐某与被害人及其家长关系如何，是否到女生宿舍查寝，是否多次单独将女生叫出教室，是否带女生回家过夜。齐某当庭供述与被害人及其家长没有矛盾，承认曾到女生宿舍查寝，为女生揉肚子，单独将女生叫出教室问话，带女生外出看病以及回家过夜。通过当庭讯问，进一步印证了被害人陈述细节的真实性、客观性。

法庭辩论阶段，检察员发表出庭意见：

首先，原审被告人齐某犯强奸罪、猥亵儿童罪的犯罪事实清楚，证据确实充分。1. 各被害人及其家长和齐某在案发前没有矛盾。报案及时，无其他介入因素，可以排除诬告的可能。2. 各被害人陈述内容自然合理，可信度高，且有同学的证言予以印证。被害人对于细节的描述符合正常记忆认知、表达能力，如齐某实施性侵害的大致时间、地点、方式、次数等内容基本一致。因被害人年幼、报案及作证距案发时间较长等客观情况，具体表达存在不尽一致之处，完全正常。3. 各被害人陈述的基本事实得到本案其他证据印证，如齐某卧室勘验笔录、被害人辨认现场的笔录、现场照片、被害人生理状况诊断证明等。

其次，原审被告人齐某犯强奸罪情节恶劣，且在公共场所当众猥亵儿童，某省高级人民法院判决对此不予认定，属于适用法律错误，导致量刑畸轻。1. 齐某奸淫幼女“情节恶劣”。齐某利用教师身份，多次强奸二名幼女，犯罪时间跨度长。本案发生在校园内，对被害人及其家人伤害非常大，对其他学生造成了恐惧。齐某的行为具备《最高人民法院、最高人民检察院、公安部、司法部关于依法惩治性侵害未成年人犯罪的意见》第 25 条规定的多项“更要依法从严惩处”的情节，综合评判应认定为“情节恶劣”，判处十年有期徒刑以上刑罚。2. 本案中齐某的行为属于在“公共场所当众”猥亵儿童。公共场所系供社会上多数人从事工作、学习、文化、娱乐、体育、社交、参观、旅游和满足部分生活需求的一切公用建筑物、场所及其设施的总称，具备由多数人进出、使用的特征。基于对未成年人保护的需要，《最高人民法院、最高人民检察院、公安部、司法部关于依法惩治性侵害未成年人犯罪的意见》第 23 条明确将“校园”这种除师生外，其他人不能随便进出的场所认定为公共场所。司法实践中也已将教室这种相对封闭的场所认定为公共场所。本案中女生宿舍是 20 多人的集体宿舍，和教室一样属于校园的重要组成部分，具有相对涉众性、公开性，应当是公共场所。《最高人民法院、最高人民检察院、公安部、司法部关于依法惩治性侵害未成年人犯罪的意见》第 23 条规定，在公共场所对未成年人实施猥亵犯罪，“只要有其他多人在场，不论在场人员是否实际看到”，均可认定为当众猥亵。本案中齐某在熄灯后进入女生集体宿舍，当时就寝人数较多，床铺之间没有遮挡，其猥亵行为易被同寝他人所感知，符合上述规定“当众”的要求。

原审被告人及其辩护人坚持事实不清、证据不足的辩护意见，理由是：一是认定犯罪的直接证据只有被害人陈述，齐某始终不认罪，其他证人证言均是传来证据，没有物证，证据链条不完整。二是被害人陈述前后有矛盾，不一致。且其中一个被害人在第一次陈述中只讲到被猥亵，第二次又讲到被强奸，前后有重大矛盾。

针对辩护意见，检察员答辩：一是被害人陈述的一些细节，如强奸的地点、姿势等，结合被害人年龄及认知能力，不亲身经历，难以编造。二是齐某性侵次数多、时间跨度长，被害人年龄小，前后陈述有些细节上的差异和模糊是正常的，恰恰符合被害人的记忆特征。且被害人对基本事实和情节的描述是稳定的。有的被害人虽然在第一次询问时没有陈述被强奸，但在此后对没有陈述的原因做了解释，即当时学校老师在场，不敢讲。这一理由符合孩子的心理。三是被害人同学证言虽然是传来证据，但其是在犯罪发生之后即得知有关情况，因此证明力较强。四是齐某及其辩护人对其辩解没有提供任何证据或者线索的支持。

2018 年 6 月 11 日，最高人民法院召开审判委员会会议审议本案，最高人民检察院检察长列席会议并发表意见：一是最高人民检察院抗诉书认定的齐某犯罪事实、情节符合客观实际。性侵害未成年人案件具有客观证据、直接证据少，被告人往往不认罪等特点。本案中，被害人家长与原审被告人之前不存在矛盾，案发过程自然。被害人陈述及同学证言符合案发实际和儿童心理，证明力强。综合全案证据看，足以排除合理怀疑，能够认定原审被告人强奸、猥亵儿童的犯罪事实。二是原审被告人在女生宿舍猥亵儿童的犯罪行为属于在“公共场所当众”猥亵。考虑本案具体情节，原审被告人猥亵儿童的犯罪行为应当判处十年有期徒刑以上刑罚。三是某省高级人民法院二审判决确有错误，依法应当改判。

2018 年 7 月 27 日，最高人民法院作出终审判决，认定原审被告人齐某犯强奸罪，判处无期徒刑，剥夺政治权利终身；犯猥亵儿童罪，判处有期徒刑十年；决定执行无期徒刑，剥夺政治权利终身。

【指导意义】

（一）准确把握性侵未成人犯罪案件证据审查判断标准

对性侵未成年人犯罪案件证据的审查，要根据未成年人的身心特点，按照有别于成年人的标准予以判断。审查言词证据，要结合全案情况予以分析。根据经验和常识，未成年人的陈述合乎情理、逻辑，对细节的描述符合其认知和表达能力，且有其他证据予以印证，被告人的辩解没有证据支持，结合双方关系不存在诬告可能的，应当采纳未成年人的陈述。

（二）准确适用奸淫幼女“情节恶劣”的规定

刑法第二百三十六条第三款第一项规定，奸淫幼女“情节恶劣”的，处十年以上有期徒刑、无期徒刑或者死刑。《最高人民法院、最高人民检察院、公安部、司法部关于依法惩治性侵害未成年人犯罪的意见》第25条规定了针对未成年人实施强奸、猥亵犯罪“更要依法从严惩处”的七种情形。实践中，奸淫幼女具有从严惩处情形，社会危害性与刑法第二百三十六条第三款第二至四项相当的，可以认为属于该款第一项规定的“情节恶劣”。例如，该款第二项规定的“奸淫幼女多人”，一般是指奸淫幼女三人以上。本案中，被告人具备教师的特殊身份，奸淫二名幼女，且分别奸淫多次，其危害性并不低于奸淫幼女三人的行为，据此可以认定符合“情节恶劣”的规定。

（三）准确适用“公共场所当众”实施强奸、猥亵未成年人犯罪的规定

刑法对“公共场所当众”实施强奸、猥亵未成年人犯罪，作出了从重处罚的规定。《最高人民法院、最高人民检察院、公安部、司法部关于依法惩治性侵害未成年人犯罪的意见》第23条规定了在“校园、游泳馆、儿童游乐场等公共场所”对未成年人实施强奸、猥亵犯罪，可以认定为在“公共场所当众”实施犯罪。适用这一规定，是否属于“当众”实施犯罪至为关键。对在规定列举之外的场所实施强奸、猥亵未成年人犯罪的，只要场所具有相对公开性，且有其他多人在场，有被他人感知可能的，就可以认定为在“公共场所当众”犯罪。最高人民法院对本案的判决表明：学

校中的教室、集体宿舍、公共厕所、集体洗澡间等，是不特定未成年人活动的场所，在这些场所实施强奸、猥亵未成年人犯罪的，应当认定为在“公共场所当众”实施犯罪。

39. 于某虐待案

（检例第44号）

【关键词】

支持变更抚养权　告诉能力　虐待罪

【基本案情】

被告人于某，女，1986年5月出生，无业。

2016年9月以来，因父母离婚，父亲丁某常年在外地工作，被害人小田（女，11岁）一直与继母于某共同生活。于某以小田学习及生活习惯有问题为由，长期、多次对其实施殴打。2017年11月21日，于某又因小田咬手指甲等问题，用衣服撑、挠痒工具等对其实施殴打，致小田离家出走。小田被爷爷找回后，经鉴定，其头部、四肢等多处软组织挫伤，身体损伤程度达到轻微伤等级。

【要旨】

1. 被虐待的未成年人，因年幼无法行使告诉权利的，属于刑法第二百六十条第三款规定的“被害人没有能力告诉”的情形，应当按照公诉案件处理，由检察机关提起公诉，并可以依法提出适用禁止令的建议。

2. 抚养人对未成年人未尽抚养义务，实施虐待或者其他严重侵害未成年人合法权益的行为，不适宜继续担任抚养人的，检察机关可以支持未成年人或者其他监护人向人民法院提起变更抚养权诉讼。

【指控与证明犯罪】

2017年11月22日，网络披露11岁女童小田被继母虐待的信息，引起舆论关注。某市某区人民检察院未成年人检察部门的检察人员得知信息后，会同公安机关和心理咨询机构的人员对被害人小田进行询问和心理疏导。通过调查发现，其继母于某存在长期、多次殴打小田的行为，涉嫌虐待罪。本案被害人系未成年人，没有向人民法院告诉的能力，也没有近亲属代为告诉。检察机关建议公安机关对于某以涉嫌虐待罪立案侦查。11 月 24 日，公安机关作出立案决定。次日，犯罪嫌疑人于某投案自首。2018 年 4 月 26 日，公安机关以于某涉嫌虐待罪向检察机关移送审查起诉。

审查起诉阶段，某区人民检察院依法讯问了犯罪嫌疑人，听取了被害人及其法定代理人的意见，核实了案件事实与证据。检察机关经审查认为，犯罪嫌疑人供述与被害人陈述能够相互印证，并得到其他家庭成员的证言证实，能够证明于某长期、多次对被害人进行殴打，致被害人轻微伤，属于情节恶劣，其行为涉嫌构成虐待罪。

2018 年 5 月 16 日，某区人民检察院以于某犯虐待罪对其提起公诉。5 月 31 日，该区人民法院适用简易程序开庭审理本案。

法庭调查阶段，公诉人宣读起诉书，指控被告人于某虐待家庭成员，情节恶劣，应当以虐待罪追究其刑事责任。被告人对起诉书指控的犯罪事实及罪名无异议。

法庭辩论阶段，公诉人发表公诉意见：被告人于某虐待未成年家庭成员，情节恶劣，其行为触犯了《中华人民共和国刑法》第二百六十条第一款，犯罪事实清楚，证据确实充分，应当以虐待罪追究其刑事责任。被告人于某案发后主动投案，如实供述自己的犯罪行为，系自首，可以从轻或者减轻处罚。综合法定、酌定情节，建议在有期徒刑六个月至八个月之间量刑。考虑到被告人可能被宣告缓刑，公诉人向法庭提出应适用禁止令，禁止被告人于某再次对被害人实施家庭暴力。

最后陈述阶段，于某表示对检察机关指控的事实和证据无异议，并当庭认罪。

法庭经审理，认为公诉人指控的罪名成立，出示的证据能够相互印证，提出的量刑建议适当，予以采纳。当庭作出一审判决，认定被告人于某犯虐待罪，判处有期徒刑六个月，缓刑一年。禁止被告人于某再次对被害人实施家庭暴力。一审宣判后，被告人未上诉，判决已生效。

【支持提起变更抚养权诉讼】

某市某区人民检察院在办理本案中发现，2015 年 9 月，小田的亲生父母因感情不和协议离婚，约定其随父亲生活。小田的父亲丁某于 2015 年 12 月再婚。丁某长期在外地工作，没有能力亲自抚养被害人。检察人员征求小田生母武某的意见，武某愿意抚养小田。检察人员支持武某到人民法院起诉变更抚养权。2018 年 1 月 15 日，小田生母武某向某市某区人民法院提出变更抚养权诉讼。法庭经过调解，裁定变更小田的抚养权，改由生母武某抚养，生父丁某给付抚养费至其独立生活为止。

【指导意义】

《中华人民共和国刑法》第二百六十条规定，虐待家庭成员，情节恶劣的，告诉的才处理，但被害人没有能力告诉，或者因受到强制、威吓无法告诉的除外。虐待未成年人犯罪案件中，未成年人往往没有能力告诉，应按照公诉案件处理，由检察机关提起公诉，维护未成年被害人的合法权利。

《最高人民法院、最高人民检察院、公安部、司法部关于对判处管制、宣告缓刑的犯罪分子适用禁止令有关问题的规定（试行）》第七条规定，人民检察院在提起公诉时，对可能宣告缓刑的被告人，可以建议禁止其从事特定活动，进入特定区域、场所，接触特定的人。对未成年人遭受家庭成员虐待的案件，结合犯罪情节，检察机关可以在提出量刑建议的同时，有针对性地向人民法院提出适用禁止令的建议，禁止被告人再次对被害人实施家庭暴力，依法保障未成年人合法权益，督促被告人在缓刑考验期内认真改造。

夫妻离婚后，与未成年子女共同生活的一方不尽抚养义务，对未成年人实施虐待或者其他严重侵害合法权益的行为，不适宜继续担任抚养人的，根据《中华人民共和国民事诉讼法》第十五条的规定，检察机关可以支持未成年人或者其他监护人向人民法院提起变更抚养权诉讼，切实维护未成年人合法权益。

40. 陈某正当防卫案

（检例第 45 号）

【关键词】

未成年人　故意伤害　正当防卫　不批准逮捕

【要旨】

在被人殴打、人身权利受到不法侵害的情况下，防卫行为虽然造成了重大损害的客观后果，但是防卫措施并未明显超过必要限度的，不属于防卫过当，依法不负刑事责任。

【基本案情】

陈某，未成年人，某中学学生。

2016 年 1 月初，因陈某在甲的女朋友的网络空间留言示好，甲纠集乙等人，对陈某实施了殴打。

1 月 10 日中午，甲、乙、丙等 6 人（均为未成年人），在陈某就读的中学门口，见陈某从大门走出，有人提议陈某向老师告发他们打架，要去问个说法。甲等人尾随一段路后拦住陈某质问，陈某解释没有告状，甲等人不肯罢休，抓住并围殴陈某。乙的 3 位朋友（均为未成年人）正在附近，见状加入围殴陈某。其中，有人用膝盖顶击陈某的胸口、有人持石块击打陈某的手臂、有人持钢管击打陈某的背部，其他人对陈某或勒脖子或拳打脚踢。陈某掏出随身携带的折叠式水果刀（刀身长 8.5 厘米，不属于管制刀具），乱挥乱刺后逃脱。部分围殴人员继续追打并从后投掷石块，击中陈某的背部和腿部。陈某逃进学校，追打人员被学校保安拦住。陈某在反击过程中刺中了甲、乙和丙，经鉴定，该 3 人的损伤程度均构成重伤二级。陈某经人身检查，见身体多处软组织损伤。

案发后，陈某所在学校向司法机关提交材料，证实陈某遵守纪律、学习认真、成绩优秀，是一名品学兼优的学生。

公安机关以陈某涉嫌故意伤害罪立案侦查，并对其采取刑事拘留强制措施，后提请检察机关批准逮捕。检察机关根据审查认定的事实，依据刑法第二十条第一款的规定，认为陈某的行为属于正当防卫，不负刑事责任，决定不批准逮捕。公安机关将陈某释放同时要求复议。检察机关经复议，维持原决定。

检察机关在办案过程中积极开展释法说理工作，甲等人的亲属在充分了解事实经过和法律规定后，对检察机关的处理决定表示认可。

【不批准逮捕的理由】

公安机关认为，陈某的行为虽有防卫性质，但已明显超过必要限度，属于防卫过当，涉嫌故意伤害罪。检察机关则认为，陈某的防卫行为没有明显超过必要限度，不属于防卫过当，不构成犯罪。主要理由如下：

第一，陈某面临正在进行的不法侵害，反击行为具有防卫性质。任何人面对正在进行的不法侵害，都有予以制止、依法实施防卫的权利。本案中，甲等人借故拦截陈某并实施围殴，属于正在进行的不法侵害，陈某的反击行为显然具有防卫性质。

第二，陈某随身携带刀具，不影响正当防卫的认定。对认定正当防卫有影响的，并不是防卫人携带了可用于自卫的工具，而是防卫人是否有相互斗殴的故意。陈某在事前没有与对方约架斗殴的意图，被拦住后也是先解释退让，最后在遭到对方围打时才被迫还手，其随身携带水果刀，无论是日常携带还是事先有所防备，都不影响对正当防卫作出认定。

第三，陈某的防卫措施没有明显超过必要限度，不属于防卫过当。陈某的防卫行为致实施不法侵害的 3 人重伤，客观上造成了重大损害，但防卫措施并没有明显超过必要限度。陈某被 9 人围住殴打，其中有人使用了钢管、石块等工具，双方实力相差悬殊，陈某借助水果刀增强防卫能力，在手段强度上合情合理。并且，对方在陈某逃脱时仍持续追打，共同侵害行为没有停止，所以就制止整体不法侵害的实际需要来看，陈某持刀挥刺也没有不相适应之处。综合来看，陈某的防卫行为虽有致多人重伤的客观后果，但防卫措施没有明显超过必要限度，依法不属于防卫过当。

【指导意义】

刑法第二十条第一款规定，“为了使国家、公共利益、本人或者他人的人身、财产和其他权利免受正在进行的不法侵害，而采取的制止不法侵害的行为，对不法侵害人造成损害的，属于正当防卫，不负刑事责任”。司法实践通常称这种正当防卫为“一般防卫”。

一般防卫有限度要求，超过限度的属于防卫过当，需要负刑事责任。刑法规定的限度条件是“明显超过必要限度造成重大损害”，具体而言，行为人的防卫措施虽明显超过必要限度但防卫结果客观上并未造成重大损害，或者防卫结果虽客观上造成重大损害但防卫措施并未明显超过必要限度，均不能认定为防卫过当。本案中，陈某为了保护自己的人身安全而持刀反击，就所要保护的权利性质以及与侵害方的手段强度比较来看，不能认为防卫措施明显超过了必要限度，所以即使防卫结果在客观上造成了重大损害，也不属于防卫过当。

正当防卫既可以是为了保护自己的合法权益，也可以是为了保护他人的合法权益。《中华人民共和国未成年人保护法》第六条第二款也规定，“对侵犯未成年人合法权益的行为，任何组织和个人都有权予以劝阻、制止或者向有关部门提出检举或者控告”。对于未成年人正在遭受侵害的，任何人都有权介入保护，成年人更有责任予以救助。但是，冲突双方均为未成年人的，成年人介入时，应当优先选择劝阻、制止的方式；劝阻、制止无效的，在隔离、控制或制服侵害人时，应当注意手段和行为强度的适度。

检察机关办理正当防卫案件遇到争议时，应当根据《最高人民检察院关于实行检察官以案释法制度的规定》，适时、主动进行释法说理工作。对事实认定、法律适用和办案程序等问题进行答疑解惑，开展法治宣传教育，保障当事人和其他诉讼参与人的合法权利，努力做到案结事了。

人民检察院审查逮捕时，应当严把事实关、证据关和法律适用关。根据查明的事实，犯罪嫌疑人的行为属于正当防卫，不负刑事责任的，应当依法作出不批准逮捕的决定，保障无罪的人不受刑事追究。

41. 朱凤山故意伤害（防卫过当）案

（检例第46号）

【关键词】

民间矛盾　故意伤害　防卫过当　二审检察

【要旨】

在民间矛盾激化过程中，对正在进行的非法侵入住宅、轻微人身侵害行为，可以进行正当防卫，但防卫行为的强度不具有必要性并致不法侵害人重伤、死亡的，属于明显超过必要限度造成重大损害，应当负刑事责任，但是应当减轻或者免除处罚。

【基本案情】

朱凤山，男，1961年5月6日出生，农民。

朱凤山之女朱某与齐某系夫妻，朱某于2016年1月提起离婚诉讼并与齐某分居，朱某带女儿与朱凤山夫妇同住。齐某不同意离婚，为此经常到朱凤山家吵闹。4月4日，齐某在吵闹过程中，将朱凤山家门窗玻璃和朱某的汽车玻璃砸坏。朱凤山为防止齐某再进入院子，将院子一侧的小门锁上并焊上铁窗。5月8日22时许，齐某酒后驾车到朱凤山家，欲从小门进入院子，未得逞后在大门外叫骂。朱某不在家中，仅朱凤山夫妇带外孙女在家。朱凤山将情况告知齐某，齐某不肯作罢。朱凤山又分别给邻居和齐某的哥哥打电话，请他们将齐某劝离。在邻居的劝说下，齐某驾车离开。23时许，齐某驾车返回，站在汽车引擎盖上摇晃、攀爬院子大门，欲强行进入，朱凤山持铁叉阻拦后报警。齐某爬上院墙，在墙上用瓦片掷砸朱凤山。朱凤山躲到一边，并从屋内拿出宰羊刀防备。随后齐某跳入院内徒手与朱凤山撕扯，朱凤山刺中齐某胸部一刀。朱凤山见齐某受伤把大门打开，民警随后到达。齐某因主动脉、右心房及肺脏被刺破致急性大失血死亡。朱凤山在案发过程中报警，案发后在现场等待民警抓捕，属于自动投案。

一审阶段，辩护人提出朱凤山的行为属于防卫过当，公诉人认为朱凤山的行为不具有防卫性质。一审判决认定，根据朱凤山与齐某的关系及具体案情，齐某的违法行为尚未达到朱凤山必须通过持刀刺扎进行防卫制止的程度，朱凤山的行为不具有防卫性质，不属于防卫过当；朱凤山自动投案后如实供述主要犯罪事实，系自首，依法从轻处罚，朱凤山犯故意伤害罪，判处有期徒刑十五年，剥夺政治权利五年。

朱凤山以防卫过当为由提出上诉。河北省人民检察院二审出庭认为，根据查明的事实，依据《中华人民共和国刑法》第二十条第二款的规定，朱凤山的行为属于防卫过当，应当负刑事责任，但是应当减轻或者免除处罚，朱凤山的上诉理由成立。河北省高级人民法院二审判决认定，朱凤山持刀致死被害人，属防卫过当，应当依法减轻处罚，对河北省人民检察院的出庭意见予以支持，判决撤销一审判决的量刑部分，改判朱凤山有期徒刑七年。

【检察机关二审审查和出庭意见】

检察机关二审审查认为，朱凤山及其辩护人所提防卫过当的意见成立，一审公诉和判决对此未作认定不当，属于适用法律错误，二审应当作出纠正，并据此发表了出庭意见。主要意见和理由如下：

第一，齐某的行为属于正在进行的不法侵害。齐某与朱某已经分居，齐某当晚的行为在时间、方式上也显然不属于探视子女，故在朱凤山拒绝其进院后，其摇晃、攀爬大门并跳入院内，属于非法侵入住宅。齐某先用瓦片掷砸随后进行撕扯，侵犯了朱凤山的人身权利。齐某的这些行为，均属于正在进行的不法侵害。

第二，朱凤山的行为具有防卫的正当性。齐某的行为从吵闹到侵入住宅、侵犯人身，呈现升级趋势，具有一定的危险性。齐某经人劝离后再次返回，执意在深夜时段实施侵害，不法行为具有一定的紧迫性。朱凤山先是找人规劝，继而报警求助，始终没有与齐某斗殴的故意，提前准备工具也是出于防卫的目的，因此其反击行为具有防卫的正当性。

第三，朱凤山的防卫行为明显超过必要限度造成重大损害，属于防卫过当。齐某上门闹事、滋扰的目的是不愿离婚，希望能与朱某和好继续共同生活，这与离婚后可能实施报复的行为有很大区别。齐某虽实施了投掷瓦片、撕扯的行为，但整体仍在闹事的范围内，对朱凤山人身权利的侵犯尚属轻微，没有危及朱凤山及其家人的健康或生命的明显危险。朱凤山已经报警，也有继续周旋、安抚、等待的余地，但却选择使用刀具，在撕扯过程中直接捅刺齐某的要害部位，最终造成了齐某伤重死亡的重大损害。综合来看，朱凤山的防卫行为，在防卫措施的强度上不具有必要性，在防卫结果与所保护的权利对比上也相差悬殊，应当认定为明显超过必要限度造成重大损害，属于防卫过当，依法应当负刑事责任，但是应当减轻或者免除处罚。

【指导意义】

刑法第二十条第二款规定，“正当防卫明显超过必要限度造成重大损害的，应当负刑事责任，但是应当减轻或者免除处罚”。司法实践通常称本款规定的情况为“防卫过当”。

防卫过当中，重大损害是指造成不法侵害人死亡、重伤的后果，造成轻伤及以下损伤的不属于重大损害；明显超过必要限度是指，根据所保护的权利性质、不法侵害的强度和紧迫程度等综合衡量，防卫措施缺乏必要性，防卫强度与侵害程度对比也相差悬殊。司法实践中，重大损害的认定比较好把握，但明显超过必要限度的认定相对复杂，对此应当根据不法侵害的性质、手段、强度和危害程度，以及防卫行为的性质、手段、强度、时机和所处环境等因素，进行综合判断。本案中，朱凤山为保护住宅安宁和免受可能的一定人身侵害，而致侵害人丧失生命，就防卫与侵害的性质、手段、强度和结果等因素的对比来看，既不必要也相差悬殊，属于明显超过必要限度造成重大损害。

民间矛盾引发的案件极其复杂，涉及防卫性质争议的，应当坚持依法、审慎的原则，准确作出判断和认定，从而引导公民理性平和解决争端，避免在争议纠纷中不必要地使用武力。针对实践当中的常见情形，可注意把握以下几点：一是应作整体判断，即分清前因后果和是非曲直，根据查明的事实，当事人的行为具有防卫性质的，应当依法作出认定，不能惟结果论，也不能因矛盾暂时没有化解等因素而不去认定或不敢认定；二是对于近亲属之间发生的不法侵害，对防卫强度必须结合具体案情作出更为严格的限制；三是对于被害人有无过错与是否正在进行的不法侵害，应当通过细节的审查、补查，作出准确的区分和认定。

人民检察院办理刑事案件，必须高度重视犯罪嫌疑人、被告人及其辩护人所提正当防卫或防卫过当的意见，对于所提意见成立的，应当及时予以采纳或支持，依法保障当事人的合法权利。

42. 陕西省宝鸡市环境保护局凤翔分局不全面履职案

（检例第 49 号）

【关键词】

依法全面履职　环境保护　行政公益诉讼

【要旨】

行政机关在履行环境保护监管职责时，虽有履职行为，但未依法全面运用行政监管手段制止违法行为，检察机关经诉前程序仍未实现督促行政机关依法全面履职目的的，应当向人民法院提起行政公益诉讼。

【基本案情】

2014 年 5 月，陕西长青能源化工有限公司（以下简称长青能化）年产 60 万吨甲醇工程项目建成，并经陕西省环境保护厅审批投入试生产至 2014 年 12 月 31 日。2014 年 11 月 24 日，陕西省发布《关中地区重点行业大气污染物排放限值》地方标准，燃煤锅炉颗粒物排放限值为 20mg/m3，自 2015 年 1 月 1 日起实施。长青能化试生产期间，燃煤锅炉大气污染物排放值基本处于地方标准 20mg/m3 以上，国家标准 50mg/m3 以下。

2015 年 1 月 1 日，长青能化试生产期满后未停止生产且燃煤锅炉颗粒物排放值持续在 20mg/m3 以上 50mg/m3 以下。

2015 年 7 月 7 日，陕西省宝鸡市环境保护局凤翔分局（以下简称凤翔分局）向长青能化下达《环境违法行为限期改正通知书》，责令其限期改正生产甲醇环保违规行为，否则将予以高限处罚。长青能化没有整改到位，凤翔分局未作出高限处罚。2015 年 11 月 18 日，凤翔分局向长青能化下达《行政处罚决定书》，限其于一个月内整改到位，并处以 5 万元罚款。但该企业并未停止甲醇项目生产，颗粒物超标排放问题依然没有得到有效解决，对周围大气造成污染。

【诉前程序】

2015 年 11 月下旬，陕西省宝鸡市人民检察院在办案中发现凤翔分局可能有履职不尽责的情况，遂指定凤翔县人民检察院开展调查。凤翔县人民检察院查明：长青能化超期试生产且颗粒物超标排放，而凤翔分局虽对长青能化作出行政处罚，但未依法全面履职。2015 年 12 月 3 日，凤翔县人民检察院向凤翔分局发出《检察建议书》，建议其依法履职，督促长青能化上线治污减排设备，确保环保达标。

2016 年 1 月 4 日，凤翔分局书面回复凤翔县人民检察院称：2015 年 12 月 24 日对长青能化下达《责令限制生产决定书》，责令该公司限产。2015 年 12 月 30 日作出《排污核定与排污费缴纳决定书》，对长青能化 2015 年 10 月至 12 月间颗粒物超标排放加收排污费。

针对凤翔分局回复意见，凤翔县人民检察院进一步查明：凤翔分局作出责令限制生产决定、加收排污费等措施后，长青能化虽然按要求限制生产，但其治污减排设备建设项目未正式投入使用，颗粒物排放依然超过限值。

【诉讼过程】

鉴于检察建议未实现应有效果，2016 年 5 月 11 日，凤翔县人民检察院向凤翔县人民法院提起行政公益诉讼。凤翔县人民法院受理后，认为符合起诉条件，但不宜由凤翔县人民法院管辖。经向宝鸡市中级人民法院请示指定管辖，2016 年 5 月 13 日，宝鸡市中级人民法院依法裁定本案由宝鸡市陈仓区人民法院管辖。2016 年 11 月 10 日，宝鸡市陈仓区人民法院对本案公开开庭审理。

（一）法庭调查

出庭检察人员宣读起诉书，请求：1. 确认凤翔分局未依法全面履职的行为违法；2. 判令凤翔分局依法全面履行职责，督促长青能化采取有效措施，确保颗粒物排放符合标准。

凤翔分局答辩状称其对企业采取了行政处罚、责令限制生产等措施，已经全面履行职责。诉讼前，长青能化减污设备已经运行，检察机关不需要再提起诉讼。

法庭举证、质证阶段，围绕凤翔分局是否依法全面履行法定职责，出庭检察人员出示了凤翔分局行政职责范围的依据，2015 年 1 月 1 日至 2016 年 5 月 8 日长青能化颗粒物排放数据等证据。证明截至提起诉讼前，长青能化湿电除尘系统没有竣工验收并且颗粒物依然超标排放，持续给周围大气环境造成污染问题没有彻底解决。

凤翔分局针对起诉书，提交了对长青能化日常监管的表格及 2015 年 7 月以来对长青能化作出的各类处罚文书等证据材料，证明已经依法全面履行了对相对人的环境监管职责。

针对凤翔分局提出的证据，出庭检察人员认为，其只能证明凤翔分局对长青能化作出了行政处罚，但不能证明依法全面履职并实现了履职目的。诉讼前，长青能化排放仍存在不达标的情况。

（二）法庭辩论

出庭检察人员指出，凤翔分局未依法全面履职主要表现在三个方面：

一是凤翔分局未依法监管相对人严格执行建设项目环境保护设施设计、施工、使用“三同时”的规定。长青能化的环境保护设施虽然与建设项目同时设计、同时施工，但并未同时使用。

二是凤翔分局初期未采取有效措施对长青能化违法排放颗粒物的行为作出处理。自 2015 年 1 月 1 日起，长青能化颗粒物排放浓度均超过 20mg/m3 的标准，最高达 72mg/m3。凤翔分局却未采取有效行政监管措施予以处置，直到 2015 年 7 月 7 日才对颗粒物超标排放违法行为作出《环境违法行为限期改正通知书》。

三是凤翔分局未依法全面运用监管措施督促长青能化纠正违法行为。长青能化在收到《环境违法行为限期改正通知书》后两个月内未按要求整改到位，凤翔分局未采取相应措施作出高限处罚。

凤翔分局答辩称：已履行了法定职责，多次对长青能化作出行政处罚，颗粒物超标排放是由于地方标准的变化。2016 年 3 月 27 日，长青能化减污设备已经运行，检察机关无需提起诉讼。

针对凤翔分局答辩，检察机关提出辩论意见：对于长青能化的排污行为，凤翔分局虽有履职行为，但履职不尽责。一是作出的 5 万元罚款不是高限处罚。二是按照相关规定，在地方标准严于国家标准的情况下，依法应当执行地方标准。三是 2016 年 3 月 27 日，长青能化减污设备已经上线运行，但颗粒物排放数据仍不稳定，仍有不达标的问题。四是诉讼中，凤翔分局于 2016 年 5 月 16 日才作出按日连续处罚的行政处罚，对长青能化违法行为罚款 645 万元。

2016 年 8 月 22 日，长青能化减污设备经评估正式投入运行，经第三方检测机构的检测，长青能化颗粒物排放已持续稳定符合国家和地方排放标准。2016 年 12 月 20 日，检察机关撤回了第二项诉讼请求，即督促长青能化采取有效措施，确保颗粒物排放达到国家标准和地方标准。

（三）审理结果

2016 年 12 月 28 日，陕西省宝鸡市陈仓区人民法院作出一审判决，确认被告凤翔分局未依法全面履行对相对人长青能化环境监管职责的行为违法。

【指导意义】

诉前程序是检察机关提起公益诉讼的前置程序。办理公益诉讼案件，要对违法事实进行调查核实，围绕行政机关不依法履职或者不全面履职行为的客观表现、主观过错、与国家利益或者社会公共利益遭受侵害后果的关系以及相关的法律依据、政策要求、文件规定等全面收集、固定证据，在查清事实的基础上依法提出检察建议，督促行政机关纠正违法、依法履职。行政机关未在检察建议要求的期限内依法全面履行职责，国家利益或者社会公共利益仍然遭受侵害的，检察机关应当依法向人民法院提起公益诉讼。

对行政机关不依法履行法定职责的判断和认定，应以法律规定的行政机关法定职责为依据，对照行政机关的执法权力清单和责任清单，以是否全面运用或者穷尽法律法规和规范性文件规定的行政监管手段制止违法行为，国家利益或者社会公共利益是否得到了有效保护为标准。行政机关虽然采取了部分行政监管或者处罚措施，但未依法全面运用或者穷尽行政监管手段制止违法行为，国家利益或者社会公共利益受侵害状态没有得到有效纠正的，应认定行政机关不依法全面履职。

43. 湖南省长沙县城乡规划建设局等不依法履职案

（检例第 50 号）

【关键词】

督促履职　生态环境保护　行政公益诉讼

【要旨】

检察机关通过检察建议实现了督促行政机关依法履职、维护国家利益和社会公共利益目的的，不需要再向人民法院提起诉讼。

【基本案情】

2013 年 6 月，长沙威尼斯城房地产开发有限公司（以下简称威尼斯城房产公司）开发的威尼斯城第四期项目开始建设。该项目将原定项目建设的性质、规模、容积率等作出重大调整，开工建设前未按照《中华人民共和国环境影响评价法》的规定重新报批环境影响评价文件。2016 年 8 月 29 日，湖南省长沙县行政执法局对威尼斯城房产公司作出行政处罚决定，责令该公司停止第四期项目建设，并处以 10 万元罚款。威尼斯城房产公司虽然缴纳了罚款但并未停止建设。截至 2018 年 3 月 7 日，该项目已经建成 1—6 栋。7—8 栋未取得施工许可证即开始进行基坑施工（停工状态），9 栋未开工建设。

【提出检察建议】

2017 年 7 月 20 日，湖南省长沙市人民检察院在参与中央环保督查组督查过程中，发现长沙县城乡规划建设局、长沙县行政执法局不依法履行职责致使国家和社会公共利益受损的线索。报告湖南省人民检察院后，湖南省人民检察院将案件线索交长沙市人民检察院办理。

长沙市人民检察院调查发现，2003 年 4 月 22 日至 2017 年 3 月 14 日，威尼斯城第四期项目建设用地位于参照饮用水水源一级保护区保护范围内。2017 年 3 月 14 日后，根据湖南省人民政府调整后的饮用水水源保护区划定，该建设项目用地位于饮用水水源二级保护区保护范围内。经调查核实，长沙市人民检察院认为长沙县城乡规划建设局等三行政机关不依法履行职责，对当地生态环境、饮用水水源安全造成重大影响，侵害了社会公共利益。其中：

长沙县城乡规划建设局明知威尼斯城第四期项目必须重新申报环境影响评价文件，但在未重新申报的情况下，发放建设工程规划许可证和建筑工程施工许可证，导致项目违法建设，给当地生态环境造成重大影响。

长沙县行政执法局明知威尼斯城第四期项目环境影响评价未申报通过、未批先建的情况下，在作出责令停止建设，并处以罚款 10 万元的决定后，未进一步采取措施，导致该项目 1—6 栋最终建设完成，同时对该项目 7—8 栋无建筑工程施工许可就开挖基坑的违法行为未责令恢复原状，造成重大生态环境影响。

长沙县环境保护局明知威尼斯城第四期项目环境影响评价未申报通过，却在该项目 1—6 栋建设工程规划许可证申请表上盖章予以认可，造成违法建设行为发生，给当地生态环境造成重大影响。

2017 年 12 月 18 日、2018 年 3 月 16 日，长沙市人民检察院先后分别向长沙县城乡规划建设局、长沙县行政执法局和长沙县环境保护局发出检察建议：一是建议长沙县行政执法局依法对威尼斯城房产公司未依法停止建设，仍处于继续状态的违法行为进行处罚，责令对违法在建工程恢复原状。二是建议三行政机关在职责范围内依法处理威尼斯城第四期项目环境影响评价、建设工程规划许可和建筑工程施工许可等问题。三是建议三行政机关依法加强对该项目行政许可的审批管理和执法监管，杜绝类似违法行为再次发生。

检察机关发出检察建议后，与长沙县行政执法局等三机关以及长沙县人民政府进行了反复协调沟通，促进相关检察建议落实。三机关均按期对长沙市人民检察院检察建议进行了书面回复。2018 年 4 月 10 日，长沙县行政执法局根据检察建议的要求对威尼斯城房产公司作出行政处罚决定：责令该公司立即停止第四期项目建设；对7—8栋基坑恢复原状，并处罚款4365058.67元。威尼斯城房产公司接受处罚并对7—8栋基坑恢复原状。长沙县城乡规划建设局、长沙县环境保护局根据检察建议的要求加大对该项目的监管力度，对类似行政审批流程进行规范，对相关责任人员进行追责，给予四名工作人员相应的行政处分。

2018年2月9日，长沙县人民政府就纠正违法行为与长沙市人民检察院沟通并对相关问题提出处置意见。因该案涉及饮用水水源地保护区调整，长沙市人民检察院依法向长沙县人民政府发出工作建议，建议该县及时向上级机关申报重新划定饮用水水源地保护区范围；对该项目监管和执法中暴露出来的相关违法违规问题依法依规进行处理；加强对建设项目审批的管理和监督、对招商引资项目的管理，进一步规范行政许可、行政审批行为，切实防止损害生态环境和资源保护行为的发生。

2018年5月17日，长沙县人民政府就工作建议向长沙市人民检察院作出书面回复，对威尼斯城第四期项目违法建设的处置提出具体的工作意见和实施办法。长沙市人民检察院认为，威尼斯城第四期项目违法建设对当地生态环境和饮用水水源地造成重大影响，损害社会公共利益，考虑到该项目1—6栋已经销售完毕，仅第6栋就涉及320户，涉及众多群众利益，撤销该项目的建设工程规划许可证和建筑工程施工许可证并拆除建筑，将损害不知情群众的利益。经论证，采取取水口上移变更饮用水水源地保护区范围等补救措施，不影响威尼斯城众多业主的合法权益和生活稳定，社会效果和法律效果较好。根据长沙市人民检察院的建议，长沙县人民政府上移饮用水取水口。2018年5月31日，新建设的长沙县星沙第二水厂取水泵站已经通水。2018年10月29日，经湖南省人民政府批准，长沙市人民政府对饮用水水源地保护范围进行了调整。

【指导意义】

检察机关办理公益诉讼案件，应当着眼于切实维护国家利益和社会公共利益的目标，加强与行政机关沟通协调，注重各项实际措施的落实到位。充分发挥诉前程序的功能作用，努力实现案件办理政治效果、社会效果和法律效果的有机统一。对于一个污染环境或者破坏生态的事件，多个行政机关存在违法行使职权或者不作为情形的，检察机关可以分别提出检察建议，督促其依法履行各自职责。依据法律规定，有多种行政监管、处罚措施可选择时，应从最大限度保护国家利益或者社会公共利益出发，建议行政机关采取尽量不减损非侵权主体的合法权益、实际效果最好的监管处罚措施。

44. 曾云侵害英烈名誉案

（检例第 51 号）

【关键词】

社会公共利益　英烈名誉　民事公益诉讼

【要旨】

对侵害英雄烈士的姓名、肖像、名誉、荣誉，损害社会公共利益的行为人，英雄烈士近亲属不提起民事诉讼的，检察机关可以依法向人民法院提起公益诉讼，要求侵权人承担侵权责任。

【基本案情】

2018 年 5 月 12 日下午，江苏省淮安市消防支队水上大队城南中队副班长谢勇在实施灭火救援行动中不幸牺牲。5 月 13 日，公安部批准谢勇同志为烈士并颁发献身国防金质纪念章；5 月 14 日，中共江苏省公安厅委员会追认谢勇同志为中国共产党党员，追记一等功；淮安市人民政府追授谢勇同志“灭火救援勇士”荣誉称号。

2018 年 5 月 14 日，曾云因就职受挫、生活不顺等原因，饮酒后看到其他网友发表悼念谢勇烈士的消息，为发泄自己的不满，在微信群公开发表一系列侮辱性言论，歪曲谢勇烈士英勇牺牲的事实。该微信群共有成员 131 人，多人阅看了曾云的言论，有多人转发。曾云歪曲事实、侮辱英烈的行为，侵害了烈士的名誉，造成了较为恶劣的社会影响。

【诉前程序】

2018 年 5 月 17 日，江苏省淮安市人民检察院以侵害英雄烈士名誉对曾云作出立案决定。

检察机关围绕曾云是否应当承担侵害英烈名誉的责任开展调查取证。经调查核实，曾云主观上明知其行为可能造成侵害烈士名誉的后果，客观上实施了侵害烈士名誉的违法行为，在社会上产生较大负面影响，损害了社会公共利益。

检察机关依法履行民事公益诉讼诉前程序，指派检察官赴谢勇烈士家乡湖南衡阳，就是否对曾云侵害烈士名誉的行为提起民事诉讼当面征求了谢勇烈士父母、祖父母及其弟的意见（谢勇烈士的外祖父母均已去世）。烈士近亲属声明不提起民事诉讼，并签署支持检察机关追究曾云侵权责任的书面意见。

【诉讼过程】

2018 年 5 月 21 日，淮安市人民检察院就曾云侵害谢勇烈士名誉案向淮安市中级人民法院提起民事公益诉讼。6 月 12 日，淮安市中级人民法院公开开庭审理本案。

（一）法庭调查

淮安市人民检察院派员以公益诉讼起诉人的身份出庭，并宣读起诉书，认为曾云发表的侮辱性语言和不实言论侵害了谢勇烈士的名誉，损害了社会公共利益。

公益诉讼起诉人出示了相关证据材料：一是批准谢勇同志烈士称号的批文、追授谢勇同志“灭火救援勇士”荣誉称号的文件等，证明谢勇同志被批准为英雄烈士和被授予荣誉称号。二是曾云微信群的聊天记录截图、证人证言等，证明曾云实施侵害谢勇烈士名誉的行为，损害社会公共利益。三是检察机关向谢勇烈士近亲属发出的征求意见函、谢勇烈士近亲属出具的书面声明等，证明检察机关履行了诉前程序。

曾云表示对检察机关起诉书载明的事实和理由没有异议。

（二）法庭辩论

公益诉讼起诉人发表出庭意见：

一是曾云公开发表侮辱性言论，歪曲英雄被追认为烈士的相关事实，侵害了谢勇烈士的名誉。证据充分证明曾云发表的不当言论被众多网友知晓并转发，在社会上产生了负面影响，侵害了谢勇烈士的名誉。

二是曾云的行为损害了社会公共利益。英雄事迹是社会主义核心价值观和民族精神的体现。曾云的行为置社会主义核心价值观于不顾，严重损害了社会公共利益。

三是检察机关依法提起民事公益诉讼，意义重大。检察机关对侵害英烈名誉的行为提起公益诉讼，旨在对全社会起到警示教育作用，形成崇尚英雄、学习英雄、传承英雄精神的社会风尚。

曾云承认在微信群发表不当言论对烈士亲属造成了伤害，愿意通过媒体公开赔礼道歉，并当庭宣读了道歉信。

（三）审理结果

2018 年 6 月 12 日，淮安市中级人民法院经审理，认定曾云的行为侵害了谢勇烈士名誉并损害了社会公共利益，当庭作出判决，判令曾云在判决生效之日起七日内在本地市级报纸上公开赔礼道歉。

一审宣判后，曾云当庭表示不上诉并愿意积极履行判决确定的义务。2018 年 6 月 16 日，曾云在《淮安日报》公开刊登道歉信，消除因其不当言论造成的不良社会影响。

【指导意义】

《中华人民共和国英雄烈士保护法》第二十五条规定："英雄烈士没有近亲属或者近亲属不提起诉讼的，检察机关依法对侵害英雄烈士的姓名、肖像、名誉、荣誉，损害社会公共利益的行为向人民法院提起诉讼。"英雄烈士的形象是民族精神的体现，是引领社会风尚的标杆。英雄烈士的姓名、肖像、名誉和荣誉等不仅属于英雄烈士本人及其近亲属，更是社会正义的重要组成内容，承载着社会主义核心价值观，具有社会公益性质。侵害英雄烈士名誉就是对公共利益的损害。对于侵害英雄烈士名誉的行为，英雄烈士没有近亲属或者近亲属不提起诉讼时，检察机关应依法提起公益诉讼，捍卫社会公共利益。

检察机关履行这类公益诉讼职责，要在提起诉讼前确认英雄烈士是否有近亲属以及其近亲属是否提起诉讼，区分情况处理。对于英雄烈士有近亲属的，检察机关应当当面征询英雄烈士近亲属是否提起诉讼；对于英雄烈士没有近亲属或者近亲属下落不明的，检察机关可以通过公告的方式履行告知程序。

检察机关办理该类案件，除围绕侵权责任构成要件收集、固定证据外，还要就侵权行为是否损害社会公共利益这一结果要件进行调查取证。对于在微信群内发表侮辱、诽谤英雄烈士言论的行为，要重点收集微信群成员数量、微信群组的私密性、进群验证方式、不当言论被阅读数、转发量等方面的证据，证明侵权行为产生的不良社会影响及其严重性。检察机关在决定是否提起公益诉讼时，还应当考虑行为人的主观过错程度、社会公共利益受损程度等，充分履行职责，实现政治效果、社会效果和法律效果的有机统一。

附录二　相关司法解释[①]

1. 最高人民法院等部门关于发布《人体损伤程度鉴定标准》的公告

最高人民法院　最高人民检察院　公安部
国家安全部　司法部

关于发布《人体损伤程度鉴定标准》的公告

为进一步加强人身损伤程度鉴定标准化、规范化工作，现将《人体损伤程度鉴定标准》发布，自2014年1月1日起施行。《人体重伤鉴定标准》（司发〔1990〕070号）、《人体轻伤鉴定标准（试行）》［法（司）发〔1990〕6号］和《人体轻微伤的鉴定》（GA/T146－1996）同时废止。

最高人民法院
最高人民检察院
公安部
国家安全部
司法部
2013年8月30日

① 本附录中的司法解释不宜拆分，因此单独列出。

2.《人体损伤程度鉴定标准》

1 **范围**

本标准规定了人体损伤程度鉴定的原则、方法、内容和等级划分。

本标准适用于《中华人民共和国刑法》及其他法律、法规所涉及的人体损伤程度鉴定。

2 **规范性引用文件**

下列文件对于本文件的应用是必不可少的。本标准引用文件的最新版本适用于本标准。

GB18667 道路交通事故受伤人员伤残评定

GB/T16180 劳动能力鉴定职工工伤与职业病致残等级

GB/T26341—2010 残疾人残疾分类和分级

3 **术语和定义**

3.1 重伤

使人肢体残废、毁人容貌、丧失听觉、丧失视觉、丧失其他器官功能或者其他对于人身健康有重大伤害的损伤，包括重伤一级和重伤二级。

3.2 轻伤

使人肢体或者容貌损害，听觉、视觉或者其他器官功能部分障碍或者其他对于人身健康有中度伤害的损伤，包括轻伤一级和轻伤二级。

3.3 轻微伤

各种致伤因素所致的原发性损伤，造成组织器官结构轻微损害或者轻微功能障碍。

4 **总则**

4.1 鉴定原则

4.1.1 遵循实事求是的原则，坚持以致伤因素对人体直接造成的原发性损伤及由损伤引起的并发症或者后遗症为依据，全面分析，综合鉴定。

4.1.2 对于以原发性损伤及其并发症作为鉴定依据的，鉴定时应以损伤当时伤情为主，损伤的后果为辅，综合鉴定。

4.1.3 对于以容貌损害或者组织器官功能障碍作为鉴定依据的，鉴定时应以损伤的后果为主，损伤当时伤情为辅，综合鉴定。

4.2 鉴定时机

4.2.1 以原发性损伤为主要鉴定依据的，伤后即可进行鉴定；以损伤所致的并发症为主要鉴定依据的，在伤情稳定后进行鉴定。

4.2.2 以容貌损害或者组织器官功能障碍为主要鉴定依据的，在损伤90日后进行鉴定；在特殊情况下可以根据原发性损伤及其并发症出具鉴定意见，但须对有可能出现的后遗症加以说明，必要时应进行复检并予以补充鉴定。

4.2.3 疑难、复杂的损伤，在临床治疗终结或者伤情稳定后进行鉴定。

4.3 伤病关系处理原则

4.3.1 损伤为主要作用的，既往伤/病为次要或者轻微作用的，应依据本标准相应条款进行鉴定。

4.3.2 损伤与既往伤/病共同作用的，即二者作用相当的，应依据本标准相应条款适度降低损伤程度等级，即等级为重伤一级和重伤二级的，可视具体情况鉴定为轻伤一级或者轻伤二级，等级为轻伤一级和轻伤二级的，均鉴定为轻微伤。

4.3.3 既往伤/病为主要作用的，即损伤为次要或者轻微作用的，不宜进行损伤程度鉴定，只说明因果关系。

5 **损伤程度分级**

5.1 颅脑、脊髓损伤

5.1.1 重伤一级

a）植物生存状态。

b）四肢瘫（三肢以上肌力3级以下）。

c）偏瘫、截瘫（肌力2级以下），伴大便、小便失禁。

d）非肢体瘫的运动障碍（重度）。

e）重度智能减退或者器质性精神障碍，生活完全不能自理。

5.1.2 重伤二级

a）头皮缺损面积累计75.0cm^2以上。

b）开放性颅骨骨折伴硬脑膜破裂。

c）颅骨凹陷性或者粉碎性骨折，出现脑受压症状和体征，须手术治疗。

d）颅底骨折，伴脑脊液漏持续4周以上。

e）颅底骨折，伴面神经或者听神经损伤引起相应神经功能障碍。

f）外伤性蛛网膜下腔出血，伴神经系统症状和体征。

g）脑挫（裂）伤，伴神经系统症状和体征。

h）颅内出血，伴脑受压症状和体征。

i）外伤性脑梗死，伴神经系统症状和体征。

j）外伤性脑脓肿。

k）外伤性脑动脉瘤，须手术治疗。

l）外伤性迟发性癫痫。

m）外伤性脑积水，须手术治疗。

n）外伤性颈动脉海绵窦瘘。

o）外伤性下丘脑综合征。

p）外伤性尿崩症。

q）单肢瘫（肌力3级以下）。

r）脊髓损伤致重度肛门失禁或者重度排尿障碍。

5.1.3 轻伤一级

a）头皮创口或者瘢痕长度累计20.0cm以上。

b）头皮撕脱伤面积累计50.0cm^{2}以上；头皮缺损面积累计24.0cm^{2}以上。

c）颅骨凹陷性或者粉碎性骨折。

d）颅底骨折伴脑脊液漏。

e）脑挫（裂）伤；颅内出血；慢性颅内血肿；外伤性硬脑膜下积液。

f）外伤性脑积水；外伤性颅内动脉瘤；外伤性脑梗死；外伤性颅内低压综合征。

g）脊髓损伤致排便或者排尿功能障碍（轻度）。

h）脊髓挫裂伤。

5.1.4 轻伤二级

a）头皮创口或者瘢痕长度累计 8.0cm 以上。

b）头皮撕脱伤面积累计 20.0cm^2 以上；头皮缺损面积累计 10.0cm^2 以上。

c）帽状腱膜下血肿范围 50.0cm^2 以上。

d）颅骨骨折。

e）外伤性蛛网膜下腔出血。

f）脑神经损伤引起相应神经功能障碍。

5.1.5 轻微伤

a）头部外伤后伴有神经症状。

b）头皮擦伤面积 5.0cm^2 以上；头皮挫伤；头皮下血肿。

c）头皮创口或者瘢痕。

5.2 面部、耳廓损伤

5.2.1 重伤一级

a）容貌毁损（重度）。

5.2.2 重伤二级

a）面部条状瘢痕（50％以上位于中心区），单条长度 10.0cm 以上，或者两条以上长度累计 15.0cm 以上。

b）面部块状瘢痕（50％以上位于中心区），单块面积 6.0cm^2 以上，或者两块以上面积累计 10.0cm^2 以上。

c）面部片状细小瘢痕或者显著色素异常，面积累计达面部 30％。

d）一侧眼球萎缩或者缺失。

e）眼睑缺失相当于一侧上眼睑 1/2 以上。

f）一侧眼睑重度外翻或者双侧眼睑中度外翻。

g）一侧上睑下垂完全覆盖瞳孔。

h）一侧眼眶骨折致眼球内陷 0.5cm 以上。

i）一侧鼻泪管和内眦韧带断裂。

j）鼻部离断或者缺损 30％以上。

k）耳廓离断、缺损或者挛缩畸形累计相当于一侧耳廓面积 50％以上。

l）口唇离断或者缺损致牙齿外露3枚以上。

m）舌体离断或者缺损达舌系带。

n）牙齿脱落或者牙折共7枚以上。

o）损伤致张口困难Ⅲ度。

p）面神经损伤致一侧面肌大部分瘫痪，遗留眼睑闭合不全和口角歪斜。

q）容貌毁损（轻度）。

5.2.3 轻伤一级

a）面部单个创口或者瘢痕长度6.0cm以上；多个创口或者瘢痕长度累计10.0cm以上。

b）面部块状瘢痕，单块面积4.0cm² 以上；多块面积累计7.0cm² 以上。

c）面部片状细小瘢痕或者明显色素异常，面积累计30.0cm² 以上。

d）眼睑缺失相当于一侧上眼睑1/4以上。

e）一侧眼睑中度外翻；双侧眼睑轻度外翻。

f）一侧上眼睑下垂覆盖瞳孔超过1/2。

g）两处以上不同眶壁骨折；一侧眶壁骨折致眼球内陷0.2cm以上。

h）双侧泪器损伤伴溢泪。

i）一侧鼻泪管断裂；一侧内眦韧带断裂。

j）耳廓离断、缺损或者挛缩畸形累计相当于一侧耳廓面积30%以上。

k）鼻部离断或者缺损15%以上。

l）口唇离断或者缺损致牙齿外露1枚以上。

m）牙齿脱落或者牙折共4枚以上。

n）损伤致张口困难Ⅱ度。

o）腮腺总导管完全断裂。

p）面神经损伤致一侧面肌部分瘫痪，遗留眼睑闭合不全或者口角歪斜。

5.2.4 轻伤二级

a）面部单个创口或者瘢痕长度4.5cm以上；多个创口或者瘢痕长度

累计 6.0cm 以上。

b）面颊穿透创，皮肤创口或者瘢痕长度 1.0cm 以上。

c）口唇全层裂创，皮肤创口或者瘢痕长度 1.0cm 以上。

d）面部块状瘢痕，单块面积 $3.0cm^2$ 以上或多块面积累计 $5.0cm^2$ 以上。

e）面部片状细小瘢痕或者色素异常，面积累计 $8.0cm^2$ 以上。

f）眶壁骨折（单纯眶内壁骨折除外）。

g）眼睑缺损。

h）一侧眼睑轻度外翻。

i）一侧上眼睑下垂覆盖瞳孔。

j）一侧眼睑闭合不全。

k）一侧泪器损伤伴溢泪。

l）耳廓创口或者瘢痕长度累计 6.0cm 以上。

m）耳廓离断、缺损或者挛缩畸形累计相当于一侧耳廓面积 15％以上。

n）鼻尖或者一侧鼻翼缺损。

o）鼻骨粉碎性骨折；双侧鼻骨骨折；鼻骨骨折合并上颌骨额突骨折；鼻骨骨折合并鼻中隔骨折；双侧上颌骨额突骨折。

p）舌缺损。

q）牙齿脱落或者牙折 2 枚以上。

r）腮腺、颌下腺或者舌下腺实质性损伤。

s）损伤致张口困难Ⅰ度。

t）颌骨骨折（牙槽突骨折及一侧上颌骨额突骨折除外）。

u）颧骨骨折。

5.2.5 轻微伤

a）面部软组织创。

b）面部损伤留有瘢痕或者色素改变。

c）面部皮肤擦伤，面积 $2.0cm^2$ 以上；面部软组织挫伤；面部划伤 $4.0cm^2$ 以上。

d）眶内壁骨折。

e）眼部挫伤；眼部外伤后影响外观。

f）耳廓创。

g）鼻骨骨折；鼻出血。

h）上颌骨额突骨折。

i）口腔粘膜破损；舌损伤。

j）牙齿脱落或者缺损；牙槽突骨折；牙齿松动 2 枚以上或者Ⅲ度松动 1 枚以上。

5.3 听器听力损伤

5.3.1 重伤一级

a）双耳听力障碍（≥91dBHL）。

5.3.2 重伤二级

a）一耳听力障碍（≥91dBHL）。

b）一耳听力障碍（≥81dBHL），另一耳听力障碍（≥41dBHL）。

c）一耳听力障碍（≥81dBHL），伴同侧前庭平衡功能障碍。

d）双耳听力障碍（≥61dBHL）。

e）双侧前庭平衡功能丧失，睁眼行走困难，不能并足站立。

5.3.3 轻伤一级

a）双耳听力障碍（≥41dBHL）。

b）双耳外耳道闭锁。

5.3.4 轻伤二级

a）外伤性鼓膜穿孔 6 周不能自行愈合。

b）听骨骨折或者脱位；听骨链固定。

c）一耳听力障碍（≥41dBHL）。

d）一侧前庭平衡功能障碍，伴同侧听力减退。

e）一耳外耳道横截面 1/2 以上狭窄。

5.3.5 轻微伤

a）外伤性鼓膜穿孔。

b）鼓室积血。

c）外伤后听力减退。

5.4 视器视力损伤

5.4.1 重伤一级

a）一眼眼球萎缩或者缺失，另一眼盲目3级。

b）一眼视野完全缺损，另一眼视野半径20°以下（视野有效值32%以下）。

c）双眼盲目4级。

5.4.2 重伤二级

a）一眼盲目3级。

b）一眼重度视力损害，另一眼中度视力损害。

c）一眼视野半径10°以下（视野有效值16%以下）。

d）双眼偏盲；双眼残留视野半径30°以下（视野有效值48%以下）。

5.4.3 轻伤一级

a）外伤性青光眼，经治疗难以控制眼压。

b）一眼虹膜完全缺损。

c）一眼重度视力损害；双眼中度视力损害

d）一眼视野半径30°以下（视野有效值48%以下）；双眼视野半径50°以下（视野有效值80%以下）。

5.4.4 轻伤二级

a）眼球穿通伤或者眼球破裂伤；前房出血须手术治疗；房角后退；虹膜根部离断或者虹膜缺损超过1个象限；睫状体脱离；晶状体脱位；玻璃体积血；外伤性视网膜脱离；外伤性视网膜出血；外伤性黄斑裂孔；外伤性脉络膜脱离。

b）角膜斑翳或者血管翳；外伤性白内障；外伤性低眼压；外伤性青光眼。

c）瞳孔括约肌损伤致瞳孔显著变形或者瞳孔散大（直径0.6cm以上）。

d）斜视；复视。

e）睑球粘连。

f）一眼矫正视力减退至0.5以下（或者较伤前视力下降0.3以上）；双眼矫正视力减退至0.7以下（或者较伤前视力下降0.2以上）；原单眼中度以上视力损害者，伤后视力降低一个级别。

g）一眼视野半径50°以下（视野有效值80％以下）。

5.4.5 轻微伤

a）眼球损伤影响视力。

5.5 颈部损伤

5.5.1 重伤一级

a）颈部大血管破裂。

b）咽喉部广泛毁损，呼吸完全依赖气管套管或者造口。

c）咽或者食管广泛毁损，进食完全依赖胃管或者造口。

5.5.2 重伤二级

a）甲状旁腺功能低下（重度）。

b）甲状腺功能低下，药物依赖。

c）咽部、咽后区、喉或者气管穿孔。

d）咽喉或者颈部气管损伤，遗留呼吸困难（3级）。

e）咽或者食管损伤，遗留吞咽功能障碍（只能进流食）。

f）喉损伤遗留发声障碍（重度）。

g）颈内动脉血栓形成，血管腔狭窄（50％以上）。

h）颈总动脉血栓形成，血管腔狭窄（25％以上）。

i）颈前三角区增生瘢痕，面积累计30.0cm^2以上。

5.5.3 轻伤一级

a）颈前部单个创口或者瘢痕长度10.0cm以上；多个创口或者瘢痕长度累计16.0cm以上。

b）颈前三角区瘢痕，单块面积10.0cm^2以上；多块面积累计12.0cm^2以上。

c）咽喉部损伤遗留发声或者构音障碍。

d）咽或者食管损伤，遗留吞咽功能障碍（只能进半流食）。

e）颈总动脉血栓形成；颈内动脉血栓形成；颈外动脉血栓形成；椎动

脉血栓形成。

5.5.4 轻伤二级

a）颈前部单个创口或者瘢痕长度 5.0cm 以上；多个创口或者瘢痕长度累计 8.0cm 以上。

b）颈前部瘢痕，单块面积 $4.0cm^2$ 以上，或者两块以上面积累计 $6.0cm^2$ 以上。

c）甲状腺挫裂伤。

d）咽喉软骨骨折。

e）喉或者气管损伤。

f）舌骨骨折。

g）膈神经损伤。

h）颈部损伤出现窒息征象。

5.5.5 轻微伤

a）颈部创口或者瘢痕长度 1.0cm 以上。

b）颈部擦伤面积 $4.0cm^2$ 以上。

c）颈部挫伤面积 $2.0cm^2$ 以上。

d）颈部划伤长度 5.0cm 以上。

5.6 胸部损伤

5.6.1 重伤一级

a）心脏损伤，遗留心功能不全（心功能 IV 级）。

b）肺损伤致一侧全肺切除或者双肺三肺叶切除。

5.6.2 重伤二级

a）心脏损伤，遗留心功能不全（心功能Ⅲ级）。

b）心脏破裂；心包破裂。

c）女性双侧乳房损伤，完全丧失哺乳功能；女性一侧乳房大部分缺失。

d）纵隔血肿或者气肿，须手术治疗。

e）气管或者支气管破裂，须手术治疗。

f）肺破裂，须手术治疗。

g）血胸、气胸或者血气胸，伴一侧肺萎陷70%以上，或者双侧肺萎陷均在50%以上。

h）食管穿孔或者全层破裂，须手术治疗。

i）脓胸或者肺脓肿；乳糜胸；支气管胸膜瘘；食管胸膜瘘；食管支气管瘘。

j）胸腔大血管破裂。

k）膈肌破裂。

5.6.3 轻伤一级

a）心脏挫伤致心包积血。

b）女性一侧乳房损伤，丧失哺乳功能。

c）肋骨骨折6处以上。

d）纵隔血肿；纵隔气肿。

e）血胸、气胸或者血气胸，伴一侧肺萎陷30%以上，或者双侧肺萎陷均在20%以上。

f）食管挫裂伤。

5.6.4 轻伤二级

a）女性一侧乳房部分缺失或者乳腺导管损伤。

b）肋骨骨折2处以上。

c）胸骨骨折；锁骨骨折；肩胛骨骨折。

d）胸锁关节脱位；肩锁关节脱位。

e）胸部损伤，致皮下气肿1周不能自行吸收。

f）胸腔积血；胸腔积气。

g）胸壁穿透创。

h）胸部挤压出现窒息征象。

5.6.5 轻微伤

a）肋骨骨折；肋软骨骨折。

b）女性乳房擦挫伤。

5.7 腹部损伤

5.7.1 重伤一级

a）肝功能损害（重度）。

b）胃肠道损伤致消化吸收功能严重障碍，依赖肠外营养。

c）肾功能不全（尿毒症期）。

5.7.2 重伤二级

a）腹腔大血管破裂。

b）胃、肠、胆囊或者胆道全层破裂，须手术治疗。

c）肝、脾、胰或者肾破裂，须手术治疗。

d）输尿管损伤致尿外渗，须手术治疗。

e）腹部损伤致肠瘘或者尿瘘。

f）腹部损伤引起弥漫性腹膜炎或者感染性休克。

g）肾周血肿或者肾包膜下血肿，须手术治疗。

h）肾功能不全（失代偿期）。

i）肾损伤致肾性高血压。

j）外伤性肾积水；外伤性肾动脉瘤；外伤性肾动静脉瘘。

k）腹腔积血或者腹膜后血肿，须手术治疗。

5.7.3 轻伤一级

a）胃、肠、胆囊或者胆道非全层破裂。

b）肝包膜破裂；肝脏实质内血肿直径 2.0cm 以上。

c）脾包膜破裂；脾实质内血肿直径 2.0cm 以上。

d）胰腺包膜破裂。

e）肾功能不全（代偿期）。

5.7.4 轻伤二级

a）胃、肠、胆囊或者胆道挫伤。

b）肝包膜下或者实质内出血。

c）脾包膜下或者实质内出血。

d）胰腺挫伤。

e）肾包膜下或者实质内出血。

f）肝功能损害（轻度）。

g）急性肾功能障碍（可恢复）。

h）腹腔积血或者腹膜后血肿。

i）腹壁穿透创。

5.7.5 轻微伤

a）外伤性血尿。

5.8 盆部及会阴损伤

5.8.1 重伤一级

a）阴茎及睾丸全部缺失。

b）子宫及卵巢全部缺失。

5.8.2 重伤二级

a）骨盆骨折畸形愈合，致双下肢相对长度相差 5.0cm 以上。

b）骨盆不稳定性骨折，须手术治疗。

c）直肠破裂，须手术治疗。

d）肛管损伤致大便失禁或者肛管重度狭窄，须手术治疗。

e）膀胱破裂，须手术治疗。

f）后尿道破裂，须手术治疗。

g）尿道损伤致重度狭窄。

h）损伤致早产或者死胎；损伤致胎盘早期剥离或者流产，合并轻度休克。

i）子宫破裂，须手术治疗。

j）卵巢或者输卵管破裂，须手术治疗。

k）阴道重度狭窄。

l）幼女阴道Ⅱ度撕裂伤。

m）女性会阴或者阴道Ⅲ度撕裂伤。

n）龟头缺失达冠状沟。

o）阴囊皮肤撕脱伤面积占阴囊皮肤面积 50％以上。

p）双侧睾丸损伤，丧失生育能力。

q）双侧附睾或者输精管损伤，丧失生育能力。

r）直肠阴道瘘；膀胱阴道瘘；直肠膀胱瘘。

s）重度排尿障碍。

5.8.3 轻伤一级

a）骨盆 2 处以上骨折；骨盆骨折畸形愈合；髋臼骨折。

b）前尿道破裂，须手术治疗。

c）输尿管狭窄。

d）一侧卵巢缺失或者萎缩。

e）阴道轻度狭窄。

f）龟头缺失 1/2 以上。

g）阴囊皮肤撕脱伤面积占阴囊皮肤面积 30%以上。

h）一侧睾丸或者附睾缺失；一侧睾丸或者附睾萎缩。

5.8.4 轻伤二级

a）骨盆骨折。

b）直肠或者肛管挫裂伤。

c）一侧输尿管挫裂伤；膀胱挫裂伤；尿道挫裂伤。

d）子宫挫裂伤；一侧卵巢或者输卵管挫裂伤。

e）阴道撕裂伤。

f）女性外阴皮肤创口或者瘢痕长度累计 4.0cm 以上。

g）龟头部分缺损。

h）阴茎撕脱伤；阴茎皮肤创口或者瘢痕长度 2.0cm 以上；阴茎海绵体出血并形成硬结。

i）阴囊壁贯通创；阴囊皮肤创口或者瘢痕长度累计 4.0cm 以上；阴囊内积血，2 周内未完全吸收。

j）一侧睾丸破裂、血肿、脱位或者扭转。

k）一侧输精管破裂。

l）轻度肛门失禁或者轻度肛门狭窄。

m）轻度排尿障碍。

n）外伤性难免流产；外伤性胎盘早剥。

5.8.5 轻微伤

a）会阴部软组织挫伤。

b）会阴创；阴囊创；阴茎创。

c）阴囊皮肤挫伤。

d）睾丸或者阴茎挫伤。

e）外伤性先兆流产。

5.9 脊柱四肢损伤

5.9.1 重伤一级

a）二肢以上离断或者缺失（上肢腕关节以上、下肢踝关节以上）。

b）二肢六大关节功能完全丧失。

5.9.2 重伤二级

a）四肢任一大关节强直畸形或者功能丧失 50%以上。

b）臂丛神经干性或者束性损伤，遗留肌瘫（肌力 3 级以下）。

c）正中神经肘部以上损伤，遗留肌瘫（肌力 3 级以下）。

d）桡神经肘部以上损伤，遗留肌瘫（肌力 3 级以下）。

e）尺神经肘部以上损伤，遗留肌瘫（肌力 3 级以下）。

f）骶丛神经或者坐骨神经损伤，遗留肌瘫（肌力 3 级以下）。

g）股骨干骨折缩短 5.0cm 以上、成角畸形 30°以上或者严重旋转畸形。

h）胫腓骨骨折缩短 5.0cm 以上、成角畸形 30°以上或者严重旋转畸形。

i）膝关节挛缩畸形屈曲 30°以上。

j）一侧膝关节交叉韧带完全断裂遗留旋转不稳。

k）股骨颈骨折或者髋关节脱位，致股骨头坏死。

l）四肢长骨骨折不愈合或者假关节形成；四肢长骨骨折并发慢性骨髓炎。

m）一足离断或者缺失 50%以上；足跟离断或者缺失 50%以上。

n）一足的第一趾和其余任何二趾离断或者缺失；一足除第一趾外，离断或者缺失 4 趾。

o）两足 5 个以上足趾离断或者缺失。

p）一足第一趾及其相连的跖骨离断或者缺失。

q）一足除第一趾外，任何三趾及其相连的跖骨离断或者缺失。

5.9.3 轻伤一级

a）四肢任一大关节功能丧失25%以上。

b）一节椎体压缩骨折超过1/3以上；二节以上椎体骨折；三处以上横突、棘突或者椎弓骨折。

c）膝关节韧带断裂伴半月板破裂。

d）四肢长骨骨折畸形愈合。

e）四肢长骨粉碎性骨折或者两处以上骨折。

f）四肢长骨骨折累及关节面。

g）股骨颈骨折未见股骨头坏死，已行假体置换。

h）骺板断裂。

i）一足离断或者缺失10%以上；足跟离断或者缺失20%以上。

j）一足的第一趾离断或者缺失；一足除第一趾外的任何二趾离断或者缺失。

k）三个以上足趾离断或者缺失。

l）除第一趾外任何一趾及其相连的跖骨离断或者缺失。

m）肢体皮肤创口或者瘢痕长度累计45.0cm以上。

5.9.4 轻伤二级

a）四肢任一大关节功能丧失10%以上。

b）四肢重要神经损伤。

c）四肢重要血管破裂。

d）椎骨骨折或者脊椎脱位（尾椎脱位不影响功能的除外）；外伤性椎间盘突出。

e）肢体大关节韧带断裂；半月板破裂。

f）四肢长骨骨折；髌骨骨折。

g）骨骺分离。

h）损伤致肢体大关节脱位。

i）第一趾缺失超过趾间关节；除第一趾外，任何二趾缺失超过趾间关节；一趾缺失。

j）两节趾骨骨折；一节趾骨骨折合并一跖骨骨折。

k）两跖骨骨折或者一跖骨完全骨折；距骨、跟骨、骰骨、楔骨或者足舟骨骨折；跖跗关节脱位。

l）肢体皮肤一处创口或者瘢痕长度10.0cm以上；两处以上创口或者瘢痕长度累计15.0cm以上。

5.9.5 轻微伤

a）肢体一处创口或者瘢痕长度1.0cm以上；两处以上创口或者瘢痕长度累计1.5cm以上；刺创深达肌层。

b）肢体关节、肌腱或者韧带损伤。

c）骨挫伤。

d）足骨骨折。

e）外伤致趾甲脱落，甲床暴露；甲床出血。

f）尾椎脱位。

5.10 手损伤

5.10.1 重伤一级

a）双手离断、缺失或者功能完全丧失。

5.10.2 重伤二级

a）手功能丧失累计达一手功能36%。

b）一手拇指挛缩畸形不能对指和握物。

c）一手除拇指外，其余任何三指挛缩畸形，不能对指和握物。

d）一手拇指离断或者缺失超过指间关节。

e）一手示指和中指全部离断或者缺失。

f）一手除拇指外的任何三指离断或者缺失均超过近侧指间关节。

5.10.3 轻伤一级

a）手功能丧失累计达一手功能16%。

b）一手拇指离断或者缺失未超过指间关节。

c）一手除拇指外的示指和中指离断或者缺失均超过远侧指间关节。

d）一手除拇指外的环指和小指离断或者缺失均超过近侧指间关节。

5.10.4 轻伤二级

a）手功能丧失累计达一手功能4%。

b）除拇指外的一个指节离断或者缺失。

c）两节指骨线性骨折或者一节指骨粉碎性骨折（不含第 2 至 5 指末节）。

d）舟骨骨折、月骨脱位或者掌骨完全性骨折。

5.10.5 轻微伤

a）手擦伤面积 10.0cm² 以上或者挫伤面积 6.0cm² 以上。

b）手一处创口或者瘢痕长度 1.0cm 以上；两处以上创口或者瘢痕长度累计 1.5cm 以上；刺伤深达肌层。

c）手关节或者肌腱损伤。

d）腕骨、掌骨或者指骨骨折。

e）外伤致指甲脱落，甲床暴露；甲床出血。

5.11 体表损伤

5.11.1 重伤二级

a）挫伤面积累计达体表面积 30％。

b）创口或者瘢痕长度累计 200.0cm 以上。

5.11.2 轻伤一级

a）挫伤面积累计达体表面积 10％。

b）创口或者瘢痕长度累计 40.0cm 以上。

c）撕脱伤面积 100.0cm² 以上。

d）皮肤缺损 30.0cm² 以上。

5.11.3 轻伤二级

a）挫伤面积达体表面积 6％。

b）单个创口或者瘢痕长度 10.0cm 以上；多个创口或者瘢痕长度累计 15.0cm 以上。

c）撕脱伤面积 50.0cm² 以上。

d）皮肤缺损 6.0cm² 以上。

5.11.4 轻微伤

a）擦伤面积 20.0cm² 以上或者挫伤面积 15.0cm² 以上。

b）一处创口或者瘢痕长度 1.0cm 以上；两处以上创口或者瘢痕长度

累计 1.5cm 以上；刺创深达肌层。

c）咬伤致皮肤破损。

5.12 其他损伤

5.12.1 重伤一级

a）深Ⅱ°以上烧烫伤面积达体表面积 70%或者Ⅲ°面积达 30%。

5.12.2 重伤二级

a）Ⅱ°以上烧烫伤面积达体表面积 30%或者Ⅲ°面积达 10%；面积低于上述程度但合并吸入有毒气体中毒或者严重呼吸道烧烫伤。

b）枪弹创，创道长度累计 180.0cm。

c）各种损伤引起脑水肿（脑肿胀），脑疝形成。

d）各种损伤引起休克（中度）。

e）挤压综合征（Ⅱ级）。

f）损伤引起脂肪栓塞综合征（完全型）。

g）各种损伤致急性呼吸窘迫综合征（重度）。

h）电击伤（Ⅱ°）。

i）溺水（中度）。

j）脑内异物存留；心脏异物存留。

k）器质性阴茎勃起障碍（重度）。

5.12.3 轻伤一级

a）Ⅱ°以上烧烫伤面积达体表面积 20%或者Ⅲ°面积达 5%。

b）损伤引起脂肪栓塞综合征（不完全型）。

c）器质性阴茎勃起障碍（中度）。

5.12.4 轻伤二级

a）Ⅱ°以上烧烫伤面积达体表面积 5%或者Ⅲ°面积达 0.5%。

b）呼吸道烧伤。

c）挤压综合征（Ⅰ级）。

d）电击伤（Ⅰ°）。

e）溺水（轻度）。

f）各种损伤引起休克（轻度）。

g）呼吸功能障碍，出现窒息征象。

h）面部异物存留；眶内异物存留；鼻窦异物存留。

i）胸腔内异物存留；腹腔内异物存留；盆腔内异物存留。

j）深部组织内异物存留。

k）骨折内固定物损坏需要手术更换或者修复。

l）各种置入式假体装置损坏需要手术更换或者修复。

m）器质性阴茎勃起障碍（轻度）。

5.12.5 轻微伤

a）身体各部位骨皮质的砍（刺）痕；轻微撕脱性骨折，无功能障碍。

b）面部Ⅰ°烧烫伤面积 $10.0cm^2$ 以上；浅Ⅱ°烧烫伤。

c）颈部Ⅰ°烧烫伤面积 $15.0cm^2$ 以上；浅Ⅱ°烧烫伤面积 $2.0cm^2$ 以上。

d）体表Ⅰ°烧烫伤面积 $20.0cm^2$ 以上；浅Ⅱ°烧烫伤面积 $4.0cm^2$ 以上；深Ⅱ°烧烫伤。

6　**附则**

6.1 伤后因其他原因死亡的个体，其生前损伤比照本标准相关条款综合鉴定。

6.2 未列入本标准中的物理性、化学性和生物性等致伤因素造成的人体损伤，比照本标准中的相应条款综合鉴定。

6.3 本标准所称的损伤是指各种致伤因素所引起的人体组织器官结构破坏或者功能障碍。反应性精神病、癔症等，均为内源性疾病，不宜鉴定损伤程度。

6.4 本标准未作具体规定的损伤，可以遵循损伤程度等级划分原则，比照本标准相近条款进行损伤程度鉴定。

6.5 盲管创、贯通创，其创道长度可视为皮肤创口长度，并参照皮肤创口长度相应条款鉴定损伤程度。

6.6 牙折包括冠折、根折和根冠折，冠折须暴露髓腔。

6.7 骨皮质的砍（刺）痕或者轻微撕脱性骨折（无功能障碍）的，不构成本标准所指的轻伤。

6.8 本标准所称大血管是指胸主动脉、主动脉弓分支、肺动脉、肺静脉、上腔静脉和下腔静脉，腹主动脉、髂总动脉、髂外动脉、髂外静脉。

6.9 本标准四肢大关节是指肩、肘、腕、髋、膝、踝等六大关节。

6.10 本标准四肢重要神经是指臂丛及其分支神经（包括正中神经、尺神经、桡神经和肌皮神经等）和腰骶丛及其分支神经（包括坐骨神经、腓总神经、腓浅神经和胫神经等）。

6.11 本标准四肢重要血管是指与四肢重要神经伴行的同名动、静脉。

6.12 本标准幼女或者儿童是指年龄不满 14 周岁的个体。

6.13 本标准所称的假体是指植入体内替代组织器官功能的装置，如：颅骨修补材料、人工晶体、义眼座、固定义齿（种植牙）、阴茎假体、人工关节、起搏器、支架等，但可摘式义眼、义齿等除外。

6.14 移植器官损伤参照相应条款综合鉴定。

6.15 本标准所称组织器官包括再植或者再造成活的。

6.16 组织器官缺失是指损伤当时完全离体或者仅有少量皮肤和皮下组织相连，或者因损伤经手术切除的。器官离断（包括牙齿脱落），经再植、再造手术成功的，按损伤当时情形鉴定损伤程度。

6.17 对于两个部位以上同类损伤可以累加，比照相关部位数值规定高的条款进行评定。

6.18 本标准所涉及的体表损伤数值，0～6 岁按 50％计算，7～10 岁按 60％计算，11～14 岁按 80％计算。

6.19 本标准中出现的数字均含本数。

附录：

A.（规范性附录）损伤程度等级划分原则

B.（规范性附录）功能损害判定基准和使用说明

C.（资料性附录）人体损伤程度鉴定常用技术

附录 A：

（规范性附录）

损伤程度等级划分原则

A.1　重伤一级

各种致伤因素所致的原发性损伤或者由原发性损伤引起的并发症，严重危及生命；遗留肢体严重残废或者重度容貌毁损；严重丧失听觉、视觉或者其他重要器官功能。

A.2　重伤二级

各种致伤因素所致的原发性损伤或者由原发性损伤引起的并发症，危及生命；遗留肢体残废或者轻度容貌毁损；丧失听觉、视觉或者其他重要器官功能。

A.3　轻伤一级

各种致伤因素所致的原发性损伤或者由原发性损伤引起的并发症，未危及生命；遗留组织器官结构、功能中度损害或者明显影响容貌。

A.4　轻伤二级

各种致伤因素所致的原发性损伤或者由原发性损伤引起的并发症，未危及生命；遗留组织器官结构、功能轻度损害或者影响容貌。

A.5　轻微伤

各种致伤因素所致的原发性损伤，造成组织器官结构轻微损害或者轻微功能障碍。

A.6　等级限度

重伤二级是重伤的下限，与重伤一级相衔接，重伤一级的上限是致人死亡；轻伤二级是轻伤的下限，与轻伤一级相衔接，轻伤一级的上限与重伤二级相衔接；轻微伤的上限与轻伤二级相衔接，未达轻微伤标准的，不鉴定为轻微伤。

附录B：

（规范性附录）

功能损害判定基准和使用说明

B.1　颅脑损伤

B.1.1 智能（IQ）减退

极重度智能减退：IQ低于25；语言功能丧失；生活完全不能自理。

重度智能减退：IQ25～39之间；语言功能严重受损，不能进行有效的语言交流；生活大部分不能自理。

中度智能减退：IQ40～54之间；能掌握日常生活用语，但词汇贫乏，对周围环境辨别能力差，只能以简单的方式与人交往；生活部分不能自理，能做简单劳动。

轻度智能减退：IQ55～69之间；无明显语言障碍，对周围环境有较好的辨别能力，能比较恰当的与人交往；生活能自理，能做一般非技术性工作。

边缘智能状态：IQ70～84之间；抽象思维能力或者思维广度、深度机敏性显示不良；不能完成高级复杂的脑力劳动。

B.1.2 器质性精神障碍

有明确的颅脑损伤伴不同程度的意识障碍病史，并且精神障碍发生和病程与颅脑损伤相关。症状表现为：意识障碍；遗忘综合征；痴呆；器质性人格改变；精神病性症状；神经症样症状；现实检验能力或者社会功能减退。

B.1.3 生活自理能力

生活自理能力主要包括以下五项：

（1）进食。

（2）翻身。

（3）大、小便。

（4）穿衣、洗漱。

（5）自主行动。

生活完全不能自理：是指上述五项均需依赖护理者。

生活大部分不能自理：是指上述五项中三项以上需依赖护理者。

生活部分不能自理：是指上述五项中一项以上需依赖护理者。

B.1.4 肌瘫（肌力）

0级：肌肉完全瘫痪，毫无收缩。

1级：可看到或者触及肌肉轻微收缩，但不能产生动作。

2级：肌肉在不受重力影响下，可进行运动，即肢体能在床面上移动，但不能抬高。

3级：在和地心引力相反的方向中尚能完成其动作，但不能对抗外加的阻力。

4级：能对抗一定的阻力，但较正常人为低。

5级：正常肌力。

B.1.5 非肢体瘫的运动障碍

非肢体瘫的运动障碍包括肌张力增高，共济失调，不自主运动或者震颤等。根据其对生活自理影响的程度划分为轻、中、重三度。

重度：不能自行进食，大小便，洗漱，翻身和穿衣，需要他人护理。

中度：上述动作困难，但在他人帮助下可以完成。

轻度：完成上述动作虽有一些困难，但基本可以自理。

B.1.6 外伤性迟发性癫痫应具备的条件

（1）确证的头部外伤史。

（2）头部外伤90日后仍被证实有癫痫的临床表现。

（3）脑电图检查（包括常规清醒脑电图检查、睡眠脑电图检查或者较长时间连续同步录像脑电图检查等）显示异常脑电图。

（4）影像学检查确证颅脑器质性损伤。

B.1.7 肛门失禁

重度：大便不能控制；肛门括约肌收缩力很弱或者丧失；肛门括约肌收缩反射很弱或者消失；直肠内压测定，肛门注水法$<20cmH_2O$。

轻度：稀便不能控制；肛门括约肌收缩力较弱；肛门括约肌收缩反射较弱；直肠内压测定，肛门注水法$20\sim30cmH_2O$。

B.1.8 排尿障碍

重度：出现真性重度尿失禁或者尿潴留残余尿≥50mL。

轻度：出现真性轻度尿失禁或者尿潴留残余尿<50mL。

B.2　头面部损伤

B.2.1 眼睑外翻

重度外翻：睑结膜严重外翻，穹隆部消失。

中度外翻：睑结膜和睑板结膜外翻。

轻度外翻：睑结膜与眼球分离，泪点脱离泪阜。

B.2.2 容貌毁损

重度：面部瘢痕畸形，并有以下六项中四项者。（1）眉毛缺失；（2）

双睑外翻或者缺失；（3）外耳缺失；（4）鼻缺失；（5）上、下唇外翻或者小口畸形；（6）颈颏粘连。

中度：具有以下六项中三项者。（1）眉毛部分缺失；（2）眼睑外翻或者部分缺失；（3）耳廓部分缺失；（4）鼻翼部分缺失；（5）唇外翻或者小口畸形；（6）颈部瘢痕畸形。

轻度：含中度畸形六项中二项者。

B.2.3 面部及中心区

面部的范围是指前额发际下，两耳屏前与下颌下缘之间的区域，包括额部、眶部、鼻部、口唇部、颏部、颧部、颊部、腮腺咬肌部。

面部中心区：以眉弓水平线为上横线，以下唇唇红缘中点处作水平线为下横线，以双侧外眦处作两条垂直线，上述四条线围绕的中央部分为中心区。

B.2.4 面瘫（面神经麻痹）

本标准涉及的面瘫主要是指外周性（核下性）面神经损伤所致。

完全性面瘫：是指面神经5个分支（颞支、颧支、颊支、下颌缘支和颈支）支配的全部颜面肌肉瘫痪，表现为：额纹消失，不能皱眉；眼睑不能充分闭合，鼻唇沟变浅；口角下垂，不能示齿，鼓腮，吹口哨，饮食时汤水流逸。

不完全性面瘫：是指面神经颧支、下颌支或者颞支和颊支损伤出现部分上述症状和体征。

B.2.5 张口困难分级

张口困难Ⅰ度：大张口时，只能垂直置入示指和中指。

张口困难Ⅱ度：大张口时，只能垂直置入示指。

张口困难Ⅲ度：大张口时，上、下切牙间距小于示指之横径。

B.3　听器听力损伤

听力损失计算应按照世界卫生组织推荐的听力减退分级的频率范围，取0.5、1、2、4kHz四个频率气导听阈级的平均值。如所得均值不是整数，则小数点后之尾数采用4舍5入法进为整数。

纯音听阈级测试时，如某一频率纯音气导最大声输出仍无反应时，以最大声输出值作为该频率听阈级。

听觉诱发电位测试时，若最大输出声强仍引不出反应波形的，以最大输出声强为反应阈值。在听阈评估时，听力学单位一律使用听力级(dBHL)。一般情况下，受试者听觉诱发电位反应阈要比其行为听阈高10～20dB（该差值又称“校正值”），即受试者的行为听阈等于其听觉诱发电位反应阈减去“校正值”。听觉诱发电位检测实验室应建立自己的“校正值”，如果没有自己的“校正值”，则取平均值（15dB）作为“较正值”。

纯音气导听阈级应考虑年龄因素，按照《纯音气导阈的年龄修正值》(GB7582—87）听阈级偏差的中值（50%）进行修正，其中4000Hz的修正值参考2000Hz的数值。

表B.1　纯音气导阈值的年龄修正值（GB7582—87）

年龄	男			女		
	500Hz	1000Hz	2000Hz	500Hz	1000Hz	2000Hz
30	1	1	1	1	1	1
40	2	2	3	2	2	3
50	4	4	7	4	4	6
60	6	7	12	6	7	11
70	10	11	19	10	11	16

B.4　视觉器官损伤

B.4.1 盲及视力损害分级

表B.2　盲及视力损害分级标准（2003年，WHO）

分类	远视力低于	远视力等于或优于
轻度或无视力损害		0.3
中度视力损害（视力损害1级）	0.3	0.1
重度视力损害（视力损害2级）	0.1	0.05
盲（盲目3级）	0.05	0.02
盲（盲目4级）	0.02	光感
盲（盲目5级）		无光感

B.4.2 视野缺损

视野有效值计算公式：

$$实测视野有效值（\%）=\frac{8条子午线实测视野值}{500}$$

表 B.3 视野有效值与视野半径的换算

视野有效值（%）	视野度数（半径）
8	5°
16	10°
24	15°
32	20°
40	25°
48	30°
56	35°
64	40°
72	45°
80	50°
88	55°
96	60°

B.5 颈部损伤

B.5.1 甲状腺功能低下

重度：临床症状严重；T3、T4 或者 FT3、FT4 低于正常值，TSH＞50μU/L。

中度：临床症状较重；T3、T4 或者 FT3、FT4 正常，TSH＞50μU/L。

轻度：临床症状较轻；T3、T4 或者 FT3、FT4 正常，TSH，轻度增高但＜50μU/L。

B.5.2 甲状旁腺功能低下（以下分级需结合临床症状分析）

重度：空腹血钙＜6mg/dL。

中度：空腹血钙 6～7mg/dL。

轻度：空腹血钙 7.1～8mg/dL。

B.5.3 发声功能障碍

重度：声哑、不能出声。

轻度：发音过弱、声嘶、低调、粗糙、带鼻音。

B.5.4 构音障碍

严重构音障碍：表现为发音不分明，语不成句，难以听懂，甚至完全不能说话。

轻度构音障碍：表现为发音不准，吐字不清，语调速度、节律等异常，鼻音过重。

B.6　胸部损伤

B.6.1 心功能分级

Ⅰ级：体力活动不受限，日常活动不引起过度的乏力、呼吸困难或者心悸。即心功能代偿期。

Ⅱ级：体力活动轻度受限，休息时无症状，日常活动即可引起乏力、心悸、呼吸困难或者心绞痛。亦称Ⅰ度或者轻度心衰。

Ⅲ级：体力活动明显受限，休息时无症状，轻于日常的活动即可引起上述症状。亦称Ⅱ度或者中度心衰。

Ⅳ级：不能从事任何体力活动，休息时亦有充血性心衰或心绞痛症状，任何体力活动后加重。亦称Ⅲ度或者重度心衰。

B.6.2 呼吸困难

1级：与同年龄健康者在平地一同步行无气短，但登山或者上楼时呈气短。

2级：平路步行1000m无气短，但不能与同龄健康者保持同样速度，平路快步行走呈现气短，登山或者上楼时气短明显。

3级：平路步行100m即有气短。

4级：稍活动（如穿衣、谈话）即气短。

B.6.3 窒息征象

临床表现为面、颈、上胸部皮肤出现针尖大小的出血点，以面部与眼眶部为明显；球睑结膜下出现出血斑点。

B.7　腹部损伤

B.7.1 肝功能损害

表 B.4 **肝功能损害分度**（此处略）

B.7.2 肾功能不全

表 B.5 **肾功能不全分期**（此处略）

B.7.3 会阴及阴道撕裂

Ⅰ度：会阴部粘膜、阴唇系带、前庭粘膜、阴道粘膜等处有撕裂，但未累及肌层及筋膜。

Ⅱ度：撕裂伤累及盆底肌肉筋膜，但未累及肛门括约肌。

Ⅲ度：肛门括约肌全部或者部分撕裂，甚至直肠前壁亦被撕裂。

B.8 其他损伤

B.8.1 烧烫伤分度

表 B.6 **烧伤深度分度**（此处略）

B.8.2 电击伤

Ⅰ度：全身症状轻微，只有轻度心悸。触电肢体麻木，全身无力，如极短时间内脱离电源，稍休息可恢复正常。

Ⅱ度：触电肢体麻木，面色苍白，心跳、呼吸增快，甚至昏厥、意识丧失，但瞳孔不散大。对光反射存在。

Ⅲ度：呼吸浅而弱、不规则，甚至呼吸骤停。心律不齐，有室颤或者心搏骤停。

B.8.3 溺水

重度：落水后3～4分钟，神志昏迷，呼吸不规则，上腹部膨胀，心音减弱或者心跳、呼吸停止。淹溺到死亡的时间一般为5～6分钟。

中度：落水后1～2分钟，神志模糊，呼吸不规则或者表浅，血压下降，心跳减慢，反射减弱。

轻度：刚落水片刻，神志清，血压升高，心率、呼吸增快。

B.8.4 挤压综合征

系人体肌肉丰富的四肢与躯干部位因长时间受压（例如暴力挤压）或者其他原因造成局部循环障碍，结果引起肌肉缺血性坏死，出现肢体明显肿胀、肌红蛋白尿及高血钾等为特征的急性肾功能衰竭。

Ⅰ级：肌红蛋白尿试验阳性，肌酸磷酸激酶（CPK）增高，而无肾衰等周身反应者。

Ⅱ级：肌红蛋白尿试验阳性，肌酸磷酸激酶（CPK）明显升高，血肌酐和尿素氮增高，少尿，有明显血浆渗入组织间隙，致有效血容量丢失，出现低血压者。

Ⅲ级：肌红蛋白尿试验阳性，肌酸磷酸激酶（CPK）显著升高，少尿或者尿闭，休克，代谢性酸中毒以及高血钾者。

B. 8. 5 急性呼吸窘迫综合征

急性呼吸窘迫综合征（ARDS）须具备以下条件：

（1）有发病的高危因素。

（2）急性起病，呼吸频率数和/或呼吸窘迫。

（3）低氧血症，PaO2/FiO2≤200mmHg。

（4）胸部X线检查两肺浸润影。

（5）肺毛细血管楔压（PCWP）≤18mmHg，或者临床上除外心源性肺水肿。

凡符合以上5项可诊断为ARDS。

表B. 7　急性呼吸窘迫综合征分度（此处略）

B. 8. 6 脂肪栓塞综合征

不完全型（或者称部分症候群型）：伤者骨折后出现胸部疼痛，咳呛震痛，胸闷气急，痰中带血，神疲身软，面色无华，皮肤出现瘀血点，上肢无力伸举，脉多细涩。实验室检查有明显低氧血症，预后一般良好。

完全型（或者称典型症候群型）：伤者创伤骨折后出现神志恍惚，严重呼吸困难，口唇紫绀，胸闷欲绝，脉细涩。本型初起表现为呼吸和心动过速、高热等非特异症状。此后出现呼吸窘迫、神志不清以至昏迷等神经系统症状，在眼结膜及肩、胸皮下可见散在瘀血点，实验室检查可见血色素降低，血小板减少，血沉增快以及出现低氧血症。肺部X线检查可见多变的进行性的肺部斑片状阴影改变和右心扩大。

B. 8. 7 休克分度

表B. 8　休克分度（此处略）

B. 8. 8 器质性阴茎勃起障碍

重度：阴茎无勃起反应，阴茎硬度及周径均无改变。

中度：阴茎勃起时最大硬度＞0，＜40％，每次勃起持续时间＜10分钟。

轻度：阴茎勃起时最大硬度≥40％，＜60％，每次勃起持续时间＜10分钟。

附录C：

（资料性附录）

人体损伤程度鉴定常用技术

C.1　视力障碍检查

视力记录可采用小数记录或者5分记录两种方式。视力（指远距视力）经用镜片（包括接触镜，针孔镜等），纠正达到正常视力范围（0.8以上）或者接近正常视力范围（0.4—0.8）的都不属视力障碍范围。

中心视力好而视野缩小，以注视点为中心，视野半径小于10度而大于5度者为盲目3级，如半径小于5度者为盲目4级。

周边视野检查：视野缩小系指因损伤致眼球注视前方而不转动所能看到的空间范围缩窄，以致难以从事正常工作、学习或者其它活动。

对视野检查要求，视标颜色：白色，视标大小：5mm，检查距离330mm，视野背景亮度：31.5asb。

周边视野缩小，鉴定以实测得八条子午线视野值的总和计算平均值，即有效视野值。

视力障碍检查具体方法参考《视觉功能障碍法医鉴定指南》（SF/ZJD0103004）。

C.2　听力障碍检查

听力障碍检查应符合《听力障碍的法医学评定》（GA/T914）。

C.3　前庭平衡功能检查

本标准所指的前庭平衡功能丧失及前庭平衡功能减退，是指外力作用颅脑或者耳部，造成前庭系统的损伤。伤后出现前庭平衡功能障碍的临床表现，自发性前庭体征检查法和诱发性前庭功能检查法等有阳性发现（如眼震电图/眼震视图、静、动态平衡仪、前庭诱发电位等检查），结合听力检查和神经系统检查，以及影像学检查综合判定，确定前庭平衡功能是丧失，或者减退。

C.4　阴茎勃起功能检测

阴茎勃起功能检测应满足阴茎勃起障碍法医学鉴定的基本要求，具体方法参考《男子性功能障碍法医学鉴定规范》（SF/ZJD0103002）。

C.5　体表面积计算

九分估算法：成人体表面积视为100%，将总体表面积划分为11个9%等面积区域，即头（面）颈部占一个9%，双上肢占二个9%，躯干前后及会阴部占三个9%，臀部及双下肢占五个9%+1%（见表B2）。

表C.1　体表面积的九分估算法（此处略）

手掌法：受检者五指并拢，一掌面相当其自身体表面积的1%。

公式计算法：S（平方米）＝0.0061×身长（cm）＋0.0128×体重（kg）—0.1529

C.6　肢体关节功能丧失程度评价

肢体关节功能评价使用说明（适用于四肢大关节功能评定）：

1. 各关节功能丧失程度等于相应关节所有轴位（如腕关节有两个轴位）和所有方位（如腕关节有四个方位）功能丧失值的之和再除以相应关节活动的方位数之和。例如：腕关节掌屈40度，背屈30度，桡屈15度，尺屈20度。查表得相应功能丧失值分别为30%、40%、60%和60%，求得腕关节功能丧失程度为47.5%。如果掌屈伴肌力下降（肌力3级），查表得相应功能丧失值分别为65%、40%、60%和60%。求得腕关节功能丧失程度为56.25%。

2. 当关节活动受限于某一方位时，其同一轴位的另一方位功能丧失值以100%计。如腕关节掌屈和背屈轴位上的活动限制在掌屈10度与40度之间，则背屈功能丧失值以100%计，而掌屈以40度计，查表得功能丧失值为30%，背屈功能以100%计，则腕关节功能丧失程度为65%。

3. 对疑有关节病变（如退行性变）并影响关节功能时，伤侧关节功能丧失值应与对侧进行比较，即同时用查表法分别求出伤侧和对侧关节功能丧失值，并用伤侧关节功能丧失值减去对侧关节功能丧失值即为伤侧关节功能实际丧失值。

4. 由于本标准对于关节功能的评定已经考虑到肌力减退对于关节功能的影响，故在测量关节运动活动度时，应以关节被动活动度为准。

C. 6. 1 肩关节功能丧失程度评定

表 C. 2　肩关节功能丧失程度（%）（此处略）

C. 6. 2 肘关节功能丧失程度评定

表 C. 3　肘关节功能丧失程度（%）（此处略）

C. 6. 3 腕关节功能丧失程度评定

表 C. 4　腕关节功能丧失程度（%）（此处略）

C. 6. 4 髋关节功能丧失程度评定

表 C. 5　髋关节功能丧失程度（%）（此处略）

C. 6. 5 膝关节功能丧失程度评定

表 C. 6　膝关节功能丧失程度（%）（此处略）

使用说明：考虑到膝关节同一轴位屈伸活动相互重叠，膝关节功能丧失程度的计算方法与其他关节略有不同，即根据关节屈曲与伸展运动活动度查表得出相应功能丧失程度，再求和即为膝关节功能丧失程度。当二者之和大于 100%时，以 100%计算。

C. 6. 6 踝关节功能丧失程度评定

表 C. 7　踝关节功能丧失程度（%）（此处略）

C. 7　手功能计算

C. 7. 1 手缺失和丧失功能的计算

一手拇指占一手功能的 36%，其中末节和近节指节各占 18%；食指、中指各占一手功能的 18%，其中末节指节占 8%，中节指节占 7%，近节指节占 3%；无名指和小指各占一手功能的 9%，其中末节指节占 4%，中节指节占 3%，近节指节占 2%。一手掌占一手功能的 10%，其中第一掌骨占 4%，第二、第三掌骨各占 2%，第四、第五掌骨各占 1%。本标准中，双手缺失或丧失功能的程度是按前面方法累加计算的结果。

C. 7. 2 手感觉丧失功能的计算

手感觉丧失功能是指因事故损伤所致手的掌侧感觉功能的丧失。手感觉丧失功能的计算按相应手功能丧失程度的50％计算。

3.《人体损伤致残程度分级》

1 范围

本标准规定了人体损伤致残程度分级的原则、方法、内容和等级划分。

本标准适用于人身损害致残程度等级鉴定。

2 规范性引用文件

下列文件对本标准的应用是必不可少的。凡是注日期的引用文件，仅注日期的版本适用于本标准；凡是不注日期的引用文件，其最新版本（包括所有的修改单）适用于本标准。

最高人民法院、最高人民检察院、公安部、国家安全部、司法部发布人体损伤程度鉴定标准

GB/T 16180－2014 劳动能力鉴定职工工伤与职业病致残等级

GB/T 31147 人身损害护理依赖程度评定

3 术语和定义

3.1 损伤

各种因素造成的人体组织器官结构破坏和/或功能障碍。

3.2 残疾

人体组织器官结构破坏或者功能障碍，以及个体在现代临床医疗条件下难以恢复的生活、工作、社会活动能力不同程度的降低或者丧失。

4 总则

4.1 鉴定原则

应以损伤治疗后果或者结局为依据，客观评价组织器官缺失和/或功能障碍程度，科学分析损伤与残疾之间的因果关系，实事求是地进行鉴定。

受伤人员符合两处以上致残程度等级者，鉴定意见中应该分别写明各处的致残程度等级。

4.2　鉴定时机

应在原发性损伤及其与之确有关联的并发症治疗终结或者临床治疗效果稳定后进行鉴定。

4.3　伤病关系处理

当损伤与原有伤、病共存时，应分析损伤与残疾后果之间的因果关系。根据损伤在残疾后果中的作用力大小确定因果关系的不同形式，可依次分别表述为：完全作用、主要作用、同等作用、次要作用、轻微作用、没有作用。

除损伤“没有作用”以外，均应按照实际残情鉴定致残程度等级，同时说明损伤与残疾后果之间的因果关系；判定损伤“没有作用”的，不应进行致残程度鉴定。

4.4　致残等级划分

本标准将人体损伤致残程度划分为10个等级，从一级（人体致残率100％）到十级（人体致残率10％），每级致残率相差10％。致残程度等级划分依据见附录A。

4.5　判断依据

依据人体组织器官结构破坏、功能障碍及其对医疗、护理的依赖程度，适当考虑由于残疾引起的社会交往和心理因素影响，综合判定致残程度等级。

5　**致残程度分级**

5.1　一级

5.1.1　颅脑、脊髓及周围神经损伤

1）持续性植物生存状态；

2）精神障碍或者极重度智能减退，日常生活完全不能自理；

3）四肢瘫（肌力3级以下）或者三肢瘫（肌力2级以下）；

4）截瘫（肌力2级以下）伴重度排便功能障碍与重度排尿功能障碍。

5.1.2　颈部及胸部损伤

1）心功能不全，心功能Ⅳ级；

2）严重器质性心律失常，心功能Ⅲ级；

3）心脏移植术后，心功能Ⅲ级；

4）心肺联合移植术后；

5）肺移植术后呼吸困难（极重度）。

5.1.3　腹部损伤

1）原位肝移植术后肝衰竭晚期；

2）双肾切除术后或者孤肾切除术后，需透析治疗维持生命；肾移植术后肾衰竭。

5.1.4　脊柱、骨盆及四肢损伤

1）三肢缺失（上肢肘关节以上，下肢膝关节以上）；

2）二肢缺失（上肢肘关节以上，下肢膝关节以上），第三肢各大关节功能丧失均达75%；

3）二肢缺失（上肢肘关节以上，下肢膝关节以上），第三肢任二大关节均强直固定或者功能丧失均达90%。

5.2　二级

5.2.1　颅脑、脊髓及周围神经损伤

1）精神障碍或者重度智能减退，日常生活随时需有人帮助；

2）三肢瘫（肌力3级以下）；

3）偏瘫（肌力2级以下）；

4）截瘫（肌力2级以下）；

5）非肢体瘫运动障碍（重度）。

5.2.2　头面部损伤

1）容貌毁损（重度）；

2）上颌骨或者下颌骨完全缺损；

3）双眼球缺失或者萎缩；

4）双眼盲目5级；

5）双侧眼睑严重畸形（或者眼睑重度下垂，遮盖全部瞳孔），伴双眼盲目3级以上。

5.2.3　颈部及胸部损伤

1）呼吸困难（极重度）；

2）心脏移植术后；

3）肺移植术后。

5.2.4 腹部损伤

1）肝衰竭晚期；

2）肾衰竭；

3）小肠大部分切除术后，消化吸收功能丧失，完全依赖肠外营养。

5.2.5 脊柱、骨盆及四肢损伤

1）双上肢肘关节以上缺失，或者一上肢肘关节以上缺失伴一下肢膝关节以上缺失；

2）一肢缺失（上肢肘关节以上，下肢膝关节以上），其余任二肢体各有二大关节功能丧失均达75%；

3）双上肢各大关节均强直固定或者功能丧失均达90%。

5.2.6 体表及其他损伤

1）皮肤瘢痕形成达体表面积90%；

2）重型再生障碍性贫血。

5.3 三级

5.3.1 颅脑、脊髓及周围神经损伤

1）精神障碍或者重度智能减退，不能完全独立生活，需经常有人监护；

2）完全感觉性失语或者混合性失语；

3）截瘫（肌力3级以下）伴排便或者排尿功能障碍；

4）双手全肌瘫（肌力2级以下），伴双腕关节功能丧失均达75%；

5）重度排便功能障碍伴重度排尿功能障碍。

5.3.2 头面部损伤

1）一眼球缺失、萎缩或者盲目5级，另一眼盲目3级；

2）双眼盲目4级；

3）双眼视野接近完全缺损，视野有效值≤4%（直径≤5°）；

4）吞咽功能障碍，完全依赖胃管进食。

5.3.3 颈部及胸部损伤

1）食管闭锁或者切除术后，摄食依赖胃造口或者空肠造口；

2）心功能不全，心功能Ⅲ级。

5.3.4 腹部损伤

1）全胰缺失；

2）一侧肾切除术后，另一侧肾功能重度下降；

3）小肠大部分切除术后，消化吸收功能严重障碍，大部分依赖肠外营养。

5.3.5 盆部及会阴部损伤

1）未成年人双侧卵巢缺失或者萎缩，完全丧失功能；

2）未成年人双侧睾丸缺失或者萎缩，完全丧失功能；

3）阴茎接近完全缺失（残留长度≤1.0cm）。

5.3.6 脊柱、骨盆及四肢损伤

1）二肢缺失（上肢腕关节以上，下肢膝关节以上）；

2）一肢缺失（上肢腕关节以上，下肢膝关节以上），另一肢各大关节均强直固定或者功能丧失均达90%；

3）双上肢各大关节功能丧失均达75%；双下肢各大关节均强直固定或者功能丧失均达90%；一上肢与一下肢各大关节均强直固定或者功能丧失均达90%。

5.4 四级

5.4.1 颅脑、脊髓及周围神经损伤

1）精神障碍或者中度智能减退，日常生活能力严重受限，间或需要帮助；

2）外伤性癫痫（重度）；

3）偏瘫（肌力3级以下）；

4）截瘫（肌力3级以下）；

5）阴茎器质性勃起障碍（重度）。

5.4.2 头面部损伤

1）符合容貌毁损（重度）标准之三项者；

2）上颌骨或者下颌骨缺损达1/2；

3）一眼球缺失、萎缩或者盲目5级，另一眼重度视力损害；

4）双眼盲目3级；

5）双眼视野极度缺损，视野有效值≤8%（直径≤10°）；

6）双耳听力障碍≥91dB HL。

5.4.3　颈部及胸部损伤

1）严重器质性心律失常，心功能Ⅱ级；

2）一侧全肺切除术后；

3）呼吸困难（重度）。

5.4.4　腹部损伤

1）肝切除2/3以上；

2）肝衰竭中期；

3）胰腺大部分切除，胰岛素依赖；

4）肾功能重度下降；

5）双侧肾上腺缺失；

6）永久性回肠造口。

5.4.5　盆部及会阴部损伤

1）膀胱完全缺失或者切除术后，行永久性输尿管腹壁造瘘或者肠代膀胱并永久性造口。

5.4.6　脊柱、骨盆及四肢损伤

1）一上肢腕关节以上缺失伴一下肢踝关节以上缺失，或者双下肢踝关节以上缺失；

2）双下肢各大关节功能丧失均达75%；一上肢与一下肢各大关节功能丧失均达75%；

3）手功能丧失分值达150分。

5.4.7　体表及其他损伤

1）皮肤瘢痕形成达体表面积70%；

2）放射性皮肤癌。

5.5　五级

5.5.1　颅脑、脊髓及周围神经损伤

1）精神障碍或者中度智能减退，日常生活能力明显受限，需要指导；

2）完全运动性失语；

3）完全性失用、失写、失读或者失认等；

4）双侧完全性面瘫；

5）四肢瘫（肌力4级以下）；

6）单肢瘫（肌力2级以下）；

7）非肢体瘫运动障碍（中度）；

8）双手大部分肌瘫（肌力2级以下）；

9）双足全肌瘫（肌力2级以下）；

10）排便伴排尿功能障碍，其中一项达重度。

5.5.2　头面部损伤

1）符合容貌毁损（重度）标准之二项者；

2）一眼球缺失、萎缩或者盲目5级，另一眼中度视力损害；

3）双眼重度视力损害；

4）双眼视野重度缺损，视野有效值≤16%（直径≤20°）；

5）一侧眼睑严重畸形（或者眼睑重度下垂，遮盖全部瞳孔），伴另一眼盲目3级以上；

6）双耳听力障碍≥81dB HL；

7）一耳听力障碍≥91dB HL，另一耳听力障碍≥61dB HL；

8）舌根大部分缺损；

9）咽或者咽后区损伤遗留吞咽功能障碍，只能吞咽流质食物。

5.5.3　颈部及胸部损伤

1）未成年人甲状腺损伤致功能减退，药物依赖；

2）甲状旁腺功能损害（重度）；

3）食管狭窄，仅能进流质食物；

4）食管损伤，肠代食管术后。

5.5.4　腹部损伤

1）胰头合并十二指肠切除术后；

2）一侧肾切除术后，另一侧肾功能中度下降；

3）肾移植术后，肾功能基本正常；

4）肾上腺皮质功能明显减退；

5）全胃切除术后；

6）小肠部分切除术后，消化吸收功能障碍，部分依赖肠外营养；

7）全结肠缺失。

5.5.5　盆部及会阴部损伤

1）永久性输尿管腹壁造口；

2）尿瘘难以修复；

3）直肠阴道瘘难以修复；

4）阴道严重狭窄（仅可容纳一中指）；

5）双侧睾丸缺失或者完全萎缩，丧失生殖功能；

6）阴茎大部分缺失（残留长度≤3.0cm）。

5.5.6　脊柱、骨盆及四肢损伤

1）一上肢肘关节以上缺失；

2）一肢缺失（上肢腕关节以上，下肢膝关节以上），另一肢各大关节功能丧失均达50%或者其余肢体任二大关节功能丧失均达75%；

3）手功能丧失分值≥120分。

5.6　六级

5.6.1　颅脑、脊髓及周围神经损伤

1）精神障碍或者中度智能减退，日常生活能力部分受限，但能部分代偿，部分日常生活需要帮助；

2）外伤性癫痫（中度）；

3）尿崩症（重度）；

4）一侧完全性面瘫；

5）三肢瘫（肌力4级以下）；

6）截瘫（肌力4级以下）伴排便或者排尿功能障碍；

7）双手部分肌瘫（肌力3级以下）；

8）一手全肌瘫（肌力2级以下），伴相应腕关节功能丧失75%以上；

9）双足全肌瘫（肌力3级以下）；

10）阴茎器质性勃起障碍（中度）。

5.6.2　头面部损伤

1）符合容貌毁损（中度）标准之四项者；

2）面部中心区条状瘢痕形成（宽度达 0.3cm），累计长度达 20.0cm；

3）面部片状细小瘢痕形成或者色素显著异常，累计达面部面积的 80%；

4）双侧眼睑严重畸形；

5）一眼球缺失、萎缩或者盲目 5 级，另一眼视力≤0.5；

6）一眼重度视力损害，另一眼中度视力损害；

7）双眼视野中度缺损，视野有效值≤48%（直径≤60°）；

8）双侧前庭平衡功能丧失，睁眼行走困难，不能并足站立；

9）唇缺损或者畸形，累计相当于上唇 2/3 以上。

5.6.3　颈部及胸部损伤

1）双侧喉返神经损伤，影响功能；

2）一侧胸廓成形术后，切除 6 根以上肋骨；

3）女性双侧乳房完全缺失；

4）心脏瓣膜置换术后，心功能不全；

5）心功能不全，心功能Ⅱ级；

6）器质性心律失常安装永久性起搏器后；

7）严重器质性心律失常；

8）两肺叶切除术后。

5.6.4　腹部损伤

1）肝切除 1/2 以上；

2）肝衰竭早期；

3）胰腺部分切除术后伴功能障碍，需药物治疗；

4）肾功能中度下降；

5）小肠部分切除术后，影响消化吸收功能，完全依赖肠内营养。

5.6.5　盆部及会阴部损伤

1）双侧卵巢缺失或者萎缩，完全丧失功能；

2）未成年人双侧卵巢萎缩，部分丧失功能；

3）未成年人双侧睾丸萎缩，部分丧失功能；

4）会阴部瘢痕挛缩伴阴道狭窄；

5）睾丸或者附睾损伤，生殖功能重度损害；

6）双侧输精管损伤难以修复；

7）阴茎严重畸形，不能实施性交行为。

5.6.6　脊柱、骨盆及四肢损伤

1）脊柱骨折后遗留 30°以上侧弯或者后凸畸形；

2）一肢缺失（上肢腕关节以上，下肢膝关节以上）；

3）双足跖跗关节以上缺失；

4）手或者足功能丧失分值≥90 分。

5.6.7　体表及其他损伤

1）皮肤瘢痕形成达体表面积 50%；

2）非重型再生障碍性贫血。

5.7　七级

5.7.1　颅脑、脊髓及周围神经损伤

1）精神障碍或者轻度智能减退，日常生活有关的活动能力极重度受限；

2）不完全感觉性失语；

3）双侧大部分面瘫；

4）偏瘫（肌力 4 级以下）；

5）截瘫（肌力 4 级以下）；

6）单肢瘫（肌力 3 级以下）；

7）一手大部分肌瘫（肌力 2 级以下）；

8）一足全肌瘫（肌力 2 级以下）；

9）重度排便功能障碍或者重度排尿功能障碍。

5.7.2　头面部损伤

1）面部中心区条状瘢痕形成（宽度达 0.3cm），累计长度达 15.0cm；

2）面部片状细小瘢痕形成或者色素显著异常，累计达面部面积的50%；

3）双侧眼睑重度下垂，遮盖全部瞳孔；

4）一眼球缺失或者萎缩；

5）双眼中度视力损害；

6）一眼盲目3级，另一眼视力≤0.5；

7）双眼偏盲；

8）一侧眼睑严重畸形（或者眼睑重度下垂，遮盖全部瞳孔）合并该眼盲目3级以上；

9）一耳听力障碍≥81dB HL，另一耳听力障碍≥61dB HL；

10）咽或者咽后区损伤遗留吞咽功能障碍，只能吞咽半流质食物；

11）上颌骨或者下颌骨缺损达1/4；

12）上颌骨或者下颌骨部分缺损伴牙齿缺失14枚以上；

13）颌面部软组织缺损，伴发涎漏。

5.7.3 颈部及胸部损伤

1）甲状腺功能损害（重度）；

2）甲状旁腺功能损害（中度）；

3）食管狭窄，仅能进半流质食物；食管重建术后并发反流性食管炎；

4）颏颈粘连（中度）；

5）女性双侧乳房大部分缺失或者严重畸形；

6）未成年或者育龄女性双侧乳头完全缺失；

7）胸廓畸形，胸式呼吸受限；

8）一肺叶切除，并肺段或者肺组织楔形切除术后。

5.7.4 腹部损伤

1）肝切除1/3以上；

2）一侧肾切除术后；

3）胆道损伤胆肠吻合术后，反复发作逆行性胆道感染；

4）未成年人脾切除术后；

5）小肠部分（包括回盲部）切除术后；

6）永久性结肠造口；

7）肠瘘长期不愈（1年以上）。

5.7.5　盆部及会阴部损伤

1）永久性膀胱造口；

2）膀胱部分切除术后合并轻度排尿功能障碍；

3）原位肠代膀胱术后；

4）子宫大部分切除术后；

5）睾丸损伤，血睾酮降低，需药物替代治疗；

6）未成年人一侧睾丸缺失或者严重萎缩；

7）阴茎畸形，难以实施性交行为；

8）尿道狭窄（重度）或者成形术后；

9）肛管或者直肠损伤，排便功能重度障碍或者肛门失禁（重度）；

10）会阴部瘢痕挛缩致肛门闭锁，结肠造口术后。

5.7.6　脊柱、骨盆及四肢损伤

1）双下肢长度相差8.0cm以上；

2）一下肢踝关节以上缺失；

3）四肢任一大关节（踝关节除外）强直固定于非功能位；

4）四肢任二大关节（踝关节除外）功能丧失均达75%；

5）一手除拇指外，余四指完全缺失；

6）双足足弓结构完全破坏；

7）手或者足功能丧失分值≥60分。

5.8　八级

5.8.1　颅脑、脊髓及周围神经损伤

1）精神障碍或者轻度智能减退，日常生活有关的活动能力重度受限；

2）不完全运动性失语；不完全性失用、失写、失读或者失认；

3）尿崩症（中度）；

4）一侧大部分面瘫，遗留眼睑闭合不全和口角歪斜；

5）单肢瘫（肌力4级以下）；

6）非肢体瘫运动障碍（轻度）；

7）一手大部分肌瘫（肌力3级以下）；

8）一足全肌瘫（肌力3级以下）；

9）阴茎器质性勃起障碍（轻度）。

5.8.2　头面部损伤

1）容貌毁损（中度）；

2）符合容貌毁损（重度）标准之一项者；

3）头皮完全缺损，难以修复；

4）面部条状瘢痕形成，累计长度达30.0cm；面部中心区条状瘢痕形成（宽度达0.2cm），累计长度达15.0cm；

5）面部块状增生性瘢痕形成，累计面积达15.0cm^2；面部中心区块状增生性瘢痕形成，单块面积达7.0cm^2或者多块累计面积达9.0cm^2；

6）面部片状细小瘢痕形成或者色素异常，累计面积达100.0cm^2；

7）一眼盲目4级；

8）一眼视野接近完全缺损，视野有效值≤4%（直径≤5°）；

9）双眼外伤性青光眼，经手术治疗；

10）一侧眼睑严重畸形（或者眼睑重度下垂，遮盖全部瞳孔）合并该眼重度视力损害；

11）一耳听力障碍≥91dB HL；

12）双耳听力障碍≥61dB HL；

13）双侧鼻翼大部分缺损，或者鼻尖大部分缺损合并一侧鼻翼大部分缺损；

14）舌体缺损达舌系带；

15）唇缺损或者畸形，累计相当于上唇1/2以上；

16）脑脊液漏经手术治疗后持续不愈；

17）张口受限Ⅲ度；

18）发声功能或者构音功能障碍（重度）；

19）咽成形术后咽下运动异常。

5.8.3　颈部及胸部损伤

1）甲状腺功能损害（中度）；

2）颈总动脉或者颈内动脉严重狭窄支架置入或者血管移植术后；

3）食管部分切除术后，并后遗胸腔胃；

4）女性一侧乳房完全缺失；女性双侧乳房缺失或者毁损，累计范围相当于一侧乳房3/4以上；

5）女性双侧乳头完全缺失；

6）肋骨骨折12根以上并后遗6处畸形愈合；

7）心脏或者大血管修补术后；

8）一肺叶切除术后；

9）胸廓成形术后，影响呼吸功能；

10）呼吸困难（中度）。

5.8.4　腹部损伤

1）腹壁缺损≥腹壁的1/4；

2）成年人脾切除术后；

3）胰腺部分切除术后；

4）胃大部分切除术后；

5）肠部分切除术后，影响消化吸收功能；

6）胆道损伤，胆肠吻合术后；

7）损伤致肾性高血压；

8）肾功能轻度下降；

9）一侧肾上腺缺失；

10）肾上腺皮质功能轻度减退。

5.8.5　盆部及会阴部损伤

1）输尿管损伤行代替术或者改道术后；

2）膀胱大部分切除术后；

3）一侧输卵管和卵巢缺失；

4）阴道狭窄；

5）一侧睾丸缺失；

6）睾丸或者附睾损伤，生殖功能轻度损害；

7）阴茎冠状沟以上缺失；

8）阴茎皮肤瘢痕形成，严重影响性交行为。

5.8.6　脊柱、骨盆及四肢损伤

1）二椎体压缩性骨折（压缩程度均达 1/3）；

2）三个以上椎体骨折，经手术治疗后；

3）女性骨盆骨折致骨产道变形，不能自然分娩；

4）股骨头缺血性坏死，难以行关节假体置换术；

5）四肢长骨开放性骨折并发慢性骨髓炎、大块死骨形成，长期不愈（1 年以上）；

6）双上肢长度相差 8.0cm 以上；

7）双下肢长度相差 6.0cm 以上；

8）四肢任一大关节（踝关节除外）功能丧失 75％以上；

9）一踝关节强直固定于非功能位；

10）一肢体各大关节功能丧失均达 50％；

11）一手拇指缺失达近节指骨 1/2 以上并相应掌指关节强直固定；

12）一足足弓结构完全破坏，另一足足弓结构部分破坏；

13）手或者足功能丧失分值≥40 分。

5.8.7　体表及其他损伤

1）皮肤瘢痕形成达体表面积 30％。

5.9　九级

5.9.1　颅脑、脊髓及周围神经损伤

1）精神障碍或者轻度智能减退，日常生活有关的活动能力中度受限；

2）外伤性癫痫（轻度）；

3）脑叶部分切除术后；

4）一侧部分面瘫，遗留眼睑闭合不全或者口角歪斜；

5）一手部分肌瘫（肌力 3 级以下）；

6）一足大部分肌瘫（肌力 3 级以下）；

7）四肢重要神经损伤（上肢肘关节以上，下肢膝关节以上），遗留相应肌群肌力 3 级以下；

8）严重影响阴茎勃起功能；

9）轻度排便或者排尿功能障碍。

5.9.2 头面部损伤

1）头皮瘢痕形成或者无毛发，达头皮面积50%；

2）颅骨缺损25.0cm^2以上，不宜或者无法手术修补；

3）容貌毁损（轻度）；

4）面部条状瘢痕形成，累计长度达20.0cm；面部条状瘢痕形成（宽度达0.2cm），累计长度达10.0cm，其中至少5.0cm以上位于面部中心区；

5）面部块状瘢痕形成，单块面积达7.0cm^2，或者多块累计面积达9.0cm^2；

6）面部片状细小瘢痕形成或者色素异常，累计面积达30.0cm^2；

7）一侧眼睑严重畸形；一侧眼睑重度下垂，遮盖全部瞳孔；双侧眼睑轻度畸形；双侧眼睑下垂，遮盖部分瞳孔；

8）双眼泪器损伤均后遗溢泪；

9）双眼角膜斑翳或者血管翳，累及瞳孔区；双眼角膜移植术后；

10）双眼外伤性白内障；儿童人工晶体植入术后；

11）一眼盲目3级；

12）一眼重度视力损害，另一眼视力≤0.5；

13）一眼视野极度缺损，视野有效值≤8%（直径≤10°）；

14）双眼象限性视野缺损；

15）一侧眼睑轻度畸形（或者眼睑下垂，遮盖部分瞳孔）合并该眼中度视力损害；

16）一眼眶骨折后遗眼球内陷5mm以上；

17）耳廓缺损或者畸形，累计相当于一侧耳廓；

18）一耳听力障碍≥81dB HL；

19）一耳听力障碍≥61dB HL，另一耳听力障碍≥41dB HL；

20）一侧鼻翼或者鼻尖大部分缺损或者严重畸形；

21）唇缺损或者畸形，露齿3枚以上（其中1枚露齿达1/2）；

22）颌骨骨折，经牵引或者固定治疗后遗留功能障碍；

23）上颌骨或者下颌骨部分缺损伴牙齿缺失或者折断7枚以上；

24）张口受限Ⅱ度；

25）发声功能或者构音功能障碍（轻度）。

5.9.3　颈部及胸部损伤

1）颈前三角区瘢痕形成，累计面积达 $50.0cm^2$；

2）甲状腺功能损害（轻度）；

3）甲状旁腺功能损害（轻度）；

4）气管或者支气管成形术后；

5）食管吻合术后；

6）食管腔内支架置入术后；

7）食管损伤，影响吞咽功能；

8）女性双侧乳房缺失或者毁损，累计范围相当于一侧乳房 1/2 以上；

9）女性一侧乳房大部分缺失或者严重畸形；

10）女性一侧乳头完全缺失或者双侧乳头部分缺失（或者畸形）；

11）肋骨骨折 12 根以上，或者肋骨部分缺失 4 根以上；肋骨骨折 8 根以上并后遗 4 处畸形愈合；

12）心功能不全，心功能Ⅰ级；

13）冠状动脉移植术后；

14）心脏室壁瘤；

15）心脏异物存留或者取出术后；

16）缩窄性心包炎；

17）胸导管损伤；

18）肺段或者肺组织楔形切除术后；

19）肺脏异物存留或者取出术后。

5.9.4　腹部损伤

1）肝部分切除术后；

2）脾部分切除术后；

3）外伤性胰腺假性囊肿术后；

4）一侧肾部分切除术后；

5）胃部分切除术后；

6）肠部分切除术后；

7）胆道损伤胆管外引流术后；

8）胆囊切除术后；

9）肠梗阻反复发作；

10）膈肌修补术后遗留功能障碍（如膈肌麻痹或者膈疝）。

5.9.5 盆部及会阴部损伤

1）膀胱部分切除术后；

2）输尿管狭窄成形术后；

3）输尿管狭窄行腔内扩张术或者腔内支架置入术后；

4）一侧卵巢缺失或者丧失功能；

5）一侧输卵管缺失或者丧失功能；

6）子宫部分切除术后；

7）一侧附睾缺失；

8）一侧输精管损伤难以修复；

9）尿道狭窄（轻度）；

10）肛管或者直肠损伤，排便功能轻度障碍或者肛门失禁（轻度）。

5.9.6 脊柱、骨盆及四肢损伤

1）一椎体粉碎性骨折，椎管内骨性占位；

2）一椎体并相应附件骨折，经手术治疗后；二椎体压缩性骨折；

3）骨盆两处以上骨折或者粉碎性骨折，严重畸形愈合；

4）青少年四肢长骨骨骺粉碎性或者压缩性骨折；

5）四肢任一大关节行关节假体置换术后；

6）双上肢前臂旋转功能丧失均达75%；

7）双上肢长度相差6.0cm以上；

8）双下肢长度相差4.0cm以上；

9）四肢任一大关节（踝关节除外）功能丧失50%以上；

10）一踝关节功能丧失75%以上；

11）一肢体各大关节功能丧失均达25%；

12）双足拇趾功能丧失均达75%；一足5趾功能均完全丧失；

13）双足跟骨粉碎性骨折畸形愈合；

14）双足足弓结构部分破坏；一足足弓结构完全破坏；

15）手或者足功能丧失分值≥25分。

5.9.7 体表及其他损伤

1）皮肤瘢痕形成达体表面积10%。

5.10 十级

5.10.1 颅脑、脊髓及周围神经损伤

1）精神障碍或者轻度智能减退，日常生活有关的活动能力轻度受限；

2）颅脑损伤后遗脑软化灶形成，伴有神经系统症状或者体征；

3）一侧部分面瘫；

4）嗅觉功能完全丧失；

5）尿崩症（轻度）；

6）四肢重要神经损伤，遗留相应肌群肌力4级以下；

7）影响阴茎勃起功能；

8）开颅术后。

5.10.2 头面部损伤

1）面颅骨部分缺损或者畸形，影响面容；

2）头皮瘢痕形成或者无毛发，面积达40.0cm^2；

3）面部条状瘢痕形成（宽度达0.2cm），累计长度达6.0cm，其中至少3.0cm位于面部中心区；

4）面部条状瘢痕形成，累计长度达10.0cm；

5）面部块状瘢痕形成，单块面积达3.0cm^2，或者多块累计面积达5.0cm^2；

6）面部片状细小瘢痕形成或者色素异常，累计面积达10.0cm^2；

7）一侧眼睑下垂，遮盖部分瞳孔；一侧眼睑轻度畸形；一侧睑球粘连影响眼球运动；

8）一眼泪器损伤后遗溢泪；

9）一眼眶骨折后遗眼球内陷2mm以上；

10）复视或者斜视；

11）一眼角膜斑翳或者血管翳，累及瞳孔区；一眼角膜移植术后；

12）一眼外伤性青光眼，经手术治疗；一眼外伤性低眼压；

13）一眼外伤后无虹膜；

14）一眼外伤性白内障；一眼无晶体或者人工晶体植入术后；

15）一眼中度视力损害；

16）双眼视力≤0.5；

17）一眼视野中度缺损，视野有效值≤48%（直径≤60°）；

18）一耳听力障碍≥61dB HL；

19）双耳听力障碍≥41dB HL；

20）一侧前庭平衡功能丧失，伴听力减退；

21）耳廓缺损或者畸形，累计相当于一侧耳廓的30%；

22）鼻尖或者鼻翼部分缺损深达软骨；

23）唇外翻或者小口畸形；

24）唇缺损或者畸形，致露齿；

25）舌部分缺损；

26）牙齿缺失或者折断7枚以上；牙槽骨部分缺损，合并牙齿缺失或者折断4枚以上；

27）张口受限Ⅰ度；

28）咽或者咽后区损伤影响吞咽功能。

5.10.3 颈部及胸部损伤

1）颏颈粘连畸形松解术后；

2）颈前三角区瘢痕形成，累计面积达25.0cm^2；

3）一侧喉返神经损伤，影响功能；

4）器质性声音嘶哑；

5）食管修补术后；

6）女性一侧乳房部分缺失或者畸形；

7）肋骨骨折6根以上，或者肋骨部分缺失2根以上；肋骨骨折4根以上并后遗2处畸形愈合；

8）肺修补术后；

9）呼吸困难（轻度）。

5.10.4　腹部损伤

1）腹壁疝，难以手术修补；

2）肝、脾或者胰腺修补术后；

3）胃、肠或者胆道修补术后；

4）膈肌修补术后。

5.10.5　盆部及会阴部损伤

1）肾、输尿管或者膀胱修补术后；

2）子宫或者卵巢修补术后；

3）外阴或者阴道修补术后；

4）睾丸破裂修补术后；

5）一侧输精管破裂修复术后；

6）尿道修补术后；

7）会阴部瘢痕挛缩，肛管狭窄；

8）阴茎头部分缺失。

5.10.6　脊柱、骨盆及四肢损伤

1）枢椎齿状突骨折，影响功能；

2）一椎体压缩性骨折（压缩程度达1/3）或者粉碎性骨折；一椎体骨折经手术治疗后；

3）四处以上横突、棘突或者椎弓根骨折，影响功能；

4）骨盆两处以上骨折或者粉碎性骨折，畸形愈合；

5）一侧髌骨切除；

6）一侧膝关节交叉韧带、半月板伴侧副韧带撕裂伤经手术治疗后，影响功能；

7）青少年四肢长骨骨折累及骨骺；

8）一上肢前臂旋转功能丧失75%以上；

9）双上肢长度相差4.0cm以上；

10）双下肢长度相差2.0cm以上；

11）四肢任一大关节（踝关节除外）功能丧失25%以上；

12）一踝关节功能丧失 50%以上；

13）下肢任一大关节骨折后遗创伤性关节炎；

14）肢体重要血管循环障碍，影响功能；

15）一手小指完全缺失并第 5 掌骨部分缺损；

16）一足拇趾功能丧失 75%以上；一足 5 趾功能丧失均达 50%；双足拇趾功能丧失均达 50%；双足除拇趾外任何 4 趾功能均完全丧失；

17）一足跟骨粉碎性骨折畸形愈合；

18）一足足弓结构部分破坏；

19）手或者足功能丧失分值≥10 分。

5.10.7 体表及其他损伤

1）手部皮肤瘢痕形成或者植皮术后，范围达一手掌面积 50%；

2）皮肤瘢痕形成达体表面积 4%；

3）皮肤创面长期不愈超过 1 年，范围达体表面积 1%。

6 **附则**

6.1 遇有本标准致残程度分级系列中未列入的致残情形，可根据残疾的实际情况，依据本标准附录 A 的规定，并比照最相似等级的条款，确定其致残程度等级。

6.2 同一部位和性质的残疾，不应采用本标准条款两条以上或者同一条款两次以上进行鉴定。

6.3 本标准中四肢大关节是指肩、肘、腕、髋、膝、踝等六大关节。

6.4 本标准中牙齿折断是指冠折 1/2 以上，或者牙齿部分缺失致牙髓腔暴露。

6.5 移植、再植或者再造成活组织器官的损伤应根据实际后遗功能障碍程度参照相应分级条款进行致残程度等级鉴定。

6.6 永久性植入式假体（如颅骨修补材料、种植牙、人工支架等）损坏引起的功能障碍可参照相应分级条款进行致残程度等级鉴定。

6.7 本标准中四肢重要神经是指臂丛及其分支神经（包括正中神经、尺神经、桡神经和肌皮神经等）和腰骶丛及其分支神经（包括坐骨神经、腓总神经和胫神经等）。

6.8　本标准中四肢重要血管是指与四肢重要神经伴行的同名动、静脉。

6.9　精神分裂症或者心境障碍等内源性疾病不是外界致伤因素直接作用所致，不宜作为致残程度等级鉴定的依据，但应对外界致伤因素与疾病之间的因果关系进行说明。

6.10　本标准所指未成年人是指年龄未满18周岁者。

6.11　本标准中涉及面部瘢痕致残程度需测量长度或者面积的数值时，0～6周岁者按标准规定值50%计，7～14周岁者按80%计。

6.12　本标准中凡涉及数量、部位规定时，注明“以上”、“以下”者，均包含本数（有特别说明的除外）。

（附录略）

4.《禁止在饲料和动物饮用水中使用的药物品种目录》

一、肾上腺素受体激动剂

1. 盐酸克仑特罗（Clenbuterol Hydrochloride）：中华人民共和国药典（以下简称药典）2000年二部P605。β2肾上腺素受体激动药。

2. 沙丁胺醇（Salbutamol）：药典2000年二部P316。β2肾上腺素受体激动药。

3. 硫酸沙丁胺醇（Salbutamol Sulfate）：药典2000年二部P870。β2肾上腺素受体激动药。

4. 莱克多巴胺（Ractopamine）：一种β兴奋剂，美国食品和药物管理局（FDA）已批准，中国未批准。

5. 盐酸多巴胺（Dopamine Hydrochloride）：药典2000年二部P591。多巴胺受体激动药。

6. 西巴特罗（Cimaterol）：美国氰胺公司开发的产品，一种β兴奋剂，FDA未批准。

7. 硫酸特布他林（Terbutaline Sulfate）：药典2000年二部P890。β2肾上腺受体激动药。

二、性激素

8. 己烯雌酚（Diethylstibestrol）：药典 2000 年二部 P42。雌激素类药。

9. 雌二醇（Estradiol）：药典 2000 年二部 P1005。雌激素类药。

10. 戊酸雌二醇（Estradiol Valerate）：药典 2000 年二部 P124。雌激素类药。

11. 苯甲酸雌二醇（Estradiol Benzoate）：药典 2000 年二部 P369。雌激素类药。中华人民共和国兽药典（以下简称兽药典）2000 年版一部 P109。雌激素类药。用于发情不明显动物的催情及胎衣滞留、死胎的排除。

12. 氯烯雌醚（Chlorotrianisene）药典 2000 年二部 P919。

13. 炔诺醇（Ethinylestradiol）药典 2000 年二部 P422。

14. 炔诺醚（Quinestrol）药典 2000 年二部 P424。

15. 醋酸氯地孕酮（Chlormadinone acetate）药典 2000 年二部 P1037。

16. 左炔诺孕酮（Levonorgestrel）药典 2000 年二部 P107。

17. 炔诺酮（Norethisterone）药典 2000 年二部 P420。

18. 绒毛膜促性腺激素（绒促性素）（Chorionic Gonadotrophin）：药典 2000 年二部 P534。促性腺激素药。兽药典 2000 年版一部 P146。激素类药。用于性功能障碍、习惯性流产及卵巢囊肿等。

19. 促卵泡生长激素（尿促性素主要含卵泡刺激 FSHT 和黄体生成素 LH）（Menotropins）：药典 2000 年二部 P321。促性腺激素类药。

三、蛋白同化激素

20. 碘化酪蛋白（Iodinated Casein）：蛋白同化激素类，为甲状腺素的前驱物质，具有类似甲状腺素的生理作用。

21. 苯丙酸诺龙及苯丙酸诺龙注射液（Nandrolone phenylpropionate）药典 2000 年二部 P365。

四、精神药品

22. （盐酸）氯丙嗪（Chlorpromazine Hydrochloride）：药典 2000 年二部 P676。抗精神病药。兽药典 2000 年版一部 P177。镇静药。用于强化

麻醉以及使动物安静等。

23. 盐酸异丙嗪（Promethazine Hydrochloride）：药典 2000 年二部 P602。抗组胺药。兽药典 2000 年版一部 P164。抗组胺药。用于变态反应性疾病，如荨麻疹、血清病等。

24. 安定（地西泮）（Diazepam）：药典 2000 年二部 P214。抗焦虑药、抗惊厥药。兽药典 2000 年版一部 P61。镇静药、抗惊厥药。

25. 苯巴比妥（Phenobarbital）：药典 2000 年二部 P362。镇静催眠药、抗惊厥药。兽药典 2000 年版一部 P103。巴比妥类药。缓解脑炎、破伤风、士的宁中毒所致的惊厥。

26. 苯巴比妥钠（Phenobarbital Sodium）。兽药典 2000 年版一部 P105。巴比妥类药。缓解脑炎、破伤风、士的宁中毒所致的惊厥。

27. 巴比妥（Barbital）：兽药典 2000 年版一部 P27。中枢抑制和增强解热镇痛。

28. 异戊巴比妥（Amobarbital）：药典 2000 年二部 P252。催眠药、抗惊厥药。

29. 异戊巴比妥钠（Amobarbital Sodium）：兽药典 2000 年版一部 P82。巴比妥类药。用于小动物的镇静、抗惊厥和麻醉。

30. 利血平（Reserpine）：药典 2000 年二部 P304。抗高血压药。

31. 艾司唑仑（Estazolam）。

32. 甲丙氨脂（Meprobamate）。

33. 咪达唑仑（Midazolam）。

34. 硝西泮（Nitrazepam）。

35. 奥沙西泮（Oxazepam）。

36. 匹莫林（Pemoline）。

37. 三唑仑（Triazolam）。

38. 唑吡旦（Zolpidem）。

39. 其他国家管制的精神药品。

五、各种抗生素滤渣

40. 抗生素滤渣：该类物质是抗生素类产品生产过程中产生的工业三

废，因含有微量抗生素成份，在饲料和饲养过程中使用后对动物有一定的促生长作用。但对养殖业的危害很大，一是容易引起耐药性，二是由于未做安全性试验，存在各种安全隐患。

5.《国家重点保护野生动物名录》

中名	学名	保护级别	
		Ⅰ级	Ⅱ级
兽纲 MAMMALIA			
灵长目	PRIMATES		
懒猴科	Lorisldae		
峰猴（所有种）	Nycticebus spp.	Ⅰ	
猴科	Cercopithecidae		
短尾猴	Macaca arctoides		Ⅱ
熊　猴	Macaca assamensis	Ⅰ	
台湾猴	Macaca cyclopis	Ⅰ	
猕猴	Macaca mulatta		Ⅱ
豚尾猴	Macaca nemestrina	Ⅰ	
藏酋猴	Macaca thibetana		Ⅱ
叶猴（所有种）	PreSbyitis spp.	Ⅰ	
金丝猴（所有种）	Rhinopithecus spp.	Ⅰ	
猩猩科	Pongidae		
长臂猿（所有种）	Hylobates spp.	Ⅰ	
鳞甲目	PHOLIDOTA		
鲮鲤科	Manidae		
穿山甲	Manis pentadactyla		Ⅱ
食肉目	CARNIVORA		
犬科	Canidae		

续表

中名	学名	保护级别	
		Ⅰ级	Ⅱ级
豺	Cuon alpinus		Ⅱ
熊科	Ursidae		
黑熊	Selenarctos thibetanus		Ⅱ
棕熊	U　rsus arctos		Ⅱ
（包括马熊）	（U.　a. Pruinosus）		
马来熊	Helarctas malayanus	Ⅰ	
浣熊科	Procyonidae		
小熊猫	Ailurus fulgens		Ⅱ
大熊猫科	Ailuropodidae		
大熊猫	Ailuropoda melanoleuca	Ⅰ	
鼬科	Mustelidae		
石貂	Martes foina		Ⅱ
紫貂	Martes zibellina	Ⅰ	
黄喉貂	Martes flavigula		Ⅱ
貂熊	Gulo gulo	Ⅰ	
* 水獭（所有种）	Lutra spp.		Ⅱ
* 小爪水獭	Aonyx cinerea.		Ⅱ
灵猫科	Viverridae		
斑林狸	Prionodon pardicolor		Ⅱ
大灵猫	Viverra zibeiha		Ⅱ
小灵猫	Viverricula indica		Ⅱ
熊狸	Arctictis binturong	Ⅰ	
猫科	Felidae		
草原斑猫	Felis lybica（＝silvestris）		Ⅱ
荒漠猫	Felis bieti		Ⅱ
丛林猫	Felis chaus		Ⅱ

续表

中名	学名	保护级别	
		Ⅰ级	Ⅱ级
猞猁	Felis lynx		Ⅱ
兔狲	Felis manul		Ⅱ
金猫	Feils temmincki		Ⅱ
渔猫	Felis viverrinus		Ⅱ
云豹	Neojelis nebulosa	Ⅰ	
豹	Panthera pardus	Ⅰ	
虎	Panthera tigris	Ⅰ	
雪豹	Panthera uncia	Ⅰ	
* 鳍足目（所有种）	PINNIPEDIA		Ⅱ
海牛目	SIRENIA		
儒艮科	Dugongidae		
* 儒艮	Dugong dugong	Ⅰ	
鲸目	CETACEA		
喙豚科	Platanlstidae		
* 白暨豚	Lipotes vexillifer	Ⅰ	
海豚科	Delphinidae		
* 中华白海豚	Sousa chinensis	Ⅰ	
* 其他鲸类	(Cetacea)		Ⅱ
长鼻目	PROBOSCIDEA		
象科	Elephantldae		
亚洲象	Elephas maximus	Ⅰ	
奇蹄目	PERISSODACTYLA		
马科	Equidae		
蒙古野驴	Equus hemionus	Ⅰ	
西藏野驴	Equus kiang	Ⅰ	
野马	Equns Przewalskii	Ⅰ	

续表

中名	学名	保护级别	
		Ⅰ级	Ⅱ级
偶蹄目	ARTIODACTYLA		
驼科	Camelidae		
野骆驼	Camelus ferus （= bactrianus）	Ⅰ	
鼷鹿科	Tragulidae		
鼷鹿	Tragulus javanicus	Ⅰ	
麝科	Moschidae		
麝（所有种）	Moschus spp.		Ⅱ①
鹿科	Cervidae		
河麂	Hydropotes inermis		Ⅱ
黑麂	Muntiacus crinifrons	Ⅰ	
白唇鹿	Cervus albirostris	Ⅰ	
马鹿	Cervus elaphus		Ⅱ
（包括白臀鹿）	（C. e. macneilli）		
坡鹿	Cervus eldi	Ⅰ	
梅花鹿	Cervus nippon	Ⅰ	
豚鹿	Cervus porcinus	Ⅰ	
水鹿	cervus unicolor		Ⅱ
麋鹿	Elaphurus davidianus	Ⅰ	
驼鹿	Alces alces		Ⅱ
牛科	Bovidae		
野牛	Bos gaurus	Ⅰ	
野牦牛	Bos mutus （=grunniens）	Ⅰ	
黄羊	Procapra gutturosa		Ⅱ
普氏原羚	Procapra przewalskii	Ⅰ	
藏原羚	Procapra picticaudata		Ⅱ

① 2003年2月21日国家林业局第7号令将麝属所有种由Ⅱ级调整为Ⅰ级。——编者注

续表

中名	学名	保护级别	
		Ⅰ级	Ⅱ级
鹅喉羚	Cazella subgutturosa		Ⅱ
藏羚	Pantholops hodgsoni	Ⅰ	
高鼻羚羊	Saiga tatarica	Ⅰ	
扭角羚	Budorcas taxicolor	Ⅰ	
鬣羚	Capricornis sumatraensis		Ⅱ
台湾鬣羚	Capricornis crispus	Ⅰ	
赤斑羚	Naemorhedus cranbrooki	Ⅰ	
斑羚	Naemorhedus goral		Ⅱ
塔尔羊	Hemitragus jemlahicus	Ⅰ	
北山羊	Capra ibex	Ⅰ	
岩羊	Pseudois nayaur		Ⅱ
盘羊	Ovis ammon		Ⅱ
兔形目	LAGOMORPHA		
兔科	Leporidae		
海南兔	Lepus peguensis hainanus		Ⅱ
雪兔	Lepus timidus		Ⅱ
塔里木兔	Lepus yarkandensis		Ⅱ
啮齿目	RODENTIA		
松鼠科	Sciuridae		
巨松鼠	Ratufa bicolor		Ⅱ
河狸科	Castoridae		
河狸	Castor fiber	Ⅰ	
鸟纲 AVES			
䴙䴘目	PODICIPEDIFORMES		
䴙䴘科	Podicipedidae		

续表

中名	学名	保护级别	
		Ⅰ级	Ⅱ级
角䴙䴘	Podiceps auritus		Ⅱ
赤颈䴙䴘	Podiceps grisegena		Ⅱ
鹱形目	PROCELLARIIFORMES		
信天翁科	Diomedeidae		
短尾信天翁	Diomedea albatrus	Ⅰ	
鹈形目	PELECANIFORMES		
鹈鹕科	Pelecanidae		
鹈鹕（所有种）	Pelecanus spp.		Ⅱ
鲣鸟科	Sulidae		
鲣鸟（所有种）	Sula spp.		Ⅱ
鸬鹚科	Phalacrocoracidae		
海鸬鹚	Phalacrocorax pelagicus		Ⅱ
黑颈鸬鹚	Phalacrocorax niger		Ⅱ
军舰鸟科	Fregatidae		
白腹军舰鸟	Fregata andrewsi	Ⅰ	
鹳形目	CICONIlFORMES		
鹭科	Ardeidae		
黄嘴白鹭	Egretta eulophotes		Ⅱ
岩鹭	Egretta sacra		Ⅱ
海南虎斑鳽	Gorsachius magnificus		Ⅱ
小苇开	Ixbrychus minutus		Ⅱ
鹳科	Ciconiidae		
彩鹳	Ibis leucocephalus		Ⅱ
白鹳	Cicohio ciconia	Ⅰ	
黑鹳	Ciconia nigra	Ⅰ	
鹮科	Threskiornithidae		

续表

中名	学名	保护级别	
		Ⅰ级	Ⅱ级
白鹳	Threskiornis aethiopicus		Ⅱ
黑鹳	Pseudibis papillosa		Ⅱ
朱鹳	Nipponia Nippon	Ⅰ	
彩鹳	Plegalis falcinellus		Ⅱ
白琵鹭	Platalea leucorodia		Ⅱ
黑脸琵鹭	platalea minor		Ⅱ
雁形目	ANSERIFORMES		
鸭科	Anatidae		
红胸黑雁	Branta ruficollis		Ⅱ
白额雁	Anser albifrons		Ⅱ
天鹅（所有种）	Cygnus spp.		Ⅱ
鸳鸯	Aix galericulata		Ⅱ
中华秋沙鸭	Mergus squamatus	Ⅰ	
隼形目	FALCONIFORMES		
鹰科	Accipitridae		
金雕	Aquila chrysaetos	Ⅰ	
白肩雕	Aquila heliaca	Ⅰ	
玉带海雕	Haliaeetus leucoryphus	Ⅰ	
白尾海雕	Haliaeetus albcilla	Ⅰ	
虎头海雕	Haliaeetus pelagicus	Ⅰ	
拟兀鹫	Pseudogyps bengalensis	Ⅰ	
胡兀鹫	Gypaetus barbatus	Ⅰ	
其他鹰类	（Accipitridae）		Ⅱ
隼科（所有种）	Falconidae	Ⅱ	
鸡形目	GALLIFORMES		
松鸡科	Tetraonidae		

续表

中名	学名	保护级别	
		Ⅰ级	Ⅱ级
细嘴松鸡	Tetrao parvirostris	Ⅰ	
黑琴鸡	Lyrurus tetrix		Ⅱ
柳雷鸟	Lagopus lagopus		Ⅱ
岩雷鸟	Lagopus mutus		Ⅱ
镰翅鸡	Falcipennis falcipennis		Ⅱ
花尾榛鸡	etrastes bonasla		Ⅱ
斑尾榛鸡	etrastes sewerzowi	Ⅰ	
雉科	Phasianidae		
雪鸡（所有种）	Tetraogallus spp.		Ⅱ
雉鹑	Tetraophasis obscurus	Ⅰ	
四川山鹧鸪	ArboroPhila rufipectus	Ⅰ	
海南山鹧鸪	Arborophila ardens	Ⅰ	
血雉	Ithaginis cruentus		Ⅱ
黑头角雉	Tragopan melanocephalus	Ⅰ	
红胸角雉	ragopan satyra	Ⅰ	
灰腹角雉	ragopan blythii	Ⅰ	
红腹角雉	Tragopan temminchii		Ⅱ
黄腹角雉	Tragopan caboti	Ⅰ	
虹雉（所有种）	Lophophorus spp.	Ⅰ	
藏马鸡	Crossoptilon crossoptilon		Ⅱ
蓝马鸡	Crossoptilon aurtun		Ⅱ
褐马鸡	Crossoptilon mantchuricum	Ⅰ	
黑鹇	Lophura leucomelana		Ⅱ
白鹇	Lophura nycthemera		Ⅱ
蓝鹇	Lophura swinhoii	Ⅰ	
原鸡	Gallus gallus		Ⅱ

续表

中名	学名	保护级别	
		Ⅰ级	Ⅱ级
勺鸡	Pucrasia macrolopha		Ⅱ
黑颈长尾雉	Syrmaticus humiae	Ⅰ	
白冠长尾雉	Syrmaticus reevesii		Ⅱ
白颈长尾雉	Syrmaticus ewllioti	Ⅰ	
黑长尾雉	Syrmaticus mikado	Ⅰ	
锦鸡（所有种）	ChrysoloPhus spp.		Ⅱ
孔雀雉	Polyplectron bicalcaratum	Ⅰ	
绿孔雀	Pavo muticus	Ⅰ	
鹤形目	GRUIFORMES		
鹤料	Gruidae		
灰鹤	Grus grus		Ⅱ
黑颈鹤	Grum nigricollis	Ⅰ	
白头鹤	Grus monacha	Ⅰ	
沙丘鹤	Grus canadensis		Ⅱ
丹顶鹤	Grus japonensis	Ⅰ	
白枕鸿	Grus vipio		Ⅱ
白鹤	Grus leucogeranus	Ⅰ	
赤颈鹤	Grus antigone	Ⅰ	
蓑羽鹤	Anthropoides virgo		Ⅱ
秧鸡科	Rallidae		
长脚秧鸡	crex crex		Ⅱ
姬田鸡	Porzana parva		Ⅱ
棕背田鸡	Porzana bicolor		Ⅱ
花田鸣	Coturnicops noveboracensis		Ⅱ
鸨科	Otidae		
鸨（所有种）	Otis spp.	Ⅰ	

续表

中名	学名	保护级别	
		Ⅰ级	Ⅱ级
鸻形目	CHARADRIIFORMES		
雉鸻科	Jacanidae		
铜翅水雉	Metopidius indicus		Ⅱ
鹬科	Soolopacidae		
小杓鹬	Numenius borealis		Ⅱ
小青脚鹬	Tringa guttifer		Ⅱ
燕鸻科	Glareolidae		
灰燕鸻	Glareola lactea		Ⅱ
鸥形目	LARIFORMES		
鸥科	Laridae		
遗鸥	Larus relictus	Ⅰ	
小鸥	Larus minutus		Ⅱ
黑浮鸥	Chlidonias niger		Ⅱ
黄嘴河燕鸥	Sterna aurantia		Ⅱ
黑嘴端凤头燕鸥	Thalasseus zimmermanni		Ⅱ
鸽形目	COLUMBIFORMES		
沙鸡科	Pteroclididae		
黑腹沙鸡	Pterocles orientalis		Ⅱ
鸠鸽科	Columbidae		
绿鸠（所有种）	Treron spp.		Ⅱ
黑颏果鸠	Ptilinopus leclancheri		Ⅱ
皇鸠（所有种）	Ducula spp.		Ⅱ
斑尾林鸽	Columba palumbus		Ⅱ
鹃鸠（所有种）	Macropygia spp.		Ⅱ
鹦形目	PSITTACIFORMES		
鹦鹉科（所有种）	Psittacidae		Ⅱ

续表

中名	学名	保护级别	
		Ⅰ级	Ⅱ级
鹃形目	CUCULIFORMES		
杜鹃科	Cuculidae		
鸦鹃（所有种）	Centropus spp.		Ⅱ
鸮形目（所有种）	STRIGIFORMES		Ⅱ
雨燕目	APODIFORMES		
雨燕科	Apodidae		
灰喉针尾雨燕	Hirundapus cochinchinensls		Ⅱ
凤头雨燕科	Hemiprocnidae		Ⅱ
凤头雨燕	Hemiprocne longipennis		Ⅱ
咬鹃目	TROGONIFORMES		
咬鹃科	Trogonidae		
橙胸咬鹃	Harpactes oreskios		Ⅱ
佛法僧目	CORACllFORMES		
翠鸟科	Alcedinidae		
蓝耳翠鸟	Alcedo meninting		Ⅱ
鹳嘴翠鸟	Pelargopsis capensis		Ⅱ
蜂虎科	Meropidae		
黑胸蜂虎	Merops leschenaulti		Ⅱ
绿喉蜂虎	Merops orientalis		Ⅱ
犀鸟科（所有种）	Bucertidae		Ⅱ
鴷形目	PICIFORMES		
啄木鸟科	Picidae		
白腹黑啄木鸟	Dryocopus javensis		Ⅱ
雀形目	PASSERIFORMES		
阔嘴鸟科（所有种）	Eurylaimidae		Ⅱ
八色鸫科（所有种）	Pittidae		Ⅱ

续表

中名	学名	保护级别	
		Ⅰ级	Ⅱ级
龟鳖目	TESTUDOFORMES		
龟科	Emydidae		
* 地龟	Geoemyda spengleri		Ⅱ
* 三线闭壳龟	Cuora trifasciata		Ⅱ
* 云南闭壳龟	Cuora yunnanensis		Ⅱ
陆龟科	Testudinidae		
四爪陆龟	Testudo horsfieldi	Ⅰ	
凹甲陆龟	Manouria impressa		Ⅱ
海龟科	Cheloniidae		
* 希龟	Caretta caretta		Ⅱ
* 绿海龟	Chelonia mydas		Ⅱ
* 玳瑁	Ereimochelys imbricata		Ⅱ
* 太平洋丽龟	Lepidochelys olivacea		Ⅱ
棱皮龟科	Dermochelyidae		
* 棱皮龟	Dermochelys coriacea		Ⅱ
鳖科	Trionychidae		
* 鼋	Pelochelys bibroni	Ⅰ	
* 山瑞鳖	Trionyx steindachneri		Ⅱ
蜥蜴目	LACERTIFORMES		
壁虎科	Gekkonidae		
大壁虎	Gekko gecko		Ⅱ
鳄蜥科	Shinisauridae		
鳄蜥	Shinisaurus crocodilurus	Ⅰ	
巨蜥科	Varanidae		
巨蜥	Varanus salvator	Ⅰ	
蛇目	SERPENTIFORMES		

续表

中名	学名	保护级别	
		Ⅰ级	Ⅱ级
蟒科	Boidae		
蟒	Python molurus	Ⅰ	
鳄目	CROCODILIFORMES		
鼍科	Alligatoridae		
扬子鳄	Alligator sinensis	Ⅰ	
两栖纲 AMPHIBIA			
有尾目	CAUDATA		
隐鳃鲵科	Cryptobranchidae		
* 鲵大	Andrias davidianus		Ⅱ
蝾螈科	Salamandridae		
* 细痣疣螈	Tylototriton asperrimus		Ⅱ
* 镇海疣螈	Tylototriton chinhaiensis		Ⅱ
* 贵州疣螈	Tylototriton kweichowensis		Ⅱ
* 大凉疣螈	Tylototriton taliangensis		Ⅱ
* 红瘰疣螈	Tylototriton verrucosus		Ⅱ
无尾目	ANURA		
蛙科	Ranidae		
虎纹蛙	Rana tigrina		Ⅱ
鱼纲 PISCES			
鲈形目	PERCIFORMES		
石首鱼科	Sciaenidae		
* 黄唇鱼	Bahaba flavolabiata		Ⅱ
杜父鱼科	Cottidae		
* 松江鲈鱼	Trachidermus fasciatus		Ⅱ
海龙鱼目	SYNGNATHIFORMES		

续表

中名	学名	保护级别	
		Ⅰ级	Ⅱ级
海龙鱼科	Syngnathidae		
* 克氏海马鱼	Hippocampus kelloggi		Ⅱ
鲤形目	CYPRINIFORMES		
胭脂鱼科	Catostomidae		
* 胭脂鱼	Myxocyprinus asiaticus		Ⅱ
鲤科	Cyprinidae		
* 唐鱼	Tanichthys albonubes		Ⅱ
* 大头鲤	Cyprinus Pellegrini		Ⅱ
* 金线鲃	Sinocyclocheilus grahami grahami		Ⅱ
* 新疆大头鱼	Aspiorhynchus laticeps	Ⅰ	
* 大理裂腹鱼	Schizothorax taliensis		Ⅱ
鳗鲡目	ANGUILLIFOMES		
鳗鲡科	Anguillidae		
* 花鳗鲡	Anguilla marmorata		Ⅱ
鲑形目	SALMONIFORMES		
鲑科	Salmonidae		
* 川陕哲罗鲑	Hucho bleekeri		Ⅱ
* 秦岭细鳞鲑	Brachymystax lenok tsinlingensis		Ⅱ
鲟形目	ACIPENSERIFORMES		
鲟科	Acipenseridae		
* 中华鲟	Acipenser sinensis	Ⅰ	
* 达氏鲟	Acipenserdabryanus	Ⅰ	
匙吻鲟科	Polyodontidae		
* 白鲟	Psephurus gladius	Ⅰ	

续表

中名	学名	保护级别	
		Ⅰ级	Ⅱ级
文昌鱼纲 APPENDICULARIA			
文昌鱼目	AMPHIOXIFORMES		
文昌鱼科	Branchiostomatidae		
* 文昌鱼	Branchiotoma belcheri		Ⅱ
珊瑚纲 ANTHOZOA			
柳珊瑚目	GOKGONACEA		
红珊瑚科	Coralliidae		
* 红珊瑚	Corallium spp.	Ⅰ	
腹足纲 GASTROPODA			
中腹足目	MESOGASTROPODA		
宝贝科	Cypraeidae		
* 虎斑宝贝	Cypraea tigris		Ⅱ
冠螺科	Cassididae		
* 冠螺	Cassis cornuta		Ⅱ
瓣鳃纲 LAMELLIBRANCHIA			
异柱目	ANISOMYARIA		
珍珠贝科	Pteriidae		
* 大珠母贝	Pinctada maxima		Ⅱ
真瓣鳃目	EULAMELLIBRANCHIA		
砗磲科	Tridacnidae		
* 库氏砗磲	Trldacna cookiana	Ⅰ	
蚌科	Unionidae		
* 佛耳丽蚌	Lamprotula mansuyi		Ⅱ
头足纲 UEPHALOPODA			

续表

中名	学名	保护级别	
		Ⅰ级	Ⅱ级
四鳃目 鹦鹉螺科 * 鹦鹉螺	TETRABRANCHIA Nautilidae Nautilus pompilius	 Ⅰ	
昆虫纲 INSECTA			
双尾目 铗虮科 伟铗虮	UIPLURA Japygidae Atlasjapyx atlas		 Ⅱ
蜻蜓目 箭蜓科 尖板曦箭蜓 宽纹北箭蜓	ODONATA Gomphidae Heliogomphus retroflexus Ophiogomphus spinicorne		 Ⅱ Ⅱ
缺翅目 缺翅虫科 中华缺翅虫 墨脱缺翅虫	ZORAPTERA Zorotypidae Zorotypus sinensis Zorotypus medoensis		 Ⅱ Ⅱ
蛩蠊目 蛩蠊科 中华蜜螃	GRYLLOBLATTODAE Grylloblattidae Galloisiana sinensls	 Ⅰ	
鞘翅目 步甲科 拉步甲 硕步甲 臂金龟科 彩臂金龟（所有种）	COLEOPTERA Carabidae Carabus (Coptolabrus) lafossei Carabus (Apotopterus) davidi Euchitldae Cheirotonus spp.		 Ⅱ Ⅱ Ⅱ

续表

中名	学名	保护级别	
		Ⅰ级	Ⅱ级
犀金龟科	Dynastidae		
叉犀金龟	Allomyrina davidis		Ⅱ
鳞翅目	LEPIDOPTERA		
凤蝶科	Papilionidae		
金斑喙凤蝶	Teinopalpus aureus	Ⅰ	
双尾褐凤蝶	Bhutanitis mansfieldi		Ⅱ
三尾褐凤蝶	Bhutanitis thaidina dongchuanensls		Ⅱ
中华虎凤蝶	Lueddorfia chinensis huashanensis		Ⅱ
绢蝶科	Parnassidae		
阿波罗绢蝶	Parnassius apollo		Ⅱ
肠鳃纲 ENTEROPNEUSTA			
柱头虫科	Balanoglossidae		
* 多鳃孔舌形虫	Glossobalanus polybranchioporus		
玉钩虫科	Harrlmaniidae	Ⅰ	
* 黄岛长吻虫	Saccoglossus hwangtauensis	Ⅰ	

注：标“*”者，由渔业行政主管部门主管；未标“*”者，由林业行政主管部门主管。

6.《国家重点保护野生植物名录》(第一批)

中名	学名	保护级别	
		Ⅰ级	Ⅱ级
蕨类植物 Pteridophytes			
观音座莲科	Angiopteridaceae		
法斗观音座莲	A0ngiopteris sparsisora		Ⅱ
二回原始观音座莲	Archangiopteris bipinnata		Ⅱ
亨利原始观音座莲	Archangiopteris henryi		Ⅱ
铁角蕨科	Aspleniaceae		
对开蕨	Phyllitis japonica		Ⅱ
蹄盖蕨科	Athyriaceae		
光叶蕨	Cystoathyrium chinense	Ⅰ	
乌毛蕨科	Blechnaceae		
苏铁蕨	Brainea insignis		Ⅱ
天星蕨科	Christenseniaceae		
天星蕨	Christensenia assamica		Ⅱ
桫椤科（所有种）	Cyatheaceae spp.		Ⅱ
蚌壳蕨科（所有种）	Dicksoniaceae spp.		Ⅱ
鳞毛蕨科	Dryopteridaceae		
单叶贯众	Cyrtomium hemionitis		Ⅱ
玉龙蕨	Sorolepidium glaciale	Ⅰ	
七指蕨科	Helminthostachyaceae		
七指蕨	Helminthostachys zeylanica		Ⅱ
水韭科	Isoetaceae		
* 水韭属（所有种）	Isoetes spp.	Ⅰ	
水蕨科	Parkeriaceae		
* 水蕨属（所有种）	Ceratopteris spp.		Ⅱ

续表

中名	学名	保护级别	
		Ⅰ级	Ⅱ级
鹿角蕨科	Platyceriaceae		
鹿角蕨	Platycerium wallichii		Ⅱ
水龙骨科	Polypodiaceae		
扇蕨	Neocheiropteris palmatopedata		Ⅱ
中国蕨科	Sinopteridaceae		
中国蕨	Sinopteris grevilleoides		Ⅱ
裸子植物 Gymnospermae			
三尖杉科	Cephalotaxaceae		
贡山三尖杉	Cephalotaxus lanceolata		Ⅱ
蓖子三尖杉	Cephalotaxus oliveri		Ⅱ
柏科	Cuupressaceae		
翠柏	Calocedrus macrolepis		Ⅱ
红桧	Chamaecyparis formosensis		Ⅱ
岷江柏木	Cupressus chengiana		Ⅱ
巨柏	Cupressus gigantea	Ⅰ	
福建柏	Fokienia hodginsii		Ⅱ
朝鲜崖柏	Thuja korraiensis		Ⅱ
苏铁科	Cycadaceae		
苏铁属（所有种）	Cycas spp.	Ⅰ	
银杏科	Ginkgoaceae		
银杏	Ginkgo biloba	Ⅰ	
松科	Pinaceae		
百山祖冷杉	Abies beshanzuensis	Ⅰ	
秦岭冷杉	Abies chensiensis		Ⅱ
梵净山冷杉	Abies fanjingshanensis	Ⅰ	
元宝山冷杉	Abies yuanbaoshanensis	Ⅰ	

续表

中名	学名	保护级别	
		Ⅰ级	Ⅱ级
资源冷杉（大院冷杉）	Abies ziyuanensis	Ⅰ	
银杉	Cathaya argyrophylla	Ⅰ	
台湾油杉	Keteleeria davidiana var. formosana		Ⅱ
海南油杉	Keteleeria hainanensis		Ⅱ
柔毛油杉	Keteleeria pubescens		Ⅱ
太白红杉	Larix chinensis		Ⅱ
四川红杉	Larix mastersiana		Ⅱ
油麦吊云杉	Picea brachytyla var. complanata		Ⅱ
大果青扦	Picea neoveitchii		Ⅱ
兴凯赤松	Pinus densiflora var. ussuriensis		Ⅱ
大别山五针松	Pinus fenzeliana var. dabeshanensis		Ⅱ
红松	Pinus koraiensis		Ⅱ
华南五针松（广东松）	Pinus kwangtungensis		Ⅱ
巧家五针松	Pinus squamata	Ⅰ	
长白松	Pinus sylvestris var. sylvestriformis	Ⅰ	
毛枝五针松	Pinus wangii		Ⅱ
金钱松	Pseudolarix amabilis		Ⅱ
黄杉属（所有种）	Pseudotsuga spp.		Ⅱ
红豆杉科	Taxaceae		
台湾穗花杉	Amentotaxus formosana	Ⅰ	
云南穗花杉	Amentotaxus yunnanensis	Ⅰ	
白豆杉	Pseudotaxus chienii		Ⅱ
红豆杉属（所有种）	Taxus spp.	Ⅰ	
榧属（所有种）	Torreya spp.		Ⅱ

续表

中名	学名	保护级别	
		Ⅰ级	Ⅱ级
科	Taxodiaceae		
水松	Glyptostrobus pensilis	Ⅰ	
水杉	Metasequoia glyptostroboides	Ⅰ	
台湾杉（秃杉）	Taiwania cryptomerioides		Ⅱ
被子植物 Angiospermae			
芒苞草科	Acanthochlamydaceae		
芒苞草	Acanthochlamys bracteata		Ⅱ
槭树科	Aceraceae		
梓叶槭	Acer catalpifolium		Ⅱ
羊角槭	Acer yangjuechi		Ⅱ
云南金钱槭	Dipteronia dyerana		Ⅱ
泽泻科	Alismataceae		
* 长喙毛茛泽泻	Ranalisma rostratum	Ⅰ	
* 浮叶慈菇	Sagittaria natans		Ⅱ
夹竹桃科	Apocynaceae		
富宁藤	Parepigynum funingense		Ⅱ
蛇根木	Rauvolfia serpentina		Ⅱ
摩科	Asclepiadaceae		
驼峰藤	Merrillanthus hainanensis		Ⅱ
桦木科	Betulaceae		
盐桦	Betula halophila		Ⅱ
金平桦	Betula jinpingensis		Ⅱ
普陀鹅耳枥	Carpinus putoensis	Ⅰ	
天台鹅耳枥	Carpinus tientaiensis		Ⅱ
天目铁木	Ostrys rehderiana	Ⅰ	
伯乐树科	Bretschneideraceae		

续表

中名	学名	保护级别	
		Ⅰ级	Ⅱ级
伯乐树（钟萼木）	Bretschneidera sinensis	Ⅰ	
花蔺科	Butomaceae		
＊ 拟花蔺	Butomopsis latifolia		Ⅱ
忍冬科	Caprifoliaceae		
七子花	Heptacodium miconioides		Ⅱ
石竹科	Caryophyllaceae		
金铁锁	Psammosilene tunicoides		Ⅱ
卫矛科	Celastraceae		
膝柄木	Bhesa sinensis	Ⅰ	
十齿花	Dipentodon sinicus		Ⅱ
永瓣藤	Monimopatalum chinense		Ⅱ
连香树科	Cercidiphyllaceae		
连香树	Cercidiphyllum japonicum		Ⅱ
使君子科	Combretaceae		
萼翅藤	Calycopteris floribuunda	Ⅰ	
千果榄仁	Terminaila myriocarpa		Ⅱ
菊科	Compositae		
＊ 画笔菊	Ajaniopsis penicilliformis		Ⅱ
＊ 革苞菊	Tugarinovia mongolica	Ⅰ	
四数木科	Datiscaceae		
四数木	Tetrameles nudiflora		Ⅱ
龙脑香科	Dipterocarpaceae		
东京龙脑香	Dipterocarpus retusus	Ⅰ	
狭叶坡垒	Hopea chinensis	Ⅰ	
无翼坡垒（铁凌）	Hopea exalata		Ⅱ
坡垒	Hopea hainanensis	Ⅰ	

续表

中名	学名	保护级别	
		Ⅰ级	Ⅱ级
多毛坡垒	Hopea mollissima	Ⅰ	
望天树	Parashorea chinensis	Ⅰ	
广西青梅	Vatica guangxiensis		Ⅱ
青皮（青梅）	Vatica mangachapoi		Ⅱ
茅膏菜科	Droseraceae		
* 貉藻	Aldrovanda vesiculosa	Ⅰ	
胡颓子科	Elaeagnaceae		
翅果油树	Elaeagnus mollis		Ⅱ
大戟科	Euphorbiaceae		
东京桐	Deutzianthus tonkinensis		Ⅱ
壳斗科	Fagaceae		
华南锥	Castanopsis concinna		Ⅱ
台湾水青冈	Fagus hayatae		Ⅱ
三棱栎	Formanodendron doichangensis		Ⅱ
瓣鳞花科	Frankeniaceae		
* 瓣鳞花	Frankenia pulverulenta		Ⅱ
龙胆科	Gentianaceae		
* 辐花	Lomatogoniopsis alpina		Ⅱ
苦苣苔科	Gesneriaceae		
瑶山苣苔	Dayaoshania cotinifofia	Ⅰ	
单座苣苔	Metabriggsia ovalifolia	Ⅰ	
秦岭石蝴蝶	Petrocosmea qinlingensis		Ⅱ
报春苣苔	Primulina tabacum	Ⅰ	
辐花苣苔	Thamnocharis esquirolii	Ⅰ	
禾本科	Gramineae		
酸竹	Acidosasa chinensis		Ⅱ

续表

中名	学名	保护级别	
		Ⅰ级	Ⅱ级
* 沙芦草	Agropyron mongolicum		Ⅱ
* 异颖草	Anisachne gracilis		Ⅱ
* 短芒披碱草	Elymus breviarristatus		Ⅱ
* 无芒披碱草	Elymus submuticus		Ⅱ
* 毛披碱草	Elymus villifer		Ⅱ
* 内蒙古大麦	Hordeum innermongoilcum		Ⅱ
* 药用野生稻	Oryza officinails		Ⅱ
* 普通野生稻	Oryza rufipogon		Ⅱ
* 四川狼尾草	Pennisetum sichuanense		Ⅱ
* 华山新麦草	Psathyrostachys huashanica	Ⅰ	
* 三蕊草	Sinochasea trigyna		Ⅱ
* 拟高粱	Sorghum propinquum		Ⅱ
* 箭叶大油芒	Spodiopogon sagittifolius		Ⅱ
* 中华结缕草	Zoysia sinica		Ⅱ
小二仙草科	Haloragidaceae		
* 乌苏里狐尾藻	Myriophyllum ussuriense		Ⅱ
金缕梅科	Hamamelidaceae		
山铜材	Chunia bucklandioides		Ⅱ
长柄双花木	Disanthus cercidifolius var. longipes		Ⅱ
半枫荷	Semiliquidambar cathayensis		Ⅱ
银缕梅	Shaniodendron subaequalum	Ⅰ	
四药门花	Tetrathyrium subcordatum		Ⅱ
水鳖科	Hydrocharitaceae		
* 水菜花	Ottelia cordata		Ⅱ
唇形科	Labiatae		

续表

中名	学名	保护级别	
		Ⅰ级	Ⅱ级
子宫草	Skapanthus oreophilus		Ⅱ
樟科	Lauuraceae		
油丹	Alseodaphne hainanensis		Ⅱ
樟树（香樟）	Cinnamomum camphora		Ⅱ
普陀樟	Cinnamomum japonicum		Ⅱ
油樟	Cinnamomum longepaniculatum		Ⅱ
卵叶桂	Cinnamomum rigidissimum		Ⅱ
润楠	Machilus nanmu		Ⅱ
舟山新木姜子	Neolitsea sericea		Ⅱ
闽楠	Phoebe bournei		Ⅱ
浙江楠	Phoebe chekiangensis		Ⅱ
楠木	Phoebe zhennan		Ⅱ
豆科	Leguminosae		
* 线苞两型豆	Amphicarpaea linearis		Ⅱ
黑黄檀（版纳黑檀）	Dalbergia fusca		Ⅱ
降香（降香檀）	Dalbergia odorifera		Ⅱ
格木	Erythrophleum fordii		Ⅱ
山豆根（胡豆莲）	Euchresta japonica		Ⅱ
绒毛皂荚	Gleditsia japonica var. velutina		Ⅱ
* 野大豆	Glycine soja		Ⅱ
* 烟豆	Glycine tabacina		Ⅱ
* 短绒野大豆	Grmosia tomentella		Ⅱ
花榈木（花梨木）	Ormosia henryi		Ⅱ
红豆树	Ormosia hosiei		Ⅱ
缘毛红豆	Ormosia howii		Ⅱ
紫檀（青龙木）	Pterocarpus indicus		Ⅱ

续表

中名	学名	保护级别	
		Ⅰ级	Ⅱ级
油楠（蚌壳树）	Sindora glabra		Ⅱ
任豆（任木）	Zenia insignis		Ⅱ
狸藻科	Lentibulariaceae		
＊盾鳞狸藻	Utricularia punctata		Ⅱ
木兰科	Magnoliaceae		
长蕊木兰	Alcimandra cathcardii	Ⅰ	
地枫皮	Illicium difengpi		Ⅱ
单性木兰	Kmeria septentrionalis	Ⅰ	
鹅掌楸	Liriodendron chinense		Ⅱ
大叶木兰	Magnolia henryi		Ⅱ
馨香玉兰	Magnolia odoratissima		Ⅱ
厚朴	Magnolia officinalis		Ⅱ
凹叶厚朴	Magnolia officinalis subsp. biloba		Ⅱ
长喙厚朴	Magnolia rostrata		Ⅱ
圆叶玉兰	Magnolia sinensis		Ⅱ
西康玉兰	Magnolia wilsonii		Ⅱ
宝华玉兰	Magnolia zenii		Ⅱ
香木莲	Manglietia aromatica		Ⅱ
落叶木莲	Manglietia decidua	Ⅰ	
大果木莲	Manglietia grandis		Ⅱ
毛果木莲	Manglietia hebecarpa		Ⅱ
大叶木莲	Manglietia megaphylla		Ⅱ
厚叶木莲	Manglietia pachyphylla		Ⅱ
华盖木	Manglietiastrum sinicum	Ⅰ	
石碌含笑	Michelia shiluensis		Ⅱ

续表

中名	学名	保护级别	
		Ⅰ级	Ⅱ级
峨眉含笑	Michelia wilsonii		Ⅱ
峨眉拟单性木兰	Parakmeria omeiensis	Ⅰ	
云南拟单性木兰	Parakmeria yunnanensis		Ⅱ
合果木	Paramichelia baillonii		Ⅱ
水青树	Tetracentron sinense		Ⅱ
楝科	Meliaceae		
粗枝崖摩	Amoora dasyclada		Ⅱ
红椿	Toona ciliata		Ⅱ
毛红椿	Toona ciliata var. pubescens		Ⅱ
防己科	Menispermaceae		
藤枣	Eleutharrhena macrocarpa	Ⅰ	
肉豆蔻科	Myristicaceae		
海南风吹楠	Horsfieldia hainanensis		Ⅱ
滇南风吹楠	Horsfieldia tetratepala		Ⅱ
云南肉豆蔻	Myristica yunnanensis		Ⅱ
茨藻科	Najadaceae		
* 高雄茨藻	Najas browniana		Ⅱ
* 拟纤维茨藻	Najas pseudogracillima		Ⅱ
睡莲科	Nymphaeaceae		
* 莼菜	Brasenia schreberi	Ⅰ	
* 莲	Nelumbo nucifera		Ⅱ
* 贵州萍逢草	Nuphar bornetii		Ⅱ
* 雪白睡莲	nymphaea candida		Ⅱ
蓝果树科	Nyssaceae		
喜树（旱莲木）	Camptotheca acuminata		Ⅱ
珙桐	Davidia involucrata	Ⅰ	

续表

中名	学名	保护级别	
		Ⅰ级	Ⅱ级
光叶珙桐	Davidia involucrata var. vilmoriniana	Ⅰ	
云南蓝果树	Nyssa yunnanensis	Ⅰ	
金莲木科	Ochnaceae		
合柱金莲木	Sinia rhodoleuca	Ⅰ	
铁青树科	Olacaceae		
蒜头果	Malania oleifen		Ⅱ
木犀科	Oleaceae		
水曲柳	Fraxinus mandshurica		Ⅱ
棕榈科	Palmae		
董棕	Caryota urens		Ⅱ
小钩叶藤	Plectocomia microstachys		Ⅱ
龙棕	Trachycarpus nana		Ⅱ
罂粟科	Papaveraceae		
＊红花绿绒蒿	Meconopsis punicea		Ⅱ
斜翼科	Plagiopteraceae		
斜翼	Plagiopteron suaveolens		Ⅱ
川苔草科	Podostemaceae		
＊川藻（石蔓）	Terniopsis sessilis		Ⅱ
蓼科	Polygonaceae		
＊金荞麦	Fagopyrum dibotrys		Ⅱ
报春花科	Primulaceae		
＊羽叶点地梅	Pomatosace filicula		Ⅱ
毛茛科	Ranunculaceae		
粉背叶人字果	Dichocarpuum hypoglaucum		Ⅱ
独叶草	Kingdonia uniflora	Ⅰ	

续表

中名	学名	保护级别	
		Ⅰ级	Ⅱ级
马尾树科	Rhoipteleaceae		
马尾树	Rhoiptelea chiliantha		Ⅱ
茜草科	Rubiaecae		
绣球茜	Dunnia sinensis		Ⅱ
香果树	Emmenopterys henryi		Ⅱ
异形玉叶金花	Mussaenda anomala	Ⅰ	
丁茜	Trailliaedoxa gracilis		Ⅱ
芸香科	Rutaceae		
黄檗（黄菠椤）	Phellodendron amurense		Ⅱ
川黄檗（黄皮树）	Phellodendron chinense		Ⅱ
杨柳科	Salicaceae		
钻天柳	Chosenia arbutifolia		Ⅱ
无患子科	Sapindaceae		
伞花木	Madhuca hainanensis		Ⅱ
掌叶木	Madhuca pasquieri		Ⅱ
山榄科	Sapotaceae		
海南紫荆木	Kirengeshoma palmata		Ⅱ
柴荆木	Platycrater arguta		Ⅱ
虎耳草科	Saxifragaceae		
黄山梅	Kirengeshoma palmata		Ⅱ
蛛网萼	Platycrater arguta		Ⅱ
冰沼草科	Scheuchzeriaceae		
* 冰沼草	Scheuchzeria palustris		Ⅱ
玄参科	Scrophulariaceae		
* 胡黄连	Neopicrorhiza scrophulariiflora		Ⅱ
呆白菜（崖白菜）	Triaenophora rupestris		Ⅱ

续表

中名	学名	保护级别	
		Ⅰ级	Ⅱ级
茄科	Solanaceae		
* 山莨菪	Anisodus tanguticus		Ⅱ
黑三棱科	Sparganiaceae		
* 北方黑三棱	Sparganium hyperboreum		Ⅱ
梧桐科	Sterculiaceae		
广西火桐	Erythropsis kwangsiensis		Ⅱ
丹霞梧桐	Firmiana danxiaensis		Ⅱ
海南梧桐	Firmiana hainanensis		Ⅱ
蝴蝶树	Heritiera parvifolia		Ⅱ
平当树	Paradombeya sinensis		Ⅱ
景东翅子树	Pterospermum kingtungense		Ⅱ
勐仑翅子树	Pterospermum menglunense		Ⅱ
安息香科	Styracaceae		
长果安息香	Changiostyrax dolichocarpa		Ⅱ
秤锤树	Sinojackia xylocarpa		Ⅱ
瑞香科	Thymelaeaceae		
土沉香	Aquilaria sinensis		Ⅱ
椴树科	Tiliaceae		
柄翅果	Burretiodendron esquirolii		Ⅱ
蚬木	Burretiodendron hsienmu		Ⅱ
滇桐	Craigia yunnanensis		Ⅱ
海南椴	Hainania trichosperma		Ⅱ
柴椴	Tilia amurensis		Ⅱ
菱科	Trapaceae		
* 野菱	Trapa incisa		Ⅱ
榆科	Ulmaceae		

续表

中名	学名	保护级别	
		Ⅰ级	Ⅱ级
长序榆	Ulmus elongata		Ⅱ
榉树	Zelkova schneideriana		Ⅱ
伞形科	Umbelliferae		
* 珊瑚菜（北沙参）	Glehnia littoralis		Ⅱ
马鞭草科	Verbenaceae		
海南石梓（苦梓）	Gmelina hainanensis		Ⅱ
姜科	Zingiberaceae		
茴香砂仁	Etlingera yunnanense		Ⅱ
拟豆蔻	Paramomum petaloideum		Ⅱ
长果姜	Siliquamomum tonkinense		Ⅱ
蓝藻 Cyonnphyta			
念珠藻科①	Nostocaceae		
* 发菜	Nostoc flagelliforme		Ⅱ
真菌 Eumycophyta			
麦角菌科	Clavicipitaceae		
* 虫草（冬虫夏草）	Cordyceps sinensis		Ⅱ
口蘑科（白蘑科）	Tricholomataceae		
松口蘑（松茸）	Tricholoma matsutake		Ⅱ

注：标“*”者由农业行政主管部门或渔业行政主管部门主管；未标“*”者由林业行政主管部门主管。

① 2001年8月4日发布的农业部、国家林业局令第53号将念珠藻科的发菜保护级别由Ⅱ级调整为Ⅰ级。——编者注

7. 非法猎捕、杀害、收购、运输、出售珍贵、濒危野生动物刑事案件“情节严重”、“情节特别严重”数量认定标准

中文名	拉丁文名	级别	情节严重	情节特别严重
蜂猴	Nycticebus spp.	Ⅰ	3	4
熊猴	Macaca assamensis	Ⅰ	2	3
台湾猴	Macaca cyclopis	Ⅰ	1	2
豚尾猴	Macaca nemestrina	Ⅰ	2	3
叶猴（所有种）	Presbytis spp.	Ⅰ	1	2
金丝猴（所有种）	Rhinopithecus spp.	Ⅰ		1
长臂猿（所有种）	Hylobates spp.	Ⅰ	1	2
马来熊	Helarctos malayanus	Ⅰ	2	3
大熊猫	Ailuropoda melanoleuca	Ⅰ		1
紫貂	Martes zibellina	Ⅰ	3	4
貂熊	Gulo gulo	Ⅰ	2	3
熊狸	Arctictis binturong	Ⅰ	1	2
云豹	Neofelis nebulosa	Ⅰ		1
豹	Panthera pardus	Ⅰ		1
雪豹	Panthera uncia	Ⅰ		1
虎	Panthera tigris	Ⅰ		1
亚洲象	Elephas maximus	Ⅰ		1
蒙古野驴	Equus hemionus	Ⅰ	2	3
西藏野驴	Equus kiang	Ⅰ	3	5
野马	Equus przewalskII	Ⅰ		1
野骆驼	Camelus ferus（=bactrianus）	Ⅰ	1	2
鼷鹿	Tragulus javanicus	Ⅰ	2	3

续表

中文名	拉丁文名	级别	情节严重	情节特别严重
黑麂	Muntiacus crinifrons	I	1	2
白唇鹿	Cervus albirostris	I	1	2
坡鹿	Cervus eldi	I	1	2
梅花鹿	Cervus nippon	I	2	3
豚鹿	Cervus porcinus	I	2	3
麋鹿	Elaphurus davidianus	I	1	2
野牛	Bos gaurus	I	1	2
野牦牛	Bos mutus （=grunniens）	I	2	3
普氏原羚	Procapra przewalskII	I	1	2
藏羚	Pantholops hodgsoni	I	2	3
高鼻羚羊	Saiga tatarica	I		1
扭角羚	Budorcas taxicolor	I	1	2
台湾鬣羚	Capricornis crispus	I	2	3
赤斑羚	Naemorhedus cranbrooki	I	2	4
塔尔羊	Hemitragus jemlahicus	I	2	4
北山羊	Capra ibex	I	2	4
河狸	Castor fiber	I	1	2
短尾信天翁	Diomedea albatrus	I	2	4
白腹军舰鸟	Fregata andrewsi	I	2	4
白鹳	Ciconia ciconia	I	2	4
黑鹳	Ciconia nigra	I	2	4
朱鹮	Nipponia nippon	I		1
中华沙秋鸭	Mergus squamatus	I	2	3
金雕	Aquila chrysaetos	I	2	4
白肩雕	Aquila heliaca	I	2	4

续表

中文名	拉丁文名	级别	情节严重	情节特别严重
玉带海雕	Haliaeetus leucoryphus	I	2	4
白尾海雕	Haliaeetus albcilla	I	2	3
虎头海雕	Haliaeetus pelagicus	I	2	4
拟兀鹫	Pseudogyps bengalensis	I	2	4
胡兀鹫	Gypaetus barbatus	I	2	4
细嘴松鸡	Tetrao parvirostris	I	3	5
斑尾榛鸡	Tetrastes sewerzowi	I	3	5
雉鹑	Tetraophasis obscurus	I	3	5
四川山鹧鸪	Arborophila rufipectus	I	3	5
海南山鹧鸪	Arborophila ardens	I	3	5
黑头角雉	Tragopan melanocephalus	I	2	3
红胸角雉	Tragopan satyra	I	2	4
灰腹角雉	Tragopan blythII	I	2	3
黄腹角雉	Tragopan caboti	I	2	3
虹雉（所有种）	Lophophorus spp.	I	2	4
褐马鸡	Crossoptilon mantchuricum	I	2	3
蓝鹇	Lophura swinhoII	I	2	3
黑颈长尾雉	Syrmaticus humiae	I	2	4
白颈长尾雉	Syrmaticus ewllioti	I	2	4
黑长尾雉	Syrmaticus mikado	I	2	4
孔雀雉	Polyplectron bicalcaratum	I	2	3
绿孔雀	Pavo muticus	I	2	3
黑颈鹤	Grus nigricollis	I	2	3
白头鹤	Grus monacha	I	2	3
丹顶鹤	Grus japonensis	I	2	3

续表

中文名	拉丁文名	级别	情节严重	情节特别严重
白鹤	Grus leucogeranus	Ⅰ	2	3
赤颈鹤	Grus antigone	Ⅰ	1	2
鸨（所有种）	Otis spp.	Ⅰ	4	6
遗鸥	Larus relictus	Ⅰ	2	4
四爪陆龟	Testudo horsfieldi	Ⅰ	4	8
蜥鳄	Shinisaurus crocodilurus	Ⅰ	2	4
巨蜥	Varanus salvator	Ⅰ	2	4
蟒	Python molurus	Ⅰ	2	4
扬子鳄	Alligator sinensis	Ⅰ	1	2
中华蛩蠊	Galloisiana sinensis	Ⅰ	3	6
金斑喙凤蝶	Teinopalpus aureus	Ⅰ	3	6
短尾猴	Macaca arctoides	Ⅱ	6	10
猕猴	Macaca mulatta	Ⅱ	6	10
藏酋猴	Macaca thibetana	Ⅱ	6	10
穿山甲	Manis pentadactyla	Ⅱ	8	16
豺	Cuon alpinus	Ⅱ	4	6
黑熊	Selenarctos thibetanus	Ⅱ	3	5
棕熊（包括马熊）	Ursus arctos（U. a. pruinosus）	Ⅱ	3	5
小熊猫	Ailurus fulgens	Ⅱ	3	5
石貂	Martes foina	Ⅱ	4	10
黄喉貂	Martes flavigula	Ⅱ	4	10
斑林狸	Prionodon pardicolor	Ⅱ	4	8
大灵猫	Viverra zibetha	Ⅱ	3	5
小灵猫	Viverricula indica	Ⅱ	4	8
草原斑猫	Felis lybica（=silvestris）	Ⅱ	4	8

续表

中文名	拉丁文名	级别	情节严重	情节特别严重
荒漠猫	Felis bieti	Ⅱ	4	10
丛林猫	Felis chaus	Ⅱ	4	8
猞猁	Felis lynx	Ⅱ	2	3
兔狲	Felis manul	Ⅱ	3	5
金猫	felis temmincki	Ⅱ	4	8
渔猫	felis viverrinus	Ⅱ	4	8
麝（所有种）	Moschus spp.	Ⅱ	3	5
河麂	Hydropotes inermis	Ⅱ	4	8
马鹿（含白臀鹿）	Cervus elaphus（C. e. macneilli）	Ⅱ	4	6
水鹿	Cervus unicolor	Ⅱ	3	5
驼鹿	Alces alces	Ⅱ	3	5
黄羊	Procapra gutturosa	Ⅱ	8	15
藏原羚	Procapra picticaudata	Ⅱ	4	8
鹅喉羚	Gazella subgutturosa	Ⅱ	4	8
鬣羚	Capricornis sumatraensis	Ⅱ	3	4
斑羚	Naemorhedus goral	Ⅱ	4	8
岩羊	Pseudois nayaur	Ⅱ	4	8
盘羊	Ovis ammon	Ⅱ	3	5
海南兔	Lepus peguensis hainanus	Ⅱ	6	10
雪兔	Lepus timidus	Ⅱ	6	10
塔里木兔	Lepus yarkandensis	Ⅱ	20	40
巨松鼠	Ratufa bicolor	Ⅱ	6	10
角辟鹈	Podiceps auritus	Ⅱ	6	10
赤颈辟鹈	Podiceps grisegena	Ⅱ	6	8
鹈鹕（所有种）	Pelecanus spp.	Ⅱ	4	8

续表

中文名	拉丁文名	级别	情节严重	情节特别严重
鲣鸟（所有种）	Sula spp.	Ⅱ	6	10
海鸬鹚	Phalacrocorax pelagicus	Ⅱ	4	8
黑颈鸬鹚	Phalacrocorax niger	Ⅱ	4	8
黄嘴白鹭	Egretta eulophotes	Ⅱ	6	10
岩鹭	Egretta sacra	Ⅱ	6	20
海南虎斑	Gorsachius magnificus	Ⅱ	6	10
小苇鳽	Ixbrychus minutus	Ⅱ	6	10
彩鹳	Ibis leucocephalus	Ⅱ	3	4
白鹮	Threskiornis aethiopicus	Ⅱ	4	8
黑鹮	Pseudibis papillosa	Ⅱ	4	8
彩鹮	Plegadis falcinellus	Ⅱ	4	8
白琵鹭	Platalea leucorodia	Ⅱ	4	8
黑脸琵鹭	Platalea ninor	Ⅱ	4	8
红胸黑雁	Branta ruficollis	Ⅱ	4	8
白额雁	Anser albifrons	Ⅱ	6	10
天鹅（所有种）	Cygnus spp.	Ⅱ	6	10
鸳鸯	Aix galericulata	Ⅱ	6	10
其他鹰类	(Accipitridae)	Ⅱ	4	8
隼类（所有种）	Falconidae	Ⅱ	6	10
黑琴鸡	Lyrurus tetrix	Ⅱ	4	8
柳雷鸟	Lagopus lagopus	Ⅱ	4	8
岩雷鸟	Lagopus mutus	Ⅱ	6	10
镰翅鸡	Falcipennis falcipennis	Ⅱ	3	4
花尾榛鸡	Tetrastes bonasia	Ⅱ	10	20
雪鸡（所有种）	Tetraogallus spp.	Ⅱ	10	20

续表

中文名	拉丁文名	级别	情节严重	情节特别严重
血雉	Ithaginis cruentus	Ⅱ	4	6
红腹角雉	Tragopan temminckⅡ	Ⅱ	4	6
藏马鸡	Crossoptilon crossoptilon	Ⅱ	4	6
蓝马鸡	Crossoptilon aurtum	Ⅱ	4	10
黑鹇	Lophura leucomelana	Ⅱ	6	8
白鹇	Lophura nycthemera	Ⅱ	6	10
原鸡	Gallus gallus	Ⅱ	6	8
勺鸡	Pucrasia macrolopha	Ⅱ	6	8
白冠长尾雉	Syrmaticus reevesⅡ	Ⅱ	4	6
锦鸡（所有种）	Chrysolophus spp.	Ⅱ	4	8
灰鹤	Grus grus	Ⅱ	4	8
沙丘鹤	Grus canadensis	Ⅱ	4	8
白枕鹤	Grus vipio	Ⅱ	4	8
蓑羽鹤	Anthropoides virgo	Ⅱ	6	10
长脚秧鸡	Crex crex	Ⅱ	6	10
姬田鸡	Porzana parva	Ⅱ	6	10
棕背田鸡	Porzana bicolor	Ⅱ	6	10
花田鸡	Coturnicops noveboracensis	Ⅱ	6	10
铜翅水雉	Metopidius indicus	Ⅱ	6	10
小杓鹬	Numenius borealis	Ⅱ	8	15
小青脚鹬	Tringa guttifer	Ⅱ	6	10
灰燕鸻	Glareola lacteal	Ⅱ	6	10
小鸥	Larus minutus	Ⅱ	6	10
黑浮鸥	Chlidonias niger	Ⅱ	6	10
黄嘴河燕鸥	Sterna aurantia	Ⅱ	6	10

续表

中文名	拉丁文名	级别	情节严重	情节特别严重
黑嘴端凤头燕鸥	Thalasseus zimmermanni	Ⅱ	4	8
黑腹沙鸡	Pterocles orientalis	Ⅱ	4	8
绿鸠（所有种）	Treron spp.	Ⅱ	6	8
黑颏果鸠	Ptilinopus leclancheri	Ⅱ	6	10
皇鸠（所有种）	Ducula spp.	Ⅱ	6	10
斑尾林鸽	Columba palumbus	Ⅱ	6	10
鹃鸠（所有种）	Macropygia spp.	Ⅱ	6	10
鹦鹉科（所有种）	Psittacidae.	Ⅱ	6	10
鸦鹃（所有种）	Centropus spp.	Ⅱ	6	10
鸮形目（所有种）	Strigiformfs	Ⅱ	6	10
灰喉针尾雨燕	Hirundapus cochinchinensis	Ⅱ	6	10
凤头雨燕	Hemiprocne longipennis	Ⅱ	6	10
橙胸咬鹃	Harpactes oreskios	Ⅱ	6	10
蓝耳翠鸟	Alcedo meninting	Ⅱ	6	10
鹳嘴翠鸟	Pelargopsis capensis	Ⅱ	6	10
黑胸蜂虎	Merops leschenaultia	Ⅱ	6	10
绿喉蜂虎	Merops orientalis	Ⅱ	6	10
犀鸟科（所有种）	Bucerotidae	Ⅱ	4	8
白腹黑啄木鸟	Dryocopus javensis	Ⅱ	6	10
阔嘴鸟科（所有种）	Eurylaimidae	Ⅱ	6	10
八色鸫科（所有种）	Pittidae	Ⅱ	6	10
凹甲陆龟	Manouria impressa	Ⅱ	6	10
大壁虎	Gekko gecko	Ⅱ	10	20
虎纹蛙	Rana tigrina	Ⅱ	100	200
伟蛱（虫八）	Atlasjapyx atlas	Ⅱ	6	10

续表

中文名	拉丁文名	级别	情节严重	情节特别严重
尖板曦箭蜓	Heliogomphus retroflexus	Ⅱ	6	10
宽纹北箭蜓	Ophiogomphus spinicorne	Ⅱ	6	10
中华缺翅虫	Zorotypus sinensis	Ⅱ	6	10
墨脱缺翅虫	Zorotypus medoensis	Ⅱ	6	10
拉步甲	Carabus（Coptolabrus）lafossei	Ⅱ	6	10
硕步甲	Carabus（Apotopterus）davidi	Ⅱ	6	10
彩臂金龟（所有种）	Cheirotonus spp.	Ⅱ	6	10
叉犀金龟	Allomyrina davidis	Ⅱ	6	10
双尾褐凤蝶	Bhutanitis mansfieldi	Ⅱ	6	10
三尾褐凤蝶	Bhutanitis thaidina dongchuanensis	Ⅱ	6	10
中华虎凤蝶	Luehdorfia chinensis huashanensis	Ⅱ	6	10
阿波罗绢蝶	Parnassius apollo	Ⅱ	6	10

8.《管制刀具认定标准》

一、凡符合下列标准之一的，可以认定为管制刀具：

1. 匕首：带有刀柄、刀格和血槽，刀尖角度小于60度的单刃、双刃或多刃尖刀（见图一）。

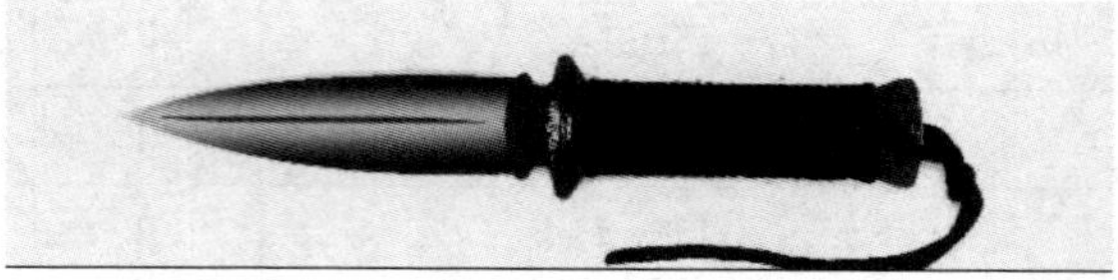

图一

2. 三棱刮刀：具有三个刀刃的机械加工用刀具（见图二）。

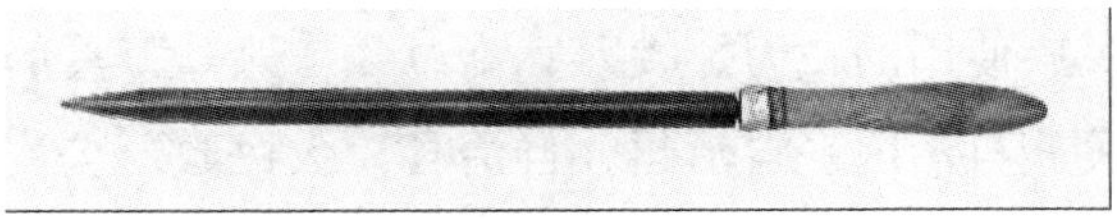

图二

3. 带有自锁装置的弹簧刀（跳刀）：刀身展开或弹出后，可被刀柄内的弹簧或卡锁固定自锁的折叠刀具（见图三）。

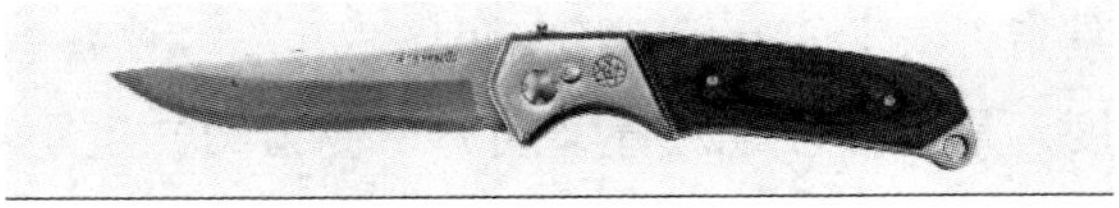

图三

4. 其他相类似的单刃、双刃、三棱尖刀：刀尖角度小于 60 度，刀身长度超过 150 毫米的各类单刃、双刃和多刃刀具（见图四）。

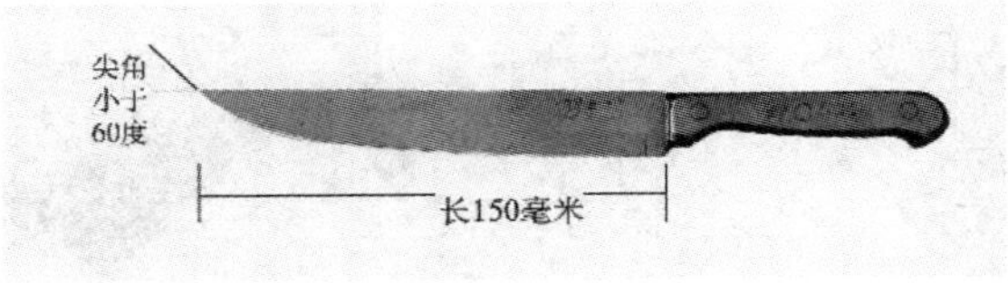

图四

5. 其他刀尖角度大于 60 度，刀身长度超过 220 毫米的各类单刃、双刃和多刃刀具（见图五）。

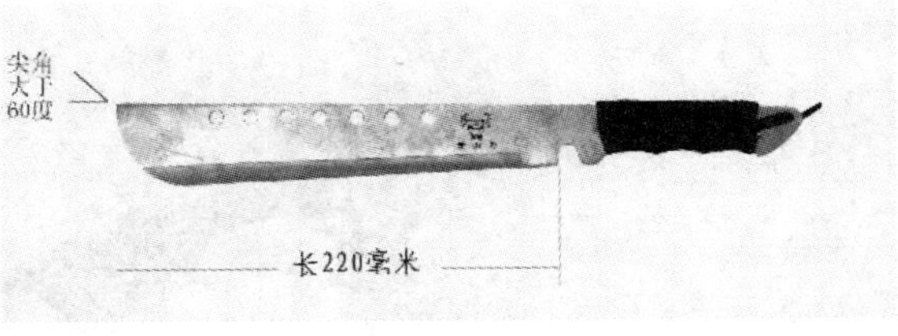

图五

二、未开刀刃且刀尖倒角半径R大于2.5毫米的各类武术、工艺、礼品等刀具不属于管制刀具范畴。

三、少数民族使用的藏刀、腰刀、靴刀、马刀等刀具的管制范围认定标准，由少数民族自治区（自治州、自治县）人民政府公安机关参照本标准制定。

四、述语说明：

1. 刀柄：是指刀上被用来握持的部分（见图六）。

2. 刀格（挡手）：是指刀上用来隔离刀柄与刀身的部分（见图六）。

3. 刀身：是指刀上用来完成切、削、刺等功能的部分（见图六）。

4. 血槽：是指刀身上的专用刻槽（见图六）。

5. 刀尖角度：是指刀刃与刀背（或另一侧刀刃）上距离刀尖顶点10毫米的点与刀尖顶点形成的角度（见图六）。

6. 刀刃（刃口）：是指刀身上用来切、削、砍的一边，一般情况下刃口厚度小于0.5毫米（见图六）。

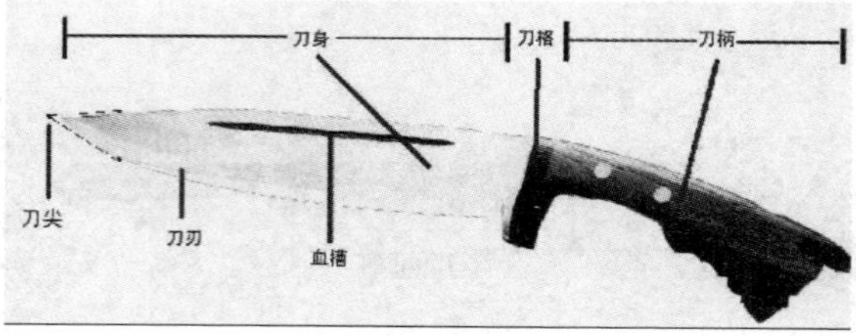

图六

7. 刀尖倒角：是指刀尖部所具有的圆弧度（见图七）。

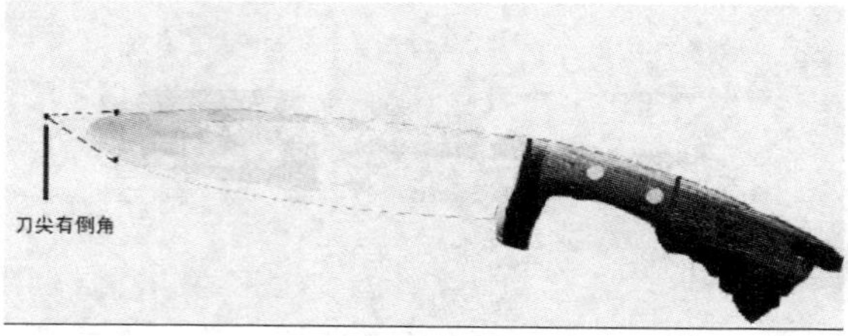

图七

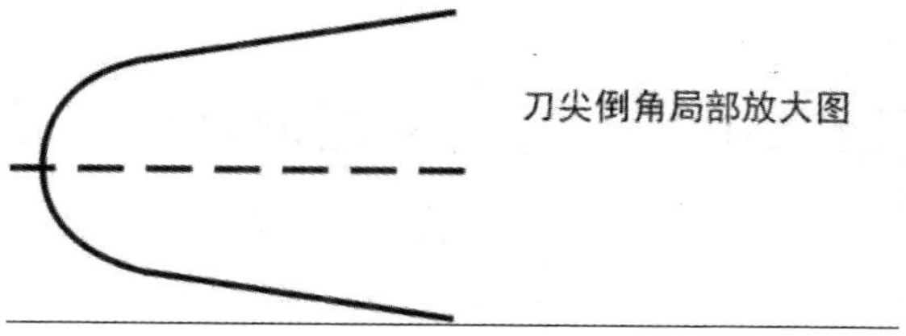
刀尖倒角局部放大图

附录三：《中华人民共和国刑法》及修正案

中华人民共和国刑法

（1979年7月1日第五届全国人民代表大会第二次会议通过　1997年3月14日第八届全国人民代表大会第五次会议修订　自1997年10月1日起施行　根据1998年12月29日第九届全国人民代表大会常务委员会第六次会议通过的《全国人民代表大会常务委员会关于惩治骗购外汇、逃汇和非法买卖外汇犯罪的决定》、1999年12月25日第九届全国人民代表大会常务委员会第十三次会议通过的《中华人民共和国刑法修正案》、2001年8月31日第九届全国人民代表大会常务委员会第二十三次会议通过的《中华人民共和国刑法修正案（二）》、2001年12月29日第九届全国人民代表大会常务委员会第二十五次会议通过的《中华人民共和国刑法修正案（三）》、2002年12月28日第九届全国人民代表大会常务委员会第三十一次会议通过的《中华人民共和国刑法修正案（四）》、2005年2月28日第十届全国人民代表大会常务委员会第十四次会议通过的《中华人民共和国刑法修正案（五）》、2006年6月29日第十届全国人民代表大会常务委员会第二十二次会议通过的《中华人民共和国刑法修正案（六）》、2009年2月28日第十一届全国人民代表大会常务委员会第七次会议通过的《中华人民共和国刑法修正案（七）》、2009年8月27日第十一届全国人民代表大会常务委员会第十次会议通过的《关于修改部分法律的决定》、2011年2月25日第十一届全国人民代表大会常务委员会第十九次会议通过的《中华人民共和国刑法修正案（八）》、2015年8月29日第十二届全国人民代表大会常务委员会第十六次会议通过的《中华人民共和国刑法修正案（九）》、2017年11月4日第十二届全国人民代表大会常务委员会第三十次会议通过的《中华人民共和国刑法修正案（十）》修正）

目 录

第一章　危害国家安全罪
第二章　危害公共安全罪
第三章　破坏社会主义市场经济秩序罪
　第一节　生产、销售伪劣商品罪
　第二节　走私罪
　第三节　妨害对公司、企业的管理秩序罪
　第四节　破坏金融管理秩序罪
　第五节　金融诈骗罪
　第六节　危害税收征管罪
　第七节　侵犯知识产权罪
　第八节　扰乱市场秩序罪
第四章　侵犯公民人身权利、民主权利罪
第五章　侵犯财产罪
第六章　妨害社会管理秩序罪
　第一节　扰乱公共秩序罪
　第二节　妨害司法罪
　第三节　妨害国（边）境管理罪
　第四节　妨害文物管理罪
　第五节　危害公共卫生罪
　第六节　破坏环境资源保护罪
　第七节　走私、贩卖、运输、制造毒品罪
　第八节　组织、强迫、引诱、容留、介绍卖淫罪
　第九节　制作、贩卖、传播淫秽物品罪
第七章　危害国防利益罪
第八章　贪污贿赂罪
第九章　渎职罪
第十章　军人违反职责罪
附　则

第一编　总　则

第一章　刑法的任务、基本

原则和适用范围第一条为了惩罚犯罪，保护人民，根据宪法，结合我国同犯罪作斗争的具体经验及实际情况，制定本法。

第二条　中华人民共和国刑法的任务，是用刑罚同一切犯罪行为作斗争，以保卫国家安全，保卫人民民主专政的政权和社会主义制度，保护国有财产和劳动群众集体所有的财产，保护公民私人所有的财产，保护公民的人身权利、民主权利和其他权利，维护社会秩序、经济秩序，保障社会主义建设事业的顺利进行。

第三条　法律明文规定为犯罪行为的，依照法律定罪处刑；法律没有明文规定为犯罪行为的，不得定罪处刑。

第四条　对任何人犯罪，在适用法律上一律平等。不允许任何人有超越法律的特权。

第五条　刑罚的轻重，应当与犯罪分子所犯罪行和承担的刑事责任相适应。

第六条　凡在中华人民共和国领域内犯罪的，除法律有特别规定的以外，都适用本法。

凡在中华人民共和国船舶或者航空器内犯罪的，也适用本法。

犯罪的行为或者结果有一项发生在中华人民共和国领域内的，就认为是在中华人民共和国领域内犯罪。

第七条　中华人民共和国公民在中华人民共和国领域外犯本法规定之罪的，适用本法，但是按本法规定的最高刑为三年以下有期徒刑的，可以不予追究。

中华人民共和国国家工作人员和军人在中华人民共和国领域外犯本法规定之罪的，适用本法。

第八条外国人在中华人民共和国领域外对中华人民共和国国家或者公

民犯罪，而按本法规定的最低刑为三年以上有期徒刑的，可以适用本法，但是按照犯罪地的法律不受处罚的除外。

第九条 对于中华人民共和国缔结或者参加的国际条约所规定的罪行，中华人民共和国在所承担条约义务的范围内行使刑事管辖权的，适用本法。

第十条 凡在中华人民共和国领域外犯罪，依照本法应当负刑事责任的，虽然经过外国审判，仍然可以依照本法追究，但是在外国已经受过刑罚处罚的，可以免除或者减轻处罚。

第十一条 享有外交特权和豁免权的外国人的刑事责任，通过外交途径解决。

第十二条 中华人民共和国成立以后本法施行以前的行为，如果当时的法律不认为是犯罪的，适用当时的法律；如果当时的法律认为是犯罪的，依照本法总则第四章第八节的规定应当追诉的，按照当时的法律追究刑事责任，但是如果本法不认为是犯罪或者处刑较轻的，适用本法。

本法施行以前，依照当时的法律已经作出的生效判决，继续有效。

第二章 犯 罪

第一节 犯罪和刑事责任

第十三条 一切危害国家主权、领土完整和安全，分裂国家、颠覆人民民主专政的政权和推翻社会主义制度，破坏社会秩序和经济秩序，侵犯国有财产或者劳动群众集体所有的财产，侵犯公民私人所有的财产，侵犯公民的人身权利、民主权利和其他权利，以及其他危害社会的行为，依照法律应当受刑罚处罚的，都是犯罪，但是情节显著轻微危害不大的，不认为是犯罪。

第十四条 明知自己的行为会发生危害社会的结果，并且希望或者放任这种结果发生，因而构成犯罪的，是故意犯罪。

故意犯罪，应当负刑事责任。

第十五条 应当预见自己的行为可能发生危害社会的结果，因为疏忽大意而没有预见，或者已经预见而轻信能够避免，以致发生这种结果的，是过失犯罪。

过失犯罪，法律有规定的才负刑事责任。

第十六条 行为在客观上虽然造成了损害结果，但是不是出于故意或者过失，而是由于不能抗拒或者不能预见的原因所引起的，不是犯罪。

第十七条 已满十六周岁的人犯罪，应当负刑事责任。

已满十四周岁不满十六周岁的人，犯故意杀人、故意伤害致人重伤或者死亡、强奸、抢劫、贩卖毒品、放火、爆炸、投毒罪的，应当负刑事责任。

已满十四周岁不满十八周岁的人犯罪，应当从轻或者减轻处罚。

因不满十六周岁不予刑事处罚的，责令他的家长或者监护人加以管教；在必要的时候，也可以由政府收容教养。

第十七条 之一已满七十五周岁的人故意犯罪的，可以从轻或者减轻处罚；过失犯罪的，应当从轻或者减轻处罚。

第十八条 精神病人在不能辨认或者不能控制自己行为的时候造成危害结果，经法定程序鉴定确认的，不负刑事责任，但是应当责令他的家属或者监护人严加看管和医疗；在必要的时候，由政府强制医疗。

间歇性的精神病人在精神正常的时候犯罪，应当负刑事责任。

尚未完全丧失辨认或者控制自己行为能力的精神病人犯罪的，应当负刑事责任，但是可以从轻或者减轻处罚。

醉酒的人犯罪，应当负刑事责任。

第十九条 又聋又哑的人或者盲人犯罪，可以从轻、减轻或者免除处罚。

第二十条 为了使国家、公共利益、本人或者他人的人身、财产和其他权利免受正在进行的不法侵害，而采取的制止不法侵害的行为，对不法侵害人造成损害的，属于正当防卫，不负刑事责任。

正当防卫明显超过必要限度造成重大损害的，应当负刑事责任，但是应当减轻或者免除处罚。

对正在进行行凶、杀人、抢劫、强奸、绑架以及其他严重危及人身安全的暴力犯罪，采取防卫行为，造成不法侵害人伤亡的，不属于防卫过当，不负刑事责任。

第二十一条 为了使国家、公共利益、本人或者他人的人身、财产和其他权利免受正在发生的危险，不得已采取的紧急避险行为，造成损害的，不负刑事责任。

紧急避险超过必要限度造成不应有的损害的，应当负刑事责任，但是应当减轻或者免除处罚。

第一款中关于避免本人危险的规定，不适用于职务上、业务上负有特定责任的人。

第二节 犯罪的预备、未遂和中止

第二十二条 为了犯罪，准备工具、制造条件的，是犯罪预备。

对于预备犯，可以比照既遂犯从轻、减轻处罚或者免除处罚。

第二十三条 已经着手实行犯罪，由于犯罪分子意志以外的原因而未得逞的，是犯罪未遂。

对于未遂犯，可以比照既遂犯从轻或者减轻处罚。

第二十四条 在犯罪过程中，自动放弃犯罪或者自动有效地防止犯罪结果发生的，是犯罪中止。

对于中止犯，没有造成损害的，应当免除处罚；造成损害的，应当减轻处罚。

第三节 共同犯罪

第二十五条 共同犯罪是指二人以上共同故意犯罪。

二人以上共同过失犯罪，不以共同犯罪论处；应当负刑事责任的，按照他们所犯的罪分别处罚。

第二十六条 组织、领导犯罪集团进行犯罪活动的或者在共同犯罪中起主要作用的，是主犯。

三人以上为共同实施犯罪而组成的较为固定的犯罪组织，是犯罪集团。

对组织、领导犯罪集团的首要分子，按照集团所犯的全部罪行处罚。

对于第三款规定以外的主犯，应当按照其所参与的或者组织、指挥的全部犯罪处罚。

第二十七条　在共同犯罪中起次要或者辅助作用的，是从犯。

对于从犯，应当从轻、减轻处罚或者免除处罚。

第二十八条　对于被胁迫参加犯罪的，应当按照他的犯罪情节减轻处罚或者免除处罚。

第二十九条　教唆他人犯罪的，应当按照他在共同犯罪中所起的作用处罚。教唆不满十八周岁的人犯罪的，应当从重处罚。

如果被教唆的人没有犯被教唆的罪，对于教唆犯，可以从轻或者减轻处罚。

第四节　单位犯罪

第三十条　公司、企业、事业单位、机关、团体实施的危害社会的行为，法律规定为单位犯罪的，应当负刑事责任。

第三十一条　单位犯罪的，对单位判处罚金，并对其直接负责的主管人员和其他直接责任人员判处刑罚。本法分则和其他法律另有规定的，依照规定。

第三章　刑　罚

第一节　刑罚的种类第三十二条刑罚分为主刑和附加刑。

第三十三条　主刑的种类如下：

（一）管制；

（二）拘役；

（三）有期徒刑；

（四）无期徒刑；

（五）死刑。

第三十四条　附加刑的种类如下：

（一）罚金；

（二）剥夺政治权利；

（三）没收财产。

附加刑也可以独立适用。

第三十五条 对于犯罪的外国人，可以独立适用或者附加适用驱逐出境。

第三十六条 由于犯罪行为而使被害人遭受经济损失的，对犯罪分子除依法给予刑事处罚外，并应根据情况判处赔偿经济损失。

承担民事赔偿责任的犯罪分子，同时被判处罚金，其财产不足以全部支付的，或者被判处没收财产的，应当先承担对被害人的民事赔偿责任。

第三十七条 对于犯罪情节轻微不需要判处刑罚的，可以免予刑事处罚，但是可以根据案件的不同情况，予以训诫或者责令具结悔过、赔礼道歉、赔偿损失，或者由主管部门予以行政处罚或者行政处分。

第三十七条之一 因利用职业便利实施犯罪，或者实施违背职业要求的特定义务的犯罪被判处刑罚的，人民法院可以根据犯罪情况和预防再犯罪的需要，禁止其自刑罚执行完毕之日或者假释之日起从事相关职业，期限为三年至五年。

被禁止从事相关职业的人违反人民法院依照前款规定作出的决定的，由公安机关依法给予处罚；情节严重的，依照本法第三百一十三条的规定定罪处罚。

其他法律、行政法规对其从事相关职业另有禁止或者限制性规定的，从其规定。

第二节 管 制

第三十八条 管制的期限，为三个月以上二年以下。

判处管制，可以根据犯罪情况，同时禁止犯罪分子在执行期间从事特定活动，进入特定区域、场所，接触特定的人。

对判处管制的犯罪分子，依法实行社区矫正。

违反第二款规定的禁止令的，由公安机关依照《中华人民共和国治安管理处罚法》的规定处罚。

第三十九条　被判处管制的犯罪分子，在执行期间，应当遵守下列规定：

（一）遵守法律、行政法规，服从监督；

（二）未经执行机关批准，不得行使言论、出版、集会、结社、游行、示威自由的权利；

（三）按照执行机关规定报告自己的活动情况；

（四）遵守执行机关关于会客的规定；

（五）离开所居住的市、县或者迁居，应当报经执行机关批准。

对于被判处管制的犯罪分子，在劳动中应当同工同酬。

第四十条　被判处管制的犯罪分子，管制期满，执行机关应即向本人和其所在单位或者居住地的群众宣布解除管制。

第四十一条　管制的刑期，从判决执行之日起计算；判决执行以前先行羁押的，羁押一日折抵刑期二日。

第三节　拘　役

第四十二条　拘役的期限，为一个月以上六个月以下。

第四十三条　被判处拘役的犯罪分子，由公安机关就近执行。

在执行期间，被判处拘役的犯罪分子每月可以回家一天至两天；参加劳动的，可以酌量发给报酬。

第四十四条　拘役的刑期，从判决执行之日起计算；判决执行以前先行羁押的，羁押一日折抵刑期一日。

第四节　有期徒刑、无期徒刑

第四十五条　有期徒刑的期限，除本法第五十条、第六十九条规定外，为六个月以上十五年以下。

第四十六条　被判处有期徒刑、无期徒刑的犯罪分子，在监狱或者其他执行场所执行；凡有劳动能力的，都应当参加劳动，接受教育和改造。

第四十七条　有期徒刑的刑期，从判决执行之日起计算；判决执行以前先行羁押的，羁押一日折抵刑期一日。

第五节 死 刑

第四十八条 死刑只适用于罪行极其严重的犯罪分子。对于应当判处死刑的犯罪分子，如果不是必须立即执行的，可以判处死刑同时宣告缓期二年执行。

死刑除依法由最高人民法院判决的以外，都应当报请最高人民法院核准。死刑缓期执行的，可以由高级人民法院判决或者核准。

第四十九条 犯罪的时候不满十八周岁的人和审判的时候怀孕的妇女，不适用死刑。

审判的时候已满七十五周岁的人，不适用死刑，但以特别残忍手段致人死亡的除外。

第五十条 判处死刑缓期执行的，在死刑缓期执行期间，如果没有故意犯罪，二年期满以后，减为无期徒刑；如果确有重大立功表现，二年期满以后，减为二十五年有期徒刑；如果故意犯罪，情节恶劣的，报请最高人民法院核准后执行死刑；对于故意犯罪未执行死刑的，死刑缓期执行的期间重新计算，并报最高人民法院备案。

对被判处死刑缓期执行的累犯以及因故意杀人、强奸、抢劫、绑架、放火、爆炸、投放危险物质或者有组织的暴力性犯罪被判处死刑缓期执行的犯罪分子，人民法院根据犯罪情节等情况可以同时决定对其限制减刑。

第五十一条 死刑缓期执行的期间，从判决确定之日起计算。死刑缓期执行减为有期徒刑的刑期，从死刑缓期执行期满之日起计算。

第六节 罚 金

第五十二条 判处罚金，应当根据犯罪情节决定罚金数额。

第五十三条 罚金在判决指定的期限内一次或者分期缴纳。期满不缴纳的，强制缴纳。对于不能全部缴纳罚金的，人民法院在任何时候发现被执行人有可以执行的财产，应当随时追缴。

由于遭遇不能抗拒的灾祸等原因缴纳确实有困难的，经人民法院裁定，可以延期缴纳、酌情减少或者免除。

第七节 剥夺政治权利

第五十四条 剥夺政治权利是剥夺下列权利：

（一）选举权和被选举权；

（二）言论、出版、集会、结社、游行、示威自由的权利；

（三）担任国家机关职务的权利；

（四）担任国有公司、企业、事业单位和人民团体领导职务的权利。

第五十五条 剥夺政治权利的期限，除本法第五十七条规定外，为一年以上五年以下。

判处管制附加剥夺政治权利的，剥夺政治权利的期限与管制的期限相等，同时执行。

第五十六条 对于危害国家安全的犯罪分子应当附加剥夺政治权利；对于故意杀人、强奸、放火、爆炸、投毒、抢劫等严重破坏社会秩序的犯罪分子，可以附加剥夺政治权利。

独立适用剥夺政治权利的，依照本法分则的规定。

第五十七条 对于被判处死刑、无期徒刑的犯罪分子，应当剥夺政治权利终身。

在死刑缓期执行减为有期徒刑或者无期徒刑减为有期徒刑的时候，应当把附加剥夺政治权利的期限改为三年以上十年以下。

第五十八条 附加剥夺政治权利的刑期，从徒刑、拘役执行完毕之日或者从假释之日起计算；剥夺政治权利的效力当然施用于主刑执行期间。

被剥夺政治权利的犯罪分子，在执行期间，应当遵守法律、行政法规和国务院公安部门有关监督管理的规定，服从监督；不得行使本法第五十四条规定的各项权利。

第八节 没收财产

第五十九条 没收财产是没收犯罪分子个人所有财产的一部或者全部。没收全部财产的，应当对犯罪分子个人及其扶养的家属保留必需的生活费用。

在判处没收财产的时候，不得没收属于犯罪分子家属所有或者应有的财产。

第六十条 没收财产以前犯罪分子所负的正当债务，需要以没收的财产偿还的，经债权人请求，应当偿还。

第四章 刑罚的具体运用

第一节 量 刑

第六十一条 对于犯罪分子决定刑罚的时候，应当根据犯罪的事实、犯罪的性质、情节和对于社会的危害程度，依照本法的有关规定判处。

第六十二条 犯罪分子具有本法规定的从重处罚、从轻处罚情节的，应当在法定刑的限度以内判处刑罚。

第六十三条 犯罪分子具有本法规定的减轻处罚情节的，应当在法定刑以下判处刑罚；本法规定有数个量刑幅度的，应当在法定量刑幅度的下一个量刑幅度内判处刑罚。

犯罪分子虽然不具有本法规定的减轻处罚情节，但是根据案件的特殊情况，经最高人民法院核准，也可以在法定刑以下判处刑罚。

第六十四条 犯罪分子违法所得的一切财物，应当予以追缴或者责令退赔；对被害人的合法财产，应当及时返还；违禁品和供犯罪所用的本人财物，应当予以没收。没收的财物和罚金，一律上缴国库，不得挪用和自行处理。

第二节 累 犯

第六十五条 被判处有期徒刑以上刑罚的犯罪分子，刑罚执行完毕或者赦免以后，在五年以内再犯应当判处有期徒刑以上刑罚之罪的，是累犯，应当从重处罚，但是过失犯罪和不满十八周岁的人犯罪的除外。

前款规定的期限，对于被假释的犯罪分子，从假释期满之日起计算。

第六十六条 危害国家安全犯罪、恐怖活动犯罪、黑社会性质的组织犯罪的犯罪分子，在刑罚执行完毕或者赦免以后，在任何时候再犯上述任一类罪的，都以累犯论处。

第三节　自首和立功

第六十七条　犯罪以后自动投案，如实供述自己的罪行的，是自首。对于自首的犯罪分子，可以从轻或者减轻处罚。其中，犯罪较轻的，可以免除处罚。

被采取强制措施的犯罪嫌疑人、被告人和正在服刑的罪犯，如实供述司法机关还未掌握的本人其他罪行的，以自首论。

犯罪嫌疑人虽不具有前两款规定的自首情节，但是如实供述自己罪行的，可以从轻处罚；因其如实供述自己罪行，避免特别严重后果发生的，可以减轻处罚。

第六十八条　犯罪分子有揭发他人犯罪行为，查证属实的，或者提供重要线索，从而得以侦破其他案件等立功表现的，可以从轻或者减轻处罚；有重大立功表现的，可以减轻或者免除处罚。

第四节　数罪并罚

第六十九条　判决宣告以前一人犯数罪的，除判处死刑和无期徒刑的以外，应当在总和刑期以下、数刑中最高刑期以上，酌情决定执行的刑期，但是管制最高不能超过三年，拘役最高不能超过一年，有期徒刑总和刑期不满三十五年的，最高不能超过二十年，总和刑期在三十五年以上的，最高不能超过二十五年。

数罪中有判处有期徒刑和拘役的，执行有期徒刑。数罪中有判处有期徒刑和管制，或者拘役和管制的，有期徒刑、拘役执行完毕后，管制仍须执行。

数罪中有判处附加刑的，附加刑仍须执行，其中附加刑种类相同的，合并执行，种类不同的，分别执行。

第七十条　判决宣告以后，刑罚执行完毕以前，发现被判刑的犯罪分子在判决宣告以前还有其他罪没有判决的，应当对新发现的罪作出判决，把前后两个判决所判处的刑罚，依照本法第六十九条的规定，决定执行的刑罚。已经执行的刑期，应当计算在新判决决定的刑期以内。

第七十一条 判决宣告以后，刑罚执行完毕以前，被判刑的犯罪分子又犯罪的，应当对新犯的罪作出判决，把前罪没有执行的刑罚和后罪所判处的刑罚，依照本法第六十九条的规定，决定执行的刑罚。

第五节 缓 刑

第七十二条 对于被判处拘役、三年以下有期徒刑的犯罪分子，同时符合下列条件的，可以宣告缓刑，对其中不满十八周岁的人、怀孕的妇女和已满七十五周岁的人，应当宣告缓刑：

（一）犯罪情节较轻；

（二）有悔罪表现；

（三）没有再犯罪的危险；

（四）宣告缓刑对所居住社区没有重大不良影响。

宣告缓刑，可以根据犯罪情况，同时禁止犯罪分子在缓刑考验期限内从事特定活动，进入特定区域、场所，接触特定的人。

被宣告缓刑的犯罪分子，如果被判处附加刑，附加刑仍须执行。

第七十三条 拘役的缓刑考验期限为原判刑期以上一年以下，但是不能少于二个月。

有期徒刑的缓刑考验期限为原判刑期以上五年以下，但是不能少于一年。

缓刑考验期限，从判决确定之日起计算。

第七十四条 对于累犯和犯罪集团的首要分子，不适用缓刑。

第七十五条 被宣告缓刑的犯罪分子，应当遵守下列规定：

（一）遵守法律、行政法规，服从监督；

（二）按照考察机关的规定报告自己的活动情况；

（三）遵守考察机关关于会客的规定；

（四）离开所居住的市、县或者迁居，应当报经考察机关批准。

第七十六条 对宣告缓刑的犯罪分子，在缓刑考验期限内，依法实行社区矫正，如果没有本法第七十七条规定的情形，缓刑考验期满，原判的刑罚就不再执行，并公开予以宣告。

第七十七条 被宣告缓刑的犯罪分子，在缓刑考验期限内犯新罪或者发现判决宣告以前还有其他罪没有判决的，应当撤销缓刑，对新犯的罪或者新发现的罪作出判决，把前罪和后罪所判处的刑罚，依照本法第六十九条的规定，决定执行的刑罚。

被宣告缓刑的犯罪分子，在缓刑考验期限内，违反法律、行政法规或者国务院有关部门关于缓刑的监督管理规定，或者违反人民法院判决中的禁止令，情节严重的，应当撤销缓刑，执行原判刑罚。

第六节 减 刑

第七十八条 被判处管制、拘役、有期徒刑、无期徒刑的犯罪分子，在执行期间，如果认真遵守监规，接受教育改造，确有悔改表现的，或者有立功表现的，可以减刑；有下列重大立功表现之一的，应当减刑：

（一）阻止他人重大犯罪活动的；

（二）检举监狱内外重大犯罪活动，经查证属实的；

（三）有发明创造或者重大技术革新的；

（四）在日常生产、生活中舍己救人的；

（五）在抗御自然灾害或者排除重大事故中，有突出表现的；

（六）对国家和社会有其他重大贡献的。

减刑以后实际执行的刑期不能少于下列期限：

（一）判处管制、拘役、有期徒刑的，不能少于原判刑期的二分之一；

（二）判处无期徒刑的，不能少于十三年；

（三）人民法院依照本法第五十条第二款规定限制减刑的死刑缓期执行的犯罪分子，缓期执行期满后依法减为无期徒刑的，不能少于二十五年，缓期执行期满后依法减为二十五年有期徒刑的，不能少于二十年。

第七十九条 对于犯罪分子的减刑，由执行机关向中级以上人民法院提出减刑建议书。人民法院应当组成合议庭进行审理，对确有悔改或者立功事实的，裁定予以减刑。非经法定程序不得减刑。

第八十条 无期徒刑减为有期徒刑的刑期，从裁定减刑之日起计算。

第七节 假 释

第八十一条 被判处有期徒刑的犯罪分子，执行原判刑期二分之一以上，被判处无期徒刑的犯罪分子，实际执行十三年以上，如果认真遵守监规，接受教育改造，确有悔改表现，没有再犯罪的危险的，可以假释。如果有特殊情况，经最高人民法院核准，可以不受上述执行刑期的限制。

对累犯以及因故意杀人、强奸、抢劫、绑架、放火、爆炸、投放危险物质或者有组织的暴力性犯罪被判处十年以上有期徒刑、无期徒刑的犯罪分子，不得假释。

对犯罪分子决定假释时，应当考虑其假释后对所居住社区的影响。

第八十二条 对于犯罪分子的假释，依照本法第七十九条规定的程序进行。非经法定程序不得假释。

第八十三条 有期徒刑的假释考验期限，为没有执行完毕的刑期；无期徒刑的假释考验期限为十年。

假释考验期限，从假释之日起计算。

第八十四条 被宣告假释的犯罪分子，应当遵守下列规定：

（一）遵守法律、行政法规，服从监督；

（二）按照监督机关的规定报告自己的活动情况；

（三）遵守监督机关关于会客的规定；

（四）离开所居住的市、县或者迁居，应当报经监督机关批准。

第八十五条 对假释的犯罪分子，在假释考验期限内，依法实行社区矫正，如果没有本法第八十六条规定的情形，假释考验期满，就认为原判刑罚已经执行完毕，并公开予以宣告。

第八十六条 被假释的犯罪分子，在假释考验期限内犯新罪，应当撤销假释，依照本法第七十一条的规定实行数罪并罚。

在假释考验期限内，发现被假释的犯罪分子在判决宣告以前还有其他罪没有判决的，应当撤销假释，依照本法第七十条的规定实行数罪并罚。

被假释的犯罪分子，在假释考验期限内，有违反法律、行政法规或者国务院有关部门关于假释的监督管理规定的行为，尚未构成新的犯罪的，应当依照法定程序撤销假释，收监执行未执行完毕的刑罚。

第八节　时　效

第八十七条　犯罪经过下列期限不再追诉：

（一）法定最高刑为不满五年有期徒刑的，经过五年；

（二）法定最高刑为五年以上不满十年有期徒刑的，经过十年；

（三）法定最高刑为十年以上有期徒刑的，经过十五年；

（四）法定最高刑为无期徒刑、死刑的，经过二十年。如果二十年以后认为必须追诉的，须报请最高人民检察院核准。

第八十八条　在人民检察院、公安机关、国家安全机关立案侦查或者在人民法院受理案件以后，逃避侦查或者审判的，不受追诉期限的限制。

被害人在追诉期限内提出控告，人民法院、人民检察院、公安机关应当立案而不予立案的，不受追诉期限的限制。

第八十九条　追诉期限从犯罪之日起计算；犯罪行为有连续或者继续状态的，从犯罪行为终了之日起计算。

在追诉期限以内又犯罪的，前罪追诉的期限从犯后罪之日起计算。

第五章　其他规定

第九十条　民族自治地方不能全部适用本法规定的，可以由自治区或者省的人民代表大会根据当地民族的政治、经济、文化的特点和本法规定的基本原则，制定变通或者补充的规定，报请全国人民代表大会常务委员会批准施行。

第九十一条　本法所称公共财产，是指下列财产：

（一）国有财产；

（二）劳动群众集体所有的财产；

（三）用于扶贫和其他公益事业的社会捐助或者专项基金的财产。

在国家机关、国有公司、企业、集体企业和人民团体管理、使用或者运输中的私人财产，以公共财产论。

第九十二条 本法所称公民私人所有的财产，是指下列财产：

（一）公民的合法收入、储蓄、房屋和其他生活资料；

（二）依法归个人、家庭所有的生产资料；

（三）个体户和私营企业的合法财产；

（四）依法归个人所有的股份、股票、债券和其他财产。

第九十三条 本法所称国家工作人员，是指国家机关中从事公务的人员。

国有公司、企业、事业单位、人民团体中从事公务的人员和国家机关、国有公司、企业、事业单位委派到非国有公司、企业、事业单位、社会团体从事公务的人员，以及其他依照法律从事公务的人员，以国家工作人员论。

第九十四条 本法所称司法工作人员，是指有侦查、检察、审判、监管职责的工作人员。

第九十五条 本法所称重伤，是指有下列情形之一的伤害：

（一）使人肢体残废或者毁人容貌的；

（二）使人丧失听觉、视觉或者其他器官机能的；

（三）其他对于人身健康有重大伤害的。

第九十六条 本法所称违反国家规定，是指违反全国人民代表大会及其常务委员会制定的法律和决定，国务院制定的行政法规、规定的行政措施、发布的决定和命令。

第九十七条 本法所称首要分子，是指在犯罪集团或者聚众犯罪中起组织、策划、指挥作用的犯罪分子。

第九十八条 本法所称告诉才处理，是指被害人告诉才处理。如果被害人因受强制、威吓无法告诉的，人民检察院和被害人的近亲属也可以告诉。

第九十九条 本法所称以上、以下、以内，包括本数。

第一百条 依法受过刑事处罚的人，在入伍、就业的时候，应当如实向有关单位报告自己曾受过刑事处罚，不得隐瞒。

犯罪的时候不满十八周岁被判处五年有期徒刑以下刑罚的人，免除前款规定的报告义务。

第一百零一条 本法总则适用于其他有刑罚规定的法律，但是其他法律有特别规定的除外。

第二编 分 则

第一章 危害国家安全罪

第一百零二条 勾结外国，危害中华人民共和国的主权、领土完整和安全的，处无期徒刑或者十年以上有期徒刑。

与境外机构、组织、个人相勾结，犯前款罪的，依照前款的规定处罚。

第一百零三条 组织、策划、实施分裂国家、破坏国家统一的，对首要分子或者罪行重大的，处无期徒刑或者十年以上有期徒刑；对积极参加的，处三年以上十年以下有期徒刑；对其他参加的，处三年以下有期徒刑、拘役、管制或者剥夺政治权利。

煽动分裂国家、破坏国家统一的，处五年以下有期徒刑、拘役、管制或者剥夺政治权利；首要分子或者罪行重大的，处五年以上有期徒刑。

第一百零四条 组织、策划、实施武装叛乱或者武装暴乱的，对首要分子或者罪行重大的，处无期徒刑或者十年以上有期徒刑；对积极参加的，处三年以上十年以下有期徒刑；对其他参加的，处三年以下有期徒刑、拘役、管制或者剥夺政治权利。

策动、胁迫、勾引、收买国家机关工作人员、武装部队人员、人民警察、民兵进行武装叛乱或者武装暴乱的，依照前款的规定从重处罚。

第一百零五条 组织、策划、实施颠覆国家政权、推翻社会主义制度的，对首要分子或者罪行重大的，处无期徒刑或者十年以上有期徒刑；对积极参加的，处三年以上十年以下有期徒刑；对其他参加的，处三年以下有期徒刑、拘役、管制或者剥夺政治权利。

以造谣、诽谤或者其他方式煽动颠覆国家政权、推翻社会主义制度的，处五年以下有期徒刑、拘役、管制或者剥夺政治权利；首要分子或者罪行重大的，处五年以上有期徒刑。

第一百零六条 与境外机构、组织、个人相勾结，实施本章第一百零三条、第一百零四条、第一百零五条规定之罪的，依照各该条的规定从重处罚。

第一百零七条 境内外机构、组织或者个人资助实施本章第一百零二条、第一百零三条、第一百零四条、第一百零五条规定之罪的，对直接责任人员，处五年以下有期徒刑、拘役、管制或者剥夺政治权利；情节严重的，处五年以上有期徒刑。

第一百零八条 投敌叛变的，处三年以上十年以下有期徒刑；情节严重或者带领武装部队人员、人民警察、民兵投敌叛变的，处十年以上有期徒刑或者无期徒刑。

第一百零九条 国家机关工作人员在履行公务期间，擅离岗位，叛逃境外或者在境外叛逃的，处五年以下有期徒刑、拘役、管制或者剥夺政治权利；情节严重的，处五年以上十年以下有期徒刑。

掌握国家秘密的国家工作人员叛逃境外或者在境外叛逃的，依照前款的规定从重处罚。

第一百一十条 有下列间谍行为之一，危害国家安全的，处十年以上有期徒刑或者无期徒刑；情节较轻的，处三年以上十年以下有期徒刑：

（一）参加间谍组织或者接受间谍组织及其代理人的任务的；

（二）为敌人指示轰击目标的。

第一百一十一条 为境外的机构、组织、人员窃取、刺探、收买、非法提供国家秘密或者情报的，处五年以上十年以下有期徒刑；情节特别严重的，处十年以上有期徒刑或者无期徒刑；情节较轻的，处五年以下有期徒刑、拘役、管制或者剥夺政治权利。

第一百一十二条 战时供给敌人武器装备、军用物资资敌的，处十年以上有期徒刑或者无期徒刑；情节较轻的，处三年以上十年以下有期徒刑。

第一百一十三条 本章上述危害国家安全罪行中，除第一百零三条第二款、第一百零五条、第一百零七条、第一百零九条外，对国家和人民危害特别严重、情节特别恶劣的，可以判处死刑。

犯本章之罪的，可以并处没收财产。

第二章 危害公共安全罪

第一百一十四条 放火、决水、爆炸以及投放毒害性、放射性、传染病病原体等物质或者以其他危险方法危害公共安全，尚未造成严重后果的，处三年以上十年以下有期徒刑。

第一百一十五条 放火、决水、爆炸以及投放毒害性、放射性、传染病病原体等物质或者以其他危险方法致人重伤、死亡或者使公私财产遭受重大损失的，处十年以上有期徒刑、无期徒刑或者死刑。

过失犯前款罪的，处三年以上七年以下有期徒刑；情节较轻的，处三年以下有期徒刑或者拘役。

第一百一十六条 破坏火车、汽车、电车、船只、航空器，足以使火车、汽车、电车、船只、航空器发生倾覆、毁坏危险，尚未造成严重后果的，处三年以上十年以下有期徒刑。

第一百一十七条 破坏轨道、桥梁、隧道、公路、机场、航道、灯塔、标志或者进行其他破坏活动，足以使火车、汽车、电车、船只、航空器发生倾覆、毁坏危险，尚未造成严重后果的，处三年以上十年以下有期徒刑。

第一百一十八条 破坏电力、燃气或者其他易燃易爆设备，危害公共安全，尚未造成严重后果的，处三年以上十年以下有期徒刑。

第一百一十九条 破坏交通工具、交通设施、电力设备、燃气设备、易燃易爆设备，造成严重后果的，处十年以上有期徒刑、无期徒刑或者死刑。

过失犯前款罪的，处三年以上七年以下有期徒刑；情节较轻的，处三年以下有期徒刑或者拘役。

第一百二十条 组织、领导恐怖活动组织的，处十年以上有期徒刑或者无期徒刑，并处没收财产；积极参加的，处三年以上十年以下有期徒刑，并处罚金；其他参加的，处三年以下有期徒刑、拘役、管制或者剥夺政治权利，可以并处罚金。

犯前款罪并实施杀人、爆炸、绑架等犯罪的，依照数罪并罚的规定处罚。

第一百二十条之一 资助恐怖活动组织、实施恐怖活动的个人的，或者资助恐怖活动培训的，处五年以下有期徒刑、拘役、管制或者剥夺政治权利，并处罚金；情节严重的，处五年以上有期徒刑，并处罚金或者没收财产。

为恐怖活动组织、实施恐怖活动或者恐怖活动培训招募、运送人员的，依照前款的规定处罚。

单位犯前两款罪的，对单位判处罚金，并对其直接负责的主管人员和其他直接责任人员，依照第一款的规定处罚。

第一百二十条之二 有下列情形之一的，处五年以下有期徒刑、拘役、管制或者剥夺政治权利，并处罚金；情节严重的，处五年以上有期徒刑，并处罚金或者没收财产：

（一）为实施恐怖活动准备凶器、危险物品或者其他工具的；

（二）组织恐怖活动培训或者积极参加恐怖活动培训的；

（三）为实施恐怖活动与境外恐怖活动组织或者人员联络的；

（四）为实施恐怖活动进行策划或者其他准备的。

有前款行为，同时构成其他犯罪的，依照处罚较重的规定定罪处罚。

第一百二十条之三 以制作、散发宣扬恐怖主义、极端主义的图书、音频视频资料或者其他物品，或者通过讲授、发布信息等方式宣扬恐怖主义、极端主义的，或者煽动实施恐怖活动的，处五年以下有期徒刑、拘役、管制或者剥夺政治权利，并处罚金；情节严重的，处五年以上有期徒刑，并处罚金或者没收财产。

第一百二十条之四 利用极端主义煽动、胁迫群众破坏国家法律确立的婚姻、司法、教育、社会管理等制度实施的，处三年以下有期徒刑、拘役或者管制，并处罚金；情节严重的，处三年以上七年以下有期徒刑，并处罚金；情节特别严重的，处七年以上有期徒刑，并处罚金或者没收财产。

第一百二十条之五 以暴力、胁迫等方式强制他人在公共场所穿着、佩戴宣扬恐怖主义、极端主义服饰、标志的，处三年以下有期徒刑、拘役或者管制，并处罚金。

第一百二十条之六 明知是宣扬恐怖主义、极端主义的图书、音频视频资料或者其他物品而非法持有，情节严重的，处三年以下有期徒刑、拘役或者管制，并处或者单处罚金。

第一百二十一条 以暴力、胁迫或者其他方法劫持航空器的，处十年以上有期徒刑或者无期徒刑；致人重伤、死亡或者使航空器遭受严重破坏的，处死刑。

第一百二十二条 以暴力、胁迫或者其他方法劫持船只、汽车的，处五年以上十年以下有期徒刑；造成严重后果的，处十年以上有期徒刑或者无期徒刑。

第一百二十三条 对飞行中的航空器上的人员使用暴力，危及飞行安全，尚未造成严重后果的，处五年以下有期徒刑或者拘役；造成严重后果的，处五年以上有期徒刑。

第一百二十四条 破坏广播电视设施、公用电信设施，危害公共安全的，处三年以上七年以下有期徒刑；造成严重后果的，处七年以上有期徒刑。

过失犯前款罪的，处三年以上七年以下有期徒刑；情节较轻的，处三年以下有期徒刑或者拘役。

第一百二十五条 非法制造、买卖、运输、邮寄、储存枪支、弹药、爆炸物的，处三年以上十年以下有期徒刑；情节严重的，处十年以上有期徒刑、无期徒刑或者死刑。

非法制造、买卖、运输、储存毒害性、放射性、传染病病原体等物质，危害公共安全的，依照前款的规定处罚。

单位犯前两款罪的，对单位判处罚金，并对其直接负责的主管人员和其他直接责任人员，依照第一款的规定处罚。

第一百二十六条 依法被指定、确定的枪支制造企业、销售企业，违反枪支管理规定，有下列行为之一的，对单位判处罚金，并对其直接负责的主管人员和其他直接责任人员，处五年以下有期徒刑；情节严重的，处五年以上十年以下有期徒刑；情节特别严重的，处十年以上有期徒刑或者无期徒刑：

（一）以非法销售为目的，超过限额或者不按照规定的品种制造、配售枪支的；

（二）以非法销售为目的，制造无号、重号、假号的枪支的；

（三）非法销售枪支或者在境内销售为出口制造的枪支的。

第一百二十七条 盗窃、抢夺枪支、弹药、爆炸物的，或者盗窃、抢夺毒害性、放射性、传染病病原体等物质，危害公共安全的，处三年以上十年以下有期徒刑；情节严重的，处十年以上有期徒刑、无期徒刑或者死刑。

抢劫枪支、弹药、爆炸物的，或者抢劫毒害性、放射性、传染病病原体等物质，危害公共安全的，或者盗窃、抢夺国家机关、军警人员、民兵的枪支、弹药、爆炸物的，处十年以上有期徒刑、无期徒刑或者死刑。

第一百二十八条 违反枪支管理规定，非法持有、私藏枪支、弹药的，处三年以下有期徒刑、拘役或者管制；情节严重的，处三年以上七年以下有期徒刑。

依法配备公务用枪的人员，非法出租、出借枪支的，依照前款的规定处罚。

依法配置枪支的人员，非法出租、出借枪支，造成严重后果的，依照第一款的规定处罚。

单位犯第二款、第三款罪的，对单位判处罚金，并对其直接负责的主管人员和其他直接责任人员，依照第一款的规定处罚。

第一百二十九条 依法配备公务用枪的人员，丢失枪支不及时报告，造成严重后果的，处三年以下有期徒刑或者拘役。

第一百三十条 非法携带枪支、弹药、管制刀具或者爆炸性、易燃性、放射性、毒害性、腐蚀性物品，进入公共场所或者公共交通工具，危及公共安全，情节严重的，处三年以下有期徒刑、拘役或者管制。

第一百三十一条　航空人员违反规章制度，致使发生重大飞行事故，造成严重后果的，处三年以下有期徒刑或者拘役；造成飞机坠毁或者人员死亡的，处三年以上七年以下有期徒刑。

第一百三十二条　铁路职工违反规章制度，致使发生铁路运营安全事故，造成严重后果的，处三年以下有期徒刑或者拘役；造成特别严重后果的，处三年以上七年以下有期徒刑。

第一百三十三条　违反交通运输管理法规，因而发生重大事故，致人重伤、死亡或者使公私财产遭受重大损失的，处三年以下有期徒刑或者拘役；交通运输肇事后逃逸或者有其他特别恶劣情节的，处三年以上七年以下有期徒刑；因逃逸致人死亡的，处七年以上有期徒刑。

第一百三十三条之一　在道路上驾驶机动车，有下列情形之一的，处拘役，并处罚金：

（一）追逐竞驶，情节恶劣的；

（二）醉酒驾驶机动车的；

（三）从事校车业务或者旅客运输，严重超过额定乘员载客，或者严重超过规定时速行驶的；

（四）违反危险化学品安全管理规定运输危险化学品，危及公共安全的。

机动车所有人、管理人对前款第三项、第四项行为负有直接责任的，依照前款的规定处罚。

有前两款行为，同时构成其他犯罪的，依照处罚较重的规定定罪处罚。

第一百三十四条　在生产、作业中违反有关安全管理的规定，因而发生重大伤亡事故或者造成其他严重后果的，处三年以下有期徒刑或者拘役；情节特别恶劣的，处三年以上七年以下有期徒刑。

强令他人违章冒险作业，因而发生重大伤亡事故或者造成其他严重后果的，处五年以下有期徒刑或者拘役；情节特别恶劣的，处五年以上有期徒刑。

第一百三十五条　安全生产设施或者安全生产条件不符合国家规定，

因而发生重大伤亡事故或者造成其他严重后果的，对直接负责的主管人员和其他直接责任人员，处三年以下有期徒刑或者拘役；情节特别恶劣的，处三年以上七年以下有期徒刑。

第一百三十五条 之一举办大型群众性活动违反安全管理规定，因而发生重大伤亡事故或者造成其他严重后果的，对直接负责的主管人员和其他直接责任人员，处三年以下有期徒刑或者拘役；情节特别恶劣的，处三年以上七年以下有期徒刑。

第一百三十六条 违反爆炸性、易燃性、放射性、毒害性、腐蚀性物品的管理规定，在生产、储存、运输、使用中发生重大事故，造成严重后果的，处三年以下有期徒刑或者拘役；后果特别严重的，处三年以上七年以下有期徒刑。

第一百三十七条 建设单位、设计单位、施工单位、工程监理单位违反国家规定，降低工程质量标准，造成重大安全事故的，对直接责任人员，处五年以下有期徒刑或者拘役，并处罚金；后果特别严重的，处五年以上十年以下有期徒刑，并处罚金。

第一百三十八条 明知校舍或者教育教学设施有危险，而不采取措施或者不及时报告，致使发生重大伤亡事故的，对直接责任人员，处三年以下有期徒刑或者拘役；后果特别严重的，处三年以上七年以下有期徒刑。

第一百三十九条 违反消防管理法规，经消防监督机构通知采取改正措施而拒绝执行，造成严重后果的，对直接责任人员，处三年以下有期徒刑或者拘役；后果特别严重的，处三年以上七年以下有期徒刑。

第一百三十九条之一 在安全事故发生后，负有报告职责的人员不报或者谎报事故情况，贻误事故抢救，情节严重的，处三年以下有期徒刑或者拘役；情节特别严重的，处三年以上七年以下有期徒刑。

第三章　破坏社会主义市场经济秩序罪

第一节　生产、销售伪劣商品罪

第一百四十条 生产者、销售者在产品中掺杂、掺假，以假充真，以次充好或者以不合格产品冒充合格产品，销售金额五万元以上不满二十万元的，处二年以下有期徒刑或者拘役，并处或者单处销售金额百分之五十以上二倍以下罚金；销售金额二十万元以上不满五十万元的，处二年以上七年以下有期徒刑，并处销售金额百分之五十以上二倍以下罚金；销售金额五十万元以上不满二百万元的，处七年以上有期徒刑，并处销售金额百分之五十以上二倍以下罚金；销售金额二百万元以上的，处十五年有期徒刑或者无期徒刑，并处销售金额百分之五十以上二倍以下罚金或者没收财产。

第一百四十一条　生产、销售假药的，处三年以下有期徒刑或者拘役，并处罚金；对人体健康造成严重危害或者有其他严重情节的，处三年以上十年以下有期徒刑，并处罚金；致人死亡或者有其他特别严重情节的，处十年以上有期徒刑、无期徒刑或者死刑，并处罚金或者没收财产。

本条所称假药，是指依照《中华人民共和国药品管理法》的规定属于假药和按假药处理的药品、非药品。

第一百四十二条　生产、销售劣药，对人体健康造成严重危害的，处三年以上十年以下有期徒刑，并处销售金额百分之五十以上二倍以下罚金；后果特别严重的，处十年以上有期徒刑或者无期徒刑，并处销售金额百分之五十以上二倍以下罚金或者没收财产。

本条所称劣药，是指依照《中华人民共和国药品管理法》的规定属于劣药的药品。

第一百四十三条　生产、销售不符合食品安全标准的食品，足以造成严重食物中毒事故或者其他严重食源性疾病的，处三年以下有期徒刑或者拘役，并处罚金；对人体健康造成严重危害或者有其他严重情节的，处三年以上七年以下有期徒刑，并处罚金；后果特别严重的，处七年以上有期徒刑或者无期徒刑，并处罚金或者没收财产。

第一百四十四条　在生产、销售的食品中掺入有毒、有害的非食品原料的，或者销售明知掺有有毒、有害的非食品原料的食品的，处五年以下有期徒刑，并处罚金；对人体健康造成严重危害或者有其他严重情节的，处五年以上十年以下有期徒刑，并处罚金；致人死亡或者有其他特别严重情节的，依照本法第一百四十一条的规定处罚。

第一百四十五条 生产不符合保障人体健康的国家标准、行业标准的医疗器械、医用卫生材料，或者销售明知是不符合保障人体健康的国家标准、行业标准的医疗器械、医用卫生材料，足以严重危害人体健康的，处三年以下有期徒刑或者拘役，并处销售金额百分之五十以上二倍以下罚金；对人体健康造成严重危害的，处三年以上十年以下有期徒刑，并处销售金额百分之五十以上二倍以下罚金；后果特别严重的，处十年以上有期徒刑或者无期徒刑，并处销售金额百分之五十以上二倍以下罚金或者没收财产。

第一百四十六条 生产不符合保障人身、财产安全的国家标准、行业标准的电器、压力容器、易燃易爆产品或者其他不符合保障人身、财产安全的国家标准、行业标准的产品，或者销售明知是以上不符合保障人身、财产安全的国家标准、行业标准的产品，造成严重后果的，处五年以下有期徒刑，并处销售金额百分之五十以上二倍以下罚金；后果特别严重的，处五年以上有期徒刑，并处销售金额百分之五十以上二倍以下罚金。

第一百四十七条 生产假农药、假兽药、假化肥，销售明知是假的或者失去使用效能的农药、兽药、化肥、种子，或者生产者、销售者以不合格的农药、兽药、化肥、种子冒充合格的农药、兽药、化肥、种子，使生产遭受较大损失的，处三年以下有期徒刑或者拘役，并处或者单处销售金额百分之五十以上二倍以下罚金；使生产遭受重大损失的，处三年以上七年以下有期徒刑，并处销售金额百分之五十以上二倍以下罚金；使生产遭受特别重大损失的，处七年以上有期徒刑或者无期徒刑，并处销售金额百分之五十以上二倍以下罚金或者没收财产。

第一百四十八条 生产不符合卫生标准的化妆品，或者销售明知是不符合卫生标准的化妆品，造成严重后果的，处三年以下有期徒刑或者拘役，并处或者单处销售金额百分之五十以上二倍以下罚金。

第一百四十九条 生产、销售本节第一百四十一条至第一百四十八条所列产品，不构成各该条规定的犯罪，但是销售金额在五万元以上的，依照本节第一百四十条的规定定罪处罚。

生产、销售本节第一百四十一条至第一百四十八条所列产品，构成各该条规定的犯罪，同时又构成本节第一百四十条规定之罪的，依照处罚较重的规定定罪处罚。

第一百五十条 单位犯本节第一百四十条至第一百四十八条规定之罪的，对单位判处罚金，并对其直接负责的主管人员和其他直接责任人员，依照各该条的规定处罚。

第二节 走私罪

第一百五十一条 走私武器、弹药、核材料或者伪造的货币的，处七年以上有期徒刑，并处罚金或者没收财产；情节特别严重的，处无期徒刑，并处没收财产；情节较轻的，处三年以上七年以下有期徒刑，并处罚金。

走私国家禁止出口的文物、黄金、白银和其他贵重金属或者国家禁止进出口的珍贵动物及其制品的，处五年以上十年以下有期徒刑，并处罚金；情节特别严重的，处十年以上有期徒刑或者无期徒刑，并处没收财产；情节较轻的，处五年以下有期徒刑，并处罚金。

走私珍稀植物及其制品等国家禁止进出口的其他货物、物品的，处五年以下有期徒刑或者拘役，并处或者单处罚金；情节严重的，处五年以上有期徒刑，并处罚金。

单位犯本条规定之罪的，对单位判处罚金，并对其直接负责的主管人员和其他直接责任人员，依照本条各款的规定处罚。

第一百五十二条 以牟利或者传播为目的，走私淫秽的影片、录像带、录音带、图片、书刊或者其他淫秽物品的，处三年以上十年以下有期徒刑，并处罚金；情节严重的，处十年以上有期徒刑或者无期徒刑，并处罚金或者没收财产；情节较轻的，处三年以下有期徒刑、拘役或者管制，并处罚金。

逃避海关监管将境外固体废物、液态废物和气态废物运输进境，情节严重的，处五年以下有期徒刑，并处或者单处罚金；情节特别严重的，处五年以上有期徒刑，并处罚金。

单位犯前两款罪的，对单位判处罚金，并对其直接负责的主管人员和其他直接责任人员，依照前两款的规定处罚。

第一百五十三条 走私本法第一百五十一条、第一百五十二条、第三百四十七条规定以外的货物、物品的，根据情节轻重，分别依照下列规定处罚：

（一）走私货物、物品偷逃应缴税额较大或者一年内曾因走私被给予二次行政处罚后又走私的，处三年以下有期徒刑或者拘役，并处偷逃应缴税额一倍以上五倍以下罚金。

（二）走私货物、物品偷逃应缴税额巨大或者有其他严重情节的，处三年以上十年以下有期徒刑，并处偷逃应缴税额一倍以上五倍以下罚金。

（三）走私货物、物品偷逃应缴税额特别巨大或者有其他特别严重情节的，处十年以上有期徒刑或者无期徒刑，并处偷逃应缴税额一倍以上五倍以下罚金或者没收财产。

单位犯前款罪的，对单位判处罚金，并对其直接负责的主管人员和其他直接责任人员，处三年以下有期徒刑或者拘役；情节严重的，处三年以上十年以下有期徒刑；情节特别严重的，处十年以上有期徒刑。

对多次走私未经处理的，按照累计走私货物、物品的偷逃应缴税额处罚。

第一百五十四条 下列走私行为，根据本节规定构成犯罪的，依照本法第一百五十三条的规定定罪处罚：

（一）未经海关许可并且未补缴应缴税额，擅自将批准进口的来料加工、来件装配、补偿贸易的原材料、零件、制成品、设备等保税货物，在境内销售牟利的；

（二）未经海关许可并且未补缴应缴税额，擅自将特定减税、免税进口的货物、物品，在境内销售牟利的。

第一百五十五条 下列行为，以走私罪论处，依照本节的有关规定处罚：

（一）直接向走私人非法收购国家禁止进口物品的，或者直接向走私人非法收购走私进口的其他货物、物品，数额较大的；

（二）在内海、领海、界河、界湖运输、收购、贩卖国家禁止进出口物品的，或者运输、收购、贩卖国家限制进出口货物、物品，数额较大，没有合法证明的。

第一百五十六条 与走私罪犯通谋，为其提供贷款、资金、账号、发票、证明，或者为其提供运输、保管、邮寄或者其他方便的，以走私罪的共犯论处。

第一百五十七条 武装掩护走私的，依照本法第一百五十一条第一款的规定从重处罚。

以暴力、威胁方法抗拒缉私的，以走私罪和本法第二百七十七条规定的阻碍国家机关工作人员依法执行职务罪，依照数罪并罚的规定处罚。

第三节 妨害对公司、企业的管理秩序罪

第一百五十八条 申请公司登记使用虚假证明文件或者采取其他欺诈手段虚报注册资本，欺骗公司登记主管部门，取得公司登记，虚报注册资本数额巨大、后果严重或者有其他严重情节的，处三年以下有期徒刑或者拘役，并处或者单处虚报注册资本金额百分之一以上百分之五以下罚金。

单位犯前款罪的，对单位判处罚金，并对其直接负责的主管人员和其他直接责任人员，处三年以下有期徒刑或者拘役。

第一百五十九条 公司发起人、股东违反公司法的规定未交付货币、实物或者未转移财产权，虚假出资，或者在公司成立后又抽逃其出资，数额巨大、后果严重或者有其他严重情节的，处五年以下有期徒刑或者拘役，并处或者单处虚假出资金额或者抽逃出资金额百分之二以上百分之十以下罚金。

单位犯前款罪的，对单位判处罚金，并对其直接负责的主管人员和其他直接责任人员，处五年以下有期徒刑或者拘役。

第一百六十条 在招股说明书、认股书、公司、企业债券募集办法中隐瞒重要事实或者编造重大虚假内容，发行股票或者公司、企业债券，数额巨大、后果严重或者有其他严重情节的，处五年以下有期徒刑或者拘

役，并处或者单处非法募集资金金额百分之一以上百分之五以下罚金。

单位犯前款罪的，对单位判处罚金，并对其直接负责的主管人员和其他直接责任人员，处五年以下有期徒刑或者拘役。

第一百六十一条 依法负有信息披露义务的公司、企业向股东和社会公众提供虚假的或者隐瞒重要事实的财务会计报告，或者对依法应当披露的其他重要信息不按照规定披露，严重损害股东或者其他人利益，或者有其他严重情节的，对其直接负责的主管人员和其他直接责任人员，处三年以下有期徒刑或者拘役，并处或者单处二万元以上二十万元以下罚金。

第一百六十二条 公司、企业进行清算时，隐匿财产，对资产负债表或者财产清单作虚伪记载或者在未清偿债务前分配公司、企业财产，严重损害债权人或者其他人利益的，对其直接负责的主管人员和其他直接责任人员，处五年以下有期徒刑或者拘役，并处或者单处二万元以上二十万元以下罚金。

第一百六十二条之一 隐匿或者故意销毁依法应当保存的会计凭证、会计账簿、财务会计报告，情节严重的，处五年以下有期徒刑或者拘役，并处或者单处二万元以上二十万元以下罚金。

单位犯前款罪的，对单位判处罚金，并对其直接负责的主管人员和其他直接责任人员，依照前款的规定处罚。

第一百六十二条之二 公司、企业通过隐匿财产、承担虚构的债务或者以其他方法转移、处分财产，实施虚假破产，严重损害债权人或者其他人利益的，对其直接负责的主管人员和其他直接责任人员，处五年以下有期徒刑或者拘役，并处或者单处二万元以上二十万元以下罚金。

第一百六十三条 公司、企业或者其他单位的工作人员利用职务上的便利，索取他人财物或者非法收受他人财物，为他人谋取利益，数额较大的，处五年以下有期徒刑或者拘役；数额巨大的，处五年以上有期徒刑，可以并处没收财产。

公司、企业或者其他单位的工作人员在经济往来中，利用职务上的便利，违反国家规定，收受各种名义的回扣、手续费，归个人所有的，依照前款的规定处罚。

国有公司、企业或者其他国有单位中从事公务的人员和国有公司、企业或者其他国有单位委派到非国有公司、企业以及其他单位从事公务的人员有前两款行为的，依照本法第三百八十五条、第三百八十六条的规定定罪处罚。

第一百六十四条　为谋取不正当利益，给予公司、企业或者其他单位的工作人员以财物，数额较大的，处三年以下有期徒刑或者拘役，并处罚金；数额巨大的，处三年以上十年以下有期徒刑，并处罚金。

为谋取不正当商业利益，给予外国公职人员或者国际公共组织官员以财物的，依照前款的规定处罚。

单位犯前两款罪的，对单位判处罚金，并对其直接负责的主管人员和其他直接责任人员，依照第一款的规定处罚。

行贿人在被追诉前主动交待行贿行为的，可以减轻处罚或者免除处罚。

第一百六十五条　国有公司、企业的董事、经理利用职务便利，自己经营或者为他人经营与其所任职公司、企业同类的营业，获取非法利益，数额巨大的，处三年以下有期徒刑或者拘役，并处或者单处罚金；数额特别巨大的，处三年以上七年以下有期徒刑，并处罚金。

第一百六十六条　国有公司、企业、事业单位的工作人员，利用职务便利，有下列情形之一，使国家利益遭受重大损失的，处三年以下有期徒刑或者拘役，并处或者单处罚金；致使国家利益遭受特别重大损失的，处三年以上七年以下有期徒刑，并处罚金：

（一）将本单位的盈利业务交由自己的亲友进行经营的；

（二）以明显高于市场的价格向自己的亲友经营管理的单位采购商品或者以明显低于市场的价格向自己的亲友经营管理的单位销售商品的；

（三）向自己的亲友经营管理的单位采购不合格商品的。

第一百六十七条　国有公司、企业、事业单位直接负责的主管人员，在签订、履行合同过程中，因严重不负责任被诈骗，致使国家利益遭受重大损失的，处三年以下有期徒刑或者拘役；致使国家利益遭受特别重大损失的，处三年以上七年以下有期徒刑。

第一百六十八条 国有公司、企业的工作人员，由于严重不负责任或者滥用职权，造成国有公司、企业破产或者严重损失，致使国家利益遭受重大损失的，处三年以下有期徒刑或者拘役；致使国家利益遭受特别重大损失的，处三年以上七年以下有期徒刑。

国有事业单位的工作人员有前款行为，致使国家利益遭受重大损失的，依照前款的规定处罚。

国有公司、企业、事业单位的工作人员，徇私舞弊，犯前两款罪的，依照第一款的规定从重处罚。

第一百六十九条 国有公司、企业或者其上级主管部门直接负责的主管人员，徇私舞弊，将国有资产低价折股或者低价出售，致使国家利益遭受重大损失的，处三年以下有期徒刑或者拘役；致使国家利益遭受特别重大损失的，处三年以上七年以下有期徒刑。

第一百六十九条之一 上市公司的董事、监事、高级管理人员违背对公司的忠实义务，利用职务便利，操纵上市公司从事下列行为之一，致使上市公司利益遭受重大损失的，处三年以下有期徒刑或者拘役，并处或者单处罚金；致使上市公司利益遭受特别重大损失的，处三年以上七年以下有期徒刑，并处罚金：

（一）无偿向其他单位或者个人提供资金、商品、服务或者其他资产的；

（二）以明显不公平的条件，提供或者接受资金、商品、服务或者其他资产的；

（三）向明显不具有清偿能力的单位或者个人提供资金、商品、服务或者其他资产的；

（四）为明显不具有清偿能力的单位或者个人提供担保，或者无正当理由为其他单位或者个人提供担保的；

（五）无正当理由放弃债权、承担债务的；

（六）采用其他方式损害上市公司利益的。

上市公司的控股股东或者实际控制人，指使上市公司董事、监事、高级管理人员实施前款行为的，依照前款的规定处罚。

犯前款罪的上市公司的控股股东或者实际控制人是单位的，对单位判处罚金，并对其直接负责的主管人员和其他直接责任人员，依照第一款的规定处罚。

第四节　破坏金融管理秩序罪

第一百七十条　伪造货币的，处三年以上十年以下有期徒刑，并处罚金；有下列情形之一的，处十年以上有期徒刑或者无期徒刑，并处罚金或者没收财产：

（一）伪造货币集团的首要分子；

（二）伪造货币数额特别巨大的；

（三）有其他特别严重情节的。

第一百七十一条　出售、购买伪造的货币或者明知是伪造的货币而运输，数额较大的，处三年以下有期徒刑或者拘役，并处二万元以上二十万元以下罚金；数额巨大的，处三年以上十年以下有期徒刑，并处五万元以上五十万元以下罚金；数额特别巨大的，处十年以上有期徒刑或者无期徒刑，并处五万元以上五十万元以下罚金或者没收财产。

银行或者其他金融机构的工作人员购买伪造的货币或者利用职务上的便利，以伪造的货币换取货币的，处三年以上十年以下有期徒刑，并处二万元以上二十万元以下罚金；数额巨大或者有其他严重情节的，处十年以上有期徒刑或者无期徒刑，并处二万元以上二十万元以下罚金或者没收财产；情节较轻的，处三年以下有期徒刑或者拘役，并处或者单处一万元以上十万元以下罚金。

伪造货币并出售或者运输伪造的货币的，依照本法第一百七十条的规定定罪从重处罚。

第一百七十二条　明知是伪造的货币而持有、使用，数额较大的，处三年以下有期徒刑或者拘役，并处或者单处一万元以上十万元以下罚金；数额巨大的，处三年以上十年以下有期徒刑，并处二万元以上二十万元以下罚金；数额特别巨大的，处十年以上有期徒刑，并处五万元以上五十万元以下罚金或者没收财产。

第一百七十三条 变造货币，数额较大的，处三年以下有期徒刑或者拘役，并处或者单处一万元以上十万元以下罚金；数额巨大的，处三年以上十年以下有期徒刑，并处二万元以上二十万元以下罚金。

第一百七十四条 未经国家有关主管部门批准，擅自设立商业银行、证券交易所、期货交易所、证券公司、期货经纪公司、保险公司或者其他金融机构的，处三年以下有期徒刑或者拘役，并处或者单处二万元以上二十万元以下罚金；情节严重的，处三年以上十年以下有期徒刑，并处五万元以上五十万元以下罚金。

伪造、变造、转让商业银行、证券交易所、期货交易所、证券公司、期货经纪公司、保险公司或者其他金融机构的经营许可证或者批准文件的，依照前款的规定处罚。

单位犯前两款罪的，对单位判处罚金，并对其直接负责的主管人员和其他直接责任人员，依照第一款的规定处罚。

第一百七十五条 以转贷牟利为目的，套取金融机构信贷资金高利转贷他人，违法所得数额较大的，处三年以下有期徒刑或者拘役，并处违法所得一倍以上五倍以下罚金；数额巨大的，处三年以上七年以下有期徒刑，并处违法所得一倍以上五倍以下罚金。

单位犯前款罪的，对单位判处罚金，并对其直接负责的主管人员和其他直接责任人员，处三年以下有期徒刑或者拘役。

第一百七十五条之一 以欺骗手段取得银行或者其他金融机构贷款、票据承兑、信用证、保函等，给银行或者其他金融机构造成重大损失或者有其他严重情节的，处三年以下有期徒刑或者拘役，并处或者单处罚金；给银行或者其他金融机构造成特别重大损失或者有其他特别严重情节的，处三年以上七年以下有期徒刑，并处罚金。

单位犯前款罪的，对单位判处罚金，并对其直接负责的主管人员和其他直接责任人员，依照前款的规定处罚。

第一百七十六条 非法吸收公众存款或者变相吸收公众存款，扰乱金融秩序的，处三年以下有期徒刑或者拘役，并处或者单处二万元以上二十万元以下罚金；数额巨大或者有其他严重情节的，处三年以上十年以下有期徒刑，并处五万元以上五十万元以下罚金。

单位犯前款罪的，对单位判处罚金，并对其直接负责的主管人员和其他直接责任人员，依照前款的规定处罚。

第一百七十七条 有下列情形之一，伪造、变造金融票证的，处五年以下有期徒刑或者拘役，并处或者单处二万元以上二十万元以下罚金；情节严重的，处五年以上十年以下有期徒刑，并处五万元以上五十万元以下罚金；情节特别严重的，处十年以上有期徒刑或者无期徒刑，并处五万元以上五十万元以下罚金或者没收财产：

（一）伪造、变造汇票、本票、支票的；

（二）伪造、变造委托收款凭证、汇款凭证、银行存单等其他银行结算凭证的；

（三）伪造、变造信用证或者附随的单据、文件的；

（四）伪造信用卡的。

单位犯前款罪的，对单位判处罚金，并对其直接负责的主管人员和其他直接责任人员，依照前款的规定处罚。

第一百七十七条之一 有下列情形之一，妨害信用卡管理的，处三年以下有期徒刑或者拘役，并处或者单处一万元以上十万元以下罚金；数量巨大或者有其他严重情节的，处三年以上十年以下有期徒刑，并处二万元以上二十万元以下罚金：

（一）明知是伪造的信用卡而持有、运输的，或者明知是伪造的空白信用卡而持有、运输，数量较大的；

（二）非法持有他人信用卡，数量较大的；

（三）使用虚假的身份证明骗领信用卡的；

（四）出售、购买、为他人提供伪造的信用卡或者以虚假的身份证明骗领的信用卡的。

窃取、收买或者非法提供他人信用卡信息资料的，依照前款规定处罚。

银行或者其他金融机构的工作人员利用职务上的便利，犯第二款罪的，从重处罚。

第一百七十八条 伪造、变造国库券或者国家发行的其他有价证券，数额较大的，处三年以下有期徒刑或者拘役，并处或者单处二万元以上二十万元以下罚金；数额巨大的，处三年以上十年以下有期徒刑，并处五万元以上五十万元以下罚金；数额特别巨大的，处十年以上有期徒刑或者无期徒刑，并处五万元以上五十万元以下罚金或者没收财产。

伪造、变造股票或者公司、企业债券，数额较大的，处三年以下有期徒刑或者拘役，并处或者单处一万元以上十万元以下罚金；数额巨大的，处三年以上十年以下有期徒刑，并处二万元以上二十万元以下罚金。

单位犯前两款罪的，对单位判处罚金，并对其直接负责的主管人员和其他直接责任人员，依照前两款的规定处罚。

第一百七十九条 未经国家有关主管部门批准，擅自发行股票或者公司、企业债券，数额巨大、后果严重或者有其他严重情节的，处五年以下有期徒刑或者拘役，并处或者单处非法募集资金金额百分之一以上百分之五以下罚金。

单位犯前款罪的，对单位判处罚金，并对其直接负责的主管人员和其他直接责任人员，处五年以下有期徒刑或者拘役。

第一百八十条 证券、期货交易内幕信息的知情人员或者非法获取证券、期货交易内幕信息的人员，在涉及证券的发行，证券、期货交易或者其他对证券、期货交易价格有重大影响的信息尚未公开前，买入或者卖出该证券，或者从事与该内幕信息有关的期货交易，或者泄露该信息，或者明示、暗示他人从事上述交易活动，情节严重的，处五年以下有期徒刑或者拘役，并处或者单处违法所得一倍以上五倍以下罚金；情节特别严重的，处五年以上十年以下有期徒刑，并处违法所得一倍以上五倍以下罚金。

单位犯前款罪的，对单位判处罚金，并对其直接负责的主管人员和其他直接责任人员，处五年以下有期徒刑或者拘役。

内幕信息、知情人员的范围，依照法律、行政法规的规定确定。

证券交易所、期货交易所、证券公司、期货经纪公司、基金管理公司、商业银行、保险公司等金融机构的从业人员以及有关监管部门或者行业协会的工作人员，利用因职务便利获取的内幕信息以外的其他未公开的信息，违反规定，从事与该信息相关的证券、期货交易活动，或者明示、暗示他人从事相关交易活动，情节严重的，依照第一款的规定处罚。

第一百八十一条 编造并且传播影响证券、期货交易的虚假信息，扰乱证券、期货交易市场，造成严重后果的，处五年以下有期徒刑或者拘役，并处或者单处一万元以上十万元以下罚金。

证券交易所、期货交易所、证券公司、期货经纪公司的从业人员，证券业协会、期货业协会或者证券期货监督管理部门的工作人员，故意提供虚假信息或者伪造、变造、销毁交易记录，诱骗投资者买卖证券、期货合约，造成严重后果的，处五年以下有期徒刑或者拘役，并处或者单处一万元以上十万元以下罚金；情节特别恶劣的，处五年以上十年以下有期徒刑，并处二万元以上二十万元以下罚金。

单位犯前两款罪的，对单位判处罚金，并对其直接负责的主管人员和其他直接责任人员，处五年以下有期徒刑或者拘役。

第一百八十二条 有下列情形之一，操纵证券、期货市场，情节严重的，处五年以下有期徒刑或者拘役，并处或者单处罚金；情节特别严重的，处五年以上十年以下有期徒刑，并处罚金：

（一）单独或者合谋，集中资金优势、持股或者持仓优势或者利用信息优势联合或者连续买卖，操纵证券、期货交易价格或者证券、期货交易量的；

（二）与他人串通，以事先约定的时间、价格和方式相互进行证券、期货交易，影响证券、期货交易价格或者证券、期货交易量的；

（三）在自己实际控制的账户之间进行证券交易，或者以自己为交易对象，自买自卖期货合约，影响证券、期货交易价格或者证券、期货交易量的；

（四）以其他方法操纵证券、期货市场的。

单位犯前款罪的，对单位判处罚金，并对其直接负责的主管人员和其他直接责任人员，依照前款的规定处罚。

第一百八十三条 保险公司的工作人员利用职务上的便利，故意编造未曾发生的保险事故进行虚假理赔，骗取保险金归自己所有的，依照本法第二百七十一条的规定定罪处罚。

国有保险公司工作人员和国有保险公司委派到非国有保险公司从事公务的人员有前款行为的，依照本法第三百八十二条、第三百八十三条的规定定罪处罚。

第一百八十四条 银行或者其他金融机构的工作人员在金融业务活动中索取他人财物或者非法收受他人财物，为他人谋取利益的，或者违反国家规定，收受各种名义的回扣、手续费，归个人所有的，依照本法第一百六十三条的规定定罪处罚。

国有金融机构工作人员和国有金融机构委派到非国有金融机构从事公务的人员有前款行为的，依照本法第三百八十五条、第三百八十六条的规定定罪处罚。

第一百八十五条 商业银行、证券交易所、期货交易所、证券公司、期货经纪公司、保险公司或者其他金融机构的工作人员利用职务上的便利，挪用本单位或者客户资金的，依照本法第二百七十二条的规定定罪处罚。

国有商业银行、证券交易所、期货交易所、证券公司、期货经纪公司、保险公司或者其他国有金融机构的工作人员和国有商业银行、证券交易所、期货交易所、证券公司、期货经纪公司、保险公司或者其他国有金融机构委派到前款规定中的非国有机构从事公务的人员有前款行为的，依照本法第三百八十四条的规定定罪处罚。

第一百八十五条之一 商业银行、证券交易所、期货交易所、证券公司、期货经纪公司、保险公司或者其他金融机构，违背受托义务，擅自运用客户资金或者其他委托、信托的财产，情节严重的，对单位判处罚金，并对其直接负责的主管人员和其他直接责任人员，处三年以下有期徒刑或者拘役，并处三万元以上三十万元以下罚金；情节特别严重的，处三年以上十年以下有期徒刑，并处五万元以上五十万元以下罚金。

社会保障基金管理机构、住房公积金管理机构等公众资金管理机构，以及保险公司、保险资产管理公司、证券投资基金管理公司，违反国家规定运用资金的，对其直接负责的主管人员和其他直接责任人员，依照前款的规定处罚。

第一百八十六条 银行或者其他金融机构的工作人员违反国家规定发放贷款，数额巨大或者造成重大损失的，处五年以下有期徒刑或者拘役，并处一万元以上十万元以下罚金；数额特别巨大或者造成特别重大损失的，处五年以上有期徒刑，并处二万元以上二十万元以下罚金。

银行或者其他金融机构的工作人员违反国家规定，向关系人发放贷款的，依照前款的规定从重处罚。

单位犯前两款罪的，对单位判处罚金，并对其直接负责的主管人员和其他直接责任人员，依照前两款的规定处罚。

关系人的范围，依照《中华人民共和国商业银行法》和有关金融法规确定。

第一百八十七条 银行或者其他金融机构的工作人员吸收客户资金不入账，数额巨大或者造成重大损失的，处五年以下有期徒刑或者拘役，并处二万元以上二十万元以下罚金；数额特别巨大或者造成特别重大损失的，处五年以上有期徒刑，并处五万元以上五十万元以下罚金。

单位犯前款罪的，对单位判处罚金，并对其直接负责的主管人员和其他直接责任人员，依照前款的规定处罚。

第一百八十八条 银行或者其他金融机构的工作人员违反规定，为他人出具信用证或者其他保函、票据、存单、资信证明，情节严重的，处五年以下有期徒刑或者拘役；情节特别严重的，处五年以上有期徒刑。

单位犯前款罪的，对单位判处罚金，并对其直接负责的主管人员和其他直接责任人员，依照前款的规定处罚。

第一百八十九条 银行或者其他金融机构的工作人员在票据业务中，对违反票据法规定的票据予以承兑、付款或者保证，造成重大损失的，处五年以下有期徒刑或者拘役；造成特别重大损失的，处五年以上有期徒刑。

单位犯前款罪的，对单位判处罚金，并对其直接负责的主管人员和其他直接责任人员，依照前款的规定处罚。

第一百九十条 公司、企业或者其他单位，违反国家规定，擅自将外汇存放境外，或者将境内的外汇非法转移到境外，数额较大的，对单位判处逃汇数额百分之五以上百分之三十以下罚金，并对其直接负责的主管人员和其他直接责任人员处五年以下有期徒刑或者拘役；数额巨大或者有其他严重情节的，对单位判处逃汇数额百分之五以上百分之三十以下罚金，并对其直接负责的主管人员和其他直接责任人员处五年以上有期徒刑。

第一百九十一条 明知是毒品犯罪、黑社会性质的组织犯罪、恐怖活动犯罪、走私犯罪、贪污贿赂犯罪、破坏金融管理秩序犯罪、金融诈骗犯罪的所得及其产生的收益，为掩饰、隐瞒其来源和性质，有下列行为之一的，没收实施以上犯罪的所得及其产生的收益，处五年以下有期徒刑或者拘役，并处或者单处洗钱数额百分之五以上百分之二十以下罚金；情节严重的，处五年以上十年以下有期徒刑，并处洗钱数额百分之五以上百分之二十以下罚金：

（一）提供资金账户的；

（二）协助将财产转换为现金、金融票据、有价证券的；

（三）通过转账或者其他结算方式协助资金转移的；

（四）协助将资金汇往境外的；

（五）以其他方法掩饰、隐瞒犯罪所得及其收益的来源和性质的。

单位犯前款罪的，对单位判处罚金，并对其直接负责的主管人员和其他直接责任人员，处五年以下有期徒刑或者拘役；情节严重的，处五年以上十年以下有期徒刑。

第五节 金融诈骗罪

第一百九十二条 以非法占有为目的，使用诈骗方法非法集资，数额较大的，处五年以下有期徒刑或者拘役，并处二万元以上二十万元以下罚金；数额巨大或者有其他严重情节的，处五年以上十年以下有期徒刑，并处五万元以上五十万元以下罚金；数额特别巨大或者有其他特别严重情节的，处十年以上有期徒刑或者无期徒刑，并处五万元以上五十万元以下罚金或者没收财产。

第一百九十三条　有下列情形之一，以非法占有为目的，诈骗银行或者其他金融机构的贷款，数额较大的，处五年以下有期徒刑或者拘役，并处二万元以上二十万元以下罚金；数额巨大或者有其他严重情节的，处五年以上十年以下有期徒刑，并处五万元以上五十万元以下罚金；数额特别巨大或者有其他特别严重情节的，处十年以上有期徒刑或者无期徒刑，并处五万元以上五十万元以下罚金或者没收财产：

（一）编造引进资金、项目等虚假理由的；

（二）使用虚假的经济合同的；

（三）使用虚假的证明文件的；

（四）使用虚假的产权证明作担保或者超出抵押物价值重复担保的；

（五）以其他方法诈骗贷款的。

第一百九十四条　有下列情形之一，进行金融票据诈骗活动，数额较大的，处五年以下有期徒刑或者拘役，并处二万元以上二十万元以下罚金；数额巨大或者有其他严重情节的，处五年以上十年以下有期徒刑，并处五万元以上五十万元以下罚金；数额特别巨大或者有其他特别严重情节的，处十年以上有期徒刑或者无期徒刑，并处五万元以上五十万元以下罚金或者没收财产：

（一）明知是伪造、变造的汇票、本票、支票而使用的；

（二）明知是作废的汇票、本票、支票而使用的；

（三）冒用他人的汇票、本票、支票的；

（四）签发空头支票或者与其预留印鉴不符的支票，骗取财物的；

（五）汇票、本票的出票人签发无资金保证的汇票、本票或者在出票时作虚假记载，骗取财物的。

使用伪造、变造的委托收款凭证、汇款凭证、银行存单等其他银行结算凭证的，依照前款的规定处罚。

第一百九十五条　有下列情形之一，进行信用证诈骗活动的，处五年以下有期徒刑或者拘役，并处二万元以上二十万元以下罚金；数额巨大或者有其他严重情节的，处五年以上十年以下有期徒刑，并处五万元以上五十万元以下罚金；数额特别巨大或者有其他特别严重情节的，处十年以上有期徒刑或者无期徒刑，并处五万元以上五十万元以下罚金或者没收财产：

（一）使用伪造、变造的信用证或者附随的单据、文件的；

（二）使用作废的信用证的；

（三）骗取信用证的；

（四）以其他方法进行信用证诈骗活动的。

第一百九十六条 有下列情形之一，进行信用卡诈骗活动，数额较大的，处五年以下有期徒刑或者拘役，并处二万元以上二十万元以下罚金；数额巨大或者有其他严重情节的，处五年以上十年以下有期徒刑，并处五万元以上五十万元以下罚金；数额特别巨大或者有其他特别严重情节的，处十年以上有期徒刑或者无期徒刑，并处五万元以上五十万元以下罚金或者没收财产：

（一）使用伪造的信用卡，或者使用以虚假的身份证明骗领的信用卡的；

（二）使用作废的信用卡的；

（三）冒用他人信用卡的；

（四）恶意透支的。

前款所称恶意透支，是指持卡人以非法占有为目的，超过规定限额或者规定期限透支，并且经发卡银行催收后仍不归还的行为。

盗窃信用卡并使用的，依照本法第二百六十四条的规定定罪处罚。

第一百九十七条 使用伪造、变造的国库券或者国家发行的其他有价证券，进行诈骗活动，数额较大的，处五年以下有期徒刑或者拘役，并处二万元以上二十万元以下罚金；数额巨大或者有其他严重情节的，处五年以上十年以下有期徒刑，并处五万元以上五十万元以下罚金；数额特别巨大或者有其他特别严重情节的，处十年以上有期徒刑或者无期徒刑，并处五万元以上五十万元以下罚金或者没收财产。

第一百九十八条 有下列情形之一，进行保险诈骗活动，数额较大的，处五年以下有期徒刑或者拘役，并处一万元以上十万元以下罚金；数额巨大或者有其他严重情节的，处五年以上十年以下有期徒刑，并处二万元以上二十万元以下罚金；数额特别巨大或者有其他特别严重情节的，处十年以上有期徒刑，并处二万元以上二十万元以下罚金或者没收财产：

（一）投保人故意虚构保险标的，骗取保险金的；

（二）投保人、被保险人或者受益人对发生的保险事故编造虚假的原因或者夸大损失的程度，骗取保险金的；

（三）投保人、被保险人或者受益人编造未曾发生的保险事故，骗取保险金的；

（四）投保人、被保险人故意造成财产损失的保险事故，骗取保险金的；

（五）投保人、受益人故意造成被保险人死亡、伤残或者疾病，骗取保险金的。

有前款第四项、第五项所列行为，同时构成其他犯罪的，依照数罪并罚的规定处罚。

单位犯第一款罪的，对单位判处罚金，并对其直接负责的主管人员和其他直接责任人员，处五年以下有期徒刑或者拘役；数额巨大或者有其他严重情节的，处五年以上十年以下有期徒刑；数额特别巨大或者有其他特别严重情节的，处十年以上有期徒刑。

保险事故的鉴定人、证明人、财产评估人故意提供虚假的证明文件，为他人诈骗提供条件的，以保险诈骗的共犯论处。

第一百九十九条　（根据《中华人民共和国刑法修正案（九）》删去本条内容）

第二百条　单位犯本节第一百九十二条、第一百九十四条、第一百九十五条规定之罪的，对单位判处罚金，并对其直接负责的主管人员和其他直接责任人员，处五年以下有期徒刑或者拘役，可以并处罚金；数额巨大或者有其他严重情节的，处五年以上十年以下有期徒刑，并处罚金；数额特别巨大或者有其他特别严重情节的，处十年以上有期徒刑或者无期徒刑，并处罚金。

第六节　危害税收征管罪

第二百零一条　纳税人采取欺骗、隐瞒手段进行虚假纳税申报或者不申报，逃避缴纳税款数额较大并且占应纳税额百分之十以上的，处三年以下有期徒刑或者拘役，并处罚金；数额巨大并且占应纳税额百分之三十以上的，处三年以上七年以下有期徒刑，并处罚金。

扣缴义务人采取前款所列手段，不缴或者少缴已扣、已收税款，数额较大的，依照前款的规定处罚。

对多次实施前两款行为，未经处理的，按照累计数额计算。

有第一款行为，经税务机关依法下达追缴通知后，补缴应纳税款，缴纳滞纳金，已受行政处罚的，不予追究刑事责任；但是，五年内因逃避缴纳税款受过刑事处罚或者被税务机关给予二次以上行政处罚的除外。

第二百零二条 以暴力、威胁方法拒不缴纳税款的，处三年以下有期徒刑或者拘役，并处拒缴税款一倍以上五倍以下罚金；情节严重的，处三年以上七年以下有期徒刑，并处拒缴税款一倍以上五倍以下罚金。

第二百零三条 纳税人欠缴应纳税款，采取转移或者隐匿财产的手段，致使税务机关无法追缴欠缴的税款，数额在一万元以上不满十万元的，处三年以下有期徒刑或者拘役，并处或者单处欠缴税款一倍以上五倍以下罚金；数额在十万元以上的，处三年以上七年以下有期徒刑，并处欠缴税款一倍以上五倍以下罚金。

第二百零四条 以假报出口或者其他欺骗手段，骗取国家出口退税款，数额较大的，处五年以下有期徒刑或者拘役，并处骗取税款一倍以上五倍以下罚金；数额巨大或者有其他严重情节的，处五年以上十年以下有期徒刑，并处骗取税款一倍以上五倍以下罚金；数额特别巨大或者有其他特别严重情节的，处十年以上有期徒刑或者无期徒刑，并处骗取税款一倍以上五倍以下罚金或者没收财产。

纳税人缴纳税款后，采取前款规定的欺骗方法，骗取所缴纳的税款的，依照本法第二百零一条的规定定罪处罚；骗取税款超过所缴纳的税款部分，依照前款的规定处罚。

第二百零五条 虚开增值税专用发票或者虚开用于骗取出口退税、抵扣税款的其他发票的，处三年以下有期徒刑或者拘役，并处二万元以上二十万元以下罚金；虚开的税款数额较大或者有其他严重情节的，处三年以上十年以下有期徒刑，并处五万元以上五十万元以下罚金；虚开的税款数额巨大或者有其他特别严重情节的，处十年以上有期徒刑或者无期徒刑，并处五万元以上五十万元以下罚金或者没收财产。

单位犯本条规定之罪的，对单位判处罚金，并对其直接负责的主管人员和其他直接责任人员，处三年以下有期徒刑或者拘役；虚开的税款数额较大或者有其他严重情节的，处三年以上十年以下有期徒刑；虚开的税款数额巨大或者有其他特别严重情节的，处十年以上有期徒刑或者无期徒刑。

虚开增值税专用发票或者虚开用于骗取出口退税、抵扣税款的其他发票，是指有为他人虚开、为自己虚开、让他人为自己虚开、介绍他人虚开行为之一的。

第二百零五条之一 虚开本法第二百零五条规定以外的其他发票，情节严重的，处二年以下有期徒刑、拘役或者管制，并处罚金；情节特别严重的，处二年以上七年以下有期徒刑，并处罚金。

单位犯前款罪的，对单位判处罚金，并对其直接负责的主管人员和其他直接责任人员，依照前款的规定处罚。

第二百零六条 伪造或者出售伪造的增值税专用发票的，处三年以下有期徒刑、拘役或者管制，并处二万元以上二十万元以下罚金；数量较大或者有其他严重情节的，处三年以上十年以下有期徒刑，并处五万元以上五十万元以下罚金；数量巨大或者有其他特别严重情节的，处十年以上有期徒刑或者无期徒刑，并处五万元以上五十万元以下罚金或者没收财产。

单位犯本条规定之罪的，对单位判处罚金，并对其直接负责的主管人员和其他直接责任人员，处三年以下有期徒刑、拘役或者管制；数量较大或者有其他严重情节的，处三年以上十年以下有期徒刑；数量巨大或者有其他特别严重情节的，处十年以上有期徒刑或者无期徒刑。

第二百零七条 非法出售增值税专用发票的，处三年以下有期徒刑、拘役或者管制，并处二万元以上二十万元以下罚金；数量较大的，处三年以上十年以下有期徒刑，并处五万元以上五十万元以下罚金；数量巨大的，处十年以上有期徒刑或者无期徒刑，并处五万元以上五十万元以下罚金或者没收财产。

第二百零八条 非法购买增值税专用发票或者购买伪造的增值税专用发票的，处五年以下有期徒刑或者拘役，并处或者单处二万元以上二十万元以下罚金。

非法购买增值税专用发票或者购买伪造的增值税专用发票又虚开或者出售的，分别依照本法第二百零五条、第二百零六条、第二百零七条的规定定罪处罚。

第二百零九条 伪造、擅自制造或者出售伪造、擅自制造的可以用于骗取出口退税、抵扣税款的其他发票的，处三年以下有期徒刑、拘役或者管制，并处二万元以上二十万元以下罚金；数量巨大的，处三年以上七年以下有期徒刑，并处五万元以上五十万元以下罚金；数量特别巨大的，处七年以上有期徒刑，并处五万元以上五十万元以下罚金或者没收财产。

伪造、擅自制造或者出售伪造、擅自制造的前款规定以外的其他发票的，处二年以下有期徒刑、拘役或者管制，并处或者单处一万元以上五万元以下罚金；情节严重的，处二年以上七年以下有期徒刑，并处五万元以上五十万元以下罚金。

非法出售可以用于骗取出口退税、抵扣税款的其他发票的，依照第一款的规定处罚。

非法出售第三款规定以外的其他发票的，依照第二款的规定处罚。

第二百一十条 盗窃增值税专用发票或者可以用于骗取出口退税、抵扣税款的其他发票的，依照本法第二百六十四条的规定定罪处罚。

使用欺骗手段骗取增值税专用发票或者可以用于骗取出口退税、抵扣税款的其他发票的，依照本法第二百六十六条的规定定罪处罚。

第二百一十条之一 明知是伪造的发票而持有，数量较大的，处二年以下有期徒刑、拘役或者管制，并处罚金；数量巨大的，处二年以上七年以下有期徒刑，并处罚金。

单位犯前款罪的，对单位判处罚金，并对其直接负责的主管人员和其他直接责任人员，依照前款的规定处罚。

第二百一十一条 单位犯本节第二百零一条、第二百零三条、第二百零四条、第二百零七条、第二百零八条、第二百零九条规定之罪的，对单位判处罚金，并对其直接负责的主管人员和其他直接责任人员，依照各该条的规定处罚。

第二百一十二条 犯本节第二百零一条至第二百零五条规定之罪，被判处罚金、没收财产的，在执行前，应当先由税务机关追缴税款和所骗取的出口退税款。

第七节侵犯知识产权罪

第二百一十三条 未经注册商标所有人许可，在同一种商品上使用与其注册商标相同的商标，情节严重的，处三年以下有期徒刑或者拘役，并处或者单处罚金；情节特别严重的，处三年以上七年以下有期徒刑，并处罚金。

第二百一十四条 销售明知是假冒注册商标的商品，销售金额数额较大的，处三年以下有期徒刑或者拘役，并处或者单处罚金；销售金额数额巨大的，处三年以上七年以下有期徒刑，并处罚金。

第二百一十五条 伪造、擅自制造他人注册商标标识或者销售伪造、擅自制造的注册商标标识，情节严重的，处三年以下有期徒刑、拘役或者管制，并处或者单处罚金；情节特别严重的，处三年以上七年以下有期徒刑，并处罚金。

第二百一十六条 假冒他人专利，情节严重的，处三年以下有期徒刑或者拘役，并处或者单处罚金。

第二百一十七条 以营利为目的，有下列侵犯著作权情形之一，违法所得数额较大或者有其他严重情节的，处三年以下有期徒刑或者拘役，并处或者单处罚金；违法所得数额巨大或者有其他特别严重情节的，处三年以上七年以下有期徒刑，并处罚金：

（一）未经著作权人许可，复制发行其文字作品、音乐、电影、电视、录像作品、计算机软件及其他作品的；

（二）出版他人享有专有出版权的图书的；

（三）未经录音录像制作者许可，复制发行其制作的录音录像的；

（四）制作、出售假冒他人署名的美术作品的。

第二百一十八条 以营利为目的，销售明知是本法第二百一十七条规定的侵权复制品，违法所得数额巨大的，处三年以下有期徒刑或者拘役，并处或者单处罚金。

第二百一十九条 有下列侵犯商业秘密行为之一，给商业秘密的权利人造成重大损失的，处三年以下有期徒刑或者拘役，并处或者单处罚金；造成特别严重后果的，处三年以上七年以下有期徒刑，并处罚金：

（一）以盗窃、利诱、胁迫或者其他不正当手段获取权利人的商业秘密的；

（二）披露、使用或者允许他人使用以前项手段获取的权利人的商业秘密的；

（三）违反约定或者违反权利人有关保守商业秘密的要求，披露、使用或者允许他人使用其所掌握的商业秘密的。

明知或者应知前款所列行为，获取、使用或者披露他人的商业秘密的，以侵犯商业秘密论。

本条所称商业秘密，是指不为公众所知悉，能为权利人带来经济利益，具有实用性并经权利人采取保密措施的技术信息和经营信息。

本条所称权利人，是指商业秘密的所有人和经商业秘密所有人许可的商业秘密使用人。

第二百二十条 单位犯本节第二百一十三条至第二百一十九条规定之罪的，对单位判处罚金，并对其直接负责的主管人员和其他直接责任人员，依照本节各该条的规定处罚。

第八节 扰乱市场秩序罪

第二百二十一条 捏造并散布虚伪事实，损害他人的商业信誉、商品声誉，给他人造成重大损失或者有其他严重情节的，处二年以下有期徒刑或者拘役，并处或者单处罚金。

第二百二十二条 广告主、广告经营者、广告发布者违反国家规定，利用广告对商品或者服务作虚假宣传，情节严重的，处二年以下有期徒刑或者拘役，并处或者单处罚金。

第二百二十三条　投标人相互串通投标报价，损害招标人或者其他投标人利益，情节严重的，处三年以下有期徒刑或者拘役，并处或者单处罚金。

投标人与招标人串通投标，损害国家、集体、公民的合法利益的，依照前款的规定处罚。

第二百二十四条　有下列情形之一，以非法占有为目的，在签订、履行合同过程中，骗取对方当事人财物，数额较大的，处三年以下有期徒刑或者拘役，并处或者单处罚金；数额巨大或者有其他严重情节的，处三年以上十年以下有期徒刑，并处罚金；数额特别巨大或者有其他特别严重情节的，处十年以上有期徒刑或者无期徒刑，并处罚金或者没收财产：

（一）以虚构的单位或者冒用他人名义签订合同的；

（二）以伪造、变造、作废的票据或者其他虚假的产权证明作担保的；

（三）没有实际履行能力，以先履行小额合同或者部分履行合同的方法，诱骗对方当事人继续签订和履行合同的；

（四）收受对方当事人给付的货物、货款、预付款或者担保财产后逃匿的；

（五）以其他方法骗取对方当事人财物的。

第二百二十四条之一　组织、领导以推销商品、提供服务等经营活动为名，要求参加者以缴纳费用或者购买商品、服务等方式获得加入资格，并按照一定顺序组成层级，直接或者间接以发展人员的数量作为计酬或者返利依据，引诱、胁迫参加者继续发展他人参加，骗取财物，扰乱经济社会秩序的传销活动的，处五年以下有期徒刑或者拘役，并处罚金；情节严重的，处五年以上有期徒刑，并处罚金。

第二百二十五条　违反国家规定，有下列非法经营行为之一，扰乱市场秩序，情节严重的，处五年以下有期徒刑或者拘役，并处或者单处违法所得一倍以上五倍以下罚金；情节特别严重的，处五年以上有期徒刑，并处违法所得一倍以上五倍以下罚金或者没收财产：

（一）未经许可经营法律、行政法规规定的专营、专卖物品或者其他限制买卖的物品的；

（二）买卖进出口许可证、进出口原产地证明以及其他法律、行政法规规定的经营许可证或者批准文件的；

（三）未经国家有关主管部门批准非法经营证券、期货、保险业务的，或者非法从事资金支付结算业务的；

（四）其他严重扰乱市场秩序的非法经营行为。

第二百二十六条 以暴力、威胁手段，实施下列行为之一，情节严重的，处三年以下有期徒刑或者拘役，并处或者单处罚金；情节特别严重的，处三年以上七年以下有期徒刑，并处罚金：

（一）强买强卖商品的；

（二）强迫他人提供或者接受服务的；

（三）强迫他人参与或者退出投标、拍卖的；

（四）强迫他人转让或者收购公司、企业的股份、债券或者其他资产的；

（五）强迫他人参与或者退出特定的经营活动的。

第二百二十七条 伪造或者倒卖伪造的车票、船票、邮票或者其他有价票证，数额较大的，处二年以下有期徒刑、拘役或者管制，并处或者单处票证价额一倍以上五倍以下罚金；数额巨大的，处二年以上七年以下有期徒刑，并处票证价额一倍以上五倍以下罚金。

倒卖车票、船票，情节严重的，处三年以下有期徒刑、拘役或者管制，并处或者单处票证价额一倍以上五倍以下罚金。

第二百二十八条 以牟利为目的，违反土地管理法规，非法转让、倒卖土地使用权，情节严重的，处三年以下有期徒刑或者拘役，并处或者单处非法转让、倒卖土地使用权价额百分之五以上百分之二十以下罚金；情节特别严重的，处三年以上七年以下有期徒刑，并处非法转让、倒卖土地使用权价额百分之五以上百分之二十以下罚金。

第二百二十九条 承担资产评估、验资、验证、会计、审计、法律服务等职责的中介组织的人员故意提供虚假证明文件，情节严重的，处五年以下有期徒刑或者拘役，并处罚金。

前款规定的人员，索取他人财物或者非法收受他人财物，犯前款罪的，处五年以上十年以下有期徒刑，并处罚金。

第一款规定的人员，严重不负责任，出具的证明文件有重大失实，造成严重后果的，处三年以下有期徒刑或者拘役，并处或者单处罚金。

第二百三十条 违反进出口商品检验法的规定，逃避商品检验，将必须经商检机构检验的进口商品未报经检验而擅自销售、使用，或者将必须经商检机构检验的出口商品未报经检验合格而擅自出口，情节严重的，处三年以下有期徒刑或者拘役，并处或者单处罚金。

第二百三十一条 单位犯本节第二百二十一条至第二百三十条规定之罪的，对单位判处罚金，并对其直接负责的主管人员和其他直接责任人员，依照本节各该条的规定处罚。

第四章 侵犯公民人身权利、

民主权利罪第二百三十二条故意杀人的，处死刑、无期徒刑或者十年以上有期徒刑；情节较轻的，处三年以上十年以下有期徒刑。

第二百三十三条 过失致人死亡的，处三年以上七年以下有期徒刑；情节较轻的，处三年以下有期徒刑。本法另有规定的，依照规定。

第二百三十四条 故意伤害他人身体的，处三年以下有期徒刑、拘役或者管制。

犯前款罪，致人重伤的，处三年以上十年以下有期徒刑；致人死亡或者以特别残忍手段致人重伤造成严重残疾的，处十年以上有期徒刑、无期徒刑或者死刑。本法另有规定的，依照规定。

第二百三十四条之一 组织他人出卖人体器官的，处五年以下有期徒刑，并处罚金；情节严重的，处五年以上有期徒刑，并处罚金或者没收财产。

未经本人同意摘取其器官，或者摘取不满十八周岁的人的器官，或者强迫、欺骗他人捐献器官的，依照本法第二百三十四条、第二百三十二条的规定定罪处罚。

违背本人生前意愿摘取其尸体器官，或者本人生前未表示同意，违反国家规定，违背其近亲属意愿摘取其尸体器官的，依照本法第三百零二条的规定定罪处罚。

第二百三十五条 过失伤害他人致人重伤的，处三年以下有期徒刑或者拘役。本法另有规定的，依照规定。

第二百三十六条 以暴力、胁迫或者其他手段强奸妇女的，处三年以上十年以下有期徒刑。

奸淫不满十四周岁的幼女的，以强奸论，从重处罚。

强奸妇女、奸淫幼女，有下列情形之一的，处十年以上有期徒刑、无期徒刑或者死刑：

（一）强奸妇女、奸淫幼女情节恶劣的；

（二）强奸妇女、奸淫幼女多人的；

（三）在公共场所当众强奸妇女的；

（四）二人以上轮奸的；

（五）致使被害人重伤、死亡或者造成其他严重后果的。

第二百三十七条 以暴力、胁迫或者其他方法强制猥亵他人或者侮辱妇女的，处五年以下有期徒刑或者拘役。

聚众或者在公共场所当众犯前款罪的，或者有其他恶劣情节的，处五年以上有期徒刑。

猥亵儿童的，依照前两款的规定从重处罚。

第二百三十八条 非法拘禁他人或者以其他方法非法剥夺他人人身自由的，处三年以下有期徒刑、拘役、管制或者剥夺政治权利。具有殴打、侮辱情节的，从重处罚。

犯前款罪，致人重伤的，处三年以上十年以下有期徒刑；致人死亡的，处十年以上有期徒刑。使用暴力致人伤残、死亡的，依照本法第二百三十四条、第二百三十二条的规定定罪处罚。

为索取债务非法扣押、拘禁他人的，依照前两款的规定处罚。

国家机关工作人员利用职权犯前三款罪的，依照前三款的规定从重处罚。

第二百三十九条 以勒索财物为目的绑架他人的，或者绑架他人作为人质的，处十年以上有期徒刑或者无期徒刑，并处罚金或者没收财产；情节较轻的，处五年以上十年以下有期徒刑，并处罚金。

犯前款罪，杀害被绑架人的，或者故意伤害被绑架人，致人重伤、死亡的，处无期徒刑或者死刑，并处没收财产。

以勒索财物为目的偷盗婴幼儿的，依照前两款的规定处罚。

第二百四十条 拐卖妇女、儿童的，处五年以上十年以下有期徒刑，并处罚金；有下列情形之一的，处十年以上有期徒刑或者无期徒刑，并处罚金或者没收财产；情节特别严重的，处死刑，并处没收财产：

（一）拐卖妇女、儿童集团的首要分子；

（二）拐卖妇女、儿童三人以上的；

（三）奸淫被拐卖的妇女的；

（四）诱骗、强迫被拐卖的妇女卖淫或者将被拐卖的妇女卖给他人迫使其卖淫的；

（五）以出卖为目的，使用暴力、胁迫或者麻醉方法绑架妇女、儿童的；

（六）以出卖为目的，偷盗婴幼儿的；

（七）造成被拐卖的妇女、儿童或者其亲属重伤、死亡或者其他严重后果的；

（八）将妇女、儿童卖往境外的。

拐卖妇女、儿童是指以出卖为目的，有拐骗、绑架、收买、贩卖、接送、中转妇女、儿童的行为之一的。

第二百四十一条 收买被拐卖的妇女、儿童的，处三年以下有期徒刑、拘役或者管制。

收买被拐卖的妇女，强行与其发生性关系的，依照本法第二百三十六条的规定定罪处罚。

收买被拐卖的妇女、儿童，非法剥夺、限制其人身自由或者有伤害、侮辱等犯罪行为的，依照本法的有关规定定罪处罚。

收买被拐卖的妇女、儿童，并有第二款、第三款规定的犯罪行为的，依照数罪并罚的规定处罚。

收买被拐卖的妇女、儿童又出卖的，依照本法第二百四十条的规定定罪处罚。

收买被拐卖的妇女、儿童，对被买儿童没有虐待行为，不阻碍对其进行解救的，可以从轻处罚；按照被买妇女的意愿，不阻碍其返回原居住地的，可以从轻或者减轻处罚。

第二百四十二条 以暴力、威胁方法阻碍国家机关工作人员解救被收买的妇女、儿童的，依照本法第二百七十七条的规定定罪处罚。

聚众阻碍国家机关工作人员解救被收买的妇女、儿童的首要分子，处五年以下有期徒刑或者拘役；其他参与者使用暴力、威胁方法的，依照前款的规定处罚。

第二百四十三条 捏造事实诬告陷害他人，意图使他人受刑事追究，情节严重的，处三年以下有期徒刑、拘役或者管制；造成严重后果的，处三年以上十年以下有期徒刑。

国家机关工作人员犯前款罪的，从重处罚。

不是有意诬陷，而是错告，或者检举失实的，不适用前两款的规定。

第二百四十四条 以暴力、威胁或者限制人身自由的方法强迫他人劳动的，处三年以下有期徒刑或者拘役，并处罚金；情节严重的，处三年以上十年以下有期徒刑，并处罚金。

明知他人实施前款行为，为其招募、运送人员或者有其他协助强迫他人劳动行为的，依照前款的规定处罚。

单位犯前两款罪的，对单位判处罚金，并对其直接负责的主管人员和其他直接责任人员，依照第一款的规定处罚。

第二百四十四条之一 违反劳动管理法规，雇用未满十六周岁的未成年人从事超强度体力劳动的，或者从事高空、井下作业的，或者在爆炸性、易燃性、放射性、毒害性等危险环境下从事劳动，情节严重的，对直接责任人员，处三年以下有期徒刑或者拘役，并处罚金；情节特别严重的，处三年以上七年以下有期徒刑，并处罚金。

有前款行为，造成事故，又构成其他犯罪的，依照数罪并罚的规定处罚。

第二百四十五条 非法搜查他人身体、住宅，或者非法侵入他人住宅的，处三年以下有期徒刑或者拘役。

司法工作人员滥用职权，犯前款罪的，从重处罚。

第二百四十六条 以暴力或者其他方法公然侮辱他人或者捏造事实诽谤他人，情节严重的，处三年以下有期徒刑、拘役、管制或者剥夺政治权利。

前款罪，告诉的才处理，但是严重危害社会秩序和国家利益的除外。

通过信息网络实施第一款规定的行为，被害人向人民法院告诉，但提供证据确有困难的，人民法院可以要求公安机关提供协助。

第二百四十七条 司法工作人员对犯罪嫌疑人、被告人实行刑讯逼供或者使用暴力逼取证人证言的，处三年以下有期徒刑或者拘役。致人伤残、死亡的，依照本法第二百三十四条、第二百三十二条的规定定罪从重处罚。

第二百四十八条 监狱、拘留所、看守所等监管机构的监管人员对被监管人进行殴打或者体罚虐待，情节严重的，处三年以下有期徒刑或者拘役；情节特别严重的，处三年以上十年以下有期徒刑。致人伤残、死亡的，依照本法第二百三十四条、第二百三十二条的规定定罪从重处罚。

监管人员指使被监管人殴打或者体罚虐待其他被监管人的，依照前款的规定处罚。

第二百四十九条 煽动民族仇恨、民族歧视，情节严重的，处三年以下有期徒刑、拘役、管制或者剥夺政治权利；情节特别严重的，处三年以上十年以下有期徒刑。

第二百五十条 在出版物中刊载歧视、侮辱少数民族的内容，情节恶劣，造成严重后果的，对直接责任人员，处三年以下有期徒刑、拘役或者管制。

第二百五十一条 国家机关工作人员非法剥夺公民的宗教信仰自由和侵犯少数民族风俗习惯，情节严重的，处二年以下有期徒刑或者拘役。

第二百五十二条 隐匿、毁弃或者非法开拆他人信件，侵犯公民通信自由权利，情节严重的，处一年以下有期徒刑或者拘役。

第二百五十三条 邮政工作人员私自开拆或者隐匿、毁弃邮件、电报的，处二年以下有期徒刑或者拘役。

犯前款罪而窃取财物的，依照本法第二百六十四条的规定定罪从重处罚。

第二百五十三条之一 违反国家有关规定，向他人出售或者提供公民个人信息，情节严重的，处三年以下有期徒刑或者拘役，并处或者单处罚金；情节特别严重的，处三年以上七年以下有期徒刑，并处罚金。

违反国家有关规定，将在履行职责或者提供服务过程中获得的公民个人信息，出售或者提供给他人的，依照前款的规定从重处罚。

窃取或者以其他方法非法获取公民个人信息的，依照第一款的规定处罚。

单位犯前三款罪的，对单位判处罚金，并对其直接负责的主管人员和其他直接责任人员，依照各该款的规定处罚。

第二百五十四条 国家机关工作人员滥用职权、假公济私，对控告人、申诉人、批评人、举报人实行报复陷害的，处二年以下有期徒刑或者拘役；情节严重的，处二年以上七年以下有期徒刑。

第二百五十五条 公司、企业、事业单位、机关、团体的领导人，对依法履行职责、抵制违反会计法、统计法行为的会计、统计人员实行打击报复，情节恶劣的，处三年以下有期徒刑或者拘役。

第二百五十六条 在选举各级人民代表大会代表和国家机关领导人员时，以暴力、威胁、欺骗、贿赂、伪造选举文件、虚报选举票数等手段破坏选举或者妨害选民和代表自由行使选举权和被选举权，情节严重的，处三年以下有期徒刑、拘役或者剥夺政治权利。

第二百五十七条 以暴力干涉他人婚姻自由的，处二年以下有期徒刑或者拘役。

犯前款罪，致使被害人死亡的，处二年以上七年以下有期徒刑。

第一款罪，告诉的才处理。

第二百五十八条 有配偶而重婚的，或者明知他人有配偶而与之结婚的，处二年以下有期徒刑或者拘役。

第二百五十九条 明知是现役军人的配偶而与之同居或者结婚的，处三年以下有期徒刑或者拘役。

利用职权、从属关系，以胁迫手段奸淫现役军人的妻子的，依照本法第二百三十六条的规定定罪处罚。

第二百六十条 虐待家庭成员，情节恶劣的，处二年以下有期徒刑、拘役或者管制。

犯前款罪，致使被害人重伤、死亡的，处二年以上七年以下有期徒刑。

第一款罪，告诉的才处理，但被害人没有能力告诉，或者因受到强制、威吓无法告诉的除外。

第二百六十条之一 对未成年人、老年人、患病的人、残疾人等负有监护、看护职责的人虐待被监护、看护的人，情节恶劣的，处三年以下有期徒刑或者拘役。

单位犯前款罪的，对单位判处罚金，并对其直接负责的主管人员和其他直接责任人员，依照前款的规定处罚。

有第一款行为，同时构成其他犯罪的，依照处罚较重的规定定罪处罚。

第二百六十一条 对于年老、年幼、患病或者其他没有独立生活能力的人，负有扶养义务而拒绝扶养，情节恶劣的，处五年以下有期徒刑、拘役或者管制。

第二百六十二条 拐骗不满十四周岁的未成年人，脱离家庭或者监护人的，处五年以下有期徒刑或者拘役。

第二百六十二条之一 以暴力、胁迫手段组织残疾人或者不满十四周岁的未成年人乞讨的，处三年以下有期徒刑或者拘役，并处罚金；情节严重的，处三年以上七年以下有期徒刑，并处罚金。

第二百六十二条之二 组织未成年人进行盗窃、诈骗、抢夺、敲诈勒索等违反治安管理活动的，处三年以下有期徒刑或者拘役，并处罚金；情节严重的，处三年以上七年以下有期徒刑，并处罚金。

第五章　侵犯财产罪

第二百六十三条 以暴力、胁迫或者其他方法抢劫公私财物的，处三年以上十年以下有期徒刑，并处罚金；有下列情形之一的，处十年以上有期徒刑、无期徒刑或者死刑，并处罚金或者没收财产：

（一）入户抢劫的；

（二）在公共交通工具上抢劫的；

（三）抢劫银行或者其他金融机构的；

（四）多次抢劫或者抢劫数额巨大的；

（五）抢劫致人重伤、死亡的；

（六）冒充军警人员抢劫的；

（七）持枪抢劫的；

（八）抢劫军用物资或者抢险、救灾、救济物资的。

第二百六十四条 盗窃公私财物，数额较大的，或者多次盗窃、入户盗窃、携带凶器盗窃、扒窃的，处三年以下有期徒刑、拘役或者管制，并处或者单处罚金；数额巨大或者有其他严重情节的，处三年以上十年以下有期徒刑，并处罚金；数额特别巨大或者有其他特别严重情节的，处十年以上有期徒刑或者无期徒刑，并处罚金或者没收财产。

第二百六十五条 以牟利为目的，盗接他人通信线路、复制他人电信码号或者明知是盗接、复制的电信设备、设施而使用的，依照本法第二百六十四条的规定定罪处罚。

第二百六十六条 诈骗公私财物，数额较大的，处三年以下有期徒刑、拘役或者管制，并处或者单处罚金；数额巨大或者有其他严重情节的，处三年以上十年以下有期徒刑，并处罚金；数额特别巨大或者有其他特别严重情节的，处十年以上有期徒刑或者无期徒刑，并处罚金或者没收财产。本法另有规定的，依照规定。

第二百六十七条 抢夺公私财物，数额较大的，或者多次抢夺的，处三年以下有期徒刑、拘役或者管制，并处或者单处罚金；数额巨大或者有其他严重情节的，处三年以上十年以下有期徒刑，并处罚金；数额特别巨大或者有其他特别严重情节的，处十年以上有期徒刑或者无期徒刑，并处罚金或者没收财产。

携带凶器抢夺的，依照本法第二百六十三条的规定定罪处罚。

第二百六十八条 聚众哄抢公私财物，数额较大或者有其他严重情节的，对首要分子和积极参加的，处三年以下有期徒刑、拘役或者管制，并处罚金；数额巨大或者有其他特别严重情节的，处三年以上十年以下有期徒刑，并处罚金。

第二百六十九条 犯盗窃、诈骗、抢夺罪，为窝藏赃物、抗拒抓捕或者毁灭罪证而当场使用暴力或者以暴力相威胁的，依照本法第二百六十三条的规定定罪处罚。

第二百七十条 将代为保管的他人财物非法占为己有，数额较大，拒不退还的，处二年以下有期徒刑、拘役或者罚金；数额巨大或者有其他严重情节的，处二年以上五年以下有期徒刑，并处罚金。

将他人的遗忘物或者埋藏物非法占为己有，数额较大，拒不交出的，依照前款的规定处罚。

本条罪，告诉的才处理。

第二百七十一条 公司、企业或者其他单位的人员，利用职务上的便利，将本单位财物非法占为己有，数额较大的，处五年以下有期徒刑或者拘役；数额巨大的，处五年以上有期徒刑，可以并处没收财产。

国有公司、企业或者其他国有单位中从事公务的人员和国有公司、企业或者其他国有单位委派到非国有公司、企业以及其他单位从事公务的人员有前款行为的，依照本法第三百八十二条、第三百八十三条的规定定罪处罚。

第二百七十二条 公司、企业或者其他单位的工作人员，利用职务上的便利，挪用本单位资金归个人使用或者借贷给他人，数额较大、超过三个月未还的，或者虽未超过三个月，但数额较大、进行营利活动的，或者进行非法活动的，处三年以下有期徒刑或者拘役；挪用本单位资金数额巨大的，或者数额较大不退还的，处三年以上十年以下有期徒刑。

国有公司、企业或者其他国有单位中从事公务的人员和国有公司、企业或者其他国有单位委派到非国有公司、企业以及其他单位从事公务的人员有前款行为的，依照本法第三百八十四条的规定定罪处罚。

第二百七十三条 挪用用于救灾、抢险、防汛、优抚、扶贫、移民、救济款物，情节严重，致使国家和人民群众利益遭受重大损害的，对直接责任人员，处三年以下有期徒刑或者拘役；情节特别严重的，处三年以上七年以下有期徒刑。

第二百七十四条 敲诈勒索公私财物，数额较大或者多次敲诈勒索的，处三年以下有期徒刑、拘役或者管制，并处或者单处罚金；数额巨大或者有其他严重情节的，处三年以上十年以下有期徒刑，并处罚金；数额特别巨大或者有其他特别严重情节的，处十年以上有期徒刑，并处罚金。

第二百七十五条 故意毁坏公私财物，数额较大或者有其他严重情节的，处三年以下有期徒刑、拘役或者罚金；数额巨大或者有其他特别严重情节的，处三年以上七年以下有期徒刑。

第二百七十六条 由于泄愤报复或者其他个人目的，毁坏机器设备、残害耕畜或者以其他方法破坏生产经营的，处三年以下有期徒刑、拘役或者管制；情节严重的，处三年以上七年以下有期徒刑。

第二百七十六条之一 以转移财产、逃匿等方法逃避支付劳动者的劳动报酬或者有能力支付而不支付劳动者的劳动报酬，数额较大，经政府有关部门责令支付仍不支付的，处三年以下有期徒刑或者拘役，并处或者单处罚金；造成严重后果的，处三年以上七年以下有期徒刑，并处罚金。

单位犯前款罪的，对单位判处罚金，并对其直接负责的主管人员和其他直接责任人员，依照前款的规定处罚。

有前两款行为，尚未造成严重后果，在提起公诉前支付劳动者的劳动报酬，并依法承担相应赔偿责任的，可以减轻或者免除处罚。

第六章 妨害社会管理秩序罪

第一节 扰乱公共秩序罪

第二百七十七条 以暴力、威胁方法阻碍国家机关工作人员依法执行职务的，处三年以下有期徒刑、拘役、管制或者罚金。

以暴力、威胁方法阻碍全国人民代表大会和地方各级人民代表大会代表依法执行代表职务的，依照前款的规定处罚。

在自然灾害和突发事件中，以暴力、威胁方法阻碍红十字会工作人员依法履行职责的，依照第一款的规定处罚。

故意阻碍国家安全机关、公安机关依法执行国家安全工作任务，未使用暴力、威胁方法，造成严重后果的，依照第一款的规定处罚。

暴力袭击正在依法执行职务的人民警察的，依照第一款的规定从重处罚。

第二百七十八条 煽动群众暴力抗拒国家法律、行政法规实施的，处三年以下有期徒刑、拘役、管制或者剥夺政治权利；造成严重后果的，处三年以上七年以下有期徒刑。

第二百七十九条 冒充国家机关工作人员招摇撞骗的，处三年以下有期徒刑、拘役、管制或者剥夺政治权利；情节严重的，处三年以上十年以下有期徒刑。

冒充人民警察招摇撞骗的，依照前款的规定从重处罚。

第二百八十条 伪造、变造、买卖或者盗窃、抢夺、毁灭国家机关的公文、证件、印章的，处三年以下有期徒刑、拘役、管制或者剥夺政治权利，并处罚金；情节严重的，处三年以上十年以下有期徒刑，并处罚金。

伪造公司、企业、事业单位、人民团体的印章的，处三年以下有期徒刑、拘役、管制或者剥夺政治权利，并处罚金。

伪造、变造、买卖居民身份证、护照、社会保障卡、驾驶证等依法可以用于证明身份的证件的，处三年以下有期徒刑、拘役、管制或者剥夺政治权利，并处罚金；情节严重的，处三年以上七年以下有期徒刑，并处罚金。

第二百八十条之一 在依照国家规定应当提供身份证明的活动中，使用伪造、变造的或者盗用他人的居民身份证、护照、社会保障卡、驾驶证等依法可以用于证明身份的证件，情节严重的，处拘役或者管制，并处或者单处罚金。

有前款行为，同时构成其他犯罪的，依照处罚较重的规定定罪处罚。

第二百八十一条 非法生产、买卖人民警察制式服装、车辆号牌等专用标志、警械，情节严重的，处三年以下有期徒刑、拘役或者管制，并处或者单处罚金。

单位犯前款罪的，对单位判处罚金，并对其直接负责的主管人员和其他直接责任人员，依照前款的规定处罚。

第二百八十二条 以窃取、刺探、收买方法，非法获取国家秘密的，处三年以下有期徒刑、拘役、管制或者剥夺政治权利；情节严重的，处三年以上七年以下有期徒刑。

非法持有属于国家绝密、机密的文件、资料或者其他物品，拒不说明来源与用途的，处三年以下有期徒刑、拘役或者管制。

第二百八十三条 非法生产、销售专用间谍器材或者窃听、窃照专用器材的，处三年以下有期徒刑、拘役或者管制，并处或者单处罚金；情节严重的，处三年以上七年以下有期徒刑，并处罚金。

单位犯前款罪的，对单位判处罚金，并对其直接负责的主管人员和其他直接责任人员，依照前款的规定处罚。

第二百八十四条 非法使用窃听、窃照专用器材，造成严重后果的，处二年以下有期徒刑、拘役或者管制。

第二百八十四条之一 在法律规定的国家考试中，组织作弊的，处三年以下有期徒刑或者拘役，并处或者单处罚金；情节严重的，处三年以上七年以下有期徒刑，并处罚金。

为他人实施前款犯罪提供作弊器材或者其他帮助的，依照前款的规定处罚。

为实施考试作弊行为，向他人非法出售或者提供第一款规定的考试的试题、答案的，依照第一款的规定处罚。

代替他人或者让他人代替自己参加第一款规定的考试的，处拘役或者管制，并处或者单处罚金。

第二百八十五条 违反国家规定，侵入国家事务、国防建设、尖端科学技术领域的计算机信息系统的，处三年以下有期徒刑或者拘役。

违反国家规定，侵入前款规定以外的计算机信息系统或者采用其他技术手段，获取该计算机信息系统中存储、处理或者传输的数据，或者对该计算机信息系统实施非法控制，情节严重的，处三年以下有期徒刑或者拘役，并处或者单处罚金；情节特别严重的，处三年以上七年以下有期徒刑，并处罚金。

提供专门用于侵入、非法控制计算机信息系统的程序、工具，或者明知他人实施侵入、非法控制计算机信息系统的违法犯罪行为而为其提供程序、工具，情节严重的，依照前款的规定处罚。

单位犯前三款罪的，对单位判处罚金，并对其直接负责的主管人员和其他直接责任人员，依照各该款的规定处罚。

第二百八十六条 违反国家规定，对计算机信息系统功能进行删除、修改、增加、干扰，造成计算机信息系统不能正常运行，后果严重的，处五年以下有期徒刑或者拘役；后果特别严重的，处五年以上有期徒刑。

违反国家规定，对计算机信息系统中存储、处理或者传输的数据和应用程序进行删除、修改、增加的操作，后果严重的，依照前款的规定处罚。

故意制作、传播计算机病毒等破坏性程序，影响计算机系统正常运行，后果严重的，依照第一款的规定处罚。

单位犯前三款罪的，对单位判处罚金，并对其直接负责的主管人员和其他直接责任人员，依照第一款的规定处罚。

第二百八十六条之一 网络服务提供者不履行法律、行政法规规定的信息网络安全管理义务，经监管部门责令采取改正措施而拒不改正，有下列情形之一的，处三年以下有期徒刑、拘役或者管制，并处或者单处罚金：

（一）致使违法信息大量传播的；

（二）致使用户信息泄露，造成严重后果的；

（三）致使刑事案件证据灭失，情节严重的；

（四）有其他严重情节的。

单位犯前款罪的，对单位判处罚金，并对其直接负责的主管人员和其他直接责任人员，依照前款的规定处罚。

有前两款行为，同时构成其他犯罪的，依照处罚较重的规定定罪处罚。

第二百八十七条 利用计算机实施金融诈骗、盗窃、贪污、挪用公款、窃取国家秘密或者其他犯罪的，依照本法有关规定定罪处罚。

第二百八十七条之一 利用信息网络实施下列行为之一，情节严重的，处三年以下有期徒刑或者拘役，并处或者单处罚金：

（一）设立用于实施诈骗、传授犯罪方法、制作或者销售违禁物品、管制物品等违法犯罪活动的网站、通讯群组的；

（二）发布有关制作或者销售毒品、枪支、淫秽物品等违禁物品、管制物品或者其他违法犯罪信息的；

（三）为实施诈骗等违法犯罪活动发布信息的。

单位犯前款罪的，对单位判处罚金，并对其直接负责的主管人员和其他直接责任人员，依照第一款的规定处罚。

有前两款行为，同时构成其他犯罪的，依照处罚较重的规定定罪处罚。

第二百八十七条之二 明知他人利用信息网络实施犯罪，为其犯罪提供互联网接入、服务器托管、网络存储、通讯传输等技术支持，或者提供广告推广、支付结算等帮助，情节严重的，处三年以下有期徒刑或者拘役，并处或者单处罚金。

单位犯前款罪的，对单位判处罚金，并对其直接负责的主管人员和其他直接责任人员，依照第一款的规定处罚。

有前两款行为，同时构成其他犯罪的，依照处罚较重的规定定罪处罚。

第二百八十八条 违反国家规定，擅自设置、使用无线电台（站），或者擅自使用无线电频率，干扰无线电通讯秩序，情节严重的，处三年以下有期徒刑、拘役或者管制，并处或者单处罚金；情节特别严重的，处三年以上七年以下有期徒刑，并处罚金。

单位犯前款罪的，对单位判处罚金，并对其直接负责的主管人员和其他直接责任人员，依照前款的规定处罚。

第二百八十九条 聚众“打砸抢”，致人伤残、死亡的，依照本法第二百三十四条、第二百三十二条的规定定罪处罚。毁坏或者抢走公私财物的，除判令退赔外，对首要分子，依照本法第二百六十三条的规定定罪处罚。

第二百九十条　聚众扰乱社会秩序，情节严重，致使工作、生产、营业和教学、科研、医疗无法进行，造成严重损失的，对首要分子，处三年以上七年以下有期徒刑；对其他积极参加的，处三年以下有期徒刑、拘役、管制或者剥夺政治权利。

聚众冲击国家机关，致使国家机关工作无法进行，造成严重损失的，对首要分子，处五年以上十年以下有期徒刑；对其他积极参加的，处五年以下有期徒刑、拘役、管制或者剥夺政治权利。

多次扰乱国家机关工作秩序，经行政处罚后仍不改正，造成严重后果的，处三年以下有期徒刑、拘役或者管制。

多次组织、资助他人非法聚集，扰乱社会秩序，情节严重的，依照前款的规定处罚。

第二百九十一条　聚众扰乱车站、码头、民用航空站、商场、公园、影剧院、展览会、运动场或者其他公共场所秩序，聚众堵塞交通或者破坏交通秩序，抗拒、阻碍国家治安管理工作人员依法执行职务，情节严重的，对首要分子，处五年以下有期徒刑、拘役或者管制。

第二百九十一条之一　投放虚假的爆炸性、毒害性、放射性、传染病病原体等物质，或者编造爆炸威胁、生化威胁、放射威胁等恐怖信息，或者明知是编造的恐怖信息而故意传播，严重扰乱社会秩序的，处五年以下有期徒刑、拘役或者管制；造成严重后果的，处五年以上有期徒刑。

编造虚假的险情、疫情、灾情、警情，在信息网络或者其他媒体上传播，或者明知是上述虚假信息，故意在信息网络或者其他媒体上传播，严重扰乱社会秩序的，处三年以下有期徒刑、拘役或者管制；造成严重后果的，处三年以上七年以下有期徒刑。

第二百九十二条　聚众斗殴的，对首要分子和其他积极参加的，处三年以下有期徒刑、拘役或者管制；有下列情形之一的，对首要分子和其他积极参加的，处三年以上十年以下有期徒刑：

（一）多次聚众斗殴的；

（二）聚众斗殴人数多，规模大，社会影响恶劣的；

（三）在公共场所或者交通要道聚众斗殴，造成社会秩序严重混乱的；

（四）持械聚众斗殴的。

聚众斗殴，致人重伤、死亡的，依照本法第二百三十四条、第二百三十二条的规定定罪处罚。

第二百九十三条　有下列寻衅滋事行为之一，破坏社会秩序的，处五年以下有期徒刑、拘役或者管制：

（一）随意殴打他人，情节恶劣的；

（二）追逐、拦截、辱骂、恐吓他人，情节恶劣的；

（三）强拿硬要或者任意损毁、占用公私财物，情节严重的；

（四）在公共场所起哄闹事，造成公共场所秩序严重混乱的。

纠集他人多次实施前款行为，严重破坏社会秩序的，处五年以上十年以下有期徒刑，可以并处罚金。

第二百九十四条　组织、领导黑社会性质的组织的，处七年以上有期徒刑，并处没收财产；积极参加的，处三年以上七年以下有期徒刑，可以并处罚金或者没收财产；其他参加的，处三年以下有期徒刑、拘役、管制或者剥夺政治权利，可以并处罚金。

境外的黑社会组织的人员到中华人民共和国境内发展组织成员的，处三年以上十年以下有期徒刑。

国家机关工作人员包庇黑社会性质的组织，或者纵容黑社会性质的组织进行违法犯罪活动的，处五年以下有期徒刑；情节严重的，处五年以上有期徒刑。

犯前三款罪又有其他犯罪行为的，依照数罪并罚的规定处罚。

黑社会性质的组织应当同时具备以下特征：

（一）形成较稳定的犯罪组织，人数较多，有明确的组织者、领导者，骨干成员基本固定；

（二）有组织地通过违法犯罪活动或者其他手段获取经济利益，具有一定的经济实力，以支持该组织的活动；

（三）以暴力、威胁或者其他手段，有组织地多次进行违法犯罪活动，为非作恶，欺压、残害群众；

（四）通过实施违法犯罪活动，或者利用国家工作人员的包庇或者纵容，称霸一方，在一定区域或者行业内，形成非法控制或者重大影响，严重破坏经济、社会生活秩序。

第二百九十五条 传授犯罪方法的，处五年以下有期徒刑、拘役或者管制；情节严重的，处五年以上十年以下有期徒刑；情节特别严重的，处十年以上有期徒刑或者无期徒刑。

第二百九十六条 举行集会、游行、示威，未依照法律规定申请或者申请未获许可，或者未按照主管机关许可的起止时间、地点、路线进行，又拒不服从解散命令，严重破坏社会秩序的，对集会、游行、示威的负责人和直接责任人员，处五年以下有期徒刑、拘役、管制或者剥夺政治权利。

第二百九十七条 违反法律规定，携带武器、管制刀具或者爆炸物参加集会、游行、示威的，处三年以下有期徒刑、拘役、管制或者剥夺政治权利。

第二百九十八条 扰乱、冲击或者以其他方法破坏依法举行的集会、游行、示威，造成公共秩序混乱的，处五年以下有期徒刑、拘役、管制或者剥夺政治权利。

第二百九十九条 在公共场合，故意以焚烧、毁损、涂划、玷污、践踏等方式侮辱中华人民共和国国旗、国徽的，处三年以下有期徒刑、拘役、管制或者剥夺政治权利。

在公共场合，故意篡改中华人民共和国国歌歌词、曲谱，以歪曲、贬损方式奏唱国歌，或者以其他方式侮辱国歌，情节严重的，依照前款的规定处罚。

第三百条 组织、利用会道门、邪教组织或者利用迷信破坏国家法律、行政法规实施的，处三年以上七年以下有期徒刑，并处罚金；情节特别严重的，处七年以上有期徒刑或者无期徒刑，并处罚金或者没收财产；情节较轻的，处三年以下有期徒刑、拘役、管制或者剥夺政治权利，并处或者单处罚金。

组织、利用会道门、邪教组织或者利用迷信蒙骗他人，致人重伤、死亡的，依照前款的规定处罚。

犯第一款罪又有奸淫妇女、诈骗财物等犯罪行为的，依照数罪并罚的规定处罚。

第三百零一条 聚众进行淫乱活动的，对首要分子或者多次参加的，处五年以下有期徒刑、拘役或者管制。

引诱未成年人参加聚众淫乱活动的，依照前款的规定从重处罚。

第三百零二条 盗窃、侮辱、故意毁坏尸体、尸骨、骨灰的，处三年以下有期徒刑、拘役或者管制。

第三百零三条 以营利为目的，聚众赌博或者以赌博为业的，处三年以下有期徒刑、拘役或者管制，并处罚金。

开设赌场的，处三年以下有期徒刑、拘役或者管制，并处罚金；情节严重的，处三年以上十年以下有期徒刑，并处罚金。

第三百零四条 邮政工作人员严重不负责任，故意延误投递邮件，致使公共财产、国家和人民利益遭受重大损失的，处二年以下有期徒刑或者拘役。

第二节 妨害司法罪

第三百零五条 在刑事诉讼中，证人、鉴定人、记录人、翻译人对与案件有重要关系的情节，故意作虚假证明、鉴定、记录、翻译，意图陷害他人或者隐匿罪证的，处三年以下有期徒刑或者拘役；情节严重的，处三年以上七年以下有期徒刑。

第三百零六条 在刑事诉讼中，辩护人、诉讼代理人毁灭、伪造证据，帮助当事人毁灭、伪造证据，威胁、引诱证人违背事实改变证言或者作伪证的，处三年以下有期徒刑或者拘役；情节严重的，处三年以上七年以下有期徒刑。

辩护人、诉讼代理人提供、出示、引用的证人证言或者其他证据失实，不是有意伪造的，不属于伪造证据。

第三百零七条 以暴力、威胁、贿买等方法阻止证人作证或者指使他人作伪证的，处三年以下有期徒刑或者拘役；情节严重的，处三年以上七年以下有期徒刑。

帮助当事人毁灭、伪造证据，情节严重的，处三年以下有期徒刑或者拘役。

司法工作人员犯前两款罪的，从重处罚。

第三百零七条之一 以捏造的事实提起民事诉讼，妨害司法秩序或者严重侵害他人合法权益的，处三年以下有期徒刑、拘役或者管制，并处或者单处罚金；情节严重的，处三年以上七年以下有期徒刑，并处罚金。

单位犯前款罪的，对单位判处罚金，并对其直接负责的主管人员和其他直接责任人员，依照前款的规定处罚。

有第一款行为，非法占有他人财产或者逃避合法债务，又构成其他犯罪的，依照处罚较重的规定定罪从重处罚。

司法工作人员利用职权，与他人共同实施前三款行为的，从重处罚；同时构成其他犯罪的，依照处罚较重的规定定罪从重处罚。

第三百零八条 对证人进行打击报复的，处三年以下有期徒刑或者拘役；情节严重的，处三年以上七年以下有期徒刑。

第三百零八条之一 司法工作人员、辩护人、诉讼代理人或者其他诉讼参与人，泄露依法不公开审理的案件中不应当公开的信息，造成信息公开传播或者其他严重后果的，处三年以下有期徒刑、拘役或者管制，并处或者单处罚金。

有前款行为，泄露国家秘密的，依照本法第三百九十八条的规定定罪处罚。

公开披露、报道第一款规定的案件信息，情节严重的，依照第一款的规定处罚。

单位犯前款罪的，对单位判处罚金，并对其直接负责的主管人员和其他直接责任人员，依照第一款的规定处罚。

第三百零九条 有下列扰乱法庭秩序情形之一的，处三年以下有期徒刑、拘役、管制或者罚金：

（一）聚众哄闹、冲击法庭的；

（二）殴打司法工作人员或者诉讼参与人的；

（三）侮辱、诽谤、威胁司法工作人员或者诉讼参与人，不听法庭制止，严重扰乱法庭秩序的；

（四）有毁坏法庭设施，抢夺、损毁诉讼文书、证据等扰乱法庭秩序行为，情节严重的。

第三百一十条 明知是犯罪的人而为其提供隐藏处所、财物，帮助其逃匿或者作假证明包庇的，处三年以下有期徒刑、拘役或者管制；情节严重的，处三年以上十年以下有期徒刑。

犯前款罪，事前通谋的，以共同犯罪论处。

第三百一十一条 明知他人有间谍犯罪或者恐怖主义、极端主义犯罪行为，在司法机关向其调查有关情况、收集有关证据时，拒绝提供，情节严重的，处三年以下有期徒刑、拘役或者管制。

第三百一十二条 明知是犯罪所得及其产生的收益而予以窝藏、转移、收购、代为销售或者以其他方法掩饰、隐瞒的，处三年以下有期徒刑、拘役或者管制，并处或者单处罚金；情节严重的，处三年以上七年以下有期徒刑，并处罚金。

单位犯前款罪的，对单位判处罚金，并对其直接负责的主管人员和其他直接责任人员，依照前款的规定处罚。

第三百一十三条 对人民法院的判决、裁定有能力执行而拒不执行，情节严重的，处三年以下有期徒刑、拘役或者罚金；情节特别严重的，处三年以上七年以下有期徒刑，并处罚金。

单位犯前款罪的，对单位判处罚金，并对其直接负责的主管人员和其他直接责任人员，依照前款的规定处罚。

第三百一十四条 隐藏、转移、变卖、故意毁损已被司法机关查封、扣押、冻结的财产，情节严重的，处三年以下有期徒刑、拘役或者罚金。

第三百一十五条 依法被关押的罪犯，有下列破坏监管秩序行为之一，情节严重的，处三年以下有期徒刑：

（一）殴打监管人员的；

（二）组织其他被监管人破坏监管秩序的；

（三）聚众闹事，扰乱正常监管秩序的；

（四）殴打、体罚或者指使他人殴打、体罚其他被监管人的。

第三百一十六条　依法被关押的罪犯、被告人、犯罪嫌疑人脱逃的，处五年以下有期徒刑或者拘役。

劫夺押解途中的罪犯、被告人、犯罪嫌疑人的，处三年以上七年以下有期徒刑；情节严重的，处七年以上有期徒刑。

第三百一十七条　组织越狱的首要分子和积极参加的，处五年以上有期徒刑；其他参加的，处五年以下有期徒刑或者拘役。

暴动越狱或者聚众持械劫狱的首要分子和积极参加的，处十年以上有期徒刑或者无期徒刑；情节特别严重的，处死刑；其他参加的，处三年以上十年以下有期徒刑。

第三节　妨害国（边）境管理罪

第三百一十八条　组织他人偷越国（边）境的，处二年以上七年以下有期徒刑，并处罚金；有下列情形之一的，处七年以上有期徒刑或者无期徒刑，并处罚金或者没收财产：

（一）组织他人偷越国（边）境集团的首要分子；

（二）多次组织他人偷越国（边）境或者组织他人偷越国（边）境人数众多的；

（三）造成被组织人重伤、死亡的；

（四）剥夺或者限制被组织人人身自由的；

（五）以暴力、威胁方法抗拒检查的；

（六）违法所得数额巨大的；

（七）有其他特别严重情节的。

犯前款罪，对被组织人有杀害、伤害、强奸、拐卖等犯罪行为，或者对检查人员有杀害、伤害等犯罪行为的，依照数罪并罚的规定处罚。

第三百一十九条　以劳务输出、经贸往来或者其他名义，弄虚作假，骗取护照、签证等出境证件，为组织他人偷越国（边）境使用的，处三年以下有期徒刑，并处罚金；情节严重的，处三年以上十年以下有期徒刑，并处罚金。

单位犯前款罪的，对单位判处罚金，并对其直接负责的主管人员和其他直接责任人员，依照前款的规定处罚。

第三百二十条 为他人提供伪造、变造的护照、签证等出入境证件，或者出售护照、签证等出入境证件的，处五年以下有期徒刑，并处罚金；情节严重的，处五年以上有期徒刑，并处罚金。

第三百二十一条 运送他人偷越国（边）境的，处五年以下有期徒刑、拘役或者管制，并处罚金；有下列情形之一的，处五年以上十年以下有期徒刑，并处罚金：

（一）多次实施运送行为或者运送人数众多的；

（二）所使用的船只、车辆等交通工具不具备必要的安全条件，足以造成严重后果的；

（三）违法所得数额巨大的；

（四）有其他特别严重情节的。

在运送他人偷越国（边）境中造成被运送人重伤、死亡，或者以暴力、威胁方法抗拒检查的，处七年以上有期徒刑，并处罚金。

犯前两款罪，对被运送人有杀害、伤害、强奸、拐卖等犯罪行为，或者对检查人员有杀害、伤害等犯罪行为的，依照数罪并罚的规定处罚。

第三百二十二条 违反国（边）境管理法规，偷越国（边）境，情节严重的，处一年以下有期徒刑、拘役或者管制，并处罚金；为参加恐怖活动组织、接受恐怖活动培训或者实施恐怖活动，偷越国（边）境的，处一年以上三年以下有期徒刑，并处罚金。

第三百二十三条 故意破坏国家边境的界碑、界桩或者永久性测量标志的，处三年以下有期徒刑或者拘役。

第四节 妨害文物管理罪

第三百二十四条 故意损毁国家保护的珍贵文物或者被确定为全国重点文物保护单位、省级文物保护单位的文物的，处三年以下有期徒刑或者拘役，并处或者单处罚金；情节严重的，处三年以上十年以下有期徒刑，并处罚金。

故意损毁国家保护的名胜古迹，情节严重的，处五年以下有期徒刑或者拘役，并处或者单处罚金。

过失损毁国家保护的珍贵文物或者被确定为全国重点文物保护单位、省级文物保护单位的文物，造成严重后果的，处三年以下有期徒刑或者拘役。

第三百二十五条 违反文物保护法规，将收藏的国家禁止出口的珍贵文物私自出售或者私自赠送给外国人的，处五年以下有期徒刑或者拘役，可以并处罚金。

单位犯前款罪的，对单位判处罚金，并对其直接负责的主管人员和其他直接责任人员，依照前款的规定处罚。

第三百二十六条 以牟利为目的，倒卖国家禁止经营的文物，情节严重的，处五年以下有期徒刑或者拘役，并处罚金；情节特别严重的，处五年以上十年以下有期徒刑，并处罚金。

单位犯前款罪的，对单位判处罚金，并对其直接负责的主管人员和其他直接责任人员，依照前款的规定处罚。

第三百二十七条 违反文物保护法规，国有博物馆、图书馆等单位将国家保护的文物藏品出售或者私自送给非国有单位或者个人的，对单位判处罚金，并对其直接负责的主管人员和其他直接责任人员，处三年以下有期徒刑或者拘役。

第三百二十八条 盗掘具有历史、艺术、科学价值的古文化遗址、古墓葬的，处三年以上十年以下有期徒刑，并处罚金；情节较轻的，处三年以下有期徒刑、拘役或者管制，并处罚金；有下列情形之一的，处十年以上有期徒刑或者无期徒刑，并处罚金或者没收财产：

（一）盗掘确定为全国重点文物保护单位和省级文物保护单位的古文化遗址、古墓葬的；

（二）盗掘古文化遗址、古墓葬集团的首要分子；

（三）多次盗掘古文化遗址、古墓葬的；

（四）盗掘古文化遗址、古墓葬，并盗窃珍贵文物或者造成珍贵文物严重破坏的。

盗掘国家保护的具有科学价值的古人类化石和古脊椎动物化石的，依照前款的规定处罚。

第三百二十九条 抢夺、窃取国家所有的档案的，处五年以下有期徒刑或者拘役。

违反档案法的规定，擅自出卖、转让国家所有的档案，情节严重的，处三年以下有期徒刑或者拘役。

有前两款行为，同时又构成本法规定的其他犯罪的，依照处罚较重的规定定罪处罚。

第五节 危害公共卫生罪

第三百三十条 违反传染病防治法的规定，有下列情形之一，引起甲类传染病传播或者有传播严重危险的，处三年以下有期徒刑或者拘役；后果特别严重的，处三年以上七年以下有期徒刑：

（一）供水单位供应的饮用水不符合国家规定的卫生标准的；

（二）拒绝按照卫生防疫机构提出的卫生要求，对传染病病原体污染的污水、污物、粪便进行消毒处理的；

（三）准许或者纵容传染病病人、病原携带者和疑似传染病病人从事国务院卫生行政部门规定禁止从事的易使该传染病扩散的工作的；

（四）拒绝执行卫生防疫机构依照传染病防治法提出的预防、控制措施的。

单位犯前款罪的，对单位判处罚金，并对其直接负责的主管人员和其他直接责任人员，依照前款的规定处罚。

甲类传染病的范围，依照《中华人民共和国传染病防治法》和国务院有关规定确定。

第三百三十一条 从事实验、保藏、携带、运输传染病菌种、毒种的人员，违反国务院卫生行政部门的有关规定，造成传染病菌种、毒种扩散，后果严重的，处三年以下有期徒刑或者拘役；后果特别严重的，处三年以上七年以下有期徒刑。

第三百三十二条 违反国境卫生检疫规定，引起检疫传染病传播或者有传播严重危险的，处三年以下有期徒刑或者拘役，并处或者单处罚金。

单位犯前款罪的，对单位判处罚金，并对其直接负责的主管人员和其他直接责任人员，依照前款的规定处罚。

第三百三十三条 非法组织他人出卖血液的，处五年以下有期徒刑，并处罚金；以暴力、威胁方法强迫他人出卖血液的，处五年以上十年以下有期徒刑，并处罚金。

有前款行为，对他人造成伤害的，依照本法第二百三十四条的规定定罪处罚。

第三百三十四条 非法采集、供应血液或者制作、供应血液制品，不符合国家规定的标准，足以危害人体健康的，处五年以下有期徒刑或者拘役，并处罚金；对人体健康造成严重危害的，处五年以上十年以下有期徒刑，并处罚金；造成特别严重后果的，处十年以上有期徒刑或者无期徒刑，并处罚金或者没收财产。

经国家主管部门批准采集、供应血液或者制作、供应血液制品的部门，不依照规定进行检测或者违背其他操作规定，造成危害他人身体健康后果的，对单位判处罚金，并对其直接负责的主管人员和其他直接责任人员，处五年以下有期徒刑或者拘役。

第三百三十五条 医务人员由于严重不负责任，造成就诊人死亡或者严重损害就诊人身体健康的，处三年以下有期徒刑或者拘役。

第三百三十六条 未取得医生执业资格的人非法行医，情节严重的，处三年以下有期徒刑、拘役或者管制，并处或者单处罚金；严重损害就诊人身体健康的，处三年以上十年以下有期徒刑，并处罚金；造成就诊人死亡的，处十年以上有期徒刑，并处罚金。

未取得医生执业资格的人擅自为他人进行节育复通手术、假节育手术、终止妊娠手术或者摘取宫内节育器，情节严重的，处三年以下有期徒刑、拘役或者管制，并处或者单处罚金；严重损害就诊人身体健康的，处三年以上十年以下有期徒刑，并处罚金；造成就诊人死亡的，处十年以上有期徒刑，并处罚金。

第三百三十七条 违反有关动植物防疫、检疫的国家规定，引起重大动植物疫情的，或者有引起重大动植物疫情危险，情节严重的，处三年以下有期徒刑或者拘役，并处或者单处罚金。

单位犯前款罪的，对单位判处罚金，并对其直接负责的主管人员和其他直接责任人员，依照前款的规定处罚。

第六节 破坏环境资源保护罪

第三百三十八条 违反国家规定，排放、倾倒或者处置有放射性的废物、含传染病病原体的废物、有毒物质或者其他有害物质，严重污染环境的，处三年以下有期徒刑或者拘役，并处或者单处罚金；后果特别严重的，处三年以上七年以下有期徒刑，并处罚金。

第三百三十九条 违反国家规定，将境外的固体废物进境倾倒、堆放、处置的，处五年以下有期徒刑或者拘役，并处罚金；造成重大环境污染事故，致使公私财产遭受重大损失或者严重危害人体健康的，处五年以上十年以下有期徒刑，并处罚金；后果特别严重的，处十年以上有期徒刑，并处罚金。

未经国务院有关主管部门许可，擅自进口固体废物用作原料，造成重大环境污染事故，致使公私财产遭受重大损失或者严重危害人体健康的，处五年以下有期徒刑或者拘役，并处罚金；后果特别严重的，处五年以上十年以下有期徒刑，并处罚金。

以原料利用为名，进口不能用作原料的固体废物、液态废物和气态废物的，依照本法第一百五十二条第二款、第三款的规定定罪处罚。

第三百四十条 违反保护水产资源法规，在禁渔区、禁渔期或者使用禁用的工具、方法捕捞水产品，情节严重的，处三年以下有期徒刑、拘役、管制或者罚金。

第三百四十一条 非法猎捕、杀害国家重点保护的珍贵、濒危野生动物的，或者非法收购、运输、出售国家重点保护的珍贵、濒危野生动物及其制品的，处五年以下有期徒刑或者拘役，并处罚金；情节严重的，处五年以上十年以下有期徒刑，并处罚金；情节特别严重的，处十年以上有期徒刑，并处罚金或者没收财产。

违反狩猎法规，在禁猎区、禁猎期或者使用禁用的工具、方法进行狩猎，破坏野生动物资源，情节严重的，处三年以下有期徒刑、拘役、管制或者罚金。

第三百四十二条 违反土地管理法规，非法占用耕地、林地等农用地，改变被占用土地用途，数量较大，造成耕地、林地等农用地大量毁坏的，处五年以下有期徒刑或者拘役，并处或者单处罚金。

第三百四十三条 违反矿产资源法的规定，未取得采矿许可证擅自采矿，擅自进入国家规划矿区、对国民经济具有重要价值的矿区和他人矿区范围采矿，或者擅自开采国家规定实行保护性开采的特定矿种，情节严重的，处三年以下有期徒刑、拘役或者管制，并处或者单处罚金；情节特别严重的，处三年以上七年以下有期徒刑，并处罚金。

违反矿产资源法的规定，采取破坏性的开采方法开采矿产资源，造成矿产资源严重破坏的，处五年以下有期徒刑或者拘役，并处罚金。

第三百四十四条 违反国家规定，非法采伐、毁坏珍贵树木或者国家重点保护的其他植物的，或者非法收购、运输、加工、出售珍贵树木或者国家重点保护的其他植物及其制品的，处三年以下有期徒刑、拘役或者管制，并处罚金；情节严重的，处三年以上七年以下有期徒刑，并处罚金。

第三百四十五条 盗伐森林或者其他林木，数量较大的，处三年以下有期徒刑、拘役或者管制，并处或者单处罚金；数量巨大的，处三年以上七年以下有期徒刑，并处罚金；数量特别巨大的，处七年以上有期徒刑，并处罚金。

违反森林法的规定，滥伐森林或者其他林木，数量较大的，处三年以下有期徒刑、拘役或者管制，并处或者单处罚金；数量巨大的，处三年以上七年以下有期徒刑，并处罚金。

非法收购、运输明知是盗伐、滥伐的林木，情节严重的，处三年以下有期徒刑、拘役或者管制，并处或者单处罚金；情节特别严重的，处三年以上七年以下有期徒刑，并处罚金。

盗伐、滥伐国家级自然保护区内的森林或者其他林木的，从重处罚。

第三百四十六条 单位犯本节第三百三十八条至第三百四十五条规定之罪的，对单位判处罚金，并对其直接负责的主管人员和其他直接责任人员，依照本节各该条的规定处罚。

第七节 走私、贩卖、运输、制造毒品罪

第三百四十七条 走私、贩卖、运输、制造毒品，无论数量多少，都应当追究刑事责任，予以刑事处罚。

走私、贩卖、运输、制造毒品，有下列情形之一的，处十五年有期徒刑、无期徒刑或者死刑，并处没收财产：

（一）走私、贩卖、运输、制造鸦片一千克以上、海洛因或者甲基苯丙胺五十克以上或者其他毒品数量大的；

（二）走私、贩卖、运输、制造毒品集团的首要分子；

（三）武装掩护走私、贩卖、运输、制造毒品的；

（四）以暴力抗拒检查、拘留、逮捕，情节严重的；

（五）参与有组织的国际贩毒活动的。

走私、贩卖、运输、制造鸦片二百克以上不满一千克、海洛因或者甲基苯丙胺十克以上不满五十克或者其他毒品数量较大的，处七年以上有期徒刑，并处罚金。

走私、贩卖、运输、制造鸦片不满二百克、海洛因或者甲基苯丙胺不满十克或者其他少量毒品的，处三年以下有期徒刑、拘役或者管制，并处罚金；情节严重的，处三年以上七年以下有期徒刑，并处罚金。

单位犯第二款、第三款、第四款罪的，对单位判处罚金，并对其直接负责的主管人员和其他直接责任人员，依照各该款的规定处罚。

利用、教唆未成年人走私、贩卖、运输、制造毒品，或者向未成年人出售毒品的，从重处罚。

对多次走私、贩卖、运输、制造毒品，未经处理的，毒品数量累计计算。

第三百四十八条 非法持有鸦片一千克以上、海洛因或者甲基苯丙胺五十克以上或者其他毒品数量大的，处七年以上有期徒刑或者无期徒刑，

并处罚金；非法持有鸦片二百克以上不满一千克、海洛因或者甲基苯丙胺十克以上不满五十克或者其他毒品数量较大的，处三年以下有期徒刑、拘役或者管制，并处罚金；情节严重的，处三年以上七年以下有期徒刑，并处罚金。

第三百四十九条 包庇走私、贩卖、运输、制造毒品的犯罪分子的，为犯罪分子窝藏、转移、隐瞒毒品或者犯罪所得的财物的，处三年以下有期徒刑、拘役或者管制；情节严重的，处三年以上十年以下有期徒刑。

缉毒人员或者其他国家机关工作人员掩护、包庇走私、贩卖、运输、制造毒品的犯罪分子的，依照前款的规定从重处罚。

犯前两款罪，事先通谋的，以走私、贩卖、运输、制造毒品罪的共犯论处。

第三百五十条 违反国家规定，非法生产、买卖、运输醋酸酐、乙醚、三氯甲烷或者其他用于制造毒品的原料、配剂，或者携带上述物品进出境，情节较重的，处三年以下有期徒刑、拘役或者管制，并处罚金；情节严重的，处三年以上七年以下有期徒刑，并处罚金；情节特别严重的，处七年以上有期徒刑，并处罚金或者没收财产。

明知他人制造毒品而为其生产、买卖、运输前款规定的物品的，以制造毒品罪的共犯论处。

单位犯前两款罪的，对单位判处罚金，并对其直接负责的主管人员和其他直接责任人员，依照前两款的规定处罚。

第三百五十一条 非法种植罂粟、大麻等毒品原植物的，一律强制铲除。有下列情形之一的，处五年以下有期徒刑、拘役或者管制，并处罚金：

（一）种植罂粟五百株以上不满三千株或者其他毒品原植物数量较大的；

（二）经公安机关处理后又种植的；

（三）抗拒铲除的。

非法种植罂粟三千株以上或者其他毒品原植物数量大的，处五年以上有期徒刑，并处罚金或者没收财产。

非法种植罂粟或者其他毒品原植物，在收获前自动铲除的，可以免除处罚。

第三百五十二条 非法买卖、运输、携带、持有未经灭活的罂粟等毒品原植物种子或者幼苗，数量较大的，处三年以下有期徒刑、拘役或者管制，并处或者单处罚金。

第三百五十三条 引诱、教唆、欺骗他人吸食、注射毒品的，处三年以下有期徒刑、拘役或者管制，并处罚金；情节严重的，处三年以上七年以下有期徒刑，并处罚金。

强迫他人吸食、注射毒品的，处三年以上十年以下有期徒刑，并处罚金。

引诱、教唆、欺骗或者强迫未成年人吸食、注射毒品的，从重处罚。

第三百五十四条 容留他人吸食、注射毒品的，处三年以下有期徒刑、拘役或者管制，并处罚金。

第三百五十五条 依法从事生产、运输、管理、使用国家管制的麻醉药品、精神药品的人员，违反国家规定，向吸食、注射毒品的人提供国家规定管制的能够使人形成瘾癖的麻醉药品、精神药品的，处三年以下有期徒刑或者拘役，并处罚金；情节严重的，处三年以上七年以下有期徒刑，并处罚金。向走私、贩卖毒品的犯罪分子或者以牟利为目的，向吸食、注射毒品的人提供国家规定管制的能够使人形成瘾癖的麻醉药品、精神药品的，依照本法第三百四十七条的规定定罪处罚。

单位犯前款罪的，对单位判处罚金，并对其直接负责的主管人员和其他直接责任人员，依照前款的规定处罚。

第三百五十六条 因走私、贩卖、运输、制造、非法持有毒品罪被判过刑，又犯本节规定之罪的，从重处罚。

第三百五十七条 本法所称的毒品，是指鸦片、海洛因、甲基苯丙胺（冰毒）、吗啡、大麻、可卡因以及国家规定管制的其他能够使人形成瘾癖的麻醉药品和精神药品。

毒品的数量以查证属实的走私、贩卖、运输、制造、非法持有毒品的数量计算，不以纯度折算。

第八节　组织、强迫、引诱、

容留、介绍卖淫罪第三百五十八条组织、强迫他人卖淫的，处五年以上十年以下有期徒刑，并处罚金；情节严重的，处十年以上有期徒刑或者无期徒刑，并处罚金或者没收财产。

组织、强迫未成年人卖淫的，依照前款的规定从重处罚。

犯前两款罪，并有杀害、伤害、强奸、绑架等犯罪行为的，依照数罪并罚的规定处罚。

为组织卖淫的人招募、运送人员或者有其他协助组织他人卖淫行为的，处五年以下有期徒刑，并处罚金；情节严重的，处五年以上十年以下有期徒刑，并处罚金。

第三百五十九条　引诱、容留、介绍他人卖淫的，处五年以下有期徒刑、拘役或者管制，并处罚金；情节严重的，处五年以上有期徒刑，并处罚金。

引诱不满十四周岁的幼女卖淫的，处五年以上有期徒刑，并处罚金。

第三百六十条　明知自己患有梅毒、淋病等严重性病卖淫、嫖娼的，处五年以下有期徒刑、拘役或者管制，并处罚金。

第三百六十一条　旅馆业、饮食服务业、文化娱乐业、出租汽车业等单位的人员，利用本单位的条件，组织、强迫、引诱、容留、介绍他人卖淫的，依照本法第三百五十八条、第三百五十九条的规定定罪处罚。

前款所列单位的主要负责人，犯前款罪的，从重处罚。

第三百六十二条　旅馆业、饮食服务业、文化娱乐业、出租汽车业等单位的人员，在公安机关查处卖淫、嫖娼活动时，为违法犯罪分子通风报信，情节严重的，依照本法第三百一十条的规定定罪处罚。

第九节　制作、贩卖、传播淫秽物品罪

第三百六十三条　以牟利为目的，制作、复制、出版、贩卖、传播淫秽物品的，处三年以下有期徒刑、拘役或者管制，并处罚金；情节严重的，处三年以上十年以下有期徒刑，并处罚金；情节特别严重的，处十年

以上有期徒刑或者无期徒刑，并处罚金或者没收财产。

为他人提供书号，出版淫秽书刊的，处三年以下有期徒刑、拘役或者管制，并处或者单处罚金；明知他人用于出版淫秽书刊而提供书号的，依照前款的规定处罚。

第三百六十四条 传播淫秽的书刊、影片、音像、图片或者其他淫秽物品，情节严重的，处二年以下有期徒刑、拘役或者管制。

组织播放淫秽的电影、录像等音像制品的，处三年以下有期徒刑、拘役或者管制，并处罚金；情节严重的，处三年以上十年以下有期徒刑，并处罚金。

制作、复制淫秽的电影、录像等音像制品组织播放的，依照第二款的规定从重处罚。

向不满十八周岁的未成年人传播淫秽物品的，从重处罚。

第三百六十五条 组织进行淫秽表演的，处三年以下有期徒刑、拘役或者管制，并处罚金；情节严重的，处三年以上十年以下有期徒刑，并处罚金。

第三百六十六条 单位犯本节第三百六十三条、第三百六十四条、第三百六十五条规定之罪的，对单位判处罚金，并对其直接负责的主管人员和其他直接责任人员，依照各该条的规定处罚。

第三百六十七条 本法所称淫秽物品，是指具体描绘性行为或者露骨宣扬色情的诲淫性的书刊、影片、录像带、录音带、图片及其他淫秽物品。

有关人体生理、医学知识的科学著作不是淫秽物品。

包含有色情内容的有艺术价值的文学、艺术作品不视为淫秽物品。

第七章 危害国防利益罪

第三百六十八条 以暴力、威胁方法阻碍军人依法执行职务的，处三年以下有期徒刑、拘役、管制或者罚金。

故意阻碍武装部队军事行动，造成严重后果的，处五年以下有期徒刑或者拘役。

第三百六十九条 破坏武器装备、军事设施、军事通信的，处三年以下有期徒刑、拘役或者管制；破坏重要武器装备、军事设施、军事通信的，处三年以上十年以下有期徒刑；情节特别严重的，处十年以上有期徒刑、无期徒刑或者死刑。

过失犯前款罪，造成严重后果的，处三年以下有期徒刑或者拘役；造成特别严重后果的，处三年以上七年以下有期徒刑。

战时犯前两款罪的，从重处罚。

第三百七十条 明知是不合格的武器装备、军事设施而提供给武装部队的，处五年以下有期徒刑或者拘役；情节严重的，处五年以上十年以下有期徒刑；情节特别严重的，处十年以上有期徒刑、无期徒刑或者死刑。

过失犯前款罪，造成严重后果的，处三年以下有期徒刑或者拘役；造成特别严重后果的，处三年以上七年以下有期徒刑。

单位犯第一款罪的，对单位判处罚金，并对其直接负责的主管人员和其他直接责任人员，依照第一款的规定处罚。

第三百七十一条 聚众冲击军事禁区，严重扰乱军事禁区秩序的，对首要分子，处五年以上十年以下有期徒刑；对其他积极参加的，处五年以下有期徒刑、拘役、管制或者剥夺政治权利。

聚众扰乱军事管理区秩序，情节严重，致使军事管理区工作无法进行，造成严重损失的，对首要分子，处三年以上七年以下有期徒刑；对其他积极参加的，处三年以下有期徒刑、拘役、管制或者剥夺政治权利。

第三百七十二条 冒充军人招摇撞骗的，处三年以下有期徒刑、拘役、管制或者剥夺政治权利；情节严重的，处三年以上十年以下有期徒刑。

第三百七十三条 煽动军人逃离部队或者明知是逃离部队的军人而雇用，情节严重的，处三年以下有期徒刑、拘役或者管制。

第三百七十四条 在征兵工作中徇私舞弊，接送不合格兵员，情节严重的，处三年以下有期徒刑或者拘役；造成特别严重后果的，处三年以上七年以下有期徒刑。

第三百七十五条 伪造、变造、买卖或者盗窃、抢夺武装部队公文、证件、印章的，处三年以下有期徒刑、拘役、管制或者剥夺政治权利；情节严重的，处三年以上十年以下有期徒刑。

非法生产、买卖武装部队制式服装，情节严重的，处三年以下有期徒刑、拘役或者管制，并处或者单处罚金。

伪造、盗窃、买卖或者非法提供、使用武装部队车辆号牌等专用标志，情节严重的，处三年以下有期徒刑、拘役或者管制，并处或者单处罚金；情节特别严重的，处三年以上七年以下有期徒刑，并处罚金。

单位犯第二款、第三款罪的，对单位判处罚金，并对其直接负责的主管人员和其他直接责任人员，依照各该款的规定处罚。

第三百七十六条 预备役人员战时拒绝、逃避征召或者军事训练，情节严重的，处三年以下有期徒刑或者拘役。

公民战时拒绝、逃避服役，情节严重的，处二年以下有期徒刑或者拘役。

第三百七十七条 战时故意向武装部队提供虚假敌情，造成严重后果的，处三年以上十年以下有期徒刑；造成特别严重后果的，处十年以上有期徒刑或者无期徒刑。

第三百七十八条 战时造谣惑众，扰乱军心的，处三年以下有期徒刑、拘役或者管制；情节严重的，处三年以上十年以下有期徒刑。

第三百七十九条 战时明知是逃离部队的军人而为其提供隐蔽处所、财物，情节严重的，处三年以下有期徒刑或者拘役。

第三百八十条 战时拒绝或者故意延误军事订货，情节严重的，对单位判处罚金，并对其直接负责的主管人员和其他直接责任人员，处五年以下有期徒刑或者拘役；造成严重后果的，处五年以上有期徒刑。

第三百八十一条 战时拒绝军事征收、征用，情节严重的，处三年以下有期徒刑或者拘役。

第八章 贪污贿赂罪

第三百八十二条 国家工作人员利用职务上的便利，侵吞、窃取、骗取或者以其他手段非法占有公共财物的，是贪污罪。

受国家机关、国有公司、企业、事业单位、人民团体委托管理、经营国有财产的人员，利用职务上的便利，侵吞、窃取、骗取或者以其他手段非法占有国有财物的，以贪污论。

与前两款所列人员勾结，伙同贪污的，以共犯论处。

第三百八十三条 对犯贪污罪的，根据情节轻重，分别依照下列规定处罚：

（一）贪污数额较大或者有其他较重情节的，处三年以下有期徒刑或者拘役，并处罚金。

（二）贪污数额巨大或者有其他严重情节的，处三年以上十年以下有期徒刑，并处罚金或者没收财产。

（三）贪污数额特别巨大或者有其他特别严重情节的，处十年以上有期徒刑或者无期徒刑，并处罚金或者没收财产；数额特别巨大，并使国家和人民利益遭受特别重大损失的，处无期徒刑或者死刑，并处没收财产。

对多次贪污未经处理的，按照累计贪污数额处罚。

犯第一款罪，在提起公诉前如实供述自己罪行、真诚悔罪、积极退赃，避免、减少损害结果的发生，有第一项规定情形的，可以从轻、减轻或者免除处罚；有第二项、第三项规定情形的，可以从轻处罚。

犯第一款罪，有第三项规定情形被判处死刑缓期执行的，人民法院根据犯罪情节等情况可以同时决定在其死刑缓期执行二年期满依法减为无期徒刑后，终身监禁，不得减刑、假释。

第三百八十四条 国家工作人员利用职务上的便利，挪用公款归个人使用，进行非法活动的，或者挪用公款数额较大、进行营利活动的，或者挪用公款数额较大、超过三个月未还的，是挪用公款罪，处五年以下有期徒刑或者拘役；情节严重的，处五年以上有期徒刑。挪用公款数额巨大不退还的，处十年以上有期徒刑或者无期徒刑。

挪用用于救灾、抢险、防汛、优抚、扶贫、移民、救济款物归个人使用的，从重处罚。

第三百八十五条 国家工作人员利用职务上的便利，索取他人财物的，或者非法收受他人财物，为他人谋取利益的，是受贿罪。

国家工作人员在经济往来中，违反国家规定，收受各种名义的回扣、手续费，归个人所有的，以受贿论处。

第三百八十六条 对犯受贿罪的，根据受贿所得数额及情节，依照本法第三百八十三条的规定处罚。索贿的从重处罚。

第三百八十七条 国家机关、国有公司、企业、事业单位、人民团体，索取、非法收受他人财物，为他人谋取利益，情节严重的，对单位判处罚金，并对其直接负责的主管人员和其他直接责任人员，处五年以下有期徒刑或者拘役。

前款所列单位，在经济往来中，在账外暗中收受各种名义的回扣、手续费的，以受贿论，依照前款的规定处罚。

第三百八十八条 国家工作人员利用本人职权或者地位形成的便利条件，通过其他国家工作人员职务上的行为，为请托人谋取不正当利益，索取请托人财物或者收受请托人财物的，以受贿论处。

第三百八十八条 之一国家工作人员的近亲属或者其他与该国家工作人员关系密切的人，通过该国家工作人员职务上的行为，或者利用该国家工作人员职权或者地位形成的便利条件，通过其他国家工作人员职务上的行为，为请托人谋取不正当利益，索取请托人财物或者收受请托人财物，数额较大或者有其他较重情节的，处三年以下有期徒刑或者拘役，并处罚金；数额巨大或者有其他严重情节的，处三年以上七年以下有期徒刑，并处罚金；数额特别巨大或者有其他特别严重情节的，处七年以上有期徒刑，并处罚金或者没收财产。

离职的国家工作人员或者其近亲属以及其他与其关系密切的人，利用该离职的国家工作人员原职权或者地位形成的便利条件实施前款行为的，依照前款的规定定罪处罚。

第三百八十九条 为谋取不正当利益，给予国家工作人员以财物的，是行贿罪。

在经济往来中，违反国家规定，给予国家工作人员以财物，数额较大的，或者违反国家规定，给予国家工作人员以各种名义的回扣、手续费的，以行贿论处。

因被勒索给予国家工作人员以财物，没有获得不正当利益的，不是行贿。

第三百九十条 对犯行贿罪的，处五年以下有期徒刑或者拘役，并处罚金；因行贿谋取不正当利益，情节严重的，或者使国家利益遭受重大损失的，处五年以上十年以下有期徒刑，并处罚金；情节特别严重的，或者使国家利益遭受特别重大损失的，处十年以上有期徒刑或者无期徒刑，并处罚金或者没收财产。

行贿人在被追诉前主动交待行贿行为的，可以从轻或者减轻处罚。其中，犯罪较轻的，对侦破重大案件起关键作用的，或者有重大立功表现的，可以减轻或者免除处罚。

第三百九十条之一 为谋取不正当利益，向国家工作人员的近亲属或者其他与该国家工作人员关系密切的人，或者向离职的国家工作人员或者其近亲属以及其他与其关系密切的人行贿的，处三年以下有期徒刑或者拘役，并处罚金；情节严重的，或者使国家利益遭受重大损失的，处三年以上七年以下有期徒刑，并处罚金；情节特别严重的，或者使国家利益遭受特别重大损失的，处七年以上十年以下有期徒刑，并处罚金。

单位犯前款罪的，对单位判处罚金，并对其直接负责的主管人员和其他直接责任人员，处三年以下有期徒刑或者拘役，并处罚金。

第三百九十一条 为谋取不正当利益，给予国家机关、国有公司、企业、事业单位、人民团体以财物的，或者在经济往来中，违反国家规定，给予各种名义的回扣、手续费的，处三年以下有期徒刑或者拘役，并处罚金。

单位犯前款罪的，对单位判处罚金，并对其直接负责的主管人员和其他直接责任人员，依照前款的规定处罚。

第三百九十二条 向国家工作人员介绍贿赂，情节严重的，处三年以下有期徒刑或者拘役，并处罚金。

介绍贿赂人在被追诉前主动交待介绍贿赂行为的，可以减轻处罚或者免除处罚。

第三百九十三条 单位为谋取不正当利益而行贿，或者违反国家规定，给予国家工作人员以回扣、手续费，情节严重的，对单位判处罚金，并对其直接负责的主管人员和其他直接责任人员，处五年以下有期徒刑或者拘役，并处罚金。因行贿取得的违法所得归个人所有的，依照本法第三百八十九条、第三百九十条的规定定罪处罚。

第三百九十四条 国家工作人员在国内公务活动或者对外交往中接受礼物，依照国家规定应当交公而不交公，数额较大的，依照本法第三百八十二条、第三百八十三条的规定定罪处罚。

第三百九十五条 国家工作人员的财产、支出明显超过合法收入，差额巨大的，可以责令该国家工作人员说明来源，不能说明来源的，差额部分以非法所得论，处五年以下有期徒刑或者拘役；差额特别巨大的，处五年以上十年以下有期徒刑。财产的差额部分予以追缴。

国家工作人员在境外的存款，应当依照国家规定申报。数额较大、隐瞒不报的，处二年以下有期徒刑或者拘役；情节较轻的，由其所在单位或者上级主管机关酌情给予行政处分。

第三百九十六条 国家机关、国有公司、企业、事业单位、人民团体，违反国家规定，以单位名义将国有资产集体私分给个人，数额较大的，对其直接负责的主管人员和其他直接责任人员，处三年以下有期徒刑或者拘役，并处或者单处罚金；数额巨大的，处三年以上七年以下有期徒刑，并处罚金。

司法机关、行政执法机关违反国家规定，将应当上缴国家的罚没财物，以单位名义集体私分给个人的，依照前款的规定处罚。

第九章 渎职罪

第三百九十七条 国家机关工作人员滥用职权或者玩忽职守，致使公共财产、国家和人民利益遭受重大损失的，处三年以下有期徒刑或者拘役；情节特别严重的，处三年以上七年以下有期徒刑。本法另有规定的，依照规定。

国家机关工作人员徇私舞弊，犯前款罪的，处五年以下有期徒刑或者拘役；情节特别严重的，处五年以上十年以下有期徒刑。本法另有规定的，依照规定。

第三百九十八条 国家机关工作人员违反保守国家秘密法的规定，故意或者过失泄露国家秘密，情节严重的，处三年以下有期徒刑或者拘役；情节特别严重的，处三年以上七年以下有期徒刑。

非国家机关工作人员犯前款罪的，依照前款的规定酌情处罚。

第三百九十九条 司法工作人员徇私枉法、徇情枉法，对明知是无罪的人而使他受追诉、对明知是有罪的人而故意包庇不使他受追诉，或者在刑事审判活动中故意违背事实和法律作枉法裁判的，处五年以下有期徒刑或者拘役；情节严重的，处五年以上十年以下有期徒刑；情节特别严重的，处十年以上有期徒刑。

在民事、行政审判活动中故意违背事实和法律作枉法裁判，情节严重的，处五年以下有期徒刑或者拘役；情节特别严重的，处五年以上十年以下有期徒刑。

在执行判决、裁定活动中，严重不负责任或者滥用职权，不依法采取诉讼保全措施、不履行法定执行职责，或者违法采取诉讼保全措施、强制执行措施，致使当事人或者其他人的利益遭受重大损失的，处五年以下有期徒刑或者拘役；致使当事人或者其他人的利益遭受特别重大损失的，处五年以上十年以下有期徒刑。

司法工作人员收受贿赂，有前三款行为的，同时又构成本法第三百八十五条规定之罪的，依照处罚较重的规定定罪处罚。

第三百九十九条之一 依法承担仲裁职责的人员，在仲裁活动中故意违背事实和法律作枉法裁决，情节严重的，处三年以下有期徒刑或者拘役；情节特别严重的，处三年以上七年以下有期徒刑。

第四百条 司法工作人员私放在押的犯罪嫌疑人、被告人或者罪犯的，处五年以下有期徒刑或者拘役；情节严重的，处五年以上十年以下有期徒刑；情节特别严重的，处十年以上有期徒刑。

司法工作人员由于严重不负责任，致使在押的犯罪嫌疑人、被告人或者罪犯脱逃，造成严重后果的，处三年以下有期徒刑或者拘役；造成特别严重后果的，处三年以上十年以下有期徒刑。

第四百零一条 司法工作人员徇私舞弊，对不符合减刑、假释、暂予监外执行条件的罪犯，予以减刑、假释或者暂予监外执行的，处三年以下有期徒刑或者拘役；情节严重的，处三年以上七年以下有期徒刑。

第四百零二条 行政执法人员徇私舞弊，对依法应当移交司法机关追究刑事责任的不移交，情节严重的，处三年以下有期徒刑或者拘役；造成严重后果的，处三年以上七年以下有期徒刑。

第四百零三条 国家有关主管部门的国家机关工作人员，徇私舞弊，滥用职权，对不符合法律规定条件的公司设立、登记申请或者股票、债券发行、上市申请，予以批准或者登记，致使公共财产、国家和人民利益遭受重大损失的，处五年以下有期徒刑或者拘役。

上级部门强令登记机关及其工作人员实施前款行为的，对其直接负责的主管人员，依照前款的规定处罚。

第四百零四条 税务机关的工作人员徇私舞弊，不征或者少征应征税款，致使国家税收遭受重大损失的，处五年以下有期徒刑或者拘役；造成特别重大损失的，处五年以上有期徒刑。

第四百零五条 税务机关的工作人员违反法律、行政法规的规定，在办理发售发票、抵扣税款、出口退税工作中，徇私舞弊，致使国家利益遭受重大损失的，处五年以下有期徒刑或者拘役；致使国家利益遭受特别重大损失的，处五年以上有期徒刑。

其他国家机关工作人员违反国家规定，在提供出口货物报关单、出口收汇核销单等出口退税凭证的工作中，徇私舞弊，致使国家利益遭受重大损失的，依照前款的规定处罚。

第四百零六条 国家机关工作人员在签订、履行合同过程中，因严重不负责任被诈骗，致使国家利益遭受重大损失的，处三年以下有期徒刑或者拘役；致使国家利益遭受特别重大损失的，处三年以上七年以下有期徒刑。

第四百零七条 林业主管部门的工作人员违反森林法的规定，超过批准的年采伐限额发放林木采伐许可证或者违反规定滥发林木采伐许可证，情节严重，致使森林遭受严重破坏的，处三年以下有期徒刑或者拘役。

第四百零八条 负有环境保护监督管理职责的国家机关工作人员严重不负责任，导致发生重大环境污染事故，致使公私财产遭受重大损失或者造成人身伤亡的严重后果的，处三年以下有期徒刑或者拘役。

第四百零八条之一 负有食品安全监督管理职责的国家机关工作人员，滥用职权或者玩忽职守，导致发生重大食品安全事故或者造成其他严重后果的，处五年以下有期徒刑或者拘役；造成特别严重后果的，处五年以上十年以下有期徒刑。

徇私舞弊犯前款罪的，从重处罚。

第四百零九条 从事传染病防治的政府卫生行政部门的工作人员严重不负责任，导致传染病传播或者流行，情节严重的，处三年以下有期徒刑或者拘役。

第四百一十条 国家机关工作人员徇私舞弊，违反土地管理法规，滥用职权，非法批准征收、征用、占用土地，或者非法低价出让国有土地使用权，情节严重的，处三年以下有期徒刑或者拘役；致使国家或者集体利益遭受特别重大损失的，处三年以上七年以下有期徒刑。

第四百一十一条 海关工作人员徇私舞弊，放纵走私，情节严重的，处五年以下有期徒刑或者拘役；情节特别严重的，处五年以上有期徒刑。

第四百一十二条 国家商检部门、商检机构的工作人员徇私舞弊，伪造检验结果的，处五年以下有期徒刑或者拘役；造成严重后果的，处五年以上十年以下有期徒刑。

前款所列人员严重不负责任，对应当检验的物品不检验，或者延误检验出证、错误出证，致使国家利益遭受重大损失的，处三年以下有期徒刑或者拘役。

第四百一十三条 动植物检疫机关的检疫人员徇私舞弊，伪造检疫结果的，处五年以下有期徒刑或者拘役；造成严重后果的，处五年以上十年以下有期徒刑。

前款所列人员严重不负责任，对应当检疫的检疫物不检疫，或者延误检疫出证、错误出证，致使国家利益遭受重大损失的，处三年以下有期徒刑或者拘役。

第四百一十四条　对生产、销售伪劣商品犯罪行为负有追究责任的国家机关工作人员，徇私舞弊，不履行法律规定的追究职责，情节严重的，处五年以下有期徒刑或者拘役。

第四百一十五条　负责办理护照、签证以及其他出入境证件的国家机关工作人员，对明知是企图偷越国（边）境的人员，予以办理出入境证件的，或者边防、海关等国家机关工作人员，对明知是偷越国（边）境的人员，予以放行的，处三年以下有期徒刑或者拘役；情节严重的，处三年以上七年以下有期徒刑。

第四百一十六条　对被拐卖、绑架的妇女、儿童负有解救职责的国家机关工作人员，接到被拐卖、绑架的妇女、儿童及其家属的解救要求或者接到其他人的举报，而对被拐卖、绑架的妇女、儿童不进行解救，造成严重后果的，处五年以下有期徒刑或者拘役。

负有解救职责的国家机关工作人员利用职务阻碍解救的，处二年以上七年以下有期徒刑；情节较轻的，处二年以下有期徒刑或者拘役。

第四百一十七条　有查禁犯罪活动职责的国家机关工作人员，向犯罪分子通风报信、提供便利，帮助犯罪分子逃避处罚的，处三年以下有期徒刑或者拘役；情节严重的，处三年以上十年以下有期徒刑。

第四百一十八条　国家机关工作人员在招收公务员、学生工作中徇私舞弊，情节严重的，处三年以下有期徒刑或者拘役。

第四百一十九条　国家机关工作人员严重不负责任，造成珍贵文物损毁或者流失，后果严重的，处三年以下有期徒刑或者拘役。

第十章　军人违反职责罪

第四百二十条　军人违反职责，危害国家军事利益，依照法律应当受刑罚处罚的行为，是军人违反职责罪。

第四百二十一条　战时违抗命令，对作战造成危害的，处三年以上十年以下有期徒刑；致使战斗、战役遭受重大损失的，处十年以上有期徒刑、无期徒刑或者死刑。

第四百二十二条　故意隐瞒、谎报军情或者拒传、假传军令，对作战造成危害的，处三年以上十年以下有期徒刑；致使战斗、战役遭受重大损失的，处十年以上有期徒刑、无期徒刑或者死刑。

第四百二十三条 在战场上贪生怕死，自动放下武器投降敌人的，处三年以上十年以下有期徒刑；情节严重的，处十年以上有期徒刑或者无期徒刑。

投降后为敌人效劳的，处十年以上有期徒刑、无期徒刑或者死刑。

第四百二十四条 战时临阵脱逃的，处三年以下有期徒刑；情节严重的，处三年以上十年以下有期徒刑；致使战斗、战役遭受重大损失的，处十年以上有期徒刑、无期徒刑或者死刑。

第四百二十五条 指挥人员和值班、值勤人员擅离职守或者玩忽职守，造成严重后果的，处三年以下有期徒刑或者拘役；造成特别严重后果的，处三年以上七年以下有期徒刑。

战时犯前款罪的，处五年以上有期徒刑。

第四百二十六条 以暴力、威胁方法，阻碍指挥人员或者值班、值勤人员执行职务的，处五年以下有期徒刑或者拘役；情节严重的，处五年以上十年以下有期徒刑；情节特别严重的，处十年以上有期徒刑或者无期徒刑。战时从重处罚。

第四百二十七条 滥用职权，指使部属进行违反职责的活动，造成严重后果的，处五年以下有期徒刑或者拘役；情节特别严重的，处五年以上十年以下有期徒刑。

第四百二十八条 指挥人员违抗命令，临阵畏缩，作战消极，造成严重后果的，处五年以下有期徒刑；致使战斗、战役遭受重大损失或者有其他特别严重情节的，处五年以上有期徒刑。

第四百二十九条 在战场上明知友邻部队处境危急请求救援，能救援而不救援，致使友邻部队遭受重大损失的，对指挥人员，处五年以下有期徒刑。

第四百三十条 在履行公务期间，擅离岗位，叛逃境外或者在境外叛逃，危害国家军事利益的，处五年以下有期徒刑或者拘役；情节严重的，处五年以上有期徒刑。

驾驶航空器、舰船叛逃的，或者有其他特别严重情节的，处十年以上有期徒刑、无期徒刑或者死刑。

第四百三十一条 以窃取、刺探、收买方法，非法获取军事秘密的，处五年以下有期徒刑；情节严重的，处五年以上十年以下有期徒刑；情节特别严重的，处十年以上有期徒刑。

为境外的机构、组织、人员窃取、刺探、收买、非法提供军事秘密的，处十年以上有期徒刑、无期徒刑或者死刑。

第四百三十二条 违反保守国家秘密法规，故意或者过失泄露军事秘密，情节严重的，处五年以下有期徒刑或者拘役；情节特别严重的，处五年以上十年以下有期徒刑。

战时犯前款罪的，处五年以上十年以下有期徒刑；情节特别严重的，处十年以上有期徒刑或者无期徒刑。

第四百三十三条 战时造谣惑众，动摇军心的，处三年以下有期徒刑；情节严重的，处三年以上十年以下有期徒刑；情节特别严重的，处十年以上有期徒刑或者无期徒刑。

第四百三十四条 战时自伤身体，逃避军事义务的，处三年以下有期徒刑；情节严重的，处三年以上七年以下有期徒刑。

第四百三十五条 违反兵役法规，逃离部队，情节严重的，处三年以下有期徒刑或者拘役。

战时犯前款罪的，处三年以上七年以下有期徒刑。

第四百三十六条 违反武器装备使用规定，情节严重，因而发生责任事故，致人重伤、死亡或者造成其他严重后果的，处三年以下有期徒刑或者拘役；后果特别严重的，处三年以上七年以下有期徒刑。

第四百三十七条 违反武器装备管理规定，擅自改变武器装备的编配用途，造成严重后果的，处三年以下有期徒刑或者拘役；造成特别严重后果的，处三年以上七年以下有期徒刑。

第四百三十八条 盗窃、抢夺武器装备或者军用物资的，处五年以下有期徒刑或者拘役；情节严重的，处五年以上十年以下有期徒刑；情节特别严重的，处十年以上有期徒刑、无期徒刑或者死刑。

盗窃、抢夺枪支、弹药、爆炸物的，依照本法第一百二十七条的规定处罚。

第四百三十九条 非法出卖、转让军队武器装备的，处三年以上十年以下有期徒刑；出卖、转让大量武器装备或者有其他特别严重情节的，处十年以上有期徒刑、无期徒刑或者死刑。

第四百四十条 违抗命令，遗弃武器装备的，处五年以下有期徒刑或者拘役；遗弃重要或者大量武器装备的，或者有其他严重情节的，处五年以上有期徒刑。

第四百四十一条 遗失武器装备，不及时报告或者有其他严重情节的，处三年以下有期徒刑或者拘役。

第四百四十二条 违反规定，擅自出卖、转让军队房地产，情节严重的，对直接责任人员，处三年以下有期徒刑或者拘役；情节特别严重的，处三年以上十年以下有期徒刑。

第四百四十三条 滥用职权，虐待部属，情节恶劣，致人重伤或者造成其他严重后果的，处五年以下有期徒刑或者拘役；致人死亡的，处五年以上有期徒刑。

第四百四十四条 在战场上故意遗弃伤病军人，情节恶劣的，对直接责任人员，处五年以下有期徒刑。

第四百四十五条 战时在救护治疗职位上，有条件救治而拒不救治危重伤病军人的，处五年以下有期徒刑或者拘役；造成伤病军人重残、死亡或者有其他严重情节的，处五年以上十年以下有期徒刑。

第四百四十六条 战时在军事行动地区，残害无辜居民或者掠夺无辜居民财物的，处五年以下有期徒刑；情节严重的，处五年以上十年以下有期徒刑；情节特别严重的，处十年以上有期徒刑、无期徒刑或者死刑。

第四百四十七条 私放俘虏的，处五年以下有期徒刑；私放重要俘虏、私放俘虏多人或者有其他严重情节的，处五年以上有期徒刑。

第四百四十八条 虐待俘虏，情节恶劣的，处三年以下有期徒刑。

第四百四十九条 在战时，对被判处三年以下有期徒刑没有现实危险宣告缓刑的犯罪军人，允许其戴罪立功，确有立功表现时，可以撤销原判刑罚，不以犯罪论处。

第四百五十条 本章适用于中国人民解放军的现役军官、文职干部、士兵及具有军籍的学员和中国人民武装警察部队的现役警官、文职干部、士兵及具有军籍的学员以及执行军事任务的预备役人员和其他人员。

第四百五十一条 本章所称战时，是指国家宣布进入战争状态、部队受领作战任务或者遭敌突然袭击时。

部队执行戒严任务或者处置突发性暴力事件时，以战时论。

附则

第四百五十二条 本法自1997年10月1日起施行。

列于本法附件一的全国人民代表大会常务委员会制定的条例、补充规定和决定，已纳入本法或者已不适用，自本法施行之日起，予以废止。

列于本法附件二的全国人民代表大会常务委员会制定的补充规定和决定予以保留。其中，有关行政处罚和行政措施的规定继续有效；有关刑事责任的规定已纳入本法，自本法施行之日起，适用本法规定。

附件一：

全国人民代表大会常务委员会制定的下列条例、补充规定和决定，已纳入本法或者已不适用，自本法施行之日起，予以废止：

1. 中华人民共和国惩治军人违反职责罪暂行条例
2. 关于严惩严重破坏经济的罪犯的决定
3. 关于严惩严重危害社会治安的犯罪分子的决定
4. 关于惩治走私罪的补充规定
5. 关于惩治贪污罪贿赂罪的补充规定
6. 关于惩治泄露国家秘密犯罪的补充规定
7. 关于惩治捕杀国家重点保护的珍贵、濒危野生动物犯罪的补充规定
8. 关于惩治侮辱中华人民共和国国旗国徽罪的决定
9. 关于惩治盗掘古文化遗址古墓葬犯罪的补充规定
10. 关于惩治劫持航空器犯罪分子的决定
11. 关于惩治假冒注册商标犯罪的补充规定

12. 关于惩治生产、销售伪劣商品犯罪的决定

13. 关于惩治侵犯著作权的犯罪的决定

14. 关于惩治违反公司法的犯罪的决定

15. 关于处理逃跑或者重新犯罪的劳改犯和劳教人员的决定附件二：全国人民代表大会常务委员会制定的下列补充规定和决定予以保留，其中，有关行政处罚和行政措施的规定继续有效；有关刑事责任的规定已纳入本法，自本法施行之日起，适用本法规定：

1. 关于禁毒的决定根据《中华人民共和国禁毒法》第七十一条的规定，本决定自2008年6月1日起废止。

2. 关于惩治走私、制作、贩卖、传播淫秽物品的犯罪分子的决定

3. 关于严禁卖淫嫖娼的决定

4. 关于严惩拐卖、绑架妇女、儿童的犯罪分子的决定

5. 关于惩治偷税、抗税犯罪的补充规定根据《全国人民代表大会常务委员会关于废止部分法律的决定》，该补充规定自2009年6月27日起废止。

6. 关于严惩组织、运送他人偷越国（边）境犯罪的补充规定根据《全国人民代表大会常务委员会关于废止部分法律的决定》，该补充规定自2009年6月27日起废止。

7. 关于惩治破坏金融秩序犯罪的决定

8. 关于惩治虚开、伪造和非法出售增值税专用发票犯罪的决定

全国人民代表大会常务委员会关于惩治骗购外汇、逃汇和非法买卖外汇犯罪的决定

（1998年12月29日第九届全国人民代表大会常务委员会第六次会议通过 1998年12月29日中华人民共和国主席令第14号公布 自公布之日起施行）

为了惩治骗购外汇、逃汇和非法买卖外汇的犯罪行为，维护国家外汇管理秩序，对刑法作如下补充修改：

一、有下列情形之一，骗购外汇，数额较大的，处五年以下有期徒刑或者拘役，并处骗购外汇数额百分之五以上百分之三十以下罚金；数额巨大或者有其他严重情节的，处五年以上十年以下有期徒刑，并处骗购外汇数额百分之五以上百分之三十以下罚金；数额特别巨大或者有其他特别严重情节的，处十年以上有期徒刑或者无期徒刑，并处骗购外汇数额百分之五以上百分之三十以下罚金或者没收财产：

（一）使用伪造、变造的海关签发的报关单、进口证明、外汇管理部门核准件等凭证和单据的；

（二）重复使用海关签发的报关单、进口证明、外汇管理部门核准件等凭证和单据的；

（三）以其他方式骗购外汇的。

伪造、变造海关签发的报关单、进口证明、外汇管理部门核准件等凭证和单据，并用于骗购外汇的，依照前款的规定从重处罚。

明知用于骗购外汇而提供人民币资金的，以共犯论处。

单位犯前三款罪的，对单位依照第一款的规定判处罚金，并对其直接负责的主管人员和其他直接责任人员，处五年以下有期徒刑或者拘役；数

额巨大或者有其他严重情节的，处五年以上十年以下有期徒刑；数额特别巨大或者有其他特别严重情节的，处十年以上有期徒刑或者无期徒刑。

二、买卖伪造、变造的海关签发的报关单、进口证明、外汇管理部门核准件等凭证和单据或者国家机关的其他公文、证件、印章的，依照刑法第二百八十条的规定定罪处罚。

三、将刑法第一百九十条修改为：公司、企业或者其他单位，违反国家规定，擅自将外汇存放境外，或者将境内的外汇非法转移到境外，数额较大的，对单位判处逃汇数额百分之五以上百分之三十以下罚金，并对其直接负责的主管人员和其他直接责任人员处五年以下有期徒刑或者拘役；数额巨大或者有其他严重情节的，对单位判处逃汇数额百分之五以上百分之三十以下罚金，并对其直接负责的主管人员和其他直接责任人员处五年以上有期徒刑。

四、在国家规定的交易场所以外非法买卖外汇，扰乱市场秩序，情节严重的，依照刑法第二百二十五条的规定定罪处罚。

单位犯前款罪的，依照刑法第二百三十一条的规定处罚。

五、海关、外汇管理部门以及金融机构、从事对外贸易经营活动的公司、企业或者其他单位的工作人员与骗购外汇或者逃汇的行为人通谋，为其提供购买外汇的有关凭证或者其他便利的，或者明知是伪造、变造的凭证和单据而售汇、付汇的，以共犯论，依照本决定从重处罚。

六、海关、外汇管理部门的工作人员严重不负责任，造成大量外汇被骗购或者逃汇，致使国家利益遭受重大损失的，依照刑法第三百九十七条的规定定罪处罚。

七、金融机构、从事对外贸易经营活动的公司、企业的工作人员严重不负责任，造成大量外汇被骗购或者逃汇，致使国家利益遭受重大损失的，依照刑法第一百六十七条的规定定罪处罚。

八、犯本决定规定之罪，依法被追缴、没收的财物和罚金，一律上缴国库。

九、本决定自公布之日起施行。

中华人民共和国刑法修正案

（1999年12月25日第九届全国人民代表大会常务委员会第十三次会议通过　1999年12月25日中华人民共和国主席令第27号公布　自公布之日起施行）

为了惩治破坏社会主义市场经济秩序的犯罪，保障社会主义现代化建设的顺利进行，对刑法作如下补充修改：

一、第一百六十二条后增加一条，作为第一百六十二条之一："隐匿或者故意销毁依法应当保存的会计凭证、会计账簿、财务会计报告，情节严重的，处五年以下有期徒刑或者拘役，并处或者单处二万元以上二十万元以下罚金。

"单位犯前款罪的，对单位判处罚金，并对其直接负责的主管人员和其他直接责任人员，依照前款的规定处罚。"

二、将刑法第一百六十八条修改为："国有公司、企业的工作人员，由于严重不负责任或者滥用职权，造成国有公司、企业破产或者严重损失，致使国家利益遭受重大损失的，处三年以下有期徒刑或者拘役；致使国家利益遭受特别重大损失的，处三年以上七年以下有期徒刑。

"国有事业单位的工作人员有前款行为，致使国家利益遭受重大损失的，依照前款的规定处罚。

"国有公司、企业、事业单位的工作人员，徇私舞弊，犯前两款罪的，依照第一款的规定从重处罚。"

三、将刑法第一百七十四条修改为："未经国家有关主管部门批准，擅自设立商业银行、证券交易所、期货交易所、证券公司、期货经纪公司、保险公司或者其他金融机构的，处三年以下有期徒刑或者拘役，并处或者单处二万元以上二十万元以下罚金；情节严重的，处三年以上十年以下有期徒刑，并处五万元以上五十万元以下罚金。

“伪造、变造、转让商业银行、证券交易所、期货交易所、证券公司、期货经纪公司、保险公司或者其他金融机构的经营许可证或者批准文件的，依照前款的规定处罚。

“单位犯前两款罪的，对单位判处罚金，并对其直接负责的主管人员和其他直接责任人员，依照第一款的规定处罚。”

四、将刑法第一百八十条修改为：“证券、期货交易内幕信息的知情人员或者非法获取证券、期货交易内幕信息的人员，在涉及证券的发行，证券、期货交易或者其他对证券、期货交易价格有重大影响的信息尚未公开前，买入或者卖出该证券，或者从事与该内幕信息有关的期货交易，或者泄露该信息，情节严重的，处五年以下有期徒刑或者拘役，并处或者单处违法所得一倍以上五倍以下罚金；情节特别严重的，处五年以上十年以下有期徒刑，并处违法所得一倍以上五倍以下罚金。

“单位犯前款罪的，对单位判处罚金，并对其直接负责的主管人员和其他直接责任人员，处五年以下有期徒刑或者拘役。

“内幕信息、知情人员的范围，依照法律、行政法规的规定确定。”

五、将刑法第一百八十一条修改为：“编造并且传播影响证券、期货交易的虚假信息，扰乱证券、期货交易市场，造成严重后果的，处五年以下有期徒刑或者拘役，并处或者单处一万元以上十万元以下罚金。

“证券交易所、期货交易所、证券公司、期货经纪公司的从业人员，证券业协会、期货业协会或者证券期货监督管理部门的工作人员，故意提供虚假信息或者伪造、变造、销毁交易记录，诱骗投资者买卖证券、期货合约，造成严重后果的，处五年以下有期徒刑或者拘役，并处或者单处一万元以上十万元以下罚金；情节特别恶劣的，处五年以上十年以下有期徒刑，并处二万元以上二十万元以下罚金。

“单位犯前两款罪的，对单位判处罚金，并对其直接负责的主管人员和其他直接责任人员，处五年以下有期徒刑或者拘役。”

六、将刑法第一百八十二条修改为：“有下列情形之一，操纵证券、期货交易价格，获取不正当利益或者转嫁风险，情节严重的，处五年以下有期徒刑或者拘役，并处或者单处违法所得一倍以上五倍以下罚金：

（一）单独或者合谋，集中资金优势、持股或者持仓优势或者利用信息优势联合或者连续买卖，操纵证券、期货交易价格的；

（二）与他人串通，以事先约定的时间、价格和方式相互进行证券、期货交易，或者相互买卖并不持有的证券，影响证券、期货交易价格或者证券、期货交易量的；

（三）以自己为交易对象，进行不转移证券所有权的自买自卖，或者以自己为交易对象，自买自卖期货合约，影响证券、期货交易价格或者证券、期货交易量的；

（四）以其他方法操纵证券、期货交易价格的。

“单位犯前款罪的，对单位判处罚金，并对其直接负责的主管人员和其他直接责任人员，处五年以下有期徒刑或者拘役。”

七、将刑法第一百八十五条修改为：“商业银行、证券交易所、期货交易所、证券公司、期货经纪公司、保险公司或者其他金融机构的工作人员利用职务上的便利，挪用本单位或者客户资金的，依照本法第二百七十二条的规定定罪处罚。

“国有商业银行、证券交易所、期货交易所、证券公司、期货经纪公司、保险公司或者其他国有金融机构的工作人员和国有商业银行、证券交易所、期货交易所、证券公司、期货经纪公司、保险公司或者其他国有金融机构委派到前款规定中的非国有机构从事公务的人员有前款行为的，依照本法第三百八十四条的规定定罪处罚。”

八、刑法第二百二十五条增加一项，作为第三项：“未经国家有关主管部门批准，非法经营证券、期货或者保险业务的；”原第三项改为第四项。

九、本修正案自公布之日起施行。

中华人民共和国刑法修正案（二）

（2001年8月31日第九届全国人民代表大会常务委员会第二十三次会议通过　2001年8月31日中华人民共和国主席令第56号公布　自公布之日起施行）

为了惩治毁林开垦和乱占滥用林地的犯罪，切实保护森林资源，将刑法第三百四十二条修改为：

“违反土地管理法规，非法占用耕地、林地等农用地，改变被占用土地用途，数量较大，造成耕地、林地等农用地大量毁坏的，处五年以下有期徒刑或者拘役，并处或者单处罚金。”

本修正案自公布之日起施行。

中华人民共和国刑法修正案（三）

（2001年12月29日第九届全国人民代表大会常务委员会第二十五次会议通过　2001年12月29日中华人民共和国主席令第64号公布　自公布之日起施行）

为了惩治恐怖活动犯罪，保障国家和人民生命、财产安全，维护社会秩序，对刑法作如下补充修改：

一、将刑法第一百一十四条修改为："放火、决水、爆炸以及投放毒害性、放射性、传染病病原体等物质或者以其他危险方法危害公共安全，尚未造成严重后果的，处三年以上十年以下有期徒刑。"

二、将刑法第一百一十五条第一款修改为："放火、决水、爆炸以及投放毒害性、放射性、传染病病原体等物质或者以其他危险方法致人重伤、死亡或者使公私财产遭受重大损失的，处十年以上有期徒刑、无期徒刑或者死刑。"

三、将刑法第一百二十条第一款修改为："组织、领导恐怖活动组织的，处十年以上有期徒刑或者无期徒刑；积极参加的，处三年以上十年以下有期徒刑；其他参加的，处三年以下有期徒刑、拘役、管制或者剥夺政治权利。"

四、刑法第一百二十条后增加一条，作为第一百二十条之一："资助恐怖活动组织或者实施恐怖活动的个人的，处五年以下有期徒刑、拘役、管制或者剥夺政治权利，并处罚金；情节严重的，处五年以上有期徒刑，并处罚金或者没收财产。

"单位犯前款罪的，对单位判处罚金，并对其直接负责的主管人员和其他直接责任人员，依照前款的规定处罚。"

五、将刑法第一百二十五条第二款修改为："非法制造、买卖、运输、储存毒害性、放射性、传染病病原体等物质，危害公共安全的，依照前款的规定处罚。”

六、将刑法第一百二十七条修改为：“盗窃、抢夺枪支、弹药、爆炸物的，或者盗窃、抢夺毒害性、放射性、传染病病原体等物质，危害公共安全的，处三年以上十年以下有期徒刑；情节严重的，处十年以上有期徒刑、无期徒刑或者死刑。

“抢劫枪支、弹药、爆炸物的，或者抢劫毒害性、放射性、传染病病原体等物质，危害公共安全的，或者盗窃、抢夺国家机关、军警人员、民兵的枪支、弹药、爆炸物的，处十年以上有期徒刑、无期徒刑或者死刑。”

七、将刑法第一百九十一条修改为：“明知是毒品犯罪、黑社会性质的组织犯罪、恐怖活动犯罪、走私犯罪的违法所得及其产生的收益，为掩饰、隐瞒其来源和性质，有下列行为之一的，没收实施以上犯罪的违法所得及其产生的收益，处五年以下有期徒刑或者拘役，并处或者单处洗钱数额百分之五以上百分之二十以下罚金；情节严重的，处五年以上十年以下有期徒刑，并处洗钱数额百分之五以上百分之二十以下罚金：（一）提供资金账户的；（二）协助将财产转换为现金或者金融票据的；（三）通过转账或者其他结算方式协助资金转移的；（四）协助将资金汇往境外的；（五）以其他方法掩饰、隐瞒犯罪的违法所得及其收益的来源和性质的。

“单位犯前款罪的，对单位判处罚金，并对其直接负责的主管人员和其他直接责任人员，处五年以下有期徒刑或者拘役；情节严重的，处五年以上十年以下有期徒刑。”

八、刑法第二百九十一条后增加一条，作为第二百九十一条之一：“投放虚假的爆炸性、毒害性、放射性、传染病病原体等物质，或者编造爆炸威胁、生化威胁、放射威胁等恐怖信息，或者明知是编造的恐怖信息而故意传播，严重扰乱社会秩序的，处五年以下有期徒刑、拘役或者管制；造成严重后果的，处五年以上有期徒刑。”

九、本修正案自公布之日起施行。

中华人民共和国刑法修正案（四）

（2002 年 12 月 28 日第九届全国人民代表大会常务委员会第三十一次会议通过　2002 年 12 月 28 日中华人民共和国主席令第 83 号公布　自公布之日起施行）

为了惩治破坏社会主义市场经济秩序、妨害社会管理秩序和国家机关工作人员的渎职犯罪行为，保障社会主义现代化建设的顺利进行，保障公民的人身安全，对刑法作如下修改和补充：

一、将刑法第一百四十五条修改为："生产不符合保障人体健康的国家标准、行业标准的医疗器械、医用卫生材料，或者销售明知是不符合保障人体健康的国家标准、行业标准的医疗器械、医用卫生材料，足以严重危害人体健康的，处三年以下有期徒刑或者拘役，并处销售金额百分之五十以上二倍以下罚金；对人体健康造成严重危害的，处三年以上十年以下有期徒刑，并处销售金额百分之五十以上二倍以下罚金；后果特别严重的，处十年以上有期徒刑或者无期徒刑，并处销售金额百分之五十以上二倍以下罚金或者没收财产。"

二、在第一百五十二条中增加一款作为第二款："逃避海关监管将境外固体废物、液态废物和气态废物运输进境，情节严重的，处五年以下有期徒刑，并处或者单处罚金；情节特别严重的，处五年以上有期徒刑，并处罚金。"

原第二款作为第三款，修改为："单位犯前两款罪的，对单位判处罚金，并对其直接负责的主管人员和其他直接责任人员，依照前两款的规定处罚。"

三、将刑法第一百五十五条修改为："下列行为，以走私罪论处，依照本节的有关规定处罚：（一）直接向走私人非法收购国家禁止进口物品的，或者直接向走私人非法收购走私进口的其他货物、物品，数额较大的；（二）在内海、领海、界河、界湖运输、收购、贩卖国家禁止进出口物品的，或者运输、收购、贩卖国家限制进出口货物、物品，数额较大，没有合法证明的。”

四、刑法第二百四十四条后增加一条，作为第二百四十四条之一：“违反劳动管理法规，雇用未满十六周岁的未成年人从事超强度体力劳动的，或者从事高空、井下作业的，或者在爆炸性、易燃性、放射性、毒害性等危险环境下从事劳动，情节严重的，对直接责任人员，处三年以下有期徒刑或者拘役，并处罚金；情节特别严重的，处三年以上七年以下有期徒刑，并处罚金。

“有前款行为，造成事故，又构成其他犯罪的，依照数罪并罚的规定处罚。”

五、将刑法第三百三十九条第三款修改为：“以原料利用为名，进口不能用作原料的固体废物、液态废物和气态废物的，依照本法第一百五十二条第二款、第三款的规定定罪处罚。”

六、将刑法第三百四十四条修改为：“违反国家规定，非法采伐、毁坏珍贵树木或者国家重点保护的其他植物的，或者非法收购、运输、加工、出售珍贵树木或者国家重点保护的其他植物及其制品的，处三年以下有期徒刑、拘役或者管制，并处罚金；情节严重的，处三年以上七年以下有期徒刑，并处罚金。”

七、将刑法第三百四十五条修改为：“盗伐森林或者其他林木，数量较大的，处三年以下有期徒刑、拘役或者管制，并处或者单处罚金；数量巨大的，处三年以上七年以下有期徒刑，并处罚金；数量特别巨大的，处七年以上有期徒刑，并处罚金。

“违反森林法的规定，滥伐森林或者其他林木，数量较大的，处三年以下有期徒刑、拘役或者管制，并处或者单处罚金；数量巨大的，处三年以上七年以下有期徒刑，并处罚金。

“非法收购、运输明知是盗伐、滥伐的林木，情节严重的，处三年以下有期徒刑、拘役或者管制，并处或者单处罚金；情节特别严重的，处三年以上七年以下有期徒刑，并处罚金。

“盗伐、滥伐国家级自然保护区内的森林或者其他林木的，从重处罚。”

八、将刑法第三百九十九条修改为：“司法工作人员徇私枉法、徇情枉法，对明知是无罪的人而使他受追诉、对明知是有罪的人而故意包庇不使他受追诉，或者在刑事审判活动中故意违背事实和法律作枉法裁判的，处五年以下有期徒刑或者拘役；情节严重的，处五年以上十年以下有期徒刑；情节特别严重的，处十年以上有期徒刑。

“在民事、行政审判活动中故意违背事实和法律作枉法裁判，情节严重的，处五年以下有期徒刑或者拘役；情节特别严重的，处五年以上十年以下有期徒刑。

“在执行判决、裁定活动中，严重不负责任或者滥用职权，不依法采取诉讼保全措施、不履行法定执行职责，或者违法采取诉讼保全措施、强制执行措施，致使当事人或者其他人的利益遭受重大损失的，处五年以下有期徒刑或者拘役；致使当事人或者其他人的利益遭受特别重大损失的，处五年以上十年以下有期徒刑。

“司法工作人员收受贿赂，有前三款行为的，同时又构成本法第三百八十五条规定之罪的，依照处罚较重的规定定罪处罚。”

九、本修正案自公布之日起施行。

中华人民共和国刑法修正案（五）

（2005年2月28日第十届全国人民代表大会常务委员会
第十四次会议通过　2005年2月28日中华人民共和国
主席令第32号公布　自公布之日起施行）

一、在刑法第一百七十七条后增加一条，作为第一百七十七条之一：“有下列情形之一，妨害信用卡管理的，处三年以下有期徒刑或者拘役，并处或者单处一万元以上十万元以下罚金；数量巨大或者有其他严重情节的，处三年以上十年以下有期徒刑，并处二万元以上二十万元以下罚金：

“（一）明知是伪造的信用卡而持有、运输的，或者明知是伪造的空白信用卡而持有、运输，数量较大的；

“（二）非法持有他人信用卡，数量较大的；

“（三）使用虚假的身份证明骗领信用卡的；

“（四）出售、购买、为他人提供伪造的信用卡或者以虚假的身份证明骗领的信用卡的。

“窃取、收买或者非法提供他人信用卡信息资料的，依照前款规定处罚。

“银行或者其他金融机构的工作人员利用职务上的便利，犯第二款罪的，从重处罚。”

二、将刑法第一百九十六条修改为：“有下列情形之一，进行信用卡诈骗活动，数额较大的，处五年以下有期徒刑或者拘役，并处二万元以上二十万元以下罚金；数额巨大或者有其他严重情节的，处五年以上十年以下有期徒刑，并处五万元以上五十万元以下罚金；数额特别巨大或者有其他特别严重情节的，处十年以上有期徒刑或者无期徒刑，并处五万元以上五十万元以下罚金或者没收财产：

“（一）使用伪造的信用卡，或者使用以虚假的身份证明骗领的信用卡的；

“（二）使用作废的信用卡的；

“（三）冒用他人信用卡的；

“（四）恶意透支的。

“前款所称恶意透支，是指持卡人以非法占有为目的，超过规定限额或者规定期限透支，并且经发卡银行催收后仍不归还的行为。

“盗窃信用卡并使用的，依照本法第二百六十四条的规定定罪处罚。”

三、在刑法第三百六十九条中增加一款作为第二款，将该条修改为：“破坏武器装备、军事设施、军事通信的，处三年以下有期徒刑、拘役或者管制；破坏重要武器装备、军事设施、军事通信的，处三年以上十年以下有期徒刑；情节特别严重的，处十年以上有期徒刑、无期徒刑或者死刑。

“过失犯前款罪，造成严重后果的，处三年以下有期徒刑或者拘役；造成特别严重后果的，处三年以上七年以下有期徒刑。

“战时犯前两款罪的，从重处罚。”

四、本修正案自公布之日起施行。

中华人民共和国刑法修正案（六）

（2006年6月29日第十届全国人民代表大会常务委员会第二十二次会议通过　2006年6月29日中华人民共和国主席令第51号公布　自公布之日起施行）

一、将刑法第一百三十四条修改为：“在生产、作业中违反有关安全管理的规定，因而发生重大伤亡事故或者造成其他严重后果的，处三年以下有期徒刑或者拘役；情节特别恶劣的，处三年以上七年以下有期徒刑。

“强令他人违章冒险作业，因而发生重大伤亡事故或者造成其他严重后果的，处五年以下有期徒刑或者拘役；情节特别恶劣的，处五年以上有期徒刑。”

二、将刑法第一百三十五条修改为：“安全生产设施或者安全生产条件不符合国家规定，因而发生重大伤亡事故或者造成其他严重后果的，对直接负责的主管人员和其他直接责任人员，处三年以下有期徒刑或者拘役；情节特别恶劣的，处三年以上七年以下有期徒刑。”

三、在刑法第一百三十五条后增加一条，作为第一百三十五条之一：“举办大型群众性活动违反安全管理规定，因而发生重大伤亡事故或者造成其他严重后果的，对直接负责的主管人员和其他直接责任人员，处三年以下有期徒刑或者拘役；情节特别恶劣的，处三年以上七年以下有期徒刑。”

四、在刑法第一百三十九条后增加一条，作为第一百三十九条之一：“在安全事故发生后，负有报告职责的人员不报或者谎报事故情况，贻误事故抢救，情节严重的，处三年以下有期徒刑或者拘役；情节特别严重的，处三年以上七年以下有期徒刑。”

五、将刑法第一百六十一条修改为：“依法负有信息披露义务的公司、企业向股东和社会公众提供虚假的或者隐瞒重要事实的财务会计报告，或者对依法应当披露的其他重要信息不按照规定披露，严重损害股东或者其他人利益，或者有其他严重情节的，对其直接负责的主管人员和其他直接责任人员，处三年以下有期徒刑或者拘役，并处或者单处二万元以上二十万元以下罚金。”

六、在刑法第一百六十二条之一后增加一条，作为第一百六十二条之二：“公司、企业通过隐匿财产、承担虚构的债务或者以其他方法转移、处分财产，实施虚假破产，严重损害债权人或者其他人利益的，对其直接负责的主管人员和其他直接责任人员，处五年以下有期徒刑或者拘役，并处或者单处二万元以上二十万元以下罚金。”

七、将刑法第一百六十三条修改为：“公司、企业或者其他单位的工作人员利用职务上的便利，索取他人财物或者非法收受他人财物，为他人谋取利益，数额较大的，处五年以下有期徒刑或者拘役；数额巨大的，处五年以上有期徒刑，可以并处没收财产。

“公司、企业或者其他单位的工作人员在经济往来中，利用职务上的便利，违反国家规定，收受各种名义的回扣、手续费，归个人所有的，依照前款的规定处罚。

“国有公司、企业或者其他国有单位中从事公务的人员和国有公司、企业或者其他国有单位委派到非国有公司、企业以及其他单位从事公务的人员有前两款行为的，依照本法第三百八十五条、第三百八十六条的规定定罪处罚。”

八、将刑法第一百六十四条第一款修改为：“为谋取不正当利益，给予公司、企业或者其他单位的工作人员以财物，数额较大的，处三年以下有期徒刑或者拘役；数额巨大的，处三年以上十年以下有期徒刑，并处罚金。”

九、在刑法第一百六十九条后增加一条，作为第一百六十九条之一：“上市公司的董事、监事、高级管理人员违背对公司的忠实义务，利用职务便利，操纵上市公司从事下列行为之一，致使上市公司利益遭受重大损失的，处三年以下有期徒刑或者拘役，并处或者单处罚金；致使上市公司利益遭受特别重大损失的，处三年以上七年以下有期徒刑，并处罚金：

“（一）无偿向其他单位或者个人提供资金、商品、服务或者其他资产的；

“（二）以明显不公平的条件，提供或者接受资金、商品、服务或者其他资产的；

“（三）向明显不具有清偿能力的单位或者个人提供资金、商品、服务或者其他资产的；

“（四）为明显不具有清偿能力的单位或者个人提供担保，或者无正当理由为其他单位或者个人提供担保的；

“（五）无正当理由放弃债权、承担债务的；

“（六）采用其他方式损害上市公司利益的。

“上市公司的控股股东或者实际控制人，指使上市公司董事、监事、高级管理人员实施前款行为的，依照前款的规定处罚。

“犯前款罪的上市公司的控股股东或者实际控制人是单位的，对单位判处罚金，并对其直接负责的主管人员和其他直接责任人员，依照第一款的规定处罚。”

十、在刑法第一百七十五条后增加一条，作为第一百七十五条之一：“以欺骗手段取得银行或者其他金融机构贷款、票据承兑、信用证、保函等，给银行或者其他金融机构造成重大损失或者有其他严重情节的，处三年以下有期徒刑或者拘役，并处或者单处罚金；给银行或者其他金融机构造成特别重大损失或者有其他特别严重情节的，处三年以上七年以下有期徒刑，并处罚金。

“单位犯前款罪的，对单位判处罚金，并对其直接负责的主管人员和其他直接责任人员，依照前款的规定处罚。”

十一、将刑法第一百八十二条修改为：“有下列情形之一，操纵证券、期货市场，情节严重的，处五年以下有期徒刑或者拘役，并处或者单处罚金；情节特别严重的，处五年以上十年以下有期徒刑，并处罚金：

“（一）单独或者合谋，集中资金优势、持股或者持仓优势或者利用信息优势联合或者连续买卖，操纵证券、期货交易价格或者证券、期货交易量的；

“（二）与他人串通，以事先约定的时间、价格和方式相互进行证券、期货交易，影响证券、期货交易价格或者证券、期货交易量的；

“（三）在自己实际控制的账户之间进行证券交易，或者以自己为交易对象，自买自卖期货合约，影响证券、期货交易价格或者证券、期货交易量的；

“（四）以其他方法操纵证券、期货市场的。

“单位犯前款罪的，对单位判处罚金，并对其直接负责的主管人员和其他直接责任人员，依照前款的规定处罚。”

十二、在刑法第一百八十五条后增加一条，作为第一百八十五条之一：“商业银行、证券交易所、期货交易所、证券公司、期货经纪公司、保险公司或者其他金融机构，违背受托义务，擅自运用客户资金或者其他委托、信托的财产，情节严重的，对单位判处罚金，并对其直接负责的主管人员和其他直接责任人员，处三年以下有期徒刑或者拘役，并处三万元以上三十万元以下罚金；情节特别严重的，处三年以上十年以下有期徒刑，并处五万元以上五十万元以下罚金。

“社会保障基金管理机构、住房公积金管理机构等公众资金管理机构，以及保险公司、保险资产管理公司、证券投资基金管理公司，违反国家规定运用资金的，对其直接负责的主管人员和其他直接责任人员，依照前款的规定处罚。”

十三、将刑法第一百八十六条第一款、第二款修改为：“银行或者其他金融机构的工作人员违反国家规定发放贷款，数额巨大或者造成重大损失的，处五年以下有期徒刑或者拘役，并处一万元以上十万元以下罚金；数额特别巨大或者造成特别重大损失的，处五年以上有期徒刑，并处二万元以上二十万元以下罚金。

“银行或者其他金融机构的工作人员违反国家规定，向关系人发放贷款的，依照前款的规定从重处罚。”

十四、将刑法第一百八十七条第一款修改为：“银行或者其他金融机构的工作人员吸收客户资金不入账，数额巨大或者造成重大损失的，处五年以下有期徒刑或者拘役，并处二万元以上二十万元以下罚金；数额特别巨大或者造成特别重大损失的，处五年以上有期徒刑，并处五万元以上五十万元以下罚金。”

十五、将刑法第一百八十八条第一款修改为：“银行或者其他金融机构的工作人员违反规定，为他人出具信用证或者其他保函、票据、存单、资信证明，情节严重的，处五年以下有期徒刑或者拘役；情节特别严重的，处五年以上有期徒刑。”

十六、将刑法第一百九十一条第一款修改为：“明知是毒品犯罪、黑社会性质的组织犯罪、恐怖活动犯罪、走私犯罪、贪污贿赂犯罪、破坏金融管理秩序犯罪、金融诈骗犯罪的所得及其产生的收益，为掩饰、隐瞒其来源和性质，有下列行为之一的，没收实施以上犯罪的所得及其产生的收益，处五年以下有期徒刑或者拘役，并处或者单处洗钱数额百分之五以上百分之二十以下罚金；情节严重的，处五年以上十年以下有期徒刑，并处洗钱数额百分之五以上百分之二十以下罚金：

“（一）提供资金账户的；

“（二）协助将财产转换为现金、金融票据、有价证券的；

“（三）通过转账或者其他结算方式协助资金转移的；

“（四）协助将资金汇往境外的；

“（五）以其他方法掩饰、隐瞒犯罪所得及其收益的来源和性质的。”

十七、在刑法第二百六十二条后增加一条，作为第二百六十二条之一：“以暴力、胁迫手段组织残疾人或者不满十四周岁的未成年人乞讨的，处三年以下有期徒刑或者拘役，并处罚金；情节严重的，处三年以上七年以下有期徒刑，并处罚金。”

十八、将刑法第三百零三条修改为：“以营利为目的，聚众赌博或者以赌博为业的，处三年以下有期徒刑、拘役或者管制，并处罚金。

“开设赌场的，处三年以下有期徒刑、拘役或者管制，并处罚金；情节严重的，处三年以上十年以下有期徒刑，并处罚金。”

十九、将刑法第三百一十二条修改为：“明知是犯罪所得及其产生的收益而予以窝藏、转移、收购、代为销售或者以其他方法掩饰、隐瞒的，处三年以下有期徒刑、拘役或者管制，并处或者单处罚金；情节严重的，处三年以上七年以下有期徒刑，并处罚金。”

二十、在刑法第三百九十九条后增加一条，作为第三百九十九条之一：“依法承担仲裁职责的人员，在仲裁活动中故意违背事实和法律作枉法裁决，情节严重的，处三年以下有期徒刑或者拘役；情节特别严重的，处三年以上七年以下有期徒刑。”

二十一、本修正案自公布之日起施行。

中华人民共和国刑法修正案（七）

（2009 年 2 月 28 日第十一届全国人民代表大会常务
委员会第七次会议通过　2009 年 2 月 28 日中华人民
共和国主席令第 10 号公布　自公布之日起施行）

一、将刑法第一百五十一条第三款修改为："走私珍稀植物及其制品等国家禁止进出口的其他货物、物品的，处五年以下有期徒刑或者拘役，并处或者单处罚金；情节严重的，处五年以上有期徒刑，并处罚金。"

二、将刑法第一百八十条第一款修改为："证券、期货交易内幕信息的知情人员或者非法获取证券、期货交易内幕信息的人员，在涉及证券的发行，证券、期货交易或者其他对证券、期货交易价格有重大影响的信息尚未公开前，买入或者卖出该证券，或者从事与该内幕信息有关的期货交易，或者泄露该信息，或者明示、暗示他人从事上述交易活动，情节严重的，处五年以下有期徒刑或者拘役，并处或者单处违法所得一倍以上五倍以下罚金；情节特别严重的，处五年以上十年以下有期徒刑，并处违法所得一倍以上五倍以下罚金。"

增加一款作为第四款："证券交易所、期货交易所、证券公司、期货经纪公司、基金管理公司、商业银行、保险公司等金融机构的从业人员以及有关监管部门或者行业协会的工作人员，利用因职务便利获取的内幕信息以外的其他未公开的信息，违反规定，从事与该信息相关的证券、期货交易活动，或者明示、暗示他人从事相关交易活动，情节严重的，依照第一款的规定处罚。"

三、将刑法第二百零一条修改为："纳税人采取欺骗、隐瞒手段进行虚假纳税申报或者不申报，逃避缴纳税款数额较大并且占应纳税额百分之十以上的，处三年以下有期徒刑或者拘役，并处罚金；数额巨大并且占应纳税额百分之三十以上的，处三年以上七年以下有期徒刑，并处罚金。

“扣缴义务人采取前款所列手段，不缴或者少缴已扣、已收税款，数额较大的，依照前款的规定处罚。

“对多次实施前两款行为，未经处理的，按照累计数额计算。

“有第一款行为，经税务机关依法下达追缴通知后，补缴应纳税款，缴纳滞纳金，已受行政处罚的，不予追究刑事责任；但是，五年内因逃避缴纳税款受过刑事处罚或者被税务机关给予二次以上行政处罚的除外。”

四、在刑法第二百二十四条后增加一条，作为第二百二十四条之一：“组织、领导以推销商品、提供服务等经营活动为名，要求参加者以缴纳费用或者购买商品、服务等方式获得加入资格，并按照一定顺序组成层级，直接或者间接以发展人员的数量作为计酬或者返利依据，引诱、胁迫参加者继续发展他人参加，骗取财物，扰乱经济社会秩序的传销活动的，处五年以下有期徒刑或者拘役，并处罚金；情节严重的，处五年以上有期徒刑，并处罚金。”

五、将刑法第二百二十五条第三项修改为：“未经国家有关主管部门批准非法经营证券、期货、保险业务的，或者非法从事资金支付结算业务的；”

六、将刑法第二百三十九条修改为：“以勒索财物为目的绑架他人的，或者绑架他人作为人质的，处十年以上有期徒刑或者无期徒刑，并处罚金或者没收财产；情节较轻的，处五年以上十年以下有期徒刑，并处罚金。

“犯前款罪，致使被绑架人死亡或者杀害被绑架人的，处死刑，并处没收财产。

“以勒索财物为目的偷盗婴幼儿的，依照前两款的规定处罚。”

七、在刑法第二百五十三条后增加一条，作为第二百五十三条之一：“国家机关或者金融、电信、交通、教育、医疗等单位的工作人员，违反国家规定，将本单位在履行职责或者提供服务过程中获得的公民个人信息，出售或者非法提供给他人，情节严重的，处三年以下有期徒刑或者拘役，并处或者单处罚金。

“窃取或者以其他方法非法获取上述信息，情节严重的，依照前款的规定处罚。

“单位犯前两款罪的，对单位判处罚金，并对其直接负责的主管人员和其他直接责任人员，依照各该款的规定处罚。”

八、在刑法第二百六十二条之一后增加一条，作为第二百六十二条之二：“组织未成年人进行盗窃、诈骗、抢夺、敲诈勒索等违反治安管理活动的，处三年以下有期徒刑或者拘役，并处罚金；情节严重的，处三年以上七年以下有期徒刑，并处罚金。”

九、在刑法第二百八十五条中增加两款作为第二款、第三款：“违反国家规定，侵入前款规定以外的计算机信息系统或者采用其他技术手段，获取该计算机信息系统中存储、处理或者传输的数据，或者对该计算机信息系统实施非法控制，情节严重的，处三年以下有期徒刑或者拘役，并处或者单处罚金；情节特别严重的，处三年以上七年以下有期徒刑，并处罚金。

“提供专门用于侵入、非法控制计算机信息系统的程序、工具，或者明知他人实施侵入、非法控制计算机信息系统的违法犯罪行为而为其提供程序、工具，情节严重的，依照前款的规定处罚。”

十、在刑法第三百一十二条中增加一款作为第二款：“单位犯前款罪的，对单位判处罚金，并对其直接负责的主管人员和其他直接责任人员，依照前款的规定处罚。”

十一、将刑法第三百三十七条第一款修改为：“违反有关动植物防疫、检疫的国家规定，引起重大动植物疫情的，或者有引起重大动植物疫情危险，情节严重的，处三年以下有期徒刑或者拘役，并处或者单处罚金。”

十二、将刑法第三百七十五条第二款修改为：“非法生产、买卖武装部队制式服装，情节严重的，处三年以下有期徒刑、拘役或者管制，并处或者单处罚金。”

增加一款作为第三款：“伪造、盗窃、买卖或者非法提供、使用武装部队车辆号牌等专用标志，情节严重的，处三年以下有期徒刑、拘役或者管制，并处或者单处罚金；情节特别严重的，处三年以上七年以下有期徒刑，并处罚金。”

原第三款作为第四款，修改为：“单位犯第二款、第三款罪的，对单位判处罚金，并对其直接负责的主管人员和其他直接责任人员，依照各该款的规定处罚。”

十三、在刑法第三百八十八条后增加一条作为第三百八十八条之一：“国家工作人员的近亲属或者其他与该国家工作人员关系密切的人，通过该国家工作人员职务上的行为，或者利用该国家工作人员职权或者地位形成的便利条件，通过其他国家工作人员职务上的行为，为请托人谋取不正当利益，索取请托人财物或者收受请托人财物，数额较大或者有其他较重情节的，处三年以下有期徒刑或者拘役，并处罚金；数额巨大或者有其他严重情节的，处三年以上七年以下有期徒刑，并处罚金；数额特别巨大或者有其他特别严重情节的，处七年以上有期徒刑，并处罚金或者没收财产。

“离职的国家工作人员或者其近亲属以及其他与其关系密切的人，利用该离职的国家工作人员原职权或者地位形成的便利条件实施前款行为的，依照前款的规定定罪处罚。”

十四、将刑法第三百九十五条第一款修改为：“国家工作人员的财产、支出明显超过合法收入，差额巨大的，可以责令该国家工作人员说明来源，不能说明来源的，差额部分以非法所得论，处五年以下有期徒刑或者拘役；差额特别巨大的，处五年以上十年以下有期徒刑。财产的差额部分予以追缴。”

十五、本修正案自公布之日起施行。

中华人民共和国刑法修正案（八）

（2011年2月25日第十一届全国人民代表大会常务委员会
第十九次会议通过　2011年2月25日中华人民共和国
主席令第41号公布　自2011年5月1日起施行）

一、在刑法第十七条后增加一条，作为第十七条之一："已满七十五周岁的人故意犯罪的，可以从轻或者减轻处罚；过失犯罪的，应当从轻或者减轻处罚。"

二、在刑法第三十八条中增加一款作为第二款："判处管制，可以根据犯罪情况，同时禁止犯罪分子在执行期间从事特定活动，进入特定区域、场所，接触特定的人。"

原第二款作为第三款，修改为："对判处管制的犯罪分子，依法实行社区矫正。"

增加一款作为第四款："违反第二款规定的禁止令的，由公安机关依照《中华人民共和国治安管理处罚法》的规定处罚。"

三、在刑法第四十九条中增加一款作为第二款："审判的时候已满七十五周岁的人，不适用死刑，但以特别残忍手段致人死亡的除外。"

四、将刑法第五十条修改为："判处死刑缓期执行的，在死刑缓期执行期间，如果没有故意犯罪，二年期满以后，减为无期徒刑；如果确有重大立功表现，二年期满以后，减为二十五年有期徒刑；如果故意犯罪，查证属实的，由最高人民法院核准，执行死刑。

"对被判处死刑缓期执行的累犯以及因故意杀人、强奸、抢劫、绑架、放火、爆炸、投放危险物质或者有组织的暴力性犯罪被判处死刑缓期执行的犯罪分子，人民法院根据犯罪情节等情况可以同时决定对其限制减刑。"

五、将刑法第六十三条第一款修改为："犯罪分子具有本法规定的减轻处罚情节的，应当在法定刑以下判处刑罚；本法规定有数个量刑幅度的，应当在法定量刑幅度的下一个量刑幅度内判处刑罚。”

六、将刑法第六十五条第一款修改为：“被判处有期徒刑以上刑罚的犯罪分子，刑罚执行完毕或者赦免以后，在五年以内再犯应当判处有期徒刑以上刑罚之罪的，是累犯，应当从重处罚，但是过失犯罪和不满十八周岁的人犯罪的除外。”

七、将刑法第六十六条修改为：“危害国家安全犯罪、恐怖活动犯罪、黑社会性质的组织犯罪的犯罪分子，在刑罚执行完毕或者赦免以后，在任何时候再犯上述任一类罪的，都以累犯论处。”

八、在刑法第六十七条中增加一款作为第三款：“犯罪嫌疑人虽不具有前两款规定的自首情节，但是如实供述自己罪行的，可以从轻处罚；因其如实供述自己罪行，避免特别严重后果发生的，可以减轻处罚。”

九、删去刑法第六十八条第二款。

十、将刑法第六十九条修改为：“判决宣告以前一人犯数罪的，除判处死刑和无期徒刑的以外，应当在总和刑期以下、数刑中最高刑期以上，酌情决定执行的刑期，但是管制最高不能超过三年，拘役最高不能超过一年，有期徒刑总和刑期不满三十五年的，最高不能超过二十年，总和刑期在三十五年以上的，最高不能超过二十五年。

“数罪中有判处附加刑的，附加刑仍须执行，其中附加刑种类相同的，合并执行，种类不同的，分别执行。”

十一、将刑法第七十二条修改为：“对于被判处拘役、三年以下有期徒刑的犯罪分子，同时符合下列条件的，可以宣告缓刑，对其中不满十八周岁的人、怀孕的妇女和已满七十五周岁的人，应当宣告缓刑：

“（一）犯罪情节较轻；

“（二）有悔罪表现；

“（三）没有再犯罪的危险；

“（四）宣告缓刑对所居住社区没有重大不良影响。

“宣告缓刑，可以根据犯罪情况，同时禁止犯罪分子在缓刑考验期限内从事特定活动，进入特定区域、场所，接触特定的人。

“被宣告缓刑的犯罪分子，如果被判处附加刑，附加刑仍须执行。”

十二、将刑法第七十四条修改为："对于累犯和犯罪集团的首要分子，不适用缓刑。"

十三、将刑法第七十六条修改为："对宣告缓刑的犯罪分子，在缓刑考验期限内，依法实行社区矫正，如果没有本法第七十七条规定的情形，缓刑考验期满，原判的刑罚就不再执行，并公开予以宣告。"

十四、将刑法第七十七条第二款修改为："被宣告缓刑的犯罪分子，在缓刑考验期限内，违反法律、行政法规或者国务院有关部门关于缓刑的监督管理规定，或者违反人民法院判决中的禁止令，情节严重的，应当撤销缓刑，执行原判刑罚。"

十五、将刑法第七十八条第二款修改为："减刑以后实际执行的刑期不能少于下列期限：

"（一）判处管制、拘役、有期徒刑的，不能少于原判刑期的二分之一；

"（二）判处无期徒刑的，不能少于十三年；

"（三）人民法院依照本法第五十条第二款规定限制减刑的死刑缓期执行的犯罪分子，缓期执行期满后依法减为无期徒刑的，不能少于二十五年，缓期执行期满后依法减为二十五年有期徒刑的，不能少于二十年。"

十六、将刑法第八十一条修改为："被判处有期徒刑的犯罪分子，执行原判刑期二分之一以上，被判处无期徒刑的犯罪分子，实际执行十三年以上，如果认真遵守监规，接受教育改造，确有悔改表现，没有再犯罪的危险的，可以假释。如果有特殊情况，经最高人民法院核准，可以不受上述执行刑期的限制。

"对累犯以及因故意杀人、强奸、抢劫、绑架、放火、爆炸、投放危险物质或者有组织的暴力性犯罪被判处十年以上有期徒刑、无期徒刑的犯罪分子，不得假释。

"对犯罪分子决定假释时，应当考虑其假释后对所居住社区的影响。"

十七、将刑法第八十五条修改为："对假释的犯罪分子，在假释考验期限内，依法实行社区矫正，如果没有本法第八十六条规定的情形，假释考验期满，就认为原判刑罚已经执行完毕，并公开予以宣告。"

十八、将刑法第八十六条第三款修改为："被假释的犯罪分子，在假释考验期限内，有违反法律、行政法规或者国务院有关部门关于假释的监督管理规定的行为，尚未构成新的犯罪的，应当依照法定程序撤销假释，收监执行未执行完毕的刑罚。"

十九、在刑法第一百条中增加一款作为第二款："犯罪的时候不满十八周岁被判处五年有期徒刑以下刑罚的人，免除前款规定的报告义务。"

二十、将刑法第一百零七条修改为："境内外机构、组织或者个人资助实施本章第一百零二条、第一百零三条、第一百零四条、第一百零五条规定之罪的，对直接责任人员，处五年以下有期徒刑、拘役、管制或者剥夺政治权利；情节严重的，处五年以上有期徒刑。"

二十一、将刑法第一百零九条修改为："国家机关工作人员在履行公务期间，擅离岗位，叛逃境外或者在境外叛逃的，处五年以下有期徒刑、拘役、管制或者剥夺政治权利；情节严重的，处五年以上十年以下有期徒刑。

"掌握国家秘密的国家工作人员叛逃境外或者在境外叛逃的，依照前款的规定从重处罚。"

二十二、在刑法第一百三十三条后增加一条，作为第一百三十三条之一："在道路上驾驶机动车追逐竞驶，情节恶劣的，或者在道路上醉酒驾驶机动车的，处拘役，并处罚金。

"有前款行为，同时构成其他犯罪的，依照处罚较重的规定定罪处罚。"

二十三、将刑法第一百四十一条第一款修改为："生产、销售假药的，处三年以下有期徒刑或者拘役，并处罚金；对人体健康造成严重危害或者有其他严重情节的，处三年以上十年以下有期徒刑，并处罚金；致人死亡或者有其他特别严重情节的，处十年以上有期徒刑、无期徒刑或者死刑，并处罚金或者没收财产。"

二十四、将刑法第一百四十三条修改为："生产、销售不符合食品安全标准的食品，足以造成严重食物中毒事故或者其他严重食源性疾病的，处三年以下有期徒刑或者拘役，并处罚金；对人体健康造成严重危害或者有其他严重情节的，处三年以上七年以下有期徒刑，并处罚金；后果特别严重的，处七年以上有期徒刑或者无期徒刑，并处罚金或者没收财产。”

二十五、将刑法第一百四十四条修改为：“在生产、销售的食品中掺入有毒、有害的非食品原料的，或者销售明知掺有有毒、有害的非食品原料的食品的，处五年以下有期徒刑，并处罚金；对人体健康造成严重危害或者有其他严重情节的，处五年以上十年以下有期徒刑，并处罚金；致人死亡或者有其他特别严重情节的，依照本法第一百四十一条的规定处罚。”

二十六、将刑法第一百五十一条修改为：“走私武器、弹药、核材料或者伪造的货币的，处七年以上有期徒刑，并处罚金或者没收财产；情节特别严重的，处无期徒刑或者死刑，并处没收财产；情节较轻的，处三年以上七年以下有期徒刑，并处罚金。

“走私国家禁止出口的文物、黄金、白银和其他贵重金属或者国家禁止进出口的珍贵动物及其制品的，处五年以上十年以下有期徒刑，并处罚金；情节特别严重的，处十年以上有期徒刑或者无期徒刑，并处没收财产；情节较轻的，处五年以下有期徒刑，并处罚金。

“走私珍稀植物及其制品等国家禁止进出口的其他货物、物品的，处五年以下有期徒刑或者拘役，并处或者单处罚金；情节严重的，处五年以上有期徒刑，并处罚金。

“单位犯本条规定之罪的，对单位判处罚金，并对其直接负责的主管人员和其他直接责任人员，依照本条各款的规定处罚。”

二十七、将刑法第一百五十三条第一款修改为：“走私本法第一百五十一条、第一百五十二条、第三百四十七条规定以外的货物、物品的，根据情节轻重，分别依照下列规定处罚：

“（一）走私货物、物品偷逃应缴税额较大或者一年内曾因走私被给予二次行政处罚后又走私的，处三年以下有期徒刑或者拘役，并处偷逃应缴税额一倍以上五倍以下罚金。

“（二）走私货物、物品偷逃应缴税额巨大或者有其他严重情节的，处三年以上十年以下有期徒刑，并处偷逃应缴税额一倍以上五倍以下罚金。

“（三）走私货物、物品偷逃应缴税额特别巨大或者有其他特别严重情节的，处十年以上有期徒刑或者无期徒刑，并处偷逃应缴税额一倍以上五倍以下罚金或者没收财产。”

二十八、将刑法第一百五十七条第一款修改为：“武装掩护走私的，依照本法第一百五十一条第一款的规定从重处罚。”

二十九、将刑法第一百六十四条修改为：“为谋取不正当利益，给予公司、企业或者其他单位的工作人员以财物，数额较大的，处三年以下有期徒刑或者拘役；数额巨大的，处三年以上十年以下有期徒刑，并处罚金。

“为谋取不正当商业利益，给予外国公职人员或者国际公共组织官员以财物的，依照前款的规定处罚。

“单位犯前两款罪的，对单位判处罚金，并对其直接负责的主管人员和其他直接责任人员，依照第一款的规定处罚。

“行贿人在被追诉前主动交待行贿行为的，可以减轻处罚或者免除处罚。”

三十、将刑法第一百九十九条修改为：“犯本节第一百九十二条规定之罪，数额特别巨大并且给国家和人民利益造成特别重大损失的，处无期徒刑或者死刑，并处没收财产。”

三十一、将刑法第二百条修改为：“单位犯本节第一百九十二条、第一百九十四条、第一百九十五条规定之罪的，对单位判处罚金，并对其直接负责的主管人员和其他直接责任人员，处五年以下有期徒刑或者拘役，可以并处罚金；数额巨大或者有其他严重情节的，处五年以上十年以下有期徒刑，并处罚金；数额特别巨大或者有其他特别严重情节的，处十年以上有期徒刑或者无期徒刑，并处罚金。”

三十二、删去刑法第二百零五条第二款。

三十三、在刑法第二百零五条后增加一条，作为第二百零五条之一：“虚开本法第二百零五条规定以外的其他发票，情节严重的，处二年以下有期徒刑、拘役或者管制，并处罚金；情节特别严重的，处二年以上七年以下有期徒刑，并处罚金。

“单位犯前款罪的，对单位判处罚金，并对其直接负责的主管人员和其他直接责任人员，依照前款的规定处罚。”

三十四、删去刑法第二百零六条第二款。

三十五、在刑法第二百一十条后增加一条，作为第二百一十条之一：“明知是伪造的发票而持有，数量较大的，处二年以下有期徒刑、拘役或者管制，并处罚金；数量巨大的，处二年以上七年以下有期徒刑，并处罚金。

“单位犯前款罪的，对单位判处罚金，并对其直接负责的主管人员和其他直接责任人员，依照前款的规定处罚。”

三十六、将刑法第二百二十六条修改为：“以暴力、威胁手段，实施下列行为之一，情节严重的，处三年以下有期徒刑或者拘役，并处或者单处罚金；情节特别严重的，处三年以上七年以下有期徒刑，并处罚金：

“（一）强买强卖商品的；

“（二）强迫他人提供或者接受服务的；

“（三）强迫他人参与或者退出投标、拍卖的；

“（四）强迫他人转让或者收购公司、企业的股份、债券或者其他资产的；

“（五）强迫他人参与或者退出特定的经营活动的。”

三十七、在刑法第二百三十四条后增加一条，作为第二百三十四条之一：“组织他人出卖人体器官的，处五年以下有期徒刑，并处罚金；情节严重的，处五年以上有期徒刑，并处罚金或者没收财产。

“未经本人同意摘取其器官，或者摘取不满十八周岁的人的器官，或者强迫、欺骗他人捐献器官的，依照本法第二百三十四条、第二百三十二条的规定定罪处罚。

“违背本人生前意愿摘取其尸体器官，或者本人生前未表示同意，违反国家规定，违背其近亲属意愿摘取其尸体器官的，依照本法第三百零二条的规定定罪处罚。”

三十八、将刑法第二百四十四条修改为：“以暴力、威胁或者限制人身自由的方法强迫他人劳动的，处三年以下有期徒刑或者拘役，并处罚金；情节严重的，处三年以上十年以下有期徒刑，并处罚金。

“明知他人实施前款行为，为其招募、运送人员或者有其他协助强迫他人劳动行为的，依照前款的规定处罚。

“单位犯前两款罪的，对单位判处罚金，并对其直接负责的主管人员和其他直接责任人员，依照第一款的规定处罚。”

三十九、将刑法第二百六十四条修改为：“盗窃公私财物，数额较大的，或者多次盗窃、入户盗窃、携带凶器盗窃、扒窃的，处三年以下有期徒刑、拘役或者管制，并处或者单处罚金；数额巨大或者有其他严重情节的，处三年以上十年以下有期徒刑，并处罚金；数额特别巨大或者有其他特别严重情节的，处十年以上有期徒刑或者无期徒刑，并处罚金或者没收财产。”

四十、将刑法第二百七十四条修改为：“敲诈勒索公私财物，数额较大或者多次敲诈勒索的，处三年以下有期徒刑、拘役或者管制，并处或者单处罚金；数额巨大或者有其他严重情节的，处三年以上十年以下有期徒刑，并处罚金；数额特别巨大或者有其他特别严重情节的，处十年以上有期徒刑，并处罚金。”

四十一、在刑法第二百七十六条后增加一条，作为第二百七十六条之一：“以转移财产、逃匿等方法逃避支付劳动者的劳动报酬或者有能力支付而不支付劳动者的劳动报酬，数额较大，经政府有关部门责令支付仍不支付的，处三年以下有期徒刑或者拘役，并处或者单处罚金；造成严重后果的，处三年以上七年以下有期徒刑，并处罚金。

“单位犯前款罪的，对单位判处罚金，并对其直接负责的主管人员和其他直接责任人员，依照前款的规定处罚。

“有前两款行为，尚未造成严重后果，在提起公诉前支付劳动者的劳动报酬，并依法承担相应赔偿责任的，可以减轻或者免除处罚。”

四十二、将刑法第二百九十三条修改为：“有下列寻衅滋事行为之一，破坏社会秩序的，处五年以下有期徒刑、拘役或者管制：

“（一）随意殴打他人，情节恶劣的；

“（二）追逐、拦截、辱骂、恐吓他人，情节恶劣的；

“（三）强拿硬要或者任意损毁、占用公私财物，情节严重的；

“（四）在公共场所起哄闹事，造成公共场所秩序严重混乱的。

“纠集他人多次实施前款行为，严重破坏社会秩序的，处五年以上十年以下有期徒刑，可以并处罚金。”

四十三、将刑法第二百九十四条修改为：“组织、领导黑社会性质的组织的，处七年以上有期徒刑，并处没收财产；积极参加的，处三年以上七年以下有期徒刑，可以并处罚金或者没收财产；其他参加的，处三年以下有期徒刑、拘役、管制或者剥夺政治权利，可以并处罚金。

“境外的黑社会组织的人员到中华人民共和国境内发展组织成员的，处三年以上十年以下有期徒刑。

“国家机关工作人员包庇黑社会性质的组织，或者纵容黑社会性质的组织进行违法犯罪活动的，处五年以下有期徒刑；情节严重的，处五年以上有期徒刑。

“犯前三款罪又有其他犯罪行为的，依照数罪并罚的规定处罚。

“黑社会性质的组织应当同时具备以下特征：

“（一）形成较稳定的犯罪组织，人数较多，有明确的组织者、领导者，骨干成员基本固定；

“（二）有组织地通过违法犯罪活动或者其他手段获取经济利益，具有一定的经济实力，以支持该组织的活动；

“（三）以暴力、威胁或者其他手段，有组织地多次进行违法犯罪活动，为非作恶，欺压、残害群众；

“（四）通过实施违法犯罪活动，或者利用国家工作人员的包庇或者纵容，称霸一方，在一定区域或者行业内，形成非法控制或者重大影响，严重破坏经济、社会生活秩序。”

四十四、将刑法第二百九十五条修改为：“传授犯罪方法的，处五年以下有期徒刑、拘役或者管制；情节严重的，处五年以上十年以下有期徒刑；情节特别严重的，处十年以上有期徒刑或者无期徒刑。”

四十五、将刑法第三百二十八条第一款修改为：“盗掘具有历史、艺术、科学价值的古文化遗址、古墓葬的，处三年以上十年以下有期徒刑，并处罚金；情节较轻的，处三年以下有期徒刑、拘役或者管制，并处罚金；有下列情形之一的，处十年以上有期徒刑或者无期徒刑，并处罚金或者没收财产：

“（一）盗掘确定为全国重点文物保护单位和省级文物保护单位的古文化遗址、古墓葬的；

“（二）盗掘古文化遗址、古墓葬集团的首要分子；

“（三）多次盗掘古文化遗址、古墓葬的；

“（四）盗掘古文化遗址、古墓葬，并盗窃珍贵文物或者造成珍贵文物严重破坏的。”

四十六、将刑法第三百三十八条修改为：“违反国家规定，排放、倾倒或者处置有放射性的废物、含传染病病原体的废物、有毒物质或者其他有害物质，严重污染环境的，处三年以下有期徒刑或者拘役，并处或者单处罚金；后果特别严重的，处三年以上七年以下有期徒刑，并处罚金。”

四十七、将刑法第三百四十三条第一款修改为：“违反矿产资源法的规定，未取得采矿许可证擅自采矿，擅自进入国家规划矿区、对国民经济具有重要价值的矿区和他人矿区范围采矿，或者擅自开采国家规定实行保护性开采的特定矿种，情节严重的，处三年以下有期徒刑、拘役或者管制，并处或者单处罚金；情节特别严重的，处三年以上七年以下有期徒刑，并处罚金。”

四十八、将刑法第三百五十八条第三款修改为：“为组织卖淫的人招募、运送人员或者有其他协助组织他人卖淫行为的，处五年以下有期徒刑，并处罚金；情节严重的，处五年以上十年以下有期徒刑，并处罚金。”

四十九、在刑法第四百零八条后增加一条，作为第四百零八条之一：“负有食品安全监督管理职责的国家机关工作人员，滥用职权或者玩忽职守，导致发生重大食品安全事故或者造成其他严重后果的，处五年以下有期徒刑或者拘役；造成特别严重后果的，处五年以上十年以下有期徒刑。

“徇私舞弊犯前款罪的，从重处罚。”

五十、本修正案自2011年5月1日起施行。

中华人民共和国刑法修正案（九）

（2015年8月29日第十二届全国人民代表大会常务委员会第十六次会议通过　2015年8月29日中华人民共和国主席令第30号公布　自2015年11月1日起施行）

一、在刑法第三十七条后增加一条，作为第三十七条之一："因利用职业便利实施犯罪，或者实施违背职业要求的特定义务的犯罪被判处刑罚的，人民法院可以根据犯罪情况和预防再犯罪的需要，禁止其自刑罚执行完毕之日或者假释之日起从事相关职业，期限为三年至五年。

"被禁止从事相关职业的人违反人民法院依照前款规定作出的决定的，由公安机关依法给予处罚；情节严重的，依照本法第三百一十三条的规定定罪处罚。

"其他法律、行政法规对其从事相关职业另有禁止或者限制性规定的，从其规定。"

二、将刑法第五十条第一款修改为："判处死刑缓期执行的，在死刑缓期执行期间，如果没有故意犯罪，二年期满以后，减为无期徒刑；如果确有重大立功表现，二年期满以后，减为二十五年有期徒刑；如果故意犯罪，情节恶劣的，报请最高人民法院核准后执行死刑；对于故意犯罪未执行死刑的，死刑缓期执行的期间重新计算，并报最高人民法院备案。"

三、将刑法第五十三条修改为："罚金在判决指定的期限内一次或者分期缴纳。期满不缴纳的，强制缴纳。对于不能全部缴纳罚金的，人民法院在任何时候发现被执行人有可以执行的财产，应当随时追缴。

"由于遭遇不能抗拒的灾祸等原因缴纳确实有困难的，经人民法院裁定，可以延期缴纳、酌情减少或者免除。"

四、在刑法第六十九条中增加一款作为第二款："数罪中有判处有期徒刑和拘役的，执行有期徒刑。数罪中有判处有期徒刑和管制，或者拘役和管制的，有期徒刑、拘役执行完毕后，管制仍须执行。"

原第二款作为第三款。

五、将刑法第一百二十条修改为："组织、领导恐怖活动组织的，处十年以上有期徒刑或者无期徒刑，并处没收财产；积极参加的，处三年以上十年以下有期徒刑，并处罚金；其他参加的，处三年以下有期徒刑、拘役、管制或者剥夺政治权利，可以并处罚金。

"犯前款罪并实施杀人、爆炸、绑架等犯罪的，依照数罪并罚的规定处罚。"

六、将刑法第一百二十条之一修改为："资助恐怖活动组织、实施恐怖活动的个人的，或者资助恐怖活动培训的，处五年以下有期徒刑、拘役、管制或者剥夺政治权利，并处罚金；情节严重的，处五年以上有期徒刑，并处罚金或者没收财产。

"为恐怖活动组织、实施恐怖活动或者恐怖活动培训招募、运送人员的，依照前款的规定处罚。

"单位犯前两款罪的，对单位判处罚金，并对其直接负责的主管人员和其他直接责任人员，依照第一款的规定处罚。"

七、在刑法第一百二十条之一后增加五条，作为第一百二十条之二、第一百二十条之三、第一百二十条之四、第一百二十条之五、第一百二十条之六：

"第一百二十条之二　有下列情形之一的，处五年以下有期徒刑、拘役、管制或者剥夺政治权利，并处罚金；情节严重的，处五年以上有期徒刑，并处罚金或者没收财产：

"（一）为实施恐怖活动准备凶器、危险物品或者其他工具的；

"（二）组织恐怖活动培训或者积极参加恐怖活动培训的；

"（三）为实施恐怖活动与境外恐怖活动组织或者人员联络的；

"（四）为实施恐怖活动进行策划或者其他准备的。

"有前款行为，同时构成其他犯罪的，依照处罚较重的规定定罪处罚。

"第一百二十条之三　以制作、散发宣扬恐怖主义、极端主义的图书、音频视频资料或者其他物品，或者通过讲授、发布信息等方式宣扬恐怖主义、极端主义的，或者煽动实施恐怖活动的，处五年以下有期徒刑、拘役、管制或者剥夺政治权利，并处罚金；情节严重的，处五年以上有期徒刑，并处罚金或者没收财产。

“第一百二十条之四　利用极端主义煽动、胁迫群众破坏国家法律确立的婚姻、司法、教育、社会管理等制度实施的，处三年以下有期徒刑、拘役或者管制，并处罚金；情节严重的，处三年以上七年以下有期徒刑，并处罚金；情节特别严重的，处七年以上有期徒刑，并处罚金或者没收财产。

“第一百二十条之五　以暴力、胁迫等方式强制他人在公共场所穿着、佩戴宣扬恐怖主义、极端主义服饰、标志的，处三年以下有期徒刑、拘役或者管制，并处罚金。

“第一百二十条之六　明知是宣扬恐怖主义、极端主义的图书、音频视频资料或者其他物品而非法持有，情节严重的，处三年以下有期徒刑、拘役或者管制，并处或者单处罚金。”

八、将刑法第一百三十三条之一修改为：“在道路上驾驶机动车，有下列情形之一的，处拘役，并处罚金：

“（一）追逐竞驶，情节恶劣的；

“（二）醉酒驾驶机动车的；

“（三）从事校车业务或者旅客运输，严重超过额定乘员载客，或者严重超过规定时速行驶的；

“（四）违反危险化学品安全管理规定运输危险化学品，危及公共安全的。

“机动车所有人、管理人对前款第三项、第四项行为负有直接责任的，依照前款的规定处罚。

“有前两款行为，同时构成其他犯罪的，依照处罚较重的规定定罪处罚。”

九、将刑法第一百五十一条第一款修改为：“走私武器、弹药、核材料或者伪造的货币的，处七年以上有期徒刑，并处罚金或者没收财产；情节特别严重的，处无期徒刑，并处没收财产；情节较轻的，处三年以上七年以下有期徒刑，并处罚金。”

十、将刑法第一百六十四条第一款修改为：“为谋取不正当利益，给予公司、企业或者其他单位的工作人员以财物，数额较大的，处三年以下有期徒刑或者拘役，并处罚金；数额巨大的，处三年以上十年以下有期徒刑，并处罚金。”

十一、将刑法第一百七十条修改为：“伪造货币的，处三年以上十年以下有期徒刑，并处罚金；有下列情形之一的，处十年以上有期徒刑或者无期徒刑，并处罚金或者没收财产：

“（一）伪造货币集团的首要分子；

“（二）伪造货币数额特别巨大的；

“（三）有其他特别严重情节的。”

十二、删去刑法第一百九十九条。

十三、将刑法第二百三十七条修改为：“以暴力、胁迫或者其他方法强制猥亵他人或者侮辱妇女的，处五年以下有期徒刑或者拘役。

“聚众或者在公共场所当众犯前款罪的，或者有其他恶劣情节的，处五年以上有期徒刑。

“猥亵儿童的，依照前两款的规定从重处罚。”

十四、将刑法第二百三十九条第二款修改为：“犯前款罪，杀害被绑架人的，或者故意伤害被绑架人，致人重伤、死亡的，处无期徒刑或者死刑，并处没收财产。”

十五、将刑法第二百四十一条第六款修改为：“收买被拐卖的妇女、儿童，对被买儿童没有虐待行为，不阻碍对其进行解救的，可以从轻处罚；按照被买妇女的意愿，不阻碍其返回原居住地的，可以从轻或者减轻处罚。”

十六、在刑法第二百四十六条中增加一款作为第三款：“通过信息网络实施第一款规定的行为，被害人向人民法院告诉，但提供证据确有困难的，人民法院可以要求公安机关提供协助。”

十七、将刑法第二百五十三条之一修改为：“违反国家有关规定，向他人出售或者提供公民个人信息，情节严重的，处三年以下有期徒刑或者拘役，并处或者单处罚金；情节特别严重的，处三年以上七年以下有期徒刑，并处罚金。

“违反国家有关规定，将在履行职责或者提供服务过程中获得的公民个人信息，出售或者提供给他人的，依照前款的规定从重处罚。

“窃取或者以其他方法非法获取公民个人信息的，依照第一款的规定处罚。

“单位犯前三款罪的，对单位判处罚金，并对其直接负责的主管人员和其他直接责任人员，依照各该款的规定处罚。”

十八、将刑法第二百六十条第三款修改为：“第一款罪，告诉的才处理，但被害人没有能力告诉，或者因受到强制、威吓无法告诉的除外。”

十九、在刑法第二百六十条后增加一条，作为第二百六十条之一：“对未成年人、老年人、患病的人、残疾人等负有监护、看护职责的人虐待被监护、看护的人，情节恶劣的，处三年以下有期徒刑或者拘役。

“单位犯前款罪的，对单位判处罚金，并对其直接负责的主管人员和其他直接责任人员，依照前款的规定处罚。

“有第一款行为，同时构成其他犯罪的，依照处罚较重的规定定罪处罚。”

二十、将刑法第二百六十七条第一款修改为：“抢夺公私财物，数额较大的，或者多次抢夺的，处三年以下有期徒刑、拘役或者管制，并处或者单处罚金；数额巨大或者有其他严重情节的，处三年以上十年以下有期徒刑，并处罚金；数额特别巨大或者有其他特别严重情节的，处十年以上有期徒刑或者无期徒刑，并处罚金或者没收财产。”

二十一、在刑法第二百七十七条中增加一款作为第五款：“暴力袭击正在依法执行职务的人民警察的，依照第一款的规定从重处罚。”

二十二、将刑法第二百八十条修改为：“伪造、变造、买卖或者盗窃、抢夺、毁灭国家机关的公文、证件、印章的，处三年以下有期徒刑、拘役、管制或者剥夺政治权利，并处罚金；情节严重的，处三年以上十年以下有期徒刑，并处罚金。

“伪造公司、企业、事业单位、人民团体的印章的，处三年以下有期徒刑、拘役、管制或者剥夺政治权利，并处罚金。

“伪造、变造、买卖居民身份证、护照、社会保障卡、驾驶证等依法可以用于证明身份的证件的，处三年以下有期徒刑、拘役、管制或者剥夺政治权利，并处罚金；情节严重的，处三年以上七年以下有期徒刑，并处罚金。”

二十三、在刑法第二百八十条后增加一条作为第二百八十条之一：“在依照国家规定应当提供身份证明的活动中，使用伪造、变造的或者盗用他人的居民身份证、护照、社会保障卡、驾驶证等依法可以用于证明身份的证件，情节严重的，处拘役或者管制，并处或者单处罚金。

“有前款行为，同时构成其他犯罪的，依照处罚较重的规定定罪处罚。”

二十四、将刑法第二百八十三条修改为：“非法生产、销售专用间谍器材或者窃听、窃照专用器材的，处三年以下有期徒刑、拘役或者管制，并处或者单处罚金；情节严重的，处三年以上七年以下有期徒刑，并处罚金。

“单位犯前款罪的，对单位判处罚金，并对其直接负责的主管人员和其他直接责任人员，依照前款的规定处罚。”

二十五、在刑法第二百八十四条后增加一条，作为第二百八十四条之一：“在法律规定的国家考试中，组织作弊的，处三年以下有期徒刑或者拘役，并处或者单处罚金；情节严重的，处三年以上七年以下有期徒刑，并处罚金。

“为他人实施前款犯罪提供作弊器材或者其他帮助的，依照前款的规定处罚。

“为实施考试作弊行为，向他人非法出售或者提供第一款规定的考试的试题、答案的，依照第一款的规定处罚。

“代替他人或者让他人代替自己参加第一款规定的考试的，处拘役或者管制，并处或者单处罚金。”

二十六、在刑法第二百八十五条中增加一款作为第四款：“单位犯前三款罪的，对单位判处罚金，并对其直接负责的主管人员和其他直接责任人员，依照各该款的规定处罚。”

二十七、在刑法第二百八十六条中增加一款作为第四款："单位犯前三款罪的，对单位判处罚金，并对其直接负责的主管人员和其他直接责任人员，依照第一款的规定处罚。"

二十八、在刑法第二百八十六条后增加一条，作为第二百八十六条之一："网络服务提供者不履行法律、行政法规规定的信息网络安全管理义务，经监管部门责令采取改正措施而拒不改正，有下列情形之一的，处三年以下有期徒刑、拘役或者管制，并处或者单处罚金：

"（一）致使违法信息大量传播的；

"（二）致使用户信息泄露，造成严重后果的；

"（三）致使刑事案件证据灭失，情节严重的；

"（四）有其他严重情节的。

"单位犯前款罪的，对单位判处罚金，并对其直接负责的主管人员和其他直接责任人员，依照前款的规定处罚。

"有前两款行为，同时构成其他犯罪的，依照处罚较重的规定定罪处罚。"

二十九、在刑法第二百八十七条后增加二条，作为第二百八十七条之一、第二百八十七条之二：

"第二百八十七条之一　利用信息网络实施下列行为之一，情节严重的，处三年以下有期徒刑或者拘役，并处或者单处罚金：

"（一）设立用于实施诈骗、传授犯罪方法、制作或者销售违禁物品、管制物品等违法犯罪活动的网站、通讯群组的；

"（二）发布有关制作或者销售毒品、枪支、淫秽物品等违禁物品、管制物品或者其他违法犯罪信息的；

"（三）为实施诈骗等违法犯罪活动发布信息的。

"单位犯前款罪的，对单位判处罚金，并对其直接负责的主管人员和其他直接责任人员，依照第一款的规定处罚。

"有前两款行为，同时构成其他犯罪的，依照处罚较重的规定定罪处罚。

"第二百八十七条之二　明知他人利用信息网络实施犯罪，为其犯罪提供互联网接入、服务器托管、网络存储、通讯传输等技术支持，或者提供广告推广、支付结算等帮助，情节严重的，处三年以下有期徒刑或者拘役，并处或者单处罚金。

“单位犯前款罪的，对单位判处罚金，并对其直接负责的主管人员和其他直接责任人员，依照第一款的规定处罚。

“有前两款行为，同时构成其他犯罪的，依照处罚较重的规定定罪处罚。”

三十、将刑法第二百八十八条第一款修改为：“违反国家规定，擅自设置、使用无线电台（站），或者擅自使用无线电频率，干扰无线电通讯秩序，情节严重的，处三年以下有期徒刑、拘役或者管制，并处或者单处罚金；情节特别严重的，处三年以上七年以下有期徒刑，并处罚金。”

三十一、将刑法第二百九十条第一款修改为：“聚众扰乱社会秩序，情节严重，致使工作、生产、营业和教学、科研、医疗无法进行，造成严重损失的，对首要分子，处三年以上七年以下有期徒刑；对其他积极参加的，处三年以下有期徒刑、拘役、管制或者剥夺政治权利。”

增加二款作为第三款、第四款：“多次扰乱国家机关工作秩序，经行政处罚后仍不改正，造成严重后果的，处三年以下有期徒刑、拘役或者管制。

“多次组织、资助他人非法聚集，扰乱社会秩序，情节严重的，依照前款的规定处罚。”

三十二、在刑法第二百九十一条之一中增加一款作为第二款：“编造虚假的险情、疫情、灾情、警情，在信息网络或者其他媒体上传播，或者明知是上述虚假信息，故意在信息网络或者其他媒体上传播，严重扰乱社会秩序的，处三年以下有期徒刑、拘役或者管制；造成严重后果的，处三年以上七年以下有期徒刑。”

三十三、将刑法第三百条修改为：“组织、利用会道门、邪教组织或者利用迷信破坏国家法律、行政法规实施的，处三年以上七年以下有期徒刑，并处罚金；情节特别严重的，处七年以上有期徒刑或者无期徒刑，并处罚金或者没收财产；情节较轻的，处三年以下有期徒刑、拘役、管制或者剥夺政治权利，并处或者单处罚金。

“组织、利用会道门、邪教组织或者利用迷信蒙骗他人，致人重伤、死亡的，依照前款的规定处罚。

“犯第一款罪又有奸淫妇女、诈骗财物等犯罪行为的，依照数罪并罚的规定处罚。”

三十四、将刑法第三百零二条修改为：“盗窃、侮辱、故意毁坏尸体、尸骨、骨灰的，处三年以下有期徒刑、拘役或者管制。”

三十五、在刑法第三百零七条后增加一条，作为第三百零七条之一：“以捏造的事实提起民事诉讼，妨害司法秩序或者严重侵害他人合法权益的，处三年以下有期徒刑、拘役或者管制，并处或者单处罚金；情节严重的，处三年以上七年以下有期徒刑，并处罚金。

“单位犯前款罪的，对单位判处罚金，并对其直接负责的主管人员和其他直接责任人员，依照前款的规定处罚。

“有第一款行为，非法占有他人财产或者逃避合法债务，又构成其他犯罪的，依照处罚较重的规定定罪从重处罚。

“司法工作人员利用职权，与他人共同实施前三款行为的，从重处罚；同时构成其他犯罪的，依照处罚较重的规定定罪从重处罚。”

三十六、在刑法第三百零八条后增加一条，作为第三百零八条之一：“司法工作人员、辩护人、诉讼代理人或者其他诉讼参与人，泄露依法不公开审理的案件中不应当公开的信息，造成信息公开传播或者其他严重后果的，处三年以下有期徒刑、拘役或者管制，并处或者单处罚金。

“有前款行为，泄露国家秘密的，依照本法第三百九十八条的规定定罪处罚。

“公开披露、报道第一款规定的案件信息，情节严重的，依照第一款的规定处罚。

“单位犯前款罪的，对单位判处罚金，并对其直接负责的主管人员和其他直接责任人员，依照第一款的规定处罚。”

三十七、将刑法第三百零九条修改为：“有下列扰乱法庭秩序情形之一的，处三年以下有期徒刑、拘役、管制或者罚金：

“（一）聚众哄闹、冲击法庭的；

“（二）殴打司法工作人员或者诉讼参与人的；

“（三）侮辱、诽谤、威胁司法工作人员或者诉讼参与人，不听法庭制止，严重扰乱法庭秩序的；

“（四）有毁坏法庭设施，抢夺、损毁诉讼文书、证据等扰乱法庭秩序行为，情节严重的。”

三十八、将刑法第三百一十一条修改为：“明知他人有间谍犯罪或者恐怖主义、极端主义犯罪行为，在司法机关向其调查有关情况、收集有关证据时，拒绝提供，情节严重的，处三年以下有期徒刑、拘役或者管制。”

三十九、将刑法第三百一十三条修改为：“对人民法院的判决、裁定有能力执行而拒不执行，情节严重的，处三年以下有期徒刑、拘役或者罚金；情节特别严重的，处三年以上七年以下有期徒刑，并处罚金。

“单位犯前款罪的，对单位判处罚金，并对其直接负责的主管人员和其他直接责任人员，依照前款的规定处罚。”

四十、将刑法第三百二十二条修改为：“违反国（边）境管理法规，偷越国（边）境，情节严重的，处一年以下有期徒刑、拘役或者管制，并处罚金；为参加恐怖活动组织、接受恐怖活动培训或者实施恐怖活动，偷越国（边）境的，处一年以上三年以下有期徒刑，并处罚金。”

四十一、将刑法第三百五十条第一款、第二款修改为：“违反国家规定，非法生产、买卖、运输醋酸酐、乙醚、三氯甲烷或者其他用于制造毒品的原料、配剂，或者携带上述物品进出境，情节较重的，处三年以下有期徒刑、拘役或者管制，并处罚金；情节严重的，处三年以上七年以下有期徒刑，并处罚金；情节特别严重的，处七年以上有期徒刑，并处罚金或者没收财产。

“明知他人制造毒品而为其生产、买卖、运输前款规定的物品的，以制造毒品罪的共犯论处。”

四十二、将刑法第三百五十八条修改为：“组织、强迫他人卖淫的，处五年以上十年以下有期徒刑，并处罚金；情节严重的，处十年以上有期徒刑或者无期徒刑，并处罚金或者没收财产。

“组织、强迫未成年人卖淫的，依照前款的规定从重处罚。

“犯前两款罪，并有杀害、伤害、强奸、绑架等犯罪行为的，依照数罪并罚的规定处罚。

“为组织卖淫的人招募、运送人员或者有其他协助组织他人卖淫行为的，处五年以下有期徒刑，并处罚金；情节严重的，处五年以上十年以下有期徒刑，并处罚金。”

四十三、删去刑法第三百六十条第二款。

四十四、将刑法第三百八十三条修改为：“对犯贪污罪的，根据情节轻重，分别依照下列规定处罚：

“（一）贪污数额较大或者有其他较重情节的，处三年以下有期徒刑或者拘役，并处罚金。

“（二）贪污数额巨大或者有其他严重情节的，处三年以上十年以下有期徒刑，并处罚金或者没收财产。

“（三）贪污数额特别巨大或者有其他特别严重情节的，处十年以上有期徒刑或者无期徒刑，并处罚金或者没收财产；数额特别巨大，并使国家和人民利益遭受特别重大损失的，处无期徒刑或者死刑，并处没收财产。

“对多次贪污未经处理的，按照累计贪污数额处罚。

“犯第一款罪，在提起公诉前如实供述自己罪行、真诚悔罪、积极退赃，避免、减少损害结果的发生，有第一项规定情形的，可以从轻、减轻或者免除处罚；有第二项、第三项规定情形的，可以从轻处罚。

“犯第一款罪，有第三项规定情形被判处死刑缓期执行的，人民法院根据犯罪情节等情况可以同时决定在其死刑缓期执行二年期满依法减为无期徒刑后，终身监禁，不得减刑、假释。”

四十五、将刑法第三百九十条修改为：“对犯行贿罪的，处五年以下有期徒刑或者拘役，并处罚金；因行贿谋取不正当利益，情节严重的，或者使国家利益遭受重大损失的，处五年以上十年以下有期徒刑，并处罚金；情节特别严重的，或者使国家利益遭受特别重大损失的，处十年以上有期徒刑或者无期徒刑，并处罚金或者没收财产。

“行贿人在被追诉前主动交待行贿行为的，可以从轻或者减轻处罚。其中，犯罪较轻的，对侦破重大案件起关键作用的，或者有重大立功表现的，可以减轻或者免除处罚。”

四十六、在刑法第三百九十条后增加一条，作为第三百九十条之一：“为谋取不正当利益，向国家工作人员的近亲属或者其他与该国家工作人员关系密切的人，或者向离职的国家工作人员或者其近亲属以及其他与其关系密切的人行贿的，处三年以下有期徒刑或者拘役，并处罚金；情节严重的，或者使国家利益遭受重大损失的，处三年以上七年以下有期徒刑，并处罚金；情节特别严重的，或者使国家利益遭受特别重大损失的，处七年以上十年以下有期徒刑，并处罚金。

“单位犯前款罪的，对单位判处罚金，并对其直接负责的主管人员和其他直接责任人员，处三年以下有期徒刑或者拘役，并处罚金。”

四十七、将刑法第三百九十一条第一款修改为：“为谋取不正当利益，给予国家机关、国有公司、企业、事业单位、人民团体以财物的，或者在经济往来中，违反国家规定，给予各种名义的回扣、手续费的，处三年以下有期徒刑或者拘役，并处罚金。”

四十八、将刑法第三百九十二条第一款修改为：“向国家工作人员介绍贿赂，情节严重的，处三年以下有期徒刑或者拘役，并处罚金。”

四十九、将刑法第三百九十三条修改为：“单位为谋取不正当利益而行贿，或者违反国家规定，给予国家工作人员以回扣、手续费，情节严重的，对单位判处罚金，并对其直接负责的主管人员和其他直接责任人员，处五年以下有期徒刑或者拘役，并处罚金。因行贿取得的违法所得归个人所有的，依照本法第三百八十九条、第三百九十条的规定定罪处罚。”

五十、将刑法第四百二十六条修改为：“以暴力、威胁方法，阻碍指挥人员或者值班、值勤人员执行职务的，处五年以下有期徒刑或者拘役；情节严重的，处五年以上十年以下有期徒刑；情节特别严重的，处十年以上有期徒刑或者无期徒刑。战时从重处罚。”

五十一、将刑法第四百三十三条修改为：“战时造谣惑众，动摇军心的，处三年以下有期徒刑；情节严重的，处三年以上十年以下有期徒刑；情节特别严重的，处十年以上有期徒刑或者无期徒刑。”

五十二、本修正案自 2015 年 11 月 1 日起施行。

中华人民共和国刑法修正案（十）

（2017年11月4日第十二届全国人民代表大会常务委员会
第三十次会议通过 2017年11月4日中华人民共和国
主席令第80号公布　自公布之日起施行）

为了惩治侮辱国歌的犯罪行为，切实维护国歌奏唱、使用的严肃性和国家尊严，在刑法第二百九十九条中增加一款作为第二款，将该条修改为：

“在公共场合，故意以焚烧、毁损、涂划、玷污、践踏等方式侮辱中华人民共和国国旗、国徽的，处三年以下有期徒刑、拘役、管制或者剥夺政治权利。

“在公共场合，故意篡改中华人民共和国国歌歌词、曲谱，以歪曲、贬损方式奏唱国歌，或者以其他方式侮辱国歌，情节严重的，依照前款的规定处罚。”

本修正案自公布之日起施行。